AF565793

Jared Diamond

KOLLAPS

Warum Gesellschaften überleben oder untergehen

Aus dem Amerikanischen
von Sebastian Vogel

FISCHER Taschenbuch

Aus Verantwortung für die Umwelt hat sich der S. Fischer Verlag zu einer nachhaltigen Buchproduktion verpflichtet. Der bewusste Umgang mit unseren Ressourcen, der Schutz unseres Klimas und der Natur gehören zu unseren obersten Unternehmenszielen.

Gemeinsam mit unseren Partnern und Lieferanten setzen wir uns für eine klimaneutrale Buchproduktion ein, die den Erwerb von Klimazertifikaten zur Kompensation des CO_2-Ausstoßes einschließt.

Weitere Informationen finden Sie unter: www.klimaneutralerverlag.de

Erschienen bei FISCHER Taschenbuch
Frankfurt am Main, Oktober 2023

Die Originalausgabe erschien 2005 unter dem Titel
»Collapse. How Societies Choose to Fail or Suceed«
im Verlag Viking Penguin Group, New York

Gesamtherstellung: CPI books GmbH, Leck
Printed in Germany
ISBN 978-3-596-70974-8

Für
Jack und Ann Hirschy,
Jill Hirschy Eliel und John Eliel,
Joyce Hirschy McDowell,
Dick (1929–2003) und Margy Hirschy,
und alle Menschen unter dem Himmel Montanas.

Ozymandias

Ein Mann berichtete aus mythischem Land:
Zwei Riesenbeine, rumpflos, steingehauen
Stehn in der Wüste. Nahebei im Sand
Zertrümmert, halbversunken, liegt mit rauen
Lippen voll Hohn ein Antlitz machtgewöhnt,
Voll Leidenschaften, die bestehn; es sagt:
Der Bildner, der es prägte, wusste dies,
Wess Herz und Hand sie speiste und verhöhnt.

Und auf dem Sockel eingemeißelt lies:
»Ich bin Ozymandias, Herr der Herrn.
Schaut, was ich schuf, ihr Mächtigen, und verzagt!«
Nichts bleibt. Um den Verfall her riesengroß
Des mächtigen Steinwracks öd und grenzenlos
Dehnt sich die leere Wüste nah und fern.

Percy Bysshe Shelley (1817)

INHALT

PROLOG

Eine Geschichte von zwei Bauernhöfen

Zwei Bauernhöfe ▪ Zusammenbrüche früher und heute ▪ Entschwundene Paradiese? ▪ Ein fünfteiliges Schema ▪ Unternehmen und Umwelt ▪ Die vergleichende Methode ▪ Der Aufbau des Buches

Vor einigen Jahren war ich im Sommer auf zwei Bauernhöfen zu Besuch. Der Hof der Familie Huls und der Hof von Gardar lagen zwar viele tausend Kilometer voneinander entfernt, waren sich aber in ihren Stärken und Schwachpunkten bemerkenswert ähnlich. Beide waren in ihrer jeweiligen Region mit Abstand der größte, wohlhabendste und technisch am höchsten entwickelte landwirtschaftliche Betrieb. Insbesondere stand bei beiden ein großartiger, hochmoderner Stall für die Haltung von Milchkühen im Mittelpunkt. Diese Gebäude, die sich in beiden Fällen in zwei säuberlich getrennte, gegenüberliegende Reihen von Verschlägen für die Kühe gliederten, stellten alle anderen Ställe ihrer Umgebung in den Schatten. Die Kühe beider Höfe grasten im Sommer unter freiem Himmel auf üppig grünen Weiden, beide Höfe ernteten im Spätsommer ihr eigenes Heu, um die Tiere im Winter damit zu füttern, und steigerten durch Bewässerung den Ertrag an sommerlichem Futter und winterlichem Heu. Beide hatten eine ähnliche Fläche von einigen hundert Hektar, und auch die Ausmaße der Ställe waren ähnlich: Auf dem Hof der Familie Huls beherbergte er 200 Tiere, auf dem von Gardar war er mit 165 Kühen geringfügig kleiner. Die Besitzer beider Höfe galten als führende Gestalten ihres jeweiligen gesellschaftlichen Umfeldes. Beide waren tief religiös. Beide Anwesen lagen in einer großartigen Landschaft, die Touristen von weither anlockte; über ihnen erhoben sich schneebedeckte Berge mit fischreichen Gebirgsbächen, und unter ihnen lag ein berühmter Fluss (bei der Huls Farm) beziehungsweise ein Fjord (beim Hof von Gardar).

Das waren die gemeinsamen Stärken der beiden Höfe. Kommen wir nun zu ihren gemeinsamen Schwachpunkten: Beide lagen in Regionen, in denen die Milchwirtschaft von untergeordneter Bedeutung ist, weil wegen der hohen nördlichen Breite nur ein kurzer Sommer für die Gras- und Heuproduktion zur Verfügung steht. Da im Vergleich zu Milchviehbetrieben südlicherer Breiten auch in guten Jahren keine optimalen Klimabedingungen herrschten, waren beide Farmen der Gefahr wetterbedingter Schäden ausgesetzt, wobei die Farm der Familie Huls vor allem durch Trockenheit, der Hof von Gardar dagegen durch Kälte bedroht war. Beide Regionen waren weit von den Ballungsgebieten entfernt, wo sie ihre Produkte vermarkten konnten, sodass Transportkosten und -risiken einen Wettbewerbsnachteil gegenüber zentraler gelegenen Regionen bedeuteten. Der wirtschaftliche Erfolg hing bei beiden von Faktoren ab, die ihre Besitzer nicht beeinflussen konnten, so unter anderem von Kaufkraft- und Geschmacksveränderungen bei Kunden und Nachbarn. Im größeren Maßstab ging es mit der Konjunktur der Länder, in denen sich die beiden Höfe befanden, je nach der wachsenden und schwindenden Bedrohung durch weit entfernte, feindliche Gesellschaften auf und ab.

Der größte Unterschied zwischen der Huls Farm und dem Hof von Gardar betrifft ihren heutigen Zustand. Das Familienunternehmen Huls Farm, das fünf Geschwistern und ihren Ehepartnern gehört, liegt im Bitterroot Valley im Westen des US-Bundesstaates Montana und floriert zurzeit. Der Kreis Ravalli, wo sich der Betrieb befindet, hat eine der höchsten Bevölkerungswachstumsraten aller US-amerikanischen Kreise. Auf der Huls Farm führten mich Tim, Trudy und Dan Huls, drei der Eigentümer, persönlich durch ihren Hightech-Stall und erklärten mir geduldig die Vorzüge und Unwägbarkeiten der Milchwirtschaft in Montana. Dass die Vereinigten Staaten im Allgemeinen und die Huls Farm im Besonderen in absehbarer Zukunft zusammenbrechen werden, ist unvorstellbar. Aber der Hof von Gardar, der frühere Landsitz des altnordischen Bischofs von Südwestgrönland, wurde vor über 500 Jahren aufgegeben. Die normannisch-grönländische Gesellschaft brach völlig zusammen: Tausende von Einwohnern verhungerten, kamen bei inneren Unruhen oder im Krieg gegen feindliche Mächte ums Leben oder wanderten aus, bis in ihrem Gebiet schließlich niemand mehr lebte. Die dicken Mauern des Stalls von Gardar und der benachbarten Kathedrale stehen zwar noch, sodass ich die Verschläge für die einzelnen Kühe zählen konnte, aber es gibt keinen Eigentümer mehr, der mir etwas über frühere Vorzüge und Unwägbarkeiten erzählen könnte. Aber als der Hof von Gardar und Normannisch-Grönland ihre Blütezeit erlebten, erschien ihr Niedergang ebenso unvorstellbar wie heute der von Huls Farm und USA.

Um eines klarzustellen: Wenn ich diese Parallelen zwischen der Huls Farm und dem Hof von Gardar ziehe, will ich damit nicht behaupten, der Hof in Montana und die amerikanische Gesellschaft seien zum Untergang verdammt. Derzeit ist genau das Gegenteil richtig: Der Huls-Betrieb expandiert, ihre modernen technischen Einrichtungen dienen Nachbarbetrieben als Vorbild, und die Vereinigten Staaten sind das mächtigste Land der Welt. Ich behaupte auch nicht, Bauernhöfe oder Gesellschaften seien ganz allgemein durch den Zusammenbruch gefährdet. Bei manchen, so in Gardar, hat er sich tatsächlich ereignet, andere existieren ohne Unterbrechung seit Jahrtausenden. Aber meine Reisen zu den Höfen von Huls und Gardar, die ich trotz ihrer Entfernung von mehreren tausend Kilometern in demselben Sommer besuchte, legten mir sehr nachdrücklich die Schlussfolgerung nahe, dass selbst die reichsten und technisch am weitesten entwickelten Gesellschaften in Wirtschaft und Umwelt mit Problemen konfrontiert werden, die man nicht unterschätzen sollte. Unsere Schwierigkeiten ähneln in vielerlei Hinsicht jenen, die den Hof von Gardar und Normannisch-Grönland zu Fall brachten und mit denen auch viele andere Gesellschaften früherer Zeiten zu kämpfen hatten. Manche dieser früheren Gesellschaften gingen unter (wie Normannisch-Grönland), andere (so die Japaner und Tikopier) haben überlebt. Die Vergangenheit liefert uns eine Fülle von Daten, aus denen wir etwas lernen können, um weiterhin Erfolg zu haben.

Normannisch-Grönland ist nur eine der vielen früheren Gesellschaften, die zusammenbrachen oder verschwanden und gigantische Ruinen hinterließen, wie Shelley sie in seinem Gedicht »Ozymandias« beschreibt. Unter »Zusammenbruch« verstehe ich einen drastischen Rückgang der Bevölkerungszahl und/oder der politisch-wirtschaftlich-sozialen Komplexität, der sich auf ein größeres Gebiet erstreckt und längere Zeit andauert. Das Phänomen des Zusammenbruchs ist also die Extremform des Niederganges, den es auch in schwächerer Ausprägung gibt; wie drastisch der Verfall einer Gesellschaft sein muss, bevor man ihn als Zusammenbruch bezeichnet, ist eine willkürliche Festlegung. Zu den milderen Formen des Niederganges gehören die normalen Schwankungen des Wohlstandes sowie kleinere politische, wirtschaftliche und soziale Umstrukturierungen, wie sie in jeder Gesellschaft vorkommen; die eine wird vielleicht von einem Nachbarn erobert, oder ihr Niedergang ist an den Aufstieg des Nachbarn gekoppelt, ohne dass sich dabei aber die Gesamt-

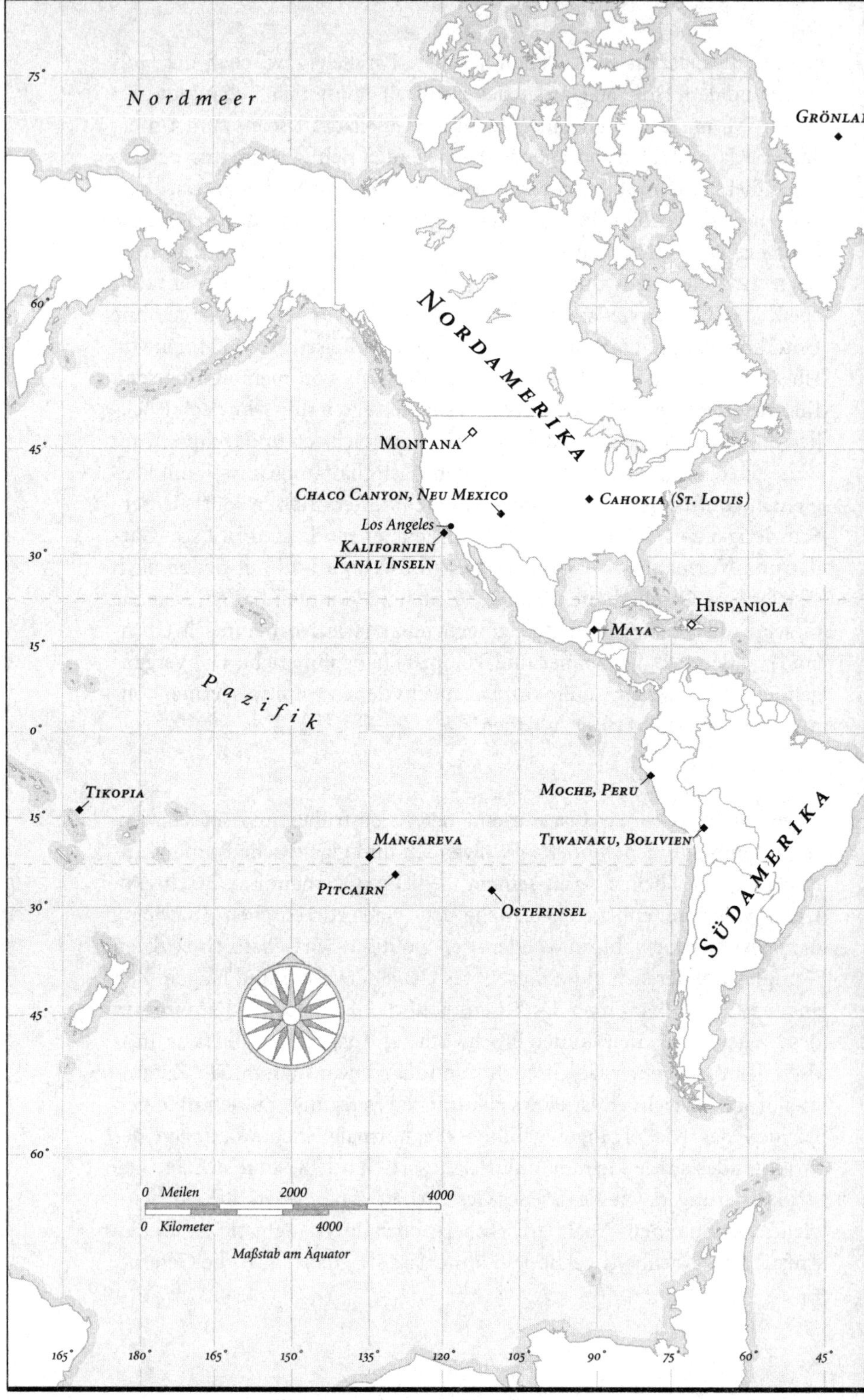

Nordmeer
Grönla
Nordamerika
Montana
Chaco Canyon, Neu Mexico
Cahokia (St. Louis)
Los Angeles
Kalifornien
Kanal Inseln
Hispaniola
Maya
Pazifik
Tikopia
Moche, Peru
Tiwanaku, Bolivien
Mangareva
Pitcairn
Osterinsel
Südamerika
75°
60°
45°
30°
15°
0°
15°
30°
45°
60°
0 Meilen
2000
4000
0 Kilometer
4000
Maßstab am Äquator
165°
180°
165°
150°
135°
120°
105°
90°
75°
60°
45°

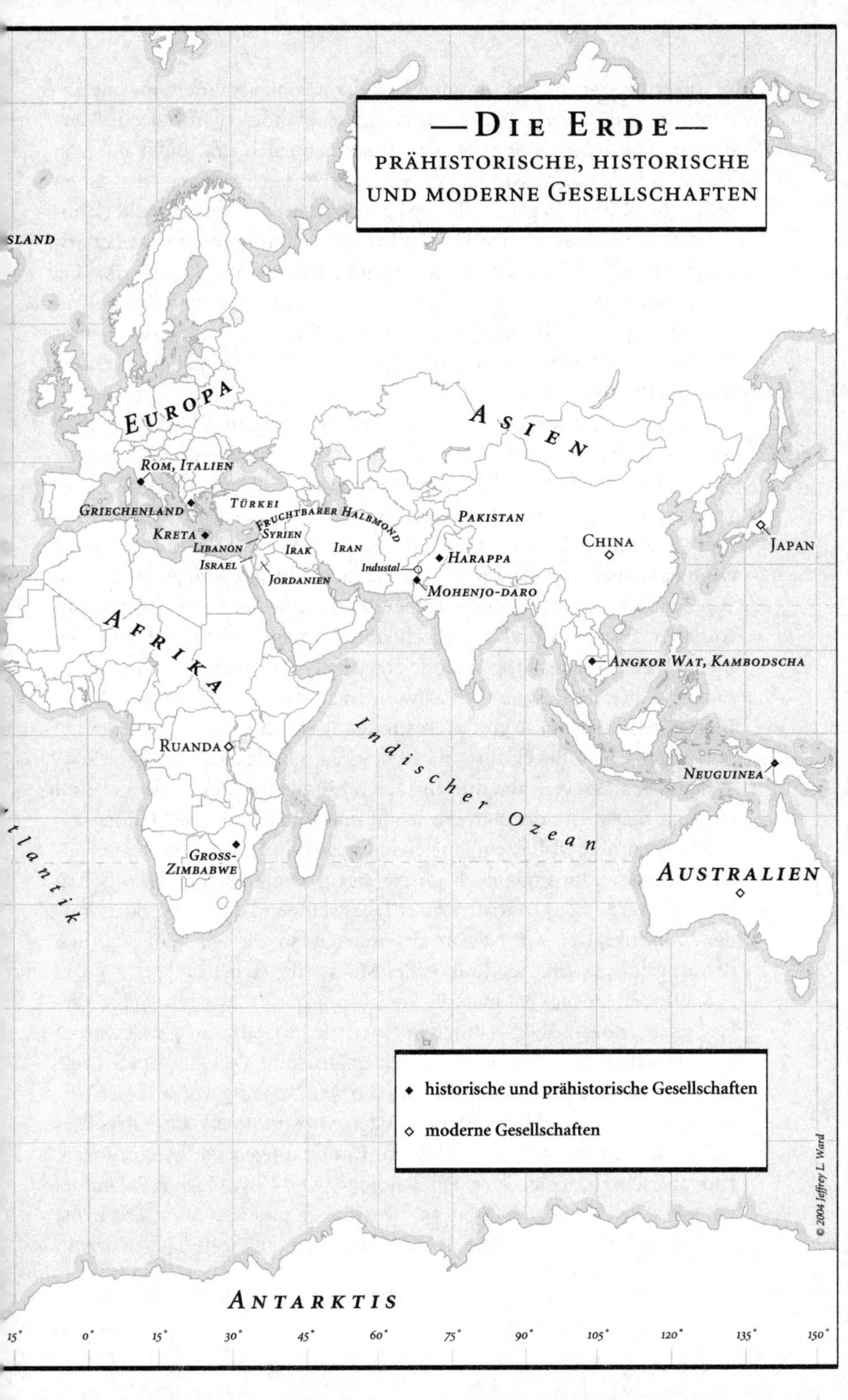
—DIE ERDE—
PRÄHISTORISCHE, HISTORISCHE
UND MODERNE GESELLSCHAFTEN
SLAND
EUROPA
ASIEN
ROM, ITALIEN
TÜRKEI
GRIECHENLAND
FRUCHTBARER HALBMOND
KRETA
SYRIEN
LIBANON
IRAK
IRAN
ISRAEL
JORDANIEN
PAKISTAN
CHINA
JAPAN
HARAPPA
Industal
MOHENJO-DARO
AFRIKA
ANGKOR WAT, KAMBODSCHA
Indischer Ozean
RUANDA
NEUGUINEA
tlantik
GROSS-ZIMBABWE
AUSTRALIEN
historische und prähistorische Gesellschaften
moderne Gesellschaften
© 2004 Jeffrey L. Ward
ANTARKTIS
15°
0°
15°
30°
45°
60°
75°
90°
105°
120°
135°
150°

bevölkerungszahl oder die Komplexität der Region verändert, in einer anderen wird die herrschende Elite durch eine andere gestürzt oder verdrängt. Von einem vollständigen Zusammenbruch und nicht nur von einem geringfügigen Niedergang würde man nach solchen Maßstäben wahrscheinlich in folgenden Fällen sprechen: bei den Anasazi und Cahokia auf dem Gebiet der heutigen USA; bei den Mayastädten Mittelamerikas; bei den Gesellschaften der Moche und Tiwanaku in Südamerika; bei der mykenischen Kultur Griechenlands und der minoischen Kultur Kretas in Europa; bei Großzimbabwe und den Meroe in Afrika; bei Angkor Wat und den Harappan-Städten im Industal in Asien; und bei der Osterinsel im Pazifik.

Die gewaltigen Ruinen, die solche Gesellschaften hinterließen, bergen für uns alle eine romantische Faszination. Wir bestaunen sie, seit wir sie als Kinder zum ersten Mal auf Bildern gesehen haben. Wenn wir älter werden, planen wir in vielen Fällen einen Urlaub, um als Touristen hautnah Bekanntschaften mit ihnen zu machen. Wir fühlen uns von ihrer häufig atemberaubenden, unheimlichen Schönheit angezogen, aber auch von den Rätseln, die sie uns aufgeben. Die Größe der Ruinen zeugt vom früheren Reichtum und der Macht ihrer Erbauer – sie prahlen »Sieh meine Werke, die mächtigen, und verzweifle!«, um Shelleys Worte zu benutzen. Aber die Erbauer verschwanden und verließen die gewaltigen Bauwerke, die sie mit so großer Anstrengung errichtet hatten. Wie konnte eine Gesellschaft, die einst so mächtig war, am Ende zusammenbrechen? Welches Schicksal erlitten ihre einzelnen Mitglieder? Zogen sie fort, und wenn ja, warum? Oder starben sie auf unerfreuliche Weise? Hinter solchen romantischen Rätseln lauert eine quälende Frage: Könnte ein solches Schicksal am Ende auch unsere eigene, wohlhabende Gesellschaft ereilen? Werden die Touristen eines Tages staunend die rostigen Gerippe der Wolkenkratzer von New York anstarren, so wie wir heute vor den dschungelüberwucherten Ruinen der Mayastädte stehen?

Schon seit langem hat man die Vermutung, dass dieses rätselhafte Verlassen zumindest teilweise durch ökologische Probleme ausgelöst wurde: Die Menschen hatten in ihrer Umwelt unabsichtlich die Ressourcen zerstört, auf die ihre Gesellschaft angewiesen war. Bestätigt wurde dieser Verdacht des unbeabsichtigten ökologischen Selbstmordes – des Ökozids – in den letzten Jahrzehnten durch die Entdeckungen von Archäologen, Klimaforschern, Historikern, Paläontologen und Palynologen (Pollenforschern). Die Vorgänge, mit denen die früheren Gesellschaften sich selbst durch Schädigung der Umwelt die Grundlage entzogen, lassen sich in acht Kategorien einteilen, die im Einzelfall jeweils von unterschiedlich großer Bedeutung waren: Entwaldung und Lebensraumzerstörung, Probleme mit dem Boden (Erosion, Versalzung, nachlassende Fruchtbarkeit), Probleme mit der Wasserbewirtschaftung, übermäßige Jagd, Überfischung, Auswirkungen eingeschleppter Tiere und Pflanzen auf einheimische Arten, Bevölkerungswachstum und steigender Pro-Kopf-Effekt der Menschen.

Solche Zusammenbrüche liefen in früheren Zeiten vielfach ähnlich ab und stellen gewissermaßen Variationen des gleichen Themas dar. Das Bevölkerungswachstum zwang die Menschen zur Intensivierung der landwirtschaftlichen Produktion (Bewässerung, doppelte Ernte, Anlage von Terrassen) und zur Ausweitung der Produktionsflächen: Statt gut geeigneter Flächen musste man nun auch weniger gute bewirtschaften, um immer mehr hungrige Münder zu füttern. Nicht nachhaltige Methoden führten zu den zuvor aufgeführten Umweltschäden, mit der Folge, dass man weniger geeignete landwirtschaftliche Flächen wieder aufgab. Daraus erwuchsen für die Gesellschaft zahlreiche Folgen: Nahrungsknappheit, Hungersnöte, Krieg um knapp bemessene Ressourcen, und die Absetzung der herrschenden Eliten durch enttäuschte Untertanen. Schließlich ging die Bevölkerungszahl durch Hunger, Krieg oder Krankheiten zurück, und die Gesellschaft verlor einen Teil der politischen, wirtschaftlichen und kulturellen Komplexität, die sie in ihrer Blütezeit besessen hatte. Als Autor ist man leicht versucht, Parallelen zwischen solchen Entwicklungen menschlicher Gesellschaften und dem Lebensweg einzelner Menschen zu ziehen – man spricht von Geburt, Wachstum, besten Jahren, Alter und Tod einer Gesellschaft – und dabei zu unterstellen, dass die lange Phase der Alterung, die wir zwischen unseren besten Jahren und dem Tod in der Regel durchmachen, sich auch in der Gesellschaft wiederholt. Aber für viele frühere Gesellschaften (und in der Neuzeit für die Sowjetunion) hat sich die Metapher als falsch erwiesen: Ihr Niedergang vollzog sich nach dem Höhepunkt von Größe und Macht sehr schnell, sodass er für die Bürger eine ziemliche Überraschung und ein Schock gewesen sein muss. Im schlimmsten Fall, nach dem vollständigen Zusammenbruch, mussten alle Mitglieder einer Gesellschaft auswandern oder sterben. Natürlich sind nicht alle früheren Gesellschaften diesen bitteren Weg bis zum Ende gegangen: Die einzelnen Gesellschaften brachen in unterschiedlichem Ausmaß und auf etwas unterschiedliche Weise zusammen, und in vielen Fällen geschah es überhaupt nicht.

Heute bereitet die Gefahr solcher Zusammenbrüche zunehmend Sorgen; in Somalia, Ruanda und einigen anderen Staaten der Dritten Welt sind sie bereits eingetreten. Viele Menschen fürchten, dass der Ökozid für die globale Zivilisation bereits eine größere Bedrohung darstellt als Atomkrieg und Krankheiten. Wir haben es heute mit den gleichen Umweltproblemen zu tun, die auch frühere Gesellschaften zu Fall brachten, und zusätzlich kommen vier neue hinzu: von Menschen verursachter Klimawandel, Anhäufung von Umweltgiften, Energieknappheit und die vollständige Nutzung der weltweiten Photosynthesekapazität durch den Menschen. Die meisten dieser zwölf Gefahren werden den Voraussagen zufolge in den kommenden Jahrzehnten eine kritische Phase erreichen: Entweder haben wir die Probleme bis dahin gelöst, oder die Probleme werden nicht nur Somalia zugrunde richten, sondern auch die Gesellschaft in den Industriestaaten. Wahrscheinlicher als ein Weltuntergangsszenario, in dem die Menschen aussterben oder die industrielle Zivilisation einen apokalyptischen Zusammenbruch erlebt, ist eine Zukunft mit »nur« erheblich geringerem Lebensstandard, einer größeren ständigen Gefährdung und dem Verfall dessen, was wir heute für unsere zentralen Werte halten. Ein solcher Zusammenbruch kann sich in verschiedenen Formen ereignen, beispielsweise durch die weltweite Verbreitung von Krankheiten oder aber durch Kriege, die ihre Ursache letztlich in der Knappheit der Umweltressourcen haben. Wenn diese Überlegung richtig ist, bestimmen wir mit unseren heutigen Bemühungen über den Zustand der Welt, in der die Generation der derzeitigen Kinder und jungen Erwachsenen in ihren mittleren und späteren Jahren leben wird.

Wie schwer die gegenwärtigen Umweltprobleme sind, wird heftig diskutiert. Werden die Gefahren übertrieben, oder werden sie im Gegenteil unterschätzt? Ist es ein vernünftiger Gedanke, dass die heutige Weltbevölkerung von fast sieben Milliarden Menschen mit unserer machtvollen modernen Technologie die Umwelt weltweit viel schneller zugrunde richtet als ein paar Millionen Menschen mit Stein- und Holzwerkzeugen, die in der Vergangenheit lokal bereits ebenfalls starke Schäden anrichteten? Wird die moderne Technologie die Probleme lösen, oder schafft sie mehr neue Probleme, als dass sie alte beseitigt? Können wir uns darauf verlassen, dass wir erschöpfte Ressourcen (zum Beispiel Wälder, Erdöl oder Meeresfische) immer durch neue (zum Beispiel Kunststoff, Wind- und Sonnenenergie, Fischfarmen) ersetzen können? Nimmt das Tempo des Bevölkerungswachstums nicht ab, sind wir also nicht schon fast so weit, dass die Weltbevölkerung sich bei einer noch vertretbaren Zahl einpendelt?

Alle diese Fragen machen deutlich, warum die berühmten Zusammenbrüche der Vergangenheit heute eine Bedeutung angenommen haben, die weit über die eines romantischen Rätsels hinausgeht. Vielleicht können wir daraus praktische Lehren ziehen. Wir wissen, dass manche Gesellschaften früherer Zeiten zusammengebrochen sind, andere aber nicht: Warum waren einige von ihnen besonders anfällig? Wie sahen die Vorgänge, durch die Gesellschaften früherer Zeiten Ökozid begingen, im Einzelnen aus? Warum erkannten manche Gesellschaften nicht, in welchen Schlamassel sie gerieten, obwohl dies (so hat es zumindest im Rückblick den Anschein) offenkundig gewesen sein muss? Mit welchen Lösungen hatten die Menschen zu früheren Zeiten Erfolg? Wenn wir Antworten auf solche Fragen hätten, könnten wir auch feststellen, welche Gesellschaften heute am stärksten gefährdet sind und mit welchen Maßnahmen man ihnen am besten helfen könnte, ohne dass wir auf weitere Zusammenbrüche nach der Art von Somalia warten müssten.

Aber zwischen der modernen Welt mit ihren Problemen und solchen Gesellschaften der Vergangenheit bestehen auch Unterschiede. Wir sollten nicht so naiv sein und glauben, die Beschäftigung mit der Vergangenheit werde einfache Lösungen liefern, die sich unmittelbar auf unsere heutigen Verhältnisse übertragen lassen. Zwischen uns und früheren Gesellschaften bestehen einige Unterschiede, durch die wir einer geringeren Gefahr ausgesetzt sind; in diesem Zusammenhang wird häufig unsere hoch entwickelte Technik (das heißt ihre positiven Auswirkungen) genannt, aber auch die Globalisierung, die moderne Medizin sowie größere Kenntnisse über Gesellschaften früherer Zeiten und heutige Gesellschaften in fernen Gegenden. Manche Unterschiede zu früheren Gesellschaften haben aber auch zur Folge, dass wir heute stärker gefährdet sind: Auch hier wäre unsere machtvolle Technologie (mit ihren unbeabsichtigten Zerstörungswirkungen) zu nennen, aber auch die Globalisierung (sodass ein Zusammenbruch im weit entfernten Somalia sich heute auch auf die USA und Europa auswirkt), die Abhängigkeit vieler Millionen (und bald Milliarden) Menschen von der modernen Medizin und die wesentlich größere Weltbevölkerung. Vielleicht können wir dennoch aus der Vergangenheit etwas lernen, aber dazu müssen wir über diese Schlussfolgerungen sehr genau nachdenken.

Bei allen Bemühungen, Zusammenbrüche früherer Zeiten zu verstehen, muss man sich mit einer großen Kontroverse und vier Komplikationen auseinander setzen. Die Kontroverse erwächst aus der Ablehnung der

Idee, frühere Völker (von denen manche die Vorfahren heute lebender, beredter Gruppen sind) könnten etwas getan haben, das zu ihrem eigenen Untergang beitrug. Wir sind uns heute der Umweltschäden viel stärker bewusst als noch vor wenigen Jahrzehnten. Selbst Schilder in Hotelzimmern berufen sich mittlerweile auf die Umwelt und vermitteln uns ein schlechtes Gewissen, wenn wir frische Handtücher wünschen oder das Wasser laufen lassen. Die Umwelt zu schädigen gilt heute moralisch als wesentlich sträflicher.

Erwartungsgemäß haben die Ureinwohner Hawaiis und die Maori nicht gerade viel für Paläontologen übrig, die ihnen erzählen, ihre Vorfahren hätten die Hälfte aller Vogelarten ausgerottet, deren Evolution in Hawaii oder Neuseeland stattgefunden hat. Und ebenso wenig Sympathie hegen die amerikanischen Ureinwohner für Archäologen, die ihnen sagen, dass die Anasazi im Südwesten der USA weite Flächen abgeholzt haben. Die angeblichen Entdeckungen der Paläontologen und Archäologen hören sich in manchen Ohren einfach nach einer weiteren Spielart rassistischer Äußerungen an, mit denen die Weißen indigene Völker enteignen wollen. Es ist, als wollten die Wissenschaftler sagen: »Eure Vorfahren haben das Land schlecht verwaltet, und deshalb geschieht es euch recht, wenn ihr vertrieben werdet.« Einige Weiße in Amerika und Australien, die etwas gegen staatliche Zahlungen und Landrückgabe an amerikanische Ureinwohner und australische Aborigines haben, vertreten heute tatsächlich unter Verweis auf die Entdeckungen eine solche Argumentation. Aber nicht nur die indigenen Völker, sondern auch mehrere Anthropologen und Archäologen, die sich mit ihnen beschäftigen und identifizieren, halten die angeblichen Entdeckungen aus jüngerer Zeit für rassistische Lügen.

Manche indigenen Völker und die Anthropologen, die sich mit ihnen identifizieren, verfallen ins andere Extrem. Sie behaupten steif und fest, indigene Völker seien früher und heute stets sanfte, ökologisch kluge Verwalter ihrer Umwelt gewesen, hätten die Natur genau gekannt und respektiert, seien unschuldige Bewohner eines Paradieses gewesen und hätten niemals etwas Schlechtes tun können. In Neuguinea sagte mir einmal ein Jäger: »Wenn es mir an einem Tag gelingt, in einer Richtung von unserem Dorf aus eine große Taube zu schießen, warte ich eine Woche, bevor ich wieder auf die Taubenjagd gehe, und dann wandere ich in die andere Richtung.« Nur die bösen Bewohner der Ersten Welt stehen demnach der Natur als Ignoranten gegenüber und zerstören die Umwelt, anstatt sie zu respektieren.

In dieser Kontroverse begehen die Vertreter beider Extrempositionen – die Rassisten und die Anhänger der Idee vom Garten Eden – den gleichen Fehler: Sie nehmen an, die indigenen Völker der Vergangenheit hätten sich grundlegend von den heutigen Bewohnern der Industrieländer unterschieden und seien ihnen entweder unter- oder überlegen gewesen. Die nachhaltige Bewirtschaftung der natürlichen Ressourcen war *immer* schwierig, seit sich beim *Homo sapiens* vor rund 50 000 Jahren Erfindungsreichtum, Effizienz und die Fähigkeit zur Jagd entwickelten. Seit die Menschen vor etwa 46 000 Jahren zum ersten Mal den australischen Kontinent besiedelten – woraufhin dort sehr schnell die meisten Riesenbeuteltiere und andere große Tiere ausstarben –, folgte auf die Besiedelung jener zuvor menschenleeren Landmasse – Australien, Nord- und Südamerika, Madagaskar, die Mittelmeerinseln, Hawaii, Neuseeland und Dutzende anderer Pazifikinseln – immer eine Welle des Aussterbens großer Tiere, die sich dort ungestört entwickelt hatten und nun eine leichte Beute waren oder den vom Menschen verursachten Lebensraumveränderungen, eingeschleppten Schädlingen und Krankheiten zum Opfer fielen. Jede Bevölkerung kann in die Falle tappen und die natürlichen Ressourcen übermäßig ausbeuten; das liegt an den allgegenwärtigen Problemen, die wir im weiteren Verlauf dieses Buches genauer betrachten werden: Die Ressourcen scheinen anfangs unerschöpflich zu sein, erste Anzeichen ihrer Erschöpfung bleiben wegen der normalen, jahre- oder jahrzehntelangen Schwankungen zunächst unbemerkt, den Menschen fällt es schwer, sich auf Einschränkungen bei der Nutzung gemeinsamer Ressourcen zu einigen (die so genannte »Tragödie der Gemeingüter« oder »Tragik der Allmende«, die in späteren Kapiteln genauer erörtert wird), und die Ökosysteme sind so komplex, dass es selbst einem professionellen Ökologen praktisch unmöglich ist, die Folgen menschlicher Eingriffe vorauszusagen. Umweltprobleme, die sich heute nur schwer beherrschen lassen, waren in der Vergangenheit sicher noch schwieriger zu handhaben. Insbesondere für Völker früherer Zeiten, die Analphabeten waren und keine Fallberichte über Gesellschaftszusammenbrüche lesen konnten, stellten Umweltschäden eine tragische, unvorhergesehene, ungewollte Folge ihrer besten Absichten dar und hatten nichts mit einem moralisch verwerflichen, blinden oder bewussten Egoismus zu tun. Die Gesellschaften, die am Ende zusammenbrachen, waren nicht dumm oder primitiv, sondern sie gehörten (wie beispielsweise die Maya) zu den kreativsten und (eine Zeit lang) am höchsten entwickelten und erfolgreichsten ihrer Epoche.

Die Völker früherer Zeiten waren weder unkundige, schlechte Verwalter, die es verdient hatten, dass sie am Ende ausgelöscht oder vertrieben wurden, noch die allwissenden, verantwortungsvollen Umweltschützer, die im Gegensatz zu uns alle Probleme lösen konnten. Sie waren Menschen wie wir und standen in einem weit gefassten Sinn vor ganz ähnlichen Problemen. Sie waren entweder zum Erfolg oder zum Scheitern verdammt, und die Umstände, die dazu führten, lassen in ganz ähnlicher Form heute auch uns Erfolg haben oder scheitern. Zwischen der Lage früherer Völker und unserer heutigen Situation bestehen natürlich auch Unterschiede, aber die Übereinstimmungen sind so groß, dass wir aus der Vergangenheit etwas lernen können.

Vor allem erscheint es mir aberwitzig und gefährlich, wenn man historische Annahmen über den Umgang einheimischer Völker mit der Umwelt dazu benutzt, eine faire Behandlung dieser Menschen zu rechtfertigen. In vielen, vielleicht sogar den meisten Fällen haben Historiker und Archäologen stichhaltige Belege gefunden, dass diese Annahme (eines paradiesischen Umweltbewusstseins) falsch ist. Zieht man sie heran, um faires Verhalten gegenüber indigenen Völkern zu rechtfertigen, sagt man damit implizit auch, dass eine schlechte Behandlung vertretbar ist, wenn man die Annahme widerlegen kann. In Wirklichkeit speist sich die Begründung, die gegen eine schlechte Behandlung spricht, nicht aus historischen Vermutungen über ihren Umgang mit der Umwelt, sondern auf einen ethischen Grundsatz: Es ist moralisch falsch, wenn ein Volk ein anderes enteignet, unterdrückt oder ausrottet.

Das ist die Kontroverse im Zusammenhang mit den ökologischen Zusammenbrüchen der Vergangenheit. Was die Komplikationen angeht, so stimmt es natürlich nicht, dass alle Gesellschaften zum Zusammenbruch durch Umweltschäden verdammt waren: Früher haben manche Gesellschaften ein solches Schicksal erlitten, andere aber nicht; die eigentliche Frage lautet: Warum haben sich nur manche Gesellschaften als labil erwiesen, und was unterscheidet jene von den anderen, die erhalten blieben? Einige Gesellschaften, die ich im Folgenden genauer betrachten werde, beispielsweise die auf Island und Tikopia, wurden mit äußerst schwierigen Umweltproblemen fertig, konnten deshalb über sehr lange Zeit bestehen bleiben und gedeihen heute noch. Als norwegische Siedler in Island zum ersten Mal einer Umwelt gegenüber standen, die auf den ersten Blick jener in Norwegen zu ähneln schien, in Wirklichkeit aber ganz anders war, zerstörten sie unabsichtlich große Teile des isländischen Mutterbodens und fast sämtliche Wälder. Später war Island lange Zeit das ärmste und ökologisch am stärksten verwüstete Land Europas. Aber die Isländer lernten aus ihren Erfahrungen, ergriffen strenge Umweltschutzmaßnahmen und erfreuen sich heute eines der höchsten Pro-Kopf-Einkommen auf der ganzen Welt. Die Bürger von Tikopia bewohnen eine winzige Insel und sind von sämtlichen Nachbarn so weit entfernt, dass sie in fast allem zu Selbstversorgern werden mussten, aber sie bewirtschafteten ihre Ressourcen im Kleinen so gut und hielten ihre Bevölkerungszahl so streng unter Kontrolle, dass ihre Insel auch heute, nach 3000 Jahren der menschlichen Besiedelung, noch produktiv ist. Dieses Buch ist also keine ununterbrochene Folge deprimierender Berichte über das Versagen, sondern es enthält auch Erfolgsgeschichten, die zur Nachahmung anregen und Optimismus verbreiten können.

Außerdem kenne ich keinen einzigen Fall, in dem man den Zusammenbruch einer Gesellschaft ausschließlich auf Umweltschäden zurückführen könnte; immer tragen auch andere Faktoren dazu bei. Als ich mit den Planungen für dieses Buch begann, konnte ich derartige Komplikationen noch nicht richtig einschätzen, und ich hatte die naive Vorstellung, es würde ausschließlich von der Schädigung der Umwelt handeln. Schließlich gelangte ich zu einem fünfteiligen Schema für die Faktoren, die an solchen Ereignissen mitwirken, und in diesem Rahmen versuche ich jetzt, mutmaßliche umweltbedingte Zusammenbrüche zu verstehen. Vier meiner Faktoren – Umweltschäden, Klimaveränderungen, feindliche Nachbarn und freundliche Handelspartner – können sich in einer bestimmten Gesellschaft als bedeutsam erweisen oder auch nicht. Der Fünfte, die Reaktion einer Gesellschaft auf ihre Umweltprobleme, ist immer von Bedeutung. Wir wollen diese fünf Faktoren nacheinander betrachten; die Reihenfolge stellt dabei keine Rangfolge dar, sondern orientiert sich nur an der bequemsten Art der Darstellung.

Der erste Faktor sind die bereits erwähnten Schäden, die eine Bevölkerungsgruppe ihrer Umwelt unabsichtlich zufügt. Wie groß diese Schäden sind und wie weit sie sich rückgängig machen lassen, hängt einerseits vom Verhalten der Menschen ab (beispielsweise davon, wie viele Bäume je Hektar sie in einem Jahr abholzen), andererseits aber auch von den Eigenschaften der Umwelt (beispielsweise davon, wie viele Keimlinge je Hektar und Jahr neu anwachsen und wie schnell sie größer werden). Solche Umwelteigenschaften bezeichnet man als Empfindlichkeit (Anfälligkeit für Schäden) oder Widerstandskraft (Erholungspotenzial nach Schädigungen); dabei kann man getrennt die Empfindlichkeit oder Widerstandsfähigkeit der Wälder, Böden, Fischbestände und anderer Aspekte einer Region betrachten. Dass nur bestimmte Gesellschaften einen Umweltzusammenbruch erlebten, kann also im Prinzip an mangelnder Klugheit der Menschen und / oder an einer besonderen Empfindlichkeit mancher Teile der Umwelt liegen.

Die nächste Überlegung in meinem fünfteiligen Schema betrifft Klimaveränderungen. Mit diesem Begriff bezeichnen wir heute vor allem die von Menschen verursachte globale Erwärmung. Dass das Klima wärmer oder kälter, feuchter oder trockener und von Monat zu Monat oder auch von Jahr zu Jahr schwankender wird, kann aber auch an Naturkräften liegen, die nichts mit dem Menschen zu tun haben. Solche Kräfte sind beispielsweise die von der Sonne abgestrahlte Wärme, Vulkanausbrüche, die Staub in die Atmosphäre entlassen, Veränderungen in der Orientierung der Erdachse relativ zur Erdumlaufbahn und Veränderungen in der Verteilung von Land und Wasser auf der Erdoberfläche. Häufig diskutierte natürliche Klimaveränderungen sind zum Beispiel die vordringenden und zurückweichenden Eiskappen während der Eiszeiten, die vor über zwei Millionen Jahren begannen, die so genannte kleine Eiszeit zwischen 1400 und 1800, und die globale Abkühlung nach dem gewaltigen Ausbruch des indonesischen Vulkans Tambora am 5. April 1815. Bei dieser Eruption gelangte so viel Staub in die oberen Atmosphärenschichten, dass weniger Sonnenlicht die Erde erreichte, bis der Staub sich gesetzt hatte. Dies führte wegen der kühleren Temperaturen in Nordamerika und Europa zu großen Hungersnöten, und 1816 (dem »Jahr ohne Sommer«) ging der Getreideertrag stark zurück.

Für die Gesellschaften früherer Zeiten, in denen die Menschen kürzer lebten und nicht schreiben konnten, waren Klimaveränderungen ein noch größeres Problem: In vielen Regionen der Erde schwankt das Klima nämlich nicht nur von Jahr zu Jahr, sondern auch in Zeiträumen von mehreren Jahrzehnten; manchmal folgt beispielsweise auf mehrere feuchte Jahrzehnte ein trockenes halbes Jahrhundert. In vielen prähistorischen Gesellschaften betrug die Generationszeit der Menschen – das heißt die durchschnittliche Zahl der Jahre zwischen der Geburt von Eltern und Kindern – nur wenige Jahrzehnte. Wenn eine Phase mit mehreren feuchten Jahrzehnten zu Ende ging, hatten die meisten Menschen also keine eigene Erinnerung mehr an das vorangegangene trockenere Klima. Selbst heute neigen die Menschen dazu, in guten Jahrzehnten Produktion und Bevölkerungszahl zu steigern, und dabei vergessen sie (oder wussten es früher überhaupt nicht), dass solche Jahrzehnte wahrscheinlich kein Dauerzustand sind. Wenn die gute Phase dann zu Ende geht, ist die Bevölkerung so groß, dass nicht mehr alle versorgt werden können, oder es haben sich Gewohnheiten breit gemacht, die sich nicht für die neuen Klimaverhältnisse eignen. (Man denke nur heute an den trockenen Westen der USA, wo in Städten und auf dem Land Wasser im Übermaß verbraucht wird; häufig stammt diese Gewohnheit aus feuchteren Jahrzehnten, wobei man stillschweigend annahm, sie seien typisch.) Verschärft wurden solche durch Klimawandel verursachten Probleme, weil viele Gesellschaften früherer Zeiten nicht über »Katastrophenhilfemechanismen« verfügten, die einen Import von Nahrungsüberschüssen aus Regionen mit besserem Klima in die Not leidenden Gebiete erlaubt hätten. Alle diese Aspekte trugen dazu bei, dass Klimaveränderungen für frühere Gesellschaften eine beträchtliche Gefahr bedeuteten.

Natürliche Klimaveränderungen können für eine Gesellschaft bessere oder schlechtere Bedingungen schaffen, und manchmal profitiert eine Gesellschaft davon, während eine andere darunter leidet. (Wie wir beispielsweise noch genauer erfahren werden, war die kleine Eiszeit für die Norweger in Grönland schlecht, für die Inuit in Grönland aber gut.) In vielen historischen Fällen konnte eine Gesellschaft den selbst verschuldeten Ressourcenverlust verkraften, solange ein freundliches Klima herrschte; wenn es dann aber trockener, kälter, heißer, feuchter oder unbeständiger wurde, geriet sie an den Rand des Zusammenbruchs. Soll man den Zusammenbruch in einem solchen Fall auf die Umweltschädigung durch die Menschen oder auf den Klimawandel zurückführen? Hier stimmt keine der beiden einfachen Alternativen. Hätte die Gesellschaft ihre Ressourcen nicht bereits teilweise erschöpft, hätte sie den durch den Klimawandel verursachten Verlust wahrscheinlich überstanden. Umgekehrt hätte sie aber auch den selbst verschuldeten Ressourcenmangel verkraftet, wenn die Ressourcen nicht durch die Klimaveränderung noch weiter geschrumpft wären. Keiner der beiden Faktoren war die alleinige Ursache, sondern als tödlich erwies sich die Kombination aus Umweltschädigung und Klimawandel.

Ein dritter Faktor sind feindliche Nachbarn. Von wenigen Ausnahmen abgesehen, siedelten Gesellschaften in historischer Zeit immer so eng, dass zwischen ihnen zumindest in einem gewissen Umfang Kontakte bestanden. Die Beziehungen zwischen Nachbargesellschaften können vorübergehend oder auf Dauer feindseliger Natur sein. Solange eine Gesellschaft stark ist, hält sie ihre Feinde unter Umständen auf Distanz, aber wenn sie aus irgendeinem Grund – beispielsweise durch eine Umweltschädigung – geschwächt wird, unterliegt sie. Der unmittelbare Anlass des Zusammenbruchs ist dann die militärische Eroberung, aber der eigentliche Grund – der Einfluss, dessen Veränderung zum Zusammenbruch führte – ist derjenige, der die Schwächung herbeigeführt hat. Deshalb verstecken sich Zusammenbrüche aus ökologischen oder anderen Gründen häufig hinter militärischen Niederlagen.

Die bekannteste Diskussion um eine solche Verschleierung betrifft den Untergang des weströmischen Reiches. Rom war zunehmend den Invasionen fremder Völker ausgesetzt, und als Datum für den Sturz des Reiches wird üblicherweise ein wenig willkürlich das Jahr 476 n. Chr. genannt, als der letzte weströmische Kaiser abgesetzt wurde. Aber schon vor dem Aufstieg des römischen Reiches hatte es »Barbarenstämme« gegeben, die in Nordeuropa und Zentralasien jenseits der Grenzen des »zivilisierten« Mittelmeerraumes lebten und diesen zivilisierten Teil Europas (wie auch die zivilisierten Regionen Chinas und Indiens) immer wieder angriffen. Mehr als tausend Jahre lang konnte Rom die Barbaren fern halten, so beispielsweise im Jahr 101 v. Chr., als eine große Invasionsarmee aus Kimbern und Teutonen auf den Campi Raudii abgeschlachtet und an der Eroberung Norditaliens gehindert wurde.

Am Ende jedoch blieben nicht die Römer, sondern die Barbaren Sieger. Was war die eigentliche Ursache dieses Schicksalsumschwunges? Lag es daran, dass die Barbaren selbst sich verändert hatten und beispielsweise zahlreicher oder besser organisiert waren, bessere Waffen oder mehr Pferde besaßen oder von dem Klimawandel in den Steppen Zentralasiens profitierten? Wenn es so war, müssen wir in den Barbaren wirklich die grundlegende Ursache für den Fall Roms sehen. Oder waren es die alten, unveränderten Barbaren, die schon seit eh und je an den Grenzen des Römischen Reiches warteten und erst dann die Oberhand gewinnen konnten, als Rom durch eine Mischung aus wirtschaftlichen, politischen, ökologischen und anderen Problemen geschwächt war? Dann müsste man den Zusammenbruch auf Roms eigene Probleme zurückführen, und die Barbaren versetzten ihm nur den Gnadenstoß. Diese Frage ist bis heute umstritten. Die gleiche Diskussion gibt es auch im Zusammenhang mit dem Fall des Khmer-Reiches von Angkor Wat durch die Invasion der Nachbarn aus Thailand, mit dem Niedergang der Kultur von Harappan im Industal und der Invasion der Arier, sowie mit dem Zusammenbruch des Reiches von Mykene und anderer bronzezeitlicher Gesellschaften am Mittelmeer nach der Invasion von Seefahrern.

Der vierte Faktor ist das Gegenteil des dritten: abnehmende Unterstützung durch freundliche Nachbarn statt zunehmender Angriffe durch Feinde. Im Allgemeinen hatten die Gesellschaften in der Geschichte nicht nur feindliche Nachbarn, sondern auch freundlich gesonnene Handelspartner. Oft handelte es sich bei Partnern und Feinden um die gleichen Nachbarn, die sich abwechselnd freundlich und feindselig verhielten. Die meisten Gesellschaften sind bis zu einem gewissen Grad auf freundliche Nachbarn angewiesen, entweder weil sie lebenswichtige Handelsgüter importieren müssen (man denke nur heute an die Ölimporte der USA oder den Import von Öl, Holz und Meeresfrüchten nach Japan), oder aber weil kulturelle Bindungen die Gesellschaft zusammenhalten (wie in Australien, dessen kulturelle Identität bis vor kurzer Zeit aus Großbritannien importiert wurde). Daraus ergibt sich eine Gefahr: Wird der Handelspartner aus irgendeinem Grund (beispielsweise durch Umweltschäden) geschwächt, sodass er die unentbehrlichen Importe oder kulturelle Bindungen nicht mehr bereitstellen kann, führt dies auch zu einer Schwächung der eigenen Gesellschaft. Dieses Problem ist uns heute sehr vertraut, denn die Industrieländer sind auf das Öl aus ökologisch empfindlichen und politisch unruhigen Drittweltländern angewiesen, die 1973 ein Ölembargo verhängten. Ähnliche Schwierigkeiten hatten in der Vergangenheit auch das norwegische Grönland, die Pitcairn-Inseln und andere Gesellschaften.

Der letzte meiner fünf Faktoren hat mit der allgegenwärtigen Frage zu tun, wie eine Gesellschaft auf ihre – ökologischen oder sonstigen – Probleme reagiert. Verschiedene Gesellschaften reagieren unterschiedlich auf ähnliche Herausforderungen. In der Vergangenheit hatten beispielsweise viele Gesellschaften große Schwierigkeiten mit der Waldzerstörung; im Hochland von Neuguinea sowie in Japan, auf Tikopia und den Tonga-Inseln entwickelte man daraufhin eine erfolgreiche Forstwirtschaft, und es ging den Ländern weiterhin gut, auf der Osterinsel, Mangareva und Normannisch-Grönland dagegen gelang eine Bewirtschaftung der Wälder nicht, und es kam zum Zusammenbruch. Wie sind solche unterschiedlichen Ergebnisse zu verstehen? Die Reaktionen einer Gesellschaft erwachsen aus ihren politischen, wirtschaftlichen und sozialen Institutionen sowie aus ihren kulturellen Werten. Diese Institutionen und Werte haben Einfluss darauf, ob die Gesellschaft ihre Probleme lösen kann (oder überhaupt zu lösen versucht). Im weiteren Verlauf des vorliegenden Buches werden wir im Zusammenhang mit jeder Gesellschaft, deren Zusammenbruch oder Überleben wir betrachten, dieses fünfteilige Schema anwenden.

Eines sollte ich natürlich hinzufügen: Genau wie Klimawandel, feindliche Nachbarn und freundliche Handelspartner, so tragen auch Umweltschäden in manchen Fällen zum Zusammenbruch einer Gesellschaft bei, in anderen jedoch nicht. Die Behauptung, Umweltschäden seien eine entscheidende Ursache aller Zusammenbrüche gewesen, ist absurd: Ein Gegenbeispiel aus jüngerer Zeit ist der Zusammenbruch der Sowjetunion, aus der Antike kann man die Zerstörung Karthagos durch die Römer im Jahr 146 v. Chr. anführen. Es liegt auf der Hand, dass manchmal auch militärische oder wirtschaftliche Faktoren allein ausreichen. Der vollständige Titel dieses Buches müsste also eigentlich lauten: »Gesellschaftszusammenbrüche mit ökologischer Komponente, in manchen Fällen auch unter Beteiligung von Klimawandel, feindseligen Nachbarn, freundlichen Handelspartnern und Fragen der gesellschaftlichen Reaktion«. Aber auch mit dieser Einschränkung bleibt aus Geschichte und Gegenwart noch eine Menge Material, dessen Betrachtung sich lohnt.

Fragen nach den Auswirkungen des Menschen auf die Umwelt sind in der Regel umstritten, und das Meinungsspektrum lässt sich zwei gegensätzlichen Lagern zuordnen. Das eine, meist mit den Begriffen »Umweltschützer« oder »umweltfreundlich« belegt, hält die derzeitigen Umweltprobleme für sehr schwer wiegend und dringend lösungsbedürftig, und man glaubt, die jetzigen Wachstumsraten bei Wirtschaft und Bevölkerung könnten nicht aufrechterhalten werden. Das andere Lager behauptet, die Bedenken der Umweltschützer seien übertrieben und nicht belegt, außerdem seien Wirtschafts- und Bevölkerungswachstum möglich und wünschenswert. Für diese zweite Gruppe gibt es kein allgemein anerkanntes Etikett, deshalb werde ich sie einfach als »Nichtumweltschützer« bezeichnen. Seine Anhänger kommen vor allem aus der Wirtschaft und den Großunternehmen, aber die Gleichung »Nichtumweltschützer = Wirtschaftsvertreter« trifft es nicht ganz; viele Manager halten sich durchaus für Umweltschützer, und viele Menschen, die den Aussagen der Umweltschützer skeptisch gegenüberstehen, kommen nicht aus der Welt der großen Firmen. Wo stehe ich selbst als Autor dieses Buches in Hinblick auf die beiden Lager?

Einerseits bin ich seit meinem sechsten Lebensjahr begeisterter Vogelliebhaber. Ich habe Biologie studiert und erforsche seit vierzig Jahren die Vögel im Regenwald von Neuguinea. Ich liebe Vögel, es macht mir Spaß, sie zu beobachten, und ich halte mich gern im Regenwald auf. Ebenso liebe ich andere Pflanzen, Tiere und Lebensräume, und ich schätze sie um ihrer selbst willen. Ich habe mich an vielen Projekten beteiligt, mit denen Arten und natürliche Lebensräume in Neuguinea und anderswo geschützt werden sollten. Während der letzten zwölf Jahre war ich Direktor beim US-amerikanischen Zweig des World Wildlife Fund, einer der größten internationalen Umweltschutzorganisationen, die auch wie kaum eine andere weltweit ausgerichtet ist. Das alles hat mir viel Kritik von Nichtumweltschützern eingetragen: Sie belegen mich mit Formulierungen wie »Angstmacher«, »Diamond predigt Dunkelheit und Untergang«, »er übertreibt die Risiken« oder »ihm ist das gefährdete Sumpfläusekraut wichtiger als die Bedürfnisse der Menschen«. Aber auch wenn ich die Vögel Neuguineas liebe, liebe ich doch meine Söhne, meine Frau, meine Freunde, die Menschen Neuguineas und andere noch viel mehr. Für Umweltfragen interessiere ich mich vor allem wegen ihrer Auswirkungen auf die Menschen und nicht wegen ihrer Folgen für die Vögel.

Andererseits verbinden mich viele Erfahrungen, Interessen und laufende Projekte mit Großunternehmen und anderen gesellschaftlichen Kräften, die ökologische Ressourcen ausbeuten und häufig als Umweltfeinde gelten. Als Jugendlicher habe ich in Montana auf großen Rinderfarmen gearbeitet, und heute, als erwachsener Mann und Vater, fahre ich mit meiner Frau und meinen Söhnen regelmäßig in den Sommerferien dorthin. Einen Sommer lang hatte ich einen Job in einem Kupferbergwerk in Montana. Ich liebe diesen Staat und meine Freunde unter den dortigen Bauern, ich verstehe und bewundere ihre landwirtschaftlichen Betriebe und ihre Lebensweise, und ich habe ihnen dieses Buch gewidmet. Ich den letzten Jahren hatte ich auch häufig die Gelegenheit, die großen, Ressourcen verbrauchenden Bergbau-, Holz-, Fischerei-, Öl- und Erdgasunternehmen zu beobachten und mich mit ihnen vertraut zu machen. In den letzten sieben Jahren habe ich die ökologischen Auswirkungen des größten Öl- und Erdgasfeldes in Papua-Neuguinea überwacht, wo die Ölkonzerne den World Wildlife Fund beauftragt hatten, die Umweltsituation unabhängig zu beurteilen. Ich habe lange Gespräche mit ihren Managern und Angestellten geführt, sodass ich mittlerweile auch ihre Sichtweisen und Probleme verstehe.

Durch solche Kontakte zu Großunternehmen konnte ich aus nächster Nähe beobachten, welche verheerenden Umweltschäden sie in vielen Fällen verursachen, aber ebenso habe ich aus nächster Nähe miterlebt, wie Großunternehmen in manchen Fällen aus eigenem Interesse strengere und wirksamere Umweltschutzmaßnahmen ergriffen haben als so mancher Nationalpark. Mich interessiert, welche Motive hinter diesen unterschiedlichen Einstellungen einzelner Firmen gegenüber der Umwelt stehen. Insbesondere meine Kontakte zu den Ölkonzernen hat mir von manchen Umweltschützern vernichtende Urteile eingebracht; von ihnen höre ich Formulierungen wie »Diamond hat sich an die Konzerne verkauft«, »er liegt mit der Großindustrie im Bett« oder »er prostituiert sich für die Ölfirmen«.

In Wirklichkeit stehe ich bei keinem Großunternehmen auf der Gehaltsliste, und ich beschreibe selbst dann, wenn ich bei ihnen zu Gast war, ganz offen die Vorgänge in ihrem Einflussbereich. In manchen Gebieten habe ich miterlebt, wie Öl- und Holzkonzerne große Zerstörungen angerichtet haben, und das habe ich dann auch deutlich gesagt; anderswo habe ich gesehen, dass sie vorsichtig waren, und dann habe ich auch das gesagt. Nach meiner Ansicht werden die Umweltprobleme der Welt nicht zu lösen sein, wenn die Umweltschützer nicht bereit sind, sich mit den Großkonzernen einzulassen, denn die gehören zu den mächtigsten Institutionen überhaupt. Deshalb schreibe ich dieses Buch aus der Sicht eines mittleren Standpunktes, vor dem Hintergrund meiner Erfahrungen mit Umweltproblemen wie auch mit der wirtschaftlichen Realität.

Wie kann man den Zusammenbruch von Gesellschaften »wissenschaftlich« untersuchen? Wissenschaft ist einer verbreiteten falschen Darstellung zufolge »das Wissen, das durch wiederholbare, kontrollierte Laborexperimente gewonnen wurde«. In Wirklichkeit ist sie etwas viel Umfasenderes: der Erwerb zuverlässiger Kenntnisse über die Welt. Auf manchen Gebieten, beispielsweise in der Chemie oder Molekularbiologie, sind wiederholbare, kontrollierte Laborexperimente möglich und das bei weitem zuverlässigste Mittel, um neue Erkenntnisse zu gewinnen. Meine offizielle Ausbildung spielte sich auf zwei solchen Teilgebieten der »Laborbiologie« ab: Mein erstes Examen machte ich in Biochemie, meinen Doktor dann in Physiologie. Von 1955 bis 2002 betrieb ich experimentelle physiologische Forschung im Labor, zunächst an der Harvard University und später an der University of California in Los Angeles.

Als ich 1964 anfing, im Regenwald von Neuguinea die Vögel zu beobachten, stand ich sofort vor einem Problem: Wie sollte ich zuverlässige Erkenntnisse gewinnen, ohne dass ich auf wiederholbare, kontrollierte Labor- oder Freilandexperimente zurückgreifen konnte? In der Regel ist es weder praktikabel noch juristisch oder ethisch vertretbar, Kenntnisse über Vögel zu gewinnen, indem man ihre Bestände an einer Stelle ausrottet oder beeinträchtigt, während man sie an einem anderen Ort zur Kontrolle unbehelligt lässt. Ich musste anders vorgehen. Ähnliche methodische Probleme ergeben sich in anderen Bereichen der Populationsbiologie, aber auch in der Astronomie, Epidemiologie, Geologie und Paläontologie.

Häufig kann man die Schwierigkeiten umgehen, indem man »vergleichende Untersuchungen« anstellt oder »natürliche Experimente« beobachtet, das heißt, man vergleicht natürliche Situationen, die sich im Hinblick auf die untersuchte Variable unterscheiden. Wenn ich mich als Ornithologe beispielsweise für die Frage interessiere, wie der Rostohr-Honigfresser der Gattung *Melidectes* sich in Neuguinea auf die Bestände anderer Honigfresserarten auswirkt, vergleiche ich die Vogelpopulationen auf Bergen, die sich möglichst ähnlich sind, wobei der eine einer *Melidectes*-Population eine Lebensgrundlage bietet, der andere jedoch nicht. Etwas ganz Ähnliches tue ich auch in meinen Büchern *Der dritte Schimpanse – Evolution und Zukunft des Menschen* und *Warum macht Sex Spaß? – Die Evolution der menschlichen Sexualität*: Ich vergleiche verschiedene Tierarten – insbesondere Primaten – und versuche auf diese Weise herauszufinden, warum Frauen (im Gegensatz zu den Weibchen der meisten anderen Tierarten) in die Wechseljahre kommen und den Zeitpunkt des Eisprunges nicht deutlich erkennen lassen, warum Männer nach den Maßstäben des Tierreiches einen relativ großen Penis haben und warum Sex bei Menschen in der Regel im Privatbereich stattfindet, während fast alle anderen Tierarten ihn ganz offen praktizieren. Eine umfangreiche Literatur berichtet über die offenkundigen Fallstricke dieser vergleichenden Methode und die Wege, auf denen man sie am besten vermeiden kann. Insbesondere in den historischen Wissenschaften wie Evolutionsbiologie und historischer Geologie, wo man die Vergangenheit ja nicht experimentell beeinflussen kann, muss man notgedrungen auf Laborversuche als Ersatz für natürliche Experimente zurückgreifen.

In diesem Buch wende ich die vergleichende Methode an, um Gesellschaftszusammenbrüche zu verstehen, zu denen Umweltprobleme beigetragen haben. In meinem vorherigen Buch *Arm und reich – Die Schicksale menschlicher Gesellschaften* habe ich nach dem gleichen Verfahren die umgekehrte Frage untersucht: warum Gesellschaften während der letzten 13 000 Jahre auf den einzelnen Kontinenten so unterschiedlich schnell aufgestiegen sind. In dem vorliegenden Buch konzentriere ich mich nicht auf den Aufschwung, sondern auf den Zusammenbruch; ich vergleiche viele Gesellschaften aus Vergangenheit und Gegenwart im Hinblick auf die Unterschiede bei ökologischer Empfindlichkeit, Beziehungen zu Nachbarn, politischen Institutionen und anderen »Ausgangsvariablen«, die sich der Theorie zufolge auf ihre Stabilität auswirken. Die »Ergebnisvariablen«, die ich untersuche, sind Zusammenbruch oder Überleben, sowie die Form des Zusammenbruches, falls ein solcher stattfindet. Indem ich einen Zusammenhang zwischen Ergebnisvariablen und Ausgangsvariablen herstelle, möchte ich den Einfluss potenzieller Ausgangsvariablen auf den Zusammenbruch dingfest machen.

Eine strenge, umfassende und quantitative Anwendung dieser Methode war im Zusammenhang mit den Zusammenbrüchen auf Pazifikinseln möglich, die durch das Abholzen der Wälder verursacht wurden. Die prähistorischen Völker im Pazifikraum rodeten die Wälder auf ihren Inseln in unterschiedlichem Umfang; manche taten kaum etwas, andere vernichteten die Wälder völlig, und die Folgen reichten von langfristigem Erhalt bis zum völligen Zusammenbruch, bei dem alle Menschen ums Leben kamen. Zusammen mit meinem Kollegen Barry Rolett erfasste ich auf 81 Pazifikinseln den Grad des Waldverlustes auf einer Zahlenskala, und ebenso vermaßen wir neun Ausgangsvariablen (beispielsweise Niederschlagsmenge, Isolation und Wiederherstellung der Fruchtbarkeit des Bodens), die sich unserem Postulat zufolge auf die Entwaldung auswirken sollten. Durch statistische Analysen konnten wir berechnen, wie stark die einzelnen Ausgangsvariablen die Entwaldung begünstigten. Ein weiteres vergleichendes Experiment war im Nordatlantikraum möglich: Hier besiedelten Wikinger aus Norwegen im Mittelalter sechs Inseln und Landmassen, die sich unterschiedlich gut für Landwirtschaft eigneten, den Handel mit Norwegen einfacher oder schwieriger machten und sich auch in anderen Ausgangsvariablen unterschieden; auch hier waren die Ergebnisvariablen sehr verschieden, vom schnellen Verlassen der Siedlung über den Tod aller Bewohner nach 500 Jahren bis hin zu Gesellschaften, die nach 1200 Jahren noch intakt waren. Darüber hinaus sind auch Vergleiche zwischen Gesellschaften aus verschiedenen Regionen der Erde möglich.

Grundlage für alle derartigen Vergleiche sind genaue Kenntnisse über einzelne Gesellschaften, wie sie von Archäologen, Historikern und anderen Forschern in geduldiger Kleinarbeit zusammengetragen werden. Am Ende des Buches nenne ich viele hervorragende Bücher und Aufsätze über die alten Maya und Anasazi, die heutigen Ruander und Chinesen sowie andere Gesellschaften aus Vergangenheit und Gegenwart, die ich vergleiche. Diese Einzelstudien bilden die unentbehrliche Datenbasis für mein Buch. Aber darüber hinaus kann man aus solchen Vergleichen zwischen vielen Gesellschaften noch andere Schlüsse ziehen, die sich aus einer noch so detaillierten Analyse einer einzigen Gesellschaft nicht ableiten lassen. Um beispielsweise den berühmten Zusammenbruch der Maya-Gesellschaft zu verstehen, muss man nicht nur genau über die Geschichte und Umwelt der Maya Bescheid wissen; viel mehr Erkenntnisse kann man gewinnen, wenn man dieses Volk in einem größeren Zusammenhang betrachtet und mit anderen zusammengebrochenen oder nicht zusammengebrochenen Gesellschaften vergleicht, die den Maya in manchen Aspekten ähnelten und sich in anderen von ihnen unterschieden. Diese zusätzlichen Erkenntnisse sind nur mit der vergleichenden Methode möglich.

Ich habe die Notwendigkeit guter Einzeluntersuchungen und guter Vergleiche so stark betont, weil Wissenschaftler, die das eine Verfahren praktizieren, den Beitrag des anderen häufig zu gering einschätzen. Spezialisten für die Geschichte einer Gesellschaft tun Vergleiche häufig als oberflächlich ab, und wer häufig vergleicht, findet die Untersuchung einer einzelnen Gesellschaft vielfach hoffnungslos engstirnig und misst ihr für das Verstehen anderer Gesellschaften nur einen begrenzten Wert bei. Aber wenn wir zuverlässige Kenntnisse gewinnen wollen, brauchen wir Forschungsarbeiten beider Typen. Besonders gefährlich wäre es, wenn man von einer Gesellschaft ausgehen und dann verallgemeinern würde, oder wenn man sich mit der Interpretation eines einzelnen Zusammenbruchs zu sicher wäre. Nur mit Befunden aus einer vergleichenden Untersuchung verschiedener Gesellschaften mit unterschiedlichem Schicksal kann man darauf hoffen, dass man zu einigermaßen überzeugenden Schlussfolgerungen gelangt.

Um im Voraus deutlich zu machen, in welche Richtung dieses Buch zielt, möchte ich den Aufbau kurz skizzieren. Das Ganze ähnelt einer Boa constrictor, die zwei große Schafe verschluckt hat. Oder anders ausgedrückt: Meine Erörterung der heutigen Welt und der Vergangenheit enthält jeweils einen unverhältnismäßig langen Bericht über eine Gesellschaft sowie kürzere Beschreibungen über einige weitere.

Fangen wir mit dem ersten großen Schaf an. Teil 1 besteht aus einem einzigen langen Kapitel (Kapitel 1) und handelt von den Umweltproblemen im Südwesten des US-Bundesstaates Montana, wo außer der Huls

Farm auch die Bauernhöfe meiner Freunde liegen, der Familie Hirschy (der dieses Buch gewidmet ist). Montana hat den Vorteil, dass es sich hier um eine moderne Industriegesellschaft handelt, die echte, aber im Vergleich zu den meisten anderen Industrieländern relativ geringfügige Umwelt- und Bevölkerungsprobleme hat. Vor allem aber bin ich mit vielen Bewohnern dieses Staates gut bekannt, sodass ich zwischen der Handlungsweise seiner Gesellschaft und den vielfach widersprüchlichen Motiven einzelner Menschen einen Zusammenhang herstellen kann. Wenn wir von diesem vertrauten Blick auf Montana ausgehen, können wir uns leichter die Vorgänge in abgelegenen Gesellschaften der Vergangenheit ausmalen, die uns anfangs sehr fremdartig erscheinen und bei denen wir über die Beweggründe einzelner Menschen nur Vermutungen anstellen können.

Teil 2 beginnt mit vier kürzeren Kapiteln über historische Gesellschaften, die zusammengebrochen sind; ich beschreibe sie in einer Reihenfolge der zunehmenden Komplexität vor dem Hintergrund meines Fünf-Punkte-Schemas. Die meisten Gesellschaften früherer Zeiten, die ich hier beschreibe, waren klein und lagen in irgendeiner Form am Rand – weil sie geographisch begrenzt waren, in sozialer Isolation lebten oder sich in einer labilen Umwelt befanden. Damit daraus nicht der Schluss gezogen wird, sie seien ein schlechtes Modell für die allgemein bekannten großen Gesellschaften der Neuzeit, muss ich erklären, dass ich sie genau aus dem umgekehrten Grund ausgewählt habe: In solchen kleinen Gesellschaften laufen die Prozesse schneller ab und haben extremere Folgen, sodass sie meine Aussagen besonders gut deutlich machen. Dass große, zentrale Gesellschaften, die mit ihren Nachbarn Handel trieben und sich in einem robusten ökologischen Umfeld befanden, in der Vergangenheit nicht zusammengebrochen sind und heute nicht zusammenbrechen können, stimmt nicht. Die historische Gesellschaft der Maya, die ich im Einzelnen beschreiben werde, umfasste viele Millionen Menschen, lag in einer der beiden kulturell am weitesten entwickelten Regionen des präkolumbianischen Amerika (nämlich in Mittelamerika), trieb Handel mit anderen hoch entwickelten Gesellschaften des gleichen Gebietes und wurde von diesen entscheidend beeinflusst. Im Literaturverzeichnis zu Kapitel 9 gebe ich einen kurzen Überblick über andere berühmte Gesellschaften der Vergangenheit – im Fruchtbaren Halbmond, in Angkor Wat, in Harappa im Industal und andere; sie alle ähnelten in den genannten Eigenschaften der Maya-Gesellschaft, und zu ihrem Niedergang trugen Umweltfaktoren entscheidend bei.

Unsere erste Fallstudie aus der Vergangenheit, die Geschichte der Osterinsel (Kapitel 2), kommt der Vorstellung von einem »rein« ökologisch bedingten Zusammenbruch am nächsten; die Ursachen waren die völlige Entwaldung mit der Folge, dass es zum Krieg kam; die herrschende Elite und die berühmten Steinstatuen wurden gestürzt, und ein großer Teil der Bevölkerung kam ums Leben. Soweit wir wissen, war die Gesellschaft der Osterinsel nach ihrer Gründung immer isoliert, das heißt, ihre Entwicklung wurde weder durch Feinde noch durch Freunde beeinflusst. Es gibt auch keine Anhaltspunkte, dass Klimaveränderungen dort eine Rolle spielten, aber das könnte sich bei zukünftigen Untersuchungen noch herausstellen. Mit der vergleichenden Analyse von Barry Rolett und mir können wir besser verstehen, warum unter allen Eilanden im Pazifik ausgerechnet die Osterinsel einen derart gravierenden Zusammenbruch erlebte.

Ein gutes Beispiel dafür, wie der vierte meiner fünf Punkte – Verlust der Unterstützung durch freundliche Nachbargesellschaften – sich auswirken kann, sind Pitcairn Island und Henderson Island (Kapitel 3), zwei Inseln, die ebenfalls von Polynesiern besiedelt waren. Auf beiden kam es lokal zu Umweltschäden, aber den Todesstoß versetzte ihnen der ökologisch bedingte Zusammenbruch bei einem wichtigen Handelspartner. Nach heutiger Kenntnis gab es weder feindselige Nachbarn noch Klimaveränderungen, die dazu beigetragen und die Sache komplizierter gemacht hätten.

An der Gesellschaft der amerikanischen Ureinwohner vom Stamm der Anasazi (Kapitel 4) kann man aufgrund detaillierter, aus Baumringen rekonstruierter Klimadaten besonders gut deutlich machen, wie im Südwesten der USA Umweltschäden und Bevölkerungswachstum mit Klimaveränderungen (in diesem Fall Trockenheit) zusammenspielten. Beim Zusammenbruch der Anasazi-Gesellschaft spielten anscheinend weder freundliche noch feindliche Nachbarn und auch kein Krieg (außer ganz am Ende) eine nennenswerte Rolle.

Ein Buch über den Zusammenbruch von Gesellschaften wäre nicht vollständig ohne einen Bericht über die Maya (Kapitel 5), die am höchsten entwickelte Gesellschaft amerikanischer Ureinwohner und der Inbegriff des romantischen, vom Dschungel überwucherten Geheimnisses. Wie bei den Anasazi, so zeigt sich auch bei den Maya sehr deutlich der kombinierte Effekt von Umweltschäden, Bevölkerungswachstum und Klimaveränderung, ohne dass freundliche Nachbarn eine wesentliche Rolle gespielt hätten. Anders als beim Zusammenbruch der Anasazi-Gesellschaft jedoch stellten feindliche Nachbarn für die Mayastädte schon in ihrer Frühzeit eine Bedrohung dar. Von den in Kapitel 2 bis 5 beschriebenen Gesellschaften bietet uns nur die der Maya den Vorteil schriftlicher Aufzeichnungen.

Der komplizierteste Fall eines historischen Zusammenbruchs ist Normannisch-Grönland (Kapitel 6 bis 8); hier verfügen wir auch über die genauesten Kenntnisse (weil es sich um eine gut untersuchte europäische Gesellschaft mit einer Schriftsprache handelte), und sie ermöglicht eine ausführliche Erörterung. Damit wird sie zum zweiten Schaf unserer Boa constrictor. Hier sind alle fünf Punkte aus meinem Schema gut belegt: Umweltschäden, Klimaveränderung, Verlust freundschaftlicher Kontakte zu Norwegen, Verstärkung des feindseligen Verhältnisses zu den Inuit sowie das politische, wirtschaftliche, soziale und kulturelle Umfeld von Normannisch-Grönland. Mit Grönland kommen wir einem kontrollierten experimentellen Zusammenbruch so nahe wie möglich: Zwei Gesellschaften (Norweger und Inuit) teilten sich dieselbe Insel, hatten aber eine ganz unterschiedliche Kultur, sodass die eine Gesellschaft überleben konnte, während die andere zugrunde ging. Aus der Geschichte Grönlands kann man also lernen, dass der Zusammenbruch auch unter widrigen Umweltverhältnissen nicht zwangsläufig eintritt, sondern immer von den Entscheidungen einer Gesellschaft abhängt. Man kann Normannisch-Grönland auch mit fünf anderen Gesellschaften vergleichen, die ebenfalls im Nordatlantikraum von norwegischen Siedlern gegründet wurden; dann verstehen wir, warum es den Norwegern auf den Orkney-Inseln gut ging, während ihre Vettern in Grönland zu leiden hatten. Eine dieser fünf norwegischen Gesellschaften, Island, ist eine herausragende Erfolgsgeschichte; sie zeigt, wie man auch in einer empfindlichen Umwelt ein hohes Maß an modernem Wohlstand erreichen kann.

Am Ende des Teils II (Kapitel 9) stelle ich drei weitere Gesellschaften vor, die wie Island Erfolg hatten und deshalb einen guten Kontrast zu den gescheiterten Gesellschaften bilden. In allen drei Fällen waren die Umweltprobleme zwar weniger schwer wiegend als in Island oder in den meisten zusammengebrochenen Gesellschaften, aber wir werden sehen, dass es zwei Wege zum Erfolg gibt: Für den einen, der von unten nach oben führt, sind Tikopia und das Hochland Neuguineas gute Beispiele, den anderen, von oben nach unten, verdeutliche ich am Japan der Tokugawazeit.

Im Teil 3 kehren wir dann in die moderne Welt zurück. Nachdem wir uns in Kapitel 1 bereits mit dem heutigen Montana beschäftigt haben, betrachten wir jetzt vier ganz unterschiedliche Länder unserer Zeit, zunächst zwei kleine und dann zwei, die man groß oder sogar riesig nennen kann: eine Drittweltkatastrophe (Ruanda), eine Drittweltgesellschaft, die bisher überlebt hat (die Dominikanische Republik), einen Riesen der Dritten Welt, der alles daransetzt, zu den Industrieländern aufzuschließen (China) und ein modernes Industrieland (Australien). In Ruanda (Kapitel 10) hat sich vor unseren Augen eine malthusianische Katastrophe abgespielt: Das übervölkerte Land ist mit einem gewaltigen Blutvergießen zusammengebrochen wie in früheren Zeiten die Mayakultur. Ruanda und das benachbarte Burundi sind wegen der ethnischen Gewalt zwischen Hutu und Tutsi berüchtigt, aber wie wir noch genauer erfahren werden, bildeten Umweltschäden und Klimaveränderung den Sprengstoff, der durch die ethnische Gewalt gezündet wurde.

Die Dominikanische Republik und Haiti (Kapitel 11) teilen sich die Insel Hispaniola und bieten einen ganz ähnlichen grausigen Kontrast wie Norweger und Inuit in Grönland. Haiti wurde durch Jahrzehnte wechselnder, aber gleichermaßen bösartiger Diktaturen zum traurigsten Pflegefall der Neuen Welt, in der Dominikanischen Republik dagegen gibt es Anlass zur Hoffnung. Damit nicht der Eindruck entsteht, ich würde in diesem Buch einen Umweltdeterminismus predigen, möchte ich am Beispiel der Dominikanischen Republik deutlich machen, wie wichtig manchmal eine einzige Person ist, insbesondere wenn es sich dabei um den Regierungschef eines Staates handelt.

China (Kapitel 12) leidet in starkem Maße an allen zwölf Arten heutiger Umweltprobleme. Da Wirtschaft, Bevölkerung und Fläche dieses Landes so riesig sind, sind die ökologischen und ökonomischen Auswirkungen seiner Probleme nicht nur für die eigene Bevölkerung von Bedeutung, sondern für die ganze Welt.

Australien (Kapitel 13) ist im Vergleich zu Montana das andere Extrem: Eine Industriegesellschaft besetzt eine empfindliche Umwelt und erlebt schwerste ökologische Probleme. Deshalb gehört Australien auch zu den Ländern, die am radikalsten über einen Umbau der Gesellschaft nachdenken, um diese Probleme zu lösen.

Der abschließende Teil des Buches (Teil 4) zieht praktische Lehren für unsere Gegenwart. In Kapitel 14 stelle ich die quälende Frage, die sich in der Vergangenheit jeder Gesellschaft vor der endgültigen Selbstzerstörung stellte und die auch zukünftige Erdenbewohner quälen wird, wenn wir uns am Ende ebenfalls selbst zerstören: Wie kommt es, dass eine Gesellschaft die Gefahren nicht sieht, die uns im Rückblick so auf der Hand zu liegen scheinen? Können wir behaupten, die Menschen seien selbst an diesem Ergebnis schuld gewesen, oder waren sie die tragischen Opfer unlösbarer Probleme? Inwieweit waren die Umweltschäden unbeabsichtigt und unmerklich, und in welchem Umfang wurden sie auf perverse Weise von Menschen herbeigeführt, die sich der Folgen in vollem Umfang bewusst waren? Was sagten beispielsweise die Bewohner der Osterinsel, als sie den letzten Baum auf ihrem Eiland fällten? Wie sich herausstellt, können die Entscheidungsprozesse in Gruppen durch eine ganze Reihe von Faktoren ausgehebelt werden; das beginnt damit, dass ein Problem nicht vorausgesehen oder wahrgenommen wird, und setzt sich mit Interessenkonflikten fort, bei denen manche Angehörigen der Gruppe ihre eigenen Ziele verfolgen, obwohl diese für den Rest der Gruppe einen Nachteil bedeuten.

Kapitel 15 beleuchtet die Rolle der modernen Großunternehmen, von denen manche zu den größten ökologischen Zerstörungskräften unserer Zeit gehören, während andere für einige der wirksamsten Umweltschutzmaßnahmen verantwortlich sind. Wir werden untersuchen, warum manche (aber nur manche) Konzerne selbst ein Interesse am Umweltschutz haben, und wir werden der Frage nachgehen, welche Veränderungen eintreten müssen, damit andere Unternehmen es sich zum Ziel machen, es diesen gleichzutun.

Im Kapitel 16 schließlich stelle ich zusammenfassend dar, welche ökologischen Gefahren der modernen Welt drohen, welche Einwände am häufigsten gegen die Ernsthaftigkeit solcher Befürchtungen erhoben werden, und welche Unterschiede zwischen den ökologischen Gefahren für frühere und heutige Gesellschaften bestehen. Einer der wichtigsten Unterschiede hängt mit der Globalisierung zusammen und ist im Kern einer der Hauptgründe für Pessimismus und Optimismus im Hinblick auf unsere Fähigkeit, unsere derzeitigen Umweltprobleme in den Griff zu bekommen. Wegen der Globalisierung ist es heute nicht mehr möglich, dass eine Gesellschaft in völliger Isolation zusammenbricht, wie es früher auf der Osterinsel und in Normannisch-Grönland geschah. Wenn eine Gesellschaft sich heute im Umbruch befindet, kann sie noch so abgelegen sein – man denke nur an Afghanistan oder Somalia –, sie wird immer auch in den wohlhabenden Gesellschaften anderer Kontinente Probleme verursachen und unterliegt deren (nützlichen oder destabilisierenden) Einflüssen. Zum ersten Mal in der Geschichte droht die Gefahr eines weltweiten Niederganges. Zum ersten Mal haben wir aber auch die Gelegenheit, schnell aus Entwicklungen zu lernen, die sich irgendwo auf der Welt in anderen Gesellschaften abspielen, aber auch aus dem, was sich dort irgendwann in der Vergangenheit ereignet hat. Deshalb habe ich dieses Buch geschrieben.

TEIL EINS

MONTANA HEUTE

KAPITEL 1

Unter dem großen Himmel von Montana

Die Geschichte von Stan Falkow ■ Montana und ich ■ Warum zum Anfang ausgerechnet Montana? ■ Die Wirtschaftsgeschichte von Montana ■ Bergbau ■ Forstwirtschaft ■ Boden ■ Wasser ■ Einheimische und eingeschleppte Arten ■ Verschiedene Visionen ■ Einstellungen gegenüber Vorschriften ■ Die Geschichte von Rick Laible ■ Die Geschichte von Chip Pigman ■ Die Geschichte von Tim Huls ■ Die Geschichte von John Cook ■ Montana, eine Welt im Kleinformat

Mein Freund Stan Falkow ist 70 Jahre alt und Professor für Mikrobiologie an der Stanford University nicht weit von San Francisco. Als ich ihn fragte, warum er sich im Bitterroot Valley in Montana ein Ferienhaus gekauft hätte, erzählte er mir, wieso diese Entscheidung zu seiner gesamten Lebensgeschichte passte:

»Ich bin im Bundesstaat New York geboren und dann nach Rhode Island gezogen. Das heißt, als Kind hatte ich keine Ahnung von Bergen. Als ich Anfang zwanzig war und gerade das College abgeschlossen hatte, klinkte ich mich für ein paar Jahre aus der Berufsausbildung aus und arbeitete in der Nachtschicht im Obduktionslabor eines Krankenhauses. Für einen jungen Menschen wie mich, der noch keine Erfahrungen mit dem Tod hatte, war es sehr anstrengend. Ein Bekannter der gerade aus dem Koreakrieg zurückgekehrt war, sah mich an und sagte: ›Stan, du siehst nervös aus; du musst dein Stressniveau vermindern. Versuch es mal mit der Fliegenfischerei!‹

Also fing ich an, mit Fliegen zu angeln und Barsche zu fangen. Ich lernte, wie man selbst Fliegen zusammenbindet, vertiefte mich richtig hinein und ging jeden Tag nach der Arbeit zum Angeln. Mein Freund hatte Recht: Es half tatsächlich gegen den Stress. Aber dann wollte ich in Rhode Island promovieren, und damit war ich wiederum in einer anstrengenden Arbeitssituation. Ein Mitdoktorand erzählte mir, man könne mit Fliegen nicht nur Barsche fangen: Im benachbarten Massachusetts angelten sie damit auch Forellen. Also fing ich mit dem Forellenangeln an. Mein Doktorvater aß sehr gerne Fisch und ermutigte mich zu meinen Angelausflügen: Nur bei diesen Gelegenheiten runzelte er nicht die Stirn, wenn ich mir im Labor einige Zeit frei nahm.

Als ich ungefähr fünfzig war, trat in meinem Leben wiederum eine Stresssituation ein, dieses Mal wegen einer schwierigen Scheidung und anderer Dinge. Damals nahm ich mir nur noch drei Mal im Jahr die Zeit für die Fliegenfischerei. Viele Menschen überlegen anlässlich ihres fünfzigsten Geburtstages, was sie mit dem Teil ihres Lebens, der noch vor ihnen liegt, anfangen wollen. Ich dachte über das Leben meines Vaters nach, und dabei fiel mir ein, dass er mit 58 Jahren gestorben war. In einer Schrecksekunde wurde es mir klar: Wenn ich so lange leben würde wie er, blieben mir bis zu meinem Tod nur noch 24 Angelausflüge – sehr wenig für eine Tätigkeit, die ich so liebte. Nach dieser Erkenntnis dachte ich darüber nach, wie ich in den verbleibenden Jahren einen größeren Teil meiner Zeit den Dingen widmen konnte, die ich wirklich gern tat. Und eines davon war die Fliegenfischerei.

Gerade als ich so weit war, wurde ich gebeten, ein Forschungsinstitut im Bitterroot Valley im Südwesten von Montana zu begutachten. Ich war bis zu meinem vierzigsten Lebensjahr nie westlich des Mississippi gewesen. Jetzt landete ich auf dem Flughafen von Missoula, nahm mir einen Mietwagen und fuhr nach Süden in die Kleinstadt Hamilton, wo sich das Institut befand. Ungefähr zwanzig Kilometer südlich von Missoula verläuft die Straße über längere Zeit schnurgerade; der Talboden ist dort flach und voller Felder, im Westen erheben sich die schneebedeckten Bitterroot Mountains, und im Osten steigen die Sapphire Mountains abrupt aus dem Tal in die Höhe. Ich war von der Schönheit und Größe der Landschaft überwältigt; so etwas hatte ich noch nie gesehen. Es verschaffte mir ein Gefühl des Friedens und eine ganz andere Sichtweise von meinem Platz in der Welt.

Als ich in dem Institut eintraf, lief mir ein früherer Student über den Weg, der jetzt dort arbeitete und meine Begeisterung für die Fliegenfischerei kannte. Er schlug vor, ich solle nächstes Jahr wiederkommen und in dem Institut ein paar Experimente machen, dann könnten wir auch zum Fliegenangeln an den Bitterroot River fahren, der für seine Forellen berühmt ist. Also fuhr ich im folgenden Sommer erneut hin. Ich wollte zwei Wochen bleiben, am Ende wurde es ein ganzer Monat. Im nächsten Jahr wollte ich einen Monat bleiben und hielt mich den ganzen Sommer dort auf; als er zu Ende ging, kauften meine Frau und ich in dem Tal ein Haus. Seitdem kommen wir immer wieder und verbringen einen großen Teil des Jahres in Montana. Jedes Mal, wenn ich auf der geraden Straße von Missoula ins Bitterroot Valley fahre, erfüllt der erste Anblick der Landschaft mich aufs Neue mit jenem Gefühl der Ruhe und Erhabenheit, und die gleiche Sichtweise für mein Verhältnis zum Universum stellt sich wieder ein. Sich dieses Gefühl zu bewahren, ist in Montana einfacher als irgendwo sonst.«

So wirkt die Schönheit von Montana auf die Menschen: auf jene, die wie Stan Falkow und ich in ganz anderen Gegenden aufgewachsen sind; auf Leute wie meinen Freund John Cook, die in anderen Gebirgsgegenden im Westen der USA groß geworden sind und sich dennoch nach Montana hingezogen fühlen; und auf wieder andere wie die Familie Hirschy, die aus Montana stammen und sich entschlossen haben, dort zu bleiben.

Ich selbst bin wie Stan Falkow im Nordosten der Vereinigten Staaten (Boston) geboren und war bis zu meinem 15. Lebensjahr nicht westlich des Mississippi; erst dann nahmen meine Eltern mich in den Sommerferien für ein paar Wochen mit ins Big Hole Basin unmittelbar südlich des Bitterroot Valley. Mein Vater war Kinderarzt und hatte sich um Johnny Eliel gekümmert, den Sohn eines Ranchers; er litt an einer seltenen Krankheit, und der Kinderarzt der Familie hatte ihm geraten, sich in Boston bei Spezialisten in Behandlung zu begeben. Johnny war der Urenkel des Schweizer Einwanderers Fred Hirschy Sr., der in den neunziger Jahren des 19. Jahrhunderts als Pionier in der Big-Hole-Region eine Ranch gründete. Sein Sohn Fred Jr. war zur Zeit meines Besuches 69 Jahre alt; er leitete nach wie vor zusammen mit seinen erwachsenen Söhnen Dick und Jack Hirschy sowie seinen Töchtern Jill Hirschy Eliel (Johnnys Mutter) und Joyce Hirschy McDowell das Familienanwesen. Johnnys Zustand besserte sich durch die Behandlung meines Vaters, und nun luden seine Eltern und Großeltern unsere Familie ein, sie zu besuchen.

Wie Stan Falkow, so war auch ich von der Landschaft des Big Hole Basin sofort überwältigt: Ein weiter Talboden mit Wiesen und gewundenen Bächen, umgeben von Mauern aus Bergen, die je nach der Jahreszeit mit Schnee bedeckt sind und sich abrupt an jedem Horizont erheben. Montana nennt sich selbst »Big Sky State«, und ein »Staat des großen Himmels« ist es tatsächlich. An den anderen Orten, wo ich gewohnt habe, war der Blick auf den unteren Teil des Himmels meist durch Gebäude verdeckt, wenn es sich um Städte handelte, oder es gab zwar Berge, aber das Gelände war zerklüftet und die Täler schmal, sodass man wie in Neuguinea oder in den Alpen nur ein kleines Stück des Himmels sieht. Oder aber man sieht einen weiten Himmel, aber der ist nicht sonderlich interessant, weil sich am Horizont kein charakteristischer Ring aus Bergen erhebt – so ist es in den Ebenen von Iowa und Nebraska. Drei Jahre später, als ich aufs College ging, fuhr ich im Sommer zusammen mit zwei Kommilitonen und meiner Schwester wieder auf die Ranch von Dick Hirschy; wir arbeiteten bei der Heuernte mit.

Nach jenem Sommer 1956 dauerte es sehr lange, bis ich wieder nach Montana kam. Im Sommer hielt ich mich in anderen Gegenden auf, die auf ihre Weise ebenfalls sehr schön waren, so in Neuguinea oder in den Anden. Dennoch konnte ich Montana und die Familie Hirschy nie vergessen. Im Jahr 1998 erhielt ich schließlich durch Zufall eine Einladung des Teller Wildlife Refuge, einer privaten, gemeinnützigen Stiftung, die dort ihren Sitz hat. Es war eine gute Gelegenheit, meinen eigenen Söhnen – sie sind Zwillinge – Montana zu zeigen; sie waren nur wenige Jahre jünger als ich damals bei meinem ersten Besuch in dem Bundesstaat, und ich wollte ihnen auch beibringen, wie man Forellen mit Fliegen angelt. Meine Jungen fanden Gefallen daran: Einer macht jetzt eine Ausbildung zum Fischereiführer. Ich nahm die Verbindung zu Montana wieder auf und besuchte meinen Oberrancher Dick Hirschy mit seinen Geschwistern, die jetzt alle über siebzig und teilweise schon über achtzig waren. Sie arbeiteten immer noch das ganze Jahr, genau wie 45 Jahre zuvor, als ich sie kennen gelernt hatte. Seit jenem Besuch fahre ich mit meiner Familie jedes Jahr nach Montana.

Der große Himmel ist mir ans Herz gewachsen. Nachdem ich so viele Jahre in anderen Gegenden gewesen war, brauchte ich mehrere Reisen nach Montana, um mich an das Panorama dieses Himmels zu gewöhnen; erst allmählich wurde mir klar, wie sehr ich mich darüber freue, diese Landschaft während eines Teils meines Lebens täglich um mich zu haben – und ich entdeckte, wie ich mich dafür öffnen und mich davon zurückziehen konnte, immer in dem Wissen, dass ich jederzeit wiederkommen kann. Los Angeles hat für meine Familie und mich große praktische Vorteile als ganzjähriger Ort für Arbeit, Schule und Wohnen, aber Montana ist unendlich viel schöner und friedlicher. Der schönste Anblick der Welt ist für mich der Blick hinunter auf die Wiesen des Big Hole und hinauf zu den schneebedeckten Gipfeln der Rocky Mountains, wie man ihn von der Terrasse der Ranch von Jill und John Eliel genießen kann.

Montana und ganz besonders das Bitterroot Valley im Südwesten ist ein Land der Widersprüche. Unter den 48 zusammenhängenden Bundesstaaten der USA ist Montana flächenmäßig der drittgrößte, mit der Bevölkerungszahl steht es aber an sechster Stelle von hinten, und deshalb hat es auch die zweitniedrigste Bevölkerungsdichte. Das Tal ist heute üppig grün, ganz im Gegensatz zu seiner ursprünglichen Vegetation, die nur aus Beifuß bestand. Der Kreis Ravalli, zu dem das Tal gehört, ist so schön und zieht so viele Einwanderer aus anderen Teilen der Vereinigten Staaten (auch aus anderen Regionen von Montana) an, dass er zu den am schnellsten wachsenden Kreisen des ganzen Landes gehört; andererseits verlassen aber 70 Prozent der High-School-Absolventen die Gegend, und die meisten davon ziehen auch aus Montana weg. Während die Bevölkerung im Tal wächst, geht sie im Osten von Montana ansonsten zurück, und insgesamt ergibt sich für den Staat eine stagnierende Bevölkerungsentwicklung. Im Kreis Ravalli ist die Zahl der Bürger über fünfzig Jahre in den letzten zehn Jahren steil angestiegen, die Zahl derer zwischen dreißig und vierzig ist dagegen gesunken. Einige neue Bewohner des Tales sind sehr wohlhabend, unter ihnen Charles Schwab, Gründer eines Brokerhauses, und Intel-Präsident Craig Barrett; dennoch gehört Ravalli zu den ärmsten Kreisen in Montana, das wiederum nahezu der ärmste US-Bundesstaat ist. Viele Bewohner des Kreises müssen zwei oder drei Berufe ausüben, um sich ein Leben an der offiziellen Armutsgrenze zu finanzieren.

Normalerweise bringen wir Montana mit Naturschönheiten in Verbindung, und was die Umwelt angeht, ist es vielleicht tatsächlich unter allen 48 zusammenhängenden Staaten am wenigsten geschädigt. Letztlich ist das der wichtigste Grund, warum so viele Menschen in den Kreis Ravalli ziehen. Mehr als ein Viertel der Landflächen in dem Staat und sogar drei Viertel des Kreises sind in Bundesbesitz, überwiegend in der Kategorie der Nationalen Wälder. Dennoch ist das Bitterroot Valley ein Mikrokosmos der Umweltprobleme, mit denen die ganzen Vereinigten Staaten zu kämpfen haben: Bevölkerungswachstum, Zuwanderung, Wasserknappheit und abnehmende Wasserqualität, lokal und jahreszeitlich schlechte Luftqualität, Giftmüll, erhöhte Waldbrandgefahr, Waldsterben, Bodenerosion und Nährstoffverlust, Rückgang der Artenvielfalt, Schäden durch eingeschleppte Schädlinge, Auswirkungen des Klimawandels.

Für den Anfang eines Buches über Umweltprobleme in Vergangenheit und Gegenwart ist Montana eine ideale Fallstudie. Bei den historischen Gesellschaften, die ich noch erörtern werde – Polynesier, Anasazi, Maya,

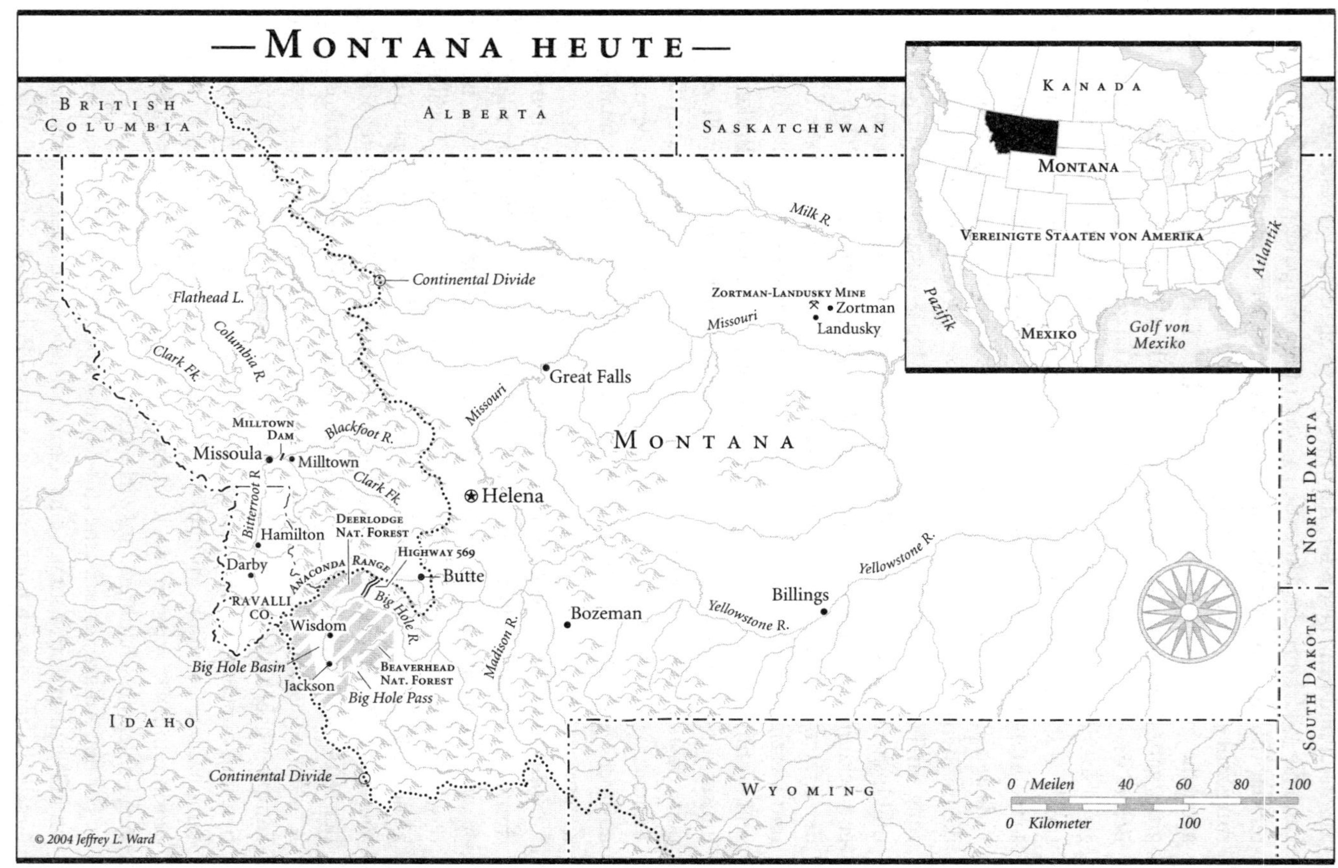
—MONTANA HEUTE—
BRITISH COLUMBIA
ALBERTA
SASKATCHEWAN
KANADA
MONTANA
VEREINIGTE STAATEN VON AMERIKA
Atlantik
Pazifik
MEXIKO
Golf von Mexiko
Milk R.
Continental Divide
Flathead L.
Columbia R.
Clark Fk.
ZORTMAN-LANDUSKY MINE
Zortman
Landusky
Missouri
Great Falls
Missouri
MONTANA
MILLTOWN DAM
Blackfoot R.
Missoula
Milltown
Clark Fk.
Helena
Bitterroot R
Hamilton
DEERLODGE NAT. FOREST
HIGHWAY 569
Darby
ANACONDA RANGE
Butte
Big Hole R.
RAVALLI CO.
Wisdom
Big Hole Basin
Jackson
BEAVERHEAD NAT. FOREST
Big Hole Pass
Madison R.
Bozeman
Yellowstone R.
Billings
Yellowstone R.
NORTH DAKOTA
SOUTH DAKOTA
IDAHO
WYOMING
Continental Divide
0 Meilen 40 60 80 100
0 Kilometer 100
© 2004 Jeffrey L. Ward

Normannisch-Grönland und andere – wissen wir heute, wie sich die Entscheidungen ihrer Mitglieder über die Umweltbewirtschaftung am Ende ausgewirkt haben, aber in den meisten Fällen kennen wir weder Namen noch persönliche Geschichten, und über die Motive, die sie zu ihrem Handeln veranlassten, können wir nur Vermutungen anstellen. Im Montana von heute dagegen kennen wir Namen, Biographien und Motive. Mit manchen beteiligten Personen bin ich seit über fünfzig Jahren befreundet. Wenn wir die Motive der Menschen von Montana verstehen, können wir uns auch eine bessere Vorstellung von den Beweggründen der Menschen früherer Zeiten machen. Dieses Kapitel soll einem Thema, das ansonsten vielleicht sehr abstrakt erscheint, ein menschliches Gesicht verleihen.

Außerdem ist Montana ein heilsames Gegengewicht zu den Beschreibungen in den nachfolgenden Kapiteln, die kleinen, armen, abseits gelegenen, historischen Gesellschaften und ihrer empfindlichen Umwelt gewidmet sind. Ich habe mich bewusst entschlossen, gerade diese Gesellschaften zu erörtern, weil sie am stärksten unter den Folgen ihrer Umweltschäden gelitten haben und deshalb die Prozesse, die das Thema dieses Buches sind, besonders anschaulich machen. Dass sie nicht als einzige Gesellschaften schwer wiegenden Umweltproblemen ausgesetzt sind, zeigt das Kontrastbeispiel Montana. Es gehört zur reichsten Nation der Welt, ist in diesem Land eine der urtümlichsten und am dünnsten besiedelten Regionen und hat scheinbar mit Umwelt und Bevölkerung weniger Probleme als der Rest der Vereinigten Staaten. Sicher, in Montana sind die Probleme weniger akut als in meiner Heimatstadt Los Angeles, wo die Amerikaner sich mit Übervölkerung, Verkehr, Smog, Wasserknappheit, schlechter Wasserqualität und Giftmüll herumschlagen müssen, und auch in den meisten anderen Ballungsräumen, wo ein Großteil der US-Bürger zu Hause ist, sind sie schlimmer. Wenn es in Montana dennoch Umwelt- und Bevölkerungsprobleme gibt, versteht man besser, wie schwer wiegend diese Probleme in anderen Regionen der USA sein müssen. Am Beispiel Montana werde ich die fünf Hauptthemen dieses Buches deutlich machen: die Auswirkungen des Menschen auf die Umwelt; den Klimawandel; die Beziehungen einer Gesellschaft zu freundlich gesonnenen Nachbargesellschaften (in diesem Fall andere US-Bundesstaaten); die Gefährdung einer Gesellschaft durch potenzielle Feinde (beispielsweise Terroristen aus anderen Kontinenten und Ölproduzenten); und die Bedeutung der Frage, wie eine Gesellschaft auf solche Probleme reagiert.

In der gesamten Gebirgsregion im Westen Nordamerikas wird die Nahrungsmittelproduktion durch ökologische Nachteile beeinträchtigt, und entsprechend eignet sich auch Montana nur begrenzt für Nutzpflanzenanbau und Viehzucht. Im Einzelnen sind das folgende Faktoren: der geringe Niederschlag, der Pflanzen nur langsam wachsen lässt; die hohe nördliche Breite und die Höhenlage, beides Faktoren, die für eine kurze Wachstumssaison sorgen, sodass nur eine Getreideernte im Jahr möglich ist und nicht zwei wie in Gegenden mit einem längeren Sommer; und die große Entfernung zu den Märkten in den dichter besiedelten Regionen der USA, wo man die Produkte verkaufen kann. Die Folge: Alles, was in Montana wächst, kann in anderen Regionen Nordamerikas billiger und mit höherem Ertrag produziert werden, und es lässt sich schneller und billiger in die Ballungsräume transportieren. Deshalb ist die Geschichte Montanas geprägt von immer neuen Versuchen, die gleiche grundlegende Frage zu beantworten: Wie kann man in diesem schönen, aber landwirtschaftlich nicht konkurrenzfähigen Staat seinen Lebensunterhalt verdienen?

Die Besiedelung Montanas durch die Menschen gliedert sich in mehrere wirtschaftliche Phasen. Die Erste war die der amerikanischen Ureinwohner, die vor mindestens 13 000 Jahren einwanderten. Im Gegensatz zu den bäuerlichen Gesellschaften, die sie im Osten und Süden Nordamerikas bildeten, blieben die Ureinwohner in Montana bis zur Besiedelung durch die Europäer immer Sammler und Jäger, selbst in Regionen, wo heute Ackerbau und Viehzucht praktiziert werden. Das lag unter anderem daran, dass es in Montana keine einheimischen wilden Pflanzen- und Tierarten gab, deren Domestikation sich angeboten hätte, und deshalb konnte die Landwirtschaft hier im Gegensatz zum Osten Nordamerikas und Mexikos keinen unabhängigen Ursprung nehmen. Außerdem lag Montana von den beiden Zentren, wo die amerikanischen Ureinwohner unabhängig die Landwirtschaft erfanden, weit entfernt; die dort angebauten Nutzpflanzen hatten sich selbst zur Zeit der ersten Europäer noch nicht bis nach Montana verbreitet. Heute leben drei Viertel der verbliebenen Ureinwohner Montanas in sieben Reservaten, die mit Ausnahme ihrer Weideflächen arm an natürlichen Ressourcen sind.

Die ersten Europäer, deren Besuch in Montana urkundlich belegt ist, waren Mitglieder der Lewis-Clark-Transkontinentalexpedition von 1804 bis 1806. Sie hielten sich im Gebiet des späteren Montana länger auf als in jedem anderen Bundesstaat. Dann folgte die zweite Phase der wirtschaftlichen Entwicklung mit den »Bergmännern«, Pelzjägern und Pelzhändlern, die aus Kanada und auch aus den USA kamen. Die nächste Phase begann 1860 und ging von drei wirtschaftlichen Neugründungen aus, die sich (allerdings mit verminderter Bedeutung) bis heute erhalten haben: Bergbau (insbesondere Kupfer und Gold), Holzwirtschaft und Lebensmittelproduktion mit Rinder- und Schafzucht sowie mit Getreide-, Obst- und Gemüseanbau. Die Zuwanderung von Bergleuten zu der großen Kupfermine bei Nutte ließ auch andere Wirtschaftszweige aufblühen, die die Bedürfnisse dieses staatsinternen Marktes befriedigten. Insbesondere wurde im Bitterroot Valley viel Holz geschlagen, weil man Brennstoff für die Bergwerke, Baumaterial für die Häuser der Bergleute und Stützbalken für die Minen brauchte. Außerdem wurden in dem Tal viele Lebensmittel für die Bergleute produziert – die Region erhielt wegen ihrer südlichen Lage und ihrem (nach hiesigen Maßstäben) milden Klima den Spitznamen *Montana's Banana Belt.* Die Niederschlagsmenge in dem Tal ist zwar mit rund 380 Millimetern gering, und die natürliche Vegetation besteht nur aus amerikanischem Beifuß, aber bereits die ersten europäischen Siedler taten in den sechziger Jahren des 19. Jahrhunderts etwas gegen diesen Nachteil: Sie bauten kleine Bewässerungskanäle, die von den Bachläufen auf der Westseite des Tales mit dem abfließenden Wasser der Bitterroot Mountains gespeist wurden. Später wurden zwei große, aufwendige Bewässerungssysteme gebaut. Eines davon, »Big Ditch« genannt, entstand 1908 bis 1910 und bezog sein Wasser aus dem Lake Como auf der Westseite des Tales; das Zweite bestand aus mehreren großen Kanälen, deren Wasser aus dem Bitterroot River selbst stammte. Die Bewässerung ermöglichte seit den achtziger Jahren des 19. Jahrhunderts eine starke Ausweitung der Apfelplantagen, die in den ersten Jahrzehnten des 20. Jahrhunderts ihren Höhepunkt erreichte; heute werden nur noch wenige dieser Plantagen kommerziell betrieben.

Zwei Grundpfeiler der Wirtschaft Montanas, Jagd und Fischerei, sind heute vom Mittel zum Lebensunterhalt zur Freizeitbeschäftigung geworden; der Pelzhandel ist ausgestorben; die Bedeutung von Bergbau, Holz- und Landwirtschaft geht wegen der im Folgenden erörterten wirtschaftlichen und ökologischen Faktoren zurück. Zu den wachsenden Wirtschaftszweigen dagegen gehören heute Tourismus, Freizeitindustrie, Seniorensiedlungen und Gesundheitswesen. Der wirtschaftliche Wandel im Tal hatte 1996 einen symbolischen Wendepunkt erreicht, als die Bitterroot Stock Farm, ein Anwesen von rund 1050 Hektar, das früher der Stammsitz des Kupferbarons Marcus Daly gewesen war, in den Besitz des reichen Aktienmaklers Charles Schwab überging. Er machte Dalys Anwesen zu einer

Residenz für sehr reiche Leute aus anderen Bundesstaaten, die in dem schönen Tal eine Zweit- (oder Dritt- oder Viert-)Wohnung haben wollten, um dort mehrmals im Jahr zu angeln, zu jagen, zu reiten oder Golf zu spielen. Zur Stock Farm gehören heute neben einem meisterschaftstauglichen 18-Loch-Golfplatz insgesamt 125 Häuser und Hütten, wobei »Hütte« die untertriebene Bezeichnung für ein Gebäude mit sechs Zimmern, 550 Quadratmetern Grundstück und einem Kaufpreis von mindestens 800 000 Dollar ist. Wer eine solche Parzelle erwerben will, muss beste Vermögens- und Einkommensverhältnisse nachweisen; das Mindeste ist der Erwerb einer Clubmitgliedschaft, die mit einer Aufnahmegebühr von 125 000 Dollar zu Buche schlägt, mehr als dem siebenfachen durchschnittlichen Jahreseinkommen der Bewohner im Kreis Ravalli. Die gesamte Stock Farm ist eingezäunt, und ein Schild an der Einfahrt verkündet: »Nur für Mitglieder und Gäste«. Viele Bewohner kommen mit dem Privatflugzeug. Den Ort Hamilton betreten sie auch zum Einkaufen höchst selten: Meist essen sie im Clubrestaurant der Stock Farm, oder sie lassen sich ihre Lebensmittel von Clubbediensteten aus Hamilton bringen. Ein verbitterter Bewohner aus der Gegend von Hamilton erklärte mir einmal: »Das Neureichenpack sieht man nur dann, wenn sie aus Neugierde wie Touristen in dichten Rudeln in die Stadt gehen.«

Die Ankündigung der Baupläne für die Stock Farm war für manche langjährigen Bewohner des Bitterroot Valley ein Schock: Sie prophezeiten, niemand werde so viel Geld für eine Parzelle in dem Tal bezahlen, und die Grundstücke würden unverkäuflich bleiben. Wie sich herausstellte, hatten die Alteingesessenen Unrecht. Auch früher hatten Reiche aus anderen Staaten einzelne Immobilien in dem Tal gekauft, aber die Eröffnung der Stock Farm war ein symbolischer Meilenstein, weil nun so viele wohlhabende Käufer gleichzeitig hier Land erwarben. Die Stock Farm machte allen klar, um wie viel wertvoller das Land in dem Tal war, wenn man es nicht für die traditionelle Rinder- und Apfelproduktion nutzte, sondern für Freizeitzwecke.

Zu der schwierigen Umweltsituation in Montana tragen heute fast alle zwölf Probleme bei, die in der Vergangenheit die vorindustriellen Gesellschaften gefährdeten und heute auch in anderen Regionen der Erde die Gesellschaften bedrohen. Auffällig sind in Montana vor allem Schwierigkeiten mit Giftmüll, Wäldern, Boden, Wasser- und manchmal auch Luftverschmutzung, Klimawandel, schwindender Artenvielfalt und eingeschleppten Schädlingen. Ich möchte mit dem Problem beginnen, das am leichtesten durchschaubar erscheint: dem Giftmüll.

In Montana wachsen die Bedenken rund um ausgewaschenen Dünger, Gülle, Sickergrubeninhalt und Herbizide, aber das bei weitem größte Giftmüllproblem sind die Abfälle des Metallbergbaus. Ein Teil davon stammt schon aus dem 19. Jahrhundert, anderer aus neuerer Zeit oder aus dem laufenden Betrieb. Der Erzabbau – vor allem Kupfer, aber auch Blei, Molybdän, Palladium, Platin, Zink, Gold und Silber – war einer der traditionellen wirtschaftlichen Grundpfeiler von Montana. Dass irgendwo und irgendwie Metall abgebaut werden muss, wird niemand bestreiten: Die moderne Zivilisation mit Chemie-, Bau-, Elektro- und Elektronikbranche ist darauf angewiesen. Die Frage lautet vielmehr: Wo und wie lassen sich metallhaltige Erze am besten gewinnen?

Leider stellt das angereicherte Erz, das zur Metallgewinnung am Ende von den Minen in Montana abtransportiert wird, nur einen Bruchteil der zunächst geförderten Materialmenge dar. Der Rest besteht aus Abraum und Rückständen, die noch Kupfer, Arsen, Cadmium und Zink enthalten. Alle diese Substanzen sind für Menschen (aber auch für Fische, Wild- und Nutztiere) giftig und sollten deshalb möglichst nicht in Grundwasser, Flüsse und Böden gelangen. In Montana ist das Erz außerdem reich an Eisensulfid, aus dem Schwefelsäure entsteht. Es gibt in dem Staat ungefähr 20 000 aufgegebene Minen, manche davon jüngeren Datums, andere aber schon über 100 Jahre alt, und alle geben auf unabsehbare Zeit Säure und die giftigen Metalle ab. In der Mehrzahl der Fälle leben keine Erben der Minenbesitzer mehr, die finanzielle Verpflichtungen übernehmen könnten, oder man kennt die Eigentümer, aber die haben nicht genug Geld, um ihren Anspruch auf die Minen geltend zu machen und für eine dauerhafte Lösung des Abwasserproblems zu sorgen.

In der riesigen Kupfermine von Butte und einer nahe gelegenen Kupferschmelze wurde schon vor über 100 Jahren deutlich, dass die Giftstoffe zum Problem werden können. Damals mussten die Rancher in der Nachbarschaft miterleben, wie ihre Rinder starben, und sie verklagten die Anaconda Copper Company, der die Mine gehörte. Anaconda leugnete jede Verantwortung und gewann auch den Prozess, aber 1907 baute das Unternehmen dennoch den ersten Absetzteich, um die giftigen Abfälle zurückzuhalten. Dass man Abfälle aus dem Bergbau sammeln und damit die Probleme vermindern kann, weiß man also schon seit langem; manche moderne Bergwerke auf der ganzen Welt tun das heute mit neuester Technologie, andere dagegen ignorieren das Problem nach wie vor. In den USA ist heute jede neu eröffnete Mine gesetzlich verpflichtet, Rücklagen in einer eigenen Firma zu bilden, die für die Beseitigung der Umweltschäden aufkommt, falls das Bergbauunternehmen selbst insolvent wird. Aber wie sich herausstellte, waren viele Minen »unterversichert« (das heißt, die Rücklagen reichten am Ende für die Entsorgungskosten nicht aus), und ältere Bergbauunternehmen waren von dieser Regelung nicht betroffen.

Unternehmen, die ältere Minen erworben haben, reagieren auf die Verpflichtung zur Schadensbeseitigung in Montana wie in anderen Regionen auf zweierlei Weise. Insbesondere die Eigentümer kleinerer Firmen melden Insolvenz an, verstecken in manchen Fällen ihr tatsächlich vorhandenes Vermögen und setzen ihre Geschäftstätigkeit in anderen oder neu gegründeten Unternehmen fort, die keine Verantwortung für die Aufräumarbeiten in der alten Mine tragen. Ist das Unternehmen so groß, dass es nicht glaubhaft behaupten kann, es werde durch die Aufräumkosten Bankrott gehen (wie im Fall ARCO, den ich im Folgenden genauer beschreiben werde), leugnet die Firma stattdessen ihre Zuständigkeit oder versucht auf andere Weise, die Kosten möglichst niedrig zu halten. In beiden Fällen bleiben die Mine selbst und die flussabwärts gelegenen Gebiete verschmutzt und eine Gefahr für die Menschen, oder die US-Bundesregierung und der Staat Montana (das heißt letztlich alle Steuerzahler) kommen über einen Bundesfonds und einen entsprechenden Fonds des Staates Montana für die Aufräumkosten auf.

Die beiden genannten Reaktionen der Bergbauunternehmen werfen eine Frage auf, die uns in diesem Buch immer wieder begegnen wird, wenn wir verstehen wollen, warum Einzelpersonen oder Personengruppen der Gesamtgesellschaft bewusst Schaden zufügen. Die Leugnung oder Verminderung der Zuständigkeit mag kurzfristig im finanziellen Interesse des Bergbauunternehmens liegen, aber für die Gesellschaft als Ganzes ist sie schädlich, und sie kann langfristig auch dem Unternehmen selbst oder der gesamten Branche schaden. Die Bewohner Montanas schätzen den Bergbau seit jeher als traditionellen Bestandteil der Identität ihres Heimatstaates, in jüngster Zeit sind sie aber im Hinblick auf diese Industrie zunehmend desillusioniert und haben zu ihrem fast völligen Verschwinden in Montana beigetragen. Im Jahr 1998 beispielsweise versetzten die Wähler von Montana der Industrie und den Politikern, die sie unterstützten und von ihr unterstützt wurden, einen Schock: Sie beschlossen in einer Volksabstimmung das Verbot der Cyanidlaugung, einer problematischen Goldgewinnungsmethode, die ich im Folgenden noch genauer beschreiben werde. Manche meiner Bekannten aus Montana sagen heute: Wenn man die Steuermilliarden für die Aufräumarbeiten bei den Minen im Rückblick mit dem wenigen vergleicht, was Montana von den Bergbauunternehmen bekommen hat, während die Profite zum größten Teil an die Aktionäre im Osten der USA und in Europa geflossen sind, dann wäre unser Staat langfristig besser beraten gewesen, nie selbst Kupfer abzubauen, sondern es aus Chile zu importieren und den Chilenen die Probleme zu überlassen!

Wer wie ich nichts mit Bergbau zu tun hat, kann leicht über die Firmen der Branche die Nase rümpfen und ihr Verhalten als moralisch verwerflich darstellen. Haben sie uns nicht wissentlich Schaden zugefügt, und drücken sie sich nicht jetzt um die Verantwortung?

In Wirklichkeit ist die moralische Frage komplizierter. In einem kürzlich erschienenen Buch fand ich folgende Erklärung: »Der ASARCO [American Smelting and Refining Company, ein riesiger Bergbau- und Metallgewinnungskonzern] kann man es [dass sie eine besonders giftige Mine, die ihr gehörte, nicht gesäubert hat] kaum vorwerfen. In Amerika sind Firmen dazu da, ihren Eigentümern Geld zu bringen; so funktioniert der amerikanische Kapitalismus. Zum Prozess des Geldverdienens gehört auch, dass man es nicht unnötig ausgibt ... eine solche knallharte Philosophie gibt es nicht nur in der Bergbaubranche. Erfolgreiche Unternehmen unterscheiden zwischen Aufwendungen, die notwendig sind, um im Geschäft zu bleiben, und jenen, die eher nachdenklich als ›moralische Verpflichtungen‹ gelten. Dass diese Unterscheidung so häufig absichtlich oder unabsichtlich nicht verstanden und akzeptiert wird, ist einer der Gründe für die Spannungen zwischen den Befürwortern breit angelegter Umweltprogramme und der Geschäftswelt. Unternehmer sind meist Finanzberater oder Anwälte und keine Geistlichen.« Diese Erklärung stammt nicht vom Vorstandsvorsitzenden von ASARCO, sondern von dem Umweltberater David Stiller, der in seinem Buch *Wounding the West: Montana, Mining and the Environment* zu klären versucht, wie die Probleme mit dem Giftmüll aus dem Bergbau in Montana entstanden sind und was die Gesellschaft zu ihrer Behebung tun muss.

Grausam, aber wahr: Eine einfache Methode zum Aufräumen alter Minen gibt es nicht. Die ersten Bergleute konnten sich benehmen, wie sie wollten: Es gab so gut wie keine behördlichen Auflagen, und da sie Geschäftsleute waren, arbeiteten sie nach den von Stiller beschriebenen Prinzipien. Erst 1971 verabschiedete der Bundesstaat Montana ein Gesetz, das die Bergbauunternehmen verpflichtete, das Gelände aufgegebener Minen zu reinigen. Selbst finanzkräftige Firmen wie ARCO und

ASARCO, die vielleicht zu Aufräumarbeiten bereit wären, haben einen ausgesprochenen Widerwillen dagegen, wenn sie merken, dass von ihnen das Unmögliche verlangt wird, dass die Kosten explodieren können und dass die Ergebnisse nicht den Erwartungen der Öffentlichkeit entsprechen. Wenn der Minenbesitzer nicht zahlen kann oder will, werden auch die Steuerzahler sehr unwillig, wenn sie mit Milliardenbeträgen in die Bresche springen sollen. Bei den Steuerzahlern entsteht der Eindruck, dass das Problem schließlich schon lange vor ihrer Haustür besteht, ohne dass darüber gesprochen wurde, und dass es demnach so schlimm nicht sein kann; die meisten wehren sich gegen finanzielle Aufwendungen, solange keine akute Krise besteht; und die Zahl der Steuerzahler, die gegen Giftmüll protestieren oder hohe Steuern gutheißen, ist einfach zu gering. So betrachtet, ist die amerikanische Öffentlichkeit an der Untätigkeit ebenso schuld wie Bergbauunternehmen und Behörden; letztlich liegt die Verantwortung bei allen Bürgern. Nur wenn öffentlicher Druck die Politiker zur Verabschiedung von Gesetzen zwingt, die den Unternehmen ein anderes Verhalten vorschreiben, werden diese ihre Vorgehensweise ändern; ansonsten würden die Unternehmen sich wie gemeinnützige Institutionen verhalten und die Verantwortung gegenüber ihren Aktionären vernachlässigen. Zu welch unterschiedlichen Folgen dieses Dilemma führen kann, möchte ich an drei Beispielen deutlich machen: an den Fällen Clark Fork, Milltown Dam und Pegasus Zortman-Landusky Mine.

Die Bergbauunternehmen, aus denen später die Anaconda Copper Company hervorgehen sollte, nahmen 1882 bei Butte am Clark Fork, einem Zufluss des Columbia River, ihre Tätigkeit auf. Schon 1900 lieferte Butte die Hälfte der gesamten US-Kupferproduktion. Bis 1955 wurde das Erz vorwiegend in unterirdischen Stollen abgebaut, aber in diesem Jahr begann Anaconda mit dem Tagebau und grub den Berkeley Pit, heute ein riesiges, fast 600 Meter tiefes Loch mit über eineinhalb Kilometern Durchmesser. Säure- und schwermetallhaltige Minenabwässer wurden in Riesenmengen in den Clark Fork River geleitet. Aber dann führten ausländische Billigkonkurrenz, Enteignung der firmeneigenen Minen in China und wachsendes Umweltbewusstsein in den USA zum Niedergang von Anaconda. Das Unternehmen wurde 1976 von dem Ölkonzern ARCO aufgekauft (der sich kürzlich auch den noch größeren Ölkonzern BP einverleibte); dieser schloss 1980 das Schmelzwerk und 1983 auch die eigentliche Mine, sodass im Gebiet von Butte mehrere tausend Arbeitsplätze und drei Viertel der wirtschaftlichen Grundlage verloren gingen.

Heute ist der Clark Fork River mit dem Berkeley Pit das größte staatlich finanzierte Sanierungsgebiet der USA. Nach Ansicht von ARCO ist es unfair, den Konzern für die Schäden verantwortlich zu machen, die von den früheren Eigentümern der Mine angerichtet wurden, bevor es das Gesetz über die staatliche Sanierung überhaupt gab. Bundes- und Staatsregierung dagegen vertreten die Auffassung, dass ARCO mir den Vermögenswerten von Anaconda auch deren Verbindlichkeiten übernommen hat. Wenigstens werden ARCO und BP in nächster Zeit keine Insolvenz anmelden. Einer meiner Freunde, ein Umweltschützer, sagte einmal zu mir: »Die versuchen, mit möglichst geringen Zahlungen davonzukommen, es gibt schlimmere Firmen als ARCO.« Das säurehaltige Wasser, das aus dem Berkeley Pit austritt, soll abgepumpt und dauerhaft unschädlich gemacht werden. ARCO hat an den Staat Montana bereits mehrere hundert Millionen Dollar für die Rekultivierung des Clark Fork bezahlt; insgesamt werden die Verbindlichkeiten auf rund eine Milliarde geschätzt, aber das sind unsichere Angaben, denn die Giftentsorgung erfordert viel Energie, und wie viel die in vierzig Jahren kosten wird, weiß niemand.

Der zweite Fall ist der Milltown Dam, ein Staudamm, der 1907 unterhalb von Butte am Clark Fork River erbaut wurde und Strom für ein nahe gelegenes Sägewerk erzeugen sollte. Seit jener Zeit wurden mehr als fünf Millionen Kubikmeter arsen-, cadmium-, kupfer-, blei- und zinkhaltiger Schlamm aus den Minen von Butte angespült und haben sich in dem Stausee hinter dem Damm gesammelt. Dies führt unter anderem zu dem »kleineren« Problem, dass die Fische wegen des Dammes nicht mehr durch den Clark Fork und Blackfoot River wandern können (Letzterer ist der Forellenbach, der durch Robert Redfords Film *Aus der Mitte entspringt ein Fluss* und die gleichnamige Novelle von Norman Maclean bekannt wurde). Das Hauptproblem erkannte man 1981, als den Bewohnern der Gegend bei dem Trinkwasser aus ihren Brunnen ein unangenehmer Geschmack auffiel: Von dem Stausee geht ein riesiger Grundwasserhorizont aus, dessen Arsengehalt gefährlich hoch ist und um das 42fache über dem gesetzlich zulässigen Grenzwert liegt. Der Damm ist altersschwach, reparaturbedürftig und schlecht verankert; außerdem liegt er in einem Erdbebengebiet. 1996 wäre er bei Eisgang um ein Haar gebrochen, und man rechnet damit, dass er früher oder später nachgibt. Heute würde niemand auf die Idee kommen, einen derart schwächlichen Damm zu errichten. Wenn er bricht und den Giftschlamm freigibt, wird das Trinkwasser von Missoula – die größte Stadt im Südwesten von Montana liegt nur elf Kilometer stromabwärts – ungenießbar, und die Fischgründe am Unterlauf des Clark Fork River wären zerstört.

Die Verantwortung für den Giftschlamm hinter dem Damm übernahm ARCO mit dem Kauf der Anaconda Mining Company, die mit ihrer Tätigkeit die Sedimente erzeugt hatte. Die Beinahekatastrophe beim Eisgang 1996, die in diesem Jahr und dann noch einmal 1998 zur Freisetzung kupferbelasteten Wassers und damit flussabwärts zu einem Fischsterben führte, ließ schließlich die Erkenntnis reifen, dass mit dem Damm etwas geschehen musste. Von Bund und Staat beauftragte Experten empfahlen, das Bauwerk zusammen mit dem Giftschlamm abzutragen, ein Projekt, das ARCO ungefähr 100 Millionen Dollar gekostet hätte. Lange bestritt der Konzern, dass der Giftschlamm das Fischsterben verursacht hatte, und er leugnete auch seine Verantwortung für den hohen Arsengehalt im Grundwasser von Milltown sowie für Krebserkrankungen in der Umgebung. Gleichzeitig finanzierte er in der nahe gelegenen Kleinstadt Bonner eine »Bürgerinitiative«, die sich gegen den Abriss des Dammes wandte und vorschlug, ihn stattdessen mit dem viel geringeren Aufwand von 20 Millionen Dollar zu verstärken. Aber Politiker, Geschäftsleute und Öffentlichkeit von Missoula, die den Vorschlag zum Abriss des Dammes anfangs lächerlich fanden, erwärmten sich schnell dafür. Im Jahr 2003 stimmte die Bundesumweltbehörde zu, und damit ist es heute so gut wie sicher, dass der Damm verschwinden wird.

Der dritte Fall betrifft die Zortman-Landusky Mine; sie gehört Pegasus Gold, einer kleinen Firma, die von Mitarbeitern anderer Bergbauunternehmen gegründet wurde. Dort bediente man sich der Cyanidlaugung, eines Verfahrens zur Aufbereitung von Erz mit sehr niedrigem Goldgehalt – 50 Tonnen Erz muss man verarbeiten, um eine Feinunze Gold zu gewinnen. Das Erz wird im Tagebau abgebaut, in einer wasserdicht ausgekleideten Grube zu einem Haufen von der Größe eines kleinen Berges aufgeschüttet und dann mit einer Cyanidlösung besprüht; Cyanid wurde vor allem bekannt, weil es das Blausäuregas entstehen lässt, das sowohl bei den Nazis als auch in amerikanischen Gefängnissen für die Gaskammern verwendet wurde. Blausäure hat aber auch die nützliche Eigenschaft, Gold zu binden. Wenn die cyanidhaltige Lösung durch den Erzhaufen sickert, löst sie das Gold heraus; anschließend wird sie in ein Auffangbecken geleitet und dann in eine Aufbereitungsanlage gepumpt, die ihr das Gold entzieht. Die verbleibende Cyanidlösung, die außerdem auch Schwermetalle enthält, wird in der Umgebung durch Versprühen über Wäldern und Wiesenflächen entsorgt, oder man reichert sie mit neuem Cyanid an und sprüht sie ein weiteres Mal auf den Erzhaufen.

Natürlich können bei diesem Verfahren mehrere Dinge schief gehen, und in der Zirtman-Landusky Mine gingen sie alle schief. Die Auskleidung der Erzgrube ist nur wenige Millimeter dick und bekommt unter dem Gewicht von Millionen Tonnen Erz, die von schweren Maschinen bewegt werden, zwangsläufig Lecks. Der giftige Inhalt des Auffangbehälters kann überlaufen; dies geschah in der Zortman-Landusky Mine während eines Unwetters. Und schließlich ist das Cyanid auch selbst gefährlich: Als in der Mine durch Überflutung ein Notfall eingetreten war, erhielten die Eigentümer eine Ausnahmegenehmigung, die überschüssige Lösung in der Nähe zu versprühen, damit die Gruben nicht barsten; durch falsche Handhabung entwickelte sich jedoch Blausäuregas, an dem mehrere Arbeiter fast gestorben wären. Am Ende meldete Pegasus Gold Insolvenz an, und die riesigen offenen Gruben, Erzhaufen und Auffangbehälter, aus denen auf unabsehbare Zeit Säure und Cyanid austreten, wurden aufgegeben. Die Rücklagen reichten nicht aus, um die Sanierung des Geländes zu finanzieren, sodass die restlichen Kosten, nach Schätzungen mindestens 40 Millionen Dollar, an den Steuerzahlern hängen blieben. Diese drei Fallstudien zu den Problemen mit giftigen Bergbauabfällen und viele tausend weitere machen deutlich, warum in jüngster Zeit zahlreiche Besucher aus Deutschland, Südafrika, der Mongolei und anderen Ländern nach Montana kamen, um sich vor eigenen Bergbauinvestitionen aus erster Hand über schädliche Praktiken und ihre Folgen zu informieren.

Ein zweiter ökologischer Problemkomplex in Montana betrifft das Abholzen und Abbrennen der Wälder. Genau wie niemand leugnen wird, dass irgendwo und irgendwie Metall abgebaut werden muss, so stellt auch niemand infrage, dass Holzgewinnung für die Bau- und Papierindustrie unverzichtbar ist. Meine Bekannten in Montana, die der Holzindustrie freundlich gegenüberstehen, stellen gern folgende Frage: Wenn man gegen die Holzgewinnung in Montana ist, woher soll das Holz dann stattdessen kommen?

Im Bitterroot Valley begann die kommerzielle Forstwirtschaft 1886, als die Bergbaugemeinde Butte Balken aus Gelbkiefernholz brauchte. Nach dem Zweiten Weltkrieg führten der Bauboom in den USA und der dadurch verursachte Holzbedarf dazu, dass der Umsatz mit Holz aus den nationalen Wäldern der USA ungefähr 1972 mit dem Sechsfachen des Wertes von 1945 seinen Höhepunkt erreichte. Über den Wäldern versprühte man DDT, um Baumschädlinge auszurotten. Um den Ertrag zu steigern und die Holzgewinnung effizienter zu gestalten, wollte man viele gleichförmige, gleich alte Bäume einer bestimmten Art heranziehen; also wurden nicht mehr einzelne markierte Bäume gefällt, sondern man holzte große Flächen ab. Diesen Vorteilen des vollständigen Abholzens standen aber auch einige Nachteile gegenüber: In den Bächen, die nicht mehr im Schatten von Bäumen lagen, stiegen die Wassertemperaturen so weit an, dass Fische keine optimalen Lebens- und Laichbedingungen mehr vorfanden; der Schnee auf dem sonnenbeschienenen Gelände schmolz im Frühjahr sehr schnell, während er in den Wäldern allmählich getaut war und den ganzen Sommer über Wasser für die Bewässerung der landwirtschaftlichen Flächen geliefert hatte; und in manchen Fällen nahm die Bodenerosion zu, während die Trinkwasserqualität sank. Vor allem aber hatte das Abholzen in einem Staat, dessen Bewohner die landschaftliche Schönheit für ihre wertvollste Ressource halten, den augenfälligen Nachteil, dass kahle Berghänge einfach hässlich aussehen.

Daraus ergab sich eine Debatte, die unter dem Namen »Clearcut Controversy« (»Abholzungsdebatte«) bekannt wurde. Empörte Rancher und Landbesitzer, aber auch die allgemeine Öffentlichkeit in Montana gingen auf die Barrikaden. Die Beamten der US-Forstbehörde begingen den Fehler zu behaupten, sie seien die einzigen Profis, die über Forstwirtschaft Bescheid wüssten, und die Öffentlichkeit solle den Mund halten. Der Bolle Report von 1970, der von behördenunabhängigen Forstwirtschaftsexperten verfasst wurde, kritisierte die Vorgehensweise der Behörde und löste auch in West Virginia ähnliche Meinungsverschiedenheiten über das Abholzen von Waldflächen aus. Dies führte landesweit zu einem Wandel: Das völlige Abholzen wurde eingeschränkt, und man kehrte zu dem Prinzip zurück, die Wälder nicht nur im Hinblick auf die Holzgewinnung zu bewirtschaften, sondern auch zu anderen Zwecken (ein Ziel, das man bereits 1905 bei der Gründung der Forstbehörde ins Auge gefasst hatte).

In den Jahrzehnten seit der Abholzungsdebatte ist der Jahresumsatz der Forstbehörde mit Holz um über 80 Prozent zurückgegangen – unter anderem aufgrund der Umweltschutzbestimmungen im *Endangered Species Act* und im *Clean Water Act*, wonach die nationalen Wälder allen möglichen Tier- und Pflanzenarten einen Lebensraum bieten müssen. Ein anderer Grund ist die Tatsache, dass die Zahl nutzbarer Bäume durch das Abholzen insgesamt gesunken ist. Wenn die Forstbehörde heute Holzverkäufe ins Auge fasst, sind die Umweltschutzorganisationen sofort mit Einspruchsverfahren und Appellen zur Stelle, bis zu deren Beilegung unter Umständen zehn Jahre vergehen; dies macht die Holzgewinnung selbst dann weniger wirtschaftlich, wenn die Einsprüche am Ende zurückgewiesen werden. Nach Ansicht praktisch aller meiner Bekannten in Montana – selbst derer, die sich als engagierte Umweltschützer bezeichnen – herrscht nun das andere Extrem. Sie sind frustriert, weil selbst Abholzungspläne, die ihnen gerechtfertigt erscheinen (zum Beispiel weil man damit die im Folgenden genauer erörterte Brandlast vermindern will) sich durch Gerichtsverfahren stark verzögern. Aber nach Ansicht der Umweltschutzorganisationen, die den Protest organisieren, muss man hinter allen scheinbar vernünftigen Plänen der Behörden versteckte Bestrebungen zugunsten des Abholzens vermuten. Die früheren Sägewerke im Bitterroot Valley sind heute ausnahmslos geschlossen, weil nur wenig Holz aus staatlichen Waldgebieten zur Verfügung steht und weil die Flächen, die sich in Privatbesitz befinden, bereits zwei Mal abgeholzt wurden. Mit der Schließung der Sägewerke sind nicht nur viele gut bezahlte, gewerkschaftlich organisierte Arbeitsplätze verloren gegangen, sondern auch ein großer Teil des traditionellen Selbstverständnisses der Bürger von Montana.

In anderen Teilen des Bundesstaates außerhalb des Bitterroot Valley gibt es noch viele Waldgebiete in Privatbesitz; zum größten Teil handelt es sich dabei um staatliche Schenkungen aus den sechziger Jahren des 19. Jahrhunderts, als man die Firma Great Northern Railroad zum Bau einer Eisenbahnlinie quer durch den Kontinent bewegen wollte. Diese Flächen wurden 1989 von den Eisenbahngesellschaften an eine gewisse Plum Creek Timber Company mit Sitz in Seattle verkauft, die aus steuerlichen Gründen als Immobilienfonds organisiert ist (sodass Gewinne als Einkünfte aus Kapitalvermögen niedriger besteuert werden); dieses Unternehmen ist heute der größte private Waldbesitzer in Montana und der zweitgrößte der gesamten Vereinigten Staaten. Ich habe das Werbematerial von Plum Creek gelesen und mich mit Bob Jirsa unterhalten, ihrem Director of Corporate Affairs. Er verteidigt die Umweltpolitik seines Unternehmens und dessen nachhaltige Waldbewirtschaftung. Von vielen Bekannten in Montana habe ich aber auch sehr negative Meinungen über Plum Creek gehört. Typisch sind dabei folgende Klagen: »Plum Creek kümmert sich nur um seine Bilanzen«; »für nachhaltige Forstwirtschaft interessieren die sich nicht«; »die haben ein Unternehmensziel, und das heißt ›holt mehr Bäume raus‹«; »Plum Creek will mit dem Land so viel Geld wie irgend möglich verdienen, egal wie«.

Wer sich bei diesen polarisierten Meinungen an das erinnert fühlt, was ich bereits im Zusammenhang mit den Bergbauunternehmen berichtet habe, hat Recht. Plum Creek ist keine gemeinnützige Einrichtung, sondern ein gewinnorientiertes Unternehmen. Wenn die Bürger Montanas von Plum Creek etwas verlangen, was den Gewinn des Unternehmens schmälert, ist es ihre Aufgabe, die Politiker zur Verabschiedung und Durchsetzung von Gesetzen zu veranlassen oder das Land aufzukaufen und anders zu bewirtschaften. Hinter den Meinungsverschiedenheiten lauert eine unangenehme Grundtatsache: Wegen des kalten, trockenen Klimas und der Höhenlage sind große Teile Montanas, was die Forstwirtschaft angeht, benachteiligt. Im Südosten und Nordosten der USA wachsen Bäume um ein Mehrfaches schneller heran als hier. Plum Creek besitzt zwar in Montana die größten Landflächen, aber in vier anderen Staaten (Arkansas, Georgia, Maine und Mississippi) produziert das Unternehmen auf kleineren Flächen (60 bis 64 Prozent der Fläche in Montana) jeweils mehr Holz. In Montana kann die Holzwirtschaft für Plum Creek keine hohen Renditen abwerfen: Das Unternehmen muss für das Gelände Steuern und Brandschutzabgaben entrichten, gleichzeitig aber sechzig bis achtzig Jahre warten, bevor es einen frisch gepflanzten Baum abholzen kann; im Südosten der USA dagegen hat ein Baum schon nach 30 Jahren die nutzbare Größe erreicht. Wenn Plum Creek der wirtschaftlichen Realität ins Auge sieht und es für profitabler hält, die firmeneigenen Flächen insbesondere an Flüssen und Bächen nicht mehr zur Holzgewinnung, sondern als Bauland zu nutzen, dann liegt das daran, dass potenzielle Käufer, die nach schönen Ufergrundstücken suchen, der gleichen Ansicht sind. Solche Käufer, darunter auch die Regierung, haben häufig ein Interesse am Naturschutz. Aus allen diesen Gründen steht die Holzindustrie in Montana genau wie der Bergbau noch stärker als anderswo in den USA vor einer unsicheren Zukunft.

In einem engen Zusammenhang mit den Fragen der Holzwirtschaft steht auch das Problem der Waldbrände, deren Häufigkeit und Ausmaß in manchen Wäldern Montanas und des gesamten nordamerikanischen Westens stark zugenommen hat. Insbesondere 1988, 1996, 2000, 2002 und 2003 waren schlimme Waldbrandjahre. Im Sommer 2000 fiel im Bitterroot Valley ein Fünftel der noch verbliebenen Waldflächen den Flammen zum Opfer. Wenn ich heute in das Tal fliege, zähle ich beim Blick aus dem Flugzeugfenster als Erstes die Brände, oder ich versuche die Rauchmenge an diesem Tag einzuschätzen.

Die Zunahme der Waldbrände in den letzten Jahren ist zum Teil auf den Klimawandel zurückzuführen (wobei der Trend in jüngster Zeit zu heißem, trockenem Sommerwetter geht), zum Teil aber auch auf die Tätigkeiten der Menschen; Letzteres hat vielschichtige Gründe, die den Waldbesitzern in den letzten dreißig Jahren zunehmend klar geworden sind, deren Bedeutung aber bis heute umstritten bleibt. Ein Faktor sind die unmittelbaren Auswirkungen der Holzgewinnung, durch die sich ein Wald nur allzu oft in einen riesigen Haufen Brennholz verwandelt: In einem abgeholzten Gebiet ist der Boden vielfach mit abgeschnittenen Zweigen und Baumkronen bedeckt, den Überresten nach dem Abtransport der wertvollen Baumstämme. Dann sprießt eine dichte neue Vegetationsdecke, sodass die Brandlast des Waldes weiter ansteigt. Die abgeholzten und abtransportierten Bäume sind natürlich auch diejenigen, die dem Feuer aufgrund ihrer Größe den meisten Widerstand entgegensetzen, sodass nun nur kleinere, leichter brennbare Bäume zurückbleiben. Außerdem wandte die Forstbehörde in den ersten zehn Jahren des 20. Jahrhunderts das Prinzip der Feuerunterdrückung an: Man war bestrebt, alle Waldbrände zu löschen – natürlich aus dem nahe liegenden Grund, dass wertvolles Bauholz nicht in Flammen aufgehen sollte und dass man Bedrohungen für Häuser und Menschenleben abwenden wollte. Die Forstbehörde setzte sich das erklärte Ziel, »jeden Brand einen Tag, nachdem er zum ersten Mal gemeldet wurde, bis zehn Uhr morgens zu löschen«. Viel besser erreichten die Feuerwehren dieses Ziel nach dem Zweiten Weltkrieg: Jetzt standen Löschflugzeuge zur Verfügung, die Feuerwehrwagen fanden ein ausgebautes Straßennetz vor, und die Brandbekämpfungstechnik hatte sich allgemein verbessert. In den ersten Jahrzehnten nach dem Zweiten Weltkrieg ging die durch Brände jährlich zerstörte Fläche um 80 Prozent zurück.

Diese vorteilhafte Situation änderte sich jedoch seit den achtziger Jahren: Immer häufiger kam es zu großen Waldbränden, die ohne die vereinte Mithilfe von Regen und Wind praktisch nicht zu löschen waren. Allmählich setzte sich die Erkenntnis durch, dass das Feuerunterdrückungsprinzip der US-Bundesbehörden zu diesen großen Bränden beitrug und dass natürliche, durch Blitzschlag ausgelöste Brände zuvor für die Aufrechterhaltung einer gesunden Struktur in den Wäldern eine wichtige Rolle gespielt hatten. Welche Bedeutung die Brände im Einzelnen hatten, war je nach Höhenlage, Baumart und Waldtyp unterschiedlich. Als Beispiel kann man den niedrig gelegenen Gelbkiefernwald im Bitterroot Valley betrachten: Hier zeigen historische Aufzeichnungen, die Zählung der Jahresringe und datierbare Brandmale an Baumstümpfen, dass dieser Wald unter natürlichen Bedingungen (das heißt, bevor die Brandunterdrückung 1910 begann und nach 1945 in ihrer Effizienz erheblich verbessert wurde) ungefähr alle zehn Jahre durch Blitzschlag einen Brand erlebte. Alte Gelbkiefern haben eine fünf Zentimeter dicke Rinde und sind gegenüber den Flammen relativ widerstandsfähig; das Unterholz mit den feuerempfindlichen jungen Douglasfichten dagegen, das seit dem letzten Brand herangewachsen ist, wird zerstört. Andererseits sind die Jungbäume nach zehn Jahren auch noch so klein, dass sich die Flammen von ihnen nicht in die Baumkronen verbreiten können. Der Brand beschränkt sich also auf Boden und Unterholz. Deshalb wirken viele Gelbkiefernwälder fast wie Parks mit geringer Brandlast, großen, in weiten Abständen stehenden Bäumen und relativ wenig Unterholz.

Bei der Holzgewinnung konzentrierte man sich natürlich auf die großen, alten, wertvollen, feuerresistenten Gelbkiefern, und gleichzeitig konnten im Unterholz durch jahrzehntelange Feuerunterdrückung unzählige Douglasfichten heranwachsen, die im ausgewachsenen Zustand ihrerseits wieder wertvoll wurden. Die Baumdichte stieg von 74 auf 495 Bäume je Hektar, die Brandlast des Waldes versechsfachte sich, und der Kongress verweigerte mehrmals die Bewilligung neuer Mittel zum Ausdünnen der Jungbäume. Auch ein anderer von Menschen ausgehender Effekt, die in den nationalen Wäldern weidenden Schafe, dürfte eine wichtige Rolle gespielt haben: Das Gras am Boden, das ansonsten Bränden geringer Intensität als Nahrung gedient hätte, gab es kaum noch. Wenn in einem Wald, in dem die Jungbäume dicht bei dicht stehen, schließlich ein Brand ausbricht – ob durch Blitzschlag, menschliche Unachtsamkeit oder (leider nur allzu oft) durch absichtliche Brandstiftung –, kann das Feuer über die hohen Jungbäume wie auf einer Leiter zu den Baumkronen aufsteigen. Die Folge ist manchmal ein Inferno, dem niemand mehr Einhalt gebieten kann: Die Flammen schießen bis zu 120 Meter hoch in die Luft, springen auch über breite Schneisen von einer Baumkrone zur anderen, erreichen Temperaturen von über 1100 Grad, vernichten die im Boden versteckten Baumsamen und ziehen in der Folgezeit Erdrutsche und umfangreiche Erosion nach sich.

Das größte Problem bei der Bewirtschaftung der Wälder des amerikanischen Westens sieht die Forstverwaltung heute in der Frage, wie man mit der vermehrten Brandlast umgehen soll, die sich in dem vorangegangenen halben Jahrhundert durch die Brandunterdrückung angesammelt hat. Im feuchteren Osten der USA verrotten abgestorbene Bäume schneller als im trockenen Westen, wo tote Bäume häufig wie riesige Streichhölzer stehen bleiben. Im Idealfall würde die Forstverwaltung die Wälder bewirtschaften, aufforsten, ausdünnen und das dichte Unterholz durch

Schneiden oder kontrollierte kleine Brände beseitigen. Aber das würde über 2500 Dollar je Hektar kosten, und da die Wälder im Westen der USA insgesamt eine Fläche von rund 40 Millionen Hektar haben, würden sich die Gesamtkosten auf 100 Milliarden belaufen. So viel Geld will kein Politiker und kein Wähler ausgeben. Selbst bei geringeren Kosten hätten sicher große Teile der Öffentlichkeit den Verdacht, ein solches Vorhaben könne nur ein Vorwand sein, um die Abholzung der schönen Wälder wieder aufzunehmen. Statt regelmäßig Ausgaben für die Aufrechterhaltung eines weniger feuergefährlichen Zustandes unserer Wälder vorzusehen, nimmt die Bundesregierung die Brandgefahr in Kauf, und dann werden unvorhergesehene Aufwendungen nötig, wenn irgendwo eine Brandkatastrophe eintritt: Die Brände, denen im Sommer 2000 insgesamt fast 26 000 Quadratkilometer Wald zum Opfer fielen, verursachten Kosten von rund 1,6 Milliarden Dollar.

Die Bewohner von Montana selbst vertreten, was Waldbewirtschaftung und Waldbrände angeht, sehr unterschiedliche Meinungen und widersprechen sich dabei häufig selbst. Einerseits herrscht Angst und instinktiver Widerwille gegen das Prinzip »brennen lassen«, das die Forstverwaltung sich bei großen Bränden zu Eigen machen muss, wenn das Löschen zu gefährlich oder völlig unmöglich ist. Besonders laut protestierte die Öffentlichkeit 1988, als man die Brände in großen Teilen des Yellowstone-Nationalparks sich selbst überließ; die Menschen begriffen nicht, dass man tatsächlich nichts tun konnte, außer um Regen oder Schnee zu beten. Andererseits besteht aber auch eine Abneigung gegen Programme zur Ausdünnung der Wälder, durch die sich die Brandgefahr vermindern würde: Die Menschen fürchten um den schönen Anblick der dichten Wälder, beklagen sich über »unnatürliche« Eingriffe in die Natur. Wie bis vor kurzem auch die meisten Forstexperten, so verstehen sie nicht, dass die Wälder des Westens sich nach hundert Jahren mit Brandbekämpfung, Holzgewinnung und Schafzucht ohnehin bereits in einem sehr unnatürlichen Zustand befinden.

Im Bitterroot Valley bauen die Bewohner protzige Häuser ganz in der Nähe brandgefährdeter Wälder oder in deren Mitte, und dann erwarten sie von den Behörden, dass diese sie vor dem Feuer schützen. Als meine Frau und ich im Juli 2001 westlich der Ortschaft Hamilton durch den früheren Blodgett Forest wanderten, standen wir in einer Landschaft voller verkohlter Baumstämme. Die Bewohner der Region Blodgett hatten sich zuvor den Plänen der Forstverwaltung zum Ausdünnen der Wälder widersetzt, und jetzt verlangten sie, dass die Behörde zwölf große Löschhubschrauber zu einem Preis von 2000 Dollar pro Stunde mietete und ihre Häuser mit abgeworfenem Wasser rettete. Die Forstverwaltung befolgte eine behördliche Anordnung, Menschenleben, Eigentum von Menschen und den Wald zu schützen – und zwar in dieser Reihenfolge: Sie musste zur gleichen Zeit staatliche Waldflächen abbrennen lassen, obwohl das dort vernichtete Holz einen viel größeren Wert darstellte als die Häuser. Anschließend gab die Behörde bekannt, sie werde nicht mehr so viel Geld ausgeben und das Leben der Feuerwehrleute aufs Spiel setzen, nur um Privateigentum zu schützen. In vielen Fällen verklagen Eigentümer die Forstverwaltung, wenn ihre Häuser bei Waldbränden zerstört werden, wenn die Forstverwaltung ein Gegenfeuer anzündet, um einen größeren Brand unter Kontrolle zu halten, oder wenn das Haus nicht brennt, wohl aber der Wald, auf den man von der Terrasse einen so schönen Ausblick hatte. Manche Hausbesitzer in Montana sind von einer derart fanatischen, behördenfeindlichen Haltung befallen, dass sie keine Steuern zur Finanzierung der Brandbekämpfung zahlen oder den Beamten, die Brandvorbeugungsmaßnahmen ergreifen wollen, den Zutritt zu ihren Ländereien verweigern.

Der nächste ökologische Problemkomplex in Montana hat mit den Böden zu tun. Ein »kleineres«, spezifisches Problem ergab sich im Bitterroot Valley: Dort gingen die Apfelplantagen, die anfangs hohe Gewinne abgeworfen hatten, irgendwann zugrunde, unter anderem weil die Stickstoffreserven des Bodens durch die Obstbäume erschöpft waren. Verbreiteter ist das Problem der Erosion; sie ist darauf zurückzuführen, dass der Boden aus unterschiedlichen Gründen seine schützende Pflanzendecke verliert, beispielsweise durch Überweidung, Unkrautbefall, Abholzen oder Waldbrände mit besonders hohen Temperaturen, die in den oberen Bodenschichten alles Leben vernichten. Alteingesessene Bauernfamilien wissen, dass ihre Weideflächen nicht übermäßig abgegrast werden dürfen: »Wir müssen gut auf unser Land aufpassen, sonst geht es vor die Hunde«, sagten Dick und Jack Hirschy einmal zu mir. Aber ein Nachbar der Hirschys ist erst kürzlich hierher gekommen. Er hat für sein Anwesen so viel bezahlt, dass er es mit nachhaltiger Bewirtschaftung nicht amortisieren kann, und deshalb lässt er jetzt in der kurzsichtigen Hoffnung, seine Investition wieder hereinzuholen, zu viele Tiere auf seinen Weiden grasen. Andere Nachbarn haben den Fehler begangen, Weiderechte auf ihrem Land an Pächter zu verkaufen, die während ihrer Dreijahresverträge auf schnellen Profit durch Überweidung aus waren und sich um die dabei entstehenden langfristigen Schäden nicht kümmerten. Insgesamt haben diese verschiedenen Ursachen der Bodenerosion dazu geführt, dass heute nur ein Drittel aller Wassereinzugsgebiete im Bitterroot Valley als nicht erodiert und intakt gelten; bei einem weiteren Drittel besteht die Gefahr der Erosion, und ein Drittel ist bereits so erodiert, dass Aufforstung notwendig ist.

Neben Stickstoffmangel und Erosion besteht in Montana noch ein drittes Problem mit dem Boden: Die Versalzung, das heißt die Anreicherung von Salz in Boden und Grundwasser. In manchen Regionen hat es eine solche Anreicherung von Natur aus immer gegeben, in jüngerer Zeit hat man jedoch die Befürchtung, dass sie große landwirtschaftliche Flächen zugrunde richtet. Die Ursachen liegen in landwirtschaftlichen Methoden, die ich in den nächsten Absätzen und in Kapitel 13 genauer beschreiben werde – am wichtigsten sind dabei die Rodung der natürlichen Vegetation und die Bewässerung. In manchen Teilen Montanas hat das Grundwasser mittlerweile einen doppelt so hohen Salzgehalt wie Meerwasser.

Neben den schädlichen Auswirkungen, die einzelne Salze auf die Nutzpflanzen haben, ist auch eine allgemein hohe Salzkonzentration auf ganz ähnliche Weise schädlich wie eine Dürre: Der osmotische Druck des Wassers im Boden steigt, sodass es den Pflanzenwurzeln immer schwerer fällt, noch durch Osmose Flüssigkeit aufzunehmen. Außerdem gelangt das salzige Grundwasser am Ende in Quellen und Bäche, oder es verdunstet an der Oberfläche und lässt eine bröckelige Salzschicht zurück. Das salzige Wasser und die darin gelösten Stoffe – Bor, Selen und andere Gifte – können nicht nur auf die Menschen, sondern auch auf Wild- und Nutztiere schlimme gesundheitliche Auswirkungen haben. Die Versalzung ist heute nicht nur in den USA ein Problem, sondern auch in vielen anderen Regionen der Erde, beispielsweise in Indien, in der Türkei und vor allem in Australien (siehe Kapitel 13). In der Vergangenheit trug sie dazu bei, dass in Mesopotamien die ältesten Hochkulturen der Erde zugrunde gingen: Die Versalzung ist einer der Hauptgründe, warum es ein makabrer Scherz wäre, wenn wir den Irak und Syrien, früher das weltweit führende Zentrum der Landwirtschaft, heute als »fruchtbaren Halbmond« bezeichnen würden.

Die wichtigste Form der Versalzung hat nicht nur in Montana mehr als 100 000 Hektar Ackerland ruiniert, sondern auch Millionen weitere im gesamten Norden des Mittelwestens. Diese Form kann man als »Salzwasserversickerung« bezeichnen: Das salzhaltige Wasser sammelt sich im Boden eines hoch gelegenen Gebietes, versickert und kommt weiter bergab in bis zu einem Kilometer Entfernung wieder zum Vorschein. Die Salzwasserversickerung ist häufig auch Gift für den nachbarschaftlichen Frieden, wenn die landwirtschaftlichen Methoden eines Bauern weiter bergauf zur Versalzung des tiefer gelegenen Anwesens führen.

Zur Salzwasserversickerung kommt es folgendermaßen: Im Osten von Montana liegen große Mengen wasserlöslicher Salze, insbesondere Natrium-, Calcium- und Magnesiumsulfat. Sie bilden einen Bestandteil des Gesteins und des eigentlichen Bodens, sind aber auch in alten Meeressedimenten eingeschlossen (große Teile der Region waren in früheren Zeiten der Erdgeschichte vom Meer bedeckt). Unter dem Oberboden liegt das mehr oder weniger wasserundurchlässige Muttergestein (Schiefer, Sandstein oder Kohle). Im trockenen Osten Montanas wird der geringe Niederschlag da, wo noch die ursprüngliche Vegetation existiert, fast vollständig von den Pflanzenwurzeln aufgenommen und durch Verdunstung wieder an die Atmosphäre abgegeben, sodass der Boden unterhalb der durchwurzelten Schicht trocken bleibt. Rodet ein Bauer aber die einheimischen Pflanzen zugunsten einer Landwirtschaft, bei der man im jährlichen Wechsel Weizen oder anderes Getreide anbaut und die Felder dann brach liegen lässt, gibt es im Jahr der Brache keine Pflanzenwurzeln, die das Regenwasser festhalten könnten. Das Wasser bleibt im Boden, die Schicht unter den Wurzeln ist voll gesogen, und die Salze lösen sich, um dann mit dem steigenden Grundwasserspiegel zu den Pflanzenwurzeln zu gelangen. Da das tiefer liegende Muttergestein wasserundurchlässig ist, kann das Salzwasser nicht in größere Tiefen vordringen, sondern es tritt irgendwo bergab an die Oberfläche. Die Folge: Getreide wächst nur schlecht oder überhaupt nicht, und das sowohl in höheren Lagen, wo das Problem seinen Ursprung hat, als auch weiter bergab, wo das Wasser zu Tage tritt.

In Montana wurde die Salzwasserversickerung nach 1940 zu einem weit verbreiteten Problem. Damals hatten sich die landwirtschaftlichen Methoden geändert – insbesondere wurden mehr Traktoren und leistungsfähigere Pflüge eingesetzt, auf den brach liegenden Feldern wurde Unkraut mit Herbiziden ausgerottet, und die Brachflächen wuchsen von Jahr zu Jahr. Zur Bekämpfung des Problems muss man verschiedene Verfahren der Intensivbewirtschaftung anwenden: Aussäen salztoleranter Pflanzen zur Wiedergewinnung der bergab gelegenen Austrittsgebiete, kürzere Brachzeiten in höher gelegenen Gebieten durch flexiblen Getreideanbau und das Anpflanzen von Alfalfa und anderen mehrjährigen Pflanzen, die mit tief reichenden Wurzeln überschüssiges Wasser aus dem Boden aufnehmen.

In den Gebieten Montanas, wo die Landwirtschaft unmittelbar von der Niederschlagsmenge abhängig ist, ist die Salzwasserversickerung die wichtigste Form der Versalzungsschäden. Es ist aber nicht die Einzige. Über den ganzen Bundesstaat verteilen sich wie ein Flickenteppich landwirtschaftliche Flächen von über einer Million Hektar, die auf künstliche Bewässerung angewiesen sind. Dies gilt auch für meine Sommerurlaubsgebiete im Bitterroot Valley und im Big Hole Basin. In manchen dieser Gebiete, wo das Wasser viel Salz enthält, werden ebenfalls Anzeichen von Versalzung sichtbar. Eine andere Form ist die Folge eines industriellen Verfahrens zur Gewinnung von Methan (Erdgas) aus Kohlelagerstätten: Man bohrt Löcher in die Kohle und pumpt Wasser hinein, um so das Methan an die Oberfläche zu treiben. Leider löst sich dabei nicht nur das Methan im Wasser, sondern auch viele Salze. Der Nachbarstaat Wyoming, der fast ebenso arm ist wie Montana, betreibt seit 1988 zur Förderung seiner Wirtschaft ein großes Programm zur Erdgasgewinnung, das sich dieses Verfahrens bedient. Das dabei entstehende Salzwasser fließt aus Wyoming in das Powder River Basin im Südosten von Montana.

Um zu verstehen, unter welchen scheinbar unlösbaren Wasserproblemen Montana und andere trockene Gebiete des nordamerikanischen Westens leiden, muss man sich zunächst einmal klarmachen, dass das Bitterroot Valley sein Wasser aus zwei im Wesentlichen unabhängigen Quellen bezieht: einerseits aus Gebirgsbächen, Seen oder dem Bitterroot River, die das Wasser für die Bewässerungsgräben auf den Feldern liefern, und andererseits aus Brunnen, die in unterirdische, Wasser führende Schichten gebohrt werden und den größten Teil des Wassers für die Haushalte beisteuern. Die größeren Ortschaften im Tal haben eine städtische Wasserversorgung, die Häuser außerhalb dieser wenigen Orte dagegen beziehen ihr Wasser aus privaten Einzelbrunnen. Beide Systeme – Bewässerung und Haushaltswasser – stehen vor dem gleichen Problem: Die Zahl der Verbraucher nimmt zu, die Wassermenge nimmt ab. Vern Woolsley, im Tal der zuständige Beamte für die Wasserversorgung, erklärte es mir kurz und knapp so: »Wenn eine Wasserquelle von mehr als zwei Menschen genutzt wird, haben wir ein Problem. Aber warum ums Wasser streiten? Vom Streiten vermehrt sich das Wasser nicht.«

Die Ursache für den Rückgang der Wassermenge liegt letztlich im Klimawandel: In Montana wird es wärmer und trockener. Die globale Erwärmung wird in verschiedenen Regionen der Erde Gewinner und Verlierer hervorbringen, aber Montana gehört dabei zu den großen Verlierern: Der Niederschlag hat hier für die Landwirtschaft schon immer nur knapp ausgereicht. Im Osten Montanas mussten wegen der Trockenheit mittlerweile große landwirtschaftliche Flächen aufgegeben werden, und das Gleiche gilt für die benachbarten kanadischen Provinzen Alberta und Saskatchewan. In meinem Urlaubsgebiet im Westen Montanas sind die Auswirkungen der globalen Erwärmung deutlich zu erkennen: Der Schnee bleibt im Gebirge auf große Höhen beschränkt, und auf den Bergen rund um das Big Hole Basin bleibt er, anders als bei meinem ersten Besuch 1953, im Sommer überhaupt nicht mehr liegen.

Den auffälligsten Effekt in Montana oder vielleicht auf der ganzen Welt hat die globale Erwärmung im Glacier National Park. Die Gletscher sind auf der ganzen Welt im Rückgang begriffen, ob am Kilimandscharo, in den Anden und den Alpen, auf den Bergen Neuguineas oder rund um den Mount Everest. Aber in Montana hat man das Phänomen besonders gründlich untersucht, weil die Gletscher hier für Klimaforscher und Touristen leicht zugänglich sind. Als Naturforscher gegen Ende des 19. Jahrhunderts erstmals in das Gebiet des heutigen Glacier National Park kamen, gab es dort über 150 Gletscher; heute sind davon noch 35 übrig, und auch die haben nur noch einen Bruchteil der Größe, von der die Erstbeschreibung spricht. Wenn sie im derzeitigen Tempo weiter abschmelzen, gibt es 2030 im Glacier National Park überhaupt keine Gletscher mehr. Ein solcher Rückgang der Schneemenge im Gebirge wirkt sich negativ auf die Bewässerungssysteme aus, denn diese beziehen ihr Wasser im Sommer aus dem Schnee, der im Gebirge liegen geblieben ist und langsam taut. Ebenso schädlich sind die Auswirkungen auch für die Grundwasserschichten des Bitterroot River, deren Wassergehalt in jüngerer Zeit durch die Trockenheit ebenfalls abgenommen hat.

Am Boden des Tales fallen im Jahr nur rund 330 Millimeter Niederschlag. Ohne Bewässerung bestünde die Vegetation des Tales vorwiegend aus amerikanischem Beifuß, wie Lewis und Clark es nach ihrer Expedition in den Jahren 1805 / 1806 berichteten und wie man es auch heute beobachtet, wenn man den letzten Bewässerungskanal auf der Ostseite des Tales überquert hat. Schon Ende des 19. Jahrhunderts begann der Bau von Bewässerungssystemen für die Landwirtschaft, die vom Schmelzwasser aus dem Hochgebirge am Westrand des Tales gespeist wurden, und

1909/10 erreichte die Bautätigkeit ihren Höhepunkt. Innerhalb der einzelnen Bewässerungssysteme oder »Distrikte« hat jeweils ein Grundbesitzer oder eine Gruppe von Grundbesitzern das Recht, dem System eine festgelegte Wassermenge zu entnehmen.

Leider ist aber das Wasser in den meisten Bewässerungsdistrikten des Bitterroot Valley »überverteilt«. Was das bedeutet, ist für einen naiven Außenstehenden wie mich kaum vorstellbar: Die Wasserrechte aller Grundbesitzer sind zusammengenommen in den meisten Jahren größer als die gesamte verfügbare Wassermenge, zumindest im Sommer, wenn die Schneeschmelze fast beendet ist. Unter anderem liegt das daran, dass bei der Zuteilung eine konstante Wasserversorgung vorausgesetzt wird; in Wirklichkeit schwankt die Wassermenge aber in Abhängigkeit vom Klima von Jahr zu Jahr, und die angenommene feste Wassermenge ist die eines sehr niederschlagsreichen Jahres. Die Lösung besteht darin, dass die einzelnen Grundbesitzer unterschiedliche Prioritäten besitzen, je nachdem, zu welchem historischen Datum das Wasserrecht für das jeweilige Anwesen angemeldet wurde; mit abnehmender Wassermenge in den Kanälen wird also zunächst den neuesten und erst später den älteren Rechteinhabern das Wasser abgedreht. Damit ist der Konflikt bereits vorprogrammiert: Die ältesten Farmen mit den ältesten Rechten befinden sich häufig in tieferen Lagen, und die Farmer in höher gelegenen Gebieten mit ihren nachrangigen Ansprüchen sehen nicht gern zu, wie das dringend benötigte Wasser an ihrem Besitz vorbei bergab fließt, während sie selbst es nicht nutzen dürfen. Würden sie es aber tun, könnten die Nachbarn weiter unten sie verklagen.

Ein weiteres Problem erwächst aus der Landzerstückelung: Ursprünglich waren die Flächen in große Abschnitte mit jeweils einem einzigen Eigentümer unterteilt, und dieser Eigentümer entnahm das Wasser aus dem Kanal natürlich für ein Feld nach dem anderen; niemand hätte törichterweise versucht, alle Felder gleichzeitig zu bewässern, denn dafür hätte das Wasser nicht gereicht. Aber diese Abschnitte, anfangs jeweils 160 Acres (ungefähr 65 Hektar), wurden später in vierzig Baugrundstücke von vier Acres (rund 16000 Quadratmeter) unterteilt; wenn nun jeder dieser vierzig Hausbesitzer Wasser entnimmt und seinen Garten grün halten will, ohne sich klar zu machen, dass 39 Nachbarn das Gleiche tun, ist die Wassermenge zu gering. Und schließlich betreffen die Wasserrechte nur die so genannte »nützliche« Verwendung, das heißt, das Wasser muss dem Anwesen nützen, das die Rechte besitzt. Das Wasser im Fluss zu lassen, damit die Fische darin schwimmen und Touristen auf Flößen den Fluss hinunterfahren können, gilt nicht als »nützliche« Verwendung. In den letzten trockenen Jahren sind Teile des Big Hole River im Sommer mehrmals völlig ausgetrocknet. Viele potenzielle Konflikte im Bitterroot Valley wurden mehrere Jahrzehnte lang und bis 2003 auf liebenswürdige Weise von Vern Woolsey entschieden, dem 82-jährigen Wasserbeauftragten, der von allen respektiert wurde. Nachdem er jetzt endgültig in den Ruhestand getreten ist, sehen viele meiner Bekannten in der Region dem drohenden Konfliktpotenzial mit Schrecken entgegen.

Zum Bewässerungssystem des Bitterroot Valley gehören 28 kleine Dämme, die sich in Privatbesitz befinden. Sie wurden an Gebirgsbächen gebaut, damit man dort im Frühjahr das Schmelzwasser auffangen und im Sommer für die Bewässerung der Felder verwenden konnte. Heute sind diese Dämme tickende Zeitbomben. Sie wurden vor hundert Jahren errichtet und gelten heute als primitive, gefährliche Konstruktionen. Instand gehalten wurden sie nur schlecht oder gar nicht. In vielen Fällen besteht die Gefahr, dass sie nachgeben und eine Flutwelle über tiefer gelegene Häuser und Ländereien hereinbrechen lassen. Nachdem bereits vor mehreren Jahrzehnten zwei solche Dämme gebrochen waren und verheerende Überschwemmungen verursacht hatten, erklärte die Forstverwaltung die Eigentümer der Dämme und alle Baufirmen, die jemals daran gearbeitet hatten, zu Verantwortlichen für alle Schäden, die durch den Damm entstehen könnten. Es liegt in der Verantwortung der Eigentümer, die Dämme entweder zu sanieren oder zu entfernen. Das mag sich vernünftig anhören, aber finanziell ist es häufig ein Abenteuer, und das aus drei Gründen: Erstens ziehen die heutigen Eigentümer, die nun zu Verantwortlichen erklärt wurden, vielfach kaum finanziellen Nutzen aus ihrem Damm, und sie kümmern sich auch nicht mehr um Reparaturen (zum Beispiel, weil das Land in Baugrundstücke aufgeteilt wurde, wo das Wasser heute nicht mehr als Lebensgrundlage für Bauern dient, sondern zum Bewässern des Rasens); zweitens gewähren Bundes- und Staatsregierung Zuschüsse für die Sanierung eines Dammes, aber nicht für seine Entfernung; und drittens liegt die Hälfte aller Dämme in Regionen, die heute als Wildnisgebiete ausgewiesen sind – dort dürfen keine Straßen gebaut werden, und Baumaschinen müssen mit kostspieligen Hubschraubern eingeflogen werden.

Eine solche Zeitbombe ist der Tin Cup Dam. Würde er brechen, wäre Darby, die größte Ortschaft im Süden des Bitterroot Valley, überschwemmt. Undichte Stellen und der schlechte Zustand des Dammes gaben den Anlass zu langwierigen Auseinandersetzungen und Prozessen zwischen Eigentümern, Forstverwaltung und Umweltschutzgruppen. Der Streit um die richtige Sanierung erreichte seinen Höhepunkt, als 1998 mit der Feststellung eines größeren Lecks der Notfall eintrat. Das Unternehmen, das den Stausee im Auftrag der Eigentümer leer laufen lassen sollte, stieß sehr schnell auf große Felsbrocken, und deren Entfernung erforderte schweres Gerät, das per Hubschrauber herantransportiert werden musste. Daraufhin erklärten die Eigentümer, ihnen sei das Geld ausgegangen, und sowohl der Staat Montana als auch der Kreis Ravalli weigerten sich, Mittel für den Damm bereitzustellen. Für Darby blieb die Lage weiterhin lebensbedrohlich. Also mietete die Forstverwaltung selbst die Hubschrauber und das Gerät an, nahm die Arbeiten an dem Damm vor und schickte den Eigentümern die Rechnung, die sie aber bis heute nicht bezahlt haben. Derzeit bereitet das US-Justizministerium eine Klage vor, um das Geld einzutreiben.

Das zweite Bein der Wasserversorgung neben der Bewässerung mit Schmelzwasser sind im Bitterroot Valley die Brunnen, die Wasser für die Haushalte aus den Grundwasserschichten entnehmen. Auch hier steht wachsende Nachfrage einem sinkenden Angebot gegenüber. Gebirgsschnee und Grundwasser schienen auf den ersten Blick nichts miteinander zu tun zu haben, in Wirklichkeit besteht aber ein Zusammenhang: Ein Teil des zur Bewässerung eingesetzten Wassers sickert durch den Boden ins Grundwasser, sodass ein Teil des Grundwassers letztlich aus geschmolzenem Schnee besteht. Deshalb hat der Rückgang der Schneemenge in Montana auch einen Rückgang der Grundwasservorräte zur Folge.

Dass die Nachfrage nach Grundwasser wächst, steht außer Zweifel: Die immer noch anhaltende Bevölkerungszunahme im Bitterroot Valley hat zur Folge, dass mehr Menschen mehr Wasser trinken und mehr Toilettenspülungen betätigen. Roxa French, Koordinatorin des örtlichen Bitter Root Water Forum, rät Bauherren zur Einrichtung von Tiefbrunnen, weil »immer mehr Strohhalme im Milchshake stecken«, das heißt, die gleichen grundwasserführenden Schichten werden von immer mehr Brunnen angezapft, sodass ihr Wasserspiegel sinkt. Derzeit gibt es in Montana und im Kreis Ravalli kaum Vorschriften über die Wasserversorgung für Haushalte. Selbst wenn der neu gebohrte Brunnen eines Bauherrn den Grundwasserspiegel beim Nachbarn sinken lässt, kann dieser Schadenersatzforderungen kaum durchsetzen. Um zu berechnen, wie viele Haushalte eine grundwasserführende Schicht versorgen kann, müsste man diese Schicht vermessen und feststellen, wie viel Wasser sie aufnimmt, aber erstaunlicherweise sind diese beiden grundlegenden Schritte noch bei keinem Grundwasserreservoir im Bitterroot Valley vollzogen worden. Der Kreis selbst verfügt nicht über die Mittel, um seine grundwasserführenden Schichten zu überwachen, und bei Entscheidungen über Bauanträge für neue Häuser werden keine unabhängigen Gutachten über die Auswirkungen auf das Grundwasser eingeholt. Der Kreis verlässt sich völlig auf die Zusicherung des Bauherrn, dass für das Haus genügend Wasser zur Verfügung steht.

Alle meine bisherigen Aussagen beziehen sich ausschließlich auf die Wassermenge. Probleme gibt es aber auch mit der Wasserqualität, die in ihrer Bedeutung als natürliche Ressource an die Landschaft des westlichen Montana heranreicht, weil Flüsse und Bewässerungssysteme von dem relativ sauberen Schmelzwasser gespeist werden. Aber trotz solcher Vorteile steht der Bitterroot River bereits auf der Liste der »beeinträchtigten Fließgewässer« des Staates. Das hat mehrere Gründe. Deren wichtigster sind Ansammlungen von Sedimenten, die einerseits durch Erosion freigesetzt werden, andererseits aber auch durch Straßenbau, Waldbrände, Holzgewinnung und den sinkenden Wasserspiegel in den Bewässerungskanälen und -bächen. Heute sind die meisten Wassereinzugsgebiete im Bitterroot Valley entweder bereits geschädigt oder gefährdet. Ein zweites Problem sind ausgewaschene Düngemittel: Jeder Farmer, der Heu ernten will, bringt auf seinen Wiesen mindestens 220 Kilo Kunstdünger je Hektar aus; wie viel davon am Ende in den Fluss gelangt, ist nicht bekannt. Eine weitere zunehmende Bedrohung für die Wasserqualität stellen nährstoffreiche Abwässer aus Sickergruben dar. Und die schlimmste Gefahr für die Wasserqualität schließlich geht in manchen Teilen Montanas – allerdings nicht im Bitterroot Valley – von den bereits beschriebenen giftigen Mineralstoffen aus den Minen aus.

Auch die Luftqualität verdient es, kurz erwähnt zu werden. Auf den ersten Blick mag es dreist erscheinen, wenn ich als Bürger von Los Angeles, der Stadt mit der schlechtesten Luft in den ganzen USA, in dieser Hinsicht überhaupt etwas Negatives über Montana äußere. Tatsächlich leiden aber auch manche Regionen dieses Staates je nach Jahreszeit unter Luftverschmutzung; am schlimmsten ist es in Missoula, wo die Luft (trotz einiger Verbesserungen seit den achtziger Jahren) manchmal ebenso schlecht ist wie in Los Angeles. Verstärkt wird die Luftverschmutzung in Missoula durch häufige winterliche Inversionswetterlagen und durch die Lage der Stadt in einem Tal, das den Luftaustausch behindert. Die Ursache sind einerseits die ganzjährigen Autoabgase, andererseits im Winter die Holzfeuer und im Sommer Waldbrände und Holzgewinnung.

Ansonsten hat Montana noch Umweltprobleme im Zusammenhang mit Gefährdungen durch eingeschleppte fremde Tier- und Pflanzenarten und den Verlust wertvoller einheimischer Arten. Betroffen sind dabei insbesondere Fische, Rot- und Wapitihirsche sowie Unkräuter.

Ursprünglich beherbergte Montana wertvolle Fischbestände mit der einheimischen Purpurforelle (dem Wappentier des Bundesstaates), Dolly-Varden-Saibling, Arktischer Äsche und Felchen. Mit Ausnahme der Felchen sind alle diese Arten heute in Montana im Aussterben begriffen; das hat mehrere Gründe, die sich bei den verschiedenen Fischarten unterschiedlich stark auswirken: Da so viel Wasser in die Bewässerungssysteme fließt, ist der Wasserstand in den Gebirgsbächen, wo sie laichen und heranwachsen, niedrig; durch die Holzgewinnung enthalten die Bäche mehr Sedimente, und ihre Temperatur ist zu hoch; die Gewässer werden überfischt; es kommt zur Konkurrenz und in manchen Fällen zur Bastardisierung mit eingeschleppten Regenbogenforellen, Bachsaiblingen und Bachforellen; eingeschleppte Raubfische wie Flusshecht und Seeforelle dezimieren die Bestände ebenso wie Infektionen mit eingeschleppten Parasiten, die die so genannte Drehkrankheit verursachen. Die Flusshechte zum Beispiel, die andere Fischarten aggressiv dezimieren, wurden in einigen Seen und Flüssen im Westen Montanas illegal ausgesetzt, weil die Fischer erpicht darauf waren, Hechte zu fangen; die ursprünglichen Bestände an Purpurforellen und Dolly-Varden-Saiblingen, die ihnen als Beute dienen, wurden in diesen Gewässern fast völlig ausgerottet. Ähnliches spielte sich im Flatzhead Lake ab: Dort wurden die früheren, sehr robusten Bestände mehrerer einheimischer Fischarten durch eingeschleppte Seeforellen vernichtet.

Die Drehkrankheit, die man in Europa schon länger kannte, wurde 1958 durch einen unglücklichen Zufall in die USA eingeschleppt: Ein Fischzuchtbetrieb in Pennsylvania importierte dänische Fische, bei denen sich später die Infektion zeigte. Heute ist der Erreger fast im gesamten Westen der USA verbreitet; die Übertragung erfolgt zum Teil durch Vögel, vor allem aber durch Menschen (auch durch Behörden und private Fischzuchtbetriebe), die infizierte Fische in Seen und Flüssen aussetzen. Wenn der Parasit ein Gewässer besiedelt hat, lässt er sich dort nicht mehr ausrotten. Im Jahr 1994 hatte die Drehkrankheit den Regenbogenforellenbestand im Madison River, dem bekanntesten Fluss Montanas, um mehr als 90 Prozent dezimiert.

Wenigstens ist die Drehkrankheit für Menschen nicht ansteckend. Sie schädigt nur den Angeltourismus. Besorgnis erregender ist die *chronic wasting disease* (»chronisch auszehrende Krankheit«) oder CWD, die bei Hirschen vorkommt: Ihr Erreger kann auch bei Menschen eine unheilbare Krankheit verursachen. Die CWD ist bei Hirschen die Entsprechung zu den Prionenerkrankungen anderer Tiere – am bekanntesten sind die Creutzfeldt-Jacob-Krankheit beim Menschen, die Bovine Spongiforme Enzephalopathie BSE (auch »Rinderwahnsinn« genannt) bei Kühen und die Scrapie-Krankheit der Schafe. Diese Erkrankungen führen zu einem unaufhaltsamen Verfall des Nervensystems; von den Menschen mit der Creutzfeldt-Jacob-Krankheit ist kein einziger jemals wieder gesund geworden. Die CWD wurde bei nordamerikanischen Rot- und Wapitihirschen Anfang der siebziger Jahre des 20. Jahrhunderts erstmals nachgewiesen; manchen Vermutungen zufolge entstand sie, weil Hirsche an einer Universität im Westen der USA zu Untersuchungen in einem Stall nicht weit von Scrapie-infizierten Schafen untergebracht waren und später wieder in die freie Wildbahn entlassen wurden. (Heute wäre das ein Verbrechen.) Beschleunigt wurde die Verbreitung von einem Bundesstaat zum nächsten, weil Hirsche, die mit dem Erreger in Kontakt gekommen waren, zwischen kommerziellen Wildzuchtbetrieben ausgetauscht wurden. Ob die CWD wie der Rinderwahnsinn von Tieren auf Menschen übertragen werden kann, wissen wir noch nicht, aber nachdem in jüngster Zeit mehrere Elchjäger an der Creutzfeldt-Jacob-Krankheit gestorben sind, gehen mancherorts die Alarmlampen an. Im Staat Wisconsin fürchtet man um die milliardenschwere Jagdbranche; dort ist man zurzeit dabei, in einem Infektionsgebiet 25 000 Hirsche zu töten (eine Maßnahme, die alle Beteiligten mit größtem Widerwillen erfüllt), weil man hofft, man könne die CWD-Epidemie auf diese Weise unter Kontrolle bringen.

Die CWD ist in Montana vielleicht das bedrohlichste zukünftige Problem, das durch eingeschleppte Erreger verursacht wird, aber das Teuerste sind heute bereits die Unkräuter. Etwa dreißig gefährliche Pflanzenarten, die meisten davon aus Eurasien, sind zufällig mit Heu oder als Samen mit dem Wind nach Montana gelangt und haben sich dort festgesetzt; in einem Fall wurden sie auch absichtlich importiert, weil es sich um reizvolle Zierpflanzen handelte, deren Gefährdungspotenzial man nicht erkannt hatte. Sie wirken auf unterschiedliche Weise schädlich: Für Nutz- und Wildtiere sind sie schwer oder überhaupt nicht essbar, aber sie verdrängen die Futterpflanzen und rauben den Tieren damit bis zu 90 Prozent ihrer Nahrung; manche Arten sind für Tiere giftig; und viele verursachen eine dreimal so starke Erosion, weil sie den Boden mit ihren Wurzeln nicht so gut festhalten wie die einheimischen Gräser.

Die beiden wirtschaftlich bedeutendsten Unkräuter sind die Gefleckte Flockenblume und die Eselswolfsmilch. Beide sind heute in Montana weit verbreitet. Die Gefleckte Flockenblume setzt sich gegenüber den einheimischen Gräsern durch, weil sie diese einerseits mit selbst produzierten Substanzen abtötet und sich andererseits mit einer Riesenzahl von Samen vermehrt. Auf einzelnen kleinen Feldern kann man sie von Hand ausjäten, sie hat aber allein im Bitterroot Valley annähernd 230 000 Hektar und in ganz Montana über zwei Millionen Hektar besiedelt, und auf derart großen Flächen ist eine manuelle Ausrottung natürlich nicht möglich. Man kann die Gefleckte Flockenblume auch mit Unkrautvernichtungsmitteln eindämmen, aber wenn man sie mit billigen Herbiziden abtötet, sterben auch viele andere Pflanzen, und das Mittel, das sich gezielt gegen diese Art richtet, ist mit rund 200 Dollar pro Liter sehr teuer. Außerdem ist nicht geklärt, ob die Abbauprodukte der Herbizide am Ende in den Bitterroot River oder in die Grundwasserreservoire gelangen, aus denen das Trinkwasser für die Menschen gewonnen wird, und ob diese Produkte ihrerseits wieder schädliche Nebenwirkungen haben. Da die Gefleckte Flockenblume sich nicht nur auf Weideland, sondern auch in großen Teilen der nationalen Wälder breit macht, vermindert sie das Nahrungsangebot sowohl für die Nutztiere als auch für die Pflanzen fressenden Wildtiere im Wald, und das kann dazu führen, dass die Hirsche auf Viehweiden ausweichen. Die Eselswolfsmilch ist derzeit nicht so weit verbreitet wie die Flockenblume, aber dafür lässt sie sich viel schwerer beseitigen; von Hand kann man sie überhaupt nicht jäten, denn sie bildet unterirdische Wurzeln von mehr als sechs Metern Länge.

Die Schätzungen für die unmittelbaren wirtschaftlichen Schäden, die diese und andere Unkräuter jedes Jahr in Montana anrichten, belaufen sich auf mehr als 100 Millionen Dollar pro Jahr. Außerdem führen sie zu einem Rückgang der Immobilienpreise und der landwirtschaftlichen Produktivität. Vor allem aber sind sie eine Plage für die Bauern, denn man kommt ihnen nicht mit Einzelmaßnahmen bei, sondern nur mit einem komplizierten Bewirtschaftungsschema. Sie zwingen die Bauern, mehrere Methoden gleichzeitig umzustellen: Sie müssen Unkraut jäten, Herbizide anwenden, Dünger anders einsetzen, natürliche Feinde der Unkräuter (Insekten und Pilze) freisetzen, kontrollierte Brände entzünden, nach neuen Zeitplänen mähen und die Fruchtfolge sowie die Beweidung verändern. Und das alles wegen einiger kleiner Pflanzen, deren Gefährlichkeit man früher meist nicht einschätzen konnte und deren Samen unbemerkt ins Land kamen.

Das scheinbar so unberührte Montana leidet also in Wirklichkeit unter zahlreichen Umweltproblemen: Giftmüll, Waldverlust, Bodenerosion, Wasserverschmutzung, Klimawandel, Verlust von Artenvielfalt und eingeschleppte Schädlinge. All diese Schäden äußern sich auch als wirtschaftliche Schwierigkeiten. Sie sind einer der wichtigsten Gründe, warum es mit der Wirtschaft in Montana während der letzten Jahrzehnte so weit bergab gegangen ist, dass der Staat, früher einer der reichsten in den USA, heute zu den ärmsten gehört.

Ob und wie die Probleme sich lösen lassen, wird von der Haltung und den Wertvorstellungen der Bürger abhängen. Aber die Bevölkerung wird immer uneinheitlicher und kann sich für Umwelt und Zukunft ihres Staates immer weniger auf eine gemeinsame Vision einigen. Zu der zunehmenden Polarisierung der Meinungen haben sich viele meiner Bekannten geäußert. Der Banker Emil Erhardt erklärte beispielsweise: »Hier findet eine viel zu aufgeregte Debatte statt. Der Wohlstand der fünfziger Jahre führte dazu, dass wir damals alle arm waren oder uns arm fühlten. Extremen Reichtum gab es nicht, oder zumindest war er nicht sichtbar. Jetzt haben wir eine zweigeteilte Gesellschaft. Unten müssen Familien mit geringem Einkommen ums Überleben kämpfen, und die reichen Zugereisten ganz oben haben so viel Eigentum angehäuft, dass sie sich abschotten können. Letztlich haben wir eine Zoneneinteilung, aber die macht sich nicht an der Landnutzung fest, sondern am Geld!«

Die Polarisierung, von der meine Bekannten reden, hat viele Gesichter: reich und arm, Alteingesessene und Zugezogene, Anhänger einer traditionellen Lebensweise und Reformwillige, Wachstumsbefürworter und Wachstumsgegner, Anhänger und Gegner staatlicher Planung, Familien mit und ohne schulpflichtige Kinder. Verschärft werden die Meinungsverschiedenheiten durch die typischen Widersprüche in Montana, die ich zu Beginn des Kapitels erwähnt habe: ein Staat mit armen Bewohnern, der aber reiche Neubürger anzieht, obwohl die Kinder aus Montana selbst dem Staat den Rücken kehren, sobald sie die High School hinter sich haben.

Anfangs habe ich mich gefragt, ob die Umweltprobleme und die Polarisierung der Meinungen in Montana etwas mit dem Egoismus derer zu tun haben, die ihre eigenen Interessen durchsetzen, obwohl sie ganz genau wissen, dass sie die übrige Gesellschaft in Montana damit schädigen. In manchen Fällen mag es so ein, beispielsweise wenn manche Verantwortlichen in den Minen an der Cyanidlaugung festhalten wollen, obwohl bis zum Überdruss nachgewiesen ist, welche Probleme von den dabei entstehenden Schadstoffen ausgehen; oder wenn manche Farmbesitzer ihre Rot- und Wapitihirsche untereinander austauschen, obwohl die damit verbundene Gefahr der Krankheitsausbreitung allgemein bekannt ist; oder wenn manche Angler um ihres eigenen Vergnügens willen aggressive Hechte in Seen und Flüssen aussetzen, obwohl die Fischbestände an anderen Stellen durch solche Maßnahmen bereits zerstört wurden. Aber auch in solchen Fällen habe ich die beteiligten Personen nicht befragt, und ich weiß nicht, ob sie ehrlich behaupten können, sie hätten nach ihrer eigenen Einschätzung nichts Gefährliches getan. Wenn ich mit Bürgern von Montana gesprochen habe, musste ich immer wieder feststellen, dass ihre Taten mit ihren Wertvorstellungen übereinstimmten, wobei diese Wertvorstellungen allerdings manchmal im Widerspruch zu meinen eigenen oder denen anderer Bewohner des Staates standen. Oder anders ausgedrückt: Man kann für die Schwierigkeiten in Montana nicht einfach böse, egoistische Menschen verantwortlich machen, die wissentlich und rücksichtslos auf Kosten ihrer Nachbarn nach eigenem Profit streben. Stattdessen kommt es zum Konflikt zwischen Menschen, die aufgrund ihrer Herkunft und Wertvorstellungen unterschiedliche Handlungsweisen bevorzugen. Einige Punkte, bei denen es derzeit gegensätzliche Meinungen über die Gestaltung der Zukunft von Montana gibt, möchte ich im Folgenden beschreiben.

Ein Konflikt besteht zwischen »Alteingesessenen« und »Zugezogenen«: Die einen sind in Montana geboren, ihre Familien leben unter Umständen schon seit Generationen in Montana, in Lebensweise und Wirtschaft halten sie sich an die drei traditionellen Säulen von Bergbau, Holzgewinnung und Landwirtschaft; die anderen sind erst kürzlich zugezogen oder kommen nur zu bestimmten Jahreszeiten. Die drei genannten Säulen der Wirtschaft sind in Montana stark ins Wanken geraten. Die Minen sind wegen der Giftmüllproblematik und billigerer ausländischer Konkurrenz mit wenigen Ausnahmen geschlossen. Der Umsatz mit Holz liegt um 80 Prozent unter den Spitzenwerten vergangener Tage, und von einigen Spezialunternehmen (insbesondere Bauunternehmen für Holzhütten) abgesehen, haben die meisten Sägewerke und Holzhandlungen aufgegeben; die Gründe sind vielfältig: Die Öffentlichkeit bevorzugt zunehmend unversehrte Wälder, Waldbewirtschaftung und Brandbekämpfung verschlingen riesige Summen, und es besteht starke Konkurrenz durch Unternehmen aus wärmeren, trockeneren Klimazonen, die gegenüber der Holzwirtschaft im kalten, trockenen Montana einen natürlichen Vorteil genießen. Auch der dritte Pfeiler, die Landwirtschaft, ist auf dem Rückzug: Von den 400 Molkereien, die 1964 im Bitterroot Valley arbeiteten, gibt es heute beispielsweise nur noch neun. Der Rückgang der Landwirtschaft in Montana hat vielschichtigere Gründe als der Verfall von Bergbau und Holzgewinnung, aber im Hintergrund steht auch hier der grundlegende Konkurrenznachteil durch das kalte, trockene Klima, der sich auf Getreideanbau und Viehzucht ebenso auswirkt wie auf die Bäume.

Die Bauern, die heute in Montana ihre Betriebe bis ins hohe Alter weiterführen, tun das teilweise einfach deshalb, weil sie ihre Lebensweise lieben und stolz darauf sind. Tim Huls sagte mir einmal: »Es ist einfach großartig, wenn man vor Anbruch der Dämmerung aufsteht, wenn man den Sonnenaufgang miterlebt und die Falken über sich hinwegfliegen sieht.« Der Bauer Jack Hirschy war 1950, als ich ihn kennen lernte, 29 Jahre alt. Heute, mit 83, arbeitet er immer noch auf seinem Hof, und sein Vater Fred saß an seinem 91. Geburtstag noch im Sattel. Aber »Ackerbau und Viehzucht sind schwere, gefährliche Tätigkeiten«, wie Jill es formuliert, die Schwester des Bauern Jack. Dieser hatte mit 77 Jahren einen Traktorunfall, bei dem er sich innere Verletzungen und Rippenbrüche zuzog, und Fred wäre mit 58 Jahren um ein Haar von einem umstürzenden Baum erschlagen worden. »Manchmal stehe ich im drei Uhr morgens auf und arbeite bis zehn Uhr abends«, fügt Tim Huls zu seiner Bemerkung über die großartige Lebensweise hinzu. »In diesem Job hat man keinen Achtstundentag. Aber keines unserer Kinder will Bauer werden, wenn man jeden Tag von drei Uhr morgens bis zehn Uhr abends arbeiten muss.«

Mit dieser Bemerkung nennt Tim einen der Gründe für Aufstieg und Fall der Landwirtschaft in Montana: Die bäuerliche Lebensweise war bei früheren Generationen sehr beliebt, aber heute haben die Kinder vieler Farmer andere Vorstellungen. Sie streben nach Berufen, bei denen sie in klimatisierten Räumen vor dem Computerbildschirm sitzen können, statt Heuballen zu wuchten, und abends sowie am Wochenende wollen sie frei haben, statt Kühe zu melken und Gras zu mähen. Sie wollen nicht gezwungen sein, bis über ihr achtzigstes Lebensjahr hinaus einer buchstäblich halsbrecherischen Arbeit nachzugehen, wie es die drei noch lebenden Hirschy-Geschwister tun.

Oder, wie Steve Powell mir erklärt: »Früher haben die Leute nur erwartet, dass sie auf ihrer Farm genügend Lebensmittel für sich selbst produzieren können; heute reicht es ihnen nicht mehr, wenn sie nur satt werden – sie wollen so viel verdienen, dass sie die Kinder aufs College schicken können.« Als John Cook bei seinen Eltern auf der Farm aufwuchs, »war meine Mutter damit zufrieden, wenn sie vor dem Abendessen in den Garten gehen und Spargel stechen konnte, und ich war als Junge zufrieden, wenn ich beim Jagen und Angeln meinen Spaß hatte. Heute wollen die Kinder Fastfood und Pay-TV; wenn die Eltern ihnen das nicht bieten, fühlen sie sich gegenüber ihren Altersgenossen zurückgesetzt. Zu meiner Zeit rechnete man als junger Erwachsener damit, dass man die nächsten zwanzig Jahre arm sein würde, und erst danach konnte man darauf hoffen, dass das Leben angenehmer wurde – wenn man Glück hatte. Heute wollen die jungen Leute es schon frühzeitig bequem haben. Wenn es um einen Job geht, fragen sie als Erstes: »Wie viel Geld, wie viele Wochenstunden, wie viel Urlaub?« In Montana machen sich alle Farmer, die ich kenne und die gern Farmer sind, ernste Sorgen um die Frage, ob ihre Kinder den Hof der Familie weiterführen werden, und manche wissen auch schon, dass keiner es tun wird.

Heute ist es schon aus wirtschaftlichen Gründen äußerst schwierig, mit einer Farm seinen Lebensunterhalt zu verdienen: Die Kosten sind in solchen Betrieben viel schneller gestiegen als die Einnahmen. Für Milch und Rindfleisch erhält ein Bauer heute praktisch die gleichen Preise wie vor zwanzig Jahren, die Kosten für Treibstoff, landwirtschaftliche Maschinen, Düngemittel und andere notwendige Dinge sind dagegen viel höher. Ein Beispiel nennt Rick Laible: »Wenn ein Farmer vor fünfzig Jahren einen neuen Traktor brauchte, hat er dafür zwei Kühe verkauft. Heute kostet ein Traktor etwa 15 000 Dollar, aber für eine Kuh bekommt man nach wie vor nur 600 Dollar, das heißt, der Farmer müsste 25 Kühe verkaufen, um den Traktor zu finanzieren.«

Durch schrumpfende Gewinnmargen und verschärfte Konkurrenz sind Hunderte von kleinen landwirtschaftlichen Betrieben im Bitterroot Valley, die sich früher finanziell selbst trugen, heute unwirtschaftlich. Zunächst stellten die Bauern fest, dass sie nur mit dem zusätzlichen Einkommen aus Zweitjobs überleben konnten, und dann mussten sie die Landwirtschaft ganz aufgeben, weil sie abends und am Wochenende neben dem Zweitjob zu viel Zeit kosteten. Vor sechzig Jahren konnten Kathy Vaughns Großeltern beispielsweise von einer 17-Hektar-Farm leben, also kauften Kathy und Pat Vaughn sich 1977 ebenfalls eine Farm von 17 Hektar. Mit sechs Kühen, sechs Schafen, ein paar Schweinen, Heu und ihren Nebentätigkeiten – Kathy arbeitete als Lehrerin, Pat baute Bewässerungssysteme – konnten sie auf der Farm drei Kinder ernähren und großziehen, aber sie hatten keinerlei Sicherheit und keine Altersversorgung. Nach acht Jahren verkauften sie die Farm und zogen in die Stadt; von ihren Kindern wohnt heute keines mehr in Montana.

Überall in den USA werden kleine Farmen von landwirtschaftlichen Großbetrieben verdrängt, die mit Massenproduktion die sinkenden Gewinnspannen auffangen können. Aber im Südwesten von Montana ist es für kleine Bauern heute nicht mehr möglich, Land hinzuzukaufen und zu Großfarmern zu werden. Die Gründe erklärt Allen Bjergo kurz und bündig so: »In den Vereinigten Staaten verlagert sich die Landwirtschaft in Regionen wie Iowa und Nebraska, wo es nicht so schön ist wie in Montana und wo deshalb niemand nur zum Spaß wohnt. Hier in Montana wohnen die Leute, weil sie sich wohl fühlen, und deshalb zahlen sie für die Grundstücke so viel, wie man es mit Landwirtschaft niemals finanzieren könnte. Das Bitterroot Valley wird zu einem Tal der Pferde. Pferde sind wirtschaftlich: Während die Preise für landwirtschaftliche Produkte vom Wert der Lebensmittel selbst abhängen und nicht unbegrenzt steigen können, sind viele Leute bereit, für Pferde jeden Preis zu zahlen, obwohl sie keinen wirtschaftlichen Nutzen bringen.«

Die Grundstückspreise sind in Montana heute zehn bis zwanzig Mal höher als noch vor wenigen Jahrzehnten. Bei solchen Preisen sind die Kosten für eine Hypothek viel zu hoch, als dass man sie mit landwirtschaftlicher Nutzung erwirtschaften könnte. Das ist er unmittelbare Grund, warum die Farmer im Bitterroot Valley nicht durch Expansion überleben können und warum die Betriebe am Ende verkauft und anders genutzt werden. Lebt ein älterer Bauer bis zu seinem Tod auf seinem Anwesen, sind die Erben gezwungen, das Land an ein Bauunternehmen zu verkaufen; damit bringt es viel mehr ein als beim Verkauf an einen anderen Bauern, und nur mit diesem höheren Erlös sind die Steuern auf die Wertsteigerung der Immobilie zu finanzieren, die zu Lebzeiten des verstorbenen Farmers eingetreten ist. In den meisten Fällen verkaufen aber schon die betagten Besitzer selbst ihre Betriebe. Einerseits tut es ihnen zwar in der Seele weh, wenn das Land, das sie sechzig Jahre lang bestellt und geliebt haben, jetzt in Wohnsiedlungsparzellen von je 20 000 Quadratmetern aufgeteilt wird, aber auf der anderen Seite zahlt ein Immobilienentwicklungsunternehmen schon für eine kleine Farm, die sich früher selbst trug, über eine Million Dollar. Den alten Bauern bleibt keine andere Wahl: Sie brauchen das Geld, um im Alter ihren Lebensunterhalt zu sichern, denn als Bauern konnten sie kein Geld zurücklegen, und die Kinder wollen den Betrieb ohnehin nicht weiterführen. Oder, wie Rick Laible es formuliert: »Für einen Bauern ist das Land die einzige Rentenversicherung.«

Warum sind die Grundstückspreise so stark in die Höhe geschossen?

Letztlich liegt es daran, dass die großartige Landschaft des Bitterroot Valley so viele wohlhabende Neubürger anzieht. Bei denjenigen, die den alten Bauern ihr Land abkaufen, handelt es sich entweder um neu zugezogene Bauherren oder um Immobilienspekulanten, die das Land in Parzellen aufteilen und dann an Neuankömmlinge oder bereits im Tal ansässige, reiche Bürger weiterverkaufen. Dass das Tal in jüngster Zeit ein jährliches Bevölkerungswachstum von vier Prozent verzeichnet, liegt nicht an einem Geburtenüberschuss, sondern fast ausschließlich an Personen, die von außen neu in das Tal ziehen. Auch der Saisontourismus nimmt zu, weil immer mehr Feriengäste aus anderen Bundesstaaten (wie Stan Falkow, Lucy Tompkins und meine Söhne) zum Fliegenfischen, Golfspielen oder Jagen kommen. In einer Wirtschaftsanalyse, die der Kreis Ravalli kürzlich in Auftrag gab, heißt es: »Es dürfte kein Geheimnis sein, warum so viele Bürger in das Bitterroot Valley kommen. Kurz gesagt, ist es mit Bergen, Wäldern, Bachläufen, Wildtieren, Panoramalandschaften und relativ mildem Klima eine sehr attraktive Wohnregion.«

Die größte Gruppe der neu Zugezogenen sind die »Halbrentner« und Frührentner der Altersgruppe von 45 bis 59 Jahren. Sie leben von den Gewinnen, die sie durch den Verkauf ihrer Immobilien in anderen Bundesstaaten erzielt haben, und vielfach haben sie weiterhin Einnahmen aus Unternehmen in anderen Staaten oder aus Internetfirmen. Ihre Einnahmequellen sind also unabhängig von den wirtschaftlichen Schwierigkeiten, die sich aus den Umweltproblemen in Montana ergeben. Wer beispielsweise in Kalifornien ein winziges Haus für 500 000 Dollar verkauft, kann von diesem Geld in Montana ein Anwesen von zwei Hektar mit großem Haus und Pferden erwerben, angeln gehen und seinen Ruhestand mit Ersparnissen und dem übrig gebliebenen Geld aus dem Hausverkauf in Kalifornien finanzieren. Deshalb kommt fast die Hälfte derer, die in letzter Zeit ins Bitterroot Valley eingewandert sind, aus Kalifornien. Da sie die Grundstücke in dem Tal nicht wegen des Wertes der Kühe und Äpfel erwerben, die man darauf produzieren könnte, sondern wegen der schönen Landschaft, stehen ihre Preisangebote in keinem Verhältnis zu dem Wert, den die Grundstücke bei landwirtschaftlicher Nutzung hätten.

Aber der starke Anstieg der Grundstückspreise führte für die Bewohner des Bitterroot Valley, die ihren Lebensunterhalt durch Arbeit finanzieren müssen, zu Wohnungsknappheit. Viele von ihnen können sich kein Haus mehr leisten und wohnen jetzt in Wohnwagen oder bei den Eltern, und selbst zur Finanzierung dieser spartanischen Lebensweise müssen sie zwei oder drei Jobs nebeneinander ausüben.

Solche krassen wirtschaftlichen Fakten führen natürlich zu Spannungen zwischen den alteingesessenen Bewohnern und denen, die aus anderen Staaten neu zugezogen sind, insbesondere jenen reichen Neuankömmlingen, die in Montana ihren Zweit-, Dritt- oder Viertwohnsitz haben (neben Häusern in San Francisco, Palm Springs und Florida) und jedes Jahr nur kurze Zeit zum Angeln, Jagen, Golfspielen oder Skilaufen kommen. Die Alteingesessenen beschweren sich über die lauten Privatjets, mit denen die reichen Besucher auf dem Flughafen von Hamilton landen, wenn sie von San Francisco einfliegen, ein paar Stunden bei ihrem Viertwohnsitz auf der Stock Farm Golf spielen und noch am gleichen Tag wieder verschwinden. Ebenso haben die Alteingesessenen etwas dagegen, wenn Außenstehende eine größere frühere Farm aufkaufen, die ein Bewohner der Gegend ebenfalls gern erworben hätte, wenn er es sich leisten könnte; auf solchen Anwesen hatten die Nachbarn früher häufig Jagd- oder Fischereirechte, die neuen Eigentümer jedoch wollen dort ausschließlich mit ihren reichen Freunden jagen oder angeln, und die Leute aus der Gegend bleiben außen vor. Aus gegensätzlichen Wertvorstellungen und Erwartungen erwachsen Missverständnisse: Die neu Zugezogenen wünschen sich zum Beispiel, dass die Wapitihirsche aus dem Gebirge in die landwirtschaftlich genutzten Gebiete kommen, weil sie so schön aussehen oder gejagt werden sollen; die Alteingesessenen haben jedoch etwas dagegen, wenn die Wapitihische ins Tal kommen und ihnen das Heu wegfressen.

Die reichen Hausbesitzer aus anderen Staaten achten sehr genau darauf, dass sie sich weniger als 180 Tage im Jahr in Montana aufhalten, denn sonst müssten sie dort Steuern zahlen und damit zur Finanzierung der örtlichen Schulen und anderer staatlicher Einrichtungen beitragen. Ein Bewohner aus der Gegend erklärte mir einmal: »Diese Zugereisten setzen andere Prioritäten als wir hier: Sie wollen Privatsphäre und luxuriöse Einsamkeit; in die Angelegenheiten der Region wollen sie nicht verwickelt werden, außer wenn sie ihre Freunde von außerhalb hier mit in die Kneipe nehmen, um ihnen die ländliche Lebensweise und die verschrobenen Einheimischen zu zeigen. Für Natur, Angeln, Jagen und die Landschaft haben sie etwas übrig, aber sie sind kein Teil der hiesigen Gemeinden.«

Der Zuzug der Reichen hat aber auch eine andere Seite. Emil Erhardt fügt hinzu: »Die Stock Farm bietet gut bezahlte Arbeitsplätze, sie zahlt einen großen Teil der Grundsteuern im Bitterroot Valley, sie bezahlt ihren eigenen Sicherheitsdienst und stellt weder an die Gemeinde noch an die

Behörden des Bundesstaates große Ansprüche. Unser Sheriff wird nicht in die Stock Farm gerufen, um Kneipenschlägereien zu schlichten, und die Eigentümer der Stock Farm schicken ihre Kinder nicht auf unsere Schulen.« Auch John Cook räumt ein: »Die reichen Grundbesitzer haben auch etwas Positives. Wenn Charles Schwab nicht das ganze Gelände aufgekauft hätte, gäbe es dort heute keine natürlichen Lebensräume und keine großen grünen Flächen mehr. Dann hätte irgendeine andere Immobilienfirma die Fläche in kleinere Grundstücke aufgeteilt.«

Da die reichen Neubürger wegen der landschaftlichen Schönheit nach Montana gezogen sind, halten viele von ihnen ihren Besitz gut in Stand und werden zur treibenden Kraft bei Umweltschutz und Landschaftsplanung. Ich selbst hatte beispielsweise während der letzten sechs Jahre ein Haus südlich von Hamilton am Bitterroot River als Feriendomizil gemietet; der Eigentümer war ein Privatunternehmen namens Teller Wildlife Refuge. Otto Teller war ein reicher Kalifornier, der gern zum Forellenangeln nach Montana kam. Eines Tages stellte er zu seinem Entsetzen fest, dass große Baumaschinen ihren Abraum an einer seiner Lieblingsangelstellen in den Gallatin River schütteten. Noch größer wurde seine Empörung, als er sah, wie Holzkonzerne in den fünfziger Jahren des 20. Jahrhunderts durch massive Abholzungsmaßnahmen seine geliebten Forellenbäche zerstörten und das Wasser verschmutzten. Seit 1984 kaufte Otto erstklassige Ufergrundstücke am Bitterroot River auf und gliederte sie in ein privates Naturschutzgebiet ein, in dem die Bewohner aus der Gegend aber weiterhin jagen und angeln durften. Schließlich übertrug er die Naturschutzverpflichtung für sein Land an eine gemeinnützige Organisation namens Montana Land Reliance und sorgte so dafür, dass das Land auch auf lange Sicht im Sinne seiner Umweltqualität bewirtschaftet wird. Hätte der reiche Otto Teller aus Kalifornien nicht diese 650 Hektar aufgekauft, wären sie in kleine Bauparzellen für Häuser aufgeteilt worden.

Der Zustrom neuer Bewohner, der damit verbundene Anstieg von Immobilienpreisen und Grundsteuern, die Armut der alteingesessenen Bewohner und ihre konservative Einstellung gegenüber Behörden und Steuern (siehe unten) haben auch dazu geführt, dass die Schulen von Montana, die vor allem aus Eigentumssteuereinnahmen finanziert werden, sich heute in einer misslichen Lage befinden. Da es im Kreis Ravalli nur wenig Industrie- und Geschäftseigentum gibt, ist die Grundsteuer die Haupteinnahmequelle, und die ist mit dem Anstieg der Immobilienwerte gewachsen. Für alteingesessene und weniger wohlhabende neue Bürger, die ohnehin mit einem schmalen Geldbeutel zurechtkommen müssen, ist jede Grundsteuererhöhung ein schwerer Schlag. Wie nicht anders zu erwarten, stimmen sie bei Wahlen dann häufig gegen neue Mittel für Schulen und gegen zusätzliche Gemeindesteuern, die in die Schulen fließen sollen.

Die Folge: Im Kreis Ravalli fließen zwei Drittel der lokalen staatlichen Ausgaben in die Schulen, als Prozentsatz des Pro-Kopf-Einkommens ausgedrückt, steht Ravalli aber mit diesem Betrag unter 24 vergleichbaren ländlichen Kreisen im Westen der USA an letzter Stelle, und das Pro-Kopf-Einkommen ist im Kreis Ravalli ohnehin schon gering. Selbst nach den niedrigen Maßstäben des Staates Montana sind die Schulen im Kreis Ravalli schlecht finanziert. Die Etats der meisten Schuldistrikte liegen an der gesetzlich vorgeschriebenen Untergrenze. Das Durchschnittsgehalt der Lehrer in Montana ist eines der niedrigsten im gesamten Westen der USA, und insbesondere im Kreis Ravalli mit seinen gestiegenen Immobilienpreisen kann ein Lehrer von seinem niedrigen Gehalt kaum leben.

Viele Kinder, die in Montana geboren werden, verlassen den Staat: Manche streben eine andere Lebensweise an, und wer die Lebensweise von Montana beibehalten will, findet in dem Bundesstaat häufig keinen Arbeitsplatz. Ein Beispiel: In den Jahren, seit Steve Powell an der High School von Hamilton seinen Abschluss gemacht hat, sind 70 Prozent seiner Klassenkameraden aus dem Bitterroot Valley weggezogen. Meine Freunde, die sich in Montana zum Bleiben entschlossen haben, mussten sich ohne Ausnahme mit der schmerzlichen Frage auseinander setzen, ob ihre Kinder bleiben werden. Sämtliche acht Kinder von Allen und Jackie sowie sechs der acht Kinder von Jill und Eliel wohnen heute nicht mehr in Montana.

Wie die meisten Amerikaner im ländlichen Westen des Landes, so sind auch die Bewohner von Montana in der Regel konservativ, und allen staatlichen Vorschriften begegnen sie mit Misstrauen. Diese Einstellung hat ihre Wurzeln in der Geschichte: Die ersten Siedler lebten bei niedriger Bevölkerungsdichte in einem Grenzgebiet weit weg von den Verwaltungszentren. Sie mussten allein zurechtkommen und konnten nicht darauf warten, dass der Staat ihre Probleme löste. Vor allem sträuben sich die Bewohner Montanas dagegen, wenn die geographisch und psychologisch so weit entfernte Bundesregierung in Washington ihnen Vorschriften machen will. (Allerdings sträuben sie sich nicht gegen die Bundesmittel, die Montana erhält und annimmt: Für jeden Dollar, der aus dem Staat nach

Washington fließt, kommen ungefähr eineinhalb Dollar zurück.) Aus Sicht der Bewohner von Montana hat die städtisch geprägte Mehrheit, die auch die Bundesregierung beherrscht, keinen Begriff von den Bedingungen in den ländlichen Regionen. Und aus Sicht der Regierungsbeamten ist die Umwelt in Montana ein Schatz, der allen Amerikanern gehört und nicht nur dem Nutzen der Bürger dieses Bundesstaates dienen darf.

Aber selbst nach den Maßstäben von Montana herrscht im Bitterroot Valley eine besonders konservative, regierungskritische Einstellung. Das mag daran liegen, dass die ersten Siedler vielfach aus Staaten der Konföderation in das Tal kamen, und nach den Rassenunruhen in Los Angeles setzte aus dieser Stadt ein weiterer Zustrom von Rechtskonservativen ein. Extreme Vertreter der rechtskonservativen Einstellung bilden im Bitterroot Valley sogar so genannte Milizen: Gruppen von Grundbesitzern horten Waffen, weigern sich, Steuern zu bezahlen, vertreiben alle anderen von ihren Besitzungen und werden von den übrigen Talbewohnern entweder toleriert oder als paranoid abgetan.

Solche politischen Einstellungen führen unter anderem dazu, dass es im Bitterroot Valley eine starke Opposition gegen staatliche Landschafts- oder Bauplanung gibt. Allgemein herrscht die Ansicht, jeder Grundbesitzer könne mit seinem Eigentum verfahren, wie es ihm beliebt. Im Kreis Ravalli gibt es weder verbindliche Bauvorschriften noch umfassende Bebauungspläne. Abgesehen von zwei Ortschaften und einigen Baugebieten, die von den Wählern in ländlichen Gebieten außerhalb der Orte freiwillig ausgewiesen wurden, bestehen für die Nutzung der Landflächen keinerlei Einschränkungen. Eines Abends saß ich beispielsweise mit meinem halbwüchsigen Sohn Joshua in unserem Ferienhaus, und er las in der Zeitung von einem interessanten Film, der gerade in einem der beiden Kinos von Hamilton lief. Ich erkundigte mich nach dem Weg, brachte ihn hin und musste zu meinem Erstaunen feststellen, dass man das Kino in einem Gebiet errichtet hatte, wo noch vor kurzem nur Felder gewesen waren – abgesehen von einem großen biotechnologischen Institut gleich nebenan. Kein Bebauungsplan hatte die Nutzungsänderung der landwirtschaftlichen Flächen verhindert. In vielen anderen Regionen der USA ist die Öffentlichkeit so beunruhigt über den Verlust von Ackerland, dass seine Umwandlung in Gewerbegebiete durch Bebauungspläne verhindert wird, und besonders entsetzt wären die Wähler über die Vorstellung, dass ein Kino mit dem damit verbundenen Autoverkehr unmittelbar neben einer möglicherweise sicherheitsrelevanten Biotechnologieeinrichtung gebaut wird.

Allmählich wird den Bewohnern von Montana klar, dass ihre vorherrschenden Grundsätze genau in entgegengesetzte Richtungen zielen: einerseits die regierungskritische Haltung mit dem Pochen auf individuelle Rechte, andererseits der Stolz auf ihre Lebensqualität. Das Schlagwort »Lebensqualität« fällt in letzter Zeit praktisch immer, wenn ich mich mit Bewohnern von Montana über ihre Zukunft unterhalte. Sie meinen damit, das sie sich an jedem Tag ihres Lebens über jene großartige Umwelt freuen können, die für Touristen wie mich ein oder zwei Wochen im Jahr etwas ganz Besonderes ist. Außerdem spielen die Bewohner Montanas damit aber auch auf ihre traditionelle Lebensweise als ländliche, weit verstreute, gleichberechtigte Bevölkerung an, die von den alten Siedlern abstammt. Emil Erhardt sagte einmal zu mir: »Im Bitterroot Valley wollen die Leute im Wesentlichen ihre ländliche kleine Gemeinschaft behalten, in der alle gleich sind: Alle sind arm, und alle sind stolz darauf.«

Aber mit ihrem alten, anhaltenden Widerstand gegen staatliche Vorschriften haben die Bürger von Montana eine uneingeschränkte Nutzung der Landflächen und damit den Zustrom neuer Bewohner möglich gemacht, und das führte zur Schädigung der schönen natürlichen Umwelt und ihrer so geliebten Lebensqualität. Am besten erklärte es Steve Powell: »Den Immobilienmaklern und Bauunternehmern unter meinen Bekannten sage ich: ›Ihr müsst die landschaftliche Schönheit bewahren, die wilden Tiere und die landwirtschaftlichen Flächen.‹ Solche Dinge erhalten den Wert von Immobilien. Je länger wir mit den Planungen warten, desto weniger landschaftliche Schönheit bleibt übrig. Unerschlossenes Land nützt der Gemeinschaft als Ganzer: Es ist ein wichtiger Teil der ›Lebensqualität‹, die die Menschen anzieht. Angesichts der zunehmenden Bevölkerung sind dieselben Leute, die früher gegen staatliche Eingriffe Front machten, heute besorgt wegen des Wachstums. Sie erklären, ihre liebsten Freizeitgebiete seien jetzt übervölkert, und sie räumen ein, dass es Regeln geben muss.« Als Steve 1993 County Commissioner wurde, organisierte er Bürgerversammlungen, um Diskussionen über Nutzungspläne in Gang zu setzen und die Öffentlichkeit zum Nachdenken anzuregen. Bei den Versammlungen tauchten finster dreinblickende Mitglieder der Milizen auf; sie störten die Veranstaltungen und trugen ganz offen die Revolver im Halfter, um die anderen einzuschüchtern. Steve schaffte die Wiederwahl nicht.

Wie der Konflikt zwischen dem Widerstand gegen behördliche Planung und der Notwendigkeit solcher Planungen beigelegt werden soll, ist bis heute nicht geklärt. Um noch einmal Steve Powell zu zitieren: »Die Leute wollen die ländliche Gemeinschaft im Bitterroot Valley erhalten, aber sie haben keine Ahnung, wie man sie erhalten und dabei wirtschaftlich überleben kann.«

Nachdem ich dieses Kapitel vorwiegend in meinen eigenen Worten formuliert habe, möchte ich zum Schluss vier meiner Freunde aus Montana zu Wort kommen lassen. Sie berichten, wie sie hierher kamen und welche Sorgen sie sich um die Zukunft des Bundesstaates machen. Rick Laible ist neu zugezogen und sitzt heute im Senat von Montana; Chip Pigman lebt seit jeher hier und ist Bauunternehmer; Tim Huls, ebenfalls alt eingesessen, betreibt eine Milchviehfarm; und John Cook, neu zugezogen, ist Angelführer.

Rick Laible erzählt Folgendes: »Geboren und aufgewachsen bin ich in der Gegend von Berkeley in Kalifornien. Dort habe ich eine Firma für die Herstellung von Ladeneinrichtungen aus Holz. Meine Frau Frankie und ich haben hart gearbeitet. Eines Tages sah Frankie mich an und sagte: ›Du arbeitest jeden Tag zehn bis zwölf Stunden, und das sieben Tage in der Woche.‹ Wir entschlossen uns zu einem Teilruhestand und fuhren 7500 Kilometer im Westen herum, um den richtigen Ort für unseren Ruhesitz zu finden. In einem abgelegenen Teil des Bitterroot Valley kauften wir 1993 unser erstes Haus, und 1994 zogen wir auf eine Ranch, die wir in der Nähe der Ortschaft Victor erworben hatten. Dort züchtet meine Frau Araberpferde, und ich fliege ein Mal im Monat nach Kalifornien zu meiner Firma, die mir immer noch gehört. Wir haben fünf Kinder. Unser ältester Sohn wollte immer nach Montana ziehen und verwaltet heute unsere Ranch. Die anderen vier verstehen nicht, was die Lebensqualität in Montana ausmacht, verstehen nicht, dass die Bewohner von Montana nette Menschen sind, und verstehen nicht, warum ihre Eltern hierher gezogen sind.

Ich selbst will mittlerweile jedes Mal, wenn ich zu meinem monatlichen Viertagebesuch in Kalifornien war, nur noch dort weg. Die Leute kommen mir vor wie Ratten im Käfig.

Warum ich in die Politik gegangen bin? Ich hatte immer zu vielem eine politische Meinung. Der Staatsparlamentsabgeordnete hier aus meinem Wahlkreis wollte nicht wieder kandidieren und schlug mich vor. Er wollte mich überreden, und Frankie schlug in die gleiche Kerbe. Warum ich mich zur Kandidatur entschlossen habe? Ich wollte ›etwas zurückgeben‹ – ich hatte das Gefühl, dass das Leben es gut mit mir gemeint hatte und wollte den Bewohnern der Gegend ein besseres Leben ermöglichen.

Die staatliche Aufgabe, die mich besonders interessiert, ist die Forstverwaltung, denn in meinem Wahlkreis gibt es Wälder, und viele meiner Wähler sind Holzarbeiter. Die Kleinstadt Darby in meinem Wahlkreis war früher ein wohlhabendes Zentrum der Holzwirtschaft, und die Forstverwaltung schuf Arbeitsplätze im Tal. Ursprünglich gab es im Tal sieben Sägewerke, aber jetzt existiert kein einziges mehr, und damit sind auch Arbeitsplätze und Infrastruktur verloren gegangen. Derzeit werden Entscheidungen über die Bewirtschaftung der Wälder von Umweltgruppen und der Bundesregierung getroffen, Kreis und Bundesstaat bleiben außen vor. Ich arbeite an Forstgesetzen, die eine Zusammenarbeit der drei wichtigsten Instanzen vorsehen: Bundes-, Staats- und Kreisbehörden.

Vor ein paar Jahrzehnten gehörte Montana zu den zehn Bundesstaaten mit dem höchsten Pro-Kopf-Einkommen in den USA; heute steht es wegen des Niederganges der Rohstoffindustrie (Holz, Kohle, Minen, Öl und Gas) unter den 50 Staaten auf Rang 49. Gut bezahlte, gewerkschaftlich organisierte Arbeitsplätze sind verloren gegangen. Natürlich können wir nicht wieder die übermäßige Ressourcenausbeutung betreiben, die es früher häufig gegeben hat. Hier im Bitterroot Valley müssen beide Ehepartner arbeiten, und oft muss jeder von beiden sogar zwei Jobs haben, um sich über Wasser zu halten. Und andererseits haben wir hier diese zugewucherten Wälder. Hier sind sich alle einig, ob Umweltschützer oder nicht: Wir müssen einen Teil der brennbaren Stoffe aus den Wäldern entfernen. Bei einer solchen Sanierung würde man die überschüssigen Holzmengen und insbesondere die kleinen Bäume entfernen. Heute geschieht das nur durch Waldbrände. Nach dem nationalen Feuerbekämpfungsplan der Bundesregierung würde man das Holz mechanisch entfernen und so die brennbare Biomasse reduzieren. Heute stammt das Bauholz, das in den USA verwendet wird, zum größten Teil aus Kanada! Ursprünglich waren unsere nationalen Wälder dazu da, eine stetige Versorgung mit Bauholz zu gewährleisten und die Wassereinzugsgebiete zu sichern. Die Erlöse aus den nationalen Wäldern flossen früher zu 25 Prozent in die Schulen, aber in den letzten Jahren sind diese Gewinne stark zurückgegangen. Mehr Holzgewinnung würde mehr Geld für die Schulen bedeuten.

Derzeit gibt es für das Wachstum im Kreis Ravalli kein politisches Konzept. Die Bevölkerung hat in den letzten zehn Jahren um 40 Prozent zugenommen, und in den nächsten zehn Jahren wird sie vielleicht noch einmal um 40 Prozent wachsen. Wo sollen diese nächsten 40 Prozent hin? Können wir dichtmachen und den Leuten den Zuzug verbieten? Haben wir das Recht, dichtzumachen? Sollen wir einem Bauern verbieten, sein

Anwesen aufzuteilen und zu erschließen, und soll er dazu verurteilt werden, lebenslang Landwirtschaft zu betreiben? Für einen Bauern ist das Land die einzige Altersversorgung. Wenn wir ihm verbieten, seine Flächen als Bauland zu verkaufen, was soll dann aus ihm werden?

Was die Langzeitwirkungen des Wachstums angeht, so wird es in Zukunft Zyklen geben, wie es sie auch in der Vergangenheit gegeben hat, und im Rahmen eines solchen Zyklus werden die neu Zugezogenen wieder nach Hause fahren. Montana wird nie ein Übermaß an Entwicklung erleben, aber im Kreis Ravalli wird die Entwicklung sich fortsetzen. Derzeit gibt es im Kreis viel staatlichen Grundbesitz. Die Immobilienpreise werden weiter steigen, bis sie eines Tages zu hoch sind, und dann werden die potenziellen Käufer in einer anderen Gegend mit billigeren Grundstücken einen neuen Immobilienboom in Gang setzen. Letztlich wird man alle landwirtschaftlichen Flächen in dem Tal als Bauland erschließen.«

Chip Pigman erzählt folgende Geschichte: »Ich bin hier geboren und zur Schule gegangen, und an der University of Montana nicht weit von hier in Missoula habe ich meinen Abschluss gemacht.

Dann bin ich für drei Jahre nach Denver gezogen, aber das Stadtleben gefiel mir nicht, und ich war entschlossen, wieder hierher zurückzukommen, unter anderem auch weil das Bitterroot Valley großartig ist, wenn man Kinder hat. In Denver mochte ich den Verkehr und die Menschenmassen nicht. Hier fehlt mir nichts. Ich bin ohne ›Kultur‹ groß geworden und brauche sie nicht. Ich habe gewartet, bis mein Anteil an der Firma in Denver, bei der ich gearbeitet habe, ausgezahlt wurde, und dann bin ich wieder hierher gezogen. Das heißt, ich habe in Denver einen Job mit 35 000 Dollar Jahreseinkommen plus Zulagen sausen lassen und verdiene hier 17 000 Dollar ohne jede Zulage. Ich war bereit, die sichere Stelle in Denver aufzugeben, um hier im Tal wohnen und wandern zu können. Meine Frau hatte diese Unsicherheit nie kennen gelernt, aber ich hatte im Bitterroot Valley immer damit gelebt. Hier kann man nur mit Doppeleinkommen überleben, und meine Eltern hatten immer eine ganze Reihe seltsamer Arbeiten. Ich war darauf vorbereitet, notfalls nachts noch Lebensmittel in die Regale zu räumen, um Geld für meine Familie zu verdienen. Nachdem wir wieder hier waren, hat es fünf Jahre gedauert, bis ich mit meinem Einkommen auf dem Niveau von Denver angekommen war, und dann vergingen noch einmal ein oder zwei Jahre, bis ich eine Lebensversicherung hatte.

Mein Unternehmen beschäftigt sich hauptsächlich mit Hausbau und mit der Erschließung der nicht ganz so teuren Landparzellen – die Nobelgrundstücke zu kaufen, kann ich mir nicht leisten. Die Flächen, die wir erschließen, waren früher landwirtschaftliche Betriebe, aber wenn ich sie erwerbe, werden sie in der Regel schon nicht mehr zu diesem Zweck genutzt; oft sind sie bereits mehrfach weiterverkauft worden und wurden seit der letzten landwirtschaftlichen Nutzung einige Male neu aufgeteilt. Sie produzieren nicht mehr, und dort wächst kein Weidegras, sondern nur Flockenblumen.

Die Leute reden davon, hier würde zu viel Land erschlossen, und irgendwann werde das Tal übervölkert sein, und dafür machen sie mich verantwortlich! Darauf antworte ich: Es gibt eine Nachfrage nach meinem Produkt, und die Nachfrage schaffe nicht ich. Im Tal gibt es von Jahr zu Jahr mehr Häuser und mehr Verkehr. Aber ich wandere gern, und wenn man wandert oder über das Tal fliegt, dann sieht man eine Menge Freiflächen. Die Presse sagt, in den letzten zehn Jahren habe das Wachstum im Tal insgesamt 44 Prozent betragen, aber das ist immer noch erst eine Bevölkerungszunahme von 25 000 auf 35 000 Menschen. Die jungen Leute ziehen aus dem Tal weg. Ich habe dreißig Angestellte, denen bietet meine Firma einen Arbeitsplatz mit Renten- und Krankenversicherung, bezahltem Urlaub und Gewinnbeteiligung. Umweltschützer halten mich häufig für die Ursache der Probleme in dem Tal, aber ich kann die Nachfrage nicht schaffen; wenn ich die Häuser nicht baue, tut es ein anderer.

Ich habe die Absicht, den Rest meines Lebens hier zu bleiben. Ich gehöre zu dieser Gemeinde und unterstütze viele ihrer Projekte. Die Mentalität ›reich werden und abhauen‹ habe ich nicht. Ich rechne damit, dass ich auch in 20 Jahren noch hier bin und an meinen alten Bauprojekten vorüberfahre. Dann will ich nicht aus dem Auto blicken und mir gestehen müssen, dass ich da ein schlechtes Projekt verwirklicht habe!«

Tim Huls ist Milchbauer und stammt aus einer alteingesessenen Familie: »Als Erste aus unserer Familie kamen 1912 meine Urgroßeltern hierher. Damals, als das Land noch sehr billig war, kauften sie 16 Hektar, und darauf hielten sie ein Dutzend Milchkühe. Die wurden jeden Morgen zwei Stunden lang mit der Hand gemolken, und abends noch einmal zwei Stunden. Meine Großeltern kauften für sehr wenig Geld noch einmal 44 Hektar dazu, verkauften die Sahne von der Milch ihrer Kühe für die Käseherstellung und ernteten Äpfel und Heu. Aber sie hatten es schwer. Es waren schwierige Zeiten, und sie klammerten sich mit aller Kraft an das Land, während manche anderen Farmer es nicht mehr schafften. Mein Vater überlegte, ob er aufs College gehen sollte, aber dann entschloss er sich, stattdessen auf der Farm zu bleiben. Er war ein innovativer Visionär und traf die weitreichende Entscheidung, sich auf intensive Milchviehhaltung zu konzentrieren und einen Stall für 150 Kühe zu bauen, um den Ertrag des Landes zu steigern.

Mein Bruder und ich kauften die Farm von unseren Eltern. Sie haben sie uns nicht geschenkt, sondern verkauft – wir sollten uns entscheiden, ob wir unbedingt Landwirtschaft betreiben wollten und deshalb auch bereit waren, für den Betrieb zu bezahlen. Jeder Bruder besitzt zusammen mit seiner Ehefrau sein eigenes Land, das an den Familienbetrieb verpachtet ist. Die Arbeit für den täglichen Betrieb der Farm wird zum größten Teil von uns Brüdern, unseren Frauen und unseren Kindern erledigt; wir haben nur sehr wenige Angestellte, die nicht zur Familie gehören. Landwirtschaftliche Familienunternehmen wie unseres gibt es nur in sehr geringer Zahl. Dass wir Erfolg haben, liegt zum Teil an unserem gemeinsamen religiösen Glauben; fast alle gehen wir in die gleiche Kirche in Corvallis. Es gibt in unserer Familie auch Konflikte, ganz klar. Aber wir können uns heftig streiten, und abends sind wir wieder die besten Freunde. Wir haben herausgefunden, um welche Dinge es sich zu streiten lohnt und um welche nicht.

Landwirtschaftliche Betriebe sind in einer schwierigen wirtschaftlichen Lage, denn Land hat hier im Bitterroot Valley den höchsten Wert, wenn es zur Erschließung und als Bauland verwendet wird. Die Bauern stehen in unserer Gegend vor der Entscheidung: Sollen wir weiterhin unseren Hof betreiben, oder sollen wir das Land als Bauland verkaufen und uns zur Ruhe setzen? Es gibt keine legale Nutzpflanze, mit der wir auf unserem Land den gleichen Gewinn erzielen könnten wie mit dem Hausbau, und deshalb können wir es uns nicht leisten, weitere Flächen hinzuzukaufen. Ob wir überleben, hängt vielmehr davon ab, ob wir die 300 Hektar, die wir schon besitzen oder gepachtet haben, so effizient wie möglich bewirtschaften. Unsere Kosten für Lastwagen und vieles andere sind gestiegen, aber für 100 Liter Milch bekommen wir heute noch den gleichen Betrag wie vor 20 Jahren. Wie sollen wir bei immer engeren Verdienstspannen noch einen Gewinn machen? Wir müssen neue technische Mittel einsetzen, dazu brauchen wir Kapital, und dann müssen wir uns ständig weiterbilden, um die neue Technik unter unseren Verhältnissen anwenden zu können. Wir müssen bereit sein, alte Methoden aufzugeben.

Dieses Jahr haben wir beispielsweise beträchtliches Kapital aufgewendet, um einen neuen, computergesteuerten Stall für 200 Kühe zu bauen. Unsere Farm dient heute im ganzen Staat Montana als Vorbild. Andere Bauern beobachten genau, ob es bei uns funktioniert.

Wir haben selbst unsere Zweifel, ob es funktioniert, denn auf zwei Risikofaktoren haben wir keinen Einfluss. Aber wenn wir überhaupt weiterhin Landwirtschaft betreiben wollen, mussten wir modernisieren; ansonsten wäre uns nichts anderes übrig geblieben, als Bauunternehmer zu werden: Hier muss man auf seinem Land entweder Kühe halten oder Häuser bauen. Einer der beiden Risikofaktoren, die wir nicht beeinflussen können, sind die Preisschwankungen bei landwirtschaftlichen Geräten und Dienstleistungen, die wir einkaufen müssen, sowie die schwankenden Erzeugerpreise für Milch. Die Milchbauern können den Milchpreis nicht selbst bestimmen. Unsere Milch ist verderblich; wenn die Kuh gemolken ist, haben wir nur zwei Tage Zeit, um die Milch vom Hof auf den Markt zu bringen, und deshalb ist unsere Verhandlungsposition schwach. Wir verkaufen die Milch, und die Käufer schreiben uns vor, welchen Preis sie bezahlen.

Das zweite unkontrollierbare Risiko sind die ökologischen Bedenken der Öffentlichkeit im Hinblick auf die Art, wie wir mit den Tieren, ihren Exkrementen und dem damit verbundenen Gestank umgehen. Wir sind bestrebt, solche Auswirkungen so weit wie möglich unter Kontrolle zu halten, aber vermutlich sind nicht alle mit unseren Bemühungen zufrieden. Wenn Leute neu ins Bitterroot Valley ziehen, tun sie es wegen der Landschaft. Anfangs sehen sie Kühe und Wiesen aus der Ferne ganz gern, aber manchmal begreifen sie überhaupt nicht, was das alles mit landwirtschaftlichen Betrieben und insbesondere mit den Milchfarmen zu tun hat. In anderen Gebieten, wo Milchwirtschaft und Baulanderschließung nebeneinander existieren, beziehen sich die Einwände gegen die Milchviehbetriebe auf den Gestank, den Maschinenlärm bis spät in die Nacht, den Lastwagenverkehr auf ›unserer kleinen Landstraße‹ und anderes. Deshalb befürchten wir, dass die Gegner der Viehzucht eine Bürgerinitiative bilden und fordern, die Milchwirtschaft in unserer Region einzuschränken oder zu verbieten. Vor zwei Jahren musste beispielsweise ein Wildzuchtbetrieb schließen, weil eine solche Initiative ein Verbot der Jagd auf Wildfarmen durchgesetzt hatte. Es ist es schon erstaunlich, wie intolerant manche Leute gegenüber der Viehzucht und den Begleiterscheinungen der Lebensmittelproduktion sind.«

Die letzte meiner vier Lebensgeschichten ist die des Angelführers John Cook: »Ich bin auf einer Apfelplantage im Wenatchee Valley in Washington aufgewachsen. Am Ende der High School bin ich mit dem Motorrad durch das ganze Land gefahren. Nachdem ich meine Frau Pat kennen gelernt hatte, zogen wir auf die Olympic Peninsula in Washington und später nach Kodiak Island in Alaska. Dort habe ich 16 Jahre lang als Wild- und Angelführer gearbeitet. Als Nächstes sind wir nach Portland gezogen und von da nach Montana.

Dort ergab sich die Gelegenheit, in der Nähe des Bitterroot River eine Farm von zweieinhalb Hektar zu einem erschwinglichen Preis zu kaufen. Das Farmhaus war renovierungsbedürftig, also möbelten wir es in den folgenden Jahren auf; ich erwarb eine Lizenz als Ausrüster und Angelführer. Wir haben diese Farm als Altersruhesitz gekauft: Hier wollten wir den Rest unseres Lebens verbringen. Auf unserem Anwesen leben Uhus, Fasanen, Wachteln und Brautenten, und die Weideflächen reichen für zwei Pferde.

Vielleicht haben viele Menschen das Gefühl, sie könnten nur in der Zeit leben, in der sie geboren wurden, und in keiner anderen. Wir lieben dieses Tal, wie es vor dreißig Jahren war. Seit damals sind immer mehr Menschen hinzugekommen. Ich möchte hier nicht mehr leben, wenn das ganze Tal eine einzige Einkaufsmeile ist und wenn eine Million Menschen den Talboden zwischen Missoula und Darby bevölkern. Der Blick auf freie Flächen ist mir sehr wichtig.«

Die verschiedenen Lebensgeschichten der Bewohner von Montana machen deutlich, dass die Menschen in diesem Staat sehr unterschiedliche Ziele und Wertvorstellungen haben. Sie wünschen sich mehr oder weniger Bevölkerungswachstum, mehr oder weniger staatliche Vorschriften, mehr oder weniger Erschließung und Aufteilung landwirtschaftlicher Flächen, eine mehr oder weniger starke Beibehaltung der landwirtschaftlichen Nutzung, mehr oder weniger Bergbau, mehr oder weniger Abenteuertourismus. Dass diese Ziele in manchen Fällen nicht vereinbar sind, liegt auf der Hand.

Wie wir zu Beginn dieses Kapitels erfahren haben, muss sich Montana mit zahlreichen Umweltproblemen auseinander setzen, aus denen auch wirtschaftliche Probleme erwachsen. Die Anwendung der beschriebenen, unterschiedliche Ziele und Wertvorstellungen, führte zu unterschiedlichen Lösungsansätzen für die Umweltprobleme, und vermutlich bestehen auch unterschiedliche Aussichten, dass diese Ansätze gelingen oder scheitern. Derzeit gibt es in der Frage, welche Herangehensweise die beste ist, ehrliche, tiefe Meinungsverschiedenheiten. Wofür sich die Bürger von Montana letztlich entscheiden werden, wissen wir nicht, und ebenso wenig wissen wir, ob die ökologischen und ökonomischen Probleme des Staates sich verschlimmern oder vermindern werden.

Auf den ersten Blick mag es vielleicht absurd erscheinen, dass ich Montana als Thema für das erste Kapitel eines Buches über Gesellschaftszusammenbrüche gewählt habe. Weder für diesen speziellen Bundesstaat noch für die gesamten Vereinigten Staaten besteht die unmittelbare Gefahr eines Zusammenbruchs. Man sollte aber daran denken, dass das Einkommen der Bewohner von Montana zur Hälfte nicht aus ihrer Arbeit innerhalb des Bundesstaates stammt, sondern aus anderen Staaten innerhalb der USA: aus staatlichen Transferzahlungen (Sozialversicherung, Krankenversicherung und Programme zur Bekämpfung der Armut) und privaten Mitteln (Pensionszahlungen aus anderen Staaten, Immobilienerträge und Unternehmensgewinne). Montanas eigene Wirtschaft ist also schon heute bei weitem nicht in der Lage, den Lebensstandard seiner Bewohner zu finanzieren, sondern dieser kann nur mit Hilfe der übrigen Vereinigten Staaten aufrechterhalten werden. Wäre Montana eine einsame Insel wie beispielsweise die Osterinsel im Pazifik zu polynesischen Zeiten vor der Einwanderung der Europäer, hätte seine heutige industrielle Wirtschaft ihren Zusammenbruch bereits erlebt, oder diese Wirtschaft hätte sich überhaupt nicht erst entwickeln können.

Als Zweites sollte man bedenken, dass die beschriebenen Umweltprobleme in Montana zwar ernst sind, aber noch längst nicht so ernst wie in großen Teilen der übrigen Vereinigten Staaten, wo die Bevölkerungsdichte fast überall größer ist und sich viel stärker auswirkt, während die Umwelt gleichzeitig viel empfindlicher ist als in Montana. Die Vereinigten Staaten ihrerseits sind, was lebenswichtige Ressourcen angeht, auf andere Teile der Welt angewiesen und stehen wirtschaftlich, politisch und militärisch mit ihnen in Kontakt. Und manche dieser Regionen leiden unter noch schlimmeren Umweltproblemen als die USA und sind in einem viel steileren Niedergang begriffen.

Im weiteren Verlauf dieses Buches werden wir uns mit Umweltproblemen befassen, die denen in Montana ähneln und in verschiedenen anderen Gesellschaften aus Vergangenheit und Gegenwart eine Rolle gespielt haben. Die Hälfte der historischen Gesellschaften, die ich hier erörtern werde, besaßen keine Schriftsprache, sodass wir über Wertvorstellungen und Ziele ihrer einzelnen Menschen viel weniger wissen als über die der Bewohner von Montana. Bei heutigen Gesellschaften wissen wir über Wertvorstellungen und Ziele Bescheid, aber hier habe ich selbst mit Montana weitaus mehr Erfahrungen als mit allen anderen Regionen der heutigen Welt. Auch wenn die Umweltprobleme hier meist in unpersönlichen Begriffen beschrieben werden, sollte man also die Probleme dieser anderen Gesellschaften ebenfalls unter dem Gesichtspunkt betrachten, wie sie auf die einzelnen Menschen wirken – auf Menschen wie Stan Falkow, Rick Laible, Chip Pigman, Tim Huls, John Cook und die Geschwister Hirschy. Wenn wir uns im nächsten Kapitel die scheinbar homogene Gesellschaft der Osterinsel ansehen, sollten wir uns einen Häuptling, Bauern, Steinmetzen und Delphinfischer vorstellen, die uns ihre eigenen Lebensgeschichten, Wertvorstellungen und Ziele mitteilen, genau wie meine Freunde aus Montana es mir gegenüber getan haben.

TEIL ZWEI

GESELLSCHAFTEN FRÜHERER ZEITEN

■ ■ ■

KAPITEL 2

Schatten über der Osterinsel

Rätsel im Steinbruch ■ Geographie und Geschichte der Osterinsel ■ Menschen und Nahrung ■ Häuptlinge, Sippen und gemeines Volk ■ Plattformen und Statuen ■ Steinmetzarbeiten, Transport und Aufbau ■ Der verschwundene Wald ■ Folgen für die Gesellschaft ■ Europäer und Erklärungen ■ Warum war die Osterinsel so empfindlich? ■ Die Osterinsel als Metapher

Noch nie in meinem Leben hatte ein Ort auf mich so gespenstisch gewirkt wie Rano Raraku, der Steinbruch auf der Osterinsel, wo die berühmten, riesigen Steinstatuen aus dem Fels gehauen wurden. Zunächst einmal ist die Insel das abgelegenste bewohnbare Stückchen Erde auf der ganzen Welt. Das nächste Land ist die chilenische Küste 3700 Kilometer weiter östlich und die polynesischen Pitcairn-Inseln 2100 Kilometer im Westen. Als ich 2002 mit einer Linienmaschine aus Chile anreiste, dauerte der Flug über fünf Stunden. Während der ganzen Zeit erstreckte sich der Pazifik endlos bis zum Horizont. Außer Wasser war unter uns nichts zu sehen. Als ungefähr zur Zeit des Sonnenunterganges endlich der kleine Flecken namens Osterinsel undeutlich ins Blickfeld rückte, machte ich mir bereits Sorgen, ob wir die Insel vor Einbruch der Nacht finden würden und ob das Flugzeug genug Treibstoff an Bord hatte, um nach Chile zurückzukommen, falls wir zu weit flogen und die Insel verpassten. Eigentlich würde man kaum damit rechnen, dass dieses Eiland bereits von Menschen entdeckt und besiedelt wurde, bevor es in den letzten Jahrhunderten die schnellen europäischen Segelschiffe gab.

Ich betrat Rano Raraku, einen nahezu kreisrunden Vulkankrater mit einem Durchmesser von rund 600 Metern, über einen schmalen Pfad. Von der umgebenden Ebene ging es zunächst steil bergauf bis zum Kraterrand, und dann ebenso steil hinab zu dem sumpfigen See am Kraterboden. Heute wohnt niemand in dieser Gegend. Die innere und äußere Wand des Kraters ist mit insgesamt 397 Steinstatuen übersät, die jeweils einen stilisierten männlichen Körper mit langen Ohren und ohne Beine darstellen; die meisten sind vier bis sechs Meter hoch, die größte misst jedoch rund 21 Meter (womit sie größer ist als ein modernes fünfstöckiges Haus), und das Gewicht liegt zwischen 10 und 270 Tonnen. Die Reste einer Transportstraße sind noch heute zu erkennen: Sie führt durch eine Vertiefung, die an einer niedrigen Stelle in den Kraterrand gegraben wurde, und verzweigt sich dort in drei Straßen von jeweils etwa acht Metern Breite, die sich nach Norden, Süden und Westen ungefähr 15 Kilometer weit bis zu den Küsten der Insel erstrecken. An der Straße verteilen sich 97 weitere Statuen, als hätte man sie aus dem Steinbruch abtransportiert und dann liegen gelassen. Entlang der Küste und auch an einigen Stellen landeinwärts befinden sich rund 300 steinerne Plattformen, von denen ein Drittel früher weitere 393 Statuen trug oder mit ihnen verbunden war; alle diese Statuen standen bis vor wenigen Jahrzehnten nicht aufrecht, sondern waren umgeworfen, und viele von ihnen hatte man so umgestürzt, dass ihnen damit gezielt der Hals gebrochen wurde.

Vom Kraterrand konnte ich Ahu Tongariki sehen, die am nächsten gelegene, größte Plattform. Hier lagen 15 umgestürzte Statuen, die der Archäologe Claudio Cristino 1994 mit Hilfe eines Kranes, der 55 Tonnen heben konnte, wieder aufrichtete. Wie er mir erzählte, erwies sich dies auch mit modernen Maschinen als schwierige Aufgabe, denn die größte Statue von Ahu Tongariki wog 88 Tonnen. Die prähistorische polynesische Bevölkerung der Osterinsel besaß aber keine Kräne, keine Räder, keine Maschinen, keine Werkzeuge aus Metall, keine Zugtiere und auch sonst keine Hilfsmittel außer der Muskelkraft von Menschen, um die Statuen zu transportieren und aufzurichten.

Die Statuen, die noch im Steinbruch verblieben sind, befinden sich in allen möglichen Stadien der Fertigstellung. Manche sind noch mit dem Muttergestein verbunden, aus dem sie herausgehauen wurden; sie sind schon als Figuren zu erkennen, wobei aber die Details von Ohren oder Händen noch fehlen. Andere sind fertig, wurden bereits von den Felsen gelöst und liegen an der Böschung des Kraters neben der Nische, aus der sie herausgehauen wurden. Wieder andere wurden im Krater aufgerichtet. Auf mich wirkte der Steinbruch vor allem deshalb so gespenstisch, weil ich das Gefühl hatte, mich in einer Fabrik zu befinden, deren Arbeiter plötzlich auf rätselhafte Weise verschwunden waren – es war, als hätten sie ihr Werkzeug fallen lassen und seien hinausgelaufen, wobei sie die einzelnen Statuen in beliebigem Zustand zurückließen. Auf dem Boden des Steinbruches verstreut liegen die steinernen Pickel, Bohrer und Hämmer, mit denen die Statuen bearbeitet wurden. Rund um jede Statue befindet sich im Fels noch der Graben, in dem die Steinmetze standen. An der Felswand erkennt man steinerne Vorsprünge, an denen die Arbeiter vermutlich die Säcke aufhängten, die ihnen als Trinkflaschen dienten. An manchen Statuen in dem Krater erkennt man, dass sie absichtlich zerbrochen oder ihrer Gesichter beraubt wurden, als hätten rivalisierende Gruppen von Steinmetzen gegenseitig ihre Produkte zerstört. Unter einer Statue fand man einen menschlichen Fingerknochen, vermutlich eine Folge der Unachtsamkeit eines Mannes aus der Transportmannschaft. Wer stellte die Statuen her, warum wurden sie mit solcher Mühe aus dem Stein gehauen, wie konnten die Steinmetzen derart riesige Blöcke bewegen und aufrichten, und warum wurden sie am Ende alle umgeworfen?

Die vielen Rätsel der Osterinsel waren schon für den ersten europäischen Entdecker, den niederländischen Seefahrer Jacob Roggeveen, nicht zu übersehen. Er machte die Insel am Ostersonntag, dem 5. April 1722 aus – daher der Name, der sich seitdem erhalten hat. Als Seemann, der zuvor mit drei großen europäischen Schiffen 17 Tage lang ohne jede Landsichtung von Chile über den Pazifik gesegelt war, musste Roggeveen sich fragen: Wie würden die Polynesier ihn begrüßen, wenn er an der Küste ihrer abgelegenen Insel landete? Heute wissen wir, dass die Reise von der Osterinsel zur nächstgelegenen polynesischen Insel im Westen noch einmal mindestens ebenso viele Tage in Anspruch genommen hätte. Aber zu ihrer Verwunderung stellten Roggeveen und spätere europäische Besucher fest, dass die Inselbewohner nur über undichte Kanus als einzige Wasserfahrzeuge verfügten; die Boote waren nicht länger als drei Meter und konnten einen, höchstens zwei Menschen aufnehmen. Roggeveen schrieb: »Was ihre Boote betrifft, so sind diese im Hinblick auf die Verwendbarkeit schlecht und zerbrechlich, denn ihre Kanus werden aus vielfältigen kleinen Planken und innen aus leichten Holzbalken zusammengesetzt, und diese werden sehr klug mit fein gesponnenen Fäden zusammengehalten, welche man aus der zuvor benannten Feldpflanze gewinnt. Aber da ihnen die Kenntnisse und insbesondere das Material fehlen, um die große Zahl der Ritzen in den Kanus zu kalfatern und abzudichten, sind diese dementsprechend undicht, aus welchem Grunde sie gezwungen sind, die Hälfte der Zeit mit Schöpfen zu verbringen.« Wie konnte eine Gruppe von Siedlern mit Nutzpflanzen, Hühnern und Trinkwasser in einem solchen Wasserfahrzeug eine Seereise von zweieinhalb Wochen überleben?

Wie für alle späteren Besucher einschließlich meiner selbst, so war es auch für Roggeveen ein Rätsel, wie die Inselbewohner ihre Statuen aufgerichtet hatten. Um noch einmal aus seinem Tagebuch zu zitieren: »Die steinernen Bildsäulen sorgten zuerst dafür, dass wir starr vor Erstaunen waren, denn wir konnten nicht verstehen, wie es möglich war, dass diese Menschen, die weder über dicke Holzbalken zur Herstellung irgendwelcher Maschinen noch über kräftige Seile verfügten, dennoch solche Bildsäulen aufrichten konnten, welche volle neun Meter hoch und in ihren Abmessungen sehr dick waren.« Ganz gleich, mit welchen Methoden die Inselbewohner im Einzelnen ihre Statuen aufrichteten, in jedem Fall brauchten sie kräftige Holzbalken und Seile, die aus großen Bäumen hergestellt wurden – das war Roggeveen ganz klar. Aber als er die Osterinsel kennen lernte, war sie Ödland, und kein einziger Baum oder Busch war höher als drei Meter: »Ursprünglich, aus größerer Entfernung, hatten wir besagte Osterinsel für sandig gehalten, und zwar aus dem Grund, dass wir das verwelkte Gras, Heu und andere versengte und verbrannte Vegetation als Sand angesehen hatten, weil ihr verwüstetes Aussehen uns keinen anderen Eindruck vermitteln konnte als den einer einzigartigen Armut und Öde.« Was war aus den vielen Bäumen geworden, die früher dort gestanden haben müssen?

Um die Bearbeitung, den Transport und die Errichtung der Statuen zu organisieren, bedurfte es einer komplexen, vielköpfigen Gesellschaft, die von ihrer Umwelt leben konnte. Allein die Zahl und Größe der Statuen lassen auf eine Bevölkerung schließen, die viel größer war als die wenigen tausend Menschen, denen die europäischen Besucher im 18. und frühen 19. Jahrhundert begegneten: Was war aus der früheren großen Bevölkerung geworden? Herstellung, Transport und Aufbau der Statuen erforderten zahlreiche spezialisierte Arbeitskräfte – wovon lebten sie, wenn es auf der Osterinsel, wie Roggeveen sie kennen lernte, keine größeren einheimischen Landtiere als Insekten gab und auch keine Haustiere mit Ausnahme von Hühnern? Auch die Verteilung der Ressourcen auf der Osterinsel lässt auf eine kompliziert gebaute Gesellschaft schließen: Der Steinbruch befindet sich fast am Ostende der Insel, das beste Gestein für die Herstellung von Werkzeugen findet man im Südwesten, der beste Strand für Fischerboote liegt im Nordwesten und das beste Ackerland im Süden. Die Gewinnung und Verteilung all dieser Produkte erforderte ein System, das die gesamte Wirtschaft der Insel einschloss: Wie konnte diese in einer so armen, öden Landschaft entstehen, und was wurde aus ihr?

Alle diese Rätsel gaben fast drei Jahrhunderte lang den Anlass zu einer Fülle von Spekulationen. Vieler Europäer mochten einfach nicht glauben, dass die Polynesier, die ja »nur Wilde« waren, die Statuen oder die großartig konstruierten steinernen Plattformen schaffen konnten. Auch der norwegische Entdecker Thor Heyerdahl wollte den Polynesiern, die sich aus Asien über den westlichen Pazifik verbreiteten, keine solchen Fähigkeiten zugestehen: Er vertrat die Ansicht, die Osterinsel sei über den östlichen Pazifik von den hoch entwickelten Gesellschaften der südamerikanischen Indianer besiedelt worden, die ihrerseits ihre Zivilisation über den Atlantik von den höher entwickelten Gesellschaften der Alten Welt übernommen haben müssten. Mit seiner berühmten *Kon-Tiki*-Expedition und seinen anderen Reisen auf Flößen wollte Heyerdahl beweisen, dass solche Kontakte über die Ozeane hinweg in prähistorischer Zeit möglich waren, und er wollte seine Theorie beweisen, nach der zwischen den ägyptischen Pyramiden, den riesigen steinernen Bauwerken des südamerikanischen Inkareiches und den Statuen der Osterinsel ein Zusammenhang bestand. Mein eigenes Interesse an der Osterinsel erwachte vor über 40 Jahren, nachdem ich Heyerdahls Buch *Kon-Tiki* mit seiner romantischen Interpretation der Geschichte der Osterinsel gelesen hatte; damals glaubte ich, nichts könne spannender sein als diese Deutung. Aber es ging noch weiter: Nach den Behauptungen des Schweizer Autors Erich von Däniken, der an Besuche außerirdischer Astronauten auf der Erde glaubte, waren die Statuen auf der Osterinsel das Werk intelligenter Raumfahrer, die ultramoderne Werkzeuge besaßen, auf der Insel strandeten und später von dort gerettet wurden.

Mittlerweile gibt es für diese Rätsel eine andere Erklärung. Danach wurden die Statuen nicht mit hypothetischen Gerätschaften aus dem Weltraum hergestellt, sondern mit den steinernen Äxten und anderen Werkzeugen, die nachweislich im Steinbruch Rano Raraku herumliegen, und man schreibt sie auch nicht Inkas oder Ägyptern zu, sondern den bekannten polynesischen Bewohnern. Diese Geschichte ist ebenso romantisch und spannend wie die vermeintlichen Besuche durch *Kon-Tiki*-Flöße oder Außerirdische – und sie ist von viel größerer Bedeutung für das, was heute auf der Welt vorgeht. Außerdem eignet sie sich gut als Einleitung für eine Reihe von Kapiteln über Gesellschaften früherer Zeiten, denn sie erweist sich als die beste denkbare Annäherung an eine ausschließlich ökologische Katastrophe, die sich in völliger Isolation abspielte.

Die Osterinsel ist dreieckig. Sie besteht aus drei Vulkanen, die sich zu verschiedenen Zeiten innerhalb der letzten wenigen Millionen Jahre dicht nebeneinander aus dem Meer erhoben und während der gesamten Zeit, als die Insel von Menschen besiedelt war, nicht mehr ausgebrochen sind. Der älteste Vulkan heißt Poike; er brach vor 600 000 Jahren (vielleicht aber auch vor bis zu drei Millionen Jahren) aus und bildet heute die Südostecke des Dreiecks. Später entstand durch einen Ausbruch des Rano Kau die Südwestecke. Vor rund 200 000 Jahren wurde bei einem Ausbruch des jüngsten Vulkans Terevaka, dessen Mittelpunkt nicht weit von der nördlichen Ecke des Dreiecks entfernt ist, eine große Lavamenge frei, die heute 95 Prozent der Insel bedeckt.

Mit einer Fläche von 171 Quadratkilometern und einer größten Höhe von 500 Metern hat die Osterinsel nach polynesischen Maßstäben bescheidene Ausmaße. In ihrer vorwiegend sanften Landschaft fehlen die tiefen Täler, die jedem Besucher der Hawaii-Inseln vertraut sind. Abgesehen von den Kratern mit ihren steilen Abhängen und den Schlackekegeln kann man nach meiner Erfahrung auf der Osterinsel fast überall gefahrlos in gerader Linie zu jeder Stelle in der Nähe gelangen, auf Hawaii oder den Marquesas-Inseln dagegen würde man auf einer solchen Route sehr schnell von irgendeiner Klippe stürzen.

Mit seiner subtropischen Lage auf 27 Grad südlicher Breite – womit sie ungefähr ebenso weit südlich vom Äquator liegt wie Miami oder Taipeh nördlich davon – hat die Osterinsel ein mildes Klima, und da sie erst in jüngerer Zeit durch Vulkantätigkeit entstanden ist, verfügt sie über einen fruchtbaren Boden. Schon durch diese günstigen Eigenschaften sollte die Insel alle Voraussetzungen für ein kleines Paradies bieten, ohne die Probleme, von denen große Teile der übrigen Welt geplagt werden. Aber ihre geographischen Verhältnisse stellten die menschlichen Siedler auch vor mehrere schwierige Aufgaben. Ein subtropisches Klima ist zwar im Vergleich zum europäischen oder nordamerikanischen Winter sehr warm, nach den Maßstäben Polynesiens jedoch, das vorwiegend in den Tropen lebt, ist es kühl. Mit Ausnahme von Neuseeland, Chatham Island, Norfolk Island und Rapa liegen alle Inseln, die von Polynesiern besiedelt wurden, dichter am Äquator als die Osterinsel. Manche tropischen Nutzpflanzen, die ansonsten in Polynesien von großer Bedeutung sind, wie beispielsweise die Kokosnuss (die auf der Osterinsel erst in moderner Zeit eingeführt wurde), gedeihen hier nur schlecht, und das umgebende Meer ist so kalt, dass Korallenriffe mit ihren Fischen und Schalentieren nicht bis zur Wasseroberfläche wachsen können. Wie Barry Rolett und ich auf unseren Wanderungen am Teravaka und Poike außerdem feststellten, ist es auf der Osterinsel sehr windig, was den Bauern in früheren Zeiten Probleme bereitete und auch heute noch bereitet. Der Wind reißt die in jüngster Zeit eingeführten Brotfrüchte vom Baum, bevor sie reif sind. Wegen ihrer isolierten Lage war die Osterinsel nicht nur arm an Rifffischen, sondern es gab hier ganz allgemein wenig Fische – nur 127 Arten im Vergleich zu mehr als 1000 auf den Fiji-Inseln. Alle diese geographischen Faktoren führten dazu, dass den Bewohnern der Osterinsel wesentlich weniger Nahrungsquellen zur Verfügung standen als den Siedlern auf den meisten anderen Eilanden im Pazifik.

Ein letztes Problem im Zusammenhang mit den geographischen Verhältnissen auf der Osterinsel ist der Niederschlag, der im Durchschnitt nur bei rund 125 Zentimetern pro Jahr liegt. Nach den Maßstäben der europäischen Mittelmeerregion oder Südkaliforniens ist das zwar eine Menge, im Vergleich zu anderen polynesischen Inseln ist er aber gering. Verstärkt wird die nachteilige Wirkung der geringen Niederschlagsmenge noch dadurch, dass das Wasser in dem porösen Vulkanboden der Insel schnell versickert. Deshalb gibt es nur wenig Süßwasser: An den Abhängen des Teravaka fließt nur zu bestimmten Jahreszeiten ein einziger Bach, der aber zum Zeitpunkt meines Besuches ausgetrocknet war; am Boden von drei Vulkankratern gibt es Teiche oder Sümpfe; wo der Grundwasserspiegel dicht unter der Oberfläche liegt, hat man Brunnen gegraben; und unmittelbar vor der Küste oder zwischen Hoch- und Niedrigwasserlinie sprudeln Süßwasserquellen aus dem Meeresboden. Dennoch gelang es den Bewohnern der Osterinsel, genug Wasser zum Trinken und Kochen sowie für den Anbau von Nutzpflanzen zu gewinnen, aber das war mit großer Anstrengung verbunden.

Sowohl Heyerdahl als auch von Däniken wischten eine überwältigende Fülle von Belegen beiseite, wonach die Bewohner der Osterinsel typische Polynesier waren, die nicht aus Amerika, sondern aus Asien stammten, wobei auch klar war, dass ihre Kultur (einschließlich der Statuen) ihre Wurzeln in der polynesischen Kultur hatte. Dass sie polynesisch sprachen, hatte Captain Cook bereits 1774 bei seinem kurzen Besuch auf der Insel bemerkt: Damals konnte einer seiner Begleiter, ein Mann aus Tahiti, sich mit den Inselbewohnern unterhalten. Genauer gesagt, sprachen sie einen ostpolynesischen Dialekt, der mit den Sprachen Hawaiis und der Marquesas-Inseln verwandt war, und die engste Verwandtschaft bestand mit dem Dialekt, der unter dem Namen Frühmangarevanisch bekannt ist. Ihre Angelhaken, Steinbeile, Harpunen, Korallensägen und andere Werkzeuge waren typisch für Polynesien und ähnelten insbesondere frühen Modellen von den Marquesas-Inseln. An ihren Schädeln erkennt man in vielen Fällen ein charakteristisches polynesisches Merkmal, das unter

Der Pazifik, die Pitcairn-Inseln und Osterinsel

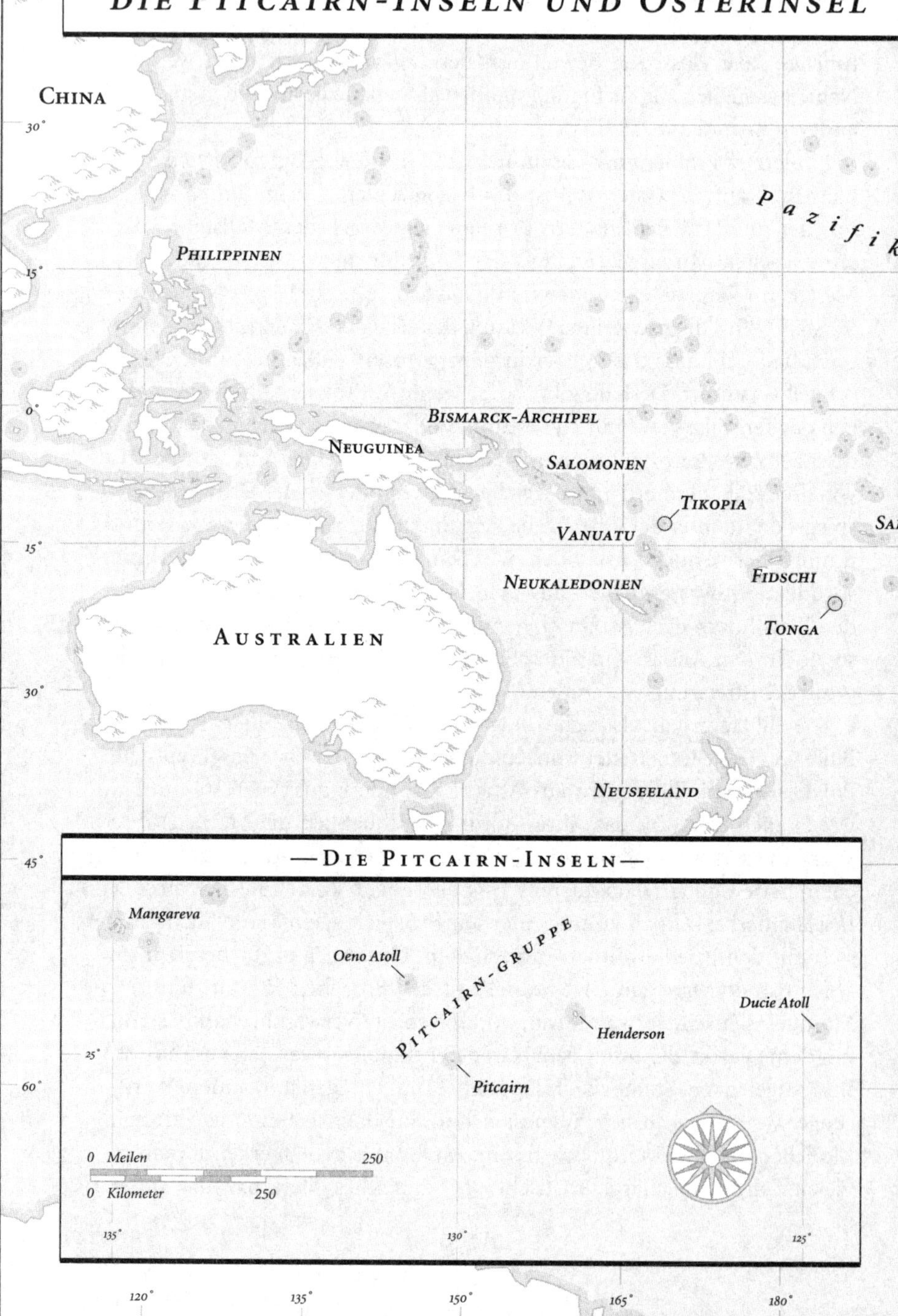

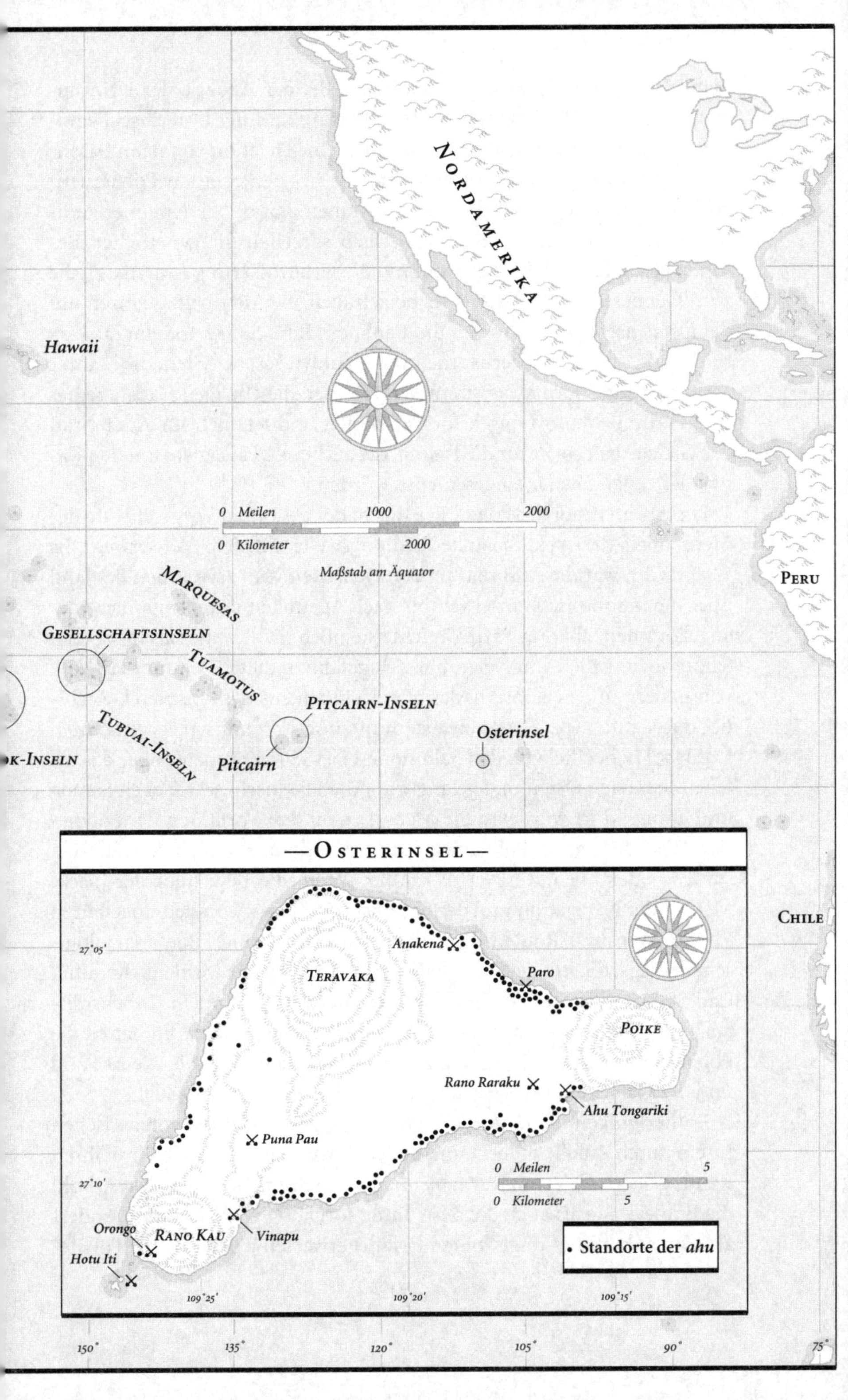

Nordamerika
Hawaii
0 Meilen 1000 2000
0 Kilometer 2000
Maßstab am Äquator
Marquesas
Gesellschaftsinseln
Tuamotus
Tubuai-Inseln
Pitcairn-Inseln
Pitcairn
Osterinsel
k-Inseln
Peru
Chile
—Osterinsel—
27°05'
Teravaka
Anakena
Paro
Poike
Rano Raraku
Ahu Tongariki
Puna Pau
0 Meilen 5
0 Kilometer 5
27°10'
Orongo
Rano Kau
Vinapu
Hotu Iti
Standorte der ahu
109°25'
109°20'
109°15'
150°
135°
120°
105°
90°
75°

dem Namen »Rockerkiefer« bekannt ist. Bei der Analyse der DNA aus zwölf Skeletten, die unter einer Steinplattform auf der Osterinsel begraben waren, fand man in allen zwölf Fällen eine Deletion von neun Basenpaaren und drei Basensubstitutionen, die bei den meisten Polynesiern vorkommen. Zwei dieser drei Substitutionen gibt es bei den amerikanischen Ureinwohnern nicht, und deshalb sprechen die genetischen Befunde gegen Heyerdahls Behauptung, die Urbevölkerung Amerikas habe zum Genbestand der Osterinsel beigetragen. Bei den Nutzpflanzen auf der Osterinsel handelte es sich um Bananen, Taro, Süßkartoffeln, Zuckerrohr und Papiermaulbeerbäume, typisch polynesische Arten, die in ihrer Mehrzahl aus Südostasien stammen. Hühner, die einzigen Haustiere der Insel, waren ebenso typisch für Polynesien und letztlich für Asien, und das Gleiche galt sogar für die Ratten, die als blinde Passagiere mit den Kanus der ersten Siedler eingeschleppt wurden.

Die Ausbreitung der Polynesier war in der gesamten Vorgeschichte der Menschheit die spektakulärste Siedlungswelle auf dem Wasserweg. Bis 1200 v. Chr. war die Ausbreitung der Menschen vom asiatischen Festland über die indonesische Inselwelt bis nach Australien und Neuguinea vorangekommen, aber im Pazifik reichte sie noch nicht weiter als bis zu den Salomonen östlich von Neuguinea. Ungefähr zu dieser Zeit fuhr ein Volk von Bauern und Seefahrern, das offensichtlich aus dem Bismarck-Archipel nordöstlich von Neuguinea stammte und Keramik im so genannten Lapitastil herstellte, von den Salomonen fast 1500 Kilometer über das offene Meer nach Osten und gelangte auf die Fiji-Inseln sowie nach Samoa und Tonga; dort wurden diese Menschen zu den Vorfahren der Polynesier. Obwohl man in Polynesien weder den Kompass noch eine Schriftsprache oder Metallwerkzeuge kannte, waren die Bewohner der Inseln Meister der Navigation und der Seefahrt mit Kanus. Von den ungefähren Zeitpunkten und Routen ihrer Expansion zeugt eine Fülle archäologischer Belege, die mit der Radiokarbonmethode datiert wurden – Keramik und Steinwerkzeuge, Überreste von Häusern und Tempeln, Lebensmittelabfälle und menschliche Skelette. Ungefähr um 1200 n. Chr. hatten die Polynesier in dem riesigen Ozeandreieck zwischen Hawaii, Neuseeland und der Osterinsel jedes bewohnbare Fleckchen Land besiedelt.

Früher gingen die Historiker davon aus, dass alle diese polynesischen Inseln durch Zufall entdeckt und besiedelt wurden, weil Fischer mit ihren Kanus gelegentlich vom Kurs abkamen. Heute ist man sicher, dass sowohl die Entdeckung als auch die Besiedlung sorgfältig geplant waren. Anders als man es bei einer ungewollten Irrfahrt erwarten würde, wurde Polynesien vorwiegend von Westen nach Osten besiedelt, entgegen der vorherrschenden Richtung von Wind und Meeresströmungen, die von Osten nach Westen verlaufen. Vermutlich wurden neue Inseln also von Seefahrern entdeckt, die auf einer vorbestimmten Route gegen den Wind ins Unbekannte segelten oder darauf warteten, dass die vorherrschende Windrichtung sich vorübergehend umkehrte. Die Ausbreitung vieler Nutzpflanzen- und Nutztierarten – von Taro bis zu Bananen und von Schweinen bis zu Hunden und Hühnern – zeigt zweifelsfrei, dass die Besiedlung gut vorbereitet war. Die Siedler nahmen aus ihrer Heimat jene Produkte mit, die ihnen für das Überleben in der neuen Kolonie unentbehrlich erschienen.

Die erste Ausbreitungswelle der Lapita-Keramiker, die zu den Vorfahren der Polynesier wurden, kam im Pazifik bis zu den Fiji-Inseln sowie nach Samoa und Tonga voran, die jeweils per Boot nur wenige Tagereisen voneinander entfernt sind. Eine viel größere Wasserfläche trennt diese westpolynesischen Inseln von denen weiter im Osten, den Cook-, Gesellschafts-, Marquesas-, Tuamotu- und Hawaii-Inseln sowie Neuseeland, der Pitcairn-Gruppe und der Osterinsel. Diese Barriere wurde erst nach einer »langen Pause« von rund 1500 Jahren überwunden – vielleicht durch Verbesserungen in Kanubau und Navigation, vielleicht aber auch durch Veränderungen der Meeresströmungen, einen sinkenden Meeresspiegel, der Inseln als Zwischenstationen freilegte, oder einfach durch besonderes Glück auf einer Reise. Ungefähr um 600 bis 800 n. Chr. (der genaue Zeitpunkt ist umstritten) wurden die Cook-, Gesellschafts- und Marquesas-Inseln besiedelt, die unter allen Inseln im Osten Polynesiens am einfachsten zugänglich sind, und sie wurden ihrerseits zum Ausgangspunkt für die Besiedlung der restlichen Inselgruppe. Nachdem Menschen um 1200 n. Chr. über eine riesige, mindestens 3200 Kilometer breite Wasserfläche hinweg auch nach Neuseeland gelangt waren, war die Besiedlung der bewohnbaren Inseln im Pazifik endlich abgeschlossen.

Aber auf welcher Route wurde die Osterinsel besiedelt, die von allen Inseln Polynesiens am weitesten östlich liegt? Eine direkte Reise von den Marquesas-Inseln, die eine große Bevölkerung beherbergten und wahrscheinlich der unmittelbare Ausgangspunkt für die Besiedlung von Hawaii waren, kam wegen der Wind- und Strömungsverhältnisse wahrscheinlich nicht infrage. Stattdessen ging die Besiedlung der Osterinsel vermutlich eher von Mangareva, Pitcairn und Henderson aus, die ungefähr auf halbem Weg zwischen den Marquesas-Inseln und der Osterinsel liegen; das Schicksal ihrer Bevölkerung ist Gegenstand des nächsten Kapitels (Kapitel

3). Die Ähnlichkeiten zwischen der Sprache der Osterinsel und der des frühen Mangarevanisch, zwischen einer Statue auf Pitcairn und manchen frühen Statuen von der Osterinsel sowie zwischen der Machart der Werkzeuge auf der Osterinsel, Mangareva und Pitcairn, aber auch Übereinstimmungen zwischen Schädeln von der Osterinsel und zwei Schädeln von Henderson Island, die ihnen noch mehr ähneln als solchen von den Marquesas-Inseln lassen auf Mangareva, Pitcairn und Henderson als Zwischenstationen schließen. Im Jahr 1999 gelang es, mit dem rekonstruierten polynesischen Segelkanu *Hokule'a* nach 17-tägiger Seereise von Mangareva aus die Osterinsel zu erreichen. Für uns moderne Landratten ist es buchstäblich unglaublich, dass Seefahrer sich von Mangareva nach Osten auf den Weg machten und dann nach einer derart langen Reise das Glück hatten, auf eine Insel zu treffen, die von Norden nach Süden nicht mehr als 15 Kilometer misst. Aber die Polynesier wussten über eine Insel Bescheid, lange bevor das Land in Sicht kam; als Anhaltspunkte dienten ihnen dabei die Seevogelschwärme, die in einem Umkreis von mehr als 150 Kilometern um eine Insel nach Nahrung suchten. Die Osterinsel (die ursprünglich eine der größten Seevogelkolonien im ganzen Pazifikraum beherbergte) hatte also für die Polynesier den ansehnlichen Durchmesser von über 300 Kilometern und war nicht nur 15 Kilometer breit.

Nach der Überlieferung der Osterinselbewohner selbst wurde die Expedition zur Besiedlung ihrer Insel von einem Häuptling namens Hotu Matu'a (»Großer Vater«) geleitet, der mit seiner Frau, sechs Söhnen und der Großfamilie in einem oder zwei großen Kanus ankam. (Ende des 19. und Anfang des 20. Jahrhunderts hielten europäische Besucher viele mündliche Überlieferungen der damals noch lebenden Inselbewohner schriftlich fest, und diese Überlieferungen enthalten viele offensichtlich glaubwürdige Informationen über das Leben auf der Insel in dem Jahrhundert vor der Besiedlung durch die Menschen; ob auch Einzelheiten über Ereignisse aus der Zeit mehr als 1000 Jahre zuvor zuverlässig wiedergegeben werden, ist allerdings unsicher.) Wie wir in Kapitel 3 noch genauer erfahren werden, blieben die Bevölkerungsgruppen auf vielen anderen Inseln Polynesiens untereinander in Kontakt, weil nach ihrer ursprünglichen Entdeckung und Besiedlung in beiden Richtungen regelmäßig Schiffe verkehrten. Galt das möglicherweise auch für die Osterinsel, und kamen demnach auch nach Hotu Matu'a noch andere Kanus an? Der Archäologe Roger Green brachte diese Möglichkeit ins Gespräch; dabei stützte er sich auf Ähnlichkeiten in der Machart mancher Werkzeuge von der Osterinsel und Mangareva, die erst mehrere Jahrhunderte nach der

Besiedlung der Osterinsel hergestellt wurden. Gegen diesen Gedanken spricht allerdings die Tatsache, dass es auf der Osterinsel traditionell weder Hunde und Schweine noch einige typisch polynesische Nutzpflanzen gab; eigentlich müsste man damit rechnen, dass spätere Reisende diese Tiere und Pflanzen mitbrachten, wenn sie in Hotu Matu'as Kanu nicht überlebt hätten oder kurz nach seiner Ankunft ausgestorben wären. Wie wir im nächsten Kapitel außerdem noch erfahren werden, findet man zahlreiche Steinwerkzeuge mit der typischen chemischen Zusammensetzung einer Insel auch auf anderen Inseln, womit der Austausch zwischen den Marquesas-Inseln, Pitcairn, Henderson, Mangareva und den Gesellschaftsinseln eindeutig bewiesen ist; Gestein von der Osterinsel hat man dagegen auf keinem anderen Eiland gefunden und umgekehrt. Die Bewohner der Osterinsel lebten also möglicherweise tatsächlich völlig isoliert am Ende der Welt und hatten mit Außenstehenden in den rund 1000 Jahren zwischen Hotu Matu'as und Roggeveens Ankunft keinerlei Kontakt.

Allgemein wurden die Hauptinseln Ostpolynesiens um 600 bis 800 n. Chr. besiedelt – wann geschah dies also auf der Osterinsel? Was den Zeitpunkt angeht, bestehen ebenso wie bei der Besiedlung der Hauptinseln beträchtliche Unsicherheiten. Veröffentlichungen über die Osterinsel sprechen häufig von Belegen für eine Besiedelung um 300 bis 400 n. Chr.; dabei stützt man sich insbesondere auf die Glottochronologie, eine Methode, mit der man die Zeit der Auseinanderentwicklung von Sprachen berechnen kann, sowie auf die Radiokarbondatierung von drei Holzkohleproben aus Ahu Te Peu, aus einem Graben am Poike und aus den Sedimenten in einem See, die auf die Abholzung von Wald schließen lassen. Spezialisten für die Geschichte der Osterinsel stellen diesen frühen Zeitpunkt aber zunehmend infrage. Glottochronologische Berechnungen gelten als unzuverlässig, insbesondere wenn man sie auf Sprachen anwendet, die eine so komplizierte Vergangenheit haben wie die der Osterinsel (die wir vorwiegend von Informanten aus Tahiti und von den Marquesas-Inseln kennen und die deshalb möglicherweise verfälscht wurde) und Mangarevas (die sich offenbar später durch Neuankömmlinge von den Marquesas-Inseln veränderte). Die drei früheren Radiokarbondatierungen wurden jeweils nur an einer einzigen Materialprobe vorgenommen und erfolgten mit älteren, mittlerweile nicht mehr gebräuchlichen Methoden; außerdem gibt es keinen Beweis, dass die datierten Holzkohleobjekte tatsächlich etwas mit Menschen zu tun hatten.

Der zuverlässigste Beleg für eine frühe Besiedelung der Osterinsel ist offenbar eine Datierung auf die Zeit um 900 n. Chr., die der Paläontologe David Steadman sowie die Archäologen Claudio Cristino und Patricia Vargas vornahmen. Als Material diente ihnen Holzkohle und die Knochen von Delphinen, die von Menschen gegessen wurden; die Proben stammten aus den ältesten archäologischen Schichten, die am Anakena-Strand der Osterinsel Indizien für die Gegenwart von Menschen liefern. Anakena eignet sich unter allen Stränden der Insel mit Abstand am besten für die Landung und bietet sich deshalb auch als Stützpunkt der ersten Siedler an. Die Datierung der Delphinknochen erfolgte mit einer modernen Abwandlung der Radiokarbonmethode, die als AMS (Beschleuniger-Massenspektrometrie) bekannt ist, und bei der Auswertung der Ergebnisse wurde berücksichtigt, dass man bei der Datierung der Knochen von Meereslebewesen eine Korrektur anbringen muss. Die so ermittelten Zeitpunkte dürften sehr dicht bei der Zeit der Erstbesiedelung liegen, denn die entsprechenden archäologischen Schichten enthielten auch Knochen einheimischer Landvögel, die auf der Osterinsel und vielen anderen Pazifikinseln sehr schnell ausgerottet wurden; außerdem standen Kanus, mit denen man Delphine jagen konnte, wenig später nicht mehr zur Verfügung. Nach der derzeit besten Schätzung wurde die Osterinsel irgendwann kurz vor dem Jahr 900 n. Chr. besiedelt.

Was haben die Inselbewohner gegessen, und wie viele waren es?

Zur Zeit der ersten europäischen Entdecker bestritten sie ihren Lebensunterhalt vorwiegend als Bauern; angebaut wurden Süßkartoffeln, Yamswurzeln, Taro, Bananen und Zuckerrohr, als einzige Haustiere wurden Hühner gehalten. Da es vor der Osterinsel weder Korallenriffe noch eine Lagune gab, trugen Fische und Schalentiere weniger zur Ernährung bei als auf den meisten anderen Inseln Polynesiens. Den ersten Siedlern standen See- und Landvögel sowie Delphine zur Verfügung, aber wie wir noch genauer erfahren werden, gingen die Bestände dieser Tiere später zurück oder verschwanden ganz. Dies führte zu einer kohlenhydratreichen Ernährung, und verstärkt wurde dieser Effekt noch dadurch, dass die Inselbewohner als Ersatz für die begrenzten Wasservorräte große Mengen von Zuckerrohrsaft tranken. Einen Zahnarzt kann es deshalb nicht überraschen, dass die Inselbewohner unter allen prähistorischen Völkern, die man kennt, mit am häufigsten an Karies litten; viele Kinder hatten schon mit 14 Jahren Löcher in den Zähnen, und spätestens nach dem 20. Lebensjahr gab es niemanden mehr, der frei davon war.

Wie groß die Bevölkerung auf der Osterinsel zu ihrer Blütezeit war, hat man unter anderem dadurch abgeschätzt, dass man die Zahl der Hausfundamente zählte und mit fünf bis 15 Personen je Haus rechnete; dabei ging man davon aus, dass jeweils ein Drittel aller nachgewiesenen Häuser gleichzeitig bewohnt war, oder man schätzte die Zahl der Häuptlinge und ihrer Anhänger nach der Zahl der Plattformen und der aufgerichteten Statuen ab. Die so gewonnenen Schätzungen reichen von 6000 bis zu 30 000 Menschen, was einem Durchschnitt von 35 bis 174 Menschen je Quadratkilometer entspricht. Manche Gebiete der Insel, beispielsweise die Poike-Halbinsel und die höchsten Lagen, eigneten sich weniger gut für die Landwirtschaft, sodass die Bevölkerungsdichte in den besseren Regionen etwas höher gelegen haben dürfte; viel höher war sie allerdings sicher nicht, denn aus archäologischen Übersichtsuntersuchungen weiß man, dass die Landfläche zum allergrößten Teil genutzt wurde.

Wie immer, wenn Archäologen unterschiedliche Schätzungen über die Bevölkerungsdichte in historischer Zeit abgeben, bezeichnen sie gegenseitig ihre Angaben als absurd. Ich selbst bin der Ansicht, dass die höheren Schätzungen vermutlich eher stimmen, unter anderem, weil sie von den Archäologen stammen, die in letzter Zeit bei der Vermessung der Osterinsel die umfangreichsten Erfahrungen gesammelt haben: Claudio Cristino, Patricia Vargas, Edmundo Edwards, Chris Stevenson und Jo Anne Van Tilburg. Außerdem stammt die erste zuverlässige Schätzung für die Bevölkerung der Osterinsel – 2000 Menschen – von Missionaren, die sich 1864 dort niederließen, kurz nachdem der größte Teil der Bevölkerung einer Pockenepidemie zum Opfer gefallen war. Zuvor, in den Jahren 1862/63, hatten peruanische Sklavenschiffe bereits 1500 Inselbewohner entführt, und seit 1836 hatte es zwei weitere nachgewiesene Pockenepidemien gegeben. Mit ziemlicher Sicherheit hatten seit 1770, als Europäer regelmäßig zu Besuch kamen, weitere nicht schriftlich belegte Krankheitsepidemien gewütet, und seit dem 17. Jahrhundert war es zu dem Bevölkerungszusammenbruch gekommen, den wir im Folgenden erörtern werden. Dasselbe Schiff, das die Pocken zum dritten Mal auf die Osterinsel brachte, fuhr anschließend weiter zu den Marquesas-Inseln, und dort starben bekanntermaßen sieben Achtel der Bevölkerung an der nachfolgenden Epidemie. Aus diesen Gründen halte ich es für unmöglich, dass die Bevölkerung von 2000 Menschen, die 1864 nach den Pocken noch übrig geblieben war, den Rest einer Bevölkerung von nur 6000 bis 8000 Personen darstellte, die es vor den Pocken, vor der Entführung, vor anderen Epidemien und vor dem Bevölkerungszusammenbruch des

17. Jahrhunderts gegeben hatte. Nachdem ich auf der Osterinsel mit eigenen Augen die Indizien für intensive prähistorische Landwirtschaft gesehen habe, erscheint mir Claudios und Edmundos »hohe« Schätzung von mindestens 15 000 Bewohnern keineswegs verwunderlich.

Für eine solche Intensivierung der Landwirtschaft gibt es mehrere Indizien. Eines davon sind Gruben mit einem Durchmesser von eineinhalb bis zweieinhalb Metern und rund 1,20 Meter Tiefe, die mit Steinen ausgekleidet sind und Kompost enthielten. Sie dienten zum Anbau von Pflanzen und möglicherweise auch dazu, Gemüse vergären zu lassen. Ein anderer Beleg sind zwei steinerne Dämme quer durch das Bett des nur jahreszeitlich wasserführenden Baches, der den Südosthang des Terevaka entwässerte. Sie sollten das Wasser in Richtung der breiten Steinplattformen ableiten. Dieses Wasserverteilungssystem ähnelt ähnlichen Anlagen, mit denen die Taroplantagen auch an anderen Stellen in Polynesien bewässert wurden. Auch die zahlreichen aus Stein errichteten Hühnerställe (die hier *hare moa* genannt werden) sprechen für eine intensive Landwirtschaft. Sie sind meist bis zu sechs Meter lang (einige riesige Exemplare auch bis zu 21 Meter), drei Meter breit und 1,80 Meter hoch; durch einen kleinen Eingang dicht über dem Boden konnten die Hühner hinein- und hinauslaufen, und eine Steinmauer rund um den angrenzenden Hof verhinderte, dass die kostbaren Vögel wegliefen oder gestohlen wurden. Gäbe es auf der Osterinsel neben den vielen großen, aus Stein errichteten *hare moa* nicht auch die noch größeren steinernen Plattformen und Statuen, wäre sie bei den Touristen als Insel der steinernen Hühnerställe bekannt. Die Bauwerke sind an vielen Küstenabschnitten das beherrschende Element im Landschaftsbild, denn heute sind die prähistorischen Hühnerställe – insgesamt 1233 – viel auffälliger als die Behausungen der prähistorischen Menschen, die nur steinerne Fundamente oder Innenhöfe besaßen, aber keine steinernen Mauern.

Die am häufigsten angewandte Methode zur Steigerung der landwirtschaftlichen Produktion, bei der man sich auf verschiedene Weise des Lavagesteins bediente, wurde von dem Archäologen Chris Stevenson genauer untersucht. Man schichtete große Felsblöcke auf, um die Pflanzen vor der Austrocknung durch den häufig sehr starken Wind zu schützen. Strukturen aus kleineren Steinen schützten erhöht liegende oder in Senken angelegte Gärten, wo man Bananen anbaute und auch Keimlinge züchtete, die dann, wenn sie größer waren, an andere Stellen verpflanzt wurden. Auf großen Flächen wurden in geringen Abständen Steinblöcke ausgelegt, sodass die Pflanzen zwischen ihnen heranwachsen konnten.

Andere Gebiete wurden durch so genannten »Steinmulch« verändert: Auf dem Boden wurden Steine bis auf eine Höhe von 30 Zentimetern aufgeschichtet, wobei man entweder Blöcke von nahe gelegenen freiliegenden Felsen herantransportierte oder den Boden so weit abtrug, dass man das Muttergestein aufbrechen konnte. Auf natürlichen Geröllfeldern wurden Vertiefungen ausgehoben, in denen man Taro anbauen konnte. Die Anlage der steinernen Windschutzwälle und Gärten erforderte einen gewaltigen Arbeitsaufwand, denn man musste dazu Millionen oder sogar Milliarden von Felsbrocken bewegen. Als ich mit dem Archäologen Barry Rolett, der bereits in anderen Teilen Polynesiens tätig war, zum ersten Mal die Osterinsel besuchte, sagte er zu mir: »Ich war noch nie auf einer polynesischen Insel, wo die Menschen so verzweifelt gewesen wären, dass sie wie hier kleine Steine im Kreis aufschichteten, um ein paar mickrige Taropflanzen vor dem Wind zu schützen! Auf den Cook-Inseln haben sie den Taro bewässert, aber so viel Mühe hätten sie sich nie gemacht!«

In der Tat: Warum nahmen die Bauern auf der Osterinsel diese Arbeit auf sich? Auf den Farmen im Nordosten der Vereinigten Staaten, wo ich als Junge den Sommer verbrachte, schleppten die Bauern mit viel Mühe die Steine von den Feldern weg, und über den Gedanken, absichtlich Steine auf die Felder zu tragen, wären sie entsetzt gewesen. Welchen Vorteil hat ein Feld voller Steine?

Die Antwort liegt in dem bereits beschriebenen Klima der Osterinsel: Dort ist es windig, trocken und kühl. Die Landwirtschaft mit Steingärten oder Steinmulch erfanden die Bauern unabhängig voneinander auch in vielen anderen trockenen Regionen der Welt, beispielsweise in der israelischen Negev-Wüste, in der Wüste im Südwesten der USA sowie in den trockenen Gegenden von Peru und China, im römischen Italien und in Neuseeland zur Zeit der Maori. Steine decken den Boden ab und halten die Feuchtigkeit fest, vermindern die Verdunstung durch Sonne und Wind, und ersetzen die harte Kruste an der Bodenoberfläche, die ansonsten das Ablaufen des Niederschlags begünstigen würde. Steine vermindern die täglichen Schwankungen der Bodentemperatur, weil sie die Sonnenwärme tagsüber aufnehmen und nachts wieder abgeben; sie schützen den Boden gegen Erosion durch auftreffende Regentropfen; heller Boden wird durch dunkle Steine erwärmt, weil diese mehr Sonnenwärme aufnehmen; und Steine können auch als langfristiges Düngemittel wirken, weil sie wichtige Mineralstoffe enthalten, die nach und nach in den Boden einsickern. In jüngster Zeit wollte man im Südwesten der USA durch Experimente herausfinden, warum die Anasazi (Kapitel 4) sich des Steinmulches bedienten; dabei stellte sich heraus, dass der Mulch den Bauern große Vorteile bietet. Ein derart behandelter Boden enthält am Ende doppelt so viel Feuchtigkeit, die Bodentemperatur ist tagsüber niedriger und nachts höher, und alle 16 getesteten Pflanzenarten lieferten einen höheren Ertrag – er betrug im Durchschnitt der 16 Arten das Vierfache, und bei der Art, die von dem Mulch am stärksten profitierte, lag er sogar 50-mal höher. Die Vorteile sind also beträchtlich.

Chris Stevenson deutete seine Untersuchungsergebnisse als Beleg, dass die Landwirtschaft auf der Osterinsel durch zunehmende Verwendung der Steine intensiviert wurde. Nach seiner Ansicht blieben die Bauern während der ersten 500 Jahre der polynesischen Besiedlung in den Niederungen wenige Kilometer von der Küste entfernt, weil es dort Süßwasser gab und weil sie besser Fische und Schalentiere fangen konnten. Erste Belege für Steingärten erkennt er in der Zeit um 1300 n. Chr. in den höheren Lagen landeinwärts, wo sich der Vorteil eines höheren Niederschlages mit kühleren Temperaturen verband (wobei Letztere mit den dunklen Steinen durch Steigerung der Bodentemperatur abgemildert wurden). Im weiteren Verlauf wurde das Innere der Osterinsel zum größten Teil zu Steingärten umgestaltet. Interessanterweise lebten die Bauern selbst offensichtlich nicht im Inneren der Insel. Dort gibt es nur wenige Überreste von kleinen Häusern für einfache Arbeiter, keine Hühnerställe und nur kleine Öfen und Abfallhaufen. Stattdessen findet man aber vereinzelt Häuser eines gehobenen Typs; diese gehörten offensichtlich den Verwaltern aus der Oberschicht, die umfangreiche Steingärten im Stil großer Plantagen (im Gegensatz zu individuellen Hausgärten) verwalteten und Nahrungsmittelüberschüsse für die Arbeitskräfte des Häuptlings produzierten, während die Bauern weiterhin in der Nähe der Küste wohnten und jeden Tag mehrere Kilometer landeinwärts und wieder zurück wandern mussten. Den Verlauf dieses täglichen Pendelverkehrs kennzeichnen vermutlich fünf Meter breite Straßen mit steinernen Begrenzungen, die sich vom Hochland zur Küste ziehen. Wahrscheinlich erforderten die hoch gelegenen Plantagen keine ganzjährige Arbeit: Im Frühjahr mussten die Bauern dorthin marschieren, um Taro und andere Pflanzen anzubauen, und später im Jahr kamen sie zur Ernte.

Wie an anderen Stellen in Polynesien, so gliederte sich die traditionelle Gesellschaft auch auf der Osterinsel in Häuptlinge und gemeines Volk. Für heutige Archäologen ist der Unterschied an den Überresten der Häuser beider Gruppen deutlich zu erkennen. Häuptlinge und Angehörige der Elite lebten in so genannten *hare paenga*, Häusern in Form eines langen, schlanken, umgedrehten Kanus, die in der Regel ungefähr 12 Meter (in einem Fall aber auch etwa 100 Meter) lang, nicht mehr als drei Meter breit und an den Enden abgerundet waren. Wände und Dach des Hauses (die dem umgedrehten Rumpf des Bootes entsprachen) bestanden aus drei Lagen Stroh, aber der Boden war durch sauber behauene, eingepasste Fundamentsteine aus Basalt begrenzt. Insbesondere die runden, abgeschrägten Steine an den Enden waren schwierig herzustellen und deshalb kostbar, sodass sie unter den rivalisierenden Sippen immer wieder gestohlen wurden. Vor vielen *hare paenga* befand sich eine steingepflasterte Terrasse. Die *hare paenga* wurden in einem 200 Meter breiten Streifen entlang der Küste erbaut; an jedem wichtigen Ort befanden sich sechs bis zehn von ihnen, und unmittelbar daneben, auf der zum Meer gewandten Seite, lag die Plattform dieses Ortes mit den Statuen. Die Häuser der einfachen Leute dagegen wurden an Stellen weiter landeinwärts verbannt; sie waren kleiner und besaßen jeweils ein eigenes Hühnerhaus, einen Ofen, einen Kreis von Steingärten und eine Abfallgrube – es waren Zweckbauten, die das religiöse Tabu in dem Küstenbereich mit den Plattformen und den schönen *hare paenga* verbot.

Sowohl die mündliche Überlieferung der Inselbewohner als auch die archäologischen Befunde lassen darauf schließen, dass die Osterinsel in ungefähr ein Dutzend (elf oder zwölf) Territorien unterteilt war, die jeweils einer Sippe oder Familie gehörten; sie erstreckten sich jeweils von der Küste ins Landesinnere, sodass die Insel wie ein Kuchen in ein Dutzend keilförmige Stücke aufgeteilt war. Jedes Territorium hatte seinen eigenen Häuptling und große zeremonielle Plattformen, auf denen Statuen standen. Die Sippen versuchten zunächst im friedlichen Wettbewerb, einander im Bau von Plattformen und Statuen zu übertreffen, aber irgendwann nahm ihre Konkurrenz die Form erbitterter Kämpfe an. Die Unterteilung in sternförmig angeordnete Territorien ist auch für andere Pazifikinseln typisch. Dennoch ist die Osterinsel in dieser Hinsicht ungewöhnlich: Wiederum sprechen sowohl die mündliche Überlieferung als auch die Befunde der Archäologen dafür, dass die konkurrierenden Familienreviere religiös sowie in einem gewissen Umfang auch wirtschaftlich und politisch unter der Führung eines Oberhäuptlings zusammenhielten. Auf Mangareva und den größeren Marquesas-Inseln dagegen war jedes größere Tal ein unabhängiges Reich, das sich mit anderen derartigen Reichen in einem chronischen, aggressiven Kriegszustand befand.

Was könnten die Ursachen für diesen Zusammenhalt auf der Osterinsel sein, und wie konnte man ihn archäologisch nachweisen? Wie sich herausstellte, besteht der Kuchen der Osterinsel nicht aus einem Dutzend gleichwertiger Stücke, sondern die einzelnen Territorien waren mit unterschiedlichen, wertvollen Ressourcen ausgestattet. Am deutlichsten wird dies am Beispiel des Tongariki-Territoriums (das Hotu Iti genannt wurde): Auf seinem Gebiet liegt der Krater Rano Raraku, auf der ganzen Insel die einzige Quelle für das beste Gestein zur Herstellung der Statuen und auch eine Quelle für Moos, mit dem man die Kanus abdichten konnte. Die roten Steinzylinder auf der Oberseite mancher Statuen stammen ausnahmslos vom Steinbruch Puna Pau im Territorium Hanga Poukura. Die Territorien Vinapu und Hanga Poukura kontrollierten die drei wichtigsten Steinbrüche für Obsidian, das feinkörnige Vulkangestein, aus dem man scharfe Werkzeuge herstellte, Vinapu und Tongariki besaßen den besten Basalt für die Fundamente der *hare paenga.* Anakena an der Nordküste verfügte über die beiden besten Strände, wenn man Kanus zu Wasser lassen wollte, und Heki'i, sein Nachbar an der gleichen Küste, besaß den drittbesten Strand. Deshalb hat man Werkzeuge, die mit Fischerei zu tun haben, vorwiegend an dieser Küste gefunden. Aber gleichzeitig eignete sich das Land an der Nordküste am schlechtesten für die Landwirtschaft – die besten Regionen für diesen Zweck lagen an den Küsten im Süden und Westen. Nur fünf der zwölf Territorien verfügten über größere hoch gelegene Gebiete im Landesinneren, die man für Steingartenplantagen nutzen konnte. Die Nistgebiete der Seevögel beschränkten sich am Ende praktisch ausschließlich auf wenige kleine Inseln vor der Südküste, insbesondere im Territorium Vinapu. Auch andere Ressourcen, beispielsweise Bauholz, Korallen zur Herstellung von Feilen, roter Ocker und Papiermaulbeerbäume (aus deren Rinde man die Tapa-Stoffe herstellte) waren ungleichmäßig verteilt.

Den eindeutigsten archäologischen Beleg für einen gewissen Zusammenhalt zwischen den konkurrierenden Sippen der einzelnen Territorien liefern die Steinstatuen: Sie stammen von einem Steinbruch im Territorium Tongariki, die roten Zylinder stammen aus Hanga Poukura, aber beide findet man auf den Plattformen in allen elf oder zwölf Territorien der gesamten Insel. Die Straßen, auf denen die Statuen und ihre Kronen aus den Steinbrüchen abtransportiert wurden, führten durch viele Territorien, und eine Sippe, die in einem gewissen Abstand von den Steinbrüchen zu Hause war, brauchte die Genehmigung mehrerer Sippen aus den Gebieten dazwischen, durch die sie die Statuen und Zylinder transportieren musste. Auch Obsidian, der beste Basalt, Fische und andere räumlich beschränkte Ressourcen wurden auf ähnliche Weise über die gesamte Insel verteilt. Uns modernen Menschen, die wir in großen, politisch einheitlichen Staaten wie den USA leben, erscheint so etwas auf den ersten Blick selbstverständlich: Wir machen uns keine Gedanken darüber, dass Material über große Entfernungen von Küste zu Küste transportiert wird und unterwegs viele andere Bundesstaaten oder Provinzen durchquert. Aber dabei vergessen wir, wie schwierig es fast während der gesamten Geschichte für ein Land war, sich durch Verhandlungen Zugang zu den Ressourcen anderer Länder zu verschaffen. Dass es auf der Osterinsel im Gegensatz zu den großen Marquesas-Inseln zu einem solchen Zusammenhalt kam, liegt sicher an ihrer sanften Landschaft; auf den Marquesas-Inseln dagegen sind die Täler so tief, dass die Kommunikation mit dem Nachbartal (und auch Überfälle) meist nicht auf dem Landweg, sondern über das Meer stattfanden.

Jetzt kehren wir zu dem Thema zurück, das jedem als Erstes einfällt, wenn von der Osterinsel die Rede ist: zu den riesigen Steinstatuen (die *moai* genannt werden) und den steinernen Plattformen (*ahu*), auf denen sie stehen. Man hat ungefähr 300 *ahu* identifiziert, viele davon klein und ohne *moai*, aber 113 von ihnen trugen Statuen, von denen 25 besonders groß und sorgfältig ausgeführt waren. Von dem runden Dutzend Territorien der Insel besaß jedes zwischen einer und fünf dieser großen *ahu*. Die meisten *ahu*, die Statuen trugen, befinden sich an der Küste und sind so orientiert, dass sie und ihre Statuen landeinwärts das Territorium der Sippe überblicken; die Statuen blicken nicht aufs Meer.

Die *ahu* ist eine rechteckige Plattform und besteht nicht aus festem Gestein, sondern aus Geröll, das durch vier Stützmauern aus grauem Basalt festgehalten wird. Manche dieser Mauern, insbesondere jene von Ahu Vinapu, enthalten sehr schön gestaltete Steine, die an die Architektur der Inka erinnern und Thor Heyerdahl dazu veranlassten, eine Verbindung zu Südamerika herzustellen. Im Gegensatz zu den Mauern der Inkas bestehen die Seitenwände der *ahu* auf der Osterinsel aber nicht aus großen Felsblöcken, sondern sie sind nur mit Steinen verkleidet. Immerhin wiegt aber eine Steinplatte auf der Osterinsel immer noch zehn Tonnen, was sich eindrucksvoll anhört, solange man es nicht mit den Blöcken von bis zu 361 Tonnen in der Inkafestung Scasahuaman vergleicht. Die *ahu* sind bis zu knapp vier Metern hoch und dürften einschließlich ihrer Seitenflügel bis zu 150 Meter breit gewesen sein. Das Gesamtgewicht der *ahu* – von 300 Tonnen bei einer kleinen Plattform bis zu mehr als 9000 Tonnen bei der Ahu Tongariki – stellt also das der Statuen, denen sie als Unterlage dienten, in den Schatten. Auf die Bedeutung dieser Beobachtung werden wir später zurückkommen, wenn wir uns mit der Frage beschäftigen, welchen Aufwand der Bau von Statuen und Plattformen auf der Osterinsel insgesamt erforderte.

Die rückwärtige (zum Meer gewandte) Stützmauer einer *ahu* steht ungefähr senkrecht, die Vorderwand dagegen fällt schräg zu einem flachen, rechteckigen Platz mit einer Kantenlänge von ungefähr 50 Metern ab. Im hinteren Teil einer *ahu* befinden sich Krematorien mit den sterblichen Überresten mehrerer tausend Menschen. Die Einäscherung wurde in Polynesien ausschließlich auf der Osterinsel praktiziert, ansonsten wurden Verstorbene einfach bestattet. Heute sind die *ahu* dunkelgrau, ursprünglich waren sie aber mit Weiß, Gelb und Rot wesentlich farbenfroher: Die Steinplatten auf der Vorderseite waren von weißen Korallen überzogen, das Gestein eines frisch behauenen *moai* war gelb, die Krone der Statue und ein waagerechter Steinstreifen auf der Vorderwand mancher *ahu* waren rot.

Die *moai* stellen hochrangige Vorfahren dar. Jo Anne Van Tilburg hat ein Verzeichnis erstellt, das insgesamt 887 behauene Statuen umfasst; ungefähr die Hälfte davon befindet sich noch im Steinbruch von Rano Raraku, aber diejenigen, die man aus dem Steinbruch abtransportiert hatte, wurden zum größten Teil auf den *ahu* aufgestellt, wobei jede Plattform zwischen einer und 15 Statuen trug. Die Statuen auf den *ahu* bestehen ausnahmslos aus dem Tuffstein von Rano Raraku, einige Dutzend weitere jedoch (nach heutiger Zählung sind es 53) wurden aus Vulkangestein anderer Typen hergestellt, das ebenfalls auf der Insel vorkommt und als Basalt, Rotschlacke, Grauschlacke oder Trachyt bezeichnet wird. Eine »durchschnittliche« aufgerichtete Statue war knapp vier Meter hoch und wog ungefähr 10 Tonnen. Die größte, deren Aufstellung jemals gelang, Paro genannt, hatte eine Höhe von 6,60 Meter, war dabei aber recht schlank und wog deshalb »nur« ungefähr 75 Tonnen; im Gewicht wurde sie von der geringfügig kleineren, aber stämmigeren Statuen auf der Ahu Tongariki übertroffen, die 87 Tonnen wog und Claudio Cristino bei seinen Bemühungen, sie mit einem Kran wieder aufzurichten, solche Mühe bereitete. Eine Statue, die noch einige Zentimeter größer war als Paro, wurde von den Inselbewohnern zwar erfolgreich an den vorgesehenen Aufstellungsort auf der Ahu Hanga Te Renga transportiert, aber bei dem

Versuch, sie aufzurichten, fiel sie leider um. Im Steinbruch Rano Raraku gibt es noch größere, unvollendete Statuen, darunter eine von 21 Metern Höhe und einem Gewicht von 270 Tonnen. Vor dem Hintergrund unserer Kenntnisse über die Technologie der Osterinsel scheint es unmöglich, dass die Inselbewohner sie jemals hätten transportieren und aufrichten können, und wir müssen uns fragen, von welchem Größenwahn die Steinmetzen besessen waren.

Erich von Däniken mit seiner Begeisterung für Außerirdische, aber auch viele andere hielten die Statuen und Plattformen der Osterinsel für etwas völlig Einzigartiges, das eine besondere Erklärung erforderte. In Wirklichkeit haben sie aber in Polynesien und insbesondere im Osten der Inselwelt zahlreiche Vorbilder. Steinplattformen, die als *marae* bezeichnet wurden, als Schreine dienten und häufig Tempel trugen, waren weit verbreitet; drei solche Bauwerke gab es früher auf der Insel Pitcairn, von der sich vermutlich die ersten Siedler zur Osterinsel auf den Weg machten. Die *ahu* der Osterinsel unterscheiden sich von den *marae* vor allem dadurch, dass sie größer sind und keine Tempel tragen. Auf den Marquesas-Inseln und bei den Ureinwohnern Australiens gab es große Steinstatuen; die Bewohner der Marquesas- und Tubuai-Inseln sowie der Pitcairn-Insel stellten ihre Statuen aus Rotschlacke her, einem ähnlichen Material wie bei manchen Statuen der Osterinsel, und auch Tuff, eine andere Art von Vulkangestein, die mit dem Gestein von Rano Raraku verwandt ist, wurde auf den Marquesas-Inseln verwendet; auf Mangareva und Tonga gab es andere steinerne Bauwerke, so beispielsweise auf Tonga ein bekanntes Trilithon, zwei senkrechte Steinpfeiler von jeweils etwa 40 Tonnen, die einen waagerechteren Querbalken tragen; von Tahiti und anderen Orten kennt man Statuen aus Holz. Die Baukunst der Osterinsel erwuchs also aus einer älteren polynesischen Tradition.

Natürlich wüsste man sehr gerne genau, wann die Bewohner der Osterinsel die ersten Statuen errichteten und wie sich sowohl der Stil als auch die Abmessungen im Lauf der Zeit veränderten. Aber da man die Radiokarbonmethode bei Stein nicht anwenden kann, ist man leider auf indirekte Datierungsmethoden angewiesen, so auf die Radiokarbondatierung von Holzkohle, die man in den *ahu* findet, auf eine Methode namens Obsidian-Hydrierungsdatierung, die sich für bearbeitete Obsidianoberflächen eignet, auf Stiluntersuchungen an umgestürzten Statuen (die vermutlich älter waren), und auf die verschiedenen Baustadien, die man bei manchen *ahu* erkennen kann, auch bei jenen, die von den Archäologen ausgegraben wurden. Eines scheint jedoch klar zu sein: Später errichtete

Statuen sind in der Regel größer (allerdings nicht unbedingt schwerer), und die größten *ahu* wurden im Lauf der Zeit mehrfach umgebaut, wobei sie immer größer und komplizierter wurden. Der Bau der *ahu* fällt wahrscheinlich zum größten Teil in die Jahre 1000 bis 1600 nach Christus. Unterstützt wurden diese indirekt abgeleiteten Daten in jüngster Zeit durch eine scharfsinnige Untersuchung von J. Warren Beck und seinen Kollegen: Sie wandten die Radiokarbonmethode einerseits auf den Kohlenstoff in den Korallen an, die als Material für Feilen und für die Augen der Statuen dienten, und andererseits auch auf den Kohlenstoff in den Algen, deren weiße Knötchen den Platz vor der Plattform verzierten. Diese indirekte Datierung lässt darauf schließen, dass der Ahu Nau Nau in Anakena in drei Phasen errichtet und umgebaut wurde, wobei die erste um 1100 n. Chr. begann und die letzte um 1600 endete. Die ersten *ahu* ähnelten vermutlich den *marae* auf anderen polynesischen Inseln und trugen überhaupt keine Statuen. Die vermutlich ältesten *moai* wurden später zum Bau der Wände von *ahu* und anderen Bauwerken wieder verwendet. Sie sind meist kleiner, rundlicher und menschenähnlicher als spätere Statuen und bestehen nicht aus dem Tuffstein von Rano Raraku, sondern aus verschiedenen anderen Arten von Vulkangestein.

Schließlich verfielen die Bewohner der Osterinsel aber auf den Vulkantuff von Rano Raraku, und einfach deshalb, weil er sich für Steinmetzarbeiten mit Abstand am besten eignete. Er hat eine harte Oberfläche, aber darunter ähnelt seine Konsistenz der von Asche, und deshalb ist er leichter zu bearbeiten als der sehr harte Basalt. Im Vergleich zur Rotschlacke ist der Tuff weniger zerbrechlich, sodass er sich besser zum Polieren und zum Herausarbeiten von Details eignet. Soweit man eine relative Datierung ableiten kann, wurden die Statuen von Rano Raraku im Lauf der Zeit immer größer, immer rechteckiger, immer stärker stilisiert, und obwohl jede Statue sich geringfügig von allen anderen unterscheidet, kam es fast zu einer Art Massenproduktion. Paro, die größte jemals aufgerichtete Statue, war auch eine der jüngsten.

Die Größenzunahme der Statuen lässt auf eine Konkurrenz zwischen den Häuptlingen schließen, die sich mit den in Auftrag gegebenen Bildwerken gegenseitig übertrumpfen wollten. Die gleiche Schlussfolgerung ergibt sich auch aus einem offenkundig sehr späten Merkmal, das als *pukao* bezeichnet wird: Ein Zylinder aus Rotschlacke, der bis zu 12 Tonnen wog (so schwer ist er bei Paro) und als eigenständiges Stück oben auf dem abgeflachten Kopf eines *moai* angebracht wurde. (Wenn man das liest, muss man sich fragen: Wie konnten die Inselbewohner ohne Kräne einen

Block von zwölf Tonnen so handhaben, dass er schließlich auf dem Kopf einer zehn Meter hohen Statue balancierte? Das ist eines der Rätsel, die Erich von Däniken veranlassten, Außerirdische zu Hilfe zu rufen. Experimente aus jüngerer Zeit legen eine profanere Antwort nahe: Der *pukao* und die Statue wurden wahrscheinlich gemeinsam aufgerichtet.) Was der *pukao* darstellen soll, wissen wir nicht genau; einer begründeten Vermutung zufolge ist er das Abbild eines Schmucks aus roten Vogelfedern, die in ganz Polynesien hoch geschätzt wurden und den Häuptlingen vorbehalten waren, oder vielleicht symbolisierte er auch einen Hut aus Federn und Tapastoff. Als beispielsweise eine spanische Expedition auf die Pazifikinsel Santa Cruz kam, machten nicht die spanischen Schiffe, Schwerter, Gewehre oder Spiegel den größten Eindruck auf die Einheimischen, sondern die roten Stoffe. Die Rotschlacke aller *pukao* stammte aus einem einzigen Steinbruch namens Puna Pau, und dort sah ich (genau wie in der *moai*-Werkstatt von Rano Raraku mit ihren unfertigen Statuen) nicht vollendete *pukao* und einige fertige Stücke, die auf den Abtransport warteten.

Insgesamt kennen wir nicht mehr als 100 *pukao*. Sie waren für Statuen auf den größten und reichsten *ahu* reserviert, die in der Vorgeschichte der Osterinsel sehr spät errichtet wurden. Ich kann mich des Gedankens nicht erwehren, dass sie als Ausdruck von Prahlerei errichtet wurden. Es ist, als würden sie sagen: »Na gut, du kannst also eine Statue von neun Metern Höhe errichten, aber sieh mich an: Ich kann auf meiner Statue noch diesen *pukao* von 12 Tonnen setzen; das musst du erst mal nachmachen, du Schwächling!«

Plattformen und Statuen waren in Polynesien also weit verbreitet. Warum waren die Bewohner der Osterinsel dann die Einzigen, die derartig über die Stränge schlugen, die bei weitem größten gesellschaftlichen Ressourcen in ihren Bau investierten und die größten Exemplare errichteten? Dazu trugen mindestens vier Faktoren bei. Erstens ist der Tuff von Rano Raraku im ganzen Pazifikraum das beste Gestein für Bildhauerarbeiten: Für einen Bildhauer, der sich sonst mit Basalt und Rotschlacke herumgeschlagen hatte, schrie er geradezu danach, bearbeitet zu werden. Zweitens verwendeten andere Gesellschaften im Pazifikraum, die in wenigen Tagereisen ihre Nachbarinseln erreichen konnten, viel mehr Energie, Ressourcen und Arbeitskraft auf den Handel zwischen den Inseln, Überfälle, Entdeckungsreisen, Besiedlung und Auswanderung, aber solche Tätigkeiten waren den Bewohnern der Osterinsel durch ihre isolierte Lage verwehrt. Drittens bestand auf der Osterinsel wegen der sanften Landschaft und der einander ergänzenden Ressourcen der verschiedenen Territorien ein gewisser Zusammenhalt, sodass die Sippen auf der gesamten Insel sich den Stein von Rano Raraku beschaffen und bei seiner Bearbeitung jedes Maß und Ziel verlieren konnten. Wäre die Osterinsel politisch zerstückelt geblieben wie die Marquesas-Inseln, hätte die Sippe von Tongariki, in deren Gebiet der Steinbruch lag, sich ein Monopol auf die Steine verschafft, oder benachbarte Sippen hätten den Transport der Statuen über ihr Territorium verhindert – was am Ende auch tatsächlich geschah. Und wie wir schließlich noch genauer erfahren werden, setzte der Bau der Plattformen und Statuen voraus, dass man zahlreiche Menschen ernähren konnte, und das wurde nur durch die Nahrungsmittelüberschüsse möglich, die in den Plantagen des Hochlandes unter der Kontrolle der herrschenden Kaste produziert wurden.

Wie konnte es den Bewohnern der Osterinsel ohne Kräne gelingen, die Statuen aus dem Stein zu hauen, zu transportieren und aufzurichten? Genau wissen wir es natürlich nicht, denn kein Europäer hat jemals dabei zugesehen, und deshalb konnte auch niemand darüber schreiben. Begründete Vermutungen (insbesondere über das Aufrichten der Statuen) ergeben sich aber aus der mündlichen Überlieferung der Inselbewohner selbst, aus den Statuen, die in allen Bearbeitungsstadien in den Steinbrüchen stehen geblieben sind, und aus Experimenten, die man in jüngster Zeit mit verschiedenen Transportmethoden durchgeführt hat.

Im Steinbruch von Rano Raraku sieht man unfertige Statuen, die noch mit dem Muttergestein verbunden und von engen, nur etwa 60 Zentimeter breiten Gängen umgeben sind. Auch die Basaltpickel, mit denen die Steinmetzen arbeiteten, befinden sich noch in dem Steinbruch. Die am wenigsten bearbeiteten Statuen bestehen nur aus einem Steinblock, der mit dem späteren Gesicht nach oben grob aus dem Felsen gehauen wurde, wobei der Rücken noch über einen langen Sockel mit dem darunter liegenden Gestein verbunden ist. Als Nächstes wurden Kopf, Nase und Ohren aus dem Stein gehauen, gefolgt von Armen, Händen und Lendentuch. In diesem Stadium wurde dann auch der Sockel durchtrennt, der den Rücken der Statue noch mit dem Untergrund verband, und man begann, die Statue aus ihrer Nische heraus zu bewegen. Bei allen Statuen, die sich in diesem Transportstadium befinden, fehlen noch die Augenhöhlen – diese wurden offensichtlich erst dann herausgehauen, wenn man die Statue auf dem *ahu* aufgestellt hatte. Eine der interessantesten

Entdeckungen im Zusammenhang mit den Statuen machten Sonia Haoa und Sergio Rapu Haoa im Jahr 1979: Sie fanden im Boden nicht weit von einem *ahu* ein einzelnes, vollständiges Auge aus weißer Koralle mit einer Pupille aus Rotschlacke. In der Folgezeit konnte man auch Bruchstücke weiterer, ähnlicher Augen ausgraben. Setzt man sie in eine Statue ein, verleihen sie dieser einen durchdringenden, Ehrfurcht gebietenden Blick. Aus der geringen Zahl der geborgenen Augen kann man schließen, dass tatsächlich nur wenige Exemplare hergestellt wurden, die in der Obhut der Priester blieben und nur für besondere Zeremonien in die Augenhöhlen eingesetzt wurden.

Die heute noch sichtbaren Straßen, auf denen die Statuen aus den Steinbrüchen abtransportiert wurden, folgen den Höhenlinien; auf diese Weise ersparte man sich die zusätzliche Arbeit, die riesigen Blöcke bergauf und bergab zu schleppen. Der Weg von Ranu Raraku bis zu dem am weitesten entfernten *ahu* an der Westküste ist mehr als 15 Kilometer lang. Ein solcher Transport mag uns schrecklich schwierig erscheinen, aber wir wissen, dass auch viele andere prähistorische Völker sehr schwere Steine über große Strecken bewegten, beispielsweise in Stonehenge, bei den ägyptischen Pyramiden, in Teotihuacán und in den Zentren der Inkas und Olmeken. In allen diesen Fällen kann man Rückschlüsse über die jeweils verwendeten Methoden ziehen. Wissenschaftler unserer Zeit haben ihre verschiedenen Theorien über den Transport der Statuen auf der Osterinsel überprüft, indem sie solche Statuen tatsächlich transportierten. Als Erster tat dies Thor Heyerdahl, aber seine Theorie war vermutlich falsch: Die Statue, mit der er es versuchte, wurde während des Transports beschädigt. In späteren Versuchen wurden die Statuen stehend oder liegend gezogen, mit oder ohne hölzernen Schlitten, auf einer vorbereiteten oder nicht vorbereiteten Spur mit geschmierten oder nicht geschmierten Rollen, oder mit festen Querbalken. Am überzeugendsten ist für mich die Methode, die von Jo Anne Van Tilburg vorgeschlagen wurde: Danach wandelten die Bewohner der Osterinsel die so genannten Kanuleitern ab; diese Geräte waren auf allen Pazifikinseln weit verbreitet und dienten sonst dem Transport schwerer Holzbalken, die man im Wald fällen und dort zu Einbäumen formen musste, bevor man sie an die Küste brachte. Eine solche »Leiter« besteht aus zwei parallel angeordneten hölzernen Schienen, die nicht durch bewegliche Rollen, sondern durch feste Querhölzer verbunden sind; über diese Konstruktion zieht man dann den Balken. In der Region von Neuguinea habe ich derartige Leitern mit einer Länge von mehr als eineinhalb Kilometern gesehen, die von der Küste mehrere hundert Meter bergauf zu einer Waldlichtung verliefen. Dort fällte man dann einen riesigen Baum und höhlte ihn als Kanurumpf aus. Einige besonders große Kanus, die in Hawaii über Kanuleitern transportiert wurden, wogen bekanntermaßen mehr als eine durchschnittliche *moai* auf der Osterinsel – die vorgeschlagene Methode ist also plausibel.

Mit Hilfe heutiger Bewohner der Osterinsel konnte Jo Anne ihre Theorie überprüfen: Gemeinsam bauten sie eine Kanuleiter, legten eine Statue auf einen hölzernen Schlitten, an dem sie Seile befestigt hatten, und zogen ihn über die Leiter. Wie sie dabei feststellte, können 50 bis 70 Menschen, die täglich fünf Stunden arbeiten und den Schlitten mit jedem Zug um fünf Meter voranbringen, eine durchschnittliche Statue von 12 Tonnen in einer Woche über eine Strecke von nahezu 15 Kilometern transportieren. Wie Jo Anne und die Inselbewohner dabei bemerkten, ist es entscheidend, dass alle Beteiligten gleichzeitig ziehen, genau wie Kanupaddler, die die Bewegungen ihrer Paddel koordinieren. Rechnet man diese Befunde hoch, kann eine Gemeinschaft von 500 Erwachsenen auch den Transport großer Statuen wie Paro bewerkstelligen, und dies läge genau innerhalb der Arbeitskapazität einer Sippe auf der Osterinsel, die aus 1000 bis 2000 Menschen bestand.

Thor Heyerdahl erfuhr von den Bewohnern der Osterinsel, wie ihre Vorfahren die Statuen auf den *ahu* errichtet hatten. Sie waren ungehalten darüber, dass die Archäologen sich nie herabgelassen hatten, sie zu fragen, und um ihre Behauptungen zu beweisen, richteten sie vor seinen Augen ohne Kran eine Statue auf. Viele weitere Erkenntnisse über Transport und Aufbau der Statuen erwuchsen aus späteren Experimenten von William Mulloy, Jo Anne Van Tilburg, Claudio Cristino und anderen. Die Bewohner bauten zunächst eine sanft ansteigende Steinrampe von dem Platz zur Oberseite der Plattform und zogen die liegende Statue dann mit der Unterseite voran die Rampe hinauf. Hatte der Sockel der Statue die Plattform erreicht, hebelten sie den Kopf mit Holzbalken einige Zentimeter nach oben, legten Steine darunter, um ihn in dieser neuen Position zu fixieren, und hebelten ihn dann erneut nach oben, sodass die Statur allmählich immer stärker in eine senkrechte Position kam. Für den Besitzer der Plattform blieb am Ende eine lange steinerne Rampe zurück, die vermutlich auseinander genommen wurde, sodass man die Steine zum Bau der Seitenflügel des *ahu* verwenden konnte. Der *pukao* wurde vermutlich zur gleichen Zeit errichtet wie die Statue selbst, und beide waren zusammen in dem gleichen Stützgerüst montiert.

Der gefährlichste Teil des Unternehmens bestand darin, die Statue am

Ende aus einem sehr steilen Winkel in die senkrechte Position zu kippen, denn dabei bestand das Risiko, dass sie aufgrund ihrer Trägheit vornüber kippte und von der Rückseite der Plattform fiel. Offensichtlich um diese Gefahr zu verringern, gestalteten die Steinmetzen ihre Statue so, dass sie nicht genau senkrecht zu ihrer flachen Basis stand, sondern ein ganz klein wenig schräg (der Winkel zur Basis betrug beispielsweise nicht genau 90, sondern etwa 87 Grad). Wenn man nun die Statue in eine stabile Position brachte, in der die Basis flach auf der Plattform stand, lehnte sich der Körper immer noch geringfügig nach vorn, und es bestand keine Gefahr, dass er hintenüber kippte. Anschließend konnte man die Vorderseite der Basis vorsichtig anheben, sodass die letzte Schrägstellung ausgeglichen wurde, und zur Stabilisierung wurden Steine darunter geschoben, bis die Statue genau senkrecht stand. Aber auch in diesem letzten Stadium konnten sich noch tragische Unfälle ereignen; dies geschah offensichtlich, als man auf der Ahu Hanga Te Tenga eine Statue errichten wollte, die noch größer war als Paro: Sie kippte am Ende um und zerbrach.

Der gesamte Aufbau von Statuen und Plattformen erforderte mit Sicherheit einen ungeheuren Aufwand an Lebensmitteln. Für deren Vorratshaltung, Transport und Verteilung mussten die Häuptlinge sorgen, die die Statuen in Auftrag gegeben hatten. Zwanzig Steinmetzen mussten einen Monat lang ernährt werden, und vermutlich erhielten sie auch ihre Bezahlung in Lebensmitteln. Anschließend musste Nahrung für eine Transportmannschaft von fünfzig bis 500 Menschen und eine ähnlich große Gruppe für die Aufrichtung der Statue bereitstehen. Diese Menschen leisteten harte körperliche Arbeit und brauchten deshalb besonders viel Nahrung. Auch für die ganze Sippe, die Eigentümer der *ahu* war, gab es mit Sicherheit ein großes Festessen, ebenso für die Sippen, über deren Territorien die Statue transportiert wurde. Als Archäologen erstmals die geleistete Arbeit, die verbrauchten Kalorien und damit den Lebensmittelbedarf berechnen wollten, übersahen sie, dass die eigentliche Statue nur den kleineren Teil des Unternehmens darstellte. Eine *ahu* ist ungefähr zwanzig Mal so schwer wie die Statue, die sie trägt, und auch die Steine zu ihrem Aufbau mussten transportiert werden. Jo Anne Van Tilburg und ihr Ehemann Jan, der als Architekt in Los Angeles große moderne Gebäude errichtet und dort den notwendigen Aufwand für Kräne und Aufzüge errechnen muss, schätzte grob die erforderliche Arbeit auf der Osterinsel ab. Nach diesen Berechnungen führte der Bau sämtlicher *ahu* und *moai* auf der Osterinsel in ihrer bekannten Zahl und Größe während der rund 300-jährigen Blütezeit, in der sie errichtet wurden, für die Bevölkerung der Osterinsel zu einem um 25 Prozent höheren Nahrungsbedarf. Diese Berechnungen passen gut zu der Erkenntnis von Chris Stevenson, dass die genannten 300 Jahre auch die Blütezeit der Plantagenwirtschaft im Hochland der Osterinsel waren, in der im Vergleich zu früheren Zeiten ein hoher Lebensmittelüberschuss produziert wurde.

Es gab aber noch ein weiteres Problem, und das haben wir bisher übergangen. Die Errichtung der Statuen erforderte nicht nur eine Menge Lebensmittel, sondern auch viele dicke Seile (die in Polynesien aus faserigen Baumrinden hergestellt werden): An den Statuen, die zwischen zehn und 90 Tonnen wogen, mussten jeweils 50 bis 500 Menschen ziehen, und ebenso brauchte man zahlreiche dicke Baumstämme für Schlitten, Kanuleitern und Hebel. Als aber Roggeveen und spätere europäische Besucher auf die Osterinsel kamen, gab es dort nur sehr wenige Bäume, die alle sehr klein und höchstens drei Meter hoch waren: Auf keiner anderen Insel Polynesiens war der Baumbestand so gering. Wo waren die Bäume, die Seile und Bauholz geliefert hatten?

Im 20. Jahrhundert hat man in botanischen Übersichtsuntersuchungen die Pflanzen erfasst, die auf der Osterinsel leben. Dabei konnte man nur 48 einheimische Arten identifizieren, und selbst die größte davon, den bis zu zwei Meter hohen Toromiro, kann man kaum als Baum bezeichnen; alle übrigen sind kleine Farne, Gräser, Seggen und Büsche. Mit Methoden zur Bergung der Überreste ausgestorbener Pflanzen konnte man aber in den letzten Jahrzehnten nachweisen, dass die Osterinsel während mehrerer hunderttausend Jahre vor dem Eintreffen der Menschen und auch noch in der ersten Zeit danach keineswegs eine karge Wüste war, sondern dort ein subtropischer Wald aus hohen Bäumen und dichtem Gebüsch heimisch war.

Die erste Methode, mit der man zu solchen Ergebnissen gelangte, war die Pollenanalyse (Palynologie), bei der man aus den Sedimenten eines Sumpfes oder Teiches einen Bohrkern gewinnt. Wenn das Sediment nicht erschüttert oder durcheinander gebracht wurde, hat sich der Schlamm in den obersten Schichten eines solchen Bohrkerns in jüngerer Zeit abgelagert, und je tiefer er liegt, desto älter ist er. Das tatsächliche Alter der einzelnen Schichten in solchen Ablagerungen kann man mit der Radiokarbonmethode feststellen. Dann bleibt noch die unglaublich mühselige Aufgabe, Zehntausende von Pollenkörnern aus dem Bohrkern im Mikroskop zu untersuchen, zu zählen und durch Vergleich mit dem Pollen moderner Pflanzen die jeweilige biologische Art zu ermitteln. Der erste Wissenschaftler, der verrückt genug war, sich auf der Osterinsel an diese Arbeit zu machen, war der schwedische Palynologe Olof Selling; er untersuchte Bohrkerne aus den Sümpfen der Krater von Rano Raraku und Ranu Kau, die 1955 auf der Expedition von Thor Heyerdahl gesammelt worden waren. Dabei entdeckte er eine Fülle von Pollen einer nicht identifizierten Palmenart, die heute auf der Osterinsel nicht mehr heimisch ist.

In den Jahren 1977 und 1983 sammelte John Flenley weitere Sedimentbohrkerne, und auch ihm fiel eine Fülle von Palmenpollen auf; durch einen glücklichen Zufall erhielt er 1983 von Sergio Rapu Hoa auch einige fossile Palmennüsse, die französische Höhlenforscher im gleichen Jahr in einer Lavahöhle entdeckt und zur Identifizierung an den weltweit führenden Palmenexperten geschickt hatten. Wie sich herausstellte, ähnelten die Nüsse den Früchten der Chilenische Honigpalme, die mit einer Höhe von 20 Metern und einem Durchmesser bis zu einem Meter heute die größte Palmenart ist; sie waren aber noch geringfügig größer. Später fand man auf der Osterinsel weitere Spuren dieser Palme: Ihre Stämme hatten sich vor einigen hunderttausend Jahren am Teravaka in flüssiger Lava abgedrückt, und die Abdrücke ihrer Wurzelstücke beweisen, dass der Stamm dieser Osterinselpalme einen Durchmesser von weit über zwei Metern erreichte. Damit stellte sie selbst die Chilenische Palme in den Schatten und war zu ihrer Zeit die größte Palme der Welt.

In Chile schätzt man die Palme heute aus mehreren Gründen, und ähnlich dürfte es auch den Bewohnern der Osterinsel ergangen sein. Wie ihr Name schon sagt, liefert der Stamm einen süßen Saft, den man zu Wein vergären oder zu Honig und Zucker einkochen kann. Die ölhaltigen Kerne der Nüsse gelten als Delikatesse. Die Palmwedel eignen sich ideal zum Decken von Hausdächern sowie zur Herstellung von Körben, Matten und Segeln. Und die kräftigen Stämme dürften natürlich zum Transport und Aufbau der *moai* sowie vielleicht auch zum Bau von Flößen gedient haben.

Flenley und Sarah King fanden in den Sedimentkernen auch Pollen von fünf weiteren heute ausgestorbenen Baumarten. In jüngerer Zeit sortierte die französische Archäologin Catherine Orliac rund 30 000 Holzstücke, die zu Holzkohle verbrannt waren und die sie in den Bohrkernen aus Öfen und Abfallhaufen der Osterinsel gewonnen hatte. Mit ähnlich heldenhaftem Elan wie Selling, Flenley und King verglich sie 2300 derart verkohlte Holzstücke mit Holzproben von Pflanzen, die heute an anderen

Stellen Polynesiens vorkommen. Auf diese Weise identifizierte sie ungefähr 16 weitere Pflanzenarten, vorwiegend Bäume, die verbreiteten Baumarten in Ostpolynesien genau glichen oder ähnelten und früher offenbar auch auf der Osterinsel gediehen. Die Osterinsel war früher also Heimat eines artenreichen Waldes.

Viele dieser 21 Arten, die neben der Palme auf der Osterinsel verschwunden sind, waren für ihre Bewohner sicher von großem Wert. Zwei besonders große Bäume, die bis zu 30 Meter hohe *Alphitonia* cf. *zizyphoides* und *Elaeocarpus* cf. *rarotongensis* mit einer Höhe von 15 Metern dienen an anderen Stellen Polynesiens zum Bau von Kanus und eigneten sich zu diesem Zweck sicher viel besser als die Palme. Seile stellen die Polynesier auf anderen Inseln aus der Rinde des Hauhau (*Triumfetta semitriloba*) her, und vermutlich wurden auch die Statuen auf der Osterinsel mit solchen Tauen vorwärts gezogen. Die Rinde des Papiermaulbeerbaumes *Broussonetia papyrifera* wird zu Tapa-Stoff flach geklopft; *Psydrax odorata* hat einen geraden, biegsamen Stamm, der sich gut für Harpunen und Bootsausleger eignet; der Malayapfelbaum *Syzygium malaccense* trägt essbare Früchte; das Rosengewächs *Thespesia populanea* und mindestens acht weitere Arten haben ein hartes Holz, das sich für Schnitzereien und als Baumaterial eignet; Toromiro liefert wie Akazie und Süßhülsenbaum ausgezeichnetes Feuerholz; Orliac entdeckte alle diese Arten als verkohlte Fragmente und konnte damit beweisen, dass sie ebenfalls als Brennholz dienten.

Der Zooarchäologe David Steadman arbeitete sich durch 6433 Knochen von Vögeln und anderen Wirbeltieren, die er in Abfallhaufen aus der Frühzeit am Anakena-Strand gefunden hatte, vermutlich der Stelle, wo erstmals Menschen auf der Osterinsel an Land gegangen waren und sich niedergelassen hatten. Ich bin selbst Ornithologe und verbeuge mich voller Verwunderung vor Daves Bestimmungskünsten und der Belastbarkeit seiner Augen: Während ich den Knochen eines Rotkehlchens nicht von dem einer Taube oder auch einer Ratte unterscheiden könnte, hat Dave gelernt, sogar die Knochen von einem Dutzend eng verwandter Sturmvogelarten auseinander zu halten. Auf diese Weise konnte er beweisen, dass die Osterinsel, auf der es heute keine einzige einheimische Landvogelart gibt, früher mindestens sechs solche Arten beherbergte, darunter eine Reiherart, fünf hühnerähnliche Rallen, zwei Papageien und eine Schleiereule. Noch eindrucksvoller jedoch war die Gesamtzahl von mindestens 25 Seevogelarten, die auf der Osterinsel nisteten und sie zum reichhaltigsten Nistplatz in ganz Polynesien und vermutlich sogar im ganzen Pazifikraum machten. Albatrosse, Tölpel, Fregattvögel, Eissturmvögel, Sturmvögel, Seeschwalben und Tropikvögel fühlten sich nicht nur durch die abgelegene Lage der Osterinsel angezogen, sondern da es dort keinerlei Raubtiere gab, war sie eine sichere Zuflucht zum Nisten – bis die Menschen kamen. Dave entdeckte auch ein paar Knochen von Robben, die heute weit östlich von der Osterinsel auf den Galapagosinseln und der Insel Juan Fernandez zu Hause sind; ob sie aber aus ähnlichen Brutkolonien auf der Osterinsel stammen oder von einzelnen, verirrten Tieren, ist nicht gesichert.

Aus den Ausgrabungen in Anakena, bei denen diese Vogel- und Robbenknochen zum Vorschein kamen, können wir viele Rückschlüsse über Ernährung und Lebensweise der ersten Siedler auf der Osterinsel ziehen. Von den 6433 Wirbeltierknochen, die man in ihren Abfallhaufen identifizieren konnte, gehört der größte Prozentsatz – mehr als ein Drittel der Gesamtmenge – zu dem größten Tier, das den Inselbewohnern zur Verfügung stand: zum Gemeinen Delphin, der bis zu 75 Kilo schwer wurde. Das ist erstaunlich: An keiner anderen Stelle in Polynesien tragen Delphine auch nur ein Prozent zu den Knochen in den Abfallhaufen bei. Der Gemeine Delphin lebt in der Regel auf dem offenen Meer, sodass man ihn nicht von der Küste aus mit Angelleinen oder Speeren jagen konnte. Man musste ihn weit draußen mit Harpunen erlegen, und dazu brauchte man große, seetüchtige Kanus, die aus den großen, von Catherine Orliac nachgewiesenen Bäumen gebaut worden.

In den Abfallhaufen findet man auch Fischknochen, aber die machen hier nur 23 Prozent aller Knochen aus, während Fische an anderen Stellen in Polynesien mit mindestens 90 Prozent aller Knochen das Hauptnahrungsmittel waren. Dass Fische auf der Osterinsel nur so wenig zur Ernährung beitrugen, lag an der zerklüfteten Küste und den steil abfallenden Stellen im Meeresboden; beides führte dazu, dass man Fische nur an wenigen Stellen im flachen Wasser mit Netzen oder Angelleinen fangen konnte. Aus dem gleichen Grund stellten auch Muscheln und Seeigel auf der Osterinsel nur einen geringen Anteil an der Ernährung. Zum Ausgleich gab es die vielen Seevögel und die Landvögel. Ergänzt wurde das Vogelfleisch durch das Fleisch der vielen Ratten, die als blinde Passagiere in den Kanus der polynesischen Siedler auf die Osterinsel gekommen waren. Die Osterinsel ist in ganz Polynesien die einzige Stelle, wo Rattenknochen an den archäologischen Fundstätten zahlreicher sind als Fischknochen. Wer nun zimperlich ist und Ratten für ungenießbar hält, dem möchte ich berichten, was ich Ende der fünfziger Jahre des 20. Jahrhunderts erlebte, als ich in England wohnte: Damals kursierten Rezepte für Laborratte in Sahnesauce, und meine britischen Biologenkollegen, die die Tiere für ihre Experimente hielten, ergänzten damit in den Kriegsjahren, als Lebensmittel rationiert waren, ihre Ernährung.

Mit Delphinen, Fischen, Muscheln, Vögel und Ratten war die Liste der Fleischlieferanten, die den ersten Siedlern auf der Osterinsel zur Verfügung standen, noch nicht zu Ende. Ich habe bereits einige Robbenfunde erwähnt, und andere Knochen belegen, dass gelegentlich auch Meeresschildkröten sowie vielleicht große Echsen auf dem Speisezettel standen. Alle diese Köstlichkeiten wurden über Holzfeuern gegart, deren Brennmaterial nachweislich aus den später verschwundenen Wäldern der Osterinsel stammte.

Beim Vergleich dieser alten Mülllager mit solchen aus späterer prähistorischer Zeit und mit den heutigen Verhältnissen auf der Osterinsel stellt sich heraus, dass die anfangs sehr üppigen Nahrungsquellen sich nach und nach stark wandelten. Delphine und Fische aus dem offenen Meer, beispielsweise Thunfische, verschwanden fast völlig aus der Ernährung der Inselbewohner – von den Gründen wird später noch genauer die Rede sein. Bei den Fischen, die weiterhin gefangen wurden, handelte es sich vorwiegend um Arten, die in Küstennähe leben. Landvögel gab es in der Ernährung später überhaupt nicht mehr, und zwar einfach deshalb, weil sämtliche Arten durch zu starke Jagd, Waldzerstörung und räuberische Ratten ausgerottet wurden. Nirgendwo sonst auf den Pazifikinseln ereilte die Landvögel eine derart schlimme Katastrophe, nicht einmal in Neuseeland und auf Hawaii, wo zwar Moas, flugunfähige Gänse und andere Arten ausstarben, wo aber viele andere auch überlebten. Keine andere Pazifikinsel besaß am Ende überhaupt keine einheimischen Landvögel mehr. Von den einstmals 25 Seevogelarten nisten 24 heute wegen übermäßiger Jagd und Verfolgung durch die Ratten nicht mehr auf der Osterinsel selbst, ungefähr neun nisten in geringer Zahl auf wenigen kleinen Felseilanden vor der Osterinsel, und 15 sind auch dort verschwunden. Selbst die Muscheln wurden so stark dezimiert, dass die Menschen am Ende weniger die hoch geschätzten großen Kaurimuscheln verzehrten als vielmehr die weniger beliebten, kleineren schwarzen Schnecken, und die Größe von Kauri- und Schneckengehäusen in den Abfallhaufen geht im Lauf der Zeit immer weiter zurück, weil vor allem die größeren Exemplare bevorzugt verzehrt wurden.

Die Riesenpalmen und alle anderen ausgestorbenen Bäume, die von Catherine Orliac, John Flenley und Sarah King nachgewiesen wurden, verschwanden aus einem halben Dutzend Gründen, die wir heute belegen oder ableiten können. Orliacs Holzkohlestücke aus den Öfen beweisen unmittelbar, dass die Bäume verfeuert wurden. Sie dienten auch zur Einäscherung von Leichen: Die Krematorien auf der Osterinsel enthalten die Überreste von vielen tausend menschlichen Körpern und große Mengen von Knochenasche, was darauf schließen lässt, dass für die Einäscherung gewaltige Brennstoffmengen verbraucht wurden. Man holzte die Bäume ab, um Felder anzulegen, und am Ende dienten die Landflächen der Osterinsel mit Ausnahme der am höchsten gelegenen Regionen größtenteils zum Anbau von Nutzpflanzen. Da anfangs in den Abfallhaufen zahlreiche Knochen von Delphinen und Thunfischen aus dem offenen Meer auftauchen, kann man den Schluss ziehen, das große Bäume wie *Alphitonia* und *Elaeocarpus* zum Bau seetüchtiger Kanus gefällt wurden; die zerbrechlichen, undichten Nussschalen, die Roggeveen zu Gesicht bekam, eigneten sich nicht als Plattform für Harpunenschützen und konnten sich auch nicht weit aufs offene Meer hinauswagen. Daraus können wir schließen, dass die Bäume die Balken und Seile zum Transport und Aufbau der Statuen lieferten und zweifellos auch zu zahlreichen anderen Zwecken verwendet wurden. Auch die zufällig als blinde Passagiere eingeschleppten Ratten »benutzten« die Palmen und zweifellos auch andere Bäume für ihre eigenen Zwecke: An sämtlichen Nüssen der Osterinselpalme, die man gefunden hat, sind Zahnspuren von Ratten zu erkennen, sodass sie nicht mehr keimen konnten.

Die Waldzerstörung muss irgendwann nach der Besiedlung durch Menschen um das Jahr 900 nach Christus begonnen haben und war 1722, als Roggeveen keinen Baum von mehr als drei Metern Höhe sah, praktisch vollendet. Können wir Genaueres darüber sagen, wann in der Zeitspanne zwischen 900 und 1722 das große Abholzen stattfand? Als Leitfaden können uns fünf Indizien dienen. Glaubt man der Radiokarbondatierung, stammen die meisten Palmennüsse aus der Zeit vor 1500, was darauf schließen lässt, dass die Palmen nach dieser Zeit selten waren oder ganz ausstarben. Auf der Poike-Halbinsel, die auf der ganzen Insel den unfruchtbarsten Boden hat und deshalb vermutlich als Erste ihren Wald verlor, verschwanden die Palmen um 1400, und nach 1440 findet man auch keine Holzkohle aus abgeholzten Wäldern mehr, obwohl Spuren der Landwirtschaft aus späterer Zeit belegen, dass weiterhin Menschen dort lebten. Orliacs Radiokarbondatierung von Holzkohlestücken aus Öfen und Abfallhaufen zeigt, dass krautige Pflanzen und Gräser nach 1640 als Brennstoff an die Stelle des Holzes traten, und zwar selbst in den Häusern der herrschenden Klasse, die möglicherweise die letzten kostbaren Bäume für sich beanspruchten, nachdem für die Bauern bereits keine mehr übrig waren. An Flenleys Bohrkernen ist zu erkennen, dass Pollen von Palmen, *Olearia*, Toromiro und Büschen verschwanden; an ihre Stelle traten zwischen 900 und 1300 Gräser- und Kräuterpollen, aber die Radiokarbondatierung von Sedimentkernen ist ein weniger direktes Maß für die Waldzerstörung als die unmittelbaren Befunde an den Palmen und ihren Nüssen. Die Plantagen im Hochland schließlich, die Chris Stevenson untersuchte und deren Betrieb in die Phase der größten Ausbeutung der Holz- und Faserreserven für die Statuen fallen muss, wurden von Anfang des 15. Jahrhunderts bis ins 17. Jahrhundert hinein unterhalten. Dies alles lässt darauf schließen, dass die Abholzung der Wälder kurz nach dem Eintreffen der ersten Menschen begann, um 1400 ihren Höhepunkt erreichte und je nach Ort zwischen dem frühen 15. und dem 17. Jahrhundert praktisch abgeschlossen war.

Insgesamt ergibt sich für die Osterinsel ein Bild, das im gesamten Pazifikraum einen Extremfall der Waldzerstörung darstellt und in dieser Hinsicht auch in der ganzen Welt kaum seinesgleichen hat. Der Wald verschwand vollständig, und seine Baumarten starben ausnahmslos aus. Für die Inselbewohner ergab sich daraus die unmittelbare Folge, dass Rohstoffe und wild wachsende Nahrungsmittel fehlten, und auch die Erträge der Nutzpflanzen gingen zurück.

Bei den Rohstoffen, die nun überhaupt nicht mehr oder nur noch in sehr geringen Mengen verfügbar waren, handelte es sich um alle Produkte der einheimischen Pflanzen und Vögel, beispielsweise Holz, Fasern, Rinde zur Herstellung von Bekleidung, und Vogelfedern. Nachdem es keine großen Holzbalken und keine Seile mehr gab, kamen Transport und Errichtung der Statuen ebenso zum Erliegen wie der Bau seetüchtiger Kanus. Im Jahr 1838, als fünf kleine, undichte Zweimannboote einem französischen Schiff entgegenpaddelten, das vor der Insel vor Anker gegangen war, berichtete der Kapitän: »Alle Einheimischen verwendeten häufig und aufgeregt das Wort *miru* und wurden ungeduldig, als sie sahen, dass wir es nicht verstanden: Dieses Wort ist der Name des Holzes, das die Polynesier zum Bau ihrer Kanus verwenden. Es war das, was sie am dringendsten brauchten, und sie bedienten sich aller Mittel, um uns dies verständlich zu machen …« Der Name »Terevaka« für den größten und höchsten Berg auf der Osterinsel bedeutet »Ort, um Kanus zu bekommen«: Bevor seine Abhänge abgeholzt und zu Plantagen gemacht wurden, hatten sie der Holzgewinnung gedient, und sie waren noch übersät mit Steinbohrern, Schabern, Messern, Meißeln und anderen Werkzeugen, die man damals zur Holzbearbeitung und zum Kanubau benutzt hatte. Nachdem große Holzbalken fehlten, besaßen die Menschen auch keinen Brennstoff mehr, mit dem sie sich in den Winternächten bei strömendem Regen und Temperaturen um 10 Grad Celsius warm halten konnten. Stattdessen waren die Inselbewohner nach 1650 darauf angewiesen, Kräuter und Gräser sowie die Reste von Zuckerrohr und anderen Nutzpflanzen zu verbrennen. Um die verbliebenen holzigen Sträucher gab es heftige Rivalitäten zwischen Menschen, die Material zum Decken ihrer Dächer und kleine Holzstücke zum Hausbau oder zur Herstellung von Gerätschaften und Kleidungsstücken brauchten. Sogar die Bestattungsmethoden mussten sich ändern: Die Einäscherung, die für jede Leiche viel Holz erfordert hatte, wurde unmöglich und machte der Mumifizierung sowie der Erdbestattung Platz.

Die meisten wild wachsenden Nahrungsmittel waren verloren. Da es auch keine seetüchtigen Kanus mehr gab, verschwanden die Knochen der Delphine, die in den ersten Jahrhunderten die wichtigsten Fleischlieferanten der Inselbewohner gewesen waren, um 1500 praktisch völlig aus den Abfallhaufen, und das Gleiche galt für Thunfische und andere Fischarten aus dem offenen Meer. Ganz allgemein ging die Zahl der Angelhaken und Fischknochen in den Abfällen zurück, und es blieben vorwiegend Fischarten, die man im flachen Wasser oder von der Küste aus fangen konnte. Die Landvögel starben völlig aus; von den Seevögeln blieben nur Restbestände mit einem Drittel der Arten, die ursprünglich auf der Insel heimisch waren, und auch diese waren darauf angewiesen, auf wenigen kleinen Eilanden vor der Küste zu brüten. Palmennüsse, Malayäpfel und alle anderen wilden Früchte verschwanden vom Speisezettel. Bei den Muscheln, die nun verbraucht wurden, handelte es sich um kleinere Arten mit einer geringeren Zahl kleinerer Exemplare. Die einzigen wild lebenden Nahrungslieferanten, die nach wie vor unverändert zur Verfügung standen, waren die Ratten.

Neben diesem drastischen Rückgang der wilden Nahrungsmittelressourcen nahm auch der Ertrag der angebauten Nutzpflanzen ab. Das hatte mehrere Gründe. Die Waldzerstörung zog in einzelnen Gebieten eine starke Bodenerosion durch Regen und Wind nach sich; dies erkennt man an den steil ansteigenden Mengen von Metallionen aus dem Boden, die in das Sediment der Sümpfe geschwemmt wurden und sich in Flanleys

Bohrkernen wiederfinden. Wie man beispielsweise an Ausgrabungen auf der Poike-Halbinsel erkennt, ließ man anfangs zwischen den angebauten Nutzpflanzen noch einzelne Palmen stehen, sodass ihre Kronen dem Boden Schatten spendeten und die Nutzpflanzen vor Sonnenwärme, Austrocknung, Wind und den unmittelbaren Auswirkungen des Regens schützten. Nachdem die Palmen abgeholzt waren, kam es zu umfangreicher Erosion, sodass die weiter bergab gelegenen *ahu* und Häuser unter Erde begraben wurden; dies führte schließlich dazu, dass man die Felder auf der Poike-Halbinsel um 1400 aufgeben musste. Nachdem sich dort die Graslandschaften breit gemacht hatten, nahm man die Landwirtschaft um 1500 wieder auf, um sie ein Jahrhundert später nach einer zweiten Erosionswelle erneut einzustellen. Weiter geschädigt wurde der Boden durch Austrocknung und Auswaschung von Nährstoffen, auch sie eine Folge der Waldzerstörung, die zu einem Rückgang des Pflanzenertrages führte. Darüber hinaus standen die Blätter, Früchte und Zweige wilder Pflanzen, die den Bauern zuvor als Kompost gedient hatten, nicht mehr zur Verfügung.

Das waren die unmittelbaren Folgen der Waldzerstörung und anderer Eingriffe der Menschen in die Umwelt. Im weiteren Verlauf kam es dann zu einer Hungersnot, einem Zusammenbruch der Bevölkerung und einem Niedergang bis hin zum Kannibalismus. Eine sehr augenfällige Bestätigung für die Berichte der überlebenden Inselbewohner über die Hungersnot sind die zahlreichen kleinen Statuen, die als *moai kavakava* bezeichnet werden: Sie stellen hungernde Menschen mit hohlen Wangen und vorstehenden Rippen dar. Captain Cook bezeichnete die Inselbewohner 1774 als »klein, mager, ängstlich und elend«. In den Niederungen an der Küste, wo fast die gesamte Bevölkerung zu Hause war, ging die Zahl der Bauwerke von einem Spitzenwert der Jahre zwischen 1400 und 1600 bis ins 18. Jahrhundert um 70 Prozent zurück, was auf einen entsprechenden Rückgang der Bevölkerungszahl schließen lässt. Anstelle ihrer früheren wilden Fleischlieferanten griffen die Inselbewohner jetzt auf die einzige Möglichkeit zurück, die ihnen noch zur Verfügung stand: auf Menschen. Ihre Knochen findet man von nun an nicht nur an ordnungsgemäßen Begräbnisstätten, sondern auch (zur Gewinnung des Knochenmarks aufgebrochen) in Abfallhaufen aus späterer Zeit. In der mündlichen Überlieferung der Inselbewohner nimmt der Kannibalismus breiten Raum ein; die schrecklichste Beschimpfung, die man einem Feind entgegenschleudern konnte, lautete: »Das Fleisch deiner Mutter hängt zwischen meinen Zähnen.«

Die Häuptlinge und Priester auf der Osterinsel hatten ihre herausgehobene Stellung anfangs damit gerechtfertigt, dass sie für sich eine Verwandtschaft mit den Göttern in Anspruch nahmen und dem Volk Wohlstand sowie eine reiche Ernte versprachen. Diese Ideologie unterstrichen sie durch Monumentalbauwerke und Zeremonien, mit denen die Massen beeindruckt werden sollten; möglich wurden solche Machtdemonstrationen durch die Nahrungsmittelüberschüsse, die sie den einfachen Leuten abnahmen. Als die Versprechungen sich zunehmend als hohl erwiesen, wurden die Häuptlinge und Priester um 1680 von den als *matatoa* bezeichneten Militärführern gestürzt, und die Gesellschaft der Osterinsel, die bisher vielschichtig verflochten war, brach auseinander, Bürgerkriege waren die Folge. Noch heute ist die Insel mit *mata'a* übersät, Speerspitzen aus Obsidian, die aus dieser Kriegsperiode stammen. Das gemeine Volk baute seine Hütten jetzt in dem Küstenstreifen, der zuvor den Wohnhäusern (*hare paenga*) der Elite vorbehalten gewesen war. Viele Menschen zogen sich aus Sicherheitsgründen in Höhlen zurück, die durch Grabungen vergrößert wurden; die Eingänge wurden teilweise verschlossen, sodass ein enger Tunnel entstand, der einfacher zu verteidigen war. Lebensmittelreste, Nähnadeln aus Knochen, Gerätschaften zur Holzbearbeitung und Werkzeuge für die Reparatur der Tapa-Stoffe zeigen ganz eindeutig, dass die Höhlen nicht nur als vorübergehende Verstecke dienten, sondern langfristig bewohnt wurden.

In dieser Endphase der Gesellschaft auf der Osterinsel hatte nicht nur die alte politische Ideologie versagt, sondern auch die alte Religion, die nun zusammen mit der Macht der Häuptlinge über den Haufen geworfen wurde. Der mündlichen Überlieferung zufolge wurden um 1620 die letzten *ahu* und *moai* errichtet, unter ihnen auch Paro, die größte Statue von allen. Die Plantagen im Hochland, die unter der Führung der herrschenden Klasse die Ernährung der Arbeiter beim Statuenbau sichergestellt hatten, wurden zwischen 1600 und 1680 nach und nach aufgegeben. In der zunehmenden Größe der Statuen spiegelt sich möglicherweise nicht nur das Bestreben rivalisierender Häuptlinge wider, einander zu übertrumpfen, sondern auch ein immer dringenderer Appell an die Vorfahren, der durch die wachsende Umweltkrise notwendig wurde. Um 1680, zur Zeit des Militärputsches, gingen die konkurrierenden Sippen dazu über, nicht mehr immer größere Statuen zu errichten, sondern die Statuen der anderen umzuwerfen; man kippte sie nach vorn, damit sie auf einer Steinplatte zerbrachen. Der Ablauf war auf der Osterinsel also der Gleiche wie bei den Anasazi und Maya, von denen in den Kapiteln 4 und 5 die Rede sein wird: Nachdem die Gesellschaft im Hinblick auf Bevölkerungszahl, Bau von Denkmälern und Eingriffe in die Umwelt ihren Höhepunkt erreicht hatte, folgte sehr schnell der Zusammenbruch.

Wie viele Statuen bereits umgestürzt waren, als die ersten Europäer zu Besuch kamen, wissen wir nicht genau; Roggeveen landete 1722 nur kurz an einer einzigen Stelle, und von Gonzalez' spanischer Expedition im Jahr 1770 gibt es über die Insel mit Ausnahme des Schiffslogbuches keine schriftlichen Aufzeichnungen. Die erste einigermaßen ausführliche Beschreibung eines Europäers stammt von Captain Cook: Er blieb 1774 vier Tage auf der Insel, schickte ein Kommando zur Aufklärung ins Landesinnere und hatte außerdem den Vorteil, dass er von einem Tahitianer begleitet wurde, der eine ganz ähnliche polynesische Sprache sprach wie die Bewohner der Osterinsel. Cook berichtete, er habe umgeworfene Statuen gesehen, andere hätten aber noch aufrecht gestanden. Zum letzten Mal erwähnte ein Europäer 1838 eine stehende Statue; 1868 stand einem weiteren Bericht zufolge keine mehr. Glaubt man der Überlieferung, wurde als letzte Statue um 1840 Paro umgeworfen, den eine Frau angeblich zu Ehren ihres Ehemannes errichtet hatte; Feinde ihrer Familie stürzten das Bildwerk um, sodass es in der Mitte zerbrach.

Die *ahu* wurden entweiht: Man brach einen Teil der sorgfältig gehauenen Steinplatten heraus und verwendete sie in der Nachbarschaft zum Bau von Gartenmauern (*manavai*); andere dienten zur Konstruktion von Grabkammern, in denen Leichen untergebracht wurden. Heute sehen deshalb jene *ahu*, die nicht wieder aufgebaut wurden (und das sind die meisten), auf den ersten Blick wie Steinhaufen aus. Als ich mit Jo Anne Van Tilburg, Claudio Cristino, Sonia Haoa und Barry Rolett über die Osterinsel fuhr, sahen wir einen solchen *ahu* nach dem anderen: Geröllhaufen mit zerbrochenen Statuen. Ich musste darüber nachdenken, welch gewaltige Anstrengungen man jahrhundertelang in den Bau der *ahu* sowie in die Gestaltung, den Transport und den Aufbau der *moai* gesteckt hatte und dass die Inselbewohner dann selbst die Werke ihrer Vorfahren zerstört hatten. Uns alle beschlich das Gefühl, dass sich hier eine überwältigende Tragödie abgespielt hatte.

Die Zerstörung der *moai* erinnert mich an die Russen und Rumänen, die nach dem Zusammenbruch der kommunistischen Regierungen in ihren Ländern die Statuen von Stalin und Ceauçescu stürzten. Offensichtlich hatte sich bei den Menschen auf der Insel schon seit langer Zeit eine große Wut über ihre Führer angestaut, wie es bekanntermaßen auch in Russland und Rumänien der Fall war. Ebenso fällt mir dabei eine andere kulturelle Tragödie ein, von der ich 1965 in Bomai hörte, einem Dorf im Hochland Neuguineas: Dort erzählte der christliche Missionar des Ortes mir voller Stolz, wie er von seinen frisch bekehrten Schützlingen verlangte, dass sie ihre »heidnischen Machwerke« (das heißt ihr kulturelles und künstlerisches Erbe) an der Landepiste sammelten und verbrannten – und wie sie seiner Aufforderung nachkamen. Vielleicht gaben die *matatoa* auf der Osterinsel eine ähnliche Anweisung an ihre Gefolgsleute aus.

Ich möchte von der gesellschaftlichen Entwicklung auf der Osterinsel nach 1680 kein ausschließlich negatives, destruktives Bild zeichnen. Die Überlebenden stellten sich sowohl in der Sicherung ihres Lebensunterhaltes als auch in der Religion so gut wie möglich auf die neuen Verhältnisse ein. Nicht nur der Kannibalismus, sondern auch die Zahl der Hühnerställe nahm nach 1650 explosionsartig zu; in den ältesten Abfallhaufen, die David Steadman, Patricia Vargas und Claudio Cristino in Anakena ausgruben, machten Hühnerknochen noch nicht einmal 0,1 Prozent aller Tierknochen aus. Die *matatoa* rechtfertigten ihren Militärputsch mit einer religiösen Glaubensrichtung, der Verehrung des Schöpfergottes Makemake, der zuvor in der Götterwelt der Osterinsel nur einer von vielen gewesen war. Zentrum des Kultes war das Dorf Orongo am Rand des großen Kraters Rano Kau; von dort aus hatte man den Blick auf die drei größten Felseneilande vor der Küste, auf die sich die nistenden Seevögel zurückgezogen hatten. Die neue Religion brachte ihren eigenen Kunststil hervor, der seinen Ausdruck insbesondere in Felszeichnungen von weiblichen Geschlechtsorganen, Vogelmenschen und Vögeln (in dieser Häufigkeitsreihenfolge) fand; die Zeichnungen wurden nicht nur an den Bauwerken in Orongo angebracht, sondern auch auf den umgestürzten *moai* und *pukao* an anderen Orten. Jedes Jahr fand im Rahmen des Orongo-Kultes ein Wettbewerb zwischen den Männern statt: Sie mussten durch die kalte, von Haien verseuchte, eineinhalb Kilometer breite Meerenge zwischen der Osterinsel und den kleinen Felseninseln schwimmen, um dort das erste Ei zu holen, das die Rußseeschwalben in diesem Jahr gelegt hatten; wer das Ei anschließend unbeschädigt auf die Osterinsel brachte, wurde für das folgende Jahr zum »Vogelmenschen des Jahres« gesalbt. Die letzte Orongo-Zeremonie fand 1867 in Gegenwart katholischer Missionare statt, als die Reste der Osterinsel-Gesellschaft, die die Inselbewohner noch nicht selbst zugrunde gerichtet hatten, von der Außenwelt zerstört wurden.

Die traurige Geschichte des europäischen Einflusses auf die Osterinsel lässt sich schnell zusammenfassen. Nach Captain Cooks kurzem Aufenthalt im Jahr 1774 setzte ein ständiger dünner Strom europäischer Besucher ein. Wie es für Hawaii, Fidschi und viele andere Pazifikinseln belegt ist, so muss man auch hier davon ausgehen, dass sie europäische Krankheiten einschleppten, und viele Inselbewohner, die mit den Erregern zuvor nicht in Berührung gekommen waren, starben daran; zum ersten Mal ausdrücklich erwähnt wird eine solche Epidemie – die Pocken – allerdings erst um 1836. Und wie auf anderen Pazifikinseln, so begann die Verschleppung von Inselbewohnern als Arbeitskräfte auch auf der Osterinsel um 1805 und erreichte ihren Höhepunkt in den Jahren 1862/63, dem schlimmsten Jahr in der Geschichte der Insel, als zwei Dutzend peruanische Schiffe etwa 1500 Menschen (die Hälfte der noch lebenden Bevölkerung) entführten und versteigerten, damit sie in den Guanominen Perus und an anderen einfachen Arbeitsplätzen tätig werden konnten. Die meisten Entführten starben in der Gefangenschaft. Auf internationalen Druck hin brachte Peru ein Dutzend Überlebende zurück, und diese bescherten der Insel eine weitere Pockenepidemie. Im Jahr 1864 siedelten sich katholische Missionare auf der Osterinsel an; 1872 waren nur noch um 111 Inselbewohner übrig.

Europäische Kaufleute führten in den siebziger Jahren des 19. Jahrhunderts Schafe auf der Osterinsel ein und beanspruchten das Land für sich. Im Jahr 1888 annektierte Chile die Insel, und im weiteren Verlauf wurde sie im Wesentlichen zu einer Schaffarm, die von einem in Chile ansässigen schottischen Unternehmen verwaltet wurde. Die Inselbewohner durften nur noch in einem Dorf wohnen und mussten für das Unternehmen arbeiten; als Bezahlung erhielten sie kein Bargeld, sondern Waren aus dem firmeneigenen Laden. Ein Aufstand der Inselbewohner wurde 1914 von der Besatzung eines chilenischen Kriegsschiffes niedergeschlagen. Als Schafe, Ziegen und Pferde des Unternehmens die Insel abgrasten, kam es zu weiterer Bodenerosion, und nun verschwand fast alles, was von der einheimischen Pflanzenwelt noch übrig war, darunter um 1934 auch die letzten Exemplare von Hauhau und Toromiro. Erst 1966 erhielten die Inselbewohner die chilenische Staatsbürgerschaft. Heute lebt unter ihnen der Stolz auf ihre Kultur wieder auf, und der Wirtschaft kommt es zugute, dass jede Woche mehrere Linienflüge der staatlichen chilenischen Fluggesellschaft aus Santiago und Tahiti auf der Insel landen. Sie bringen Besucher (wie Barry Rolett und mich), die von den berühmten Statuen fasziniert sind. Schon bei einem kurzen Besuch wird deutlich, dass es immer noch Spannungen zwischen den Inselbewohnern und den Festlandchilenen gibt, die heute ungefähr zu gleichen Teilen auf der Insel leben.

Das berühmte Rongo-Rongo-Schriftsystem der Osterinsel wurde zweifellos von den Bewohnern erfunden, aber es wurde 1864 erstmals von dem dort ansässigen katholischen Missionar erwähnt; aus früherer Zeit gibt es für seine Existenz keine Belege. Alle 25 heute noch erhaltenen beschrifteten Gegenstände stammen anscheinend aus der Zeit nach den ersten Kontakten mit Europäern; in manchen Fällen handelt es sich um Stücke fremder Holzarten oder um europäische Ruder, und einige fertigten die Inselbewohner möglicherweise gezielt an, um sie den Vertretern des katholischen Bischofs zu verkaufen, der sich für die Schrift interessierte und nach Beispielen suchte. Im Jahr 1995 gab der Sprachforscher Steven Fischer bekannt, er habe Rongo-Rongo-Texte als Fruchtbarkeitszauber entziffert, aber andere Fachleute haben Zweifel an seiner Interpretation. Die meisten Experten für die Osterinsel, unter ihnen auch Fischer, sind mittlerweile zu dem Schluss gelangt, dass die Inselbewohner die Anregung zur Erfindung des Rongo-Rongo während der Landung der Spanier im Jahr 1770 erhielten, als sie erstmals mit einer Schrift in Berührung kamen, vielleicht aber auch erst nach dem Trauma des peruanischen Sklavenhändlerüberfalls 1862/63, bei dem so viele Träger der mündlichen Überlieferung ums Leben kamen.

Diese Vergangenheit voller Ausbeutung und Unterdrückung dürfte einer der Gründe sein, warum Inselbewohner und Wissenschaftler trotz der detaillierten Belege, die ich hier zusammenfassend dargestellt habe, bis heute meist nur widerwillig einräumen, dass es vor Roggeveens Besuch im Jahr 1722 bereits zu selbst verschuldeten Umweltschäden kam. Im Wesentlichen sagen die Inselbewohner: »So etwas hätten unsere Vorfahren niemals getan.« Die Wissenschaftler dagegen erklären häufig: »Diese netten Menschen, die wir so lieb gewonnen haben, hätten so etwas niemals getan.« Michel Orliac schrieb beispielsweise in einem ähnlichen Zusammenhang über Umweltveränderungen in Tahiti: »... Es ist mindestens ebenso wahrscheinlich – wenn nicht sogar noch wahrscheinlicher –, dass die Veränderungen der Umwelt nicht auf die Tätigkeit der Menschen, sondern auf natürliche Ursachen zurückgehen. Diese Frage ist heftig umstritten (McFadgen 1985; Grant 1985; McGlone 1989), und ich behaupte nicht, ich hätte dafür eine eindeutige Lösung, auch wenn meine Zuneigung zu den Polynesiern mich veranlasst, die Schäden der Umwelt mit natürlichen Ursachen [zum Beispiel Wirbelstürme] zu erklären.« Im Einzelnen gibt es drei gezielte Einwände oder Alternativtheorien.

Erstens wurde die Vermutung geäußert, für das von Roggeveen 1722 beobachtete Fehlen der Wälder seien nicht die isoliert lebenden Inselbewohner verantwortlich, sondern es sei die Folge einer nicht genauer definierten Störung, die durch unbekannte europäische Besucher bereits vor Roggeveen verursacht wurde. Dass solche Besuche, über die es keine schriftlichen Aufzeichnungen gibt, stattgefunden haben, ist durchaus denkbar: Im 16. und 17. Jahrhundert segelten viele spanische Galeonen über den Pazifik, und das freundliche, furchtlose, neugierige Verhalten der Inselbewohner gegenüber Roggeveen lässt durchaus auf früheren Erfahrungen mit Europäern schließen; von Menschen, die in völliger Abgeschiedenheit lebten und sich selbst für die einzigen Menschen der Welt hielten, hätte man eine viel erschrockenere Reaktion erwartet. Über einen solchen Besuch vor 1722 ist aber nichts bekannt, und es ist auch nicht zu erkennen, wie er zur Waldzerstörung geführt haben soll. Dagegen spricht eine Fülle von Indizien dafür, dass Menschen bereits in die Umwelt der Osterinsel eingriffen, bevor Magellan 1521 als erster Europäer den Pazifik überquerte: Alle Landvögel waren bereits ausgestorben, Delphine und Thunfische waren vom Speisezettel verschwunden, die Menge des Baumpollens nimmt in Flenleys Sedimentbohrkernen bereits vor 1300 ab, auf der Poike-Halbinsel gab es um 1400 keinen Wald mehr, die Radiokarbondatierung weist nach 1500 keine Palmennüsse mehr nach, und so weiter.

Ein zweiter Einwand lautet: Der Wald könnte auch durch natürliche Klimaveränderungen verschwunden sein, beispielsweise durch Dürre oder El-Niño-Episoden. Es würde mich überhaupt nicht wundern, wenn sich irgendwann herausstellt, dass Klimaveränderungen tatsächlich zu den Vorgängen auf der Osterinsel beigetragen haben: Wie wir später noch genauer erfahren werden, verstärkte ein nachteiliger Klimawandel die Auswirkungen der von Menschen verursachten Umweltschäden auch im Fall der Anasazi (Kapitel 4), der Maya (Kapitel 5), der Wikinger in Grönland (Kapitel 7 und 8) und vermutlich vieler anderer Gesellschaften. Derzeit haben wir aber über Klimaveränderungen auf der Osterinsel in der fraglichen Zeit zwischen 900 und 1700 n. Chr. keine Erkenntnisse: Wir wissen nicht, ob es (wie von den Kritikern postuliert) trockener und windiger wurde, was dem Wald geschadet hätte, oder ob es feuchter und weniger stürmisch war, was den Wäldern zugute gekommen wäre. In meinen Augen sprechen aber überzeugende Indizien dagegen, dass der Klimawandel allein zum Verschwinden der Wälder und zum Aussterben der Vögel geführt hat: Die Abdrücke von Palmenstämmen in den Lavaströmen des Terevaka beweisen, dass die Riesenpalmen bereits seit mehreren hunderttausend Jahren auf der Osterinsel heimisch waren, und Flenley wies in seinen Sedimentanalysen für die Zeit vor 38000 bis 21000 Jahren den Pollen von Palmen, Baumastern, Toromiro und einem halben Dutzend weiterer Baumarten nach. Die Pflanzen der Osterinsel hatten also bereits unzählige Dürre- und El-Niño-Episoden überlebt; demnach ist es sehr unwahrscheinlich, dass alle diese einheimischen Baumarten sich zufällig kurz nach der Ansiedlung der unschuldigen Menschen entschlossen, nach einer weiteren Trockenzeit oder El-Niño-Phase tot umzufallen. Flenleys Befunde sprechen sogar für eine kühle, trockene Periode vor 26000 bis 12000 Jahren, die mit einer stärkeren Abkühlung verbunden war als jede andere weltweite Klimaveränderung der letzten 1000 Jahre; aber auch sie hatte nur zur Folge, dass die Bäume sich aus den höheren Lagen der Osterinsel in die Niederungen zurückzogen und sich später von dort aus wieder erholten.

Der dritte Einwand besagt, die Bewohner der Osterinsel seien doch sicher nicht so dumm gewesen, alle Bäume abzuholzen, da die Folgen auf der Hand lagen. Catherine Orliac formulierte es so: »Warum sollte man einen Wald zerstören, den man doch für das eigene [das heißt der Osterinsel-Bewohner] materielle und spirituelle Überleben braucht?« Das ist tatsächlich eine Schlüsselfrage, und sie hat nicht nur Catherine Orliac beschäftigt, sondern auch meine Studenten an der University of California, mich selbst und alle anderen, die sich für selbst verschuldete Umweltschäden interessieren. Ich habe mich oft gefragt: »Was sagte der Bewohner der Osterinsel, der gerade dabei war, die letzte Palme zu fällen?« Schrie er wie moderne Holzfäller: »Wir brauchen keine Bäume, sondern Arbeitsplätze!«? Oder sagte er: »Die Technik wird unsere Probleme schon lösen, keine Angst, wir werden einen Ersatz für das Holz finden«? Oder vielleicht: »Wir haben keinen Beweis, dass es nicht an anderen Stellen auf der Osterinsel noch Palmen gibt, wir brauchen mehr Forschung, der Vorschlag, das Abholzen zu verbieten, ist voreilig und reine Angstmacherei«? Ähnliche Fragen stellen sich in jeder Gesellschaft, die ihre Umwelt unabsichtlich geschädigt hat. Wenn wir in Kapitel 14 auf dieses Thema zurückkommen, werden wir sehen, dass es eine ganze Reihe von Gründen gibt, warum Gesellschaften dennoch solche Fehler begehen.

Jetzt haben wir uns immer noch nicht mit der Frage auseinander gesetzt, warum die Osterinsel zu einem solchen Extremfall der Waldzerstörung wurde. Schließlich gibt es im Pazifikraum mehrere tausend bewohnte Inseln, und die Bewohner holzten fast überall Bäume, rodeten Anbauflächen, verwendeten Holz als Brennstoff, bauten Kanus und benutzten sowohl Balken als auch Seile zum Bau ihrer Häuser und anderer Dinge. Dennoch reichen unter all diesen Inseln nur drei, die alle zu den Hawaii-Inseln gehören und viel trockener sind als die Osterinsel – die beiden Inselchen Necker und Nihoa sowie das größere Eiland Niihau – an die Osterinsel heran, was das Ausmaß des Waldverlustes angeht. Auf Nihoa gibt es noch eine Art großer Palmen, und ob auf Necker, einem winzigen Flecken von rund 16 Hektar, überhaupt jemals Bäume wuchsen, ist nicht gesichert. Waren die Bewohner der Osterinsel also nahezu die Einzigen, die noch den letzten Baum zerstörten? Als Begründung hört man manchmal, die Palmen und Toromiro-Bäume auf der Osterinsel seien besonders langsam wachsende Arten gewesen, aber damit ist nicht erklärt, warum mindestens 19 andere Pflanzenarten (darunter auch Bäume), die diesen genau gleichen oder sehr eng mit ihnen verwandt sind, noch heute auf vielen Inseln Ostpolynesiens gedeihen, während sie auf der Osterinsel ausgerottet wurden. Nach meiner Vermutung ist diese Frage der Grund, warum die Bewohner der Osterinsel selbst und auch manche Wissenschaftler nicht zugeben wollen, dass die Waldzerstörung von den Einwohnern selbst ausging: Aus der Beantwortung scheint sich der Schluss zu ergeben, dass sie unter allen Pazifikvölkern besonders unklug oder gedankenlos waren.

Barry Rolett und mich stellte diese offenkundige Einzigartigkeit der Osterinsel vor ein Rätsel. Letztlich ist es nur ein Teil einer umfassenderen, schwierigen Frage: Warum hat die Waldzerstörung auf den Pazifikinseln ganz allgemein so unterschiedliche Ausmaße? So sind beispielsweise Mangareva (von dem im nächsten Kapitel die Rede sein wird), große Teile der Cook- und Tubuai-Inseln sowie die Windschattenseite der Hauptinseln von Hawaii und Fiji weitgehend entwaldet, allerdings nicht so vollständig wie die Osterinsel. Dagegen beherbergen die Gesellschafts- und Marquesas-Inseln sowie die Luvseiten der großen Hawaii- und Fiji-Inseln in höheren Lagen Primärwälder und in den Niederungen eine Mischung aus Sekundärwald, Farnwäldern und Graslandschaften. Tonga, Samoa, der größte Teil des Bismarck-Archipels und der Salomonen sowie Makatea (die größte Insel der Tuamotu-Gruppe) sind bis heute größtenteils bewaldet. Wie lassen sich diese Unterschiede erklären?

Barry durchforstete die Tagebücher der ersten europäischen Entdecker, die den Pazifikraum bereisten, und suchte nach Beschreibungen über das damalige Aussehen der Inseln. Für 81 Inseln konnte er auf diese Weise feststellen, wie weit die Entwaldung fortgeschritten war, als Europäer sie zum ersten Mal zu Gesicht bekamen – das heißt, nachdem die Einheimischen ihnen bereits seit Jahrhunderten oder Jahrtausenden ihren Stempel aufgedrückt hatten. Dann stellten wir für die gleichen 81 Inseln eine Tabelle mit neun physikalischen Faktoren zusammen, die sich von Insel zu Insel unterscheiden und nach unserer Vermutung eine Erklärung für das jeweilige Ausmaß der Waldzerstörung liefern könnten. Einige Gesetzmäßigkeiten stachen dabei schon auf den ersten Blick ins Auge, aber um sie quantitativ zu erfassen, unterwarfen wir die Daten einer Vielzahl statistischer Analysen.

Welche Faktoren bestimmen auf Pazifikinseln die Waldzerstörung?

Die Waldzerstörung ist

- auf trockenen Inseln stärker als auf feuchten;
- auf kühlen Inseln in hohen Breiten stärker als auf warmen Inseln in Äquatornähe;
- auf alten Vulkaninseln stärker als auf jungen Vulkaninseln;
- auf Inseln, auf denen es keine Ascheregen gab, stärker als auf solchen, wo er stattgefunden hat;
- auf Inseln weit weg vom zentralasiatischen Staubkegel stärker als auf Inseln in seiner Nähe;
- auf Inseln ohne *makatea* stärker als auf solchen mit *makatea*;
- auf flachen Inseln stärker als auf solchen mit größeren Erhebungen;
- auf abgelegenen Inseln stärker als auf solchen mit Nachbarn in der Nähe; und
- auf kleineren Inseln stärker als auf großen.

Wie sich herausstellte, tragen alle neun physikalischen Variablen zum Ergebnis bei (siehe Tabelle). Am wichtigsten waren dabei die Unterschiede von Niederschlagsmenge und geographischer Breite: trockene Inseln und solche, die weiter vom Äquator entfernt liegen und deshalb kühler sind, hatten am Ende weniger Wald als solche in Äquatornähe mit feuchtem Klima. Nichts anderes hatten wir erwartet: Pflanzenwachstum und die Verbreitung von Jungpflanzen verstärken sich mit Niederschlagsmenge und Temperatur. Wenn man in den Niederungen Neuguineas oder einer anderen feuchten, warmen Gegend die Bäume abholzt, stehen ein Jahr später an der gleichen Stelle bereits junge Bäume von sechs Metern Höhe, in einer kalten, trockenen Wüste dagegen wachsen sie wesentlich langsamer. Deshalb hält das Neuwachstum auf feuchten, warmen Inseln mit einer mäßig starken Abholzung Schritt, sodass der Zustand der Bewaldung auf der Insel erhalten bleibt.

Dass drei andere Variablen – Alter der Insel, Ascheregen und Staub – sich auswirken würden, hatten wir nicht erwartet, aber das lag daran, dass wir mit der wissenschaftlichen Literatur über die Aufrechterhaltung der Bodenfruchtbarkeit nicht vertraut waren. Alte Inseln, die seit über einer Million Jahren keinerlei Vulkantätigkeit erlebt hatten, waren am Ende stärker entwaldet als junge Inseln mit kürzlich aktiven Vulkanen. Der Grund: Boden, der aus frischer Lava und Asche entstanden ist, enthält unentbehrliche Nährstoffe für das Pflanzenwachstum, und diese Nährstoffe werden auf älteren Inseln vom Regen nach und nach ausgewaschen. Asche, die nach Vulkanausbrüchen in die Luft gelangt, ist einer der beiden wichtigsten Wege, auf denen sich solche Nährstoffe auf den Pazifikinseln erneuern. Aber der Pazifik ist durch eine Grenze unterteilt, die bei den Geologen als Andesitlinie bekannt ist. Im südwestlichen Pazifik, auf der asiatischen Seite dieser Linie, setzen Vulkane ihre Asche frei, die dann vom Wind über viele hundert Kilometer transportiert wird und auch auf Inseln auch dann die Fruchtbarkeit aufrecht erhält, wenn sie (wie beispielsweise Neukaledonien) keine eigenen Vulkane besitzen. Im mittleren und östlichen Pazifik, auf der anderen Seite der Andesitlinie, regeneriert sich die Bodenfruchtbarkeit vorwiegend durch Nährstoffe aus dem Staub, den der Wind aus den Steppen Zentralasiens in hohe Atmosphärenschichten verfrachtet. Deshalb sind Inseln östlich der Andesitlinie, die weiter vom Staubkegel Asiens entfernt liegen, stärker entwaldet als solche, die sich auf der asiatischen Seite der Andesitlinie befinden.

Eine weitere Variable war nur für jenes halbe Dutzend Inseln von Belang, die aus einem Gestein namens *makatea* bestehen – diese Inseln sind letztlich Korallenriffe, die durch geologische Verschiebungen aus dem Wasser gehoben wurden. Der Name geht auf die Tuamotuinsel Makatea zurück, die zum größten Teil aus diesem Gestein besteht. Sich in einem Gelände aus *makatea* zu bewegen, ist eine Qual. Die rasiermesserscharfen, von tiefen Spalten durchzogenen Korallen zerfetzen Schuhsohlen, Füße und Hände. Als ich es auf der Salomoneninsel Rennell zum ersten Mal mit einem solchen Untergrund zu tun hatte, brauchte ich 10 Minuten, um zu Fuß die ersten 100 Meter zurückzulegen, und dabei hatte ich ständig Angst, mir die Hände an einem Stück Korallengestein zu verletzen, wenn ich sie unvorsichtig ausstreckte, um das Gleichgewicht zu halten. *Makatea* zerstört auch moderne, widerstandsfähige Schuhe schon nach wenigen Tagen. Die Bewohner der Pazifikinseln schafften es zwar irgendwie, barfuß darauf herumzulaufen, aber sogar sie hatten Probleme. Wer einmal die Schinderei mitgemacht hat und auf *makatea* gelaufen ist, der wundert sich nicht mehr, dass Pazifikinseln mit einem solchen Gelände weniger stark entwaldet sind als andere.

Damit bleiben noch drei Variablen mit komplizierteren Auswirkungen: Höhenlage, Entfernung zu Nachbarinseln und Fläche. Inseln mit Erhebungen verlieren auch in ihren Niederungen weniger Wald als solche, die insgesamt tiefer liegen, denn Berge lassen Wolken entstehen, und der Niederschlag, der in Form von Wasserläufen in die Niederungen gelangt, regt dort das Pflanzenwachstum an; gleichzeitig bringt das Wasser auch ausgewaschene Nährstoffe mit, und es transportiert Staub aus der Atmosphäre. Die Berge selbst bleiben bewaldet, wenn sie so hoch oder so steil sind, dass man dort keine Felder anlegen kann. Abgelegene Inseln verloren mehr Wald als solche, die Nachbarn in der Nähe hatten – möglicherweise deshalb, weil die Bewohner einsamer Eilande dann meist zu Hause blieben und eher in ihre eigene Umwelt eingriffen, statt Zeit und Energie auf den Handel mit anderen Inseln, Überfälle oder neue Besiedlung zu verwenden. Dass große Inseln weniger Wald verloren als kleine, hat zahlreiche Gründe, darunter das geringere Verhältnis von Umfang zu Fläche, das dazu führt, dass pro Person weniger Lebensmittel aus dem Meer zur Verfügung stehen, aber auch eine geringere Bevölkerungsdichte, ein größerer Zeitbedarf zum Abholzen des Waldes und eine größere Zahl von Regionen, die sich nicht für die Anlage von Feldern eignen.

Wie ist nun die Osterinsel im Hinblick auf diese neun Variablen einzuordnen, die den Waldverlust begünstigen? Sie liegt auf der höchsten geographischen Breite, hat eine der geringsten Niederschlagsmengen, die geringste Menge an Asche und asiatischem Staub aus der Atmosphäre, kein *makatea* und die zweitgrößte Entfernung zur nächsten Nachbarinsel. Unter den 81 Inseln, die Barry Rolett und ich untersuchten, gehört sie zu den flacheren und kleineren. Diese acht Variablen machen die Osterinsel besonders anfällig für den Waldverlust. Die Vulkane der Insel haben mit vermutlich 200 000 bis 600 000 Jahren ein mittleres Alter; die Poike-Halbinsel, die den ältesten Vulkan darstellt, verlor ihren Wald als Erste und leidet heute unter der schlimmsten Bodenerosion. Als Barry und ich in unserem statistischen Modell die Effekte aller Variablen zusammenrechneten, konnten wir voraussagen, dass die Osterinsel, Nihoa und Necker unter allen Pazifikinseln am stärksten entwaldet sein müssten. Dies stimmt mit den Tatsachen überein: Auf Nihoa und Necker lebte am Ende kein einziger Mensch mehr, und nur eine einzige Baumart, die Nihoa-Palme, blieb übrig; auf der Osterinsel gab es schließlich keinerlei Bäume mehr, und etwa 90 Prozent der früheren Bevölkerung waren verschwunden.

Kurz gesagt, kam es auf der Osterinsel nicht deshalb zu dem ungewöhnlich starken Waldverlust, weil die offenkundig so freundlichen Menschen besonders schlecht oder unvorsichtig gewesen wären. Sie hatten vielmehr das Pech, dass sie unter allen Völkern des Pazifikraumes in der empfindlichsten Umwelt lebten, die das größte Risiko des Waldverlustes barg. Im Fall der Osterinsel können wir genauer als für alle anderen in diesem Buch beschriebenen Gesellschaften detailliert die Faktoren benennen, die ihre Umwelt so empfindlich machen.

Wegen ihrer isolierten Lage ist die Osterinsel das eindeutigste Beispiel für eine Gesellschaft, die sich durch übermäßige Ausbeutung ihrer eigenen Ressourcen selbst zerstört hat. Wenn wir zu unserer Liste mit den fünf Faktoren zurückkehren, die man in Zusammenhang mit einem ökologischen Zusammenbruch berücksichtigen muss, so spielten zwei davon – Angriffe durch feindliche Nachbargesellschaften und Verlust der Unterstützung durch freundliche Nachbarn – hier keine Rolle: Es gibt keinerlei Anhaltspunkte, dass die Gesellschaft der Osterinsel nach ihrer Gründung irgendwelche Feinde oder Freunde hatte. Selbst wenn sich herausstellen sollte, dass später noch irgendwelche Kanus ankamen, können solche Kontakte nicht so umfangreich gewesen sein, dass sie entweder gefährliche Angriffe oder nennenswerte Unterstützung darstellten. Auch für Einwirkungen eines dritten Faktors, der Klimaveränderung, haben wir derzeit keine Belege, solche könnten sich aber in Zukunft noch ergeben. Damit bleiben für den Zusammenbruch auf der Osterinsel nur zwei Hauptursachenkomplexe übrig: einerseits ökologische Eingriffe des Menschen, insbesondere die Abholzung der Wälder und die Vernichtung der Vogelbestände, und andererseits die politischen, sozialen und religiösen Motive hinter diesen Eingriffen, beispielsweise die abgeschiedene Lage und damit verbundene Unmöglichkeit, sich den Verhältnissen durch Auswanderung zu entziehen, die bereits erörterte Fixierung auf den Bau von Statuen, und die Konkurrenz zwischen Sippen und Häuptlingen als Beweggrund für den Bau immer größerer Statuen, der immer mehr Holz, Seile und Lebensmittel erforderte.

Die isolierte Lage der Osterinsel ist vermutlich auch der Grund, warum dieser Zusammenbruch meinen Lesern und Studenten mehr zu schaffen macht als der jeder anderen vorindustriellen Gesellschaft. Die Parallelen zwischen der Osterinsel und der ganzen heutigen Welt liegen beängstigend klar auf der Hand. Durch Globalisierung, internationalen Handel, Flugverkehr und Internet teilen sich heute alle Staaten der Erde die Ressourcen, und alle beeinflussen einander genau wie die zwölf Sippen auf der Osterinsel. Die Osterinsel war im Pazifik ebenso isoliert wie die Erde im Weltraum. Wenn ihre Bewohner in Schwierigkeiten gerieten, konnten sie nirgendwohin flüchten, und sie konnten niemanden um Hilfe bitten; ebenso können wir modernen Erdbewohner nirgendwo Unterschlupf finden, wenn unsere Probleme zunehmen. Aus diesen Gründen erkennen viele Menschen im Zusammenbruch der Osterinselgesellschaft eine Metapher, ein schlimmstmögliches Szenario für das, was uns selbst in Zukunft vielleicht noch bevorsteht.

Natürlich hinkt die Metapher. Unsere heutige Situation unterscheidet sich in vielen wichtigen Aspekten von der Lage, in der sich die Bewohner der Osterinsel im 17. Jahrhundert befanden. Einige dieser Unterschiede machen die Gefahr für uns noch größer: Wenn es beispielsweise nur einiger tausend Menschen mit Steinwerkzeugen und Muskelkraft bedurfte, um ihre Umwelt und damit auch ihre Gesellschaft zu zerstören, wie können dann mehrere Milliarden Menschen mit Metallwerkzeugen und Maschinen vermeiden, noch Schlimmeres anzurichten? Aber es gibt auch Unterschiede, die uns zum Vorteil gereichen; auf sie werden wir im letzten Kapitel dieses Buches zurückkommen.

KAPITEL 3

Die letzten lebenden Menschen: Pitcairn und Henderson

Pitcairn vor der *Bounty* ■ Drei ganz verschiedene Inseln ■ Handel ■ Wie der Film endet

Vor vielen hundert Jahren kamen Einwanderer in ein fruchtbares Land, das mit scheinbar unerschöpflichen natürlichen Ressourcen gesegnet war. In dem Land fehlten zwar einige Rohstoffe, die für die Industrie nützlich gewesen wären, dieses Material war aber leicht durch Handel mit ärmeren Ländern in Übersee zu beschaffen, die zufällig entsprechende Lagerstätten besaßen. Eine Zeit lang ging es allen Ländern gut, und ihre Bevölkerung vervielfachte sich.

Aber irgendwann wurde die Bevölkerung des reichen Landes so zahlreich, dass selbst die üppigen Ressourcen zu ihrer Versorgung nicht mehr ausreichten. Als die Wälder abgeholzt wurden und der Boden erodierte, war die Landwirtschaft nicht mehr produktiv genug, um Überschüsse für den Export zu erwirtschaften. Man konnte keine Schiffe mehr bauen, und selbst die eigene Bevölkerung war nicht mehr zu ernähren. Mit dem Rückgang der Handelstätigkeit wurden die importierten Rohstoffe immer knapper. Es kam zum Bürgerkrieg, und die angestammten politischen Institutionen wurden durch lokale Militärführer gestürzt, die in rascher Folge aufeinander folgten. Nur durch Kannibalismus konnte die hungernde Bevölkerung des ehemals reichen Landes überleben. Noch schlechter erging es ihren ehemaligen Handelspartnern in Übersee: Ohne die Importe, auf die sie angewiesen waren, richteten sie ebenfalls ihre Umwelt zugrunde, bis nichts und niemand mehr am Leben war.

Stellt dieses grausige Bild die Zukunft der Vereinigten Staaten und unserer Handelspartner dar? Das wissen wir noch nicht, aber auf drei tropischen Pazifikinseln wurde das Szenario bereits einmal durchgespielt. Eine davon, Pitcairn, wurde als »unbewohnte« Insel berühmt, auf die sich die Meuterer von der H. M. S. *Bounty* im Jahr 1790 flüchteten. Sie entschieden sich für dieses Eiland, weil es zu ihrer Zeit tatsächlich unbewohnt war, eine abgelegene Lage hatte und damit ein ideales Versteck vor der rachsüchtigen britischen Marine darstellte, die nach ihnen suchte. Aber die Meuterer fanden dort die Sockel von Tempeln, beschriftete Felsen und Steinwerkzeuge, stumme Zeugen einer Vergangenheit, in der Pitcairn von Polynesiern bevölkert war. Eine noch abgelegene Insel namens Henderson Island östlich von Pitcairn ist bis heute unbewohnt. Selbst in unserer Zeit gehören Pitcairn und Henderson zu den unzugänglichen Inseln der Welt: Sie werden weder von Flugzeugen noch von regelmäßig verkehrenden Schiffen angesteuert, nur gelegentlich kommt eine Yacht oder ein Kreuzfahrtschiff zu Besuch. Aber auch Henderson trägt zahlreiche Spuren seiner früheren polynesischen Bevölkerung. Was widerfuhr diesen ursprünglichen Bewohnern von Pitcairn und ihren verschwundenen Vettern auf Henderson?

Die romantische, rätselhafte Geschichte der Meuterer von der *Bounty* wurde in vielen Büchern und Filmen erzählt, aber das Ende dieser beiden früheren Bevölkerungsgruppen ist mindestens ebenso spannend. Grundlegende Erkenntnisse über sie sammelte der Archäologe Marshall Weiser von der neuseeländischen University of Otago in jüngster Zeit mit seinen Ausgrabungen, für die er acht Monate auf den beiden abgelegenen Eilanden zubrachte. Wie sich dabei herausstellte, stand das Schicksal der ersten Bewohner von Pitcairn und Henderson im Zusammenhang mit einer langsam eskalierenden Umweltkatastrophe, die sich Hunderte von Kilometern entfernt auf der stärker bevölkerten Insel Mangareva abspielte; ihre Bewohner, die wichtigsten Handelspartner der beiden kleineren Eilande, konnten nur um den Preis eines drastisch verminderten Lebensstandards überleben. Während die Osterinsel also das eindeutigste Beispiel für einen Zusammenbruch ist, der durch Eingriffe des Menschen in die Umwelt und praktisch ohne weitere Faktoren verursacht wurde, illustrieren Pitcairn und Henderson am deutlichsten, wie ein Zusammenbruch durch den Niedergang eines ökologisch geschädigten Handelspartners ausgelöst werden kann. Damit geben sie uns einen Ausblick auf die Gefahren, die sich bereits heute im Zusammenhang mit der Globalisierung abzeichnen. Zu dem Zusammenbruch auf Pitcairn und Henderson trugen auch Umweltschäden auf den Inseln selbst bei, aber es gibt keinerlei Belege, dass Klimaveränderungen oder Feinde eine Rolle spielten.

Mangareva, Pitcairn und Henderson sind die einzigen bewohnbaren Inseln in der Region Südostpolynesien; ansonsten gibt es dort nur einige

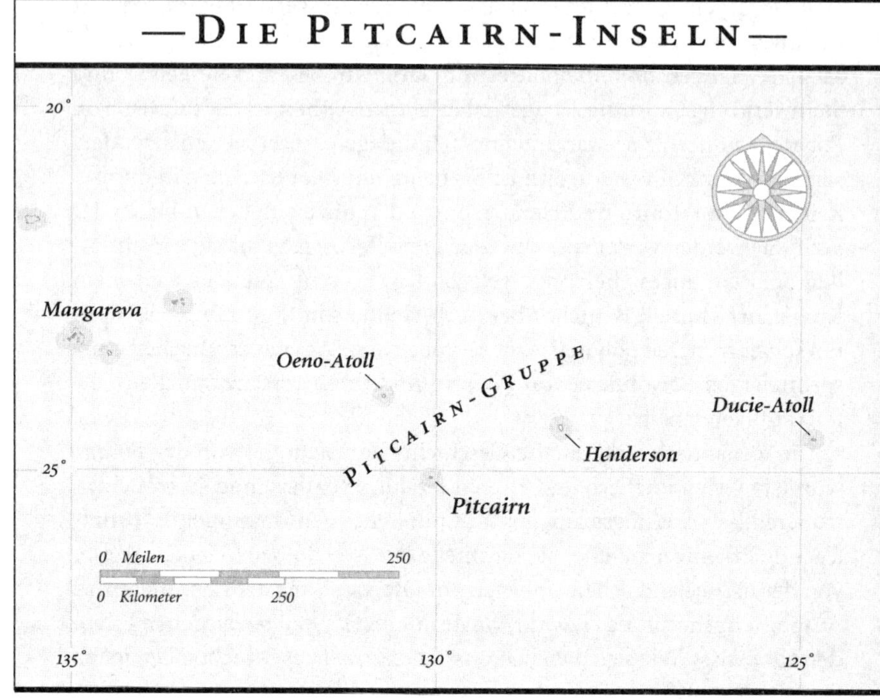

flache Atolle ohne ständige Bevölkerung, die nur vorübergehend Bewohner oder Besucher beherbergen. Besiedelt wurden die drei bewohnbaren Inseln um 800 n. Chr. im Rahmen der polynesischen Expansion nach Osten, von der im letzten Kapitel die Rede war. Selbst Mangareva, die westlichste der drei Inseln, die damit auch den zuvor besiedelten Teilen Polynesiens am nächsten ist, ist mehr als 1500 Kilometer von den nächsten größeren, gebirgigen Inseln entfernt, den Gesellschaftsinseln (mit Tahiti) im Westen und den Marquesas-Inseln im Nordwesten. Diese größten und bevölkerungsreichsten Inselgruppen Ostpolynesiens sind ihrerseits mehr als 1600 Kilometer von den nächstgelegenen hohen Inseln Westpolynesiens entfernt und wurden vermutlich erst ungefähr 2000 Jahre später besiedelt als diese. Mangareva und seine Nachbarn waren also selbst in der abgelegenen östlichen Hälfte Polynesiens nochmals isolierte Außenposten. Ihre Besiedlung ging wahrscheinlich von den Marquesas- oder Gesellschaftsinseln aus und erfolgte im Rahmen der gleichen Siedlungswelle, die auch die noch weiter abgelegenen Hawaii-Inseln und die Osterinsel erreichte und damit die Verbreitung der Menschen über Polynesien zum Abschluss brachte.

Von den drei bewohnbaren Inseln Ostpolynesiens war Mangareva diejenige, die mit Abstand die größte menschliche Bevölkerung ernähren konnte und am üppigsten mit entsprechenden Ressourcen ausgestattet war. Sie besitzt eine große Lagune mit einem Durchmesser von fast 25 Kilometern, die durch ein Außenriff geschützt ist und zwei Dutzend Eilande mit erloschenen Vulkanen sowie einige Korallenatolle mit einer Gesamtfläche von rund 26 Quadratkilometern enthält. In der Lagune, an den Riffen und im offenen Meer wimmelt es von Fischen und Muscheln. Eine besonders wertvolle Muschelart ist die Große Seeperlmuschel, eine große Austernart, die den polynesischen Siedlern in der Lagune in praktisch unerschöpflichen Mengen zur Verfügung stand und heute dazu dient, die berühmten schwarzen Zuchtperlen herzustellen. Die Austern waren nicht nur essbar, sondern ihre dicken, bis zu 20 Zentimeter langen Schalen waren auch ein idealer Rohstoff, aus dem die Polynesier Angelhaken, Gemüseschäler und -reiben sowie Schmuckgegenstände schnitzten.

Auf den höheren Inseln der Mangareva-Lagune war die Niederschlagsmenge so groß, dass es Quellen und jahreszeitlich Wasser führende Bäche gab, und ursprünglich waren die Inseln bewaldet. In dem schmalen, niedrig gelegenen Küstenstreifen errichteten die ersten Polynesier ihre Siedlungen. An den Abhängen hinter den Dörfern bauten sie Süßkartoffeln, Yamswurzeln und andere Nutzpflanzen an; die Terrassen an den Böschungen und die Ebenen unterhalb der Quellen wurden mit Taro bepflanzt und mit dem Wasser der Quellen bewässert; und in höheren Lagen pflanzte man Bäume mit Brotfrüchten oder Bananen. Von Landwirtschaft, Fischerei und Muscheln konnte auf Mangareva eine Bevölkerung von mehreren tausend Menschen leben, vermutlich mehr als zehnmal so viele, wie auf Pitcairn und Henderson zusammen in altpolynesischer Zeit.

Der wichtigste Nachteil von Mangareva bestand aus polynesischer Sicht darin, dass es dort kein hochwertiges Gestein zur Herstellung von Äxten und anderen Werkzeugen gab. (Das ist so, als gäbe es in den Vereinigten Staaten alle wichtigen natürlichen Ressourcen mit Ausnahme hochwertiger Eisenlagerstätten.) Die Korallenatolle in der Lagune von Mangareva lieferten überhaupt keinen guten Stein, und selbst auf den Vulkaninseln gab es nur relativ grobkörnigen Basalt. Dieser eignete sich zum Bau von Häusern und Gartenmauern, für Ofensteine sowie zur Herstellung von Kanuankern, Mahlsteinen und anderen groben Werkzeugen, aber die daraus angefertigten Äxte waren minderwertig.

Einen großartigen Ausgleich für diesen Mangel gab es glücklicherweise etwa 500 Kilometer südwestlich von Mangareva auf der wesentlich kleineren (6,5 Quadratkilometer) und steileren Vulkaninsel Pitcairn. Man kann sich gut vorstellen, wie aufgeregt die Bewohner von Mangareva in ihrem Kanu waren, als sie nach mehrtägiger Reise über das offene Meer die Insel Pitcairn entdeckten, an dem einzigen dafür geeigneten Strand landeten, die steilen Abhänge hinaufstiegen und dort auf den Steinbruch Down Rope stießen, in ganz Südostpolynesien die einzige nutzbare Lagerstätte mit vulkanischem Glas, dessen Splitter als scharfe Werkzeuge für feine Schneidearbeiten dienen konnten. Die Aufregung wurde zur Begeisterung, als sie einen guten Kilometer weiter westlich an der Küste die Tautama-Ader mit feinkörnigem Basalt entdeckten, wo nun der größte Steinbruch Südostpolynesiens für den Abbau von Axtmaterial entstand.

In anderer Hinsicht bot Pitcairn wesentlich weniger Möglichkeiten als Mangareva. Zwar gab es auch hier jahreszeitlich wasserführende Bäche, und in den Wäldern standen so große Bäume, dass man daraus die Rümpfe von Auslegerkanus herstellen konnte. Aber wegen der steilen Berge und der kleinen Gesamtfläche gab es auf Pitcairn nur wenig ebenes Gelände, das sich für die Landwirtschaft eignete. Ein ebenso schwer wiegender Nachteil war die Tatsache, dass es vor der Küste von Pitcairn kein Riff gibt, und der Meeresboden fällt in der Umgebung der Insel steil ab, sodass Fischerei und Muschelsuche viel weniger lohnend sind als auf Mangareva. Insbesondere gibt es vor Pitcairn keine Bänke der Großen Perlmuscheln, die als Nahrung und für die Werkzeugherstellung so nützlich waren. Deshalb bestand die gesamte Bevölkerung auf Pitcairn in polynesischer Zeit vermutlich aus nicht mehr als 100 Menschen. Die Nachkommen der Meuterer von der *Bounty* und ihre polynesischen Mitbewohner, die heute auf Pitcairn leben, zählen insgesamt nur 52 Personen. Als ihre Zahl von der ursprünglich 27-köpfigen Gruppe des Jahres 1790 bis 1856 auf 194 Nachkommen angewachsen war, überforderte diese Bevölkerung die landwirtschaftliche Kapazität der Insel, sodass ein großer Teil der Bewohner von der britischen Regierung auf die weit entfernte Insel Norfolk umgesiedelt werden musste.

Henderson, die dritte bewohnbare Insel Südostpolynesiens, ist mit 36 Quadratkilometern die größte, sie ist aber auch am weitesten abgelegen (160 Kilometer nordwestlich von Pitcairn und 650 Kilometer östlich von Mangareva) und eignet sich am wenigsten für Menschen. Im Gegensatz zu Mangareva und Pitcairn ist Henderson nicht vulkanischen Ursprungs, sondern ein Korallenriff, das durch geologische Vorgänge 30 Meter weit aus dem Meer gehoben wurde. Basalt oder anderes Gestein, das sich für die Herstellung von Werkzeugen eignen würde, gibt es auf Henderson überhaupt nicht. Für eine Gesellschaft, die auf Steinwerkzeuge angewiesen war, stellte das eine schwer wiegende Einschränkung dar. Ein weiterer Nachteil besteht darin, dass Henderson weder Bäche noch zuverlässige Süßwasserquellen besitzt, weil die Insel aus porösem Kalkstein besteht. Im besten Fall tropft Wasser nach einem der unvorhersehbaren Regengüsse einige Tage lang von den Höhlendächern, und am Boden bilden sich dann Wasserpfützen. Eine Süßwasserquelle sprudelt etwa sechs Meter vor der Küste aus dem Meeresboden. Wie Marshall Weisler während seines mehrmonatigen Aufenthaltes auf der Insel feststellte, erfordert die Beschaffung von Trinkwasser selbst heute, wo man den Regen mit modernem Ölzeug auffangen kann, ständige Anstrengungen, sodass er zum Waschen und Baden sowie größtenteils auch zum Kochen Salzwasser verwenden musste.

Selbst Erde gibt es auf Henderson nur in kleinen Nischen zwischen dem Kalkstein. Die höchsten Bäume der Insel sind mit ungefähr 15 Metern nicht groß genug, um sie zu Kanurümpfen zu verarbeiten. Sie bilden einen niedrigen Wald, und das Unterholz ist dort so dicht, dass man es nur mit einer Machete durchdringen kann. Die Strände von Henderson sind schmal und beschränken sich auf das Nordende; die Südküste besteht aus senkrechten Klippen, an denen ein Boot unmöglich anlegen kann; und das südliche Ende der Insel ist eine *makatea*-Landschaft, in der sich rasiermesserscharfe Kalksteinkanten und Risse abwechseln. In diesen südlichen Teil sind erst drei Mal Gruppen von Europäern vorgedrungen, darunter auch Weislers Team. Weisler brauchte mit Wanderstiefeln volle fünf Stunden, um die acht Kilometer von der Nordküste der Insel zur Südküste zurückzulegen – und dort entdeckte er prompt einen Felsüberhang, unter dem früher barfüßige Polynesier gelebt hatten.

Als Gegengewicht besitzt Henderson aber auch Vorteile. Am Riff und in dem umgebenden flachen Wasser leben Hummer, Krebse, Tintenfische und eine begrenzte Vielfalt von Fischen und Muscheln – darunter leider keine Großen Perlmuscheln. Auf der Insel befindet sich der einzige bekannte Niststrand für Schildkröten, die hier jedes Jahr zwischen Januar und März an Land kommen, um ihre Eier abzulegen. Früher nisteten auf Henderson auch mindestens 17 Arten von Seevögeln. Unter anderem gab es Kolonien von mehreren Millionen Sturmvögeln, eine Spezies, deren ausgewachsene Tiere und Junge man leicht aus dem Nest heraus fangen kann; ihre Zahl war so groß, dass 100 Menschen jeweils einen Vogel pro

Tag verzehren konnten, ohne den Bestand der Kolonie zu gefährden. Ebenso beherbergte die Insel neun Arten von Landvögeln, fünf davon flugunfähig oder schlechte Flieger und deshalb ebenfalls einfach zu fangen; drei von ihnen waren große Taubenarten, die sicher besonders schmackhaft waren.

Mit allen diesen Eigenschaften hätte Henderson sich sicher hervorragend für ein nachmittägliches Picknick am Strand geeignet, oder auch für einen kurzen Urlaub, in dem man sich von Meerestieren, Vögeln und Schildkröten ernährt. Aber als Heimat für eine dauerhafte Existenz lag es gefährlich nahe an der Grenze des Möglichen. Zur Überraschung aller, die Henderson schon einmal gesehen oder davon gehört hatten, konnte Weisler mit seinen Ausgrabungen dennoch nachweisen, dass offensichtlich eine kleine Bevölkerung dauerhaft auf der Insel heimisch war. Vermutlich bestand sie nur aus wenigen Dutzend Menschen, die sich äußerste Mühe geben mussten, um zu überleben. Den Beweis, dass es sie gab, lieferten 98 menschliche Knochen und Zähne, die von mindestens zehn Erwachsenen (sowohl Männer als auch Frauen, manche davon über 40 Jahre alt), sechs halbwüchsigen Jungen und Mädchen sowie vier Kindern im Alter zwischen fünf und zehn Jahren stammten. Insbesondere die Kinderknochen lassen auf eine ständige Besiedelung schließen; wenn die Bewohner von Pitcairn heute nach Henderson fahren, um Holz zu sammeln oder Meerestiere zu fangen, nehmen sie in der Regel keine kleinen Kinder mit.

Eine weitere Spur dieser frühen Siedler ist eine riesige Abfallgrube, eine der größten, die man in Südostpolynesien kennt. Sie erstreckt sich rund 300 Meter lang und 30 Meter breit entlang des Strandes an der Nordküste mit Blick auf die einzige Passage, die durch das vorgelagerte Riff von Henderson führt. Weisler und seine Kollegen nahmen kleine Versuchsgrabungen vor und identifizierten den Abfall, den Generationen von Menschen dort nach ihren Mahlzeiten zurückgelassen hatten; dabei fanden sie gewaltige Mengen von Fischknochen (14 751 Fischknochen in einem guten halben Kubikmeter Sand, den sie untersuchten!) sowie 42 213 Knochen von Seevögeln (insbesondere Sturmtaucher, Sturmschwalben und Tropikvögel) und Tausende von Landvogelknochen (vor allem von flugunfähigen Tauben, Rallen und Wasserläufern). Rechnet man diese Zahlen aus Weislers kleinen Versuchsgrabungen auf die gesamte Abfallgrube hoch, müssen die Bewohner von Henderson im Lauf der Jahrhunderte die Überreste vieler zigmillionen Fische und Vögel weggeworfen haben. Aus dem gleichen Abfall stammen auch die ältesten Radiokarbondatierungen im Zusammenhang mit Menschen, und die zweitälteste Datierung findet man an einem Niststrand der Schildkröten an der Nordostküste; man kann also davon ausgehen, dass die Menschen sich anfangs in jenen Gebieten niederließen, in denen sie wild lebende Tiere fangen und sich auf diese Weise gut mit Nahrung versorgen konnten.

Wo konnten Menschen auf einer Insel leben, die nicht mehr ist als ein angehobenes Korallenriff voller niedriger Bäume? Als Einzige unter allen Inseln, die von Polynesiern besiedelt sind oder früher besiedelt waren, trägt Henderson so gut wie keine Anzeichen von Bauwerken – die sonst üblichen Häuser und Tempel fehlen völlig. Es gibt nur drei Anzeichen für Gebäude: ein Steinpflaster und Pfostenlöcher in der Abfallgrube, die auf Fundamente eines Hauses oder Unterstandes hinweisen; eine kleine, niedrige Windschutzwand; und einige Platten aus Korallengestein, die eine Grabkammer bildeten. Dafür fand man aber in Höhlen und unter Felsüberhängen, die in Küstennähe lagen, über einen flachen Boden verfügten und eine zugängliche Öffnung hatten, buchstäblich ausnahmslos Abfälle von früheren menschlichen Siedlern – in manchen Fällen handelte es sich um nur drei Meter breite und zwei Meter tiefe Nischen, die kaum ausreichten, damit einige Menschen Schutz vor der Sonne fanden. Weisler entdeckte 18 solche Unterkünfte, davon 15 an der stark besiedelten Nord-, Nordost- und Nordwestküste in der Nähe der einzigen Strände; die drei übrigen (die alle sehr eng waren) befanden sich an den Klippen im Osten und Süden. Da Henderson so klein ist, dass Weisler praktisch die ganze Küste absuchen konnte, stellen die 18 Höhlen und Felsüberhänge sowie eine Unterkunft am nördlichen Strand die einzigen »Behausungen« der Inselbewohner dar.

An Holzkohle, Steinhaufen und den Stoppeln von Nutzpflanzen war zu erkennen, dass man den nordwestlichen Teil der Insel niedergebrannt und mühsam in kleine Felder verwandelt hatte. Dort wurden die Pflanzen auf natürliche kleine Bodenstücke gesetzt, die man vergrößerte, indem man die Steine an der Oberfläche zu Haufen aufschichtete. Die Siedler führten eine ganze Reihe polynesischer Nutzpflanzen ein, sodass man sie an den archäologischen Stätten von Henderson identifizieren konnte, und manche wachsen heute noch wild auf der Insel: Kokosnüsse, Bananen, Sumpftaro, möglicherweise auch echter Taro, mehrere Arten von Bäumen, aus denen man Bauholz gewinnen konnte, Lichtnussbäume, deren Nussschalen zu Beleuchtungszwecken verbrannt wurden, Hibiskusbäume mit Fasern zur Herstellung von Seilen, und Ti-Sträucher. Die zuckerhaltigen Wurzeln des Ti-Strauches dienen in anderen Teilen Polynesiens als Notration, auf Henderson waren sie aber offensichtlich ein Grundnahrungsmittel. Aus Ti-Blättern konnte man auch Kleidung, Hausdächer und Lebensmittelverpackungen herstellen. Alle diese zucker- und stärkehaltigen Pflanzen lieferten insgesamt eine kohlenhydratreiche Nahrung, und das ist wahrscheinlich der Grund, warum die von Weisler ausgegrabenen Zähne und Kiefer der Inselbewohner mit ihren vielen Spuren von Parodontitis, Abnutzung und ausgefallenen Zähnen für jeden Zahnarzt ein Albtraum gewesen wären. Ihr Protein bezogen die Inselbewohner zum größten Teil von den Wildvögeln und Meerestieren, aber einige Funde von Schweineknochen zeigen, dass sie zumindest gelegentlich auch Schweine hielten oder mitbrachten.

Im Südosten Polynesiens fanden Siedler also nur wenige potenziell bewohnbare Inseln vor. Mangareva konnte die größte Bevölkerung ernähren und war, was die Bedürfnisse des polynesischen Lebens betraf, mit Ausnahme hochwertigen Gesteins autark. Von den beiden anderen war Pitcairn so klein und Henderson ökologisch so karg, dass beide nur eine kleine Bevölkerung beherbergten, ohne dass sich dort auf lange Sicht eine lebensfähige Gesellschaft ausbilden konnte. Auf beiden fehlte es auch an wichtigen Ressourcen – auf Henderson war der Mangel so stark, dass wir heute nicht im Traum daran denken würden, dort ohne einen gut gefüllten Werkzeugkasten, Trinkwasser und Lebensmittel auch nur ein Wochenende zu verbringen; dass die Polynesier dort ständig wohnen und überleben konnten, erscheint uns geradezu unglaublich. Aber sowohl Pitcairn als auch Henderson boten ihren Bewohnern zum Ausgleich andere Attraktionen: auf Pitcairn hochwertiges Gestein, auf Henderson eine Fülle von Meerestieren und Vögeln.

Bei seinen archäologischen Ausgrabungen entdeckte Weisler eine Fülle von Anhaltspunkten, dass alle drei Inseln Handel miteinander trieben, wobei jeweils der Mangel einer Insel durch die Überschüsse der anderen ausgeglichen wurden. Selbst wenn die Handelswaren – beispielsweise Gegenstände aus Stein – keinen organischen Kohlenstoff enthielten, der sich für die Radiokarbondatierung eignen würde, kann man ihr Alter dennoch mit dieser Methode feststellen, wenn man Holzkohle untersucht, die man in der gleichen archäologischen Schichtung ausgegraben hat. Auf diese Weise wies Weisler nach, dass der Handel vermutlich wie die Besiedlung durch Menschen spätestens um das Jahr 1000 n. Chr. begann und dann über viele Jahrhunderte fortgesetzt wurde. Zahlreiche Objekte, die an Weislers Fundstätten auf Henderson ans Licht kamen, konnte man sofort als Importe identifizieren, weil sie aus Material bestanden, das es auf der Insel nicht gibt: Angelhaken und Gemüseschäler aus Austernschalen, Schneidwerkzeuge aus vulkanischem Glas, Äxte und Ofensteine aus Basalt.

Woher kamen diese Gegenstände? Einer plausiblen Vermutung zufolge stammten die Austernschalen für die Angelhaken von Mangareva, denn dort kommen die Austern in großen Mengen vor, während sie auf Pitcairn ebenso wie auf Henderson fehlen, und andere Inseln mit Austernbänken sind viel weiter entfernt. Einige Gegenstände aus Austernschalen hat man auch auf Pitcairn gefunden, und hier muss man ebenfalls annehmen, dass sie von Mangareva stammen. Schwieriger ist es, die Herkunft der auf Henderson gefundenen Gegenstände aus Vulkangestein zu ermitteln, denn solches Gestein gibt es sowohl auf Mangareva als auch auf Pitcairn und vielen anderen, weiter entfernten polynesischen Inseln.

Deshalb entwickelte oder übernahm Weisler besondere Methoden, um zwischen Vulkangestein unterschiedlichen Ursprungs zu unterscheiden. Vulkane werfen Lava vieler verschiedener Typen aus, und eine davon ist der Basalt (die Kategorie des Vulkangesteins, das auf Mangareva und Pitcairn vorkommt), der durch seine chemische Zusammensetzung und Farbe definiert ist. Basaltsteine von verschiedenen Inseln und häufig auch aus verschiedenen Steinbrüchen derselben Insel unterscheiden sich jedoch in den Einzelheiten ihrer chemischen Zusammensetzung, beispielsweise im relativen Gehalt an wichtigen Elementen (wie Silizium und Aluminium) und kleineren Beimischungen (wie Niob und Zirkonium). Eine noch feinere Unterscheidung ermöglicht das Blei, ein Element, das in der Natur in Form mehrerer Isotope vorkommt (das heißt in Formen, die sich in ihrem Atomgewicht geringfügig unterscheiden); diese Isotope liegen in Basalt aus den einzelnen Quellen ebenfalls in unterschiedlichen Anteilen vor. Für den Geologen ergibt sich aus solchen Details der Zusammensetzung ein Fingerabdruck, mit dessen Hilfe man feststellen kann, ob ein Steinwerkzeug von einer bestimmten Insel oder aus einem bestimmten Steinbruch stammt.

Weisler analysierte die chemische Zusammensetzung und zusammen mit einem Kollegen den Gehalt an verschiedenen Bleiisotopen in Dutzenden von Steinwerkzeugen und Steinbruchstücken, die vermutlich bei der Herstellung oder Reparatur von Steinwerkzeugen abgebrochen waren und die er an den archäologischen Fundstätten von Henderson in genau datierten Schichten ausgegraben hatte. Zu Vergleichszwecken analysierte er auch Vulkangestein aus Steinbrüchen und freiliegenden Felsen auf Mangareva und Pitcairn, den plausibelsten Quellen für Gestein, das auf Henderson importiert wurde. Sicherheitshalber untersuchte er aber auch Gestein von weiter entfernten polynesischen Inseln, die wahrscheinlich keine Quellen der Importe von Henderson darstellten, wie beispielsweise Hawaii, Osterinsel, Marquesas-Inseln, Gesellschaftsinseln und Samoa.

Aus diesen Analysen ergaben sich eindeutige Schlussfolgerungen. Alle Vulkanglasbruchstücke, die man auf Henderson gefunden und untersucht hatte, stammten aus dem Steinbruch Down Rope auf Pitcairn. Diese Erkenntnis hatte bereits vor der chemischen Analyse nach oberflächlicher Betrachtung der Stücke nahe gelegen, denn das Vulkanglas von Pitcairn hat eine charakteristische Farbe mit schwarzen und grauen Abschnitten. Die meisten Basaltäxte von Henderson und die Basaltsplitter, die vermutlich bei ihrer Herstellung abgefallen waren, hatten ihren Ursprung ebenfalls auf Pitcairn, einige stammten aber auch von Mangareva. Auf Mangareva selbst wurde zwar nicht so gründlich nach Steingegenständen gesucht wie auf Henderson, aber einige Äxte bestanden auch hier aus Basalt von Pitcairn und waren vermutlich importiert worden, weil sie dem eigenen Gestein von Mangareva überlegen waren. Umgekehrt stammte der poröse Basalt, den man auf Henderson ausgegraben hatte, größtenteils von Mangareva, ein kleiner Teil kam aber auch von Pitcairn. Solche Steine wurden überall in Polynesien regelmäßig als Ofensteine verwendet. Viele dieser mutmaßlichen Ofensteine wurden auf Henderson in Herdgruben gefunden, und man konnte deutlich erkennen, dass sie erhitzt worden waren, was die Vermutung über ihre Funktion bestätigte.

Kurz gesagt, haben archäologische Untersuchungen mittlerweile belegt, dass es früher einen florierenden Handel mit Rohstoffen und möglicherweise auch mit fertigen Werkzeugen gab. Außerdem kamen auch Schweine und Bananen sowie Taro und andere wichtige Nutzpflanzen auf den polynesischen Inseln nicht vor, bevor die Menschen sie in Besitz nahmen. Wenn Mangareva früher besiedelt wurde als Pitcairn und Henderson – was nahe liegt, weil Mangareva den übrigen Inseln Polynesiens näher liegt als die beiden anderen –, kamen durch den Handel wahrscheinlich auch die unentbehrlichen Nutzpflanzen und Schweine nach Pitcairn und Henderson. Insbesondere zu der Zeit, als von Mangareva aus die Kolonien auf Pitcairn und Henderson gegründet wurden, stellten die Kanus mit den Importen eine Nabelschnur dar, die für die Besiedlung und Versorgung der neuen Kolonien unentbehrlich war, bevor sie später ihre Rolle als dauerhafte Lebensader annahm.

Was die Produkte angeht, die Henderson im Gegenzug nach Pitcairn und Mangareva exportierte, können wir nur Vermutungen anstellen. Es muss sich um vergängliche Gegenstände gehandelt haben, die an den archäologischen Fundstätten der beiden anderen Inseln nicht erhalten geblieben sind, denn Steine oder Muschelschalen, deren Export sich gelohnt hätte, gab es auf Henderson nicht. Infrage kämen unter anderem lebende Meeresschildkröten: Sie wurde als prestigeträchtiges Luxuslebensmittel überall vor allem von den Häuptlingen verzehrt wie heute Trüffel oder Kaviar. Ein zweites potenzielles Exportgut sind rote Federn der Papageien, Rotlatz-Fruchttauben und Rotschwanz-Tropikvögel von Henderson – rote Federn waren in Polynesien ebenfalls ein Luxusgut, das ganz ähnlich wie heute Gold und Zobelpelze zur Herstellung von Schmuck und Kleidungsstücken diente.

Aber damals wie heute war der Austausch von Rohstoffen, Fertigwaren und Luxusgütern nicht der einzige Beweggrund für den Handel und große Reisen über das Meer. Auch nachdem die Bevölkerung auf Pitcairn und Henderson ihre maximal mögliche Größe erreicht hatte, war sie so klein – in einem Fall ungefähr 100, im anderen nur einige Dutzend Menschen –, dass Menschen im heiratsfähigen Alter auf der eigenen Insel kaum Partner fanden, und in den meisten Fällen handelte es sich bei solchen potenziellen Partnern um enge Verwandte, die dem Inzesttabu unterlagen. Demnach war der Austausch von Ehepartnern eine weitere wichtige Funktion des Handels mit Mangareva. Außerdem dürfte er dazu gedient haben, qualifizierte Handwerker mit technischen Fähigkeiten aus der großen Bevölkerung von Mangareva nach Pitcairn und Henderson zu bringen und auch Nutzpflanzen wieder einzuführen, die auf den kleinen landwirtschaftlich nutzbaren Flächen der beiden Inseln zufällig ausgestorben waren. Aus den gleichen Gründen waren in jüngerer Zeit auch die europäischen Nachschubflotten nicht nur für die Besiedlung und Versorgung der Überseekolonien in Amerika und Australien unentbehrlich, sondern auch für ihren Unterhalt, denn bis sie sich auch nur ansatzweise selbst versorgen konnten, verging viel Zeit.

Aus der Sicht der Bewohner von Mangareva und Pitcairn dürfte der Handel mit Henderson noch eine weitere Funktion erfüllt haben. Die Reise von Mangareva nach Henderson dauert mit polynesischen Segelkanus vier bis fünf Tage; von Pitcairn nach Henderson gelangt man in nur einem Tag. Meine eigenen Eindrücke von Seereisen in den Kanus der Einheimischen aus dem Pazifikraum habe ich auf viel kürzeren Reisen gesammelt, aber auch dabei lebte ich in der ständigen Angst, das Kanu könne kentern oder auseinander brechen, und in einem Fall wäre ich tatsächlich fast ums Leben gekommen. Der Gedanke an eine mehrtägige Kanureise über das offene Meer erscheint mir unerträglich, wie eine Verzweiflungstat, die ich nur unternehmen würde, um mein Leben zu retten. Für die heutigen Seefahrer im Pazifik jedoch, die fünf Tage mit dem Kanu fahren, nur um Zigaretten zu holen, sind solche Reisen ein ganz normaler Bestandteil des Lebens. Die früheren polynesischen Bewohner von Mangareva oder Pitcairn sahen in einem einwöchigen Besuch auf Henderson vermutlich einen großartigen Ausflug, auf dem man sich an Schildkröten, ihren Eiern und den Millionen Seevögeln der Insel gütlich tun konnte. Insbesondere für die Bewohner von Pitcairn, auf deren Insel es weder Riffe noch eine ruhige Lagune oder üppige Muschelbänke gab, war Henderson wegen der Fische und Schalentiere sowie wegen der Möglichkeit, sich am Strand zu entspannen, sicher attraktiv. Aus den gleichen Gründen nutzen auch heute die Nachkommen der Meuterer von der *Bounty*, die sich auf ihrer winzigen Insel langweilen, mit Begeisterung jede Gelegenheit, ein paar hundert Kilometer entfernt am Strand eines Korallenatolls »Urlaub« zu machen.

Wie sich herausstellte, war Mangareva die geographische Drehscheibe eines wesentlich größeren Handelsnetzes, in dem die Seereise nach Pitcairn und Henderson, einige hundert Kilometer in südöstlicher Richtung, noch die kleinste Etappe war. Die längeren Routen, jede etwa 1600 Kilometer lang, verbanden Mangareva mit den Marquesas-Inseln im Nordnordwesten, den Gesellschaftsinseln im Westnordwesten und möglicherweise auch den Tubuai-Inseln genau im Westen. Als Zwischenstationen auf diesen Reisen dienten Dutzende von Korallenatollen im Tuamotu-Archipel. Während Mangareva mit mehreren tausend Einwohnern die Bevölkerung von Pitcairn und Henderson in den Schatten stellte, wurde es selbst von den Bevölkerungszahlen auf den Gesellschafts- und Marquesas-Inseln, die jeweils rund 100 000 Einwohner hatten, bei weitem übertroffen.

Handfeste Belege für dieses größere Handelsnetz ergaben sich aus Weislers chemischen Untersuchungen am Basalt: Unter den 19 Äxten, die er auf Mangareva fand und analysierte, konnte er zwei identifizieren, deren Gestein aus einem Steinbruch auf den Marquesas-Inseln stammte, und das Material einer weiteren kam aus einem Steinbruch auf den Gesellschaftsinseln. Weitere Indizien lieferten Werkzeuge wie Äxte, Beile, Angelhaken, Tintenfischköder, Harpunen und Feilen, die sich in ihrer Machart von Insel zu Insel unterschieden. Stilähnlichkeiten zwischen verschiedenen Inseln und die Tatsache, dass Werkzeuge eines Typs auf einer anderen Insel auftauchen, sprechen insbesondere für den Handel zwischen den Marquesas-Inseln und Mangareva, wobei eine Häufung von Werkzeugen im Marquesas-Stil auf Mangareva für einen Höhepunkt des Handelsverkehrs zwischen 1100 und 1300 n. Chr. spricht. Belege ganz anderer Art fand der Sprachforscher Steven Fischer: Nach seinen Untersuchungen stammt die Sprache von Mangareva in ihrer aus jüngerer Zeit bekannten Form von jener ab, die ursprünglich mit den ersten Siedlern auf die Insel gelangte und sich dann durch spätere Kontakte mit der Sprache der südöstlichen Marquesas-Inseln (das heißt mit dem Teil des Marquesas-Archipels, der Mangareva am nächsten liegt) stark veränderte.

Der Handel und die Kontakte in diesem größeren Verbund hatten sicher wirtschaftliche Funktion, genau wie in dem kleineren Netz zwischen Mangareva, Pitcairn und Henderson. Die Ressourcen der verschiedenen beteiligten Inselgruppen ergänzten einander. Das »Mutterland« waren die Marquesas-Inseln.

Der Handel florierte in Südostpolynesien ungefähr von 1000 bis 1450 n. Chr.; dies belegen die Funde in archäologischen Schichten auf Henderson, die mit der Radiokarbonmethode datiert wurden. Um das Jahr 1500 jedoch kam er sowohl in Südostpolynesien als auch auf den anderen Routen, die von der Drehscheibe Mangareva ausgingen, zum Erliegen. Spätere archäologische Schichten auf Henderson enthalten keine importierten Austernschalen aus Mangareva mehr, kein Vulkanglas und keinen feinkörnigen Basalt von Pitcairn zur Herstellung von Schneidwerkzeugen, und keine Basalt-Ofensteine von Mangareva oder Pitcairn. Offensichtlich trafen von beiden Inseln keine Kanus mehr ein. Da die Bäume auf Henderson selbst zum Bootsbau zu klein sind, saß die Bevölkerung von wenigen Dutzend Menschen nun auf einer der abgelegensten, unwirtlichsten Inseln der Welt fest. Damit standen die Bewohner von Henderson vor einem Problem, das uns heute unlösbar erscheint: Wie sollten sie auf einem Kalksteinriff überleben, ohne Metalle, ohne Steine mit Ausnahme des Kalksteins und ohne irgendwelche Importe?

Die Methoden, mit denen sie sich am Leben erhielten, erscheinen mir wie eine Mischung aus Erfindungsreichtum, Verzweiflung und Heldentum. Als Material für die Äxte verwendeten sie nun keine Steine mehr, sondern die Schalen von Riesenmuscheln. Zum Bohren von Löchern benutzten sie Vogelknochen. Als Ofensteine dienten ihnen Kalkstein, Korallen oder große Muschelschalen, aber alle diese Materialien sind dem Basalt unterlegen, weil sie die Wärme nicht so lange festhalten und nach dem Erhitzen häufig brechen, sodass sie nicht so oft wiederverwendet werden können. Angelhaken wurden aus den Schalen von Kugelkrabben hergestellt, die aber wesentlich kleiner sind als die Gehäuse der Großen Perlmuscheln, sodass jede Schale nur einen Haken liefert (im Vergleich zu einem Dutzend bei einer Perlmuschelnschale).

Wie man aus der Radiokarbondatierung ablesen kann, überlebte die Bevölkerung von Henderson, die ursprünglich aus einigen Dutzend Menschen bestand, mit solchen Bemühungen noch über mehrere Generationen; nachdem der Kontakt mit Mangareva und Pitcairn völlig abgerissen war, blieb sie möglicherweise noch über ein Jahrhundert bestehen. Im Jahr 1606 jedoch, als Henderson von den Europäern »entdeckt« wurde, existierte die Bevölkerung nicht mehr: Die Besatzung eines Bootes, das von einem vorüberfahrenden spanischen Schiff kam und auf der Insel landete, entdeckte niemanden. Auf Pitcairn war die einheimische Bevölkerung spätestens 1790 verschwunden (in diesem Jahr trafen die Meuterer von der *Bounty* ein und fanden die Insel unbewohnt vor), vermutlich gab es sie aber schon viel früher nicht mehr.

Warum kamen die Kontakte zwischen Henderson und der Außenwelt zum Erliegen? Die Ursache lag in einem katastrophalen Wandel der Umwelt auf Mangareva und Pitcairn. Durch die Besiedlung der Inseln Polynesiens, die sich über Jahrmillionen ohne Menschen entwickelt hatten, kam es überall zur Zerstörung von Lebensräumen und zum Massenaussterben von Pflanzen und Tieren. Mangareva war insbesondere durch Waldzerstörung gefährdet, und zwar im Wesentlichen aus den gleichen Gründen, die ich im vorangegangenen Kapitel bereits für die Osterinsel genannt habe: hohe geographische Breite, geringe Asche- und Staubniederschläge, und so weiter. Am stärksten wurden die Lebensräume im hügeligen Landesinneren von Mangareva zerstört, wo die Bewohner immer mehr Bäume abholzten, um ihre Felder anzulegen. Die Folge war, dass der Regen den Mutterboden die steilen Abhänge hinunterspülte, und an die Stelle des Waldes trat eine Savanne mit Farnen, denn diese gehörten zu den wenigen Pflanzen, die auf dem nackten Untergrund noch gediehen. Durch die Bodenerosion verschwanden im Gebirge große Teile der Flächen, die auf Mangareva bis dahin für Felder und nützliche Bäume zur Verfügung gestanden hatten. Da keine Bäume für den Bau von Kanus mehr übrig blieben, ging durch die Waldzerstörung indirekt auch der Ertrag der Fischerei zurück. Als Europäer die Insel im Jahr 1797 »entdeckten«, besaßen die Einheimischen keine Kanus mehr, sondern nur Flöße.

Da es nun auf Mangareva zu viele Menschen und zu wenig zu essen gab, glitt die Gesellschaft in einen Albtraum des Bürgerkrieges und des chronischen Hungers ab, an dessen Folgen sich selbst die heutigen Inselbewohner noch in allen Einzelheiten erinnern. Um sich Proteine zu beschaffen, gingen die Menschen zum Kannibalismus über, und dabei verzehrten sie nicht nur kürzlich Verstorbene, sondern auch Leichen, die ausgegraben wurden. Um die wenigen verbliebenen Landflächen, die noch landwirtschaftlich nutzbar waren, brachen ständige Kämpfe aus, wobei die Sieger jeweils das Land der Verlierer unter sich aufteilten. An die Stelle eines geordneten politischen Systems mit der Erbfolge von Häuptlingen traten Kriegsherren ohne erbliche Stellung. Der Gedanke an Miniatur-Militärdiktaturen im Osten und Westen von Mangareva, die um die Herrschaft über eine nur acht Kilometer lange Insel kämpften, könnte uns heute geradezu komisch erscheinen, wenn er nicht so tragisch wäre. Selbst wenn noch Bäume für Kanus zur Verfügung gestanden hätten, wäre es wegen des politischen Durcheinanders schwierig gewesen, Arbeitskräfte und Proviant für Hochseereisen bereitzustellen und das eigene Feld einen Monat lang unbewacht zu lassen. Mit dem Zusammenbruch seiner Drehscheibe zerfiel das gesamte ostpolynesische Handelsnetz, das Mangareva mit den Marquesas-, Gesellschafts- und Tuamotu-Inseln, Pitcairn und Henderson verbunden hatte, eine Entwicklung, die Weisler mit seinen Untersuchungen an den Basaltäxten dokumentieren konnte.

Über die Veränderung der Umwelt auf Pitcairn wissen wir zwar viel weniger, aber begrenzte archäologische Ausgrabungen, die Weisler dort vornahm, belegen auch auf dieser Insel eine umfangreiche Waldzerstörung und Bodenerosion. Auch Henderson litt unter Umweltschäden. Fünf ihrer neun Landvogelarten (darunter alle drei großen Taubenarten) und die Brutkolonien von sechs Seevogelarten wurden ausgerottet. Die Ursachen dieser Vernichtung waren wahrscheinlich Jagd, Lebensraumzerstörung durch das Abbrennen größerer Flächen zur Anlage von Feldern und die räuberischen Ratten, die als blinde Passagiere mit den Kanus der Polynesier auf die Insel kamen. Noch heute sind diese Ratten hinter Hühnern und den ausgewachsenen Seevögeln der noch verbliebenen Arten her, die ihre Evolution ohne die Nager durchgemacht haben und sich deshalb nicht verteidigen können. Felder wurden auf Henderson archäologischen Befunden zufolge erst nach dem Verschwinden dieser Vögel angelegt, was darauf schließen lässt, dass die Menschen zum Anbau von Pflanzen gezwungen waren, nachdem ihre ursprünglichen Nahrungsquellen immer mehr versiegten. In jüngeren Schichten der archäologischen Fundstätten an der Nordostküste von Henderson findet man keine Gehäuse der essbaren Posthornschnecken mehr, und die Zahl der Turbanschnecken geht zurück, auch dies ein Indiz, dass die Schalentiere übermäßig ausgebeutet wurden.

Dass der Handel zwischen den Inseln Südostpolynesiens zum Erliegen kam, lag also an Umweltschäden, die zu gesellschaftlichem und politischem Chaos sowie zu einem Mangel an Holz für Kanus führten. Nachdem der Handel eingestellt war, verschärften sich die Probleme für die Bewohner von Mangareva, die nun von Pitcairn sowie von den Marquesas- und Gesellschaftsinseln und damit auch von hochwertigem Gestein zur Werkzeugherstellung abgeschnitten waren. Noch schlimmer waren die Folgen für die Bewohner von Pitcairn und Henderson: Auf diesen Inseln lebte am Ende niemand mehr.

Dass die Bevölkerung von Pitcairn und Henderson verschwand, muss auf irgendeine Weise daran gelegen haben, dass die Nabelschnur zu Mangareva durchschnitten war. Das Leben auf Henderson war immer schwierig gewesen und wurde noch anstrengender, nachdem es kein importiertes Vulkangestein mehr gab. Gingen alle Bewohner gleichzeitig in einer Art Massenkrise zugrunde, oder schwand die Bevölkerung allmählich dahin, bis nur noch ein einziger Überlebender viele Jahre mit seinen Erinnerungen allein war? Dieses Schicksal ereilte die Indianerbevölkerung auf San Nicolas Island bei Los Angeles, wo schließlich nur noch eine einzige Frau übrig war, die völlig isoliert die letzten 18 Jahre ihres Lebens verbrachte. Hielten die letzten Bewohner von Henderson sich Generation für Generation an den Stränden auf, und starrten sie aufs Meer in der Hoffnung auf die Kanus, die nun nicht mehr kamen, bis selbst die Erinnerung daran, wie ein Kanu aussah, immer mehr verblasste?

Auch wenn wir nicht in allen Einzelheiten wissen, wie das menschliche Leben auf Pitcairn und Henderson allmählich verlosch, kann ich mich von diesem rätselhaften Drama nicht losreißen. Vor meinem geistigen Auge läuft der Film immer wieder mit einem anderen Ende ab, und als Leitfaden für meine Spekulationen dient mir dabei das, was ich über einige andere isolierte Gesellschaften und ihr Schicksal tatsächlich weiß. Wenn Menschen gemeinsam in einer ausweglosen Situation sind und keine Möglichkeit der Auswanderung besteht, können Feinde ihre Spannungen nicht mehr dadurch beilegen, dass sie weggehen. Solche Spannungen könnten sich im Massenmord entladen haben wie später, als die Kolonie der Meuterer von der *Bounty* auf Pitcairn fast auf diese Weise ausgelöscht worden wäre. Auch Nahrungsknappheit und Kannibalismus könnten Mordmotive gewesen sein, wie es auf Mangareva und der Osterinsel der Fall war. Vielleicht entschlossen sich verzweifelte Menschen zum Massenselbstmord wie vor einiger Zeit 39 Mitglieder des »Heavens Gate«-Kultes nicht weit von San Diego in Kalifornien. Die Verzweiflung könnte aber auch zu geistiger Umnachtung geführt haben wie bei einigen Teilnehmern der belgischen Antarktisexpedition, deren Schiff 1898/99 über ein Jahr lang vom Eis eingeschlossen war. Ein anderes katastrophales Ende könnte der Hungertod gewesen sein wie in der japanischen Garnison, die im Zweiten Weltkrieg auf der Insel Wake abgeschnitten wurde, und verschlimmert wurde alles vielleicht noch durch Dürre, Taifune, Tsunamis oder eine andere Umweltkatastrophe.

Dann fallen mir freundlichere Enden für den Film ein. Nach einigen Generationen der Einsamkeit auf Pitcairn oder Henderson war jeder und jede in dieser kleinen Gesellschaft von 100 oder auch nur einigen Dutzend Menschen der Cousin oder die Cousine jedes anderen, und man konnte keine Ehe mehr schließen, ohne das Inzesttabu zu verletzen. Vielleicht wurden die Menschen also alle gemeinsam alt und hatten keine Kinder mehr – so erging es den letzten überlebenden Yahi-Indianern in Kalifornien, dem berühmten Ishi und seinen drei Begleitern. Falls die kleine Bevölkerung das Inzesttabu außer Acht ließ, könnte es durch die nachfolgende Inzucht zu einer Vermehrung angeborener körperlicher Missbildungen gekommen sein, wie es auf der Insel Martha's Vineyard vor Massachusetts mit der Taubheit oder auf der abgelegenen Atlantikinsel Tristan da Cunha geschah.

Wie das Ende auf Pitcairn und Henderson tatsächlich aussah, werden wir wahrscheinlich nie erfahren. Aber unabhängig von den Einzelheiten ist der große Umriss der Geschichte deutlich zu erkennen. Auf Mangareva, Pitcairn und Henderson fügten die Menschen ihrer Umwelt schwere Schäden zu, und damit zerstörten sie viele Ressourcen, die sie für ihr eigenes Leben brauchten. Die Bewohner von Mangareva waren so zahlreich, dass sie überlebten, wenn auch unter chronisch entsetzlichen Bedingungen und mit einem drastisch verminderten Lebensstandard. Auf Pitcairn und Henderson dagegen waren die Menschen von Anfang an, noch bevor die Umweltschäden sich häuften, auf importierte landwirtschaftliche Produkte, Technologie, Steine, Muschelschalen und Zuwanderer von ihrer Mutterinsel Mangareva angewiesen. Als diese wegen des Niederganges nicht mehr zu Exporten in der Lage war, konnten alle heldenhaften Anpassungsbemühungen die letzten lebenden Menschen auf Pitcairn und Henderson nicht mehr retten. Und wer nun den Eindruck hat, diese Inseln seien räumlich und zeitlich so weit entfernt, dass sie für unsere moderne Gesellschaft keine Bedeutung haben, der braucht nur an die Gefahren (und an den Nutzen) unserer zunehmenden Globalisierung und der wachsenden wirtschaftlichen Verflechtungen zu denken. Viele wirtschaftlich wichtige, aber ökologisch empfindliche Gebiete (man denke nur an das Öl) haben schon heute Auswirkungen auf uns alle, genau wie Mangareva sich auf Pitcairn und Henderson auswirkte.

KAPITEL 4

Altvordere: Die Anasazi und ihre Nachbarn

Wüstenbauern ■ Baumringe ■ Bewässerungsmethoden für Nutzpflanzen ■ Chacos Probleme und Buschratten ■ Regionale Integration ■ Niedergang und Ende von Chaco ■ Was wir von Chaco lernen können

Unter den Schauplätzen von Gesellschaftszusammenbrüchen, die in diesem Buch betrachtet werden, wurden die beiden abgelegensten – die Inseln Pitcairn und Henderson – im letzten Kapitel beschrieben. Das andere Extrem sind jene, die einem Amerikaner geographisch am nächsten liegen: die Gebiete der Anasazi in New Mexico im Südwesten der USA, der Chaco Culture National Historical Park am Highway 57 und der Mesa Verde National Park am US-Highway 666. Beide sind noch nicht einmal 1000 Kilometer von meiner Heimatstadt Los Angeles entfernt. Wie die Mayastädte, die den Gegenstand des nächsten Kapitels bilden, sind auch diese und andere altamerikanische Ruinen beliebte Touristenattraktionen, die jedes Jahr von vielen tausend Bewohnern der modernen Industriestaaten besucht werden. Eine dieser früheren Kulturen im Südwesten, die Mimbreskultur, ist wegen ihrer schönen Keramik mit geometrischen Mustern und realistischen Darstellungen auch bei Kunstsammlern beliebt: Eine Gesellschaft von nur knapp 4000 Menschen begründete eine einzigartige Tradition und erlebte nur wenige Generationen lang eine Blütezeit, bevor sie ganz plötzlich verschwand.

Ich gebe zu, dass die Gesellschaften im Südwesten der USA in einem viel kleineren Ausmaß tätig waren als die Städte der Maya, denn ihre Bevölkerung war wesentlich kleiner. Deshalb haben die Mayastädte eine weitaus größere Fläche sowie üppigere Denkmäler und Kunstgegenstände. Sie waren das Produkt einer Gesellschaft mit viel stärker ausgeprägter Schichtstruktur, die von Königen geleitet wurde und bereits eine Schrift besaß. Aber den Anasazi gelang es, die größten und höchsten Bauwerke Nordamerikas zu errichten, die erst in den achtziger Jahren des

19. Jahrhunderts von den Wolkenkratzern Chicagos mit ihren Stahlskeletten übertroffen wurden. Obwohl die Anasazi keine Schrift besaßen, sodass wir Inschriften nicht wie bei den Maya bis auf den Tag genau datieren können, lässt sich das Alter vieler Bauwerke im Südwesten der USA, wie wir noch genauer erfahren werden, bis auf ein Jahr genau feststellen, und deshalb können die Archäologen die Vergangenheit der Anasazi-Gesellschaft mit einer viel feineren zeitlichen Auflösung nachzeichnen als auf der Osterinsel, Pitcairn und Henderson.

Im Südwesten der USA haben wir es nicht nur mit einer einzigen Kultur und ihrem Zusammenbruch zu tun. Regionale Zusammenbrüche, tief greifende Umstrukturierungen und die völlige Vernichtung machten die Kulturen im Südwesten an verschiedenen Orten und zu verschiedenen Zeiten durch: Die Mimbres erlebten es um 1130 n. Chr.; die Anasazi von Chaco Canyon, North Black Mesa und Virgin Mitte oder Ende des 12. Jahrhunderts; die Anasazi von Mesa Verde und Kayenta um 1300; die Mogollon um 1400; und noch im 15. Jahrhundert traf es vermutlich die Hohokam, die durch ihre raffinierten landwirtschaftlichen Bewässerungssysteme bekannt wurden. Zwar ereigneten sich alle diese Umwälzungen, bevor Kolumbus 1492 in die Neue Welt kam, aber als Volk verschwanden die Anasazi nicht: Ein Teil ihrer Nachkommen wurde von anderen Gesellschaften der amerikanischen Ureinwohner aufgenommen, die es noch heute gibt, beispielsweise von den Pueblo-Indianerstämmen der Hopi und Zuni. Was waren die Ursachen für den Niedergang oder derart abrupte Veränderungen in so vielen benachbarten Gesellschaften?

Als beliebteste Einzelursachen werden Umweltschäden, Dürre, Kriegsführung und Kannibalismus genannt. Aber eigentlich ist die Vorgeschichte des nordamerikanischen Südwestens ein Friedhof solcher Einzelfaktor-Erklärungen. In Wirklichkeit waren zahlreiche Faktoren am Werk, aber alle lassen sich auf das Grundproblem zurückführen, dass die Umwelt im Südwesten der USA empfindlich ist und sich nicht für die Landwirtschaft eignet – genau wie heute in vielen anderen Teilen der Welt. Der Niederschlag ist gering und unberechenbar, der Boden wird schnell ausgelaugt, und Wälder wachsen nur sehr langsam nach. Umweltprobleme, insbesondere größere Dürreperioden oder die Erosion von Flussbetten, wiederholen sich in der Regel in Zeitabständen, die viel länger sind als die Lebenszeit eines Menschen oder die Zeitspanne der mündlichen Überlieferung. Angesichts solcher Schwierigkeiten ist es erstaunlich, dass die Ureinwohner im Südwesten Nordamerikas derart vielschichtige bäuerliche Gesellschaften entwickelten. Für ihren Erfolg spricht unter anderem, dass heute in großen Teilen ihres Gebietes nur eine viel kleinere Bevölkerung vom Anbau eigener Lebensmittel leben kann als zur Zeit der Anasazi. Für mich war es ein bewegendes, unvergessliches Erlebnis, durch die Wüstengebiete mit den verstreuten Überresten früherer Steinhäuser, Dämme und Bewässerungssysteme der Anasazi zu fahren, die in einer heute praktisch völlig menschenleeren Landschaft stehen, wo nur hier und da gelegentlich ein Haus bewohnt ist. Der Zusammenbruch der Anasazi und anderer Gesellschaften im Südwesten der Vereinigten Staaten liefert uns nicht nur eine ergreifende Geschichte, sondern sie ist im Zusammenhang dieses Buches auch lehrreich, macht sie doch sehr gut unsere Themen deutlich: die Wechselbeziehungen zwischen Eingriffen der Menschen in die Umwelt und Klimaveränderungen; Umwelt- und Bevölkerungsprobleme, die in Kriege münden; Stärken und Schwächen komplizierter Gesellschaften, die sich nicht selbst erhalten können, sondern auf Import und Export angewiesen sind; und Gesellschaften, die nach einem Höhepunkt von Bevölkerungszahl und Macht sehr schnell in sich zusammenfallen.

Dass wir über die Vorgeschichte des Südwestens so detaillierte Kenntnisse besitzen, liegt daran, dass die Archäologen sich in dieser Region zweier Vorteile erfreuen können. Eine ist die Buschratten-Abfallhaufenmethode, die ich im Folgenden noch genauer erläutern werde: Sie liefert uns wie eine Zeitkapsel Aufschlüsse über die Pflanzen, die wenige Jahrzehnte vor oder nach einem berechneten Datum im Umkreis weniger Dutzend Meter um einen Abfallhaufen wuchsen. Aufgrund dieses Vorteils konnten die Paläobotaniker den Wandel der örtlichen Vegetation nachzeichnen. Der zweite Vorteil ermöglicht es den Archäologen, bebaute Orte auf das Jahr genau zu datieren; dazu benutzen sie die Jahresringe der jeweils zum Bau verwendeten Holzbalken, sodass sie im Gegensatz zu den Archäologen in anderen Gebieten nicht auf die Radiokarbonmethode zurückgreifen müssen, die zwangsläufig eine Fehlerspanne von 50 bis 100 Jahren beinhaltet.

Grundlage der Jahresringe-Methode ist die Tatsache, dass Niederschlag und Temperatur im Südwesten jahreszeitlichen Schwankungen unterworfen sind, und entsprechend schwankt – genau wie an anderen Stellen in den gemäßigten Breiten – auch die Wachstumsgeschwindigkeit der Bäume je nach der Jahreszeit. Deshalb legen die Bäume in den gemäßigten Klimazonen neues Holz in jährlichen Wachstumsringen an, während das Wachstum der Bäume in den tropischen Regenwäldern nahezu kontinuierlich verläuft. Für Untersuchungen der Jahresringe eignen sich die Bäume im Südwesten aber besser als in den meisten anderen gemäßigten Zonen, denn das trockene Klima hat zur Folge, dass Holzbalken ausgezeichnet erhalten bleiben, selbst wenn der betreffende Baum schon vor über 1000 Jahren gefällt wurde.

Die Datierung mit Hilfe der Jahresringe, mit dem Fachausdruck *Dendrochronologie* genannt (von den griechischen Wörtern *dendron* = Baum und *chronos* = Zeit), funktioniert folgendermaßen. Wenn man heute einen Baum fällt, kann man ganz einfach von außen nach innen die Ringe zählen: Man beginnt an der Oberfläche des Baumes (die dem Wachstumsring des laufenden Jahres entspricht) und kann auf diese Weise feststellen, dass der 177. Ring auf dem Weg von außen zur Mitte im Jahr 2005 minus 177 entstanden ist, das heißt 1828. Weniger einfach ist es, einem bestimmten Ring in einem alten Holzbalken der Anasazi ein Datum zuzuordnen, denn zunächst weiß man ja nicht, in welchem Jahr der Baum gefällt wurde. Aber die Wachstumsringe sind von Jahr zu Jahr unterschiedlich breit, je nachdem, welche Niederschlags- oder Dürreverhältnisse in dem fraglichen Jahr herrschten. Die Reihenfolge der Ringe im Querschnitt durch einen Baum ähnelt also einer Nachricht im Morsecode, der früher für die Übermittlung von Telegrammen verwendet wurde: Punkt-Punkt-Strich-Punkt-Strich im Morsealphabet oder breit-breit-schmal-breit-schmal in der Abfolge von Baumringen.

Die Spezialisten für Baumringe, auch Dendrochronologen genannt, gehen folgendermaßen vor: Sie registrieren zunächst die Abfolge breiterer und schmalerer Ringe in einem Baum, der vor kurzer Zeit in einem bekannten Jahr gefällt worden ist. Ebenso halten sie die Abfolge in den Balken aus Bäumen fest, die zu unbekannten Zeitpunkten in der Vergangenheit abgeholzt wurden. Dann vergleichen sie die Abfolge breiter und schmaler Streifen in unterschiedlichen Balken. Nehmen wir beispielsweise an, wir hätten dieses Jahr (2005) einen Baum gefällt und ein Alter von 400 Jahren (400 Ringen) ermittelt; für die Zeit von 1643 bis zurück ins Jahr 1631 fällt uns eine besonders charakteristische Reihe von fünf breiten, zwei schmalen und wiederum sechs breiten Ringen auf. Findet man die gleiche Sequenz sieben Jahre vom äußersten Ring eines alten Balkens entfernt, der 332 Ringe besitzt und zu einem unbekannten Zeitpunkt gefällt wurde, dann kann man daraus schließen, dass der Baum, zu dem der alte Balken gehörte, im Jahr 1650 (sieben Jahre nach 1643) gefällt wurde und dass sein Wachstum im Jahr 1318 (332 Jahre vor 1650) begann. Dann sucht man nach Übereinstimmungen zwischen diesem Baum, der zwischen 1318 und 1650 gelebt hat, und noch älteren Balken; wieder bringt man das Muster der Jahresringe nach dem gleichen Prinzip zur Übereinstimmung, und nun findet man vielleicht einen Balken, dessen Baum dem Muster zufolge nach 1318 gefällt wurde, aber vor 1318 zu wachsen begann; auf diese Weise verschiebt man die zeitliche Abfolge der Baumringe immer weiter in die Vergangenheit. In manchen Teilen der Welt konnte man mit Hilfe der Jahresringe eine Zeittafel erstellen, die mehrere tausend Jahre zurückreicht. Ein solches Schema gilt jeweils nur für eine bestimmte geographische Region, und wie groß diese Region ist, hängt von den örtlichen Wetterverhältnissen ab – das Wetter und damit das Wachstum der Bäume ist von Ort zu Ort unterschiedlich. Das Grundmuster der Jahresringe im Südwesten Nordamerikas gilt beispielsweise (mit gewissen Abweichungen) für das Gebiet vom Norden Mexikos bis nach Wyoming.

Die Dendrochronologie hat den Vorteil, dass sich in der Breite und Feinstruktur der einzelnen Jahresringe nicht nur die Niederschlagsmenge widerspiegelt, sondern auch die Jahreszeit, in welcher der Regen in dem jeweiligen Jahr gefallen ist. Anhand der Jahresringe kann man also die Klimaverhältnisse früherer Zeiten rekonstruieren: Eine Reihe breiter Ringe spiegelt eine feuchte Periode wider, schmalere Ringe weisen auf eine Dürre hin. Mit Hilfe der Baumringe können die Archäologen im Südwesten der Vereinigten Staaten einzigartig genaue Rückschlüsse auf Zeitpunkt und jährliche Schwankungen der Umweltverhältnisse ziehen.

Die ersten Menschen kamen als Jäger und Sammler nach Amerika; den Südwesten der heutigen USA hatten sie spätestens 11 000 v. Chr. erreicht, möglicherweise aber auch schon früher. Es war die Zeit, als die Neue Welt von Asien aus durch die Vorfahren der amerikanischen Ureinwohner besiedelt wurde. Eine eigenständige Landwirtschaft entwickelte sich im Südwesten Nordamerikas nicht, denn es gab zu wenig wilde Pflanzen- und Tierarten, die man hätte domestizieren können. Stattdessen wurde die Landwirtschaft aus Mexiko übernommen, wo man Mais, Kürbisse, Bohnen und viele andere Arten domestiziert hatte – der Mais wurde um 2000 v. Chr. eingeführt, der Kürbis ungefähr 800 v. Chr., die Bohnen noch ein wenig später und die Baumwolle erst 400 n. Chr. Die Menschen hielten auch Truthähne; gewisse Meinungsverschiedenheiten gibt es dabei in der Frage, ob diese Tiere zuerst in Mexiko domestiziert wurden und sich dann in den Südwesten ausbreiteten, ob es umgekehrt war, oder ob man sie in beiden Gebieten unabhängig voneinander domestizierte. Ursprünglich bedienten sich die Ureinwohner im Südwesten der Landwirtschaft nur im Rahmen ihrer Lebensweise als Jäger und Sammler, ganz ähnlich wie die Apachen es auch im 18. und 19. Jahrhundert taten: Während der Wachstumssaison wurden sie sesshaft und ernteten die Pflanzen, während des übrigen Jahres zogen sie als Jäger und Sammler herum. Ungefähr um die Zeitenwende hatten manche Ureinwohner im Südwesten der USA sich bereits in den Dörfern eine sesshafte Lebensweise zu Eigen gemacht, sodass sie nun vorwiegend von der Landwirtschaft abhängig waren und ihre Felder mit Gräben bewässerten. Im weiteren Verlauf nahm die Bevölkerungszahl stark zu, und die Menschen verbreiteten sich in der Region, bis um 1117 n. Chr. der Rückgang begann.

Es entwickelten sich mindestens drei Formen der Landwirtschaft, mit denen das Grundproblem des Südwestens gelöst wurde: die Beschaffung von genügend Wasser zum Anbau von Pflanzen. Der Niederschlag ist in der Region so gering und so unberechenbar, dass dort heute wenig oder gar keine Landwirtschaft betrieben wird. Eine Lösung war der so genannte Trockenanbau: Man verließ sich auf den Niederschlag in höheren Lagen, wo es tatsächlich so viel regnete, dass die Pflanzen wachsen konnten. Bei einer zweiten Lösung musste der Regen nicht unmittelbar auf die Felder fallen; diese Art der Landwirtschaft setzte sich in Gebieten durch, wo der Grundwasserspiegel so dicht unter der Oberfläche lag, dass die Wurzeln der Pflanzen bis ins Wasser reichten. Solche Verhältnisse herrschten am Boden von Schluchten wie dem Chaco Canyon, wo jahreszeitliche oder ganzjährige Wasserläufe für einen hohen Grundwasserspiegel sorgten. Die dritte Lösung, die insbesonders von den Hohokam und ebenfalls im Chaco Canyon praktiziert wurde, bestand darin, abfließendes Wasser in Gräben oder Kanälen zu sammeln und auf die Felder zu leiten.

Im gesamten Südwesten bediente man sich dieser oder jener Abwandlung der genannten drei Methoden, um genügend Wasser für das Pflanzenwachstum bereitzustellen. Was ihre Anwendung anging, experimentierte man an verschiedenen Stellen mit mehreren Alternativen. Die Experimente wurden mindestens 1000 Jahre lang fortgesetzt, und viele erwiesen sich über Jahrhunderte als erfolgreich, aber am Ende fielen alle mit einer Ausnahme den Umweltproblemen zum Opfer, die auf die Einwirkung der Menschen oder auf Klimaveränderungen zurückgingen. Jede Alternative war mit anderen Risiken verbunden.

Eine Methode bestand darin, sich in größerer Höhe anzusiedeln, wo mehr Niederschlag fiel. Dies taten die Mogollon, die Menschen von Mesa Verde und die Vertreter jener Frühphase der Landwirtschaft, die als Pueblo I bezeichnet wird. Sie war aber mit der Gefahr verbunden, dass in höheren Lagen auch niedrigere Temperaturen herrschen, und in besonders kühlen Jahren war es unter Umständen so kalt, dass die Pflanzen überhaupt nicht wuchsen. Das andere Extrem waren die wärmeren Niederungen, wo der Niederschlag aber selbst für den Trockenanbau nicht ausreicht. Um dieses Problem zu umgehen, bauten die Hohokam das umfangreichste Bewässerungssystem, das es auf dem amerikanischen Kontinent außerhalb Perus gab. Es bestand aus einem fast 20 Kilometer langen, fünf Meter tiefen und 24 Meter breiten Hauptkanal, von dem Nebenkanäle mit vielen hundert Kilometern Länge abzweigten. Aber die Bewässerung barg ein anderes Risiko: Nach einem Gewitter konnten plötzlich abfließende, große Wassermassen die Kanäle weiter ausspülen, sodass so genannte Arroyos entstanden, tiefe Gräben, in denen der Wasserspiegel unter das Niveau der Felder sank. Dann war eine Bewässerung ohne Pumpen nicht mehr möglich. Außerdem besteht bei diesem System immer die Gefahr, dass besonders starke Regenfälle oder Überschwemmungen die Dämme und Kanäle zerstören, was bei den Hohokam wahrscheinlich auch tatsächlich geschah.

Eine konservativere Methode, der Anbau von Nutzpflanzen nur in Gebieten mit zuverlässigen Quellen und konstantem Grundwasserspiegel, wurde anfangs von den Mimbres praktiziert, aber auch im Chaco Canyon von den Menschen in der Phase der Landwirtschaft, die man Pueblo II nennt. Dann aber wuchs die gefährliche Verlockung, die Landwirtschaft in feuchten Jahrzehnten mit günstigen Wachstumsbedingungen auch auf Randgebiete auszuweiten, wo Wasserquellen und Grundwasser weniger zuverlässig waren. Die Bevölkerung, die sich in solchen Regionen stark vermehrte, konnte später keine Pflanzen mehr anbauen und musste hungern, wenn das unberechenbare Klima sich erneut änderte. Dieses Schicksal ereilte die Mimbres: Sie betrieben ihre Landwirtschaft anfangs ohne Risiko in der Flussniederung, aber als ihre Bevölkerung die Produktionskapazität des ursprünglichen Anbaugebietes überforderte, bebauten sie auch die benachbarten Regionen oberhalb davon. Während einer feuchten Klimaphase ging das Glücksspiel gut, und sie konnten die Hälfte ihres Nahrungsbedarfs außerhalb der Flussniederung decken. Als es jedoch wieder trockener wurde, überstieg der Bedarf der gewachsenen Bevölkerung die Produktion der Flussniederung um das Doppelte, und unter dieser Belastung brach die Gesellschaft der Mimbres abrupt zusammen.

Wiederum eine andere Lösung bestand darin, sich nur für wenige Jahrzehnte in einem Gebiet niederzulassen und den Ort zu wechseln, sobald Boden und Wildbestände erschöpft waren. Diese Methode war praktikabel, solange die Bevölkerungsdichte gering blieb, denn dann gab es noch viele unbewohnte Gebiete, die man besiedeln konnte; anschließend ließ man sie so lange unberührt, bis die Vegetation und die Nährstoffe im Boden sich wieder erholt hatten. Tatsächlich waren die meisten archäologischen Stätten im Südwesten Nordamerikas nur wenige Jahrzehnte bewohnt; die größte Aufmerksamkeit ziehen heute allerdings die wenigen großen Orte wie Pueblo Bonito im Chaco Canyon auf sich, in denen mehrere Jahrhunderte lang ununterbrochen Menschen lebten.

Eine weitere Alternative war die Praxis, Pflanzen trotz der lokal unvorhersehbaren Niederschläge an vielen verschiedenen Orten anzubauen und dann an den Stellen zu ernten, wo der Regen einen guten Ertrag ermöglicht hatte; ein Teil der Ernte wurde dann an die Bewohner der Stellen verteilt, die in dem fraglichen Jahr zufällig nicht genügend Niederschlag abbekommen hatten. Diese Methode setzte sich schließlich im Chaco Canyon durch. Aber auch sie war mit einer Gefahr verbunden: Die Umverteilung erforderte ein kompliziertes politisches und gesellschaftliches System, in dem die Aktivitäten der verschiedenen Orte zusammenflossen, und als dieses komplexe System schließlich zusammenbrach, litten viele Menschen Hunger.

Die letzte Methode schließlich war der Anbau von Pflanzen in der Nähe dauerhafter oder zuverlässiger Wasserquellen, wobei man aber in höheren Lagen oberhalb der Hauptwasserwege wohnte und so der Gefahr aus dem Weg ging, dass Überschwemmungen die Felder und Dörfer wegspülten; außerdem betrieb man eine vielfältige Wirtschaft und nutzte unterschiedliche ökologische Zonen aus, sodass jede Siedlung sich selbst versorgen konnte. Diese Lösung übernahmen die Vorfahren der heutigen Hopi- und Zuni-Pueblo-Indianer, und sie war über 1000 Jahre lang erfolgreich. Manche modernen Hopi- und Zuni-Indianer schütteln heute beim Blick auf die Übertreibungen der amerikanischen Gesellschaft den Kopf und sagen: »Wir waren hier, lange bevor ihr gekommen seid, und wir werden auch noch hier sein, wenn ihr längst wieder weg seid.«

Alle diese Alternativlösungen sind durch ein ähnliches, übergeordnetes Risiko bedroht: Eine Reihe guter Jahre mit ausreichendem Niederschlag oder ausreichend hohem Grundwasserspiegel kann zu Bevölkerungswachstum führen; das wiederum hat zur Folge, dass die Gesellschaft immer komplexer wird, immer mehr gegenseitige Abhängigkeiten entwi-

Ausgrabungsstätten der Anasazi

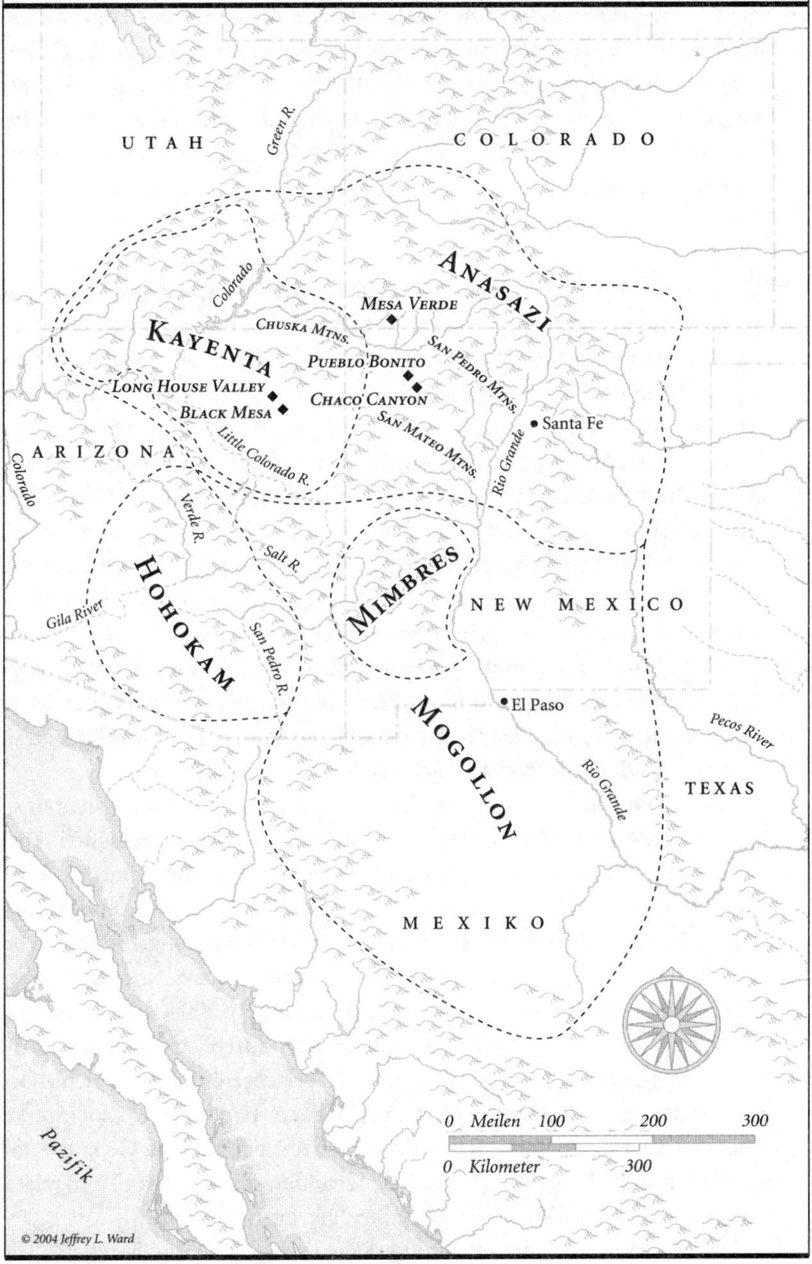

ckelt und sich lokal nicht mehr selbst versorgen kann. Folgen dann mehrere schlechte Jahre, kommt eine solche Gesellschaft nicht mehr damit zurecht, und sie kann sich anschließend nicht so gut regenerieren wie eine weniger bevölkerungsreiche, weniger von gegenseitigen Abhängigkeiten geprägte und eher autarke Gesellschaft. Wie wir noch genauer erfahren werden, war genau dieses Dilemma der Grund, warum die Anasazi ihre Siedlungen im Longhouse Valley und möglicherweise auch in anderen Gebieten aufgeben mussten.

Am eingehendsten hat man untersucht, wie die spektakulärsten und größten Ansiedlungen der Anasazi im Chaco Canyon im Nordwesten des US-Bundesstaates New Mexico aufgegeben wurden. Die Gesellschaft der Anasazi erlebte dort ungefähr seit dem Jahr 600 n. Chr. eine über fünf Jahrhunderte lange Blütezeit, bevor sie irgendwann zwischen 1150 und 1200 verschwand. Es war eine kompliziert organisierte, geographisch weit ausgedehnte Gesellschaft mit regionalem Zusammenhalt, und sie errichtete die größten präkolumbianischen Bauwerke Nordamerikas. Über die öde, baumlose Landschaft des Chaco Canyon mit ihren tief eingeschnitten Arroyos und dem spärlichen, niedrigen Bewuchs aus salztolerantem Buschwerk staunen wir noch mehr als über die öde, baumlose Landschaft der Osterinsel: Der Canyon ist heute, abgesehen von ein paar Häusern der Nationalpark-Ranger, vollkommen unbewohnt. Warum bauten Menschen in dieser Einöde eine hoch entwickelte Stadt, und warum gaben sie sie auf, nachdem die Errichtung so viel Arbeit gekostet hatte?

Als die Bauern um 600 n. Chr. in den Chaco Canyon kamen, lebten sie anfangs wie andere Ureinwohner des Südwestens in unterirdischen Höhlenwohnungen. Mit den Gesellschaften der Ureinwohner, die 1500 Kilometer weiter südlich im heutigen Mexiko steinerne Bauwerke errichteten, hatten die Anasazi von Chaco keinen Kontakt; unabhängig von diesen erfanden sie um 700 n. Chr. Methoden, um Häuser aus Steinen zu bauen, und schließlich setzte sich eine Technik mit einem Kern aus Geröll und Verkleidungen aus geschnittenen Steinplatten durch. Anfangs hatten die Gebäude nur ein Stockwerk, aber um 920 errichtete man im Pueblo Bonito, später der größten Siedlung von Chaco, bereits zwei Stockwerke, und in den folgenden beiden Jahrhunderten entstanden Gebäude mit fünf oder sechs Etagen und 600 Zimmern, deren Dächer von fünf Meter langen, bis zu 320 Kilo schweren Balken getragen wurden.

Warum war unter allen Siedlungen der Anasazi gerade der Chaco Canyon diejenige, an der Bautechnik sowie politische und gesellschaftliche Komplexität ihren Höhepunkt erreichten? Eine mutmaßliche Ursache sind gewisse ökologische Vorteile des Chaco Canyon, dessen Umwelt im Nordwesten von New Mexico anfangs eine angenehme Oase darstellte. Die enge Schlucht nimmt abfließendes Regenwasser von vielen Seitentälern und großen Hochflächen auf, und der so entstehende, hohe Grundwasserspiegel ermöglichte in manchen Gebieten unabhängig vom lokalen Niederschlag die Landwirtschaft. Außerdem beschleunigte das abfließende Wasser die Regeneration des Bodens. Die große bewohnbare Fläche des Canyons und des Gebietes in 80 Kilometern Umkreis konnte im Vergleich zu anderen trockenen Gebieten eine relativ große Bevölkerung ernähren. In der Chaco-Region lebt eine große Vielfalt wilder Pflanzen- und Tierarten, und die vergleichsweise niedrige Höhenlage verschafft den Nutzpflanzen eine lange Wachstumssaison. Anfangs lieferten die Kiefern- und Wacholdergehölze der Umgebung das Bau- und Feuerholz. Die ältesten Dachbalken, die man an den Jahresringen identifizieren konnte und die im trockenen Klima des Südwestens gut erhalten geblieben sind, stammen von den Arizonakiefern der Region, und auch bei den Überresten des Feuerholzes an alten Herdstellen handelt es sich um die lokalen Kiefern- und Wacholderarten. Die Ernährung der Anasazi bestand vor allem aus Mais mit ein wenig Kürbis und Bohnen, in den ältesten archäologischen Schichtungen erkennt man jedoch auch, dass viele Kiefernsamen (mit 75 Prozent Protein) und andere wilde Pflanzen verzehrt wurden; außerdem wurden Hirsche gejagt.

Diesen natürlichen Vorteilen des Chaco Canyon standen zwei wichtige Nachteile entgegen, die aus der ökologischen Empfindlichkeit des Südwestens erwuchsen. Der eine betraf die Bewirtschaftung der Wasservorräte. Anfangs bedeckte das abfließende Regenwasser in einer breiten Schicht den flachen Boden des Canyons, sodass die landwirtschaftlichen Flächen in den Flussniederungen sowohl durch dieses abfließende Wasser als auch durch das hoch stehende Grundwasser bewässert wurden. Als die Anasazi aber immer mehr Wasser zu Bewässerungszwecken in Kanäle leiteten, führte das konzentriert in diesen Kanälen abfließende Wasser in Verbindung mit der Rodung zu landwirtschaftlichen Zwecken und natürlichen Vorgängen ungefähr seit 900 n. Chr. dazu, dass tiefe Arroyos ausgewaschen wurden. In ihnen stand das Wasser unter dem Niveau der Bodenoberfläche, sodass eine landwirtschaftliche Bewässerung und auch eine auf Grundwasser basierende Landwirtschaft unmöglich wurden, bis die Arroyos wieder aufgefüllt waren. Solche tiefen Gräben können sich sehr plötzlich bilden. In der Stadt Tucson in Arizona beispielsweise gruben Siedler Ende der achtziger Jahre des 19. Jahrhunderts einen so genannten Auffanggraben aus, der das hoch stehende Grundwasser aufnehmen und bergab auf die Flussniederung leiten sollte. Im Sommer 1890 führten schwere Regenfälle dazu, dass das obere Ende des Grabens tief eingeschnitten wurde, und der so entstehende Arroyo erstreckte sich bereits drei Tage später zehn Kilometer bergauf, sodass bei Tucson eine zerfurchte, landwirtschaftlich nutzlose Flussniederung zurückblieb. Ähnliche Auffanggräben legten wahrscheinlich auch die Ureinwohner im Südwesten an, und auch die Folgen dürften ähnlich gewesen sein. Die Chaco-Anasazi bewältigten das Problem der Arroyos in ihrem Canyon auf unterschiedliche Weise: In Seitentälern, über dem Niveau des Hauptcanyons errichteten sie Dämme, um das Regenwasser zu speichern; die Felder legten sie so an, dass das Regenwasser sie bewässern konnte; sie speicherten das Regenwasser, das zwischen den Seitentälern über die Klippen am Nordrand des Canyons floss; und schließlich bauten sie im Hauptcanyon aus Felsen einen Damm.

Das zweite große ökologische Probleme neben der Wasserbewirtschaftung, die Waldzerstörung, wird durch Analyse der Buschratten-Abfallhaufen deutlich. Wer (wie ich bis vor einigen Jahren) noch nie eine Buschratte gesehen hat, kennt auch ihre Abfallhaufen nicht und kann sich vermutlich nicht vorstellen, welch große Bedeutung sie für die Erforschung der Anasazi-Vorgeschichte haben. Deshalb möchte ich kurz erklären, was es mit der Untersuchung dieser Abfallhaufen auf sich hat. Als hungrige Goldsucher im Jahr 1849 die Wüste von Nevada durchquerten, entdeckten sie auf einer Klippe glitzernde Kugeln aus einer bonbonartigen Substanz. Sie leckten daran oder aßen sie und bemerkten, dass sie süß schmecken, aber dann wurde ihnen übel. Schließlich stellte sich heraus, dass es sich bei den Kugeln um die harten Exkremente der Buschratten handelte. Diese kleinen Nagetiere bauen sich ein schützendes Nest aus Stöcken, Pflanzenteilen und dem Dung von Säugetieren, die sie in ihrer Umgebung sammeln, und hinzu kommen auch Nahrungsreste, übrig gebliebene Knochen und ihre eigenen Ausscheidungen. Der Urin der Ratten kristallisiert beim Trocknen Zucker und andere Substanzen aus, und damit nehmen die Exkremente eine ziegelsteinähnliche Konsistenz an. Letztlich aßen die hungrigen Goldgräber also getrockneten Rattenurin, der mit Rattenkot und den Nahrungsresten der Ratten gewürzt war.

Natürlich wollen auch Buschratten sich so wenig Arbeit wie möglich machen und das Risiko, bei ihren Ausflügen aus dem Nest von natürlichen Feinden aufgegriffen zu werden, gering halten; deshalb sammeln sie Pflanzen nur in einem Umkreis von wenigen Dutzend Metern. Nach einigen Jahrzehnten geben die Nachkommen der Ratten ihren Bau auf und ziehen in ein neu gebautes Nest, und in der alten Behausung verhindert der kristallisierte Urin, dass das Material verrottet. Deshalb kann man die urinverkrusteten Überreste mehrerer Dutzend Pflanzenarten aus einem solchen Bau identifizieren und auf diese Weise eine Momentaufnahme der Vegetation rekonstruieren, die zu Lebzeiten der Ratten im Umfeld ihrer Behausung wuchs. Zoologen können aus den Resten von Insekten und Wirbeltieren auch Rückschlüsse auf die Tierwelt ziehen. Ein Buschrattenbau ist der Traum jedes Paläontologen: Eine Zeitkapsel mit einer Stichprobe der örtlichen Vegetation, die im Lauf weniger Jahrzehnte in einem Umfeld von wenigen Dutzend Metern gesammelt wurde, und das zu einer Zeit, die man durch die Radiokarbondatierung der Behausung ermitteln kann.

Im Jahr 1975 war der Paläoökologe Julio Betancourt als Tourist in New Mexico, und auf seiner Reise kam er zufällig auch in den Chaco Canyon. Als er auf die Baumlandschaft rund um den Pueblo Bonito hinunterblickte, dachte er bei sich: »Hier sieht es aus wie in einer öden mongolischen Steppe; woher hatten die Menschen ihr Bau- und Brennholz?« Die gleiche Frage hatten sich auch Archäologen bei der Untersuchung der Ruinen bereits gestellt. Drei Jahre später wurde Julio von einem Bekannten aus ganz anderen Gründen gebeten, einen Antrag für die Untersuchung von Buschrattenbehausungen zu schreiben, und dabei fiel ihm in einem Geistesblitz sein erster Eindruck vom Pueblo Bonito wieder ein. Mit einem schnellen Telefonanruf bei dem Buschrattenexperten Tom Van Devender fand er heraus, dass dieser auf dem Campingplatz des National Park Service nicht weit vom Pueblo Bonito bereits einige Bauten der Nagetiere untersucht hatte. In fast allen hatte er Nadeln der Arizonakiefer gefunden, die dort heute im Umkreis von vielen Kilometern nicht gedeiht; dennoch hatte sie in der frühen Bauphase des Pueblo Bonito die Dachbalken geliefert, und sie machte auch einen großen Teil der Holzkohle aus, die man in Feuerstellen und Abfallhaufen gefunden hatte. Wie Julio und Tom sofort erkannten, musste es sich hier also um alte Rattenbauten handeln: Sie waren in einer Zeit entstanden, als in der Nähe noch Kiefern wuchsen, aber niemand hatte eine Ahnung, wann das gewesen sein könnte. Die Wissenschaftler glaubten, es sei vielleicht nur ein Jahrhundert her. Also ließen sie einige Proben aus den Bauten mit der Radiokarbonmethode datieren. Als die Laborbefunde vorlagen, erfuhren die beiden zu ihrem großen Erstaunen, dass viele Buschrattenbauten mehr als 1000 Jahre alt waren.

Diese Zufallsbeobachtung wurde zum Auslöser für eine Fülle von Untersuchungen an den Exkrementen von Buschratten. Heute wissen wir, dass die Kugeln im trockenen Klima des nordamerikanischen Südwestens nur sehr langsam verrotten. Wenn sie unter einem Felsüberhang oder in einer Höhle vor den Elementen geschützt sind, bleiben sie unter Umständen bis zu 40 000 Jahre erhalten, viel länger, als irgendjemand zu hoffen gewagt hatte. Als Julio mir in Kin Kletso, einer Ausgrabungsstätte der Chaco-Anasazi, zum ersten Mal einen Buschrattenbau zeigte, empfand ich Ehrfurcht bei dem Gedanken, dass dieses scheinbar erst kürzlich gebaute Nest in Wirklichkeit zu einer Zeit entstanden war, als Mammuts, Riesenfaultiere, Amerikanische Löwen und andere ausgestorbene Eiszeit-Säugetiere im Gebiet der heutigen Vereinigten Staaten zu Hause waren.

Im weiteren Verlauf konnte Julio in der Region des Chaco-Canyon insgesamt fünfzig Buschratten-Behausungen aufspüren und mit der Radiokarbonmethode datieren; wie sich dabei herausstellte, deckte ihr Altersspektrum die gesamte Zeit des Aufstiegs und Niedergangs der Anasazi-Kultur von 600 bis 1200 n. Chr. ab. Auf diese Weise konnte Julio den Wandel der Vegetation im Chaco Canyon während der gesamten Anasazi-Zeit rekonstruieren. Bei den Untersuchungen wurde klar, dass der Waldverlust neben der Wasserbewirtschaftung das zweite große Umweltproblem war, das sich im Chaco-Canyon ungefähr seit 1000 n. Chr. durch die wachsende Bevölkerung entwickelte. Vor dieser Zeit, beispielsweise in dem Bau, den Julio als Ersten analysiert hatte, und auch in jenem, den er mir zeigte, finden sich noch Nadeln von Arizonakiefern und Wacholderbäumen. Die Siedlungen der Chaco-Anasazi entstanden also ursprünglich in einem Waldgebiet mit Kiefern und Wacholder, das ganz anders aussah als die heutige, baumlose Landschaft, sich aber gut für die Beschaffung von Brenn- und Bauholz eignete. Dagegen fehlen Reste von Kiefern und Wacholderbeeren in den Bauten, die auf die Zeit nach dem Jahr 1000 datiert wurden; demnach waren die Wälder zu jener Zeit restlos zerstört, und die Region hatte ihr heutiges Aussehen angenommen. Die schnelle Waldzerstörung hatte im Chaco-Canyon die gleichen Ursachen, die ich im Kapitel 2 im Zusammenhang mit der Frage erörtert habe, warum die Osterinsel und andere besiedelte, trockene Pazifikinseln viel stärker durch Entwaldung gefährdet waren als feuchtere Inseln: In trockenem Klima wachsen die Bäume auf abgeholzten Flächen so langsam nach, dass die Regeneration mit dem Verbrauch nicht Schritt halten kann.

Durch die Waldzerstörung gingen nicht nur die Kiefernnüsse als regionale Nahrungsquelle verloren, sondern die Bewohner des Chaco-Canyon mussten auch das Holz für ihre Bauvorhaben aus anderen Quellen beschaffen. Dies erkennt man daran, dass Kiefernbalken aus der Architektur der Gegend völlig verschwanden. Um das Problem zu lösen, legten die Bewohner nun große Entfernungen zurück und wechselten zu Goldkiefern, Gelbkiefern und Tannen, die bis zu 80 Kilometer entfernt im Gebirge wuchsen, und zwar in Gebieten, die über 1000 Meter höher lagen als der Chaco Canyon. Zugtiere gab es nicht. Ungefähr 200 000 Balken, jeder bis zu 320 Kilo schwer, wurden allein mit menschlicher Muskelkraft von den Bergen über diese Entfernung zum Chaco Canyon gebracht.

Kürzlich konnte Julios Student Nathan English in Zusammenarbeit mit Julio, Jeff Dean und Jay Quade genauer untersuchen, woher die großen Kiefern- und Tannenholzbalken stammten. Im Gebiet von Chaco kommen dafür drei Quellen infrage, wo sie in großer Höhe auf drei Gebirgszügen wachsen, die von dem Canyon nahezu gleich weit entfernt sind: in den Chuska-, San-Mateo- und San-Pedro-Bergen. Von welchen dieser drei Gebirge holten die Chaco-Anasazi nun tatsächlich ihre Nadelbäume? Die Bäume von allen drei Stellen gehören zur gleichen biologischen Art und sehen genau gleich aus. Als diagnostisches Kennzeichen verwendete Nathan das Strontium, ein Element, das chemisch stark dem Calcium ähnelt und mit diesem zusammen in das Gewebe von Pflanzen und Tieren eingebaut wird. Strontium kommt in unterschiedlichen Formen (Isotopen) vor, die sich in ihrem Atomgewicht geringfügig unterscheiden; in der Natur sind Strontium-87 und Strontium-86 am häufigsten. Aber das Verhältnis von Strontium-87 zu Strontium-86 schwankt je nach dem Alter und dem Rubidiumgehalt eines Gesteins, denn Strontium entsteht durch den radioaktiven Zerfall eines Rubidiumisotops. Wie sich herausstellte, lassen sich lebende Nadelbäume aus den drei Gebirgen an ihrem Verhältnis von Strontium-87 zu Strontium-86 eindeutig und ohne jede Überschneidung unterscheiden. Nathan untersuchte Nadelholzbalken aus sechs Ruinen im Chaco Canyon, die nach den Ergebnissen der Jahresringanalyse zwischen 974 und 1104 gefällt wurden. Dabei gelangte er zu dem Ergebnis, dass man zwei Drittel der Balken aufgrund ihres Strontiumgehalts in die Chuska-Berge zurückverfolgen konnte; ein Drittel stammte aus den San-Mateo-Bergen, aus den San-Pedro-Bergen dagegen kam kein Einziger. In einigen Fällen wurden Balken aus beiden Gebirgen in demselben Jahr in ein bestimmtes Bauwerk aufgenommen, oder man verwendete in einem Jahr die Balken aus dem einen Gebirge, im nächsten die aus dem anderen, wobei jeweils Holz aus einem Gebirge im gleichen Jahr in mehreren Gebäuden Verwendung fand. Damit haben wir einen eindeutigen Beleg, dass die Anasazi-Hauptstadt des Chaco Canyon durch ein gut organisiertes Ferntransportnetz versorgt wurde.

Obwohl die Nutzpflanzenerträge durch diese beiden Umweltprobleme zurückgingen und die Holzproduktion im Chaco Canyon selbst praktisch zum Erliegen kam, wuchs die Bevölkerung weiter, insbesondere wegen eines Baubooms, der im Jahr 1029 begann. Ermöglicht wurde dies vielleicht durch die Lösungen, welche die Anasazi für ihre Probleme gefunden hatten. Besonders in feuchten Jahrzehnten setzte ein Schub reger Bautätigkeit ein: Mehr Regen bedeutete mehr Nahrung, mehr Menschen und mehr Bedarf an Gebäuden. Von der großen Bevölkerungsdichte zeugen nicht nur die berühmten »Great Houses« (»Große Häuser«, beispielsweise das Pueblo Bonito), die in Abständen von ungefähr eineinhalb Kilometern auf der Nordseite des Chaco Canyon stehen, sondern auch die Löcher, die man als Halterung für Dachbalken in die nördliche Klippenwand bohrte: Sie zeigen, dass zwischen den Großen Häusern am unteren Ende der Klippen eine ununterbrochene Reihe von Behausungen stand, und die Überreste mehrerer hundert kleinerer Siedlungen findet man auf der Südseite des Canyons. Wie groß die Gesamtbevölkerung im Canyon war, ist nicht bekannt und heftig umstritten. Nach Ansicht vieler Archäologen lebten dort weniger als 5000 Menschen, und die riesigen Gebäude hatten außer Priestern kaum ständige Bewohner, sondern wurden nur zu bestimmten Jahreszeiten und zu Ritualen von der Landbevölkerung besucht. Andere Fachleute weisen darauf hin, dass schon das Pueblo Bonito, das nur eines der großen Häuser des Chaco Canyon ist, insgesamt 600 Zimmer besitzt; außerdem lassen die Pfostenlöcher nach ihrer Ansicht darauf schließen, dass der Canyon fast auf seiner ganzen Länge bebaut war, was für eine Bevölkerung von wesentlich mehr als 5000 Menschen spricht. Solche Diskussionen über die Abschätzung von Bevölkerungszahlen kommen in der Archäologie sehr häufig auf; in anderen Kapiteln dieses Buches wird das Thema auch im Zusammenhang mit der Osterinsel und den Maya erwähnt.

Unabhängig von ihrer tatsächlichen Größe konnte die zahlreiche Bevölkerung sich nicht mehr selbst versorgen, sondern sie wurde von weiter entfernten Satellitensiedlungen unterstützt, die in einem ähnlichen Architekturstil errichtet waren. Das sternförmige, mehrere hundert Kilometer lange Straßennetz, das sie mit dem Chaco Canyon verband, ist zum Teil heute noch zu sehen. Diese Außenposten verfügten über Dämme, mit denen sie den seltenen, unberechenbaren Niederschlag auffangen konnten: Ein Gewitter ließ unter Umständen in einem kleinen Abschnitt der Wüste ein Übermaß an Regen niedergehen, während es nur ein oder zwei Kilometer weiter überhaupt nicht regnete. Wenn nun ein bestimmtes Gebiet Glück hatte und ein solches Gewitter abbekam, konnte man das Regenwasser zum größten Teil hinter dem Damm speichern, und dann konnten die Bewohner schnell Nutzpflanzen anbauen und bewässern, sodass sie in dem betreffenden Jahr einen großen Nahrungsmittelüberschuss produzierten. Dieser Überschuss diente dann zur Versorgung der Menschen in den anderen Außenposten, bei denen es dieses Mal nicht geregnet hatte.

Der Chaco Canyon wurde zu einem schwarzen Loch, das Waren importierte, aber selbst nichts Greifbares abgab. Es schluckte Zehntausende von großen Bäumen zu Bauzwecken; es schluckte Keramik (in der Spätzeit existierten im Chaco Canyon ausschließlich importierte Keramikgegenstände, vermutlich weil es an Ort und Stelle kein Brennholz mehr gab, sodass man die Gefäße im Canyon selbst nicht brennen konnte); es schluckte hochwertige Steine zur Herstellung von Werkzeugen, Türkis aus anderen Regionen von New Mexico für Verzierungen; und als Luxusgüter Papageien, Schmuck aus Muschelschalen sowie Glocken aus Kupfer von den Hohokam und aus Mexiko. Dass sogar Lebensmittel importiert werden mussten, zeigte sich kürzlich in einer Untersuchung, in der man den Ursprung der beim Pueblo Bonito ausgegrabenen Maiskolben zurückverfolgte. Dazu verwendete man das gleiche Strontiumisotopenverfahren, mit dem Nathan English auch die Herkunft der Holzbalken im Pueblo Bonito festgestellt hatte. Wie sich herausstellte, wurde Mais bereits im 9. Jahrhundert aus den 80 Kilometer westlich gelegenen Chuska-Bergen importiert (die auch eine der beiden Quellen für Dachbalken waren), und ein Maiskolben aus der Spätzeit des Pueblo Bonito im 12. Jahrhundert stammte vom San Juan River, der rund 100 Kilometer weiter nördlich liegt.

Die Gesellschaft des Chaco Canyon wurde zu einem Miniatur-Kaiserreich: Sie gliederte sich in eine wohlgenährte Elite, die im Luxus lebte, und in eine arbeitende Landbevölkerung, die Lebensmittel produzierte und selbst viel weniger gut ernährt war. Am Straßennetz und der regionalen Verbreitung einer standardisierten Architektur erkennt man deutlich, in welch großem Gebiet die Wirtschaft und Kultur des Chaco Canyon und seiner Außenposten ein Gesamtsystem bildete. Der Baustil zeugt von einer dreistufigen Rangordnung: Die so genannten Großen Häuser im Chaco Canyon selbst waren möglicherweise die Residenzen der Häuptlinge; Große Häuser in den Außenposten außerhalb des Canyons könnten »Provinzhauptstädte« jüngerer Häuptlinge gewesen sein; und in kleinen Behausungen mit wenigen Zimmern lebten vermutlich die Bauern. Im Vergleich zu den kleineren Gebäuden waren die Großen Häuser durch eine raffiniertere Bauweise gekennzeichnet: verputztes Mauerwerk, große, als Great Kivas bezeichnete Bauwerke für religiöse Rituale (wie sie in ganz ähnlicher Form auch in den modernen Pueblos in Gebrauch sind) und mehr Lagerräume im Verhältnis zur Gesamtfläche. Ebenso gab es in den Großen Häusern weitaus mehr der bereits genannten, importierten Luxusgüter. Die meisten Luxusgüter fand man im Zimmer 33 des Pueblo Bonito: Dort befanden sich die Grabstätten von 14 Personen sowie 56 000 Türkisstücke und Tausende von Schmuckstücken aus Muschelschalen, darunter eine Halskette aus 2000 Türkisperlen und ein Korb, der mit einem Türkismosaik verziert und mit Türkis- und Perlmuttperlen gefüllt war. Weitere Belege, dass es den Häuptlingen besser ging als den Bauern, fand man in den Müllhaufen bei den Großen Häusern: Sie enthielten einen höheren Anteil an Hirsch- und Antilopenknochen als der Müll der einfachen Behausungen, und auch an den Grabstätten kann man erkennen, dass in den Großen Häusern besser ernährte, weniger schwindsüchtige Menschen lebten und dass auch die Säuglingssterblichkeit geringer war.

Warum versorgten die weiter entfernten Siedlungen das Zentrum im Chaco Canyon? Warum lieferten sie pflichtschuldigst Holz, Keramik, Steine, Türkis und Lebensmittel, ohne dass sie dafür im Gegenzug irgendetwas erhielten? Wahrscheinlich taten sie es aus dem gleichen Grund, aus dem auch heute die ländlichen Gebiete Italiens oder Großbritanniens Großstädte wie Rom oder London versorgen, die weder Holz noch Lebensmittel produzieren, aber als politische und religiöse Zentren dienen. Wie die heutigen Italiener und Briten, so waren auch die Bewohner des Chaco Canyon unwiderruflich auf das Leben in den gegenseitigen Abhängigkeiten einer komplexen Gesellschaft festgelegt. Zu dem ursprünglichen Zustand mit kleinen, beweglichen Gruppen, die sich selbst versorgten, konnten sie nicht mehr zurückkehren: Im Canyon gab es keine Bäume mehr, die Arroyos waren bis unter das Niveau der Felder eingeschnitten, und die wachsende Bevölkerung hatte sich über die Region verbreitet, sodass man nicht mehr in geeignete Gebiete ausweichen konnte. Als die Arizonakiefern und Wacholderbäume gefällt waren, wurden die Nährstoffe in dem Humus unter den Bäumen weggespült. Noch heute, über 800 Jahre später, wachsen diese Bäume hier nirgendwo – nur die Bauten der Buschratten enthalten noch ihre Zweige. An den archäologischen Fundstätten zeigen die Lebensmittelreste im Abfall, dass es für die Bewohner des Canyons im Lauf der Zeit problematischer wurde, sich zu ernähren: Hirsche machten einen immer geringeren Anteil der Ernährung aus, und an ihre Stelle traten kleinere Wildtiere, insbesondere Kaninchen und Mäuse. Überreste vollständiger, kopfloser Mäuse in menschlichen Koprolithen (eingetrockneten und deshalb erhaltenen Exkrementen) lassen darauf schließen, dass Menschen die Mäuse auf den Feldern fingen, ihnen den Kopf abschnitten und sie dann im Ganzen schluckten.

Am Pueblo Bonito fand in dem Jahrzehnt nach 1110 die letzte nachgewiesene Baumaßnahme statt: Die Südseite des Vorplatzes, die früher nach außen offen gewesen war, wurde durch eine Reihe von Räumen geschlossen. Das lässt auf Streit schließen: Offensichtlich kamen die Menschen jetzt nicht nur zum Pueblo Bonito, um an religiösen Zeremonien teilzunehmen und Befehle zu empfangen, sondern auch um Ärger zu machen. Der letzte Dachbalken am Pueblo Bonito und dem benachbarten Großen Haus Chetro Ketl, den man mit der Jahresringe-Methode datieren konnte, wurde im Jahr 1117 gefällt, und der letzte Balken, den man überhaupt im Chaco Canyon gefunden hat, stammt von 1170. An anderen Wohnorten der Anasazi findet man wesentlich mehr Spuren von Streit bis hin zu Anzeichen für Kannibalismus. Auch die Siedlungen der Kayenta-Anasazi, die auf steilen Klippen weit weg von Feldern und Wasser liegen, sind eigentlich nur unter dem Gesichtspunkt zu deuten, dass sie sich leicht verteidigen lassen. An diesen Orten im Südwesten, die Chaco überdauerten und bis zum Jahr 1250 überlebten, nahm die Kriegführung offensichtlich an Heftigkeit zu; dies zeigt sich an einer immer größeren Zahl von Abwehrmauern, Burggräben und Türmen; kleine Gehöfte schlossen sich zu größeren Festungen auf den Bergen zusammen, Dörfer wurden offenbar absichtlich unter Zurücklassung nicht bestatteter Leichen abgebrannt, Schädel tragen Schnittspuren, die durch das Skalpieren verursacht wurden, und ein Skelett hatte Pfeilspitzen in der Körperhöhle. Die explosionsartige Zunahme von Umwelt- und Bevölkerungsproblemen, die ihren Ausdruck in inneren Unruhen und Krieg finden, ist in diesem Buch ein immer wiederkehrendes Thema, sowohl in Verbindung mit früheren Gesellschaften (Osterinsel, Mangareva, Maya und Tikopia) als auch bei solchen aus unserer Zeit (Ruanda, Haiti und andere).

Die Anzeichen, dass es bei den Anasazi im Zusammenhang mit dem Krieg auch zum Kannibalismus kam, ergeben wiederum eine ganz eigene, interessante Geschichte. Dass verzweifelte Menschen in Notsituationen gelegentlich Kannibalismus praktizieren, würde jeder einräumen – Beispiele sind die Donner Party, Siedler, die im Winter 1846/47 auf dem Weg nach Kalifornien am Donner-Pass im Schnee stecken blieben, oder die hungernden Russen während der Belagerung Leningrads im Zweiten Weltkrieg; ob Kannibalismus jedoch auch außerhalb solcher Notlagen vorkommt, ist umstritten. In Wirklichkeit existierte er den Berichten zufolge in Hunderten nichteuropäischer Gesellschaften bis zu der Zeit in den letzten Jahrhunderten, als sie zum ersten Mal mit Europäern in Kontakt kamen. Es gab dabei zwei Formen: Entweder wurden die Leichen der im Krieg getöteten Feinde gegessen, oder man verzehrte die eigenen Angehörigen, die eines natürlichen Todes gestorben waren. Die Bewohner Neuguineas, mit denen ich schon seit 40 Jahren zusammenarbeite, haben mir ganz nüchtern ihre kannibalischen Praktiken geschildert, und gleichzeitig äußerten sie Abscheu gegenüber unserer abendländischen Sitte, Angehörige zu vergraben, anstatt sie zu ehren, indem man sie aufisst; einer meiner besten Mitarbeiter aus Neuguinea gab seine Tätigkeit bei mir 1965 auf, um sich am Verzehr seines kurz zuvor gestorbenen vorgesehenen Schwiegersohnes zu beteiligen. Auch in der Archäologie hat man alte Menschenknochen häufig in einem Zusammenhang gefunden, der auf Kannibalismus schließen lässt.

Aber da europäische und amerikanische Anthropologen in ihrer Gesellschaft mit der Vorstellung groß geworden sind, dass Kannibalismus etwas Entsetzliches ist, sind viele oder sogar die meisten von ihnen auch entsetzt über den Gedanken, dass er von Völkern praktiziert wird, die sie bewundern und untersuchen. Deshalb leugnen sie ihn und betrachten entsprechende Behauptungen als rassistische Verleumdungen. Alle Beschreibungen des Kannibalismus, die von nichteuropäischen Völkern selbst oder von den ersten europäischen Entdeckern verfasst wurden, tun sie als unzuverlässige Nacherzählungen ab; überzeugen lassen sie sich anscheinend nur durch ein Videoband, das von einem staatlichen Beamten oder – am überzeugendsten überhaupt – von einem Anthropologen aufgenommen wurde. Aber ein solches Videoband gibt es nicht, und das hat einen nahe liegenden Grund: Beim ersten Zusammentreffen mit Menschen, die den Berichten zufolge Kannibalen waren, äußerten Europäer regelmäßig ihre Abscheu und bedrohten die Betreffenden mit Verhaftung.

Solche Einwände führten zu einer heftigen Kontroverse um die vielen Berichte über menschliche Überreste, die an den Fundstätten der Anasazi gefunden wurden und Indizien für Kannibalismus liefern. Den stichhaltigsten Beleg lieferte eine Fundstätte, an der ein Haus mit allem, was darin war, zerstört wurde. In dem Haus lagen noch die verstreuten Knochen von sieben Menschen, was dafür spricht, dass sie nicht ordnungsgemäß bestattet, sondern bei einem kriegerischen Überfall getötet wurden. Einige dieser Knochen waren auf die gleiche Weise aufgebrochen wie Tierknochen, deren Knochenmark die Menschen verzehrten. Andere hatten glatte Enden, bei Tierknochen ein charakteristisches Merkmal, dass sie in einem Topf gekocht wurden. Auf der Innenseite der zerbrochenen Töpfe selbst, die an der gleichen Stelle ausgegraben wurden, fand man Reste des menschlichen Muskelproteins Myoglobin – offensichtlich war in den Gefäßen also Menschenfleisch gekocht worden. Skeptiker könnten immer noch einwenden, wenn Menschenfleisch in Töpfen gekocht wurde und wenn Menschenknochen aufgebrochen wurden, sei dies noch kein Beweis, dass andere Menschen tatsächlich das Fleisch verzehrten (aber warum hätten sie sich sonst die Mühe machen sollen, zu kochen und Knochen aufzubrechen, die dann verstreut auf dem Boden zurückgelassen wurden?). Die unmittelbarste Spur des Kannibalismus findet sich an dieser Stelle in getrockneten menschlichen Exkrementen, die man in der Feuerstelle des Hauses entdeckte; sie sind nach fast 1000 Jahren in trockenem Klima noch gut erhalten, und man konnte beweisen, dass sie Muskelprotein von Menschen enthielten – dieses fehlt im Stuhl normalerweise selbst dann, wenn der Betreffende wegen einer Verletzung an Darmblutungen leidet. Wer auch den Ort angegriffen haben mag, höchstwahrscheinlich tötete er die Bewohner, schlug ihre Knochen auf, kochte ihr Fleisch in Töpfen, verstreute die Knochen und erleichterte sich über der Feuerstelle, nachdem er das Fleisch der Opfer tatsächlich verzehrt hatte.

Den Todesstoß erhielt die Gesellschaft von Chaco durch eine Dürre, die den Baumringen zufolge um 1130 begann. Früher, um 1090 und 1040, hatte es bereits ähnliche Trockenzeiten gegeben, aber dieses Mal lebten im Chaco Canyon wesentlich mehr Menschen, die stärker von den umliegenden Siedlungen abhängig waren, und unbesiedeltes Land gab es nicht mehr. Die Dürre ließ den Grundwasserspiegel so weit sinken, dass die Pflanzenwurzeln ihn nicht mehr erreichten, und damit kam die Landwirtschaft zum Erliegen; auch Trocken- und Bewässerungsanbau, die vom Regen gespeist werden, wurden unmöglich. Eine Dürreperiode, die sich über mehr als drei Jahre erstreckte, musste in jedem Fall tödlich sein: Selbst heute können die Pueblo-Indianer ihren Mais höchstens zwei bis drei Jahre lagern, danach ist er so verdorben oder von Ungeziefer befallen, dass man ihn nicht mehr essen kann. Die Bewohner der Außenposten, die zuvor die politischen und religiösen Zentren des Chaco Canyon mit Lebensmitteln versorgt hatten, verloren zu dieser Zeit wahrscheinlich das Vertrauen in die Priester, deren Gebete um Regen nicht erhört wurden, und dann weigerten sie sich, weiterhin Nahrung zu liefern. Das Ende der Anasazi-Siedlungen im Chaco Canyon erlebten die Europäer nicht mit, aber eine gute Parallele bildet der Aufstand der Pueblo-Indianer gegen die Spanier im Jahr 1680, den Europäer genau beobachteten. Wie die Zentren der Chaco-Anasazi, so hatten auch die Spanier von den örtlichen Bauern Steuern in Form von Lebensmitteln eingetrieben, und diese duldeten die Praxis so lange, bis sie selbst wegen einer Dürre nicht mehr genug zu essen hatten; dann wurden die Abgaben zum Anlass für einen Aufstand.

Irgendwann zwischen 1150 und 1200 wurde der Chaco Canyon praktisch völlig aufgegeben, und danach blieb das Gebiet im Wesentlichen unbewohnt, bis Schafhirten vom Stamm der Navajo es 600 Jahre später in Besitz nahmen. Da die Navajo nicht wussten, wer die großen Ruinen gebaut hatte, die sie dort vorfanden, bezeichneten sie die verschwundenen früheren Bewohner als Anasazi, was nichts anderes als »die Alten« bedeutet. Welches Schicksal erlitten die vielen tausend Bewohner des Chaco Canyon? Zieht man eine Parallele zu der historisch dokumentierten Aufgabe anderer Pueblos während einer Dürreperiode in den siebziger Jahren des 17. Jahrhunderts, dann starben vermutlich viele Menschen an Hunger, einige brachten sich gegenseitig um, und die Überlebenden flohen in andere besiedelte Gebiete des Südwestens. Es muss sich um eine geplante Evakuierung gehandelt haben, denn in den meisten Räumen der Anasazi-Ruinen fehlen die Keramikgegenstände und andere nützliche Dinge, die man bei einem solchen geplanten Abzug mitnimmt; an der oben erwähnten Fundstätte dagegen, deren unglückselige Bewohner getötet und aufgegessen wurden, sind die Keramikgegenstände in den Zimmern noch vorhanden. Die Überlebenden schafften es, an mehrere andere Stellen zu fliehen, so zu den Pueblos im Gebiet der heutigen Zuni-Indianer; die Häuser, die man dort fand, ähneln im Baustil denen des Chaco Canyon, und sie enthielten Keramik im gleichen Stil, wie man ihn auch im Chaco Canyon aus der Zeit des Abzuges gefunden hat.

Jeff Dean konnte zusammen mit seinen Kollegen Rob Axtell, Josh Epstein, George Gumerman, Steve McCarroll, Miles Parker und Alan Swedlund sehr genau rekonstruieren, was einer Gruppe von rund tausend Kayenta-Anasazi im Long House Valley im Nordosten von Arizona widerfuhr. Die Wissenschaftler berechneten die tatsächliche Bevölkerungszahl im Tal zu verschiedenen Zeitpunkten zwischen 800 und 1350. Als Grundlage diente ihnen dabei die Zahl der ausgegrabenen Häuser mit Keramikgegenständen, deren Stil sich im Lauf der Zeit änderte, sodass sie eine Datierung der Häuser ermöglichten. Aus den Jahresringen, die Rückschlüsse auf die Niederschlagsmenge zulassen, und aus Bodenuntersuchungen sowie den daraus gewonnenen Informationen über Ansteigen und Absinken des Grundwasserspiegels berechneten sie außerdem, wie viel Mais in dem fraglichen Zeitraum jedes Jahr geerntet wurde. Dabei stellte sich heraus, dass sich im Wachsen und Schrumpfen der Bevölkerungszahl nach 800 sehr genau das Auf und Ab der berechneten jährlichen Maisernte widerspiegelte; dies galt allerdings nicht für die Zeit um 1300, als die Anasazi das Tal völlig aufgaben, obwohl zu dieser Zeit noch eine verminderte Maisernte möglich war, die zur Ernährung eines Drittels der maximalen Bevölkerungszahl (400 bei einem Spitzenwert von 1070 Menschen) ausgereicht hätte.

Warum blieben diese letzten 400 Kayenta-Anasazi nicht im Long House Valley, als ihre Verwandten in ihrer Mehrzahl abzogen? Vielleicht war in dem Tal um 1300 nicht nur das landschaftliche Potenzial zurückgegangen, wie die Autoren es in ihrem Modell berechnet hatten, sondern es hatten sich auch andere Hindernisse für die Besiedlung entwickelt. Vielleicht war beispielsweise die Fruchtbarkeit des Bodens erschöpft, oder die früheren Wälder waren abgeholzt, sodass es in der Nähe kein Bau- und Brennholz mehr gab, wie es bekanntermaßen im Chaco Canyon der Fall war. Andererseits könnte es auch daran gelegen haben, dass komplexe Gesellschaften eine Mindestbevölkerung brauchen, weil nur dann die Institutionen aufrechterhalten werden können, die in den Augen der Bürger unentbehrlich sind. Wie viele New Yorker würden wohl noch in New York bleiben, wenn zwei Drittel ihrer Angehörigen und Freunde gerade verhungert oder geflüchtet sind, wenn weder U-Bahn noch Taxis fahren, wenn Büros und Geschäfte geschlossen sind?

Neben den Anasazi von Chaco Canyon und Longhouse Valley, deren Schicksal wir hier nachgezeichnet haben, habe ich zu Beginn dieses Kapitels noch viele andere Gesellschaften im Südwesten Nordamerikas erwähnt – die Indianer von Mesa Verde sowie die Mimbres, Hohokam, Mogollon und andere –, die zu verschiedenen Zeitpunkten zwischen 1100 und 1500 ebenfalls Zusammenbrüche erlebten, sich umstrukturierten und Wohngebiete aufgeben mussten. Wie sich herausstellt, hatten diese Zusammenbrüche und Wandlungen ihre Ursache in relativ wenigen verschiedenen Umweltproblemen und den entsprechenden kulturellen Reaktionen, wobei in den einzelnen Regionen unterschiedliche Faktoren wirksam waren. Die Waldzerstörung war beispielsweise für die Anasazi ein Problem, denn sie brauchten die Bäume, um die Holzbalken für ihre Häuser herzustellen. Viel weniger litten dagegen die Hohokam darunter, die zum Bau ihrer Häuser keine Balken verwendeten. Dafür traf die mit der landwirtschaftlichen Bewässerung verbundene Versalzung die Hohokam hart, denn sie mussten ihre Felder bewässern – im Gegensatz zu den Indianern von Mesa Verde, wo diese Notwendigkeit nicht bestand. In Mesa Verde und bei den Mogollon spielte die Kälte eine große Rolle, denn dort stellten die Temperaturen wegen der Höhenlage für die Landwirtschaft bereits ein gewisses Hindernis dar. Andere Völker des Südwestens wurden durch den sinkenden Grundwasserspiegel zugrunde gerichtet (dies galt beispielsweise für die Anasazi), oder der Nährstoffgehalt des Bodens war erschöpft (möglicherweise bei den Mogollon). Die tief eingeschnittenen Arroyos wurden für die Chaco-Anasazi zum Problem, nicht aber für die Bewohner von Mesa Verde.

Obwohl die Wohngebiete also im Einzelnen aus unterschiedlichen unmittelbaren Gründen verlassen wurden, lag die Ursache letztlich immer in der gleichen grundlegenden Schwierigkeit: Die Menschen lebten in einer empfindlichen, heiklen Umwelt und fanden dafür Lösungen, die »auf kurze Sicht« höchst verständlich und erfolgreich waren, langfristig aber versagten oder zu unlösbaren Problemen führten, weil man sich irgendwann mit natürlichen oder von Menschen verursachten Umweltveränderungen auseinander setzen musste, die in einer Gesellschaft ohne schriftlich festgehaltene Geschichte und ohne Archäologen nicht vorauszusehen waren. Ich setze die Worte »auf kurze Sicht« in Anführungszeichen, weil die Anasazi immerhin etwa 600 Jahre im Chaco Canyon lebten, beträchtlich länger, als die europäische Besetzung nach Columbus' Landung im Jahr 1492 irgendwo in der Neuen Welt dauerte. Während der Zeit, in der es sie gab, experimentierten die verschiedenen Gruppen der amerikanischen Ureinwohner im Südwesten mit einem halben Dutzend verschiedener wirtschaftlicher Systeme. Es dauerte viele Jahrhunderte, bis man bemerkte, dass unter allen diesen Systemen nur jenes der Pueblo-Indianer »auf lange Sicht«, das heißt für mindestens 1000 Jahre, nachhaltig war. Diese Erkenntnis sollte uns heutige Amerikaner innehalten lassen. Eigentlich können wir nicht allzu zuversichtlich sein, was die Nachhaltigkeit unserer Industriegesellschaft und ihrer Wirtschaft angeht, insbesondere wenn wir bedenken, wie schnell die Gesellschaft von Chaco nach ihrer Blütezeit in den Jahren 1100 bis 1120 zusammenbrach und wie wenig plausibel die Gefahr den Chaco-Anasazi während dieses Jahrzehnts erschienen sein muss.

Betrachten wir unser System der fünf Faktoren, die zum Zusammenbruch von Gesellschaften beitragen, so spielten vier davon im Fall der Anasazi eine Rolle. Menschen hatten tatsächlich auf mehrfache Weise in die Umwelt eingegriffen, insbesondere durch Waldzerstörung und die nachfolgende Entstehung der Arroyos. Ein Klimawandel fand in Form einer Veränderung von Niederschlagsmenge und Temperatur statt, und seine Auswirkungen wirkten mit den Eingriffen der Menschen zusammen. Eine entscheidende Rolle für den Zusammenbruch spielte der Handel mit freundlich gesinnten Partnern: Die verschiedenen Gruppen der Anasazi tauschten untereinander Lebensmittel, Bauholz, Keramikgegenstände, Steine und Luxusgüter aus; auf diese Weise unterstützten sie sich gegenseitig in einer kompliziert verflochtenen Gesellschaft, setzten aber auch die ganze Gesellschaft der Gefahr des Zusammenbruches aus. Für die Aufrechterhaltung der komplexen Gesellschaft spielten religiöse und politische Faktoren offensichtlich eine entscheidende Rolle, denn durch sie wurde der Austausch von Waren koordiniert, und die Menschen in den Außengebieten wurden motiviert, Güter an die politischen und religiösen Zentren zu liefern. Der Einzige der fünf Faktoren, für dessen Mitwirkung es im Fall der Anasazi keine überzeugenden Belege gibt, sind äußere Feinde. Als ihre Bevölkerung wuchs und das Klima sich verschlechterte, griffen sie sich zwar gegenseitig an, die Kulturen des nordamerikanischen Südwestens waren aber von anderen bevölkerungsreichen Gesellschaften so weit entfernt, das äußere Feinde sie nicht ernsthaft bedrohen konnten.

Unter diesen Gesichtspunkten können wir auf die alte Entweder-oder-Frage, ob der Chaco Canyon wegen menschlicher Eingriffe in die Umwelt oder wegen einer Dürreperiode verlassen wurde, eine einfache Antwort geben: Beide Gründe spielten eine Rolle. Über sechs Jahrhunderte hinweg wuchs die Bevölkerung des Chaco Canyon, und mit ihr stiegen die Anforderungen an die Umwelt. Die ökologischen Ressourcen schrumpften, und die Menschen gerieten immer stärker an die Grenze dessen, was diese Umwelt leisten konnte. Das war der ursächliche Grund für den Zusammenbruch. Der unmittelbare Anlass, der sprichwörtliche Tropfen, der das Fass zum Überlaufen brachte, war die Dürre, die schließlich zum Untergang führte; eine Gesellschaft mit geringerer Bevölkerungsdichte hätte diese Dürre überleben können. Als der Zusammenbruch sich schließlich ereignete, konnten die Bewohner ihre Gesellschaft nicht so wiederaufbauen, wie die ersten Bauern im Gebiet von Chaco es getan hatten. Der Grund: Die Anfangsbedingungen waren nicht mehr vorhanden – die vielen Bäume in der Nähe, der hohe Grundwasserspiegel und die glatten Flussniederungen ohne Arroyos gab es nicht mehr.

Die gleiche Erkenntnis gilt wahrscheinlich auch für den Zusammenbruch vieler anderer früher Gesellschaften (darunter die Maya, von denen im nächsten Kapitel die Rede sein wird) und für unser eigenes Schicksal in heutiger Zeit. Wir modernen Menschen – Hausbesitzer, Investoren, Politiker, Hochschulverwalter und andere – können eine Menge Müll vertragen, solange es der Wirtschaft gut geht. Wir vergessen, dass die Bedingungen schwanken, und wann sie sich ändern werden, können wir unter Umständen nicht voraussehen. Wenn es dann so weit ist, hängen wir möglicherweise an einem aufwendigen Lebensstil, und als einziger Ausweg bleiben dann nur drastische Einschränkungen oder der Bankrott.

KAPITEL 5

Zusammenbrüche bei den Maya

Das Rätsel der verschwundenen Städte ■ Die Umwelt der Maya ■ Maya-Landwirtschaft ■ Geschichtliches ■ Copán ■ Vielschichtige Zusammenbrüche ■ Krieg und Dürre ■ Zusammenbruch im südlichen Tiefland ■ Was wir von den Maya lernen können

In unserer Zeit haben schon Millionen Touristen die Ruinen der alten Maya-Kultur besucht, die vor mehr als 1000 Jahren auf der mexikanischen Halbinsel Yucatán und in den angrenzenden Teilen Mittelamerikas ihren Zusammenbruch erlebte.

Noch heute liegen viele der großartigen Tempel und die anderen Bauwerke inmitten des Urwaldes weitab von allen heutigen Siedlungen. Einst jedoch, vor der Ankunft der Europäer, waren sie der Ort der am höchsten entwickelten Kultur der Neuen Welt, der Einzigen, deren schriftliche Hinterlassenschaften man in großem Umfang entziffert hat. Wie konnten die Menschen früherer Zeiten sich in einer urbanen Gesellschaft versorgen, während heute in dem gleichen Gebiet nur wenige Bauern mühsam ihr Leben fristen? Die Mayastädte imponieren uns nicht nur deshalb, weil sie so rätselhaft und gleichzeitig so schön sind, sondern auch weil es sich um »reine« archäologische Fundstätten handelt: Sie waren später entvölkert und wurden deshalb nicht wie die Aztekenhauptstadt Tenochtitlán (die unter dem heutigen Mexico City begraben liegt) oder Rom von jüngeren Bauwerken überdeckt.

Die Mayastädte waren verlassen, zwischen Bäumen versteckt und der Außenwelt so gut wie unbekannt, bis der reiche amerikanische Anwalt John Stephens und der britische Zeichner Frederick Catherwood sie 1839 wiederentdeckten. Stephens hatte Gerüchte über Ruinen im Dschungel gehört und brachte den Präsidenten Martin Van Buren dazu, ihn zum Botschafter bei der Konföderation der mittelamerikanischen Republiken zu ernennen, einem ungewissen politischen Gebilde, das sich damals vom heutigen Guatemala bis nach Nicaragua erstreckte und ihm als Gebiet für seine archäologischen Streifzüge dienen sollte. Am Ende hatten Stephens und Catherwood 44 Fundstätten und Städte erkundet. An der außergewöhnlichen Schönheit der Gebäude und Kunstwerke erkannten sie, dass sie hier nicht die Werke von »Wilden« (wie sie es formulierten) vor sich hatten, sondern eine untergegangene Hochkultur. Ihnen wurde klar, dass manche Muster auf den steinernen Denkmälern eine Schrift darstellten, und sie vermuteten zu Recht, dass die Schrift über historische Ereignisse und die Namen von Menschen berichtete. Nach seiner Rückkehr schrieb Stephens zwei Reiseberichte, die von Catherwood illustriert wurden und die Ruinen beschrieben; beide wurden zu Bestsellern.

Einen Eindruck von dem romantischen Reiz der Maya vermitteln einige Zitate aus Stephens Schriften: »Die Stadt war verfallen. In den Ruinen findet sich kein Überrest dieses Geschlechts, in dem die Überlieferung vom Vater auf den Sohn und von Generation zu Generation weitergegeben wurde. Sie lag vor uns wie ein zerschmettertes Schiff mitten auf dem Meer, ohne Mast, mit verblasstem Namen, die Mannschaft verschwunden. Niemand konnte sagen, woher es gekommen war, wem es gehörte, wie lange es sich schon auf der Reise befand oder was zu seiner Zerstörung geführt hatte ... Architektur, Bildhauerei und Malerei, alle Künste, welche das Leben verschönern, waren in diesem überwucherten Wald aufgeblüht; Redner, Krieger und Staatsmänner, Schönheit, Ehrgeiz und Pracht hatten darin gelebt und waren vergangen, und niemand wusste, dass es solche Dinge gegeben hatte, niemand konnte von ihrem früheren Dasein berichten ... Da waren die Überreste eines kultivierten, glänzenden, sonderbaren Volkes, das alle Stadien von Aufstieg und Fall der Nationen durchgemacht hatte; das sein goldenes Zeitalter erreicht hatte und dann verschwunden war ... Wir gingen hinauf zu ihren verfallenen Tempeln und umgestürzten Altären; und wohin wir auch kamen, überall sahen wir die Zeugnisse ihres Geschmacks, ihres künstlerischen Geschicks ... Wir ließen die seltsamen Menschen lebendig werden, die traurig von der Mauer blickten; stellten uns vor, wie sie in phantasievollen Kostümen und mit Federn geschmückt, über die Terrassen des Palastes und die Stufen zu den Tempeln hinaufstiegen ... In der Romantik der Weltgeschichte hat nichts auf mich einen nachdrücklicheren Eindruck hinterlassen als das Schauspiel dieser einstmals großen, lieblichen Stadt, die gestürzt, verfallen und verloren war ... überwachsen von Bäumen im Umkreis von vielen Meilen, und noch nicht einmal mit einem Namen, mit dem man sie unterscheiden könnte.« Noch heute sind Touristen von dieser Kultur fasziniert.

Für uns, die wir uns für prähistorische Zusammenbrüche interessieren, hat die Geschichte der Maya mehrere Vorteile. Erstens sind schriftliche Aufzeichnungen erhalten; sie sind zwar entsetzlich unvollständig, tragen aber dennoch dazu bei, dass wir die Geschichte der Maya in viel mehr Einzelheiten rekonstruieren können als die der Osterinsel oder selbst die der Anasazi mit ihren Jahresringen und Buschrattenexkrementen. Wegen ihrer großartigen Kunst und Architektur wurden die Städte und Kultur der Maya von viel mehr Archäologen untersucht, als wenn es sich nur um sammelnde und jagende Analphabeten gehandelt hätte, die in archäologisch unsichtbaren Behausungen lebten. In jüngster Zeit konnten Klimaforscher und Paläoökologen mehrere Anzeichen für frühere Klima- und Umweltveränderungen ausmachen, die zum Zusammenbruch der Maya beitrugen. Und schließlich gibt es auch heute noch Maya, die in ihrer alten Heimat leben und die Sprache ihres Volkes sprechen. Da von der Kultur der Maya so vieles den Zusammenbruch überlebt hat, konnten die ersten europäischen Besucher des Gebietes zahlreiche Informationen über die Mayagesellschaft ihrer Zeit zusammentragen, und diese Aufzeichnungen spielen auch für unsere Kenntnisse über frühere Zeiten eine entscheidende Rolle. Ihren ersten Kontakt mit Europäern hatten die Maya schon 1502, nur zehn Jahre nachdem Christoph Kolumbus die Neue Welt »entdeckt« hatte; auf der letzten seiner vier Reisen fischte Kolumbus ein Kanu auf, das dem Handel diente und vermutlich den Maya gehörte. Im Jahr 1527 begannen die Spanier ernsthaft, das Gebiet der Maya zu erobern, aber erst 1697 hatten sie das letzte Fürstentum unterworfen. Fast zwei Jahrhunderte lang hatten Spanier also die Gelegenheit, unabhängige Gesellschaften der Maya zu beobachten. Wichtig – im guten wie im schlechten Sinne – war vor allem der Bischof Diego de Landa, der während des größten Teils der Periode von 1549 bis 1578 auf der Halbinsel Yucatán residierte. Er beging einerseits einen der schlimmsten Akte von Kulturvandalismus in der gesamten Geschichte: Um das »Heidentum« auszurotten, ließ er alle Maya-Manuskripte verbrennen, derer er habhaft werden konnte, sodass heute nur noch vier Dokumente erhalten sind. Andererseits verfasste er aber auch einen ausführlichen Bericht über die Gesellschaft der Maya, und von einem Informanten erhielt er eine zunächst unbrauchbare Erklärung über ihre Schrift, bei der sich erst fast vier Jahrhunderte später herausstellte, dass sie doch Anhaltspunkte für die Entschlüsselung bot.

Dass wir ein ganzes Kapitel den Maya widmen, hat noch einen weiteren Grund: Es soll ein Gegengewicht zu den anderen Kapiteln über Gesellschaften früherer Zeiten bilden, in denen es unverhältnismäßig oft um kleine Menschengruppen in einer empfindlichen, geographisch isolierten Umwelt ging, wobei diese Gesellschaften auch nicht mit unserer heutigen Technologie und Kultur zu vergleichen waren. Das alles trifft auf die Maya nicht zu. Kulturell waren sie die am höchsten entwickelte (oder zumindest eine sehr hoch entwickelte) Gesellschaft der präkolumbianischen Neuen Welt, die als Einzige eine umfangreiche, bis heute erhaltene Schrift besaß und in Mittelamerika beheimatet war, einem der beiden Kernländer der Zivilisation Amerikas. Ihre Umwelt konfrontierte sie zwar durch Karstlandschaften und unberechenbar schwankende Niederschläge mit Problemen, aber im weltweiten Vergleich war sie nicht besonders auffällig, und ihre Empfindlichkeit war mit Sicherheit geringer als auf der Osterinsel, im Gebiet der Anasazi, in Grönland oder im heutigen Australien. Man sollte also nicht glauben, das Risiko eines Zusammenbruches bestehe nur für kleine, aber anständige Gesellschaften in besonders fragilen Regionen; die Maya sollten uns eine Warnung sein, dass ein solches Schicksal auch die am höchsten entwickelten, kreativsten Gesellschaften ereilen kann.

Von den fünf Punkten unseres Schemas zum Verständnis von Gesellschaftszusammenbrüchen treffen vier auf die Maya zu. Sie schädigten ihre Umwelt, insbesondere durch Waldzerstörung und Erosion. Klimaveränderungen (Dürreperioden), die sich vermutlich mehrfach wiederholten, trugen zum Zusammenbruch bei. Eine große Rolle spielten Feindseligkeiten unter den Maya selbst. Und schließlich waren kulturelle Faktoren von Bedeutung, insbesondere die Konkurrenz zwischen Königen und Adligen, die von der Lösung grundlegender Probleme ablenkte und zu einer Konzentration auf Krieg und den Bau von Denkmälern führte. Der letzte Punkt unserer Liste, der Handel mit äußeren, freundlich gesonnenen Gesellschaften oder seine Beendigung, scheint für die Aufrechterhaltung der Maya-Gesellschaft oder als Ursache für ihren Sturz keine entscheidende Rolle gespielt zu haben. Obsidian (der bevorzugte Rohstoff zur Herstellung von Steinwerkzeugen), Jade, Gold und Muschelschalen wurden zwar in das Gebiet der Maya importiert, die drei zuletzt genannten Waren waren aber Luxusgüter und als solche nicht lebenswichtig. Obsidianwerkzeuge waren im Gebiet der Maya noch lange nach dem politischen Zusammenbruch weit verbreitet, dieses Gestein war also offenbar niemals knapp.

Um die Maya zu verstehen, sollten wir zunächst ihre Umwelt betrachten, die wir uns meist als »Dschungel« oder »tropischen Regenwald« vorstellen. Diese Vorstellung ist falsch, und dass wir sie haben, hat einen wichtigen Grund. Genau genommen, gedeihen tropische Regenwälder in äquatornahen Gebieten mit starkem Niederschlag, wo es das ganze Jahr über nass oder feucht ist. Die Heimat der Maya liegt aber mehr als 1500 Kilometer vom Äquator entfernt auf 17 bis 22 Grad nördlicher Breite in einem Lebensraum, den man als »jahreszeitlichen tropischen Wald« bezeichnen würde. Das heißt, es gibt dort zwar von Mai bis Oktober eine Regenzeit, aber von Januar bis April ist es relativ trocken. Konzentriert man sich auf die feuchten Monate, kann man die Heimat der Maya als »jahreszeitlich tropischen Wald« bezeichnen. Betrachtet man dagegen vorwiegend die trockenen Monate, spricht man besser von einer »jahreszeitlichen Wüste«.

Auf der Halbinsel Yucatán steigt der Niederschlag von Norden nach Süden von 450 auf 2500 Millimeter, und auch der Mutterboden wird dicker; deshalb war der südliche Teil der Halbinsel landwirtschaftlich produktiver, und dort konnte eine dichtere Bevölkerung leben. Aber der Niederschlag schwankt in der Region der Maya unberechenbar von Jahr zu Jahr; in jüngerer Zeit lag er in manchen Jahren drei- oder viermal so hoch wie in anderen. Auch die zeitliche Verteilung der Niederschläge im Lauf eines Jahres ist nicht genau vorherzusehen; deshalb kann es leicht vorkommen, dass Bauern in Erwartung des Regens ihre Nutzpflanzen anbauen, und dann stellt der Niederschlag sich nicht zur erhofften Zeit ein. Daher erleben Bauern, die heute in der ehemaligen Heimat der Maya Mais anbauen, insbesonders die im Norden häufig Missernten. In alter Zeit hatten die Maya vermutlich mehr Erfahrung, sodass sie besser zurechtkamen, aber auch für sie bestand die Gefahr von Missernten durch Trockenheit und Wirbelstürme.

Obwohl der südliche Teil des Mayagebietes mehr Niederschlag verzeichnet als der Norden, wiegen Wasserprobleme im feuchten Süden paradoxerweise schwerer. Dies machte den Maya dort das Leben schwer, aber auch heutige Archäologen haben mit Schwierigkeiten zu kämpfen: Sie verstehen kaum, warum die Dürre früher im feuchten Süden größere Probleme verursachte als im trockenen Norden. Die Erklärung liegt wahrscheinlich in einer Süßwasser-Lagerstätte unter der Yucatán-Halbinsel: An der Oberfläche steigt das Gelände von Norden nach Süden an, sodass das Gebiet im Süden viel höher über dem Grundwasserspiegel liegt. Im Norden der Halbinsel ist das Gelände so niedrig, dass die Maya in alter

Zeit mit tiefen Löchern (Cenotes) oder in Höhlen zum Grundwasser vorstoßen konnten; jeder Tourist, der schon einmal die Mayastadt Chichén Itzá besichtigt hat, wird sich dort an die großen Cenotes erinnern. In den tief liegenden Küstengebieten des Nordens, wo es keine solchen Löcher gibt, dürften die Maya mit selbst gegrabenen, bis zu 25 Meter tiefen Brunnen das Grundwasser erreicht haben. Reichlich verfügbar ist Wasser auch in vielen Teilen von Belize, wo es Flüsse gibt, sowie entlang des Usumacinta im Westen und rund um einige Seen in der Region Petén im Süden. Aber zu einem großen Teil liegt der Süden so hoch über dem Grundwasserspiegel, dass Cenotes oder Brunnen nicht bis zu ihm hinabreichen. Noch schlimmer wird die Sache, weil die Halbinsel Yucatán zu einem beträchtlichen Teil aus Karst besteht, einem Gelände aus porösem, schwammartigem Kalkstein, der den Niederschlag sofort in den Boden ableitet, sodass an der Oberfläche kaum noch Wasser zur Verfügung steht.

Wie kam die dichte Mayabevölkerung im Süden mit den Wasserproblemen zurecht? Anfangs ist man überrascht, dass sie ihre Städte vielfach nicht in der Nähe der wenigen Flüsse bauten, sondern auf Klippen im gebirgigen Hochland. Dies erklärt sich dadurch, dass die Maya Senken aushoben, natürliche Senken abwandelten und dann deren Boden abdichteten, sodass der Karst undurchlässig wurde. Auf diese Weise schufen sie Zisternen und Reservoire, die den Regen aus großen, mit Gips ausgekleideten Auffangbecken sammelten und für die Trockenzeit speicherten. Die Reservoire der Mayastadt Tikal beispielsweise fassten so viel Wasser, dass 10 000 Menschen 18 Monate lang genug zu trinken hatten. In der Stadt Coba zogen die Maya Dämme rund um einen See, um seinen Wasserspiegel steigen zu lassen und die Wasserversorgung zuverlässiger zu gestalten. Aber die Bewohner in Tikal und anderen Städten, die mit ihrem Trinkwasser auf Reservoire angewiesen waren, hätten nach wie vor große Schwierigkeiten bekommen, wenn es in einer ausgedehnten Dürrephase 18 Monate oder länger nicht geregnet hätte. Schon eine kürzere Trockenzeit, in der die Nahrungsmittelvorräte zur Neige gingen, hätte zu einer Hungersnot geführt, denn um Nutzpflanzen anzubauen, braucht man keine Reservoire, sondern Regen.

Von besonderer Bedeutung sind in unserem Zusammenhang die Einzelheiten der Maya-Landwirtschaft; ihre Grundlage waren Nutzpflanzen, die man in Mexiko domestiziert hatte – an erster Stelle stand dabei der Mais, die zweitgrößte Bedeutung hatten Bohnen. Wie man aus der Isoto-

— Ausgrabungsstätten der Maya —

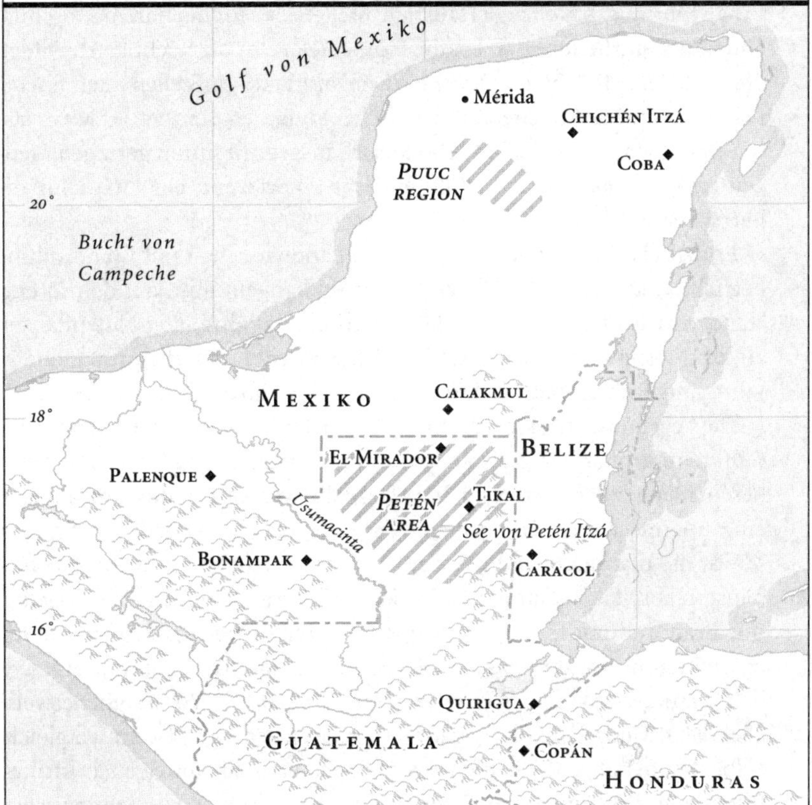
Golf von Mexiko
Mérida
Chichén Itzá
Coba
Puuc
Region
20°
Bucht von
Campeche
Mexiko
Calakmul
18°
El Mirador
Belize
Palenque
Usumacinta
Petén
Area
Tikal
See von Petén Itzá
Bonampak
Caracol
16°
Quirigua
Guatemala
Copán
Honduras
Pazifik
14°
Vereinigte Staaten
Golf von
Mexiko
Atlantik
Karibische See
Zentralamerika
Pazifik
0 Meilen 50 100 150
0 Kilometer 150
92°
90°
88°
© 2004 Jeffrey L. Ward

penanalyse alter Mayaskelette ablesen kann, machte Mais sowohl bei der Oberschicht als auch bei den einfachen Leuten mindestens 70 Prozent der Ernährung aus. Als einzige Haustiere hielten sie Hunde, Puten, Moschusenten und stachellose Bienen, die Honig lieferten; die wichtigsten wilden Fleischlieferanten waren Hirsche sowie an manchen Stellen auch Fische. Die wenigen Tierknochen an den archäologischen Stätten der Maya lassen jedoch darauf schließen, dass Fleisch insgesamt nur in geringen Mengen zur Verfügung stand. Wildbret war vorwiegend ein Luxus für die herrschende Klasse.

Früher glaubte man, die Maya hätten Landwirtschaft mit Brandrodung betrieben: Dabei wird Wald abgeholzt und abgebrannt, auf den so entstandenen Feldern baut man höchstens einige Jahre lang Nutzpflanzen an, und wenn der Boden erschöpft ist, werden die Flächen für 15 bis 20 Jahre aufgegeben, bis die Fruchtbarkeit sich durch die nachwachsende wilde Vegetation regeneriert hat. Da bei Brandrodung zu jedem Zeitpunkt ein großer Teil der Landschaft brachliegt, ermöglicht sie nur eine bescheidene Bevölkerungsdichte. Deshalb war es für die Archäologen eine überraschende Entdeckung, dass die Bevölkerungsdichte bei den Maya, die man aufgrund der Zahl steinerner Fundamente von Bauernhäusern abschätzen kann, häufig viel größer war, als eine Landwirtschaft mit Brandrodung es zulassen würde. Die wirklichen Zahlen sind heftig umstritten und waren offenbar in den einzelnen Regionen unterschiedlich, häufig werden aber Schätzungen von 100 bis 300, möglicherweise auch 600 Menschen pro Quadratkilometer genannt. (Zum Vergleich: Selbst heute haben die beiden am dichtesten besiedelten Staaten Afrikas, Ruanda und Burundi, eine Bevölkerungsdichte von 300 beziehungsweise 220 Menschen je Quadratkilometer.) Die alten Maya müssen also in der Lage gewesen sein, ihre landwirtschaftliche Produktion weit über das hinaus zu steigern, was allein mit Brandrodung möglich gewesen wäre.

In vielen Gebieten der Maya findet man die Überreste landwirtschaftlicher Einrichtungen, die zur Produktionssteigerung dienten: Terrassen an den Berghängen hielten Boden und Feuchtigkeit fest, Bewässerungssysteme oder Kanalnetze entwässerten die Felder. Diese Systeme, die nachweislich auch in anderen Gebieten auf der Erde existierten, waren nur mit großem Aufwand zu bauen, belohnten die Mühe aber mit einer Steigerung der Nahrungsmittelproduktion. Man grub Kanäle, um das Wasser aus nassen Gebieten abzuleiten, düngte die Felder zwischen den Kanälen und hob sie an, indem man Schlamm und Wasserpflanzen aus den Kanälen darauf verteilte, und verhinderte so, dass die Felder selbst überschwemmt wurden. Die Bauern ernteten auf solchen Feldern nicht nur Nutzpflanzen, sondern in den Kanälen »züchteten« sie auch wilde Fische und Schildkröten als zusätzliche Lebensmittellieferanten. In anderen Gebieten der Maya dagegen, beispielsweise in den gut untersuchten Städten Copán und Tikal, findet man kaum archäologische Spuren für Terrassenbau, Bewässerung oder aufgeschüttete und entwässerte Felder. Hier müssen die Bewohner zur Steigerung der Lebensmittelproduktion andere Mittel angewendet haben, die keine archäologischen Spuren hinterlassen haben, beispielsweise Düngung, Überschwemmungswirtschaft, Verkürzung der Zeiten, in denen man die Felder brachliegen ließ, Pflügen des Bodens zur Wiederherstellung der Fruchtbarkeit, oder im Extremfall ein völliger Verzicht auf die Brachperiode; in diesem Fall erntete man jedes Jahr oder in besonders feuchten Gebieten sogar zweimal im Jahr.

In Gesellschaften mit einer Schichtstruktur, wie sie heute in Nordamerika und Europa existieren, produzieren Bauern die Lebensmittel; andere Berufsgruppen, beispielsweise Beamte und Soldaten, erzeugen selbst keine Nahrung, sondern verbrauchen nur die Produkte der Bauern und verhalten sich diesen gegenüber letztlich als Parasiten. In jeder Schichtengesellschaft müssen die Bauern also so viel Nahrungsmittelüberschüsse produzieren, dass nicht nur ihre eigenen Bedürfnisse befriedigt werden, sondern auch die der anderen Verbraucher. Wie viele Verbraucher davon leben können, ohne selbst etwas zu produzieren, hängt von der landwirtschaftlichen Produktivität einer Gesellschaft ab. In den heutigen Vereinigten Staaten mit ihrer sehr effizienten Landwirtschaft stellen die Bauern nur zwei Prozent der Bevölkerung, und jeder Bauer kann im Schnitt 125 andere Menschen ernähren. Die altägyptische Landwirtschaft war zwar wesentlich weniger leistungsfähig als ihr modernes, mechanisiertes Gegenstück, aber auch ein ägyptischer Bauer produzierte bereits das Fünffache der Nahrungsmenge, die er für sich selbst und seine Familie brauchte. Bei den Maya erzeugte ein Bauer nur das Doppelte dieser Menge. Dort bestand die Gesellschaft zu mindestens 70 Prozent aus Bauern. Die Landwirtschaft der Maya unterlag nämlich mehreren Beschränkungen.

Erstens produzierte sie wenig Protein. Mais, die bei weitem vorherrschende Getreidesorte, hat einen geringeren Proteingehalt als Weizen und Gerste, die Grundnahrungsmittel der Alten Welt. Die wenigen essbaren Haustiere, die bereits erwähnt wurden, waren allesamt klein und lieferten viel weniger Fleisch als die Kühe, Schafe, Schweine und Ziegen der Alten Welt. Die Maya mussten mit einer geringeren Auswahl von Nutzpflanzen auskommen als die Bauern in den Anden, die neben dem Mais auch über Kartoffeln, die proteinreiche Reismelde (auch Quinoa genannt) und viele andere Pflanzen sowie über Lamas als Fleischlieferanten verfügten, und dieses Spektrum war wiederum geringer als das der verschiedenen Nutzpflanzen in China und im Westen Eurasiens.

Eine weitere Beschränkung bestand darin, dass der Maisanbau der Maya weniger intensiv und produktiv war als die *chinampas* (eine sehr produktive Art der Landwirtschaft auf angeschütteten Feldern) der Azteken, die angeschütteten Felder der Tiwanaku-Kultur in den Anden, die Moche-Bewässerungssysteme an der Küste Perus oder die Felder in großen Teilen Eurasiens, auf denen die Pflüge von Tieren gezogen wurden.

Ein ganz anderes Hindernis war das feuchte Klima im Gebiet der Maya: Länger als ein Jahr konnte man den Mais hier kaum aufbewahren. Die Anasazi dagegen, die im trockenen Klima des nordamerikanischen Südwestens zu Hause waren, lagerten ihn bis zu drei Jahre lang.

Und schließlich hatten die Indianer in den Anden ihre Lamas, und die Menschen der Alten Welt verfügten über Pferde, Ochsen, Esel und Kamele. Die Maya dagegen besaßen keine Tiere zum Transport oder zum Pflügen. Waren konnten auf dem Landwege ausschließlich auf dem Rücken von Trägern transportiert werden. Wenn man aber einen Träger mit einer Ladung Mais als Begleitung einer Armee in die Schlacht schickt, wird ein Teil der Maisladung für den Träger selbst auf dem Hinweg gebraucht, einen weiteren Teil verzehrt er auf dem Rückweg, und nur ein Bruchteil steht für die Ernährung der Armee zur Verfügung. Je länger der Weg, desto weniger bleibt von der Ladung übrig, wenn der Träger seine eigenen Bedürfnisse befriedigt hat. Schon, wenn der Marsch nur einige Tage oder bis zu einer Woche dauert, wird es unwirtschaftlich, Mais zur Versorgung von Armeen oder Märkten mit Trägern zu transportieren. Wegen der geringen Produktivität ihrer Landwirtschaft und des Fehlens von Zugtieren unterlagen die Maya, was Dauer und Entfernung militärischer Feldzüge anging, engen Beschränkungen.

Wir haben uns an den Gedanken gewöhnt, dass nicht die Nahrungsversorgung, sondern die Qualität der Waffen über militärische Erfolge bestimmt. Dagegen liefert die Geschichte der neuseeländischen Maori ein klares Beispiel dafür, wie eine Verbesserung der Lebensmittelversorgung entscheidend zum militärischen Erfolg beitragen kann. Die Maori sind das polynesische Volk, das sich als Erstes in Neuseeland niederließ. Sie führten untereinander traditionell häufig Kriege, die sich aber nur gegen eng benachbarte Stämme richteten. Solche Auseinandersetzungen wurden durch die bescheidene Produktivität der Landwirtschaft eingegrenzt, in der Süßkartoffeln das Grundnahrungsmittel bildeten. Das Gemüse in ausreichenden Mengen anzubauen, sodass man damit eine Armee auf dem Schlachtfeld oder auf längeren Märschen über geraume Zeit ernähren konnte, war nicht möglich. Als die ersten Europäer nach Neuseeland kamen, brachten sie die Kartoffeln mit, und das führte ungefähr seit 1850 bei den Maori zu deutlich steigenden landwirtschaftlichen Erträgen. Jetzt konnte man genügend Nahrung anbauen, um Streitkräfte an der Front über viele Wochen hinweg zu versorgen. Die Folge: In den 15 Jahren von 1818 bis 1833 überfielen Maoristämme, die von den Engländern bereits Kartoffeln und Feuerwaffen übernommen hatten, viele hundert Kilometer entfernte Nachbarstämme, die noch nicht über diese Hilfsmittel verfügten. Der produktive Kartoffelanbau hob also die Beschränkungen auf, denen die Maori in ihrer Kriegsführung bis dahin unterlegen hatten; ganz ähnliche Beschränkungen galten auch für die Maya mit ihrer wenig produktiven, auf Mais basierenden Landwirtschaft.

Solche Zusammenhänge mit der Lebensmittelversorgung sind vermutlich zumindest teilweise auch eine Erklärung dafür, warum die Gesellschaft der Maya politisch in kleine Königreiche aufgeteilt war, die ständig untereinander Krieg führten und sich nie vereinigten, ganz anders als die Azteken mit ihrem Reich im Tal von Mexiko (die sich mit ihrer *chinampa*-Landwirtschaft und anderen Formen intensiven Anbaues ernährten) oder die Inkas mit ihrem Andenreich (deren vielfältige landwirtschaftliche Produkte von Lamas auf gut ausgebauten Straßen transportiert wurden). Armeen und Verwaltungsapparat der Maya blieben klein. (Noch viel später, im Jahr 1848, als eine Armee der Maya gegen die mexikanischen Machthaber revoltierte und kurz vor dem Sieg zu stehen schien, musste sie die Kämpfe abbrechen und nach Hause gehen, um die Maisernte einzubringen.) Viele Maya-Königreiche hatten eine Bevölkerung von nur 25 000 bis 50 000 Menschen, und mehr als eine halbe Million waren es nirgendwo; alle Bewohner lebten in einem Umkreis von zwei bis drei Tagemärschen um den Königspalast. (Die tatsächlichen Zahlen sind wiederum unter Archäologen heftig umstritten.) Von der Spitze der Tempel mancher Königreiche konnte man jeweils den Tempel des Nachbarreiches sehen. Die Städte der Maya blieben klein (meist mit einer Fläche von nicht mehr als zweieinhalb Quadratkilometern) und hatten weder die große Bevölkerung noch die gewaltigen Märkte wie Teotihuacán und Tenochtitlán im Tal von Mexiko oder wie Chan-Chan oder Cuzco in Peru. Ebenso gibt es keine archäologischen Anhaltspunkte für eine vom König verwaltete Lagerung und den Handel mit Lebensmitteln, die für das antike Griechenland und Mesopotamien charakteristisch waren.

Machen wir nun einmal einen Schnellkurs in Maya-Geschichte. Das Gebiet der Maya gehört zu Mittelamerika, einer größeren Kulturregion der amerikanischen Ureinwohner, die sich ungefähr von der Mitte Mexikos bis nach Honduras erstreckt und (neben den südamerikanischen Anden) in der präkolumbianischen Neuen Welt eines der beiden Innovationszentren darstellte. Die Maya hatten viele Gemeinsamkeiten mit anderen Gesellschaften Mittelamerikas, und zwar nicht nur in dem, was sie besaßen, sondern auch in jenem, was ihnen fehlte. Heutigen Angehörigen der abendländischen Gesellschaft, deren Erwartungen aus den Kulturen der Alten Welt erwachsen, mag es beispielsweise überraschend erscheinen, dass es in den mittelamerikanischen Gesellschaften keine Metallwerkzeuge gab, keine Rollen, Räder und andere Maschinen (außer hier und da als Spielzeug), keine Boote mit Segeln, und keine Tiere, die groß genug waren, um Lasten zu tragen oder einen Pflug zu ziehen. Die großartigen Tempel der Maya wurden ausschließlich mit Werkzeugen aus Stein und Holz sowie mit menschlicher Muskelkraft errichtet.

Viele Bestandteile ihrer Kultur bezogen die Maya aus anderen Regionen Mittelamerikas. Landwirtschaft, Städte und Schrift entstanden beispielsweise zunächst außerhalb des eigentlichen Mayagebietes in den Tälern und in Küstenniederungen des Westens und Südwestens, wo Mais, Bohnen und Kürbisse domestiziert wurden und seit etwa 3000 v. Chr. wichtige Bestandteile der Ernährung darstellten. Keramik entstand um 2500 v. Chr., Dörfer gab es seit 1500 v. Chr. und die ersten Städte der Olmeken um 1200 v. Chr. Die Schrift tauchte erstmals um 600 v. Chr. bei den Zapoteken in Oaxaca auf, und die ersten Staaten entstanden um 300 v. Chr. Auch zwei einander ergänzende Kalender, ein Sonnenkalender mit 365 Tagen und ein ritueller Kalender mit 260 Tagen, entstanden außerhalb des Mayagebietes. Andere Elemente ihrer Kultur wurden von den Maya selbst erfunden, vervollkommnet oder abgewandelt.

Innerhalb des Mayagebietes tauchten Dörfer und Keramik um oder kurz nach 1000 v. Chr. auf, größere Bauwerke gab es seit 500 v. Chr. und die Schrift ungefähr seit 400 v. Chr. Alle erhaltenen schriftlichen Zeugnisse der alten Maya, insgesamt rund 15 000 Inschriften, befinden sich auf Stein oder Keramik und haben ausschließlich Könige, Adlige und ihre Eroberungen zum Inhalt. Einfache Leute werden kein einziges Mal erwähnt. Bei Eintreffen der Spanier schrieben die Maya ihre Bücher immer noch auf Rindenpapier, das mit Gips beschichtet war; die einzigen vier Werke, die den Verbrennungen des Bischofs Landa entgingen, waren Abhandlungen über Astronomie und ein Kalender. Auch früher besaßen die Maya solche Bücher aus Rindenpapier; diese sind häufig auf Keramikgegenständen dargestellt, aber nur aufgelöste Überreste davon haben sich bis heute in Gräbern erhalten.

Der berühmte Lange Kalender der Maya beginnt am 11. August des Jahres 3114 v. Chr., genau wie unser eigener Kalender am 1. Januar des ersten Jahres der christlichen Zeitrechnung beginnt. Welche Bedeutung dieser »Tag Null« unseres Kalenders hat, wissen wir: Er bezeichnet angeblich den Anfang des Jahres, in dem Christus geboren wurde. Vermutlich legten auch die Maya ihrem »Tag Null« eine besondere Bedeutung bei, aber worin sie bestand, wissen wir nicht. Die ersten bis heute erhaltenen Daten des Langen Kalenders sind das Jahr 197 n. Chr. auf einem Bauwerk im Mayagebiet und das Jahr 36 v. Chr. außerhalb davon; aus beiden kann man auf den 11. August 3114 v. Chr. als Tag Null des Langen Kalenders zurückrechnen, obwohl es zu jener Zeit und noch 2500 Jahre danach nirgendwo in der Neuen Welt eine Schrift gab.

Unser Kalender ist in die Einheiten der Tage, Wochen, Monate, Jahre, Jahrzehnte, Jahrhunderte und Jahrtausende unterteilt: Mit dem Datum 19. Februar 2003 beispielsweise, an dem ich den ersten Entwurf dieses Absatzes schrieb, bezeichnen wir den neunzehnten Tag des zweiten Monats im vierten Jahr des ersten Jahrzehnts im ersten Jahrhundert des dritten Jahrtausends nach der Geburt Christi. Auf ganz ähnliche Weise benennt auch der Lange Kalender der Maya Daten in den Einheiten der Tage (*kin*), 20 Tage (*uinal*), 360 Tage (*tun*), 7200 Tage oder ungefähr 20 Jahre (*katunn*) und 144000 Tage oder ungefähr 400 Jahre (*baktun*). Die gesamte Geschichte der Maya fällt in die *baktuns* 8, 9 und 10.

Die so genannte klassische Periode der Maya-Kultur beginnt im *baktun* 8, ungefähr 250 n. Chr.; zu dieser Zeit findet man erstmals Hinweise auf die Könige und Dynastien. Die Experten für Maya-Schrift kennen unter den Glyphen (Schriftzeichen) auf den Denkmälern einige Dutzend, die jeweils in bestimmten geographischen Gebieten gehäuft auftreten und nach heutiger Kenntnis ungefähr die Bedeutung von Dynastien oder Königreichen haben. Neben den Königen, die ihre eigenen Namen-Glyphen und Paläste besaßen, hatten auch viele Adlige besondere Inschriften und große Bauwerke. In der Gesellschaft der Maya war der König gleichzeitig auch Hoher Priester. Ihm fiel also die Aufgabe zu, astronomische und kalendarische Rituale zu vollziehen, um auf diese Weise für Regen und Wohlstand zu sorgen; aufgrund seiner angeblichen Verwandtschaft mit den Göttern nahm er für sich die übernatürliche Fähigkeit in Anspruch, beides herbeizuführen. Es fand also ein stillschweigender Tauschhandel statt: Die Bauern ermöglichten dem König und seinem Hofstaat eine luxuriöse Lebensweise, lieferten ihm Mais und Wildbret und bauten seine Paläste, weil er ihnen im Gegenzug große Versprechungen machte. Wie wir noch genauer erfahren werden, bekamen die Könige Schwierigkeiten mit ihren Bauern, wenn eine Dürre einsetzte, denn das war gleichbedeutend mit dem Bruch eines königlichen Versprechens.

Ungefähr seit 250 n. Chr. wuchsen die Bevölkerung der Maya (die man aus der Zahl archäologisch belegter Stellen mit Häusern ableiten kann), die Zahl der Denkmäler und Bauwerke sowie die Zahl der im Langen Kalender angegebenen Daten auf Denkmälern und Keramikgegenständen fast exponentiell an, bis sie im 8. Jahrhundert ihren Höhepunkt erreichten. Gegen Ende dieser klassischen Periode entstanden die größten Bauwerke. Im 9. Jahrhundert ging die Zahl aller drei Indikatoren einer komplexen Gesellschaft zurück, und das letzte Kalenderdatum auf einem Bauwerk wurde im *baktun* 10 angebracht, das heißt im Jahr 909 n. Chr. Dieser Niedergang der Bevölkerung, der Architektur und des Langen Kalenders der Maya ist gleichbedeutend mit dem klassischen Zusammenbruch ihrer Gesellschaft.

Als Beispiel für den Niedergang wollen wir eine kleine, aber dicht bebaute Stadt genauer betrachten. Ihre Ruinen befinden sich im Westen des heutigen Honduras an einer Stelle, die unter dem Namen Copán bekannt ist und in jüngster Zeit von dem Archäologen David Webster in zwei Büchern beschrieben wurde. Unter landwirtschaftlichen Gesichtspunkten liegt das beste Land in der Umgebung von Copán in fünf kleinen Ebenen mit fruchtbarem Boden, die sich entlang eines Flusses erstrecken und insgesamt die winzige Fläche von nur rund 26 Quadratkilometern haben; die größte dieser fünf Flächen, Copán Pocket genannt, hat eine Fläche von nur 13 Quadratkilometern. Zum größten Teil besteht die Landschaft rund um Copán aus steilen Bergen; fast die Hälfte dieser Gebirgsflächen hat eine Steigung von über 16 Prozent. Der Boden ist im Gebirge weniger fruchtbar, säurehaltiger und phosphatärmer als im Tal. Heute liefern Felder am Talboden einen zwei- bis dreimal höheren Maisertrag als solche an den Abhängen, die bereits nach zehn Jahren der landwirtschaftlichen Nutzung durch Erosion drei Viertel ihrer Produktivität verlieren.

Nach der Anzahl der Häuser zu schließen, stieg die Bevölkerungszahl im Tal von Copán seit dem 5. Jahrhundert stark an und erreichte in der Zeit zwischen 750 und 900 n. Chr. mit rund 27 000 Menschen ihren Höhepunkt. Die schriftliche Überlieferung der Maya von Copán beginnt nach dem Langen Kalender zu einem Zeitpunkt, der dem Jahr 426 n. Chr. entspricht; auf späteren Denkmälern ist rückblickend verzeichnet, dass damals eine Person eintraf, die mit den Adligen von Tikal und Teotihuacán verwandt war. Insbesondere zwischen 650 und 750 n. Chr. wurden in großem Umfang königliche Denkmäler errichtet, auf denen die Herrscher verherrlicht wurden. Ungefähr seit 700 n. Chr. traten neben den Königen auch andere Adlige hervor und errichteten eigene Paläste; um das Jahr 800 n. Chr. gab es etwa zwanzig solche Bauwerke, und eines davon bestand bekanntermaßen aus fünfzig Einzelgebäuden, die insgesamt 250 Menschen Platz boten. Alle diese Adligen und ihr Hofstaat bewirkten, dass der König mit seinem Hof für die Bauern eine immer größere Belastung bedeutete. Die letzten großen Bauwerke wurden in Copán um das Jahr 800 n. Chr. errichtet, und dem Langen Kalender zufolge wurde 822 n. Chr. zum letzten Mal ein unvollständiger Altar gebaut, der möglicherweise den Namen eines Königs trug.

Bei der archäologischen Untersuchung verschiedener Lebensräume im Tal von Copán stellte sich heraus, dass diese in einer regelmäßigen Abfolge besiedelt wurden. Anfangs wurde das große fruchtbare Landstück am Talboden landwirtschaftlich genutzt, dann folgten die vier anderen, kleineren Flächen. Gleichzeitig wuchs die Bevölkerung, aber die Berge wurden noch nicht besiedelt. Die gestiegenen Bedürfnisse mussten also dadurch befriedigt werden, dass man die landwirtschaftliche Produktion am Talboden durch kürzere Brachperioden, doppelte Ernten und möglicherweise auch Bewässerung intensivierte.

Ungefähr seit 650 n. Chr. siedelten die Menschen sich auch an den Berghängen an, aber Landwirtschaft betrieben sie dort nur ungefähr ein Jahrhundert lang. Der Anteil der Gesamtbevölkerung von Copán, der von den Tälern in die Berge auswich, erreichte einen Höchstwert von 41 Prozent und nahm dann ab, bis die Bevölkerung sich schließlich wieder auf die fruchtbaren Regionen im Tal konzentrierte. Warum zogen die Menschen sich aus dem Gebirge zurück? Wie man durch Ausgrabungen von Gebäudefundamenten am Talboden weiß, wurde dieser im 8. Jahrhundert durch neue Sedimentschichten bedeckt, das heißt, die Berghänge erodierten, und wahrscheinlich wurden auch Nährstoffe ausgewaschen. Dieser unfruchtbare, saure Gebirgsboden wurde dann ins Tal gespült und bedeckte dort die fruchtbaren Schichten, sodass sich die landwirtschaftlichen Erträge verminderten. Dass die Siedlungen im Gebirge damals so schnell aufgegeben wurden, entspricht der heutigen Erfahrung der Maya, dass Felder in den Bergen nicht besonders fruchtbar sind und dass ihr Boden schnell ausgelaugt ist.

Wie es im Gebirge zur Erosion kommt, ist klar: Die Wälder, die dort früher den Boden schützten, wurden abgeholzt. Wie man aus der Datierung von Pollenproben weiß, waren die Kiefernwälder, die ursprünglich den oberen Abschnitt der Berghänge bedeckt hatten, am Ende völlig verschwunden. Berechnungen zufolge dürfte das Kiefernholz vorwiegend als Brennstoff gedient haben, der Rest wurde als Bauholz oder zur Herstellung von Verputz verwendet. An anderen Ausgrabungsstätten aus der vorklassischen Mayazeit übertrieb man das Verputzen der Gebäude so, dass die Herstellung von Putz eine Hauptursache der Waldzerstörung gewesen sein dürfte. In der Folge kam es nicht nur zur Ansammlung von Sedimenten in den Tälern und zu einem Mangel bei der Holzversorgung, sondern auch zu einer »selbst gemachten Dürre« am Talboden: Wälder spielen für den Wasserkreislauf eine entscheidende Rolle, sodass das Abholzen von Wald einen Rückgang der Niederschlagsmenge zur Folge hat.

Man hat Hunderte von Skeletten aus den archäologischen Stätten von Copán auf poröse Knochen, Streifen an den Zähnen und andere Anzeichen von Krankheiten und Mangelernährung untersucht. Wie man an solchen Spuren erkennt, wurde der Gesundheitszustand der Bewohner von Copán zwischen 650 und 850 n. Chr. immer schlechter; dies galt sowohl für die herrschende Klasse als auch für die einfachen Leute, bei Letzteren verfiel die Gesundheit aber noch stärker.

Wie bereits erwähnt, wuchs die Bevölkerung von Copán während der Besiedlung der Berghänge stark an. Als dort später alle Felder aufgegeben wurden, fiel die Aufgabe, die zusätzlichen, früher in den Bergen ansässigen Menschen zu ernähren, in immer stärkerem Maße dem Talboden zu, und immer mehr Menschen konkurrierten um die Lebensmittel, die dort auf nur 25 Quadratkilometern produziert wurden. Das führte wie in unserer Zeit in Ruanda (Kapitel 10) zu Konflikten unter den Bauern, die sich um die besten Felder oder überhaupt irgendwelche Landflächen stritten. Der König von Copán konnte sein Versprechen – Regen und Wohlstand als Gegenleistung für Macht und Luxus – nicht mehr einlösen, und so wurde er zum Sündenbock für die Missernte. Das ist vermutlich der

Grund, warum der letzte Beleg für einen König von Copán aus dem Jahr 822 n. Chr. (dem letzten dort gefundenen Langkalenderdatum) stammt und warum der Königspalast um 850 n. Chr. niedergebrannt wurde. Die anhaltende Produktion einer gewissen Menge von Luxusgütern lässt aber darauf schließen, dass einige Adlige ihren Lebensstil auch nach dem Sturz des Königs bis ungefähr 975 n. Chr. beibehalten konnten.

Aus datierbaren Obsidianstücken kann man schließen, dass die Gesamtbevölkerung von Copán langsamer zurückging als die Spuren der Könige und Adligen. Im Jahr 950 n. Chr. lebten dort Schätzungen zufolge immer noch rund 15 000 Menschen, das sind 54 Prozent des Spitzenwertes von 27 000. Aber die Bevölkerung schrumpfte weiter, und ungefähr seit 1250 n. Chr. gibt es keine Anzeichen mehr, dass im Tal von Copán noch irgendjemand wohnte. Dass in späterer Zeit wieder Pollen von Waldbäumen auftauchten, ist ein unabhängiger Beleg, dass das Tal irgendwann praktisch menschenleer war und dass die Wälder sich nun endlich erholen konnten.

Die gerade allgemein skizzierte Maya-Geschichte und insbesondere das Beispiel von Copán machen deutlich, warum wir von einem »Zusammenbruch bei den Maya« sprechen. Aber die Sache wird noch komplizierter, und das hat mindestens fünf Gründe.

Erstens gab es nicht nur den großen klassischen Zusammenbruch, sondern zuvor ereigneten sich an einigen Stellen mindestens zwei kleinere Debakel: Das Erste, das als präklassischer Zusammenbruch bezeichnet wird, spielte sich um das Jahr 150 n. Chr. in El Mirador und einigen anderen Städten ab, das andere (der so genannte Maya-Hiatus) Ende des 6. und Anfang des 7. Jahrhunderts, zu einer Zeit, als an der gut untersuchten Ausgrabungsstätte Tikal keine Denkmäler mehr errichtet wurden. Auch in Gebieten, wo die Bevölkerung den klassischen Zusammenbruch überlebt hatte oder danach sogar angewachsen war, gab es später ähnliche Ereignisse, beispielsweise den Sturz von Chichén Itzá um 1250 n. Chr. und von Mayapán um 1450 n. Chr.

Zweitens war der klassische Zusammenbruch offensichtlich nicht vollständig: Noch die Spanier trafen auf mehrere hunderttausend Maya – ihre Zahl war weitaus kleiner als in der klassischen Blütezeit, aber es waren immer noch erheblich mehr als in den anderen historischen Gesellschaften, die in diesem Buch eingehend erörtert werden. Diese Überlebenden konzentrierten sich in Gebieten mit einer stabilen Wasserversorgung, insbesondere im Norden mit seinen Cenotes, in den Küstenniederungen mit ihren Brunnen, an einem See im Süden und in niedriger Höhenlage entlang von Flüssen und Lagunen. Ansonsten aber verschwand die Bevölkerung im früheren Kernland der Maya im Süden fast vollständig.

Drittens spielte sich der Zusammenbruch der Bevölkerung (den man an der Zahl der Hausfundamente und der Obsidianwerkzeuge ablesen kann) in manchen Regionen wesentlich langsamer ab als der Rückgang der Zahl von Langkalenderdaten – dies habe ich im Zusammenhang mit Copán bereits erwähnt. Sehr schnell verschwanden beim klassischen Zusammenbruch aber die Institution der Königsherrschaft und der Lange Kalender.

Viertens waren viele scheinbare Zusammenbrüche von Städten in Wirklichkeit nur eine »Umverteilung der Macht«: Manche Städte wurden mächtiger, erlebten dann einen Niedergang oder wurden erobert und stiegen erneut auf, wobei sie ihre Nachbarn unterwarfen, ohne dass sich aber die Gesamtbevölkerung veränderte. Im Jahr 562 n. Chr. wurde Tikal beispielsweise von seinen Konkurrenten Carakol und Calakmul erobert, der König wurde gefangen genommen und getötet. Später gewann Tikal aber wieder zunehmend an Stärke, und 695 n. Chr., lange bevor der Ort wie viele andere Städte der Maya den klassischen Zusammenbruch erlebte (die letzten datierten Denkmäler aus Tikal stammen aus dem Jahr 869 n. Chr.), konnte es seine Widersacher unterwerfen. Auch die Macht von Copán nahm bis zum Jahr 738 n. Chr. zu, aber dann wurde sein König Waxaklahuun Ub'aah K'awil (ein Name, der den heutigen Maya-Fans besser in seiner unvergesslichen Übersetzung »18 Kaninchen« bekannt ist) von der konkurrierenden Stadt Quirigua gefangen genommen und zum Tode verurteilt; in den folgenden 50 Jahren jedoch gedieh Copán unter Königen, die eine glücklichere Hand hatten.

Und schließlich spielten sich Aufstieg und Fall der Städte in den verschiedenen Teilen des Mayagebietes unterschiedlich ab. So war beispielsweise die Region von Puuc im Nordwesten der Halbinsel Yucatán um das Jahr 700 n. Chr. fast menschenleer; nach 750 n. Chr., als die Städte im Süden zusammenbrachen, nahm die Bevölkerung dort explosionsartig zu, erreichte zwischen 900 und 925 n. Chr. ihren Höhepunkt und ging dann zwischen 950 und 1000 n. Chr. stark zurück. El Mirador, ein riesiger Ort in der Mitte des Mayagebietes mit einer der größten Pyramiden der Welt, wurde um 200 v. Chr. besiedelt und ungefähr 150 n. Chr., lange vor dem Aufstieg von Copán, wieder aufgegeben. Chichén Itzá im Norden der

Halbinsel wuchs nach 850 n. Chr. und war um 1000 das wichtigste Zentrum im Norden, aber um 1250 wurde es in einem Bürgerkrieg zerstört.

Manche Archäologen stellen diese fünf Komplikationen in den Vordergrund und sprechen überhaupt nicht von einem klassischen Zusammenbruch der Maya. Dabei übersehen sie aber offenkundige Tatsachen, die eine Erklärung verlangen: das Verschwinden von 90 bis 99 Prozent der Mayabevölkerung nach 800 n. Chr., insbesondere in den zuvor dicht besiedelten Niederungen des Südens, und das Verschwinden von Königen, Langkalender und anderen komplexen politischen und kulturellen Institutionen. Deshalb ist hier von einem klassischen Zusammenbruch der Maya die Rede, und dieser Niedergang, der sowohl die Bevölkerung als auch die Kultur betraf, bedarf einer Erklärung.

Auch zwei andere Phänomene, die ich als verursachende Faktoren für den Zusammenbruch der Maya kurz erwähnt habe, erfordern eine genauere Erörterung: Krieg und Dürre.

Lange Zeit glaubten die Archäologen, die alten Maya seien ein sanftmütiges, friedliches Volk gewesen. Heute wissen wir, dass es zwischen ihnen ständig heftige, unlösbare kriegerische Konflikte gab, denn wegen der Beschränkungen bei Nahrung und Transportmitteln konnte kein einzelnes Maya-Fürstentum die gesamte Region zu einem großen Reich vereinigen. Aus den archäologischen Befunden kann man ablesen, dass die Kriege umso heftiger und häufiger wurden, je näher der klassische Zusammenbruch rückte. Den Beleg liefern mehrere Entdeckungen aus den letzten 55 Jahren: Archäologische Ausgrabungen förderten rund um viele Siedlungen der Maya massive Befestigungen zu Tage; auf steinernen Denkmälern und den berühmten Wandmalereien, die man 1946 in Bonampak entdeckte, finden sich lebhafte Darstellungen von Krieg und Gefangenen; und nachdem man die Schrift der Maya entziffert hatte, stellte sich heraus, dass Könige in vielen Inschriften mit ihren Eroberungen prahlen. In den Kämpfen versuchten die Könige, sich gegenseitig gefangen zu nehmen, und einer der unglückseligen Verlierer war der zuvor erwähnte König »18 Kaninchen« von Copán. Aus den Denkmälern und Wandmalereien geht deutlich hervor, wie grausam die Gefangenen gefoltert wurden: Man riss ihnen die Finger aus den Gelenken, zog ihnen Zähne, schnitt den Unterkiefer ab, trennte Lippen und Fingerspitzen ab, zog die Fingernägel heraus und trieb Stifte durch die Lippen. Den Höhepunkt bildete (manchmal erst mehrere Jahre später) die Opferung des

Gefangenen auf ebenso unangenehme Weise – dem Delinquenten wurden beispielsweise in gekrümmter Haltung Arme und Beine zusammengebunden, und dann ließ man ihn die steile Steintreppe eines Tempels hinunterrollen.

Die Kriegführung der Maya umfasste mehrere gut belegte Arten der Gewalt: Kriege zwischen verschiedenen Königreichen, Aufstände einzelner Städte innerhalb eines Königreiches, um sich von der Hauptstadt abzuspalten, und Bürgerkriege aufgrund gewalttätiger Versuche potenzieller Könige, den Thron zu besetzen. Alle diese Formen wurden auf den Denkmälern beschrieben oder dargestellt, denn Könige und Adlige waren immer beteiligt. Dagegen hielt man die Konflikte zwischen einfachen Leuten einer Beschreibung nicht für wert; sie waren aber vermutlich noch häufiger: Als die Überbevölkerung zunahm und Landflächen knapp wurden, stritt man sich um deren Verteilung.

Um die Zusammenbrüche bei den Maya zu verstehen, muss man aber auch ein zweites Phänomen in Betracht ziehen: die immer wiederkehrenden Dürreperioden, die insbesondere von Mark Brenner, David Hodell, dem verstorbenen Edward Deevey und ihren Kollegen von der University of Florida untersucht und kürzlich in einem Buch von Richardson Gill genauer beschrieben wurden. Sedimentbohrkerne aus Seen der Mayazeit lieferten zahlreiche Messwerte, aus denen wir auf Trockenperioden und Umweltveränderungen schließen können. So fällt beispielsweise gelöster Gips (Calciumsulfat) in einem See aus und bildet Sedimente, wenn seine Konzentration durch die Verdunstung während einer Dürreperiode einen bestimmten Wert überschreitet. Auch Wasser, das Sauerstoff-18 enthält, ein schweres Isotop dieses Elements, reichert sich bei Trockenheit an, Wasser mit dem leichteren Isotop Sauerstoff-16 dagegen verdunstet. Weich- und Schalentiere in dem See nehmen Sauerstoff auf und bauen ihn in ihre Gehäuse ein; diese bleiben später in den Sedimenten des Sees erhalten und warten noch lange nach dem Tod der kleinen Tiere darauf, dass Klimaforscher die Sauerstoffisotope analysieren. Durch Radiokarbondatierung der Sedimentschichten kann man ungefähr feststellen, in welches Jahr die Dürre- oder Niederschlagsperiode fiel, auf die man aufgrund der Gips- und Sauerstoffisotopenmessungen schließen kann. Die gleichen Sedimentbohrkerne aus den Seen liefern den Pollenforschern auch Informationen über die Waldzerstörung (die sich als Abnahme des Pollens aus Waldbäumen zugunsten einer Zunahme von Gräserpollen bemerkbar macht) und über Bodenerosion (die man an dicken Lehmablagerungen und Mineralstoffen aus dem ausgewaschenen Boden erkennt).

Auf der Grundlage solcher Untersuchungen an radiokarbondatierten Schichten aus Sedimentbohrkernen ziehen die Klimaforscher und Paläoökologen den Schluss, dass es im Gebiet der Maya zwischen 5500 und 500 v. Chr. relativ feucht war. Die nachfolgende Periode von 475 bis 250 v. Chr., unmittelbar vor dem Aufstieg der präklassischen Mayakultur, war eine Trockenzeit. Der Aufstieg in der präklassischen Zeit wurde vermutlich dadurch erleichtert, dass nach 250 v. Chr. wieder bessere Wetterbedingungen herrschten, danach jedoch fiel eine Dürre von 125 v. Chr. bis 250 n. Chr. mit dem Zusammenbruch der präklassischen Kultur in El Mirador und anderen Orten zusammen. Auf diesen Zusammenbruch folgten wiederum bessere Wetterbedingungen, und nun wurden die klassischen Mayastädte gebaut, unterbrochen nur vorübergehend durch eine Dürreperiode um 600 n. Chr., die man an einem Niedergang in Tikal und anderen Orten ablesen kann. Um 760 n. Chr. schließlich begann die schlimmste Dürre der letzten 7000 Jahre, und die Zeit um 800 n. Chr., als sie ihren Höhepunkt erreichte, ist verdächtig genau die Phase des klassischen Zusammenbruchs.

Bei sorgfältiger Analyse der Dürreperioden im Gebiet der Maya stellt man fest, dass sie in der Regel in Abständen von ungefähr 208 Jahren wiederkehrten. Diese Zyklen der Trockenheit dürften ihre Ursache in kleinen Schwankungen der Sonneneinstrahlung haben und verstärkten sich im Gebiet der Maya möglicherweise dadurch, dass die Grenze der unterschiedlichen Niederschlagsmengen auf Yucatán (im Norden trockener, im Süden feuchter) sich nach Süden verlagerte. Man sollte damit rechnen, dass solche Veränderungen der Sonneneinstrahlung sich nicht nur auf das Mayagebiet auswirkten, sondern in unterschiedlich starkem Ausmaß auf die ganze Welt. Tatsächlich konnten die Klimaforscher feststellen, dass auch einige andere Zusammenbrüche prähistorischer Kulturen weitab von der Region der Maya offensichtlich mit dem Höhepunkt solcher Dürreperioden zusammenfallen; dies gilt beispielsweise für den Zusammenbruch des weltweit ersten Großreiches (des Akkaderreiches in Mesopotamien) um 2170 v. Chr., für den Zusammenbruch der Kultur Moche IV an der Küste Perus um 600 n. Chr., und für den Zusammenbruch der Tiwanaku-Zivilisation in den Anden um 1100 n. Chr.

Nach der naivsten Form der Hypothese, dass Dürre zum klassischen Zusammenbruch beitrug, könnte man sich eine einzige Dürreperiode um das Jahr 800 n. Chr. vorstellen, die sich gleichermaßen auf das ganze Gebiet auswirkte und zur gleichen Zeit für den Niedergang aller Mayazentren sorgte. Aber wie wir bereits erfahren haben, trat der klassische Zusammenbruch in den einzelnen Zentren zu geringfügig unterschiedlichen Zeitpunkten zwischen 760 und 910 n. Chr. ein, während andere Zentren verschont blieben. Deshalb stehen viele Mayaexperten der Vorstellung, die Dürre könne eine Rolle gespielt haben, skeptisch gegenüber.

Aber bei angemessener Vorsicht würde ein Klimaforscher die Dürrehypothese auch nicht in dieser wenig plausiblen, übermäßig vereinfachten Form vertreten. Aus den Sedimentschichten, die von den Flüssen alljährlich in Küstennähe in die Meeresbuchten gespült wurden, kann man die Schwankungen in der Niederschlagsmenge von Jahr zu Jahr genauer ablesen. Dabei gelangt man zu dem Schluss, dass »die Dürre« um 800 n. Chr. in Wirklichkeit vier Höhepunkte hatte, von denen die beiden ersten weniger schwer wiegend waren: zwei trockene Jahre um 760 n. Chr., dann ein noch trockeneres Jahrzehnt von 810 bis 820 n. Chr., drei trockene Jahre um 860 n. Chr. und sechs nochmals trockenere Jahre um 910 n. Chr.. Interessanterweise zog Richardson Gill aus den letzten Daten auf Steindenkmälern in verschiedenen großen Mayazentren den Schluss, dass der Zusammenbruch an den einzelnen Orten zu unterschiedlichen Zeitpunkten eintrat, wobei man Häufungen um 810, 860 und 913 n. Chr. beobachtet; dies stimmt mit den Daten der drei besonders schweren Dürreperioden überein. Dass es in einem bestimmten Jahr an verschiedenen Orten unterschiedlich trocken war, wäre alles andere als verwunderlich; demnach führte eine Abfolge trockener Jahre in den einzelnen Mayazentren zu unterschiedlichen Zeitpunkten zum Zusammenbruch, und Zentren mit zuverlässiger Wasserversorgung aus Cenotes, Brunnen und Seen blieben verschont.

Am stärksten waren die Niederungen des Südens vom klassischen Zusammenbruch betroffen, und das aus zwei Gründen, die bereits erwähnt wurden: Es war das Gebiet mit der größten Bevölkerungsdichte, und die Wasserknappheit dürfte hier am stärksten gewesen sein, weil es so hoch über dem Grundwasserspiegel lag, dass man kein Wasser aus Cenotes oder Brunnen gewinnen konnte, wenn der Regen ausblieb. In dieser Region ging die Bevölkerung während des klassischen Zusammenbruches um 99 Prozent zurück. So hatte beispielsweise das zentrale Gebiet von Petén verschiedenen Schätzungen zufolge auf dem Höhepunkt der klassischen Periode zwischen drei Millionen und 14 Millionen Einwohner, aber als die Spanier kamen, waren nur noch etwa 30 000 Menschen übrig. Als Cortéz und seine spanische Armee in den Jahren 1524 und 1525 durch das

Gebiet zogen, wären sie fast verhungert, weil sie nur wenige Dörfer fanden, in denen sie sich Mais beschaffen konnten. Cortéz kam in wenigen Kilometern Entfernung an den Ruinen der großen, klassischen Städte Tikal und Palenque vorüber, aber er sah und hörte davon nichts, weil sie vom Dschungel überwuchert waren und fast niemand in ihrer Nähe lebte.

Wie konnte eine derart riesige Bevölkerung von mehreren Millionen Menschen verschwinden? Die gleiche Frage haben wir in Kapitel 4 auch bereits im Zusammenhang mit der (zugegebenermaßen kleineren) Anasazi-Bevölkerung im Chaco Canyon gestellt. Ziehen wir die Parallele zu den Anasazi und späteren Gesellschaften der Pueblo-Indianer, die im Südwesten der heutigen USA ebenfalls Trockenperioden erlebten, so können wir zu dem Schluss kommen, dass einige Maya aus dem südlichen Tiefland überlebten, weil sie sich in den nördlichen Teil von Yucatán flüchteten, wo es Cenotes oder Brunnen gab und wo die Bevölkerung zur Zeit des Maya-Zusammenbruches rapide zunahm. Aber genau wie nichts dafür spricht, dass Tausende von Anasazi-Flüchtlingen als Einwanderer in die überlebenden Pueblos aufgenommen wurden, so gibt es auch keine Anhaltspunkte, dass die Millionen Maya aus den südlichen Tiefebenen überlebten und als Einwanderer im Norden eine neue Heimat fanden. Wie in den Dürreperioden im Südwesten der heutigen USA, so ging auch die Maya-Bevölkerung sicher zum Teil dadurch zurück, dass Menschen verhungerten, verdursteten oder sich im Streit um die immer knapperen Ressourcen umbrachten. Auf der anderen Seite dürfte sich in der Abnahme auch die Tatsache widerspiegeln, dass die Geburtenrate oder der Anteil überlebender Kinder im Lauf mehrerer Jahrzehnte sank. Die Entvölkerung war also vermutlich sowohl auf eine höhere Sterblichkeit als auch auf eine geringere Geburtenrate zurückzuführen.

Wie an anderen Orten, so ist die Vergangenheit auch im Gebiet der Maya eine Lehre für die Gegenwart. Seit der Zeit der ersten Spanier ging die Bevölkerung des zentralen Gebietes von Petén weiter zurück, bis dort 1714 nur noch rund 3000 Menschen lebten; alle anderen waren durch Krankheiten oder aus anderen Gründen, die mit der spanischen Eroberung zu tun hatten, gestorben. Bis zu den sechziger Jahren des 20. Jahrhunderts war die Bevölkerung des gleichen Gebietes wieder auf 25 000 gestiegen, aber auch das war noch nicht einmal ein Prozent der Zahl auf dem Höhepunkt der klassischen Mayaperiode. Danach strömten immer mehr Einwanderer nach Petén, sodass sich bis in die achtziger Jahre eine Bevölkerung von rund 300 000 Menschen angesammelt hatte und eine neue Ära der Waldzerstörung und Erosion in Gang setzte. Heute ist wiederum die Hälfte des Petén entwaldet und ökologisch zerstört. Von 1964 bis 1989 wurde in Honduras ein Viertel aller Waldflächen abgeholzt.

Wenn wir den klassischen Zusammenbruch der Mayagesellschaft zusammenfassen wollen, können wir vorläufig fünf Vorgänge unterscheiden. Ich muss allerdings einräumen, dass die Maya-Experten unter den Archäologen sehr unterschiedlicher Ansicht sind – teilweise deshalb, weil die einzelnen Faktoren in den verschiedenen Teilen des Mayagebietes von unterschiedlich großer Bedeutung waren, teilweise aber auch, weil nur manche Orte der Maya archäologisch eingehend untersucht sind und weil es nach wie vor ein Rätsel ist, warum große Teile des Maya-Kernlandes fast menschenleer blieben und sich nach dem Zusammenbruch nicht erholten, obwohl die Wälder nachgewachsen waren.

Trotz solcher Vorbehalte sieht es für mich so aus, als ob das Bevölkerungswachstum, das die verfügbaren Ressourcen überforderte, einer dieser Faktoren war. Das Dilemma ähnelte jenem, das Thomas Malthus 1798 prophezeite und das sich heute in Ruanda (Kapitel 10), Haiti (Kapitel 11) und anderswo manifestiert. Der Archäologe David Webster formuliert es kurz und bündig so: »Zu viele Bauern haben in einem zu großen Teil der Landschaft zu viele Nutzpflanzen angebaut.« Zu diesem Missverhältnis zwischen Bevölkerungszahl und Ressourcen kam dann der zweite Faktor hinzu: Waldzerstörung und Erosion der Berghänge, die zu einem Rückgang der nutzbaren Ackerflächen führte, und das zu einer Zeit, in der nicht weniger, sondern mehr landwirtschaftliche Flächen gebraucht wurden; verstärkt wurde der Effekt möglicherweise durch die Trockenheit, die die Menschen durch die Waldzerstörung herbeigeführt hatten, aber auch durch Nährstoffmangel im Boden und andere Bodenprobleme sowie durch die Bemühungen, Farne am Überwuchern der Felder zu hindern.

Der dritte Faktor waren die Kämpfe, die von immer mehr Menschen um immer weniger Ressourcen ausgefochten wurden. Die Kriege, unter denen die Maya schon immer gelitten hatten, erreichten kurz vor dem Zusammenbruch ihren Höhepunkt. Das ist nicht verwunderlich, wenn man bedenkt, dass mindestens fünf Millionen Menschen, vielleicht aber auch viel mehr, in einem Gebiet von der Größe der Bundesrepublik Deutschland vor der Wiedervereinigung (248 000 km^2) zusammengedrängt waren. Durch den Krieg schrumpften die verfügbaren landwirtschaftlichen Nutzflächen noch weiter, weil zwischen den einzelnen Fürstentümern breite Streifen von Niemandsland entstanden, wo der Ackerbau gefährlich gewesen wäre. Zu allem Überfluss kam dann als weiterer Faktor der Klimawandel hinzu. Zurzeit des klassischen Zusammenbruches erlebten die Maya nicht zum ersten Mal eine große Dürre, aber es war die schwerste von allen. In früheren Trockenperioden hatte es im Gebiet der Maya noch unbewohnte Gegenden gegeben, sodass die Bewohner eines Ortes, der durch die Dürre gefährdet war, sich durch Auswanderung in andere Gegenden retten konnten. Zur Zeit des klassischen Zusammenbruchs dagegen war die Landschaft vollständig besiedelt; leere, nutzbare Gebiete, in denen man hätte neu anfangen können, gab es nicht mehr, und die wenigen Gebiete, die nach wie vor über eine zuverlässige Wasserversorgung verfügten, konnten nicht die gesamte Bevölkerung aufnehmen.

Was den fünften Faktor angeht, so müssen wir die Frage stellen, warum die Könige und Adligen diese offenkundigen Probleme, die ihre Gesellschaft gefährdeten, nicht erkannten und zu lösen versuchten. Anscheinend konzentrierten sie sich ausschließlich auf ihre kurzfristige Bereicherung, auf Kriege, auf den Bau von Denkmälern, auf die Konkurrenz mit ihresgleichen und auf die Frage, wie man den Bauern so viele Lebensmittel abnehmen konnte, dass alle diese Tätigkeiten möglich wurden. Wie die meisten Herrscher der Menschheitsgeschichte, so grübelten auch die Könige und Adligen der Maya nicht über langfristige Probleme, soweit sie diese überhaupt wahrnahmen. Wir werden auf das Thema in Kapitel 14 zurückkommen.

Auch wenn wir in diesem Buch noch einige andere Gesellschaften der Vergangenheit betrachten müssen, bevor wir unsere Aufmerksamkeit der modernen Welt zuwenden, fallen schon jetzt einige Parallelen zwischen den Maya und den in Kapitel 2 bis 4 erörterten Gesellschaften auf. Wie auf der Osterinsel, auf Mangareva und bei den Anasazi, so führten Umwelt- und Bevölkerungsprobleme auch bei den Maya zunehmend zu Kriegen und Unruhen. Wie auf der Osterinsel und im Chaco Canyon, so folgte der politische und gesellschaftliche Zusammenbruch auch hier sehr schnell auf den Höhepunkt der Bevölkerungszahl. Parallel zur Erweiterung der Landwirtschaft von den Küstenniederungen der Osterinsel in das Hochland und von den Mimbres-Überflutungsebenen in die Berge, so breiteten sich auch die Bewohner von Copán aus den Überschwemmungsgebieten in die empfindlicheren Bergregionen aus, und als der Landwirtschaftsboom in den Bergen zu Ende war, blieb eine größere Bevölkerung übrig. Und wie die Häuptlinge der Osterinsel, die immer größere Statuen errichteten und sie am Ende noch mit den *pukao* krönten, oder wie die Herrscher der Anasazi, die sich mit Halsketten aus 2000 Türkisperlen schmückten, so wollten auch die Mayakönige sich mit immer größeren, eindrucksvolleren Tempeln gegenseitig übertreffen. Die Tempel waren mit immer dickerem Verputz bedeckt – und das wiederum erinnert durchaus an den auffälligen Konsum heutiger amerikanischer Spitzenmanager. Vervollständigt wird unsere Liste der beunruhigenden Parallelen durch die Untätigkeit der Häuptlinge auf der Osterinsel und der Mayakönige angesichts echter, großer Gefahren, die ihre jeweiligen Gesellschaften bedrohten.

KAPITEL 6

Die Wikinger: Präludium und Fugen

Experimente auf dem Atlantik ▪ Die Bevölkerungsexplosion der Wikinger ▪ Autokatalyse ▪ Landwirtschaft bei den Wikingern ▪ Eisen ▪ Wikingerhäuptlinge ▪ Die Religion der Wikinger ▪ Orkney-, Shetland- und Färöerinseln ▪ Isländische Umwelt ▪ Geschichte Islands ▪ Island im größeren Zusammenhang ▪ Vinland

Wenn Cineasten meiner Generation das Wort »Wikinger« hören, steht sofort Kirk Douglas als Häuptling vor unserem geistigen Auge, der Star des unvergesslichen Filmepos *Die Wikinger* aus dem Jahr 1958. Mit einem nietenbesetzten Lederhemd bekleidet, führt er seine bärtigen Barbaren auf Reisen voller Überfälle, Vergewaltigungen und Morde. Noch nahezu ein halbes Jahrhundert nachdem ich mich mit einer Freundin aus dem College zu dem Kinobesuch verabredet hatte, kann ich in meiner Phantasie die Eröffnungsszene wiederauferstehen lassen: Wikingerkrieger schlagen das Tor einer Burg ein, deren Bewohner gerade arglos zechen und laut aufschreien, als die wilden Männer hereinplatzen und sie abschlachten. Währenddessen lässt Kirk Douglas seine schöne Gefangene Janet Leigh sein Vergnügen durch vergeblichen Widerstand steigern. In den blutrünstigen Bildern steckt eine Menge Wahrheit: Tatsächlich terrorisierten die Wikinger mehrere Jahrhunderte lang das mittelalterliche Europa. In ihrer eigenen Sprache, dem Altnordischen, bedeutet das Wort *vikingár* nichts anderes als »Räuber«.

Die Geschichte der Wikinger hat aber auch andere, weniger gewalttätige Aspekte, und die sind für dieses Buch von größerer Bedeutung. Sie waren nicht nur gefürchtete Piraten, sondern auch Bauern, Händler, Siedler und die ersten europäischen Entdecker im Nordatlantikraum. Die von ihnen gegründeten Siedlungen erlitten sehr unterschiedliche Schicksale. Auf dem europäischen Kontinent und den Britischen Inseln vermischten sich die Bewohner irgendwann mit der lokalen Bevölkerung und wirkten an der Entstehung mehrerer Nationalstaaten mit, insbesondere Russland, England und Frankreich. Die Kolonie Vinland war der erste europäische Versuch, Nordamerika zu besiedeln, der aber schnell wieder aufgegeben wurde; auch die Kolonie in Grönland, 450 Jahre lang der abgelegenste Außenposten der europäischen Gesellschaft, verschwand schließlich; in Island hatte man über Jahrhunderte hinweg mit Armut und politischen Schwierigkeiten zu kämpfen, aber in neuerer Zeit entstand dort eine der wohlhabendsten Gesellschaften der Welt; und die Siedlungen auf den Orkney-, Shetland- und Färöerinseln überlebten ohne größere Schwierigkeiten. Alle Wikingersiedlungen entstammten ursprünglich derselben Gesellschaft: Dass es ihnen später so unterschiedlich erging, lag also offensichtlich an den jeweiligen Umweltverhältnissen, in denen die Siedler zurechtkommen mussten.

Genau wie die Ausbreitung der Polynesier nach Osten über den Pazifik, so stellt sich auch die Expansion der Wikinger nach Westen über den Nordatlantik als aufschlussreiches natürliches Experiment dar. Eingebettet in dieses größere Experiment, finden wir mit Grönland ein kleineres: Die Wikinger trafen dort auf ein anderes Volk, die Inuit, die für die Umweltprobleme ihrer Insel ganz andere Lösungen gefunden hatten. Als dieses kleinere Experiment fünf Jahrhunderte später zu Ende ging, waren sämtliche Wikinger von Grönland verschwunden, und die Insel blieb unumstritten in den Händen der Inuit. Die Tragödie des altnordischen Grönland beinhaltet also eine tröstliche Erkenntnis: Selbst unter schwierigen Umweltbedingungen kommt es nicht zwangsläufig zum Zusammenbruch einer Gesellschaft; es kommt immer darauf an, wie die Menschen sich verhalten.

Der ökologisch bedingte Zusammenbruch der Wikingergesellschaft in Grönland und die Schwierigkeiten in Island zeigen deutliche Parallelen zu den Zusammenbrüchen auf der Osterinsel und Mangareva sowie bei den Anasazi, den Maya und vielen anderen vorindustriellen Gesellschaften, wo die Umweltverhältnisse ebenfalls eine entscheidende Ursache waren. Aber wenn wir den Zusammenbruch in Grönland und die Probleme in Island verstehen wollen, haben wir einige wichtige Vorteile. Über die grönländische und insbesondere die isländische Geschichte besitzen wir schriftliche Berichte aus der jeweiligen Zeit, die einerseits aus den Gesellschaften selbst stammen, andererseits aber auch von ihren Handelspartnern. Diese Unterlagen sind zwar enttäuschend unvollständig, aber immer noch viel besser als das völlige Fehlen schriftlicher Augenzeugenberichte aus den anderen vorindustriellen Gesellschaften. Die Anasazi starben oder verstreuten sich, und die Gesellschaft der wenigen überlebenden Bewohner auf der Osterinsel wandelte sich durch äußere Einflüsse; dagegen sind die meisten heutigen Bewohner Islands immer noch unmittelbare Nachkommen der Wikingermänner und ihrer keltischen Frauen, die als erste Siedler auf die Insel kamen. Vor allem aber war das nordische Grönland ebenso wie Island eine mittelalterlich-europäische, christliche Gesellschaft, die sich zu den heutigen christlichen Gesellschaften Europas weiterentwickelte. Deshalb wissen wir, was die Kirchenruinen, die erhaltenen Kunstgegenstände und die archäologisch ausgegrabenen Werkzeuge zu bedeuten haben; die Interpretation archäologischer Funde aus anderen Gesellschaften erfordert dagegen zwangsläufig viele Spekulationen. Als ich beispielsweise in einer Öffnung der westlichen Mauer eines gut erhaltenen steinernen Gebäudes stand, das um 1300 n. Chr. bei Hvalsey in Grönland errichtet wurde, wusste ich aus dem Vergleich mit anderen christlichen Kirchen, dass es sich auch bei diesem Gebäude um eine Kirche handelte, und zwar um einen nahezu exakten Nachbau eines Gotteshauses im norwegischen Eidfjord; außerdem war mir klar, dass es sich bei der Öffnung in der Westwand wie bei anderen christlichen Kirchen um den Haupteingang handelte. Dagegen können wir nicht darauf hoffen, dass wir die Bedeutung der steinernen Statuen auf der Osterinsel ähnlich genau verstehen werden.

Aus dem Schicksal der Wikinger in Island und Grönland kann man sogar noch vielschichtigere und deshalb aufschlussreichere Erkenntnisse ableiten als aus dem Schicksal der Osterinsel, der Nachbarn von Mangareva, der Anasazi und der Maya. Bei den Wikingern spielten alle fünf Faktoren, die ich im Prolog genannt habe, eine Rolle. Die Wikinger schädigten ihre Umwelt, sie litten unter Klimaveränderungen, und ihre eigenen Reaktionen und kulturellen Werte wirkten sich auf das Endergebnis aus. Der erste und dritte dieser Faktoren spielten auch in der Geschichte der Osterinsel und der Nachbarn von Mangareva eine Rolle, und bei den Anasazi sowie den Maya waren alle drei von Bedeutung. Zusätzlich war aber in der isländischen und grönländischen Geschichte wie bei den Nachbarn von Mangareva und den Anasazi auch der Handel mit freundlich gesonnenen Nachbarn ein wichtiger Faktor, während er auf der Osterinsel und in der Geschichte der Maya keine Rolle spielte. Und schließlich wirkten im Gegensatz zu allen anderen genannten Gesellschaften im Grönland der Wikinger auch feindselige Außenstehende (die Inuit) entscheidend mit. Wenn man die Geschichte der Osterinsel und der Nachbarn von Mangareva also als Fugen betrachtet, in denen sich zwei beziehungsweise drei Themen verflechten wie in manchen Werken von Johann Sebastian Bach, so sind die Probleme Islands eine Quadrupelfuge wie jenes mächtige, unvollendete Werk, mit dem Bach kurz vor seinem Tod seine letzte große Komposition, die *Kunst der Fuge*, abschließen wollte. Aber nur der Niedergang Grönlands bildet das, was selbst Bach nie versuchte: eine vollständige Quintupelfuge. Aus allen diesen Gründen werden die Gesellschaften der Wikinger in dem vorliegenden und den nächsten beiden Kapiteln als ausführlichstes aller Beispiele dieses Buches dargestellt: Sie bilden das zweite und größere der beiden Schafe in unserer Boa constrictor.

Das Präludium zu den Fugen von Island und Grönland war die Welle der Wikinger, die seit 793 n. Chr. von Irland und dem Baltikum bis zum Mittelmeer und nach Konstantinopel über das mittelalterliche Europa hereinbrach. Wie bereits erwähnt, entstanden alle Grundelemente der mittelalterlich-europäischen Kultur im Lauf der vorangegangenen 10000 Jahre im Fruchtbaren Halbmond oder in seiner Nähe; dieses halbmondförmige Gebiet erstreckt sich in Südwestasien von Jordanien nach Norden bis in die Südosttürkei und nach Osten bis in den Iran. Von dort kamen die ersten Nutzpflanzen und Haustiere der Welt, Transportmittel mit Rädern, die Bearbeitung von Kupfer sowie später von Bronze und Eisen, der Aufstieg kleinerer und größerer Städte, Fürstentümer und Königreiche sowie die organisierte Religion. Alle diese Elemente breiteten sich allmählich aus und veränderten Europa von Südosten nach Nordwesten: Es begann um 7000 vor Christus, als die Landwirtschaft aus Anatolien in Griechenland eingeführt wurde, und endete in Skandinavien, dem Teil Europas, der am weitesten vom Fruchtbaren Halbmond entfernt ist und um 2500 v. Chr. die Einführung der Landwirtschaft erlebte. Skandinavien war auch am weitesten vom Einfluss der römischen Kultur entfernt: Anders als das heutige Deutschland wurde es nie von römischen Händlern besucht, und es hatte auch keine gemeinsame Grenze mit dem Römischen Reich. Deshalb blieb Nordeuropa bis ins Mittelalter der Hinterhof des Kontinents.

Aber Skandinavien besaß zwei natürliche Vorteile, die nur auf Ausbeutung warteten: einerseits die Waldtierpelze, Robbenfelle und Bienenwachs, die als Luxusgüter ins übrige Europa exportiert wurden, und andererseits (in Norwegen wie auch in Griechenland) eine stark zerklüftete Küste, an der Seereisen schneller als Reisen über Land vonstatten gehen konnten, was allen, die seemännische Fähigkeiten entwickelten, einen großen Vorteil bot. Bis ins Mittelalter hinein besaßen die Skandinavier ausschließlich Schiffe ohne Segel, die mit Rudern vorangetrieben wurden. Die Segel des Mittelmeerraumes gelangten schließlich um 600 n. Chr. nach Skandinavien, zu einer Zeit, als Klimaerwärmung und verbesserte Pflüge die Lebensmittelproduktion ansteigen ließen und in Skandinavien zu einer Bevölkerungsexplosion führten. Im gebirgigen Norwegen mit seinen steilen Berghängen sind nur drei Prozent der Flächen landwirtschaftlich nutzbar, und diese Gebiete standen insbesondere im Westen des Landes ungefähr seit 700 n. Chr. unter zunehmendem Bevölkerungsdruck. Als immer weniger die Gelegenheit bestand, zu Hause neue Bauernhöfe zu errichten, breiteten sich die Skandinavier über das Meer hinweg aus. Nachdem es Segel gab, entwickelte man schnelle, flache, manövrierfähige Schiffe mit kombiniertem Segel- und Ruderantrieb, die sich gut dazu eigneten, Luxus-Exportgüter zu den begeisterten Käufern nach Europa und Großbritannien zu transportieren. Mit diesen Schiffen konnte man den Ozean überqueren, aber sie ließen sich auch auf flache Strände ziehen oder weit die Flüsse hinaufrudern, sodass man nicht auf die wenigen Tiefwasserhäfen angewiesen war.

Aber für die mittelalterlichen Skandinavier ebnete der Handel genau wie für andere Seefahrer der Menschheitsgeschichte auch den Weg zu Überfällen. Nachdem die Händler aus dem Norden den Seeweg zu reichen Völkern entdeckt hatten, die Silber und Gold für Pelze bezahlten, wurde den ehrgeizigen jüngeren Brüdern dieser Händler klar, dass sie sich das gleiche Silber und Gold auch ohne Gegenleistung beschaffen konnten. Mit den Handelsschiffen konnte man auf den bekannten Seewegen auch überraschend zu den Städten an Küsten und Flüssen gelangen, selbst zu jenen, die weit landeinwärts an Flussufern lagen. Damit wurden die Skandinavier zu Wikingern, das heißt zu Räubern. Ihre Schiffe und Besatzungen waren im Vergleich zu denen in anderen europäischen Regionen so schnell, dass sie vor den langsameren Schiffen der Einheimischen flüchten konnten, und die Europäer versuchten nie einen Gegenangriff auf die Heimat der Wikinger, um dort deren Stützpunkte zu zerstören. Die heutigen Staaten Norwegen und Schweden waren damals noch nicht unter jeweils einem einzigen König vereinigt, sondern gliederten sich in die Gebiete verschiedener Häuptlinge oder Kleinkönige, die um die Beute aus Übersee konkurrierten, um damit ihre Anhänger anzulocken und zu belohnen. Häuptlinge, die in dem Konflikt mit ihren heimatlichen Konkurrenten den Kürzeren zogen, waren besonders stark motiviert, ihr Glück in anderen Ländern zu versuchen.

Die Überfälle der Wikinger begannen sehr plötzlich am 8. Juni 793, als

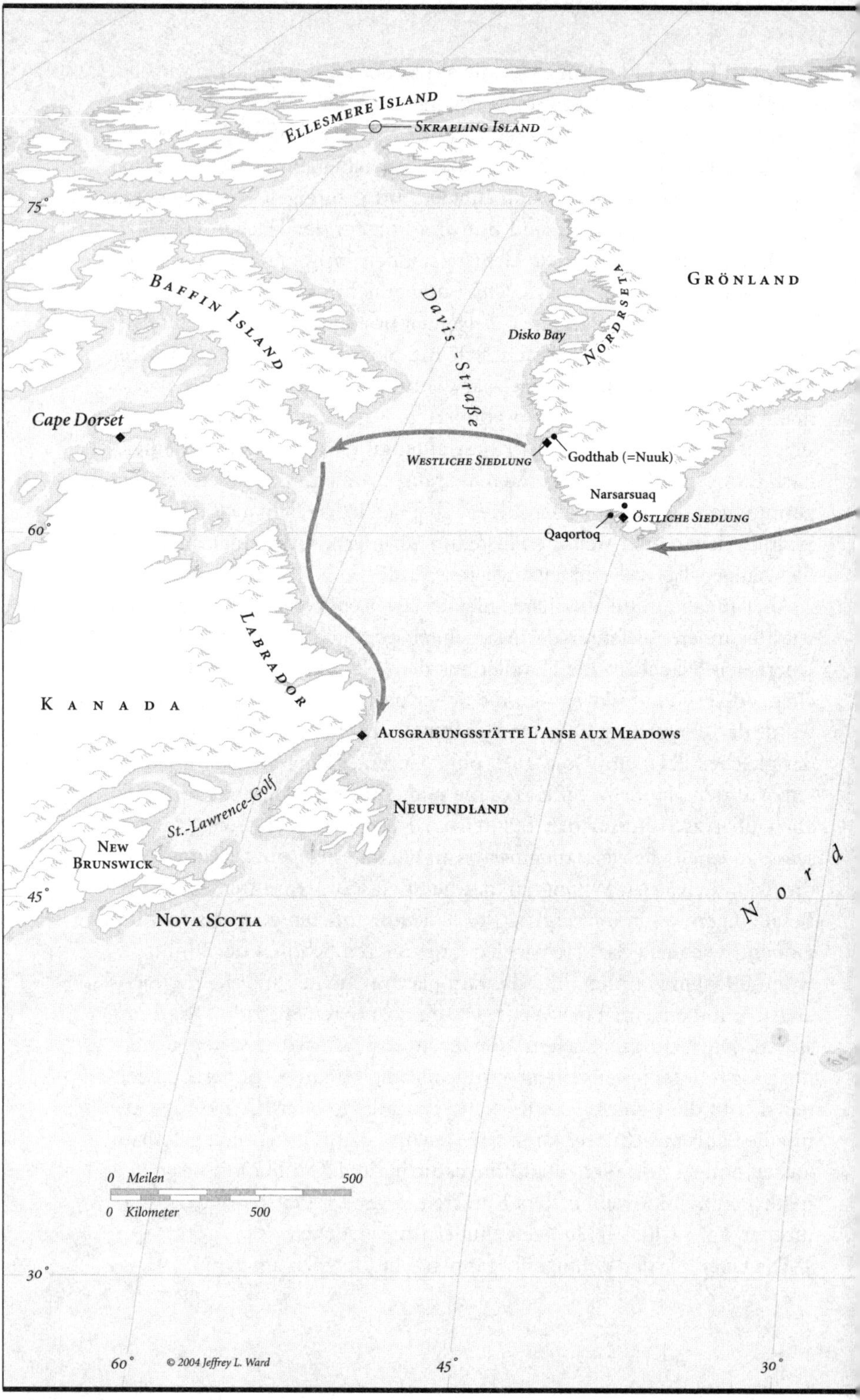

Ellesmere Island
Skraeling Island
75°
Baffin Island
Davis-Straße
Grönland
Nordrseta
Disko Bay
Cape Dorset
Westliche Siedlung
Godthab (=Nuuk)
Narsarsuaq
Östliche Siedlung
Qaqortoq
60°
Labrador
Kanada
Ausgrabungsstätte L'Anse aux Meadows
Neufundland
St.-Lawrence-Golf
New Brunswick
45°
Nova Scotia
Nord
0 Meilen 500
0 Kilometer 500
30°
60°
45°
30°
© 2004 Jeffrey L. Ward

—Die Ausbreitung der Wikinger—

Island
Färöer
Trondheim
Shetlandinseln
Norwegen
Bergen
Ausbreitung der Wikinger
Orkneyinseln
Schweden
Atlantik
Lindisfarne
Dänemark
Ostsee
Gross-
britannien
Irland
Normandie
Seine
Bretagne
Loire
Europa
Mittelmeer
Afrika
15°
0°
15°

das reiche, aber schutzlose Kloster auf Lindisfarne Island vor der Nordostküste Englands angegriffen wurde. Danach setzten sich die Attacken jedes Jahr im Sommer fort, wenn das Meer ruhiger war und sich besser zum Segeln eignete. Nach einigen Jahren machten die Wikinger sich dann nicht mehr die Mühe, im Herbst nach Hause zurückzukehren: An der Küste, auf die sie es abgesehen hatten, richteten sie Wintersiedlungen ein, sodass sie im folgenden Frühjahr sehr schnell wieder mit den Überfällen beginnen konnten. Aus diesen Anfängen entwickelte sich eine flexible Mischstrategie mit verschiedenen Methoden zur Anhäufung von Reichtum, die je nach den Kräfteverhältnissen zwischen der Wikingerflotte und dem angegriffenen Volk eingesetzt wurden. Als Stärke und Zahl der Wikinger im Verhältnis zur einheimischen Bevölkerung zunahmen, wandelten sich die Methoden vom friedlichen Handel über das Erpressen von Tribut gegen das Versprechen, keine Überfälle auszuüben, bis zur Plünderung und Rückzug; den Höhepunkt bildete die Eroberung und Einrichtung von Wikingerstaaten in anderen Ländern.

Die Wikinger aus den verschiedenen Teilen Skandinaviens verübten ihre Überfälle in unterschiedlichen Richtungen. Die Waränger aus dem Gebiet des heutigen Schweden fuhren nach Osten über die Ostsee und die Flüsse hinauf, die aus Russland in dieses Meer münden, setzten ihren Weg nach Süden bis zum Oberlauf der Wolga und anderer Flüsse fort, die in das Schwarze Meer und das Kaspische Meer münden, trieben Handel mit dem wohlhabenden byzantinischen Reich und gründeten das Fürstentum von Kiew, das zum Vorläufer des modernen Russland wurde. Wikinger aus dem heutigen Dänemark segelten nach Westen an die Nordwestküste Europas und die Ostküste Englands, bahnten sich ihren Weg den Rhein und die Loire aufwärts, ließen sich an der Mündung dieser Flüsse sowie in der Normandie und Bretagne nieder, gründeten im Osten Englands den Staat Danelag (engl. Danelaw) und in Frankreich das Herzogtum der Normandie, umrundeten Spanien entlang seiner Atlantikküste, gelangten an der Straße von Gibraltar ins Mittelmeer und überfielen Italien. Wikinger aus dem heutigen Norwegen fuhren nach Irland sowie an die Nord- und Westküste Großbritanniens und bauten in Dublin ein großes Handelszentrum auf. In allen diesen europäischen Regionen ließen sich die Wikinger nieder, gingen Ehen mit Einheimischen ein und wurden allmählich in die örtliche Bevölkerung aufgenommen. Dies hatte zur Folge, dass skandinavische Sprachen und charakteristische skandinavische Siedlungen außerhalb Skandinaviens schließlich verschwanden. Die schwedischen Wikinger vermischten sich mit der russischen Bevölkerung, die dänischen Wikinger mit den Bewohnern Englands, und die Wikinger, die sich in der Normandie niedergelassen hatten, gaben schließlich ihre nordische Sprache zugunsten des Französischen auf. Im Lauf dieser Assimilation wurden neben skandinavischen Genen auch skandinavische Wörter übertragen. Das heutige Englisch verdankt beispielsweise die Wörter »awkward«, »die«, »egg«, »skirt« und Dutzende andere alltägliche Begriffe den skandinavischen Invasoren.

Auf ihren Reisen zu den bewohnten Gebieten Europas kamen viele Wikingerschiffe vom Kurs ab und wurden auf den Nordatlantik hinausgetrieben. Dieser war zu jener Zeit wegen des warmen Klimas frei von dem Meereis, das in den folgenden Jahrhunderten ein Hindernis für die Schifffahrt darstellte und für das Schicksal der norwegischen Kolonie in Grönland wie auch später der *Titanic* zu einem bestimmenden Faktor werden sollte. Die Besatzungen solcher abgetriebenen Schiffe entdeckten und besiedelten nun auch andere Länder, die den Europäern und überhaupt allen Menschen zuvor unbekannt gewesen waren: Sie kamen irgendwann nach 800 auf die unbesiedelten Färöerinseln und um 870 nach Island; um 980 erreichten sie Grönland, das zu jener Zeit im hohen Norden bereits vom so genannten Dorset-Volk besiedelt war, amerikanischen Ureinwohnern, die zu den Vorläufern der Inuit wurden. Um das Jahr 1000 schließlich wurde Vinland besiedelt, ein Gebiet mit dem heutigen Neufundland, dem St.-Lorenz-Golf und möglicherweise einigen anderen Küstengebieten im Nordosten Nordamerikas; dort waren aber bereits zahlreiche amerikanische Ureinwohner ansässig, welche die Wikinger bereits nach ungefähr einem Jahrzehnt zum Rückzug zwangen.

In Europa ließen die Überfälle der Wikinger nach, als die Menschen in den Zielgebieten sich immer stärker darauf einstellten und sich verteidigten; gleichzeitig wuchs die Macht der englischen und französischen Könige sowie des deutschen Kaisers. Der norwegische König, der ebenfalls erstarkt war, brachte das Chaos der plündernden Häuptlinge unter Kontrolle und kanalisierte deren Energien so, dass eine angesehene Handelsnation entstand. Die Franken verdrängten die Wikinger im Jahr 857 von der Seine, siegten 891 in der wichtigen Schlacht von Louvain im heutigen Belgien und vertrieben sie 939 aus der Bretagne. Auf den britischen Inseln wurden die Wikinger 902 aus Dublin vertrieben, und in England löste sich ihr Danelag-Reich 954 auf, zwischen 980 und 1016 jedoch wurde es nach weiteren Überfällen noch einmal neu gegründet. Als Schlusspunkt der Wikingerüberfälle kann man das Jahr 1066 und die berühmte Schlacht von Hastings nennen, in der die Französisch sprechenden Nachkommen früherer räuberischer Wikinger unter Führung von William dem Eroberer England besetzten. Dass William den englischen König Harold am 14. Oktober bei Hastings an der Südostküste Englands besiegen konnte, lag daran, dass Harold und seine Soldaten erschöpft waren: Sie waren in knapp drei Wochen 360 Kilometer nach Süden marschiert, nachdem sie am 25. September bei Stamford Bridge in Mittelengland die letzte Invasionsarmee der Wikinger geschlagen und deren König getötet hatten. Danach entwickelten sich die skandinavischen Königreiche zu normalen Staaten, die mit anderen europäischen Nationen Handel trieben und nicht mehr ständig Überfälle verübten, sondern nur gelegentlich Krieg führten. Im Mittelalter war Norwegen nicht mehr wegen seiner gefürchteten Räuber bekannt, sondern wegen des Exports von getrocknetem Kabeljau.

Wie können wir vor dem Hintergrund dieser historischen Verhältnisse erklären, dass die Wikinger ihre Heimat verließen und ihr Leben im Kampf oder unter so schwierigen Umweltverhältnissen wie beispielsweise in Grönland aufs Spiel setzten? Zuvor waren sie jahrtausendelang in Skandinavien geblieben und hatten das übrige Europa in Ruhe gelassen – warum breiteten sie sich dann plötzlich so schnell aus, bis 793 der Höhepunkt erreicht war, um ihre Aktivitäten drei Jahrhunderte später wieder völlig einzustellen? Wie bei jeder großen Expansionsbewegung der Geschichte, so kann man auch hier fragen, ob sie durch »Druck« (Bevölkerungszunahme und mangelnde Gelegenheiten zu Hause), »Zug« (gute Gelegenheiten und menschenleere Siedlungsgebiete in Übersee) oder beides verursacht wurde. Viele Expansionswellen wurden durch eine Mischung aus Druck und Zug angetrieben, und so war es auch bei den Wikingern: Bevölkerungswachstum und die Festigung der königlichen Macht übten zu Hause Druck aus, und der Zug kam von unbewohnten neuen Ländern, die sie besiedeln konnten, sowie von bewohnten, aber schutzlosen reichen Nationen, die der Plünderung offen standen. Ganz ähnlich verhielt es sich mit der europäischen Einwanderung nach Nordamerika, die im 18. und frühen 19. Jahrhundert durch eine Kombination aus Druck und Zug ihren Höhepunkt erreichte: Bevölkerungswachstum, Hungersnot und politische Unterdrückung in Europa vertrieben die Auswanderer aus ihrer Heimat, und ein fast unbegrenztes, fruchtbares Ackerland sowie die wirtschaftlichen Möglichkeiten in den Vereinigten Staaten und Kanada zogen sie an.

Nun kann man die Frage stellen, warum die Summe von Druck- und

Zugkräften nach 793 so plötzlich vom Unattraktiven zum Attraktiven wechselte, und warum der Effekt bis 1066 wieder nachließ. Die Expansion der Wikinger ist ein gutes Beispiel für einen so genannten autokatalytischen Prozess. Unter *Katalyse* versteht man in der Chemie die Beschleunigung einer Reaktion durch einen zugesetzten Bestandteil, beispielsweise ein Enzym. In manchen chemischen Reaktionen entsteht ein Produkt, das auch als Katalysator wirksam wird, sodass die Reaktionsgeschwindigkeit zunächst sehr gering ist und sich dann plötzlich beschleunigt, weil dieses Produkt gebildet wird und die Reaktion antreibt, wobei wiederum mehr Produkt entsteht, das die Reaktion noch weiter beschleunigt. Eine solche Kettenreaktion nennt man *autokatalytisch*; das Paradebeispiel ist die Explosion einer Atombombe, nachdem die Neutronen in einer kritischen Uranmenge die Atomkerne spalten, wobei neben Energie weitere Neutronen entstehen, die noch mehr Atomkerne zertrümmern.

Ganz ähnlich läuft auch die autokatalytische Expansion einer Bevölkerungsgruppe ab: Ein Volk hat anfangs gewisse Vorteile (beispielsweise einen technologischen Vorsprung), diese machen Profite oder neue Entdeckungen möglich, die ihrerseits mehr Menschen dazu anregen, nach Profiten oder Entdeckungen zu streben; die Folge sind weitere Profite und Entdeckungen, durch die wieder neue Menschen angeregt werden, bis das Volk schließlich alle Bereiche abdeckt, in die es durch diese Vorteile vordringen kann. Wenn es so weit ist, katalysiert die Expansion sich nicht mehr selbst, und sie kommt zum Stillstand. Bei den Wikingern wurde die Kettenreaktion durch zwei ganz bestimmte Ereignisse in Gang gesetzt: durch den Überfall auf das Kloster Lindisfarne im Jahr 793, der reiche Beute einbrachte und im folgenden Jahr zum Anreiz für neue Überfälle mit noch mehr Beute wurde; und die Entdeckung der unbesiedelten Faröerinseln, die sich für die Schafzucht eigneten, und die nachfolgende Entdeckung des größeren, weiter entfernten Island sowie des noch größeren und noch weiter entfernten Grönland. Wenn Wikinger nach Hause zurückkehrten und Beute mitbrachten oder von Inseln berichteten, die nur auf eine Besiedlung warteten, stachelten sie die Phantasie ihrer Landsleute an, die sich nun ebenfalls auf die Suche nach mehr Beute und mehr leeren Inseln machten. Die Wikinger sind nicht das einzige Beispiel für eine autokatalytische Expansion: Ganz ähnlich verlief die Verbreitung der Polynesier nach Osten über den Pazifik seit 1200 n. Chr. sowie die Expansion der Portugiesen und Spanier über die ganze Welt seit dem 15. Jahrhundert und insbesondere nach der »Entdeckung« der Neuen Welt durch Columbus im Jahr 1492.

Wie bei den Polynesiern und den Portugiesen / Spaniern, so verlor die Expansion auch bei den Wikingern ihren Schwung, als alle Gebiete, die sie mit ihren Schiffen erreichen konnten, bereits überfallen oder besiedelt waren. Jetzt brachten die Wikinger bei ihrer Heimkehr keine Geschichten über unbesiedelte oder leicht auszuraubende Länder mehr mit. Wie die beiden Ereignisse, die die Kettenreaktion bei den Wikingern in Gang brachten, so stehen auch zwei Ereignisse für ihr Ende. Das eine war die Schlacht von Stamford Bridge im Jahr 1066, die den Schlusspunkt einer langen Reihe von Niederlagen der Wikinger bildete und endgültig zeigte, dass weitere Überfälle nutzlos waren. Und zweitens mussten die Wikinger um das Jahr 1000 nach nur einem Jahrzehnt ihre abgelegenste Siedlung Vinland wieder aufgeben. Die beiden bis heute erhaltenen norwegischen Sagen über Vinland berichten ausdrücklich, die Kolonie sei aufgegeben worden, weil es Kämpfe mit einer dichten Bevölkerung amerikanischer Ureinwohner gab, die sehr zahlreich waren, während nur wenige Wikinger mit den Schiffen jener Zeit den Atlantik überqueren konnten, sodass ein Sieg unmöglich wurde. Als die Färöer, Island und Grönland bereits voller Wikinger waren, Vinland zu gefährlich wurde und keine weiteren unbewohnten Atlantikinseln zu entdecken waren, bot sich für Pioniere kein Lohn mehr, wenn sie auf dem stürmischen Nordatlantik ihr Leben aufs Spiel setzten.

Wenn Einwanderer aus Übersee ein Land neu besiedeln, nehmen sie dort in ihre Lebensweise meist auch Aspekte des Lebens in ihrem Ursprungsland auf – sie bringen ein »kulturelles Kapital« aus Kenntnissen, Überzeugungen, Methoden zur Sicherung des Lebensunterhalts und gesellschaftlicher Organisationen mit, die sich in ihrer Heimat angesammelt haben. Das gilt insbesondere dann, wenn sie wie die Wikinger ein Land besiedeln, das zuvor noch nicht bewohnt war oder mit dessen bisherigen Bewohnern die Siedler kaum Kontakt hatten. Selbst wenn Einwanderer heute in die Vereinigten Staaten kommen und sich dort mit der weitaus zahlreicheren, bereits ansässigen Bevölkerung auseinander setzen müssen, behält jede Einwanderergruppe viele eigene, charakteristische Eigenschaften bei. In meiner Heimatstadt Los Angeles beispielsweise bestehen große Unterschiede zwischen den kulturellen Werten, dem Bildungsstand, den Berufen und dem Wohlstand der Vietnamesen, Iraner, Mexikaner und Äthiopier, die in jüngerer Zeit eingewandert sind. Die einzelnen Gruppen haben sich unterschiedlich gut an die amerikanische Gesellschaft angepasst, unter anderem abhängig davon, welche Lebensweise sie mitbrachten.

Auch die Gesellschaften, die von den Wikingern auf den Inseln im Nordatlantik begründet wurden, waren nach dem Vorbild der Gesellschaften auf dem Kontinent gestaltet, welche die Siedler zurückgelassen hatten. Besonders wichtig war dieses kulturgeschichtliche Erbe auf den Gebieten von Landwirtschaft, Eisenproduktion, gesellschaftlichen Klassen und Religion.

Heute stellen wir uns unter den Wikingern vor allem Räuber und Seefahrer vor, sie selbst hielten sich aber für Bauern. Die Tiere und Nutzpflanzen, die in Südnorwegen gut gediehen, wurden für die Geschichte der Überseekolonien zu einem wichtigen Aspekt, nicht nur weil die Siedler diese Tier- und Pflanzenarten nach Island und Grönland mitnehmen konnten, sondern auch, weil sie für die sozialen Wertvorstellungen der Wikinger eine Rolle spielten. Lebensmittel und Lebensweisen werden in verschiedenen Völkern unterschiedlich bewertet: Bei den Bauern im Westen der Vereinigten Staaten hatten Rinder beispielsweise einen hohen, Ziegen dagegen einen niedrigen Rang. Probleme ergeben sich, wenn sich herausstellt, dass die landwirtschaftliche Praxis aus dem Ursprungsland der Einwanderer schlecht zu ihrer neuen Heimat passt. Die Australier sind beispielsweise bis heute geteilter Meinung in der Frage, ob die Schafe, die sie ursprünglich aus Großbritannien mitgebracht haben, der Umwelt Australiens mehr geschadet als genützt haben. Wie wir noch genauer erfahren werden, hatte ein ähnliches Missverhältnis bei der Eignung für alte und neue Umgebung auch für die Wikinger in Grönland schwer wiegende Folgen.

Im kühlen Klima Norwegens gedeihen Nutztiere besser als Nutzpflanzen. Bei dem Vieh handelte es sich um die gleichen fünf Arten, die schon seit Jahrtausenden im Fruchtbaren Halbmond und in Europa die Grundlage der Lebensmittelproduktion bildeten: Rinder, Schafe, Ziegen, Schweine und Pferde. Den höchsten Rang genossen bei den Wikingern die Schweine, die man als Fleischlieferanten züchtete, die Kühe als Lieferanten von Käse und anderen Milchprodukten, und die Pferde für den Transport und als Statussymbol. In altnordischen Sagen hielten die Krieger des Gottes Odin nach ihrem Tod in Walhalla täglich ein Festmahl mit Schweinefleisch. Ein viel geringeres Ansehen genossen Schafe und Ziegen, aber auch sie waren wirtschaftlich nützlich; gehalten wurden sie aber eigentlich nicht wegen ihres Fleisches, sondern als Lieferanten für Milchprodukte, Wolle oder Felle.

Nachdem man im Süden Norwegens bei archäologischen Ausgrabungen auf dem Anwesen eines Wikingerhäuptlings aus dem 9. Jahrhundert die Knochen verschiedener Tierarten in den Abfallhaufen gezählt hatte, konnte man Rückschlüsse auf die in diesem Haushalt verzehrten Tiere ziehen. Fast die Hälfte aller Knochen stammten von Rindern, ein Drittel von den hoch geschätzten Schweinen und nur ein Fünftel von Schafen und Ziegen. Ein ehrgeiziger Wikingerhäuptling, der in Übersee einen Bauernhof einrichten wollte, hätte vermutlich auf die gleiche Kombination zurückgegriffen. Tatsächlich findet man eine ähnliche Mischung auch in Abfallhaufen der ältesten Wikingerhöfe in Grönland und Island. Später änderten sich dort jedoch die Mengenverhältnisse der Knochen, weil sich herausstellte, dass manche Tierarten mit den Verhältnissen in Grönland und Island schlechter zurechtkamen als andere: Die Zahl der Rinder ging im Lauf der Zeit zurück, Schweine verschwanden fast völlig, aber die Zahl der Schafe und Ziegen nahm zu.

Je weiter man in Norwegen im Norden lebt, desto wichtiger wird es, dass man das Vieh im Winter in Ställe bringt und es dort mit Futter versorgt, statt es im Freien selbst nach Nahrung suchen zu lassen. Die heldenhaften Wikingerkrieger konnten also nicht nur die Schlachten schlagen, mit denen sie berühmt wurden, sondern sie mussten im Sommer und Herbst viel Zeit auf die häusliche Tätigkeit verwenden, Gras zu mähen, zu trocknen und einzusammeln, damit sie ihre Tiere im Winter mit Heu füttern konnten.

Wo das Klima mild genug war und die Anlage von Feldern gestattete, bauten die Wikinger auch kältetolerantes Getreide an, insbesondere Gerste. Weniger wichtig (weil weniger widerstandsfähig) waren Hafer, Weizen und Roggen, die Gemüsesorten Kohl, Zwiebeln, Erbsen und Bohnen, Flachs zur Herstellung von Leinen und Hopfen zum Bierbrauen. In weiter nördlich gelegenen Regionen Norwegens nahm die Bedeutung der Nutzpflanzen im Verhältnis zur Viehzucht immer weiter ab. Wichtige zusätzliche Proteinlieferanten neben dem Vieh waren wilde Tiere, insbesondere Fische, die in den Abfallhaufen der norwegischen Wikinger mindestens die Hälfte aller Tierknochen ausmachen. Gejagt wurden aber auch Robben und andere Meeressäuger, Rentiere, Elche und kleine Landsäugetiere; Seevögel holte man aus den Brutkolonien, außerdem wurden Enten und andere Wasservögel gefangen.

An Wikinger-Ausgrabungsstätten hat man Eisengegenstände entdeckt, an denen man ablesen kann, dass das Metall zu vielen Zwecken verwendet wurde: für schwere landwirtschaftliche Geräte wie Pflüge, Schaufeln, Äxte und Sicheln; für kleine Haushaltsgegenstände wie Messer, Scheren und Nähnadeln; für Nägel, Nieten und andere Eisenwaren; und natürlich für militärische Gerätschaften, insbesondere für Schwerter, Speere, Streitäxte und Rüstungen. Aus den Überresten von Schlackehaufen und Gruben zur Holzkohleherstellung, die man an den Orten der Eisenverarbeitung gefunden hat, können wir die Produktionsmethoden der Wikinger rekonstruieren. Das Eisen wurde nicht im industriellen Maßstab in zentralen Fabriken gewonnen, sondern im Rahmen kleiner Familienunternehmen auf den einzelnen Bauernhöfen. Als Ausgangsmaterial diente das in Skandinavien weit verbreitete so genannte Raseneisenerz, das heißt Eisenoxid, das in Wasser gelöst war und dann in Sümpfen und den Sedimenten von Seen unter sauren Bedingungen oder durch Bakterien ausgefällt wurde. Im heutigen Eisenbergbau verarbeitet man Erze mit einem Eisenoxidgehalt von 30 bis 95 Prozent, die Schmiede der Wikinger gaben sich aber auch mit weit schlechterem Erz zufrieden, dessen Oxidgehalt manchmal nur ein Prozent betrug. Hatte man ein solches »eisenreiches« Sediment gefunden, wurde das Erz getrocknet; dann erhitzte man es in einem Ofen bis zur Schmelze, um das Eisen von Verunreinigungen (der Schlacke) zu befreien, hämmerte es zur nochmaligen Beseitigung von Verunreinigungen und schmiedete es dann in die gewünschte Form.

Holz als solches liefert beim Verbrennen nicht die hohe Temperatur, die man zur Eisenverarbeitung braucht. Man muss daraus vorher Holzkohle herstellen, die dann ein ausreichend heißes Feuer speist. Messungen aus verschiedenen Ländern zeigen, dass man durchschnittlich vier Kilo Holz benötigt, um ein Kilo Holzkohle herzustellen. Deshalb und wegen des geringen Eisengehalts im Raseneisenerz brauchten die Wikinger zur Eisengewinnung, Werkzeugherstellung und sogar zur Reparatur von Eisenwerkzeugen riesige Holzmengen, und diese Notwendigkeit wurde im Grönland der Wikinger, wo Bäume knapp waren, zu einem limitierenden Faktor.

Das Gesellschaftssystem, das die Wikinger aus ihrer skandinavischen Heimat in die neuen Siedlungen mitbrachten, war hierarchisch aufgebaut: Am unteren Ende der Klassenleiter standen die Sklaven, die man bei Überfällen gefangen genommen hatte, dann kamen die freien Männer und ganz oben die Häuptlinge. Gerade zur Zeit der Wikingerexpansion entstanden in Skandinavien die ersten vereinigten Königreiche (im Gegensatz zu kleinen, regionalen Herrschaftsgebieten, deren Häuptlinge sich hier und da den Titel eines Königs zulegten), sodass die Siedler in Übersee sich am Ende mit den Königen von Norwegen und (später) von Dänemark auseinander setzen mussten. Sie waren aber unter anderem auch deshalb ausgewandert, weil sie sich der wachsenden Macht der späteren norwegischen Könige entziehen wollten, und deshalb setzten die Gesellschaften in Island und Grönland nie selbst Könige ein. Die Macht blieb dort in der Hand einer Militäraristokratie aus Häuptlingen. Nur sie konnten sich ein eigenes Schiff und eine vollständige Ausstattung mit Vieh leisten, einschließlich der geschätzten, schwierig zu haltenden Kühe und der weniger wertvollen, anspruchsloseren Schafe und Ziegen. Zu den Untertanen, Gefolgsleuten und Helfern der Häuptlinge gehörten Sklaven, freie Arbeiter, Lehensbauern und freie Bauern.

Die Häuptlinge standen untereinander sowohl mit friedlichen Mitteln als auch durch Krieg in ständiger Konkurrenz. Im friedlichen Wettbewerb waren sie bestrebt, einander mit Geschenken und großen Festen zu übertreffen, mit denen sie sich Ansehen verschafften, ihre Gefolgsleute belohnten und Verbündete anlockten. Den dazu notwendigen Reichtum verschafften sie sich durch Handel, Überfälle und die Produktion ihrer eigenen landwirtschaftlichen Anwesen. Aber die Gesellschaft der Wikinger war auch gewalttätig – die Häuptlinge und ihre Anhänger kämpften nicht nur in Übersee gegen andere Völker, sondern auch zu Hause untereinander. Die Unterlegenen in diesen blutigen Konflikten hatten am meisten zu gewinnen, wenn sie ihr Glück in anderen Ländern versuchten. Als der Isländer Erik der Rote beispielsweise nach 980 besiegt und vertrieben wurde, erkundete er Grönland und besiedelte dort mit einer Gruppe seiner Anhänger die besten landwirtschaftlichen Flächen.

Wichtige Entscheidungen wurden in der Wikingergesellschaft von den Häuptlingen getroffen, und deren Hauptmotiv war die Mehrung des eigenen Ansehens, selbst wenn sie dadurch in Konflikt mit dem Nutzen für die Gesamtgesellschaft oder für die nächste Generation gerieten. Die gleichen Interessenkonflikte sind uns auch im Zusammenhang mit den Häuptlingen auf der Osterinsel und den Mayakönigen (Kapitel 2 und 5) begegnet, und sie hatten auch schwer wiegende Auswirkungen auf das Schicksal der Gesellschaft von Normannisch-Grönland (Kapitel 8).

Als die Wikinger im 9. Jahrhundert mit ihrer Expansion nach Übersee begannen, waren sie noch »Heiden«: Sie beteten die Götter der traditionellen germanischen Religion an, beispielsweise die Fruchtbarkeitsgöttin Freia, den Himmelsgott Thor und den Kriegsgott Odin. In den europäischen Gesellschaften, die zum Ziel der Wikingerüberfälle wurden, war man vor allem darüber entsetzt, dass die Räuber keine Christen waren und sich nicht an die Tabus einer christlichen Gesellschaft hielten. Ganz im Gegenteil: Es schien, als würde es ihnen eine sadistische Freude bereiten, sich Kirchen und Klöster für ihre Angriffe auszusuchen. Als beispielsweise im Jahr 843 eine große Wikingerflotte plündernd in Frankreich die Loire hinauffuhr, bemächtigten sich die Räuber als Erstes der Kathedrale von Nantes an der Flussmündung, wo sie den Bischof und alle Priester töteten. In Wirklichkeit empfanden die Wikinger keine besondere, sadistische Vorliebe für die Plünderung von Kirchen, und ebenso wenig hegten sie ein Vorurteil gegenüber weltlichen Quellen für Beute. Der ungeschützte Reichtum der Kirchen und Klöster war einfach ein nahe liegendes Ziel, an dem man reiche Ernte machen konnte, ebenso gern griffen die Wikinger aber auch reiche Handelszentren an, wenn sich die Gelegenheit bot.

Nachdem die Wikinger sich jenseits des Meeres in christlichen Ländern niedergelassen hatten, waren sie durchaus bereit, dort zu heiraten und sich an die örtlichen Sitten anzupassen, zu denen auch das Bekenntnis zum Christentum gehörte. Die Bekehrung von Wikingern in anderen Ländern trug dazu bei, dass das Christentum sich auch zu Hause in Skandinavien durchsetzte: Wenn sie zu Besuch in die Heimat kamen, brachten sie Berichte über die neue Religion mit, bis Häuptlinge und Könige in Skandinavien allmählich erkannten, dass das Christentum ihnen durchaus politische Vorteile verschaffen konnte. Einige skandinavische Häuptlinge nahmen inoffiziell noch vor ihren Königen das Christentum an. Entscheidend für die Verbreitung des Christentums in Skandinavien war die »offizielle« Bekehrung Dänemarks unter König Harald Blauzahn um 960, gefolgt von Norwegen ungefähr seit 995 und Schweden im folgenden Jahrhundert.

Als Norwegen nach und nach christlich wurde, folgten die Überseekolonien der Wikinger auf den Orkney-, Shetland- und Färöerinseln sowie in Island und Grönland sehr schnell nach. Teilweise lag es daran, dass die Kolonien wenig eigene Schiffe besaßen, mit ihrem Handel auf Norwegen angewiesen waren und erkennen mussten, dass sie unmöglich Heiden bleiben konnten, nachdem Norwegen den christlichen Glauben angenommen hatte. Als beispielsweise der norwegische König Olaf I. konvertierte, schloss er alle heidnischen Isländer vom Handel mit Norwegen aus, nahm Isländer gefangen, die sein Land besuchten (darunter auch Angehörige heidnischer isländischer Herrscher) und drohte, diese Geiseln zu verstümmeln oder zu töten, wenn Island nicht dem Heidentum entsagte. Bei einem Treffen der isländischen Nationalversammlung im Sommer 999 schickten sich die Bewohner in das Unvermeidliche und erklärten sich zu Christen. Ungefähr um die gleiche Zeit führte Leif Erikson, der Sohn Eriks des Roten, der die Kolonie in Grönland gegründet hatte, angeblich auf der Insel das Christentum ein.

Die christlichen Kirchen, die in Island und Grönland nach dem Jahr 1000 entstanden, waren im Gegensatz zu heutigen Kirchen keine unabhängigen Institutionen mit eigenem Landbesitz und eigenen Gebäuden. Ihre Erbauer und Eigentümer waren vielmehr führende örtliche Bauern und Häuptlinge, die sie auf ihrem eigenen Land errichteten, und der jeweilige Bauer hatte auch einen Anspruch auf einen Teil der Steuern, welche die Kirche als Zehnten von anderen Bewohnern der Gegend erhob. Es war, als hätte der Häuptling mit der Imbisskette McDonald's ein Franchiseabkommen ausgehandelt, das ihm ein lokales McDonald's-Monopol verschaffte, um dann eine Kirche zu errichten und Handelsgüter nach McDonald's-Standards zu vertreiben und einen Teil der Erlöse für sich zu behalten, während der Rest an eine Zentralverwaltung ging – in diesem Fall über den Erzbischof von Nidaros (das heutige Trondheim) an den Papst in Rom. Natürlich war die katholische Kirche bemüht, ihre Kirchen von den Bauern/Eigentümern unabhängig zu machen. Im Jahr 1297 konnte sie die isländischen Kirchenbesitzer schließlich zwingen, das Eigentum an vielen Kirchen-Bauernhöfen dem Bischof zu übertragen. Es gibt keine erhaltenen schriftlichen Belege, dass etwas Ähnliches sich auch in Grönland abspielte, aber da man dort (zumindest nominell) die norwegische Herrschaft anerkannte, kamen die Kirchenbesitzer vermutlich ebenfalls unter Druck. Wir wissen aber, dass der Bischof von Bergen 1341 einen Aufseher namens Ivar Bardarson nach Grönland schickte; dieser kehrte am Ende mit einer genauen Liste und Beschreibung aller grönländischen Kirchen nach Norwegen zurück und schlug vor, der Bischof solle seine »Franchisenehmer« in Grönland ebenso stramm an die Kandare nehmen wie zuvor in Island.

Die Bekehrung zum Christentum stellte für die Überseekolonien der Wikinger eine dramatische kulturelle Umwälzung dar. Angesichts des christlichen Alleinvertretungsanspruches als einzig wahre Religion musste man die heidnischen Traditionen aufgeben. Kunst und Architektur wurden christlich und orientierten sich an Vorbildern auf dem Kontinent. In Übersee bauten die Wikinger große Kirchen und sogar Kathedralen, die in ihren Ausmaßen an Bauwerke des dichter bevölkerten skandinavischen Festlandes heranreichen und deshalb im Verhältnis zu der viel kleineren Bevölkerung, die dafür aufkommen musste, geradezu gigantisch waren. In den Kolonien nahm man das Christentum so ernst, dass man einen Zehnten an Rom abführte: Es gibt Belege, dass der Bischof von Grönland 1282 an den Papst eine Kreuzzugsteuer zahlte (die nicht in Geld, sondern in Form von Wahlrosszähnen und Eisbärfellen entrichtet wurde), und eine päpstliche Quittung aus dem Jahr 1327 bestätigt, dass aus Grönland die Steuern für sechs Jahre eingegangen waren. Die Kirche wurde zum wichtigsten Weg, auf dem die neuesten Ideen aus Europa nach Grönland gelangten; dies lag besonders daran, dass alle Bischöfe, die nach Grönland abgeordnet wurden, keine einheimischen Grönländer waren, sondern vom skandinavischen Festland stammten.

Vielleicht die wichtigste Folge der Bekehrung zum Christentum war das gewandelte Bild, das die Siedler von sich selbst hatten. Das Ergebnis erinnert mich an die Australier, die sich lange nach der Gründung der britischen Kolonien auf ihrem Kontinent im Jahr 1788 nicht als Asiaten oder Pazifikvölker verstanden, sondern als Überseebriten: Noch 1915 waren sie bereit, im weit entfernten Gallipoli auf Seiten der Briten gegen die Türken zu kämpfen und zu sterben, obwohl der Konflikt für die nationalen Interessen Australiens völlig unbedeutend war. Genauso hielten sich auch die Wikingersiedler auf den Inseln im Nordatlantik für europäische Christen. In Kirchenarchitektur, Bestattungsriten und Maßeinheiten vollzogen sie alle Veränderungen mit, die sich auf dem Festland abspielten. Aufgrund dieser gemeinsamen Identität konnten einige tausend Grönländer zusammenarbeiten, Unannehmlichkeiten überstehen und ihre Existenz in einer unwirtlichen Umwelt vier Jahrhunderte lang sichern. Wie wir noch genauer erfahren werden, verhinderte sie aber auch, dass sie von den Inuit lernten und durch eine entsprechende Abwandlung ihrer Identität über diese vier Jahrhunderte hinaus überlebten.

Die sechs Wikingerkolonien auf den Inseln im Nordatlantik stellen sechs parallele Experimente zur Gründung von Gesellschaften dar, die sich von demselben Ausgangspunkt ableiten. Wie zu Beginn dieses Kapitels erwähnt, lieferten die sechs Experimente ganz unterschiedliche Ergebnisse:

Die Siedlungen auf den Orkney-, Shetland- und Färöerinseln existieren noch heute, nach über 1000 Jahren, ohne dass ihr Überleben jemals ernsthaft infrage stand; die Kolonie in Island blieb ebenfalls erhalten, musste aber mit Armut und schwer wiegenden politischen Schwierigkeiten fertig werden; Normannisch-Grönland war nach 450 Jahren am Ende; und die Siedlung in Vinland wurde bereits innerhalb der ersten zehn Jahre wieder aufgegeben. Diese unterschiedlichen Ergebnisse stehen eindeutig im Zusammenhang mit der unterschiedlichen Umwelt in den verschiedenen Kolonien. Offensichtlich haben die unterschiedlichen Schicksale ihre Ursache vorwiegend in vier ökologischen Variablen: Erstens in der Entfernung über das Meer beziehungsweise in der Zeit, die ein Schiff von Norwegen oder Großbritannien brauchte; zweitens in dem Widerstand der Bewohner, die keine Wikinger waren – sofern es solche gab; drittens in den Voraussetzungen für die Landwirtschaft, die insbesondere von der geographischen Breite und dem lokalen Klima abhingen; und viertens in der Empfindlichkeit der Umwelt, insbesondere in der Anfälligkeit für Bodenerosion und Waldzerstörung.

Nachdem wir nur sechs experimentelle Ergebnisse haben, die sich mit vier Variablen erklären lassen, können wir auf unserer Suche nach einer Begründung nicht mit dem gleichen Erfolg rechnen wie im Pazifik, wo wir 81 Ergebnisse (81 Inseln) hatten, aber nur neun Variablen, die als Ursachen infrage kamen. Damit eine statistische Korrelationsanalyse überhaupt Aussichten auf Erfolg hat, muss die Zahl der einzelnen experimentellen Ergebnisse wesentlich höher liegen als die der untersuchten Variablen. Deshalb reichte im Pazifik mit seinen vielen Inseln eine statistische Analyse allein aus, um die relative Bedeutung der unabhängigen Variablen festzustellen. Im Nordatlantik haben wir nicht annähernd genügend natürliche Experimente, um dieses Ziel zu erreichen. Ein Statistiker, der ausschließlich über die genannten Informationen verfügt, würde das Wikingerproblem als unlösbar bezeichnen. In dem gleichen Dilemma stecken Historiker häufig, wenn sie versuchen, die vergleichende Methode auf Fragen der Menschheitsgeschichte anzuwenden: Es gibt offensichtlich zu viele potenziell unabhängige Variablen und viel zu wenig getrennte Ergebnisse, sodass man die Bedeutung der Variablen nicht statistisch nachweisen kann.

Aber Historiker wissen über die Gesellschaften der Menschen viel mehr als nur die ökologischen Ausgangsbedingungen und das Endergebnis: Wir besitzen auch umfangreiche Informationen über den Ablauf, der die Anfangsbedingungen mit dem Ergebnis verbindet. Im Fall der Wikinger können die Experten etwas über die Bedeutung der Fahrzeiten aussagen, indem sie die Aufzeichnungen über die Zahl der Überfahrten und die Ladung der Schiffe untersuchen; wie sich der Widerstand der Einheimischen auswirkte, können sie anhand historischer Berichte über die Kämpfe zwischen Wikingerinvasoren und örtlicher Bevölkerung feststellen; wie gut sich eine Gegend für die Landwirtschaft eignete, lässt sich ermitteln, wenn man Berichte über die ursprünglich angebauten Pflanzen und die bevorzugten Haustierarten studiert; und die Empfindlichkeit der Umwelt kann man einschätzen, wenn man historische Spuren von Waldzerstörung und Bodenerosion (beispielsweise Pollenzählungen und fossile Pflanzenteile) betrachtet und außerdem Holz und anderes Baumaterial untersucht. Auf der Grundlage solcher Kenntnisse über Zwischenschritte und Ergebnisse wollen wir nun kurz fünf der sechs nordatlantischen Kolonien in der Reihenfolge zunehmender Isolation und abnehmenden Reichtums betrachten: die Orkneyinseln, die Shetlandinseln, die Färöer, Island und Vinland. In den beiden nächsten Kapiteln werden wir dann das Schicksal der Wikingerkolonie auf Grönland genauer erörtern.

Die Inselgruppe der Orkneys liegt unmittelbar vor der Nordspitze Großbritanniens rund um den großen, geschützten Hafen Scapa Flow, der in beiden Weltkriegen als Hauptstützpunkt der britischen Marine diente. Von John O'Goats, dem nördlichsten Punkt des schottischen Festlandes, sind es nur rund 18 Kilometer bis zur nächsten Orkneyinsel, und von der Inselgruppe bis nach Norwegen konnten die Wikinger mit ihren Schiffen in knapp 24 Stunden reisen. Deshalb war es für die norwegischen Wikinger einfach, die Orkneyinseln zu besiedeln, alle benötigten Dinge aus Norwegen oder von den Britischen Inseln zu importieren und ihre eigenen Exportgüter kostengünstig zu versenden. Die Orkneys sind so genannte kontinentale Inseln: Sie stellen eigentlich ein Stück des britischen Festlandes dar, das nur deshalb abgetrennt wurde, weil der Meeresspiegel auf der ganzen Welt vor 14 000 Jahren mit dem Ende der Eiszeit durch das abschmelzende Eis anstieg. Über die zuvor vorhandene Landbrücke wanderten zahlreiche Landsäugetiere ein, darunter Rothirsche und Hasen, die eine gute Jagdbeute abgaben. Das einheimische Volk der Pikten wurde von den Wikingern schnell unterworfen.

Als südlichste (abgesehen von Vinland) Nordatlantikkolonie der Wikinger, die außerdem am Golfstrom lag, erfreuten sich die Orkneyinseln eines milden Klimas. Ihr schwerer, fruchtbarer Boden hatte sich durch die Vereisung regeneriert, und eine nennenswerte Erosionsgefahr bestand nicht. Deshalb betrieben die Pikten bereits Landwirtschaft, bevor die Wikinger eindrangen; sie wurde unter den Wikingern fortgesetzt und ist bis heute sehr produktiv. Zu den landwirtschaftlichen Exportprodukten unserer Zeit gehören Rindfleisch und Eier, aber auch Schweinefleisch, Käse und ein wenig Getreide.

Die Wikinger eroberten die Orkneyinseln um das Jahr 800 n. Chr. und benutzten die Inseln dann als Stützpunkt für Überfälle auf dem nahe gelegenen britischen und irischen Festland. Sie bauten eine reiche, mächtige Gesellschaft auf, die eine Zeit lang ein unabhängiges norwegisches Königreich war. Ein Ausdruck für den Reichtum der Wikinger auf den Orkneyinseln ist ein fast acht Kilo schwerer Silberschatz, der um das Jahr 950 vergraben wurde. Er hat auf keiner anderen Insel im Nordatlantik seinesgleichen und reicht mit seiner Größe an die größten Silberschätze des skandinavischen Festlandes heran. Ein weiteres Zeichen ist die St.-Magnus-Kathedrale, die im 12. Jahrhundert nach dem Vorbild der gewaltigen britischen Kathedrale in Durham errichtet wurde. Im Jahr 1472 ging das Eigentum an den Orkneyinseln ohne Eroberung von Norwegen (das damals Dänemark unterstand) an Schottland über, und zwar aus sehr einfachen Gründen der Hoheitspolitik (der schottische König James verlangte einen Ausgleich, nachdem Dänemark die Mitgift nicht gezahlt hatte, die seine Ehefrau, eine dänische Prinzessin, mitbringen sollte). Auch unter schottischer Herrschaft sprachen die Bewohner der Orkneyinseln bis ins 18. Jahrhundert hinein einen norwegischen Dialekt. Heute sind die dort ansässigen Nachfahren der einheimischen Pikten und norwegischen Invasoren wohlhabende Bauern, deren Reichtum außerdem durch die Förderung von Nordseeöl ergänzt wird.

Vieles von dem, was ich gerade über die Orkneyinseln geschrieben habe, trifft auch auf die nächste Kolonie im Nordatlantik zu, die Shetlandinseln. Auch sie waren ursprünglich von bäuerlichen Pikten besiedelt, wurden im 9. Jahrhundert von Wikingern erobert, kamen 1472 unter schottische Herrschaft, sprachen danach noch einige Zeit lang Norwegisch und profitieren in jüngster Zeit vom Nordseeöl. Die Unterschiede bestehen darin, dass sie ein wenig abgelegener sind und weiter nördlich liegen (80 Kilometer nördlich von den Orkneyinseln und 210 Kilometer nördlich von Schottland); es ist windiger, der Boden ist schlechter und die landwirtschaftliche Produktivität ist geringer. Eine wichtige Säule der Wirtschaft war auf den Shetlandinseln wie auf den Orkneys die Schafzucht zur Wolleproduktion, aber die Rinderzucht schlug auf den Shetlandinseln fehl, sodass man sich stärker auf die Fischerei konzentrierte.

Noch isolierter als die Orkney- und Shetlandinseln waren die Färöer,

320 Kilometer nördlich von den Orkneyinseln und 650 Kilometer westlich von Norwegen gelegen. Auch sie waren für Wikingerschiffe, die Siedler und Handelsgüter mitbrachten, leicht zugänglich, lagen aber außerhalb der Reichweite älterer Schiffe. Deshalb fanden die Wikinger die Färöerinseln unbewohnt vor, abgesehen vielleicht von einigen irischen Einsiedlern, über deren Existenz es zwar unbestimmte Geschichten gibt, aber keine handfesten archäologischen Belege.

Mit ihrer Lage knapp 500 Kilometer südlich des nördlichen Polarkreises, auf einer geographischen Breite in der Mitte zwischen den beiden größten Städten an der norwegischen Westküste (Bergen und Trondheim), erfreuen sich die Färöer eines milden, ozeanischen Klimas. Da sie aber weiter nördlich liegen als die Orkney- und Shetlandinseln, war die Wachstumssaison für potenzielle Bauern und Viehzüchter kürzer. Die salzige Gischt vom Ozean, die über alle Teile der Inseln mit ihrer geringen Fläche weht, verhindert im Zusammenhang mit starkem Wind die Entstehung von Wäldern. Ursprünglich bestand die Vegetation ausschließlich aus kleinen Weiden, Birken, Espen und Wacholderbäumen, die von den ersten Siedlern sehr schnell abgeholzt wurden; die weidenden Schafe verhinderten dann, dass sie nachwuchsen. Bei einem trockenen Klima wären damit alle Voraussetzungen für Bodenerosion gegeben gewesen, aber auf den Färöern ist es sehr feucht und nebelig, und die Inseln »freuen« sich über durchschnittlich 280 Regentage pro Jahr, wobei an den meisten Tagen mehrere Regenschauer niedergehen. Auch die Siedler selbst taten alles, um die Erosion so gering wie möglich zu halten – unter anderem bauten sie Mauern und Terrassen, damit der Boden nicht verloren ging. In Grönland und insbesondere in Island gelang es den Wikingersiedlern viel weniger gut, die Erosion unter Kontrolle zu halten, aber das lag nicht daran, dass sie weniger klug gewesen wären als die Bewohner der Färöer; die Erosionsgefahr ist in Island wegen des Bodens und in Grönland wegen des Klimas einfach viel größer.

Die Wikinger ließen sich im 9. Jahrhundert auf den Färöern nieder. Es gelang ihnen, ein wenig Gerste anzubauen, andere Getreidesorten gediehen aber so gut wie nicht; selbst heute werden nur sechs Prozent der Landfläche auf den Inseln für den Anbau von Kartoffeln und anderen Gemüsesorten genutzt. Die in Norwegen so beliebten Kühe und Schweine, ja sogar die gering geachteten Ziegen, wurden von den Siedlern innerhalb der ersten 200 Jahre aufgegeben, weil man Überweidung vermeiden wollte. Stattdessen konzentrierte sich die Wirtschaft der Färöer auf die Schafzucht: Man exportierte Wolle, später kamen Stockfische hinzu, und heute sind getrockneter Kabeljau, Heilbutt und Lachs aus Fischfarmen wichtige Exportgüter. Im Gegenzug für diese Wolle- und Fischexporte führten die Inselbewohner aus Norwegen und Großbritannien die unentbehrlichen Dinge ein, die in der Umwelt der Färöer fehlten oder knapp waren; insbesondere brauchte man große Mengen Holz, denn Bauholz stand – abgesehen von gelegentlich angetriebenem Treibholz – an Ort und Stelle nicht zur Verfügung; auch Eisen zur Werkzeugherstellung fehlte auf den Inseln völlig; das Gleiche galt für Steine und Mineralien, beispielsweise Mahlsteine, Schleifsteine und den weichen Speckstein, aus dem man Küchengeräte als Ersatz für Keramikgegenstände schnitzen konnte.

Wie ging die Geschichte der Färöer nach der Besiedlung weiter? Die Bewohner wurden um das Jahr 1000 Christen, also ungefähr zur selben Zeit wie die anderen Wikinger im Nordatlantikraum, und später errichteten sie eine gotische Kathedrale. Die Inseln wurden im 11. Jahrhundert gegenüber Norwegen tributpflichtig und kamen 1380 zusammen mit Norwegen unter die Herrschaft des dänischen Königshauses; 1948 erhielten sie von Dänemark die Selbstverwaltung. Die 47 000 Einwohner sprechen noch heute eine eigene Sprache, die sich unmittelbar vom Altnordischen ableitet und stark dem modernen Isländisch ähnelt; die Bewohner der Färöer und Islands verstehen einander und können auch altnordische Texte lesen.

Kurz gesagt, blieben den Färöern die Probleme erspart, mit denen Normannisch-Island und Grönland zu kämpfen hatten: Hier gab es weder die erosionsanfälligen Böden und aktiven Vulkane Islands noch die kürzere Wachstumssaison, das trockene Klima, die größeren Entfernungen über das Meer und die feindselige einheimische Bevölkerung Grönlands. Die Bewohner der Färöer waren zwar stärker isoliert als die Menschen auf den Orkney- und Shetlandinseln, und insbesondere im Vergleich zu den Orkneys verfügten sie über geringere eigene Ressourcen, aber sie überlebten ohne Schwierigkeiten, weil sie alles Nötige in großen Mengen einführen konnten – eine Möglichkeit, die in Grönland nicht gegeben war.

Als ich das erste Mal nach Island reiste, sollte ich an einer von der NATO finanzierten Konferenz über die Wiederherstellung ökologisch geschädigter Gebiete teilnehmen. Mit Island hatte die Nato für den Ort der Konferenz eine besonders geeignete Wahl getroffen, denn diese Insel ist ökologisch das am stärksten geschädigte Land Europas. Seit der ersten Besiedlung durch Menschen wurden die ursprünglichen Bäume des Landes und die gesamte Vegetation weitgehend zerstört, und etwa die Hälfte des ursprünglichen Bodens wurde durch Erosion in den Ozean geschwemmt. Deshalb sind große Gebiete, die bei der Landung der Wikinger noch grün waren, heute leblose braune Wüsten ohne Bauwerke, Straßen oder sonstige Spuren menschlicher Besiedlung. Als die amerikanische Raumfahrtbehörde NASA auf der Erde eine Region finden wollte, in der die Astronauten vor der ersten Mondlandung unter ähnlichen Verhältnissen wie auf dem Erdtrabanten trainieren konnten, suchte sie sich ein einstmals grünes Gebiet in Island aus, das heute völlig öde ist.

Vier Elemente prägen die isländische Umwelt: Vulkane, Eis, Wasser und Wind. Island liegt im Nordatlantik knapp 1000 Kilometer westlich von Norwegen auf dem so genannten mittelatlantischen Rücken, wo die amerikanische und die eurasische Kontinentalplatte zusammenstoßen, sodass in regelmäßigen Abständen Vulkane vom Meeresboden aufsteigen und neues Land entstehen lassen – die größte dieser Inseln ist Island. Im Durchschnitt wird ungefähr alle zehn bis 20 Jahre mindestens ein isländischer Vulkan mit einem größeren Ausbruch aktiv. Neben den Vulkanen selbst besitzt Island so viele heiße Quellen und geothermisch aktive Regionen, dass die Häuser in großen Teilen des Landes (einschließlich der gesamten Hauptstadt Rejkjavik) nicht mit fossilen Brennstoffen, sondern durch Anzapfen der vulkanischen Hitze geheizt werden.

Das zweite wichtige Element der isländischen Landschaft ist das Eis. Es bildet sich in großen Teilen der Hochebene im Landesinneren und bleibt dort erhalten, weil es sich in bis zu 2085 Meter Höhe befindet, wo es hier, knapp unterhalb des nördlichen Polarkreises, sehr kalt ist. Wasser, das als Schnee und Regen zu Boden fällt, gelangt einerseits mit den Gletschern ins Meer, andererseits auch mit Flüssen, die in regelmäßigen Abständen Hochwasser führen, und gelegentlich in spektakulären, gewaltigen Überschwemmungen, wenn eine natürliche Lava- oder Eisbarriere an einem See nachgibt oder wenn ein Vulkanausbruch unter einer Eiskappe plötzlich eine Menge Eis schmelzen lässt. Und schließlich ist es in Island auch sehr windig. Wegen der Wechselwirkungen zwischen diesen vier Elementen – Vulkane, Kälte, Wasser und Wind – ist Island so empfindlich gegenüber der Erosion.

Als die ersten Wikinger als Siedler nach Island kamen, müssen die Vulkane und heißen Quellen für sie ein fremdartiger Anblick gewesen sein, ganz anders als alles, was sie aus Norwegen oder von den Britischen Inseln kannten. Ansonsten aber sah die Landschaft vertraut und ermutigend aus. Fast alle Pflanzen und Vögel gehörten zu bekannten europäischen Arten. Die Niederungen waren vorwiegend mit einem niedrigen Wald aus Birken und Weiden bewachsen, die man zur Anlage von Viehweiden leicht abholzen konnte. In diesen gerodeten Gebieten, aber auch in Sümpfen und anderen niedrig gelegenen, von Natur aus baumlosen Gebieten sowie in den höheren Lagen oberhalb der Baumgrenze fanden die Siedler üppige Wiesen mit Gras, Kräutern und Moos vor, und dort herrschten ideale Bedingungen für die Haltung der Tiere, die sie bereits in Norwegen und auf den Britischen Inseln gezüchtet hatten. Der Boden war fruchtbar und an manchen Stellen bis zu 15 Meter tief. Trotz der Eiskappen in größerer Höhe und der Lage in der Nähe des Polarkreises sorgte der Golfstrom in den Niederungen in manchen Jahren für ein so mildes Klima, dass man im Süden sogar Gerste anbauen konnte. In den Seen und Flüssen sowie im umgebenden Meer wimmelte es von Fischen, aber auch von Seevögeln und Enten, die noch nie gejagt worden waren und deshalb keine Angst hatten. Entlang der Küste lebten ebenso arglose Robben und Walrosse.

Aber die scheinbare Ähnlichkeit Islands mit dem Südwesten Norwegens und Großbritanniens war in drei entscheidenden Aspekten trügerisch. Erstens lag Island etliche hundert Kilometer weiter nördlich als die wichtigen landschaftlichen Gebiete im Südwesten Norwegens. Das bedeutete ein kühleres Klima und eine kürzere Wachstumssaison, was die Landwirtschaft schwieriger machte. Als das Klima im späten Mittelalter noch kälter wurde, gaben die Siedler den Getreideanbau schließlich auf und züchteten ausschließlich Tiere. Zweitens vergiftete die Asche, die bei den Vulkanausbrüchen in regelmäßigen Abständen ausgestoßen wurde, das Viehfutter. In der Geschichte Islands hatten solche Vulkanausbrüche mehrfach zur Folge, dass Tiere und Menschen hungern mussten; bei der schlimmsten derartigen Katastrophe, der Eruption des Laki im Jahr 1783, verhungerte ungefähr ein Fünftel der Bevölkerung.

Der größten Täuschung unterlagen die Siedler jedoch im Hinblick auf die Unterschiede zwischen dem empfindlichen, unbekannten Boden Islands und dem widerstandsfähigen Boden in Norwegen und Großbritannien, den sie gut kannten. Diese Unterschiede konnten die Siedler unter anderem deshalb nicht richtig einschätzen, weil manche davon sehr geringfügig sind und bis heute von professionellen Bodenkundlern nicht vollständig aufgeklärt wurden. Andererseits lag es aber auch daran, dass manche Unterschiede auf den ersten Blick nicht zu erkennen sind und sich erst nach Jahren bemerkbar machen: In Island bildet sich der Boden langsamer und erodiert viel schneller als in Norwegen oder Großbritannien. Als die Siedler den fruchtbaren und an manchen Stellen sehr dicken Boden Islands sahen, waren sie ebenso begeistert wie ein Mensch unserer Zeit, der ein Bankkonto mit einem großen Habensaldo erbt: Wir würden automatisch annehmen, dass wir dafür die üblichen Zinssätze erhalten, sodass das Konto jedes Jahr einen beträchtlichen Gewinn abwirft. Leider war es in Island aber anders: Boden und dichte Wälder wirkten auf den ersten Blick zwar eindrucksvoll – entsprechend dem hohen Guthaben auf dem Bankkonto –, dieser Zustand hatte sich jedoch (wie bei einem sehr niedrigen Zinssatz) sehr langsam seit dem Ende der letzten Eiszeit eingestellt. Irgendwann bemerkten die Siedler, dass sie nicht von dem ökologischen Jahreszins Islands lebten, sondern das Kapital von Boden und Vegetation verbrauchten, das sich in 10 000 Jahren angesammelt hatte und jetzt innerhalb weniger Jahrzehnte oder sogar innerhalb eines Jahres zur Neige ging. Unabsichtlich nutzten sie Boden und Pflanzenwelt nicht nachhaltig – Nachhaltigkeit bedeutet, dass eine Ressource (wie ein Waldgebiet oder Fischereirevier bei guter Bewirtschaftung) unendlich lange erhalten bleiben kann, weil sie nicht schneller ausgebeutet wird, als es ihrem eigenen Regenerationstempo entspricht. Stattdessen beuteten die Siedler den Boden und die Vegetation auf die gleiche Weise aus, wie es im Bergbau mit Öl- und Mineralvorkommen geschieht, jenen Ressourcen, die sich nur sehr langsam erneuern und abgebaut werden, bis nichts mehr übrig ist.

Warum ist der Boden in Island so empfindlich, und warum bildet er sich so langsam neu? Ein wichtiger Grund liegt in seinem Ursprung. Norwegen, der Norden Großbritanniens und Grönland hatten in jüngerer Zeit keine aktiven Vulkane und waren in der Eiszeit vollkommen vergletschert. Später entstand dann der fruchtbare Boden, weil Meeressedimente in die Höhe stiegen, oder weil die Gletscher das darunter liegende Gestein zermalmten und die Bruchstücke weiter transportierten, bis sie nach dem Abschmelzen der Gletscher als Sedimente abgelagert wurden. In Island jedoch wurden durch die häufigen Vulkanausbrüche immer wieder feine Aschewolken in die Luft geschleudert. Die Asche enthält leichte Teilchen, die von starkem Wind über große Teile des Landes verteilt werden, und auf diese Weise bildet sich eine Ascheschicht (Tephra), die unter Umständen so leicht wie Talkumpuder ist. Auf der fruchtbaren Asche siedelt sich schließlich Vegetation an, die den Untergrund bedeckt und vor Erosion schützt. Wird diese Vegetation jedoch entfernt (weil Schafe darauf grasen oder Bauern sie abbrennen), liegt die Asche wiederum frei und ist nun für Erosion sehr anfällig. Nachdem sie so leicht war, dass sie anfangs vom Wind transportiert werden konnte, wird sie wegen ihres geringen Gewichts auch jetzt wieder vom Wind abgetragen. Neben dieser Winderosion tragen auch die örtlichen heftigen Regenfälle und häufige Überschwemmungen in Island dazu bei, die frei liegende Asche insbesondere an steilen Berghängen auszuwaschen.

Ein zweiter Grund für die Empfindlichkeit des isländischen Bodens liegt in der Empfindlichkeit der Pflanzenwelt. In der Regel bedecken Pflanzen den Boden und schützen ihn so vor Erosion, und da sie außerdem organische Substanzen einbringen, wird er zusätzlich fester und schwerer. In Island mit seiner nördlichen Lage, dem kühlen Klima und der kurzen Wachstumssaison wachsen Pflanzen jedoch langsam. Die Kombination aus empfindlichem Boden und langsamem Pflanzenwachstum lässt für die Erosion einen positiven Rückkopplungskreislauf entstehen: Nachdem die schützende Pflanzendecke von Schafen oder Bauern entfernt wurde und die Bodenerosion begonnen hat, können sich neue Pflanzen nur noch schwer ansiedeln und den Boden erneut schützen; die Folge: Die Erosion breitet sich aus.

Die Besiedlung Islands begann in nennenswertem Umfang um das Jahr 870 und war 930, als fast alle landwirtschaftlich nutzbaren Flächen vergeben waren, praktisch beendet. Die meisten Siedler kamen unmittelbar aus dem Westen Norwegens, die übrigen waren Wikinger, die bereits auf die britischen Inseln ausgewandert waren und dort keltische Frauen geheiratet hatten. Diese Siedler wollten eine ganz ähnliche Viehhalterwirtschaft aufbauen wie in Norwegen und auf den Britischen Inseln, und dazu dienten ihnen die gleichen fünf Nutztierarten, von denen die Schafe am Ende bei weitem am zahlreichsten waren. Schafsmilch wurde zu Butter, Käse und einer isländischen Spezialität namens *skyr* verarbeitet, die für meinen Geschmack einem köstlichen, dicken Joghurt ähnelt. Ansonsten bestritten die Isländer ihre Ernährung mit Wildtieren und Fischen – auch dies wissen wir dank der geduldigen Bemühungen der Zooarchäologen, die insgesamt 47 000 Knochen aus Abfallhaufen untersucht haben. Die Brutkolonien der Walrosse waren sehr schnell ausgerottet, und die Seevögel wurden stark dezimiert, sodass die Jäger ihre Aufmerksamkeit nun auf die Robben richteten. Zu den wichtigsten wilden Proteinlieferanten wurden schließlich die Fische: einerseits die reichlich vorhandenen Forellen und Lachse in Seen und Flüssen, andererseits die großen Kabeljau- und Schellfischbestände vor der Küste. Kabeljau und Schellfisch waren der entscheidende Grund, warum die Bewohner Islands die schweren Jahrhunderte der kleinen Eiszeit überleben konnten, und sie sind noch heute eine Stütze für die Wirtschaft des Landes.

Als die Besiedlung Islands begann, war die Insel auf einem Viertel ihrer Fläche bewaldet. Die Siedler holzten immer mehr Bäume ab, um Weideland zu schaffen, und die Bäume selbst wurden als Brennstoff, Bauholz und zur Herstellung von Holzkohle verwendet. In den ersten Jahrzehnten wurden ungefähr 80 Prozent der ursprünglichen Waldflächen gerodet, und bis heute ist dieser Anteil auf 96 Prozent gestiegen, sodass Wälder nur noch ein Prozent der Fläche Islands ausmachen. An großen verkohlten Holzstücken aus den ältesten archäologischen Fundstätten erkennt man etwas, das uns heute unglaublich erscheint: Das Holz, das bei der Rodung anfiel, wurde zu einem großen Teil weggeworfen oder verbrannt, bis die Inselbewohner erkannten, dass der Rohstoff für alle zukünftigen Zeiten knapp werden würde. Nachdem die ursprünglichen Bäume verschwunden waren, verhinderten weidende Schafe und wühlende Schweine, die anfangs ebenfalls noch vorhanden waren, dass neue Keimlinge heranwuchsen. Wenn man heute durch Island fährt, stellt man verblüfft fest, dass die wenigen Baumgruppen, die noch stehen, meist zum Schutz vor Schafen eingezäunt sind.

Das isländische Hochland oberhalb der Baumgrenze, wo von Natur aus Wiesen auf einem flachen Boden gedeihen, war für die Siedler besonders reizvoll: Hier brauchten sie nicht einmal Bäume zu fällen, um Weideflächen anzulegen. Aber das Hochland war noch empfindlicher als die Niederungen, denn es war hier kälter und trockener, sodass die Pflanzen langsamer nachwuchsen, und außerdem war der Boden nicht durch eine Walddecke geschützt. Als der natürliche Grasteppich beseitigt oder abgeweidet war, wurde der Boden, der ursprünglich aus vom Wind verwehter Asche entstanden war, erneut der Winderosion ausgesetzt. Außerdem konnte Wasser, das entweder nach Niederschlägen oder als Schmelzwasser bergab floss, tiefe Gräben in den nun nackten Boden ziehen. Wenn sich solche Gräben entwickelten und der Grundwasserspiegel von ihrer Oberkante bis zur tiefsten Stelle sank, trocknete der Boden aus, sodass er für die Winderosion noch anfälliger wurde. Schon kurz nach der Besiedlung wurde der Boden Islands vom Hochland in die Niederungen und ins Meer transportiert. Im Hochland gab es nun weder Boden noch Vegetation, und die früheren Wiesen im Landesinneren Islands wurden durch Mensch und Vieh zu der Wüste, die man heute dort vorfindet; später entwickelten sich auch in den Niederungen große erodierte Gebiete.

Heute müssen wir uns fragen: Warum um alles in der Welt bewirtschafteten diese törichten Siedler ihr Land so, dass derart offenkundige Schäden eintraten? War ihnen nicht klar, was geschehen würde? Ja, am Ende erkannten sie es, aber anfangs war das nicht möglich, denn sie standen im Zusammenhang mit der Landbewirtschaftung vor einem unbekannten, schwierigen Problem. Von Vulkanen und heißen Quellen abgesehen, sah Island den Regionen in Norwegen und Großbritannien, aus denen die Siedler ausgewandert waren, sehr ähnlich. Die Wikinger konnten nicht wissen, dass Boden und Vegetation in ihrer neuen Heimat viel empfindlicher waren als das, was sie kannten. Ihnen erschien es nur natürlich, das Hochland in Besitz zu nehmen und dort viele Schafe weiden zu lassen, wie sie es auch in den schottischen Highlands getan hatten. Woher sollten sie wissen, dass die Hochebenen in Island den Schafen nicht unbegrenzt eine Lebensgrundlage bieten konnten und dass selbst die Niederungen mit Tieren übervölkert waren? Oder kurz gesagt: Dass Island in ganz Europa zum Land mit den schwersten ökologischen Schäden wurde, lag nicht daran, dass vorsichtige norwegische und britische Einwanderer ihre Vorsicht bei der Landung auf der Insel plötzlich über Bord geworfen hätten, sondern sie befanden sich in einer scheinbar üppigen, in Wirklichkeit aber empfindlichen Umwelt, auf die sie aufgrund ihrer bisherigen Erfahrungen nicht vorbereitet waren.

Als die Siedler schließlich erkannten, wie die Verhältnisse wirklich waren, griffen sie korrigierend ein. Sie warfen keine großen Holzstücke mehr weg, gaben die ökologisch schädliche Haltung von Schweinen und Ziegen auf und zogen sich zum größten Teil aus dem Hochland zurück. Gruppen benachbarter Bauernhöfe trafen gemeinsam wichtige Entscheidungen, mit denen sie die Erosion verhindern wollten; dabei ging es beispielsweise um den Zeitpunkt im späten Frühjahr, zu dem das Gras so weit nachgewachsen war, dass man die in Gemeineigentum befindlichen Schafe für den Sommer auf die hoch gelegenen Weiden treiben konnte, und um die Frage, wann man sie im Herbst wieder herunterholte. Die Bauern bemühten sich um Einigkeit darüber, wie viele Schafe jede gemeindeeigene Weide höchstens ernähren konnte, und wie diese Zahl in Form von Quoten auf die einzelnen Bauern aufzuteilen war.

Diese Art der Entscheidungsfindung ist flexibel und sinnvoll, sie ist aber auch konservativ. Selbst meine isländischen Freunde bezeichnen ihre eigene Gesellschaft als konservativ und streng. Die dänische Regierung, der Island seit 1397 unterstand, war regelmäßig entsetzt über diese Haltung, wenn sie echte Anstrengungen unternahmen, um die Bedingungen für die Inselbewohner zu verbessern. Die Verbesserungen, um die man sich von Dänemark aus bemühte, bilden eine lange Liste: Getreideanbau, verbesserte Fischernetze, Fischerei von geschlossenen Schiffen anstelle der offenen Boote, Fischverarbeitung mit Salz für den Export anstelle der einfachen Trocknung, eine Industrie der Seilherstellung und Fellgerberei sowie der Schwefelabbau für den Export. Auf diese und andere Vorschläge, die mit Veränderungen verbunden gewesen wären, erhielten die Dänen (und auch reformfreudige Isländer) regelmäßig eine ablehnende Antwort, ganz gleich, welchen potenziellen Nutzen sie für die Bewohner gehabt hätten.

Wie mir ein Bekannter aus Island erklärte, ist eine solche konservative Einstellung verständlich, wenn man sich die ökologische Empfindlichkeit Islands vor Augen führt. Aufgrund ihrer langen historischen Erfahrungen sind Isländer daran gewöhnt, dass jede Veränderung alles eher schlechter als besser macht. In den Jahren des Experimentierens während der Frühgeschichte Islands gelang den Siedlern die Entwicklung eines wirtschaftlichen und gesellschaftlichen Systems, das mehr oder weniger funktionierte. Zugegeben, die meisten Menschen blieben in diesem System arm, und von Zeit zu Zeit verhungerten sie auch, aber zumindest blieb die Gesellschaft bestehen. Dagegen hatten andere Experimente, mit denen man es im Lauf der Geschichte versucht hatte, in einer Katastrophe geendet. Die Spuren solcher Katastrophen konnten sie überall um sich herum sehen: Mondlandschaften, aufgegebene Bauernhöfe und erodierte Gebiete auf den Anwesen, die überlebt hatten. Aus allen diesen Erfahrungen zogen die Isländer eine Lehre: In diesem Land kann man sich den Luxus des Experimentierens nicht erlauben. Wir leben in einem empfindlichen Land; wir wissen, dass unsere Lebensweise zumindest einigen von uns das Überleben ermöglicht; bleibt uns mit Veränderungen vom Leib.

Die politische Geschichte Islands seit 870 lässt sich schnell zusammenfassen. Mehrere Jahrhunderte lang war das Land selbständig, aber in der zweiten Hälfte des 13. Jahrhunderts führten die Kämpfe zwischen Häuptlingen aus den fünf führenden Familien dazu, dass viele Menschen ums Leben kamen und Bauernhöfe niederbrannten. Im Jahr 1262 baten die Bewohner Islands den norwegischen König, sie zu regieren; dahinter stand die Überlegung, dass ein weit entfernter König für sie eine geringere Gefahr darstellte, ihnen mehr Freiheit lassen würde und ihr Land vermutlich nicht in ein derartiges Chaos stürzen konnte wie die Häuptlinge vor Ort. Durch Eheschließungen zwischen den skandinavischen Königshäusern wurden die Throne von Dänemark, Schweden und Norwegen im

Jahr 1397 unter einem König vereinigt. Dieser interessierte sich vor allem für Dänemark, seine reichste Provinz, schenkte aber dem ärmeren Norwegen und Island kaum Aufmerksamkeit. Im Jahr 1874 erhielt Island eine gewisse Selbständigkeit, 1904 wurde die Selbstverwaltung eingeführt, und die vollständige Unabhängigkeit von Dänemark folgte 1944.

Seit dem späten Mittelalter war der wachsende Handel mit Stockfisch (getrocknetem Kabeljau) eine wichtige Triebkraft der isländischen Wirtschaft. Die Fische wurden in isländischen Gewässern gefangen und in die wachsenden Städte des europäischen Festlandes exportiert, deren Bevölkerung einen immer größeren Bedarf an Lebensmitteln hatte. Da es in Island selbst keine großen Bäume für den Bau guter Schiffe gab, wurden die Fische von Schiffen aus verschiedenen anderen Staaten gefangen und exportiert, insbesondere von solchen aus Norwegen, England und Deutschland, zu denen später noch Franzosen und Niederländer hinzukamen. Seit Beginn des 20. Jahrhunderts baute Island eine eigene Flotte auf, und die industrielle Fischerei nahm explosionsartig zu. Im Jahr 1950 machten Meeresprodukte mehr als 90 Prozent aller isländischen Exporte aus, sodass sie den zuvor dominierenden landwirtschaftlichen Sektor völlig in den Schatten stellten. Schon 1923 war die Stadtbevölkerung Islands den Landbewohnern zahlenmäßig überlegen. Heute ist Island das am stärksten urbanisierte skandinavische Land: Die Hälfte der Bevölkerung lebt allein in der Hauptstadt Reykjavik. Die Bevölkerungswanderung von den ländlichen in städtische Gebiete setzt sich bis heute fort: Isländische Bauern geben ihre Höfe auf oder wandeln sie zu Ferienhäusern um und ziehen in die Städte, wo es Arbeitsplätze, Coca-Cola und globale Kultur gibt.

Durch die reichlich vorhandenen Fische, geothermische Energie, Stromerzeugung mit der Wasserkraft der vielen Flüsse und die fehlende Notwendigkeit, Holz zum Bau von Schiffen zusammenzukratzen (weil sie heute aus Metall hergestellt werden), ist das frühere ärmste Land Europas heute, was das Pro-Kopf-Einkommen angeht, zu einem der reichsten Staaten der Welt geworden – eine Erfolgsgeschichte, die ein Gegengewicht zu den Berichten über Gesellschaftszusammenbrüche in den Kapiteln 2 bis 5 darstellt. Der isländische Literatur-Nobelpreisträger Halldór Laxness legte der Heldin seines Romans *Salka Valka* einen unsterblichen Satz in den Mund, den nur ein Isländer aussprechen kann: »Wenn alles gesagt und getan ist, ist das, was übrig bleibt, der Salzfisch.« Aber die Fischbestände werfen heute ebenso wie Wälder und Boden schwierige Bewirtschaftungsprobleme auf. Die Isländer geben sich große Mühe, alte Schäden an ihren Wäldern und Böden zu reparieren und ähnliche Schäden in der Fischerei zu verhindern.

Vor dem Hintergrund dieser kurzen Zusammenfassung der isländischen Geschichte können wir nun die Frage stellen, wo Island im Vergleich zu den fünf anderen Wikingerkolonien im Nordatlantik steht. Wie ich bereits erwähnt habe, wurde das unterschiedliche Schicksal dieser Kolonien insbesondere von vier Faktoren beeinflusst: von der Entfernung von Europa, dem Widerstand der Bewohner, die es vor den Wikingern gab, der Eignung für die Landwirtschaft und der ökologischen Empfindlichkeit. Im Fall Islands waren zwei dieser Faktoren günstig, die beiden anderen verursachten Probleme. Für die Siedler war es positiv, dass es auf der Insel zuvor keine (oder so gut wie keine) Bewohner gab und dass ihre Entfernung von Europa (die zwar größer ist als die zu den Orkney-, Shetland- oder Färöerinseln, aber viel geringer als nach Grönland oder Vinland) so klein war, dass Handel selbst mit mittelalterlichen Schiffen in großem Umfang möglich war. Anders als die Bewohner Grönlands blieben die Isländer über Schiffe in jährlichem Kontakt mit Norwegen und/oder Großbritannien; sie konnten lebenswichtige Güter (insbesondere Bauholz, Eisen und später auch Keramik) in großem Umfang einführen und ihre Exportwaren in ebenso großem Umfang verschicken. Insbesondere der Export getrockneter Fische erwies sich nach 1300 als entscheidend für die wirtschaftliche Rettung Islands; für die abgelegene Kolonie in Grönland dagegen, deren Schiffsrouten nach Europa häufig von Meereis blockiert waren, bestand diese Möglichkeit nicht.

Auf der negativen Seite stand Islands nördliche Lage, durch die es, was die ungünstigen Voraussetzungen für die Lebensmittelproduktion betraf, nach Grönland an zweiter Stelle rangierte. Der Gersteanbau, der selbst in den milden ersten Jahren der Besiedlung nur eine untergeordnete Rolle gespielt hatte, wurde im späten Mittelalter, als das Klima sich abkühlte, aufgegeben. Selbst die Weidewirtschaft mit Schafen und Kühen war auf den ärmeren Bauernhöfen in schlechten Jahren nur in geringem Umfang möglich. Schafe dagegen gediehen in den meisten Jahren in Island so gut, dass der Wollexport nach der Besiedlung mehrere Jahrhunderte lang die Wirtschaft beherrschte. Das größte Problem jedoch war die ökologische Empfindlichkeit: Island hatte unter allen Wikingerkolonien mit Abstand die empfindlichsten Böden, und was die Empfindlichkeit der Pflanzenwelt angeht, stand es an zweiter Stelle hinter Grönland.

Betrachten wir nun einmal die Geschichte Islands unter dem Gesichtspunkt der fünf Faktoren, die das Grundthema dieses Buches bilden: selbst verursachte Umweltschäden, Klimaveränderungen, Konflikte mit anderen Gesellschaften, freundliche Handelsbeziehungen mit anderen Gesellschaften, und kulturelle Einstellungen. Vier dieser Faktoren spielen in Island eine Rolle; nur feindselige Konflikte gab es kaum, abgesehen von einer Periode mit Piratenüberfällen. Die Wechselbeziehungen zwischen den anderen vier Faktoren sind im Falle Islands deutlich zu erkennen. Seine Bewohner hatten das Pech, dass sie eine Reihe besonders schwieriger ökologischer Probleme vorfanden, die sich durch die Klimaabkühlung während der kleinen Eiszeit noch verstärkten. Damit das Land trotz dieser ökologischen Probleme überleben konnte, war der Handel mit Europa unentbehrlich. Den Rahmen für die Reaktion der Isländer auf ihre Umwelt bildeten ihre kulturellen Einstellungen. Manche davon hatten sie bereits aus Norwegen mitgebracht, insbesondere die anfängliche Vorliebe für Kühe und Schweine und ihre ursprünglichen ökologischen Vorgehensweisen, die sich für den Boden in Norwegen und Großbritannien durchaus eigneten, nicht aber für die Verhältnisse in Island. Andere Haltungen entwickelten sich erst in der neuen Heimat: Sie lernten, Schweine und Ziegen aufzugeben, Kühe in geringerem Umfang zu halten, die empfindliche Umwelt ihrer Insel besser zu schützen und sich eine konservative Sichtweise zu Eigen zu machen. Mit dieser Sichtweise frustrierten sie ihre dänischen Herrscher, und in manchen Fällen dürften sie auch den Isländern selbst geschadet haben, aber letztlich halfen sie ihnen, durch die Vermeidung von Risiken zu überleben.

Die heutige isländische Regierung kümmert sich in großem Umfang um den historischen Ballast der Insel – Bodenerosion und Überweidung durch Schafe –, der für die lang anhaltende Armut des Landes eine so große Rolle spielte. Ein ganzes Ministerium ist mit der Aufgabe betraut, den Boden zu erhalten, Waldflächen aufzuforsten, das Landesinnere wieder mit Pflanzen zu besiedeln und die Schafbestände zu steuern. Im isländischen Hochland sah ich Grasstreifen, die das Ministerium in einer ansonsten nackten Mondlandschaft ausgesät hatte, um wieder eine schützende Pflanzendecke zu schaffen und die Ausbreitung der Erosion einzudämmen. Solche Bemühungen – dünne grüne Linien in einem braunen Panorama – erschienen mir häufig wie ein rührender Versuch, mit einem übermächtigen Problem fertig zu werden. Aber allmählich macht man in Island Fortschritte.

Fast überall sonst auf der Welt müssen die Archäologen unter meinen

Freunden ihre Regierungen mühsam davon überzeugen, dass ihre Tätigkeit durchaus einen praktischen Wert haben kann. Sie müssen den Wissenschaftsförderungsinstitutionen klar machen, dass wir durch die Untersuchung früherer Gesellschaften besser verstehen können, welches Schicksal den Gesellschaften, die heute in dem gleichen Gebiet leben, möglicherweise bevorsteht. Insbesondere, so ihre Argumentation, könnten die Umweltschäden früherer Zeiten sich in der Gegenwart erneut einstellen, sodass man die Kenntnisse über die Vergangenheit dazu nutzen kann, die gleichen Fehler nicht noch einmal zu begehen.

Die meisten Regierungen nehmen solche Appelle von Archäologen nicht zur Kenntnis. In Island ist das anders: Dort liegen die Auswirkungen der Erosion, die vor 1130 Jahren begann, offen zu Tage – der größte Teil der Vegetation und die Hälfte des Bodens sind bereits verloren, und die Vergangenheit ist überall in krasser Form gegenwärtig. Mittlerweile beschäftigen sich zahlreiche Untersuchungen mit den mittelalterlichen isländischen Siedlungen und den Gesetzmäßigkeiten der Erosion. Als einer meiner Bekannten, ein Archäologe, sich an die isländische Regierung wandte und seine übliche lange Rechtfertigung loswerden wollte, die in anderen Ländern erforderlich ist, lautete die Antwort der Behörden: »Ja, natürlich ist uns klar, dass Kenntnisse über die mittelalterliche Bodenerosion dazu beitragen werden, auch unsere heutigen Probleme besser zu verstehen. Das wissen wir schon, Sie brauchen keine Zeit zu verschwenden, um uns davon zu überzeugen. Hier ist das Geld, fangen Sie mit Ihren Untersuchungen an.«

Das kurze Leben Vinlands, der abgelegensten Wikingersiedlung am Nordatlantik, ist eine eigene, faszinierende Geschichte. Als erster europäischer Versuch, Amerika fast 500 Jahre vor Kolumbus zu besiedeln, war es Gegenstand romantischer Spekulationen und vieler Bücher. Die wichtigsten Lehren, die wir in unserem Zusammenhang aus dem Unternehmen Vinland ziehen können, sind die Gründe für sein Scheitern.

Die Nordostküste Nordamerikas, wo die Wikinger an Land gingen, liegt mehrere tausend Kilometer von Norwegen entfernt auf der anderen Seite des Atlantiks, weit außerhalb der unmittelbaren Reichweite von Wikingerschiffen. Alle Schiffe, die dorthin fahren sollten, liefen in Grönland aus, der westlichsten stabilen Kolonie. Aber selbst Grönland war nach den Maßstäben der Wikinger von Nordamerika noch weit entfernt. Mehr als 1500 Kilometer trennten ihr Hauptlager auf Neufundland in direkter Linie von den Siedlungen auf Grönland, aber die tatsächliche Route entlang der Küste, die man wegen der geringen nautischen Fähigkeiten aus Sicherheitsgründen einschlug, war über 3000 Kilometer lang und erforderte eine Reise von bis zu sechs Wochen. Wenn man während der sommerlichen Seefahrtsaison mit ihrem günstigen Wetter von Grönland nach Vinland und zurück gelangen wollte, blieb nicht viel Zeit für eine Erkundung der neuen Kolonie. Deshalb errichteten die Wikinger auf Neufundland einen Stützpunkt, auf dem sie überwintern konnten, sodass ihnen der ganze nachfolgende Sommer für die Erforschung des neuen Landes zur Verfügung stand.

Die belegten Reisen nach Vinland wurden in Grönland von zwei Söhnen, einer Tochter und einer Schwiegertochter Eriks des Roten organisiert, der 984 die Kolonie in Grönland gegründet hatte. Sie wollten feststellen, welche Produkte das neue Land bot und ob es sich für eine Besiedlung eignete. Der Überlieferung zufolge nahmen die ersten Seefahrer in ihren Schiffen auch lebendes Vieh mit, sodass sie sich dauerhaft niederlassen konnten, wenn das Land ihnen gut erschien. Später, nachdem die Wikinger ihre Besiedlungspläne aufgegeben hatten, besuchten sie noch über 300 Jahre lang die Küste Nordamerikas, um Holz zu holen (das in Grönland stets knapp war) und möglicherweise auch um Eisen unmittelbar an den Stellen zu gewinnen, wo genügend Holz zur Herstellung von Holzkohle (die in Grönland ebenfalls Mangelware war) für das Schmieden vorhanden war.

Unsere Kenntnisse über die Versuche der Wikinger, Nordamerika zu besiedeln, stammen aus zwei Quellen: aus schriftlichen Überlieferungen und archäologischen Ausgrabungen. Die schriftlichen Berichte bestehen vor allem aus zwei Sagas über die ersten Entdeckungs- und Erkundungsreisen nach Vinland, die mehrere Jahrhunderte lang mündlich weitergegeben und im 13. Jahrhundert schließlich in Island schriftlich festgehalten wurden. Da diese Sagen nicht durch unabhängige Belege bestätigt wurden, taten Experten sie in der Regel als Phantasieprodukte ab und bezweifelten, dass die Wikinger tatsächlich in die Neue Welt gelangt waren. Beigelegt wurde die Debatte erst 1961, als Archäologen in Neufundland das Hauptlager der Wikinger entdeckten. Heute gelten die Sagas über Vinland als älteste schriftliche Berichte über Nordamerika; was ihren Wahrheitsgehalt in den Details angeht, sind die Fachleute allerdings nach wie vor geteilter Meinung. Es handelt sich um zwei getrennte Manuskripte namens *Grönländer-Saga* und *Saga von Erik dem Roten*; beide stimmen in groben Zügen überein, unterscheiden sich aber in vielen Einzelheiten. Sie berichten über fünf Reisen von Grönland nach Vinland, die in dem kurzen Zeitraum von nur einem Jahrzehnt stattfanden; jede Reise wurde nur mit einem einzigen Schiff unternommen, mit Ausnahme der letzten, an der zwei oder drei Schiffe beteiligt waren.

In den beiden Sagas über Vinland werden die wichtigsten Orte in Nordamerika, die von den Wikingern besucht wurden, kurz beschrieben und mit den altnordischen Namen Helluland, Markland, Vinland, Leifsbudir, Straumfjord und Hop bezeichnet. Wissenschaftler haben große Anstrengungen darauf verwendet, anhand der kurzen Beschreibungen die entsprechenden Orte zu identifizieren. So heißt es zum Beispiel: »Dieses Land (Markland) war flach und bewaldet, fiel zum Meer sanft ab, und sie stießen auf viele Strände mit weißem Sand ... Dieses Land wird nach dem benannt, was es zu bieten hat, und heißt Markland (Waldland).« Mit Helluland war offensichtlich die Ostküste der Baffininsel im arktischen Kanada gemeint, und Markland ist die Küste von Labrador südlich der Baffininsel; beide Gebiete liegen in gerader Linie westlich von Grönland jenseits der schmalen Davis-Straße, die Grönland von Nordamerika trennt. Um so weit wie möglich in Sichtweite des Landes zu bleiben, fuhren die Wikinger von Grönland nicht geradewegs über den offenen Nordatlantik nach Neufundland, sondern sie überquerten die Davis-Straße, gelangten so zur Baffininsel und folgten dann der Küste nach Süden. Die übrigen Ortsnamen in den Sagas beziehen sich offensichtlich auf kanadische Küstengebiete südlich von Labrador, unter anderem mit Sicherheit auf Neufundland, vermutlich auch den Golf des St.-Lorenz-Stromes sowie New Brunswick und Nova Scotia (die gemeinsam als Vinland bezeichnet wurden) sowie möglicherweise auch oft die Küste Neuenglands. Anfangs unternahmen die Wikinger in der Neuen Welt vermutlich lange Streifzüge, um die am besten geeigneten Gebiete zu finden – das Gleiche taten sie bekanntermaßen auch in Grönland, bevor sie für ihre Siedlungen die beiden Fjorde mit dem besten Weideland auswählten.

Unsere zweite Quelle für Informationen über die Wikinger in der Neuen Welt sind die archäologischen Funde. Trotz intensiver Suche hat man nur ein einziges Wikingerlager finden und ausgraben können. Es liegt bei L'Anse aux Meadows an der Nordwestküste Neufundlands. Aus der Radiokarbondatierung weiß man, dass die Stelle ungefähr um das Jahr 1000 besiedelt wurde; dies stimmt mit den Berichten der Sagas überein, wonach die Reisen nach Vinland von den erwachsenen Kindern Eriks des Roten geleitet wurden, der die Besiedlung Grönlands organisierte und den Sagas zufolge zur Zeit der Reisen noch am Leben war. Die Ausgrabungsstätte von L'Anse aux Meadows, deren Lage zu der Beschreibung des Lagers Leifsbudir in den Sagas passt, besteht aus den Überresten von acht Gebäuden, darunter drei Versammlungshallen, die 80 Menschen fassten, eine Eisenschmiede zur Verarbeitung von Raseneisenerz und zur Herstellung eiserner Nägel für Schiffe, eine Zimmermannswerkstatt und Werkstätten für die Reparatur von Schiffen. Bauernhäuser und landwirtschaftliche Gerätschaften wurden dagegen nicht gefunden.

Glaubt man den Sagas, war Leifsbudir nur ein Stützpunkt, der sich mit seiner Lage als Winterquartier und Ausgangspunkt für sommerliche Streifzüge eignete. Ressourcen, die für die Wikinger interessant waren, wurden dagegen in dem neu erkundeten Vinland gefunden. Dies wird auch durch eine winzige, aber wichtige Entdeckung bestätigt, die man bei Ausgrabungen im Lager von L'Anse aux Meadows machte: zwei Butternüsse, eine Art wilder Walnüsse, die in Neufundland nicht wachsen. Selbst im wärmeren Klima der Jahrhunderte vor und nach dem Jahr 1000 standen die Walnussbäume, die Neufundland am nächsten waren, südlich des Tales des St. Lorenz-Stromes. Dort befand sich auch das nächstgelegene Verbreitungsgebiet der wilden Weintrauben, von denen in den Sagas die Rede ist. Die Trauben waren vermutlich der Grund, warum die Wikinger die Region als Vinland (»Weinland«) bezeichneten.

Den Sagas zufolge war Vinland reich an kostbaren Rohstoffen, die in Grönland fehlten. Zu den wichtigsten Vorteilen des neu entdeckten Landes gehörten das relativ milde Klima, die niedrigere geographische Breite und die damit verbundene längere sommerliche Wachstumssaison; das hohe Gras und die milden Winter schufen die Möglichkeit, nordische Rinder auch während der kalten Jahreszeit im Freien grasen zu lassen, was den Wikingern die Mühe ersparte, im Sommer Heu einzulagern und die Tiere im Winter in den Ställen damit zu füttern. Überall gab es Wälder mit gutem Bauholz. Weitere natürliche Ressourcen waren die Lachse in Flüssen und Seen, die größer waren als alle aus Grönland bekannten Süßwasserfische, einer der reichhaltigsten Fischgründe der Welt im Meer vor Neufundland, Wildtiere wie Hirsche und Karibus sowie nistende Vögel und ihre Eier.

Obwohl die Seefahrer aus Vinland ganze Schiffsladungen mit kostbarem Holz, Weintrauben und Pelzen nach Grönland mitbrachten, wurden die Reisen eingestellt, und das Lager bei L'Anse aux Meadows wurde aufgegeben. Die archäologischen Ausgrabungen in dem Lager waren zwar spannend, weil sie endgültig bewiesen, dass die Wikinger tatsächlich bereits vor Kolumbus in der Neuen Welt gewesen waren, sie brachten aber auch eine Enttäuschung, denn die Wikinger hatten nichts Wertvolles zurückgelassen. Die einzigen Funde waren kleine Gegenstände, die man vermutlich weggeworfen oder fallen gelassen hatte, beispielsweise 99 zerbrochene eiserne Nägel, ein einziger unversehrter Nagel, ein Stift aus Bronze, ein Schleifstein, eine Spindel, eine Glasperle und eine Stricknadel. Offensichtlich wurde das Lager nicht in aller Eile aufgegeben, sondern die Wikinger räumten es im Rahmen eines geplanten, dauerhaften Rückzuges, bei dem man alle Werkzeuge und wertvolle Besitztümer mit nach Grönland nahm. Heute wissen wir, dass Nordamerika bei weitem das größte und wertvollste Land war, das die Wikinger im Nordatlantik entdeckten; selbst der winzige Teil davon, den sie überblicken konnten, beeindruckte sie. Warum gaben die altnordischen Seefahrer die Kolonie Vinland im Land des Überflusses trotzdem auf?

Auf diese Frage halten die Sagas eine einfache Antwort bereit: Es lag an der großen Bevölkerung aus feindseligen Indianern, mit denen die Wikinger keine guten Beziehungen aufbauen konnten. Bei den ersten Indianern, mit denen die Wikinger zusammentrafen, handelte es sich den Sagas zufolge um eine neunköpfige Gruppe, von denen acht umgebracht wurden, während der neunte flüchten konnte. Das war alles andere als ein viel versprechender Anfang für eine Freundschaft. Wie nicht anders zu erwarten, kamen die Indianer mit einer Flotte kleiner Boote zurück, beschossen die Wikinger mit Pfeilen und töteten ihren Anführer Thorvald, den Sohn Eriks des Roten. Als er sich den Pfeil aus dem Bauch zog, soll der sterbende Thorvald geklagt haben: »Wir haben hier ein reiches Land gefunden; um meinen Bauch ist viel Fett. Wir haben ein Land mit schönen Rohstoffen gefunden, aber wir werden wohl nicht viel Freude daran haben.«

Der nächsten Wikingergruppe gelang es, den Handel mit den einheimischen Indianern in Gang zu bringen (Kleidung und Kuhmilch der Wikinger gegen Tierfelle von den Indianern), aber dann tötete ein Wikinger einen Indianer, der Waffen stehlen wollte. In dem nachfolgenden Kampf kamen viele Indianer ums Leben, bevor sie flüchteten, aber nach diesem Vorfall waren die Wikinger überzeugt, dass sie es hier mit einem dauerhaften Problem zu tun hatten. Der unbekannte Autor der *Saga von Erik dem Roten* formulierte es so: »Die Partei [der Wikinger] erkannte nun, dass dieses Land dort zwar alles zu bieten hatte, dass sie aber auch ständig durch Angriffe seiner früheren Bewohner bedroht waren. Sie machten sich bereit zur Abfahrt in ihr eigenes Land [das heißt nach Grönland].«

Nachdem die altnordischen Grönländer also Vinland den Indianern überlassen hatten, suchten sie weiter im Norden die Küste Labradors auf, wo es viel weniger Indianer gab, und holten dort Holz und Eisen. Den greifbaren Beleg für solche Besuche bieten einige altnordische Gegenstände (Stücke aus geschmolzenem Kupfer, geschmolzenes Eisen und gesponnene Ziegenwolle), die man in der kanadischen Arktis an mehreren Ausgrabungsstätten der amerikanischen Ureinwohner gefunden hat. Der bemerkenswerteste Fund ist eine Silbermünze, die zwischen 1065 und 1080 während der Herrschaft König Olafs des Stillen in Norwegen geprägt wurde; man entdeckte sie, als Kettenanhänger durchbohrt, an einer indianischen Ausgrabungsstätte an der Küste von Maine, viele hundert Kilometer südlich von Labrador. An der betreffenden Stelle in Maine hatte sich ein großes Dorf befunden, das als Handelszentrum diente; Steine und Werkzeuge, die dort ausgegraben wurden, stammten aus Labrador sowie aus vielen Teilen von Nova Scotia, Neuengland, New York und Pennsylvania. Vermutlich hatte ein altnordischer Besucher die Münze in Labrador verloren oder eingetauscht, und dann war sie über das Handelsnetz der Indianer nach Maine gelangt.

Ein weiterer Beleg für spätere Besuche der Wikinger in Labrador findet sich in der isländischen Chronik: Sie berichtet aus dem Jahr 1347 über ein grönländisches Schiff mit einer 18-köpfigen Besatzung, das Island erreichte, nachdem es auf der Rückreise von »Markland« seinen Anker verloren hatte und vom Kurs abgetrieben worden war. Der Bericht in der Chronik ist kurz und sachlich, als sei das Ereignis nichts Ungewöhnliches: »Dieses Jahr lautet die Neuigkeit, dass eines dieser Schiffe, die jeden Sommer nach Markland fahren, seinen Anker verloren hat, und ebenso schüttete Thorunn Ketilsdóttir auf ihrem Bauernhof von Djupaladur einen großen Eimer Milch um, und eines der Schafe von Bjorni Bollason ist gestorben, und das war alles, was es in diesem Jahr Neues gab, nur das Übliche.«

Kurz gesagt, scheiterte die Siedlung von Vinland, weil auch die Kolonie in Grönland zu klein war und zu wenig Holz und Eisen besaß, um sie zu unterstützen; sie war sowohl von Europa als auch von Vinland zu weit entfernt, besaß zu wenig seetüchtige Schiffe und konnte große Erkundungsflotten nicht finanzieren; und eine oder zwei Schiffsmannschaften aus Grönland hatten der Masse der Indianer von Nova Scotia und am Golf des St.-Lorenz-Stromes nichts entgegenzusetzen, wenn sie diese provozierten. In der grönländischen Kolonie lebten um das Jahr 1000 vermutlich nicht mehr als 500 Menschen, sodass die 80 Erwachsenen im Lager von L'Anse aux Meadows bereits eine erhebliche Schwächung der Arbeitskraft in Grönland bedeuteten. Als nach 1500 dann wieder die ersten Europäer nach Nordamerika kamen, erlitten die Versuche einer Besiedlung wiederum eine lange Kette von Rückschlägen, und das, obwohl hinter den Kolonien dieses Mal die reichsten und am dichtesten bevölkerten Staaten Europas standen, die jedes Jahr eine Nachschubflotte schickten, mit Schiffen, die weit größer waren als die der Wikinger und sowohl Feuerwaffen als auch eine Fülle von Eisenwerkzeugen mitführten. In den ersten englischen und französischen Kolonien in Massachusetts, Virginia und Kanada starb etwa die Hälfte der Siedler im ersten Jahr an Hunger oder Krankheiten. Da ist es kein Wunder, dass 500 Grönländer aus dem abgelegensten Außenposten Norwegens, das zu den ärmeren Nationen Europas gehörte, mit der Eroberung und Besiedlung Nordamerikas überfordert waren.

Die Tatsache, dass die Kolonie in Vinland schon innerhalb von zehn Jahren scheiterte, ist im Zusammenhang dieses Buches vor allem deshalb von Interesse, weil sie einen beschleunigten Vorgeschmack auf den Untergang darstellte, den die Kolonie in Grönland nach 450 Jahren erlebte. Normannisch-Grönland überlebte viel länger als Normannisch-Vinland, denn es war nicht so weit von Norwegen entfernt, und in den ersten Jahrhunderten tauchten auch keine feindseligen Einheimischen auf. Aber Grönland litt – wenn auch in weniger extremer Form – unter dem gleichen Doppelproblem wie Vinland: Es war isoliert, und die Wikinger waren nicht in der Lage, gute Beziehungen zu den Einheimischen herzustellen. Wären die amerikanischen Ureinwohner nicht gewesen, hätten die Grönländer die ökologischen Probleme vielleicht bewältigt und die Siedler wären in Vinland geblieben. In diesem Falle hätte Vinland eine Bevölkerungsexplosion erlebt, die Norweger hätten sich nach dem Jahr 1000 über Nordamerika verbreitet, und ich, ein Amerikaner des 21. Jahrhunderts, würde dieses Buch vielleicht nicht auf Englisch schreiben, sondern in einer Sprache, die wie das heutige Isländisch oder die Sprache der Färöer auf das Altnordische zurückgeht.

KAPITEL 7

Die Blütezeit von Normannisch-Grönland

Ein Außenposten Europas ▪ Grönlands Klima heute ▪ Das Klima früherer Zeiten ▪ Einheimische Pflanzen und Tiere ▪ Die Besiedelung durch die Wikinger ▪ Landwirtschaft ▪ Jagd und Fischerei ▪ Eine integrierte Wirtschaft ▪ Gesellschaft ▪ Handel mit Europa ▪ Das Selbstbild

Als ich nach Grönland (»grünes Land«) kam, war mein erster Eindruck: Der Name ist eine grausame Irreführung. In der Landschaft, die ich vor mir hatte, gab es nur drei Farben: Weiß, Schwarz und Blau, wobei das Weiß bei weitem überwog. Nach Ansicht mancher Historiker wurde der Name tatsächlich in betrügerischer Absicht von Erik dem Roten geprägt, dem Begründer der grönländischen Wikingersiedlung, der damit seine Landsleute veranlassen wollte, sich ihm anzuschließen. Als sich mein Flugzeug, von Kopenhagen kommend, der Ostküste Grönlands näherte, sah ich hinter dem dunkelblauen Ozean als Erstes eine riesige, leuchtend weiße Fläche, die sich bis zum Horizont erstreckte – die größte Eiskappe der Welt nach der Antarktis. Die Küste Grönlands steigt steil bis zu einer eisbedeckten Hochebene an, die den größten Teil der Insel ausmacht und von riesigen, ins Meer abfallenden Gletschern entwässert wird. Hunderte von Kilometern weit flogen wir über die weite weiße Fläche, und als einzige weitere Farbe sah man das Schwarz der nackten Steingebirge, die sich aus dem Meer aus Eis erhoben und sich darüber verteilten wie schwarze Inseln. Erst als das Flugzeug von der Hochebene in Richtung der Westküste in den Landeanflug ging, konnte ich an einer dünnen Grenzlinie am Rand der Eiskappe zwei andere Farben ausmachen: braune Gebiete aus nacktem Kies und den zartgrünen Schimmer von Moos oder Flechten.

Als ich aber in Narsarsuarq gelandet war, dem wichtigsten Flughafen im Süden Grönlands, und dann den von Eisbergen übersäten Fjord in Richtung Brattahild überquerte, wo Erik der Rote seinen eigenen Hof errichtet hatte, stellte ich zu meiner Überraschung fest, dass er den Namen Grönland vielleicht doch nicht als falsche Reklame, sondern mit ehrlichen Absichten gewählt hatte. Auf meinem langen Flug von Los Angeles nach Kopenhagen und von dort zurück nach Grönland hatte ich 13 Zeitzonen durchquert und war entsprechend erschöpft. Ich machte mich zu einem kurzen Rundgang durch die normannischen Ruinen auf, aber bald war ich so müde, dass ich nicht einmal die paar hundert Meter zu der Jugendherberge zurückwandern konnte, wo ich meinen Rucksack abgestellt hatte. Glücklicherweise befanden sich die Ruinen mitten auf einer üppigen Wiese mit weichem, mehr als 30 Zentimeter hohem Gras, das aus dem Moos herauswuchs und mit unzähligen gelben Butterblumen, gelbem Löwenzahn, blauen Glockenblumen, weißen Astern und rosa Weidenröschen übersät war. Matratzen oder Kissen waren hier nicht nötig: Ich schlief auf dem weichsten, schönsten natürlichen Bett ein, das man sich nur vorstellen konnte.

Ein guter Bekannter, der norwegische Archäologe Christian Keller, drückte es so aus: »In Grönland besteht das Leben daraus, gute Stellen mit nützlichen Ressourcen zu finden.« Zu 99 Prozent ist die Insel tatsächlich unbewohnbar, weiß oder schwarz, aber tief in den beiden Fjordsystemen an der Südwestküste gibt es grüne Abschnitte. Die langen, schmalen Fjorde schneiden tief ins Land ein, sodass ihr oberes Ende weit von kalten Meeresströmungen, Eisbergen, salziger Gischt und Wind entfernt ist, jenen Einflüssen, die unmittelbar an der Küste das Pflanzenwachstum unterdrücken. Entlang der meist steilen Fjordufer gibt es hier und da flacheres Gelände mit üppigen Wiesen wie der, wo ich meinen Mittagsschlaf hielt, und solche Orte eignen sich gut für die Viehhaltung. Fast 500 Jahre lang, von 984 bis ins 15. Jahrhundert, wurden diese Fjordsysteme zur Lebensgrundlage für den abgelegensten Außenposten der europäischen Zivilisation; hier, fast 2500 Kilometer von Norwegen entfernt, bauten die Skandinavier eine Kathedrale und kleinere Kirchen, schrieben auf Lateinisch und Altnordisch, schmiedeten Eisenwerkzeuge, hielten Nutztiere, richteten sich mit ihrer Kleidung nach der neuesten europäischen Mode – und gingen schließlich zugrunde.

Ein Symbol für das Rätsel ihres Verschwindens ist die steinerne Kirche von Hvalsey, das berühmteste Gebäude von Normannisch-Grönland, dessen Foto sich in jedem Prospekt zur Förderung des Grönlandtourismus findet. Sie liegt in der Wiesenlandschaft am oberen Ende des langen, breiten, von Bergen gesäumten Fjordes und bietet einen großartigen Blick über ein Gebiet von vielen Dutzend Quadratkilometern. Ihre Mauern, der nach Westen gerichtete Haupteingang, Nischen und Giebel sind noch unversehrt; nur das ursprüngliche, rasengedeckte Dach fehlt. Rund um die Kirche liegen Überreste von Versammlungsräumen, Ställen, Lagerhäusern, Bootshäusern und Weiden, die den Erbauern dieser Monumente den Lebensunterhalt sicherten. Unter allen Gesellschaften des mittelalterlichen Europas ist die von Normannisch-Grönland diejenige mit den am besten erhaltenen Ruinen, und das liegt genau daran, dass ihre Siedlungen im unbeschädigten Zustand aufgegeben wurden, während fast alle anderen wichtigen mittelalterlichen Ortschaften in Großbritannien und auf dem europäischen Kontinent immer wieder erobert wurden und unter späteren Bauwerken verschwanden. Wenn man Hvalsey heute besucht, rechnet man fast damit, dass Wikinger aus den Gebäuden treten, aber in Wirklichkeit ist alles still: Im Umkreis von mehr als 30 Kilometern wohnt praktisch niemand. Wer diese Kirche erbaute, verfügte auch über ausreichende Kenntnisse, um hier eine europäische Gesellschaft nachzubauen und über Jahrhunderte aufrechtzuerhalten – aber das Wissen reichte nicht, um ihr Überleben noch länger zu sichern.

Etwas anderes macht die Sache noch rätselhafter: Die Wikinger teilten sich Grönland mit einer anderen Bevölkerungsgruppe, den Inuit (Eskimos), während sie Island für sich allein hatten, sodass dort kein derartiges Problem ihre Schwierigkeiten verstärkte. Die Wikinger verschwanden auf Grönland, aber die Inuit überlebten – ein Beweis, dass Menschen dort durchaus leben können und dass das Verschwinden der Wikinger nicht unvermeidlich war. Wenn man heute in Grönland über die landwirtschaftlichen Anwesen geht, sieht man wieder die gleichen beiden Gruppen, die sich die Insel auch im Mittelalter teilten: Inuit und Skandinavier. Im Jahr 1721, drei Jahrhunderte nachdem die mittelalterlichen Wikinger ausgestorben waren, übernahmen andere Skandinavier (nämlich Dänen) die Herrschaft über Grönland, und erst 1979 erhielten die Ureinwohner der Insel die Selbstverwaltung. Für mich waren die vielen blauäugigen, blonden Skandinavier die in Grönland arbeiteten, ein verwirrender Anblick, insbesondere wenn ich darüber nachdachte, dass Menschen wie sie die Kirche von Hvalsey und die anderen für mich interessanten Gebäude errichtet hatten und dass sie später ausgestorben waren. Warum wurden die mittelalterlichen Skandinavier letztlich mit den Problemen Grönlands nicht fertig, während es den Inuit gelang?

Wie bei den Anasazi, so wurde auch das Schicksal der Norweger in Grönland häufig mit verschiedenen Einzelfaktoren erklärt, ohne dass man aber Einigkeit darüber erzielt hätte, welche dieser Erklärungen stimmte. Eine beliebte Theorie machte eine Klimaabkühlung verantwortlich, die in übermäßig schematischer Formulierung (in den Worten des Archäologen Thomas McGovern) ungefähr lautete: »Es wurde zu kalt, und dann starben sie.« Andere Einzelfaktoren, die zur Erklärung angeführt wurden, waren die Ausrottung der Wikinger durch die Inuit, die Isolierung der Wikinger vom europäischen Festland, Umweltschäden und eine hoffnungslos konservative Einstellung. In Wirklichkeit ist das Verschwinden der altnordischen Grönländer gerade deshalb so aufschlussreich, weil dabei alle fünf Faktoren, die ich in der Einleitung zu diesem Buch beschrieben habe, eine Rolle spielten. Es ist nicht nur im tatsächlichen Ablauf ein umfangreiches Beispiel, sondern auch im Hinblick auf die Informationen, die wir darüber besitzen: Die Wikinger hinterließen schriftliche Aufzeichnungen über Grönland (während die Bewohner der Osterinsel und die Anasazi Analphabeten waren), und außerdem verstehen wir die mittelalterliche europäische Gesellschaft ohnehin viel besser als die Gesellschaften der Polynesier oder Anasazi. Dennoch bleiben auch im Zusammenhang mit diesem am besten belegten Zusammenbruch der vorindustriellen Zeit wichtige Fragen offen.

Wie sah die Umwelt aus, in der die grönländischen Wikinger ihren Aufschwung erlebten, gediehen und zusammenbrachen? Die Wikinger wohnten in zwei Siedlungen an der Westküste Grönlands, die ein wenig südlich vom nördlichen Polarkreis ungefähr auf 61 und 64 Grad nördlicher Breite liegen. Damit befanden sie sich weiter südlich als der größte Teil Islands und auf einer Breite, die mit der von Bergen und Trondheim an der Ostküste Norwegens vergleichbar war. Aber in Grönland ist es kälter als in Island oder Norwegen, weil die beiden Letzteren von dem warmen Golfstrom umspült werden, der aus Süden heranfließt, während sich die grönländische Westküste im Bereich des kalten Westgrönlandstromes befindet, der aus der Arktis kommt. Deshalb kann man das Wetter selbst an den Orten der früheren Wikingersiedlungen, die sich noch des mildesten Klimas in ganz Grönland erfreuen, mit vier Worten beschreiben: kalt, wechselhaft, windig und nebelig.

Heute liegt die Durchschnittstemperatur im Sommer an der Küste in der Region der Siedlungen bei rund fünf bis sechs Grad Celsius und landeinwärts, am oberen Teil der Fjorde, bei 10 Grad Celsius. Das hört sich nicht nach eisiger Kälte an, aber man muss daran denken, dass diese Werte nur für die wärmsten Monate des Jahres gelten. Außerdem kommt von der Eiskappe Grönlands häufig ein starker, trockener Wind, der Treibeis aus Norden mitbringt. Die Fjorde sind deshalb häufig auch im Sommer von Eisbergen blockiert, und der Wind verursacht dichten Nebel. Wie man mir erzählte, kommen große, kurzfristige Klimaschwankungen, wie ich sie während meines sommerlichen Besuches in Grönland erlebte – mit heftigem Regen, starkem Wind und Nebel – häufig vor und machen Bootsfahrten vielfach unmöglich. Schiffe sind aber in Grönland das wichtigste Transportmittel, denn die Küste wird immer wieder von tief eingeschnittenen, verzweigten Fjorden zerschnitten. (Noch heute sind die wichtigsten Bevölkerungszentren Grönlands nicht durch Straßen verbunden; Gemeinden, zwischen denen es Straßen gibt, liegen entweder an derselben Seite eines Fjordes oder an verschiedenen Fjorden, die nur durch eine niedrige Hügelkette getrennt sind.) Ein solches Unwetter vereitelte auch meinen ersten Versuch, die Kirche von Hvalsey zu erreichen: Ich kam am 25. Juli bei schönem Wetter mit dem Schiff in Qaqotoq an, aber schon am 26. Juli war der Schiffsverkehr aus dem Ort durch Wind, Regen, Nebel und Eisberge zum Erliegen gekommen. Am 27. Juli besserten sich die Verhältnisse wieder, sodass wir nach Hvalsey fahren konnten, und am folgenden Tag fuhren wir bei blauem Himmel aus dem Fjord von Qaqotoq nach Brattahlid.

Ich erlebte das grönländische Wetter von seiner besten Seite, an der Stelle der südlichsten Wikingersiedlung und im Hochsommer. Als Besucher aus dem Süden Kaliforniens, der an warme, sonnige Tage gewöhnt war, würde ich die Temperaturen als »wechselhaft von kühl bis kalt« bezeichnen. Ich musste immer einen Anorak und darunter T-Shirt, langärmeliges Hemd und Sweatshirt tragen, und häufig nahm ich noch den dicken Daunenanorak dazu, den ich mir für meine erste Reise in die Arktis gekauft hatte. Die Temperatur änderte sich schnell und in großen Sprüngen, und das von Stunde zu Stunde. Manchmal hatte ich das Gefühl, als bestünde meine Hauptbeschäftigung bei meinen Rundgängen auf Grönland darin, den Anorak an- und auszuziehen, um mich immer wieder auf die veränderte Temperatur einzustellen.

Komplizierter wird dieses Bild vom heutigen Durchschnittsklima in Grönland noch dadurch, dass das Wetter sich häufig über kurze Entfernungen und auch von Jahr zu Jahr ändert. Der Wechsel über kurze Entfernungen ist einer der Gründe, warum Christian Keller zu mir sagte, es sei in Grönland so wichtig, die Stellen mit guten Ressourcen zu finden. Die jährlichen Schwankungen wirken sich auf das Wachstum des Weidegrases aus, von dem die Wirtschaft der Wikinger abhängig war, und sie beeinflussen auch die Menge von Meereis, die ihrerseits wieder Einfluss auf die Robbenjagd und die Gelegenheit zu Handelsschiffsreisen hat – beides ebenfalls für die Wikinger sehr wichtig. Die Wetterschwankungen über kurze Entfernungen und von Jahr zu Jahr waren von entscheidender Bedeutung: Grönland eignete sich ohnehin im besten Fall mäßig gut für die Heuproduktion, und deshalb konnten ein geringfügig schlechterer Ort oder Jahrestemperaturen, die geringfügig unter dem Durchschnitt lagen, im Winter zu einem Mangel an Heu für das Vieh führen.

Im Zusammenhang mit den lokalen Unterschieden ist es von großer Bedeutung, dass die eine der beiden Wikingersiedlungen 500 Kilometer weiter nördlich lag als die andere, aber zur allgemeinen Verwirrung wurden sie nicht als Nördliche und Südliche, sondern als Westliche und Östliche Siedlung bezeichnet. (Diese Namen hatten mehrere Jahrhunderte später unglückselige Folgen: Die Bezeichnung »Östliche Siedlung« führte dazu, dass die Europäer an der falschen Stelle – nämlich an der Ostküste Grönlands – nach der lange vergessenen Wikingersiedlung suchten und nicht an der Westküste, wo die Wikinger in Wirklichkeit zu Hause waren.) Im Sommer ist es in der nördlich gelegenen Westlichen Siedlung ebenso warm wie in der Östlichen Siedlung. Die sommerliche Wachstumssaison ist in der Westlichen Siedlung jedoch kürzer (nur fünf Monate mit Durchschnittstemperaturen über dem Gefrierpunkt, im Gegensatz zu sieben Monaten in der Östlichen Siedlung), denn die Zahl der Sommertage mit Sonnenschein und höheren Temperaturen nimmt nach Norden immer mehr ab. Außerdem ist es an der Meeresküste, wo die Fjorde münden und wo die Landschaft unmittelbar dem kalten Westgrönlandstrom ausgesetzt ist, grundsätzlich kälter, feuchter und nebliger als im geschützten oberen Teil der Fjorde im Landesinneren.

Noch ein weiterer lokaler Unterschied fiel mir bei meinen Reisen in Grönland auf: In manche Fjorde fließen Gletscher, in andere jedoch nicht. In den Fjorden mit Gletschern entstehen ständig neue Eisberge, solche ohne Gletscher nehmen dagegen nur jene Eisberge auf, die aus dem offenen Meer hineintreiben. Bei meinem Besuch im Juli war beispielsweise der Igalikufjord (an dem die Wikingerkathedrale liegt) frei von Eisbergen, weil in ihn kein Gletscher hineinfließt; der Eiriksfjord (wo sich die Ortschaft Brattahlid befindet), in den ein Gletscher mündet, war mit Eisbergen übersät; und der nächste Fjord in nördlicher Richtung, Sermilikfjord genannt, besitzt mehrere große Gletscher und war völlig mit Eis verstopft. (Diese Unterschiede und die großen Schwankungen in Form und Größe der Eisberge waren einer der Gründe, warum mir in die

Landschaft in Grönland trotz ihrer wenigen Farben immer wieder so interessant erschien.) Als Christian Keller eine abgelegene archäologische Fundstätte am Eiriksfjord untersuchte, ging er häufig zu Fuß über den Hügel und besuchte einige schwedische Archäologen, die an einer Stätte am Sermilikfjord arbeiteten. Im Lager der Schweden war es beträchtlich kälter als bei Christian, und entsprechend war auch der Wikinger-Bauernhof, den die unglückseligen Schweden sich für ihre Untersuchung ausgesucht hatten, wesentlich ärmer als jener, mit dem Christian sich beschäftigte (weil es an der Stelle der Schweden kälter war, sodass man weniger Heu ernten konnte).

Sehr deutlich werden die alljährlichen Wetterschwankungen auch an den Heuerträgen der Schaffarmen, die seit den zwanziger Jahren des 20. Jahrhunderts in Grönland ihren Betrieb wieder aufnahmen. In feuchteren Jahren wachsen die Pflanzen stärker, was für die Viehzüchter allgemein vorteilhaft ist: Sie können mehr Heu ernten, um damit ihre Schafe zu füttern, und die wilden Karibus haben mehr Gras als Nahrung (sodass man sie in größerer Zahl jagen kann). Fällt aber während der Heuernte im August und September zu viel Niederschlag, geht der Ertrag wiederum zurück, weil das Heu kaum noch trocken wird. Ein kalter Sommer ist schlecht, weil das Graswachstum sich verlangsamt; ein langer Winter ist schlecht, weil man die Tiere dann länger im Stall halten muss, was mehr Heu erfordert; und ein Sommer, in dem aus dem Norden viel Treibeis kommt, ist ebenfalls schlecht, weil sich dann der dichte Sommernebel einstellt, der das Wachstum des Grases behindert. Solche Wetterschwankungen machen das Leben für die heutigen Schafzüchter in Grönland zu einer Lotterie, und den gleichen Effekt müssen sie auch im Mittelalter auf die Wikinger gehabt haben.

Diese Klimaveränderungen kann man heute in Grönland von Jahr zu Jahr und von Jahrzehnt zu Jahrzehnt beobachten. Aber wie steht es mit den Klimaschwankungen früherer Zeiten? Wie war das Wetter beispielsweise zu der Zeit, als die Wikinger nach Grönland kamen, und wie veränderte es sich im Lauf der fünf Jahrhunderte, in denen sie sich dort halten konnten? Wie kann man über historische Klimaverhältnisse in Grönland etwas in Erfahrung bringen? Dazu verfügen wir über drei Hauptinformationsquellen: schriftliche Aufzeichnungen, Pollen und Eisbohrkerne.

Erstens konnten die grönländischen Wikinger lesen und schreiben, und sie wurden von ebenfalls lesekundigen Norwegern besucht; für uns, die wir uns heute für das Schicksal der Wikinger in Grönland interessieren, wäre es sehr schön, wenn sie sich die Mühe gemacht hätten, Berichte über das Wetter ihrer Zeit zu verfassen. Aber leider taten sie das nicht. Für Island dagegen besitzen wir zahlreiche Berichte über das Klima in verschiedenen Jahren; darin werden kaltes Wetter, Niederschlag und Meereis beschrieben. Entsprechende Angaben finden sich in Form beiläufiger Bemerkungen in Tagebüchern, Briefen, Annalen und Berichten. Diese Informationen über das isländische Klima sind auch für die Aufklärung der Klimaverhältnisse in Grönland von einem gewissen Nutzen, denn wenn es während eines Jahrzehnts in Island kalt war, galt das Gleiche in der Regel auch für Grönland, auch wenn die Übereinstimmung nicht vollkommen ist. Auf sicherem Grund bewegen wir uns jedoch, wenn wir Bemerkungen über das Meereis rund um Island im Hinblick auf ihre Bedeutung für Grönland interpretieren, denn genau dieses Eis machte es so schwierig, mit dem Schiff von Grönland nach Island oder Norwegen zu gelangen.

Die zweite Informationsquelle über das Klima vergangener Zeiten sind Pollenproben aus Eisbohrkernen, die von Palynologen aus Seen und Sümpfen in Grönland gewonnen wurden. Diese Pollenforscher sind uns mit ihren Erkenntnissen über die Vegetation früherer Zeiten auf der Osterinsel und im Gebiet der Maya bereits begegnet (Kapitel 2 und 5). Im Schlamm am Boden eines Sees oder Sumpfes zu bohren, mag uns Laien nicht besonders aufregend erscheinen, aber für Palynologen ist es das Paradies: Je tiefer die Schlammschichten liegen, desto mehr Zeit ist seit ihrer Ablagerung vergangen. Durch Radiokarbondatierung der organischen Substanzen in einer Schlammprobe kann man feststellen, wann die betreffende Schicht sich abgesetzt hat. Pollenkörner verschiedener Pflanzenarten sehen unter dem Mikroskop unterschiedlich aus, sodass der Palynologe anhand des Pollens in seiner Schlammprobe etwas darüber aussagen kann, welche Pflanzen in dem betreffenden Jahr in der Nähe des Sees oder Sumpfes wuchsen und ihren Pollen freisetzten. Mit zunehmender Klimaabkühlung verschiebt sich das Verhältnis immer stärker von den Bäumen, die Wärme brauchen, zu den kältetoleranten Gräsern und Seggen. Die gleiche Veränderung beim Pollen kann aber auch bedeuten, dass die Wikinger immer mehr Bäume abholzten; deshalb haben die Palynologen auch andere Methoden entwickelt, mit denen sie zwischen diesen beiden Deutungen für eine Abnahme der Menge an Baumpollen unterscheiden können.

Die bei weitem genauesten Erkenntnisse über das Klima Grönlands in früheren Zeiten schließlich liefern die Eisbohrkerne. Im kalten und vorübergehend auch nassen Klima Grönlands bleiben die Bäume klein. Sie wachsen nur an bestimmten Stellen, und ihr Holz verrottet schnell. Deshalb findet man in Grönland nicht die Balken mit wunderbar erhaltenen Jahresringen, mit deren Hilfe die Archäologen bei den Anasazi in den Wüsten der südwestlichen USA die Klimaveränderungen von Jahr zu Jahr rekonstruieren konnten. Aber auch in Grönland haben die Archäologen Glück: Statt Baumringen können sie Eisringe untersuchen – oder genauer gesagt, Eisschichten. Der Schnee, der Jahr für Jahr auf die Eiskappe Grönlands niedergeht, wird durch das Gewicht, das in späteren Jahren hinzukommt, zu Eis zusammengepresst. Der Sauerstoff in dem Wasser, aus dem Schnee oder Eis besteht, setzt sich aus drei verschiedenen Isotopen zusammen, das heißt, er enthält drei Arten von Sauerstoffatomen, die in ihrem Kern eine unterschiedliche Zahl ungeladener Neutronen besitzen und deshalb ein unterschiedliches Atomgewicht haben. Die bei weitem vorherrschende Form des natürlichen Sauerstoffs ist mit 99,8 Prozent der Gesamtmenge das Isotop Sauerstoff-16 (das heißt Sauerstoff mit dem Atomgewicht 16), aber es gibt auch einen kleinen Anteil (0,2 Prozent) Sauerstoff-18 und eine noch kleinere Menge Sauerstoff-17. Alle drei Isotope sind nicht radioaktiv, sondern stabil, aber man kann sie mit einem als Massenspektrometer bezeichneten Instrument unterscheiden. Je wärmer es ist, wenn der Schnee entsteht, desto höher ist der Anteil an Sauerstoff-18 in seinen Wassermolekülen. Deshalb enthält der sommerliche Schnee aus jedem Jahr einen höheren Prozentsatz an diesem Isotop als Schnee, der im Winter gefallen ist. Und aus dem gleichen Grund ist Sauerstoff-18 im Schnee aus einem bestimmten Monat eines warmen Jahres stärker vertreten als in jenem aus dem gleichen Monat eines kalten Jahres.

Wenn man also die Eiskappe Grönlands anbohrt (was entsprechend spezialisierte Wissenschaftler mittlerweile bis in eine Tiefe von ungefähr drei Kilometern getan haben) und den Sauerstoff-18-Gehalt in Abhängigkeit von der Tiefe misst, so stellt man fest, dass er wegen der regelmäßigen jahreszeitlichen Temperaturschwankungen vom Sommer eines Jahres über den Winter zum nächsten Sommer auf und ab geht. Ebenso kann man nachweisen, dass der Sauerstoff-18-Gehalt im Sommer beziehungsweise im Winter verschiedener Jahre unterschiedlich ist, weil die Temperatur von Jahr zu Jahr unberechenbar schwankt. Die Eisbohrkerne aus Grönland liefern den Archäologen also ganz ähnliche Informationen wie die Jahresringe aus dem Gebiet der Anasazi: Wir können daraus die Sommer- und Wintertemperaturen der einzelnen Jahre ablesen, und zusätzlich sagt die Dicke der Eisschicht zwischen zwei aufeinander folgenden Jahren etwas über die Niederschlagsmenge in dem betreffenden Zeitraum aus.

Darüber hinaus kann man einen weiteren Aspekt des Wetters aus den Eisbohrkernen ableiten, nicht aber aus den Jahresringen der Bäume: die Windverhältnisse. Stürmische Winde verwehen die Salzgischt aus dem Ozean rund um Grönland unter Umständen weit ins Landesinnere über die Eiskappe und lassen sie dort einschließlich der Natriumionen aus dem Meerwasser als Schnee fallen. Auch Staub aus der Atmosphäre, der weit entfernt in trockenen Gebieten der Kontinente entstanden ist und große Mengen von Calciumionen enthält, gelangt mit dem Wind auf die Eiskappe. Beide Ionen fehlen in Schnee, der sich aus reinem Wasser gebildet hat. Findet man sie in einer Schicht der Eiskappe in hoher Konzentration, kann das bedeuten, dass man es mit einem stürmischen Jahr zu tun hat.

Kurz gesagt, können wir das frühere Klima Grönlands aus isländischen Aufzeichnungen, Pollenuntersuchungen und Eisbohrkernen rekonstruieren, und die Bohrkerne ermöglichen es sogar, die Wetterverhältnisse einzelner Jahre nachzuzeichnen. Was haben wir auf diese Weise bereits in Erfahrung gebracht?

Erwartungsgemäß hat sich herausgestellt, dass das Klima vor rund 14000 Jahren, nach dem Ende der letzten Eiszeit, wärmer wurde; die Fjorde Grönlands waren nun nicht mehr »eiskalt«, sondern nur noch »kühl«, und an ihren Ufern entwickelte sich ein niedriger Wald. Aber das Klima blieb während dieser 14000 Jahre nicht langweilig und immer gleich: In manchen Phasen wurde es kälter, dann kehrten mildere Verhältnisse wieder. Diese Klimaschwankungen waren entscheidend dafür, dass amerikanische Ureinwohner die Insel bereits vor den Normannen besiedeln konnten. In der Arktis kommen nur wenige Tierarten – vor allem Rentiere, Robben, Wale und Fische – als Nahrung infrage, aber diese wenigen Arten sind häufig in großer Zahl vorhanden. Wenn eine solche Tierart jedoch ausstirbt oder an einen anderen Ort zieht, können die Jäger nicht wie bei der großen Artenvielfalt in niederen Breiten auf Alternativen zurückgreifen. Deshalb ist die Geschichte der Arktis einschließlich Grönlands eine Geschichte von Menschen, die kamen, viele Jahrhunderte lang große Gebiete besiedelten und dann einen Niedergang erlebten, verschwanden oder ihre Lebensweise ändern mussten, weil die Klimaveränderungen auch Veränderungen bei den Beutetieren mit sich brachten.

Dass Klimaveränderungen für die einheimischen Jäger solche Folgen haben, konnte man in Grönland im 20. Jahrhundert unmittelbar beobachten. Als das Meerwasser sich zu Beginn des Jahrhunderts erwärmte, verschwanden die Robben im Süden Grönlands fast völlig. Später wurde es erneut kühler, und man konnte die Robben wieder besser jagen. Als es dann zwischen 1959 und 1974 sehr kalt war, ging der Bestand der wandernden Robbenarten wegen des vielen Meereises zurück, und entsprechend sank die Fangmenge der einheimischen Robbenjäger; die Grönländer konnten jedoch eine Hungersnot verhindern, weil sie sich auf die Ringelrobben konzentrierten, eine Spezies, die nach wie vor in großer Stückzahl vorhanden war, weil diese Tiere sich Atemöffnungen im Eis schaffen. Ähnliche Klimaschwankungen mit nachfolgenden Veränderungen in der Häufigkeit von Beutetieren waren vermutlich ein wichtiger Faktor für die erste Besiedlung durch amerikanische Ureinwohner um 2500 v. Chr., ihr möglicherweise fast völliges Verschwinden um 1500 v. Chr., ihre nachfolgende Rückkehr, den erneuten Niedergang und die Entscheidung, den Süden Grönlands irgendwann vor der Ankunft der Wikinger um 980 n. Chr. endgültig aufzugeben. Die normannischen Siedler trafen also anfangs nicht auf amerikanische Ureinwohner, sie fanden aber Ruinen, die frühere Bewohner zurückgelassen hatten. Zum Pech der Normannen schuf das warme Klima zur Zeit ihres Eintreffens auch für das Volk der Inuit (Eskimos) die Möglichkeit, sich von der Beringstraße über die kanadische Arktis schnell nach Osten auszubreiten, denn das Eis, das die Kanäle zwischen den nordkanadischen Inseln während der kalten Jahrhunderte völlig verschlossen hatte, taute nun im Sommer und ermöglichte den Grönlandwalen, den wichtigsten Nahrungslieferanten der Inuit, die Durchquerung der Wasserstraßen in der kanadischen Arktis. Wegen dieses Klimawandels konnten die Inuit um 1200 von Kanada in den Nordwesten Grönlands einwandern – und das hatte für die Wikinger schwer wiegende Folgen.

Wie wir aus den Eisbohrkernen ablesen können, herrschte zwischen 800 und 1300 in Grönland ein relativ mildes Klima, das dem heutigen Wetter in der Region ähnelte oder sogar noch geringfügig wärmer war. Diese milden Jahrhunderte werden auch als mittelalterliche Warmperiode bezeichnet. Als die Wikinger nach Grönland kamen, waren also – zumindest nach dem Maßstab des durchschnittlichen Klimas in Grönland während der letzten 14 000 Jahre – gute Voraussetzungen für das Wachstum von Gras und die Haltung von Weidetieren gegeben. Ungefähr ab 1300 setzte in der Nordatlantikregion jedoch eine Abkühlung ein, und das Wetter schwankte von Jahr zu Jahr stärker; damit begann eine Kälteperiode, die bis ins 19. Jahrhundert dauerte und als »kleine Eiszeit« bezeichnet wird. Sie hatte um 1420 ihren Höhepunkt erreicht, und die zunehmenden Mengen an sommerlichem Treibeis zwischen Grönland, Island und Norwegen brachten den Schiffsverkehr mit der Außenwelt zum Erliegen. Erträglich oder sogar nützlich war das kalte Wetter für die Inuit, die nun Jagd auf Ringelrobben machen konnten, aber den Wikingern, die auf die Heuproduktion angewiesen waren, wurde es zum Verhängnis. Wie wir noch genauer erfahren werden, trug der Beginn der kleinen Eiszeit wesentlich zum Niedergang von Normannisch-Grönland bei. Aber der Klimawandel von der mittelalterlichen Warmperiode zur kleinen Eiszeit spielte sich nicht einfach so ab, dass »es kälter wurde und die Normannen starben«, sondern die Sache war wesentlich komplizierter. Auch vor 1300 hatte es bereits vereinzelt kältere Phasen gegeben, und die Wikinger hatten dennoch überlebt; andererseits brachten vereinzelte wärmere Abschnitte nach 1400 keine Rettung mehr. Vor allem aber bleibt die drängende Frage: Warum lernten die Wikinger nicht, mit der kleinen Eiszeit umzugehen, wo sie doch nur die Inuit beobachten mussten, die vor der gleichen Herausforderung standen?

Um unsere Betrachtung der ökologischen Verhältnisse in Grönland zu vervollständigen, sollten wir noch die einheimischen Tiere und Pflanzen erwähnen. Eine gut entwickelte Vegetation gibt es nur in Regionen mit mildem Klima, die vor der Salzgischt geschützt sind – das heißt im oberen Teil der langen Fjorde an der Südwestküste, wo sich auch die Westliche und Östliche Siedlung befanden. Dort ist die Vegetation in Gebieten, wo keine Tiere weiden, von Ort zu Ort unterschiedlich. In den kälteren Höhenlagen und am äußeren Teil der Fjorde in Meeresnähe, wo Kälte, Nebel und Salzgischt das Pflanzenwachstum behindern, sind Seggen die beherrschenden Arten – diese sind kürzer als Gräser und haben für Tiere einen geringeren Nährwert. Seggen können an solchen ungünstigen Orten wachsen, weil sie gegenüber der Austrocknung widerstandsfähiger sind als Gräser, sodass sie sich auch auf Kiesböden ansiedeln können, die kaum Wasser zurückhalten. Weiter landeinwärts sind steile Berghänge und kalte, windige Orte in der Nähe von Gletschern selbst dann, wenn sie vor der Salzgischt geschützt sind, praktisch nacktes Gestein ohne Pflanzenbewuchs. Die weniger unwirtlichen Regionen des Landesinneren bringen vorwiegend eine heideähnliche Vegetation aus Zwergsträuchern hervor. Die besten Regionen – das heißt solche in geringer Höhe und mit gutem

Boden, die windgeschützt liegen, gut bewässert werden und durch ihre Südlage viel Sonnenlicht abbekommen – tragen offene Gehölze aus Zwergbirken und Weiden sowie einigen Wacholderbäumen und Erlen. Die meisten Bäume sind höchstens fünf Meter hoch, in den allerbesten Lagen erreichen die Birken auch bis zu neun Metern.

In Regionen, wo heute Schafe und Pferde weiden, bietet die Vegetation ein ganz anderes Bild, und ähnlich muss es auch zur Wikingerzeit gewesen sein. Auf feuchten Wiesen an sanften Abhängen, wie man sie beispielsweise rund um Gardar und Brattahlid findet, gedeiht üppiges, bis zu 30 Zentimeter hohes Gras mit vielen Blumen. Zwergweiden und Birken, die an manchen Stellen wachsen, werden von den Schafen kurz gehalten und erreichen eine Höhe von höchstens 50 Zentimetern. Auf trockenen, steileren und stärker dem Wetter ausgesetzten Feldern werden Gras und Zwergweiden nur wenige Zentimeter hoch. Nur wo Schafe und Pferde fern gehalten werden, wie beispielsweise innerhalb des Begrenzungszaunes rund um den Flughafen von Narsarsuaq, sieht man auch Zwergweiden und Birken von bis zu zwei Metern Höhe, die durch den kalten Wind von einem nahe gelegenen Gletscher verkrüppelt sind.

Wie steht es mit den Wildtieren auf Grönland? Am wichtigsten für Wikinger und Inuit waren Land- und Meeressäugetiere sowie Vögel, Fische und wirbellose Tiere aus dem Ozean. Der einzige große landlebende Pflanzenfresser im früheren Wikingergebiet (wenn man von den Moschusochsen im hohen Norden absieht) ist das Karibu, das von den Lappen und anderen Ureinwohnern des eurasischen Kontinents als Rentier domestiziert wurde, nicht jedoch von Wikingern und Inuit. Eisbären und Wölfe beschränkten sich in Grönland praktisch vollständig auf Gebiete weit nördlich von den Wikingersiedlungen. Kleinere Wildtiere waren Hasen, Füchse, Landvögel (darunter als größte die Alpenschneehühner, Verwandte der Raufußhühner), Süßwasservögel (mit Schwänen und Gänsen als größten Arten) und Seevögel (insbesondere Eiderenten und Alke). Die wichtigsten Meeressäuger waren sechs verschiedene Robbenarten, die für Wikinger und Inuit wegen unterschiedlicher Verbreitung und Verhaltensweisen, die ich später noch genauer erläutern werde, von unterschiedlicher Bedeutung waren. Die größte dieser sechs Arten ist das Walross. An der Küste kommen auch verschiedene Walarten vor, die von den Inuit gejagt wurden, nicht aber von den Wikingern. In Flüssen, Seen und im Meer wimmelte es von Fischen, und die wertvollsten essbaren wirbellosen Tiere aus dem Ozean waren Krebse und Muscheln.

Glaubt man den Sagas und mittelalterlichen historischen Aufzeichnungen, so wurde der schon mehrfach erwähnte heißblütige Norweger namens Erik der Rote um das Jahr 980 des Mordes angeklagt und gezwungen, nach Island auszuwandern. Dort tötete er bald darauf nochmals einige Menschen, und man vertrieb ihn in einen anderen Teil der Insel. Nachdem er abermals Streit angefangen und wiederum Menschen getötet hatte, wurde er ungefähr 982 für drei Jahre völlig aus Island verbannt.

Da fiel Erik ein, dass ein gewisser Gunnbjörn Ulfsson viele Jahrzehnte zuvor auf einer Fahrt nach Island weit nach Westen vom Kurs abgekommen war und einige verlassene kleine Inseln ausgemacht hatte, die, wie wir heute wissen, unmittelbar vor der Südostküste Grönlands liegen. Auf den gleichen Inseln war um 978 auch ein entfernter Verwandter von Erik namens Snaebjörn Galti gewesen, der ebenfalls Streit mit seinen Schiffskameraden bekommen hatte und daraufhin ermordet wurde. Erik machte sich auf, um auf diesen Inseln sein Glück zu versuchen; in den folgenden drei Jahren erkundete er große Teile der grönländischen Küste, und dabei entdeckte er am oberen Teil der tief eingeschnittenen Fjorde gutes Weideland. Nach Island zurückgekehrt, zog er erneut in einem Streit den Kürzeren, und nun war er gezwungen, sich als Anführer einer Flotte von 25 Schiffen zur Besiedlung des neu entdeckten Landes aufzumachen, das er widersinnigerweise auf den Namen Grönland getauft hatte. Als man in Island erfuhr, dass jeder auf Wunsch in Grönland eine gute Heimat finden konnte, machten sich während der nächsten zehn Jahre drei weitere Flotten mit Siedlern von Island auf den Weg. Um das Jahr 1000 waren dann praktisch alle Regionen um die Westliche und Östliche Siedlung, die sich für die Landwirtschaft eigneten, bereist, und die Wikingerbevölkerung bestand aus schätzungsweise 5000 Menschen: 1000 in der Westlichen und 4000 in der Östlichen Siedlung.

Von diesen Siedlungen aus unternahmen die Normannen Erkundungsfahrten und jährliche Jagdausflüge nach Norden entlang der Westküste, und dabei drangen sie bis weit nördlich des Polarkreises vor. Einmal dürften sie bis auf 79 Grad nördlicher Breite gelangt sein, womit sie nur noch gut 1100 Kilometer vom Nordpol entfernt waren; auf dieser Höhe entdeckte man an einer archäologischen Stätte der Inuit zahlreiche Gegenstände der Wikinger, darunter Stücke von einem Kettenhemd, einen Zimmermannshobel und Schiffsnieten. Ein besser gesicherter Beleg für die Erkundung des Nordens ist ein Steinhaufen auf 73 Grad nördlicher Breite, der einen Runenstein (also einen Stein mit einer Inschrift in der Runenschrift der Wikinger) enthielt; dieser besagt, der Steinhaufen sei von Erling Sighvatsson, Bjarni Thordarson und Einridi Oddson am Samstag vor dem »Großen Bitttag« (dem 25. April) errichtet worden, und zwar wahrscheinlich um 1300.

Ihren Lebensunterhalt bestritten die Normannen in Grönland mit einer Kombination aus Weidewirtschaft (Viehhaltung) und der Jagd auf wilde Tiere. Erik der Rote hatte bereits Tiere aus Island mitgebracht, im weiteren Verlauf wurden die Wikinger in Grönland aber auch in viel stärkerem Umfang von wild vorkommenden Lebensmitteln abhängig als in Norwegen und Island, wo die Menschen ihren Nahrungsbedarf wegen des milderen Klimas zum größten Teil durch Weidewirtschaft und (in Norwegen) auch durch Ackerbau decken konnten.

Anfangs stützten sich die Siedler in Grönland mit ihren Bestrebungen auf die Tiere, die auch die wohlhabenden Häuptlinge in Norwegen hielten: zahlreiche Kühe und Schweine, weniger Schafe und noch weniger Ziegen sowie einige Pferde, Enten und Gänse. Wie man aus der Zahl der Tierknochen schließen kann, die man in Abfallhaufen aus verschiedenen Jahrhunderten der normannischen Besiedlung identifiziert und mit der Radiokarbonmethode datiert hat, stellte sich offenbar schnell heraus, dass diese hergebrachte Mischung sich für das kältere Klima in Grönland nicht sonderlich gut eignete. Zahme Enten und Gänse starben sofort, möglicherweise schon auf der Reise nach Grönland: Es gibt keine archäologischen Belege, dass sie dort überhaupt gehalten wurden. Schweine fanden in den Wäldern Norwegens zwar reichlich Nüsse als Nahrung, und die Wikinger zogen das Schweinefleisch allen anderen Fleischsorten vor, aber im locker bewaldeten Grönland erwiesen sich die Borstentiere als schreckliche, unprofitable Zerstörer, die den Boden mit seinen empfindlichen Pflanzen durchwühlten. Sie wurden schon nach kurzer Zeit stark dezimiert oder fast ganz abgeschafft. Packsättel und Schlitten aus archäologischen Fundstätten zeigen, dass Pferde als Arbeitstiere gehalten wurden, aber wegen eines christlichen Verbots wurden sie nicht gegessen, und deshalb gelangten ihre Knochen nur selten in die Abfallhaufen. Kühe waren im Klima Grönlands nur mit wesentlich größerem Aufwand zu halten als Schafe oder Ziegen, denn sie fanden nur in den drei schneefreien Sommermonaten ihr Futter auf der Weide. Während des restlichen Jahres musste man sie in Ställen halten und mit Heu oder anderem Futter versorgen, dessen Beschaffung im Sommer zur Hauptaufgabe der grönländischen Bauern wurde. Besser hätten die Grönländer ihre arbeitsintensiven Kühe aufgegeben, und im Lauf der Jahrhunderte ging ihre Zahl darum zurück, aber sie waren als Statussymbole so beliebt, dass man nicht völlig darauf verzichten wollte.

Zu den Lieferanten für Grundnahrungsmittel wurden dagegen widerstandsfähige Schaf- und Ziegenrassen, die sich viel besser auf das kalte Klima einstellen konnten als die Rinder. Außerdem hatten sie den Vorteil, dass sie im Gegensatz zu Kühen auch im Winter selbständig unter dem Schnee noch Gras zum Fressen fanden. Heute lässt man Schafe in Grönland jedes Jahr neun Monate im Freien, und nur in den drei Monaten mit der größten Schneehöhe muss man sie in Unterkünfte bringen und füttern. An archäologischen Fundstätten aus der Frühzeit findet man Schafe und Ziegen zusammen in ungefähr ebenso großer Zahl wie Rinder, ihr Anteil nahm aber im Lauf der Zeit zu und lag am Ende bei bis zu acht Schafen oder Ziegen je Kuh. Die Isländer hielten ungefähr sechs Mal so viele Schafe wie Ziegen, und das gleiche Verhältnis herrschte auch auf den besten Bauernhöfen Grönlands in den ersten Jahren der Besiedlung, aber im Lauf der Zeit veränderte sich die Relation, bis die Ziegen ungefähr ebenso zahlreich waren wie die Schafe. Im Gegensatz zu Schafen können Ziegen nämlich auch die harten Zweige, Sträucher und Zwergbäume verdauen, die auf schlechteren Weideflächen in Grönland vorherrschen. Während also Kühe bei der Ankunft der Wikinger in Grönland auf der Beliebtheitsskala vor Schafen und diese wiederum vor den Ziegen rangierten, war die Reihenfolge ihrer Eignung für die Verhältnisse in Grönland genau umgekehrt. Die meisten Bauern (insbesondere jene in der weiter nördlich gelegenen und deshalb weniger produktiven Westlichen Siedlung) mussten sich schließlich mit einer größeren Zahl der zuvor verachteten Ziegen und weniger Kühen zufrieden geben; nur die produktivsten Höfe in der Östlichen Siedlung konnten es sich leisten, ihrer Vorliebe für Kühe nachzugeben und die Ziegen zu verschmähen.

Die Ruinen der Ställe, in denen die Wikinger auf Grönland ihre Kühe neun Monate im Jahr hielten, sind noch heute zu sehen. Es waren lange, schmale Gebäude mit Mauern aus Stein und Rasen, die mehrere Meter dick waren, damit es im Inneren im Winter warm blieb – im Gegensatz zu den grönländischen Schaf- und Ziegenrassen konnten die Kühe keine Kälte vertragen. Jede Kuh wurde in ihrem eigenen, rechteckigen Verschlag gehalten; die steinernen Trennwände zwischen diesen Verschlägen sind in vielen Ruinen bis heute erhalten. Aus der Größe der Verschläge, der Höhe der Türen, durch die man die Kühe in den Stall und wieder hinaustrieb, sowie natürlich aus den ausgegrabenen Skeletten der Kühe selbst kann man berechnen, dass die grönländischen Rinder die kleinsten waren, die man in der Neuzeit kennt: Ihre Schulterhöhe war nicht größer als 1,20 Meter. Im Winter blieben sie ständig im Stall, und der Dung, den sie fallen ließen, sammelte sich als wachsende Schicht bis zum Frühjahr um sie herum an; erst dann wurde der Mist hinaustransportiert. Die Tiere bekamen im Winter das im Sommer geerntete Heu zu fressen, und wenn das nicht ausreichte, kam Seetang hinzu, den man ins Landesinnere transportierte. Den Tang mochten die Kühe aber offensichtlich nicht, sodass Arbeitskräfte den ganzen Winter über zwischen der steigenden Dungschicht im Stall bleiben mussten, um die Kühe, die allmählich immer kleiner und schwächer wurden, gegebenenfalls mit Gewalt zu füttern. Ungefähr im Mai, wenn der Schnee taute und neues Gras heranwuchs, konnte man die Kühe endlich ins Freie bringen und auf den Weiden sich selbst überlassen, aber mittlerweile waren sie so schwach, dass sie nicht mehr gehen konnten – man musste sie nach draußen tragen. Wenn Heu und Seetang in einem besonders harten Winter ausgingen, bevor das Wachstum des Grases wieder einsetzte, sammelten die Bauern im Frühjahr die ersten Weiden- und Birkenzweige, um ihre Tiere notdürftig zu füttern.

Kühe, Schafe und Ziegen dienten in Grönland vor allem zur Milchproduktion und nicht in erster Linie als Fleischlieferanten. Milch lieferten die Tiere nur in den wenigen Sommermonaten, nachdem sie im Mai oder Juni ihre Jungen zur Welt gebracht hatte. Die Wikinger verarbeiteten die Milch dann zu Käse, Butter und dem Joghurt-ähnlichen *skyr.* Die Produkte wurden in großen Fässern gelagert, die man zur Kühlung entweder in Bergbäche legte oder in grasgedeckten Häusern aufbewahrte, und im Winter wurden die Milchprodukte verzehrt. Ziegen hielt man auch wegen der Felle und Schafe wegen der Wolle, die von besonders guter Qualität war, weil Schafe in kaltem Klima eine fettige, von Natur aus Wasser abweisende Wolle hervorbringen. Fleisch von den Haustieren gab es nur, wenn die Bestände ausgedünnt wurden, insbesondere im Herbst – dann berechneten die Bauern, wie viele Tiere sie mit dem Heu, das sie in dem betreffenden Jahr eingebracht hatten, über den Winter bringen konnten. Alle übrigen Tiere wurden geschlachtet. Entsprechend knapp war das Fleisch der Haustiere, und deshalb waren die Knochen geschlachteter Tiere in Grönland im Gegensatz zu anderen Ländern der Wikinger fast immer aufgebrochen, weil man noch den letzten Rest Knochenmark verwendet hatte. An archäologischen Stätten der grönländischen Inuit, die als geübte Jäger wesentlich mehr Wild erlegten als die Normannen, findet man zahlreiche Fliegenlarven, die sich von verfaultem Knochenmark und Fett ernähren; an den Stätten der Wikinger dagegen war für diese Fliegen kaum etwas zu holen.

Um eine Kuh über einen durchschnittlichen grönländischen Winter zu bringen, waren mehrere Tonnen Heu erforderlich; ein Schaf war mit viel weniger zufrieden. Im Spätsommer bestand die Hauptbeschäftigung der meisten Wikinger in Grönland deshalb darin, Gras zu mähen, zu trocknen und als Heu zu lagern. Welche Mengen dabei zusammenkamen, war von großer Bedeutung, denn sie bestimmten darüber, wie viele Tiere man während des nachfolgenden Winters füttern konnte; dies hing aber auch von der Länge des Winters ab, die nicht genau abzusehen war. Je nach der verfügbaren Futtermenge und der mutmaßlichen Länge des bevorstehenden Winters mussten die Normannen also in jedem September eine schwierige Entscheidung treffen: Wie viele ihrer kostbaren Tiere sollten sie schlachten? Töteten sie zu viele Tiere, war im Mai noch Heu übrig, und sie hatten nur eine kleine Herde; dann ärgerten sie sich unter Umständen, weil sie nicht das Risiko auf sich genommen hatten, mehr Tiere durchzufüttern. Wurden im September aber zu wenige Tiere getötet, ging ihnen das Heu vielleicht schon vor dem Mai aus, und sie liefen Gefahr, dass die ganze Herde hungerte.

Zur Heuproduktion dienten dreierlei Felder. Am produktivsten waren jene, die in der Nähe des Haupthauses lagen und durch einen Zaun vor dem Vieh geschützt waren; hier wurde das Gras mit Mist gedüngt, und sie dienten ausschließlich zur Heuproduktion. Auf dem landwirtschaftlichen Anwesen der Kathedrale von Gardar und den Anwesen einiger weiterer normannischer Bauernhofruinen kann man noch heute die Überreste von Bewässerungssystemen sehen: Um die Produktivität weiter zu steigern, leitete man das Wasser aus Gebirgsbächen mit einem System von Dämmen und Kanälen auf die Felder. Die zweite Zone der Heuproduktion, die so genannten Außenfelder, waren weiter vom Haupthaus entfernt und befanden sich außerhalb des eingezäunten Gebietes. Und schließlich übernahmen die Wikinger in Grönland ein als *saeters* (»Hütten«) bezeichnetes System, das auch in Norwegen und Island gebräuchlich war: Man errichtete Bauwerke in abgelegenen Gebieten des Hochlandes, die sich im Sommer für die Heuproduktion und als Weide für die Tiere eigneten, im Winter aber so kalt waren, dass man das Vieh dort nicht lassen konnte. Die größten *saeters* waren eigentlich kleine Bauernhöfe mit Wohnhäusern für die Arbeiter, die während des Sommers für die Tiere sorgten und Heu ernteten, im Winter aber zu dem eigentlichen Hof zurückkehrten. Die Schneeschmelze und das Wachstum des Grases begannen jedes Jahr zunächst in geringerer Höhe, und dann folgten die Höhenlagen, aber frisches Gras ist besonders nährstoffreich und enthält weniger schwer verdauliche Ballaststoffe. Die Hütten waren also eine raffinierte Methode: Mit ihrer Hilfe lösten die normannischen Bauern das Problem, dass die Ressourcen in Grönland so begrenzt und auf einzelne Flecken beschränkt sind. Sie konnten die nur vorübergehend nützlichen Stellen im Gebirge ausnutzen und wanderten mit ihren Tieren allmählich bergauf, um sich den Vorteil des frischen Grases zu sichern, das mit fortschreitendem Sommer in immer größeren Höhen heranwuchs.

Wie bereits erwähnt, hatte Christian Keller mir bereits vor unserer gemeinsamen Reise nach Grönland erklärt, das Leben bestehe in Grönland darin, »die besten Stellen zu finden«. Jetzt war mir klar, was er damit gemeint hatte: Selbst an den beiden Fjorden, die als einzige Gebiete in Grönland gute Voraussetzungen für Weideland boten, waren die wenigen guten Stellen weit verstreut. Wenn ich an Grönlands Fjorden auf und ab ging oder fuhr, bekam ich selbst als naiver Stadtbewohner allmählich einen immer besseren Blick für die Kriterien, nach denen die Normannen erkannten, welche Orte sich für die Anlage von Bauernhöfen eigneten. Die Siedler, die damals aus Island und Norwegen kamen, hatten mir gegenüber den großen Vorteil, dass sie bereits erfahrene Bauern waren, aber dafür hatte ich den Vorteil, die Sache rückblickend betrachten zu können: Im Gegensatz zu ihnen wusste ich, an welchen Stellen die Wikinger es mit der Landwirtschaft versucht und sie dann wegen schlechter Bedingungen wieder aufgegeben hatten. Für die Wikinger selbst muss es Jahre oder sogar Generationen gedauert haben, bis sie täuschend gut aussehende Stellen, die sich später als ungeeignet erweisen sollten, von vornherein aussortieren konnten. Der Stadtbewohner Jared Diamond stellt für einen Ort, der gute Voraussetzungen für einen mittelalterlichen normannischen Bauernhof bietet, folgende Kriterien auf:

1. Es sollte sich um eine große, ebene oder leicht ansteigende Fläche in den Niederungen (zwischen Meereshöhe und einer Höhe von 200 Metern) handeln, aus der man ein produktives Innenfeld machen kann. In den Niederungen ist das Klima am mildesten, die schneefreie Wachstumssaison ist am längsten, und das Gras wächst besser als an steilen Abhängen. Unter allen normannischen Anwesen in Grönland besaß das der Kathedrale von Gardar die größten niedrig gelegenen Ebenen; an zweiter Stelle folgten einige Höfe von Vatnahverfi.

2. Eine wichtige Ergänzung zu solchen großen, niedrig gelegenen In-

nenfeldern sind große Außenfelder in mittlerer Höhe (bis zu 450 Meter über dem Meeresspiegel), die zusätzliches Heu produzieren. Berechnungen zufolge hätten die Wikingerhöfe in den Niederungen allein nicht genügend Heu produzieren können, um Tiere in der Zahl zu versorgen, die man anhand der Anzahl der Ställe oder der Vermessung ihrer Ruinen abschätzen kann. Besonders große nutzbare Flächen im Hochland besaß der Hof Eriks des Roten bei Brattahlid.

3. Auf der nördlichen Erdhalbkugel fällt auf Böschungen, die nach Süden weisen, das meiste Sonnenlicht. Das ist wichtig, denn dann schmilzt der Schnee im Frühjahr schneller, die Wachstumssaison für die Heuproduktion umfasst mehr Monate, und die tägliche Sonnenscheindauer ist länger. Alle guten Wikingerhöfe auf Grönland – Gardar, Brattahlid, Hvalsey und Sandnes – besaßen solche Südhänge.

4. Eine ausreichende Versorgung mit Wasserläufen ist wichtig, damit die Weideflächen entweder durch natürliche Fließgewässer oder Bewässerungssysteme bewässert werden und mehr Heu produzieren.

5. Den Hof in der Nähe eines Gletschertales oder gegenüber davon anzulegen, ist ein sicheres Rezept für Armut. Aus einem solchen Tal kommt starker Wind, der das Graswachstum vermindert und die Bodenerosion auf Weideflächen verstärkt. Der Fluch der Gletscherwinde verdammte die Höfe in Narssaq und am Sermilikfjord zur Armut und zwang die Bewohner schließlich dazu, die Höfe am oberen Ende des Qoroq-Thales sowie in den Höhenlagen der Gegend von Vatnahverfi aufzugeben.

6. Wenn möglich, sollte man den Hof unmittelbar an einem Fjord mit einem guten Hafen errichten, damit man Waren mit dem Boot an- und abtransportieren kann.

Milchprodukte allein reichten nicht aus, um die 5000 normannischen Bewohner Grönlands zu ernähren. Auch mit Ackerbau war die Lücke nicht zu füllen, denn Getreide wurde in Grönland mit seinem kalten Klima und der kurzen Wachstumssaison kaum angebaut. In zeitgenössischen norwegischen Berichten ist davon die Rede, die grönländischen Wikinger hätten während ihres ganzen Lebens nie Weizen, ein Stück Brot oder Bier (das aus Gerste hergestellt wird) gesehen. Heute, wo das Klima in Grönland dem zur Zeit der ersten Wikinger ähnelt, sah ich bei Gardar, dem Ort des damals besten landwirtschaftlichen Anwesens, zwei kleine Felder. Darauf bauten die heutigen Bewohner einige kälteresistente Nutzpflanzen an: Kohl, Rüben, Rhabarber und Kopfsalat, die auch im mittelalterlichen Norwegen gediehen, sowie Kartoffeln, die in Europa erst nach dem Untergang der grönländischen Wikingerkolonie heimisch wurden. Vermutlich konnten auch die Wikinger die gleichen Pflanzen (mit Ausnahme der Kartoffeln) auf einigen Feldern anbauen, außerdem vielleicht auch in besonders milden Jahren ein wenig Gerste. In Gardar und auf zwei anderen Höfen der Östlichen Siedlung sah ich kleine Felder an Stellen, die den Wikingern möglicherweise zu dem gleichen Zweck gedient hatten: Sie lagen unterhalb von Klippen, welche die Sonnenwärme festhalten konnten, und Mauern hielten sowohl Schafe als auch den Wind fern. Der einzige direkte Beleg, dass die Normannen in Grönland auch Ackerbau betrieben, sind jedoch einige Pollenkörner und Samen des Flachses, einer mittelalterlichen europäischen Nutzpflanze, die in Grönland nicht heimisch war und demnach von den Wikingern eingeführt worden sein muss; sie diente zur Herstellung von Leinenstoff und Leinöl. Wenn die Wikinger auch andere Pflanzen anbauten, können diese zur Ernährung nur einen äußerst kleinen Beitrag geleistet haben; vermutlich dienten sie nur wenigen Adligen und Geistlichen gelegentlich als besondere Luxusspeise.

Der zweite wichtige Nahrungsbestandteil der Wikinger in Grönland war das Fleisch wilder Tiere, insbesondere von Karibus und Robben, das in viel größerem Umfang verzehrt wurde als in Norwegen oder Island. Karibus leben während des Sommers in großen Herden in den Bergen und kommen im Winter auf geringere Höhen herab. Funde von Karibuzähnen in normannischen Abfallhaufen beweisen, dass die Tiere im Herbst gejagt wurden; vermutlich veranstaltete man eine gemeinsame Treibjagd mit Hunden, bei der die Tiere mit Pfeil und Bogen erlegt wurden (die Abfallhaufen enthalten auch die Knochen großer skandinavischer Elchhunde). Bei den drei wichtigsten Robbenarten, auf die Jagd gemacht wurde, handelte es sich um den gemeinen Seehund, der das ganze Jahr über in Grönland zu Hause ist und im Frühjahr an den Stränden im oberen Teil der Fjorde seine Jungen zur Welt bringt, sodass man die Tiere von Booten aus leicht mit Netzen fangen oder einfach mit Knüppeln erschlagen kann, sowie um die Sattelrobbe und die Klappenmütze, zwei wandernde Robbenarten, die sich in Neufundland paaren, aber ungefähr im Mai in großen Rudeln an die grönländische Küste kommen, ohne sich aber in den oberen Teil der Fjorde und in die Nähe der meisten Wikingerhöfe zu begeben. Um diese Wanderrobben zu jagen, richteten die Wikinger am äußeren Teil der Fjorde, viele Dutzend Kilometer vom nächsten Bauernhof entfernt, jahreszeitliche Stützpunkte ein. Die Ankunft der Sattelrobben und Klappenmützen im Mai war für die Wikinger lebenswichtig, denn um diese Jahreszeit gingen sowohl die Vorräte der Milchprodukte aus dem vorangegangenen Sommer als auch das Fleisch der Karibus, das man im vorangegangenen Herbst gejagt hatte, allmählich zur Neige, andererseits war aber der Schnee auf den Höfen noch nicht so weit getaut, dass man das Vieh hätte auf die Weide treiben können; entsprechend hatten die Tiere auch noch keine Jungen zur Welt gebracht und produzierten noch keine Milch. Wie wir noch genauer erfahren werden, drohte bei Ausbleiben der Robbenwanderung eine Hungersnot, und den gleichen Effekt hatte auch jedes Hindernis (beispielsweise Eis in den Fjorden und entlang der Küste oder feindselige Inuit), das ihnen den Zugang zu den wandernden Robben versperrte. Entsprechende Eisverhältnisse herrschten vor allem in kalten Jahren, wenn die Wikinger nach einem kalten Sommer mit entsprechend geringer Heuproduktion ohnehin bereits gefährdet waren.

Durch chemische Analyse der Knochen (so genannte Kohlenstoff-Isotopenanalysen) kann man feststellen, in welchem Verhältnis das betreffende Tier oder auch ein Mensch im Lauf seines Lebens Nahrungsmittel aus dem Meer und vom Land zu sich genommen hat. Wendet man diese Methode auf die Wikingerskelette aus grönländischen Friedhöfen an, so stellt sich heraus, dass Nahrung aus dem Meer (insbesondere Robben) in der Östlichen Siedlung zur Zeit ihrer Gründung nur 20 Prozent der Ernährung ausmachten, aber dieser Anteil stieg in den letzten Jahren der Kolonie bis auf 80 Prozent an: Vermutlich war die Heuproduktion zur winterlichen Fütterung des Viehs zurückgegangen, und die gewachsene Bevölkerung brauchte mehr Lebensmittel, als die eigenen Tiere liefern konnten. Außerdem wurden in der Westlichen Siedlung stets mehr Meerestiere verbraucht als in der Südlichen, weil die weiter im Norden gelegene Siedlung weniger Heu produzierte. Möglicherweise verzehrten die Wikinger sogar noch mehr Robbenfleisch, als man aufgrund der Messungen vermutet, denn die Archäologen graben aus nachvollziehbaren Gründen eher reiche Höfe als ärmere Betriebe aus, und die verfügbaren Untersuchungen weisen darauf hin, dass die Menschen auf den kleinen, ärmeren Höfen, die nur eine einzige Kuh besaßen, mehr Robbenfleisch aßen als die reichen Bauern. Auf einem armen Bauernhof der Westlichen Siedlung stammten erstaunliche 70 Prozent aller Tierknochen in den Abfallhaufen von Robben.

Neben diesen großen Mengen von Robben und Karibus bezogen die Wikinger in geringerem Umfang auch Fleisch von kleinen Säugetieren (insbesondere Hasen), Seevögeln, Schneehühnern, Schwänen, Eiderenten, Muscheln und Walen, Letzteres wahrscheinlich nur dann, wenn hin und wieder einmal ein solches Tier strandete; Harpunen oder andere Gerätschaften zum Walfang findet man an den Ausgrabungsstätten der Wikinger nicht. Fleisch von Vieh oder Wildtieren, das nicht sofort verzehrt wurde, trocknete man in *skemmur*, Lagerhäusern aus Steinen, die man an besonders windigen Stellen in exponierter Lage ohne Mörtel zusammensetzte, damit der Wind hindurchpfeifen und das Fleisch trocknen konnte.

Auffällig ist, dass Fische an den archäologischen Stätten der Wikinger fast völlig fehlen, und das, obwohl sie von Norwegern und Isländern abstammten, die viel Zeit auf die Fischerei verwendeten und gerne Fisch aßen. An den archäologischen Fundstätten von Normannisch-Grönland machen Fischknochen weniger als 0,1 Prozent aller Tierknochen aus, im Gegensatz zu 50 bis 95 Prozent, die man in Island, Nordnorwegen und auf den Shetlandinseln zu jener Zeit findet. Der Archäologe Thomas McGovern fand beispielsweise in einem Abfallhaufen an den altnordischen Höfen von Vatnahverfi insgesamt nicht mehr als drei Fischknochen, und das, obwohl es in den Seen gleich nebenan von Fischen wimmelt; und an dem Wikingerhof Ö34 entdeckte Georg Nygaard unter insgesamt 35 000 Tierknochen nur zwei, die von Fischen stammten. Selbst an der Ausgrabungsstätte GUS, wo man die größte Zahl von Fischknochen fand – 166 oder 0,7 Prozent aller Tierknochen, die dort ausgegraben wurden –, stammen sechsundzwanzig davon aus dem Schwanz eines einzigen Kabeljaus, und die Knochen aller Fischarten zusammen sind immer noch im Verhältnis drei zu eins in der Minderzahl gegenüber den Knochen einer einzigen Vogelart (des Schneehuhns); das Zahlenverhältnis von Fisch- zum Säugetierknochen beträgt 1 zu 144.

Wenn man bedenkt, dass es in Grönland Fische in Hülle und Fülle gibt und dass Salzwasserfische (insbesondere Schellfisch und Kabeljau) heute die bei weitem wichtigsten grönländischen Exportgüter sind, erscheint diese geringe Anzahl von Fischknochen völlig unglaublich. Forellen und die lachsähnlichen Saiblinge sind in den Flüssen und Seen Grönlands wirklich zahlreich: Eine dänische Touristin, mit der ich am ersten Abend in der Jugendherberge von Brattahlid die Küche teilte, kochte sich zwei große Saiblinge; die beiden Fische, jeder rund ein Kilo schwer und 50 Zentimeter lang, hatte sie mit bloßen Händen in einem kleinen Tümpel gefangen, in den sie sich verirrt hatten. Die Wikinger hatten mit Sicherheit ebenso geschickte Hände wie diese Touristin, und sie hätten die Fische in den Fjorden auch wie die Robben mit Netzen fangen können. Und selbst wenn sie diese so leicht erhältlichen Fische nicht selbst essen mochten, hätten sie damit zumindest ihre Hunde füttern können, sodass diese weniger Fleisch von Robben und anderen Tieren brauchten und mehr davon für die Menschen zur Verfügung stand.

Wenn Archäologen zu Ausgrabungen nach Grönland kommen, mögen sie anfangs regelmäßig nicht glauben, dass die Wikinger hier keine Fische aßen, und dann entwickeln sie immer neue Ideen zur Beantwortung der Frage, wo sich die fehlenden Fischknochen verstecken könnten. Nahmen die Normannen ihre Fischmahlzeiten ausschließlich in wenigen Metern Abstand von der Küste ein, an Stellen, die heute unter Wasser liegen, weil das Land abgesunken ist? Sammelten sie sorgfältig alle Fischknochen, um sie als Dünger, Brennstoff oder Futter für die Kühe zu verwenden? Liefen ihre Hunde vielleicht mit den Fischkarkassen davon und ließen die Knochen auf den Feldern fallen, die man in weiser Voraussicht so ausgewählt hatte, dass zukünftige Archäologen sich dort vermutlich nicht die Mühe des Grabens machen würden, und vermied man gleichzeitig geflissentlich, die Reste zu den Häusern zu bringen oder auf die Abfallhaufen zu werfen, damit Archäologen sie später nicht fanden? Hatten die Wikinger so viel Fleisch, dass sie die Fische nicht brauchten? Aber warum brachen sie dann noch die Knochen auf, um das letzte bisschen Knochenmark herauszuholen? Waren die vielen kleinen Fischknochen im Boden vielleicht völlig verrottet? Aber in den Abfallhaufen von Grönland herrschen so gute Bedingungen, dass sogar die Läuse und Exkremente von Schafen erhalten geblieben sind. Alle diese Ausreden für das Fehlen der Fischknochen an den Ausgrabungsstätten der grönländischen Wikinger haben die gleiche Schwäche: Sie würden genauso für die grönländischen Inuit wie für die Wikinger in Island und Norwegen zutreffen, wo man aber stets eine Fülle von Fischknochen findet. Außerdem erklären sie auch nicht, warum die Ausgrabungsstätten der grönländischen Wikinger fast keine Angelhaken, Angelleinengewichte oder Netzgewichte enthalten, die in den Wikinger-Ausgrabungsstätten anderer Länder häufig vorkommen.

Ich neige stattdessen dazu, die Tatsachen für bare Münze zu nehmen: Obwohl die grönländischen Wikinger von einer Gesellschaft der Fischesser abstammten, dürfte sich bei ihnen vermutlich ein Tabu gegen den Verzehr von Fisch entwickelt haben. Jede Gesellschaft hat ihre eigenen, willkürlich gewählten Nahrungstabus – sie sind eines der vielen Mittel, um sich von anderen Gesellschaften zu unterscheiden: Wir tugendhaft-sauberen Menschen verabscheuen jene ekelhaften Dinge, die irgendwelche anderen seltsamen Gestalten offensichtlich schätzen. Der bei weitem höchste Anteil dieser Tabus betrifft Fleisch und Fisch. Die Franzosen essen beispielsweise Schnecken, Frösche und Pferde, in Neuguinea schätzt man Ratten, Spinnen und Käferlarven, in Mexiko werden Ziegen verzehrt, und in Polynesien bevorzugt man Ringelwürmer aus dem Meer; alle diese Tiere sind nährstoffreich und (wenn man es schafft, sie zu probieren) köstlich, aber die meisten Amerikaner würden schon vor dem Gedanken, so etwas zu essen, zurückschrecken.

Dass Fleisch und Fisch so häufig besonderen Tabus unterliegen, dürfte letztlich darin begründet sein, dass sich in ihnen viel schneller als in pflanzlichen Lebensmitteln Bakterien oder andere Einzeller vermehren, die uns eine Lebensmittelvergiftung oder Parasitenerkrankung einbringen, wenn wir sie zu uns nehmen. Besonders groß ist diese Gefahr in Island und Skandinavien, wo man stinkenden (Nichtskandinavier würden sagen: verfaulten) Fisch mit verschiedenen Gärungsverfahren langfristig haltbar macht: Bei manchen dieser Methoden verwendet man Bakterien, die auch den tödlichen Botulismus verursachen können. Die unangenehmste Krankheit meines Lebens – schlimmer noch als die Malaria – zog ich mir durch eine Lebensmittelvergiftung zu: Ich hatte Krabben gegessen, die ich im englischen Cambridge auf einem Markt gekauft hatte und die offensichtlich nicht frisch waren. Danach war ich mehrere Tage mit Erbrechen, Durchfall, heftigen Gliederschmerzen und Kopfschmerzen ans Bett gefesselt. Diese Erfahrung legt für mich ein Szenario aus Normannisch-Grönland nahe: Vielleicht litt Erik der Rote in den ersten Jahren der Besiedlung Grönlands nach einer Fischmahlzeit an einer ähnlich entsetzlichen Lebensmittelvergiftung. Nachdem er wieder genesen war, erzählte er allen, die es hören wollten oder auch nicht, wie schädlich Fische sind und warum das saubere, stolze Volk der Grönländer sich niemals zu den ungesunden Gewohnheiten der entsetzlich schmierigen, Fische essenden Isländer und Norweger herablassen solle.

Da die Viehhaltung in Grönland so schwierig war, mussten die Wikinger dort zur Befriedigung ihrer Bedürfnisse eine vielschichtige, integrierte Wirtschaft entwickeln. Diese Integration hatte räumliche und zeitliche Aspekte: Die einzelnen Tätigkeiten wurden auf verschiedene Jahreszeiten verteilt, und die Bauernhöfe spezialisierten sich auf die Produktion unterschiedlicher Waren, die sie mit den anderen Höfen austauschten.

Die Betrachtung der jahreszeitlichen Reihenfolge möchte ich mit dem Frühjahr beginnen. Ende Mai und Anfang Juni, wenn die Sattelrobben und Klappenmützen in großen Herden an den Fjordmündungen vorüberzogen, kam die kurze, aber lebenswichtige Phase der Robbenjagd; gleichzeitig kamen auch die ortsfesten Gemeinen Seehunde an die Strände und brachten ihre Jungen zur Welt, wobei sie einfach zu fangen waren. Besonders arbeitsreich waren die Sommermonate von Juni bis August: Jetzt brachte man das Vieh zum Weiden ins Freie, die Tiere lieferten Milch, die man zu lagerfähigen Milchprodukten verarbeitete, einige Männer machten sich in Schiffen nach Labrador auf, um Holz zu fällen, andere Schiffe gingen in nördlicher Richtung auf Walrossjagd, und aus Island oder Europa trafen Frachtschiffe mit Handelsgütern ein. Im August und Anfang September folgten die hektischen Wochen, in denen man Gras schneiden, trocknen und als Heu einlagern musste; im September führte man die Kühe wieder von den Weiden in die Ställe, Schafe und Ziegen wurden näher zu den Unterkünften gebracht. September und Oktober waren die Karibu-Jagdsaison, und in den Wintermonaten von November bis April musste man die Tiere in den Ställen versorgen, Stoffe weben, mit Holz Gebäude errichten, Möbel bauen und reparieren, die Zähne der im Sommer erlegten Walrosse verarbeiten – und beten, dass die Vorräte an Milchprodukten und Trockenfleisch zur Ernährung der Menschen, das Heu als Tierfutter sowie die Brennstoffe zum Heizen und Kochen nicht vor dem Ende des Winters zur Neige gingen.

Neben dieser zeitlichen Abstimmung war aber auch eine räumliche wirtschaftliche Integration erforderlich: Selbst die reichsten Bauernhöfe in Grönland konnten nicht alles, was sie zum Überleben im Lauf des Jahres brauchten, selbst produzieren. Diese Integration umfasste den Warenverkehr zwischen dem oberen und unteren Teil der Fjorde, zwischen Höfen in den Niederungen und im Hochland, zwischen der Westlichen und Östlichen Siedlung sowie zwischen reicheren und ärmeren Höfen. Die besten Weidegründe befanden sich beispielsweise in den Niederungen am oberen Ende der Fjorde, die Karibujagd fand im Hochland auf Höfen statt, die sich wegen der kühleren Temperaturen und der kürzeren Wachstumssaison nicht sonderlich für die Weidewirtschaft eigneten, und die Robbenjagd konzentrierte sich auf den unteren Teil der Fjorde, wo Salzgischt, Nebel und kaltes Wetter schlechte Voraussetzungen für die Landwirtschaft boten. Diese Jagdreviere am äußeren Teil der Fjorde waren von den Bauernhöfen im Landesinneren nicht mehr zu erreichen, wenn die Fjorde zufroren oder sich mit Eisbergen füllten. Solche geographischen Probleme lösten die Wikinger, indem sie tote Robben und Seevögel vom unteren in den oberen Teil der Fjorde transportierten, und erlegte Karibus wurden aus dem Hochland zu den Höfen in den Niederungen gebracht. Robbenknochen kommen beispielsweise auch in den Abfällen der am höchsten gelegenen Höfe im Landesinneren häufig vor, das heißt, die Tiere müssen über viele Dutzend Kilometer von der Mündung des Fjordes dorthin transportiert worden sein. Auf den Vatnahverfi-Höfen weit im Landesinneren sind Robbenknochen im Abfall ebenso zahlreich wie die Knochen von Schafen und Ziegen. Umgekehrt kommen Karibuknochen in den reichen Höfen der Niederungen sogar häufiger vor als in den höher gelegenen, ärmeren Anwesen, wo die Tiere erlegt wurden.

Da die Westliche Siedlung fast 500 Kilometer weiter nördlich liegt als die Östliche, erreichte sie beim Heuertrag je Hektar nur ein knappes Drittel dessen, was die Östliche Siedlung produzierte. Andererseits lag die Westliche Siedlung näher an den Jagdrevieren für Walrosse und Eisbären, die, wie ich noch genauer erläutern werde, Grönlands wichtigste Exportgüter für Europa darstellten. Dennoch hat man Walrosselfenbein an den meisten archäologischen Fundstätten der Östlichen Siedlung gefunden: Dort wurde es offensichtlich während des Winters weiterverarbeitet, und auch der Schiffsverkehr (einschließlich des Elfenbeinexports) nach Europa spielte sich vorwiegend in Gardar und den anderen großen Anwesen der Östlichen Siedlung ab. Demnach war die Westliche Siedlung für die Wikingerwirtschaft von entscheidender Bedeutung, obwohl sie viel kleiner war als die Östliche.

Die Integration von ärmeren und reicheren Höfen war auch deshalb notwendig, weil Graswachstum und Heuproduktion insbesondere von zwei Faktoren abhängen: Temperatur und Sonnenscheindauer. Höhere Temperaturen und mehr Sonnenstunden oder -tage während der sommerlichen Wachstumssaison hatte zur Folge, dass ein Hof mehr Gras oder Heu produzieren und damit auch mehr Tiere füttern konnte, einerseits weil das Vieh selbst das Gras im Sommer abweidete, und andererseits weil im Winter mehr Heu zur Verfügung stand. Die besten Höfe, die sich in den Niederungen am oberen Ende der Fjorde befanden oder über Südhanglagen verfügten, produzierten deshalb in guten Jahren weit mehr Heu und Tiere, als ihre Bewohner selbst zum Überleben brauchten, bei den ärmeren Anwesen in höheren Lagen, am unteren Ende der Fjorde oder ohne nach Süden gerichtete Flächen war dieser Überschuss dagegen wesentlich geringer. In schlechten (kälteren und/oder nebligen) Jahren ging die Heuproduktion zwar überall zurück, die besten Höfe dürften aber auch dann noch einen – wenn auch geringen – Überschuss erwirtschaftet haben. Ärmere Bauern dagegen hatten dann nicht mehr genug Heu, um alle Tiere über den Winter zu bringen: Sie mussten im Herbst einen Teil ihrer Viehbestände schlachten und besaßen im schlimmsten Fall im Frühjahr überhaupt keine lebenden Tiere mehr. Im besten Fall mussten sie die gesamte Milchproduktion ihrer Herde für die Aufzucht von Kälbern, Lämmern und Kindern verwenden, und die Bauern selbst konnten sich nicht mehr von Milchprodukten ernähren, sondern mussten auf Robben- oder Karibufleisch zurückgreifen.

Diese Rangordnung in der Qualität der Höfe spiegelt sich in den unterschiedlich großen Kuhställen der heutigen Ruinen wider. Das bei weitem beste Anwesen mit dem Platz für die meisten Rinder war Gardar: Es hatte als Einziges zwei riesige Ställe, die insgesamt 160 Kühe aufnehmen konnten. Auf Höfen aus der »zweiten Liga« wie Brattahlid und Sandnes boten die Ställe Platz für jeweils 30 bis 50 Kühe. Ärmere Anwesen dagegen hatten nur Räumlichkeiten für wenige Rinder, unter Umständen auch nur für ein Einziges. Deshalb mussten die guten Anwesen in schlechten Jahren die ärmeren unterstützen und ihnen im Frühjahr Tiere ausleihen, damit sie ihre Bestände wieder aufbauen konnten.

Die grönländische Gesellschaft war also durch ein hohes Maß an gegenseitiger Abhängigkeit und Austausch gekennzeichnet: Robben und Seevögel wurden ins Landesinnere transportiert, Karibus gelangten von den Bergen in die Niederungen, Walrossstoßzähne brachte man nach Süden und Vieh von den reicheren zu den ärmeren Höfen. Aber wie in anderen Regionen der Erde, wo reiche und arme Menschen voneinander abhängig sind, so besaßen Arme und Reiche auch in Grönland am Ende nicht den gleichen durchschnittlichen Wohlstand. Wie man an der Anzahl der Knochen verschiedener Tierarten in den Abfällen erkennt, machten angesehene und weniger angesehene Lebensmittel in der Ernährung der einzelnen Menschen unterschiedliche Anteile aus. Auf den guten Höfen war der Anteil der hoch geschätzten Kühe gegenüber den weniger geschätzten Schafen und dieser gegenüber den noch weniger geschätzten Ziegen höher als auf den ärmeren Anwesen, und ebenso war er auf den Anwesen der Östlichen Siedlung höher als auf denen der Westlichen. Karibu- und insbesondere Robbenknochen sind in der Westlichen Siedlung zahlreicher als in der Östlichen, denn die Westliche Siedlung eignete sich für die Viehhaltung schlechter und war außerdem nicht weit von großen Lebensräumen der Karibus entfernt. Von diesen beiden Produkten wilder Tiere ist das Karibufleisch auf den reichen Höfen (insbesondere Gardar) stärker repräsentiert, die Bewohner der ärmeren Anwesen dagegen ernährten sich in größerem Umfang von Robbenfleisch. Während meines Grönlandaufenthaltes zwang ich mich aus Neugier, Robbenfleisch zu probieren, aber dabei gelangte ich nicht weiter als bis zum zweiten Bissen; anschließend verstand ich viel besser, warum Menschen mit europäischer Ernährungstradition das Wildbret gegenüber den Robben bevorzugen, wenn sie die Wahl haben.

Ich möchte diese allgemeinen Erkenntnisse mit einigen realen Zahlen belegen: Nach den Abfällen eines armen Hofes in der Westlichen Siedlung zu urteilen, der unter dem Namen W48 oder Niaquusat bekannt ist, bestand die Ernährung seiner unglückseligen Bewohner zu dem entsetzlich hohen Anteil von 85 Prozent aus Robbenfleisch; sechs Prozent stammten von Ziegen, nur fünf Prozent von Karibus, drei Prozent von Schafen und ein Prozent (welch seltener Festtag!) von Rindern. Zur gleichen Zeit erfreute sich die Oberschicht in Sandnes, dem reichsten Hof der Westlichen Siedlung, einer Ernährung mit 32 Prozent Karibufleisch, 17 Prozent Rindfleisch, sechs Prozent Schaffleisch und sechs Prozent Ziegenfleisch, sodass nur noch 39 Prozent auf die Robben entfielen. Am besten war die Elite der Östlichen Siedlung auf dem Hof Eriks des Roten in Brattahlid dran: Ihr gelang es, den Rindfleischkonsum über die Mengen von Karibu- und Schaffleisch zu steigern, und Ziegenfleisch wurde dort überhaupt nicht in nennenswerten Mengen verzehrt.

Wie hoch gestellte Personen dazu kamen, bevorzugte Lebensmittel zu verzehren, die niedriger gestellten Menschen selbst auf dem gleichen Hof in weitaus geringerem Umfang zur Verfügung standen, wird an zwei pikanten Anekdoten deutlich. Als Archäologen die Ruinen der St.-Nikolaus-Kathedrale von Gardar ausgruben, fanden sie unter dem steinernen Fußboden das Skelett eines Mannes mit Bischofsstab und Ring; vermutlich handelte es sich um Johann Arnason Smyrill, der von 1189 bis 1209 Bischof von Grönland war. Aus der Kohlenstoffisotopenanalyse seiner Knochen konnte man ablesen, dass er sich zu 75 Prozent von an Land produzierten Lebensmitteln (vermutlich vorwiegend Rindfleisch und Käse) ernährt hatte, während Nahrung aus dem Meer (vor allem Robbenfleisch) nur 25 Prozent beigesteuert hatte. Ein Mann und eine Frau aus der gleichen Zeit, die unmittelbar unter dem Bischof bestattet waren und demnach vermutlich ebenfalls hochrangige Personen gewesen waren, hatten einen etwas größeren Anteil (45 Prozent) von Lebensmitteln aus dem Meer verzehrt, aber bei anderen Skeletten aus der Östlichen Siedlung reichte dieser Anteil bis zu 78 Prozent und in der Westlichen Siedlung sogar bis zu 81 Prozent. Und zweitens konnte man in Sandnes, dem reichsten Hof der Westlichen Siedlung, anhand der Tierknochen aus dem Abfallhaufen vor dem Haupthaus beweisen, dass die Bewohner viel Karibufleisch und das Fleisch der Haustiere aßen, aber nur wenig Robbenfleisch. Nur 50 Meter entfernt befand sich ein Stall, wo das Vieh wahrscheinlich während des Winters gehalten wurde und wo Landarbeiter zwischen den Tieren und ihrem Dung hausten. Der Abfallhaufen vor dem Stall lässt erkennen, dass diese Arbeiter sich mit Robbenfleisch zufrieden geben mussten und sich nur selten über Karibus, Rindfleisch oder Hammelfleisch freuen konnten.

Mit einer solchen vielschichtig integrierten Wirtschaftsordnung, die sich auf Viehhaltung, Jagd an Land und Tierfang auf den Fjorden stützte, konnten die grönländischen Wikinger sich in einer Umwelt halten, in der keiner dieser Bestandteile allein zum Überleben ausgereicht hätte. Die gleiche Wirtschaft liefert aber auch Anhaltspunkte dafür, welche Ursachen schließlich zum Niedergang der Grönländer beigetragen haben könnten, denn ein Versagen eines dieser Bestandteile stellte stets eine erhebliche Bedrohung dar. Viele Unwägbarkeiten des Klimas konnten das Gespenst der Hungersnot heraufbeschwören: ein kurzer, kühler nebliger Sommer oder ein feuchter August mit verminderter Heuproduktion; ein langer, schneereicher Winter, der sowohl dem Vieh als auch den Karibus zusetzte und bei den Haustieren zu einem erhöhten Heubedarf führte; Eisgang auf den Fjorden, der in der Robbenfangsaison im Mai und Juni den Zugang zum äußeren Teil der Fjorde behinderte; Schwankungen der Wassertemperatur im Meer, die sich auf die Fischbestände und damit auch auf die Bestände der Fisch fressenden Robben auswirkte; oder eine Klimaänderung im weit entfernten Neufundland mit Auswirkungen auf die Paarungsgebiete der Sattelrobben und Klappenmützen. Aus moderner Zeit sind für Grönland mehrere derartige Ereignisse dokumentiert: So kamen beispielsweise in dem kalten Winter 1966/67 mit seinen starken Schneefällen insgesamt 22 000 Schafe ums Leben, und die Zahl der wandernden Sattelrobben sank in den kalten Jahren von 1959 bis 1974 auf zwei Prozent des früheren Wertes. Selbst in den besten Jahren lag die Westliche Siedlung mit ihrer Heuproduktion enger an der Grenze des Möglichen als die Östliche, und eine nur um ein Grad niedrigere Sommertemperatur reichte aus, um die Heuproduktion der Westlichen Siedlung unter das Minimum zu drücken.

Nach einem einzigen schlechten Sommer oder Winter wurden die Wikinger mit dem Verlust an Vieh fertig, vorausgesetzt, es folgte eine Reihe von guten Jahren, in denen sie ihre Herden wieder aufbauen konnten, während sie gleichzeitig genügend Robben- und Karibufleisch zu essen hatten. Gefährlicher war es, wenn in einem einzigen Jahrzehnt mehrere schlechte Jahre aufeinander folgten oder wenn sich an einen Sommer mit geringer Heuproduktion ein langer, schneereicher Winter anschloss, sodass man in den Ställen viel Heu als Futter für die Tiere brauchte. Noch stärker wurde die Bedrohung, wenn die Robbenbestände zusammenbrachen oder der Zugang zum äußeren Teil der Fjorde im Frühjahr aus irgendwelchen Gründen behindert war. Wie wir noch genauer erfahren werden, geschah genau das am Ende in der Westlichen Siedlung.

Die normannisch-grönländische Gesellschaft kann man mit fünf Adjektiven charakterisieren, die einander teilweise ein wenig widersprechen: gemeinschaftsbewusst, gewalttätig, hierarchisch, konservativ und eurozentrisch. Alle diese Eigenschaften wurden von den Herkunftsgesellschaften in Island und Norwegen übernommen, fanden aber in Grönland eine besonders extreme Ausdrucksform.

Insgesamt lebten ungefähr 5000 Menschen auf 250 Höfen; diese hatten also im Durchschnitt jeweils 20 Bewohner und waren ihrerseits zu Gemeinden zusammengeschlossen, die sich um 14 Hauptkirchen gruppierten, sodass jeweils ungefähr 20 Höfe zu einer Kirche gehörten. Die Wikingergesellschaft auf Grönland war stark gemeinschaftsorientiert: Ein Einzelner konnte sich nicht von ihr entfernen und selbst für seinen Lebensunterhalt sorgen. Einerseits war die Zusammenarbeit aller Bewohner eines Hofes oder einer Gemeinde unentbehrlich für die Robbenjagd im Frühjahr, die Nordrseta-Jagd im Sommer (von der noch genauer die Rede sein wird), die spätsommerliche Heuernte und die Karibujagd im Herbst sowie für die Bautätigkeit, alles Tätigkeiten, die nur in gemeinschaftlicher Arbeit ausgeführt werden konnten und für einen Einzelnen nur schlecht oder gar nicht zu bewältigen gewesen wären. (Man braucht sich nur vorzustellen, wie eine Herde wilder Karibus oder Robben zusammengetrieben werden muss oder wie ein vier Tonnen schwerer Stein an seinen Platz in einer Kathedrale gebracht wird.) Andererseits war die Kooperation aber auch für die wirtschaftliche Integration der Höfe und insbesondere der einzelnen Gemeinden notwendig: An den verschiedenen Stellen in Grönland wurden unterschiedliche Dinge produziert, sodass die Bewohner dieser Orte wegen der Dinge, die sie nicht selbst erzeugten, aufeinander angewiesen waren. Die 160 Rinder, für die es in den Ställen von Gardar Verschläge gab, gingen weit über den lokalen Bedarf hinaus. Wie wir noch genauer erfahren werden, wurden Wahlrosszähne, Grönlands kostbarste Exportware, von wenigen Jägern aus der Westlichen Siedlung in den Jagdrevieren von Nordrseta beschafft und dann unter den Höfen beider Siedlungen zur aufwendigen Weiterverarbeitung verteilt, bevor man sie exportierte.

Zu einem Bauernhof zu gehören, war sowohl für das Überleben als auch für die gesellschaftliche Identität unerlässlich. Jedes Stückchen der wenigen nutzbaren Landflecken in der Westlichen und Östlichen Siedlung gehörte entweder zu einem einzelnen Hof oder war Gemeinschaftseigentum einer Gruppe von Höfen, die damit ein Recht auf alle Ressourcen dieses Landes hatten, nicht nur auf seine Weiden und sein Heu, sondern auch auf Karibus, Torf, Beeren und sogar das Treibholz. Ein Grönländer, der allein zurechtkommen wollte, hätte also nicht einfach auf die Jagd und zum Sammeln gehen können. Wer in Island seinen Hof verlor oder von der Gemeinschaft geächtet wurde, konnte es an einer anderen Stelle versuchen – auf einer Insel, einem aufgegebenen Hof oder in dem Hochland des Landesinneren. Diese Möglichkeit bestand in Grönland nicht – es gab kein »anderswo«, wohin man hätte gehen können.

Dies führte zu einer streng kontrollierten Gesellschaft: Die wenigen Oberhäupter der reichsten Höfe konnten verhindern, dass irgendjemand etwas tat, das ihre Interessen zu bedrohen schien; so konnte auch niemand mit Neuerungen experimentieren, die für die Häuptlinge keinen Nutzen versprachen. An der Spitze der Westlichen Siedlung stand Sandnes, ihr reichster Hof, der als Einziger Zugang zum unteren Teil des Fjordes hatte, und die Östliche Siedlung wurde von Gardar beherrscht, das nicht nur der reichste Hof, sondern auch der Sitz des Bischofs war. Wie wir noch sehen werden, liefern diese Tatsachen zumindest teilweise eine Erklärung für das Schicksal, das die grönländischen Wikingergesellschaft schließlich ereilte.

Mit dem Gemeinschaftsgefühl kam auch ein starker Hang zur Gewalttätigkeit aus Island und Norwegen nach Grönland. In diesem Zusammenhang verfügen wir über einige schriftliche Belege: Als der norwegische König Sigurd Jorsalfar im Jahr 1124 einem Priester namens Arnald nahe legte, dieser solle als erster ständiger Bischof nach Grönland gehen, führte Arnald für seinen Widerwillen auch das Argument an, die Grönländer seien so streitsüchtige Menschen. Darauf erwiderte der eigenwillige König: »Je größere Prüfungen dir von Menschenhand auferlegt werden, desto größer werden deine eigenen Verdienste und Belohnungen sein.« Daraufhin willigte Arnald ein, allerdings unter der Bedingung, dass

Einar Sokkason, der Sohn eines angesehenen grönländischen Häuptlings, mit einem Eid gelobte, ihn und das Eigentum der Kirche in Grönland zu verteidigen und seine Feinde zu vernichten. Wie die Saga von Einar Sokkason berichtet (siehe Kasten), wurde Arnald nach seiner Ankunft in Grönland tatsächlich in die üblichen gewalttätigen Konflikte verwickelt, aber er ging damit so geschickt um, dass die wichtigsten Beteiligten (unter ihnen auch Einar Sokkason) sich am Ende gegenseitig umbrachten, während Arnald sein Leben und seine Autorität behielt.

Es gibt aber auch handgreiflichere Belege für die Gewalttätigkeit in Grönland. Der Friedhof bei der Kirche von Brattahlid umfasst nicht nur viele Einzelgräber mit säuberlich angeordneten, vollständigen Skeletten, sondern auch ein Massengrab aus der Anfangsphase der grönländischen Siedlung, das die auseinander gerissenen Knochen von 13 erwachsenen Männern und einem neunjährigen Kind enthält. Vermutlich handelt es sich dabei um eine Großfamilie, die in einer Fehde den Kürzeren zog. An fünf der Skelette erkennt man Schädelverletzungen, die von scharfen Gegenständen stammen, vermutlich von Äxten oder Schwertern. In zwei Fällen erkennt man Spuren der Knochenheilung, was darauf schließen lässt, dass die Opfer den Schlag überlebten und erst später starben; an den drei anderen sind jedoch nur geringe oder keine Heilungsspuren zu erkennen, das heißt, die Betreffenden starben wahrscheinlich sehr schnell. Dieses Ergebnis ist nicht verwunderlich, wenn man sich die Fotos der Schädel ansieht: Aus einem davon wurde ein Knochenstück von fünf mal acht Zentimetern herausgetrennt. Die Verletzungen befinden sich stets entweder links vorn oder rechts hinten am Schädel, wie man es erwartet, wenn ein rechtshändiger Angreifer von vorn oder hinten zuschlägt. (Das Gleiche beobachtet man bei den meisten Verwundungen aus Schwertkämpfen, denn die Menschen sind in ihrer Mehrzahl Rechtshänder.)

Bei einem anderen männlichen Skelett auf dem gleichen Friedhof steckt eine Messerschneide zwischen den Rippen. Zwei weibliche Skelette aus dem Friedhof von Sandness mit ähnlichen Schädelverletzungen sind der Beweis, dass nicht nur Männer, sondern auch Frauen bei solchen Konflikten ums Leben kamen. Aus späteren Jahren der grönländischen Kolonie, als Äxte und Schwerter wegen der Eisenknappheit bereits äußerst selten waren, kennt man Schädel von vier erwachsenen Frauen und einem achtjährigen Kind, die jeweils ein oder zwei scharfkantige Löcher mit einem Durchmesser von eineinhalb bis zweieinhalb Zentimetern tragen; diese Verletzungen stammen offensichtlich von Armbrustbolzen oder Pfeilen. Auf häusliche Gewalt lässt das Skelett einer fünfzigjährigen

Eine typische Woche im Leben eines grönländischen Bischofs: Die Saga von Einar Sokkason

Als Sigurd Njalsson mit 14 Freunden auf der Jagd war, fand er ein gestrandetes Schiff voller wertvoller Fracht. Nicht weit davon, in einer Hütte, lagen die stinkenden Leichen der Besatzung und des Schiffskapitäns Arnbjorn. Sie waren verhungert. Sigurd brachte die Gebeine der Seeleute zur Bestattung in die Kathedrale von Gardar, und das Schiff selbst stiftete er dem Bischof Arnald für das Seelenheil der Verstorbenen. Was die Ladung anging, so beanspruchte er das Recht des Finders und teilte sie unter sich und seinen Freunden auf.

Als Arnbjorns Neffe Ozur davon erfuhr, kam er mit Angehörigen anderer Besatzungsmitglieder nach Gardar. Sie sagten dem Bischof, ihrer Ansicht nach hätten sie als Erben ein Anrecht auf die Ladung. Darauf erwiderte der Bischof, in grönländischen Gesetzen seien die Rechte des Finders festgelegt; Fracht und Schiff sollten jetzt der Kirche gehören, damit sollten die Messen für die Seelen der toten Eigentümer der Ladung bezahlt werden, und es sei schäbig von Ozur und seinen Freunden, dass sie jetzt Anspruch auf die Ladung erhoben. Daraufhin erhob Ozur Klage bei der Grönländischen Volksversammlung, an der Ozur mit allen seinen Leuten teilnahm, aber auch Bischof Arnald und sein Freund Einar Sokkason und viele ihrer Leute. Das Gericht entschied gegen Ozur, aber dem gefiel das Urteil überhaupt nicht und er fühlte sich gedemütigt; also zerstörte er Sigurds Schiff (das jetzt dem Bischof Arnald gehörte), indem er seitlich auf ganzer Länge Planken herausschnitt. Darüber wurde der Bischof so wütend, dass er erklärte, Ozur habe sein Leben verwirkt.

Als der Bischof in der Kirche die Feiertagsmesse las, saß Ozur unter den Gläubigen und beschwerte sich beim Diener des Bischofs darüber, wie schlecht der Bischof ihn behandelt habe. Daraufhin nahm Einar einem anderen Gläubigen eine Axt aus der Hand und versetzte Ozur einen tödlichen Schlag. Der Bischof fragte Einar: »Einar, hast du Ozurs Tod verursacht?« – »Wohl wahr«, erwiderte Einar, »das habe ich.« Darauf antwortete der Bischof: »Solche Mordtaten sind nicht recht. Aber diese ist nicht ohne Rechtfertigung.« Der Bischof wollte Ozur keine kirchliche Bestattung gewähren, aber Einar warnte ihn, es stehe Ärger vor der Tür.

Tatsächlich erklärte Simon, ein Verwandter Ozurs und ein großer, kräftiger Mann, jetzt sei nicht die Zeit für große Reden. Er sammelte seine Freunde Kolbein Thorljotsson, Keitel Kalfsson und viele Männer aus der Westlichen Siedlung um sich. Ein alter Mann namens Sokki Thorisson bot an, zwischen Simon und Einar zu vermitteln. Als Entschädigung für die Ermordung Ozurs bot Einar einige Gegenstände an, darunter eine alte Rüstung, die Simon zurückwies, weil sie Schrott sei. Kolbein schlich sich hinter Einar und schlug ihm seine Axt zwischen die Schultern, gerade als Einar seine eigene Axt auf Simons Kopf niederfahren ließ. Als sowohl Einar als auch Simon im Sterben lagen, sagte Einar: »Nichts anderes hatte ich erwartet.« Einars Pflegebruder Thord stürzte auf Kolbein zu, aber der konnte ihn sofort töten, indem er ihm seine Axt in den Hals trieb.

Nun begannen Einars und Kolbeins Männer gegeneinander zu kämpfen. Ein Mann namens Steingrim sagte, sie sollten doch bitte aufhören zu streiten, aber beide Parteien waren so verrückt, dass sie Steingrim mit einem Schwert durchbohrten. Auf Kolbeins Seite waren am Ende außer Simon auch Krak, Thorir und Vighvat tot. Auf Einars Seite starben neben Einar auch Bjorn, Thorarin, Thord und Thorfinn, und auch Steingrim zählte zu Einars Partei. Viele Männer trugen schlimme Verletzungen davon. Bei einer Friedenskonferenz, die ein vernünftiger Bauer namens Hall organisierte, wurde Kolbeins Seite zur Zahlung einer Entschädigung verurteilt, weil Einars Partei mehr Männer verloren hatte. Dennoch war Einars Partei von dem Urteil tief enttäuscht. Kolbein stach nach Norwegen in See und nahm einen Eisbären mit, den er dem König Harald Gilli schenken wollte, aber dabei beklagte er sich immer noch, wie grausam er behandelt worden sei. König Harald hielt Kolbeins Geschichte für ein reines Lügengespinst und weigerte sich, für den Eisbären eine Prämie zu bezahlen. Also griff Kolbein den König an und verwundete ihn; dann segelte er nach Dänemark, aber unterwegs ertrank er. Das ist das Ende der Geschichte.

Frau in der Kathedrale von Gardar schließen, bei dem das Zungenbein zerbrochen ist; Gerichtsmediziner deuten ein gebrochenes Zungenbein heute als Beleg, dass das Opfer mit bloßen Händen erdrosselt wurde.

Neben diesem Hang zur Gewalt, der neben der gemeinschaftlichen Zusammenarbeit existierte, brachten die Wikinger aus Island und Norwegen auch eine streng in Schichten gegliederte, hierarchische Gesellschaftsstruktur mit nach Grönland: Wenige Häuptlinge herrschten über die Besitzer der kleineren Bauernhöfe, die Landarbeiter ohne eigenen Grundbesitz und (anfangs) die Sklaven. Außerdem war Grönland wie Island politisch nicht als Staat organisiert, sondern als ein lockeres Bündnis aus Fürstentümern mit Feudalherrschaft. Geld gab es ebenso wenig wie eine Marktwirtschaft. In den ersten ein oder zwei Jahrhunderten nach der Besiedlung verschwand die Sklaverei, und die Sklaven wurden zu freien Menschen. Die Zahl selbständiger Bauern nahm aber vermutlich im Lauf der Zeit ab, weil sie gezwungen wurden, zu Lehensnehmern der Häuptlinge zu werden, eine Entwicklung, die auch in Island gut belegt ist. Entsprechende Aufzeichnungen aus Grönland besitzen wir nicht, aber dort dürfte sich eine ähnliche Entwicklung abgespielt haben, denn die Kräfte, die sie vorantrieben, waren in Grönland sogar noch stärker ausgeprägt als in Island. Bei diesen Kräften handelte es sich um Klimaschwankungen, die arme Bauern in schlechten Jahren zu Schuldnern der reicheren Bauern machten, weil diese ihnen Heu und Tiere liehen und später ihre Forderungen geltend machen konnten. Anhaltspunkte für eine solche Hierarchie der Bauernhöfe ist noch heute an den Ruinen in Grönland zu erkennen: Im Vergleich zu ärmeren Anwesen hatten größere Höfe gute Weideflächen, größere Ställe für Kühe und Schafe mit Verschlägen für mehr Tiere, größere Häuser, größere Kirchen und eine Schmiede. Außerdem erkennt man die Hierarchie heute an dem größeren Anteil der Rinder- und Karibuknochen im Verhältnis zu den Knochen von Schafen und Robben in den Abfallhaufen der reicheren Höfe.

Die Parallelen zu Island reichen noch weiter: Auch das Grönland der Wikinger war eine konservative Gesellschaft, die sich Veränderungen widersetzte und im Vergleich zu der Wikingergesellschaft im heimatlichen Norwegen stärker an der alten Lebensweise festhielt. Die Machart von Werkzeugen und Schnitzereien veränderte sich über Jahrhunderte hinweg kaum. Die Fischerei gab man schon in den ersten Jahren der Siedlung auf, und diese Entscheidung wurde in den ganzen viereinhalb Jahrhunderten, in denen die Gesellschaft der Grönländer existierte, nicht revidiert. Sie lernten nicht von den Inuit, wie man Ringelrobben oder Wale jagt, obwohl das sogar bedeutete, dass sie auf reichlich vorhandene Nahrungsmittel verzichteten und deshalb hungern mussten. Letztlich dürfte hinter dieser konservativen Grundeinstellung der Grönländer die gleiche Ursache stehen, die meine isländischen Bekannten auch für die konservative Haltung ihrer eigenen Gesellschaft verantwortlich machen. Noch stärker als die Isländer befanden sich die Grönländer in einer äußerst schwierigen Umwelt. Ihnen gelang zwar die Entwicklung einer Wirtschaft, mit deren Hilfe sie über viele Generationen hinweg am Leben bleiben konnten, aber sie stellten fest, dass Abweichungen mit viel größerer Wahrscheinlichkeit katastrophale Folgen hatten, als dass sie Vorteile brachten. Das war ein stichhaltiger Grund, konservativ zu sein.

Das letzte Adjektiv, das die Normannen in Grönland charakterisiert, lautet »eurozentrisch«. Die Grönländer bezogen aus Europa materielle Handelsgüter, aber noch wichtiger waren die ideellen Importe: ihre Identität als Christen und Europäer. Betrachten wir zunächst den materiellen Handel. Welche Waren wurden nach Grönland importiert, und mit welchen Exporten bezahlten die Grönländer dafür?

Die Reise von Grönland nach Norwegen dauerte mit einem mittelalterlichen Segelschiff mindestens eine Woche und war sehr gefährlich; die Aufzeichnungen sprechen häufig von Schiffbrüchen oder von Schiffen, die ablegten und für immer verschwanden. Deshalb kamen jedes Jahr höchstens einige Schiffe aus Europa nach Grönland, manchmal sogar nur alle paar Jahre eines. Außerdem hatten europäische Frachtschiffe zu jener Zeit nur eine geringe Ladekapazität. Stellt man begründete Schätzungen über die Häufigkeit der Besucher, die Ladefähigkeit der Schiffe und die Bevölkerung Grönlands an, so kann man berechnen, dass die Importe sich auf etwa drei Kilo Fracht je Kopf und Jahr beliefen – im Durchschnitt. Die meisten Grönländer erhielten viel weniger, denn bei einem großen Teil der eintreffenden Ladungen handelte es sich um Material für die Kirchen und um Luxusgüter für die Oberschicht. Bei den Importen konnte es sich deshalb nur um wertvolle Gegenstände handeln, die relativ wenig Platz einnahmen. Insbesondere musste Grönland sich mit der Nahrung selbst versorgen und konnte sich nicht auf den Import von Massenwaren wie Getreide und anderen Grundnahrungsmitteln verlassen.

Unsere Kenntnisse über die Importe nach Grönland stammen aus Listen in norwegischen Aufzeichnungen und aus Gegenständen europäischer Herkunft, die man an archäologischen Stätten in Grönland gefunden hat. Insbesondere handelte es sich dabei um dreierlei Güter: Eisen, das die Grönländer nur unter großen Schwierigkeiten selbst herstellen konnten, gutes Holz für Bauwerke und Möbel, das ebenfalls knapp war, und Teer als Schmiermittel sowie zur Konservierung von Holz. Sofern die Importwaren nicht der Wirtschaft dienten, waren sie vielfach für die Kirchen bestimmt: Kirchenglocken, farbige Glasfenster, Kerzenleuchter aus Bronze, Messwein, Leinen, Seide, Silber sowie Gewänder und Schmuck für die Geistlichen. Unter den weltlichen Luxusgütern, die man an archäologischen Stätten bei den Bauernhöfen gefunden hat, waren Zinn- und Keramikgefäße, Glasperlen und Knöpfe. Als Luxuslebensmittel importierte man in kleinen Mengen wahrscheinlich Salz als Konservierungsmittel sowie Honig, der zu Met vergoren wurde.

Die gleichen Beschränkungen des Schiffsladeraumes wirkten sich natürlich auch auf die Gegenleistungen für diese Importe aus: Anders als das mittelalterliche Island und das heutige Grönland konnten die Bewohner keine großen Mengen von Fisch exportieren, selbst wenn sie diesem positiv gegenübergestanden hätten. Auch bei den Exportgütern musste es sich um Gegenstände mit geringem Volumen und hohem Wert handeln. Das waren unter anderem die Häute von Ziegen, Rindern und Robben; diese konnte man in Europa zwar auch aus anderen Ländern beziehen, aber sie wurden im Mittelalter auch in großen Mengen zur Herstellung von Lederkleidung, Schuhen und Gürteln gebraucht. Wie Island, so exportierte auch Grönland Wollkleidung, die wegen ihrer Wasser abstoßenden Eigenschaften geschätzt war. Aber als kostbarste grönländische Exportwaren werden in norwegischen Aufzeichnungen fünf Produkte von arktischen Tieren erwähnt, die im größten Teil Europas selten waren oder völlig fehlten: Elfenbein aus den Stoßzähnen von Wahlrossen, Walrossfelle (die man schätzte, weil sie die stärksten Schiffstaue lieferten), lebende Eisbären oder ihre Felle als spektakuläre Statussymbole, die Stoßzähne von Narwalen (einer kleinen Walart), die man in Europa damals für die Hörner von Einhörnern hielt, und lebende Gerfalken (die größte Falkenart der Welt). Nachdem Moslems die Kontrolle über den Mittelmeerraum übernommen hatten und der Nachschub an Elefantenelfenbein ins christliche Europa praktisch zum Erliegen gekommen war, blieben Walrossstoßzähne das einzige Elfenbein, das für Schnitzereien noch zur Verfügung stand. Welchen Wert man den Gerfalken aus Grönland beimaß, wird an einem Beispiel deutlich: Zwölf solcher Vögel reichten 1396 aus, um den Sohn des Herzogs von Burgund freizukaufen, nachdem dieser von den Sarazenen gefangen genommen worden war.

Walrosse und Eisbären kamen praktisch ausschließlich in geographischen Breiten weit nördlich der beiden Wikingersiedlungen vor. Das Gebiet, das als Nordrseta (nördliches Jagdrevier) bezeichnet wurde, begann mehrere hundert Kilometer von der Westlichen Siedlung entfernt und erstreckte sich an der Westküste Grönlands nach Norden. Deshalb schickten die Grönländer jeden Sommer kleine Gruppen von Jägern in offenen Booten mit sechs Paar Rudern und Segeln auf die Reise. Diese konnten pro Tag etwa 30 Kilometer zurücklegen und bis zu eineinhalb Tonnen Fracht mitnehmen. Die Jäger machten sich im Juni auf den Weg, nachdem die Jagd auf Sattelrobben weitgehend vorüber war. Von der Westlichen Siedlung brauchten sie zwei und von der Östlichen vier Wochen, um die Nordrseta zu erreichen, und Ende August kehrten sie wieder zurück. Natürlich konnten sie in ihren kleinen Booten nicht Hunderte von erlegten Wahlrossen und Eisbären mitnehmen, die jeweils eine halbe bis eine Tonne wiegen. Stattdessen wurden die Tiere an Ort und Stelle zerlegt, und nur die Walrosskiefer mit den Stoßzähnen sowie die Bärenfelle mit den Pranken (sowie hin und wieder ein lebender, gefangener Bär) wurden nach Hause gebracht, wo man während des langen Winters nach Belieben die Stoßzähne entnehmen und die Felle reinigen konnte. Außerdem brachten sie das Baculum der Walrossmännchen mit, einen stabförmigen, etwa 30 Zentimeter langen Knochen, der bei diesen Tieren den Kern des Penis bildet und sich mit seiner Größe und Form (aber, so hat man den Verdacht, auch wegen seines Unterhaltungswertes) gut als Axtgriff oder Haken eignet.

Die Jagd in der Nordrseta war in vielerlei Hinsicht gefährlich und aufwendig. Zunächst einmal muss es ein großes Risiko gewesen sein, Walrosse und Eisbären ohne Feuerwaffen zu jagen. Man braucht sich nur vorzustellen, wie Menschen mit Lanze, Speer, Pfeil und Bogen oder Knüppeln darangehen, ein riesiges, wütendes Walross oder einen Bären zu töten, bevor dieser den Jäger umbringt. Oder stellen wir uns vor, wir müssten mehrere Wochen in einem kleinen Ruderboot mit einem lebenden, gefesselten Eisbären oder seinen Jungen verbringen. Schon ohne einen lebenden Bären als Reisegefährten war die Schiffsfahrt entlang der kalten, stürmischen Westküste Grönlands für die Jäger mit der Gefahr verbunden, Schiffbruch zu erleiden und ums Leben zu kommen oder mehrere Wochen festzusitzen. Neben solchen Gefahren war die Reise mit einem gewaltigen Aufwand für Boote, Arbeitskraft und Arbeitszeit verbunden, drei Ressourcen, die sämtlich knapp waren. Da es in Grönland so wenig Holz gab, besaßen nur die wenigsten Bewohner ein Boot, und wenn man diese kostbaren Verkehrsmittel zur Walrossjagd verwendete, standen sie für andere Zwecke nicht zur Verfügung, beispielsweise für Reisen nach Labrador zur Beschaffung von Bauholz. Die Jagd fand im Sommer statt, wenn die Männer auch für die Heuernte gebraucht wurden, damit sie das Vieh im Winter füttern konnten. Andererseits erhielten die Grönländer als materiellen Gegenwert für die Walrossstoßzähne und Bärenfelle aus

Europa vorwiegend Luxusgüter für Kirchen und Häuptlinge. Aus heutiger Sicht können wir uns des Gedankens nicht erwehren, dass die Grönländer Boote und Arbeitszeit sinnvoller hätten nutzen können. Aus ihrer Sicht jedoch verschaffte die Jagd den einzelnen Jägern offenbar großes Ansehen, und gleichzeitig hielt sie für die ganze Gesellschaft den psychologisch unentbehrlichen Kontakt nach Europa aufrecht.

Der grönländische Handel mit Europa lief vorwiegend über die norwegischen Häfen Bergen und Trondheim. Anfangs wurde die Fracht in seetüchtigen Schiffen transportiert, die Isländern und den Grönländern selbst gehörten, aber als diese Schiffe älter wurden, konnte man sie wegen des Holzmangels auf den Inseln nicht ersetzen, sodass man den Handel norwegischen Schiffen überlassen musste. Mitte des 13. Jahrhunderts kam häufig mehrere Jahre lang kein einziges Schiff nach Grönland. Im Jahr 1257 war der norwegische König Haakon Haakonsson bestrebt, seine Macht über alle Gesellschaften auf den Nordatlantikinseln zu festigen, und im Rahmen dieser Bemühungen schickte er drei Kommissare nach Grönland, die die bis dahin unabhängigen Inselbewohner veranlassen sollten, seine Herrschaft anzuerkennen und Tribut zu zahlen. Das Übereinkommen zwischen beiden Parteien ist nicht in allen Einzelheiten erhalten, manche Schriftstücke lassen aber darauf schließen, dass Grönland im Jahr 1261 die norwegische Herrschaft anerkannte, und im Gegenzug versprach der König, jedes Jahr zwei Schiffe auf die Reise zu schicken; ganz ähnlich sah ein gleichzeitig geschlossener Vertrag mit Island aus, den wir genau kennen und der sechs Schiffe pro Jahr vorsah. Von nun an wurde der Handel mit Grönland zu einem Monopol der norwegischen Krone. Aber Grönland blieb nur locker an Norwegen gebunden, und der Herrschaftsanspruch war wegen der großen Entfernung nur schwer durchzusetzen. Mit Sicherheit wissen wir nur, dass im 14. Jahrhundert mehrmals königliche Agenten in Grönland ansässig waren.

Mindestens ebenso wichtig wie die europäischen Warenexporte nach Grönland waren die psychologischen Exporte einer christlichen und europäischen Identität. Diese Identität war wahrscheinlich der Grund, warum die Grönländer sich – jedenfalls aus heutiger Sicht mit dem Vorteil des Rückblicks – schlecht angepasst verhielten, was sie letztlich ihr Leben kostete, sie zuvor jedoch viele Jahrhunderte lang in die Lage versetzte, unter schwierigeren Bedingungen als alle anderen mittelalterlichen Europäer eine funktionierende Gesellschaft aufrechtzuerhalten.

Grönland bekehrte sich um das Jahr 1000 zum Christentum, ungefähr zur gleichen Zeit wie Island und die anderen Wikingerkolonien im Atlantikraum sowie Norwegen selbst. Als Kirchen gab es auf der Insel mehr als ein Jahrhundert lang nur kleine Bauwerke, die man aus Grassoden auf dem Land von Bauern – vorwiegend der größten Höfe – errichtete. Ganz ähnlich wie in Island handelte es sich um so genannte Eigentümerkirchen, die von dem Bauern und Landbesitzer errichtet wurden; dieser blieb der Eigentümer und hatte Anspruch auf einen Teil der Abgaben, die von den örtlichen Kirchenmitgliedern entrichtet wurden.

Zunächst gab es in Grönland noch keinen ortsansässigen Bischof, aber ein solcher war notwendig, damit Firmungen vorgenommen werden konnten und damit eine Kirche als geweiht galt. Deshalb schickten die Grönländer um das Jahr 1118 den gleichen Einar Sokkason, der uns schon als Sagenheld begegnet ist und hinterrücks durch einen Axthieb getötet wurde, nach Norwegen: Er sollte den König veranlassen, der Kolonie einen Bischof zuzuteilen. Als Anreiz brachte Einar dem König einen großen Vorrat an Elfenbein, Wahlrosszähnen und – das Beste von allem – einen lebenden Eisbären mit. Das Geschenk hatte die gewünschte Wirkung. Der König überzeugte nun seinerseits den Geistlichen Arnald, den wir in Einar Sokkasons Saga kennen gelernt haben, als erster ständiger Bischof nach Grönland zu gehen; ihm folgten im Lauf der weiteren Jahrhunderte mindestens neun andere. Alle waren in Europa geboren und ausgebildet, und nach Grönland kamen sie erst durch ihre Ernennung zum Bischof. Wie nicht anders zu erwarten, diente Europa ihnen als Vorbild: Sie aßen lieber Rind- als Robbenfleisch und verwendeten die Ressourcen der grönländischen Gesellschaft für die Jagd in der Nordrseta, um Wein und Kleidung für sich selbst sowie farbige Glasfenster für ihre Kirchen kaufen zu können.

Auf Arnalds Ernennung folgte eine große Welle von Kirchenneubauten nach europäischen Vorbildern. Diese setzten sich ungefähr bis 1300 fort, als die hübsche Kirche von Hvalsey als eine der letzten errichtet wurde. Am Ende gab es in Grönland als kirchliche Einrichtungen eine Kathedrale, ungefähr 13 große Gemeindekirchen, viele kleinere Kirchen und sogar jeweils ein Kloster für Mönche und Nonnen. Bei den meisten Kirchen wurde der untere Teil der Mauern aus Stein und der obere aus Gras errichtet, das Bauwerk von Hvalsey und mindestens drei weitere besaßen jedoch ausschließlich steinerne Wände. Die Ausmaße dieser großen Kirchen standen in keinem Verhältnis mehr zur Größe der winzigen Gesellschaft, die sie errichtete und in Stand hielt.

Die St.-Nikolaus-Kathedrale von Gardar zum Beispiel ist mit einer Länge von 32 Metern und einer Breite von 16 Metern größer als die beiden Kathedralen in Island, das zehn Mal so viele Einwohner hat wie Grönland. Das Gewicht der größten Steinblöcke im unteren Teil der Mauern, die man sorgfältig in die passende Form gebracht und über mindestens eineinhalb Kilometer aus Sandsteinbrüchen herantransportiert hatte, schätzte ich auf etwa drei Tonnen. Noch größer – etwa zehn Tonnen schwer – war ein Markierungsstein vor dem Bischofssitz. Weiterhin gab es einen 25 Meter hohen Glockenturm und die größte Versammlungshalle Grönlands, die mit einer Grundfläche von 130 Quadratmetern drei Viertel der Halle des Erzbischofs von Trondheim erreichte. Ähnlich üppige Ausmaße hatten die beiden Kuhställe der Kathedrale: Der eine war mit einer Länge von über 60 Metern der größte in Grönland und hatte einen steinernen Türsturz, der rund vier Tonnen wog. Als prächtigen Gruß für Besucher war das Gelände der Kathedrale mit ungefähr 25 vollständigen Walrossschädeln und fünf Schädeln von Narwalen geschmückt, vermutlich den Einzigen, die an einer archäologischen Stätte von Normannisch-Grönland bis heute erhalten geblieben sind. Ansonsten fanden die Archäologen nur kleine Elfenbeinsplitter, denn das Material war so wertvoll, dass es fast ausnahmslos nach Europa exportiert wurde.

Die Kathedrale von Gardar und die anderen grönländischen Kirchen müssen entsetzlich große Mengen des knappen Holzes als Stützen für Wände und Dächer verschlungen haben. Auch der Import kirchlicher Utensilien wie Bronzeglocken und Messwein muss für die Grönländer teuer gewesen sein, denn sie wurden letztlich mit dem Schweiß und Blut der Jäger in der Nordrseta bezahlt und standen, was die begrenzte Frachtkapazität der eintreffenden Schiffe anging, in Konkurrenz zu dem lebenswichtigen Eisen. Als immer wiederkehrende Aufwendungen für ihre Kirchen zahlten die Grönländer eine jährliche Abgabe an Rom und zusätzliche Kreuzzugssteuern, die allen Christen auferlegt wurden. Diese Abgaben wurden mit den grönländischen Exporten nach Bergen gebracht und dort in Silber umgetauscht. Eine Quittung für eine solche Schiffsladung, die Sechs-Jahres-Kreuzzugssteuer der Jahre 1274 bis 1280, ist erhalten geblieben: Sie lautet auf 666 Kilo Elfenbein aus den Stoßzähnen von 191 Wahlrosszähnen, die der norwegische Erzbischof in zwölf Kilo reines Silber umtauschen konnte. Die Höhe dieser Abgaben und der Umfang der Bauprogramme zeigt, welche Autorität die Kirche in Grönland genoss.

Am Ende gehörten die besten Landstücke Grönlands, darunter auch ungefähr ein Drittel der Östlichen Siedlung, zu einem großen Teil der

Kirche. Die kirchlichen Abgaben und möglicherweise auch andere Exporte nach Europa liefen über Gardar; dort kann man noch heute die Ruinen eines großen Lagerschuppens sehen, der unmittelbar an der Südostecke der Kathedrale stand. Nachdem Gardar also über das größte Lagerhaus Grönlands, die bei weitem größte Rinderherde und das fruchtbarste Land verfügte, war jeder, der dieses Anwesen beherrschte, auch der Herrscher Grönlands. Unklar ist bis heute, ob Gardar und die anderen Kirchengüter der Kirche selbst gehörten oder aber den Bauern, auf deren Land die Kirchen standen. Aber ob Macht und Eigentum beim Bischof oder bei den Häuptlingen lagen, spielt für die wichtigste Erkenntnis keine Rolle: Grönland war eine hierarchische Gesellschaft, ihre großen Wohlstandsunterschiede wurden durch die Kirche gerechtfertigt, und in die Kirchen wurde unverhältnismäßig viel investiert. Wieder müssen wir uns aus heutiger Sicht fragen, ob es den Grönländern nicht besser ergangen wäre, wenn sie weniger Bronzeglocken und dafür mehr Eisen importiert hätten, um Werkzeuge oder Waffen zur Verteidigung gegen die Inuit herzustellen, oder wenn sie Waren eingeführt hätten, die sie in schwierigen Zeiten bei den Inuit hätten eintauschen können. Aber auch diese Fragen stellen wir aus der vorteilhaften Situation des Rückblicks heraus und ohne Rücksicht auf das kulturelle Erbe, das die Grönländer zu ihren Entscheidungen veranlasste.

Neben dieser spezifisch christlichen Identität behielten die Grönländer auch in vielen anderen Aspekten ihr europäisches Selbstbild bei, was sich unter anderem an dem Import europäischer Bronzekerzenständer, Glasknöpfe und Goldringe zeigt. In den Jahrhunderten, in denen ihre Kolonie existierte, folgten die Grönländer in allen Einzelheiten den wechselnden europäischen Sitten und übernahmen sie. Ein gut dokumentiertes Beispiel sind die Bestattungsgebräuche, die man durch Ausgrabungen auf Friedhöfen in Skandinavien und Grönland aufklären konnte. Säuglinge und tot geborene Kinder wurden im mittelalterlichen Norwegen am Ostgiebel einer Kirche bestattet; in Grönland machte man es genauso. Verstorbene bestattete man in Norwegen in Särgen, wobei den Frauen der südliche Teil des Friedhofes und den Männern der nördliche Teil vorbehalten war; später verzichtete man in Norwegen auf die Särge, wickelte die Leichen nur in ein Stück Stoff oder ein Totenhemd, und bestattete Männer und Frauen nebeneinander. Die gleichen Veränderungen wurden auch in Grönland nachvollzogen. Auf dem europäischen Kontinent legte man die Leichen während des gesamten Mittelalters auf den Rücken, wobei der Kopf nach Westen und die Füße nach Osten wiesen (sodass der

Tote nach Osten »blickte«), aber die Haltung der Arme änderte sich: Bis 1250 legte man sie ausgestreckt neben den Körper, um 1250 bog man sie leicht über das Becken, später wurden sie noch stärker gebogen, sodass sie auf dem Bauch lagen, und im Spätmittelalter schließlich wurden sie über der Brust gefaltet. Auch diesen Wandel der Armhaltung kann man auf grönländischen Friedhöfen beobachten.

Auf ganz ähnliche Weise folgte man auch beim Kirchenbau in Grönland den europäischen Vorbildern und ihren Wandlungen. Jeder Tourist, der europäische Kathedralen mit ihrem langen Hauptschiff, dem nach Westen gewandten Haupteingang, dem Altarraum, nördlichem und südlichem Querhaus kennt, findet alle diese Merkmale auch in den steinernen Ruinen der Kathedrale von Gardar wieder. Die Kirche von Hvalsey ähnelt dem Bauwerk im norwegischen Eidfjord so stark, dass die Grönländer sich entweder denselben Architekten auf die Insel geholt haben müssen oder die Baupläne kopierten. Zwischen 1200 und 1225 gaben norwegische Baumeister das bis dahin benutzte Längenmaß (den so genannten internationalen römischen Fuß) auf und übernahmen den kürzeren griechischen Fuß; in Grönland tat man es ihnen sofort nach.

Die Nachahmung europäischer Vorbilder erstreckte sich bis auf häusliche Gegenstände wie Kämme und Kleidung. Bis ungefähr 1200 waren norwegische Kämme einseitig: Die Zinken standen nur auf einer Seite des Schaftes. Danach kamen solche Kämme aus der Mode, und an ihre Stelle traten doppelseitige Modelle, bei denen zwei Zinkenreihen in entgegengesetzte Richtungen zeigten; auch diesen Wechsel in der Machart der Kämme vollzogen die Grönländer nach. (Das erinnert an eine Bemerkung in dem Buch *Walden* von Henri Thoreau über Menschen, die sklavisch den Modeschöpfern in einem weit entfernten Land folgen: »Der Oberaffe in Paris setzt eine Schirmmütze auf, und alle Affen in Amerika machen es ihm nach.«) Auf dem Friedhof von Herjolfsnes hat man Leichen ausgegraben, die in den letzten Jahrzehnten der grönländischen Kolonie im Permafrost bestattet wurden; sie sind von ausgezeichnet erhaltenen Tüchern umhüllt, an denen man deutlich erkennen kann, dass die Kleidungsmode in Grönland genau der in Europa folgte, obwohl sie sich für das kalte Klima weit weniger eignete als der einteilige Parka der Inuit mit seinen eng anliegenden Ärmeln und der Kapuze. Die Kleidung der letzten grönländischen Wikinger bestand bei den Frauen aus einem langen, tief ausgeschnittenen Umhang mit enger Taille und bei den Männern aus dem *houpelande*, einem auffälligen Mantel, der als lockerer Umhang von einem Gürtel in der Körpermitte zusammengehalten wurde, während der Wind durch die weiten Ärmel pfeifen konnte; außerdem trugen die Männer eine vorn geknöpfte Jacke und einen hohen Hut.

Diese Nachahmung europäischer Moden zeigt ganz deutlich, dass die Grönländer sich stark an ihrem Heimatkontinent orientierten. Sie sagen unmissverständlich: »Wir sind Europäer, wir sind Christen, und Gott möge verhüten, dass irgendjemand uns mit den Inuit verwechselt.« Genau wie Australien, das ich seit den sechziger Jahren des 20. Jahrhunderts besuche und das damals britischer war als Großbritannien selbst, so blieb auch Europas abgelegenster Außenposten in Grönland emotional eng an den Kontinent gebunden. Das wäre harmlos gewesen, hätte die Bindung sich nur in zweiseitigen Kämmen und der Haltung der Arme über einer Leiche manifestiert. Gefährlicher wird die Haltung »wir sind Europäer«, wenn man im grönländischen Klima halsstarrig an Kühen festhält, Arbeitskräfte von der sommerlichen Heuernte abzieht und zum Jagen in die Nordrseta schickt, die Übernahme nützlicher Aspekte der Inuit-Technologie ablehnt und dann verhungert. Aus der Sicht unserer modernen, säkularen Gesellschaft können wir uns kaum vorstellen, in welchem Dilemma die Grönländer steckten. Für sie, denen das gesellschaftliche Überleben ebenso wichtig war wie die biologische Selbsterhaltung, stellte sich die Frage überhaupt nicht, ob sie weniger in Kirchen investieren und die Inuit nachahmen oder mit ihnen Ehen schließen sollten, denn das hätte ihnen eine Ewigkeit in der Hölle eingebracht, nur damit sie auf Erden einen weiteren Winter überlebten. Das Festhalten der Grönländer an ihrem Selbstbild als europäische Christen dürfte ein wichtiger Faktor für ihre zuvor erwähnte konservative Haltung gewesen sein: Sie waren europäischer als die Europäer selbst, und diese kulturelle Barriere verhinderte die drastischen Veränderungen in der Lebensweise, mit denen sie hätten überleben können.

KAPITEL 8

Das Ende von Normannisch-Grönland

Der Anfang vom Ende ▪ Waldzerstörung ▪ Schäden an Boden und Wiesen ▪ Die Vorgänger der Inuit ▪ Lebensunterhalt bei den Inuit ▪ Das Verhältnis zwischen Inuit und Wikingern ▪ Das Ende ▪ Die eigentlichen Ursachen des Unterganges

Im vorigen Kapitel haben wir erfahren, wie es den Wikingern in Grönland anfangs gut ging, weil im Umfeld ihrer Ankunft eine ganze Reihe glücklicher Umstände herrschte. Sie hatten das Glück, dass sie eine jungfräuliche Landschaft entdeckten, die noch nie abgeholzt oder abgegrast worden war und sich als Weideland eignete. Sie kamen zu einer Zeit mit relativ mildem Klima, die Heuproduktion reichte in den meisten Jahren aus, die Seewege nach Europa waren eisfrei, in Europa bestand Bedarf an dem exportierten Walrosselfenbein, und in der Nähe der normannischen Siedlungen und Jagdreviere gab es nirgendwo amerikanische Ureinwohner.

Alle diese anfänglichen Vorteile gingen im Lauf der Zeit verloren, und daran waren die Wikinger selbst nicht unschuldig. Auf die Klimaveränderungen, die wechselnde Nachfrage nach Elfenbein in Europa und die Ankunft der Inuit hatten sie zwar keinen Einfluss, aber es lag an ihnen, wie sie damit umgingen. Und für das, was sie mit der Landschaft machten, waren sie ganz allein verantwortlich. In dem nun folgenden Kapitel werden wir erfahren, wie das Schwinden der genannten Vorteile und die Reaktionen der Wikinger darauf zum Ende der normannisch-grönländischen Kolonie führten.

Die Wikinger schädigten ihre Umwelt in Grönland mindestens auf dreierlei Weise: Sie zerstörten die natürliche Pflanzenwelt, setzten die Bodenerosion in Gang und stachen den Rasen aus. Unmittelbar nach ihrer Ankunft brannten sie Wälder ab, um Land für Weideflächen zu gewinnen, und dann fällten sie einen Teil der verbliebenen Bäume, um sie als Bau-

oder Brennholz zu verwenden. Dass neue Bäume nachwuchsen, verhinderte das Vieh, das die Schösslinge abweidete oder zertrampelte, insbesondere im Winter, wenn die Pflanzen besonders empfindlich waren und ohnehin ihr Wachstum einstellten.

Welche Auswirkungen solche Verhaltensweisen auf die natürliche Vegetation hatten, können unsere alten Freunde, die Pollenforscher, am besten einschätzen: Sie untersuchten radiokarbondatierte Sedimentstücke vom Boden der Seen und Sümpfe. In diesen Ablagerungen findet man mindestens fünf Arten ökologischer Beweisstücke: erstens Blätter, Pollen und andere Pflanzenteile, an denen man erkennen kann, welche Pflanzen zu jener Zeit an der betreffenden Stelle wuchsen; zweitens Holzkohleteilchen, einen Hinweis auf Feuer in der Nähe; drittens magnetische Eigenschaften, ein Spiegelbild der magnetischen Eisenmineralien im Sediment, die aus dem Boden ausgewaschen oder vom Wind in den See geweht wurden; und schließlich Sand, der auf ähnliche Weise ausgespült oder weggeweht wurde.

Solche Untersuchungen an Sedimenten aus Seen liefern für die Entwicklung der Pflanzenwelt rund um die Wikingerhöfe folgendes Bild: Als das Klima sich am Ende der letzten Eiszeit erwärmte, traten Bäume an die Stelle der Gräser und Seggen – dies ist an den Pollenarten eindeutig zu erkennen. In den folgenden 8000 Jahren veränderte sich die Vegetation nur wenig, und man findet zunächst kaum Spuren von Waldzerstörung oder Erosion. Dies ändert sich erst mit dem Eintreffen der Wikinger, das sich in einer Holzkohleschicht verrät, weil die Menschen Brandrodung betrieben, um Weideland für ihre Tiere zu schaffen. Die Menge der Weiden- und Birkenpollen geht zurück, die der Pollen von Gräsern, Seggen, Unkraut und Weidepflanzen, die von den Normannen als Tierfutter eingeführt wurden, nimmt zu. Die steigende magnetische Empfindlichkeit zeigt, dass der Boden zur gleichen Zeit in die Seen transportiert wurde, nachdem die Pflanzendecke verschwunden war, die ihn zuvor vor der Erosion durch Wind und Wasser geschützt hatte. Als schließlich ganze Täler frei von Pflanzenwuchs und Mutterboden waren, wurde auch der darunter liegende Sand abtransportiert. Im 15. Jahrhundert, nachdem die Wikinger ihre Siedlungen aufgegeben hatten, kehrten sich alle diese Veränderungen um, ein Anzeichen für die Erholung der Landschaft. Nach 1924 schließlich stellten sich die gleichen Veränderungen wie nach der Besiedlung durch die Normannen ein, weil die dänische Regierung fünf Jahrhunderte nach dem Verschwinden der Wikinger-Viehhirten wiederum Schafe einführte.

Ökologische Skeptiker könnten nun fragen: Na und? Das alles ist zwar traurig für die Weidenbäume, aber was ist mit den Menschen? Wie sich herausstellte, hatten Waldzerstörung, Bodenerosion und Rasenstechen für die Normannen schwer wiegende Folgen. Als Erstes führte die Waldzerstörung dazu, dass Bauholz genau wie in Island und auf Mangareva sehr schnell knapp wurde. Die kurzen, dünnen Stämme der verbliebenen Weiden, Birken und Wacholderbäume eigneten sich nur für kleine hölzerne Haushaltsgegenstände. Zur Herstellung von Balken für Häuser, Boote, Schlitten, Fässer, Wandverkleidungen und Betten waren die Wikinger nun auf Holz aus drei Quellen angewiesen: sibirisches Treibholz, das an die Strände gespült wurde, importierte Baumstämme aus Norwegen und Bäume, die von den Grönländern selbst auf ihren Reisen an die Küste von Labrador (»Markland«) gefällt wurden, nachdem sie diese bei ihrer Erkundung von Vinland entdeckt hatten. Offensichtlich war Holz so knapp, dass Gegenstände aus diesem Material nicht weggeworfen, sondern wiederverwendet wurden. Dies kann man aus der Beobachtung schließen, dass große Holzverkleidungen und Möbel in den meisten Ruinen der grönländischen Wikinger fehlen, mit Ausnahme der letzten Häuser, in denen die Normannen in der Westlichen Siedlung starben. In dem »Hof unter dem Sand«, einer berühmten Ausgrabungsstätte in der Westlichen Siedlung, die unter gefrorenem Flusssand fast vollständig erhalten blieb, fand man das Holz zum größten Teil nicht in den unteren, sondern in den oberen Schichten, auch dies ein Indiz, dass das Holz alter Räume und Gebäude kostbar war und nicht weggeworfen wurde, sondern bei Um- und Anbauten erneut Verwendung fand. Ein weiteres Mittel gegen die Holzknappheit bestand darin, dass Rasen als Material für die Mauern von Gebäuden verwendet wurde, aber wie wir noch genauer erfahren werden, warf auch diese Lösung ihre eigenen Probleme auf.

Eine andere Antwort auf die Frage »na und?« im Zusammenhang mit der Waldzerstörung lautet: Auch Brennholz wurde knapp. Im Gegensatz zu den Inuit, die gelernt hatten, Waltran zur Beheizung und Beleuchtung ihrer Behausungen zu verwenden, benutzten die Wikinger den Überresten in ihren Feuerstellen zufolge weiterhin Weiden- und Eschenholz als Brennstoff. Zusätzlicher Bedarf an Brennholz ergab sich aus einem Grund, an den ein moderner Stadtbewohner niemals denken würde: wegen der Milchverarbeitung. Milch ist ein heikles und potenziell gefährliches Lebensmittel: Sie ist sehr nährstoffreich, und zwar nicht nur für uns, sondern auch für Bakterien, und deshalb verdirbt sie sehr schnell, wenn man sie ohne die Pasteurisierung und Kühlung, die für uns selbstverständlich ist, stehen lässt – und beide Verfahren wurden von den Wikingern wie von allen anderen Menschen vor Beginn der Neuzeit nicht praktiziert. Deshalb mussten die Gefäße, in denen man Milch sammelte, lagerte und zu Käse verarbeitete, häufig mit kochendem Wasser gespült werden; bei Milcheimern war dies sogar zweimal am Tag erforderlich. Aus diesem Grund konnte man die Tiere bei den *saeters* (den Sommerhäusern im Gebirge) nur in Höhen bis zu 400 Metern melken; darüber, und zwar bis in eine Höhe von rund 750 Metern, wuchs zwar ebenfalls noch Weidegras, aber Brennholz stand nicht mehr zur Verfügung. Aus Island und Norwegen wissen wir, dass *saeters* aufgegeben werden mussten, nachdem die Brennholzvorräte in der Umgebung erschöpft waren, und das Gleiche geschah wahrscheinlich auch in Grönland. Wie das knappe Bauholz, so wurde auch das rare Brennholz durch andere Materialien ersetzt – unter anderem verbrannte man Tierknochen, Dung und Rasen. Aber diese Lösungen hatten ebenfalls Nachteile: Mit Knochen und Dung hätte man sonst die Wiesen düngen und die Heuproduktion steigern können, und Rasen zu verbrennen, war gleichbedeutend mit der Zerstörung von Weideland.

Zu den weiteren schwer wiegenden Folgen der Waldzerstörung gehörte neben der Bau- und Brennholzknappheit auch ein Mangel an Eisen. Die Skandinavier gewannen ihr Eisen größtenteils aus Raseneisenerz: Das Metall wurde aus Sumpfsedimenten mit geringem Eisengehalt abgetrennt. Raseneisenerz steht in Grönland genau wie in Island und Skandinavien an manchen Stellen zur Verfügung: Christian Keller und ich sahen bei Gardar in der Östlichen Siedlung einen Sumpf in der Farbe von Eisen, und zwei weitere derartige Sümpfe fand Thomas McGovern in der Westlichen Siedlung. Das Problem bestand nicht darin, Raseneisenerz in Grönland zu finden, sondern in seiner Verarbeitung: Man brauchte riesige Holzmengen zur Herstellung der Holzkohle, mit der die erforderlichen hohen Temperaturen des Feuers zu erreichen waren. Selbst als die Grönländer diesen Schritt schließlich wegließen und Eisenwaren aus Norwegen importierten, brauchten sie immer noch Holzkohle, um das Metall zu Werkzeugen zu verarbeiten und um diese Werkzeuge zu schärfen, zu reparieren und umzubauen, was häufig erforderlich war.

Wir wissen, dass die Grönländer Eisenwerkzeuge besaßen und mit Eisen arbeiteten. Auf vielen großen Wikingerhöfen fand man Schmieden und Eisenschlacke, aber damit ist noch nicht geklärt, ob die Schmieden nur zur Verarbeitung importierten Eisens oder auch zu seiner Gewinnung aus Raseneisenerz verwendet wurden. An mehreren archäologischen Stätten fand man die üblichen Eisengegenstände, die man in einer mittelalterlichen skandinavischen Gesellschaft erwartet, beispielsweise Axtschneiden, Sensen, Messer, Schafscheren, Schiffsnieten, Zimmermannshobel, Ahlen zum Stechen von Löchern und Handbohrer.

Die gleichen Fundstätten lassen aber auch eindeutig erkennen, dass in Grönland, selbst nach den Maßstäben des mittelalterlichen Skandinavien, wo Eisen keineswegs reichlich war, eine entsetzliche Eisenknappheit herrschte. So findet man beispielsweise an Wikinger-Fundstätten in Großbritannien und auf den Shetlandinseln, ja selbst in Island und an der Ausgrabungsstätte L'Anse aux Meadows in Vinland erheblich mehr Nägel und andere Eisengegenstände als an entsprechenden Stellen in Grönland. In L'Anse aux Meadows sind weggeworfene Nägel die häufigsten Eisengegenstände, und selbst in Island, wo Holz und Eisen ebenfalls knapp waren, findet man sie in großer Zahl. In Grönland dagegen herrscht extremer Eisenmangel. Dort hat man in den untersten archäologischen Schichten einige Nägel entdeckt, in jüngeren Ablagerungen fehlen sie jedoch fast völlig, weil Eisen einfach so kostbar war, dass es nicht weggeworfen wurde. In Grönland wurde kein einziges Schwert, kein Helm, und nicht einmal ein Bruchstück eines solchen Gegenstandes gefunden, und auch von Kettenhemden kennt man nur wenige Stücke, die wahrscheinlich alle von einer einzigen Rüstung stammen. Eisenwerkzeuge wurden immer wieder geschärft und wieder verwendet, bis sie zu einem Stummel geschrumpft waren. Bei Ausgrabungen im Tal von Qorlortoq fiel mir beispielsweise ein Mitleid erregendes Messer auf: Die Schneide war abgenutzt und fast nicht mehr vorhanden, aber sie steckte in einem Handgriff, dessen Länge in keinem Verhältnis zu dem Stummel stand; offensichtlich war auch dieses Werkzeug noch so wertvoll, dass es immer wieder geschärft wurde.

Der Eisenmangel auf Grönland wird auch an vielen Gegenständen aus archäologischen Stätten deutlich, die in Europa normalerweise aus Eisen hergestellt wurden, in Grönland aber aus anderen, häufig überraschenden Materialien. So findet man beispielsweise Nägel aus Holz und Pfeilspitzen aus Karibugeweihen. Eine isländische Chronik berichtet aus dem Jahr 1189 voller Überraschung über ein grönländisches Schiff, das nach Island abgetrieben worden war: Es war nicht mit eisernen Nägeln gebaut, sondern mit Holzzapfen, und es wurde durch die Barten von Walen zusammengehalten. Für Wikinger, deren Selbstbild sich darauf konzentrierte, Gegner mit einer riesigen Streitaxt in Angst und Schrecken zu versetzen, muss es die größtmögliche Demütigung gewesen sein, solche Waffen aus Walknochen herzustellen.

Der Eisenmangel führte dazu, dass lebenswichtige wirtschaftliche Prozesse in Grönland mit geringerer Effizienz abliefen. Nachdem nur wenige eiserne Sensen, Beile und Scheren zur Verfügung standen, sodass man diese Werkzeuge aus Knochen oder Steinen herstellen musste, dauerte es wesentlich länger, das Heu zu ernten, ein geschlachtetes Tier zu zerlegen oder Schafe zu scheren. Auf kurze Sicht war es aber viel gefährlicher, dass die Wikinger mit dem Eisen auch ihre militärische Überlegenheit gegenüber den Inuit verloren. In anderen Regionen der Welt verschafften stählerne Schwerter und Rüstungen den europäischen Kolonialherren in unzähligen Kämpfen mit einheimischen Völkern einen gewaltigen Vorteil. Als die Spanier beispielsweise zwischen 1532 und 1533 in Peru das Inkareich eroberten, fanden insgesamt fünf Schlachten statt: Dabei metzelten kleine Verbände von 169, 80, 30, 110 bzw. 40 Spaniern jeweils Armeen von Tausenden oder Zehntausenden Inkas nieder, wobei kein einziger Europäer getötet und nur wenige verletzt wurden. Der Grund: Die stählernen Schwerter der Spanier durchtrennten die Baumwollrüstungen der Indios, und die Spanier selbst waren durch ihre Rüstungen gegen Schläge der Stein- oder Holzwaffen der Indianer geschützt. Dagegen gibt es keinen Beleg, dass die Wikinger in Grönland nach den ersten Generationen noch Waffen oder Rüstungen aus Stahl besaßen; die einzige Ausnahme ist das erwähnte Kettenhemd, das man ausgegraben hat und das möglicherweise keinem Grönländer, sondern einem Besucher von einem europäischen Schiff gehörte. Stattdessen kämpften sie genau wie die Inuit mit Pfeilen, Bogen und Lanzen. Ebenso gibt es keine Indizien, dass die Wikinger in Grönland ihre Pferde in Kämpfen einsetzten, auch dies ein entscheidender Vorteil der spanischen Eroberer in ihren Konflikten mit Inkas und Azteken; die Wikinger in Island taten es mit Sicherheit nicht. Außerdem fehlte den grönländischen Wikingern eine professionelle militärische Ausbildung. Deshalb besaßen sie gegenüber den Inuit am Ende nicht den geringsten militärischen Vorteil – was für ihr Schicksal gravierende Folgen hatte.

Durch ihren Umgang mit der natürlichen Vegetation hatten die Wikinger also am Ende zu wenig Bauholz, Brennstoffe und Eisen. Die beiden anderen wichtigen Eingriffe, in Boden und Rasen, führten zu einer Verknappung der nutzbaren Flächen. Wie wir in Kapitel 6 erfahren haben, kam es in Island wegen der empfindlichen, leichten Vulkanböden schnell zu einer höchst problematischen Bodenerosion. In Grönland ist der Boden zwar nicht so empfindlich wie in Island, im Vergleich mit anderen Gegenden der Welt muss er aber ebenfalls als sehr anfällig gelten, denn wegen des kühlen Klimas und der kurzen Vegetationsperiode verlangsamt sich mit dem Pflanzenwachstum auch die Bodenbildung, sodass die Mutterbodenschicht dünn bleibt. Außerdem führt das geringe Pflanzenwachstum dazu, dass der Boden wenig organischen Humus enthält, einen Bestandteil, der Wasser bindet und den Boden feucht hält. Deshalb trocknet der Boden in Grönland in dem häufig sehr starken Wind leicht aus.

Die Bodenerosion beginnt in Grönland mit dem Abholzen oder Abbrennen von Bäumen und Sträuchern, die den Boden noch besser festhalten als Gras. Sind sie verschwunden, weiden Tiere – insbesondere Schafe und Ziegen – das Gras ab, das im grönländischen Klima nur langsam nachwächst. Wenn der Grasteppich unterbrochen ist, wird der frei liegende Boden vom Wind weggetragen, und den gleichen Effekt haben auch die gelegentlichen starken Niederschläge. Das kann so weit gehen, dass der Boden aus einem ganzen Tal über eine Entfernung von mehreren Kilometern abtransportiert wird. Wo Sand frei liegt – beispielsweise in Flusstälern –, wird er vom Wind mitgenommen und setzt sich an anderer Stelle wieder ab.

Die Bodenprofile in Bohrkernen von Seeböden belegen, dass nach der Besiedelung Grönlands durch die Wikinger eine gravierende Bodenerosion einsetzte, wobei Mutterboden und dann auch Sand von Wind und Fließgewässern in die Seen gespült wurden. An der Mündung des Qoroq-Fjordes, im Windschatten eines Gletschers, kam ich beispielsweise an einem aufgegebenen Wikingerhof vorüber, wo der starke Wind so viel Boden weggeweht hatte, dass nur noch nacktes Gestein übrig war. Auch Sandverwehungen sind auf den Wikingerhöfen häufig: Im Gebiet von Vatnahverfi sind manche Ruinen drei Meter tief darin begraben.

Neben der Bodenerosion hatten die Wikinger noch eine zweite Methode, mit der sie das Land unabsichtlich nutzlos machten: Sie stachen Rasen, den sie wegen der Holzknappheit als Baumaterial oder Brennstoff verwendeten. In Grönland bestanden fast alle Gebäude aus Rasen; im besten Fall waren die Fundamente aus Stein, und ein paar Holzbalken trugen das Dach. Selbst die Mauern der St.-Nikolaus-Kathedrale in Gardar waren nur auf den untersten zwei Metern aus Stein errichtet, darüber bestanden sie aus Rasen; Holzbalken dienten als Stütze für das Dach, und die Vorderfront war mit Holz verkleidet. Die Kirche von Hvalsey war ungewöhnlich, weil ihre Mauern in voller Höhe aus Steinen bestanden, aber auch hier war das Dach mit Rasen gedeckt. Zum Schutz gegen die Kälte waren die Rasenmauern in Grönland bis zu zwei Meter dick.

Für den Bau eines großen grönländischen Wohnhauses brauchte man nach Schätzungen ungefähr vier Hektar Rasen. Außerdem wurde diese Menge nicht nur ein Mal benötigt, denn der Rasen zerfällt allmählich, sodass ein Gebäude alle paar Jahrzehnte neu »begrünt« werden muss. Diese Rasengewinnung zu Bauzwecken bezeichneten die Wikinger als »Schälen der Außenfelder« – eine zutreffende Beschreibung für die Schädigung von Flächen, die ansonsten als Weiden nützlich gewesen wären. Und da Gras in Grönland nur langsam nachwächst, waren die Schäden langfristiger Natur.

Wiederum könnte ein Skeptiker auf solche Berichte über Bodenerosion und Rasenstechen erwidern: »Na und?« Darauf gibt es eine einfache Antwort. Wie bereits erwähnt wurde, war Grönland von allen Wikingerinseln im Nordatlantik die kälteste, auf der das Gras schon vor der Besiedelung durch die Menschen am langsamsten wuchs; deshalb war sie auch am empfindlichsten gegenüber dem Vegetationsverlust durch Überweidung, Zertrampeln, Bodenerosion und Rasenstechen. Ein Hof musste so viele Weideflächen besitzen, dass er wenigstens die Mindestzahl von Tieren ernähren konnte, mit denen man die nach einem langen Winter dezimierten Bestände vor dem nächsten Winter wieder aufbauen konnte. Nach Schätzungen musste sowohl in der Östlichen als auch in der Westlichen Siedlung nur ein Viertel der gesamten Weideflächen verloren gehen, damit die Größe der Herden unter diese Mindestgrenze sank. Genau das geschah wahrscheinlich in der Westlichen und möglicherweise auch in der Östlichen Siedlung.

Wie in Island, so sind die Umweltprobleme, unter denen die Wikinger litten, auch im heutigen Grönland noch von Bedeutung. Nachdem die mittelalterlichen Wikinger von der Insel verschwunden waren, gab es dort während der Besiedelung durch die Inuit und später unter der dänischen Kolonialherrschaft keine Viehhaltung mehr. Im Jahr 1915 schließlich, noch bevor man die ökologischen Vorgänge im Mittelalter genauer untersucht hatte, führten die Dänen versuchsweise Schafe aus Island ein, und 1924 nahm der erste hauptberufliche Schafzüchter den Hof von Brattahlid wieder in Betrieb. Man versuchte es auch mit Rinderhaltung, aber diese wurde wegen des gewaltigen Arbeitsaufwandes wieder aufgegeben.

Heute sind in Grönland ungefähr 65 Familien im Hauptberuf als Schafzüchter tätig, und das hat zur Folge, dass Überweidung und Bodenerosion erneut zum Problem werden. Bohrkerne aus grönländischen Seen zeigen, dass sich nach 1924 die gleichen Veränderungen abspielten wie nach 984: Der Baumpollen geht zurück, Gras- und Unkrautpollen nimmt zu, und es wird mehr Mutterboden in die Seen gespült. Nach 1924 ließ man die Schafe anfangs auch im Winter im Freien, wo sie selbst nach Futter suchten, wenn ausreichend mildes Wetter herrschte. Dies führte gerade in der Zeit, in der die Vegetation sich am wenigsten regenerieren konnte, zu Überweidungsschäden. Besonders empfindlich sind in dieser Hinsicht die Wacholderbäume, denn die werden im Winter, wenn es nichts anderes zu fressen gibt, sowohl von Schafen als auch von Pferden abgegrast. Als Christian Keller 1976 nach Brattahlid kam, wuchs dort noch Wacholder; bei meinem Besuch im Jahr 2002 sah ich nur noch abgestorbene Wacholderbäume, aber keine lebenden Exemplare mehr.

Nachdem in dem kalten Winter 1966/67 mehr als die Hälfte der grönländischen Schafe verhungert war, gründete die Regierung auf der Insel eine Versuchsstation, um die ökologischen Auswirkungen der Schafhaltung zu untersuchen. Dazu verglich man Vegetation und Bodenqualität auf stark und schwach genutzten Weideflächen sowie auf Feldern, von denen die Schafe mit Zäunen fern gehalten wurden. An den Forschungsarbeiten wirkten auch Archäologen mit, die sich mit der Veränderung der Weideflächen in der Wikingerzeit beschäftigten. Nachdem man nun die Empfindlichkeit Grönlands besser einschätzen konnte, wurden die empfindlichsten Weideflächen eingezäunt, und man brachte die Schafe während des ganzen Winters in die Ställe, wo sie künstlich gefüttert wurden. Um die Heumenge für den Winter zu steigern, werden die natürlichen Weideflächen gedüngt, und man baut Hafer, Roggen, Wiesenlieschgras und andere Gräser an, die dort ursprünglich nicht heimisch sind.

Trotz solcher Bemühungen ist die Bodenerosion in Grönland auch heute ein großes Problem. An den Fjorden der Östlichen Siedlung sah ich Abschnitte mit nacktem Fels und Geröll, weil die Vegetation erst in jüngster Zeit durch weidende Schafe verloren gegangen war. In den letzten 25 Jahren hat Winderosion den modernen Bauernhof, der an der Mündung des Tales von Qorlortoq an der Stelle eines alten Wikingerhofes stand, zugrunde gerichtet und uns damit ein Musterbeispiel für die Vorgänge vor 700 Jahren geliefert. Sowohl die grönländische Regierung als auch die Bauern selbst wissen, welche langfristigen Schäden die Schafe anrichten, aber sie stehen auch unter dem Druck, in einer Gesellschaft mit hoher Arbeitslosigkeit neue Arbeitsplätze zu schaffen. Ironie des Schicksals: Schafzucht in Grönland zahlt sich auf kurze Sicht nicht einmal aus. Die Regierung muss jeder Schafzüchterfamilie etwa 11 000 Euro im Jahr zahlen, um

Verluste auszugleichen, den Familien ein Einkommen zu sichern und sie zur Fortsetzung der Schafzucht zu motivieren.

Eine wichtige Rolle für den Untergang von Wikinger-Grönland spielten die Inuit. Sie bildeten den größten Unterschied in der Geschichte der Normannen von Grönland und Island: Die Isländer erfreuten sich im Vergleich zu ihren Vettern in Grönland zwar auch eines weniger rauen Klimas und kürzerer Handelsrouten nach Norwegen, ihr größter Vorteil aber bestand darin, dass sie nicht von den Inuit bedroht wurden. Zumindest stellen die Inuit eine verpasste Gelegenheit dar: Die Wikinger hätten in Grönland größere Überlebensaussichten gehabt, wenn sie von den Ureinwohnern gelernt oder mit ihnen Handel getrieben hätten, aber das geschah nicht. Im schlimmsten Fall könnten Angriffe oder Bedrohungen der Inuit unmittelbar zum Untergang der Wikinger beigetragen haben. Von Bedeutung sind die Inuit aber auch deshalb, weil sie uns beweisen, dass eine lebensfähige Gesellschaft im mittelalterlichen Grönland kein Ding der Unmöglichkeit war. Warum scheiterten die Wikinger am Ende, während die Inuit Erfolg hatten?

Heute sehen wir in den Inuit *die* Ureinwohner des arktischen Kanada. In Wirklichkeit waren sie das letzte von mindestens vier archäologisch bekannten Völkern, die sich quer durch Kanada nach Osten verbreiteten und im Lauf von fast 4000 Jahren vor der Ankunft der Wikinger den Nordwesten Grönlands besiedelten. Sie kamen in mehreren Wellen, blieben jeweils mehrere Jahrhunderte in Grönland und verschwanden dann, womit sie ganz ähnliche Fragen nach einem gesellschaftlichen Zusammenbruch aufwerfen wie die Wikinger, die Anasazi und die Bewohner der Osterinsel. Über diese früheren Vorgänge wissen wir jedoch so wenig, dass wir sie in diesem Buch nicht ausführlich erörtern können, sondern nur als Hintergrund für das Schicksal der Wikinger betrachten. Archäologen haben diese früheren Kulturen nach den Fundstätten ihrer Hinterlassenschaften auf Namen wie Point Independence I, Point Independence II und Saqquaq getauft, aber die Sprachen dieser Völker und die Namen, mit denen sie selbst sich bezeichneten, sind für alle Zeiten verloren.

Die unmittelbaren Vorgänger der Inuit waren die Vertreter einer Kultur, die von Archäologen als Dorset bezeichnet wird, weil man ihre Behausungen am Cape Dorset auf der kanadischen Baffininsel gefunden hat. Nachdem die Dorset-Menschen den größten Teil der kanadischen

Arktis besiedelt hatten, stießen sie um 800 v. Chr. nach Grönland vor und bewohnten von da an etwa 1000 Jahre lang große Teile der Insel, darunter auch die Regionen im Südwesten, in denen sich später die Wikinger niederließen. Um 300 n. Chr. gaben sie Grönland und große Teile der kanadischen Arktis aus unbekannten Gründen auf und zogen sich nach Kanada auf wenige Kernregionen zurück. Ungefähr ab 700 n. Chr. verbreiteten sie sich erneut bis nach Labrador und in den Nordwesten Grönlands, aber diese Wanderung führte sie nicht nach Süden bis zu den späteren Siedlungen der Wikinger. Die ersten normannischen Siedler berichteten von der Westlichen und Östlichen Siedlung nur über unbewohnte Ruinen, Bruchstücke von Fellbooten und Steinwerkzeuge; sie vermuteten, diese Gegenstände seien von verschwundenen Ureinwohnern zurückgelassen worden, ähnlich jenen, die ihnen in Nordamerika während der Reisen nach Vinland begegnet waren.

Durch die Knochen aus archäologischen Fundstätten wissen wir, dass die Dorset-Menschen je nach Ort und Epoche die unterschiedlichsten Tierarten jagten: Walrosse, Robben, Karibus, Eisbären, Füchse, Enten, Gänse und Seevögel. Dass ihre verschiedenen Bevölkerungsgruppen im arktischen Kanada, Labrador und Grönland trotz der großen Entfernungen in Handelsbeziehungen standen, beweisen Werkzeuge aus Gestein, das an einem dieser Orte gebrochen wurde und sich 1000 Kilometer entfernt an anderen Stellen wiederfindet. Anders als ihre Nachfolger, die Inuit, und auch im Gegensatz zu manchen Vorläufern besaßen die Dorset-Menschen jedoch keine Hunde (und dementsprechend auch keine Hundeschlitten), und auch Pfeil und Bogen benutzten sie nicht. Ebenso fehlten ihnen, anders als den Inuit, Boote aus Fellen, die über ein Holzgerüst gespannt waren; sie konnten also weder zur See fahren noch Wale jagen. Ohne Hundeschlitten blieb ihre Mobilität gering, und ohne Walfang konnten sie keine großen Bevölkerungsgruppen ernähren. Stattdessen wohnten sie in kleinen Siedlungen mit nur einem oder zwei Häusern, die jeweils nicht mehr als zehn Menschen Platz boten, darunter nur wenige erwachsene Männer. Damit waren sie unter den drei Gruppen amerikanischer Ureinwohner, denen die Wikinger begegneten – Dorset-Menschen, Inuit und kanadische Indianer – die am wenigsten beeindruckende, und das ist sicher auch der Grund, warum die grönländischen Wikinger es mehr als drei Jahrhunderte lang wagten, zur Holzgewinnung an die Küste Labradors mit ihrer Dorset-Bevölkerung zu fahren, während sie »Vinland« weiter im Süden Kanadas wegen der dichteren, feindseligen Indianerbevölkerung schon seit langem nicht mehr aufsuchten.

Sind Wikinger und Dorset-Menschen einander im Nordwesten Grönlands begegnet? Handfeste Beweise dafür gibt es nicht, aber es erscheint plausibel, denn die Dorset-Menschen lebten dort noch 300 Jahre, nachdem die Wikinger den Südwesten besiedelt hatten, und die Wikinger reisten jedes Jahr zur Jagd in die Nordrseta-Reviere, die nur wenige hundert Kilometer südlich von den Siedlungsgebieten der Dorset-Menschen lagen; Erkundungsfahrten führten sie sogar noch weiter nach Norden. An anderer Stelle werde ich einen Bericht von Wikingern wiedergeben, die mit Ureinwohnern – vermutlich Dorset-Menschen – zusammentrafen. Weitere Indizien sind Gegenstände, die offensichtlich von den Wikingern stammen und an vielen Dorset-Fundstätten im Nordwesten Grönlands und in der kanadischen Arktis gefunden wurden, darunter insbesondere Stücke aus geschmolzenem Metall, die als Material für Werkzeuge sehr wertvoll waren. Natürlich wissen wir nicht, ob die Dorset-Menschen solche Gegenstände bei persönlichen – friedlichen oder unfriedlichen – Begegnungen erhielten, oder ob sie aus aufgegebenen Wohnorten der Wikinger mitgenommen wurden. Wie dem auch sei: Wir können davon ausgehen, dass in den Beziehungen zwischen Wikingern und Inuit mehr Gefahrenpotenzial steckte als in dem relativ harmlosen Verhältnis zu den Dorset-Menschen.

Kultur und Technologie der Inuit, darunter auch die Beherrschung des Walfangs auf offener See, entwickelten sich irgendwann vor 1000 n. Chr. im Bereich der Beringstraße. Mit Hundeschlitten und großen Booten konnten die Inuit an Land und auf dem Meer viel schneller reisen und Material transportieren als die Dorset-Menschen. Als es im Mittelalter in der Arktis wärmer wurde und die zugefrorenen Wasserstraßen zwischen den Inseln Nordkanadas auftauten, folgten die Inuit den Grönlandwalen, ihren bevorzugten Beutetieren, durch diese Wasserstraßen quer durch Kanada nach Osten, und um 1200 waren sie im Nordwesten Grönlands angelangt. Danach wanderten sie an der Westküste der Insel nach Süden und erreichten die Nordrseta, dann um 1300 die Gegend der Westlichen Siedlung und um 1400 die Region rund um die Östliche Siedlung.

Die Inuit machten auf dieselben Tierarten Jagd wie die Dorset-Menschen, aber sie waren dabei vermutlich erfolgreicher, weil sie im Gegensatz zu ihren Vorgängern Pfeil und Bogen besaßen. Darüber hinaus erschlossen sie sich aber mit dem Walfang eine weitere wichtige Nahrungsquelle, die weder den Dorset-Menschen noch den Wikingern zur Verfügung stand. Deshalb konnten die Jäger der Inuit zahlreiche Frauen und Kinder ernähren, und sie wohnten in großen Siedlungen, die in der Regel Dutzende von Menschen beherbergten, darunter 10 bis 20 erwachsene männliche Jäger und Kämpfer. In den guten Jagdrevieren der Nordrseta errichteten die Inuit an einer Stelle namens Sermermiut eine riesige Ansiedlung, die allmählich auf mehrere hundert Behausungen anwuchs. Man kann sich gut vorstellen, welche Probleme es für die Jagd der Wikinger in der Nordrseta aufwarf, wenn eine Gruppe ihrer Jäger, die sicher kaum mehr als wenige Dutzend Männer umfasste, von einer derart großen Gruppe der Inuit aufgespürt wurde und dann keine guten Beziehungen knüpfen konnte.

Im Gegensatz zu den Wikingern repräsentierten die Inuit den Höhepunkt einer jahrtausendealten kulturellen Entwicklung, in deren Verlauf die Völker der Arktis gelernt hatten, die dort herrschenden Bedingungen zu meistern. In Grönland gab es wenig Holz zum Bauen, zum Heizen oder für die Beleuchtung der Häuser während der winterlichen Dunkelheit. Für die Inuit kein Problem: Auf ihren winterlichen Reisen bauten sie sich Iglus aus Schnee, und als Brennmaterial für Heizung und Beleuchtung diente ihnen Wal- und Robbentran. Wenig Holz zum Bau von Booten? Wiederum kein Problem für die Inuit: Sie bauten Kajaks aus Fellen, die über ein Gerüst gespannt waren, und ihre als *umiaqs* bezeichneten Boote waren so groß, dass sie sich damit zum Walfang in ungeschützte Gewässer begeben konnten.

Obwohl ich gelesen hatte, was für hervorragende Wasserfahrzeuge die Kajaks der Inuit waren, und obwohl ich selbst mit modernen Freizeitkajaks gefahren war, die aus Kunststoff bestehen und heute in den Industrieländern allgemein verfügbar sind, war ich höchst erstaunt, als ich in Grönland zum ersten Mal ein traditionelles Inuitkajak zu Gesicht bekam. Es wirkte auf mich wie die Miniaturausgabe der langen, schmalen, schnellen Kriegsschiffe der USS-*Iowa*-Klasse, die bei der amerikanischen Marine während des Zweiten Weltkrieges im Einsatz waren und auf deren Deck jeder verfügbare Platz mit Kanonen, Luftabwehrgeschützen und anderen Waffen besetzt war. Mit einer Länge von knapp sechs Metern war das schlanke Kajak im Vergleich zu einem Kriegsschiff winzig, aber dennoch viel länger, als ich es mir vorgestellt hatte, und sein Deck war ebenfalls mit Waffen angefüllt: ein Harpunenschaft mit einer Speerwerfer-Verlängerung am Griffende; ein getrennter, etwa 15 Zentimeter langer Harpunenkopf, den man mit einem Knebel an dem Schaft befestigen konnte; ein Wurfpfeil für die Jagd auf Vögel, der an seiner Spitze nicht nur eine Pfeilspitze trug, sondern weiter hinten an seinem Schaft auch mit drei nach vorn gerichteten, spitzen Haken ausgestattet war, für den Fall, dass die Spitze den Vogel knapp verfehlte; mehrere Schwimmer aus Robbenhaut, die man an harpunierten Walen oder Robben befestigen konnte; und eine Lanze, um dem harpunierten Tier den Gnadenstoß zu versetzen. Im Gegensatz zu einem Kriegsschiff oder irgendeinem anderen mir bekannten Wasserfahrzeug war das Kajak individuell auf Größe, Gewicht und Armkraft seines Paddlers zugeschnitten. Sein Eigentümer trug es fast wie ein Kleidungsstück: Der Sitz war ein genähtes Stück Stoff, das mit dem Anorak des Fahrers verbunden wurde und einen wasserdichten Verschluss bildete, sodass er von dem eiskalten, über das Deck spritzenden Wasser nicht nass wurde. Christian Keller versuchte vergeblich, moderne Kajaks »anzuziehen«, die für seine grönländischen Freunde maßgeschneidert waren: Er musste feststellen, dass er seine Füße unter dem Deck nicht unterbringen konnte und dass seine Oberschenkel zu groß waren, sodass er nicht in die Öffnung passte.

Mit ihren vielfältigen Jagdmethoden waren die Inuit die vielseitigsten, geschicktesten Jäger in der Geschichte der Arktis. Sie erlegten Karibus, Walrosse und Landvögel nicht nur auf ganz andere Weise als die Wikinger, sondern im Gegensatz zu diesen benutzten sie ihre schnellen Kajaks auch dazu, um Robben zu harpunieren und Seevögel über dem Ozean einzuholen; mit *umiaqs* und Harpunen erlegten sie Wale auf offener See. Einen gesunden Wal kann nicht einmal ein Inuit mit einem einzigen Lanzenstoß erstechen; die Waljagd begann vielmehr damit, dass ein Jäger das Tier von einem *umiaq* aus harpunierte, das von anderen Männern gerudert wurde. Dass dies keine einfache Aufgabe ist, weiß jeder Liebhaber von Sherlock-Holmes-Geschichten aus dem Buch *Der schwarze Peter*: Darin wird ein böser, pensionierter Schiffskapitän tot in seinem Haus aufgefunden, sauber durchbohrt von einer Harpune, die zuvor als Wandschmuck gedient hatte. Nachdem Sherlock Holmes in einem Metzgerladen einen Vormittag lang vergeblich versucht hat, selbst eine Harpune durch ein totes Schwein zu treiben, gelangt er zu der richtigen Schlussfolgerung, dass es sich bei dem Mörder um einen professionellen Harpunenschützen handeln muss, weil ein Ungeübter, ganz gleich wie stark er ist, die Harpune nicht tief genug hineinstoßen kann. Dass es den Inuit gelang, hatte zwei Gründe: Der Speerwerfergriff an der Harpune verlängerte beim Werfen den Hebelarm und damit Wurfkraft und Auftreffgeschwindigkeit; und sie hatten wie der Mörder des schwarzen Peter langjährige Übung. Für die Inuit begann diese Übung schon in der Kindheit, und sie hatte zur Folge, dass sich im Wurfarm ein als Überdehnung bezeichneter Zustand entwickelte: Der Arm wurde letztlich zu einem regelrechten Katapult.

Nachdem die Harpune den Wal getroffen hatte, wurde die klug konstruierte Knebelverbindung gelöst, sodass der Jäger den Harpunenschaft zurückziehen konnte, während der Kopf im Wal verblieb. Hätte der Schütze ein Seil festgehalten, das mit Kopf und Schaft der Harpunen verbunden war, hätte der wütende Wal das *umiaq* mit seiner gesamten Besatzung unter Wasser gezogen. Stattdessen befand sich am Harpunenkopf eine luftgefüllte Blase aus Robbenfell, deren Auftrieb dem Wal das Abtauchen schwer machte, sodass er ermüdete. Kam das Tier dann zum Atmen an die Oberfläche, schossen die Inuit eine weitere Harpune mit einer zweiten Schwimmblase ab, was den Wal noch stärker anstrengte. Erst wenn er schließlich völlig erschöpft war, wagten es die Jäger, mit ihrem Boot längsseits zu gehen und ihm mit der Lanze den Todesstoß zu versetzen.

Die Inuit entwickelten auch eine besondere Technik zur Jagd auf Ringelrobben, die häufigste Robbenart in grönländischen Gewässern, die aber wegen ihrer Lebensgewohnheiten schwer zu fangen war. Im Gegensatz zu anderen Robben überwintert diese Spezies vor der Küste Grönlands unter dem Eis; dazu legen die Tiere Atemöffnungen an, die gerade groß genug für den Kopf (aber nicht für den Körper) sind. Diese Öffnungen sind nicht ohne weiteres auszumachen, weil die Robben sie mit einem Schneekegel bedecken. Jede Robbe besitzt mehrere Atemöffnungen, ganz ähnlich wie ein Fuchs, der sich einen unterirdischen Bau mit mehreren Ausgängen anlegt. Ein Jäger darf den Schneekegel nicht vom Loch entfernen, denn sonst würde die Robbe erkennen, dass an dieser Stelle Gefahr droht. Also stellten sich die Jäger geduldig in der dunklen Kälte des arktischen Winters neben einen solchen Kegel und warteten bewegungslos notfalls viele Stunden lang, bis sie hörten, dass die Robbe näher kam, um einen schnellen Atemzug zu nehmen. Dann versuchten sie, das Tier mit der Harpune durch den Schneekegel hindurch zu treffen, ohne dass sie es sehen konnten. Wenn die verwundete Robbe davonschwamm, löste sich der Harpunenkopf vom Schaft, beide blieben aber durch ein Seil verbunden. Dieses konnte der Jäger locker lassen und wieder anziehen, bis die Robbe erschöpft war, sodass er sie zu dem Loch zerren und erstechen konnte. Die Methode zu erlernen und erfolgreich anzuwenden, ist schwierig; den Wikingern gelang es nie. In den wenigen Jahren, wenn die Bestände andere Robbenarten zurückgingen, konnten die Inuit sich also auf die Jagd von Ringelrobben umstellen; dagegen hatten die Wikinger diese Möglichkeit nicht, sodass sie durch Hunger bedroht waren.

Die Inuit hatten also gegenüber den Wikingern und den Dorset-Menschen einige Vorteile. Nachdem sie sich über Kanada bis nach Nordwestgrönland verbreitet hatten, verschwand innerhalb weniger Jahrhunderte die Dorset-Kultur, die zuvor in beiden Regionen heimisch gewesen war. Im Zusammenhang mit den Inuit stehen wir also nicht nur vor einem, sondern vor zwei Rätseln: Zuerst verschwanden die Dorset-Menschen und dann die Wikinger, und in beiden Fällen waren die Inuit kurz zuvor in die betreffenden Gebiete vorgedrungen. Im Nordwesten Grönlands überlebten einige Siedlungen der Dorset-Menschen noch ein bis zwei Jahrhunderte nach der Besiedelung durch die Inuit; dass diese beiden Völker voneinander nichts wussten, ist undenkbar, aber unmittelbare archäologische Belege für Kontakte, beispielsweise Gegenstände der Inuit an Dorset-Fundstätten aus der gleichen Zeit oder umgekehrt, kennt man nicht. Indirekte Indizien gibt es allerdings: Die grönländischen Inuit hatten sich am Ende einige Merkmale der Dorset-Kultur zu Eigen gemacht, die sie vor ihrer Ankunft in Grönland nicht besessen hatten; so verfügten sie beispielsweise über Knochenmesser zum Ausschneiden von Schneeblöcken, kuppelförmige Schneehäuser, die Specksteintechnik und die so genannten »Thule 5«-Harpunenköpfe. Die Inuit hatten also eindeutig nicht nur die Gelegenheit, von den Dorset-Menschen zu lernen, sondern sie müssen auch irgendetwas mit deren Verschwinden zu tun haben, nachdem Letztere zuvor 2000 Jahre lang in der Arktis gelebt hatten. Ich habe dazu eine Vermutung: Als die Dorset-Menschen in einem strengen Winter hungerten, verließen die Frauen möglicherweise einfach die Männer und gingen hinüber zu den Lagern der Inuit, weil sie wussten, dass die Leute dort dem Fleisch von Grönlandwalen und Ringelrobben zusprachen.

Welche Beziehungen bestanden zwischen den Inuit und den Wikingern? Unglaublich, aber wahr: Obwohl die beiden Völker sich Grönland mehrere Jahrhunderte lang teilten, werden die Inuit in den Annalen der Wikinger nur zwei- oder dreimal kurz erwähnt.

Die erste dieser drei Stellen könnte sich entweder auf die Inuit oder auf die Dorset-Menschen beziehen: Sie beschreibt einen Vorfall aus dem 11. oder 12. Jahrhundert, als im Nordwesten Grönlands noch eine Dorset-Bevölkerungsgruppe lebte, während die Besiedelung durch die Inuit gerade erst begonnen hatte. Eine »Geschichte Norwegens«, die sich in einem Manuskript aus dem fünfzehnten Jahrhundert erhalten hat, beschreibt die erste Begegnung zwischen Wikingern und grönländischen Ureinwohnern: »Weiter im Norden, jenseits der normannischen Siedlungen, sind die Jäger kleinen Menschen begegnet, die sie *skraelings* nennen. Bringt man ihnen eine Wunde bei, welche nicht tödlich ist, wird die Wunde weiß, und sie bluten nicht, aber wenn sie tödlich verletzt sind, bluten sie unaufhörlich. Sie haben kein Eisen, sondern benutzen Walrossstoßzähne als Geschosse und scharfe Steine als Werkzeuge.«

So kurz und prägnant dieser Bericht auch ist, er lässt doch darauf schließen, dass die Wikinger eine »negative Einstellung« hatten, und das war ein schlechter Anfang im Verhältnis zu den Menschen, mit denen sie sich Grönland teilen mussten. Das altnordische Wort »skraelings«, das die Wikinger auf alle drei Ureinwohnergruppen der Neuen Welt anwendeten, die ihnen in Vinland und Grönland begegneten (Inuit, Dorset-Menschen und Indianer), lässt sich ungefähr mit »Wichte« übersetzen. Ebenso ist es ein schlechter Ausgangspunkt für friedliche Beziehungen, wenn man den erstbesten Inuit oder Dorset-Menschen nimmt, den man sieht, und ihm dann als Experiment eine Stichwunde beibringt, weil man wissen will, wie er blutet. Wie bereits in Kapitel 6 erwähnt wurde, begannen die Wikinger auch in Vinland bei ihrer ersten Begegnung mit Indianern die Freundschaft damit, dass sie acht der neun Menschen umbrachten. Diese ersten Kontakte erklären bereits weitgehend, warum es den Wikingern nicht gelang, gute Handelsbeziehungen mit den Inuit aufzubauen.

Die zweite der drei Erwähnungen ist ebenso kurz und bringt die *skraelings* mit der Zerstörung der Westlichen Siedlung um das Jahr 1360 in Verbindung; diesen Vorfall werden wir im Folgenden noch genauer betrachten. In diesem Fall kann es sich bei den *skraelings* nur um Inuit gehandelt haben, denn die Dorset-Menschen waren zu jener Zeit aus Grönland bereits verschwunden. Die letzte Stelle schließlich ist ein einziger Satz in den Annalen Islands aus dem Jahr 1379: »Die *skraelings* griffen die Grönländer an, töteten 18 Männer und nahmen zwei Jungen sowie eine Leibeigene gefangen, um sie zu Sklaven zu machen.« Wenn die Annalen nicht fälschlich einen Angriff, den das Volk der Saami in Norwegen ausführte, nach Grönland verlegt haben, muss dieser Vorfall sich vermutlich in der Nähe der Östlichen Siedlung ereignet haben, denn die Westliche Siedlung existierte 1379 nicht mehr, und zu einer Gruppe normannischer Jäger in der Nordrseta hätte vermutlich keine Frau gehört. Wie sollen wir diese knappe Geschichte interpretieren? Für uns heute, die wir ein Jahrhundert der Weltkriege mit zigmillionen Opfern hinter uns haben, hört sich die Tötung von 18 Wikingern nicht nach einer großen Angelegenheit an. Aber man muss bedenken, dass die Bevölkerung der Östlichen Siedlung insgesamt vermutlich aus nicht mehr als 4000 Menschen bestand, und 18 Männer entsprachen demnach einem Anteil von etwa zwei Prozent der erwachsenen männlichen Bewohner. Würde heute ein Feind die Vereinigten Staaten mit ihrer Bevölkerung von 280 Millionen Menschen angreifen und den gleichen Anteil an Männern töten, entspräche dies 1 260 000 toten Amerikanern. Mit anderen Worten: Der einzige belegte Überfall im Jahr 1379 bedeutete für die Östliche Siedlung eine Katastrophe, ganz gleich, wie viele weitere Männer bei den Angriffen der Jahre 1380, 1381 und so weiter ums Leben kamen.

Die drei erwähnten kurzen Textstellen sind die einzigen schriftlichen Informationsquellen über das Verhältnis zwischen Wikingern und Inuit. Die archäologischen Informationen stammen aus Produkten der Wikinger oder Kopien solcher Produkte, die man an Ausgrabungsstätten der Inuit gefunden hat, und umgekehrt. Insgesamt kennt man von Inuit-Fundstätten 170 Gegenstände normannischen Ursprungs; darunter sind einige vollständige Werkzeuge (ein Messer, eine Schere und ein Feueranzünder), vorwiegend handelt es sich aber um einzelne Metallstücke (aus Eisen, Kupfer, Bronze oder Zinn), die für die Inuit zur Herstellung eigener Werkzeuge sehr wertvoll waren. Solche normannischen Gegenstände findet man nicht nur an Inuit-Fundstellen in Gebieten, in denen die Wikinger lebten (Östliche und Westliche Siedlung) oder häufig zu Besuch waren (Nordrseta), sondern auch in Regionen, die nie von den Wikingern aufgesucht wurden, so in Ostgrönland und auf der Ellesmere-Insel. Die Gegenstände der Wikinger müssen also für die Inuit von so großem Interesse gewesen sein, dass sie durch den Handel unter Inuitgruppen, die viele hundert Kilometer voneinander entfernt waren, weitergegeben wurden. In den meisten Fällen können wir heute nicht mehr feststellen, ob die Inuit die Gegenstände von den Wikingern selbst durch Handel, Mord oder Raub erhielten, oder indem sie normannische Siedlungen durchsuchten, nachdem die Wikinger diese aufgegeben hatten. Zehn Metallstücke stammen jedoch eindeutig von Glocken der Kirchen in der Östlichen Siedlung, und die hätten die Wikinger sicher nicht verkauft. Vermutlich holten sich die Inuit die Glocken, nachdem die Wikinger verschwunden waren, beispielsweise als sie selbst in Häusern lebten, die sie in den normannischen Ruinen errichtet hatten.

Handfestere Belege für persönliche Kontakte zwischen den beiden Völkern bieten neun von Inuit geschnitzte menschliche Figuren; dass es sich bei ihnen unverkennbar um Wikinger handelt, kann man an der Darstellung der charakteristischen Haartracht, der Kleidung und dem schmückenden Kruzifix ablesen. Die Inuit lernten von den Wikingern auch einige nützliche technische Verfahren. Werkzeuge in der Form eines europäischen Messers oder einer Säge konnten sie möglicherweise anhand geplünderter Gegenstände nachahmen, ohne dass es freundliche Kontakte zu lebenden Normannen geben musste, aber Fassdauben und Pfeilspitzen mit Schraubgewinde lassen darauf schließen, dass die Inuit tatsächlich zusahen, wie Wikinger ihre Fässer und Schrauben herstellten oder benutzten.

Umgekehrt hat man so gut wie nie Gegenstände der Inuit an Wikinger-Ausgrabungsstätten gefunden. Ein Hirschgeweih, zwei Wurfpfeile für Vögel, ein Seilgriff aus Elfenbein und ein Stück Meteoriteneisen – diese fünf Gegenstände sind meines Wissens alles, was man in Normannisch-Grönland aus den Jahrhunderten der Koexistenz von Inuit und Wikingern gefunden hat. Und auch bei diesen fünf Gegenständen handelt es sich offensichtlich nicht um kostbare Handelswaren, sondern um weggeworfene Kuriositäten, die irgendein Wikinger aufgesammelt hatte. Erstaunlich ist, dass die vielen nützlichen Produkte der Inuit-Technologie völlig fehlen, obwohl die Wikinger von ihrer Nachahmung stark profitiert hätten. So gibt es beispielsweise an den Wikinger-Fundstätten keine einzige Harpune, kein Speer-Katapult, kein Kajak oder *umiaq*.

Hätte sich zwischen Inuit und Wikingern tatsächlich ein Handel entwickelt, wäre es dabei höchstwahrscheinlich auch um Walrosselfenbein gegangen, denn die Inuit waren geschickte Jäger, und für die Wikinger war es das Wertvollste, was sie nach Europa exportieren konnten. Unmittelbare Belege für einen solchen Handel wären für uns leider nur schwer zu erkennen: Ob die Elfenbeinstücke, die man auf vielen Wikingerhöfen gefunden hat, von Wahlrossen stammen, die von den Wikingern selbst oder von Inuit erlegt wurden, lässt sich nicht feststellen. Mit Sicherheit finden wir aber an den Wikinger-Fundstätten nicht die Knochen der Tiere, die nach meiner Überzeugung das Kostbarste waren, was die Inuit den Wikingern hätten verkaufen können: Ringelrobben, im Winter die am weitesten verbreiteten Robben Grönlands, die von den Inuit erfolgreich gejagt wurden, nicht aber von den Wikingern; sie standen zu einer Jahreszeit zur Verfügung, als bei den Wikingern stets die Gefahr drohte, dass die Nahrungsvorräte zur Neige gingen und eine Hungersnot ausbrach. Für mich liegt deshalb die Vermutung nahe, dass es zwischen den beiden Völkern nur einen sehr geringen oder gar keinen Handel gab. Was die archäologischen Anhaltspunkte für Kontakte betrifft, hätten die Inuit ebenso gut auf einem anderen Planeten leben können als die Wikinger, und das, obwohl sie sich in Wirklichkeit dieselbe Insel und dieselben Jagdreviere teilten. Ebenso wenig haben wir anatomische oder genetische Anhaltspunkte für Eheschließungen zwischen Inuit und Wikingern. Die Schädel der Wikinger, die in Grönland auf den Friedhöfen beigesetzt wurden, ähneln eingehenden Untersuchungen zufolge den Schädeln europäischer Skandinavier; eine Vermischung von Inuit und Wikingern wurde in keinem einzigen Fall nachgewiesen.

Dass die Wikinger weder Handelsbeziehungen zu den Inuit aufbauten noch von ihnen lernten, stellt aus unserer Sicht einen gewaltigen Verlust dar, sie selbst schätzten es aber offensichtlich nicht so ein. Dass es nicht dazu kam, lag nicht an mangelnden Gelegenheiten. Normannische Jäger müssen die Jäger der Inuit in der Nordrseta gesehen haben, und dann tauchten die Inuit auch an den Fjordmündungen bei der Westlichen Siedlung auf. Angesichts ihrer eigenen schweren hölzernen Ruderboote und ihrer Methoden zur Jagd auf Walrosse und Robben müssen die Wikinger erkannt haben, dass die Inuit ihnen mit ihren Jagdmethoden und den leichten Fellbooten überlegen waren: Den Inuit gelang genau das, was die normannischen Jäger vergeblich anstrebten. Als europäische Entdecker Ende des 16. Jahrhunderts wieder nach Grönland kamen, waren sie sofort verblüfft über die Geschwindigkeit und Manövrierfähigkeit der Kajaks. Sie beschrieben die Inuit als halbe Fische, die viel schneller durch das Wasser schossen als jedes europäische Boot. Ebenso beeindruckt waren sie von den *umiaqs* der Inuit, ihrer Treffsicherheit, ihren Kleidungsstücken, Booten und Handschuhen aus Tierhäuten, ihren Harpunen, blasenförmigen Schwimmern, Hundeschlitten und Methoden für die Robbenjagd. Als die Dänen ab 1721 Grönland kolonisierten, machten sie sich sofort die Inuit-Technologie zu Eigen: Sie fuhren mit Inuit-*umiaqs* an der Küste der Insel entlang und trieben Handel mit den Ureinwohnern. Schon nach wenigen Jahren hatten die Dänen mehr über Harpunen und Ringelrobben gelernt als die Wikinger in Jahrhunderten. Aber manche dänischen Siedler waren rassistische Christen: Genau wie die mittelalterlichen Wikinger verachteten sie die heidnischen Inuit.

Wenn man vorurteilsfreie Vermutungen darüber anstellen will, welche Form die Beziehungen zwischen Wikingern und Inuit hätten annehmen können, kommt man auf zahlreiche Möglichkeiten; diese verwirklichten sich in späteren Jahrhunderten, als Europäer – Spanier, Portugiesen,

Franzosen, Briten, Russen, Belgier, Niederländer, Deutsche und Italiener, aber auch Dänen und Schweden selbst – in anderen Regionen der Erde auf Ureinwohner trafen. Viele europäische Siedler wurden zu Vermittlern und entwickelten eine zusammenhängende Handelswirtschaft: Europäische Kaufleute ließen sich nieder oder besuchten Regionen der Ureinwohner, brachten europäische Waren mit, die von den Ureinwohnern geschätzt wurden, und erhielten im Gegenzug einheimische Produkte, die in Europa einen hohen Wert hatten. Die Inuit waren beispielsweise so begierig auf Metall, dass sie sich die Mühe machten, kalt geschmiedete Eisenwerkzeuge aus dem Eisen des Meteors von Kap York herzustellen, der im Norden Grönlands niedergegangen war. Man hätte sich also gut einen Handel vorstellen können, bei dem die Wikinger Walross- und Narwalzähne, Robbenfelle und Eisbären von den Inuit erhielten und diese Güter im Tausch für das Eisen, dass die Inuit so schätzten, nach Europa schickten. Ebenso hätten die Wikinger den Inuit Kleidung und Milchprodukte liefern können: Selbst wenn die Inuit wegen ihrer Lactoseintoleranz keine Milch tranken, hätten sie lactosefreie Milchprodukte wie Käse und Butter verzehren können, die Dänemark heute nach Grönland exportiert. Nicht nur für die Wikinger, sondern auch für die Inuit bestand in Grönland häufig die Gefahr von Hungersnöten, und die Inuit hätten Milchprodukte der Wikinger eintauschen können, um so diese Gefahr zu verringern und ihre Ernährung vielfältiger zu gestalten. Nach 1721 entwickelte sich ein solcher Handel zwischen Skandinaviern und Inuit in Grönland sehr schnell: Warum gab es ihn nicht bereits im Mittelalter?

Eine Antwort liegt in den kulturellen Hindernissen, die Eheschließungen und sogar dem Lernen zwischen Wikingern und Inuit im Wege standen. Eine Inuitfrau wäre für einen Wikinger nicht annähernd so nützlich gewesen wie eine Ehefrau aus seinem eigenen Volk: Die Wikinger verlangten von ihren Frauen, dass sie weben und Wolle spinnen konnten, Kühe und Schafe versorgten und molken, *skyr*, Butter und Käse herstellten – alles Fähigkeiten, welche die Mädchen bei den Wikingern von klein auf erlernten, bei den Inuit aber nicht. Selbst wenn ein normannischer und ein Inuit-Jäger sich anfreundeten, konnte der Wikinger sich nicht einfach von seinem Freund das Kajak leihen und dessen Benutzung erlernen, denn das Kajak war, wie erwähnt, letztlich ein sehr kompliziertes, individuell angefertigtes Kleidungsstück, das mit einem Boot verbunden war und nur diesem einen Jäger passte; hergestellt hatte es die Ehefrau des Inuit, die (im Gegensatz zu Wikingermädchen) seit frühester Kindheit gelernt hatte, wie man Tierhäute zusammennäht. Der normannische Jäger, der ein Kajak der Inuit gesehen hatte, konnte also nicht nach Hause gehen und seiner Frau sagen, sie solle ihm »auch so etwas nähen«.

Wer eine Inuitfrau dazu veranlassen wollte, ein Kajak nach den eigenen Körpermaßen herzustellen, oder wer gar ihre Tochter heiraten wollte, hätte zunächst einmal eine freundliche Beziehung herstellen müssen. Aber wie wir bereits erfahren haben, hatten die Wikinger von Anfang an eine »negative Einstellung«: Sie bezeichneten sowohl die nordamerikanischen Indianer in Vinland als auch die Inuit in Grönland als »Wichte« und töteten an beiden Stellen die ersten Einheimischen, die ihnen begegneten. Als kirchlich orientierte Christen hegten auch die Wikinger gegenüber den Heiden jene tiefe Verachtung, die im mittelalterlichen Europa weit verbreitet war.

Außerdem dürfte zu der negativen Haltung noch ein anderer Faktor beigetragen haben: Die Wikinger hielten sich selbst für die ursprünglichen Bewohner der Nordrseta, und die Inuit galten ihnen als Eindringlinge. Als diese einwanderten, gingen die Wikinger schon seit mehreren Jahrhunderten in den nördlichen Revieren auf die Jagd. Als die Inuit schließlich aus dem Nordwesten Grönlands hinzukamen, mochten die Wikinger ihnen verständlicherweise keine Gegenleistung für die Wahlrosszähne zugestehen, deren Jagd sie für ihr eigenes Privileg hielten. Als die Wikinger mit den Inuit zusammentrafen, litten sie auch selbst unter verzweifelter Eisenknappheit, und gerade Eisen war die Handelsware, die bei den Inuit am höchsten geschätzt wurde.

In unserer heutigen Welt, in der alle »indigenen Völker« mit Ausnahme weniger Stämme in den abgelegensten Teilen des Amazonasgebietes und Neuguineas bereits mit Europäern in Kontakt gekommen sind, liegen die Schwierigkeiten bei der Herstellung von Kontakten nicht ohne weiteres auf der Hand. Was mag der erste Wikinger, der in der Nordrseta eine Gruppe von Inuit sah, getan haben? Rief er »Hallo!«, ging er zu ihnen, lächelte er, bediente er sich der Gebärdensprache, zeigte er auf einen Wahlrossstoßzahn und hielt er ein Stück Eisen in die Höhe? Im Rahmen meiner biologischen Feldforschungen in Neuguinea habe ich solche »Erstkontaktsituationen« erlebt, und ich fand sie gefährlich und absolut entsetzlich. Die »Eingeborenen« betrachten die Europäer anfangs als Eindringlinge und gehen zu Recht davon aus, dass diese für ihre Gesundheit, ihr Leben und ihr Eigentum eine Gefahr darstellen. Keine Seite weiß, was die andere tun wird, beide sind angespannt und verängstigt, beide sind unsicher, ob sie flüchten oder schießen sollen, und beide suchen beim Gegenüber nach der geringsten Bewegung, die darauf hindeuten könnte, dass der andere in Panik gerät und als Erster schießt. Um eine solche Erstkontaktsituation zu einer freundlichen Beziehung zu machen oder auch nur zu überleben, braucht man äußerste Vorsicht und Geduld. Spätere europäische Kolonialherren eigneten sich gewisse Erfahrungen mit derartigen Situationen an, aber die Wikinger schossen offensichtlich als Erste.

Kurz gesagt, mussten sich die Dänen im Grönland des 18. Jahrhunderts und die Europäer, die an anderen Stellen mit einheimischen Völkern zusammentrafen, mit den gleichen Problemen auseinander setzen wie die Wikinger: mit ihren eigenen Vorurteilen gegen »primitive Heiden«, mit der Frage, ob man sie töten und ausrauben oder ob man besser Handel mit ihnen treiben solle, sie heiratet und ihr Land in Besitz nimmt, und mit der Frage, wie man sie dazu bringt, nicht zu flüchten oder zu schießen. Später gingen die Europäer solche Probleme an, indem sie das ganze Spektrum der Möglichkeiten kultivierten und sich jeweils für diejenige entschieden, die unter den gegebenen Umständen am besten geeignet war; dies hing davon ab, ob die Europäer in der Über- oder Unterzahl waren, ob sie eine ausreichende Zahl von Europäerinnen als Ehefrauen bei sich hatten, ob die Einheimischen über Handelswaren verfügten, die in Europa geschätzt wurden, und ob das Land der Einheimischen für die Europäer als Siedlungsgebiet attraktiv war. Die mittelalterlichen Wikinger verfügten noch nicht über derart vielseitige Möglichkeiten. Da sie sich weigerten oder nicht in der Lage waren, von den Inuit zu lernen, und da sie gleichzeitig auch keinen militärischen Vorteil auf ihrer Seite hatten, verschwanden am Ende nicht die Inuit, sondern die Wikinger.

Das Ende der Wikingerkolonie in Grönland wird häufig als »rätselhaft« bezeichnet. Das stimmt aber nur zum Teil: Es gilt zu unterscheiden zwischen den eigentlichen Gründen (das heißt den langfristigen Faktoren, die zum allmählichen Niedergang der Wikingergesellschaft in Grönland führten) und den unmittelbaren Anlässen (das heißt dem letzten Schlag für die geschwächte Gesellschaft, bei dem die letzten Menschen ums Leben kamen oder gezwungen waren, ihre Siedlungen aufzugeben). Nur die unmittelbaren Anlässe sind teilweise ein Rätsel; die tieferen Gründe dagegen liegen klar zu Tage. Es handelt sich um die fünf Faktoren, die wir bereits ausführlich erörtert haben: die Eingriffe der Wikinger in ihre Umwelt, Klimaveränderungen, Abnahme der freundlichen Kontakte zu Norwegen, Zunahme der feindseligen Kontakte mit den Inuit und die konservative Grundeinstellung der Wikinger.

Kurz gesagt, betrieben die Wikinger unabsichtlich Raubbau mit den ökologischen Ressourcen, auf die sie angewiesen waren: Sie fällten Bäume, stachen Rasen, ließen die Überweidung zu und verursachten Bodenerosion. Schon in der Anfangszeit der Wikingersiedlungen reichten die natürlichen Ressourcen Grönlands nur knapp aus, um eine bäuerliche europäische Gesellschaft in lebensfähiger Größe zu ernähren, und die Heuproduktion ist in Grönland von Jahr zu Jahr starken Schwankungen unterworfen. Deshalb wurde die Dezimierung der ökologischen Ressourcen in schlechten Jahren zu einer existenziellen Gefahr für die Gesellschaft. Zweitens wissen wir aus Klimaberechnungen an den grönländischen Eisbohrkernen, dass es bei Ankunft der Wikinger auf der Insel relativ mild war (das heißt so »mild« wie heute); im 14. Jahrhundert folgten dann mehrfach mehrere kalte Jahre aufeinander, und im 15. Jahrhundert begann die so genannte »kleine Eiszeit«, die bis ins 19. Jahrhundert anhielt. In dieser Zeit ging die Heuproduktion noch weiter zurück, und die Schifffahrtsrouten zwischen Grönland und Norwegen waren durch Meereis blockiert. Aber diese Hindernisse für die Schifffahrt – der dritte Faktor – waren nur einer der Gründe für den Rückgang und schließlich das Ende des Handels mit Norwegen, auf den die Grönländer angewiesen waren, weil er ihnen Eisen, eine gewisse Menge Holz und ihre kulturelle Identität verschaffte. In Norwegen raffte der »Schwarze Tod« (eine Pestepidemie) in den Jahren 1349/50 etwa die Hälfte der Bevölkerung hin. Im Jahr 1397 vereinigten sich Norwegen, Schweden und Dänemark unter einem einzigen König, der Norwegen, die ärmste der drei Provinzen, im weiteren Verlauf links liegen ließ. Die Nachfrage nach Walrosselfenbein, Grönlands wichtigster Exportware, ging in Europa zurück, als die Christen sich durch die Kreuzzüge Zugang zu dem Elefantenelfenbein aus Asien und Ostafrika verschafften, dessen Lieferung nach Europa zuvor durch die arabische Eroberung der Mittelmeerküste zum Erliegen gekommen war. Im 15. Jahrhundert waren Elfenbeinschnitzereien aller Arten, ob von Wahlrosszähnen oder Elefanten, in Europa aus der Mode. Alle diese Faktoren trugen dazu bei, dass man in Norwegen immer weniger über Finanzmittel und Motivation verfügte, Schiffe nach Grönland zu schicken. Die grönländischen Wikinger waren bei weitem nicht das einzige Volk, das feststellen musste, dass seine Wirtschaft (oder sogar sein Überleben) bedroht war, weil wichtige Handelspartner in Schwierigkeiten gerieten; das Gleiche erlebten die Vereinigten Staaten 1973 durch das Ölembargo der Golfstaaten, die Bewohner von Pitcairn und Henderson zu der Zeit, als in Mangareva der Wald zerstört wurde, und viele andere.

Die Zahl derartiger Fälle wird sich durch die moderne Globalisierung sicher vervielfachen. Mit der Ankunft der Inuit und der Unfähigkeit oder Unwilligkeit der Wikinger, tief greifende Veränderungen zuzulassen, war das Quintett der Faktoren, die hinter dem Untergang der grönländischen Kolonie standen, schließlich komplett.

Alle fünf Faktoren entwickelten sich allmählich und waren über lange Zeit hinweg wirksam. Deshalb ist es nicht verwunderlich, dass einzelne Wikingerhöfe bereits zu verschiedenen Zeitpunkten vor der endgültigen Katastrophe aufgegeben wurden. Auf dem Fußboden eines großen Hauses im größten Anwesen des Vatnahverfi-Distrikts der Östlichen Siedlung fand man den Schädel eines 25-jährigen Mannes, der mit der Radiokarbonmethode auf das Jahr 1275 datiert wurde. Man kann also annehmen, dass der ganze Vatnahverfi-Distrikt bereits zu dieser Zeit aufgegeben wurde und dass es sich bei dem Fund um einen der letzten Bewohner handelte – Überlebende hätten den Toten sicher bestattet und die Leiche nicht einfach auf dem Fußboden liegen lassen. Die letzten Radiokarbondatierungen von Höfen im Qorlortoq-Tal der Östlichen Siedlung häufen sich um das Jahr 1300. Der »Hof unter dem Sand« in der Westlichen Siedlung wurde um 1350 aufgegeben und unter ausgewaschenem Gletschersand begraben.

Von den beiden Ansiedlungen der Wikinger verschwand die kleinere Westliche Siedlung als Erste völlig. Unsere Informationen über ihr Ende stammen aus zwei Quellen: schriftlichen Überlieferungen und archäologischen Befunden. Der schriftliche Bericht stammt von einem Geistlichen namens Ivar Bardarson, den der Bischof von Bergen aus Norwegen nach Grönland schickte, wo er als Vertrauensmann und Steuereintreiber des Königs arbeiten und gleichzeitig über den Zustand der Kirche berichten sollte. Kurz nachdem Bardarson 1362 nach Norwegen zurückgekehrt war, verfasste er eine *Beschreibung Grönlands*; der ursprüngliche Text dieses Werkes ist nicht erhalten; wir kennen es nur aus späteren Abschriften. Bei den noch vorhandenen Teilen handelt es sich vorwiegend um Listen grönländischer Kirchen und Grundbesitztümer, und dazwischen versteckt sich ein empörend kurzer Bericht über das Ende der Westlichen Siedlung: »In der Westlichen Siedlung steht ein großes Gotteshaus, die Kirche von Stensnes [Sandnes]. Diese Kirche war eine Zeit lang Kathedrale und Bischofssitz. Jetzt haben die skraelings [Wichte, das heißt die Inuit] die ganze Westliche Siedlung in Besitz genommen ... Alles zuvor Genannte wurde uns von Ivar Bardarson Grönländer berichtet, der viele Jahre der Aufseher der bischöflichen Einrichtungen von Gardar war; er hat das alles gesehen und war einer von denen, welche der Gesetzeshüter [ein hochrangiger Beamter] angewiesen hatte, zur Westlichen Siedlung zu gehen und gegen die skraelings zu kämpfen, um sie aus der Westlichen Siedlung zu vertreiben. Bei ihrer Ankunft fanden sie keinen Menschen vor, weder Christen noch Heiden ...«

Am liebsten würde ich vor lauter Frustration Ivar Bardarsons Leiche schütteln, weil er so viele Fragen unbeantwortet gelassen hat. In welchem Jahr ging er dorthin, und in welchem Monat? Fand er noch gelagertes Heu oder Käse vor? Wie konnten tausend Menschen einfach verschwinden, sodass kein Einziger mehr übrig war? Gab es Spuren von Kämpfen, niedergebrannte Gebäude oder Leichen? Das alles erfahren wir von Bardarson nicht.

Stattdessen müssen wir uns an die Befunde der Archäologen halten, die auf mehreren Höfen der Westlichen Siedlung die obersten Trümmerschichten ausgegraben haben. Diese enthalten die Überreste, die die verbliebenen normannischen Bewohner in der Siedlung während der letzten Monate zurückließen. In den Ruinen findet man Türen, Pfosten, Dachbalken, Möbel, Geschirr, Kruzifixe und andere große Gegenstände aus Holz. Das ist ungewöhnlich: Wenn ein Bauernhof in Nordskandinavien absichtlich aufgegeben wird, nehmen die Bewohner solche Gegenstände in der Regel mit und verwenden sie an ihrem neuen Wohnort wieder, einfach weil Holz so kostbar ist. Wie bereits erwähnt, enthielt das Wikingerlager von L'Anse aux Meadows in Neufundland, das nach einer geplanten Evakuierung aufgegeben wurde, kaum Wertgegenstände mit Ausnahme von 99 zerbrochenen Nägeln, einem vollständigen Nagel und einer Stricknadel. Die Westliche Siedlung dagegen wurde offensichtlich sehr eilig verlassen, oder die letzten Bewohner konnten ihre Möbel nicht mehr abtransportieren, weil sie dort starben.

Die Tierknochen in diesen obersten Schichten erzählen eine grausige Geschichte. Unter ihnen sind die Fußknochen von Wildvögeln und Kaninchen, die so klein waren, dass sie normalerweise nicht gejagt wurden und nur als letzte Zuflucht bei einer Hungersnot dienten; weiterhin fand man Knochen eines neugeborenen Kalbes und eines Lamms, die im späten Frühjahr zur Welt gekommen waren, die Zehenknochen mehrerer Kühe, deren Zahl ungefähr der Zahl von Verschlägen im Kuhstall des Hofes entspricht – demnach wurden wohl alle Kühe geschlachtet und bis hin zu den Beinen aufgegessen –, und Teilskelette großer Jagdhunde, an deren Knochen man Messerspuren entdeckte. Hundeknochen fehlen ansonsten in Wikingerhäusern praktisch völlig, denn diese Menschen waren ebenso wenig bereit, ihre Hunde zu essen, wie wir. Als die letzten Bewohner die Hunde töteten, auf die sie im Herbst bei der Karibujagd angewiesen waren, und als sie außerdem die Jungtiere schlachteten, die sie zum Neuaufbau ihrer Herden benötigten, gestanden sie letztlich ein, dass sie vor lauter Hunger nicht mehr an die Zukunft denken konnten. In den tieferen Trümmerschichten der Häuser fand man zusammen mit menschlichen Exkrementen auch Aas fressende Fliegen, die zu wärmeliebenden Arten gehörten; die oberste Schicht dagegen enthält nur kältetolerante Fliegenarten, ein Indiz, dass den Bewohnern nicht nur die Nahrung, sondern auch das Brennmaterial ausgegangen war.

Aus allen diesen archäologischen Einzelheiten können wir ablesen, dass die letzten Bewohner jener Höfe in der Westlichen Siedlung im Frühjahr verhungerten und erfroren. Entweder war es ein kaltes Jahr, und die Robben kamen nicht, oder im Fjord herrschte starker Eisgang; vielleicht erinnerte sich auch eine Gruppe von Inuit daran, dass ihre Verwandten von den Wikingern in einem Experiment erstochen worden waren, weil man wissen wollte, wie stark sie bluteten, und nun versperrten sie ihnen den Zugang zu den Robbenherden im äußeren Teil der Fjorde. Wahrscheinlich hatte ein kalter Sommer im Jahr zuvor dazu geführt, dass die Bauern nicht genügend Heu hatten, um ihr Vieh den ganzen Winter über zu füttern. Sie mussten ihre letzten Kühe schlachten und sogar die Füße essen, sie töteten und aßen ihre Hunde, und sie machten Jagd auf Vögel und Kaninchen. Wenn es so war, muss man sich allerdings fragen: Warum fanden die Archäologen in den zusammengebrochenen Häusern nicht auch die Skelette der letzten Wikinger? Nach meiner Vermutung erwähnte Ivar Bardarson nicht, dass er mit seiner Gruppe aus der Östlichen Siedlung in der Westlichen Siedlung aufräumte und seinen Landsleuten ein christliches Begräbnis zuteil werden ließ – oder vielleicht ließ auch der Schreiber, der Bardarsons verlorenes Original abschrieb und kürzte, diesen Bericht unter den Tisch fallen.

Wie sah nun das Ende der Östlichen Siedlung aus? Im Jahr 1368 schickte der norwegische König zum letzten Mal ein königliches Handelsschiff nach Grönland; dieses Schiff sank im folgenden Jahr. Danach sprechen die Berichte nur noch von vier weiteren Seereisen nach Grönland (in den Jahren 1381, 1382, 1385 und 1406); in allen Fällen handelte es sich um private Schiffe, und die Kapitäne behaupteten, ihr eigentlicher Bestimmungsort sei Island gewesen – nach Grönland seien sie unabsichtlich gelangt, weil sie durch den Wind vom Kurs abgekommen seien. Wenn man bedenkt, dass der norwegische König für sich das ausschließliche

Recht auf den Grönlandhandel als königliches Monopol beanspruchte und dass es privaten Schiffen nicht erlaubt war, Grönland anzulaufen, müssen wir solche »unabsichtlichen« Reisen als erstaunlichen Zufall betrachten. Die Behauptungen der Kapitäne, sie seien zu ihrem tiefen Bedauern in dichtem Nebel vom Weg abgekommen und am Ende fälschlich nach Grönland gelangt, waren höchstwahrscheinlich nur Ausreden, mit denen sie von ihren wirklichen Absichten ablenken wollten. Zweifellos wussten die Seeleute, dass nur sehr wenige Schiffe nach Grönland fuhren und dass die Inselbewohner großen Bedarf an Handelsgütern hatten, sodass man die norwegischen Importe dort mit hohem Gewinn verkaufen konnte. Thorstein Olaffson, der Kapitän des Schiffes von 1406, kann über seinen Navigationsfehler nicht allzu traurig gewesen sein: Er blieb fast vier Jahre in Grönland und kehrte erst 1410 nach Norwegen zurück.

Dabei brachte Kapitän Olaffson drei Neuigkeiten aus Grönland mit. Erstens hatte man einen Mann namens Kolgrim im Jahr 1407 auf dem Scheiterhaufen verbrannt, weil er angeblich mit Zauberei eine Frau namens Steinnunn verführt hatte, die Tochter des Gesetzeshüters Ravn und Ehefrau von Thorgrim Sölvason. Zweitens verfiel die arme Steinnunn in geistige Umnachtung und starb. Und schließlich wurde Olaffson selbst am 14. September 1408 in der Kirche von Hvalsey mit dem grönländischen Mädchen Sigrid Björnsdotter getraut, wobei Brand Halldorsson, Thord Jorundarson, Thorbjorn Bardarson und Jon Jonsson als Trauzeugen fungiert hatten, nachdem zuvor an drei Sonntagen das Aufgebot für das glückliche Paar verlesen worden war, ohne dass jemand Einspruch erhoben hätte. Die knappen Berichte über die Hinrichtung auf dem Scheiterhaufen, die Geisteskrankheit und die Eheschließung waren im europäischen Mittelalter das Alltagsgeschäft jeder christlichen Gesellschaft und liefern keinen Anhaltspunkt für Probleme. Sie sind die letzten eindeutigen schriftlichen Belege aus Normannisch-Grönland.

Wann die Östliche Siedlung verschwand, wissen wir nicht genau. Zwischen 1400 und 1420 wurde das Klima im Nordatlantik kälter und stürmischer, und über Schiffsreisen nach Grönland wird nicht mehr berichtet. Ein weibliches Kleidungsstück, das man auf dem Friedhof von Herjolfsnes ausgegraben hatte, wurde mit der Radiokarbonmethode auf das Jahr 1435 datiert; man kann also annehmen, dass einige Wikinger noch etliche Jahrzehnte überlebten, nachdem das letzte Schiff 1410 von Grönland abgelegt hatte, aber man sollte sich auf das Datum von 1435 nicht allzu sehr fixieren, denn bei der Radiokarbondatierung besteht immer eine statistische Unsicherheit von mehreren Jahrzehnten. Die nächsten eindeutig belegten Besuche von Europäern fanden erst zwischen 1576 und 1587 statt, als die britischen Entdecker Martin Frobisher und John Davis die Insel sichteten und dort an Land gingen. Sie stießen auf Inuit, waren von deren Fähigkeiten und Technologie sehr beeindruckt, trieben Handel mit ihnen und nahmen einige Ureinwohner gefangen, um sie nach England zu bringen und dort zur Schau zu stellen. Im Jahr 1607 machte sich eine dänisch-norwegische Expedition gezielt auf den Weg zur Östlichen Siedlung, aber man ließ sich von dem Namen täuschen und nahm an, sie müsse an der Ostküste Grönlands liegen; deshalb fand sie keine Spuren der Wikinger. Von nun an und während des ganzen 17. Jahrhunderts machten immer wieder dänisch-norwegische Expeditionen sowie niederländische und britische Walfänger in Grönland Station und nahmen weitere Inuit gefangen; trotz ihres völlig anderen Äußeren und ihrer fremden Sprache nahm man (für uns heute völlig unverständlicherweise) an, sie seien nichts Geringeres als die Nachfahren der blauäugigen, blonden Wikinger.

Im Jahr 1721 schließlich reiste der norwegische lutherische Missionar Hans Egede nach Grönland. Er war überzeugt, die entführten Inuit seien tatsächlich katholische Wikinger, die von den Europäern vor der Reformation im Stich gelassen worden waren, zum Heidentum zurückgekehrt waren und nun erpicht darauf sein müssten, dass ein christlicher Missionar sie zur lutherischen Lehre bekehrte. Zufällig landete er zuerst an den Fjorden der Westlichen Siedlung, und dort fand er zu seiner Überraschung nur Menschen vor, die eindeutig Inuit und keine Wikinger waren, ihm aber die Ruinen der früheren Wikingerhöfe zeigten. Da auch Egede glaubte, die Östliche Siedlung müsse an der Ostküste der Insel liegen, suchte er dort und fand keine Spuren der Wikinger. Im Jahr 1723 zeigten die Inuit ihm an der Südwestküste, wo nach unserer heutigen Kenntnis die Östliche Siedlung lag, noch größere normannische Ruinen, darunter auch die Kirche von Hvalsey. Nun musste er sich eingestehen, dass die Wikingersiedlung tatsächlich verschwunden war, und er begann nach des Rätsels Lösung zu suchen. Von den Inuit hörte Egede mündlich überlieferte Geschichten über wechselnde Phasen der Konflikte und der friedlichen Beziehungen zur früheren Wikingerbevölkerung, und er fragte sich, ob die Normannen wohl von den Inuit ausgerottet worden waren. Seither haben Generationen von Besuchern und Archäologen sich darum bemüht, die Antwort zu finden.

Man muss sich darüber im Klaren sein, worin das Rätsel besteht. Die tieferen Ursachen für den Niedergang der Wikinger stehen außer Zweifel, und aus den archäologischen Untersuchungen an den obersten Schichten der Westlichen Siedlung erfahren wir etwas über den unmittelbaren Anlass des Zusammenbruchs im letzten Jahr der Siedlung. Entsprechende Informationen über die Vorgänge im letzten Jahr der Östlichen Siedlung besitzen wir jedoch nicht, denn dort wurden die oberen Schichten bisher nicht untersucht. Nachdem ich die Geschichte bis hierher erzählt habe, kann ich der Versuchung nicht widerstehen, das Ende mit einigen Spekulationen auszuschmücken.

Für mich sieht es so aus, als sei die Östliche Siedlung nicht allmählich, sondern sehr plötzlich zusammengebrochen, ganz ähnlich, wie es in der Westlichen Siedlung und auch beim Zusammenbruch der Sowjetunion geschah. Die grönländische Wikingergesellschaft war ein heikel ausbalanciertes Kartenhaus, das letztlich nur durch die Autorität der Kirche und der Häuptlinge stehen blieb. Als die versprochenen Schiffe aus Norwegen nicht mehr kamen und das Klima kälter wurde, muss der Respekt vor diesen beiden Autoritäten ins Wanken geraten sein. Der letzte Bischof von Grönland starb um 1378, und aus Norwegen kam kein Nachfolger mehr. Aber soziale Legitimität hing in der normannischen Gesellschaft von einer ordnungsgemäß funktionierenden Kirche ab: Geistliche mussten von einem Bischof geweiht werden, und ohne geweihten Priester gab es keine Taufen, keine Eheschließungen und keine christlichen Bestattungen mehr. Wie konnte eine solche Gesellschaft weiterhin funktionieren, wenn schließlich der letzte Priester, der vom letzten Bischof geweiht worden war, starb? Auch die Autorität eines Häuptlings hing davon ab, dass dieser über genügend Mittel verfügte, die er in schlechten Zeiten an seine Anhänger verteilen konnte. Angenommen, die Menschen auf armen Höfen verhungerten, während der Häuptling nebenan auf einem reicheren Hof überlebte: Hätten die ärmeren Bauern dann ihrem Anführer noch bis zum letzten Atemzug gehorcht?

Die Östliche Siedlung lag viel weiter südlich als die Westliche, eignete sich besser für die Heuproduktion, beherbergte mehr Menschen (4000 im Vergleich zu 1000) und war deshalb weniger stark durch einen Zusammenbruch gefährdet. Auf lange Sicht war das kältere Klima für die Östliche Siedlung natürlich ebenso schädlich wie für die Westliche, aber in der Östlichen Siedlung war eine längere Reihe kalter Jahre notwendig, bis die Herden dezimiert waren und die Menschen hungerten. Man kann sich ausmalen, wie die kleineren Höfe am Rand der Östlichen Siedlung allmählich aushungerten. Aber was könnte in Gardar geschehen sein, wo zwei Kuhställe 160 Tieren Platz boten und wo man Herden mit unzähligen Schafen hielt?

Nach meiner Vermutung ähnelte Gardar am Ende einem überfüllten Rettungsboot. Als die Heuproduktion in der Östlichen Siedlung zurückging und alle Tiere der ärmeren Höfe gestorben oder aufgegessen waren, dürften deren Siedler sich in die besten Höfe gedrängt haben, die noch ein paar Tiere besaßen: Brattahlid, Hvalsey, Herjolfsnes und zuletzt Gardar. Die Autorität der Kirchenbeamten in der Kathedrale von Gardar und des dortigen Landbesitzers wurden so lange anerkannt, wie sie und die Macht Gottes ihre Untergebenen und Anhänger sichtbar schützten. Aber Hungersnot und die damit verbundenen Krankheiten führten dazu, dass der Respekt vor Autoritäten schwand, ganz ähnlich wie der griechische Historiker Thukydides es 2000 Jahre zuvor in seinem erschreckenden Bericht über die Pest in Athen beschrieben hatte. Hungernde Menschen strömten nach Gardar, und die Häuptlinge und Kirchenoberen, die nun in der Minderzahl waren, konnten nicht mehr verhindern, dass die letzten Rinder und Schafe geschlachtet wurden. Die Versorgung hätte in Gardar vermutlich ausgereicht, um die eigenen Bewohner am Leben zu erhalten, wenn man die Nachbarn hätte aussperren können, so aber wurden die Vorräte im letzten Winter verbraucht: Alle wollten in das überbesetzte Rettungsboot klettern und aßen Hunde, neu geborenes Vieh und die Beine der Kühe, wie sie es am Ende in der Westlichen Siedlung getan hatten.

Ich stelle mir in Gardar eine ganz ähnliche Szene vor, wie sie sich in meiner Heimatstadt Los Angeles 1991 zur Zeit der so genannten Rodney-King-Unruhen abspielte: Damals provozierte der Freispruch von Polizisten, die wegen Misshandlung eines armen Menschen angeklagt waren, Tausende von empörten Menschen aus armen Stadtvierteln zum Marsch auf wohlhabende Firmen und reiche Wohnviertel. Die Polizei war hoffnungslos in der Minderzahl und konnte nicht mehr tun, als die Zufahrtsstraßen zu reichen Stadtvierteln mit gelben Kunststoffbändern abzusperren, eine nutzlose Geste mit dem Ziel, die Plünderer fern zu halten. Ein ähnliches Phänomen beobachten wir heute zunehmend im globalen Maßstab: Einwanderer aus armen Ländern strömen in die Rettungsboote, zu denen die reichen Staaten geworden sind, und unsere Grenzpolizei ist kaum besser in der Lage, den Zustrom aufzuhalten, als die Häuptlinge von Gardar und die gelben Bänder von Los Angeles. Diese Parallele ist ein weiterer Grund, warum wir das Schicksal von Normannisch-Grönland nicht als Problem einer kleinen Randgesellschaft in einer empfindlichen Umwelt abtun sollten, das für unsere große Gesellschaft ohne Bedeutung ist. Auch die Östliche Siedlung war größer als die Westliche, aber das Ergebnis war das Gleiche; es dauerte nur länger.

Waren die Wikinger in Grönland von Anfang an zum Untergang verdammt? Wollten sie eine Lebensweise praktizieren, mit der sie keinen Erfolg haben konnten, sodass es letztlich nur eine Frage der Zeit war, bis sie verhungerten? Waren sie hoffnungslos im Nachteil gegenüber sämtlichen amerikanischen Ureinwohnern, die als Jäger und Sammler schon Jahrtausende vor der Ankunft der Normannen immer wieder von Grönland Besitz ergriffen hatten?

Das glaube ich nicht. Wie gesagt: Vor den Inuit waren amerikanische Jäger und Sammler bereits in mindestens vier Wellen aus der kanadischen Arktis nach Grönland eingewandert, und ein Volk nach dem anderen war ausgestorben. Klimaschwankungen in der Arktis hatten dazu geführt, dass die großen Beutetiere, die für Jäger lebenswichtig sind – Karibus, Robben und Wale – weit wanderten, in stark schwankender Zahl vorkamen oder ganze Gebiete vorübergehend verließen. Die Inuit konnten sich zwar nach ihrer Ankunft acht Jahrhunderte lang in Grönland halten, aber auch auf sie wirkten sich die Schwankungen in der Zahl der Beutetiere aus. Die Archäologen haben viele Inuithäuser entdeckt, die wie Zeitkapseln dicht verschlossen waren; im Inneren fanden sie ganze Familien, die in dem Haus während eines strengen Winters verhungert waren. Während der dänischen Kolonialzeit kam es häufig vor, dass ein Inuit mit letzter Kraft in eine dänische Siedlung wankte und erklärte, er sei der letzte Überlebende einer Siedlung, in der alle anderen Bewohner verhungert seien.

Im Vergleich zu den Inuit und allen früheren Gesellschaften von Jägern und Sammlern in Grönland hatten die Wikinger den großen Vorteil, dass sie über eine zusätzliche Nahrungsquelle verfügte: das Vieh. Die amerikanischen Ureinwohner konnten sich als Jäger nur auf eine einzige Weise die biologische Produktivität der grönländischen Landpflanzen zunutze machen: indem sie die Karibus (und als kleinere Nahrungslieferanten die Hasen) erlegten, die sich von den Pflanzen ernährten. Die Wikinger aßen ebenfalls Karibus und Hasen, aber zusätzlich sorgten sie dafür, dass ihre Kühe, Schafe und Ziegen die Pflanzen in Milch und Fleisch verwandelten. Deshalb verfügten die Wikinger potenziell über eine breitere Nahrungsgrundlage als alle früheren Bewohner Grönlands, und entsprechend besser waren ihre Überlebensaussichten. Hätten sie nicht nur einige wilde Nahrungsmittel verzehrt, die auch die amerikanischen Ureinwohner in Grönland nutzten (insbesondere Karibus, wandernde Robben und Seehunde), sondern darüber hinaus auch noch die anderen Nahrungsmittel der Ureinwohner ausgebeutet (insbesondere Fisch, Ringelrobben und nicht nur jene Wale, die strandeten), hätten sie wahrscheinlich überlebt. Dass sie auf Ringelrobben, Fische und Wale keine Jagd machten, obwohl sie sahen, dass die Inuit es taten, war ihre eigene Entscheidung. Die Wikinger verhungerten inmitten einer Fülle ungenutzter Nahrungsressourcen. Warum trafen sie diese Entscheidung, die aus unserer Sicht im Rückblick der reine Selbstmord war?

Vor dem Hintergrund ihrer eigenen Beobachtungen, Werte und früheren Erfahrungen waren die Entscheidungen der Wikinger nicht stärker selbstmörderisch als jene, die wir heute treffen. Ihre Sichtweise war von vier Überlegungen geprägt. Erstens ist es selbst für moderne Ökologen und Agrarwissenschaftler schwierig, unter den wechselnden Umweltbedingungen Grönlands den Lebensunterhalt zu sichern. Die Wikinger hatten das Glück oder das Pech, dass sie zu einer Zeit mit relativ mildem Klima nach Grönland kamen. Da sie in den vorangegangenen 1000 Jahren nicht dort gelebt hatten, verfügten sie nicht über die Erfahrung der Zyklen von Kalt und Warm, und sie konnten nicht voraussehen, dass sie mit ihrer Viehhaltung später auf Probleme stoßen würden, wenn das Klima in Grönland den kalten Teil des Zyklus durchlief. Nachdem die Dänen im 20. Jahrhundert wieder Schafe und Kühe nach Grönland eingeführt hatten, begingen sie ebenfalls Fehler: Mit zu hohen Schafbeständen setzten sie die Bodenerosion in Gang, und die Rinderhaltung gaben sie sehr schnell wieder auf. Heute kann Grönland sich nicht selbst versorgen, sondern es ist stark auf dänische Entwicklungshilfe und auf die Zahlungen der Europäischen Union für die Fischereikonzessionen angewiesen. Selbst nach heutigen Maßstäben vollbrachten also die Wikinger, die im Mittelalter eine vielschichtige Mischung von Tätigkeiten entwickelten und sich damit 450 Jahre lang am Leben erhielten, eine beeindruckende und keineswegs selbstmörderische Leistung.

Zweitens kamen die Wikinger nicht mit einem unvoreingenommenen Bewusstsein nach Grönland, das sie für jede Lösung der Probleme ihres Landes aufgeschlossen gemacht hätte. Wie alle Völker, die in der Geschichte Kolonien gründeten, brachten sie ihre eigenen Kenntnisse, ihre kulturellen Werte und ihre bevorzugte Lebensweise mit, die sich auf die Erfahrungen vieler Generationen in Norwegen und Island stützten. Sie hielten sich für Milchbauern, Christen, Europäer und insbesondere für Normannen. Ihre norwegischen Vorfahren praktizierten schon seit 3000 Jahren erfolgreich die Milchwirtschaft. Sie waren durch gemeinsame Sprache, Religion und Kultur an Norwegen gebunden, genau wie Amerikaner und Australier, die durch die gleichen Attribute jahrhundertelang an Großbritannien gebunden waren. Alle grönländischen Bischöfe waren Norweger, die man auf die Insel entsandt hatte, aber keine Wikinger, die dort groß geworden waren. Ohne ihre gemeinsamen norwegischen Werte hätten die Wikinger in Grönland nicht zusammenarbeiten und überleben können. Unter diesem Gesichtspunkt versteht man, dass sie in Kühe, in die Jagd in der Nordrseta und in Kirchen investierten, obwohl sie ihre Energie damit nach rein wirtschaftlichen Kriterien nicht optimal nutzten. Und ihren Untergang verdankten die Wikinger dem gleichen sozialen Zusammenhalt, der sie auch in die Lage versetzt hatte, die Schwierigkeiten Grönlands zu meistern. Wie sich herausstellt, ist dies ein gemeinsames Thema in der gesamten Geschichte und auch in unserer heutigen Welt. Wir haben es bereits im Zusammenhang mit Montana (Kapitel 1) erfahren: Die Werte, an denen die Menschen unter ungeeigneten Bedingungen am hartnäckigsten festhalten, sind genau jene, durch die sie zuvor ihre größten Triumphe über widrige Umstände gefeiert haben. Auf dieses Dilemma werden wir im nächsten Kapitel im Zusammenhang mit Gesellschaften zurückkommen, die erfolgreich waren, weil sie herausfanden, an welchen innersten Werten sie nicht festhalten konnten.

Drittens verachteten die Wikinger wie andere Christen aus dem mittelalterlichen Europa die nichteuropäischen Heidenvölker, und sie hatten keine Erfahrungen im Umgang mit ihnen. Erst nachdem 1492 mit Kolumbus' Reisen das Zeitalter der Entdeckungen begonnen hatte, lernten die Europäer die machiavellistischen Methoden, mit denen man indigene Völker zum eigenen Vorteil ausbeuten konnte, obwohl man sie weiterhin verachtete. Deshalb weigerten sich die Wikinger, von den Inuit zu lernen, und vermutlich verhielten sie sich so, dass die feindseligen Gefühle bestätigt wurden. Später gingen auch viele andere Gruppen von Europäern in der Arktis auf ganz ähnliche Weise zugrunde, weil sie die Inuit ignorierten oder bekämpften. Am deutlichsten wird dies an den 138 britischen Mitgliedern der finanziell gut ausgestatteten Franklin-Expedition von 1845: Sie starben ohne Ausnahme, als sie Bereiche der kanadischen Arktis durchqueren wollten, die von Inuit bevölkert waren. Am besten kamen jene europäischen Entdecker und Siedler in der Arktis zurecht, die wie Robert Peary und Roald Amundsen in besonders großem Umfang die Methoden der Inuit übernahmen.

Und schließlich konzentrierte sich die Macht in Normannisch-Grönland an der Spitze, in den Händen der Häuptlinge und Geistlichen. Ihnen gehörte das meiste Land (darunter ohne Ausnahme die besten Höfe), sie besaßen die Boote, und sie kontrollierten den Handel mit Europa. Ein großer Teil dieses Handels diente dem Import von Waren, die ihnen mehr Prestige verschafften: Luxusgüter für die reichsten Haushalte, Gewänder und Schmuck für die Geistlichen, Glocken und farbiges Glas für die Kirchen. Die wenigen Boote wurden unter anderem für die Jagd in der Nordrseta genutzt, bei der man sich die Luxus-Exportgüter (beispielsweise Elfenbein und Eisbärfellen) zur Bezahlung der Importe beschaffte. Die Häuptlinge hatten zwei Motive, große Schafherden zu halten, die das Land durch Überweidung schädigen konnte: Wolle war Grönlands zweites wichtiges Exportgut, mit dem man die Importe bezahlen konnte, und unabhängige Bauern konnte man auf überweidetem Land leichter in ein Lehensverhältnis zwingen, sodass sie als Gefolgsleute in der Konkurrenz mit anderen Häuptlingen von Nutzen waren. Die Wikinger hätten ihre materiellen Bedingungen durch zahlreiche Neuerungen verbessern können, beispielsweise wenn sie mehr Eisen und weniger Luxusgüter importiert hätten, wenn sie die Boote während längerer Zeit dazu benutzt hätten, nach Markland zu fahren und dort sowohl Eisen als auch Holz zu holen, oder wenn sie die Inuit nachgeahmt oder andere Verfahren für Bootsbau und Jagd entwickelt hätten. Aber solche Neuerungen hätten die Macht, das Ansehen und die eng gefassten Interessen der Häuptlinge bedroht. In der streng kontrollierten, verflochtenen Gesellschaft von Normannisch-Grönland konnten die Häuptlinge verhindern, dass andere solche Neuentwicklungen ausprobierten.

Durch die Gesellschaftsstruktur der Wikinger entstand also ein Konflikt zwischen den kurzfristigen Interessen der Machthaber und den langfristigen Interessen der Gesamtgesellschaft. Vieles von dem, was Häuptlinge und Geistliche schätzten, erwies sich für die Gesellschaft als schädlich. Aber die Werte der Gesellschaft bildeten die Wurzel sowohl für ihre Stärken als auch für ihre Schwäche. Es gelang den Wikingern, in Grönland eine einzigartige Form einer europäischen Gesellschaft zu schaffen und 450 Jahre lang als abgelegenster Außenposten Europas zu überleben. Wir modernen Amerikaner sollten ihr Schicksal nicht allzu voreilig als Versagen brandmarken: Ihre Gesellschaft überlebte in Grönland länger, als es unserer Englisch sprechenden Gesellschaft in Nordamerika bisher gelungen ist. Am Ende jedoch standen die Häuptlinge ohne Gefolgsleute da. Das letzte Recht, das sie für sich selbst in Anspruch nehmen konnten, war das Recht, als Letzte zu verhungern.

KAPITEL 9

Auf entgegengesetzten Wegen zum Erfolg

Von unten nach oben, von oben nach unten ■ Das Hochland von Neuguinea ■ Tikopia – Probleme in der Tokugawazeit ■ Lösungen in der Tokugawazeit ■ Das japanische Erfolgsrezept ■ Andere Erfolge

In den vorangegangenen Kapiteln wurden sechs frühere Gesellschaften beschrieben, die selbst verursachte oder bereits vorhandene Umweltprobleme nicht lösen konnten und unter anderem deshalb schließlich zusammenbrachen: Osterinsel, Pitcairn, Henderson, die Anasazi, die klassischen Maya im Tiefland, und Normannisch-Grönland. Ich habe mich bei ihrem Scheitern so lange aufgehalten, weil wir daraus vieles lernen können. Es ist aber durchaus nicht so, dass alle historischen Gesellschaften zur ökologischen Katastrophe verdammt waren: Die Isländer überleben schon seit über 1100 Jahren unter schwierigen ökologischen Bedingungen, und viele andere Gesellschaften haben Jahrtausende überstanden. Auch diese Erfolgsgeschichten sind für uns lehrreich, außerdem bieten sie Hoffnung und Anregung. Sie lassen darauf schließen, dass es zur Lösung ökologischer Probleme zwei ganz unterschiedliche Ansätze gibt, die wir als »Methode von unten nach oben« und »Methode von oben nach unten« bezeichnen können.

Diese Erkenntnis ergibt sich insbesondere aus den Arbeiten des Archäologen Patrick Kirch, der auf Pazifikinseln unterschiedlicher Größe tätig war und Gesellschaften mit ganz unterschiedlichem Schicksal untersucht hat. Die winzige, nur 4,7 Quadratkilometer große Insel Tikopia war nach 3000 Jahren immer noch nachhaltig besiedelt; das mittelgroße Mangaia (70 Quadratkilometer) erlebte durch Waldzerstörung einen ganz ähnlichen Zusammenbruch wie die Osterinsel; und Tonga, die größte der drei Inseln (746 Quadratkilometer), wird seit 3200 Jahren mehr oder weniger nachhaltig bewirtschaftet. Warum gelang es den Menschen auf der kleinen und der großen Insel, ihre Umweltprobleme letztlich in den Griff zu bekommen, während es auf der mittelgroßen Insel fehlschlug? Nach Kirchs Ansicht gelangten die kleine und die große Insel auf entgegengesetzten Wegen zum Erfolg, und auf der mittelgroßen Insel ließ sich keine der beiden Methoden anwenden.

Kleine Gesellschaften auf Inseln oder in begrenzten Regionen können ihre Umwelt »von unten nach oben« bewirtschaften. Da das Gebiet so klein ist, sind alle Bewohner mit allen seinen Regionen vertraut: Sie wissen, dass sie von jeder Entwicklung auf ihrer Insel betroffen sind und teilen mit allen anderen Bewohnern ein Gefühl der gemeinsamen Identität und gemeinsame Interessen. Jedem ist klar, dass er von eigenen vernünftigen ökologischen Maßnahmen und von denen der Nachbarn profitiert. Das ist Bewirtschaftung von unten nach oben: Durch Zusammenarbeit lösen die Menschen ihre Probleme.

Eine solche Bewirtschaftung von unten nach oben kennen wir meist aus unserem unmittelbaren Wohn- oder Arbeitsumfeld. In der Straße in Los Angeles, wo ich wohne, gehören beispielsweise alle Hausbesitzer dem örtlichen Grundbesitzerverband an, der zu unser aller Nutzen für ein sicheres, harmonisches, attraktives Wohnumfeld sorgen soll. Wir wählen jedes Jahr einen Vorstand, diskutieren auf der Jahresversammlung unsere Vorgehensweisen, und stellen der Organisation über unsere Mitgliedsbeiträge einen Jahresetat zur Verfügung. Mit diesem Geld unterhält der Verband Blumenrabatten an den Straßenkreuzungen, er verlangt, dass Grundbesitzer nicht ohne stichhaltige Gründe ihre Bäume fällen, begutachtet Baupläne, damit keine hässlichen oder übergroßen Häuser entstehen, schlichtet Nachbarschaftsstreitigkeiten und vertritt in Fragen, die das ganze Viertel betreffen, unsere Interessen gegenüber den städtischen Behörden. Ein anderes Beispiel habe ich in Kapitel 1 erwähnt: Bei Hamilton im Bitterroot Valley in Montana haben sich Grundbesitzer zusammengetan und betreiben gemeinsam das Teller Wildlife Refuge; damit tragen sie zur Wertsteigerung ihrer eigenen Immobilien bei und verbessern sowohl die allgemeine Lebensqualität als auch die Gelegenheiten für Fischerei und Jagd – und das, obwohl die Probleme der Vereinigten Staaten oder der ganzen Welt damit nicht gelöst werden.

Der umgekehrte Weg, das Vorgehen von oben nach unten, eignet sich für große Gesellschaften mit zentralisierter politischer Organisation wie im polynesischen Tonga. Diese Inselgruppe ist viel zu groß, als dass ein einziger Bauer den ganzen Archipel oder auch nur eine der größeren Inseln vollständig kennen könnte. In einer entfernten Ecke der Inselgruppe könnte ein Problem auftauchen, von dem der Bauer anfangs nichts weiß, das sich aber am Ende für seine Lebensweise als tödlich erweist. Und selbst wenn er davon wüsste, würde er es vielleicht als unwichtig abtun: Er glaubt vielleicht, es sei für ihn ohne Bedeutung oder die Auswirkungen lägen noch weit in der Zukunft. Umgekehrt könnte ein Bauer versucht sein, Probleme seiner Region (zum Beispiel die Waldzerstörung) nicht ernst zu nehmen, weil er davon ausgeht, dass es woanders noch genügend Bäume gibt – was er aber in Wirklichkeit nicht weiß.

Andererseits ist Tonga aber so groß, dass dort eine Zentralregierung unter einem König entstehen konnte. Dieser Herrscher hat im Gegensatz zu den einzelnen Bauern den Überblick über die gesamte Inselgruppe. Und im Gegensatz zu den Bauern hat er ein Motiv, sich für das langfristige Wohlergehen der gesamten Inselgruppe einzusetzen: Er bezieht seinen Reichtum von allen Inseln, ist das bisher letzte Glied in einer langen Kette von Herrschern und rechnet damit, dass auch seine Nachkommen für alle Zeiten in Tonga herrschen werden. Deshalb wird der König oder die Zentralregierung die ökologischen Ressourcen von oben nach unten bewirtschaften und allen Untertanen diejenigen Anweisungen geben, die für sie selbst langfristig gut sind, die sie aber mangels ausreichender Kenntnisse selbst nicht formulieren konnten.

Dieser Weg von oben nach unten ist den Bewohnern der Industrieländer ebenso vertraut wie der von unten nach oben. Wir haben uns daran gewöhnt, dass staatliche Stellen – in den USA insbesondere die Staats- und Bundesbehörden – umweltpolitische und andere Maßnahmen ergreifen, die das ganze Land betreffen: Angeblich haben die staatlichen Institutionen über einen Bundesstaat oder das ganze Land einen Überblick, der über die Fähigkeiten der meisten einzelnen Bürger hinausgeht. Die Bewohner des Bitterroot Valley in Montana zum Beispiel haben ihr eigenes Teller Wildlife Refuge, die Hälfte aller Flächen im Tal ist aber als nationaler Wald oder unter der Aufsicht des Bureau of Land Management im Besitz von Bundesbehörden oder wird von ihnen verwaltet.

Traditionelle, mittelgroße Gesellschaften, die auf mittelgroßen Inseln oder in entsprechenden Regionen leben, eignen sich unter Umständen für keine dieser beiden Methoden. Die Insel ist dann so groß, dass ein einzelner Bauer nicht über alle Teile den Überblick haben und sich dort einsetzen kann. Wegen Feindseligkeiten zwischen den Häuptlingen aus benachbarten Tälern kommt es nicht zu Übereinkünften und koordinierten Maßnahmen, und häufig tragen sie sogar zur Umweltzerstörung bei: Jeder Häuptling verübt Überfälle, um auf dem Land des Rivalen Bäume zu fällen und Schaden anzurichten. Andererseits ist die Insel aber zu klein, als dass eine Zentralregierung entstehen und das ganze Land kontrollieren könnte. Dieses Schicksal erlitt Mangaia, und ähnlich erging es vermutlich in der Vergangenheit auch anderen mittelgroßen Gesellschaften. Nachdem heute die ganze Welt in Staaten organisiert ist, stehen mittelgroße Gesellschaften wahrscheinlich weniger häufig einem solchen Dilemma gegenüber, aber in Ländern mit schwacher Staatsgewalt kann es nach wie vor entstehen.

Um diese unterschiedlichen Wege zum Erfolg genauer zu erläutern, möchte ich jetzt kurz über zwei kleine Gesellschaften (im Hochland von Neuguinea und auf Tikopia) berichten, bei denen die Methode von unten nach oben funktioniert hat; anschließend erörtere ich eine große Gesellschaft (Japan, heute das Land mit der achtgrößten Bevölkerung der Welt, in der Tokogawazeit), wo man von oben nach unten Erfolg hatte. Bei den Umweltproblemen handelte es sich in allen drei Fällen um Waldzerstörung, Erosion und nachlassende Bodenfruchtbarkeit. Aber auch viele andere historische Gesellschaften haben mit ähnlichen Methoden ihre Probleme bei Wasserversorgung, Jagd und Fischerei gelöst. Außerdem sollte man sich klarmachen, dass die Ansätze von unten nach oben und von oben nach unten in einer großen Gesellschaft, die als hierarchische Pyramide organisiert ist, auch nebeneinander existieren können. In den Vereinigten Staaten und anderen demokratischen Ländern arbeiten beispielsweise lokale Gruppen von unten nach oben, und daneben verwalten zahlreiche staatliche Ebenen (Kommunen, Kreise, Bundesstaaten und Staaten) ihre Zuständigkeitsbereiche von oben nach unten.

Mein erstes Beispiel und eine der großen Erfolgsgeschichten über Verwaltung von unten nach oben ist das Hochland von Neuguinea. Auf Neuguinea leben die Menschen schon seit 46 000 Jahren autark. Bis vor kurzer Zeit gab es keine nennenswerten wirtschaftlichen Zuflüsse aus Gesellschaften außerhalb des Hochlandes; die einzigen Handelsgüter waren Gegenstände, die man als Statussymbole schätzte wie Kaurimuscheln und die Federn von Paradiesvögeln. Neuguinea ist die große Insel nördlich von Australien. Es liegt fast genau auf dem Äquator und ist deshalb in den Niederungen von tropischem Regenwald bedeckt, aber im zerklüfteten Inneren wechseln steile Bergkämme und Täler ab, und den Höhepunkt bildet ein vergletschertes, fast 5000 Meter hohes Gebirge. Wegen des schwierigen Geländes beschränkten sich europäische Entdecker 400 Jahre lang auf die Küste und die Flusstäler in den Niederungen; zu dieser Zeit nahm man stets an, das Innere der Insel sei dicht bewaldet und unbewohnt.

Deshalb erlebten Biologen und Bergleute, die in den dreißiger Jahren des 20. Jahrhunderts das Innere der Insel erstmals mit gecharterten Flugzeugen überflogen, einen regelrechten Schock: Die Landschaft unter ihnen war von Millionen Menschen gestaltet worden, und diese Menschen waren der Außenwelt völlig unbekannt. Die Landschaft hatte Ähnlichkeit mit den am dichtesten besiedelten Regionen der Niederlande: Breite, offene Täler mit wenigen Baumgruppen, bis zum Horizont eingeteilt in säuberlich angelegte Felder, die durch Bewässerungs- und Abflussgräben getrennt waren; steile Berghänge mit Terrassen erinnerten an Java oder Japan, und Dörfer waren zur Verteidigung von Palisadenzäunen umgeben. Als andere Europäer dann auf dem Boden zu den Entdeckungen der Piloten vordrangen, stellten sie fest, dass die Bewohner Bauern waren: Sie züchteten Taro, Bananen, Yamswurzeln, Zuckerrohr, Süßkartoffeln, Schweine und Hühner. Heute wissen wir, dass die vier zuerst genannten Nutzpflanzen (und einige weitere, weniger wichtige) in Neuguinea domestiziert wurden; das Hochland von Neuguinea war eines von nur neun unabhängigen Zentren der Pflanzendomestikation auf der Welt, und Landwirtschaft gibt es dort schon seit 7000 Jahren – eines der weltweit längsten Experimente in nachhaltiger Pflanzenproduktion.

Den europäischen Entdeckern und Siedlern erschienen die Hochlandbewohner »primitiv«. Sie wohnten in strohgedeckten Hütten, befanden sich untereinander ständig im Kriegszustand, hatten keine Könige und nicht einmal Häuptlinge, konnten nicht schreiben und trugen selbst bei kaltem Wetter und starkem Regen so gut wie keine Kleidung. Metall kannten sie nicht: Ihre Werkzeuge bestanden aus Stein, Holz und Knochen. Bäume wurden beispielsweise mit Steinäxten gefällt, Felder und Gräben wurden mit Holzstöcken umgegraben, und man bekämpfte sich mit hölzernen Speeren und Pfeilen sowie mit Bambusmessern.

Aber der »primitive« Eindruck erwies sich als trügerisch: Ihre landwirtschaftlichen Methoden sind so hoch entwickelt, dass europäische Agrarwissenschaftler in manchen Fällen bis heute nicht begreifen, warum die Verfahren funktionieren und warum gut gemeinte europäische Neuerungen dort versagen. Ein europäischer Landwirtschaftsberater musste in Neuguinea zum Beispiel zu seinem Entsetzen feststellen, dass ein Süßkartoffelbeet an einem steilen Abhang in einem feuchten Gebiet lag und durch Gräben entwässert wurde, die senkrecht den Hang hinunter verliefen. Er brachte die Dorfbewohner dazu, diesen Fehler zu korrigieren und die Gräben horizontal entsprechend den Höhenlinien anzulegen, wie es guter europäischer Praxis entspricht. Aus Respekt vor ihm bauten die Dorfbewohner ihre Gräben um, aber nun staute sich hinter den Gräben das Wasser, und nach einem schweren Regenguss beförderte ein Erdrutsch das ganze Beet den Hang hinunter in den darunter fließenden Fluss. Um genau diese Folge zu vermeiden, hatten die Bauern in Neuguinea schon lange vor der Ankunft der Europäer gelernt, welche Vorteile senkrechte Entwässerungsgräben unter den Wetter- und Bodenverhältnissen des Hochlandes haben.

Auch viele andere Methoden haben die Bewohner Neuguineas im Lauf der Jahrtausende durch Ausprobieren gelernt; sie können damit Ackerbau in einer Region betreiben, in der jährlich bis zu 10 000 Millimeter Niederschlag fallen, wobei auch Erdbeben, Erdrutsche und (in den Höhenlagen) Frost häufig vorkommen. Um die Bodenfruchtbarkeit in den dicht besiedelten Gebieten zu erhalten, wo man nur mit kurzen Brachperioden oder sogar ununterbrochener Nutzung der Felder genügend Lebensmittel produzieren konnte, griffen sie neben der Silvikultur – was das ist, werde ich in Kürze erläutern – auf eine ganze Palette anderer Methoden zurück. Als Dünger setzten sie dem Boden Kompost aus Unkräutern, Gras, abgestorbenen Ranken und anderem organischem Material in einer Menge von bis zu 40 Tonnen je Hektar zu. Auf die Bodenoberfläche brachten sie Abfälle, Asche von Feuern, abgemähte Pflanzen von Brachfeldern, verrottetes Holz und Hühnerdung als Mulch und Dünger auf. Rund um die Felder legten sie Gräben an, um den Grundwasserspiegel abzusenken und Überschwemmungen zu verhindern, und der organische Schlamm aus diesen Gräben wurde auf die Bodenoberfläche befördert. Bohnen und andere Hülsenfrüchte, die atmosphärischen Stickstoff fixieren, wurden im Wechsel mit den übrigen Nutzpflanzen angebaut – damit hatte man in Neuguinea unabhängig das Rotationsprinzip erfunden, das heute in der Landwirtschaft der Industrieländer häufig dazu dient, im Boden einen ausreichenden Stickstoffgehalt aufrecht zu erhalten. An steilen Berghängen legten die Menschen in Neuguinea Terrassen an; sie errichteten Barrieren, die den Boden festhielten, und überschüssiges Wasser wurde natürlich durch die senkrechten Gräben abgeleitet. Wegen dieser vielen spezialisierten Methoden muss man jahrelang in einem Dorf im Hochland Neuguineas aufgewachsen sein, um dort erfolgreich Landwirtschaft betreiben zu können. Meine Bekannten aus der Region, die ihr Dorf ausbildungsbedingt für mehrere Jahre verlassen hatten, mussten nach ihrer

Rückkehr feststellen, dass sie die familieneigenen Felder nicht mehr bestellen konnten – sie hatten zahlreiche höchst komplizierte Kenntnisse einfach nicht mitbekommen.

Nachhaltige Landwirtschaft wirft im Hochland von Neuguinea nicht nur schwierige Probleme mit der Fruchtbarkeit des Bodens auf, sondern auch die Holzversorgung ist schwierig. Man muss Wälder roden, um Felder und Dörfer anzulegen. Die traditionelle Lebensweise im Hochland war aus mehreren Gründen nicht ohne Bäume möglich: Man brauchte Holz zum Bau von Häusern und Zäunen, zur Herstellung von Werkzeugen und Waffen sowie als Brennstoff zum Kochen und zur Beheizung der Hütten in den kalten Nächten. Ursprünglich war das Hochland von Eichen- und Buchenwäldern bedeckt, aber nach jahrtausendelanger Landwirtschaft waren die am dichtesten besiedelten Gebiete (insbesondere das Wahgi-Tal in Papua-Neuguinea und das Baliem-Tal im indonesischen Teil der Insel) bis auf eine Höhe von 2400 Metern völlig entwaldet. Woher bekamen die Bewohner das benötigte Holz?

Schon am ersten Tag meines Besuches in dem Hochland im Jahr 1964 sah ich in Dörfern und Gärten Gehölze von Kasuarinenbäumen einer ganz bestimmten Spezies. Die Kasuarinen, auch Eisenholzbäume genannt, sind eine Gruppe von mehreren Dutzend Baumarten mit Blättern, die Kiefernnadeln ähneln; sie sind auf den Pazifikinseln, in Australien und Südostasien sowie im tropischen Ostafrika heimisch, wurden aber auch in vielen anderen Gegenden eingeführt, weil sie ein leicht spaltbares, aber sehr hartes Holz besitzen (daher der Name »Eisenholz«). Die Spezies *Casuarina oligodon* ist im Hochland Neuguineas zu Hause und wird dort von mehreren Millionen Bewohnern in großem Umfang angebaut: Sie verpflanzen Keimlinge, die sich von Natur aus an Flussufern entwickelt haben. Auch mehrere andere Baumarten werden dort auf die gleiche Weise angepflanzt, aber die Kasuarine ist mit Abstand die häufigste. Sie wird in derart großen Umfang verpflanzt, dass man die Methode heute als »Silvikultur« bezeichnet: Statt Feldpflanzen, wie in der konventionellen Landwirtschaft, werden Bäume angebaut (*silva* ist das lateinische Wort für Wald, *ager* bedeutet »Acker«, und *cultura* ist der Anbau).

Europäische Forstexperten kommen erst jetzt allmählich dahinter, welche besonderen Vorteile *Casuarina oligodon* bietet und welchen Nutzen die Hochlandbewohner aus den Anpflanzungen ziehen. Die Bäume dieser Spezies wachsen schnell. Ihr Holz eignet sich ausgezeichnet zum Bauen und als Brennstoff. Die Wurzelknöllchen fixieren Stickstoff, und die Bäume lassen viel Laub zu Boden fallen, sodass dieser sowohl mit

Stickstoff als auch mit Kohlenstoff angereichert wird. Zwischen bebauten Feldern angepflanzt, steigern die Kasuarinen also die Fruchtbarkeit, und wenn sie auf aufgegebenen Feldern wachsen, verkürzt sich die Zeit, die man das Gelände brach liegen lassen muss, damit seine Fruchtbarkeit sich erholt und die Anpflanzungen neuer Nutzpflanzen ermöglicht. Die Wurzeln halten den Boden an steilen Abhängen fest und vermindern damit die Erosion. Die Bauern von Neuguinea behaupten, durch die Bäume würden die Felder aus irgendeinem Grund weniger stark von Tarokäfern befallen, und die Erfahrung lässt darauf schließen, dass sie mit dieser Behauptung genauso Recht haben wie mit vielen anderen, auch wenn die Agrarwissenschaftler bisher nicht feststellen konnten, warum der Baum die Käfer fern hält. Die Hochlandbewohner schätzen die Kasuarinengehölze erklärtermaßen auch wegen ihres ästhetischen Wertes – ihnen gefällt das Geräusch, mit dem der Wind durch die Zweige streicht, und die Bäume spenden ihren Dörfern Schatten. Selbst in weiten Tälern, in denen die ursprünglichen Wälder völlig abgeholzt wurden, ermöglicht die Kasuarinen-Silvikultur also einer Gesellschaft, die auf Holz angewiesen ist, weiterhin die Existenz.

Wie lange wird die Silvikultur im Hochland Neuguineas schon praktiziert? Die Vegetationsgeschichte wurde hier von den Paläobotanikern im Wesentlichen mit den gleichen Methoden konstruiert, die ich in den Kapiteln 2 bis 8 bereits für die Osterinsel, das Gebiet der Maya, Island und Grönland erörtert habe: In Bohrkernen aus Sümpfen und Seen wurden die Pflanzenarten anhand des Pollens identifiziert; Holzkohle oder verkohlte Teilchen (entstanden durch natürliche Brände oder durch Feuer, das die Menschen zur Rodung der Wälder angezündet hatten) liefern Aufschlüsse über die Baumarten; angesammelte Sedimente zeigen, wo es nach der Rodung von Wäldern zur Erosion kam; und mit der Radiokarbonmethode wurde das Alter bestimmt.

Wie sich herausstellte, wurden Neuguinea und Australien vor rund 46000 Jahren zum ersten Mal besiedelt, und zwar von Menschen, die von Asien mit Flößen oder Kanus durch die indonesische Inselwelt nach Osten vordrangen. Zu jener Zeit bildete Neuguinea noch eine zusammenhängende Landmasse mit Australien, und dort ist die Ankunft der Menschen an zahlreichen Stellen gut belegt. Vor rund 32000 Jahren entstand Holzkohle an vielen Stellen im Hochland von Guinea durch häufige Brände, und der Anteil des Pollens von Baumarten, die keine Wälder bilden, nahm im Vergleich zu den Waldbäumen zu; demnach suchten damals bereits Menschen diese Stellen auf, vermutlich um zu jagen und im

Wald die Pandanus-Früchte zu sammeln, wie sie es noch heute tun. Spuren von umfangreichen Rodungsarbeiten und die ersten künstlichen Entwässerungskanäle in Sümpfen stammen aus der Zeit vor 7000 Jahren und lassen darauf schließen, dass zu jener Zeit im Hochland die Landwirtschaft entstand. Die Menge des Pollens von Waldbäumen nimmt weiterhin auf Kosten anderer Pollenarten zu, bis vor rund 1200 Jahren fast gleichzeitig in zwei Tälern, die 800 Kilometer voneinander entfernt sind, die erste große Welle von Kasuarinenpollen auftaucht. Diese Täler, das Baliem-Tal im Westen und das weiter östlich gelegene Wahgi-Tal sind heute die breitesten, am stärksten entwaldeten Hochlandtäler, in denen die größte und dichteste Bevölkerung lebt; genauso war es vermutlich in beiden Fällen auch schon vor 1200 Jahren.

Wenn man davon ausgeht, dass die Zunahme des Kasuarinenpollens den Beginn der Silvikultur kennzeichnet, stellt sich die Frage: Warum entstand sie offensichtlich unabhängig in zwei so weit voneinander entfernten Regionen des Hochlandes? Zu jener Zeit kam es durch zwei oder drei zusammenwirkende Faktoren zu einer Waldkrise. Einer davon war die fortschreitende Waldzerstörung, nachdem sich die bäuerliche Bevölkerung im Hochland seit der Zeit vor 7000 Jahren stark vermehrt hatte. Ein zweiter Faktor ist die Ogowila Tephra, eine dicke Vulkanascheschicht, die genau zu jener Zeit auf dem Osten Neuguineas (einschließlich des Wahgi-Thales) niederging, vom Wind aber nach Westen nicht bis zum Baliem-Tal getragen wurde. Die Asche stammte aus einem gewaltigen Vulkanausbruch auf Long Island, einer Insel vor der Ostküste Neuguineas. Als ich die Insel 1972 besuchte, bestand sie aus einem Ring von Bergen mit einem Durchmesser von 26 Kilometern, der ein riesiges Loch mit einem Kratersee umgab; es ist einer der größten Seen auf sämtlichen Pazifikinseln. Wie in Kapitel 2 bereits beschrieben, müssen die Nährstoffe in der Asche das Pflanzenwachstum und damit auch das Wachstum der Bevölkerung angeregt haben, und das führte zu einem steigenden Bedarf an Bau- und Brennholz sowie zu einem stärkeren Anreiz, sich die Vorteile der Kasuarinen-Silvikultur zunutze zu machen. Und wenn man außerdem aus dem Ablauf der El-Niño-Ereignisse, die in jener Zeit für Peru nachgewiesen wurden, auf Neuguinea schließen kann, dürften Dürre und Frost als dritte Belastung für die Gesellschaft im Hochland hinzugekommen sein.

Nach einer noch größeren Zunahme der Menge an Kasuarinenpollen vor 300 bis 600 Jahren zu schließen, weiteten die Hochlandbewohner die Silvikultur in diesem Zeitraum noch stärker aus; den Anlass dürften zwei weitere Ereignisse gegeben haben: einerseits die Tibito Tephra, ein noch größerer Ascheregen, der die Bodenfruchtbarkeit und das Bevölkerungswachstum stärker stimulierte als die Ogowila Tephra; der Ascheregen stammte auch dieses Mal von Long Island, und der zugehörige Vulkanausbruch war die unmittelbare Ursache für das Loch mit dem See, den ich bei meinem Besuch sah; und andererseits möglicherweise die Tatsache, dass zu jener Zeit die Süßkartoffel aus den Anden in das Hochland Neuguineas gelangte, sodass nun Pflanzenerträge möglich wurden, die um ein Mehrfaches höher waren als mit den bisherigen einheimischen Arten. Nachdem die Kasuarinen-Silvikultur sich im Wahgi- und Baliem-Tal durchgesetzt hatte (was man am Pollen in Bohrkernen ablesen kann), verbreitete sie sich zu verschiedenen späteren Zeitpunkten auch in anderen Regionen des Hochlandes, und in einigen abgelegenen Gebieten setzte sie sich erst im 20. Jahrhundert durch. Später kamen möglicherweise in anderen Gebieten weitere, unabhängige Erfindungen hinzu.

Ich habe die Kasuarinen-Silvikultur im Hochland Neuguineas als Beispiel für eine Problemlösung von unten nach oben dargestellt, obwohl es keine schriftlichen Aufzeichnungen darüber gibt, wie sie sich im Einzelnen durchsetzte. Anders kann es aber kaum gewesen sein, denn die Gesellschaften der Region stellen einen Extremfall der basisdemokratischen Entscheidungsfindung dar. Bevor in den dreißiger Jahren des 20. Jahrhunderts die niederländische und australische Kolonialregierung eingesetzt wurde, gab es in keinem Teil des Hochlandes auch nur ansatzweise so etwas wie politische Einheit: Immer kämpften einzelne Dörfer gegeneinander, oder sie taten sich zu vorübergehenden Bündnissen zusammen, um gegen andere Nachbardörfer zu Felde zu ziehen. Innerhalb der einzelnen Dörfer gab es keine Häuptlinge, die ihr Amt ererbt hatten, sondern nur so genannte »große Männer«, die aufgrund ihres Charakters mehr Einfluss hatten als andere; auch sie lebten aber wie alle anderen in einer Hütte und bestellten wie alle anderen ihre Felder. Entscheidungen wurden (und werden in vielen Fällen bis heute) dadurch getroffen, dass alle Dorfbewohner sich zusammensetzten und redeten, redeten, redeten. Die großen Männer konnten keine Befehle erteilen, sondern nur mehr oder weniger erfolgreich versuchen, andere von ihren Vorstellungen zu überzeugen. Heute ist diese basisdemokratische Form der Entscheidungsfindung für Außenstehende (zu denen nicht nur ich gehöre, sondern vielfach auch Beamte der Regierung Neuguineas) häufig frustrierend, weil man nicht zu einem Häuptling gehen und dort eine schnelle Antwort auf eine Frage bekommen kann; immer muss man sich gedulden und stunden- oder tagelange

Gespräche mit allen Dorfbewohnern führen, die ihre Meinung äußern wollen.

Vor diesem Hintergrund müssen sich auch die Kasuarinen-Silvikultur und alle anderen nützlichen landwirtschaftlichen Methoden im Hochland von Neuguinea durchgesetzt haben. In jedem Dorf konnten die Menschen sehen, wie der Wald um sie herum dahinschwand; sie erkannten, dass ihre Pflanzen schlechter wuchsen, wenn die Fruchtbarkeit der Felder nach der anfänglichen Rodung verloren ging, und sie erlebten die Folgen von Holz- und Brennstoffknappheit. Die Bewohner Neuguineas sind neugieriger und experimentierfreudiger als alle anderen Menschen, die mir begegnet sind. Wenn ich in meinen ersten Jahren in Neuguinea mitbekam, wie jemand gerade einen Bleistift bekommen hatte – der damals noch ein ungewöhnlicher Gegenstand war –, wurde dieser Bleistift außer zum Schreiben für unzählige andere Zwecke ausprobiert: Eignete er sich als Haarschmuck? Als Werkzeug zum Stechen? Zum Kauen? Als langer Ohrring? Zur Befestigung in der durchlöcherten Nasenscheidewand? Wenn ich Menschen aus Neuguinea mitnehme, damit sie mit mir in anderen Gebieten außerhalb des eigenen Dorfes arbeiten, pflücken sie ständig die Pflanzen der Gegend, fragen die Einheimischen nach ihrem Nutzen und wählen einige Exemplare aus, um sie mit nach Hause zu nehmen und sie dort anzupflanzen. Auf diese Weise dürfte irgendjemand vor 1200 Jahren auch die Kasuarinenkeimlinge an einem Fluss bemerkt haben; er brachte sie wie viele andere Pflanzen zum Ausprobieren mit nach Hause, stellte fest, dass sie auf dem Acker nützliche Wirkungen haben – und nachdem andere die Kasuarinen auf seinem Feld beobachtet hatten, versuchten sie selbst mit den Keimlingen ihr Glück.

Neben den Problemen mit Holzversorgung und Bodenfruchtbarkeit mussten die Hochlandbewohner in Neuguinea auch mit dem zunehmenden Bevölkerungswachstum fertig werden. Die Zunahme der Einwohnerzahl wurde mit Methoden abgemildert, an die viele meiner einheimischen Freunde sich aus ihrer Kindheit noch erinnern können: insbesondere durch Krieg, Kindesmord, Empfängnisverhütung und Abtreibung mit pflanzlichen Mitteln sowie sexuelle Enthaltsamkeit und natürliche Unfruchtbarkeit, die mehrere Jahre andauerte, während ein Baby gestillt wurde. Damit entging die Gesellschaft in Neuguinea dem Schicksal der Osterinsel, Mangarevas, der Maya, der Anasazi und vieler anderer Gesellschaften, die sich durch Waldzerstörung und Bevölkerungswachstum zugrunde richteten. Den Hochlandbewohnern gelang es, vor der Einführung der Landwirtschaft mehrere zehntausend Jahre lang nachhaltig zu wirtschaften, und danach schafften sie es noch einmal 10 000 Jahre trotz aller Klimaveränderungen und trotz menschlicher Eingriffe in die Umwelt, durch die sich die Bedingungen ständig wandelten.

Heute haben es die Menschen in Neuguinea durch den Erfolg des staatlichen Gesundheitswesens, die Einführung neuer Nutzpflanzen und die Beendigung oder Abnahme der kriegerischen Konflikte zwischen den Stämmen erneut mit einer Bevölkerungszunahme zu tun. Sie durch Kindesmord unter Kontrolle zu halten, ist aus gesellschaftlichen Gründen nicht mehr möglich. Aber die Bewohner Neuguineas mussten sich auch in der Vergangenheit bereits an große Veränderungen anpassen, so an das Aussterben der großen Tiere im Pleistozän, das Schmelzen der Gletscher und die Erwärmung am Ende der Eiszeit, die Entwicklung der Landwirtschaft, umfangreiche Waldzerstörung, Vulkanascheregen, El-Niño-Ereignisse, die Einführung der Süßkartoffeln und die Ankunft der Europäer. Werden sie jetzt ebenfalls in der Lage sein, sich auf die veränderten Bedingungen einzustellen, die sich aus der derzeitigen Bevölkerungsexplosion ergeben?

Einen weiteren Erfolg verzeichnet die Bewirtschaftung von unten nach oben auf Tikopia, einer winzigen, abgelegenen tropischen Insel im Südwestpazifik. Auf ihrer Gesamtfläche von 4,66 Quadratkilometern leben 1200 Menschen, was einer Bevölkerungsdichte von etwa 310 Menschen je Quadratkilometer landwirtschaftlich nutzbarer Fläche entspricht. Für eine traditionelle Gesellschaft mit modernen landwirtschaftlichen Methoden ist das eine hohe Bevölkerungsdichte. Dennoch ist die Insel seit fast 3000 Jahren ununterbrochen besiedelt.

Der Landflecken, der Tikopia am nächsten liegt, ist die noch kleinere (0,37 Quadratkilometer) Insel Anuta, auf der nur 170 Menschen wohnen. Die nächstgelegenen größeren Inseln, Vanua Lava im Vanuatu-Archipel und Vanikoro, das zu den Salomonen gehört, sind 230 Kilometer entfernt und haben ebenfalls nur eine Fläche von jeweils rund 260 Quadratkilometern. Der Anthropologe Raymond Firth, der 1928/29 ein Jahr lang auf Tikopia lebte und die Insel später noch mehrfach besuchte, schrieb: »Wer nicht wirklich auf dieser Insel gelebt hat, kann sich kaum vorstellen, wie stark sie von der übrigen Welt isoliert ist. Sie ist so klein, dass das Meer kaum einmal außer Sicht- oder Hörweite gerät. [Die größte Entfernung von der Inselmitte zur Küste beträgt rund 1200 Meter.] Das Raumgefühl der Einheimischen steht damit in einem eindeutigen Zusammenhang. Es ist für sie nahezu unmöglich, sich eine wirklich große Landmasse vorzustellen ... Einmal fragten mich einige von ihnen ganz ernsthaft: ›Freund, gibt es irgendwo ein Land, wo man das Meer nicht hört?‹ Die räumliche Beschränkung hat noch eine andere, weniger offenkundige Folge. Für alle räumlichen Beschreibungen verwenden sie die Ausdrücke *landeinwärts* und *zum Meer*. Eine Axt, die auf dem Fußboden eines Hauses liegt, wird auf diese Weise lokalisiert, und ich habe sogar gehört, wie ein Mann zu einem anderen sagte: ›Auf deiner meerseitigen Wange ist ein Schlammfleck.‹ Tag für Tag, Monat für Monat unterbricht nichts die gerade Linie eines klaren Horizonts, und kein noch so schwacher Dunst verrät, dass es auch anderswo Land gibt.«

Mit den traditionellen kleinen Kanus von Tikopia war die Reise über den offenen, wirbelsturmgeplagten Südwestpazifik zu einer der nächsten Nachbarinseln ein gefährliches Unternehmen, den Inselbewohnern galt sie aber auch als großes Abenteuer. Da die Kanus klein waren und da solche Reisen außerdem nur selten stattfanden, konnte man nur wenige Waren einführen; die einzigen wirtschaftlich bedeutsamen Importe waren Steine zur Herstellung von Werkzeugen und unverheiratete junge Menschen aus Anuta als Ehepartner. Da das Gestein von Tikopia sich für die Werkzeugherstellung nicht eignet (genau wie wir es in Kapitel 3 bereits für Mangareva und Henderson erfahren haben), wurden Obsidian, vulkanisches Glas, Basalt und Flintstein aus Vanua Lava und Vanikoro importiert, und zum Teil stammten diese Steine ihrerseits von noch weiter entfernten Inseln im Bismarck-, Salomonen- und Samoa-Archipel. Weitere Importwaren waren Luxusgüter wie Muschelschalen zu Schmuckzwecken, Pfeile und Bogen und (früher) Keramik.

Grundnahrungsmittel in so großen Mengen zu importieren, dass sie nennenswert zur Ernährung der Bewohner von Tikopia beitragen konnten, kam nicht infrage. Insbesondere mussten die Inselbewohner so große Lebensmittelüberschüsse produzieren, dass sie in der alljährlichen Trockenzeit im Mai und Juli sowie nach den Wirbelstürmen, die in unberechenbaren Abständen die Felder zerstörten, nicht hungern mussten. (Tikopia liegt im Zyklongürtel des Pazifiks, in dem durchschnittlich 20 große Wirbelstürme pro Jahrzehnt auftreten.) Um auf Tikopia überleben zu können, mussten die Menschen also 3000 Jahre lang zwei Probleme lösen: Wie kann man zuverlässig Lebensmittel für 1200 Menschen produzieren? Und wie verhindert man, dass die Bevölkerung zu stark anwächst und nicht mehr zu ernähren ist?

Unsere Hauptinformationsquelle über die traditionelle Lebensweise der Bewohner von Tikopia sind die Beobachtungen von Firth, die eine der klassischen Untersuchungen der Anthropologie darstellen. Europäer hatten die Insel zwar bereits 1606 »entdeckt«, wegen ihrer isolierten Lage blieb der europäische Einfluss aber bis ins 19. Jahrhundert hinein sehr gering; die ersten Missionare kamen 1857, und erst nach 1900 wurden die ersten Inselbewohner zum Christentum bekehrt. Deshalb konnte Firth 1928/29 besser als spätere Anthropologen eine Kultur beobachten, die noch viele traditionelle Elemente enthielt, auch wenn sie sich bereits im Wandel befand.

Die nachhaltige Lebensmittelproduktion wird auf Tikopia von einigen ökologischen Faktoren begünstigt, die bereits in Kapitel 2 erörtert wurden, weil die Gesellschaften auf manchen Pazifikinseln ihretwegen nachhaltiger und weniger anfällig für Umweltzerstörungen waren als andere. Gefördert wird die Nachhaltigkeit auf Tikopia durch die hohen Niederschlagsmengen, eine relativ geringe geographische Breite und die Lage in einem Bereich mit starkem Vulkanascheniederschlag (von Vulkanen auf anderen Inseln) sowie starken Niederschlag von Staub aus Asien. Diese Faktoren sind für die Bewohner von Tikopia ein geographischer Glücksfall: Sie verschaffen ihnen ohne eigenes Zutun günstige Bedingungen. Im Übrigen ist ihr Glück aber dem zuzuschreiben, was sie selbst geleistet haben. Es gibt nicht die Brandrodung, die auf vielen anderen Pazifikinseln üblich ist, sondern praktisch die gesamte Insel wird in kleinem Maßstab im Sinne einer kontinuierlichen, nachhaltigen Lebensmittelproduktion bewirtschaftet. Fast alle Pflanzenarten auf Tikopia werden von den Menschen auf diese oder jene Weise genutzt: Selbst das Gras dient auf den Feldern als Mulch, und wilde Bäume werden in Hungerzeiten als Nahrungsquelle herangezogen.

Wenn man sich der Insel vom Meer aus nähert, scheint sie mit einem hohen, mehrstöckigen, urtümlichen Regenwald bedeckt zu sein, wie er unbewohnte Pazifikinseln überzieht. Erst wenn man gelandet ist und zwischen den Bäumen hindurchgeht, bemerkt man, dass der echte Regenwald sich auf wenige Abschnitte der steilsten Klippen beschränkt, während die ganze übrige Insel der Lebensmittelproduktion dient. Der größte Teil ihrer Fläche ist eine Plantage. Dort stehen als größte Bäume einheimische oder eingeführte Arten, die essbare Nüsse, Früchte oder andere nützliche Produkte liefern; am wichtigsten sind Kokosnüsse, Brotfrüchte und die Sagopalmen mit ihrem stärkehaltigen Mark. Weniger zahlreich, aber ebenfalls wertvolle, große Bäume sind die einheimische Mandel *Canarium harveyi*, die Nüsse tragende *Burckella ovata*, die Tahiti-Kastanie

Inocarpus fagiferus, die pazifische Spezies *Barringtonia procera* und die tropische Mandel *Terminalia catappa*. Zu den kleineren Bäumen im mittleren Waldstockwerk gehören die Betelpalme mit ihren betäubungsmittelhaltigen Nüssen, die Cythera-Pflaume *Spondias dulcis* und der mittelgroße Mamibaum *Antiaris toxicara*, der gut in die Plantage passt und dessen Rinde anstelle des auf anderen polynesischen Inseln gebräuchlichen Papiermaulbeerbaumes zur Herstellung von Kleidung benutzt wurde. Das Unterholz unter den drei Baumstockwerken ist eigentlich ein üppiger Garten mit Yamswurzeln, Bananen und der Riesen-Sumpftaro *Cyrtosperma chamissonis*, deren Sorten in ihrer Mehrzahl nur in Sümpfen gedeihen; auf Tikopia kommt jedoch eine Zuchtsorte zum Einsatz, die speziell an die trockeneren Verhältnisse in den gut entwässerten Hanglagen der Plantagen angepasst wurde. Die ganze mehrstöckige Plantage ist im gesamten Pazifikraum einzigartig: Sie ahmt in ihrem Aufbau einen Regenwald nach, nur sind alle ihre Pflanzen essbar, während die meisten Arten des Regenwaldes sich nicht als Nahrung eignen.

Neben diesen umfangreichen Plantagen gibt es zweierlei kleine Gebiete, die offen und baumlos sind, aber ebenfalls der Lebensmittelproduktion dienen. Das eine ist ein kleiner Süßwassersumpf; hier gedeiht nicht die besondere, an Trockenheit angepasste Form des Riesen-Sumpftaro, die an den Abhängen angebaut wird, sondern die normale Feuchtgebietsform. Und zweitens dienen Felder mit kurzen Brachzeiten der arbeitsintensiven, nahezu ununterbrochenen Produktion von drei Knollenpflanzen: Taro, Yamswurzeln und heute der aus Südamerika eingeführten Maniok, die zum größten Teil an die Stelle der einheimischen Yamswurzel getreten ist. Diese Felder erfordern einen fast ständigen Arbeitsaufwand wie das Jäten von Unkraut, und sie müssen mit Gras und Gestrüpp aufgelockert werden, damit die Nutzpflanzen nicht austrocknen.

Die Hauptprodukte dieser Plantagen, Sümpfe und Felder sind stärkehaltige pflanzliche Lebensmittel. Haustiere, die größer sind als Hühner oder Hunde, gibt es auf Tikopia nicht. Als Proteinlieferanten nutzen die Bewohner deshalb traditionell in geringem Umfang Enten und Fische aus dem einzigen Brackwassersee der Insel, den Hauptanteil stellten aber Fische und Schalentiere aus dem Meer. Eine nachhaltige Nutzung der Meereslebewesen wurde durch Tabus gesichert, die von den Häuptlingen aufgestellt wurden: Fische zu fangen oder zu essen, war nur mit ihrer Erlaubnis gestattet; diese Regeln verhinderten eine Überfischung.

Dennoch mussten die Tikopier auf zwei Reservelebensmittel zurückgreifen, um die alljährliche Trockenzeit mit ihrer geringen Pflanzenproduktion und die gelegentlichen Zerstörungen von Plantagen und Feldern durch Wirbelstürme zu überstehen. Erstens wurden überschüssige Brotfrüchte in Gruben vergoren und blieben auf diese Weise als stärkehaltige Paste zwei bis drei Jahre lagerfähig. Und zweitens nutzte man die kleinen verbliebenen Regenwaldreste: Dort wurden Früchte, Nüsse und andere Pflanzenteile geerntet, die als Lebensmittel nicht sonderlich beliebt waren, die Menschen aber im Ernstfall vor dem Hunger bewahren konnten. Als ich 1976 eine andere polynesische Insel namens Rennell besuchte, fragte ich die dortigen Bewohner, welche Früchte von den paar Dutzend Baumarten auf der Insel essbar seien. Darauf erhielt ich drei Antworten: Man erklärte mir, manche Bäume hätten »essbare« Früchte, und die Früchte anderer Bäume seien »ungenießbar«; die Bäume einer dritten Kategorie jedoch hatten Früchte, »die nur zur Zeit der *hungi kenge* gegessen werden«. Von *hungi kenge* hatte ich noch nie gehört, also fragte ich nach. Man sagte mir, es sei der Name des größten Wirbelsturmes seit Menschengedenken; er hatte 1910 die Felder auf Rennell zerstört und die Menschen an den Rand des Hungertodes gebracht, und gerettet hatten sie sich nur dadurch, dass sie Früchte aus dem Wald verzehrten, die sie nicht besonders mochten und normalerweise nicht essen würden. Auf Tikopia mit seinen durchschnittlich zwei Wirbelstürmen pro Jahr müssen solche Früchte noch wichtiger gewesen sein als auf Rennell.

Auf diese Weise sichern sich die Bewohner von Tikopia also eine nachhaltige Nahrungsversorgung. Die zweite Voraussetzung für eine nachhaltige Besiedelung ist eine stabile, nicht mehr wachsende Bevölkerung. Als Firth die Insel 1928/29 besuchte, zählte er 1278 Einwohner. Von 1929 bis 1954 nahm die Bevölkerung pro Jahr um 1,4 Prozent zu, eine bescheidene Steigerungsrate, die in den Generationen nach der Erstbesiedelung Tikopias vor rund 3000 Jahren sicher größer war. Aber selbst wenn man annimmt, dass die Einwohnerzahl auch zu Beginn nur um 1,4 Prozent im Jahr wuchs und dass die Erstbesiedelung durch ein Kanu mit 25 Personen erfolgte, hätte die Bevölkerungszahl der 4,7 Quadratkilometer großen Insel nach 1000 Jahren auf absurde 25 Millionen Menschen und bis 1929 auf 25 Millionen Billionen ansteigen müssen. So etwas ist natürlich unmöglich: Die Bevölkerung kann nicht ständig mit der genannten Geschwindigkeit gewachsen sein, sonst wäre die neuzeitliche Zahl von 1278 Menschen bereits 283 Jahre nach Ankunft der ersten Menschen erreicht gewesen. Wie wurde die Einwohnerzahl von Tikopia nach 283 Jahren konstant gehalten?

Als Firth 1929 auf der Insel war, lernte er sechs Methoden zur Bevölkerungskontrolle kennen, die noch in Gebrauch waren, und eine siebte hatte man früher praktiziert. Auch heute erklären die Bewohner von Tikopia ausdrücklich, dass sie Empfängnisverhütung und andere Maßnahmen ergreifen, damit die Insel nicht übervölkert wird und damit alle Kinder der Familie von ihrem Grundbesitz leben können. Die Häuptlinge von Tikopia vollziehen beispielsweise jedes Jahr ein Ritual, in dem sie das Ideal eines Bevölkerungs-Nullwachstums predigen. Auf Tikopia halten Eltern es für unvertretbar, selbst weiterhin Kinder in die Welt zu setzen, wenn ihr ältester Sohn das heiratsfähige Alter erreicht hat, und niemand will mehr als eine bestimmte Zahl von Kindern haben, die unterschiedlich mit vier Kindern, ein Junge und ein Mädchen oder ein Junge und zwei Mädchen angegeben wird.

Die einfachste der sieben traditionellen Methoden, mit denen die Bevölkerung auf Tikopia reguliert wurde, war die Empfängnisverhütung durch Coitus interruptus. Eine Zweite war die Abtreibung: Dazu drückte man einer hochschwangeren Frau heftig auf den Bauch, oder man legte heiße Steine darauf. Eine weitere Methode war der Kindesmord: Babys wurden lebendig begraben, erstickt oder auf das Gesicht gelegt. Die jüngeren Söhne ärmerer Familien lebten enthaltsam, und ein großer Teil der überzähligen heiratsfähigen Frauen ging keine polygamen Ehen ein, sondern blieb ebenfalls ohne Partner. (»Enthaltsamkeit« bedeutet auf Tikopia, dass man keine Kinder bekommt; Sex mit Coitus interruptus sowie nötigenfalls Abtreibung oder Kindesmord sind dabei nicht ausgeschlossen.) Eine weitere Methode war der Selbstmord: Man kennt aus der Zeit zwischen 1929 und 1952 sieben Fälle (sechs Männer und eine Frau), in denen er durch Erhängen verübt wurde, und zwölf Fälle, bei denen die Betreffenden auf das Meer hinausschwammen (ausschließlich Frauen). Viel verbreiteter als dieser direkte Selbstmord war der Antritt einer gefährlichen Seereise, was einer Selbsttötung gleichkommt: Solche Unternehmungen kosteten zwischen 1929 und 1952 insgesamt 81 Männer und drei Frauen das Leben und waren die Ursache für ein Drittel aller Todesfälle bei unverheirateten jungen Männern. Ob eine Seereise einen Selbstmord oder nur Unvorsichtigkeit darstellte, ist sicher von Fall zu Fall unterschiedlich zu bewerten, aber die düsteren Aussichten, die während einer Hungersnot für die jüngeren Söhne armer Familien auf einer übervölkerten Insel bestanden, spielten dabei sicher eine Rolle. Firth erfuhr beispielsweise 1929, ein Mann aus Tikopia namens Pa Nukumara, der jüngere Bruder eines damals noch lebenden Häuptlings, sei während einer schweren Dürre und Hungersnot mit zwei seiner Söhne auf das Meer hinausgefahren und habe dabei ausdrücklich die Absicht geäußert, lieber schnell zu sterben als an Land langsam zu verhungern.

Die siebte Methode der Bevölkerungssteuerung wurde bei Firth' Besuch nicht mehr praktiziert, er erfuhr davon aber durch mündliche Überlieferung. Nach den Berichten über die Zahl der seither verstrichenen Generationen verwandelte sich eine frühere große Salzwasserbucht auf Tikopia irgendwann im 17. oder frühen 18. Jahrhundert in den heutigen großen Brackwassersee, weil der Eingang von einer Sandbank verschlossen wurde. Dies führte dazu, dass die großen Muschelbänke in der Bucht abstarben und die Fischbestände zurückgingen; die Folge war eine Hungersnot bei der Sippe Nga Ariki, die zu jener Zeit den betreffenden Teil Tikopias bewohnte. Daraufhin griffen die Hungernden die Sippe Nga Ravenga an, rotteten sie aus und sicherten sich damit selbst einen größeren Teil des Landes und der Küste. Eine oder zwei Generationen später attackierten die Nga Ariki auch die verbliebene Großfamilie, die Nga Faea, die aber nicht an Land die Ermordung abwartete, sondern mit Kanus auf das Meer flüchtete und damit praktisch Selbstmord beging. Diese mündlichen Überlieferungen werden durch archäologische Belege bestätigt.

Die meisten dieser sieben Methoden, mit denen die Bevölkerung von Tikopia konstant gehalten wurde, sind unter dem europäischen Einfluss im Lauf des 20. Jahrhunderts verschwunden oder befinden sich im Rückgang. Die britische Kolonialregierung der Salomonen verbot Seereisen und Kriegsführung, und die christlichen Missionare predigten gegen Abtreibung, Kindestötung und Selbstmord. Dies hatte zur Folge, dass die Bevölkerung Tikopias zwischen 1929 und 1952 von 1278 auf 1753 Menschen anwuchs, aber dann zerstörten zwei heftige Wirbelstürme innerhalb von 13 Monaten die Hälfte aller Nutzpflanzen auf der Insel und verursachten eine allgemeine Hungersnot. Daraufhin schickte die britische Kolonialregierung Lebensmittel, und das langfristige Problem versuchte sie zu lösen, indem sie den Bewohnern gestattete und sie sogar aufforderte, die Überbevölkerung durch Umsiedlung auf weniger stark besiedelte Salomoneninseln zu vermindern. Heute begrenzen die Häuptlinge von Tikopia die Zahl der Menschen, die auf der Insel leben dürfen, auf 1115; dies entspricht ungefähr der Bevölkerungszahl, die traditionell durch Kindestötung, Selbstmord und andere heute nicht mehr hinnehmbare Methoden aufrechterhalten wurde.

Wie und wann entstand auf Tikopia die bemerkenswerte, nachhaltige Wirtschaft? Wie wir aus archäologischen Ausgrabungen von Patrick Kirch und Douglas Yen wissen, wurde sie nicht auf einmal erfunden, sondern sie entwickelte sich im Lauf von fast 3000 Jahren. Die Insel wurde erstmals um 900 v. Chr. von Lapita-Menschen besiedelt, den Vorfahren der heutigen Polynesier (siehe Kapitel 2). Diese ersten Siedler schädigten die Umwelt auf der Insel stark. Holzkohlereste an archäologischen Fundstätten zeigen, dass sie die Wälder durch Abbrennen beseitigten. Sie taten sich an den Brutkolonien von Seevögeln, Landvögeln und Fledermäusen gütlich, verzehrten aber auch Fische, Muscheln und Meeresschildkröten. Nach tausend Jahren waren die Bestände von fünf Vögelarten (Abbott-Tölpel, Audubon-Sturmtaucher, Bindenralle, Gemeines Großfußhuhn und Rußseeschwalbe) auf Tikopia ausgerottet, später kam noch der Rotfußtölpel hinzu. Wie man an Ausgrabungen von Abfallhaufen außerdem feststellen kann, verschwanden auch die Fledermäuse in diesem ersten Jahrtausend praktisch völlig, die Zahl der Fisch- und Vogelknochen nahm um das Dreifache zu, Muscheln gingen um den Faktor 10 zurück, und auch die maximale Größe von Riesenmuscheln und Turbanschnecken sank (vermutlich weil die Menschen bevorzugt die größten Exemplare einsammelten).

Um 100 v. Chr., als die ursprünglichen Nahrungsquellen verschwunden oder erschöpft waren, trat allmählich ein wirtschaftlicher Wandel ein. Im Lauf der nächsten tausend Jahre sammelte sich keine weitere Holzkohle mehr an, und an den archäologischen Fundstätten tauchen die Überreste der einheimischen Mandeln (*Canarium harveyi*) auf, ein Hinweis, dass die Inselbewohner die Brandrodung aufgaben und stattdessen Plantagen mit Nussbäumen unterhielten. Um den drastischen Rückgang von Vögeln und Meerestieren auszugleichen, wechselten die Menschen zu einer intensiven Schweinehaltung, die nun fast die Hälfte der gesamten Nahrungsproteine lieferte. Eine abrupte Veränderung von Wirtschaft und Werkzeugen um 1200 n. Chr. kennzeichnet die Ankunft der Polynesier aus dem Osten, wo sich im Bereich der Fiji-, Samoa- und Tongainseln unter den Nachkommen der Lapita-Wanderung, durch die auch Tikopia anfangs besiedelt worden war, deutlich andere kulturelle Merkmale herausgebildet hatten. Mit diesen Polynesiern kam die Methode, Brotfrüchte in Gruben vergären zu lassen und aufzubewahren, auf die Insel.

Eine folgenschwere Entscheidung wurde um das Jahr 1600 ganz bewusst getroffen und ist sowohl in der mündlichen Überlieferung erhalten geblieben als auch archäologisch belegt: Auf der Insel wurden sämtliche Schweine getötet, und an ihre Stelle traten als Proteinlieferanten größere Mengen von Fischen, Schalentieren und Schildkröten. Nach den Berichten der Bewohner von Tikopia hatten ihre Vorfahren sich zu diesem

Schritt entschlossen, weil die Schweine immer wieder über Felder herfielen und sie durchwühlten, mit den Menschen um Nahrung konkurrierten und eine ineffiziente Nahrungsmittelquelle darstellen (ungefähr 10 Kilo essbares Gemüse sind notwendig, um ein Kilo Schweinefleisch zu erzeugen), sodass sie bereits zu einem Luxuslebensmittel für die Häuptlinge geworden waren. Mit der Beseitigung der Schweine und der Umwandlung der Bucht in einen Brackwassersee, die ungefähr zur gleichen Zeit stattfand, nahm die Wirtschaft von Tikopia im Wesentlichen die Form an, die sie bis zur Besiedlung durch die ersten Europäer Anfang des 19. Jahrhunderts beibehielt. Als sich Anfang des 20. Jahrhunderts der Einfluss von Kolonialregierung und christlicher Mission bemerkbar machte, hatten die Bewohner von Tikopia sich also durch geschickte Bewirtschaftung ihres abgelegenen kleinen Fleckchens Land bereits seit drei Jahrtausenden selbst versorgt.

Heute gliedert sich die Bevölkerung der Insel in vier Sippen oder Großfamilien; an der Spitze steht jeweils ein Häuptling, der sein Amt erbt und mehr Macht hat als die »großen Männer« im Hochland von Neuguinea. Dennoch eignet sich die Metapher »von unten nach oben« für die wirtschaftliche Entwicklung von Tikopia besser als das Bild »von oben nach unten«. Zu Fuß kann man die Insel an der Küste in weniger als einem halben Tag umrunden, sodass jedem Bewohner das gesamte Eiland vertraut ist. Die Bevölkerung ist so klein, dass jeder Bewohner auch alle anderen Menschen gut kennt. Jedes Stück Land hat einen Namen und gehört in väterlicher Linie einer Gruppe von Verwandten, aber jedes Haus besitzt auch Landstücke in verschiedenen Teilen der Insel. Wird ein Feld derzeit nicht genutzt, kann jeder dort vorübergehend Pflanzen anbauen, ohne dass er den Eigentümer um Erlaubnis fragen müsste. Jeder kann an jedem Riff Fische fangen, auch wenn er sich dabei unmittelbar vor der Haustür eines anderen befindet. Wirbelstürme oder Dürreperioden betreffen die ganze Insel. Obwohl die Bewohner Tikopias unterschiedlichen Sippen angehören und obwohl diesen Gruppen unterschiedlich viel Land gehört, stehen alle vor den gleichen Problemen, und alle sind den gleichen Gefahren ausgesetzt. Die isolierte Lage und die geringe Größe der Insel verlangten seit ihrer Besiedelung stets gemeinsame Entscheidungen. Seinem ersten Buch gab der Anthropologe Raymond Firth den Titel *We, the Tikopia* (»Wir, die Tikopia«), weil er diese Formulierung (»*Matou nga Tikopia*«) von den Bewohnern häufig gehört hatte, wenn sie ihm ihre Gesellschaft erklärten.

Die Häuptlinge der Insel sind die Oberaufseher über Land und Kanus der Sippen, und sie verteilen auch die Mittel. Aber nach den Maßstäben Polynesiens ist Tikopia eine der am wenigsten in Schichten gegliederten Gesellschaften mit den schwächsten Häuptlingen. Diese und ihre Familien produzieren ebenso wie ihre Untertanen eigene Lebensmittel und bestellen ihre eigenen Felder und Plantagen. Oder, wie Firth es formulierte: »Letztlich ist die Produktionsmethode durch die soziale Tradition vorgegeben, in welcher der Häuptling nur der wichtigste Handelnde und Dolmetscher ist. Er und seine Leute teilen die gleichen Werte: eine Ideologie der Verwandtschaft, der Rituale und Moral, verstärkt durch Legenden und Mythologie. Der Häuptling ist in einem beträchtlichen Maße ein Bewahrer dieser Tradition, aber damit steht er nicht allein. Seine Familienältesten, seine Mithäuptlinge, die Menschen seiner Sippe und sogar die Mitglieder seiner Familie, alle sind von den gleichen Werten durchdrungen, geben ihm Ratschläge und kritisieren seine Handlungen.« Die Funktion der Häuptlinge von Tikopia stellt also weniger eine Bewirtschaftung von oben nach unten dar als bei den Führern der letzten Gesellschaft, die wir im Folgenden erörtern wollen.

Unsere zweite Erfolgsgeschichte ähnelt der von Tikopia insofern, als es auch hier um eine Gesellschaft auf einer dicht bevölkerten Insel geht, die von der Außenwelt isoliert war, nur wenige wirtschaftlich bedeutsame Waren importierte und eine lange Vergangenheit mit einer autarken, nachhaltigen Lebensweise vorweisen kann. Aber damit sind die Ähnlichkeiten auch zu Ende: Diese Insel hat eine Bevölkerung, die 100000-mal größer ist als die von Tikopia, sie besitzt eine mächtige Zentralregierung, eine industriell geprägte Wirtschaft, eine Gesellschaft mit starker Schichtenstruktur und einer reichen, mächtigen Elite an der Spitze. Initiativen, die von oben nach unten verlaufen, spielen hier für die Lösung von Umweltproblemen eine große Rolle. Es handelt sich um Japan vor 1868.

Japans lange Geschichte einer wissenschaftlich begründeten Waldbewirtschaftung ist in Europa und Amerika kaum bekannt. Die professionellen Forstexperten sind vielmehr der Ansicht, die heute allgemein verbreiteten Methoden der Waldbewirtschaftung hätten sich ursprünglich in den deutschen Fürstentümern des 16. Jahrhunderts entwickelt und sich von dort im 18. und 19. Jahrhundert auf große Teile des übrigen Europas verbreitet. Deshalb ist die Waldfläche in Europa, die seit den Anfängen der Landwirtschaft vor 9000 Jahren stetig abgenommen hatte, ungefähr seit 1800 wieder gewachsen. Als ich 1959 zum ersten Mal in Deutschland war, stellte ich zu meinem Erstaunen fest, dass fast das ganze Land von ordentlich bewirtschafteten Wäldern bedeckt war – zuvor hatte ich mir Deutschland als industrialisiertes, bevölkerungsreiches, urbanes Land vorgestellt.

In Wirklichkeit entwickelte sich aber in Japan unabhängig von Deutschland zur gleichen Zeit eine ähnliche, von oben nach unten organisierte Waldbewirtschaftung. Auch das ist eine Überraschung, denn Japan ist wie Deutschland industrialisiert, bevölkerungsreich und urban. Es hat mit fast 400 Menschen je Quadratkilometer seiner Gesamtfläche oder knapp 2000 Menschen je Quadratkilometer landwirtschaftlicher Nutzfläche die höchste Bevölkerungsdichte aller großen Industrieländer. Dennoch handelt es sich bei 80 Prozent der Fläche Japans um dünn besiedelte, bewaldete Gebirgsregionen, während sich die meisten Menschen und der größte Teil der Landwirtschaft in den Ebenen zusammendrängen, die nur ein Fünftel des Staatsgebietes ausmachen. Die Wälder werden so gut geschützt und bewirtschaftet, dass ihre Fläche immer noch zunimmt, obwohl sie als Quelle für wertvolles Holz genutzt werden. Wegen dieser Wälder bezeichnen die Japaner ihren Inselstaat häufig als »grünen Archipel«. Auf den ersten Blick ähnelt die grüne Decke zwar einem urtümlichen Wald, in Wirklichkeit wurden aber die meisten ursprünglichen Wälder in Japan bereits vor über 300 Jahren abgeholzt, und an ihre Stelle traten aufgeforstete Flächen und Plantagen, die ebenso streng und in kleinem Maßstab bewirtschaftet werden wie in Deutschland und auf Tikopia.

Die japanischen Forstmethoden entwickelten sich als Reaktion auf eine Umwelt- und Bevölkerungskrise, die paradoxerweise durch Frieden und Wohlstand entstand. Nach 1467 wurde Japan fast 150 Jahre lang von Bürgerkriegen heimgesucht: Die herrschende Koalition mächtiger Familien, die nach einem früheren Verfall der kaiserlichen Macht entstanden war, brach zusammen, und die Macht ging an ein Dutzend selbständige Kriegsherren (*daimyo*) über, die gegeneinander kämpften. Der Krieg endete schließlich mit dem Sieg eines Herrschers namens Toyotomi Hideyoshi und seines Nachfolgers Tokugawa Ieyasu. Im Jahr 1615 stürmte Ieyasu die Festung der Familie Toyotomi in Osaka, und die verbliebenen Toyotomis begingen Selbstmord; damit war der Krieg zu Ende.

Schon 1603 hatte der Kaiser an Ieyasu den erblichen Titel eines *shogun* verliehen, des Führers eines Kriegerstandes. Von da an übte der *shogun*, der in seiner Hauptstadt Edo (dem heutigen Tokio) ansässig war, die eigentliche Macht aus, und der Kaiser in der alten Hauptstadt Kyoto war nur noch eine Galionsfigur. Ein Viertel der Fläche Japans wurde unmittelbar vom *shogun* verwaltet, die restlichen drei Viertel unterstanden den 250 *daimyo*, die vom *shogun* mit harter Hand beherrscht wurden. Militärische Gewalt wurde zu einem Monopol des *shogun*. Die *daimyo* konnten sich gegenseitig nicht mehr bekämpfen, und sogar zum Heiraten, zum Umbau ihrer Schlösser oder wenn sie ihr Eigentum an einen Sohn vererben wollten, brauchten sie die Genehmigung des *shogun*. Die Zeit von 1603 bis 1867 wird in Japan als Tokugawa-Zeit bezeichnet, weil eine Reihe von Tokugawa-*shoguns* das Land in dieser Periode von Krieg und ausländischen Einflüssen frei hielten.

Frieden und Wohlstand führten dazu, dass Bevölkerung und Wirtschaft in Japan explosionsartig wuchsen. Hundert Jahre nach dem Kriegsende hatte sich die Bevölkerung verdoppelt. Dafür war ein glückliches Zusammentreffen mehrerer Faktoren verantwortlich: Frieden, relativ geringer Einfluss von Krankheitsepidemien, die Europa zur gleichen Zeit heimsuchten (aufgrund des Verbots, ins Ausland zu reisen oder Besucher zu empfangen), und steigende landwirtschaftliche Erträge durch die Einführung zweier produktiver neuer Nutzpflanzen (Kartoffeln und Süßkartoffeln), Trockenlegung von Sümpfen, verbesserte Kontrolle von Überschwemmungen und zunehmende Produktion auf bewässerten Reisfeldern. Auf diese Weise wuchs die Bevölkerung insgesamt, noch schneller aber wuchsen die Städte, bis Edo 1720 schließlich die bevölkerungsreichste Stadt der Welt war. Der Frieden und eine starke Zentralregierung führten dazu, dass sich in ganz Japan eine einheitliche Währung und ein einheitliches System von Maßen und Gewichten durchsetzte, Zölle wurden abgeschafft, Straßen wurden gebaut, und die Küstenschifffahrt verstärkte sich; das alles trug dazu bei, dass es innerhalb Japans zu einem Handelsboom kam.

Dagegen wurde der Handel zwischen Japan und der übrigen Welt fast völlig eingestellt. Portugiesische Seeleute, die auf Handel und Eroberung aus waren, hatten 1498 Afrika umrundet und Indien erreicht; 1512 kamen sie auf die Molukken, 1514 nach China und 1543 nach Japan. Die ersten europäischen Besucher in Japan waren zwei schiffbrüchige Seeleute, aber schon sie lösten beunruhigende Veränderungen aus, weil sie Feuerwaffen einführten, und noch größer war der Wandel, als ihnen sechs Jahre später die ersten katholischen Missionare folgten. Hunderttausende von Japanern, darunter auch einige *daimyo*, wurden zum Christentum bekehrt. Leider aber traten nun Missionare der Jesuiten und Franziskaner untereinander in Konkurrenz, und es machte sich das Gerücht breit, die Geist-

1: Das Bitterroot Valley in Montana.

2: Bewässerung der Wiesen.

3: Berge und Wälder im Bitterroot Valley.

4: Die aufgegebene Zortman-Landusky-Mine in Montana; hier wurde erstmals in den USA im großen Stil die Cyanidlaugung geringwertigen Golderzes eingesetzt.

5: Eine Steinplattform (*ahu*) und die darauf wieder errichteten, typischen Steinstatuen (*moai*) auf der Osterinsel.

6: Die heutige, völlig baumlose Landschaft der Osterinsel mit den einstmals bewaldeten Vulkankegeln. In dem großen Krater, Rano Raraku, befindet sich der Hauptsteinbruch der Insel. Das kleine, rechteckige Wäldchen unten im Bild besteht aus kürzlich angepflanzten Bäumen, die hier nicht heimisch sind.

7: Ein weiterer Blick auf die früher bewaldete und heute völlig baumlose Landschaft mit ihren Kegeln aus Vulkangestein.

8: Wieder aufgerichtete Statuen (*moai*) mit *pukao* auf dem Kopf. Die Zylinder aus rotem Gestein wiegen bis zu zwölf Tonnen und stellen vermutlich einen roten Federkopfschmuck dar.

9: Luftaufnahme des heute völlig entwaldeten Chaco Canyon mit den Ruinen des Pueblo Bonito, der ehemals größten Anasazisiedlung im Canyon. Die Gebäude waren fünf bis sechs Stockwerke hoch.

(oben) 10: Ruinen einer Anasazisiedlung in der heute völlig baumlosen Landschaft des Chaco Canyon.

(links) 11: Ein Türdurchgang der Anasazi. Man erkennt die Bautechnik, bei der Steine ohne Mörtel zusammengefügt wurden; im Inneren des Mauerwerks verbirgt sich ein Kern aus Kieselsteinen.

12: Ein steil aufragender Tempel in der Mayastadt Tikal, die vor über 1000 Jahren aufgegeben wurde. Den Wald, der das Gebiet anschließend überwucherte, hat man heute teilweise gerodet.

(rechts) 13: Eine Stele (behauene Steinplatte) mit Schriftzeichen in Tikal. Die einzigen präkolumbianischen Schriften der Neuen Welt entwickelten sich in Mittelamerika, wo sich auch das Kernland der Maya befand.

(unten) 14: Malereien auf einer Vase der Maya. Das Bild zeigt eine Kriegsszene.

15: Die Steinkirche von Hvalsey in der Östlichen Siedlung der grönländischen Wikinger. Das Bauwerk wurde um 1300 errichtet.

16: Erodierte Landschaft in Island, eine Folge von Abholzung und Überweidung durch Schafe.

17: Der Eriksfjord in Grönland. An diesem tief eingeschnittenen, von Eisbergen übersäten Fjord lag Brattahlid, einer der reichsten Wikingerhöfe der Östlichen Siedlung.

18: Ein Inuit bei der Jagd mit Kajak und Harpune. Diese beiden leistungsfähigen, erfindungsreichen Jagdhilfsmittel müssen den grönländischen Wikingern bei den Inuit aufgefallen sein, sie wurden aber von ihnen nie übernommen.

19: Eine dicht bevölkerte Landwirtschaftsregion im Wahgi-Tal im Hochland von Neuguinea. Das Gebiet wurde weitgehend abgeholzt, aber schon vor 1200 pflanzten die Menschen in ihren Dörfern und auf den Feldern die einheimischen Kasuarinenbäume an, um die Versorgung mit Bau- und Brennholz zu sichern.

20: Die bewaldete Umgebung des Fujiyama. Da die Wälder in Japan schon seit Jahrhunderten streng von oben nach unten bewirtschaftet wurden, hat das Land unter allen Industriestaaten der Erde den höchsten Anteil an Waldflächen (74 Prozent der Gesamtfläche), obwohl es gleichzeitig auch mit der Bevölkerungsdichte in der Spitzengruppe liegt.

21: Einige Dutzend der fast eine Million Opfer, die 1994 beim Völkermord in Ruanda ums Leben kamen.

22: Einige der zwei Millionen ruandischen Flüchtlinge, die 1994 beim Völkermord vertrieben wurden.

23: Eine teilweise bewaldete Landwirtschaftsregion in der Dominikanischen Republik. Der Staat nimmt den Ostteil der Insel Hispaniola ein und ist um ein mehrfaches reicher als das benachbarte Haiti.

24: Die fast völlig entwaldete Landschaft in Haiti, dem ärmsten Land der Neuen Welt, das den Westteil der Insel Hispaniola einnimmt.

25: Chinesische Stadtbewohner schützen sich vor der weltweit schlimmsten Luftverschmutzung in Ballungsräumen.

26: Umfangreiche Erosion hat die chinesische Löss-Hochebene größtenteils zerstört.

27: Unmittelbarer Export der Umweltverschmutzung aus den Industrieländern in die Dritte Welt: importierter Elektronikschrott in China.

28: Eine Form der Bodenversalzung: oberflächliche Salzablagerungen, an Australiens größtem Fluss, dem Murray River.

29: Schafe fressen in Australien den Pflanzenbewuchs und tragen so zur Erosion bei.

30: Kaninchenplage in Australien: Die künstlich eingeführten Tiere fressen die Vegetation und sind eine Ursache der Bodenerosion.

31: Kudzu, eine schnell wachsende, eingeschleppte Pflanzenart, erdrückt in einem nordamerikanischen Wald die einheimische Vegetation.

32: Präsident John F. Kennedy und seine Mitarbeiter bei den Beratungen über die Kuba-Raketenkrise. Sie hatten aus den Fehlern während der Schweinebucht-Krise gelernt und bedienten sich produktiverer Methoden, um in der Gruppe zu Entscheidungen zu gelangen.

33: Eine der öffentlichkeitswirksamsten und teuersten Industriekatastrophen der letzten 20 Jahre: Im Jahr 1988 kamen bei dem Brand auf der Ölplattform »Piper Alpha« des Unternehmens Occidental Petroleum 167 Menschen ums Leben, und der Konzern erlitt schwere wirtschaftliche Verluste.

34: Eine weitere teure Industriekatastrophe, die weltweit Bestürzung auslöste: 1984 kamen bei einem Chemieunfall in einer Produktionsanlage im indischen Bhopal insgesamt 4000 Menschen ums Leben. Die Katastrophe kostete den Konzern Union Carbide letztlich die Existenz als unabhängiges Unternehmen.

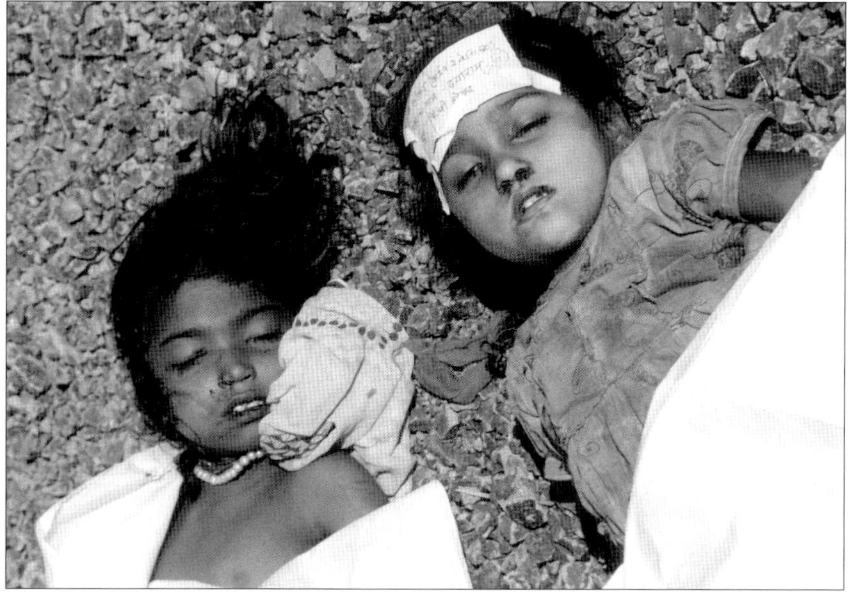

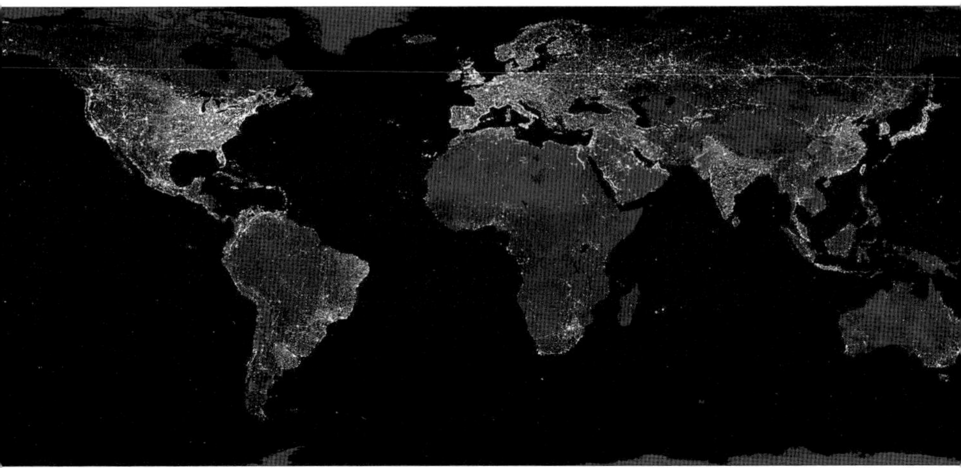

35: Zusammengesetzte Satellitenfotos mit dem Anblick der Erde bei Nacht. Manche Gebiete, insbesondere in den USA, Europa und Japan, sind wesentlich heller erleuchtet als andere (z. B. große Teile Afrikas, Südamerika und Australien). Die Unterschiede bei nächtlicher Beleuchtung und Stromverbrauch sind unmittelbar proportional zu den Unterschieden im allgemeinen Ressourcenverbrauch, Abfallproduktion und Lebensstandard in den Industrieländern und der Dritten Welt. Werden solche Unterschiede sich auf Dauer aufrechterhalten lassen?

36: Eine geschlossene Wohnsiedlung in meiner Heimatstadt Los Angeles. Hier können sich die Reichen von den Problemen der übrigen Stadt abschotten.

37: Autobahnen und Zersiedelung in Los Angeles.

38: Der berüchtigte Smog in Los Angeles.

39: Gescheiterte Wasserbewirtschaftung: In den niedrig gelegenen Küstengebieten der Niederlande kamen 1953 fast 2000 Menschen durch Überschwemmungen ums Leben.

40: Erfolgreiche Wasserbewirtschaftung: Ein Polder in den Niederlanden. Das Land liegt unter dem Meeresspiegel und wurde dem Meer durch Entwässerung abgerungen.

41: Die Ruinen von Mohanjo Daro. Diese städtische Kultur erlebte um 2000 v. Chr. im Industal im heutigen Pakistan ihren Niedergang; die Ursachen waren möglicherweise Klimaveränderungen, die Verlagerung von Flussläufen und die Probleme mit der Wasserbewirtschaftung.

42: Angkor Wat mit den Tempeln des Khmer-Reiches. Die Stadt im heutigen Kambodscha wurde nach 1400 aufgegeben, vermutlich wegen Problemen mit der Wasserbewirtschaftung und weil das Reich sich militärisch nicht mehr gegen äußere Feinde wehren konnte.

lichen wollten Japan christianisieren, um auf diese Weise eine europäische Eroberung vorzubereiten.

Im Jahr 1597 ließ Toyotomi Hideyoshi die erste Gruppe von 26 christlichen Märtyrern kreuzigen. Als christliche *daimyo* anschließend versuchten, Regierungsbeamte zu bestechen oder umzubringen, gelangte der *shogun* Tokugawa Ieyasu zu dem Schluss, Europäer und Christentum seien eine Bedrohung für den Bestand der *shogun*-Herrschaft und für Japan insgesamt. (Betrachtet man rückblickend, welche militärischen Interventionen der Europäer auf die Ankunft scheinbar harmloser Kaufleute und Missionare in China, Indien und vielen anderen Ländern folgten, hatte Ieyasu damit eine echte Gefahr erkannt.) Im Jahr 1614 verbot Ieyasu das Christentum; Missionare und die von ihnen Bekehrten, die ihrer Religion nicht abschwören wollten, wurden gefoltert und hingerichtet. Ein späterer *shogun* ging 1635 noch weiter: Er verbot den Japanern, nach Übersee zu reisen, und japanische Schiffe durften die Küstengewässer des Landes nicht mehr verlassen. Vier Jahre später vertrieb er alle verbliebenen Portugiesen aus dem Inselreich.

In der nun folgenden, mehr als 200 Jahre langen Periode schottete sich Japan von der übrigen Welt fast völlig ab. In den Gründen spiegelt sich weniger das Verhältnis zu Europa als vielmehr die Beziehung zu China und Korea wider. Als einzige Ausländer wurden wenige niederländische Kaufleute zugelassen (die katholikenfeindlich waren und deshalb als weniger gefährlich galten als die Portugiesen), und auch sie isolierte man wie gefährliche Krankheitserreger auf einer Insel im Hafen von Nagasaki, wo es auch eine ähnliche chinesische Enklave gab. Ansonsten war Außenhandel nur noch mit Korea auf der Insel Tushima gestattet, die zwischen Korea und Japan liegt, sowie mit den Ryuku-Inseln (einschließlich Okinawa) im Süden und der Ainu-Urbevölkerung auf der Insel Hokkaido im Norden (die damals im Gegensatz zu heute noch nicht zu Japan gehörte). Von solchen Kontakten abgesehen, unterhielt Japan mit dem Ausland keine diplomatischen Beziehungen, noch nicht einmal mit China. Mit Ausnahme von Hideyoshi, der nach 1590 zweimal vergeblich eine Invasion in Korea versuchte, bemühte Japan sich auch nicht um Eroberungen im Ausland.

In diesen Jahrhunderten der Isolation konnte Japan fast alle Bedürfnisse aus eigener Kraft befriedigen; insbesondere war es praktisch autark in seiner Versorgung mit Lebensmitteln, Holz und den meisten Metallen. Importe beschränkten sich im Wesentlichen auf Zucker und Gewürze, Ginseng, Arzneimittel und Quecksilber, jährlich 160 Tonnen Luxushölzer, chinesische Seide, Hirschfelle und andere Tierhäute zur Herstellung von

Leder (in Japan selbst wurden nur wenige Rinder gehalten) sowie Blei und Salpeter zur Herstellung von Schießpulver. Selbst die Menge dieser Importwaren nahm im Lauf der Zeit ab, weil die einheimische Seiden- und Zuckerproduktion wuchs, während Feuerwaffen nur noch beschränkt erlaubt waren und dann praktisch völlig abgeschafft wurden. Dieser bemerkenswerte Zustand der Selbstversorgung und der selbst auferlegten Isolation blieb bestehen, bis 1853 eine amerikanische Flotte unter dem Commodore Perry eintraf und verlangte, Japan solle seine Häfen öffnen und Brennstoffe sowie Proviant an amerikanische Walfänger und Handelsschiffe liefern. Als sich dann herausstellte, dass die Tokugawa-*shoguns* ihr Land nicht mehr vor den Barbaren mit ihren Feuerwaffen schützen konnten, brach ihre Herrschaft 1868 zusammen, und nun entwickelte sich Japan bemerkenswert schnell von einer isolierten, semifeudalen Gesellschaft zu einem modernen Staat.

In der Umwelt- und Bevölkerungskrise, die im 17. Jahrhundert durch Frieden und Wohlstand ausbrach, war die Waldzerstörung ein wichtiger Faktor, denn zu jener Zeit schoss der Holzverbrauch (der fast ausschließlich aus einheimischer Produktion befriedigt wurde) in die Höhe. Bis Ende des 19. Jahrhunderts bestanden die meisten Gebäude in Japan aus Holz und nicht wie in vielen anderen Ländern aus Steinen, Backstein, Zement, Lehm oder Fliesen. Diese traditionelle Holzbauweise hatte mit der ästhetischen Vorliebe der Japaner für Holz zu tun, teilweise aber spiegelt sich darin auch die Tatsache wider, dass Bäume in der Frühgeschichte Japans immer leicht verfügbar waren. Mit Frieden und Wohlstand wuchs auch der Holzbedarf der immer zahlreicheren Bevölkerung in Stadt und Land. Vorreiter waren dabei seit ungefähr 1570 Hideyoshi, sein Nachfolger, der *shogun* Ieyasu, und viele *daimyo*: Sie schwelgten in Selbstbestätigung und versuchten einander durch den Bau gewaltiger Schlösser und Tempel zu beeindrucken. Allein die drei größten Schlösser, die Ieyasu errichtete, erforderten die Abholzung von rund 25 Quadratkilometern Wald. Unter Hideyoshi, Ieyasu und dem nächsten *shogun* entstanden ungefähr 200 kleine und große Städte mit Schlössern. Nach Ieyasus Tod wurde für den Städtebau mehr Holz gebraucht als für die Errichtung herrschaftlicher Baudenkmäler, und da die Städte mit ihren strohgedeckten, dicht nebeneinander stehenden, mit Holz beheizten Holzhäusern häufig abbrannten, mussten sie immer wieder aufgebaut werden. Bei dem größten derartigen Brand, dem Feuer von Meireki, wurde 1657 die halbe Hauptstadt Edo zerstört, und 100 000 Menschen kamen ums Leben. Zu einem großen Teil wurde das Holz mit Küstenschiffen zu den Städten transportiert, und da die Schiffe ebenfalls aus Holz gebaut wurden, wuchs der Bedarf noch weiter. Weitere hölzerne Schiffe wurden gebraucht, um Hideyoshis Streitkräfte bei seinem erfolglosen Versuch, Korea zu erobern, über die Straße von Korea zu transportieren.

Der Bedarf an Bauholz war nicht die einzige Triebkraft der Waldzerstörung. Holz diente auch als Brennstoff zur Beheizung der Häuser, zum Kochen und für industrielle Zwecke wie zur Herstellung von Salz, Fliesen und Keramik. Es wurde zu Holzkohle verbrannt, mit der man die noch heißeren Feuer zum Schmelzen von Eisen anheizte. Japans wachsende Bevölkerung brauchte mehr Lebensmittel, und entsprechend wurden mehr Waldgebiete zu landwirtschaftlichen Zwecken gerodet. Die Bauern düngten ihre Felder mit »grünem Dünger« (das heißt mit Blättern, Baumrinde und Zweigen), Ochsen und Pferde wurden mit Buschwerk und Gras gefüttert, das man aus den Wäldern holte. Fünf bis zehn Hektar Wald wurden gebraucht, um den grünen Dünger für einen Hektar Ackerland zu gewinnen. Bis zum Ende der Bürgerkriege im Jahr 1615 holten die verfeindeten Armeen von *daimyo* und *shogun* aus den Wäldern das Futter für ihre Pferde sowie den Bambus für Waffen und Befestigungszäune. Und in Waldgebieten lieferten die *daimyo* ihren jährlichen Tribut an den *shogun* in Form von Holz ab.

Zwischen 1570 und 1650 erreichten der Bauboom und damit auch die Waldzerstörung ihren Höhepunkt; als dann das Holz knapp wurde, verlangsamte sich beides. Zunächst wurde das Holz auf unmittelbaren Befehl des *shogun* oder *daimyo* geschlagen, oder die Bauern fällten es je nach ihrem eigenen Bedarf; um 1660 jedoch ging die Holzgewinnung von staatlichen Stellen an Privatunternehmen über. Als beispielsweise in Edo wieder einmal ein Brand ausbrach, erkannte einer der berühmtesten privaten Holzunternehmer, der Kaufmann Kinokuniya Bunzaemon, dass die Nachfrage nach Holz nun wieder steigen würde. Noch bevor das Feuer gelöscht war, machte er sich mit einem Schiff auf den Weg, um im Distrikt Kiso große Mengen Holz einzukaufen und sie in Edo mit gewaltigem Gewinn weiterzuveräußern.

Als erster Teil Japans wurde das Kinai-Becken auf Honshu, der größten Insel des Reiches, bereits um das Jahr 800 entwaldet; heute liegen dort wichtige Städte wie Osaka und Kyoto. Um das Jahr 1000 hatte sich die Waldzerstörung auch auf der kleineren Nachbarinsel Shikoku fortgesetzt. Um 1550 war ungefähr ein Viertel der Gesamtfläche Japans (immer noch vor allem der mittlere Teil von Honshu und der Osten von Shikoku) abgeholzt, in anderen Teilen des Landes gab es aber noch viele alte Wälder.

Hideyoshi brauchte 1582 als erster Herrscher Holzlieferungen aus ganz Japan, denn für seine umfangreichen Bauvorhaben reichten die Mengen, die er auf seinem eigenen Besitz gewinnen konnte, nicht mehr aus. Er verschaffte sich die Herrschaft über einige besonders wertvolle Wälder und forderte von jedem *daimyo* eine bestimmte jährliche Holzmenge als Tribut. Neben den Wäldern, die *shogun* und *daimyo* für sich selbst beanspruchten, erhoben sie auch Anspruch auf alle wertvollen Bäume auf den Ländereien von Dörfern oder Privatbesitzern. Um das ganze Holz von den immer weiter entfernten Waldgebieten in die Städte oder zu den Schlössern zu transportieren, wo es gebraucht wurde, beseitigten die Herrscher zahlreiche Hindernisse aus den Flüssen. Nun konnte man die Baumstämme als Flöße zur Küste schwimmen lassen, und von dort wurden sie dann mit Schiffen zu den Hafenstädten gebracht. Jetzt wurde das Holz auf allen drei Hauptinseln gefällt, von der Südspitze der südlichen Insel Kyushu über Shikoku bis zum Nordende von Honshu. Im Jahr 1678 mussten die Holzfäller sich auch über das Südende von Hokkaido hermachen, der Insel nördlich von Honshu, die zu jener Zeit noch nicht zum Staat Japan gehörte. Bis 1710 waren die meisten zugänglichen Waldgebiete auf den drei Hauptinseln (Kyushu, Shikoku und Honshu) und im Süden von Hokkaido abgeholzt; es blieben nur noch alte Wälder an steilen Berghängen, in unzugänglichen Gebieten und an Stellen, wo die Holzgewinnung mit der Technik der Tokugawazeit zu schwierig oder kostspielig war.

Die Waldzerstörung machte sich in Japan nicht nur mit ihren nahe liegenden Auswirkungen – Bauholz-, Brennstoff- und Futtermangel sowie erzwungenes Ende der Errichtung von Monumentalbauten – bemerkbar, sondern auch auf andere Weise. Innerhalb der Dörfer und zwischen den Dörfern und *daimyo* oder *shogun* kam es immer häufiger zu Streitigkeiten um das Holz, weil alle in Konkurrenz um die Wälder des Landes standen. Ebenso gab es Konflikte zwischen jenen, die Holzstämme auf den Flüssen transportieren wollten, und anderen, die Wasserläufe lieber zum Angeln oder zur Bewässerung ihrer Felder verwendeten. Wie wir es in Kapitel 1 im Zusammenhang mit Montana erfahren haben, nahmen die Waldbrände auch hier zu, weil die nachgewachsenen Gehölze auf abgeholzten Flächen leichter brennbar waren als die alten Bäume. Nachdem die steilen Abhänge nicht mehr von Wald geschützt wurden, nahm unter den Verhältnissen Japans – starke Niederschläge, Schneeschmelze und häufige Erdbeben – auch die Bodenerosion stark zu. Durch das Wasser, das verstärkt von den kahlen Böschungen abfloss, wurden die Überschwemmungen in den Niederungen häufiger, durch Bodenerosion und Versandung der Flüsse stieg der Wasserspiegel in den Bewässerungssystemen, Sturmschäden verstärkten sich, aus Wäldern gewonnene Dünge- und Futtermittel wurden knapp. Das alles führte dazu, dass die landwirtschaftlichen Erträge gerade in einer Zeit der Bevölkerungszunahme zurückgingen, sodass es seit Ende des 17. Jahrhunderts immer wieder zu schweren Hungersnöten kam.

Der Meireki-Brand von 1657 und der nachfolgende Holzbedarf zum Wiederaufbau der japanischen Hauptstadt wurden zu einem Alarmsignal: Sie machten deutlich, dass Holz und andere Ressourcen im ganzen Land zunehmend knapp wurden, während die Bevölkerung insbesondere in den Städten stark gewachsen war. Das hätte zu einer Katastrophe nach Art der Osterinsel führen können. Aber stattdessen stabilisierte sich in Japan im Lauf der nächsten beiden Jahrhunderte die Bevölkerungszahl, und Ressourcen wurden nur noch nahezu nachhaltig verbraucht. Eingeleitet wurde der Wandel von oben durch aufeinander folgende *shogune*: Sie setzten unter Berufung auf konfuzianische Prinzipien eine offizielle Ideologie durch, die dazu aufrief, den Verbrauch einzuschränken, Reserven anzulegen und so das Land vor Katastrophen zu schützen.

Zu der Veränderung gehörte auch, dass man mit der Lebensmittelversorgung stärker auf Meereslebewesen und auf den Handel mit den Ainu zurückgriff, um so die Landwirtschaft zu entlasten. Die Ausweitung der Fischerei ging mit der Einführung neuer Methoden einher, beispielsweise mit der Verwendung sehr großer Netze und dem Fischfang in der Tiefsee. Die einzelnen *daimyo* und Dörfer beanspruchten jetzt auch das an ihr Land angrenzende Meer für sich: Man hatte erkannt, dass die Fisch- und Schalentierbestände begrenzt waren und unter Umständen zur Neige gehen würden, wenn jeder in jedem beliebigen Territorium ungehindert fischen konnte. Die Belastung der Wälder durch Gewinnung grünen Düngers für die Felder wurde vermindert, weil man in wesentlich größerem Umfang Fischmehl zu diesem Zweck einsetzte. Die Jagd auf Meeressäuger (Wale, Robben und Seeotter) wurde verstärkt, und man gründete Syndikate zur Finanzierung von Booten, Ausrüstung und Arbeitskräften. Der stark ausgeweitete Handel mit den Ainu auf Hokkaido brachte Räucherlachs, getrocknete Seegurken, Abalonemuscheln, Tang, Hirschfelle und Seeotterpelze nach Japan, das im Gegenzug Reis, Sake, Tabak und Baumwolle an die Ainu lieferte. Dies führte dazu, dass die Lachs- und Hirschbestände auf Hokkaido zur Neige gingen; die Ainu, die sich bisher als Jäger selbst versorgt hatten, gerieten in Abhängigkeit von japanischen Importen, und schließlich gingen sie durch wirtschaftlichen Niedergang, Krankheitsepidemien und militärische Eroberungsfeldzüge zugrunde. Die Lösung für das Problem der erschöpften Ressourcen in Japan bestand also zur Tokugawazeit teilweise darin, dass japanische Ressourcen auf Kosten der Ressourcen in anderen Gebieten geschont wurden. Ganz ähnlich lösen Japan und andere Industrieländer auch heute das Problem ihrer erschöpften Rohstoffe und Vorräte, in dem sie diese anderswo ausbeuten. (Wie gesagt: Hokkaido wurde politisch erst im 19. Jahrhundert an Japan angegliedert.)

Zu der Veränderung gehörte auch, dass das Bevölkerungswachstum fast auf null zurückging. Von 1721 bis 1828 wurde die japanische Bevölkerung kaum größer: Sie wuchs nur von 26 100 000 auf 27 200 000. Im Vergleich zu früheren Jahrhunderten heirateten die Japaner im 18. und 19. Jahrhundert später, Babys wurden länger gestillt, die dadurch entstehende Laktationsamenorrhöe sowie Empfängnisverhütung, Abtreibungen und Kindesmord führten zu größeren Abständen zwischen den Kindern. In der niedrigen Geburtenrate spiegelte sich die Reaktion einzelner Paare auf die merkliche Knappheit an Nahrung und anderer Vorräte; dies zeigt sich daran, dass die Geburtenrate im Japan der Tokugawazeit im Einklang mit den Preisen für Reis stieg und fiel.

Ein anderer Aspekt der Veränderung war die Verminderung des Holzverbrauchs. Seit dem späten 17. Jahrhundert wurde in Japan in immer größerem Umfang Kohle anstelle von Holz als Brennstoff benutzt. Die Häuser mit ihren schweren Holzbalken wurden von leichteren Konstruktionen verdrängt, effizientere Herde lösten die offenen Feuerstellen ab, statt das ganze Haus zu heizen, bediente man sich kleiner, tragbarer Kohleöfen, und im Winter nutzte man zunehmend die Sonne zum Beheizen der Häuser.

Viele von oben nach unten verordnete Maßnahmen zielten darauf ab, das Ungleichgewicht zwischen der Abholzung und der Regeneration der Bäume zu beseitigen. Anfangs bediente man sich dazu vorwiegend negativer Mittel (Verminderung der Abholzung), später kamen positive Maßnahmen (Produktion von mehr Bäumen) hinzu. Eines der ersten Anzeichen, dass das Problembewusstsein bei den Herrschern wuchs, war 1666, nur neun Jahre nach dem Meireki-Brand, eine Anordnung des *shogun*: Darin warnte er vor den Gefahren der Erosion, der Versandung von Flüssen und der Überschwemmungen, die durch den Waldverlust verursacht wurden, und er drängte die Menschen, junge Bäume zu pflanzen. Im gleichen Jahrzehnt begannen in allen gesellschaftlichen Schichten landesweite Anstrengungen, die Nutzung der Wälder zu regeln, und bis 1700 hatte man ein ausgeklügeltes Forstverwaltungssystem eingeführt. Dieses System »legte fest, wer etwas tun durfte, wo, wann, wie, wie viel und zu welchem Preis«, wie der Historiker Conrad Totman es formulierte. Deshalb bestand die Antwort auf die Probleme der japanischen Wälder in der ersten Phase aus negativen Maßnahmen; diese konnten zwar die Holzproduktion nicht wieder auf das frühere Ausmaß steigern, sie bedeuteten aber zumindest einen Zeitgewinn und verhinderten, dass die Situation sich weiter verschlechterte, bis die positiven Maßnahmen Wirkung zeigten; außerdem legten sie die Grundregeln fest, nach denen die Konkurrenz um die zunehmend knappen Waldprodukte in der japanischen Gesellschaft funktionieren sollte.

Die negativen Maßnahmen zielten auf drei Abschnitte in der Versorgungskette der Wälder: Bewirtschaftung der Flächen, Holztransport und Holzverbrauch in den Städten. Was den ersten Abschnitt anging, setzte der *shogun*, der ein Viertel aller Waldflächen in Japan unmittelbar kontrollierte, im Finanzministerium einen leitenden Beamten ein, der für seine Wälder verantwortlich war, und fast alle 250 *daimyo* taten es ihm nach – jeder von ihnen ernannte für sein Land einen ähnlichen Forstbeamten. Diese Beamten sperrten abgeholzte Gebiete ab und ermöglichten so die Regeneration des Waldes; sie vergaben an Bauern die Genehmigung, auf den staatlichen Waldflächen Holz zu fällen oder Tiere weiden zu lassen, und verboten das Abbrennen der Wälder zur Landgewinnung für wechselnden Pflanzenanbau. In den Wäldern, die nicht dem *shogun* oder einem *daimyo*, sondern den Dörfern unterstanden, verwalteten die Dorfvorsteher die Flächen als gemeinschaftliches Eigentum aller Bewohner; sie stellten Regeln für die Ernte von Waldprodukten auf, verboten »fremden« Bauern aus anderen Dörfern die Nutzung ihrer Gebiete und setzten bewaffnete Wächter ein, die diese Regeln durchsetzten.

Sowohl der *shogun* als auch die *daimyo* finanzierten sehr detaillierte Bestandsverzeichnisse ihrer Wälder. Ein Beispiel für die Besessenheit der Verwalter ist die Bestandsaufnahme, die 1773 in einem Wald bei Karuizawa erhoben wurde, rund 130 Kilometer nördlich von Edo: Es wurde festgehalten, dass der Wald eine Fläche von 7734 Quadratkilometern umfasste; er bestand aus 4114 Bäumen, davon 3541 gute und 573 verkrüppelte oder knotige. Unter diesen 4114 Bäumen waren 78 große Nadelbäume (davon 66 gute) mit einer Stammlänge von 7 bis 12 Metern und einem Umfang von 1,80 bis 2,10 Metern, 293 mittelgroße Nadelbäume (davon 253 gute) mit 1,20 bis 1,50 Metern Umfang, 255 gute kleine Nadelbäume mit 1,80 bis 5,40 Metern Länge und 30 bis 90 Zentimetern Umfang, die im Jahr 1778 geerntet werden sollten, und 1474 kleine Nadelbäume (davon 1344 gute), deren Ernte für spätere Jahre vorgesehen war. Weiterhin 124 mittelgroße Nadelbäume (davon 104 gute) mit 4,50 bis 5,40 Metern Länge und 0,90 bis 1,20 Metern Umfang auf Bergkämmen, 15 kleine Nadelbäume mit 3,60 bis 7,20 Metern Länge und 20 bis 30 Zentimetern Umfang auf Bergkämmen, die 1778 geerntet werden sollten, und 320 kleine Nadelbäume auf Bergkämmen (davon 241 gute), deren Abholzung für spätere Jahre vorgesehen war, ganz zu schweigen von 448 Eichen (davon 412 gute) mit 3,60 bis 7,20 Metern Länge und 90 bis 165 Zentimetern Umfang, und 1126 weitere Bäume, deren Eigenschaften ähnlich genau quantitativ erfasst wurden. Solche Zahlenspiele sind ein Extremfall der Verwaltung von oben nach unten: Dem Urteil des einzelnen Bauern blieb nichts mehr überlassen.

Das zweite Stadium der Negativmaßnahmen bestand darin, dass *shogun* und *daimyo* an Landstraßen und Flüssen Wachtposten einsetzten: Diese inspizierten alle Holzladungen und sorgten dafür, dass sämtliche Regeln der Forstverwaltung eingehalten wurden. Im letzten Stadium legte eine Fülle von Bestimmungen genau fest, von wem und zu welchem Zweck ein Baum verwendet werden durfte, nachdem er gefällt und von einem Wachtposten inspiziert worden war. Die kostbaren Zedern und Eichen waren für staatliche Zwecke reserviert und standen den Bauern nicht zur Verfügung. Wie viel Holz jemand zum Bau seines Hauses verwenden durfte, hing von der sozialen Stellung ab: Einem Vorsteher mehrerer Dörfer standen 30 *ken* zu (ein *ken* ist ein Balken von 1,80 Meter Länge), der Erbe eines solchen Vorstehers erhielt 18 *ken*, der Vorsteher eines einzelnen Dorfes 12, ein lokaler Stammesfürst 8, ein steuerpflichtiger Bauer 6 und ein einfacher Bauer oder Fischer 4 *ken*. Andere Vorschriften des *shogun* bestimmten darüber, für welche kleineren Gegenstände das Holz verwendet werden durfte. Ein Erlass verbot beispielsweise 1663 den Holzarbeitern in Edo, kleine Schachteln aus Zypressen- oder Sugiholz herzustellen. Auch die Herstellung von Haushaltsutensilien aus Sugiholz wurde untersagt, große Kisten dagegen durften sowohl aus Zypressen- als auch aus Sugiholz angefertigt werden. 1668 verbot der *shogun* dann die Verwendung von Zypressen, Sugi und anderen guten Bäumen für öffentliche Schilder, und 38 Jahre später wurden die Kiefern von der Liste der Bäume gestrichen, die zur Herstellung von Neujahrsschmuck benutzt werden durften.

Alle diese Negativmaßnahmen zielten darauf ab, die Waldkrise in Japan dadurch zu lösen, dass Holz nur noch für die vom *shogun* oder den *daimyo* genehmigten Zwecke verwendet wurde. Eine wichtige Ursache der Krise war aber auch der Holzverbrauch durch die Herrscher selbst. Vollständig zu lösen war sie also nur dadurch, dass man auch Positivmaßnahmen zur Produktion einer größeren Zahl von Bäumen ergriff und das Land gleichzeitig vor Erosion schützte. Diese Maßnahmen begannen bereits im 17. Jahrhundert, als man sich in Japan genaue wissenschaftliche Kenntnisse über die Silvikultur aneignete. Förster in Diensten der Regierung und privater Kaufleute beobachteten, experimentierten und veröffentlichten ihre Befunde in zahlreichen Fachzeitschriften und Büchern; ein gutes Beispiel ist die erste große japanische Abhandlung über die Silvikultur, die Miyazaki Antei 1697 unter dem Titel *Nōgyō zensho* verfasste. Sie enthält Anweisungen, wie man am besten Samen sammelt, gewinnt, trocknet, lagert und für die Aussaat vorbereitet, wie man ein Frühbeet reinigt, düngt, auflockert und durchmischt, wie man die Samen quellen lässt, bevor man sie aussät, wie man Keimlinge verpflanzt und in die richtigen Abstände bringt, wie man abgestorbene Keimlinge im Lauf der folgenden vier Jahre austauscht, wie man die jungen Bäume ausdünnt, und wie man an dem wachsenden Stamm die Zweige stutzt, damit ein Balken mit der gewünschten Form entsteht. Außerdem züchtete man Bäume nicht nur aus Samen heran, sondern manche Arten wurden auch aus verpflanzten Ablegern gezogen, oder man schnitt sie bis auf den Stumpf zurück, sodass sie neu austrieben.

Allmählich entwickelte sich in Japan unabhängig von Deutschland der Gedanke an eine Plantagen-Forstwirtschaft: Man betrachtete Bäume als langsam wachsende Nutzpflanzen. Staatliche Stellen und Privatunternehmer forsteten gekaufte oder gepachtete Flächen auf, und das vor allem in Gebieten, wo es sich wirtschaftlich anbot, beispielsweise in der Nähe der Städte mit ihrem hohen Holzverbrauch. Einerseits ist eine solche Plantagen-Forstwirtschaft teuer, riskant und kapitalintensiv. Sie erfordert hohe Vorlaufkosten zur Bezahlung der Arbeiter, die die Bäume pflanzen, dann fallen mehrere Jahrzehnte lang weitere Arbeitskosten zur Pflege der Plantage an, und die ganze Investition zahlt sich erst dann aus, wenn die Bäume groß genug sind und geschlagen werden können. Während dieser Jahrzehnte besteht jederzeit die Gefahr, dass die Bäume durch Krankheiten oder Brände verloren gehen, und der Preis, den man mit dem Holz am Ende erzielen kann, unterliegt marktbedingten Schwankungen, die sich Jahrzehnte zuvor, wenn die Samen ausgebracht werden, unmöglich vorhersehen lassen. Auf der anderen Seite hat die Plantagen-Forstwirtschaft aber gegenüber der Abholzung natürlich gewachsener Wälder auch mehrere Vorteile. Man braucht nicht alles zu nehmen, was im Wald von selber gedeiht, sondern kann die bevorzugten, wertvollen Baumarten anpflanzen. Deren Qualität und damit auch den erzielbaren Preis kann man maximieren, beispielsweise indem man sie während des Wachstums so schneidet, dass sie am Ende einen geraden, wohl geformten Stamm haben. Statt die Stämme mühsam aus abgelegenen Gebirgsgegenden zu holen, kann man sich eine geeignete Stelle aussuchen, wo die Nähe einer Stadt und eines Flusses, auf dem die Balken schwimmen können, niedrige Transportkosten versprechen. Durch Anpflanzen der Bäume in gleichmäßigen Abständen kann man die Kosten für das Abholzen vermindern. Manche japanischen Förster spezialisierten sich auf Holz für bestimmte Verwendungszwecke und konnten dann Spitzenpreise für einen eingeführten »Markennamen« erzielen. Die Yoshino-Plantagen machten sich beispielsweise einen Namen damit, dass sie die besten Dauben für die Zedernfässer produzierten, die der Aufbewahrung von Sake dienten.

Erleichtert wurde der Aufschwung der Silvikultur in Japan, weil es im ganzen Land ziemlich einheitliche Institutionen und Methoden gab. Anders als in Europa, das zu jener Zeit in Hunderte von Fürstentümern oder Staaten zerfiel, war das Japan der Tokugawazeit ein einziges, einheitlich verwaltetes Land. Der Südwesten liegt zwar in subtropischen und der Norden in gemäßigten Breiten, im ganzen Lande gibt es aber reichlich Niederschläge, steile Abhänge und erosionsanfällige Böden vulkanischen Ursprungs; steile, bewaldete Gebirge wechseln mit flachem Ackerland ab. Damit herrschten mehr oder weniger einheitliche ökologische Voraussetzungen für die Silvikultur. Im Gegensatz zur traditionellen Mehrfachnutzung der Wälder, bei der die Oberschicht das Bauholz für sich beanspruchte und die Bauern Dünger, Futter und Brennholz sammelten, diente die Plantagen-Forstwirtschaft ganz gezielt vor allem der Produktion von Bauholz, und andere Nutzungsarten waren nur insoweit gestattet, als sie dieses Hauptziel nicht gefährdeten. In den Wäldern patrouillierten Wächter, die gegen illegale Abholzung vorgingen. Zwischen 1750 und 1800 setzte sich die Plantagen-Forstwirtschaft in Japan allgemein durch, und seit 1800 stieg die Holzproduktion, die seit langer Zeit zurückgegangen war, wieder an.

Wer 1650 als außenstehender Beobachter nach Japan gekommen wäre, hätte wahrscheinlich prophezeit, dass die Gesellschaft des Landes wegen der katastrophalen Waldzerstörung am Rand eines Zusammenbruchs stand, weil immer mehr Menschen um immer weniger Ressourcen konkurrierten. Warum gelang es im Japan der Tokugawazeit, von oben nach unten eine Lösung zu entwickeln und so die endgültige Vernichtung der Wälder abzuwenden, während dies auf der Osterinsel, bei den Maya und Anasazi sowie heute in Ruanda (Kapitel 10) und Haiti (Kapitel 11) fehlschlug? Diese Frage ist nur ein Sonderfall des umfassenderen Problems, mit dem wir uns im Kapitel 14 auseinander setzen werden: Warum und in welchen Stadien kommt es in der Entscheidungsfindung von Gruppen zum Erfolg oder zu Fehlschlägen?

Die üblichen Erklärungen, die in der Regel für den Erfolg der Japaner in der mittleren und späten Tokugawazeit angeführt werden – eine angebliche Liebe zur Natur, der buddhistische Respekt für das Lebendige oder eine konfuzianische Weltanschauung – kann man schnell zu den Akten legen. Erstens bieten diese einfachen Phrasen keine zutreffende Beschreibung der wirklichen, vielschichtigen Einstellungen der Japaner, und zweitens hinderten sie die Bewohner in der frühen Tokugawazeit auch nicht daran, die Ressourcen des Landes übermäßig auszubeuten; außerdem stehen sie auch im modernen Japan der Ausbeutung der Ressourcen im Meer und in anderen Ländern nicht entgegen. In Wirklichkeit hat die Antwort unter anderem mit Japans ökologischen Vorteilen zu tun: Zum Teil handelt es sich dabei um die gleichen Faktoren, mit denen wir in Kapitel 2 bereits erklärt haben, warum die Osterinsel sowie einige weitere Inseln in Polynesien und Melanesien am Ende keinen Wald mehr besaßen, während Tikopia, Tonga und andere nicht so endeten. Die Bewohner der zuletzt genannten Inseln hatten das Glück, dass sie in einer ökologisch widerstandsfähigen Umgebung lebten, wo Bäume auf abgeholzten Flächen schnell nachwuchsen. Wie auf den ökologisch robusten Inseln Polynesiens und Melanesiens, so erholen sich Wälder auch in Japan schnell, weil die Niederschlagsmenge hoch ist, weil viel Vulkanasche niedergeht, weil Staub aus Asien die Fruchtbarkeit des Bodens wieder herstellt, und weil die Böden jung sind. Ein anderer Teil der Antwort liegt in den Vorteilen der japanischen Gesellschaft: Sie besaß bereits vor der Waldkrise einige notwendige Eigenschaften, sodass diese sich nicht erst als Reaktion darauf entwickeln mussten. Zu diesen Merkmalen gehörte das Fehlen von Ziegen und Schafen, die in vielen anderen Ländern den Boden abweideten und verheerende Auswirkungen auf die Wälder hatten. Außerdem nahm die Zahl der Pferde in der frühen Tokugawazeit ab, weil die Kriege zu Ende waren und keine Kavallerie mehr gebraucht wurde. Und drittens waren ausreichend Nahrungsmittel aus dem Meer verfügbar, sodass die Wälder als Protein- und Düngerlieferanten weniger stark belastet wurden. Ochsen und Pferde dienten in Japan als Zugtiere, aber deren Zahl wurde wegen der Waldzerstörung und des damit verbundenen Futtermangels vermindert, und an ihrer Stelle zogen Menschen die Pflüge, Eggen und andere landwirtschaftliche Geräte.

Als weitere Erklärung kann man eine Fülle von Faktoren anführen, die dazu führten, dass sowohl die Oberschicht als auch die einfachen Menschen in Japan weitaus stärker als in den meisten anderen Ländern erkannten, wie wichtig die Erhaltung der Wälder auf lange Sicht war. Die Tokugawa-*shoguns*, die dem Land bereits Frieden gebracht und die rivalisierenden Armeen beseitigt hatten, gingen zu Recht davon aus, dass kaum die Gefahr eines Aufstandes im eigenen Land oder einer Invasion von Übersee bestand. Sie rechneten damit, dass ihre eigene Familie in Japan an der Macht bleiben würde, was tatsächlich 250 Jahre lang der Fall war. Frieden, politische Stabilität und ein gerechtfertigtes Vertrauen in die eigene Zukunft waren also für die Tokugawa-*shoguns* ein Anreiz, in die langfristige Zukunft ihres Herrschaftsgebiets zu investieren und dafür zu planen. Dagegen konnten oder können die Mayakönige sowie die Präsidenten von Haiti und Ruanda nicht damit rechnen, dass ihre eigenen Söhne ihnen nachfolgen werden oder dass sie auch nur selbst ihre Amtszeit zu Ende führen können. Die japanische Gesellschaft war (und ist noch heute) ethnisch und religiös relativ einheitlich; die Unterschiede, die in Ruanda sowie möglicherweise auch bei den Maya und Anasazi zur gesellschaftlichen Destabilisierung führten, gibt es dort nicht. Wegen seiner isolierten Lage, des fast nicht vorhandenen Außenhandels und der Ablehnung einer Expansion in andere Länder lag es im Japan der Tokugawazeit auf der Hand, dass man auf die eigenen Ressourcen angewiesen war und seine Bedürfnisse nicht durch Ausbeutung der Rohstoffe anderer Länder befriedigen konnte. Das gleiche Prinzip galt auch nach innen: Nachdem der *shogun* im ganzen Land den Frieden durchgesetzt hatte, wussten die Menschen, dass sie ihren Holzbedarf nicht befriedigen konnten, indem sie sich des Holzes eines japanischen Nachbarn bemächtigten. Oberschicht und Bauern lebten in Japan in einer stabilen Gesellschaft, die von außen nicht von neuen Ideen beeinflusst wurde; deshalb rechneten alle damit, dass die Zukunft so sein würde wie die Gegenwart und dass man deshalb zukünftige Probleme mit gegenwärtigen Mitteln lösen musste.

Die wohlhabenden Bauern der Tokugawazeit gingen in der Regel davon aus, dass ihr Landbesitz an ihre eigenen Erben übergehen würde, und die gleiche Hoffnung hatten auch die ärmeren Dorfbewohner. Dies war einer der Gründe, warum die eigentliche Verwaltung der Wälder Japans zunehmend in den Händen von Menschen lag, die daran ein ureigenes Interesse hatten – entweder weil sie erwarteten oder hofften, dass ihre Kinder die Nutzungsrechte erben würden, oder weil sie unterschiedlich gestaltete, langfristige Pachtverträge hatten. So wurden beispielsweise die Gemeindeflächen der Dörfer vielfach in Parzellen für einzelne Haushalte aufgeteilt, was die Tragödie der Gemeingüter, von der in Kapitel 14 noch die Rede sein wird, auf ein Minimum beschränkte. Andere dorfeigene Wälder wurden nach Abnahmeverträgen bewirtschaftet, die man lange vor der Abholzung abgeschlossen hatte. Die Regierung handelte langfristige Verträge über ihre eigenen Wälder aus und vergab den Holzertrag an ein Dorf oder einen Kaufmann, der als Gegenleistung den Wald bewirtschaftete. Aus allen diesen politischen und sozialen Gründen lag es im Interesse des *shogun*, der *daimyo* und der Bauern, die Wälder nachhaltig zu bewirtschaften. Und aus den gleichen Gründen lag es nach dem Maireki-Brand auf der Hand, dass eine kurzfristige, übermäßige Ausbeutung der Wälder töricht gewesen wäre.

Natürlich handeln auch Menschen mit langfristigen Interessen nicht immer klug. Oft sind ihnen kurzfristige Ziele wichtiger, und häufig tun sie auch Dinge, die sowohl auf kurze als auch auf lange Sicht unvernünftig sind. Das ist der Grund, warum Biographie und Geschichte unendlich viel komplizierter und weniger berechenbar sind als der Verlauf chemischer Reaktionen, und es ist auch der Grund, warum dieses Buch keinen ökologischen Determinismus predigt. Verantwortungsträger, die nicht nur passiv reagieren, sondern den Mut haben, Krisen vorauszusehen und frühzeitig zu handeln, und die dann im Rahmen einer Bewirtschaftung von oben nach unten weitsichtige, folgenschwere Entscheidungen treffen, können in ihrer jeweiligen Gesellschaft viel bewirken. Das Gleiche gilt für couragierte, mutige Bürger, die von unten nach oben tätig werden. Das erste Prinzip machen die *shoguns* der Tokugawazeit deutlich, für das zweite sind meine Freunde, die in Montana Land besitzen und sich im Teller Wildlife Refuge engagieren, ein gutes Beispiel; beide verfolgen ihre eigenen langfristigen Ziele, und das ist auch im Interesse vieler anderer Menschen.

Ich habe diesen drei Erfolgsgeschichten – über das Hochland von Neuguinea, Tikopia und das Japan der Tokugawazeit – ein einziges Kapitel gewidmet, nachdem ich in sieben Kapiteln neben einigen weiteren Erfolgsgeschichten (Orkney- und Shetlandinseln, Faröer und Island) vorwiegend Gesellschaften erörtert habe, die durch Waldzerstörung und andere ökologische Probleme zugrunde gingen. Damit will ich aber nicht sagen, dass Erfolgsgeschichten seltene Ausnahmen seien. In den letzten Jahrhunderten haben Deutschland, Dänemark, die Schweiz, Frankreich und andere westeuropäische Staaten ihre bewaldeten Flächen wie Japan durch Maßnahmen, die von oben nach unten verliefen, stabilisiert und dann ausgeweitet. Ähnliches gelang etwa 600 Jahre früher der größten und am strengsten organisierten Gesellschaft der amerikanischen Ureinwohner, dem Inkareich der mittleren Anden, in dem mehrere zigmillionen Untertanen unter einem absoluten Herrscher lebten: Auch dort gebot man durch umfangreiche Aufforstung und Terrassenbau der Bodenerosion Einhalt, die Nutzpflanzenerträge stiegen, und die Holzversorgung war gesichert.

Ebenso gibt es eine Fülle von Beispielen für die erfolgreiche, von unten nach oben gerichtete Bewirtschaftung durch kleine Gesellschaften von Bauern, Viehzüchtern, Jägern oder Fischern. Ein Beispiel habe ich in Kapitel 4 bereits kurz erwähnt: Im Südwesten der Vereinigten Staaten erprobten Gesellschaften der amerikanischen Ureinwohner, die viel kleiner waren als das Inkareich, ganz verschiedene Lösungen für das Problem, in ihrer schwierigen Umwelt eine langlebige Wirtschaft zu entwickeln. Die Lösungen der Anasazi, Hohokam und Mimbres waren letztlich nicht von Dauer, aber die geringfügig anders geartete Lösung der Pueblo-Indianer funktioniert mittlerweile in der gleichen Region bereits seit über tausend Jahren. In Grönland verschwanden die Wikinger, aber die Inuit erhielten seit ihrer Einwanderung um 1200 bis zur dänischen Kolonisierung und den damit verbundenen Störungen im Jahr 1721 mindestens 500 Jahre lang eine autarke Wirtschaft von Jägern und Sammlern aufrecht. Nachdem in Australien vor rund 46 000 Jahren die eiszeitlichen Tiere ausgestorben waren, lebten die dortigen Ureinwohner in einer Wirtschaft von Jägern und Sammlern, bis 1788 die europäische Besiedlung begann. Auch heute gibt es zahlreiche autarke, kleine bäuerliche Gesellschaften. Besonders gut untersucht sind beispielsweise Gemeinden in Spanien und auf den Philippinen, die ihre eigenen Bewässerungssysteme unterhalten, und Gebirgsdörfer in der Schweiz, die eine Mischwirtschaft mit Ackerbau und Viehzucht betreiben; in beiden Fällen funktioniert das schon seit Jahrhunderten, und es gibt genaue lokale Absprachen über die Bewirtschaftung der gemeinschaftlichen Ressourcen.

In allen genannten Fällen erfolgt die Bewirtschaftung von unten nach oben in einer kleinen Gesellschaft, die in ihrem Gebiet das ausschließliche Recht an allen wirtschaftlichen Tätigkeiten hat. Interessantere, kompliziertere Fälle gibt es (oder gab es traditionell) auf dem indischen Subkontinent, wo das Kastensystem die Möglichkeit schafft, dass Dutzende von wirtschaftlich spezialisierten Gesellschaftsgruppen sich das gleiche geographische Gebiet teilen und unterschiedliche wirtschaftliche Tätigkeiten ausführen. Die Kasten treiben untereinander einen umfangreichen Handel und leben häufig im gleichen Dorf zusammen, aber sie sind endogam, das heißt, die Menschen heiraten in der Regel innerhalb ihrer eigenen Kaste. Die Kasten können nebeneinander existieren, weil sie unterschiedliche ökologische Ressourcen nutzen und beispielsweise als Fischer, Bauern, Viehzüchter und Jäger oder Sammler eine unterschiedliche Lebensweise pflegen. Die Spezialisierung geht sogar noch weiter – so gibt es beispielsweise mehrere Kasten von Fischern, die mit unterschiedlichen Methoden in unterschiedlichen Gewässern ihrer Tätigkeit nachgehen. Wie die Bewohner Tikopias und die Japaner der Tokugawazeit, so wissen auch die Mitglieder der einzelnen indischen Kasten, dass sie zu ihrer Selbsterhaltung nicht nur auf eine genau abgegrenzte Basis von Ressourcen zurückgreifen können, sondern sie rechnen auch damit, dass sie diese an ihre Kinder weitergeben werden. Solche Bedingungen trugen dazu bei, dass sich sehr detaillierte gesellschaftliche Normen durchsetzen konnten, mit deren Hilfe die Angehörigen jeder Kaste dafür sorgen, dass ihre Ressourcen nachhaltig genutzt werden.

Es bleibt die Frage, warum die in Kapitel 9 beschriebenen Gesellschaften Erfolg hatten, während die meisten anderen, die in den Kapiteln 2 bis 8 erörtert wurden, scheiterten. Zum Teil ist dies mit den unterschiedlichen ökologischen Verhältnissen zu erklären: Die Umwelt war in manchen Fällen empfindlicher und stellte die Menschen vor größere Herausforderungen als in anderen. In Kapitel 2 war bereits von den vielen Gründen die Rede, warum die Umwelt auf Pazifikinseln mehr oder weniger empfindlich ist, und diese Gründe erklären zum Teil, warum die Gesellschaft auf der Osterinsel und Mangareva zusammenbrach, während das auf Tikopia nicht geschah. Ähnliches gilt auch für die Erfolgsgeschichten aus dem Hochland von Neuguinea und dem Japan der Tokugawazeit, von denen in diesem Kapitel die Rede war: Die beteiligten Gesellschaften hatten das Glück, dass sie in einer relativ widerstandsfähigen Umwelt lebten.

Aber ökologische Unterschiede sind nicht die einzige Erklärung – das beweisen die Beispiele aus Grönland und dem Südwesten der Vereinigten Staaten, wo eine Gesellschaft Erfolg hatte, während andere, die in der gleichen Umwelt eine andere Wirtschaft praktizierten, zugrunde gingen. Demnach ist also nicht nur die Umwelt von Bedeutung, sondern die Menschen müssen sich auch für die richtige Wirtschaftsform entscheiden, die in diese Umwelt passt. Der letzte große Teil des Puzzles ist dann die Frage, ob eine Gesellschaft diese passende Form der Wirtschaft auch nachhaltig praktiziert. Unabhängig davon, auf welche Ressourcen eine Wirtschaft sich stützt – ob auf Ackerbau, Weidepflanzen, Fischerei, Jagd oder das Sammeln von kleinen Pflanzen und Tieren –, entwickeln sich in manchen Gesellschaften die Methoden, mit denen eine übermäßige Ausbeutung vermieden wird, während andere in dieser Hinsicht scheitern. In Kapitel 14 wird von drei Fehlern die Rede sein, die es zu vermeiden gilt. In den nächsten vier Kapiteln wollen wir uns aber zunächst mit Gesellschaften unserer Zeit befassen und sie mit jenen aus der Vergangenheit vergleichen, die ich seit Kapitel 2 beschrieben habe.

TEIL DREI

GESELLSCHAFTEN VON HEUTE

KAPITEL 10

Malthus in Afrika: Der Völkermord von Ruanda

Ein Dilemma ■ Die Ereignisse in Ruanda ■ Mehr als ethnischer Hass ■ Spannungen in Kanama ■ Explosion in Kanama ■ Warum es geschah

Als meine beiden Söhne – sie sind Zwillinge – zehn waren, und dann noch einmal fünf Jahre später, nahmen meine Frau und ich sie zum Familienurlaub mit nach Ostafrika. Wie viele andere Touristen, so waren auch wir vier überwältigt von unseren hautnahen Begegnungen mit Großwild, Landschaft und Menschen. Auch wenn wir noch so oft in der Gemütlichkeit unseres Wohnzimmers gesehen hatten, wie Gnus in *National Geographic*-Dokumentarfilmen über den Fernsehschirm gezogen waren: Als wir im Landrover saßen und die Herde von Millionen dieser Tiere sich in alle Richtungen bis zum Horizont erstreckte, waren wir auf den Anblick, die Geräusche und Gerüche nicht vorbereitet. Ebenso wenig hatte das Fernsehen uns die gewaltige Größe des Ngorongoro-Kraters mit seinem flachen, baumlosen Kraterboden vermittelt, und wir hatten nicht gewusst, wie steil und hoch seine Innenwände sind, die man von dem Touristenhotel am Kraterrand hinunterfahren muss.

Auch von den Menschen Ostafrikas waren wir überwältigt: von ihrer Freundlichkeit, ihrem warmherzigen Umgang mit unseren Kindern, ihrer farbenfrohen Kleidung – und ihrer schieren Zahl. Abstrakt etwas über »die Bevölkerungsexplosion« zu lesen, ist ganz etwas anderes, als wenn man Tag für Tag die afrikanischen Kinder, viele von ihnen so groß und so alt wie meine Söhne, in langen Reihen am Straßenrand sitzen sieht, weil sie die vorüberfahrenden Touristen um einen Bleistift anbetteln wollen, den sie in der Schule gebrauchen können. Die Auswirkungen dieser Menschen auf die Landschaft erkennt man sogar an Straßenabschnitten, wo gerade keine Menschen sind, weil sie anderes zu tun haben. Das Gras auf den Weiden wächst spärlich und wird von Rinder-, Schaf- und Ziegenherden ganz kurz abgeweidet. Man sieht frische Erosionsgräben, und das Wasser, das darin fließt, ist braun von dem Schlamm, den es aus den nackten Weideflächen auswäscht.

In ihrer Gesamtheit sorgen diese Kinder in Ostafrika für eine der höchsten Bevölkerungswachstumsraten der Welt: In Kenia liegt sie derzeit bei 4,1 Prozent, das heißt, die Bevölkerung verdoppelt sich alle 17 Jahre. Diese Bevölkerungsexplosion findet statt, obwohl Afrika länger von Menschen bewohnt ist als jeder andere Kontinent, sodass man naiverweise annehmen könnte, Afrikas Bevölkerung habe sich schon vor langer Zeit auf einer bestimmten Höhe eingependelt. Dass sie in Wirklichkeit in jüngster Zeit explodiert, hat viele Gründe: die Einführung von Nutzpflanzen aus der Neuen Welt (insbesondere Mais, Bohnen, Süßkartoffeln und Maniok), die Verbreiterung der landwirtschaftlichen Basis und eine Steigerung der Lebensmittelproduktion, wie sie allein mit afrikanischen Pflanzenarten nicht möglich gewesen wäre, verbesserte Hygiene, Krankheitsvorbeugung, Impfung von Müttern und Kindern, Antibiotika, eine gewisse Eindämmung der Malaria und anderer typisch afrikanischer Krankheiten, die Bildung von Staaten und die Festlegung von Staatsgrenzen mit der Folge, dass manche neue, zuvor umkämpfte Niemandsland-Gebiete der Besiedelung zugänglich wurden.

Bevölkerungsprobleme, wie sie heute in Ostafrika bestehen, werden häufig als »malthusianisch« bezeichnet: Der britische Wirtschaftswissenschaftler und Bevölkerungskundler Thomas Malthus vertrat 1798 in einem berühmten Buch die Ansicht, das Bevölkerungswachstum werde irgendwann zu einer Überforderung der Lebensmittelproduktion führen. Dies, so Malthus' Überlegung, sei unausweichlich, weil die Bevölkerung exponentiell wächst, die Lebensmittelproduktion dagegen linear. Liegt die Verdoppelungszeit einer Bevölkerung beispielsweise bei 35 Jahren, hat sich eine Gruppe, die im Jahr 2000 aus 100 Menschen besteht, bis 2035 auf 200 Menschen verdoppelt; diese verdoppeln sich bis 2070 auf 400 Menschen, nach den nächsten 35 Jahren sind es 2105 bereits 800 Menschen, und so weiter. Die Steigerung der Nahrungsmittelproduktion dagegen ist keine Multiplikation, sondern eine Addition: Irgendein Fortschritt lässt den Weizenertrag um 25 Prozent steigen, der nächste Fortschritt führt zu einer Steigerung um 20 Prozent, und so weiter. Zwischen dem Wachstum von Bevölkerung und Nahrungsmittelproduktion besteht also ein grundlegender Unterschied. Wenn die Bevölkerung wächst, pflanzen sich die neu hinzugekommenen Menschen ihrerseits ebenfalls fort wie beim Zinseszins, den Zinsen, welche die Zinsen ihrerseits wiederum einbringen.

Dies führt zu exponentiellem Wachstum. Deshalb wird eine Bevölkerung immer so lange wachsen, bis sie alle verfügbaren Nahrungsmittel verbraucht; Lebensmittelüberschüsse wird es nie geben, es sei denn, das Bevölkerungswachstum kommt durch Hungersnot, Krieg oder Krankheiten zum Stillstand, oder die Menschen treffen selbst vorbeugende Entscheidungen, beispielsweise indem sie Empfängnisverhütung betreiben oder Eheschließungen hinausschieben. Die auch heute noch weit verbreitete Vorstellung, wir könnten die Menschen allein durch eine Steigerung der Nahrungsproduktion glücklich machen, ohne gleichzeitig das Bevölkerungswachstum zu unterbinden, muss am Ende zur Enttäuschung führen – das jedenfalls meinte Malthus.

Ob sein pessimistischer Gedankengang richtig ist, war und ist heftig umstritten. In unserer Zeit haben manche Länder ihr Bevölkerungswachstum durch freiwillige Maßnahmen oder durch staatlich verordnete Geburtenkontrolle stark eingeschränkt. Im Fall Ruanda jedoch wurde offensichtlich Malthus' schlimmstes Szenario Wirklichkeit. Allgemein betrachtet, sind sich Malthus-Anhänger und Malthus-Gegner in einem Punkt einig: Bevölkerungs- und Umweltprobleme, die durch nicht nachhaltige Ressourcennutzung entstehen, werden irgendwann auf die eine oder andere Weise gelöst – entweder durch angenehme, selbst gewählte Mittel, oder aber auf den unangenehmen, erzwungenen Wegen, die Malthus sich ursprünglich ausmalte.

Vor einiger Zeit sprach ich an der University of California in Los Angeles im Rahmen einer Vorlesungsreihe für Studienanfänger, in der ich die ökologischen Probleme von Gesellschaften behandelte, auch über die Schwierigkeiten aller Gesellschaften, in ökologischen Fragen Einigkeit zu erzielen. Daraufhin erklärte einer meiner Studenten, solche Meinungsverschiedenheiten könnten durch Konflikte gelöst werden, und häufig geschehe das auch. Damit meinte er nicht, dass er Mord für ein geeignetes Mittel zur Beilegung von Diskussionen hielt. Er hatte nur zu Recht darauf hingewiesen, dass Umweltprobleme häufig Konflikte zwischen Menschen nach sich ziehen, dass solche Konflikte in den Vereinigten Staaten häufig vor Gericht ausgetragen werden, dass die Gerichte ein völlig akzeptables Mittel zur Beilegung von Meinungsverschiedenheiten sind, und dass Studenten, die sich im Rahmen ihrer Berufsausbildung auf die Lösung von Umweltproblemen vorbereiten, sich auch mit dem juristischen System vertraut machen sollten. Auch hier ist der Fall Ruanda lehrreich: Was die Häufigkeit der Problemlösung durch Konflikte anging, hatte mein Student grundsätzlich Recht, aber der Konflikt findet nicht immer im Gerichtssaal statt, sondern er kann auch sehr viel hässlichere Formen annehmen.

In den letzten Jahren sind die Namen der beiden Nachbarstaaten Ruanda und Burundi in unserer Vorstellung zu Synonymen für dichte Bevölkerung und Völkermord geworden. Sie sind die am dichtesten besiedelten Staaten Afrikas und stehen mit ihrer Bevölkerungsdichte auch weltweit in der Spitzengruppe: Sie ist in Ruanda dreimal so hoch wie in Nigeria, dem afrikanischen Land mit der dritthöchsten Bevölkerungsdichte, und zehnmal so hoch wie im benachbarten Tansania. Der Völkermord in Ruanda forderte die dritthöchste Zahl von Opfern bei derartigen Ereignissen in der zweiten Hälfte des 20. Jahrhunderts – in den Schatten gestellt wird er nur noch durch die Massenmorde in Kambodscha in den siebziger Jahren und 1971 in Bangladesch (dem damaligen Ostpakistan). Da Ruanda insgesamt nur etwa ein Zehntel der Einwohnerzahl von Bangladesch hat, geht das Ausmaß des dortigen Völkermordes, gemessen am Anteil der Toten an der Gesamtbevölkerung, weit über den in Bangladesh hinaus und wird nur noch von dem in Kambodscha übertroffen. In Burundi war der Völkermord mit »nur« wenigen hunderttausend Opfern weniger umfangreich als in Ruanda. Doch selbst damit steht dieses Land, was die Zahl der Toten angeht, seit 1950 weltweit an siebter Stelle, und im Verhältnis der Toten zur Einwohnerzahl belegt es Rang vier.

In der Regel bringen wir den Völkermord in Ruanda und Burundi mit ethnisch motivierter Gewalt in Verbindung. Bevor wir verstehen können, welche Ursachen dabei außerdem noch eine Rolle spielten, müssen wir uns ein wenig genauer ansehen, wie der Massenmord ablief, welche historische Entwicklung ihn in Gang setzte und wie beides gewöhnlich interpretiert wird. (Später werde ich erläutern, warum diese Interpretation in manchen Aspekten falsch, unvollständig oder zu stark vereinfacht ist.) Die Bevölkerung beider Staaten besteht aus zwei großen Gruppen: Den Hutu, die ursprünglich 85 Prozent der Einwohner stellten, und den Tutsi mit etwa 15 Prozent. Die beiden Gruppen hatten traditionell in erheblichem Maße unterschiedliche wirtschaftliche Funktionen erfüllt: Die Hutu waren vorwiegend Bauern, die Tutsi züchteten Vieh. Oft wird behauptet, die Angehörigen beider Gruppen sähen unterschiedlich aus: Hutu sind im Durchschnitt kleiner, stämmiger, dunkelhäutiger, mit flacher Nase, kräftigen Lippen und eckigem Unterkiefer, Tutsi sind größer, schlanker, hellhäutiger, mit dünnen Lippen und schmalem Kinn. Allgemein geht man davon aus, dass Ruanda und Burundi von Süden und Westen her durch Hutu besiedelt wurden, während die Tutsi als nilotisches Volk später von Norden und Osten hinzukamen und sich zu Herrschern über die Hutu aufschwangen. Als die deutsche (1897) und später die belgische (1916) Kolonialregierung die Macht übernahm, hielten sie es für klug, die Regierungsgewalt durch Tutsi-Mittelmänner ausüben zu lassen, die wegen ihrer helleren Haut und ihres angeblich stärker europäischen oder »hamitischen« Aussehens gegenüber den Hutu als rassisch überlegen galten. In den dreißiger Jahren erließen die Belgier eine Vorschrift, wonach jeder einen Personalausweis besitzen musste, der ihn als Hutu oder Tutsi kennzeichnete; auf diese Weise vertieften sich die ohnehin bereits vorhandenen ethnischen Abgrenzungen.

Beide Länder wurden 1962 unabhängig. Als die Unabhängigkeit näher rückte, kämpften die Hutu in beiden Ländern darum, die Vorherrschaft der Tutsi zu brechen und durch eigene Dominanz zu ersetzen. Kleine gewalttätige Zwischenfälle eskalierten in einer Spirale der Vergeltungsangriffe zwischen Tutsi und Hutu. In Burundi gelang es den Tutsi schließlich, ihre Vormachtstellung zu verteidigen, aber zuvor, nach Hutu-Aufständen in den Jahren 1965 und 1970 bis 1972, hatten sie mehrere hunderttausend Hutu umgebracht. (Im Hinblick auf diese geschätzte Zahl und auch bei den im Folgenden genannten Opfer- und Vertriebenenzahlen bestehen naturgemäß große Unsicherheiten.) In Ruanda jedoch gewannen die Hutu die Oberhand: 1963 töteten sie 20000 (vielleicht auch nur 10000) Tutsi. Im Lauf der beiden folgenden Jahrzehnte flohen mehr als eine Million Ruander und insbesondere Tutsi in Nachbarstaaten. Von dort aus versuchten sie es immer wieder mit Invasionen in Ruanda, was dazu führte, dass weitere Tutsi von Hutu getötet wurden; 1973 schließlich kam der Hutu-General Habyarimana durch einen Putsch gegen die bisherige Hutu-dominierte Regierung an die Macht und entschied, man solle die Tutsi in Ruhe lassen.

Unter Habyarimana ging es Ruanda 15 Jahre lang gut. Das Land wurde zu einem bevorzugten Empfänger von Entwicklungshilfe aus Staaten anderer Kontinente, die hier ein friedliches Land mit immer besseren Indikatoren für Gesundheitsversorgung, Bildung und Wirtschaft vorweisen konnten. Aber leider kam der wirtschaftliche Aufschwung durch Dürre und verschiedene ökologische Probleme (insbesondere Waldzerstörung, Bodenerosion und Fruchtbarkeitsverlust des Bodens) zum Stillstand; 1989 folgten dann noch ein starker Abfall der Weltmarktpreise für Kaffee und Tee, die beiden wichtigsten Exportprodukte des Landes, sowie Sparauflagen der Weltbank und im Süden eine weitere Dürre. Als Tutsi im Oktober 1990 wieder einmal versuchten, aus Uganda in den Nordosten Ruandas einzudringen, nahm Habyarimana dies als Vorwand, um überall in seinem Land Hutu-Dissidenten und Tutsi zu verhaften und so die Macht seiner eigenen Anhänger zu stärken. Der Bürgerkrieg trieb eine Million Ruander in Flüchtlingslager, und dort waren verzweifelte junge Männer leicht für Milizen zu rekrutieren. Im Jahr 1993 wurde in Arusha ein Friedensabkommen unterzeichnet, das eine Teilung der Macht und eine Mehrparteienregierung vorsah. Aber Geschäftsleute, die Habyarimana nahe standen, importierten 581 000 Macheten – die billiger waren als Gewehre – und ließen sie an Hutu verteilen, damit diese die Tutsi umbrachten.

Aber Habyarimanas Maßnahmen gegen die Tutsi und die Tatsache, dass er deren Tötung nun hinnahm, reichten den Hutu-Extremisten noch nicht aus. Diese fürchteten, ihre Machtposition werde durch das Abkommen von Arusha verwässert. Sie bildeten ihre eigenen Milizen aus, importierten weitere Waffen und bereiteten die Ausrottung der Tutsi vor. Die Angst der Hutu vor den Tutsi erwuchs aus der langjährigen Unterdrückung durch die früheren Machthaber, aus den verschiedenen Invasionen der Tutsi und den Massenmorden, die Tutsi an Hutu und ihren politischen Führern im benachbarten Burundi verübt hatten. Neue Nahrung erhielten die Befürchtungen, als extremistische Tutsi-Offiziere 1993 in Burundi den dortigen Präsidenten, einen Hutu, ermordeten; dies provozierte in Burundi den Mord von Hutu an Tutsi, und das wiederum gab den Anlass zu noch mehr Morden von Tutsi an Hutu.

Die letzte Zuspitzung erfolgte am Abend des 6. April 1994: Die Präsidentenmaschine von Ruanda mit dem Präsidenten Habyarimana und dem (in letzter Minute zugestiegenen) neuen Übergangspräsidenten von Burundi an Bord wurde bei der Landung auf dem Flughafen der ruandischen Hauptstadt Kigali von zwei Raketen abgeschossen. Alle Insassen kamen ums Leben. Die Raketen kamen aus der unmittelbaren Umgebung des Flughafens. Von wem und warum Habyarimanas Flugzeug abgeschossen wurde, ist bis heute nicht genau geklärt; Motive, ihn umzubringen, hatten mehrere Gruppen. Wer die Attentäter auch waren, jedenfalls führten Hutu-Extremisten schon in der ersten Stunde nach dem Abschuss der Maschine einen offenbar exakt vorbereiteten Plan aus: Sie töteten den Hutu-Premierminister sowie andere gemäßigte oder jedenfalls weniger extreme Mitglieder der demokratischen Opposition und auch Tutsi. Nachdem die Hutu-Opposition ausgeschaltet war, übernahmen die

Extremisten die Macht und den Rundfunk, und dann gingen sie daran, die ruandischen Tutsi, trotz der früheren Morde und der Auswanderung ins Exil immer noch über eine Million Menschen, auszurotten.

Die Speerspitze der Mörder waren anfangs Hutu-Extremisten aus der Armee, die mit Gewehren zu Werke gingen. Sie machten sich wenig später daran, Hutu-Zivilisten effizient zu organisieren, verteilten Waffen, richteten Straßensperren ein, töteten Tutsi, die dort identifiziert wurden, riefen im Rundfunk alle Hutu dazu auf, die »Küchenschaben« zu töten, wie sie die Tutsi nannten, drängten Tutsi, sich an angeblich sicheren Plätzen zu sammeln, sodass man sie leichter umbringen konnte, und machten Jagd auf Flüchtlinge. Als erste internationale Proteste gegen die Morde aufflammten, änderten Regierung und Rundfunk den Ton ihrer Propaganda: Sie riefen nun nicht mehr dazu auf, die »Küchenschaben« zu töten, sondern drängten die Ruander, sie sollten Selbstverteidigung praktizieren und sich vor den gemeinsamen Feinden des Landes schützen. Gemäßigte Hutu-Beamte, die Morde verhindern wollten, wurden eingeschüchtert, übergangen, abgelöst oder umgebracht. Die größten Massaker mit jeweils Hunderten oder Tausenden von Opfern ereigneten sich, wenn Tutsi Zuflucht in Kirchen, Schulen, Krankenhäusern, Amtsgebäuden und anderen angeblich sicheren Orten suchten: Dort wurden sie umzingelt und dann mit Macheten erschlagen oder verbrannt. Hutu-Zivilisten waren an dem Völkermord in großem Umfang beteiligt, aber ob bis zu einem Drittel der Hutu-Bevölkerung oder ein geringerer Anteil an dem Blutbad mitwirkte, ist umstritten. Nachdem die Armeeangehörigen ihre Opfer anfangs vor allem erschossen hatten, wurden die späteren Morde mit einfacheren Mitteln ausgeführt, insbesondere mit Macheten oder nagelbesetzten Keulen. Es kam zu einer Fülle von Gräueltaten – den Opfern wurden Arme und Beine abgeschlagen, den Frauen schnitt man die Brüste ab, Kinder wurden in Brunnen geworfen, und es gab unzählige Vergewaltigungen.

Die Morde wurden zwar von der extremistischen Hutu-Regierung organisiert und im Wesentlichen von Hutu-Zivilisten ausgeführt, aber auch Institutionen und Außenstehende, von denen man ein anderes Verhalten erwartet hätte, spielten eine wichtige Rolle, weil sie nichts dagegen unternahmen. Insbesondere zahlreiche Würdenträger der katholischen Kirche von Ruanda unterließen es entweder, Tutsi zu schützen, oder sie trieben sie sogar gezielt zusammen, um sie an die Mörder zu übergeben. Die Vereinten Nationen, die bereits eine kleine Friedenstruppe in Ruanda stationiert hatten, befahlen dieser den Rückzug. Die französische Regierung schickte ebenfalls Friedenskräfte, die sich auf die Seite der mörderischen Hutu-Regierung stellten und die Invasion der Aufständischen bekämpfte. Und die Regierung der Vereinigten Staaten lehnte eine Intervention ab. Zur Erklärung dieser Verhaltensweisen beriefen sich die Vereinten Nationen, die französische Regierung und die Regierung der Vereinigten Staaten auf »Chaos«, »eine verwirrende Situation« und »Stammeskonflikte«, als sei dies nur eine der vielen Stammesfehden, die in Afrika als normal gelten und hingenommen werden; dabei ignorierte man alle Belege, dass die Morde von der Regierung Ruandas sehr sorgfältig koordiniert wurden.

Nach sechs Wochen waren schätzungsweise 800 000 Tutsi ums Leben gekommen, drei Viertel der damals noch in Ruanda lebenden Vertreter dieser Gruppe oder elf Prozent der Gesamtbevölkerung des Landes. Schon einen Tag nach Beginn des Völkermordes begann eine von Tutsi geführte Rebellenarmee, die sich als Ruandische Patriotische Front (RPF) bezeichnete, mit militärischen Operationen gegen die Regierung. Erst als die RPF die verschiedenen Teile des Landes besetzte, endete dort der Völkermord, und am 18. Juli 1994 erklärte sie ihren vollständigen Sieg. Nach allgemeiner Ansicht war die RPF-Armee diszipliniert, und sie spannte auch keine Zivilisten als Mörder ein. Aber auch sie beging zur Vergeltung weitere Morde, die allerdings einen viel geringeren Umfang hatten als der vorangegangene Völkermord (die geschätzte Zahl der Opfer liegt hier »nur« bei 25 000 bis 60 000). Die RPF installierte eine neue Regierung, setzte auf nationale Versöhnung und Einheit, und drängte die Bewohner des Landes, sich nicht als Hutu oder Tutsi zu sehen, sondern als Ruander. Etwa 135 000 Personen wurden am Ende wegen des Verdachts auf Völkermord inhaftiert, aber verurteilt oder überführt wurden nur wenige. Nach dem Sieg der RPF flüchteten rund zwei Millionen Menschen (die Mehrzahl Hutu) in Nachbarländer (insbesondere in den Kongo und nach Tansania), während etwa 750 000 frühere Flüchtlinge (vor allem Tutsi) aus den Nachbarländern nach Ruanda zurückkehrten.

Glaubt man den üblichen Berichten, war der Völkermord in Ruanda und Burundi die Folge eines bereits früher vorhandenen ethnischen Hasses, den zynische Politiker aus eigenem Interesse anfachten. Die Organisation Human Rights Watch fasst es in ihrem Buch *Leave None to Tell the Story: Genocide in Rwanda* so zusammen: »Dieser Völkermord war kein unkontrollierter Wutausbruch eines Volkes, das von ›altem Stammeshass‹ besessen war … Er erwuchs aus der gezielten Entscheidung einer modernen Oberschicht, Hass und Angst zu schüren, um selbst an der Macht zu bleiben. Diese kleine, privilegierte Gruppe spielte zuerst die Mehrheit gegen die Minderheit aus, um einer wachsenden politischen Opposition in Ruanda zu begegnen. Als sie dann mit dem Erfolg der RPF auf dem Schlachtfeld und am Verhandlungstisch konfrontiert wurde, gingen die wenigen Machthaber von der Strategie der ethnischen Teilung zum Völkermord über. Sie glaubten, der Ausrottungsfeldzug werde die Solidarität unter den Hutu unter ihrer Führung wiederherstellen und ihnen helfen, den Krieg zu gewinnen …« Es gibt überwältigende Belege, dass diese Lesart stimmt, und sie ist zu einem großen Teil die Erklärung für die Tragödie, die sich in Ruanda abspielte.

Manchen Indizien zufolge spielten aber auch andere Überlegungen eine Rolle. Es gab im Land noch eine dritte ethnische Gruppe: Die Twa oder Pygmäen, etwa ein Prozent der Bevölkerung, die auf der sozialen Leiter und im Machtgefüge ganz unten standen und für niemanden eine Bedrohung darstellten – aber auch sie kamen bei den Massenmorden des Jahres 1994 größtenteils ums Leben. In dem Gewaltausbruch ging es nicht nur um den Konflikt zwischen Hutu und Tutsi, sondern in Wirklichkeit verliefen zwischen den Fraktionen kompliziertere Grenzen: Drei rivalisierende Gruppen bestanden vorwiegend oder ausschließlich aus Hutu, und eine davon löste wahrscheinlich den Gewaltausbruch aus, weil sie den Hutu-Präsidenten, der einer anderen Gruppe angehörte, ermordete; und die Invasionsarmee der RPF wurde zwar von Tutsi geführt, ihr gehörten aber ebenfalls Hutu an. Die Unterscheidung zwischen Hutu und Tutsi ist bei weitem nicht so eindeutig, wie sie häufig dargestellt wird. Beide Gruppen sprechen dieselbe Sprache, sie besuchten die gleichen Kirchen, Schulen und Lokale, lebten in denselben Dörfern unter denselben Häuptlingen zusammen und arbeiteten zusammen in den gleichen Büros. Hutu und Tutsi heirateten untereinander, und bevor die Belgier die Personalausweise einführten, wechselten sie manchmal ihre ethnische Zugehörigkeit. Im Durchschnitt sehen die Vertreter beider Gruppen zwar unterschiedlich aus, aber viele einzelne Personen lassen sich aufgrund ihres Äußeren unmöglich der einen oder anderen zuordnen. Ungefähr ein Viertel aller Bewohner Ruandas haben unter ihren Urgroßeltern sowohl Hutu als auch Tutsi. (Es ist sogar fraglich, ob die traditionelle Ansicht, wonach Hutu und Tutsi unterschiedlicher Herkunft sind, überhaupt stimmt oder ob die beiden Gruppen aus einer gemeinsamen Bevölkerung hervorgegangen sind, die sich in Ruanda und Burundi nur wirtschaftlich und gesellschaftlich aufspaltete.) Diese Verflechtungen führten während der Morde des Jahres 1994 zu zigtausenden von menschlichen Tragödien, weil Hutu versuchten, ihre Tutsi-Ehepartner, -Verwandte, -Freunde, -Kollegen und -Vorgesetzten zu schützen, oder weil sie die potenziellen Mörder ihrer Angehörigen mit Geld von ihrem Vorhaben abbringen wollten. In der Gesellschaft Ruandas waren die beiden Gruppen so eng verzahnt, dass Ärzte am Ende ihre Patienten umbrachten und umgekehrt, Lehrer töteten ihre Schüler und umgekehrt, Nachbarn und Arbeitskollegen töteten sich gegenseitig. Manche Hutu töteten einige Tutsi, schützten aber andere Tutsi. Man kommt nicht umhin, sich die Frage zu stellen: Wie kam es, dass so viele Ruander sich von extremistischen Führern so leicht manipulieren ließen und sich dann gegenseitig so barbarisch ermordeten?

Geht man davon aus, dass hinter dem Völkermord nicht mehr steckte als ethnischer Hass zwischen Hutu und Tutsi, der von Politikern angefacht wurde, sind insbesondere die Vorgänge im Nordwesten des Landes besonders rätselhaft. Dort gab es eine Gemeinde, in der praktisch ausschließlich Hutu lebten; es gab nur einen einzigen Tutsi, aber auch dort fanden Massenmorde statt – die Hutu brachten sich gegenseitig um. Die Gesamtzahl der Todesopfer mag mit »mindestens fünf Prozent der Bevölkerung« zwar etwas niedriger gelegen haben als im gesamten Land mit 11 Prozent, aber es bleibt dennoch zu erklären, warum eine Gemeinschaft von Hutu auch ohne ethnische Motive mindestens fünf Prozent ihrer Mitglieder tötet. Als der Völkermord 1994 fortschritt und die Zahl der Tutsi abnahm, gingen Hutu auch in anderen Teilen des Landes dazu über, sich gegenseitig anzugreifen. Aus diesen Tatsachen wird deutlich, dass wir neben dem ethnischen Hass auch nach anderen Ursachen suchen müssen.

Betrachten wir dazu zunächst noch einmal die bereits erwähnte hohe Bevölkerungsdichte in Ruanda. Das Land war – wie auch Burundi – bereits im 19. Jahrhundert, vor der Ankunft der ersten Europäer, dicht besiedelt. Das lag an dem doppelten Vorteil einer mäßigen Niederschlagsmenge und einer Höhenlage, in der sich Malaria und die Tsetsefliege nicht verbreiten konnten. Später wuchs die Bevölkerung Ruandas, wenn auch mit Schwankungen, durchschnittlich um drei Prozent im Jahr. Dies hatte im Wesentlichen die gleichen Gründe wie in den Nachbarländern Kenia und Tansania: Nutzpflanzen aus der Neuen Welt, bessere Gesundheitsversorgung, Arzneimittel und stabile politische Grenzen. Im Jahr 1990 lag die durchschnittliche Bevölkerungsdichte in Ruanda trotz der Morde und der Massenflucht der vorangegangenen Jahrzehnte noch bei 295 Menschen je Quadratkilometer, mehr als in Großbritannien (236) und fast so viel wie in den Niederlanden (367). Aber in Großbritannien und den Niederlanden gibt es eine äußerst leistungsfähige, mechanisierte Landwirtschaft, sodass ein Anteil von wenigen Prozent der Bevölkerung als Bauern die Lebensmittel für alle anderen produzieren können. In Ruanda ist die Landwirtschaft weit weniger leistungsfähig; die Bauern arbeiten mit Schaufel, Hacke und Machete, und die meisten Menschen müssen in der Landwirtschaft tätig werden, weil sie so gut wie keine Überschüsse produzieren, von denen andere leben könnten.

Auch als die Bevölkerung Ruandas nach der Unabhängigkeit wuchs, hielt das Land an seinen traditionellen landwirtschaftlichen Methoden fest. Man versäumte es zu modernisieren, produktivere Nutzpflanzensorten einzuführen, die landwirtschaftlichen Exporte auszuweiten und eine wirksame Familienplanung zu betreiben. Stattdessen wurde die wachsende Bevölkerung versorgt, indem man durch Rodung von Wäldern und Trockenlegung von Sümpfen neues Ackerland erschloss, die Brachperioden verkürzte und bestrebt war, jedes Feld innerhalb eines Jahres zwei- oder dreimal abzuernten. Als in den sechziger Jahren und 1973 zu viele Tutsi flüchteten oder getötet wurden, standen ihre Besitztümer der Umverteilung zur Verfügung, und dies beflügelte den Traum, jetzt könne endlich jeder Hutu-Bauer genügend Land besitzen, um sich und seine Familie ausreichend zu ernähren. Bis 1985 waren alle nutzbaren Landflächen außerhalb der Nationalparks erschlossen. Mit dem Wachstum von Bevölkerung und landwirtschaftlicher Produktion stieg der Pro-Kopf-Ertrag von 1966 bis 1981 an, aber danach sank er wieder auf das Niveau vom Beginn der sechziger Jahre. Genau hier beginnt das malthusianische Dilemma: mehr Nahrung, aber auch mehr Menschen und deshalb keine Steigerung der Nahrungsmenge pro Person.

Als einige meiner Bekannten 1984 in Ruanda waren, ahnten sie die ökologische Katastrophe bereits voraus. Das ganze Land glich einem Feld und einer Bananenplantage. Steile Berghänge waren bis zum Gipfel landwirtschaftlich genutzt. Man praktizierte nicht einmal grundlegende Maßnahmen zur Verminderung der Bodenerosion, wie Terrassenanbau, Pflügen entlang den Höhenlinien statt bergauf und bergab oder Anlage einer Pflanzendecke in Brachperioden; stattdessen ließ man die Felder in dieser Zeit einfach unbebaut. Die Folge war ein hohes Maß an Bodenerosion, und die Flüsse führten riesige Schlammmengen mit. Ein Bürger des Landes schrieb mir: »Manchmal wachen die Bauern morgens auf und stellen fest, dass ihr ganzes Feld (oder zumindest der Oberboden mit den Pflanzen) in der Nacht weggespült wurde, oder dass Boden und Gestein vom Nachbarfeld auf das eigene Feld gespült wurden.« Die Rodung der Wälder führte dazu, dass Wasserläufe austrockneten und dass die Niederschläge noch unregelmäßiger fielen. Ende der achtziger Jahre gab es wieder die ersten Hungersnöte. Im Jahr 1989 führte eine Dürreperiode, die durch regionale oder globale Klimaveränderungen in Verbindung mit den lokalen Auswirkungen der Waldzerstörung verursacht wurde, zu einer ernsteren Nahrungsmittelknappheit.

Wie sich alle diese Veränderungen von Umwelt und Bevölkerung in einem begrenzten Gebiet im Nordwesten Ruandas (der Gemeinde Kanama) auswirkten, das ausschließlich von Hutu bewohnt ist, wurde von den belgischen Wirtschaftswissenschaftlern Catherine André und Jean-Philippe Platteau im Einzelnen untersucht. André, Platteaus Studentin, lebte bei zwei Besuchen 1988 und 1993 insgesamt 16 Monate in der Region, und in dieser Zeit unmittelbar vor dem Ausbruch des Völkermordes, verschlechterte sich dort die Situation. Sie befragte Angehörige der meisten Haushalte in dem Gebiet. Bei jeder Befragung, die sie während der beiden Jahre durchführte, vergewisserte sie sich über die Zahl der Menschen in dem jeweiligen Haushalt, die Landfläche, die er besaß, und das Einkommen, das die Menschen mit Tätigkeiten außerhalb der Landwirtschaft erzielten. Außerdem führte sie Buch über Verkäufe und Eigentumsübertragungen von Land, und über Meinungsverschiedenheiten, die einer Vermittlung bedurften. Nach dem Völkermord des Jahres 1994 machte sie Überlebende ausfindig und versuchte festzustellen, nach welchen Gesetzmäßigkeiten bestimmte Hutu andere Angehörige ihrer Volksgruppe getötet hatten. Anschließend werteten André und Platteau die riesigen Datenmengen aus und versuchten, darin einen Sinn zu finden.

Kanama hat sehr fruchtbaren Vulkanboden, und deshalb ist die Bevölkerungsdichte dort selbst nach den Maßstäben des dicht bevölkerten Ruanda besonders hoch: 1988 waren es 672 Menschen je Quadratkilometer, und bis 1993 war die Dichte auf 788 Menschen je Quadratkilometer angestiegen. (Das sind sogar höhere Werte als in Bangladesch, der am dichtesten bevölkerten Landwirtschaftsnation der Erde.) Ein Spiegelbild der hohen Bevölkerungsdichte war die geringe Größe der landwirtschaftlichen Betriebe: Ein durchschnittliches Anwesen besaß 1988 noch 3602 Quadratmeter, 1993 waren es nur noch 2914 Quadratmeter. Jeder Hof gliederte sich in (durchschnittlich) zehn getrennte Parzellen, sodass die Bauern absurd kleine Landflächen von 360 Quadratmetern im Jahr 1988 und 291 Quadratmetern im Jahr 1993 bewirtschafteten.

Da alle Landflächen in der Gemeinde bereits besetzt waren, hatten junge Leute es außerordentlich schwer zu heiraten, die Eltern zu verlassen, einen Hof zu übernehmen und einen eigenen Haushalt zu gründen. Sie schoben die Eheschließung zunehmend hinaus und lebten weiterhin zu Hause bei den Eltern. In der Altersgruppe der 20- bis 25-Jährigen stieg beispielsweise der Anteil junger Frauen, die noch zu Hause wohnten, zwischen 1988 und 1993 von 39 auf 67 Prozent an, und bei den jungen Männern wuchs dieser Anteil von 71 auf 100 Prozent: 1993 lebte kein einziger unverheirateter Mann zwischen 20 und 25 Jahren unabhängig von seinen Eltern. Dies trug offensichtlich in den Familien zu tödlichen Spannungen bei, die 1994 zum Ausbruch kamen – ich werde in Kürze genauer darauf eingehen. Da immer mehr junge Leute zu Hause blieben, stieg die durchschnittliche Zahl der Menschen in einem bäuerlichen Haushalt in dem genannten Zeitraum von 4,9 auf 5,3; die Landknappheit war also noch stärker, als es der Rückgang der Betriebsgröße von 3602 auf 2914 Quadratmeter erkennen lässt. Dividiert man die zurückgehende Betriebsgröße durch die steigende Personenzahl im Haushalt, so stellt man fest, dass 1988 jeder Mensch von rund 800 Quadratmetern lebte, 1993 aber nur noch von rund 580 Quadratmetern.

Wie nicht anders zu erwarten, erwies es sich deshalb für die meisten Menschen in Kanama als schwierig, sich von einer so geringen Landfläche noch zu ernähren. Selbst wenn man die geringere Kalorienaufnahme zugrunde legt, die in Ruanda als ausreichend gilt, konnte der durchschnittliche Haushalt nur noch 77 Prozent seines Kalorienbedarfs aus eigener Kraft befriedigen. Die übrige Nahrung musste mit Einkommen, das außerhalb des Betriebes erzielt wurde, zugekauft werden – Einkommen beispielsweise aus Zimmermannsarbeiten, der Herstellung von Ziegeln, der Holzverarbeitung und Handelsgeschäften. Angehörige von zwei Dritteln aller Haushalte gingen solchen Tätigkeiten nach. Der Anteil der Bevölkerung, der weniger als 1600 Kalorien pro Tag (der offiziellen Hungerschwelle) zu sich nahm, lag 1982 bei neun Prozent, stieg bis 1990 auf 40 Prozent und danach auf einen nicht genau bekannten, noch höheren Wert an.

Alle diese Zahlen, die ich hier für Kanama genannt habe, sind Durchschnittswerte, und dahinter verbirgt sich eine ungleiche Verteilung. Manche Personen besaßen größere Höfe als andere, und dieses Ungleichgewicht nahm von 1988 bis 1993 zu. Definieren wir hier einmal einen Betrieb mit mehr als 10 000 Quadratmetern als »sehr groß« und einen mit weniger als 2500 Quadratmetern als »sehr klein«. (Welche Tragik in diesen Zahlen steckt, zeigt sich beim Blick auf Kapitel 1: Dort habe ich erwähnt, dass in Montana früher ein Betrieb von 16 Hektar – 160 000 Quadratmeter – notwendig war, um eine Familie zu ernähren, und dass diese Größe heute als unzureichend gilt.) Aber der Anteil der sehr großen Betriebe nahm von 1988 bis 1993 von fünf auf acht Prozent zu, bei den sehr kleinen Betrieben stieg er von 36 auf 45 Prozent. Mit anderen Worten: In der bäuerlichen Gesellschaft von Kanama öffnete sich die Schere zwischen reichen Grundbesitzern und armen Habenichtsen, und die Zahl derer, die in der Mitte standen, wurde immer kleiner. In der Regel waren ältere Haushaltsvorstände wohlhabender und hatten größere Betriebe: Solche aus der Altersgruppe zwischen 50 und 59 Jahren besaßen Höfe von durchschnittlich 8296 Quadratmetern, bei 20- bis 29-Jährigen waren es nur 1497 Quadratmeter. Natürlich hatten die älteren Haushaltsvorstände auch mehr Familienmitglieder und brauchten deshalb mehr Land, aber die Fläche je Haushaltsmitglied war auf ihren Anwesen immer noch drei Mal so groß wie bei den jüngeren Familienoberhäuptern.

Paradoxerweise hatten die Besitzer großer Anwesen auch außerhalb der Landwirtschaft ein unverhältnismäßig hohes Einkommen: Die Durchschnittsgröße der Betriebe, denen solches Einkommen zur Verfügung stand, lag bei 5261 Quadratmetern, für jene ohne derartiges Einkommen jedoch nur bei 2023 Quadratmetern. Paradox ist dieser Unterschied, weil auf kleineren Höfen weniger Ackerland pro Person für die Ernährung zur Verfügung steht, sodass in größerem Umfang andere Einkünfte gebraucht werden. Die Konzentration dieser Nebeneinkünfte auf die größeren Höfe trug dazu bei, dass die Gesellschaft von Kanama sich zunehmend in Reiche und Arme aufspaltete, wobei die Reichen immer reicher und die Armen immer ärmer wurden. Eigentlich ist es den Besitzern kleiner Höfe in Ruanda verboten, Teile ihres Landes zu verkaufen. Es geschieht aber dennoch. Bei der Untersuchung der Landverkäufe stellte sich heraus, dass die Eigentümer der kleinsten Höfe vor allem dann Land verkauften, wenn sie in Geldnot waren, beispielsweise wegen Nahrungsknappheit, gesundheitlicher oder juristischer Probleme, der Notwendigkeit von Bestechung, Eheschließungen, Bestattungen oder Alkoholmissbrauch. Die Eigentümer großer Höfe dagegen verkauften, um die Leistungsfähigkeit ihrer Betriebe zu steigern (so wurde beispielsweise eine abgelegene Parzelle veräußert, weil man ein Stück Land in der Nähe des Bauernhauses kaufen wollte).

Mit dem Zusatzeinkommen konnten die Besitzer größerer Höfe jenen, die kleinere Betriebe besaßen, Landflächen abkaufen und expandieren, die kleineren Höfe dagegen verkauften Land und schrumpften. Unter den großen Betrieben verkaufte fast keiner Land, ohne auch welches zu erwerben, unter den kleinsten dagegen verkauften 1988 schon 35 Prozent und 1993 sogar 49 Prozent einen Teil ihrer Flächen, ohne neue hinzuzukaufen. Alle Bauern mit Nebeneinkünften kauften Land hinzu, und keiner von ihnen verkaufte Land, ohne neues zu erwerben; dagegen kauften nur 13 Prozent derer, die keine Nebeneinkünfte hatten, Land hinzu, und 65 Prozent dieser Gruppe verkauften, ohne neu zu kaufen. Auch hier fällt das Paradox auf: Betriebe, die bereits sehr klein waren und dringend neue Flächen gebraucht hätten, verkauften in Notfällen und wurden noch kleiner, und die großen Betriebe finanzierten mit den Nebeneinkünften ihre Zukäufe. Wie gesagt: »Große Betriebe« sind hier nur nach den Maßstäben Ruandas groß, weil sie mehr als 5000 bis 8000 Quadratmeter umfassen.

In Kanama waren also die meisten Menschen verarmt, hungrig und verzweifelt, aber manche waren verarmter, hungriger und verzweifelter als andere, und bei den meisten wurde die Verzweiflung größer, während sie bei wenigen geringer wurde. Wie nicht anders zu erwarten, führte diese Situation häufig zu Konflikten, die von den Beteiligten nicht allein gelöst werden konnten, sodass sie sich entweder an die traditionellen Vermittler im Dorf wandten oder (seltener) die Gerichte bemühten. Die Haushalte berichteten im Durchschnitt jeweils über mehr als einen solchen Konflikt im Jahr, der einer Vermittlung von außen bedurfte. André und Plattaeu untersuchten 226 solche Konflikte anhand der Beschreibung durch die Konfliktvermittler oder Haushaltsvorstände. Nach Aussage beider Informantengruppen ging es in den meisten schwer wiegenden Konflikten um den Grundbesitz; entweder stritt man sich unmittelbar über das Land (43 Prozent der Fälle), oder es handelte sich um einen Konflikt unter Eheleuten, Familienangehörigen oder Bekannten, der letztlich ebenfalls auf einen Streit um Land zurückging (Beispiele werde ich in den beiden nächsten Absätzen beschreiben); in anderen Fällen drehte sich der Streit um den Diebstahl durch »Hungerdiebe«, wie sie in der Region genannt wurden, sehr arme Menschen, die fast kein Land besaßen, keinen Nebenverdienst hatten und mangels anderer Möglichkeiten vom Stehlen lebten (sieben Prozent aller Konflikte und zehn Prozent der Haushalte).

Solche Streitigkeiten um den Landbesitz höhlten den traditionellen gesellschaftlichen Zusammenhalt in Ruanda aus. Traditionell wurde erwartet, dass reiche Landbesitzer ihren ärmeren Verwandten helfen. Dieses System zerfiel jetzt, denn selbst Grundbesitzer, die mehr besaßen als andere, waren noch arm und konnten nichts für noch ärmere Angehörige erübrigen. Besonders stark litten die schwächsten Gruppen der Gesellschaft unter dem mangelnden Schutz: getrennt lebende oder geschiedene Frauen, Witwen, Waisen und jüngere Halbgeschwister. Wenn Ex-Ehemänner nicht mehr für ihre geschiedenen Frauen sorgten, konnten diese früher in die elterliche Familie zurückkehren, aber jetzt widersetzten sich die Brüder einem solchen Schritt, weil sie und ihre Kinder dadurch noch ärmer geworden wären. Unter Umständen versuchten die Frauen dann, nur mit ihren Töchtern in die Herkunftsfamilie zurückzukehren, denn die Vererbung verlief in Ruanda traditionell über die Söhne, sodass die Brüder einer Frau deren Töchter nicht als Konkurrenz für ihre eigenen Kinder betrachteten. Die Söhne wurden dann beim Vater (dem geschiedenen Ehemann) zurückgelassen, aber dessen Verwandte verweigerte ihnen unter Umständen ebenfalls den Grundbesitz, insbesondere wenn der Vater nicht mehr lebte und sie nicht schützen konnte. Auch eine Witwe wurde nun weder von der Familie ihres Ehemannes (ihren Schwägern) unterstützt, noch von ihren eigenen Brüdern, die ihre Kinder wiederum im Hinblick auf den Grundbesitz als Konkurrenz zum eigenen Nachwuchs sahen. Für Waisenkinder sorgten traditionell die Großeltern väterlicherseits; starben diese, versuchten nunmehr die Onkel (die Brüder des verstorbenen Vaters), die Waisen vom Erbe auszuschließen oder zu vertreiben. Kinder aus polygamen oder Ehen, die geschieden worden waren, wobei der Mann später wieder heiratete und mit der zweiten Frau ebenfalls Kinder hatte, wurden ebenfalls von ihren Halbbrüdern enterbt oder vertrieben.

Die schmerzlichsten und gesellschaftlich schädlichsten Konflikte um Land waren solche zwischen verfeindeten Vätern und Söhnen. Nach dem Tod eines Vaters ging traditionell sein gesamter Grundbesitz an den ältesten Sohn über; von diesem wurde erwartet, dass er das Land für die ganze Familie verwaltete und seinen jüngeren Brüdern einen so großen Anteil zur Verfügung stellte, dass sie sich davon ernähren konnten. Als das Land immer knapper wurde, gingen die Väter allmählich dazu über, den Besitz zwischen allen Söhnen aufzuteilen, um das Konfliktpotenzial in der Familie für die Zeit nach ihrem Tod zu vermindern. Aber die einzelnen Söhne stellten, was die Aufteilung des Landes anging, unterschiedliche Forderungen an den Vater. Die jüngeren Brüder ärgerten sich, wenn die

Älteren, die zuerst heirateten, einen unverhältnismäßig großen Anteil erhielten, besonders wenn der Vater später, wenn die jüngeren Söhne heirateten, einen Teil des Landes verkaufen musste. Jüngere Söhne verlangten deshalb eine genau gleichmäßige Verteilung; sie erhoben Einwände, wenn ihr Vater dem ältesten Sohn zur Hochzeit ein Stück Land schenkte. Von dem jüngsten Sohn wurde traditionell erwartet, dass er im höheren Alter für die Eltern sorgte, und er verlangte nun häufig einen zusätzlichen Anteil am Land, um diese traditionelle Aufgabe erfüllen zu können. Brüder waren misstrauisch gegenüber Schwestern und jüngeren Brüdern, die vom Vater Land geschenkt bekamen, und versuchten sie zu vertreiben – sie hatten den Verdacht, das Geschenk könne eine Gegenleistung sein, weil die Schwester oder der jüngere Bruder versprochen hatte, den Vater im hohen Alter zu versorgen. Söhne klagten darüber, der Vater behalte zu viel Land für sich, um sich auf seine alten Tage ernähren zu können, und verlangten schon jetzt größere Flächen für sich selbst. Die Väter wiederum hatten verständlicherweise Angst davor, sie könnten im Alter zu wenig Grundbesitz haben, und widersetzten sich den Forderungen der Söhne. Alle diese Konflikte endeten vor den Vermittlern oder den Gerichten, Väter verklagten Söhne und umgekehrt, Schwestern verklagten ihre Brüder, Neffen ihre Onkel, und so weiter. Durch die Streitigkeiten gingen Familienbande zu Bruch, enge Verwandte wurden zu Konkurrenten und erbitterten Feinden.

Solche chronischen, eskalierenden Konflikte bildeten den Hintergrund für die Morde des Jahres 1994. Schon davor hatte die Zahl von Gewaltverbrechen und Diebstählen in Ruanda stark zugenommen. Die Täter waren vor allem hungrige junge Leute ohne Landbesitz und ohne anderweitige Einkünfte. Vergleicht man die Kriminalitätsrate bei Personen zwischen 21 und 25 Jahren in verschiedenen Teilen Ruandas, so stellt sich heraus, dass die regionalen Unterschiede statistisch mit der Bevölkerungsdichte und der pro Kopf verfügbaren Kalorienzahl zusammenhängen: Hohe Bevölkerungsdichte und Hunger sind mit mehr Verbrechen verbunden.

Nach den Gewalttaten des Jahres 1994 bemühte sich André, das Schicksal der Einwohner von Kanama nachzuzeichnen. Nach den Berichten, die sie erhielt, waren 5,4 Prozent von ihnen durch den Krieg ums Leben gekommen. In Wirklichkeit muss die Zahl der Opfer aber höher liegen, denn über das Schicksal mancher Bewohner konnte sie nichts in Erfahrung bringen. Deshalb ist nicht bekannt, ob der Anteil der Opfer an den

Durchschnittswert von elf Prozent für ganz Ruanda heranreicht. Klar ist aber, dass der Anteil der Opfer in einem Gebiet, wo die Bevölkerung nahezu ausschließlich aus Hutu bestand, immer noch mindestens halb so hoch war wie in den Regionen, wo Hutu nicht nur andere Hutu, sondern auch Tutsi umbrachten.

Die Opfer, über die in Kanama etwas zu erfahren war, lassen sich mit einer Ausnahme in sechs Kategorien einteilen. Zuerst wurde die einzige Tutsi in dem Ort, eine Witwe, ermordet. Ob die Tat viel mit ihrer ethnischen Zugehörigkeit zu tun hatte, ist nicht geklärt, denn es gab auch viele andere Motive, sie zu töten: Sie hatte viel Land geerbt, war häufig in Streitigkeiten um Grundbesitz verwickelt, war die Witwe eines Hutu, der mehrere Ehefrauen gehabt hatte (sodass die anderen Frauen und ihre Angehörigen das Opfer als Konkurrentin betrachteten), und ihr verstorbener Mann war bereits zu Lebzeiten durch seine Halbbrüder von seinem Grundbesitz vertrieben worden.

Bei den Opfern in zwei weiteren Kategorien handelte es sich um Hutu, die große Ländereien besaßen. Sie waren in ihrer Mehrzahl Männer von über 50 Jahren und damit im besten Alter für Streitigkeiten mit den Söhnen. Die Übrigen waren jünger, hatten aber auch bereits Neid auf sich gezogen, weil sie mit Nebentätigkeiten verhältnismäßig viel Geld verdient und damit Land gekauft hatten.

Die nächste Kategorie der Opfer waren die »Querulanten«, die dafür bekannt waren, dass sie sich an allen möglichen Konflikten um Land und andere Dinge beteiligten.

Eine weitere Gruppe bestand aus jungen Männern und Kindern, vor allem solchen aus armen Familien, die sich aus Verzweiflung von den verfeindeten Milizen anwerben ließen und einander dann umbrachten. Insbesondere in dieser Kategorie wird die Zahl der Opfer höchstwahrscheinlich unterschätzt, denn André hätte sich selbst in Gefahr gebracht, wenn sie zu genau nachgefragt hätte, wer zu welcher Miliz gehört hatte.

Die größte Zahl der Opfer schließlich waren unterernährte oder besonders arme Menschen, die kein oder nur sehr wenig Land besaßen und auch über kein anderes Einkommen verfügten. Sie starben offensichtlich durch den Hunger, weil sie zu schwach waren oder weil sie kein Geld hatten, um Lebensmittel zu kaufen oder die Bestechungsgelder zu zahlen, die ihnen an den Straßensperren das Überleben sicherten.

André und Platteau stellen fest: »Die Ereignisse von 1994 boten eine einzigartige Gelegenheit, auch unter Hutu-Dorfbewohnern alte Rechnungen zu begleichen und den Grundbesitz neu zu verteilen ... Selbst heute hört man von Ruandern nicht selten die Ansicht, ein Krieg sei notwendig, um einen Bevölkerungsüberschuss zu beseitigen und die Zahl der Menschen in Einklang mit den zur Verfügung stehenden Landflächen zu bringen.«

Dieser Bericht über das, was die Bewohner Ruandas selbst über den Völkermord sagen, überraschte mich. Nach meiner Erfahrung hatten Menschen nur in Ausnahmefällen einen solchen direkten Zusammenhang zwischen Bevölkerungsdichte und Morden hergestellt. Ich selbst bin daran gewöhnt, Bevölkerungsdruck, von Menschen verursachte Umweltschäden und Dürre als letzte Ursachen zu sehen, die bei den Menschen zu chronischer Verzweiflung führen und das Pulver im Pulverfass darstellen. Man braucht aber auch einen unmittelbaren Anlass, einen Funken, der das Fass zur Explosion bringt. In den meisten Regionen Ruandas handelte es sich bei diesem Funken um ethnischen Hass, angestachelt von zynischen Politikern, die selbst an der Macht bleiben wollten. (Ich sage »in den meisten Regionen«, weil die zahlreichen Morde von Hutu an Hutu in Kanama beweisen, dass ein ähnliches Ergebnis auch dann eintrat, wenn alle zur gleichen ethnischen Gruppe gehörten.) Gérard Prunier, ein französischer Ostafrikaexperte, formuliert es so: »Die Entscheidung zum Mord wurde natürlich von Politikern aus politischen Gründen getroffen. Aber dass sie von ganz gewöhnlichen Bauern in ihrem *ingo* [Familienanwesen] so gründlich umgesetzt wurde, lag zumindest teilweise daran, dass auf zu wenig Land zu viele Menschen lebten und dass für die Überlebenden mehr übrig bleiben würde, wenn ihre Zahl sich verminderte.«

Die Verbindung, die Prunier ebenso wie André und Platteau zwischen Bevölkerungsdruck und Völkermord herstellen, blieb nicht unwidersprochen. Die Skepsis war insbesondere eine Reaktion auf übermäßig vereinfachte Behauptungen, die von Kritikern mit einer gewissen Berechtigung als »ökologischer Determinismus« gebrandmarkt wurden. Nur zehn Tage nach Beginn des Völkermordes stellte beispielsweise ein amerikanischer Zeitungsartikel mit folgenden Worten einen Zusammenhang zwischen der Bevölkerungsdichte von Ruanda und dem Massenmord her: »Vorgänge wie in Ruanda sind in der Welt, in der wir leben, ein integraler, ja eingebauter Bestandteil.« Diese fatalistische, übermäßig vereinfachte Schlussfolgerung provoziert natürlich nicht nur negative Reaktionen auf die Ansicht ihrer Verfasser, sondern auch auf die differenziertere Sichtweise, die Prunier, André, Platteau und ich vertreten. Das hat drei Gründe.

Erstens kann jede »Erklärung« der Gründe, warum sich ein Völkermord ereignet hat, fälschlich als »Entschuldigung« interpretiert werden. In Wirklichkeit aber spielt es keine Rolle, ob wir zu einer übermäßig vereinfachten Erklärung mit nur einer Ursache gelangen oder ob wir den Völkermord übermäßig kompliziert mit 73 Faktoren erklären: Das alles ändert beim Völkermord in Ruanda wie bei anderen schrecklichen Taten nichts an der persönlichen Verantwortung der Täter. Dieses Missverständnis kommt regelmäßig auf, wenn man über die Ursachen des Bösen diskutiert: Die Menschen lehnen jede Erklärung ab, weil sie Erklärung mit Ausrede verwechseln. In Wirklichkeit ist es aber wichtig, dass wir die Ursachen des Völkermordes in Ruanda verstehen – und zwar nicht, weil wir die Mörder entlasten wollen, sondern weil wir mit Hilfe unserer Erkenntnisse die Gefahr verringern möchten, dass solche Dinge in Ruanda oder anderswo noch einmal geschehen. Es gibt auch Menschen, die ihr ganzes Leben oder ihre ganze Berufslaufbahn der Aufgabe gewidmet haben, die Ursachen des Nazi-Holocaust zu verstehen oder zu begreifen, was im Bewusstsein von Serienmördern und Vergewaltigern vorgeht. Diese Aufgabe haben sie sich nicht gestellt, um Nazischergen, Serienmörder oder Vergewaltiger von ihrer Verantwortung freizusprechen, sondern weil sie wissen wollen, wie es zu diesen entsetzlichen Vorgängen kam, und wie wir am besten verhindern können, dass sie sich wiederholen.

Zweitens ist es durchaus berechtigt, wenn man die simple Ansicht zurückweist, Bevölkerungsdruck in Ruanda sei die einzige Ursache des Völkermordes gewesen. In Wirklichkeit trugen auch andere Faktoren dazu bei; jene, die mir wichtig erscheinen, habe ich in diesem Kapitel beschrieben, und Ruanda-Fachleute haben zu dem Thema ganze Bücher und Artikel geschrieben, die ich am Ende des Buches im Literaturverzeichnis zitiere. Um es noch einmal zu wiederholen: Unabhängig von der Rangfolge ihrer Bedeutung gehörten zu diesen Faktoren die Vergangenheit des Landes mit der Vorherrschaft der Tutsi, der Massenmord der Tutsi an Hutu in Burundi und in geringerem Umfang auch in Ruanda, die Invasionen der Tutsi in Ruanda, die wirtschaftliche Krise des Landes, die durch Dürre und globale Faktoren (insbesondere sinkende Kaffeepreise und Sparmaßnahmen der Weltbank) verstärkt wurden, Hunderttausende von verzweifelten jungen Männern aus Ruanda, die als Flüchtlinge in Lagern lebten und von den Milizen leicht anzuwerben waren, und die Konkurrenz zwischen den politischen Gruppen in Ruanda, die sich zu nichts zu schade waren, um ihre Macht zu sichern. Zu diesen anderen Faktoren kam der Bevölkerungsdruck dann hinzu.

Und schließlich sollte man die Tatsache, dass der Bevölkerungsdruck neben anderen Faktoren zum Völkermord in Ruanda beitrug, nicht falsch interpretieren: Sie bedeutet nicht, dass Bevölkerungsdruck auch anderswo auf der Welt automatisch zum Völkermord führt. Wer also einwendet, es bestehe kein zwangsläufiger Zusammenhang zwischen malthusianischem Bevölkerungsdruck und Massenmord, dem erwidere ich: »Natürlich nicht!« Dass ein Land auch ohne solche Folgen überbevölkert sein kann, zeigt sich am Beispiel Bangladesch (das seit dem Gemetzel von 1971 von größeren Mordwellen weitgehend verschont blieb), aber auch in den Niederlanden und dem Vielvölkerstaat Belgien – alle drei Länder sind dichter bevölkert als Ruanda. Umgekehrt können neben der Überbevölkerung auch andere Gründe zum Völkermord führen; Beispiele sind Hitlers Bestrebungen, im Zweiten Weltkrieg die Juden und Zigeuner auszurotten, oder der Völkermord in den siebziger Jahren des 20. Jahrhunderts in Kambodscha, das nur ein Sechstel der Bevölkerungsdichte von Ruanda hat.

Ich ziehe vielmehr den Schluss, dass der Bevölkerungsdruck nur eine von mehreren wichtigen Ursachen für den Völkermord von Ruanda war, dass Malthus' schlimmstes Szenario manchmal Wirklichkeit wird, und dass Ruanda ein deprimierendes Beispiel für dieses Szenario ist. Schwer wiegende Probleme mit Überbevölkerung, Umweltschäden und Klimawandel können nicht unbegrenzt bestehen bleiben: Früher oder später lösen sie sich auf, und wenn es uns nicht gelingt, sie durch unser eigenes Handeln zu beseitigen, geschieht es nach der Art von Ruanda oder auf einem anderen Weg, den wir nicht gewollt haben. Im Fall Ruanda können wir die unerfreuliche Lösung mit Gesichtern und Motiven in Verbindung bringen; ähnliche Motive steckten nach meiner Vermutung auch hinter den in Kapitel 2 beschriebenen Zusammenbrüchen auf der Osterinsel, auf Mangareva und bei den Maya, auch wenn wir ihnen in diesem Fall keine Gesichter zuordnen können. Und ähnliche Motive könnten auch in Zukunft wieder zum Zuge kommen, wenn es in anderen Ländern wie in Ruanda nicht gelingt, die grundlegenden Probleme zu lösen. Möglicherweise werden sie sogar in Ruanda selbst wieder wirksam, wo die Bevölkerung immer noch mit drei Prozent im Jahr wächst, wo Frauen ihr erstes Kind im Durchschnitt mit 15 Jahren zur Welt bringen, wo die Durchschnittsfamilie zwischen fünf und acht Kinder hat und wo man als Besucher das Gefühl bekommt, man sei von einem Meer aus Kindern umgeben.

»Malthusianische Krise« ist ein unpersönlicher, abstrakter Begriff. Er beschwört nicht das entsetzliche, grausame, verstörend detaillierte Bild dessen herauf, was Millionen Ruander getan oder erlitten haben. Die letzten Worte möchte ich einem Beobachter und einem Überlebenden überlassen. Der Beobachter ist noch einmal Gérard Prunier:

»Alle diese Menschen, die ermordet werden sollten, hatten Land und manchmal auch Kühe. Irgendjemand musste dieses Land und die Kühe übernehmen, nachdem sie tot waren. In einem armen, zunehmend überbevölkerten Land war das kein geringer Anreiz.«

Der Überlebende, ein Tutsi, ist Lehrer und wurde von Prunier befragt. Er blieb nur deshalb am Leben, weil er zufällig nicht zu Hause war, als die Mörder kamen und sowohl seine Frau als auch vier seiner fünf Kinder umbrachten:

»Die Menschen, deren Kinder barfuß zur Schule gehen mussten, brachten jene um, die ihren Kindern Schuhe kaufen konnten.«

KAPITEL 11

Eine Insel, zwei Völker, zwei Historien: Die Dominikanische Republik und Haiti

Unterschiede ▪ Geschichtliches ▪ Ursachen der Auseinanderentwicklung ▪ Balaguer ▪ Die Umwelt in der Dominikanischen Republik heute ▪ Die Zukunft

Wer sich für die Probleme der modernen Welt interessiert, steht vor einer schwierigen Aufgabe, wenn er die 195 Kilometer lange Grenze zwischen der Dominikanischen Republik und Haiti verstehen will, den beiden Staaten, die sich die große Karibikinsel Hispaniola südöstlich von Florida teilen. Vom Flugzeug aus erkennt man die Grenze als scharfe, gezackte Linie, die wie mit einem Messer quer über die Insel gezogen zu sein scheint. Sie trennt ganz abrupt eine dunklere, grüne Landschaft im Osten (die Dominikanische Republik) von blassen, braunen Flächen westlich davon (Haiti). Steht man am Boden auf der Grenze, blickt man an vielen Stellen Richtung Osten in einen Pinienwald, dreht man sich aber nach Westen, sieht man nichts als fast völlig baumlose Felder.

In dem Kontrast, der an der Grenze so deutlich sichtbar ist, spiegelt sich ein Unterschied der beiden Staaten. Ursprünglich war die gesamte Insel größtenteils bewaldet: Die ersten europäischen Entdecker nennen als auffälligstes Merkmal die üppigen Wälder mit ihrem Überfluss an kostbarem Holz. Diese Wälder sind in beiden Staaten verloren gegangen, aber in Haiti ist dies in weitaus größerem Ausmaß geschehen, sodass es dort heute nur noch sieben nennenswerte Waldstücke gibt. Nur zwei davon sind als Nationalparks geschützt, und in beiden wird illegal Holz geschlagen. Die Dominikanische Republik ist heute noch zu 28 Prozent bewaldet, in Haiti ist es ein Prozent. Ich war überrascht, wie viele Wälder man in der Dominikanischen Republik sogar in den besten landwirtschaftlichen Regionen findet, die sich zwischen Santo Domingo und Santiago erstrecken, den beiden größten Städten des Landes. Wie überall auf der Welt, so führte die Waldzerstörung auch in Haiti und in der Dominikanischen Republik zu einem Mangel an Bauholz und anderem Baumaterial, zu Bodenerosion, einem Rückgang der Bodenfruchtbarkeit, Sedimentbelastung der Flüsse, weniger Schutz für Wassereinzugsgebiete und damit einem geringeren Potenzial für Elektrizitätserzeugung durch Wasserkraft, und einem Rückgang der Niederschläge. Alle diese Nachteile sind heute in Haiti stärker ausgeprägt als in der Dominikanischen Republik. Schlimmer als die anderen erwähnten Probleme ist dort der Mangel an Holz zur Herstellung von Holzkohle, die in diesem Land der wichtigste Brennstoff zum Kochen ist.

Den Unterschieden in der Bewaldung der beiden Länder entsprechen auch die Unterschiede in der Wirtschaft. Beide sind arm. Sie leiden unter den üblichen Nachteilen der meisten tropischen Länder, die früher europäische Kolonien waren: korrupte oder schwache Regierungen, schwer wiegende Mängel in der Gesundheitsversorgung und eine geringere landwirtschaftliche Produktivität als in gemäßigten Breiten. Aber in allen diesen Punkten sind die Schwierigkeiten in Haiti weitaus größer als in der Dominikanischen Republik. Haiti ist das ärmste Land der Neuen Welt und weltweit eines der ärmsten außerhalb Afrikas. Seine chronisch korrupte Regierung bietet kaum staatliche Leistungen; große Teile der Bevölkerung leben ständig oder in regelmäßigen Abständen ohne öffentliche Elektrizitäts- und Trinkwasserversorgung, ohne Kanalisation, medizinische Versorgung und Schulbildung. Haiti gehört zu den am stärksten überbevölkerten Ländern der Neuen Welt. Die Bevölkerungsdichte ist dort viel höher als in der Dominikanischen Republik – Haiti nimmt nur knapp ein Drittel der Fläche von Hispaniola ein, beherbergt aber zwei Drittel der Bevölkerung (etwa zehn Millionen Menschen), und die Bevölkerungsdichte liegt bei fast 400 Menschen je Quadratkilometer. Die meisten dieser Bewohner sind Kleinbauern. Die bescheidene Marktwirtschaft besteht vorwiegend aus einer geringen Kaffee- und Zuckerproduktion, die für den Export bestimmt ist; nur 20 000 Menschen arbeiten zu Niedriglöhnen in Freihandelszonen an der Herstellung von Bekleidung und anderen Exportwaren, an der Küste gibt es ein paar Urlaubsenklaven, wo ausländische Touristen sich von den Problemen Haitis abschotten können, und ein umfangreicher, aber nicht bezifferbarer Drogenhandel läuft durch das Land von Kolumbien in die Vereinigten Staaten. Es besteht eine extreme Polarisierung zwischen der großen Masse der Armen, die in ländlichen Gebieten oder in den Slums der Hauptstadt Port-au-Prince leben, und einer winzigen reichen Oberschicht in dem Vorort Pétionville, der in kühler Gebirgslage ungefähr eine halbe Autostunde vom Zentrum der Hauptstadt entfernt ist und sich teurer Restaurants mit Spitzenweinen erfreut. Mit seinem Bevölkerungswachstum sowie dem Anteil an AIDS-, Tuberkulose- und Malariainfizierten liegt das Land weltweit in der Spitzengruppe. In Haiti muss sich jeder Besucher zwangsläufig die Frage stellen, ob es für das Land überhaupt eine Hoffnung gibt, und die übliche Antwort lautet: nein.

Auch die Dominikanische Republik ist ein Entwicklungsland, und sie hat die gleichen Probleme wie Haiti. Aber die Entwicklung ist hier weiter vorangeschritten, und die Probleme sind weniger akut. Das Pro-Kopf-Einkommen ist fünfmal höher, Bevölkerungsdichte und Bevölkerungswachstum sind geringer. Während der letzten 38 Jahre war die Dominikanische Republik zumindest auf dem Papier eine Demokratie, es gab keinen Militärputsch, und seit 1978 führten mehrere Präsidentenwahlen jeweils zur Niederlage des Amtsinhabers und zur Machtübernahme durch den Herausforderer; andere wurden allerdings durch Betrug und Einschüchterung manipuliert. Die Wirtschaft boomt. Zu den Betrieben, die Devisen erwirtschafteten, gehören eine Eisen- und eine Nickelmine, bis vor kurzem eine Goldmine und früher ein Bauxitabbau; Industrie-Freihandelszonen beschäftigen 200 000 Arbeitskräfte und exportieren ins Ausland; die Landwirtschaft exportiert Kaffee, Kakao, Tabak, Zigarren, Schnittblumen und Avocados (die Dominikanische Republik ist für Avocados weltweit das drittgrößte Exportland); es gibt eine Telekommunikationsbranche und eine große Tourismusindustrie. Mehrere Dutzend Staudämme erzeugen mit Wasserkraft Elektrizität. Und jeder amerikanische Sportfan weiß, dass die Dominikanische Republik auch große Baseballspieler hervorbringt und exportiert.

Der Kontrast zwischen den beiden Ländern spiegelt sich auch in ihren Nationalparksystemen wider. In Haiti gibt es nur vier Parks, und auch die sind gefährdet, weil Bauern die Bäume fällen, um Holzkohle herzustellen. Die Dominikanische Republik dagegen verfügt über ein umfassendes System von Naturschutzgebieten, das im Verhältnis zur Fläche des Landes das größte in ganz Amerika ist. Insgesamt gehören 32 Prozent des Staatsgebietes zu 74 Nationalparks oder Naturschutzgebieten, in denen alle wichtigen natürlichen Lebensräume vertreten sind. Natürlich leidet das System auch hier an zahlreichen Problemen und mangelnder Finanzierung, aber für ein armes Land, das mit vielen anderen Schwierigkeiten zu kämpfen hat und andere Prioritäten setzt, ist es dennoch beeindruckend.

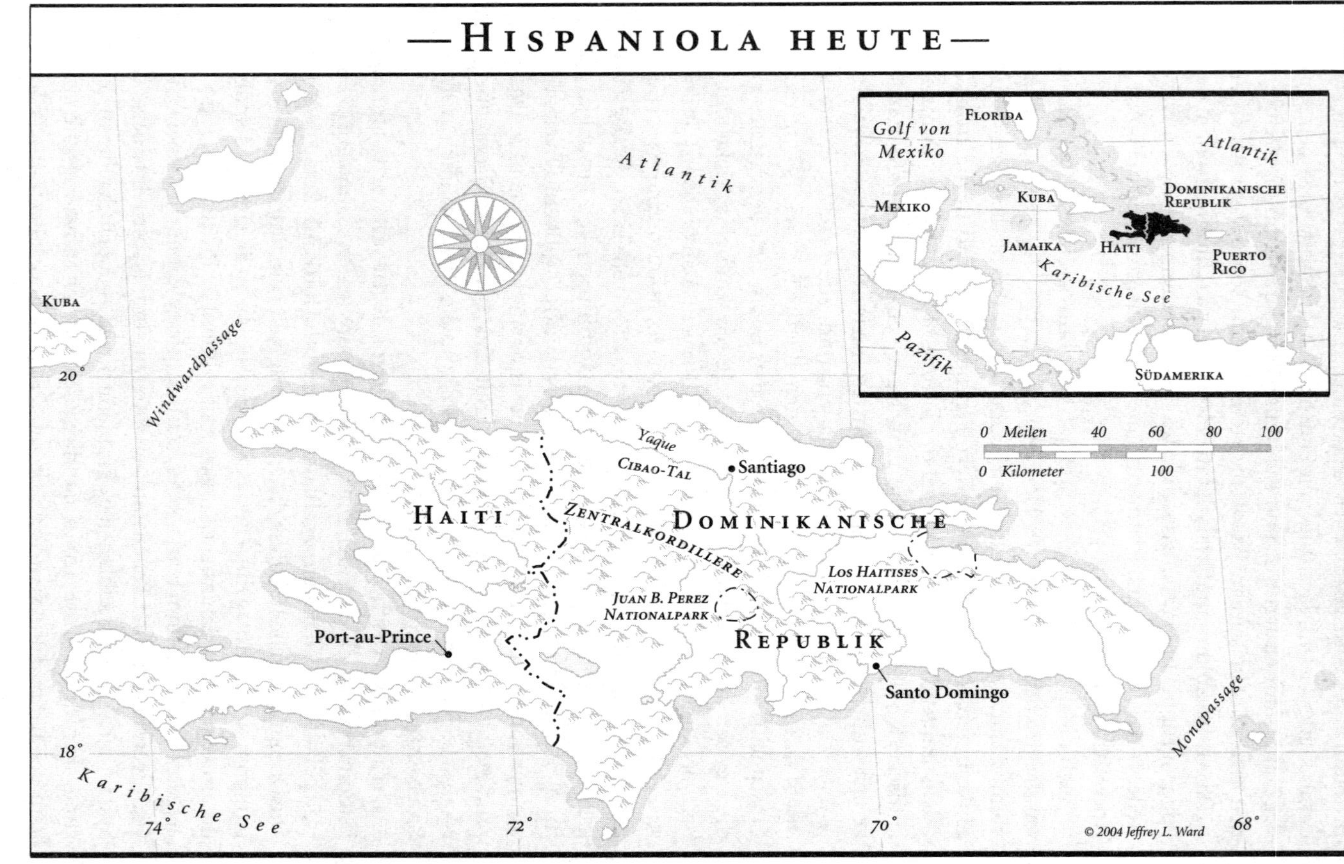
—Hispaniola heute—
Atlantik
Kuba
Windwardpassage
20°
Haiti
Port-au-Prince
Yaque
Cibao-Tal
Santiago
Zentralkordillere
Dominikanische
Republik
Juan B. Perez
Nationalpark
Los Haitises
Nationalpark
Santo Domingo
Monapassage
18°
Karibische See
74°
72°
70°
68°
Golf von
Mexiko
Florida
Atlantik
Mexiko
Kuba
Dominikanische
Republik
Jamaika
Haiti
Puerto
Rico
Karibische See
Pazifik
Südamerika
0 Meilen 40 60 80 100
0 Kilometer 100
© 2004 Jeffrey L. Ward

Hinter den Schutzgebieten steht hier eine lebhafte Naturschutzbewegung mit zahlreichen nichtstaatlichen Organisationen, die dem Land nicht von ausländischen Beratern übergestülpt wurden, sondern mit Bürgern der Dominikanischen Republik selbst besetzt sind.

Alle diese Unterschiede von Waldflächen, Wirtschaft und Naturschutz haben sich herausgebildet, obwohl beide Staaten sich dieselbe Insel teilen. Ebenso haben sie die gleiche Vergangenheit mit europäischer Kolonialherrschaft und amerikanischer Eroberung, die gleiche überwiegend katholische Religion neben einer Vielzahl von Vodoo-Kulten (die in Haiti stärker auffallen) und die gleiche gemischte afrikanisch-europäische Abstammung (wobei der Anteil der Menschen mit afrikanischen Vorfahren in Haiti größer ist). Während drei Phasen ihrer Geschichte waren sie als Kolonie oder Staat vereinigt.

Dass trotz dieser Ähnlichkeiten solche Unterschiede bestehen, wird noch verblüffender angesichts der Tatsache, dass Haiti früher viel reicher und mächtiger war als sein Nachbar. Im 19. Jahrhundert gab es in der Dominikanischen Republik mehrere haitianische Invasionen, und einmal wurde das Land 22 Jahre lang besetzt. Warum verlief die weitere Geschichte in den beiden Ländern so unterschiedlich, und warum erlebte Haiti im Vergleich zur Dominikanischen Republik einen viel steileren Niedergang? Zwischen den Inselhälften bestehen einige ökologische Unterschiede, die zu diesem Ergebnis beitrugen, aber das allein reicht als Erklärung bei weitem nicht aus. Zum größten Teil liegen die Ursachen in der unterschiedlichen Geschichte der beiden Völker, in ihren Einstellungen, ihrer selbst definierten Identität, ihren Institutionen und in jüngerer Zeit in den jeweiligen politischen Führungsgestalten. Wer dazu neigt, ökologische Geschichte als »Umweltdeterminismus« zu karikieren, findet in der gegensätzlichen Geschichte der Dominikanischen Republik und Haitis ein nützliches Gegenmittel. Ja, ökologische Probleme stellen für die Gesellschaften der Menschen eine Einschränkung dar, aber entscheidend ist auch, wie die Gesellschaften darauf reagieren. Das Gleiche gilt zum Besseren wie zum Schlechteren für die Tätigkeit oder Untätigkeit ihrer Führungsgestalten.

In diesem Kapitel werden wir zunächst die unterschiedliche politische und wirtschaftliche Vergangenheit nachzeichnen, die zu den heutigen Unterschieden zwischen der Dominikanischen Republik und Haiti beigetragen hat, und wir werden die Ursachen dieser unterschiedlichen Verläufe erörtern. Dann werde ich beschreiben, wie sich in der Dominikanischen Republik eine Umweltpolitik entwickelte, die eine Mischung aus

Initiativen von unten nach oben und von oben nach unten darstellt. Am Ende des Kapitels untersuchen wir den derzeitigen Stand der Umweltprobleme, Zukunft und Hoffnungen der beiden Inselhälften und ihre Wirkung aufeinander sowie auf die übrige Welt.

Als Christoph Kolumbus 1492 bei seiner ersten Atlantiküberquerung nach Hispaniola kam, war die Insel bereits seit etwa 5000 Jahren von amerikanischen Ureinwohnern besiedelt. Zu Kolumbus' Zeit handelte es sich dabei um die Tainos, eine Gruppe von Arawak-Indianern, die von der Landwirtschaft lebten, unter fünf Häuptlingen organisiert waren und eine Bevölkerung von etwa einer halben Million Menschen bildeten (die Schätzungen reichen von 100 000 bis 2 Millionen). Kolumbus erlebte sie anfangs als friedliche, freundliche Menschen, bis er und seine Spanier anfingen, sie schlecht zu behandeln.

Die Tainos hatten das Pech, Gold zu besitzen, das die Spanier sich aneignen wollten, ohne selbst in den Minen zu arbeiten. Deshalb teilten mehrere Spanier die Insel und ihre indianische Bevölkerung unter sich auf; die Ureinwohner wurden praktisch als Sklaven gehalten, unabsichtlich mit eurasischen Krankheiten angesteckt und ermordet. Schon 1519, 27 Jahre nachdem Kolumbus gelandet war, war die ursprüngliche Bevölkerung von einer halben Million Menschen auf 11 000 geschrumpft, und von diesen starben die meisten im folgenden Jahr an Pocken, sodass die Bevölkerung schließlich nur noch aus 3000 Menschen bestand. Diese Überlebenden starben allmählich aus oder wurden in den folgenden Jahrzehnten assimiliert. Nun waren die Spanier gezwungen, sich anderswo nach Sklaven umzusehen.

Um 1520 entdeckten sie, dass Hispaniola sich für den Zuckeranbau eignete, und daraufhin importierten sie Sklaven aus Afrika. Mit ihren Zuckerplantagen war die Insel fast während des gesamten 16. Jahrhunderts eine reiche Kolonie. Aber das Interesse der Spanier richtete sich zunehmend auf andere Gebiete, und zwar aus mehreren Gründen: Man hatte insbesondere in Mexiko, Peru und Bolivien die weitaus stärker bevölkerten, reicheren Gesellschaften des amerikanischen Festlandes entdeckt, sodass man nun eine viel größere Indianerbevölkerung ausbeuten, politisch weiter entwickelte Gesellschaften übernehmen und in Bolivien reichhaltige Silberminen nutzen konnte. Deshalb investierte Spanien nun kaum noch Mittel in Hispaniola, zumal der Kauf und Transport der Sklaven aus Afrika teuer war, während man sich amerikanische Ureinwohner beschaffen konnte, indem man einfach ihre Länder eroberte. Außerdem wurde die Karibik von englischen, französischen und niederländischen Piraten überschwemmt, die auf Hispaniola und anderen Inseln die spanischen Siedlungen angriffen. Spanien selbst erlebte einen langsamen politischen und wirtschaftlichen Niedergang, was den Briten, Franzosen und Niederländern zugute kam.

Mit den französischen Piraten kamen auch französische Kaufleute und Abenteurer, die am Westende Hispaniolas, weit weg von dem östlichen Teil, wo die meisten Spanier lebten, eine Siedlung errichteten. Frankreich, das jetzt viel wohlhabender und politisch mächtiger war als Spanien, investierte in großem Umfang in den Import von Sklaven und in den Aufbau von Plantagen im Westteil der Insel. Die Spanier konnten sich ähnliche Investitionen nicht leisten, sodass die Geschichte der beiden Inselteile sich allmählich auseinander entwickelte. Im 18. Jahrhundert hatte die spanische Kolonie nur eine kleine Bevölkerung, wenige Sklaven und eine schwache Wirtschaft, die sich vor allem auf die Zucht von Rindern und den Verkauf ihrer Häute stützte; die französische Kolonie war wesentlich bevölkerungsreicher, besaß mehr Sklaven (1785 waren es 700 000, im Vergleich zu nur 30 000 im spanischen Teil), im Verhältnis viel weniger Einwohner, die keine Sklaven waren (nur 10 Prozent im Vergleich zu 85 Prozent), und eine Wirtschaft, deren Grundlage die Zuckerplantagen waren. Französisch-Saint-Domingue, wie es jetzt genannt wurde, war die reichste europäische Kolonie in der Neuen Welt und trug ein Viertel zum Wohlstand des französischen Mutterlandes bei.

Im Jahr 1795 trat Spanien den mittlerweile wertlosen östlichen Teil der Insel an Frankreich ab, sodass Hispaniola für kurze Zeit unter dieser Kolonialmacht vereinigt war. Als 1791 und 1801 in Französisch-Saint-Domingue ein Sklavenaufstand ausgebrochen war, schickte Frankreich eine Armee, die aber von den Sklaven besiegt wurde und außerdem durch Krankheiten schwere Verluste hinnehmen musste. Nachdem Frankreich 1804 seine nordamerikanischen Besitzungen mit dem Verkauf von Louisiana an die Vereinigten Staaten veräußert hatte, gaben die Franzosen auch Hispaniola auf und verließen die Insel. Wie vielleicht nicht anders zu erwarten, töteten dort die früheren Sklaven, die ihr Land jetzt als Haiti bezeichneten (der ursprüngliche Name der Insel in der Sprache der Taino-Indianer) viele Weiße, zerstörten die Plantagen und Infrastruktur, damit das System der Sklaverei nicht wieder aufgebaut werden konnte, und teilten den Grundbesitz in kleine Familienbauernhöfe auf. Damit waren die individuellen Bestrebungen der früheren Sklaven in Erfüllung gegangen, die Veränderungen erwiesen sich auf lange Sicht aber als katastrophal für die landwirtschaftliche Produktivität, die Exporte und die Wirtschaft des Landes. Spätere Regierungen unterstützten die Bauern kaum in ihren Bemühungen, ihre Produktion zu Geld zu machen. Die weiße Bevölkerung Haitis war zu einem großen Teil ermordet worden, und der Rest war geflohen, sodass die Insel auch wichtige Arbeitskräfte verloren hatte.

Als Haiti 1804 unabhängig wurde, war es dennoch der wohlhabendere, stärkere und bevölkerungsreichere Teil der Insel. Im Jahr 1805 drangen die Haitianer zwei Mal in den östlichen (früher spanischen) Teil der Insel vor, der damals Santo Domingo hieß. Vier Jahre später erhielten die spanischen Siedler auf eigenen Wunsch erneut den Status einer spanischen Kolonie, die aber unzureichend und mit so geringem Interesse verwaltet wurde, dass die Siedler 1821 ihre Unabhängigkeit erklärten. Sofort wurden sie wieder von den Haitianern annektiert, und dieser Zustand blieb bestehen, bis die Besatzer 1844 vertrieben wurden. Danach versuchte Haiti bis in die fünfziger Jahre des 19. Jahrhunderts immer wieder, den Osten durch Invasionen zu erobern.

Schon 1850 hatte Haiti im Westen eine geringere Fläche als der östliche Nachbar, aber die Einwohnerzahl war größer, die Kleinbauernwirtschaft konnte kaum etwas exportieren, und die Bevölkerung bestand in ihrer Mehrheit aus Farbigen afrikanischer Abstammung sowie einer Minderheit von Mulatten (Menschen mit gemischter Abstammung). Die Oberschicht der Mulatten sprach zwar Französisch und identifizierte sich auch stark mit Frankreich, aber die Erfahrungen, die man in Haiti gemacht hatte, und die Angst vor der Sklaverei flossen in eine Verfassung ein, die es Ausländern verbot, Grund und Boden zu besitzen oder die Produktionsmittel durch Investitionen zu kontrollieren. Die große Mehrheit der Haitianer sprach Kreolisch, eine eigene Sprache, die sich in ihrem Land aus dem Französischen entwickelt hatte. Der östliche Inselteil war größer, hatte aber eine kleinere Bevölkerung; hier, wo Rinder nach wie vor die Grundlage der Wirtschaft bildeten, waren Einwanderer willkommen, man bot ihnen die Staatsbürgerschaft an, und die Umgangssprache war Spanisch. Im Lauf des 19. Jahrhunderts wanderten zahlenmäßig kleine, aber wirtschaftlich bedeutsame Gruppen in die Dominikanische Republik ein: Juden aus Curaçao, Bewohner der Kanarischen Inseln, Libanesen, Palästinenser, Kubaner, Puerto-Ricaner, Deutsche und Italiener; nach 1930 kamen noch österreichische Juden, Japaner und weitere Spanier hinzu. In einem politischen Aspekt jedoch waren sich Haiti und die

Dominikanische Republik sehr ähnlich: Beide waren politisch instabil. Putsche folgten in kurzen Abständen aufeinander, und die Macht wechselte zwischen Lokalgrößen mit eigenen Privatarmeen. Von den 22 Präsidenten, die Haiti zwischen 1843 und 1915 hatte, wurden 21 ermordet oder gewaltsam gestürzt; in der Dominikanischen Republik wechselte der Präsident zwischen 1844 und 1930 insgesamt fünfzigmal, darunter dreißigmal durch eine Revolution. In beiden Teilen der Insel waren die Präsidenten vor allem bestrebt, sich selbst und ihre Anhänger zu bereichern.

Andere Mächte betrachteten und behandelten Haiti und die Dominikanische Republik unterschiedlich. Nach dem übermäßig vereinfachten Bild der Europäer war die Dominikanische Republik eine Spanisch sprechende, teilweise europäische Gesellschaft, die den Einwanderern und dem Handel aus der Alten Welt offen gegenüberstand, Haiti dagegen galt als Kreolisch sprechende afrikanische Gesellschaft aus ehemaligen Sklaven, die Ausländern gegenüber feindlich eingestellt waren. Mit Kapitalinvestitionen aus Europa und später aus den Vereinigten Staaten entwickelte sich in der Dominikanischen Republik eine marktwirtschaftlich orientierte Exportwirtschaft, während dies in Haiti viel weniger geschah. Die Wirtschaft der Dominikanischen Republik gründete sich auf Kakao, Tabak, Kaffee und (seit den siebziger Jahren des neunzehnten Jahrhunderts) Zuckerplantagen, die (Ironie der Geschichte) früher nicht für die Dominikanische Republik, sondern für Haiti charakteristisch gewesen waren. In beiden Teilen der Insel herrschten weiterhin instabile politische Verhältnisse. Gegen Ende des 19. Jahrhunderts nahm ein Präsident der Dominikanischen Republik von europäischen Kreditgebern hohe Darlehen auf, die er nicht zurückzahlte; daraufhin entsandten Frankreich, Italien, Belgien und Deutschland mehrere Kriegsschiffe und bedrohten das Land mit der Besetzung, um ihre Außenstände einzutreiben. Um die Gefahr einer europäischen Besetzung abzuwenden, übernahmen die Vereinigten Staaten die Zollbehörden der Dominikanischen Republik, die dort die einzige Quelle staatlicher Einnahmen waren, und lenkten die Hälfte der Erlöse in die Bezahlung der Auslandsschulden. Während des Ersten Weltkriegs war man in den Vereinigten Staaten besorgt, politische Unruhen in der Karibik könnten eine Gefahr für den Panamakanal darstellen, weshalb die USA beiden Teilen der Insel eine militärische Besetzung aufzwangen, die in Haiti von 1915 bis 1934 und in der Dominikanischen Republik von 1916 bis 1924 dauerte. Danach stellten sich in beiden Teilen der Insel sehr schnell die frühere politische Instabilität und die Konflikte zwischen konkurrierenden Präsidentschaftskandidaten wieder ein.

Beendet wurde die Instabilität – und zwar in der Dominikanischen Republik wesentlich früher als in Haiti – durch die beiden bösartigsten Diktatoren in der langen Geschichte bösartiger Diktatoren in Lateinamerika. Rafael Trujillo war in der Dominikanischen Republik der Chef der Nationalpolizei und führte dann die Armee, die von der US-Militärregierung eingerichtet und ausgebildet worden war. Diese Position nutzte er, um sich 1930 zum Präsidenten wählen zu lassen und zum Diktator zu werden; später blieb er an der Macht, weil er hart arbeitete, ein überlegener Verwaltungsfachmann war, gute Menschenkenntnis und politisches Geschick besaß und völlig rücksichtslos war – aber auch weil er den Anschein erweckte, als handelte er im Interesse großer Teile der Gesellschaft seines Landes. Potenzielle Gegner ließ er foltern oder ermorden, und er errichtete einen umfassenden Polizeistaat.

In dem Bestreben, die Dominikanische Republik zu modernisieren, entwickelte Trujillo gleichzeitig die Wirtschaft, Infrastruktur und Industrie weiter, wobei er das Land mehr oder weniger wie sein Privatunternehmen führte. Am Ende besaßen oder kontrollierten er und seine Familie fast die gesamte Wirtschaft des Landes. Insbesondere hatte Trujillo selbst oder über Verwandte und Verbündete das nationale Monopol für Rindfleischexport, Zement, Schokolade, Zigaretten, Kaffee, Versicherungen, Milch, Reis, Salz, Schlachthöfe, Tabak und Holz. Er besaß oder kontrollierte die Forstverwaltung und die Zuckerproduktion, war aber auch Eigentümer von Fluggesellschaften, Banken, Hotels, großem Grundbesitz und Reedereien. Ebenso zog er persönlich einen Teil der Einkünfte von Prostituierten und zehn Prozent der Gehälter aller staatlichen Angestellten persönlich ein. Unermüdlich machte er für sich selbst Reklame: Die Hauptstadt wurde von Santo Domingo in Ciudad Trujillo umbenannt, der höchste Berg des Landes hieß nicht mehr Pico Duarte, sondern Pico Trujillo, Schulen impften den Kindern die Dankbarkeit gegenüber dem Präsidenten ein, und an jeder öffentlichen Wasserzapfstelle verkündete ein Dankeszeichen »Trujillo gibt uns Wasser«. Um die Gefahr eines Aufstandes oder einer Invasion abzuwenden, wandte Trujillos Regierung die Hälfte des Staatshaushaltes für eine gewaltige Armee, Marine und Luftwaffe auf; es waren die größten Streitkräfte in der gesamten Karibikregion, größer sogar als die von Mexiko.

In den fünfziger Jahren des zwanzigsten Jahrhunderts jedoch führte eine Kombination mehrerer Entwicklungen dazu, dass Trujillo allmählich die Unterstützung verlor, die er sich bis dahin durch eine Mischung aus Schreckensherrschaft, Wirtschaftswachstum und Landverteilung an Bauern gesichert hatte. Mit der Wirtschaft ging es bergab, weil die Regierung übermäßig viel Geld für die Feierlichkeiten zum 25. Jahrestag des Trujillo-Regimes ausgab und sich mit dem Aufkauf privater Zuckerfabriken und Elektrizitätswerke übernahm, während gleichzeitig die Weltmarktpreise für Kaffee und andere Exportwaren des Landes sanken, und weil sich außerdem die Entscheidung, stark in eine staatliche Zuckerproduktion zu investieren, als wirtschaftlicher Fehlschlag erwies. Auf eine erfolglose, von Kuba unterstützte Invasion von Exildominikanern im Jahr 1959 und kubanische Radiosendungen, die zum Aufstand aufriefen, reagierte das Regime mit Verhaftungen, Hinrichtungen und Folter. Als Trujillo sich am späten Abend des 30. Mai 1961 von einem Chauffeur in einem unbewachten Fahrzeug zu seiner Geliebten bringen ließ, geriet er in einen Hinterhalt; nach einer dramatischen Verfolgungsjagd und Schießerei wurde er von Dominikanern, hinter denen offensichtlich die CIA stand, erschossen.

Fast während der gesamten Zeit, als Trujillo in der Dominikanischen Republik an der Macht war, herrschten in Haiti instabile Verhältnisse mit zahlreichen aufeinander folgenden Präsidenten, bis 1957 auch dort ein bösartiger Diktator an die Macht gelangte. François »Papa Doc« Duvalier war Arzt und besser ausgebildet als Trujillo, aber er erwies sich als ebenso schlauer, rücksichtsloser Politiker. Es gelang ihm ebenso gut, sein Land von der Geheimpolizei terrorisieren zu lassen, und am Ende ließ er noch eine viel größere Zahl seiner Landsleute ermorden als Trujillo. Anders als der Präsident der Dominikanischen Republik interessierte sich Papa Doc Duvalier nicht für die Modernisierung seines Landes oder für die Entwicklung einer industriell geprägten Wirtschaft, die seinem Land und ihm selbst genutzt hätte. Er starb 1971 eines natürlichen Todes, und sein Nachfolger wurde sein Sohn Jean Claude »Baby Doc« Duvalier, der an der Macht blieb, bis er 1986 ins Exil gehen musste.

Seit dem Ende der Duvalier-Diktatur sind in Haiti die früheren instabilen politischen Verhältnisse wieder eingezogen, und die ohnehin schwache Wirtschaft ist weiter geschrumpft. Nach wie vor exportiert das Land Kaffee, aber die Menge ist konstant geblieben, während die Bevölkerung weiterhin wächst. Haitis *human development index*, eine Kennziffer, die sich aus Lebenserwartung, Bildung und Lebensstandard zusammensetzt, ist weltweit einer der niedrigsten außerhalb Afrikas. In der Dominikanischen Republik blieben die politischen Verhältnisse nach Trujillos Ermordung bis 1966 ebenfalls instabil; unter anderem führte ein Bürgerkrieg 1965 dazu, dass wiederum US-Marines ins Land kamen, während gleichzeitig zahlreiche Bürger der Dominikanischen Republik in die Vereinigten Staaten auswanderten. Diese Phase der Instabilität ging zu Ende, als Joaquín Balaguer, der unter Trujillo bereits einmal Präsident gewesen war, 1966 mit Hilfe Trujillo-treuer Armeeoffiziere, die einen Schreckensfeldzug gegen die Oppositionspartei unternahmen, ins Präsidentenamt gewählt wurde. Der angesehene Balaguer, mit dem wir uns im Folgenden noch ausführlich befassen werden, beherrschte während der folgenden 34 Jahre die Politik der Dominikanischen Republik. Von 1966 bis 1978 und dann noch einmal von 1986 bis 1996 war er Präsident, und auch in der Zeit von 1978 bis 1986, als er nicht dieses Amt bekleidete, hatte er großen Einfluss. Sein letzter entscheidender Eingriff in die Politik des Landes, die Rettung des Systems der Naturschutzgebiete, erfolgte im Jahr 2000, als er mit 94 Jahren bereits blind und krank war. Zwei Jahre später starb er.

In der Zeit nach Trujillo, von 1961 bis heute, setzten sich in der Dominikanischen Republik die Industrialisierung und Modernisierung fort. Eine Zeit lang war die Exportwirtschaft stark vom Zucker abhängig, aber dann gewannen Bergbau, Industrieexporte aus Freihandelszonen und die Produktion anderer landwirtschaftlicher Produkte, die in diesem Kapitel bereits erwähnt wurden, immer mehr an Bedeutung. Sehr wichtig für die Wirtschaft der Dominikanischen Republik und Haitis war auch der Export von Menschen. Über eine Million Haitianer und eine Million Dominikaner leben heute in anderen Staaten, insbesondere in den USA, und schicken Geldbeträge nach Hause, die in beiden Ländern einen bedeutenden Teil der Wirtschaft ausmachen. Auch heute noch gilt die Dominikanische Republik mit einem Pro-Kopf-Einkommen von nur 2200 Dollar im Jahr als armes Land, aber bei meinem Besuch konnte ich viele Anzeichen einer wachsenden Wirtschaft erkennen, unter anderem einen gewaltigen Bauboom und Verkehrsstaus in städtischen Gebieten.

Kehren wir nun vor diesem historischen Hintergrund zu den erstaunlichen Unterschieden zurück, von denen am Anfang dieses Kapitels die Rede war: Warum verlief die politische, wirtschaftliche und ökologische Entwicklung in den beiden Staaten, die sich dieselbe Insel teilen, so unterschiedlich?

Die Antwort liegt zum Teil in ökologischen Unterschieden. Niederschläge kommen auf Hispaniola vorwiegend aus Osten. Deshalb regnet es in der Dominikanischen Republik mehr, und für Pflanzen bieten sich bessere Wachstumsbedingungen. Auch die höchsten Berge der Insel (Höhe über 3000 Meter) liegen auf der östlichen Seite, und in die gleiche Richtung fließen auch die meisten Flüsse, die aus dem Hochgebirge kommen. In der Dominikanischen Republik gibt es weite Täler, Ebenen und Hochebenen mit dicken Bodenschichten; insbesondere das Cibao-Tal im Norden gehört zu den fruchtbarsten landwirtschaftlichen Gebieten der Welt. In Haiti dagegen ist es trockener, weil das Hochgebirge für die Niederschläge aus Osten als Schranke wirkt. Im Verhältnis zur Gesamtfläche ist das Gebirge in Haiti wesentlich größer, das Flachland, das sich für intensive Landwirtschaft eignet, ist kleiner, größere Flächen bestehen aus Kalkstein, und der dünnere, weniger fruchtbare Boden ist in geringerem Umfang zur Erholung fähig. Das Paradox ist auffällig: Die haitianische Seite der Insel war ökologisch weniger gut ausgestattet, und doch entwickelte sich dort früher als auf der Seite der Dominikanischen Republik eine wohlhabende Agrarwirtschaft. Dieser Widerspruch ist damit zu erklären, dass Haiti seinen landwirtschaftlichen Reichtum auf Kosten des ökologischen Kapitals seiner Wälder und Böden erwirtschaftete. Diese Erkenntnis bedeutet letztlich, dass ein scheinbar eindrucksvolles Bankguthaben eine negative Einnahmesituation tarnen kann – ein Thema, auf das wir im letzten Kapitel dieses Buches zurückkommen werden.

Solche ökologischen Unterschiede trugen zu der unterschiedlichen ökonomischen Entwicklung der beiden Staaten bei, zu einem größeren Teil liegt die Begründung aber in gesellschaftlichen und politischen Unterschieden, die in ihrer Mehrzahl dazu führten, dass die Wirtschaft in Haiti im Vergleich zur Dominikanischen Republik letztlich benachteiligt war. So betrachtet, war die unterschiedliche Entwicklung der beiden Staaten auf vielfältige Weise vorherbestimmt: Zahlreiche Einzelfaktoren lenkten das Ergebnis durch ihr Zusammenwirken in die gleiche Richtung.

Einer dieser gesellschaftlichen und politischen Unterschiede lag in der zufälligen Tatsache, dass Haiti eine Kolonie des reichen Frankreich war und zum wertvollsten Bestandteil im Kolonialreich seines europäischen Mutterlandes wurde, während die Dominikanische Republik zu Spanien gehörte, das Hispaniola seit dem Ende des 16. Jahrhunderts vernachlässigte und sich selbst in einem wirtschaftlichen wie auch politischen Niedergang befand. Deshalb konnte Frankreich in Haiti in die Entwicklung einer intensiven, von Sklaven betriebenen Plantagen-Landwirtschaft investieren, was die Spanier auf ihrer Seite der Insel nicht wollten oder nicht vermochten. Frankreich importierte in seiner Kolonie weitaus mehr Sklaven als Spanien. Deshalb hatte Haiti in der Kolonialzeit eine siebenmal höhere Einwohnerzahl als sein Nachbar, und selbst heute ist die Bevölkerung mit etwa zehn Millionen gegenüber 8,8 Millionen noch geringfügig größer. Haiti hat aber nur etwas mehr als die Hälfte der Fläche der Dominikanischen Republik, sodass seine Bevölkerungsdichte wegen der höheren Einwohnerzahl und der geringeren Fläche doppelt so groß ist. Hohe Bevölkerungsdichte und geringere Niederschlagsmengen waren die wichtigsten Gründe, warum Wälder und Bodenfruchtbarkeit auf der haitianischen Seite schneller verloren gingen. Außerdem kehrten alle französischen Schiffe, die Sklaven nach Haiti brachten, mit haitianischem Holz beladen nach Europa zurück, sodass die Niederungen und die mittleren Höhen der Gebirgshänge in Haiti schon Mitte des 19. Jahrhunderts weitgehend abgeholzt waren.

Als zweiter gesellschaftlich-politischer Faktor kam hinzu, dass die Dominikanische Republik mit ihrer Spanisch sprechenden Bevölkerung vorwiegend europäischer Abstammung für europäische Einwanderer und Investoren wesentlich aufgeschlossener und attraktiver war als Haiti, dessen Einwohner Kreolisch sprachen und überwiegend von früheren farbigen Sklaven abstammten. Deshalb fanden Einwanderer und Investitionen aus Europa kaum nach Haiti, und nach 1804 wurden sie in Haiti sogar durch die Verfassung verboten, während sie in der Dominikanischen Republik eine große Bedeutung erlangten. Dort wanderten zahlreiche Geschäftsleute und andere Angehörige qualifizierter Berufe ein, die zur Entwicklung des Landes beitrugen. Die Bevölkerung der Dominikanischen Republik entschied sich sogar freiwillig dafür, von 1812 bis 1821 wieder den Status einer spanischen Kolonie anzunehmen, und der Präsident entschied sich freiwillig, sein Land von 1861 bis 1865 zu einem spanischen Protektorat zu machen.

Ein weiterer wirtschaftlich bedeutsamer sozialer Unterschied war die Tatsache, dass die meisten Bewohner Haitis als Folge der Geschichte ihres Landes mit ihren Sklavenaufständen eigenes Land besaßen, sich in der Regel selbst ernährten und von der Regierung nicht dabei unterstützt wurden, Lebensmittel für den Export in europäische Länder anzubauen. In der Dominikanischen Republik dagegen entwickelten sich Exportwirtschaft und Überseehandel. Die Oberschicht Haitis identifizierte sich stärker mit Frankreich als mit ihrem eigenen Land, verschaffte sich keinen Grundbesitz, entwickelte keine kommerzielle Landwirtschaft und war vor allem bestrebt, ihren Reichtum durch die Abgaben der Bauern zu sichern.

In jüngerer Zeit lag eine Ursache der Auseinanderentwicklung auch in den unterschiedlichen Bestrebungen der beiden Diktatoren: Trujillo wollte (zu seinem eigenen Nutzen) eine industriell geprägte Wirtschaft und einen modernen Staat aufbauen, Duvalier tat dies nicht. Darin kann man nur einen individuellen Charakterunterschied zwischen den beiden Diktatoren sehen, möglicherweise ist es aber auch ein Spiegelbild der beiden unterschiedlichen Gesellschaften.

Und schließlich nahmen Haitis Probleme mit Waldzerstörung und Armut im Vergleich zur Dominikanischen Republik während der letzten 40 Jahre noch erheblich zu. Da die Dominikanische Republik noch einen großen Teil ihrer Wälder besaß und mit der Industrialisierung begann, hatte bereits das Trujillo-Regime den Bau von Staudämmen zur Elektrizitätserzeugung mit Wasserkraft geplant, die dann unter Balaguer und späteren Regierungen verwirklicht wurden. Balaguer sorgte mit einem Schnellprogramm dafür, dass die Wälder nicht mehr zur Brennstoffgewinnung genutzt wurden, und importierte stattdessen Propan- sowie Flüssiggas. Die verarmten Bewohner Haitis dagegen waren weiterhin auf Holzkohle angewiesen und beschleunigten damit die Zerstörung der letzten verbliebenen Wälder.

Es gab also viele Gründe dafür, dass die Waldzerstörung und andere ökologische Probleme in Haiti früher begannen, sich über längere Zeit hinweg entwickelten und schlimmer wurden als in der Dominikanischen Republik. Beteiligt waren vier der fünf Faktoren, die den theoretischen Rahmen dieses Buches bilden: Unterschiede in der Umweltschädigung durch die Menschen, in den freundlichen oder weniger freundlichen Kontakten zu anderen Staaten und in den Reaktionen der Gesellschaft und ihrer Führungsgestalten. Unter allen in diesem Buch beschriebenen Fallstudien machen der in diesem Kapitel beschriebene Gegensatz zwischen Haiti und der Dominikanischen Republik sowie das unterschiedliche Schicksal von Wikingern und Inuit in Grönland (Kapitel 8) am besten deutlich, dass eine Gesellschaft ihr Schicksal selbst in der Hand hat und in beträchtlichem Umfang die Folgen ihrer eigenen Entscheidungen tragen muss.

Welche ökologischen Probleme bestehen in der Dominikanischen Republik, und welche Gegenmaßnahmen wurden dort ergriffen? Ich möchte noch einmal die gleiche Terminologie verwenden wie in Kapitel 9: Umweltschutzmaßnahmen begannen in der Dominikanischen Republik von unten nach oben, nach 1930 wurden sie von oben nach unten verordnet, und heute beobachtet man eine Mischung beider Formen. Die Nutzung der wertvollen Bäume nahm in den sechziger und siebziger Jahren des 19. Jahrhunderts zu, was bereits damals dazu führte, dass kostbare Baumarten in einigen Regionen stark dezimiert wurden oder ausstarben. Ende des 19. Jahrhunderts beschleunigte sich die Waldzerstörung, weil man Plantagen für Zuckerrohr und andere Nutzpflanzen anlegen wollte und dazu die Wälder rodete. Zu Beginn des 20. Jahrhunderts, als der Holzbedarf für Eisenbahnschwellen und für die beginnende Urbanisierung zunahm, verstärkte sie sich noch einmal. Schon kurz nach 1900 wird erstmals erwähnt, der Wald sei in Gebieten mit geringem Niederschlag durch die Brennholzgewinnung geschädigt worden und die Ufer der Wasserläufe seien durch die landwirtschaftliche Tätigkeit verunreinigt. Die ersten kommunalen Vorschriften, die das Abholzen und die Verunreinigung von Wasserläufen verboten, wurden 1901 erlassen.

In größerem Umfang begann der Umweltschutz von unten nach oben zwischen 1919 und 1930 in dem Gebiet um Santiago, die zweitgrößte Stadt des Landes und das Zentrum seiner fruchtbarsten, am stärksten ausgebeuteten Landwirtschaftsregion. Der Anwalt Juan Bautista Pérez Rancier sowie der Arzt und Landvermesser Miguel Canela y Lázaro waren darauf aufmerksam geworden, wie die Holzgewinnung und das zugehörige Straßennetz zur Ausbreitung der Landwirtschaft und zur Schädigung von Wassereinzugsgebieten führten. Sie setzten sich bei der Handelskammer von Santiago dafür ein, Grundflächen als Waldschutzgebiet aufzukaufen, und bemühten sich auch durch öffentliche Ausschreibung darum, die notwendigen Mittel zusammenzubringen. Im Jahr 1927 hatten sie Erfolg: Der Landwirtschaftsminister der Republik stellte zusätzlich staatliche Mittel zur Verfügung, sodass das erste Naturschutzgebiet, der Vedado del Yaque, angekauft werden konnte. Der Yaque ist der größte Fluss des Landes, und als *vedado* wird eine Grundfläche bezeichnet, die nicht oder nur eingeschränkt betreten werden darf.

Nach 1930 sorgte der Diktator Trujillo dafür, dass der Umweltschutz von oben nach unten verordnet wurde. Seine Regierung erweiterte die Fläche des Vedado del Yaque, richtete weitere *vedados* ein, wies 1934 den ersten Nationalpark aus, gründete eine Truppe von Nationalparkwächtern, die den Schutz der Wälder durchsetzen sollten, verbot die verschwenderische Brandrodung zu landwirtschaftlichen Zwecken und ordnete an, dass die Kiefern in dem Gebiet um Constanza in der Zentralkordillere nur noch mit seiner Genehmigung gefällt werden durften. Diese Maßnahmen ergriff Trujillo im Namen des Umweltschutzes, in Wirklichkeit hatte er aber wahrscheinlich eher wirtschaftliche Motive, darunter nicht zuletzt sein eigener finanzieller Vorteil. Im Jahr 1937 beauftragte sein Regime den berühmten puertoricanischen Ökologen Dr. Carlos Chardón mit einer Bestandsaufnahme aller natürlichen Ressourcen (Landwirtschaft, Bodenschätze und Wälder) der Dominikanischen Republik. Chardón berechnete insbesondere, welches wirtschaftliche Potenzial die Holzgewinnung in dem Kiefernwald der Republik bot, der bei weitem größte derartige Wald in der ganzen Karibik, und gelangte zu einem Betrag von 40 Millionen Dollar, zu jener Zeit eine gewaltige Summe. Aufgrund dieses Berichtes engagierte sich Trujillo selbst in der Gewinnung von Kiefernholz: Er wurde zum Eigentümer zweier großer Kiefernwaldbesitzungen und zum Miteigentümer der wichtigsten Sägewerke im Land. Seine Förster bedienten sich bei der Holzgewinnung der ökologisch vernünftigen Methode, einige ausgewachsene Bäume als Ausgangspunkt für eine natürliche Regeneration stehen zu lassen, und diese großen alten Bäume sind noch heute in dem nachgewachsenen Wald deutlich zu erkennen. In den fünfziger Jahren ergriff Trujillo weitere ökologische Maßnahmen: Er gab in Schweden eine Untersuchung zum Potenzial seines Landes für hydroelektrische Energieproduktion in Auftrag, plante Staudämme, organisierte 1958 den ersten Umweltschutzkongress seines Landes und richtete weitere Nationalparks ein, zumindest teilweise zum Schutz von Wassereinzugsgebieten, die für die Stromerzeugung durch Wasserkraft wichtig werden würden.

Trujillo betrieb als Diktator auch selbst in großem Umfang Holzgewinnung (wobei er wie gewöhnlich Verwandte und Verbündete als Strohleute benutzte), aber gleichzeitig verhinderte seine Regierung, dass andere Bäume abholzten und unerlaubte Siedlungen errichteten. Nachdem Trujillo 1961 gestorben war, brach der Damm, der bis dahin die Plünderung der Umwelt verhütet hatte. Landbesetzer brannten den Wald ab, um Flächen für die Landwirtschaft zu gewinnen, eine chaotische, umfangreiche Wanderung aus ländlichen Gebieten in die Elendsviertel der Städte setzte ein, und vier reiche Familien aus dem Gebiet von Santiago holzten die Wälder noch schneller ab als unter Trujillo. Zwei Jahre nach dem Tod des Diktators versuchte der demokratisch gewählte Präsident Juan Bosch, die Holzkonzerne davon zu überzeugen, dass sie die Kiefernwälder verschonten, damit diese noch als Wassereinzugsgebiete für die geplanten Dämme am Yaque und Nizao zur Verfügung standen, aber stattdessen taten sich die Holzunternehmer mit anderen Interessengruppen zusammen und stürzten Bosch. Die Holzgewinnung verstärkte sich, bis Joaquín Balaguer 1966 zum Präsidenten gewählt wurde.

Balaguer erkannte, dass das Land dringend bewaldete Wassereinzugsgebiete brauchte, um seinen Elektrizitätsbedarf mit Wasserkraft befriedigen zu können und um für Industrie und Haushalte eine ausreichende Wasserversorgung zu gewährleisten. Schon kurz nachdem er Präsident geworden war, ergriff er drastische Maßnahmen: Er verbot im ganzen Land die gesamte kommerzielle Holzgewinnung und ließ alle Sägewerke schließen. Diese Entscheidung stieß bei den reichen, einflussreichen Familien auf starken Widerstand: Sie verlegten ihre Holzgewinnung aus dem öffentlichen Blickfeld in abgelegene Gebiete und betrieben ihre Sägewerke nur noch nachts. Darauf reagierte Balaguer mit einem noch drastischeren Schritt: Er nahm dem Landwirtschaftsministerium die Zuständigkeit für die Durchsetzung des Waldschutzes weg, übertrug sie den Streitkräften und erklärte die illegale Holzgewinnung zu einem Angriff auf die nationale Sicherheit. Um dem Abholzen Einhalt zu gebieten, begannen die Streitkräfte mit Überwachungsflügen und militärischen Operationen, und 1967 war mit einem der entscheidenden Ereignisse in der Umweltschutzgeschichte des Landes der Höhepunkt erreicht: Das Militär besetzte nachts einen geheimen, großen Stützpunkt der Holzindustrie. Bei dem nachfolgenden Feuergefecht kam ein Dutzend Waldarbeiter ums Leben. Dieses eindringliche Signal wirkte auf die Holzunternehmer wie ein Schock. Die illegale Holzgewinnung setzte sich zwar in geringerem Umfang noch fort, die Staatsgewalt begegnete ihr aber mit weiteren Razzien und der Erschießung von Holzarbeitern, sodass sie während Balaguers erster Amtszeit als Präsident (die von 1966 bis 1978 drei Wahlperioden umfasste), stark zurückging.

Dies war nur eine von vielen weitreichenden Umweltschutzmaßnahmen, die Balaguer ergriff. Einige weitere sollen im Folgenden beschrieben werden. In den acht Jahren von 1978 bis 1986, als Balaguer das Präsidentenamt nicht bekleidete, gestatteten andere Präsidenten die Wiedereröffnung einiger Holzfällerlager und Sägewerke, und auch die Holzkohleproduktion wurde zugelassen. Nachdem Balaguer 1986 erneut Präsident geworden war, gab er schon am ersten Tag seiner Amtszeit die Anweisung, Lager und Sägewerke wieder zu schließen, und am nächsten Tag entsandte er Militärhubschrauber, die illegale Holzfäller finden und Beschädigungen der Nationalparks aufdecken sollten. Wieder wurden Holzarbeiter mit militärischen Maßnahmen gefangen genommen und inhaftiert, und die armen Landbesetzer wurden ebenso wie die reichen landwirtschaftlichen Betriebe und Landhäuser (von denen einige sogar Balaguers Freunden gehörten) aus den Parks entfernt. Eine besonders berüchtigte Operation fand 1992 im Nationalpark Los Haitises statt, dessen

Wälder bereits zu 90 Prozent zerstört waren; dort vertrieb die Armee Tausende von Landbesetzern. In einer weiteren, ähnlichen Operation, die Balaguer zwei Jahre später persönlich befehligte, fuhr die Armee mit Bulldozern durch Luxushäuser, die wohlhabende Bürger im Juan B. Perez-Nationalpark errichtet hatten. Balaguer verbot die Benutzung des Feuers als landwirtschaftliche Methode und verkündete sogar ein Gesetz (dessen Durchsetzung sich allerdings als schwierig erwies), wonach Zaunpfähle nicht aus gefälltem Holz bestehen sollten, sondern aus lebenden, eingewurzelten Bäumen. Um die Nachfrage nach Holzprodukten aus dem eigenen Land zu vermindern und sie durch etwas anderes zu ersetzen, öffnete er den Markt für Holzimporte aus Chile, Honduras und den Vereinigten Staaten (womit die Nachfrage nach einheimischem Holz zum größten Teil erlosch); außerdem verminderte er die traditionelle Produktion von Holzkohle aus Bäumen (den Fluch Haitis), indem er Verträge mit Venezuela über den Flüssiggasimport schloss, mehrere Terminals für das Gas baute, den Abgabepreis subventionierte, sodass das Gas der Holzkohle Konkurrenz machen konnte, und die kostenlose Verteilung von Propanherden und Gasflaschen forderte, um die Bürger zur Abkehr von der Holzkohle zu bewegen. Er erweiterte die Naturschutzgebiete, wies die beiden ersten Nationalparks an der Küste aus, beanspruchte zwei Unterwasserbänke im Meer als Buckelwal-Schutzgebiete für das Staatsgebiet der Dominikanischen Republik, erklärte Streifen von 20 Metern an Flüssen und 60 Metern an der Küste zum Schutzgebiet, schützte Feuchtgebiete, unterzeichnete das Umweltschutzabkommen von Rio, und verbot für die nächsten zehn Jahre die Jagd. Er übte Druck auf die Industrie aus, damit sie Abfälle behandelte, bemühte sich mit begrenztem Erfolg um eine Verminderung der Luftverschmutzung und belegte Bergbauunternehmen mit hohen Steuern. Außerdem verzögerte oder verhinderte er umweltfeindliche Projekte, beispielsweise eine Straße, die durch einen Nationalpark zum Hafen Sanchez führen sollte, eine Nord-Süd-Straßenverbindung über die Zentralkordillere, einen internationalen Flughafen in Santiago, einen riesigen Hafen und einen Damm bei Madrigal. Er weigerte sich, eine vorhandene Straße durch das Hochland reparieren zu lassen, sodass sie nahezu unbenutzbar wurde. In Santo Domingo gründete er ein Aquarium, einen botanischen Garten und ein naturhistorisches Museum; außerdem baute er den Staatszoo wieder auf, alles Einrichtungen, die zu wichtigen Attraktionen wurden.

Als letzte politische Handlung tat sich der 94-Jährige mit dem gewählten Präsidenten Mehia zusammen und blockierte den Plan des noch amtierenden Präsidenten Fernández, das System der Naturschutzgebiete zu verkleinern und zu schwächen. Dieses Ziel erreichten Balaguer und Mejia mit einem geschickten parlamentarischen Manöver: Sie ergänzten den Gesetzentwurf des Präsidenten Fernández durch einen Zusatz, wonach die Naturschutzgebiete nicht mehr nur aufgrund von Verwaltungsanordnungen existierten (sodass sie durch Veränderungen, wie Fernández sie vorhatte, gefährdet werden konnten), sondern dass sie aufgrund eines Gesetzes in dem Zustand bleiben mussten, in dem sie 1996, am Ende von Balaguers letzter Amtszeit und vor Fernández' Maßnahmen, gewesen waren. Balaguer beendete seine politische Laufbahn also mit der Rettung des Naturschutzsystems, das ihm stets ein so großes Anliegen gewesen war.

Balaguers politisches Wirken bildete den Höhepunkt des von oben nach unten organisierten Umweltschutzes in der Dominikanischen Republik. Während der gleichen Zeit erwachten auch die Bestrebungen von unten nach oben wieder zum Leben, die unter Trujillo zum Erliegen gekommen waren. In den siebziger und achtziger Jahren erstellten Wissenschaftler mit großem Aufwand eine Bestandsaufnahme der natürlichen Ressourcen des Landes an der Küste, im Meer und im Landesinneren. Je stärker die Bürger der Dominikanischen Republik wieder die Methoden der Bürgerbeteiligung erlernten, die ihnen unter Trujillo jahrzehntelang gefehlt hatten, desto mehr wurden in den achtziger Jahren zahlreiche nichtstaatliche Organisationen gegründet, darunter mehrere Dutzend Umweltschutzinitiativen, die immer leistungsfähiger wurden. Im Gegensatz zu vielen anderen Entwicklungsländern, wo Umweltschutzmaßnahmen vorwiegend von Mitarbeitern internationaler Organisationen vorangetrieben werden, ging die basisdemokratische Triebkraft in der Dominikanischen Republik von lokalen nichtstaatlichen Organisationen aus, die sich Sorgen um ihre Umwelt machen. Zusammen mit den Universitäten und der Wissenschaftsakademie des Landes sind diese Organisationen heute zur Speerspitze einer eigenen dominikanischen Umweltschutzbewegung geworden.

Warum ergriff Balaguer ein so breites Spektrum von Maßnahmen zugunsten der Umwelt? Für viele Beobachter scheint dieses offenkundig starke, weitsichtige Engagement für die Umwelt nur schwer mit seinen abstoßenden Eigenschaften vereinbar zu sein. Er arbeitete 31 Jahre lang unter dem Diktator Rafael Trujillo und verteidigte 1937 dessen Massaker an Haitianern. Am Ende war er Präsident von Trujillos Gnaden, er diente dem älteren Diktator aber auch an Stellen, wo er selbst Einfluss ausüben konnte, wie beispielsweise als Außenminister. Wer bereit ist, mit einem so bösartigen Menschen wie Trujillo zusammenzuarbeiten, gerät sofort auch selbst in Verdacht und genießt dann keinen guten Ruf mehr. Außerdem war Balaguer auch nach Trujillos Tod für eine lange Liste übler Taten verantwortlich, die man nur ihm selbst vorwerfen kann. In der Wahl von 1986 war er zwar auf ehrliche Weise ins Präsidentenamt gelangt, seine Wahl im Jahr 1966 sowie die Wiederwahl in den Jahren 1970, 1974, 1990 und 1994 sicherte er sich jedoch mit Betrug, Gewalt und Einschüchterung. Von seinen eigenen Todesschwadronen ließ er Hunderte, vielleicht sogar Tausende von Oppositionsmitgliedern ermorden. In vielen Fällen ordnete er die gewaltsame Vertreibung armer Menschen aus den Nationalparks an, und er befahl die Erschießung illegaler Holzarbeiter oder nahm sie zumindest hin. Ebenso tolerierte er die weit verbreitete Korruption. Er stand in der lateinamerikanischen Tradition der *caudillos*, der starken Männer in der Politik. Unter anderem wird ihm folgendes Zitat zugeschrieben: »Die Verfassung ist nur ein Stück Papier.«

In den Kapiteln 14 und 15 dieses Buches werde ich die vielfach sehr komplizierten Gründe erörtern, warum Menschen eine umweltfreundliche Politik betreiben oder auch nicht. Bei meinem Aufenthalt in der Dominikanischen Republik erkundigte ich mich insbesondere bei Menschen, die Balaguer gekannt oder während seiner Regierungszeit gelebt hatten, welche Motive er gehabt haben könnte. Jeden Bewohner des Landes, mit dem ich sprach, fragte ich nach seinen Ansichten über den früheren Präsidenten. Dabei bekam ich von den 20 Bürgern, die ich ausführlich befragte, 20 verschiedene Antworten. Viele von ihnen hatten die denkbar stärksten persönlichen Beweggründe, Balaguer zu verabscheuen: Er hatte sie ins Gefängnis werfen lassen, oder sie waren unter dem Trujillo-Regime, dem er angehört hatte, verhaftet und gefoltert worden, oder das Regime hatte enge Verwandte und Freunde ermorden lassen.

Bei aller Meinungsvielfalt erwähnten aber viele meiner Informanten unabhängig voneinander eine ganze Reihe immer gleicher Punkte. Fast alle bezeichneten Balaguer als komplizierten, rätselhaften Menschen. Er strebte nach politischer Macht, und bei der Durchsetzung seiner Überzeugungen wurde er immer von der Befürchtung gebremst, seine Handlungen könnten ihn die Macht kosten (wobei er allerdings häufig gefährlich nahe an diese Grenze geriet und um ein Haar durch unpopuläre Maßnahmen die Macht verloren hätte). Er war ein äußerst geschickter, zynischer, pragmatischer Politiker, an dessen Fähigkeiten niemand in den letzten 42 Jahren der politischen Geschichte des Landes auch nur annähernd heranreichte, und er war ein Musterbeispiel für die Eigenschaft, die man als »machiavellistisch« bezeichnet. Ständig vollführte er einen heiklen Balanceakt zwischen Armee, Volksmassen und den konkurrierenden, intriganten Gruppen der Oberschicht. Es gelang ihm, Militärputsche gegen seine Person zu verhindern, weil er das Militär in konkurrierende Gruppen spaltete, und wenn es um den Missbrauch von Wäldern und Nationalparks ging, konnte er sogar bei Offizieren ungeheure Angst erzeugen: Im Jahr 1994 kam es in dieser Frage im Fernsehen zu einer unvorhergesehenen Konfrontation, und wie man mir im Anschluss daran berichtete, hatte sich ein Oberst, der sich gegen Balaguers Waldschutzmaßnahmen gewandt hatte und von diesem wütend zurecht gewiesen worden war, vor Angst buchstäblich in die Hose gemacht. Ein Historiker, den ich befragte, fasste es in die bildhaften Worte: »Balaguer war eine Schlange, die ihre Haut je nach Bedarf ablegte und wechselte.« Unter Balaguer gab es viel Korruption, die von ihm auch geduldet wurde, aber er selbst war nicht korrupt und interessierte sich, anders als Trujillo, nicht für seinen persönlichen Reichtum. Er selbst soll gesagt haben: »An der Tür meines Arbeitszimmers hört die Korruption auf.«

Ein Bürger der Dominikanischen Republik, der im Gefängnis gesessen hatte und gefoltert worden war, fasste es mir gegenüber so zusammen: »Balaguer war ein Übel, aber in jenem Stadium der Geschichte unseres Landes ein notwendiges Übel.« Damit meinte er, dass es 1961, als Trujillo ermordet wurde, sowohl in Übersee als auch in der Dominikanischen Republik selbst viele Bürger mit ehrenwerten Bestrebungen gab, von denen aber keiner auch nur einen Bruchteil von Balaguers Erfahrungen mit der praktischen Regierungsarbeit hatte. Mit seinen Maßnahmen sicherte er sich das Verdienst, die Mittelschicht, den Kapitalismus und das ganze Land in seiner heutigen Form gesichert zu haben, und unter seiner Führung kam die Wirtschaft der Dominikanischen Republik ein großes Stück voran. Wegen dieser Ergebnisse sind viele Bewohner geneigt, Balaguers schlechte Eigenschaften in Kauf zu nehmen.

Viel größere Meinungsverschiedenheiten erntete ich mit meiner Frage, warum Balaguer eine so energische Umweltschutzpolitik betrieben habe. Manche Bürger sahen darin einen Schwindel, mit dem er Wähler gewinnen oder sein internationales Ansehen aufpolieren wollte. Nach Ansicht eines Befragten waren die Maßnahmen, mit denen Balaguer die Landbesitzer aus den Nationalparks vertrieb, nur ein Teil einer groß angelegten

Kampagne, mit denen einfache Leute aus abgelegenen Waldgebieten entfernt werden sollten, wo sie möglicherweise einen Castro-freundlichen Aufstand planen konnten; angeblich sollten damit öffentliche Flächen entvölkert werden, damit sie später als Landgüter an reiche Bürger der Dominikanischen Republik, an Ausländer oder an Militärs verteilt werden konnten und Balaguers Verbindungen zur Armee festigten.

Alle diese mutmaßlichen Motive mögen eine gewisse Rolle gespielt haben, aber angesichts des breiten Spektrums seiner ökologischen Maßnahmen, die in der Öffentlichkeit zum Teil auf Widerstand und zum Teil auf Desinteresse stießen, fällt es mir trotz allem schwer, in Balaguers gesamter Politik nur ein Täuschungsmanöver zu sehen. Manche Entscheidungen, insbesondere die Vertreibung der Landbesitzer mit Hilfe des Militärs, rückten ihn in ein sehr schlechtes Licht und kosteten ihn nicht nur Wählerstimmen (was er allerdings durch Wahlmanipulation abfangen konnte), sondern auch die Unterstützung einflussreicher Mitglieder von Oberschicht und Militär (deren Rückhalt er sich allerdings durch zahlreiche andere Schachzüge sicherte). Im Zusammenhang mit vielen ökologischen Maßnahmen, die ich zuvor aufgezählt habe, erkenne ich keinen Zusammenhang mit reichen Immobilienmaklern, der Bekämpfung von Guerillagruppen oder dem Streben nach dem Wohlwollen der Armee. Ich halte Balaguer vielmehr für einen erfahrenen, pragmatischen Politiker, der seine Umweltschutzpolitik offensichtlich so nachdrücklich betrieb, wie er es sich leisten konnte, ohne allzu viele Wählerstimmen oder einflussreiche Unterstützer zu verlieren und ohne einen Militärputsch zu provozieren.

Einige Personen, die ich in der Dominikanischen Republik befragte, brachten darüber hinaus ein weiteres Thema ins Gespräch: Balaguers Umweltschutzmaßnahmen waren selektiv, manchmal unwirksam und voller blinder Flecken. Seinen Anhängern gestattete er Dinge, die für die Umwelt schädlich waren – sie durften beispielsweise Flussbetten schädigen, indem sie dort Gestein, Kies, Sand und anderes Baumaterial abbauten. Manche seiner Gesetze, unter anderem die gegen Jagd, Luftverschmutzung und Zaunpfähle aus Holz, waren nicht praktikabel. Manchmal machte er einen Rückzieher, wenn er mit seinen Entscheidungen auf Opposition stieß. Ein besonders schwer wiegender Schwachpunkt seiner Umweltpolitik bestand darin, dass er es versäumte, die Bedürfnisse der Bauern auf dem Land mit ökologischen Bedenken in Einklang zu bringen, und er hätte auch viel mehr dafür tun können, dass der Umweltschutz in der Öffentlichkeit Unterstützung fand. Dennoch konnte er vielfältigere und radikalere Umweltschutzmaßnahmen durchsetzen als jeder andere Politiker der Dominikanischen Republik, ja sogar mehr als die meisten Politiker, die ich in anderen Ländern kenne.

Bei längerem Nachdenken scheint es mir die plausibelste Interpretation für Balaguers Verhalten zu sein, dass ihm die Umwelt tatsächlich am Herzen lag, wie er behauptete. Das Thema kam in fast allen seinen Reden vor. Er erklärte, der Schutz von Wäldern, Flüssen und Gebirgen sei seit seiner Kindheit ein Traum gewesen. Und er betonte das Thema sowohl in seinen ersten Ansprachen, nachdem er 1966 Präsident geworden war, als auch nach seiner Wiederwahl 1986 und bei seinem letzten Amtsantritt 1994. Als Präsident Fernández es für übertrieben erklärte, 32 Prozent des Staatsgebietes als Schutzgebiete auszuweisen, erwiderte Balaguer, eigentlich müsste das ganze Land ein Schutzgebiet sein. Aber auf die Frage, wie er zu seiner umweltfreundlichen Einstellung gelangt sei, erhielt ich nie von zwei Personen die gleiche Antwort. Einer erklärte, er sei vielleicht in seinen jungen Jahren, als er in Europa lebte, von Umweltschützern beeinflusst worden; ein anderer stellte fest, Balaguer sei stets ein Feind Haitis gewesen und habe die Landschaft in der Dominikanischen Republik verschönern wollen, um einen Kontrast zu den Zerstörungen im Nachbarland zu schaffen; ein Dritter glaubte, er sei durch seine Schwestern beeinflusst worden, denen er sehr nahe stand und die angeblich entsetzt waren, weil die Waldzerstörung und die Versandung der Flüsse in der Trujillo-Zeit so weit fortgeschritten waren; und ein Dritter wies darauf hin, Balaguer sei bereits 60 Jahre alt gewesen, als er nach Trujillo zum Präsidenten wurde, und erst mit 90 Jahren abgetreten – sein Motiv seien also möglicherweise die Veränderungen gewesen, die er während seines langen Lebens in dem Land um sich herum miterlebt hatte.

Inwieweit solche Antworten zutreffen, weiß ich nicht. Dass wir Balaguer so schwer verstehen, mag unter anderem an unseren eigenen unrealistischen Erwartungen liegen. Unbewusst rechnen wir vielleicht damit, dass ein Mensch entweder nur »gut« oder nur »schlecht« ist, als gäbe es eine einzige Qualität der Tugend, die in allen Verhaltensaspekten sichtbar wird. Wenn wir jemanden in einer Hinsicht für anständig oder bewundernswert halten, sind wir beunruhigt, wenn dies in einem anderen Aspekt nicht der Fall ist. Wir mögen nicht anerkennen, dass ein Mensch kein einheitliches Gebilde ist, sondern ein Mosaik aus Merkmalen, die aus den unterschiedlichsten Erfahrungen erwachsen und häufig untereinander in keiner Beziehung stehen.

Auch etwas anderes könnte uns beunruhigen: Wenn wir wirklich anerkennen, dass Balaguer ein Umweltschützer war, könnten seine negativen Eigenschaften zu Unrecht das Ansehen des Umweltschutzes besudeln. Aber ein Bekannter sagte einmal zu mir: »Adolf Hitler liebte Hunde und putzte sich die Zähne, aber das heißt nicht, dass wir Hunde hassen und uns die Zähne nicht mehr putzen sollen.« Mir fällt in diesem Zusammenhang auch ein, welche Erfahrungen ich machte, als ich von 1979 bis 1996 unter der Militärdiktatur in Indonesien arbeitete. Ich hasste und fürchtete das Regime wegen seiner Politik und auch aus persönlichen Gründen – insbesondere wegen der Dinge, die es meinen Freunden in Neuguinea angetan hatte, und weil seine Soldaten mich fast umgebracht hätten. Deshalb war ich überrascht, als ich feststellte, dass dieses Regime in Indonesisch-Neuguinea ein umfassendes, leistungsfähiges Netz von Nationalparks eingerichtet hatte. Ich kam in das Land, nachdem ich ein Jahr lang die Demokratie von Papua-Neuguinea erlebt hatte, und nun glaubte ich, ich hätte unter der tugendhaften Demokratie doch sicher eine viel weiter entwickelte Umweltschutzpolitik beobachtet als unter der bösen Diktatur. Aber ich musste anerkennen, dass es in Wirklichkeit genau umgekehrt war.

Von den Bürgern der Dominikanischen Republik, die ich befragte, behauptete kein Einziger, er könne Balaguer verstehen. Ein Gesprächspartner wandte auf Balaguer die Formulierung an, mit der Winston Churchill die Sowjetunion beschrieben hatte: »ein Rätsel, eingehüllt in ein Geheimnis im Inneren eines Mysteriums«. Die Bemühungen, Balaguer zu verstehen, erinnern mich wieder einmal daran, dass Geschichte wie das ganze Leben kompliziert ist; weder das Leben noch die Geschichte ist ein Unternehmen für jene, die sich nach Einfachheit und Einheitlichkeit sehnen.

Vor dem Hintergrund dieser ökologischen Vergangenheit können wir nun die Frage stellen: Wie sieht es heute in der Dominikanischen Republik mit Umweltproblemen aus, und in welchem Zustand sind die Naturschutzgebiete des Landes? Die wichtigsten Themen lassen sich in acht der 12 Kategorien von Umweltproblemen einordnen, die ich in Kapitel 16 zusammenfassen werde: Es sind Probleme im Zusammenhang mit Wäldern, Ressourcen aus dem Meer, Boden, Wasser, Giftmüll, eingeschleppten biologischen Arten, Bevölkerungswachstum und den Auswirkungen der Bevölkerung.

Die Zerstörung der Kiefernwälder nahm an einzelnen Stellen schon unter Trujillo große Ausmaße an und verstärkte sich in den fünf Jahren unmittelbar nach seiner Ermordung. Balaguers Abholzungsverbot wurde in jüngster Zeit unter anderen Präsidenten gelockert. Durch die Abwanderung der Bewohner aus ländlichen Gebieten in die Städte und ins Ausland hat sich die Belastung der Wälder vermindert, aber die Waldzerstörung setzt sich insbesondere entlang der Grenze nach Haiti fort, wo verzweifelte Menschen aus ihrem fast völlig entwaldeten Land in die Dominikanische Republik kommen, um dort Holz zur Herstellung von Holzkohle zu holen oder sich als Landbesetzer auf gerodeten Flächen niederzulassen. Im Jahr 2000 wurde die Zuständigkeit für den Waldschutz wieder von den Streitkräften auf das Umweltministerium übertragen, das aber schwächer ist und nicht über die notwendigen Finanzmittel verfügt. Deshalb wird der Wald heute weniger gut geschützt als zwischen 1967 und 2000.

Im Meer sind Lebensräume und Korallenriffe fast an der ganzen Küste des Landes schwer geschädigt und überfischt.

Auf den abgeholzten Flächen kam es zu umfangreicher Bodenerosion. Derzeit macht man sich Sorgen, weil die Erosion zu Sedimentablagerungen in den Stauseen hinter den Dämmen führt, die im ganzen Land der Elektrizitätserzeugung dienen. In manchen bewässerten Gebieten, beispielsweise auf der Barahona-Plantage, kam es zur Versalzung des Bodens.

Wegen der erosionsbedingten Sedimentablagerungen sowie durch giftige Abfälle und Abwässer haben die Flüsse des Landes heute eine sehr schlechte Wasserqualität. Gewässer, die noch vor wenigen Jahrzehnten sauber waren und sich gut zum Schwimmen eigneten, sind heute vom Sediment braun, und das Baden ist dort nicht mehr möglich. Industrieunternehmen und die Bewohner der städtischen Elendsquartiere, wo es keine oder nur eine unzureichende öffentliche Müllabfuhr gibt, entsorgen ihre Abfälle in den Wasserläufen. Die Flussbetten wurden schwer geschädigt, weil man sie im industriellen Maßstab zur Gewinnung von Baumaterial ausbaggerte.

Seit den siebziger Jahren wurden in den fruchtbaren landwirtschaftlichen Regionen, beispielsweise im Cibao-Tal, in großem Umfang Pestizide, Insektizide und Herbizide eingesetzt. Dabei kamen in der Dominikanischen Republik auch Giftstoffe zum Einsatz, die in den Ländern, wo sie hergestellt wurden, schon seit langem verboten waren. Die Regierung duldete diese Praxis, weil die Landwirtschaft des Landes so hohen Gewinn bringt. In ländlichen Gebieten bringen Arbeitskräfte und sogar Kinder giftige landwirtschaftliche Produkte normalerweise aus, ohne Gesicht oder Hände zu schützen. Deshalb sind die Auswirkungen landwirtschaftlicher Giftstoffe auf die Gesundheit der Menschen mittlerweile gut belegt. Mir fiel auf, dass es in der produktiven Landwirtschaftsregion des Cibao-Tals so gut wie keine Vögel gibt: Wenn die Giftstoffe so ungesund für die Vögel sind, sind sie vermutlich auch ungesund für Menschen. Ein anderes Giftmüllproblem wirft die große Eisen- und Nickelmine von Falconbridge auf, deren Rauch über einem Teil der Landstraße zwischen den beiden größten Städten des Landes (Santo Domingo und Santiago) in der Luft hängt. Die Goldmine von Rosario war vorübergehend geschlossen, weil dem Land die Technologie fehlt, um die cyanid- und säurehaltigen Abwässer des Betriebes ordnungsgemäß zu entsorgen. Sowohl in Santo Domingo als auch in Santiago herrscht häufig Smog, die Folge einer Riesenzahl veralteter Fahrzeuge, eines steigenden Energieverbrauchs und einer Vielzahl privater Generatoren, die in Privathäusern und Firmen betrieben werden, weil die öffentliche Stromversorgung so häufig ausfällt. (Während meines Aufenthaltes in Santo Domingo erlebte ich jeden Tag mehrere Stromausfälle, und nach meiner Rückkehr schrieben mir meine Freunde aus der Dominikanischen Republik, sie hätten jetzt unter »Blackouts« von bis zu 21 Stunden zu leiden.)

Ein weiteres Problem sind eingeschleppte biologische Arten. Um abgeholzte und durch Wirbelstürme geschädigte Flächen aufzuforsten, griff man in den letzten Jahrzehnten auf ausländische Baumarten zurück, die schneller wachsen als die einheimische Dominikanische Kiefer. Unter den fremden Arten, die ich in großer Zahl beobachten konnte, waren Honduraskiefern, Kasuarinen und Teakholzbäume. Einige neu eingeführte Arten konnten sich durchsetzen, andere gingen zugrunde. Heute sind sie ein Anlass zur Sorge, denn manche von ihnen sind anfällig für Krankheiten, denen die einheimische Dominikanische Kiefer eine natürliche Widerstandskraft entgegensetzt. Aufgeforstete Berghänge könnten also ihre Pflanzendecke wieder verlieren, wenn die Krankheit unter den Bäumen ausbricht.

Die Bevölkerungszunahme im Land hat sich zwar verlangsamt, sie liegt nach Schätzungen aber immer noch bei rund 1,6 Prozent im Jahr.

Gefährlicher als die wachsende Bevölkerung des Landes sind die schnell zunehmenden Pro-Kopf-Auswirkungen der Menschen. (Mit diesem Begriff, der hier von nun an immer wieder auftauchen wird, meine ich den durchschnittlichen Ressourcenverbrauch und die durchschnittliche Abfallproduktion eines Menschen: Beide sind bei den Bewohnern moderner Industriestaaten weitaus höher als bei den Bürgern heutiger Drittweltländer oder bei allen Völkern der Vergangenheit. Die Gesamtauswirkung einer Gesellschaft entspricht ihrer Pro-Kopf-Auswirkung, multipliziert mit der Zahl der Menschen.) Durch eigene Auslandsreisen, Touristen im Land und Fernsehen wissen die Menschen in der Dominikanischen Republik sehr wohl, dass in Puerto Rico und den Vereinigten Staaten ein höherer Lebensstandard herrscht. Überall sieht man Reklametafeln, die Konsumprodukte anpreisen, und in den Städten sah ich an jeder größeren Straßenkreuzung fliegende Händler, die Handyzubehör und CDs verkauften. Zunehmend macht sich im ganzen Land eine Konsummentalität breit, die von der Wirtschaft und den Ressourcen der Dominikanischen Republik selbst nicht befriedigt werden kann und zum Teil von den Geldern abhängt, die Arbeiter aus anderen Ländern nach Hause schicken. Alle diese Menschen, die immer mehr Konsumprodukte kaufen, produzieren einen entsprechenden, immer größeren Abfallberg, der die kommunalen Entsorgungssysteme überfordert. Abfallhaufen sieht man an Wasserläufen, Landstraßen, in den Städten und auf dem Land. Ein Bewohner der Dominikanischen Republik sagte zu mir: »Der Weltuntergang wird hier nicht in Form eines Erdbebens oder Wirbelsturmes eintreten, sondern die Welt wird im Müll versinken.«

In den Naturschutzgebieten des Landes geht man unmittelbar gegen alle diese Bedrohungen mit Ausnahme von Bevölkerungswachstum und Konsumverhalten an. Das umfassende Naturschutzsystem besteht aus 74 Schutzgebieten unterschiedlichen Charakters (Nationalparks, Meeresschutzgebiete und so weiter) und nimmt ein Drittel des Staatsgebietes ein. Das ist eine beeindruckende Leistung für ein dicht bevölkertes, kleines, armes Land, dessen Pro-Kopf-Einkommen nur ein Zehntel des Wertes in den Vereinigten Staaten erreicht. Ebenso beeindruckend ist, dass dieses System nicht von internationalen Umweltschutzorganisationen geplant und eingerichtet wurde, sondern von nichtstaatlichen Organisationen aus der Dominikanischen Republik selbst. In meinen Gesprächen bei drei dieser Organisationen – der Wissenschaftsakademie in Santo Domingo, der Fundación Moscoso Puello und der Niederlassung von The Nature Conservancy in Santo Domingo (die als Einzige meiner Kontaktorganisationen im Land nicht nur lokal arbeitete, sondern einer internationalen Einrichtung angegliedert war) – waren alle Mitarbeiter, mit denen ich zusammentraf, ohne Ausnahme Bürger der Dominikanischen Republik. Dies stand in krassem Gegensatz zu meinen Erfahrungen in Papua-Neuguinea, Indonesien, auf den Salomonen und in anderen Entwicklungsländern, wo Wissenschaftler aus dem Ausland entscheidende Positionen besetzen und auch zeitweise als Berater tätig sind.

Wie steht es mit der Zukunft der Dominikanischen Republik? Wird das System der Naturschutzgebiete, das zunehmend unter Druck steht, überleben? Besteht Hoffnung für das Land?

Auch in diesen Fragen stieß ich selbst bei meinen Freunden aus der Dominikanischen Republik auf beträchtliche Meinungsverschiedenheiten. Es gibt viele Gründe, in Sachen Umwelt pessimistisch zu sein; das beginnt schon damit, dass die Naturschutzgebiete nicht mehr durch die eiserne Faust von Joaquín Balaguer geschützt werden. Sie sind unzureichend finanziert, werden schlecht überwacht und von den Präsidenten der jüngeren Zeit nur halbherzig unterstützt, ja manche haben sogar versucht, ihre Flächen zu beschneiden oder sie zu verkaufen. An den Universitäten gibt es nur wenige gut ausgebildete Wissenschaftler, sodass auch die Heranbildung eines Kaders guter Studenten nicht gesichert ist. Die Regierung stellt so gut wie keine Mittel für wissenschaftliche Untersuchungen zur Verfügung. Einige meiner Bekannten machten sich Sorgen, die Naturschutzgebiete ihres Landes könnten eines Tages mehr auf dem Papier als in Wirklichkeit existieren.

Andererseits besteht auch ein wichtiger Grund, optimistisch zu sein, und dieser Grund ist die wachsende, gut organisierte, von unten nach oben organisierte Umweltschutzbewegung, die in den Entwicklungsländern praktisch nicht ihresgleichen hat. Sie ist willens und fähig, Maßnahmen der Regierung infrage zu stellen; einige meiner Freunde in nichtstaatlichen Organisationen wurden wegen solcher kritischer Äußerungen sogar verhaftet, konnten aber ihre Freilassung erwirken und behielten ihre Haltung bei. Die Umweltschutzbewegung der Dominikanischen Republik ist so entschlossen und leistungsfähig, wie ich es nur in wenigen anderen Ländern erlebt habe. Wie in anderen Teilen der Welt, so erkenne ich deshalb auch in der Dominikanischen Republik »ein Wettrennen zwischen destruktiven und konstruktiven Kräften, das sich exponentiell beschleunigt und dessen Ergebnis man nicht voraussagen kann«, wie einer meiner Bekannten es formulierte. Sowohl die Bedrohungen für die Umwelt als auch die Umweltschutzbewegung, die ihnen entgegenarbeitet, gewinnen in der Dominikanischen Republik an Stärke; welche Seite am Ende die Oberhand behalten wird, ist nicht abzusehen.

Ähnliche Meinungsverschiedenheiten löst auch die Frage nach den wirtschaftlichen und gesellschaftlichen Aussichten des Landes aus. Fünf meiner Bekannten aus der Dominikanischen Republik sind heute zutiefst pessimistisch und haben praktisch keine Hoffnung mehr. Entmutigt sind sie insbesondere wegen der Schwäche und Korruptheit der Regierungen, die in jüngerer Zeit offenbar nur noch daran interessiert sind, den herrschenden Politikern und ihren Freunden zu helfen, während die Wirtschaft des Landes gleichzeitig schwere Rückschläge erlebte. So ist der früher beherrschende Zucker-Exportmarkt praktisch völlig zusammengebrochen, die Landeswährung wurde abgewertet, die Produktion in den Freihandelszonen steht zunehmend in Konkurrenz zu anderen Ländern mit niedrigeren Arbeitskosten, zwei große Banken sind zusammengebrochen, die Regierung macht zu viele Schulden und gibt zu viel Geld aus. Die Konsummentalität hat zugenommen und überfordert mittlerweile die Leistungsfähigkeit des Landes. Nach Ansicht meiner besonders pessimistischen Freunde ist die Dominikanische Republik dabei, in Richtung der gnadenlosen Verzweiflung Haitis abzugleiten, und dabei geht es schneller bergab als im Nachbarland: Der wirtschaftliche Niedergang, der sich in Haiti über eineinhalb Jahrhunderte erstreckt, wird in der Dominikanischen Republik nach ihrer Ansicht in wenigen Jahrzehnten abgeschlossen sein. Nach dieser Vorstellung wird die Hauptstadt Santo Domingo das Elend der haitianischen Kapitale Port-au-Prince teilen, wo der größte Teil der Bevölkerung ihr Leben unterhalb der Armutsgrenze in Elendsvierteln ohne staatliche Dienstleistungen fristet, während die reiche Oberschicht in einer abgeschotteten Vorstadt ihre französischen Weine schlürft.

Das ist das schlimmste denkbare Szenario. Andere Bekannte aus der Dominikanischen Republik erwiderten auf meine Frage, sie hätten in den letzten 40 Jahren schon viele Regierungen kommen und gehen sehen. Ja, auch sie räumen ein, die derzeitige Regierung sei besonders schwach und korrupt, aber sie werde mit Sicherheit die nächste Wahl verlieren, und alle Kandidaten, die für das Amt des nächsten Präsidenten infrage kommen, seien besser als der jetzige Amtsinhaber. (Tatsächlich verlor die Regierung wenige Monate nach diesem Gespräch die Wahl.) Einige Grundtatsachen sprechen dafür, dass die Dominikanische Republik bessere Aussichten hat: Sie ist ein kleines Land, in dem ökologische Probleme sofort für jedermann erkennbar werden. Außerdem ist sie eine »Gesellschaft zum Anfassen«, in der besorgte, kompetente Privatpersonen, die nicht zur Regierung gehören, sehr leicht Zugang zu Ministern finden – eine ganz andere Situation als in den Vereinigten Staaten. Und was vielleicht am wichtigsten ist: Man muss daran denken, dass die Dominikanische Republik ein unverwüstliches Land ist, das in seiner Geschichte schon viel beängstigendere Probleme überstanden hat als die, welche heute drohen. Sie überstand 22 Jahre der haitianischen Besetzung, eine nahezu ununterbrochene Folge schwacher oder korrupter Präsidenten von 1844 bis 1916 und dann noch einmal von 1924 bis 1930, und US-amerikanische militärische Besetzungen von 1916 bis 1924 und von 1965 bis 1966. Nach 31 Jahren unter Rafael Trujillo, einem der bösartigsten und destruktivsten Diktatoren in der jüngeren Weltgeschichte, gelang der Wiederaufbau. Zwischen den Jahren 1900 und 2000 machte die Dominikanische Republik einen tief greifenderen gesellschaftlich-wirtschaftlichen Wandel durch als nahezu alle anderen Staaten der Neuen Welt.

Wegen der Globalisierung betreffen die Vorgänge in der Dominikanischen Republik nicht nur die Bewohner dieses Landes, sondern auch die ganze übrige Welt. Betroffen sind insbesondere die nur 1000 Kilometer entfernten Vereinigten Staaten, wo schon heute eine Million Menschen aus der Dominikanischen Republik zu Hause sind. In New York lebt heute die zweitgrößte dominikanische Bevölkerungsgruppe der Welt, die nur noch von Santo Domingo, der Hauptstadt ihres eigenen Landes übertroffen wird. Ähnlich große Gruppen gibt es in Kanada, in den Niederlanden, in Spanien und Venezuela. In den USA hat man bereits 1962 erlebt, wie die Ereignisse in Kuba, der Karibikinsel unmittelbar westlich von Hispaniola, das eigene Überleben gefährden können. Deshalb steht in der Frage, ob die Dominikanische Republik ihre eigenen Probleme lösen kann, auch für die Vereinigten Staaten viel auf dem Spiel.

Welche Zukunft hat Haiti? Es ist heute bereits eines der ärmsten und am stärksten überbevölkerten Länder der Neuen Welt, aber es wird immer noch ärmer, und die Überbevölkerung nimmt bei einem Bevölkerungswachstum von nahezu drei Prozent im Jahr weiter zu. Haiti ist so arm, und es mangelt ihm derart an natürlichen Ressourcen und an gut ausgebildeten Menschen, dass schwer zu erkennen ist, wie eine Besserung eintreten soll. Und selbst wenn die übrige Welt durch staatliche Entwicklungshilfe, Initiativen nichtstaatlicher Organisationen oder private Anstrengungen helfen will, besitzt Haiti nicht einmal die Fähigkeit, solche äußere Unterstützung wirksam zu nutzen. Im Rahmen des USAID-Programms beispielsweise floss nach Haiti ein siebenmal größerer Geldbetrag als in die Dominikanische Republik, aber die Erfolge waren in Haiti dennoch viel geringer, weil es im Land selbst weder Menschen noch Organisationen gibt, die mit der Hilfe etwas anfangen könnten. Alle, die sich mit Haiti auskannten und von mir nach den Zukunftsaussichten befragt wurden, benutzten in ihrer Antwort das Wort »hoffnungslos«. Die meisten erwiderten einfach, es gebe keine Hoffnung. Und jene, die noch Hoffnung hatten, erklärten als Erstes, sie seien in der Minderheit und die meisten anderen hätten keine Hoffnung. Erst dann erklärten sie, warum sie noch einen gewissen Optimismus hätten: Von den vorhandenen kleinen Waldgebieten des Landes könne eine Wiederaufforstung ausgehen, zwei landwirtschaftliche Regionen produzierten Nahrungsmittelüberschüsse, die man in die Hauptstadt Port-au-Prince exportieren könne, an der Nordküste gebe es die Touristenenklaven, und es sei eine bemerkenswerte Leistung gewesen, dass Haiti seine Armee auflösen konnte, ohne in einen dauerhaften Sumpf mit Nachfolgegruppen und lokalen Milizen abzugleiten.

Nicht nur die Zukunft der Dominikanischen Republik wirkt sich wegen der Globalisierung auf andere aus, sondern das Gleiche gilt auch für Haiti. Auch hier spielen die im Ausland lebenden Haitianer eine Rolle – Menschen in den Vereinigten Staaten, Kuba, Mexiko, Südamerika, Kanada, auf den Bahamas, den Kleinen Antillen und in Frankreich. Noch wichtiger aber ist die »Globalisierung« der Probleme Haitis innerhalb der Insel Hispaniola, das heißt ihre Auswirkungen auf die benachbarte Dominikanische Republik. Haitianer pendeln über die Grenze und verrichten Arbeiten, die ihnen wenigstens eine tägliche Mahlzeit sichern, und sie holen Holz, das sie als Brennstoff in ihre Heimat mit den zerstörten Wäldern zurückbringen. Haitianische Landbesetzer bemühen sich, auf der dominikanischen Seite der Grenze als Bauern ihr Leben zu fristen, und geben sich dafür auch mit schlechtem Land zufrieden, das die Bauern aus dem eigenen Land verschmähen. In der Dominikanischen Republik leben und arbeiten mehr als eine Million Menschen haitianischer Herkunft, die meisten von ihnen illegal, aber angelockt durch die besseren wirtschaftlichen Möglichkeiten und die Tatsache, dass Grundbesitz in der Dominikanischen Republik, auch sie ein armes Land, leichter zu erlangen ist. Die Auswanderung von mehr als einer Million Bürger der Dominikanischen Republik wurde also durch die Einwanderung ebenso vieler Haitianer wettgemacht, die heute etwa 12 Prozent der Bevölkerung stellen. Haitianer nehmen schlecht bezahlte, harte Arbeiten an, die von den eigenen Bürgern des Landes meist abgelehnt werden; insbesondere in der Bauindustrie und in der Landwirtschaft übernehmen sie die anstrengende, schmerzhafte Tätigkeit, Zuckerrohr zu schneiden, sie arbeiten aber auch in der Tourismusbranche, als Wachleute, als Hausangestellte und als Fahrrad-Transportunternehmer, die mit dem Fahrrad riesige Lasten transportieren und balancieren, um sie zu verkaufen oder zu liefern. Die Wirtschaft der Dominikanischen Republik nutzt diese Haitianer als schlecht bezahlte Arbeitskräfte, aber das Land ist nicht bereit, ihnen im

Gegenzug Ausbildung, medizinische Versorgung und Wohnungen zur Verfügung zu stellen, wo doch das Geld nur knapp ausreicht, solche Dienstleistungen für die eigenen Bürger zu sichern. Die Bürger der Dominikanischen Republik und die dort lebenden Haitianer sind nicht nur wirtschaftlich, sondern auch kulturell getrennt: Sie sprechen unterschiedliche Sprachen, kleiden sich unterschiedlich, nehmen andere Nahrungsmittel zu sich und sehen im Durchschnitt auch verschieden aus.

Als ich hörte, wie meine Bekannten aus der Dominikanischen Republik die Lage der Haitianer in ihrem Land beschrieben, wunderte ich mich über die auffällige Parallele zur Lage illegaler Einwanderer aus Mexiko und anderen lateinamerikanischen Staaten in den USA. Ich hörte Formulierungen wie »Arbeiten, die kein Dominikaner haben will«, »schlecht bezahlte Jobs, aber immer noch besser als das, was sie zu Hause haben«, »diese Haitianer bringen Aids, Tuberkulose und Malaria mit«, »sie sprechen eine andere Sprache und sehen dunkler aus«, und »wir sind nicht verpflichtet und können es uns nicht leisten, illegalen Einwanderern medizinische Versorgung, Ausbildung und Wohnungen zur Verfügung zu stellen«. In allen diesen Sätzen brauchte ich nur die Wörter »Haitianer« und »Dominikaner« durch »lateinamerikanische Einwanderer« und »Bürger der Vereinigten Staaten« zu ersetzen, und schon hatte ich typische Formulierungen für die Einstellung der Nordamerikaner gegenüber lateinamerikanischen Einwanderern.

Wenn die Bewohner der Dominikanischen Republik weiterhin mit dem derzeitigen Tempo in die Vereinigten Staaten und nach Puerto Rico auswandern, während gleichzeitig ebenso viele Haitianer in die Dominikanische Republik kommen, wird diese zu einem Land mit einer wachsenden haitianischen Minderheit werden, ganz ähnlich wie manche Teile der USA, die zunehmend »hispanisiert« (das heißt von Lateinamerikanern besiedelt) sind. Deshalb liegt es im ureigenen Interesse der Dominikanischen Republik, dass die Probleme in Haiti gelöst werden, genau wie die USA ein vitales Interesse an der Lösung der Probleme in Lateinamerika haben. Die Dominikanische Republik ist von den Verhältnissen in Haiti stärker betroffen als jedes andere Land.

Könnte die Dominikanische Republik für die Zukunft Haitis eine konstruktive Rolle spielen? Auf den ersten Blick sieht es nicht so aus, als könnten von hier Lösungen für die Probleme Haitis kommen. Die Dominikanische Republik ist selbst arm und hat große Schwierigkeiten, ihren eigenen Bürgern zu helfen. Die beiden Staaten sind durch eine kulturelle Kluft getrennt, zu der unterschiedliche Sprachen und ein unterschiedliches Selbstbild gehören. Auf beiden Seiten gibt es eine alte, tief verwurzelte Tradition der Abneigung – viele Bewohner der Dominikanischen Republik betrachten Haiti als Teil Afrikas und blicken auf die Haitianer hinab, diese wiederum stehen jeder Einmischung von außen misstrauisch gegenüber. Die Bewohner beider Länder können nicht vergessen, welche Grausamkeiten sie sich gegenseitig zugefügt haben. In der Dominikanischen Republik erinnert man sich nur allzu gut an die haitianische Invasion im 19. Jahrhundert, als eine Besetzung 22 Jahre dauerte (wobei die positiven Aspekte dieser Besetzung, beispielsweise die Abschaffung der Sklaverei, in Vergessenheit geraten). In Haiti wiederum ist Trujillos schlimmste Gräueltat im Gedächtnis geblieben, sein Befehl, zwischen dem 2. und 8. Oktober 1937 alle 20 000 Haitianer im Nordwesten der Dominikanischen Republik und in Teilen des Cibao-Tales mit Macheten niederzumetzeln. Heute gibt es zwischen beiden Regierungen kaum Zusammenarbeit, sondern sie betrachten einander voller Misstrauen oder sogar Feindseligkeit.

Aber alle diese Überlegungen ändern nichts an zwei grundlegenden Tatsachen: Die Umwelt der Dominikanischen Republik geht bruchlos in die Umwelt Haitis über, und Haiti ist das Land, das auf die Dominikanische Republik stärkere Auswirkungen hat als jedes andere. Langsam werden erste Anzeichen für Zusammenarbeit erkennbar. Als ich beispielsweise die Dominikanische Republik besuchte, wollte zum ersten Mal eine Gruppe von einheimischen Wissenschaftlern nach Haiti reisen, um sich dort mit Kollegen zu treffen, und auch ein Gegenbesuch der haitianischen Wissenschaftler in Santo Domingo war bereits angesetzt. Wenn überhaupt, kann sich das Schicksal Haitis nur dann zum Besseren wenden, wenn die Dominikanische Republik sich stärker engagiert, auch wenn das für die meisten Bürger dieses Landes heute noch unerwünscht und fast undenkbar ist. Letztlich aber ist es noch viel weniger denkbar, dass die Dominikanische Republik sich in Haiti nicht einmischt. Sie verfügt zwar ebenfalls nur über knappe Ressourcen, aber zumindest könnte sie auf eine Art, die noch genauer auszuloten wäre, als Brücke zwischen der Außenwelt und Haiti dienen.

Werden die Bürger der Dominikanischen Republik eines Tages solche Ansichten teilen? In der Vergangenheit haben sie Leistungen erbracht, die weit schwieriger waren als ein konstruktives Engagement in Haiti. Unter den vielen Unbekannten, die sich mit der Zukunft meiner Freunde in der Dominikanischen Republik verbinden, halte ich diese für die größte.

KAPITEL 12
China: Der torkelnde Riese

Chinas Bedeutung ■ Hintergründe ■ Luft, Wasser, Boden ■ Lebensräume, Artenvielfalt, Großprojekte ■ Die Folgen ■ Zusammenhänge ■ Die Zukunft

Mit 1 300 000 000 Einwohnern, einem Fünftel aller Menschen auf der Erde, ist China das bevölkerungsreichste Land der Welt. Von der Fläche her ist es der drittgrößte Staat und was die Vielfalt der Pflanzenarten angeht, steht es ebenfalls an dritter Stelle. Seine Wirtschaft ist bereits riesig und wächst schneller als in jedem anderen bedeutenden Land: Mit fast 10 Prozent im Jahr erreicht sie das Vierfache der Wachstumsrate anderer Industrieländer. Es hat weltweit die höchste Stahl-, Zement-, Aquakultur- und Fernsehgeräteproduktion; nirgendwo werden so viel Kohle, Düngemittel und Tabak produziert und verbraucht; es steht bei der Produktion von Elektrizität und (demnächst) Motorfahrzeugen sowie beim Holzverbrauch in der Spitzengruppe; und es baut jetzt den größten Staudamm der Welt und verfolgt das größte Projekt zur Umleitung von Wasser.

Die Kehrseite solcher Leistungen und Superlative sind Chinas ökologische Probleme: Sie gehören zu den schlimmsten aller großen Staaten und vergrößern sich weiter. Die lange Liste reicht von Luftverschmutzung, Verlust von Artenvielfalt und landwirtschaftlichen Flächen, Wüstenbildung, Verschwinden von Feuchtgebieten, Zerstörung von Graslandschaften sowie einer zunehmenden Größe und Häufigkeit der von Menschen verursachten Naturkatastrophen bis zu eingeschleppten Arten, Überweidung, Austrocknung von Flüssen, Versalzung, Bodenerosion, Müllbergen, Wasserverschmutzung und -knappheit. Diese und andere Umweltprobleme führen zu gewaltigen wirtschaftlichen Verlusten, sozialen Konflikten und gesundheitlichen Problemen. Schon allein deshalb wären die Auswirkungen der ökologischen Probleme auf die Chinesen ein Besorgnis erregendes Thema.

Aber die Größe der Bevölkerung, Wirtschaft und Fläche Chinas bietet außerdem die Gewähr, dass seine ökologischen Probleme keine innere Angelegenheit des Landes bleiben, sondern auch in der ganzen übrigen Welt spürbar werden: Diese teilt mit China den gleichen Planeten einschließlich seiner Meere und Atmosphäre, und umgekehrt wird auch Chinas Umwelt durch die Globalisierung beeinflusst. Nachdem das Land kürzlich Mitglied der Welthandelsorganisation geworden ist, wird sich dieser Austausch weiter verstärken. Schon jetzt entlässt China beispielsweise mehr Schwefeloxide, Fluorchlorkohlenwasserstoffe und andere ozonschädigende Substanzen in die Atmosphäre als jedes andere Land, und bald wird es auch beim Kohlendioxidausstoß die erste Stelle einnehmen. Seine staub- und gasförmigen Schadstoffe werden durch die Atmosphäre nach Osten in die Nachbarländer und sogar bis nach Nordamerika transportiert; da es außerdem eine der beiden größten Importnationen für Holz aus Regenwäldern ist, wird es zur Triebkraft für die Zerstörung tropischer Wälder.

Noch wichtiger als alle anderen Folgen ist aber der Einfluss seiner Menschen auf die weltweite Umwelt: Wenn es China mit seiner riesigen Bevölkerung gelingt, sein Ziel zu erreichen und den Lebensstandard eines Industrielandes herzustellen, hätte das auch pro Kopf die gleichen Auswirkungen auf die Umwelt. Wie wir in diesem Kapitel und dann noch einmal in Kapitel 16 genauer erfahren werden, haben die Unterschiede zwischen dem Lebensstandard in der Ersten und Dritten Welt sowie die Bestrebungen Chinas und anderer Entwicklungsländer, diese Lücke zu schließen, große und in der Regel viel zu wenig beachtete Konsequenzen. Am Beispiel Chinas werden auch andere Themen dieses Buches deutlich werden: die zwölf Kategorien von Umweltproblemen in der modernen Welt, die in Kapitel 16 genauer erläutert werden und die in China alle stark oder sogar extrem ausgeprägt sind; die Auswirkungen der Globalisierung auf ökologische Probleme; die Tatsache, dass ökologische Themen nicht nur für die kleinen Gesellschaften von Bedeutung sind, die ich in den meisten anderen Kapiteln meines Buches als Beispiel gewählt habe, sondern auch für die größte Gesellschaft unserer Zeit; und realistische Gründe, warum trotz einer Fülle deprimierender statistischer Daten durchaus Anlass zur Hoffnung besteht. Ich werde zunächst einige kurze Hintergrundinformationen über China liefern; anschließend erörtere ich die verschiedenen ökologischen Probleme des Landes, ihre Auswirkungen auf das chinesische Volk und die übrige Welt, Chinas Reaktionen darauf und meine Prognose für die Zukunft.

Verschaffen wir uns zunächst einen kurzen Überblick über Chinas Geographie, Bevölkerungsentwicklung und Wirtschaft. Die chinesische Umwelt ist vielgestaltig und an manchen Orten sehr empfindlich. Zu den vielen geographischen Besonderheiten gehören die größte und höchste Hochebene der Welt, einige der weltweit höchsten Berge, zwei der längsten Flüsse (Jangtse und Gelber Fluss) viele Seen, eine lange Küste und ein großes Kontinentalschelf. Das Spektrum der Lebensräume reicht von Gletschern und Wüsten bis zu tropischen Regenwäldern. Innerhalb dieser Ökosysteme befinden sich Regionen, die aus unterschiedlichen Gründen sehr empfindlich sind: In Nordchina schwankt beispielsweise die Niederschlagsmenge stark, gelegentlich treten Wind und Dürre zur gleichen Zeit auf, und die hoch gelegenen Graslandschaften sind anfällig für Staubstürme und Bodenerosion; umgekehrt ist es in Südchina feucht, aber hier können schwere Unwetter an Berghängen für Bodenerosion sorgen.

Was Chinas Bevölkerung angeht, sind vor allem zwei Tatsachen allgemein bekannt: Sie ist die größte der Welt, und die chinesische Regierung hat (als Einzige in der ganzen modernen Welt) eine obligatorische Geburtenkontrolle eingeführt, durch die das Bevölkerungswachstum bis zum Jahr 2001 drastisch auf nur noch 1,3 Prozent im Jahr gesunken ist. Damit stellt sich die Frage, ob auch andere Länder die gleiche Entscheidung treffen werden; manche schrecken zwar entsetzt vor einer solchen Lösung zurück, aber dadurch könnten sie möglicherweise in eine Situation geraten, die noch drastischere Lösungen für ihre Bevölkerungsprobleme erfordert.

Viel weniger bekannt ist eine andere Tatsache, die aber für die Auswirkungen der Menschen auf die Umwelt ebenfalls bedeutsame Folgen hat: Die Zahl der Haushalte ist in China während der letzten 15 Jahre trotz allem um 3,5 Prozent im Jahr gewachsen, mehr als doppelt so schnell wie die Gesamtbevölkerung. Die Größe eines Haushaltes ist von durchschnittlich 4,5 Personen je Haus im Jahr 1985 auf 3,5 im Jahr 2000 gesunken und wird den Vorausberechnungen zufolge bis 2015 auf 2,7 zurückgehen. Wegen dieser verminderten Haushaltsgröße gibt es in China heute 80 Millionen Haushalte *mehr*, als es sonst der Fall gewesen wäre, eine Zunahme, die größer ist als die Gesamtzahl der Haushalte in Russland. Die Abnahme der Haushaltsgröße ist eine Folge sozialer Veränderungen: Die Bevölkerung altert, die Paare haben weniger Kinder, Scheidungen – früher fast unbekannt – nehmen zu, und die alte Sitte der Mehrgenerationenhäuser, in denen Großeltern, Eltern und Kinder unter einem Dach lebten, ist auf dem Rückzug. Gleichzeitig hat sich die Pro-Kopf-Wohnfläche fast verdreifacht. Insgesamt hat diese Zunahme von Zahl und Wohnfläche der Haushalte zur Folge, dass die Menschen in China trotz des geringen Bevölkerungswachstums ihre Umwelt immer stärker beeinträchtigen.

Der letzte Aspekt der chinesischen Bevölkerungsentwicklung, der besonderer Erwähnung bedarf, ist die schnelle Verstädterung. Während sich die Gesamtbevölkerung des Landes von 1953 bis 2001 »nur« verdoppelte, hat sich der Prozentsatz der Bevölkerung, der in Städten lebt, von 13 auf 38 Prozent fast verdreifacht, sodass die Einwohnerzahl der Städte um den Faktor sieben gewachsen ist und heute fast eine halbe Milliarde beträgt. Die Zahl der Großstädte hat sich auf knapp 700 verfünffacht, und die Fläche der vorhandenen Städte ist stark gewachsen.

Chinas Wirtschaft beschreibt man am einfachsten und kürzesten mit den Worten »groß und schnell wachsend«. China ist als größter Kohleproduzent und -verbraucher für ein Viertel der weltweiten Förderung verantwortlich. Auch mit Produktion und Verbrauch von Düngemitteln steht es an der Weltspitze: Sein Anteil am weltweiten Verbrauch liegt bei 20 Prozent, und es ist seit 1981 für 90 Prozent der weltweiten Zunahme des Düngemittelverbrauchs verantwortlich; im Land selbst hat sich der Verbrauch verfünffacht, und je Hektar wird jetzt das Dreifache des weltweiten Durchschnitts ausgebracht. Als zweitgrößter Produzent und Verbraucher von Pflanzenschutzmitteln erzeugt China 14 Prozent der weltweiten Gesamtmenge, sodass es für solche Produkte sogar zu einer Exportnation geworden ist. Obendrein ist China der größte Stahlproduzent, der größte Verbraucher von Folien zur Abdeckung landwirtschaftlicher Flächen, der zweitgrößte Strom- und Kunstfaserproduzent, und der drittgrößte Ölverbraucher. In den letzten 20 Jahren wuchs die Stahlproduktion um den Faktor 5, die Erzeugung von Stahlprodukten um den Faktor 7, die Zementproduktion um den Faktor 10, die Kunststoffproduktion um den Faktor 19 und die Produktion von Chemiefasern um den Faktor 30. Außerdem wurden 34 000-mal mehr Waschmaschinen hergestellt.

Die bei weitem überwiegende Menge des Fleisches stammt in China seit jeher von Schweinen. Mit zunehmendem Wohlstand stieg aber auch die Nachfrage nach Rind-, Lamm- und Hühnerfleisch stark an, und der Eierverbrauch liegt heute pro Kopf ebenso hoch wie in den Industrieländern. Der Pro-Kopf-Verbrauch von Fleisch, Eiern und Milch vervierfachte sich zwischen 1978 und 2001. Damit wuchs auch die Menge land-

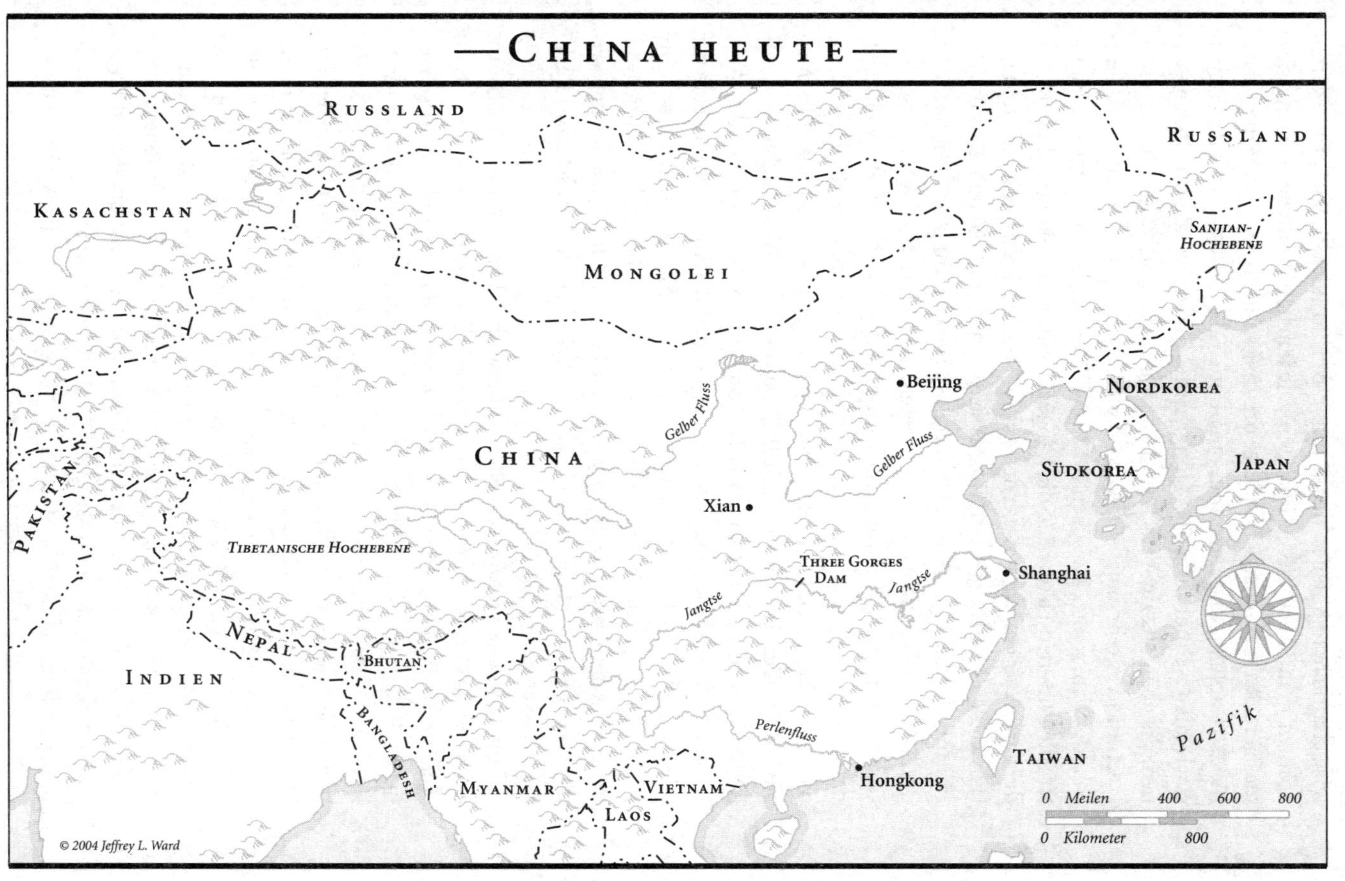
—China heute—
Russland
Russland
Kasachstan
Sanjian-Hochebene
Mongolei
Beijing
Nordkorea
Gelber Fluss
Gelber Fluss
China
Südkorea
Japan
Xian
Pakistan
Tibetanische Hochebene
Three Gorges Dam
Jangtse
Jangtse
Shanghai
Nepal
Bhutan
Indien
Bangladesh
Perlenfluss
Pazifik
Taiwan
Myanmar
Vietnam
Laos
Hongkong
0 Meilen 400 600 800
0 Kilometer 800
© 2004 Jeffrey L. Ward

wirtschaftlicher Abfälle, denn um ein Kilo Fleisch zu produzieren, braucht man 10 bis 20 Kilo Pflanzen. Die jährlich produzierte Menge fester Tierexkremente ist schon jetzt dreimal so hoch wie die Menge fester Industrieabfälle, und dazu muss man noch die Exkremente von Fischen sowie die Fischnahrung und Düngemittel in der Aquakultur hinzurechnen, die ebenfalls zur Verschmutzung von Land und Wasser beitragen.

Chinas Verkehrsnetz ist ebenso explosionsartig gewachsen wie die Anzahl der Fahrzeuge. Zwischen 1952 und 1997 wuchs die Länge der Bahnstrecken um den Faktor 2,5, die Länge der Straßen um den Faktor 10 und die Länge der Flugrouten um den Faktor 108. Die Zahl der Nutzfahrzeuge (vorwiegend Lastwagen und Busse) stieg zwischen 1980 und 2001 um das 15fache, die der Personenwagen um das 130fache. Im Jahr 1994, nachdem die Zahl der Nutzfahrzeuge sich bereits verneunfacht hatte, entschloss sich die chinesische Führung, die Autoproduktion zu einer der vier so genannten Säulen ihrer Industrie zu machen, und man peilte das Ziel an, die Produktion (jetzt vor allem Personenwagen) bis zum Jahr 2010 noch einmal um den Faktor 4 zu steigern. Damit wäre China nach den Vereinigten Staaten und Japan der drittgrößte Automobilproduzent der Welt. Nachdem die Luftqualität in Beijing und anderen Städten schon heute vor allem durch den Kraftfahrzeugverkehr sehr schlecht ist, stellt sich die Frage, wie es damit im Jahr 2010 aussehen wird. Die geplante Zunahme der Zahl von Kraftfahrzeugen wird sich aber auf die Umwelt auch dadurch auswirken, dass immer mehr Landflächen zu Straßen und Parkplätzen werden.

Hinter solchen eindrucksvollen Zahlen über Umfang und Wachstum der chinesischen Industrie lauert aber die Erkenntnis, dass sie sich zu einem großen Teil auf veraltete, wenig leistungsfähige und umweltschädliche Technologie stützt. In der chinesischen Industrieproduktion wird Energie nur halb so effizient genutzt wie in den Industrieländern; die Papierproduktion verbraucht mehr als doppelt so viel Wasser wie in der Ersten Welt; und die Bewässerung erfolgt auf der Bodenoberfläche mit ineffizienten Methoden, die zu Wasserverschwendung, Mutterbodenverlust, Eutrophierung und Sedimentablagerungen in den Flüssen führen. Die Energieversorgung des Landes basiert zu drei Vierteln auf Kohle und ist die wichtigste Ursache für Luftverschmutzung und sauren Regen sowie ein wichtiger Grund für die Ineffizienz. Für die Ammoniakproduktion auf Kohlebasis, eine Voraussetzung für die Herstellung von Düngemitteln und Textilien, erfordert es 42-mal so viel Wasser wie die Ammoniakproduktion in den Industrieländern, die Erdgas als Rohstoff verwendet.

Ein weiterer ineffizienter Teil der chinesischen Wirtschaft ist die schnell wachsende Kleinproduktion in ländlichen Gebieten: Die dort ansässigen dörflichen Unternehmen haben im Durchschnitt jeweils nur sechs Angestellte und beschäftigen sich insbesondere mit dem Bau von Häusern sowie mit der Herstellung von Papier, Pestiziden und Düngemitteln. Sie sind für ein Drittel der chinesischen Produktion und für die Hälfte der Exporte verantwortlich, tragen aber unverhältnismäßig stark zur Umweltverschmutzung durch Schwefeldioxid, Abwässer und feste Abfälle bei. Deshalb rief die Regierung 1995 den Notstand aus und verbot die 15 schlimmsten Formen solcher dörflichen Kleinbetriebe.

In der ökologischen Vergangenheit Chinas gab es mehrere Phasen. Schon vor einigen Jahrtausenden wurden Wälder in großem Umfang abgeholzt. Nach dem Ende des Zweiten Weltkrieges und des chinesischen Bürgerkrieges kehrte 1949 nicht nur der Frieden zurück, sondern auch weitere Waldzerstörung, Überweidung und Bodenerosion. In den Jahren des »Großen Sprunges Vorwärts« von 1958 bis 1965 kam es zu einer chaotischen Zunahme der Zahl von Fabriken (die sich allein in den zwei Jahren von 1957 bis 1959 vervierfachte!) mit zusätzlicher Waldzerstörung (zur Beschaffung des Brennholzes für die ineffiziente Hinterhof-Stahlproduktion) und Umweltverschmutzung als Begleiterscheinungen. Während der Kulturrevolution von 1966 bis 1976 griff die Zerstörung der Umwelt zunehmend um sich, weil man in dieser Zeit zahlreiche Fabriken aus den Küstenregionen, die dort im Kriegsfall als zu verwundbar galten, in tiefe Täler und auf hohe Berge verlegte. Seit dem Beginn der Wirtschaftsreformen 1978 hat sich die Umweltzerstörung weiter verstärkt und beschleunigt. Heute lassen sich die ökologischen Probleme des Landes unter sechs großen Überschriften zusammenfassen: Luft, Wasser, Boden, Lebensraumzerstörung, Verlust von Artenvielfalt und Großprojekte.

Betrachten wir zunächst einmal Chinas besonders berüchtigtes Umweltproblem: Wie entsetzlich die Luftqualität ist, wird an den mittlerweile bekannten Fotos von Menschen deutlich, die auf den Straßen vieler chinesischer Städte nur noch mit Gesichtsmasken herumlaufen können. In manchen Großstädten herrscht die schlimmste Luftverschmutzung der ganzen Welt; die Schadstoffkonzentration ist um ein Mehrfaches höher als die Grenzwerte, die noch als gesundheitlich unbedenklich gelten. Umweltgifte wie Stickoxide, aber auch Kohlendioxid reichern sich durch die wachsende Zahl von Motorfahrzeugen und die kohlebasierte Energieerzeugung an. Der saure Regen, der sich noch in den achtziger Jahren des 20. Jahrhunderts auf wenige Regionen im Südwesten und Süden beschränkte, hat sich mittlerweile über große Teile des Landes ausgebreitet und sucht ein Viertel der chinesischen Städte jedes Jahr an mehr als 50 Prozent der Regentage heim.

Ganz ähnlich verhält es sich auch mit der Wasserqualität der meisten chinesischen Flüsse und Grundwasserquellen: Sie ist schlecht und nimmt weiterhin ab. Ursachen sind Abwässer aus Industrie und Haushalten, aber auch ausgewaschene Düngemittel, Pestizide und Exkremente aus Landwirtschaft und Aquakultur, die in großem Umfang zur Eutrophierung führen. (Als Eutrophierung bezeichnet man übermäßiges Algenwachstum, dass durch die eingespülten Nährstoffe verursacht wird.) In China sind etwa 75 Prozent aller Seen und nahezu alle Küstengewässer verschmutzt. Die Zahl der »roten Fluten« in chinesischen Meeren – Wasser, verseucht von den Blüten des Planktons, deren Ausscheidungen für Fische und andere Meerestiere giftig sind – ist von einer alle fünf Jahre in den sechziger Jahren auf nahezu 100 pro Jahr gewachsen. Das Wasser aus dem berühmten Guanting-Stausee in Peking wurde 1997 für nicht mehr trinkbar erklärt. Nur 20 Prozent der Haushaltsabwässer werden aufbereitet, in den Industrieländern sind es 80 Prozent.

Verschärft werden solche Wasserprobleme durch Knappheit und Verschwendung. Im internationalen Vergleich besitzt China wenig Süßwasser – die Menge pro Kopf liegt nur bei einem Viertel des weltweiten Durchschnittswertes. Und was noch schlimmer ist: Selbst dieses wenige Wasser ist ungleichmäßig verteilt – in Nordchina steht pro Kopf nur ein Fünftel der Wassermenge zur Verfügung, die im Süden des Landes vorhanden ist. Wegen der allgemeinen Wasserknappheit und verschwenderischer Verwendung leiden über 100 Städte an schwerem Wassermangel, der manchmal sogar die Industrieproduktion ins Stocken bringt. Das Wasser für Städte und Bewässerung ist zu zwei Dritteln Grundwasser, das aus wasserführenden Schichten heraufgepumpt wird. Diese Vorkommen sind aber zunehmend erschöpft, sodass in den meisten küstennahen Gebieten Meerwasser eindringt, und unter manchen Städten sinkt sogar der Boden ab. Außerdem hat China stärker als jedes andere Land der Welt das Problem, dass Flüsse austrocknen, und zwar umso stärker, je mehr Wasser aus den natürlichen Fließgewässern zu verschiedenen Zwecken abgeleitet wird. Zwischen 1972 und 1997 beispielsweise hörte der Gelbe Fluss (der zweitgrößte Fluss Chinas) in 20 der 25 Jahre im Unterlauf auf zu fließen, und die Dauer der Austrocknung verlängerte sich von 10 Tagen im Jahr

1988 auf erstaunliche 230 Tage im Jahr 1997. Selbst am Jangtse und am Perlenfluss im feuchteren Südchina kommt es in der Trockenzeit zu Unterbrechungen, die die Schifffahrt behindern.

Was die Probleme mit dem Boden angeht, so gehört China weltweit zu den Ländern mit der stärksten Bodenerosion: Betroffen sind mittlerweile 19 Prozent der Landflächen, und sie hat zur Folge, dass jedes Jahr fünf Milliarden Tonnen Boden verloren gehen. Besonders verheerende Auswirkungen hat sie auf der Löss-Hochebene am mittleren Abschnitt des Gelben Flusses, die mittlerweile zu rund 70 Prozent erodiert ist, und zunehmend auch am Jangtse, dessen erosionsbedingte Sedimentablagerungen stärker sind als die Ablagerungen an Nil und Amazonas, den beiden längsten Flüssen der Welt, zusammen. Da auf diese Weise die Flüsse des Landes (aber auch Stauseen und Seen) aufgefüllt werden, sind die schiffbaren Flussstrecken bereits um 50 Prozent kürzer geworden, und sie können nur noch von Schiffen begrenzter Größe befahren werden. Abgenommen hat nicht nur die Menge des Bodens, sondern auch seine Qualität und Fruchtbarkeit; dies liegt unter anderem daran, dass der langfristige Einsatz von Düngemitteln und Pestiziden zu einer drastisch verringerten Menge von Regenwürmern geführt hat, die den Boden erneuern. Deshalb sind die landwirtschaftlichen Flächen, die als qualitativ hochwertig gelten, um 50 Prozent geschrumpft. Von der Versalzung, deren Ursachen im nächsten Kapitel (Kapitel 13) im Zusammenhang mit Australien genauer erörtert werden, sind neun Prozent der Fläche Chinas betroffen, was vorwiegend auf die schlechte Konstruktion und Bewirtschaftung der Bewässerungssysteme in Trockengebieten zurückzuführen ist. (Bei der Bekämpfung dieses Umweltproblems haben staatliche Maßnahmen mittlerweile zu guten Fortschritten geführt.) Von der Wüstenbildung durch Überweidung und Landgewinnung für die Landwirtschaft ist mittlerweile mehr als ein Viertel Chinas betroffen; in Nordchina wurden allein in den letzten zehn Jahren rund 15 Prozent der verbliebenen Acker- und Weideflächen auf diese Weise zerstört.

Zu allen eben genannten Bodenproblemen kamen die Verstädterung und der Landverbrauch für Bergbau, Forstwirtschaft und Aquakultur noch hinzu, und alle tragen dazu bei, dass die landwirtschaftlichen Flächen in China schrumpfen. Dies stellt für die Lebensmittelversorgung des Landes ein großes Problem dar, denn während die landwirtschaftlichen Nutzflächen abnehmen, steigen sowohl die Bevölkerung als auch der Pro-Kopf-Lebensmittelverbrauch, und die potenziell nutzbaren Flächen sind begrenzt. Heute steht pro Person nur ein Hektar Ackerland zur Verfügung, knapp die Hälfte des weltweiten Durchschnitts und fast ebenso wenig, wie es in Kapitel 10 im Zusammenhang mit dem Nordwesten Ruandas erörtert wurde. Da China außerdem sehr wenig Abfall-Recycling betreibt, sammeln sich riesige Mengen von Industrie- und Hausmüll auf offenen Flächen, wo sie den Boden vergiften und Ackerland blockieren oder schädigen. Über zwei Drittel aller chinesischen Städte sind heute von Müllbergen umgeben, deren Zusammensetzung sich tief greifend gewandelt hat: Waren es früher Gemüsereste, Staub und Kohleabfälle, so sind es heute Kunststoffe, Glas, Metall und Verpackungspapier. Die Vorstellung meiner Bekannten aus der Dominikanischen Republik, die für ihr Land eine im Müll versinkende Welt vorhersagen (Kapitel 11), trifft in hohem Maße auch für die zukünftige Entwicklung Chinas zu.

Wenn man von der Lebensraumzerstörung in China spricht, muss man mit der Waldzerstörung anfangen. China ist eines der waldärmsten Länder der Welt: Die Waldfläche beträgt nur rund 1200 Quadratmeter pro Kopf, während der weltweite Durchschnitt bei knapp 6500 Quadratmetern liegt, und Wälder bedecken nur 16 Prozent des Staatsgebietes (in Japan sind es 74 Prozent). Durch staatliche Anstrengungen ist zwar die Fläche von Baum-Monokulturen gewachsen, und damit hat auch die Gesamtfläche, die als bewaldet bezeichnet wird, geringfügig zugenommen; die natürlichen Wälder jedoch, insbesondere solche mit altem Baumbestand, sind geschrumpft. Diese Waldzerstörung trägt in großem Umfang zu Bodenerosion und Überschwemmungen bei. Nachdem die großen Überschwemmungen des Jahres 1996 bereits einen Schaden von mehr als 20 Milliarden Euro angerichtet hatten, veranlassten die noch größeren Überflutungen, von denen 1998 insgesamt 240 Millionen Menschen (ein Fünftel der Bevölkerung Chinas) betroffen waren, die Regierung zu hektischer Aktivität. Unter anderem wurde jede weitere Holzgewinnung in den natürlichen Wäldern verboten. Zusammen mit dem Klimawandel trägt die Waldzerstörung vermutlich auch zu den immer häufigeren Dürreperioden in China bei, von denen mittlerweile jedes Jahr 30 Prozent der landwirtschaftlichen Flächen betroffen sind.

Die beiden anderen schweren Formen der Lebensraumzerstörung in China sind die Zerstörung von Graslandschaften und der Abbau der Feuchtgebiete. Was das Ausmaß der natürlichen Graslandschaften angeht, steht China weltweit an zweiter Stelle hinter Australien; 40 Prozent des Staatsgebietes bestehen aus solchen Flächen, die meisten davon im trockenen Norden. Aber wegen der großen Bevölkerung errechnet sich daraus dennoch pro Kopf eine Fläche, die nur der Hälfte des weltweiten Durchschnitt entspricht. Überweidung, Klimawandel, Bergbau und andere Formen der Erschließung haben den Graslandschaften Chinas zugesetzt, sodass sie heute zu 90 Prozent als schwer geschädigt gelten. Die Grasproduktion je Hektar ist seit den fünfziger Jahren des 20. Jahrhunderts um rund 40 Prozent zurückgegangen, und anstelle der hochwertigen Grassorten haben sich Unkräuter und giftige Arten ausgebreitet. Diese Zerstörung der Graslandschaften hat Auswirkungen, die weit über den Schaden für die Lebensmittelproduktion hinausgehen: In der tibetanischen Hochebene (der größten Hochebene der Welt) liegen die Quellgebiete wichtiger Flüsse, die nicht nur durch China fließen, sondern auch durch Indien, Pakistan, Bangladesch, Thailand, Laos, Kambodscha und Vietnam. Die Zerstörung der Graslandschaften hat nicht nur zu häufigeren und schwereren Überschwemmungen am Gelben Fluss und am Jangtse geführt, sondern auch zu einer Zunahme der Staubstürme im Osten Chinas und insbesondere im Gebiet von Beijing (was die Fernsehzuschauer heute in der ganzen Welt sehen können).

Die Feuchtgebiete sind kleiner geworden, ihr Wasserstand schwankt stark, ihre Fähigkeit, Überschwemmungen abzufangen und Wasser zu speichern, ist zurückgegangen, und ihre Lebewesen sind gefährdet oder ausgestorben. In der Sanjian-Ebene im Nordosten zum Beispiel, dem Gebiet mit den größten Süßwassersümpfen Chinas, wurden bereits 60 Prozent der Sümpfe in Ackerland umgewandelt, und wenn die Entwässerung mit der derzeitigen Geschwindigkeit weitergeht, werden auch die verbliebenen 21 000 Quadratkilometer innerhalb der nächsten 20 Jahre verschwinden.

Auch in anderen Fällen hat es schwer wiegende wirtschaftliche Folgen, wenn Artenvielfalt verschwindet. Dies gilt zum Beispiel für die Schädigung der Süßwasser- und Küstenfischerei durch Überfischung und Wasserverschmutzung, insbesondere da die Nachfrage nach Fisch mit wachsendem Wohlstand zunimmt. Der Pro-Kopf-Verbrauch an Fisch ist in den letzten 25 Jahren fast um das Fünffache gestiegen, und zu diesem Bedarf im Inland muss man noch die steigenden chinesischen Exporte von Fischen, Weichtieren und anderen Meeresbewohnern hinzurechnen. Dies hatte zur Folge, dass der Weiße Stör nahezu ausgestorben ist, die früher sehr stabilen Garnelenerträge aus dem Bohai-Meer sind um 90 Prozent gesunken, früher allgegenwärtige Fischarten wie Jogi und Hairtail müssen heute importiert werden, die jährliche Fangmenge von Wildfischen aus dem Jangtse ist um 75 Prozent gesunken, und im Jahr 2003 musste dieser Fluss erstmals völlig für die Fischerei gesperrt werden. Allgemein betrachtet, besitzt China mit zehn Prozent aller Pflanzen- und Landtierarten der Erde eine sehr hohe Artenvielfalt. Aber ungefähr ein Fünftel aller einheimischen Arten (darunter auch die bekannteste von allen, der Riesenpanda), sind heute gefährdet, und viele charakteristische, seltene Arten (zum Beispiel der Chinesische Alligator und die Ginkgobäume) sind bereits fast ausgestorben.

Die Kehrseite dieses Schwundes einheimischer Arten ist eine Zunahme der eingeschleppten Lebewesen. In der Geschichte Chinas wurden zahlreiche Arten, die man für nützlich hielt, absichtlich in das Land eingeführt. Nachdem der Auslandshandel in jüngster Zeit um das 60fache zugenommen hat, kommt zu dieser absichtlichen Einführung auch das zufällige Einschleppen vieler Arten hinzu, die man keinesfalls für nützlich halten würde. Allein im Hafen von Shanghai fand man beispielsweise zwischen 1986 und 1990 bei der Untersuchung von Importwaren auf 349 Schiffen aus 30 Ländern nicht weniger als 200 Arten ausländischer Unkräuter, die als Verunreinigung mitgeschleppt wurden. Manche dieser Pflanzen, aber auch Insekten und Fische konnten sich als Schädlinge festsetzen und fügen der chinesischen Landwirtschaft, Aquakultur, Forstwirtschaft und Viehzucht gewaltige wirtschaftliche Schäden zu.

Als wäre das alles noch nicht genug, entstehen in China die größten Bauprojekte der Welt, und in allen Fällen kann man damit rechnen, dass sie große ökologische Probleme bereiten werden. Der Dreischluchtendamm am Jangtse, der größte Staudamm der Welt, dessen Bau 1993 begonnen wurde und den Planungen zufolge 2009 abgeschlossen sein wird, soll Strom liefern, die Hochwasserkontrolle verbessern und die Schifffahrt erleichtern; demgegenüber stehen Kosten von rund 25 Milliarden Euro, gesellschaftliche Kosten für die Entwurzelung vieler Millionen Menschen und ökologische Kosten, die sich mit Bodenerosion und der Zerstörung eines wichtigen Ökosystems (im drittlängsten Fluss der Welt) verbinden. Noch aufwendiger ist ein Projekt, das 2002 in Angriff genommen wurde und der Umleitung von Wasser aus dem Süden in den Norden dienen soll; die Fertigstellung ist erst für 2050 vorgesehen, und als Kosten sind rund 48 Milliarden Euro veranschlagt. Das Projekt wird die Umweltverschmutzung verstärken und zu einem Ungleichgewicht im Wasserhaushalt von Chinas längstem Fluss führen. Und auch dieses Vorhaben wird noch durch die geplante Erschließung des derzeit unterentwickelten westlichen Landesteils in den Schatten gestellt, der mehr als die Hälfte des

Staatsgebietes ausmacht und in den Augen der politischen Führung entscheidend für die weitere Entwicklung des Landes ist.

Halten wir nun einmal inne und schauen uns an, was diese Schäden für die Chinesen bedeuten. Bei den Auswirkungen kann man unterscheiden zwischen wirtschaftlichen Schäden, gesundheitlichen Schäden und der Gefahr von Naturkatastrophen. Ich möchte für alle drei Kategorien einige Schätzungen oder Beispiele nennen.

Betrachten wir zunächst die wirtschaftlichen Schäden, wobei wir bei geringeren Kosten beginnen und uns dann die größeren ansehen. In die Rubrik »geringe Kosten« kann man beispielsweise die rund 60 Millionen Euro einordnen, die jedes Jahr zur Ausrottung eines einzelnen Unkrauts aufgewendet werden: Das »Alligatorkraut« *Alternanthera philoxeroides* wurde als Schweinefutter aus Brasilien eingeführt, machte sich dann aber in Gärten, auf Süßkartoffelfeldern und in Zitrusplantagen breit. Spottbillig sind auch die Fabrikschließungen, die wegen Wasserknappheit in einer einzigen Stadt, nämlich Xian, notwendig werden und jährlich mit einem Verlust von rund 200 Millionen Euro zu Buche schlagen. Sandstürme richten Schäden von rund 450 Millionen Euro im Jahr an, und die Schäden an Nutzpflanzen und Wäldern durch sauren Regen summieren sich auf 600 Millionen im Jahr. Schwerer wiegen da schon die Kosten von 5 Milliarden für die »grüne Mauer« aus Bäumen, die man anpflanzte, um Beijing vor Sand- und Staubstürmen zu schützen, und die 6 Milliarden pro Jahr für die Beseitigung anderer Unkräuter neben dem Alligatorkraut. In den Bereich der wirklich beeindruckenden Zahlen stoßen wir vor, wenn wir von den einmaligen Kosten der Überschwemmung von 1996 reden (24 Milliarden Euro, immer noch billiger als die Überschwemmung von 1998), oder von den jährlichen unmittelbaren Schäden durch Wüstenbildung (30 Milliarden) und den jährlichen Verlusten durch Wasser- und Luftverschmutzung (40 Milliarden). Allein die beiden zuletzt genannten Posten kosten China jedes Jahr 14 Prozent seines Bruttoinlandproduktes.

Einen Eindruck von den Auswirkungen auf die Gesundheit können drei Themen vermitteln. Der Bleigehalt im Blut chinesischer Stadtbewohner liegt fast um das Doppelte über dem Wert, der in anderen Regionen der Welt als gefährlich hoch gilt und für die geistige Entwicklung von Kindern ein Risiko darstellt. Ungefähr 300 000 Todesfälle pro Jahr und Gesundheitskosten von etwa 40 Milliarden Euro (acht Prozent des Bruttoinlandsprodukts) werden auf die Luftverschmutzung zurückgeführt. Hinzu kommt, dass das große Rauchen pro Jahr ungefähr 730 000 Opfer fordert, und das bei steigender Tendenz – China ist weltweit der größte Tabakproduzent und -verbraucher, und hier sind die meisten Raucher zu Hause (insgesamt 320 Millionen, ein Viertel aller Raucher der Erde, und jeder raucht durchschnittlich 1800 Zigaretten im Jahr).

China ist heute dafür bekannt, dass Naturkatastrophen häufig sind, großen Umfang haben und gewaltige Schäden anrichten. Manche davon – insbesondere Staubstürme, Erdrutsche, Dürreperioden und Überschwemmungen – stehen in engem Zusammenhang mit den Eingriffen des Menschen in die Umwelt und sind mit zunehmendem Ausmaß dieser Eingriffe häufiger geworden. Staubstürme beispielsweise kommen in kürzeren Abständen vor und sind schwerer, seit immer mehr Land durch Waldzerstörung, Überweidung, Erosion und von Menschen mitverursachte Dürreperioden seine Pflanzendecke verliert. Von 300 n. Chr. bis 1950 suchten Staubstürme durchschnittlich alle 31 Jahre einmal Nordwestchina heim; von 1950 bis 1990 betrug der Abstand durchschnittlich nur 20 Monate; und seit 1990 ereignen sie sich fast jedes Jahr. Am 5. Mai 1993 kamen in einem gewaltigen Staubsturm ungefähr 100 Menschen ums Leben. Dürreperioden haben zugenommen, weil die Waldzerstörung den natürlichen Wasserkreislauf mit seinen Niederschlägen beeinträchtigt und vielleicht auch weil die Entwässerung und übermäßige Nutzung von Seen und Feuchtgebieten zu einer Schrumpfung der Wasseroberflächen führt, die für die Verdunstung zur Verfügung stehen. Heute werden jedes Jahr rund 15 Millionen Hektar landwirtschaftliche Flächen durch Trockenheit geschädigt, ungefähr doppelt so viel wie in den fünfziger Jahren des 20. Jahrhunderts. Ebenso haben Überschwemmungen durch die Waldzerstörung stark zugenommen; die Überflutungen von 1996 und 1998 waren die schlimmsten in der jüngeren Geschichte. Auch der Wechsel von Dürre und Überschwemmungen kommt häufiger vor und richtet dann noch größere Schäden an als eines der beiden Ereignisse allein, weil durch die Dürre zunächst die Pflanzendecke zerstört wird, und dann verursacht die Überschwemmung auf dem nackten Boden eine noch schlimmere Erosion, als wenn die Pflanzen noch vorhanden wären.

Selbst wenn die Chinesen nicht durch Handel und Reisen mit den Bewohnern anderer Länder in Verbindung stünden, wäre die riesige Fläche und Bevölkerung Chinas ein Garant dafür, dass andere Völker betroffen sind. Das liegt einfach daran, dass China seine Abwässer und Abgase in dasselbe Weltmeer und dieselbe Atmosphäre entlässt. In Wirklichkeit haben die Kontakte zur übrigen Welt durch Handel, Investitionen und Entwicklungshilfe in den letzten 20 Jahren fast exponentiell zugenommen. Der Handel, der heute ein Volumen von rund 500 Milliarden Euro hat, war bis 1980 nicht der Rede wert, und erst seit 1991 gibt es in China nennenswerte Investitionen aus dem Ausland. Die rasante Entwicklung der Exportwirtschaft war eine Triebkraft für die zunehmende Umweltverschmutzung in China, denn die ökologisch schädlichen, ineffizienten kleinen Unternehmen auf dem Land produzierten etwa die Hälfte aller chinesischen Exportgüter. Seit 1991 stand China bei der Summe der jährlichen Auslandsinvestitionen an zweiter Stelle hinter den Vereinigten Staaten, und 2002 rückte es mit der Rekordinvestition von 40 Milliarden Euro auf den ersten Platz vor. Zur ausländischen Entwicklungshilfe gehörten zwischen 1981 und 2000 auch rund 80 Millionen Euro von internationalen nichtstaatlichen Organisationen – eine große Summe im Vergleich zu den Etats solcher Organisationen, aber nur ein kleiner Betrag im Verhältnis zu Chinas übrigen Geldquellen: 400 Millionen Euro aus dem Entwicklungsprogramm der Vereinten Nationen, acht Milliarden Euro von der japanischen Internationalen Entwicklungsagentur, 8,5 Milliarden von der Asiatischen Entwicklungsbank und 20 Milliarden von der Weltbank.

Alle diese Transferleistungen treiben Chinas schnelles Wirtschaftswachstum und die damit verbundene Schädigung der Umwelt voran. Betrachten wir nun einmal, auf welche Weise die übrige Welt das Land sonst noch beeinflusst, und erörtern wir dann, welche Auswirkungen China auf die übrige Welt hat. Diese gegenseitigen Einflüsse sind Aspekte des modernen Schlagworts »Globalisierung«, das im Zusammenhang mit diesem Buche von großer Bedeutung ist. Die Verflechtungen der verschiedenen Gesellschaften in der heutigen Welt sind die Ursache einiger besonders wichtiger Unterschiede (von denen in Kapitel 16 genauer die Rede sein wird) zwischen den Folgen, die Umweltprobleme früher auf der Osterinsel, bei den Maya oder bei den Anasazi hatten, und ihren Auswirkungen in unserer Zeit.

Unter den schädlichen Dingen, die aus der übrigen Welt nach China gelangt sind, habe ich die eingeschleppten Tier- und Pflanzenarten bereits erwähnt. Weniger bekannt ist, dass auch Müll in großem Umfang nach China importiert wird. Manche Industriestaaten vermindern ihre Abfallberge, indem sie in China für die Annahme unbehandelter Abfälle bezahlen, darunter auch solche mit giftigen Chemikalien. Außerdem nimmt Chinas wachsende Industrie auch Abfälle und Schrott an, die als billige Quellen für wiederverwertbare Rohstoffe dienen. Als Beispiel möchte ich nur eine allgemein bekannte Kategorie von Gegenständen nennen: Im September 2002 registrierte das chinesische Zollbüro in der Provinz Zhejiang eine Sendung mit 400 Tonnen »Elektronikabfall« aus den Vereinigten Staaten: ausgediente elektronische Geräte und Bauteile wie defekte Farbfernsehgeräte, Computerbildschirme, Fotokopiergeräte und Tastaturen. Die statistischen Angaben über den Umfang solcher Müllimporte sind zwangsläufig unvollständig, aber die verfügbaren Zahlen lassen darauf schließen, dass sie von 1990 bis 1997 von einer Million auf 11 Millionen Tonnen anwuchsen, und die Menge des Mülls aus Industrieländern, der über Hongkong nach China gelangte, wuchs von 1998 bis 2002 von 2,3 auf über 3 Millionen Tonnen. Auf diese Weise wird Umweltverschmutzung unmittelbar aus den Industrieländern nach China verschoben.

Noch schlimmer als der Abfall ist etwas anderes: Viele ausländische Unternehmen haben zwar der chinesischen Umwelt geholfen, indem sie hoch entwickelte Technologie in das Land exportierten, andere haben ihr aber auch geschadet; sie verlegten umweltschädliche Industriezweige nach China, darunter auch solche, die im Ursprungsland mittlerweile verboten sind. Ein Teil dieser Technologie wird später aus China in noch weniger weit entwickelte Länder verlagert. Ein Beispiel ist die Herstellung von Fuyaman, ein Pflanzenschutzmittel gegen Blattläuse, das in Japan schon seit 1975 verboten war. Die Herstellungstechnologie wurde 1992 an ein chinesisch-japanisches Gemeinschaftsunternehmen in der Provinz Fujian verkauft, wo die Produktion noch heute nicht nur bei vielen Menschen zu Vergiftungen und Tod führt, sondern auch zu schwer wiegender Umweltverschmutzung. Allein in der Provinz Guangdong importierten ausländische Investoren im Jahr 1996 insgesamt 1800 Tonnen der Ozon zerstörenden Fluorchlorkohlenwasserstoffe, und damit machten sie es China noch schwerer, seinen Beitrag zur Zerstörung des Ozons auf der ganzen Welt zu vermindern. Im Jahr 1995 gab es in China nach Schätzungen 16 998 besonders umweltschädliche Unternehmen, die zusammen für eine Industrieproduktion von rund 40 Milliarden Euro verantwortlich waren.

Kommen wir nun von Chinas Importen zu den Exporten im weitesten Sinn. Wegen seiner hohen einheimischen Artenvielfalt »liefert« das Land unabsichtlich auch anderen Staaten zahlreiche Tier- und Pflanzenarten, die sich bereits in der artenreichen Umwelt Chinas durchgesetzt hatten.

So stammen beispielsweise die drei bekanntesten Schädlinge, die in Nordamerika zahlreiche Baumbestände zugrunde gerichtet haben – die parasitischen Erreger von Kastanienkrebs und Ulmensterben sowie der Asiatische Bockkäfer – aus China oder seinen ostasiatischen Nachbarländern. Durch den Kastanienkrebs sind die einheimischen Kastanien in den USA bereits ausgestorben; das Ulmensterben machte den Ulmen den Garaus, die ein charakteristisches Kennzeichen der Ortschaften Neuenglands waren, als ich dort vor über 60 Jahren aufwuchs; und der Asiatische Bockkäfer, der in den Vereinigten Staaten erstmals 1996 als Schädling an Ahornbäumen und Eschen entdeckt wurde, könnte an den Bäumen der Vereinigten Staaten einen Schaden von bis zu 41 Milliarden Dollar anrichten, mehr als die beiden anderen genannten Schädlinge zusammen. Ein anderer Neuankömmling, der Chinesische Graskarpfen, ist heute in den Seen und Flüssen von 45 US-Bundesstaaten verbreitet, wo er mit den einheimischen Fischarten in Konkurrenz tritt und in den Lebensgemeinschaften von Wasserpflanzen, Plankton und wirbellosen Tieren für große Veränderungen sorgt. Eine weitere Spezies, die in China mit einem großen Bestand vertreten ist, ökologisch und ökonomisch große Auswirkungen hat und von dort in immer größerer Zahl exportiert wird, ist der *Homo sapiens.* Als Herkunftsland für die legale Einwanderung nach Australien beispielsweise (Kapitel 13) nimmt China heute bereits den dritten Platz ein, und eine erhebliche Zahl legaler wie auch illegaler Einwanderer kommt über den Pazifik sogar in die Vereinigten Staaten.

Während China also auf diese Weise absichtlich oder unabsichtlich Insekten, Süßwasserfische und Menschen per Schiff oder Flugzeug in andere Länder exportiert, kommen weitere unbeabsichtigte Exporte über die Atmosphäre. China ist mittlerweile weltweit der größte Produzent und Verbraucher von Fluorchlorkohlenwasserstoffen und anderer ozonschädigender Gase, deren Nutzung die Industrieländer 1995 einschränkten. Darüber hinaus trägt China heute 12 Prozent zu den Kohlendioxid-Emissionen bei, die für die globale Erwärmung von entscheidender Bedeutung sind. Wenn sich der derzeitige Trend fortsetzt – steigende Emissionen in China, gleich bleibende Emissionen in den Vereinigten Staaten, abnehmende Emissionen in anderen Ländern –, wird China im Jahr 2050 mit 40 Prozent der weltweiten Gesamtmenge die Nummer eins im Kohlendioxidausstoß sein. Bei den Schwefeloxiden steht China schon heute mit einem Ausstoß, der doppelt so hoch ist wie in den USA, weltweit an der Spitze. Der schadstoffbeladene Staub, Sand und Boden aus Chinas Wüsten, zerstörten Weideflächen und nicht genutztem Ackerland wird vom Wind nach Osten verfrachtet und gelangt nach Korea und Japan sowie auf die Pazifikinseln; nach einer Woche hat er den Pazifik überquert und ist in den Vereinigten Staaten und Kanada angelangt. Diese partikelförmigen Luftschadstoffe sind die Produkte der kohlebasierten chinesischen Wirtschaft, der Waldzerstörung, Überweidung, Erosion und schädlicher landwirtschaftlicher Methoden.

Der nächste Austausch zwischen China und anderen Ländern ist ein Import, der sich als Export niederschlägt: Mit importiertem Holz wird die Waldzerstörung exportiert. In der Liste der Holz verbrauchenden Staaten steht China weltweit an dritter Stelle: Auf dem Land liefert es in Form von Brennholz 40 Prozent der Energie, es ist der nahezu ausschließliche Rohstoff für die Papier- und Zellstoffindustrie, und die Bauindustrie nutzt es für Vertäfelungen und Balken. Zwischen dem wachsenden Bedarf an Holzprodukten und der abnehmenden einheimischen Versorgung tut sich aber eine immer größere Lücke auf, insbesondere seit der Holzabbau im Land nach den Überschwemmungen von 1998 verboten wurde. Seither haben sich Chinas Holzimporte versechsfacht. Mit dem Import von Tropenholz aus Ländern auf allen drei Kontinenten, die tropische Abschnitte besitzen (insbesondere aus Malaysia, Gabun, Papua-Neuguinea und Brasilien) steht China heute an zweiter Stelle hinter Japan, das es aber schon bald überholen wird. Auch aus gemäßigten Breiten wird Holz importiert, insbesondere aus Russland, Neuseeland, den Vereinigten Staaten, Deutschland und Australien. Nachdem China der Welthandelsorganisation beigetreten ist, rechnet man mit einem weiteren Anstieg dieser Holzimporte, denn die Einfuhrzölle auf Holzprodukte werden nun von 15 bis 20 Prozent auf zwei bis drei Prozent sinken. Letztlich bedeutet das, dass China wie Japan seine eigenen Wälder erhalten wird, aber dafür exportiert es die Waldzerstörung in andere Länder, wo sie in einigen Fällen (so in Malaysia, Papua-Neuguinea und Australien) schon jetzt katastrophale Ausmaße angenommen hat.

Noch wichtiger als alle diese ökologischen Schäden ist möglicherweise ein anderes Thema, über das nur selten gesprochen wird: Welche Folgen hat es, wenn die Chinesen wie andere Völker in Entwicklungsländern ihren Ehrgeiz verwirklichen, den Lebensstandard der Industrieländer zu erreichen? Diese abstrakte Formulierung bedeutet für den einzelnen Bürger eines Drittweltlandes viele ganz bestimmte Dinge: ein eigenes Haus, elektrische Geräte, Hausrat, Bekleidung und Konsumprodukte, die nicht in Heimarbeit oder an Ort und Stelle von Hand hergestellt werden, sondern kommerziell und unter Energieverbrauch; Zugang zu industriellproduzierten, modernen Arzneimitteln sowie zu Ärzten und Zahnärzten, die mit großem Aufwand ausgebildet und ausgerüstet wurden; ein Überfluss an Nahrungsmitteln, die in landwirtschaftlicher Intensivproduktion mit Kunstdünger produziert wurden und nicht mit Tierexkrementen oder pflanzlichem Kompost; industrielle weiterverarbeitete Lebensmittel; Fortbewegung nicht mit dem Fahrrad, sondern mit Motorfahrzeugen (am liebsten mit dem eigenen Auto); und Zugang zu vielen weiteren Produkten, die nicht aus der Gegend stammen und zu Fuß zu den Verbrauchern gebracht werden, sondern aus weit entfernten Fabriken, von wo sie mit Motorfahrzeugen herantransportiert werden. Alle mir bekannten Bewohner von Drittweltländern, selbst jene, die teilweise ihre traditionelle Lebensweise beibehalten oder wiederherstellen wollen, schätzen zumindest manche Elemente dieser Lebensform aus den Industrieländern.

Welche Auswirkungen es auf die ganze Welt hat, wenn alle nach der Lebensweise streben, deren sich die Bewohner der Industrieländer heute erfreuen, wird am Beispiel China besonders deutlich. Hier verbindet sich die größte Bevölkerung der Welt mit der am schnellsten wachsenden Wirtschaft. Die Gesamtheit von Produktion und Konsum errechnet sich, wenn man die Bevölkerungszahl mit der Pro-Kopf-Produktion oder dem Pro-Kopf-Verbrauch multipliziert. In China ist diese Gesamtproduktion wegen der gewaltigen Einwohnerzahl schon heute sehr hoch, und das trotz sehr geringer Pro-Kopf-Werte: Der Pro-Kopf-Verbrauch vier wichtiger Industriemetalle beispielsweise (Stahl, Aluminium, Kupfer und Blei) liegt nur bei neun Prozent des Wertes der führenden Industrieländer. Aber China macht auf seinem Weg zu dem Ziel, ein Industrieland zu werden, rasche Fortschritte. Steigt der Pro-Kopf-Verbrauch dort auf das Niveau der heutigen Industrieländer, würden Produktion und Verbrauch der genannten vier Metalle selbst dann, wenn sich sonst nichts ändert – wenn beispielsweise Bevölkerung und Produktion / Verbrauch in allen anderen Ländern unverändert bleiben –, allein durch den Anstieg von Produktion und Verbrauch in China *weltweit* um 94 Prozent wachsen. Mit anderen Worten: Wenn China den Standard der Industrieländer erreicht, werden sich Ressourcenausbeutung und ökologische Schäden auf der ganzen Welt ungefähr verdoppeln. Dabei ist schon zweifelhaft, ob auch nur die derzeitige Ressourcennutzung und die ökologischen Eingriffe auf lange Sicht haltbar sind. Irgendwo muss es zum Rückgang kommen. Das ist der wichtigste Grund, warum Chinas Probleme automatisch zu Problemen der ganzen Welt werden.

Früher glaubten die politisch Verantwortlichen in China, die Menschen könnten und sollten sich die Natur untertan machen, Umweltschäden seien ein Problem, von dem nur kapitalistische Gesellschaften betroffen sind, und sozialistische Gesellschaften seien dagegen immun. Nachdem die ökologischen Schwierigkeiten heute aber auch in China überall sichtbar werden, haben sie dazugelernt. Der Wandel im Denken begann schon 1972, als China eine Delegation zur ersten Umweltkonferenz der Vereinten Nationen entsandte. Im Jahr 1973 wurde die so genannte Führungsgruppe für Umweltschutz eingerichtet, die sich 1998 (im Jahr der großen Überschwemmungen) in die staatliche Umweltschutzbehörde verwandelte. Im Jahr 1983 wurde der Umweltschutz zum Staatsziel erklärt – jedenfalls theoretisch. In der Praxis jedoch hat man zwar viele Anstrengungen unternommen, um Umweltschäden unter Kontrolle zu bringen, aber die wirtschaftliche Entwicklung genießt nach wie vor Priorität und ist das wichtigste Kriterium für die Leistungsbeurteilung von Regierungsbeamten. Viele Umweltschutzgesetze und -vorschriften wurden zwar auf dem Papier erlassen, aber nicht wirksam umgesetzt.

Wie könnte Chinas Zukunft aussehen? Die gleiche Frage stellt sich natürlich überall auf der Welt: Ökologische Probleme verschärfen sich, die Entwicklung von Lösungsversuchen beschleunigt sich ebenfalls, aber welches Pferd wird das Rennen gewinnen? In China ist diese Frage von besonderer Dringlichkeit, und zwar nicht nur wegen des bereits erörterten Ausmaßes der Probleme und ihrer Auswirkungen auf die ganze Welt, sondern auch wegen eines Aspekts in der chinesischen Geschichte, den man als »Torkeln« bezeichnen kann (wobei ich den Begriff in dem streng neutralen Sinn eines »plötzlich von einer Seite zur andern schwanken« gebrauche und nicht in dem abwertenden Sinn, in dem es den Gang eines Betrunkenen bezeichnet). Bei dieser Metapher denke ich an das in meinen Augen charakteristischste Merkmal der chinesischen Geschichte, das ich bereits in meinem Buch *Arm und Reich* erörtert habe. Wegen geographischer Faktoren – China hat eine relativ glatte Küstenlinie, Halbinseln von der Größe Italiens und der iberischen Halbinsel fehlen ebenso wie Inseln von den Ausmaßen Großbritanniens und Irlands, und die wichtigsten Flüsse fließen parallel – wurde das chinesische Kernland schon 221 v. Chr. vereinigt und hat diesen Zustand seither fast die gesamte Zeit beibehalten, während eine solche Einigung im geographisch zerrissenen Europa nie stattfand. Deshalb konnten die Mächtigen in China Veränderungen in einem viel größeren Gebiet anordnen als jeder europäische Herrscher – und dabei handelte es sich manchmal in rascher Folge um

Veränderungen zum Besseren und zum Schlechteren (daher das »Torkeln«). Chinas Einheit und die Entscheidungen seiner Kaiser sind wahrscheinlich zumindest zum Teil eine Erklärung dafür, warum man in China zur Zeit der europäischen Renaissance die größten und besten Schiffe der Welt entwickelte, Flotten nach Indien und Afrika schickte, dann diese Flotten wieder auflöste und die Besiedelung von Überseekolonien den viel kleineren europäischen Staaten überließ; und es dürfte auch der Grund sein, warum China mit einer eigenen industriellen Revolution begann und sie dann nicht fortsetzte.

Die Chancen und Risiken der chinesischen Einheit sind bis in die jüngste Zeit bestehen geblieben, und auch heute torkelt China in wichtigen politischen Fragen, die mit seiner Umwelt und Bevölkerungsentwicklung zu tun haben. Einerseits konnte die politische Führung ihre Probleme in einem Umfang lösen, wie es in Europa oder Amerika kaum möglich gewesen wäre: Man konnte beispielsweise eine Ein-Kind-Politik zur Verminderung des Bevölkerungswachstums verordnen und die Holzgewinnung 1998 im ganzen Land verbieten. Andererseits konnten die politisch Verantwortlichen aber auch Unheil in einem Maßstab anrichten, der in Europa oder Amerika ebenfalls kaum denkbar wäre: Beispiele sind die chaotische Entwicklung durch den Großen Sprung Vorwärts, die Auflösung des nationalen Bildungssystems während der Kulturrevolution und (so würde jedenfalls manch einer sagen) die Umweltschäden, die sich aufgrund der drei Großprojekte abzeichnen.

Was die Folgen der derzeitigen chinesischen Umweltprobleme angeht, kann man nur eines mit Sicherheit behaupten: Bevor es besser wird, wird es wegen zeitlicher Verzögerungen und der Auswirkungen der bereits eingeleiteten Schäden zunächst noch schlimmer werden. Ein wichtiger Faktor, der sich sowohl zum Schlechteren als auch zum Besseren auswirken kann, ist die voraussichtliche Zunahme des chinesischen Außenhandels nach dem Beitritt des Landes zur Welthandelsorganisation. Durch die Senkung oder Abschaffung der Zölle werden die Exporte und Importe von Autos, Textilien, landwirtschaftlichen Produkten und vielen anderen Waren zunehmen. Schon jetzt exportiert die chinesische Industrie Fertigwaren in andere Länder, während die Schadstoffe, die bei ihrer Produktion entstanden sind, zurückbleiben. Ihre Menge wird voraussichtlich wachsen. Importe, beispielsweise Müll und Autos, haben die Umwelt bereits jetzt geschädigt, und auch ihre Menge wird zunehmen. Andererseits gelten in manchen Mitgliedstaaten der Welthandelsorganisation wesentlich strengere Umweltvorschriften, und dies wird China dazu zwingen, diese internationalen Standards zu übernehmen, damit seine Exportwaren in den betreffenden Ländern überhaupt eingeführt werden dürfen. Steigende Importe landwirtschaftlicher Produkte könnten in China die Möglichkeit schaffen, weniger Düngemittel und Pestizide einzusetzen und die Nutzung landwirtschaftlicher Flächen mit geringer Produktivität zu vermindern. Gleichzeitig könnten steigende Öl- und Erdgasimporte dazu führen, dass die Luftverschmutzung durch Kohleverbrennung zurückgeht. Die Mitgliedschaft in der Welthandelsorganisation ist aber ein zweischneidiges Schwert: Durch die Steigerung der Importe und die damit verbundene Verminderung der Inlandsproduktion kann China seine ökologischen Schäden einfach in andere Länder verlagern, wie es beim Übergang von der Nutzung heimischer Hölzer zum Holzimport (bei dem China letztlich andere Länder dafür bezahlt, dass sie die schädlichen Folgen der Waldzerstörung auf sich nehmen) bereits geschehen ist.

Ein Pessimist wird bemerken, dass in China bereits viele Gefahren bestehen und schlechte Vorboten zu erkennen sind. Eine der allgemeinen Gefahren besteht darin, dass das Wirtschaftswachstum in China gegenüber Umweltschutz oder Nachhaltigkeit immer noch Priorität genießt. Das Umweltbewusstsein der Öffentlichkeit ist gering – unter anderem deshalb, weil China im Verhältnis zum Bruttoinlandsprodukt noch nicht einmal halb so viel in die Bildung investiert wie die Industrieländer. China beherbergt 20 Prozent der Weltbevölkerung, bringt aber nur ein Prozent der weltweiten Bildungsausgaben auf. Eine Oberschul- oder Universitätsausbildung für die Kinder übersteigt die finanziellen Möglichkeiten der meisten chinesischen Eltern: Die jährlichen Studiengebühren würden das Durchschnittsgehalt eines städtischen Arbeiters oder das Einkommen von drei Landarbeitern verschlingen. Die vorhandenen Umweltgesetze wurden im Wesentlichen Stück für Stück erlassen, eine wirksame Umsetzung fehlt ebenso wie eine Evaluierung der langfristigen Folgen, und vor allem mangelt es an einem systematischen Ansatz: So beziehen sich zwar einzelne Gesetze auf die schnell schrumpfenden chinesischen Feuchtgebiete, es gibt aber für deren Schutz keinen umfassenden Rahmen. Die örtlichen Beamten der Umweltschutzbehörde werden nicht von ranghöheren Beamten derselben Behörde ernannt, sondern von den regionalen Regierungen, die damit häufig die Durchsetzung landesweiter Umweltschutzgesetze und Vorschriften blockieren. Die Preise für wichtige Rohstoffe aus der Umwelt werden so niedrig angesetzt, dass die Verschwendung begünstigt wird; eine Tonne Wasser aus dem Gelben Fluss, die zur Bewässerung verwendet werden soll, kostet beispielsweise nur ein

Zehntel bis ein Hundertstel des Preises einer kleinen Flasche Quellwasser, sodass für die Bauern jeder Anreiz entfällt, bei der Bewässerung sparsam mit dem Wasser umzugehen. Das Land gehört dem Staat und ist an die Bauern verpachtet, und häufig folgen dabei in kurzer Zeit mehrere verschiedene Pächter aufeinander, sodass auch dies ihnen keinen Anreiz verschafft, langfristig in ihr Land zu investieren oder es gut zu verwalten.

Der chinesischen Umwelt drohen aber auch gezieltere Gefahren. Die stark zunehmende Zahl der Autos, die drei Großprojekte und das schnelle Verschwinden der Feuchtgebiete sind bereits Wirklichkeit und werden sich in Zukunft zunehmend schädlich auswirken. Durch die vorausberechnete Abnahme der durchschnittlichen Haushaltsgröße auf 2,7 Personen bis zum Jahr 2015 werden selbst dann, wenn die Bevölkerungszahl als solche gleich bleibt, 126 Millionen neue Haushalte hinzukommen, mehr als die Gesamtzahl aller Haushalte in den Vereinigten Staaten. Mit dem wachsenden Wohlstand und dem damit zunehmenden Fleisch- und Fischverbrauch werden sich die Umweltprobleme in Verbindung mit Fleischproduktion und Aquakultur verstärken, beispielsweise die Verschmutzung durch Exkremente von Landtieren und Fischen sowie die Eutrophierung durch nicht verzehrtes Fischfutter. Schon heute ist China weltweit der größte Produzent von Aquakultur-Lebensmitteln und das einzige Land, in dem aus der Aquakultur mehr Fische und andere Meerestiere gewonnen werden als aus der Fischerei in freier Wildbahn. Die weltweiten Auswirkungen, wenn China im Fleischkonsum mit den Industrieländern gleichzieht, sind nur ein Aspekt des umfassenderen Themas, das ich bereits am Beispiel des Metallverbrauchs deutlich gemacht habe: Derzeit besteht eine Kluft zwischen dem Pro-Kopf-Verbrauch und der Pro-Kopf-Produktion in Industrie- und Drittweltländern. Natürlich wird China sich nicht auf die Forderung einlassen, es solle nicht das Niveau der Industrieländer anstreben. Aber die Welt hält es nicht aus, wenn China und andere Drittweltländer auf dem Niveau der Industrieländer leben.

Als Gegengewicht zu all diesen Gefahren und entmutigenden Anzeichen gibt es auch viel versprechende Signale. Sowohl die Mitgliedschaft in der Welthandelsorganisation als auch die bevorstehenden Olympischen Spiele im Jahr 2008 waren für die chinesische Regierung ein Anlass, Umweltproblemen mehr Aufmerksamkeit zu schenken. Derzeit entsteht beispielsweise rund um Beijing für mehr als vier Milliarden Euro eine »grüne Mauer«, ein Gürtel aus Bäumen, der die Stadt vor Staub und Sandstürmen schützen soll. Um die Luftverschmutzung in der Hauptstadt zu vermindern, hat die Stadtverwaltung die Umrüstung von Lastwagen angeordnet, damit diese auch Erdgas und Flüssiggas verwenden können. Innerhalb eines knappen Jahres war in China das Blei aus dem Benzin verschwunden, ein Ziel, das in Europa und den Vereinigten Staaten erst nach vielen Jahren erreicht war. Kürzlich wurden Grenzwerte für den maximalen Benzinverbrauch von Autos festgelegt, und in die Vorschriften sind sogar SUVs einbezogen. Neue Fahrzeuge müssen den gleichen Abgaswerten entsprechen wie in Europa.

Mittlerweile unternimmt China auch große Anstrengungen, um seine außergewöhnliche biologische Artenvielfalt zu schützen: 1757 Naturschutzgebiete nehmen insgesamt 13 Prozent des Staatsgebietes ein, und daneben gibt es Zoos, botanische Gärten, Zuchtanstalten für Wildtiere, Museen sowie Gen- und Zellbanken. Unter anderem verwendet man in großem Umfang einige charakteristische, umweltfreundliche traditionelle Technologien; in Südchina ist es beispielsweise allgemeine Praxis, auf den bewässerten Reisfeldern auch Fische zu züchten. Damit werden die Exkremente der Fische als natürlicher Dünger wiederverwendet, der Reisertrag steigt, die Fische halten Schädlinge und Unkräuter in Schach, der Verbrauch an Herbiziden, Pestiziden und Kunstdünger vermindert sich, und man erhält mehr protein- und kohlenhydratreiche Nahrungsmittel, ohne die Umweltschäden zu verstärken. Ermutigende Anzeichen für die Wiederaufforstung sind drei große Baumplantagen, die 1978 angelegt wurden, und auch das 1998 erlassene landesweite Verbot der Holzgewinnung, wobei gleichzeitig ein Schutzprogramm für die natürlichen Wälder aufgelegt wurde, um die Gefahr weiterer verheerender Überschwemmungen zu vermindern. Seit 1990 hat China auf rund 39 000 Quadratkilometern die Wüstenbildung durch Wiederaufforstung und Befestigung von Sanddünen bekämpft. Im Rahmen des »Grain to Green«-Programms erhalten Bauern Subventionen, wenn sie Getreidefelder in Wälder oder Graslandschaften umwandeln, sodass die ökologisch empfindlichen steilen Berghänge in geringerem Umfange für die Landwirtschaft genutzt werden.

Wo führt das alles hin? Wie die übrige Welt, so torkelt auch China zwischen immer stärkeren Umweltschäden und einem immer stärkeren Umweltschutz. Seine riesige Bevölkerung und die große, wachsende Wirtschaft haben in Verbindung mit der heutigen und früheren Zentralisierung zur Folge, dass sich Chinas Torkelbewegungen extremer auswirken als die aller anderen Länder. Die Folgen werden nicht nur in China spürbar, sondern in der ganzen Welt. Während ich dieses Kapitel schreibe, schwanken auch meine eigenen Gefühle: Auf der einen Seite steht die Verzweiflung über die betäubende Litanei der deprimierenden Details, auf der anderen die Hoffnung, bestärkt durch die drastischen, schnell umgesetzten Umweltschutzmaßnahmen, die man in China bereits ergriffen hat. Wegen der Größe und der besonderen Regierungsform des Landes sind Entscheidungen von oben nach unten hier in weit größerem Maßstab wirksam als irgendwo sonst auf der Welt, und die Wirkung des Präsidenten Balaguer aus der Dominikanischen Republik stellen sie bei weitem in den Schatten. In meinem optimistischen Zukunftsszenario wird die chinesische Regierung erkennen, dass ihre ökologischen Probleme eine viel größere Bedrohung darstellen als das Bevölkerungswachstum. Dann wird sie zu der Schlussfolgerung gelangen, dass das Interesse Chinas eine Umweltpolitik erfordert, die ebenso kühn ist und ebenso wirksam umgesetzt wird wie die Familienplanung.

KAPITEL 13

»Abbau« in Australien

Australiens Bedeutung ▪ Boden ▪ Wasser ▪ Entfernungen ▪ Frühgeschichte ▪ Importierte Werte ▪ Handel und Einwanderung ▪ Landschaftszerstörung ▪ Andere Umweltprobleme ▪ Zeichen für Hoffnung und Wandel

Abbau im wörtlichen Sinn – der Abbau von Kohle, Eisen und so weiter – ist heute der wichtigste Pfeiler der australischen Wirtschaft und bringt dem Land den größten Teil seiner Exporterlöse ein. Im übertragenen Sinn jedoch ist Abbau auch ein tragendes Element in Australiens ökologischer Vergangenheit und eine wichtige Ursache seines heutigen Dilemmas. Abbau bedeutet, dass Ressourcen ausgebeutet werden, die sich nicht erneuern und deshalb irgendwann erschöpft sind. Da Gold im Boden kein neues Gold hervorbringt und da man sich deshalb nicht um eine Gold-Regenerationsrate kümmern muss, gewinnen die Bergleute das Edelmetall so schnell aus den Goldadern, wie es wirtschaftlich praktikabel ist, und das geschieht so lange, bis die Ader nichts mehr hergibt. Der Abbau von Mineralien ist deshalb ganz etwas anderes als die Nutzung erneuerbarer Ressourcen – beispielsweise Wälder, Fisch oder Mutterboden –, die sich durch die biologische Fortpflanzung oder Bodenbildung regenerieren. Erneuerbare Ressourcen kann man unbegrenzt nutzen, vorausgesetzt, man entnimmt sie mit einer Geschwindigkeit, die geringer ist als die Geschwindigkeit ihrer Regeneration. Beutet man Wälder, Fische oder Mutterboden dagegen stärker aus, als es ihrer Erneuerung entspricht, sind auch sie eines Tages wie das Gold in der Goldmine nicht mehr vorhanden.

In Australien hat man erneuerbare Ressourcen abgebaut, als wären sie Erze, und das geschieht noch heute. Mit anderen Worten: Sie werden übermäßig ausgebeutet, ihre Regeneration hält damit nicht Schritt, und irgendwann gehen sie zur Neige. Bleibt es bei der derzeitigen Geschwindigkeit, werden Wälder und Fischgründe in Australien viel eher verschwinden als Kohle- und Eisenlagerstätten – eigentlich paradox angesichts der Tatsache, dass die einen erneuerbar sind, die anderen aber nicht.

Auch viele andere Länder beuten heute ihre Umwelt aus, aber Australien eignet sich für unsere letzte Fallstudie über Gesellschaften aus Geschichte und Gegenwart besonders gut. Das hat mehrere Gründe. Im Gegensatz zu Ruanda, Haiti, der Dominikanischen Republik und China ist es ein Industrieland, genau wie die Staaten, in denen vermutlich die meisten Leser dieses Buches leben. Bevölkerung und Wirtschaft sind aber kleiner und weniger vielschichtig als in den Vereinigten Staaten, Europa oder Japan, sodass man die Situation in Australien einfacher verstehen kann. Die australische Umwelt ist ökologisch außerordentlich empfindlich, empfindlicher vielleicht als in allen anderen Industriestaaten mit Ausnahme Islands. Deshalb haben viele Probleme, die letztlich auch andere Industriestaaten zugrunde richten können und dies in manchen Drittweltländern bereits getan haben – beispielsweise Überweidung, Versalzung, Bodenerosion, eingeschleppte Arten, Wasserknappheit und vom Menschen verursachte Trockenheit – in Australien schon jetzt bedrohliche Ausmaße angenommen. Da Australien aber andererseits keine Anzeichen eines Zusammenbruchs wie in Ruanda und Haiti erkennen lässt, vermittelt es uns einen Vorgeschmack auf die Probleme, die auch in anderen Industriestaaten auftauchen werden, wenn sich die derzeitige Entwicklung fortsetzt. Aber die Aussichten auf eine Lösung dieser Probleme in Australien sind nicht deprimierend, sondern sie machen Hoffnung. Australien hat eine Bevölkerung mit guter Schulbildung, einen hohen Lebensstandard und im weltweiten Vergleich relativ seriöse politische und wirtschaftliche Institutionen. Deshalb kann man die Umweltprobleme Australiens nicht als Folge von ökologischem Missmanagement durch eine ungebildete, entsetzlich verarmte Bevölkerung und korrupte Regierungen oder Unternehmen abtun, während man vielleicht geneigt wäre, sie in manchen anderen Ländern mit einer solchen Erklärung unter den Tisch zu kehren.

Darüber hinaus hat Australien als Thema dieses Kapitels den Vorteil, dass es sehr deutlich die fünf Faktoren erkennen lässt, deren Wechselspiel ich in diesem Buch immer wieder als nützliches Hilfsmittel bezeichnet habe, wenn man den ökologischen Niedergang oder Zusammenbruch von Gesellschaften verstehen will. Dass die Menschen massiv in die australische Umwelt eingegriffen haben, liegt auf der Hand. Heute verschärfen sich diese Beeinträchtigungen durch den Klimawandel. Die freundschaftlichen Beziehungen zu Großbritannien, das Handelspartner und gesellschaftliches Vorbild war, haben die Umwelt- und Bevölkerungspolitik Australiens geprägt. Das moderne Australien hat keine Invasion durch äußere Feinde erlebt – es wurde zwar bombardiert, aber nicht besetzt –, und die Wahrnehmung tatsächlicher oder vermeintlicher Feinde aus Übersee hat der australischen Umwelt- und Bevölkerungspolitik ebenfalls ihren Stempel aufgedrückt. Ebenso macht das Land deutlich, wie stark man kulturelle Werte – darunter manche, die importiert wurden und sich nicht für die australische Landschaft eignen – in Betracht ziehen muss, wenn man die Beeinträchtigung der Umwelt verstehen will. Die Australier denken mittlerweile vielleicht radikaler als die Bürger aller anderen mir bekannten Industriestaaten über die entscheidende Frage nach: Welche unserer traditionellen, zentralen Werte können wir beibehalten, und welche erweisen uns in der heutigen Welt keine guten Dienste mehr?

Und schließlich gibt es noch einen letzten Grund, warum ich Australien als Thema dieses Kapitels gewählt habe: Ich liebe dieses Land, ich habe dort langjährige Erfahrungen gemacht, und ich kann es sowohl aus unmittelbarer Anschauung als auch mit Sympathie beschreiben. Zum ersten Mal war ich in Australien 1964, als ich auf dem Weg nach Neuguinea war. Seither habe ich das Land einige Dutzend Mal besucht, und einmal verbrachte ich ein ganzes Freisemester an der Australian National University in der Hauptstadt Canberra. Während dieses langen Aufenthaltes entwickelte sich bei mir eine tiefe Zuneigung zu den wunderschönen australischen Eukalyptuswäldern, einer Landschaft, die mich geprägt hat und mit einem Gefühl des Friedens und Staunens erfüllt wie nur noch zwei andere Lebensräume auf der Welt: der Nadelwald von Montana und der Regenwald Neuguineas. Australien und Großbritannien sind die einzigen Länder, in die auszuwandern ich ernsthaft in Erwägung gezogen habe. Nachdem ich nun die Reihe der Fallstudien in diesem Buch mit der Umwelt von Montana eröffnet habe, zu der ich schon als junger Mann eine enge Beziehung hatte, wollte ich sie mit einem anderen Land abschließen, zu dem sich bei mir in späteren Jahren ebenfalls eine große Liebe entwickelte.

Wenn man die Beeinträchtigung der australischen Umwelt durch die modernen Menschen verstehen will, sind insbesondere drei Eigenschaften dieser Umwelt von Bedeutung: erstens der Boden, und hier vor allem sein Nährstoff- und Salzgehalt, zweitens das verfügbare Süßwasser, und drittens die Entfernungen sowohl innerhalb Australiens als auch zwischen

Australien und seinen Handelspartnern oder potenziellen Feinden in Übersee.

Wenn man über die Umweltprobleme Australiens nachdenkt, fallen einem als Erstes Wüsten und Wasserknappheit ein. In Wirklichkeit bereitet der Boden sogar noch größere Probleme als die Wasserknappheit. Australien ist der unproduktivste Kontinent: Hier haben die Böden im Durchschnitt den geringsten Nährstoffgehalt, das geringste Pflanzenwachstum und die geringste Produktivität. Dies liegt daran, dass die Böden hier meist sehr alt sind, sodass die Nährstoffe im Lauf der Jahrmilliarden vom Regen ausgewaschen wurden. Das mit fast vier Milliarden Jahren älteste noch erhaltene Gestein der gesamten Erdkruste befindet sich in der Murchinson Range in Westaustralien.

In einem Boden, dessen Nährstoffe ausgewaschen wurden, kann der Nährstoffgehalt durch drei wichtige Vorgänge wieder ansteigen, und alle drei sind in Australien im Vergleich zu anderen Kontinenten nur in geringem Umfang aktiv. Erstens kann die Erneuerung durch Vulkanausbrüche erfolgen, die frisches Material aus dem Erdinneren an die Oberfläche transportieren. Dies war ein wichtiger Faktor bei der Entstehung fruchtbarer Böden in vielen Ländern wie Java, Japan und Hawaii, aber nur in wenigen kleinen Regionen im Osten Australiens gab es während der letzten 100 Millionen Jahre überhaupt vulkanische Aktivität. Zweitens können vordringende und zurückweichende Gletscher die Erdkruste freilegen, umwälzen, abschaben und das Material wieder ablagern, und solche Böden (oder vom Wind aus Gletscherablagerungen herantransportierte) sind in der Regel fruchtbar. Fast die Hälfte der Fläche Nordamerikas, insgesamt etwa 18 Millionen Quadratkilometer, waren irgendwann innerhalb der letzten Million Jahre vergletschert, aber in Australien trifft dies auf noch nicht einmal ein Prozent des Festlandes zu: Hier gibt es nur Gletscher von ungefähr 52 Quadratkilometern in den südöstlichen Australischen Alpen sowie ungefähr zweieinhalbtausend Quadratkilometer auf der Insel Tasmanien vor der Küste Südaustraliens. Und schließlich hat die langsame Hebung der Erdkruste, die ebenfalls neue Böden entstehen lässt, entscheidend zur Fruchtbarkeit großer Teile Nordamerikas, Indiens und Europas beigetragen. Aber auch solche Hebungen fanden in Australien während der letzten 100 Millionen Jahre nur in wenigen kleinen Gebieten statt, vor allem in der Great Dividing Range im Südosten des Kontinents und in dem Gebiet im Süden rund um Adelaide. Wie wir noch genauer erfahren werden, sind diese kleinen Bruchteile der australischen Landschaft, in denen der Boden kürzlich durch Vulkantätigkeit, Vergletscherung oder Hebung erneuert wurde, die großen Ausnahmen unter den ansonsten vorwiegend unproduktiven Böden des Kontinents, und sie tragen heute einen unverhältnismäßig großen Teil zur landwirtschaftlichen Produktivität Australiens bei.

Die geringe durchschnittliche Produktivität der Böden hat wichtige wirtschaftliche Auswirkungen auf die australische Landwirtschaft, Forstwirtschaft und Fischerei. Nährstoffe, die in nutzbaren Böden zu Beginn der europäischen Landwirtschaft vorhanden waren, gingen schnell zur Neige. Letztlich bauten die ersten Bauern in Australien unabsichtlich die Nährstoffe in ihrem Boden ab. Danach musste man sie künstlich in Form von Düngemitteln zuführen, was die Kosten der landwirtschaftlichen Produktion im Vergleich zu anderen Ländern mit fruchtbarerem Boden ansteigen ließ. Wegen der geringeren Produktivität des Bodens wachsen die Nutzpflanzen langsam und liefern im Durchschnitt geringere Erträge. Deshalb muss man in Australien größere Flächen kultivieren als in anderen Ländern, um den gleichen Ertrag zu erzielen, und das bedeutet, dass auch die Treibstoffkosten für landwirtschaftliche Maschinen wie Traktoren, Sämaschinen und Mähdrescher (die ungefähr proportional zu der Fläche sind, die mit den Maschinen bearbeitet wird) relativ hoch sind. Extrem unfruchtbare Böden findet man im Südwesten Australiens, dem so genannten Weizengürtel, der eine der wertvollsten Landwirtschaftsregionen des Landes darstellt; dort wächst der Weizen auf Sandboden, der praktisch keine natürlichen Nährstoffe mehr enthält, sodass man diese nahezu vollständig in Form von Kunstdünger zuführen muss.

Da die australische Landwirtschaft wegen der unverhältnismäßig hohen Kosten für Düngemittel und Brennstoffe sehr aufwendig ist, können Bauern, die dort an die lokalen Märkte verkaufen, trotz ihrer geringeren Transportkosten manchmal nicht mit Produzenten aus Übersee konkurrieren, die die gleichen Nutzpflanzen mit dem Schiff nach Australien bringen. Im Zeitalter der Globalisierung ist es billiger, Orangen in Brasilien anzubauen und das daraus erzeugte Orangensaftkonzentrat 13 000 Kilometer weit nach Australien zu bringen, statt den Saft unmittelbar aus den Früchten australischer Bäume herzustellen. Das Gleiche gilt für Speck oder Schinken aus Kanada und die entsprechenden Produkte aus Australien. Umgekehrt sind die australischen Bauern nur in wenigen spezialisierten »Marktnischen« auf den Märkten in Übersee konkurrenzfähig, insbesondere bei Nutzpflanzen und Tierprodukten mit hohem Mehrwert, der über die normalen Kosten für den Anbau hinausgeht, so beispielsweise bei Wein.

Eine zweite wirtschaftliche Folge der geringen Produktivität australischer Böden hat mit der Forstwirtschaft zu tun, die in Kapitel 9 bereits im Zusammenhang mit Japan erörtert wurde. In australischen Wäldern befindet sich der größte Teil der Nährstoffe nicht im Boden, sondern in den Bäumen selbst. Nachdem die ersten europäischen Siedler die einheimischen Wälder gefällt hatten, wurden die nachwachsenden natürlichen Wälder von späteren Bewohnern ebenfalls abgeholzt, oder diese investierten in den Anbau von Baum-Monokulturen. Das Wachstum geht dort jedoch im Vergleich zu anderen Holz produzierenden Ländern sehr langsam vonstatten. Paradoxerweise lässt sich der bedeutendste einheimische Bauholzlieferant (der Blaue Gummibaum aus Tasmanien) heute in vielen anderen Ländern preisgünstiger züchten als in Australien selbst.

Die dritte Folge überraschte mich und dürfte auch viele Leser überraschen. Dass die Fischerei von der Bodenqualität abhängt, würde man nicht ohne weiteres glauben: Schließlich leben Fische nicht im Boden, sondern in Flüssen oder im Meer. Aber alle Nährstoffe in den Flüssen und zumindest ein Teil der Nährstoffe in küstennahen Meeresteilen stammen aus dem Boden und werden von den Flüssen in den Ozean getragen. Deshalb sind auch Australiens Flüsse und Küstengewässer relativ wenig produktiv, und das hat zur Folge, dass die Fischgründe rund um den Kontinent sehr schnell ebenso abgebaut und übermäßig ausgebeutet wurden wie Wälder und Felder. Im Meer wurde ein Fischereigebiet nach dem anderen häufig schon wenige Jahre nach seiner Entdeckung so stark überfischt, dass es wirtschaftlich irgendwann nicht mehr lohnte. Heute hat Australien um sich herum unter den fast 200 Staaten der Welt die drittgrößte exklusive Fischereizone, aber was den Wert der Fischerträge aus dem Meer angeht, steht es nur an 55. Stelle. Die Süßwasserfischerei liefert überhaupt keine nennenswerten Erträge mehr.

Ein weiterer Aspekt der geringen Produktivität des australischen Bodens bestand darin, dass das Problem für die ersten europäischen Siedler nicht erkennbar war. Im Gegenteil: Als sie die großartigen, riesigen Waldgebiete sahen, in denen damals wahrscheinlich die größten Bäume der Neuzeit standen (die Blauen Gummibäume von Gippsland in Victoria waren bis zu 120 Meter hoch), ließen sie sich vom äußeren Anschein täuschen und glaubten, das Land sei äußerst fruchtbar. Aber nachdem Holzfäller den ersten Baumbestand entfernt hatten, und nachdem die Schafe die erste Grasdecke abgeweidet hatten, mussten die Siedler zu ihrem Erstaunen feststellen, dass Bäume und Gras sehr langsam nachwuchsen, dass das Land keine lohnende Landwirtschaft erlaubte, und dass man viele Gebiete verlassen musste, nachdem Bauern und Schafzüchter viel Kapital in den Bau von Gebäuden und Zäunen sowie in andere landwirtschaftliche Verbesserungen investiert hatten. Von den Anfängen der Kolonialzeit bis heute hat Australien zahlreiche Zyklen dieser Art durchgemacht: Rodung, Investitionen, Bankrott und Verlassen.

Alle diese Probleme der australischen Land-, Forst und Fischereiwirtschaft sind eine Folge der geringen Bodenproduktivität. Als weiteres großes Problem kommt hinzu, dass der Boden in Australien an vielen Stellen nicht nur wenig Nährstoffe, sondern auch viel Salz enthält. Das hat drei Gründe. Im Weizengürtel im Südwesten des Kontinents wurde das Salz seit Jahrmillionen durch den Meerwind vom benachbarten Indischen Ozean landeinwärts transportiert und lagerte sich dort ab. In Südostaustralien, der zweiten großen Landwirtschaftsregion, die in ihrer Produktivität an den Weizengürtel heranreicht, befindet sich das Tiefland des größten australischen Flussdeltas mit den Flüssen Murray und Darling. Dieses Gebiet wurde immer wieder vom Meer überspült und trocknete dann aus, wobei viel Salz zurückblieb. Eine andere Senke im Landesinneren Australiens enthielt früher einen Süßwassersee, der keinen Abfluss zum Meer hatte, durch Verdunstung immer salziger wurde (ganz ähnlich wie der Große Salzsee im US-Bundesstaat Utah und das Tote Meer zwischen Israel und Jordanien) und schließlich austrocknete. Dabei blieben Salzablagerungen zurück, die vom Wind in andere Teile Ostaustraliens transportiert wurden. Manche Böden in Australien enthalten bis zu 108 Kilogramm Salz je Quadratmeter. Welche Auswirkungen das viele Salz im Boden hat, werden wir später noch genauer erörtern. Kurz gesagt, wird es unter anderem durch Rodung und Bewässerung leichter an die Oberfläche gespült, was zu einem salzigen Oberboden führt, auf dem keine Nutzpflanze mehr wachsen kann. Genau wie die ersten Bauern in Australien ohne moderne bodenchemische Analysen nichts von der Nährstoffarmut wissen konnten, so hatten sie auch keine Ahnung von dem hohen Salzgehalt. Dass die Versalzung Probleme bereiten würde, konnten sie ebenso wenig voraussehen wie den Nährstoffmangel, den sie mit ihrer Landwirtschaft verursachten.

Während Unfruchtbarkeit und Versalzung der Böden für die ersten Bauern nicht erkennbar waren und auch heute bei Laien außerhalb Australiens kaum bekannt sind, liegen die Probleme mit der Wasserknappheit auf der Hand: Wenn die australische Umwelt zur Sprache kommt, denken die meisten Menschen in anderen Kontinenten zuerst an Wüsten. Diese Vorstellung hat ihre Berechtigung: In einem unverhältnismäßig großen Teil Australiens fallen nur geringe Niederschläge, oder es handelt sich um extreme Wüsten, wo Landwirtschaft ohne Bewässerung unmöglich wäre. Ein erheblicher Teil der Fläche Australiens ist heute für jede Form von Landwirtschaft oder Viehzucht nutzlos. Wo Lebensmittelproduktion dennoch möglich ist, fällt in der Nähe der Küste meist mehr Niederschlag als weiter landeinwärts. Fährt man also vom Meer ins Landesinnere, so trifft man zunächst auf Ackerland und auf Gebiete, wo die Hälfte der australischen Rinderbestände in hoher Dichte gehalten werden. Weiter landeinwärts folgen Schafställe, dann wieder Rinderställe (die andere Hälfte der Rinderbestände, hier aber in sehr niedriger Dichte), denn die Rinderzucht ist auch in Gebieten mit geringerem Niederschlag noch wirtschaftlicher als die Schafzucht; im Landesinneren schließlich liegt die Wüste, in der keinerlei Lebensmittelproduktion möglich ist.

Weniger gut zu greifen als die durchschnittliche Niederschlagsmenge ist das Problem, dass die Niederschläge unberechenbar sind. In vielen Landwirtschaftsregionen der Welt weiß man von Jahr zu Jahr genau, wann es regnen wird: In Südkalifornien beispielsweise, wo ich zu Hause bin, kann man so gut wie sicher sein, dass der Niederschlag sich auf den Winter konzentriert, während es im Sommer wenig oder gar nicht regnet. In vielen solchen Gebieten mit einer produktiven Landwirtschaft ist nicht nur die jahreszeitliche Regenmenge zuverlässig von Jahr zu Jahr die Gleiche, sondern man kann auch sicher sein, dass sie überhaupt kommt: Größere Dürreperioden sind selten, und ein Bauer kann ohne weiteres jedes Jahr Mühe und Kosten auf sich nehmen, um zu pflügen und zu säen; zu Recht erwartet er, dass die Niederschlagsmenge ausreicht und die Pflanzen heranreifen.

In großen Teilen Australiens jedoch hängt die Niederschlagsmenge von der so genannten ENSO (El Niño Southern Oscillation) ab, das heißt, sie ist innerhalb eines Jahrzehnts von Jahr zu Jahr unberechenbar und von Jahrzehnt zu Jahrzehnt noch schwieriger vorherzusehen. Als die ersten europäischen Bauern und Viehzüchter sich in Australien niederließen, hatten sie keine Ahnung von dem ENSO-abhängigen Klima ihrer neuen Heimat: Das Phänomen ist in Europa kaum nachzuweisen, und selbst professionelle Klimaforscher haben es erst in den letzten Jahrzehnten erkannt. In vielen Regionen Australiens hatten die ersten Bauern und Viehzüchter das Pech, dass sie während einer Reihe feuchter Jahre kamen. Deshalb schätzten sie das Klima des Kontinents falsch ein, und nun züchteten sie Getreide oder Schafe in der Erwartung, die günstigen Bedingungen, die sie gesehen hatten, seien der Normalfall. In Wirklichkeit reicht der Niederschlag in den meisten australischen Landwirtschaftsregionen nur in einem Bruchteil aller Jahre aus, damit das Getreide heranreifen kann. An den meisten Orten ist das höchstens die Hälfte aller Jahre, in manchen Gebieten sind es sogar nur zwei von zehn. Auch dies trägt dazu bei, dass Landwirtschaft in Australien teuer und unwirtschaftlich ist: Der Bauer pflügt und sät mit großem Aufwand, und dann kann er in mindestens der Hälfte der Jahre keine Ernte einfahren. Außerdem hat dies die unglückliche Folge, dass nackter Boden freigelegt wird, weil der Bauer alle Pflanzen, die seit der letzten Ernte von selbst nachgewachsen sind, unterpflügt. Wenn die Nutzpflanzen, die er dann aussät, nicht reif werden, bleibt der Boden ohne Bewuchs – er ist nicht einmal mehr von Unkraut bedeckt und bietet der Erosion eine große Angriffsfläche. Wegen der unberechenbaren Niederschläge ist der Anbau von Nutzpflanzen also auf kurze Sicht teurer, und auf lange Sicht wird die Erosion begünstigt.

Die wichtigste Ausnahme von dem Prinzip der ENSO-abhängigen, unberechenbaren Niederschläge ist der Weizengürtel im Südwesten. Dort stellten sich im Winter (jedenfalls bis vor kurzem) zuverlässig jedes Jahr die Regenfälle ein, sodass die Bauern eigentlich immer mit einer erfolgreichen Weizenernte rechnen konnten. Diese Zuverlässigkeit hatte zur Folge, dass der Weizen in den letzten Jahren sowohl die Wolle als auch das Fleisch von den Spitzenplätzen der landwirtschaftlichen Exportprodukte Australiens verdrängt hat. Wie bereits erwähnt, ist der Weizengürtel aber auch das Gebiet mit besonders geringer Bodenfruchtbarkeit und hohem Salzgehalt. Und in den letzten Jahren beeinträchtigt der globale Klimawandel sogar den Vorteil der berechenbaren winterlichen Niederschläge: Sie sind im Weizengürtel seit 1973 drastisch zurückgegangen, und die immer häufigeren sommerlichen Regenfälle gehen auf dem abgeernteten nackten Boden nieder, wo sie die Versalzung verstärken. Wie ich es bereits im Zusammenhang mit Montana in Kapitel 1 erwähnt habe, schafft der globale Klimawandel Gewinner und Verlierer; Australien wird dabei noch stärker auf der Verliererseite stehen als Montana.

Australien liegt zum größten Teil in gemäßigten Breiten, aber von anderen Ländern mit gemäßigtem Klima, die als Exportmärkte für australische Produkte infrage kommen, ist es viele tausend Kilometer entfernt. Deshalb bezeichnen australische Historiker die »Tyrannei der Entfernung« als wichtigen Faktor für die Entwicklung ihres Landes. Der Ausdruck spielt auf die langen Seereisen an, die australische Produkte je Kilo oder Volumeneinheit teurer machen als Exporte aus der Neuen Welt nach Europa, sodass praktisch nur Produkte mit geringem Gewicht und hohem Wert Gewinn bringend aus Australien exportiert werden können. Anfangs, im 19. Jahrhundert, waren Mineralien und Wolle solche Exportprodukte. Als nach 1900 die Kühlung von Schiffsladungen wirtschaftlich sinnvoll war, exportierte Australien auch Fleisch, und zwar insbesondere nach Großbritannien. Auch heute sind Waren mit geringer Größe und hohem Wert Australiens wichtigste Exportgüter, darunter Stahl, Mineralien, Wolle und Weizen, außerdem in den letzten Jahrzehnten zunehmend auch Wein und Macadamianüsse sowie einige besondere Nutzpflanzen, die zwar sperrig sind, aber auch einen hohen Wert haben, weil sie nur in Australien für besondere Marktnischen produziert werden, sodass manche Verbraucher dafür mehr bezahlen; solche Produkte sind Asdurumweizen und andere besondere Weizensorten sowie Weizen und Rindfleisch, die ohne Pestizide und andere chemische Zusätze erzeugt wurden.

Eine weitere Tyrannei der Entfernung besteht in Australien selbst. Die wenigen landwirtschaftlich nutzbaren und besiedelten Regionen des Kontinents sind weit voneinander entfernt: Das Land hat nur ein Vierzehntel der Einwohnerzahl der Vereinigten Staaten, aber diese Menschen verteilen sich über eine Fläche, die ebenso groß ist wie die der 48 zusammenhängenden US-Bundesstaaten. Wegen der daraus erwachsenden hohen Transportkosten innerhalb Australiens ist es sehr aufwendig, dort die Zivilisation eines Industrielandes aufrechtzuerhalten. Die Behörden finanzieren beispielsweise jeder Wohnung und jeder Firma im Land einen Anschluss an das nationale Telefonnetz, selbst wenn es sich um einen Ort im Outback handelt, der Hunderte von Kilometern von der nächsten Ansiedlung entfernt ist. Heute ist Australien der am stärksten urbanisierte Staat der Welt: 58 Prozent der Bevölkerung drängen sich in fünf großen Städten zusammen (Sydney mit 4,0 Millionen Einwohnern, Melbourne mit 3,4 Millionen, Brisbane mit 1,6 Millionen, Perth mit 1,4 Millionen und Adelaide mit 1,1 Millionen; Zahlen aus dem Jahr 1999). Darunter ist Perth die abgelegenste Stadt der Welt – es ist weiter als jede andere Großstadt von der nächsten ähnlich großen Ansiedlung entfernt (Adelaide liegt rund 2100 Kilometer weiter östlich). Es ist kein Zufall, dass zwei der größten Unternehmen des Landes, die nationale Fluggesellschaft Qantas und das Telekommunikationsunternehmen Telstra, ihr Geld mit der Überbrückung solcher Entfernungen verdienen.

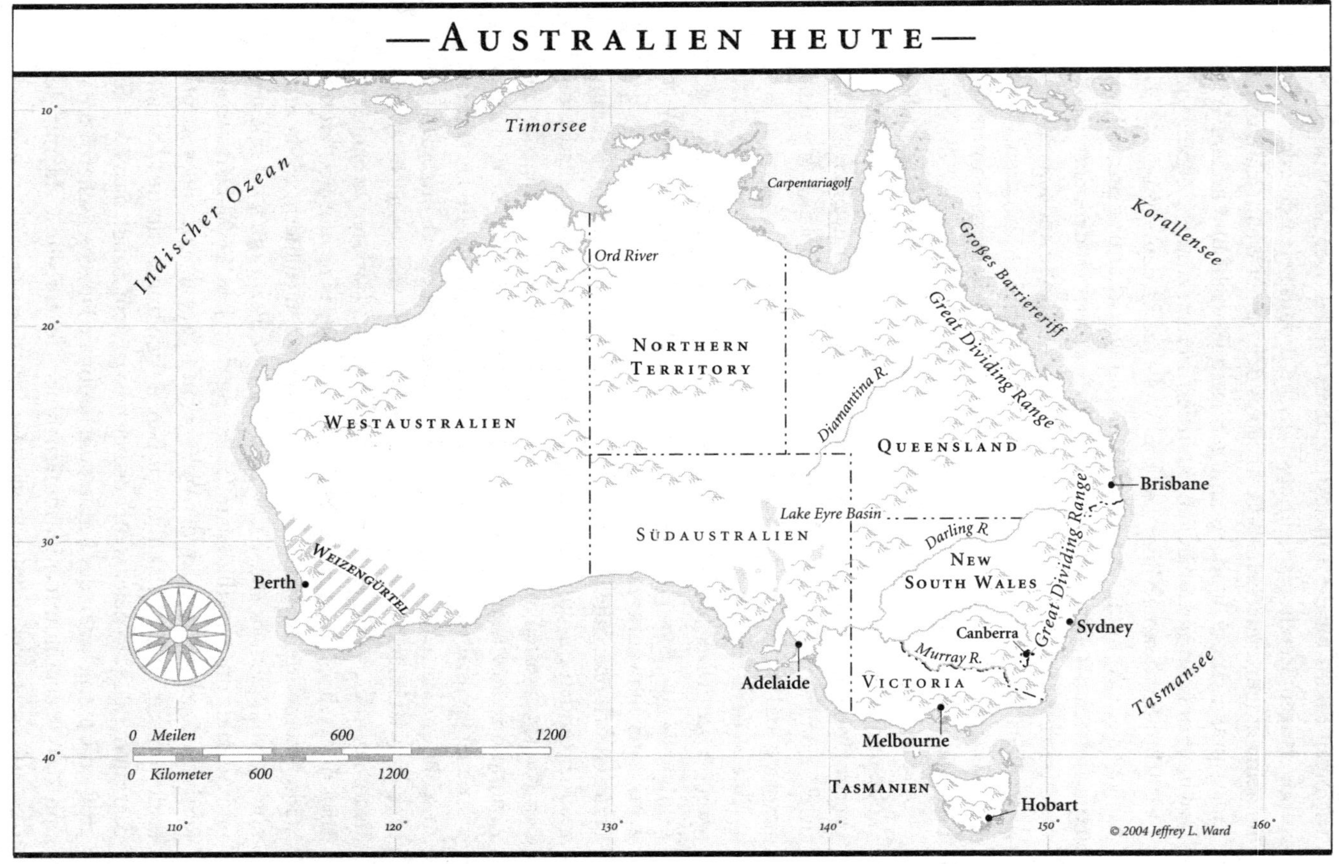
—Australien heute—
Timorsee
Indischer Ozean
Carpentariagolf
Korallensee
Großes Barriereriff
Great Dividing Range
Ord River
Northern Territory
Westaustralien
Diamantina R.
Queensland
Brisbane
Lake Eyre Basin
Südaustralien
Darling R.
New South Wales
Weizengürtel
Perth
Sydney
Canberra
Murray R.
Adelaide
Victoria
Tasmansee
Melbourne
Tasmanien
Hobart
0 Meilen 600 1200
0 Kilometer 600 1200
10° 20° 30° 40°
110° 120° 130° 140° 150° 160°
© 2004 Jeffrey L. Ward

Diese großen Entfernungen sind in Verbindung mit dem trockenen Klima auch der Grund, warum Banken und andere Unternehmen ihre Filialen in den abgelegenen Ortschaften des Landes wegen Unwirtschaftlichkeit schließen. Aus dem gleichen Grund verlassen Ärzte solche Ansiedlungen. Die Folge: Während es in den Vereinigten Staaten und Europa ein gleichmäßiges Spektrum von Siedlungsgrößen gibt – Großstädte, Kleinstädte und Dörfer –, existieren in Australien mittlerweile immer weniger Städte mittlerer Größe. Die meisten Bewohner leben entweder in den wenigen Großstädten mit allen Annehmlichkeiten eines modernen Industriestaates, oder in kleinen Dörfern sowie in den Außenposten des Outback, wo es weder Banken noch Ärzte oder andere Infrastruktur gibt. Die kleinen Dörfer mit wenigen hundert Einwohnern können eine fünfjährige Dürreperiode – nicht ungewöhnlich im unberechenbaren Klima Australiens – nur deshalb überleben, weil es dort ohnehin kaum Wirtschaftstätigkeit gibt. Und die Großstädte können eine fünfjährige Dürreperiode überleben, weil sich in ihnen die Wirtschaft eines großen Einzugsgebietes konzentriert. Mittelgroße Städte dagegen werden von einer solchen Dürreperiode ausradiert: Sie sind darauf angewiesen, dass sie über eine ausreichende Zahl von Firmenfilialen und Dienstleistungen verfügen, sodass sie mit weiter entfernten Großstädten konkurrieren können, aber andererseits sind sie als Zentren eines umfangreichen Einzugsgebietes nicht groß genug. Die meisten Australier sind heute nicht mehr von der australischen Umwelt abhängig und leben eigentlich auch nicht darin: Sie wohnen in den fünf Großstädten, die weniger mit der australischen Landschaft als vielmehr mit der übrigen Welt in Verbindung stehen.

Die europäischen Mächte nahmen Kolonien in Übersee meist in der Hoffnung in Besitz, sich damit finanzielle Gewinne oder strategische Vorteile zu verschaffen. Wohin dann tatsächlich viele Europäer auswanderten – in welchen Kolonien man sich also nicht auf Stützpunkte beschränkte, in denen nur wenige Europäer sich niederließen und Handel mit der örtlichen Bevölkerung betrieben –, richtete sich meist danach, ob man das Land für geeignet hielt, um eine wirtschaftlich erfolgreiche oder zumindest autarke Gesellschaft zu gründen. Die einzige Ausnahme von diesem Prinzip war Australien: Hier wanderten Menschen über viele Jahrzehnte hinweg nicht ein, um ihr Glück zu versuchen, sondern weil sie dazu gezwungen wurden.

Großbritanniens wichtigstes Motiv für die Besiedelung Australiens bestand darin, dass man eine problematisch große Zahl armer Gefängnisinsassen loswerden wollte, um so einem Aufstand zuvorzukommen, der sonst möglicherweise ausgebrochen wäre. Im 18. Jahrhundert sahen britische Gesetze für den Diebstahl von 40 Schilling oder mehr die Todesstrafe vor, und deshalb befanden Richter vielfach einen Dieb für schuldig, 39 Schilling gestohlen zu haben, um so die Hinrichtung zu vermeiden. Dies führte dazu, dass Gefängnisse und fest vertäute Schiffe sich mit Personen füllten, die wegen kleiner Vergehen wie Diebstahl oder Überschuldung verurteilt waren. Bis 1783 konnte man die Überfüllung der Gefängnisse abmildern, indem man Verurteilte als Lohnknechte nach Nordamerika schickte, wo sich auch freiwillige Auswanderer niederließen, weil sie sich eine Verbesserung ihrer wirtschaftlichen Situation oder religiöse Freiheit versprachen.

Nach der amerikanischen Revolution jedoch war dieses Ventil versperrt, und in Großbritannien war man gezwungen, Verbrecher auf andere Weise loszuwerden. Anfangs hatte man zwei Orte im Auge: Der eine lag 700 Kilometer stromaufwärts an dem Fluss Gambia im tropischen Westafrika, der andere in der Wüste an der Mündung des Orange River an der Grenze zwischen den heutigen Staaten Südafrika und Namibia. Bei nüchterner Betrachtung wurde deutlich, dass beide Ideen nicht umzusetzen waren, und nun griff man auf die australische Botany Bay zurück, das Gebiet des heutigen Sydney, das man damals nur durch einen Besuch des Kapitäns Cook im Jahr 1770 kannte. Dorthin brachte die First Fleet 1788 die ersten europäischen Siedler: Verurteilte und die Soldaten zu ihrer Bewachung. Die Schiffstransporte mit Häftlingen setzten sich bis 1868 fort, und bis in die vierziger Jahre des 19. Jahrhunderts stellten Verurteilte den größten Teil der europäischen Siedler in Australien.

Im weiteren Verlauf wählte man neben Sydney weitere Stellen an der australischen Küste, wo man Verurteilte an Land brachte. Diese Siedlungen in der Nähe der heutigen Städte Melbourne, Brisbane, Perth und Hobart wurden zu den Zentren von fünf Kolonien, die von Großbritannien getrennt verwaltet wurden und sich später zu fünf der sechs Bundesstaaten des modernen Australien entwickelten: New South Wales, Victoria, Queensland, Westaustralien und Tasmanien. Diese fünf Siedlungen wählte man nicht wegen ihrer Eignung für die Landwirtschaft, sondern wegen ihrer vorteilhaften Lage an natürlichen Häfen oder Flüssen. Letztlich stellte sich heraus, dass sie sich alle nicht für die Landwirtschaft eigneten und sich mit ihrer Lebensmittelproduktion nicht selbst versorgen konnten. Großbritannien musste ständig Nahrung in die Kolonien schicken, um die Verurteilten sowie ihre Wachen und Gouverneure zu ernähren. Anders war es jedoch in dem Gebiet rund um Adelaide, das zum Zentrum Südaustraliens wurde, des sechsten modernen Bundesstaates. Dort lockte der fruchtbare, durch geologische Hebung entstandene Boden und ein recht zuverlässiger winterlicher Niederschlag deutsche Bauern an, anfangs die einzige Auswanderergruppe, die nicht aus Großbritannien stammte. Auch westlich des heutigen Melbourne gab es fruchtbare Böden, sodass sich dort ebenfalls eine erfolgreiche landwirtschaftliche Siedlung bildete, nachdem ein Häftlingslager, das man 1803 auf schlechten Böden östlich der Stadt gegründet hatte, sich nicht halten konnte.

Den ersten wirtschaftlichen Nutzen brachte die britische Besiedelung Australiens durch den Robben- und Walfang. Als man dann 1813 endlich etwa 100 Kilometer westlich von Sydney einen Übergang über die Blue Mountains entdeckte und auf diese Weise Zugang zu dem dahinter liegenden Weideland erhielt, kamen als zweiter Gewinnbringer die Schafe hinzu. Aber Australien war immer noch nicht autark, und die britischen Lebensmittellieferungen setzten sich bis in die vierziger Jahre des 19. Jahrhunderts fort; erst 1851 brachte der erste australische Goldrausch endlich ein wenig Wohlstand.

Als die europäische Besiedelung Australiens 1788 begann, war der Kontinent natürlich bereits seit mehr als 40 000 Jahren von den Aborigines besiedelt, und die hatten für die gewaltigen ökologischen Probleme nachhaltige Lösungen gefunden. In den Gebieten der ersten europäischen Besetzung (den Gefangenenlagern) und in den Regionen, die später zu Zwecken der Landwirtschaft besiedelt wurden, hatten die Weißen für die Ureinwohner sogar noch weniger Verwendung als die weißen Amerikaner für die Indianer: Diese waren im Osten der Vereinigten Staaten bereits Bauern und lieferten den europäischen Siedlern in den ersten Jahren lebensnotwendige Nutzpflanzen, bis die Einwanderer selbst solche Pflanzen anbauten. Danach waren die indianischen Bauern für die Weißen nur noch Konkurrenten, sodass man sie tötete oder vertrieb. Die australischen Aborigines dagegen betrieben keine Landwirtschaft, konnten den Siedlungen keine Lebensmittel liefern und wurden getötet oder aus den anfänglichen Siedlungsgebieten der Weißen vertrieben. Die gleiche Politik verfolgte man auch, als die Weißen sich auf alle landwirtschaftlich nutzbaren Regionen ausbreiteten. Als sie jedoch in Gebiete vordrangen, die für den Getreideanbau zu trocken waren und sich nur noch als Weideland eigneten, waren die Aborigines als Schafhirten nützlich: Anders als in den Schafzüchterstaaten Island und Neuseeland, wo die Schafe keine natürlichen Feinde haben, gab es in Australien die Dingos, die Jagd auf die Nutztiere machten; deshalb brauchten die Schafzüchter dort Wächter, und da weiße Arbeitskräfte knapp waren, stellten sie die Aborigines an. Manche Ureinwohner arbeiteten auch bei Wal- und Robbenfängern, Fischern und Händlern an der Küste.

Genau wie die normannischen Siedler, die die kulturellen Werte ihrer norwegischen Heimat nach Island und Grönland mitbrachten (Kapitel 6 bis 8), so importierten auch die britischen Siedler ihre kulturellen Werte nach Australien. Und wie in Island oder Grönland, so waren auch in Australien manche dieser kulturellen Werte der neuen Umwelt nicht angemessen, und die Nachwirkungen sind bis heute spürbar. Besonders wichtig waren dabei fünf Traditionen im Zusammenhang mit Schafen, Kaninchen und Füchsen, der einheimischen australischen Pflanzenwelt, dem Landbesitz und der britischen Identität.

Großbritannien produzierte im 18. Jahrhundert kaum eigene Wolle, sondern importierte sie aus Spanien und Sachsen. Diese Lieferungen vom Kontinent waren während der napoleonischen Kriege blockiert, die gerade in den ersten Jahrzehnten der britischen Besiedelung Australiens tobten. Der britische König George III. interessierte sich sehr für dieses Problem, und mit seiner Unterstützung gelang es den Briten, einige Merinoschafe aus Spanien auf ihre Insel zu schmuggeln; ein Teil dieser Tiere wurde dann nach Australien geschickt und begründete dort die ersten Herden der Wolllieferanten. Nun entwickelte sich Australien zu Großbritanniens wichtigster Quelle für Wolle. Umgekehrt war die Wolle von 1820 bis 1950 auch die wichtigste Exportware des Kontinents, denn mit ihrem geringen Volumen und hohen Wert unterlag sie nicht der Tyrannei der Entfernung, die sperrigeren Gütern auf den Weltmärkten die Konkurrenzfähigkeit raubte.

Noch heute dient ein beträchtlicher Teil der landwirtschaftlichen Nutzflächen in Australien der Schafzucht. Sie ist ein unverzichtbarer Bestandteil der kulturellen Identität des Landes, und Wähler aus ländlichen Gebieten, die mit Schafen ihren Lebensunterhalt verdienen, haben in der australischen Politik einen unverhältnismäßig großen Einfluss. In Wirklichkeit eignet sich die Landschaft des Kontinents aber nur scheinbar für die Schafzucht: Anfangs wuchs dort zwar üppiges Gras, oder man konnte durch Rodung für üppigen Graswuchs sorgen, aber wie bereits erwähnt, hatte der Boden eine sehr geringe Produktivität, sodass die Schafzüchter letztlich die Fruchtbarkeit des Landes abbauten. Viele Schafzuchtbetriebe mussten schnell wieder aufgeben; die heutige australische Schafzucht ist (wie ich noch genauer erörtern werde) ein Verlustgeschäft, und ihre Folge ist eine katastrophale Landschaftszerstörung durch Überweidung.

In den letzten Jahren wurde vorgeschlagen, man solle statt Schafen lieber Kängurus züchten, die im Gegensatz zu den Schafen seit jeher in Australien heimisch waren, sodass sie an Pflanzenwelt und Klima angepasst sind. Es wird behauptet, die weichen Pfoten der Kängurus würden den Boden weniger stark schädigen als die harten Hufe der Schafe. Kängurufleisch ist mager, gesund und (nach meinem Geschmack) äußerst wohlschmeckend. Außerdem liefern Kängurus neben dem Fleisch auch ein wertvolles Fell. Alle diese Argumente werden als Begründung angeführt, warum man anstelle der Schafzucht lieber Känguruzucht betreiben soll.

Aber solchen Ideen stehen sowohl biologische als auch kulturelle Hindernisse im Weg. Kängurus sind im Gegensatz zu Schafen keine Herdentiere, die fügsam einem Schäfer und einem Hund gehorchen oder die man zusammentreiben könnte, damit sie dann gehorsam über eine Rampe auf den Lastwagen marschieren, der sie zum Schlachthof bringt. Ein potenzieller Känguruzüchter müsste vielmehr Jäger einstellen, die die Tiere einzeln verfolgen und erschießen. Ein weiteres Argument gegen die Kängurus ist ihre Beweglichkeit, mit der sie sogar über Zäune springen können: Wenn man auf einem Anwesen einen Kängurubestand herangezüchtet hat, und wenn die Kängurus dann einen Anlass zur Wanderung haben (beispielsweise weil es an einem anderen Ort regnet), findet man die kostbare Känguruherde unter Umständen 50 Kilometer entfernt auf fremdem Grundbesitz wieder. Der Export von Kängurufleisch ist ebenfalls schwierig, da in den meisten Ländern kulturelle Hindernisse gegen den Verzehr sprechen. Die Australier halten Kängurus für Ungeziefer, das nicht die Voraussetzungen bietet, um das gute alte britische Hammel- und Rindfleisch vom Speisezettel zu verdrängen. Auch viele australische Tierschützer haben etwas gegen die Nutzung der Kängurus, wobei sie allerdings übersehen, dass Lebensbedingungen und Tötungsmethoden für Hausschafe und Rinder viel grausamer sind als für wilde Kängurus. In den Vereinigten Staaten ist der Import von Kängurufleisch ausdrücklich verboten, weil wir die Tierchen so niedlich finden und manche der Meinung sind, Kängurus seien vom Aussterben bedroht. Manche Känguruarten sind tatsächlich gefährdet, aber paradoxerweise ist gerade die Spezies, die man wegen ihres Fleisches jagt, in Australien in übermäßig großer Zahl vorhanden und deshalb schädlich. Sie werden von der australischen Regierung mit Quotenregelungen streng überwacht.

Während die eingeführten Schafe für Australien von großem wirtschaftlichem Nutzen waren (obwohl sie auch Schaden anrichteten), waren die eingeführten Kaninchen und Füchse eine einzige Katastrophe. Den britischen Siedlern erschienen Umwelt, Pflanzen und Tiere in Australien sehr fremd, und sie wollten von vertrauten europäischen Lebewesen umgeben sein. Deshalb versuchten sie, zahlreiche europäische Vogelarten einzuführen, von denen aber nur zwei, der Haussperling und der Star, sich allgemein verbreiteten; andere (Amsel, Singdrossel, Feldsperling, Stieglitz und Grünling) wurden nur in einzelnen Regionen heimisch. Aber wenigstens richteten diese eingeführten Vogelarten keinen großen Schaden an, Kaninchen dagegen wurden zur Plage, verursachten gewaltige wirtschaftliche Verluste und zerstörten die Landschaft, weil sie ungefähr die Hälfte der Weidepflanzen fraßen, die sonst Schafen und Rindern zur Verfügung gestanden hätten. Neben der Veränderung der Lebensräume durch weidende Schafe und das Verbot, Land nach Art der Aborigines abzubrennen, waren die eingeschleppten Kaninchen und Füchse eine weitere wichtige Ursache, warum die Bestände der meisten kleinen, ursprünglich australischen Säugetierarten ausstarben oder stark zurückgingen: Sie wurden von den Füchsen gefressen, und die Kaninchen konkurrierten mit den einheimischen Pflanzenfressern um Nahrung.

Die europäischen Kaninchen und Füchse wurden fast zur gleichen Zeit in Australien eingeführt. Ob man zuerst Füchse importierte, um die traditionelle britische Fuchsjagd zu ermöglichen, während die Kaninchen später hinzukamen, damit die Füchse zusätzliche Nahrung hatten, oder ob man erst die Kaninchen einführte, damit man sie jagen konnte oder damit ländliche Gebiete stärker wie in Großbritannien aussahen, und die Füchse später zur Eindämmung der Kaninchen hinzunahm, ist nicht geklärt. In jedem Fall führten beide zu einer kostspieligen Katastrophe, und heute mag man nicht mehr glauben, dass sie aus so banalen Gründen nach Australien gebracht wurden. Noch unglaublicher ist, welche Mühe die Australier sich machten, damit die Kaninchen sich durchsetzten: Die ersten vier Versuche schlugen fehl (weil man zahme weiße Kaninchen aussetzte, die dann starben), und erst als man beim fünften Versuch spanische Wildkaninchen benutzte, hatte man Erfolg.

Nachdem die Kaninchen und Füchse sich durchgesetzt hatten, wurden den Australiern die Folgen klar, und seither versuchen sie, die Bestände auszurotten oder zu dezimieren. Gegen die Füchse wird der Krieg mit Gift und Fallen geführt. Der Bauer Bill McIntosh erzählte mir, wie er auf einer Landkarte seines Anwesens Tausende von Kaninchenbauten einzeln einträgt, um sie dann mit dem Bulldozer zu zerstören. Wenn er später zu einem Bau zurückkehrt und dort neue Anzeichen für die Tätigkeit der Tiere findet, benutzt er Dynamit. Auf diese Weise hat er in mühsamer Kleinarbeit 3000 Kaninchenbauten zerstört. Angesichts derart kostspieliger Maßnahmen setzte man in Australien vor einigen Jahrzehnten große Hoffnungen in eine absichtlich eingeführte Kaninchenkrankheit namens Myxomatose. Sie dezimierte die Bestände anfangs tatsächlich um über 90 Prozent, aber dann wurden die Kaninchen gegen den Erreger resistent, und die Population erholte sich. Derzeit versucht man, die Kaninchen mit einem anderen Krankheitserreger zu bekämpfen, dem Calicivirus.

Die britischen Siedler fühlten sich nicht nur zwischen den seltsam aussehenden australischen Kängurus und Honigessern unwohl, sodass sie lieber die vertrauten Kaninchen und Amseln um sich haben wollten, sondern ebenso unbehaglich fanden sie auch die Eukalyptusbäume und Akazien ihrer neuen Heimat, die sich in Aussehen, Farbe und Blattform so stark von den Bäumen ihrer britischen Heimat unterschieden. Sie rodeten das Land teilweise deshalb, weil sie ihr äußeres Erscheinungsbild nicht mochten, teilweise aber auch für die Landwirtschaft. Bis vor 20 Jahren wurde die Rodung von der australischen Regierung nicht nur subventioniert, sondern sie war für Pächter sogar Pflicht. (Anders als in den Vereinigten Staaten befinden sich die meisten landwirtschaftlichen Nutzflächen Australiens nicht im Eigentum der Bauern, sondern sie sind Staatsbesitz und werden an die Landwirte verpachtet.) Für Maschinen und Arbeitskräfte, die zur Rodung gebraucht wurden, erhielten die Pächter steuerliche Vergünstigungen; sie mussten Land nach bestimmten Quoten roden, damit der Pachtvertrag verlängert wurde, und wenn sie diese Quoten nicht erfüllten, verloren sie ihren Status. Bauern und Unternehmen konnten Gewinne erzielen, wenn sie Flächen kauften oder pachteten, die sich für eine nachhaltige Landwirtschaft nicht eigneten, dort die einheimische Vegetation rodeten, ein- oder zweimal Weizen anbauten, bis der Boden erschöpft war, und die Flächen dann wieder aufgaben. Nachdem man heute erkannt hat, dass Australien einzigartige, gefährdete Pflanzengesellschaften besitzt und dass die Rodung einer der beiden wichtigsten Gründe für die Zerstörung des Landes durch Versalzung ist, muss man sich bekümmert daran erinnern, dass der Staat bis vor kurzem von den Bauern die Zerstörung einheimischer Vegetation forderte und sie dafür bezahlte. Ohne den Anreiz der steuerlichen Begünstigung wäre ein großer Teil des Landes niemals gerodet worden.

Als die ersten Siedler nach Australien kamen und Land voneinander oder von der Regierung kauften oder pachteten, wurden die Grundstückspreise nach den üblichen Werten im heimatlichen England festgesetzt, und man rechtfertigte sie mit den Gewinnen, die man auf dem fruchtbaren englischen Boden erzielen konnte. In Australien führte das zu einer »Überkapitalisierung« der Flächen: Kaufpreis oder Pacht lagen höher, als es durch die finanziellen Gewinne bei landwirtschaftlicher Nutzung gerechtfertigt wäre. Wenn ein Bauer eine Fläche kauft oder pachtet und dafür eine Hypothek aufnimmt, muss er dafür wegen der Überkapitalisierung hohe Zinsen bezahlen, und damit steht er unter Druck, mit dem Land mehr Gewinne zu erzielen, als es bei nachhaltiger Bewirtschaftung möglich wäre. Dieses »Ausquetschen des Landes«, wie es genannt wurde, führte dazu, dass je Hektar zu viele Schafe gehalten wurden oder dass man Weizen auf einer zu großen Fläche aussäte. Die Überkapitalisierung des Landes, eine Folge kultureller Werte aus Großbritannien (Geldwert und Überzeugungen) war eine wichtige Ursache für die in Australien übliche übermäßige Belegung mit Tieren, die ihrerseits zu Überweidung, Bodenerosion, dem Bankrott von Bauern und der Aufgabe landwirtschaftlicher Flächen führte.

Die hohe Bewertung des Landes hat dazu geführt, dass in die australische Landwirtschaft Wertvorstellungen einflossen, die in der britischen Heimat gerechtfertigt waren, nicht aber in Australien mit seiner geringen Produktivität. Dies ist noch heute ein Hindernis für die Lösung eines wichtigen innenpolitischen Problems: Die australische Verfassung gesteht ländlichen Gebieten bei Wahlen ein unverhältnismäßig großes Gewicht zu. Noch mehr als in Europa oder den Vereinigten Staaten sind Landwirte im australischen Volksglauben ehrliche Menschen, und Stadtbewohner gelten als unehrlich. Geht ein Bauer Bankrott, dann weil ein tugendhafter Mensch das Pech hatte, Kräften (wie beispielsweise einer Dürreperiode) zu unterliegen, über die er keine Kontrolle hatte; geht dagegen ein Stadtbewohner Bankrott, nehmen alle an, er habe sich dies wegen seiner Unfähigkeit selbst zuzuschreiben. Diese Verklärung des Landlebens und das unverhältnismäßig starke Gewicht der Landbewohner bei Wahlen verkennen die bereits erwähnte Realität, dass Australien unter allen Staaten am stärksten urbanisiert ist. Sie waren ein Grund, warum die Regierung lange ihre Unterstützung für Maßnahmen beibehielt, welche die Umwelt zerstören.

Bis vor 50 Jahren kamen Einwanderer in Australien in ihrer überwältigenden Mehrzahl aus Großbritannien und Irland. Noch heute fühlen sich viele Australier stark ihrer britischen Herkunft verpflichtet und würden empört den Gedanken zurückweisen, dass sie diese unangemessen verklären. Aber wegen dieser Herkunft haben die Australier manches getan, was ihnen selbst bewundernswert erscheint, während der leidenschaftslose Beobachter darin unangemessene Maßnahmen sieht, die nicht unbedingt im Interesse Australiens liegen. Im Ersten wie auch im Zweiten Weltkrieg erklärte Australien Deutschland den Krieg, sobald Großbritannien und Deutschland sich gegenseitig den Krieg erklärt hatten; in Wirklichkeit waren Australiens Interessen im Ersten Weltkrieg nie betroffen (außer als Ausrede, mit deren Hilfe die Australier die deutsche Kolonie in Neuguinea erobern konnten), und im Zweiten Weltkrieg waren sie bis zum Beginn des Krieges mit Japan, über zwei Jahre nach Ausbruch des Konfliktes zwischen Großbritannien und Deutschland, ebenfalls nicht betroffen. Der wichtigste Nationalfeiertag Australiens (und auch Neuseelands) ist der »Anzac Day« am 25. April: Er erinnert daran, wie australische und neuseeländische Truppen an diesem Datum des Jahres 1915 auf der abgelegenen türkischen Halbinsel Gallipoli hingemetzelt wurden, weil unfähige britische Befehlshaber sie zusammen mit britischen Streitkräften in einen erfolglosen Angriff gegen die Türkei schickten. Das Blutbad von Gallipoli wurde für die Australier zum Symbol, dass ihr Land »erwachsen« war, das britische Mutterland unterstützen konnte und seinen Platz unter den Staaten der Welt als vereinigter Bundesstaat einnehmen würde, statt als halbes Dutzend Kolonien mit verschiedenen Generalgouverneuren zu agieren. Die engste Parallele zu dem, was Gallipoli für die Australier bedeutet, ist für Amerikaner meiner Generation der japanische Angriff auf unseren Stützpunkt Pearl Harbor am 7. Dezember 1941, der unser Land innerhalb einer Nacht einte und uns aus einer isolationistischen Außenpolitik herausriss. Aber jeder andere außer den Australiern selbst muss es einfach für paradox halten, dass Australiens Nationalfeiertag mit der Halbinsel Gallipoli zu tun hat, die ein Drittel des Erdumfanges entfernt auf der anderen Seite des Äquators liegt: Kein anderer Ort könnte für die Interessen Australiens von geringerer Bedeutung sein.

Die emotionale Verbindung mit Großbritannien besteht noch heute. Als ich 1964 zum ersten Mal in Australien war, nachdem ich zuvor vier Jahre in Großbritannien gelebt hatte, kam mir Australien in Architektur und Einstellungen britischer vor als das moderne Großbritannien selbst. Bis 1973 legte die australische Regierung jedes Jahr in London eine Liste ihrer Staatsbürger vor, die zum Ritter geschlagen werden sollten, was für einen Australier als die höchste denkbare Ehre galt. Noch heute ernennt Großbritannien für Australien einen Generalgouverneur, der die Macht hat, den Premierminister zu entlassen, was 1975 auch tatsächlich geschah. Bis Anfang der siebziger Jahre des 20. Jahrhunderts bekannte sich das Land zu einer »Politik des weißen Australien«: Die Einwanderung aus asiatischen Nachbarländern war praktisch verboten, was dort verständlicherweise zu Verärgerung führte. Erst in den letzten 25 Jahren befasst sich Australien endlich näher mit seinen asiatischen Nachbarn; man erkennt, dass man zu Asien gehört, nimmt asiatische Einwanderer auf und pflegt Beziehungen zu asiatischen Handelspartnern. Großbritannien ist unter den Exportmärkten Australiens mittlerweile auf den achten Platz zurückgefallen und liegt hinter Japan, China, Korea, Singapur und Taiwan.

Diese Beschreibung des australischen Selbstbildes als britisches oder asiatisches Land wirft wieder einmal eine Frage auf, die uns in diesem Buch schon mehrfach beschäftigt hat: Wie wichtig sind Freunde und Feinde für die Stabilität einer Gesellschaft? Welche Länder betrachtete Australien als Freunde, Handelspartner oder Feinde, und welchen Einfluss hatte diese Wahrnehmung? Wir wollen uns zunächst mit dem Handel und dann mit der Einwanderung beschäftigen.

Über ein Jahrhundert lang und ungefähr bis 1950 waren landwirtschaftliche Produkte und insbesondere Wolle die wichtigsten Exportgüter Australiens. An zweiter Stelle folgten Bodenschätze. Heute ist Australien immer noch der größte Wollproduzent der Welt, aber sowohl die Produktion als auch die Nachfrage auf den Weltmärkten gehen zurück, weil die Wolle in vielen Anwendungsbereichen zunehmend von Kunstfasern verdrängt wird. Die Zahl der Schafe erreichte in Australien 1970 mit 180 Millionen (was durchschnittlich 14 Schafen je menschlichem Einwohner entsprach) ihren Höhepunkt und ist seitdem stetig gesunken. Fast die gesamte Wollproduktion wird exportiert, insbesondere nach China und Hongkong. Andere wichtige landwirtschaftliche Exportgüter sind Weizen (der vor allem nach Russland, China und Indien verkauft wird), die Sonderform des Hartweizens, Wein und Bio-Rindfleisch. Derzeit produziert Australien mehr Lebensmittel, als es selbst verbraucht, sodass es in der Bilanz ein Nahrungsmittelexporteur ist, aber mit der wachsenden Bevölkerung nimmt auch der heimische Verbrauch zu. Wenn sich diese Entwicklung fortsetzt, könnte Australien von einem Netto-Exporteur zum Importeur von Lebensmitteln werden.

Heute nehmen Wolle und andere landwirtschaftliche Produkte als Devisenbringer in Australien nur den dritten Platz hinter dem Tourismus (Nummer 2) und den Bodenschätzen (Nummer 1) ein. Die Bodenschätze mit dem höchsten Exportwert sind Kohle, Gold, Eisen und Aluminium, und zwar in dieser Reihenfolge. Australien ist weltweit die größte Kohle-Exportnation. Es verfügt über die größten Lagerstätten für Uran, Blei, Silber, Zink, Titan und Tantal, und seine Kohle-, Eisen-, Aluminium-, Kupfer-, Nickel- und Diamantenvorkommen gehören zu den sechs größten der Welt. Insbesondere die Kohle- und Eisenreserven sind riesig, und man rechnet nicht damit, dass sie in absehbarer Zukunft zur Neige gehen werden. Früher waren Großbritannien und andere europäische Staaten die wichtigsten Abnehmer der Exportgüter, heute jedoch importieren asiatische Staaten fünfmal mehr Bodenschätze aus Australien als die Staaten Europas. Die drei wichtigsten Abnehmer sind derzeit Japan, Südkorea und Taiwan. Allein Japan kaufte beispielsweise fast die Hälfte der australischen Kohle-, Eisen- und Aluminiumexporte.

Kurz gesagt, hat sich das Schwergewicht der australischen Exporte in den letzten 50 Jahren von den landwirtschaftlichen Produkten zu Bodenschätzen verschoben, und bei den Handelspartnern ist Asien an die Stelle Europas getreten. Die Vereinigten Staaten sind nach wie vor die wichtigste Quelle australischer Importe und (nach Japan) der zweitgrößte Abnehmer von Exportwaren.

Solche Verschiebungen der Handelstätigkeit waren von Verschiebungen bei der Einwanderung begleitet. Australien hat eine ähnlich große Fläche wie die Vereinigten Staaten, aber die Bevölkerung ist mit derzeit rund 20 Millionen Menschen beträchtlich kleiner, und zwar aus dem nahe liegenden, stichhaltigen Grund, dass die australische Umwelt wesentlich weniger produktiv ist und wesentlich weniger Menschen ernähren kann. Dennoch blickten in den fünfziger Jahren des 20. Jahrhunderts viele Australier einschließlich der führenden Politiker ängstlich auf die viel dichter bevölkerten asiatischen Nachbarländer, insbesondere auf Indonesien mit seinen 200 Millionen Einwohnern. Starken Einfluss hatten auch die Erfahrungen aus dem Zweiten Weltkrieg, als Australien vom weiter entfernten, aber bevölkerungsreichen Japan bedroht und bombardiert wurde. Damals gelangten viele Australier zu dem Schluss, ihr Land leide unter einem gefährlichen Problem, weil es im Vergleich zu diesen asiatischen Nachbarn stark unterbevölkert war, und deshalb glaubte man, es sei ein verlockendes Ziel für die indonesische Expansion, wenn man nicht schnell alle leeren Räume auffüllte. Daher wurde ein Schnellprogramm zur Anwerbung von Einwanderern in den fünfziger und sechziger Jahren zu einem wichtigen politischen Anliegen.

Im Rahmen dieses Programms gab man die bisherige Politik des weißen Australien auf, mit der man (als eine der ersten Maßnahmen des 1901 gegründeten australischen Commonwealth) die Einwanderung nicht nur praktisch ausschließlich auf Menschen europäischer Herkunft beschränkte, sondern auch vorwiegend auf Personen aus Großbritannien und Irland. In einem offiziellen Jahrbuch der Regierung hieß es damals, man sei besorgt, dass »Menschen ohne angelsächsisch-keltischen Hintergrund nicht in der Lage sind, sich auf die Verhältnisse einzustellen«. Die vermeintlich zu geringe Größe der Bevölkerung veranlasste die Regierung nun, Einwanderer aus anderen europäischen Staaten zuzulassen und später auch aktiv anzuwerben, insbesondere solche aus Italien, Griechenland und Deutschland, dann auch aus den Niederlanden und dem früheren Jugoslawien. Aber erst in den siebziger Jahren wurde der Wunsch nach mehr Einwanderern, als man in Europa rekrutieren konnte, in Verbindung mit der wachsenden Anerkennung einer nicht nur britischen, sondern auch pazifischen Identität für die Regierung zum Anlass, die juristischen Hindernisse für die Einwanderung von Asiaten aus dem Weg zu räumen. Heute sind Großbritannien, Irland und Neuseeland immer noch die wichtigsten Herkunftsländer der australischen Einwanderer, aber ein Viertel aller Neubürger stammt mittlerweile auch aus asiatischen Ländern, wobei Vietnam, die Philippinen, Hongkong und (in jüngster Zeit) China in den letzten Jahren abwechselnd an der Spitze lagen. Den höchsten Stand aller Zeiten erreichte die Einwanderung Ende der achtziger Jahre, und das hatte zur Folge, dass heute fast ein Viertel aller Australier in anderen Ländern geboren wurde, während dieser Anteil bei den US-Amerikanern nur 12 Prozent und bei den Niederländern drei Prozent ausmacht.

Hinter dem Ziel, Australien »aufzufüllen«, steht ein Denkfehler: In Wirklichkeit gibt es handfeste ökologische Gründe dafür, dass Australien nach über zwei Jahrhunderten der europäischen Besiedelung immer noch nicht auf eine Bevölkerungsdichte wie in den USA angewachsen ist. Mit seinen geringen Süßwasserreserven und dem begrenzten Potenzial zur Lebensmittelproduktion ist Australien gar nicht in der Lage, eine nennenswert größere Bevölkerung zu ernähren. Außerdem würde eine Zunahme der Bevölkerung auch den Pro-Kopf-Erlös aus dem Export von

Bodenschätzen vermindern. In jüngerer Zeit nimmt Australien höchstens noch 100 000 Einwanderer pro Jahr auf, was einem einwanderungsbedingten Bevölkerungswachstum von jährlich nur 0,5 Prozent entspricht.

Dennoch vertreten viele einflussreiche Australier, darunter der Premierminister Malcolm Fraser, die Vorsitzenden der beiden großen politischen Parteien und das Australian Business Council, nach wie vor die Ansicht, das Land solle seine Bevölkerung auf mindestens 50 Millionen Menschen steigern. Hinter ihren Überlegungen steckt eine immer noch vorhandene Angst vor der »gelben Gefahr« aus überbevölkerten asiatischen Staaten in Verbindung mit dem Ehrgeiz, eine Weltmacht zu werden – und dieses Ziel, so der Glaube, sei mit 20 Millionen Einwohnern nicht zu erreichen. Aber dieser Ehrgeiz, der vor einigen Jahrzehnten noch sehr ausgeprägt war, ist mittlerweile so stark geschwunden, dass in Australien eigentlich niemand mehr mit einem Weltmachtstatus rechnet. Und selbst wenn die Australier solche Erwartungen hatten, sind Israel, Schweden, Dänemark, Finnland oder Singapur eindrucksvolle Beispiele für Staaten, die eine viel kleinere Bevölkerung haben als Australien (nämlich jeweils nur wenige Millionen) und dennoch als wichtige Wirtschaftsstandorte einen großen Beitrag zur weltweiten Kultur und technischen Entwicklung leisten. Anders als die Führungsgestalten in Politik und Wirtschaft ihres Landes wünschen sich heute 70 Prozent der Australier nicht mehr, sondern weniger Einwanderer. Auf lange Sicht darf sogar bezweifelt werden, ob Australien seine jetzige Bevölkerung ernähren kann: Eine nachhaltige Versorgung ist bei dem derzeitigen Lebensstandard begründeten Schätzungen zufolge nur für acht Millionen Menschen möglich, weniger als die Hälfte der heutigen Einwohnerzahl.

Einmal fuhr ich von Adelaide, der Hauptstadt des Bundesstaates Südaustralien, ins Landesinnere. Die ehemalige Kolonie war als Einzige von Anfang an autark, weil ihr Boden recht produktiv ist (jedenfalls nach australischen Maßstäben, nach den Maßstäben anderer Länder ist ihre Produktivität bescheiden). Dabei sah ich in dieser Vorzeige-Landwirtschaftsregion zahlreiche Ruinen aufgegebener Bauernhöfe. Eine davon konnte ich besuchen, weil sie als Touristenattraktion diente: Kanyaka, ein großes Landhaus, war von britischen Adligen in den fünfziger Jahren des 19. Jahrhunderts als Schaffarm errichtet worden, aber schon 1869 hatte man sie aufgegeben und nie wieder in Betrieb genommen. In den regenreichen fünfziger und frühen sechziger Jahren des 19. Jahrhunderts, als das Land von Gras bedeckt war und fruchtbar wirkte, wurden weite Bereiche in dieser Region im Inneren Südaustraliens für die Schafzucht erschlossen. Als aber 1864 die Dürre begann, war die überweidete Landschaft schnell mit toten Schafen übersät, und die Schafzuchtbetriebe wurden aufgegeben. Nach dieser Katastrophe sollte der Landvermesser G. W. Goyder im Auftrag der Regierung herausfinden, in welcher Entfernung von der Küste die Niederschläge noch so zuverlässig waren, dass man Schafzucht betreiben konnte. Er legte die so genannte Goyder-Linie fest: Nördlich davon sind Dürreperioden so wahrscheinlich, dass es unklug wäre, dort landwirtschaftliche Betriebe anzulegen. Eine Reihe feuchter Jahre in den siebziger Jahren des 19. Jahrhunderts veranlasste die Regierung dann aber, die aufgegebenen Schaffarmen der sechziger Jahre als kleine, überkapitalisierte Weizenfarmen zu hohen Preisen zu verkaufen. Entlang der Goyder-Linie entstanden kleine Städte, die Eisenbahnlinien wurden länger, und ein paar Jahre lang profitierten die Weizenfarmen von ungewöhnlich hohen Niederschlägen. Dann scheiterten auch sie, und in den siebziger Jahren des 19. Jahrhunderts wurden sie zu größeren Einheiten zusammengefasst und erneut in Schafzuchtbetriebe umgewandelt. Als die Dürre wiederkehrte, musste man einen großen Teil dieser Betriebe wieder aufgeben, und wenn sie bis heute erhalten geblieben sind, leben sie nicht allein von den Schafen: Ihre Eigentümer können nur mit Nebenjobs, einer Tätigkeit im Tourismus oder anderen Investitionen ihren Lebensunterhalt sichern.

Mehr oder weniger ähnlich sind die Verhältnisse auch in den meisten anderen Landwirtschaftsregionen Australiens. Wie kam es, dass so viele anfangs Gewinn bringende Betriebe später unprofitabel wurden? Es liegt daran, dass das wichtigste ökologische Problem Australiens, die Bodenzerstörung, auf insgesamt neun schädliche Eingriffe in die Umwelt zurückzuführen ist: Rodung der einheimischen Pflanzenwelt, Überweidung durch Schafe, Kaninchen, übermäßiger Ausbeutung der Nährstoffe im Boden, Bodenerosion, von Menschen verursachte Dürre, Unkraut, falsche politische Entscheidungen und Versalzung. Alle diese Einflüsse gibt es auch anderswo auf der Welt, und in manchen Fällen wirken sie sich einzeln sogar noch stärker aus als in Australien. Kurz gesagt, sehen diese Auswirkungen folgendermaßen aus:

Wie bereits erwähnt, verlangte die australische Regierung früher von den Pächtern staatlicher Flächen, dass sie die einheimische Vegetation rodeten. Diese Vorschrift hat man zwar mittlerweile fallen gelassen, aber noch heute werden in Australien mehr einheimische Pflanzen gerodet als in jedem anderen Industrieland – eine höhere Abholzungsrate haben nur noch Brasilien, Indonesien, Kongo und Bolivien. Der größte Teil der australischen Rodungsarbeiten spielt sich heute im Bundesstaat Queensland ab, wo man Weideland für Fleischrinder schaffen will. Mittlerweile hat die Regierung von Queensland bekannt gegeben, sie werde die Rodung im großen Stil einstellen – aber erst 2006. Die Folgen sind vielfältige, bereits erwähnte Schäden: Landzerstörung durch die Versalzung und Erosion von Trockenflächen, Beeinträchtigung der Wasserqualität durch ausgewaschene Salze und Sedimente, Verringerung der landwirtschaftlichen Produktivität und des Wertes der Anwesen, und Schäden für das Große Barriereriff (siehe unten). Wenn die niedergewalzte Vegetation verrottet oder verbrannt wird, trägt sie zu den jährlichen Treibhausgasimmissionen Australiens ungefähr die gleiche Gasmenge bei wie alle Kraftfahrzeuge des Landes zusammen.

Eine zweite wichtige Ursache für die Landzerstörung ist die intensive Schafzucht: Die Tiere werden in zu großer Zahl gehalten und weiden die Vegetation schneller ab, als sie nachwachsen kann. In manchen Regionen, beispielsweise in Teilen des Distrikts Murchinson in Westaustralien, war die katastrophale Überweidung nicht mehr rückgängig zu machen, weil sie den Verlust des Bodens nach sich zog. Heute, wo man die Auswirkungen der Überweidung kennt, schreibt die australische Regierung Maximalzahlen für die Schafhaltung vor: Den Bauern ist es verboten, mehr als eine vorgegebene Zahl je Hektar der gepachteten Flächen zu halten. Früher dagegen waren Minimalzahlen vorgeschrieben: Damals waren die Bauern verpflichtet, eine bestimmte Mindestzahl von Schafen je Hektar zu halten, sonst hätten sie den Pachtvertrag verloren. Als über diese Vorschriften gegen Ende des 19. Jahrhunderts erstmals genaue Aufzeichnungen geführt wurden, waren die Zahlen dreimal höher als jene, die heute als nachhaltig gelten, und noch früher lag die Zahl der Tiere offensichtlich um das Zehnfache über der Nachhaltigkeitsgrenze. Die ersten Siedler behandelten die Grasbestände also nicht als potenziell erneuerbare Ressource, sondern sie bauten die vorhandenen Vorräte ab. Wie bei der Rodung, so verlangte die Regierung auch hier von den Bauern, dass sie das Land schädigten, und wer das nicht tat, verlor seinen Pachtvertrag.

Drei andere Ursachen für die Landzerstörung wurden bereits erwähnt. Kaninchen fressen ebenso wie Schafe die Pflanzen weg, verursachen den Bauern Kosten, weil Schafen und Rindern nun weniger Gras zur Verfügung steht, und verursachen auch Aufwand für Bulldozer, Dynamit, Zäune und den Einsatz von Viren, mit denen man die Kaninchenbestände unter Kontrolle halten will. Der ohnehin geringe Nährstoffgehalt australischer Böden ist häufig schon nach wenigen Jahren der Landwirtschaft erschöpft. Nachdem die Pflanzendecke dezimiert oder völlig abgeweidet wurde, verstärkt sich die Erosion des Oberbodens durch Wasser und Wind. Die Erde gelangt mit den Flüssen ins Meer, trübt die Küstengewässer und schädigt mittlerweile auch das Große Barriereriff, eine der wichtigsten Touristenattraktionen Australiens (ganz zu schweigen von seinem ureigenen biologischen Wert und seiner Bedeutung als Fischkinderstube).

Als »von Menschen verursachte Dürre« bezeichnet man eine sekundäre Form der Landzerstörung, die auf die Rodung und die Überweidung durch Schafe und Kaninchen zurückzuführen ist. Wird die Pflanzendecke auf einem der genannten Wege vernichtet, ist Land, das durch die Vegetation zuvor im Schatten lag, nun unmittelbar der Sonne ausgesetzt, sodass der Boden heißer und trockener wird. Dieser Sekundäreffekt eines heißen, trockenen Bodens behindert das Pflanzenwachstum auf ganz ähnliche Weise wie eine natürliche Dürre.

Unkräuter wurden bereits im Kapitel 1 im Zusammenhang mit Montana erörtert: Sie sind definiert als Pflanzen, die für Bauern nur geringen Wert haben, entweder weil sie für Schafe und Rinder weniger genießbar als deren bevorzugte Weidepflanzen (oder sogar überhaupt nicht gefressen werden), oder weil sie in Konkurrenz zu Nutzpflanzen treten. Manche Unkräuter wurden unabsichtlich aus Übersee eingeschleppt; etwa 15 Prozent von ihnen führte man absichtlich, aber ohne genaue Kenntnisse zwecks landwirtschaftlicher Nutzung ein; ein Drittel entkam aus Gärten, wo man sie absichtlich als Zierpflanzen gezüchtet hatte; und wieder andere sind heimische Pflanzen aus Australien. Da weidende Tiere bestimmte Pflanzen bevorzugen, steigt durch sie der Anteil der Unkräuter, und schließlich wird die Pflanzendecke der Weiden von Pflanzenarten beherrscht, die nur geringen oder überhaupt keinen Nutzen haben (und in manchen Fällen für die Tiere sogar giftig sind). Die Bekämpfung der verschiedenen Unkrautarten ist unterschiedlich schwierig: Manche lassen sich leicht entfernen und durch genießbare Weidepflanzen oder Getreide ersetzen, andere dagegen kann man nur mit großem Aufwand ausrotten, wenn sie sich einmal festgesetzt haben.

Etwa 3000 Pflanzenarten gelten heute in Australien als Unkräuter und verursachen wirtschaftliche Verluste von rund 1,6 Milliarden Euro im Jahr. Eine der schlimmsten ist die Mimose: Sie bedroht eine besonders wertvolle Region, den Kakadu-Nationalpark und das Gebiet des Weltnaturerbes. Die dornige, bis zu sechs Meter hohe Pflanze bringt so viele Samen hervor, dass sich die Fläche, die sie bedeckt, innerhalb eines Jahres verdoppeln kann. Noch schlimmer ist die Kautschukliane, die in den siebziger Jahren des 19. Jahrhunderts als Zierstrauch aus Madagaskar eingeführt wurde, weil man die Bergbaustädte in Queensland verschönern wollte. Sie machte sich in der Wildnis breit und wurde zu einem pflanzlichen Ungeheuer: Sie ist für Tiere giftig, verdrängt andere Pflanzen, wächst zu einem undurchdringlichen Dickicht heran, lässt Schoten fallen, die auf Flüssen schwimmen und sich auf diese Weise weit verbreiten, und wenn die Schoten schließlich aufplatzen, entlassen sie jeweils 300 Samen, die vom Wind noch weiter verteilt werden. Die Samen einer einzigen Schote reichen aus, um einen ganzen Hektar mit neuen Kautschuklianenpflanzen zu bedecken.

Neben der bereits erwähnten, fehlgeleiteten staatlichen Politik der Rodung und übermäßigen Schafhaltung sollte man noch die Maßnahmen der staatlichen Weizenkommission anführen. Dieses Gremium machte häufig rosarote Voraussagen über höhere Weltmarktpreise für Weizen, und damit ermutigte es die Bauern, mit Hilfe hoher Kredite in Maschinen zu investieren, mit denen man auch auf weniger geeigneten Flächen Weizen anbauen konnte. Viele Bauern mussten dann nach hohen Investitionen zu ihrem Missfallen feststellen, dass das Land nur wenige Jahre lang Weizen hervorbrachte und dass die Weizenpreise außerdem sanken.

Die letzte Ursache der Landzerstörung in Australien, die Versalzung, hat die kompliziertesten Ursachen und erfordert die umfangreichsten Erklärungen. Wie ich bereits erwähnt habe, enthält der Boden in vielen Regionen Australiens viel Salz, eine Hinterlassenschaft salziger Seewinde, früherer Meeresarme und ausgetrockneter Seen. Manche Pflanzen vertragen zwar salzigen Boden, die meisten Arten jedoch, darunter fast alle Nutzpflanzen, sind dazu nicht in der Lage. Würde das Salz sich nur in größerer Tiefe befinden als die Wurzeln und dort auch bleiben, gäbe es keine Schwierigkeiten. Aber durch zwei Vorgänge gelangt es an die Oberfläche, und dann kommt es zu Problemen: durch Bewässerungsversalzung oder durch Trockenversalzung.

Zur Bewässerungsversalzung kann es in trockenen Gebieten kommen, beispielsweise in manchen Regionen im Südwesten Australiens, wo der Niederschlag für die Landwirtschaft zu gering oder zu unzuverlässig ist, sodass man sie künstlich bewässern muss. Bedient sich ein Bauer der »Tropfenbewässerung« mit einem kleinen Wasseranschluss am Fuß jedes Obstbaumes oder jeder Nutzpflanzenreihe, durch den gerade so viel Wasser heraustropft, wie die Wurzeln des Baumes oder der Nutzpflanzen aufnehmen können, ergeben sich keine Probleme. Wird aber stattdessen die verbreitete Methode angewandt, das Land unter Wasser zu setzen oder das Wasser mit einem Sprenger über eine große Fläche zu verteilen, wird der Boden mit mehr Wasser abgesättigt, als die Pflanzenwurzeln aufnehmen können. Das nicht absorbierte, überschüssige Wasser sickert in die tieferen, salzigen Bodenschichten und lässt dort eine ständig feuchte Lage entstehen, durch die das Salz aus der Tiefe in den Bereich der Pflanzenwurzeln sowie bis zur Oberfläche aufsteigen kann, sodass es das Wachstum aller Pflanzen mit Ausnahme salztoleranter Arten hemmt oder völlig blockiert. Andererseits kann das Salz aber auch ins Grundwasser und von dort in die Flüsse gelangen. So betrachtet, hat Australien, das wir uns meist als trockenen Kontinent vorstellen (was auch stimmt), nicht mit zu wenig, sondern mit zu viel Wasser ein Problem: Wasser ist immer noch so billig und steht in so großen Mengen zur Verfügung, dass es in manchen Gebieten für eine übermäßige Bewässerung eingesetzt wird. Genauer gesagt, verfügen manche Regionen Australiens über so viel Wasser, dass die globale Bewässerung möglich wird, aber das Wasser reicht nicht aus, um das auf diese Weise mobilisierte Salz völlig auszuwaschen. Im Prinzip lassen sich die Probleme der Bewässerungsversalzung teilweise dadurch beseitigen, dass man den Aufwand auf sich nimmt und Tropfenbewässerung anstelle der umfassenden Bewässerung installiert.

Der zweite Versalzungsprozess, die Trockenversalzung, kann in Gebieten ablaufen, wo der Niederschlag für die Landwirtschaft ausreicht. Das gilt insbesondere in den Teilen West- und Südaustraliens, wo es im Winter zuverlässig regnet (oder früher geregnet hat). Solange der Boden in solchen Regionen noch mit seiner natürlichen, ganzjährigen Vegetation bedeckt ist, nehmen die Pflanzenwurzeln den größten Teil des Niederschlags auf, sodass nur wenig Regenwasser in die Tiefe sickert und dort mit den salzhaltigen Schichten in Berührung kommt. Aber angenommen, ein Bauer rodet die natürliche Vegetation und baut stattdessen Nutzpflanzen an, die je nach Jahreszeit ausgesät und geerntet werden, sodass der Boden eine gewisse Zeit im Jahr nackt ist. Regen, der in diesen nackten Boden einsickert, gelangt schnell in die tief liegenden Salzschichten, sodass das Salz an die Oberfläche diffundieren kann. Im Gegensatz zur Bewässerungsversalzung lässt sich die Trockenversalzung nur mit großem Aufwand oder überhaupt nicht mehr rückgängig machen, wenn die natürliche Pflanzendecke einmal beseitigt wurde.

Das Salz, das durch Bewässerung- oder Trockenversalzung mobilisiert wurde und sich im Grundwasser befindet, kann man sich als salzhaltigen, unterirdischen Fluss vorstellen, und dieser Fluss hat in manchen Regionen Australiens einen dreimal höheren Salzgehalt als das Meer. Wie jeder Wasserlauf, so fließt auch dieser unterirdische Fluss bergab, allerdings viel langsamer als ein Oberflächengewässer. Irgendwann tritt er in einer Niederung zu Tage und lässt sehr salzige Tümpel entstehen, wie ich sie in Südaustralien tatsächlich gesehen habe. Hat ein Bauer oben auf einem Berg durch schlechte Bewirtschaftung die Versalzung seines Landes verursacht, fließt dieses Salz unter Umständen langsam durch den Boden auf tiefer gelegene Anwesen und schädigt diese selbst dann, wenn sie gut bewirtschaftet wurden. In Australien gibt es keinen Weg, auf dem der Besitzer eines tiefer gelegenen Hofes nach einer solchen Schädigung von dem Eigentümer des höher gelegenen Anwesens einen Ersatz verlangen könnte. Ein Teil des unterirdischen Flusses kommt nicht in tieferen Lagen ans Licht, sondern mündet in Oberflächengewässer wie den Murray/ Darling, Australiens größtes Flusssystem.

Die Versalzung fügt der australischen Wirtschaft auf dreierlei Weise schwere finanzielle Verluste zu. Erstens macht sie weite Regionen, darunter einige der besten landwirtschaftlichen Flächen des Kontinents, für den Anbau von Nutzpflanzen und die Viehzucht weniger produktiv oder völlig nutzlos. Zweitens gelangt ein Teil des Salzes in die Trinkwasserversorgung der Städte. Der Murray / Darling liefert beispielsweise 40 bis 90 Prozent des Trinkwassers für Adelaide, die Hauptstadt des Bundesstaates Südaustralien, aber durch den steigenden Salzgehalt des Flusses ist sein Wasser unter Umständen irgendwann als Trinkwasser oder zum Bewässern von Feldern ohne zusätzlichen Aufwand für die Entsalzung nicht mehr geeignet. Noch größeren Schaden als diese beiden ersten Effekte verursacht das Salz, weil es Einrichtungen der Infrastruktur korrodieren lässt, beispielsweise Straßen, Bahnlinien, Landebahnen, Brücken, Gebäude, Wasserleitungen, Warmwassersysteme, Regenwasserkanäle, Kanalisation, Geräte in Haushalt und Industrie, Strom- und Telefonleitungen sowie Kläranlagen. Bei den wirtschaftlichen Verlusten, die sich in Australien durch die Versalzung ergeben, handelt es sich nach Schätzungen zu einem Drittel um unmittelbare Kosten in der Landwirtschaft; die Verluste »jenseits des Hoftores« und in nachgelagerten Bereichen wie Wasserversorgung und Infrastruktur sind doppelt so hoch.

Welches Ausmaß hat die Versalzung? Heute sind bereits neun Prozent aller gerodeten Landflächen Australiens davon betroffen, und wenn man die derzeitige Entwicklung fortschreibt, wird der Anteil nach Berechnungen auf etwa 25 Prozent ansteigen. Besonders stark ist die Versalzung derzeit in den Bundesstaaten West- und Südaustralien; der westaustralische Weizengürtel gilt als eines der schlimmsten Beispiele für Trockenversalzung auf der ganzen Welt. Die ursprüngliche, einheimische Vegetation wurde dort zu 90 Prozent gerodet, der größte Teil davon zwischen 1920 und 1980; den Höhepunkt bildete das Programm »Eine Million Acres pro Jahr«, das die Regierung des Bundesstaates Westaustralien Ende der sechziger Jahre ausrief. An keiner anderen Stelle der Erde wurde die natürliche Vegetation so schnell auf einer so großen Fläche gerodet. Der Anteil des Weizengürtels, der durch Versalzung unfruchtbar ist, wird den Berechnungen zufolge in den nächsten 20 Jahren auf ein Drittel der Gesamtfläche anwachsen.

Insgesamt besteht die Möglichkeit, dass die Versalzung sich in Australien auf das Sechsfache der bisher betroffenen Flächen ausbreitet; diese Fläche kann in Westaustralien um den Faktor 4 wachsen, in Queensland um den Faktor 7, in Victoria um den Faktor 10 und in New South Wales um den Faktor 60. Eine weitere Problemzone neben dem Weizengürtel ist das Becken des Murray/Darling, das derzeit fast die Hälfte der gesamten landwirtschaftlichen Produktion Australiens beliefert; es wird flussabwärts in Richtung Adelaide immer salziger, weil auf der Länge des Flusses immer mehr salzhaltiges Grundwasser hinzukommt, während die Menschen gleichzeitig immer größere Wassermengen zu Bewässerungszwecken entnehmen. (In manchen Jahren wird so viel abgeleitet, dass kein Flusswasser mehr im Meer ankommt.) Dass der Salzgehalt des Murray/Darling steigt, liegt nicht nur an den Bewässerungsmethoden entlang seines Unterlaufes, sondern auch an dem wachsenden, im industriellen Maßstab betriebenen Baumwollanbau am Oberlauf in Queensland und New South Wales. Die Baumwollplantagen stellen heute in Australien das größte Einzelproblem für die Land- und Wasserbewirtschaftung dar: Einerseits ist die Baumwolle nach dem Weizen die wertvollste Nutzpflanze des Landes, andererseits schädigen das durch ihren Anbau mobilisierte Salz und die verwendeten Pestizide weiter stromabwärts im Murry/Darling-Becken andere Formen der Landwirtschaft.

Wenn die Versalzung eingesetzt hat, lässt sie sich kaum rückgängig machen; vielfach ist die Beseitigung unbezahlbar teuer, oder sie dauert ungeheuer lange. Unterirdische Flüsse fließen sehr langsam: Hat ein solcher Wasserlauf wegen schlechter Landbewirtschaftung das Salz mobilisiert, dauert es unter Umständen 500 Jahre, bis dieses Salz aus dem Boden ausgespült ist, selbst wenn man über Nacht auf Tropfenbewässerung umsteigen und die Mobilisierung weiterer Salzmengen verhindern würde.

Die Landzerstörung, die auf alle diese Ursachen zurückgeht, ist Australiens teuerstes ökologisches Problem, aber auch fünf andere Themen verdienen eine kurze Erwähnung: Forstwirtschaft, Hochseefischerei, Süßwasserfischerei, Trinkwasser und eingeschleppte biologische Arten.

Von der Antarktis abgesehen, ist Australien der Kontinent mit dem geringsten Anteil an bewaldeten Flächen: Sie machen nur 20 Prozent der Gesamtfläche aus. Früher standen dort die möglicherweise höchsten Bäume der Welt: Die mittlerweile gefällten Blauen Gummibäume reichten mit ihren Ausmaßen an die kalifornischen Mammutbäume heran oder übertrafen sie sogar. Von den Wäldern, die in Australien 1788 zu Beginn der europäischen Besiedelung vorhanden waren, sind 40 Prozent heute völlig gerodet, 35 Prozent wurden teilweise abgeholzt, und nur 25 Prozent sind noch unversehrt. Dennoch wird die Holzgewinnung auf den kleinen Flächen mit altem Baumbestand immer noch fortgesetzt.

Das Holz aus den verbliebenen Wäldern Australiens wird nicht nur im eigenen Land verbraucht, sondern dient auch auf bemerkenswerte Weise dem Export. Die Hälfte aller Holzexporte erfolgt nicht in Form von Stämmen oder Fertigprodukten, sondern das Holz wird zerkleinert und vor allem nach Japan verschifft, wo es zu Papier und Papierprodukten verarbeitet wird. Die Rohstoffe für japanisches Papier stammen zu einem Viertel aus Australien. Der Preis, den Japan für die Holzschnitzel bezahlt, ist auf etwa fünf Euro je Tonne gesunken, das daraus hergestellte Papier wird in Japan jedoch für etwa 800 Euro pro Tonne verkauft, das heißt, fast der gesamte Mehrwert, der mit dem Holz nach der Abholzung erzielt wird, fließt nicht nach Australien, sondern nach Japan. Gleichzeitig sind die Importe von Holzprodukten in Australien fast dreimal so hoch wie die Exporte, und mehr als die Hälfte dieser Importe hat die Form von Papier- und Kartonprodukten.

Der Handel mit Produkten aus den australischen Wäldern ist also in einem doppelten Sinne paradox. Einerseits werden in Australien, einem der Industrieländer mit dem geringsten Anteil an Wäldern, immer noch Bäume gefällt, und die Produkte dieser schrumpfenden Wälder werden nach Japan exportiert, dem Industrieland mit dem höchsten Anteil an bewaldeten Flächen (74 Prozent), der außerdem immer noch wächst. Und zweitens exportiert Australien aus seinen Wäldern vorwiegend Rohstoffe zu geringen Preisen, und diese Rohstoffe werden dann in einem anderen Land zu Hochpreis-Fertigprodukten mit hohem Mehrwert verarbeitet, die Australien dann wiederum importiert. Mit derart unausgewogenen Handelsbeziehungen rechnet man nicht, wenn es um zwei Industrieländer geht, sondern wenn ein rückständiges, nicht industrialisiertes Drittweltland ohne entsprechende Verhandlungserfahrung an ein Industrieland gerät, das darin geübt ist, Drittweltländer auszubeuten: Dieses kauft dann die Rohstoffe billig ein, verarbeitet das Material im eigenen Land zu hochwertigen Produkten und exportiert sie zu hohen Preisen in die Dritte Welt. (Die wichtigsten Waren, die von Japan nach Australien exportiert werden, sind Autos, Telekommunikationsanlagen und Computer; in der Gegenrichtung fließen neben dem Holz vor allem Kohle und Bodenschätze.) Offensichtlich verschleudert Australien also eine wertvolle Ressource und erhält dafür relativ wenig Geld.

Die fortgesetzte Holzgewinnung in den alten Wäldern ist in Australien heute der Anlass für eine besonders leidenschaftliche Umweltschutzdebatte. Abgeholzt wird vor allem im Bundesstaat Tasmanien, und dort finden auch die hitzigsten Diskussionen statt. Die Tasmanischen Blaugummibäume, die mit bis zu 100 Metern zu den größten Bäumen außerhalb Kaliforniens gehören, werden heute in größerem Umfang abgeholzt als je zuvor. Beide großen politischen Parteien des Landes befürworten sowohl auf Bundesstaats- als auch auf Bundesebene die weitere Holzgewinnung dort. Auf die Frage, warum das so ist, gibt es eine nahe liegende Antwort: Nachdem die National Party sich 1995 nachdrücklich für die Holzgewinnung in Tasmanien ausgesprochen hatte, wurde bekannt, dass die Partei ihre größten finanziellen Zuwendungen von drei Holzkonzernen erhielt.

Neben dem Abbau der alten Wälder hat man in Australien auch Plantagen mit einheimischen und ausländischen Baumarten angelegt. Aber aus den zuvor erwähnten Gründen – geringer Nährstoffgehalt des Bodens, geringe, unberechenbare Niederschläge und in der Folge ein geringes Wachstum der Bäume – ist diese Art der Forstwirtschaft weniger profitabel und mit höheren Kosten verbunden als in zwölf der 13 Staaten, die in dieser Hinsicht die Hauptkonkurrenten Australiens darstellen. Selbst die wertvollste noch vorhandene und kommerziell nutzbare Baumart, der Tasmanische Blaugummibaum, wächst in Ländern wie Brasilien, Chile, Portugal, Südafrika, Spanien und Vietnam, wo man ihn in Plantagen angepflanzt hat, schneller als in Tasmanien selbst.

Der Abbau der Fischgründe in den Meeren um Australien ähnelt dem der Wälder. Die ersten europäischen Siedler überschätzten das Potenzial des Landes für die Lebensmittelproduktion. Oder, um die Fachausdrücke der Ökologen zu benutzen: Das Land ernährte einen großen Pflanzenbestand, hatte aber eine geringe Produktivität. Das Gleiche gilt für den Ozean rund um den Kontinent: Auch seine Produktivität ist gering, denn sie hängt von den Nährstoffen ab, die von dem unproduktiven Land ins Meer gespült werden, und in den australischen Küstengewässern gibt es keine nährstoffreichen Meeresströmungen, die dem Humboldtstrom vor der Westküste Südamerikas vergleichbar wären. Die Bestände der Meerestiere vor Australien haben in der Regel geringe Wachstumsraten und werden deshalb schnell überfischt. In den letzten beiden Jahrzehnten boomte beispielsweise weltweit die Nachfrage nach dem Granatbarsch, einem Fisch, der in australischen und neuseeländischen Gewässern gefangen wird; er wurde zur Grundlage einer Fischereiwirtschaft, die kurzfristig hohe Gewinne abwarf. Leider stellte sich aber bei genaueren Untersuchungen heraus, dass Granatbarsche sehr langsam wachsen und sich erst im Alter von ungefähr 40 Jahren paaren; die Fische, die gegessen werden, sind häufig 100 Jahre alt. Deshalb können sich die Granatbarschbestände wahrscheinlich nicht schnell genug vermehren, um die gefangenen, ausgewachsenen Tiere zu ersetzen. Mittlerweile ist die betreffende Branche im Niedergang begriffen.

Die Überfischung der Bestände im Meer hat in Australien eine lange Geschichte: Man baut einen Bestand ab, bis er auf ein unwirtschaftlich geringes Niveau zurückgegangen ist, dann entdeckt man neue Fischgründe und wechselt zu diesen, bis sie ebenfalls in kurzer Zeit zusammenbrechen. Das Ganze ähnelt einem Goldrausch. Nachdem neue Fischgründe aufgetan wurden, unternehmen Meeresbiologen vielleicht eine wissenschaftliche Studie und stellen fest, welche Mengen nachhaltig entnommen werden können, aber bevor die Empfehlungen der Untersuchung zur Verfügung stehen, droht der Fischerei bereits der Zusammenbruch. Zu den Opfern dieser Überfischung gehörten in Australien neben dem Granatbarsch auch der Gelbe Zackenbarsch, die Königsschlangenmakrele, die Tigergarnele, der Australische Hundshai, der Südliche Blauflossenthunfisch und der Wels *Platycephalus richardsoni.* Die einzigen australischen Meerestiere, die heute gut belegten Angaben zufolge nachhaltig genutzt werden, sind die Austral-Langusten, derzeit die wertvollste Exportware aus dem Meer. Die Gesundheit ihrer Bestände wurde vom Marine Stewardship Council (von dem in Kapitel 15 noch genauer die Rede sein wird) einer unabhängigen Prüfung unterzogen.

Wie im Meer, so ist die australische Fischerei auch im Süßwasser wegen der geringen Produktivität nur begrenzt möglich, weil nur wenige Nährstoffe aus dem unproduktiven Land ausgeschwemmt werden. Und wie im Meer, so sind die Fischbestände auch im Süßwasser trügerisch, denn ihre Produktivität ist gering. Der größte Süßwasserfisch Australiens beispielsweise ist der Barsch *Maccullochella peeli*, der bis zu einem Meter lang wird und ausschließlich im Murray/Darling-Flusssystem vorkommt. Er ist schmackhaft, wird sehr geschätzt und war früher so zahlreich, dass er in ganzen Lastwagenladungen gefangen und auf den Markt gebracht wurde. Mittlerweile sind die Bestände erschöpft. Dafür gab es mehrere Ursachen: Die langsam wachsende Fischspezies wurde wie die Bestände der Granatbarsche übermäßig stark ausgebeutet, eingeschleppte Karpfen ließen das Wasser trüb werden, und nachteilig wirkten sich auch die Dämme aus, die in den dreißiger Jahren des 20. Jahrhunderts am Murray River gebaut wurden – sie ließen die Wassertemperatur sinken (weil man nicht das warme Oberflächenwasser abfließen ließ, sondern das kalte Tiefenwasser, in dem die Fische sich nicht fortpflanzen konnten) und verwandelten einen Fluss, dem früher durch Überschwemmungen regelmäßig Nährstoffe zugeführt worden waren, in ein Gewässer mit geringer Nährstoffregeneration.

Heute liefert die Süßwasserfischerei in Australien keine nennenswerten finanziellen Gewinne mehr. In Südaustralien zum Beispiel erzielt sie insgesamt nur noch einen Umsatz von weniger als 400 000 Euro im Jahr, und diesen Betrag teilen sich 30 Personen, die nur im Nebenberuf Fischer sind. Mit einer nachhaltigen Fischereiwirtschaft und ordnungsgemäßer Bewirtschaftung der Bestände von *Maccullochella peeli* und Goldbrasse (der zweiten wirtschaftlich bedeutsamen Fischart im Murray/Darling) könnte man sicher weit höhere Erträge erzielen, aber inwieweit die Fischbestände in diesen Flüssen sich noch erholen können, ist nicht bekannt.

Auch Süßwasser selbst ist in Australien knapper als auf jedem anderen Kontinent. Die geringen Mengen, die in dicht besiedelten Gebieten ohne weiteres zugänglich sind, werden bereits heute zum größten Teil als Trinkwasser oder für die Landwirtschaft genutzt. Selbst aus dem größten Fluss des Landes, dem Murray/Darling, entnehmen Menschen in den durchschnittlichen Jahren bereits zwei Drittel der gesamten Wassermenge, und in manchen Jahren bleibt praktisch überhaupt nichts übrig. Ungenutztes Süßwasser gibt es vorwiegend in den Flüssen abgelegener Gebiete im Norden des Landes, weit weg von Siedlungen der Menschen und von Landwirtschaftsregionen, wo man es verwenden könnte. Wenn die ungenutzten Wasservorräte mit wachsender Bevölkerung immer mehr schrumpfen, werden manche besiedelten Gebiete in Zukunft vielleicht zu der teuren Meerwasserentsalzung übergehen müssen. Auf Kangoo Island gibt es bereits eine Entsalzungsanlage, und eine zweite wird wahrscheinlich bald auf der Eyre-Halbinsel gebraucht.

Mehrere Großprojekte aus früherer Zeit, mit denen man ungenutzte Flüsse im Land verändern wollte, erwiesen sich als kostspielige Fehlschläge. In den dreißiger Jahren des 20. Jahrhunderts hatte man beispielsweise vor, am Murray mehrere Dutzend Staudämme zu bauen, um die Schifffahrt auf dem Fluss zu ermöglichen, und etwa die Hälfte dieser Dämme wurde vom Corps of Engineers der US-Armee errichtet, bevor man den Plan fallen ließ. Heute gibt es auf dem Murray River keinen kommerziellen Frachtschiffsverkehr, aber die Dämme haben zu dem bereits erwähnten Zusammenbruch der Fischbestände beigetragen. Einer der teuersten Fehlschläge war das Ord River Scheme: Man wollte einen Fluss in einem abgelegenen, dünn besiedelten Gebiet Nordwestaustraliens regulieren, um Felder zum Anbau von Gerste, Mais, Baumwolle, Färberdisteln, Sojabohnen und Weizen zu bewässern. Von allen diesen Pflanzen wurde am Ende nur die Baumwolle in geringem Umfang angebaut, und nach 10 Jahren scheiterte auch dieser Versuch. Heute werden in der Region Zucker und Melonen produziert, aber der Ertrag deckt nicht annähernd die Kosten, die das Projekt verursacht hat.

Neben solchen Schwierigkeiten mit der Menge, Zugänglichkeit und Nutzung des Wassers ist auch die Wasserqualität ein Problem. Die Flüsse, aus denen das Wasser stammt, enthalten Giftstoffe, Pestizide und Salz aus stromaufwärts gelegenen Regionen, und diese Stoffe bedrohen weiter stromabwärts das Trinkwasser der Städte sowie die landwirtschaftliche Bewässerung. Einige Beispiele habe ich bereits erwähnt: Der Murray River, der einen großen Teil des Trinkwassers für Adelaide liefert, enthält Salz und Agrochemikalien, und die Pestizide von den Baumwollfeldern in New South Wales gefährden weiter stromabwärts die Bemühungen, Weizen und Rindfleisch biologisch zu erzeugen und auf den Markt zu bringen.

In Australien gibt es weniger einheimische Tierarten als in anderen Kontinenten; deshalb war es besonders durch exotische Arten aus Übersee gefährdet, die absichtlich angesiedelt wurden oder sich zufällig breit machten und dann die Bestände einheimischer Tiere und Pflanzen verdrängten oder ausrotteten, weil sich bei diesen in der Evolution keine Abwehrmechanismen gegen solche fremden Arten gebildet hatten. Auch hier habe ich bereits einige berüchtigte Beispiele genannt: Kaninchen fressen etwa die Hälfte der Weidepflanzen, die ansonsten den Schafen und Rindern als Nahrung dienen könnten; Füchse jagten viele einheimische Säugetierarten und rotteten sie aus; mehrere tausend Arten von Unkräutern veränderten die Lebensräume, verdrängten einheimische Pflanzen, verminderten die Qualität der Weideflächen und vergifteten gelegentlich sogar das Vieh; und die Karpfen schädigten im Murray / Darling die Wasserqualität.

Einige weitere Schreckensgeschichten über eingeschleppte Schädlinge haben ebenfalls eine kurze Erwähnung verdient. Wild gewordene Haustiere – Büffel, Kamele, Esel, Ziegen und Pferde – zertrampeln große Lebensräume, fressen sie kahl und schädigen sie noch auf viele andere Arten. Hunderte von Insektenarten konnten sich in Australien viel leichter verbreiten als in den Ländern gemäßigter Breiten mit ihrem kalten Winter. Insbesondere Schmeißfliegen, Milben und Zecken sind schädlich für Weiden und Vieh, während Raupen, Taufliegen und viele andere Arten die Nutzpflanzen ruinieren. Die Aga-Kröten, die man 1935 einführte, um zwei Schadinsekten am Zuckerrohr zu bekämpfen, erfüllten diesen Zweck zwar nicht, verbreiteten sich aber über ein Gebiet von 250 000 Quadratkilometern; dabei kam ihnen insbesondere zu Hilfe, dass sie bis zu 20 Jahre alt werden und dass jedes Weibchen jährlich 30 000 Eier ablegt. Die Kröten sind giftig und für sämtliche einheimischen australischen Tiere ungenießbar; heute gelten sie als einer der schlimmsten Fehler, die man jemals im Namen der Schädlingsbekämpfung begangen hat.

Und schließlich führte Australiens abgelegene Lage und die damit verbundene Abhängigkeit von Schiffstransporten dazu, dass auch viele im Wasser lebende Schädlinge eingeschleppt wurden; sie kamen mit dem abgelassenen Bilgenwasser der Schiffe, mit trockenem Schiffsballast, an Schiffsrümpfen und in Waren, die zu Zwecken der Aquakultur importiert wurden. Unter diesen Schädlingen sind Rippenquallen, Krebse, giftige Dinoflagellaten, Muscheln, Würmer und eine japanische Seesternart, die den nur in Südostaustralien heimischen Fisch *Brachionichthys hirsutus* stark dezimierte. Viele dieser Schädlinge richten ungeheure Schäden an, und ihre Bekämpfung kostet gewaltige Beträge: Im Fall der Kaninchen sind es jedes Jahr mehrere hundert Millionen Euro, Fliegen und Zecken am Vieh verschlingen rund 500 Millionen, Milben auf Weiden 160 Millionen, andere Schadinsekten 2 Milliarden, Unkräuter 2,5 Milliarden, und so weiter.

Australien hat also eine außergewöhnlich empfindliche Umwelt, und diese wird auf vielfältige Weise geschädigt, was gewaltige wirtschaftliche Kosten nach sich zieht. Ein Teil von diesen entfällt auf Schäden, die nicht mehr rückgängig zu machen sind, wie manche Formen der Landzerstörung und die Ausrottung einheimischer Arten (wobei in jüngerer Zeit in Australien im Verhältnis zur Gesamtzahl mehr Arten ausgestorben sind als auf jedem anderen Kontinent). In den meisten Fällen setzt sich die Schädigung auch heute noch fort, oder sie nimmt sogar noch zu wie im Fall der Holzgewinnung in den alten Wäldern Tasmaniens. Manche Zerstörungsprozesse kann man kurzfristig praktisch nicht zum Stillstand bringen, weil sie sich mit einer langen zeitlichen Verzögerung verbinden, wie beispielsweise die langsame, bergab gerichtete Strömung des bereits mobilisierten salzhaltigen Grundwassers, das sich noch auf Jahrhunderte hinaus weiter ausbreiten wird. Auch heute vertreten noch viele Australier kulturell bedingte Einstellungen die schon früher Schäden verursacht haben. Ein politisches Hindernis für eine Reform der Wasserbewirtschaftung ist beispielsweise der Markt für »Wasserkonzessionen«, das heißt für das Recht, Wasser zur Bewässerung zu nutzen. Die Inhaber dieser Konzessionen sind verständlicherweise überzeugt, sie seien tatsächlich die Eigentümer des Wassers, für dessen Gewinnung sie bezahlt haben; in Wirklichkeit kann niemand die Konzessionen in vollem Umfang nutzen, weil die Wassermenge, für die insgesamt Konzessionen vergeben wurden, viel größer ist als das tatsächlich verfügbare Volumen in einem durchschnittlichen Jahr.

Wer zum Pessimismus oder auch nur zu realistischem, nüchternem Denken neigt, fühlt sich angesichts dieser Tatsachen zu der Frage veranlasst, ob die Australier zu einem abnehmenden Lebensstandard in einer immer stärker zerstörten Umwelt verdammt sind. Ein solches Szenario ist für die Zukunft Australiens durchaus realistisch. Es ist viel wahrscheinlicher als ein Bevölkerungszusammenbruch nach Art der Osterinsel einschließlich eines politischen Zusammenbruches, wie ihn Weltuntergangspropheten voraussagen. Für die übrigen Industrieländer gilt dasselbe, nur mit dem Unterschied, dass es in Australien bereits zu einem früheren Zeitpunkt Wirklichkeit werden könnte.

Aber glücklicherweise gibt es auch Anlass zur Hoffnung. Die Einstellungen wandeln sich, bei den australischen Bauern findet ein Umdenken statt, es gibt Privatinitiativen, und die Regierung ergreift erste radikale Maßnahmen. Der Wandel im Denken macht ein Thema deutlich, das uns bereits im Zusammenhang mit Normannisch-Grönland (Kapitel 8) begegnet ist und auf das wir im nächsten Kapitel zurückkommen werden: die schwierige Frage, welche tief verwurzelten Wertvorstellungen einer Gesellschaft mit ihrem Überleben vereinbar sind und welche man aufgeben muss.

Ich war vor 40 Jahren zum ersten Mal in Australien. Wenn man damals zu einem Grundbesitzer sagte, er werde zukünftigen Generationen eine geschädigte Landschaft hinterlassen und die Schäden würden sich auch auf andere Menschen auswirken, erhielt man häufig zur Antwort: »Das ist mein Land, und damit kann ich, verdammt nochmal, alles machen, was ich, verdammt nochmal, will.« Solchen Einstellungen begegnet man zwar auch heute noch, aber sie sind mittlerweile seltener und werden in der Öffentlichkeit nicht mehr ohne weiteres hingenommen. Noch vor wenigen Jahrzehnten stieß die Regierung kaum auf Widerstand, wenn sie ihre umweltschädlichen Vorschriften (beispielsweise die Vorschrift, Land zu roden) erließ und umweltschädliche Planungen (beispielsweise die Staudämme am Murray River und das Ord River Scheme) durchsetzte. Heute meldet sich die Öffentlichkeit in Australien genau wie in Europa, Nordamerika und anderen Gebieten in Umweltfragen zunehmend zu Wort. Eine besonders starke Opposition richtet sich gegen die Rodung von Land, die Regulierung von Flüssen und die Holzgewinnung in alten Wäldern. Während ich diese Zeilen schreibe, hat die Haltung der australischen Öffentlichkeit gerade dazu geführt, dass die Regierung des Bundesstaates Südaustralien eine neue Steuer einführte (womit sie ein Wahlversprechen brach), um umgerechnet 250 Millionen Euro zur Beseitigung von Schäden am Murray River zu beschaffen; die Regierung des Staates Westaustralien schränkt die Abholzung alter Wälder immer stärker ein; in New South Wales einigten sich Regierung und Bauern auf einen rund 350 Millionen Euro teuren Plan, mit dem man die Ressourcenbewirtschaftung vereinheitlichen und die umfassende Rodung von Landflächen beenden will; und die Regierung von Queensland, des seit jeher konservativsten australischen Bundesstaates, gab ein Gemeinschaftsprojekt mit der Bundesregierung bekannt, das bis zum Jahr 2006 zur Beendigung der Rodung ausgewachsener Büsche führen soll. Alle diese Maßnahmen wären vor 40 Jahren unvorstellbar gewesen.

Zu diesen hoffnungsvollen Anzeichen gehört auch eine veränderte Einstellung der Wählerschaft insgesamt, die einen Wandel der staatlichen Politik zur Folge hat. Dazu gehören insbesondere auch die gewandelten Einstellungen der Bauern: Diese gelangen zunehmend zu der Erkenntnis, dass sie die landwirtschaftlichen Methoden der Vergangenheit nicht beibehalten können, weil sie sonst ihre Anwesen nicht in gutem Zustand an ihre Kinder vererben könnten. Diese Aussicht schmerzt die australischen Bauern, denn wie die Landwirte in Montana, die ich bei den Vorarbeiten für das erste Kapitel befragte, ist nicht finanzieller Nutzen das Motiv, sich weiterhin die schwere Arbeit aufzubürden, sondern die Liebe zur bäuerlichen Lebensweise. Beispielhaft für diese gewandelte Einstellung war ein Gespräch, das ich mit dem Schafzüchter Bill McIntosh führte – ich habe ihn bereits erwähnt. Er zeigte mir Fotos eines Hügels, die 1937 und 1999 aufgenommen worden waren. Darauf war deutlich zu erkennen, wie spärlich die Vegetation 1937 wegen der Überweidung durch Schafe war und wie sie sich später erholt hatte. Um seinen Hof nachhaltig zu bewirtschaften, hält er Schafe in geringerer Zahl, als es nach dem Maximalwert in der Regierung zulässig wäre, und mittlerweile zieht er den Wechsel zu wollelosen Schafen in Erwägung, die ausschließlich der Fleischproduktion dienen (diese erfordern weniger Aufmerksamkeit und weniger Fläche). Um das Unkrautproblem in den Griff zu bekommen und zu verhindern, dass ungenießbare Pflanzenarten sich auf den Weiden breit machen, hat er so genannte »Weidezellen« eingeführt: Die Schafe dürfen nicht nur die genießbaren Pflanzen abweiden, um dann zur nächsten Weide weiterzuziehen, sondern sie werden auf einer Fläche belassen, bis sie auch die weniger beliebten Arten gefressen haben. Zu meiner Verwunderung kann er die Kosten niedrig halten, indem er die gesamte Farm ohne Vollzeit-Angestellte bewirtschaftet. Er bewacht mehrere tausend Schafe, indem er mit dem Motorrad herumfährt, wobei er ein Fernglas, ein Funkgerät und seinen Hund bei sich hat. Daneben findet er sogar noch Zeit, andere Einnahmequellen zu erschließen, beispielsweise indem er Zimmer an Touristen vermietet; er hat erkannt, dass die Landwirtschaft allein auf lange Sicht zum Leben nicht ausreicht.

Der Gruppendruck unter den Bauern führt in Verbindung mit kürzlich geänderten staatlichen Vorschriften dazu, dass die Dichte der Tiere zurückgeht und der Zustand der Weideflächen sich verbessert. Im Landesinneren des Bundesstaates Südaustralien, wo staatliche Flächen sich für die Weidewirtschaft eignen und mit 42-Jahres-Verträgen an Bauern verpachtet werden, begutachtet eine als Pastoral Board bezeichnete Behörde alle 14 Jahre den Zustand der Flächen; verbessert sich der Zustand der Vegetation nicht, setzt sie die zulässige Zahl der Tiere herab, und wenn sie zu dem Schluss gelangt, dass der Pächter das Anwesen nicht zufrieden stellend bewirtschaftet, wird der Pachtvertrag gekündigt. Näher an der Küste befinden sich die meisten Landflächen im Eigentum der Bauern, oder sie unterliegen dauerhaften Pachtverträgen, sodass eine solche unmittelbare staatliche Kontrolle nicht möglich ist, aber auch hier wird auf zweierlei Weise eine indirekte Kontrolle ausgeübt. Grundbesitzer und Pächter unterliegen einer gesetzlichen »Fürsorgepflicht« und müssen die Landzerstörung verhindern. Um diese Vorschriften durchzusetzen, überwachen im ersten Schritt lokale Gremien der Bauern die Zerstörung und versuchen mit Gruppendruck zu erreichen, dass der Betreffende seinen Verpflichtungen nachkommt. Haben diese lokalen Gremien keinen Erfolg, können im zweiten Schritt so genannte Bodenkonservatoren eingreifen. Bill McIntosh erzählte mir von vier Fällen, in denen örtliche Gremien oder Bodenkonservatoren in seiner Region einzelnen Bauern die Auflage erteilt hatten, die Zahl ihrer Schafe zu vermindern, und wenn sie der Aufforderung nicht nachkamen, wurde der Grundbesitz beschlagnahmt.

Einige besonders phantasievolle Privatinitiativen zur Bekämpfung von Umweltproblemen lernte ich kennen, als ich die Calperum Station besuchte, einen früheren Schafzucht- und Ackerbaubetrieb von fast 2500 Quadratkilometern in der Nähe des Murray River. Das Anwesen wurde erstmals 1851 als Weideland verpachtet, fiel dann aber den üblichen ökologischen Problemen Australiens zum Opfer: Waldzerstörung, Füchse, Rodung mit Ketten oder durch Abbrennen, übermäßige Bewässerung, übermäßige Tierhaltung, Kaninchen, Versalzung, Unkraut, Winderosion und so weiter. Im Jahr 1993 wurde es von der australischen Bundesregierung und der Zoologischen Gesellschaft Chicagos gekauft, wobei Letztere, obwohl in den USA ansässig, sich sehr für die australischen Pionierarbeiten zur Entwicklung einer ökologisch nachhaltigen Landbewirtschaftung interessierte. In den ersten Jahren nach dem Kauf versuchten staatliche Verwalter, die Kontrolle von oben nach unten auszuüben: Sie erteilten Anweisungen an Freiwillige aus der Umgebung, aber dies führte zunehmend zu Spannungen, und 1998 übernahm der private Australian Landscape Trust die Verwaltung. Die Organisation mobilisierte 400 Freiwillige, die das Anwesen gemeinsam von unten nach oben verwalteten. Seine Finanzmittel erhält der Trust vorwiegend von der Potter Foundation, der größten privaten gemeinnützigen Organisation Australiens, die es sich ausdrücklich zum Ziel gesetzt hat, die Zerstörung der landwirtschaftlichen Nutzflächen auf dem Kontinent rückgängig zu machen.

Unter der Verwaltung des Trust stürzten sich die Freiwilligen auf der Calperum Station in alle möglichen Projekte, die ihren eigenen Interessen entsprachen. Auf diese Weise konnte die Privatinitiative mit Freiwilligen viel mehr erreichen, als es allein mit den begrenzten staatlichen Mitteln möglich gewesen wäre. Umweltschützer, die in der Calperum Station ausgebildet worden waren, konnten die dort erworbenen Fähigkeiten auch an anderen Orten in Umweltschutzprojekten einsetzen. Unter anderem konnte ich miterleben, wie eine Helferin sich einer kleinen, gefährdeten

Känguruart widmete und sich um eine Erholung der Bestände bemühte; eine andere vergiftete lieber Füchse, in dem Gebiet eine der schädlichsten eingeschleppten Arten; und wieder andere gingen das allgegenwärtige Kaninchenproblem an, bekämpften die eingeschleppten Karpfen im Murray River, vervollkommneten eine Methode zur schadstofffreien Bekämpfung von Schadinsekten an Citrusbäumen, stellten das Leben in Seen wieder her, brachten auf überweideten Flächen neue Vegetation aus und entwickelten Märkte für Zucht und Vertrieb der regionalen Wildblumen und anderer Pflanzen, mit denen man die Erosion unter Kontrolle halten kann. Diese Bemühungen verdienen einen Preis für Phantasiereichtum und Engagement. Buchstäblich Zehntausende andere, ähnliche Privatinitiativen sind in ganz Australien am Werk: Landcare beispielsweise, eine Organisation, die teilweise ebenfalls aus dem Ackerlandprojekt der Potter Foundation hervorging, leistet bei 15 000 Bauern Hilfe zur Selbsthilfe.

Ergänzt werden solche phantasievollen Privatinitiativen durch staatliche Projekte, die mit einem radikalen Umdenken in der Landwirtschaft verbunden sind und eine Reaktion auf das wachsende Bewusstsein für Australiens tief greifende Probleme darstellen. Bisher lässt sich noch nicht abschätzen, ob solche extremen Pläne verwirklicht werden, aber schon dass Staatsbedienstete dafür bezahlt werden, sie zu entwickeln, ist bemerkenswert. Die Vorschläge stammen nicht von idealistischen, ökologisch geprägten Vogelfreunden, sondern von hart gesottenen Wirtschaftswissenschaftlern, die sich schlicht und einfach fragen: Würde es Australien ohne einen großen Teil seiner derzeitigen Landwirtschaft wirtschaftlich besser gehen?

Hintergrund des Umdenkens ist die Erkenntnis, dass nur ein geringer Teil der derzeitigen landwirtschaftlichen Flächen Australiens produktiv sind und sich für eine nachhaltige Bewirtschaftung eignen. 60 Prozent der Landflächen Australiens und 80 Prozent des von Menschen verwendeten Wassers werden landwirtschaftlich genutzt, das finanzielle Volumen der Landwirtschaft ist aber im Vergleich zu anderen Wirtschaftszweigen mittlerweile so weit geschrumpft, dass sie noch nicht einmal mehr drei Prozent zum Bruttoinlandsprodukt beiträgt. Hier wird also viel Land und knappes Wasser in ein Unternehmen gesteckt, das sehr geringen Gewinn abwirft. Erstaunlich ist außerdem die Erkenntnis, dass mehr als 99 Prozent der landwirtschaftlichen Nutzflächen nur einen geringen oder gar keinen positiven Beitrag zur australischen Wirtschaft leisten. Wie sich herausstellt, stammen mehr als 80 Prozent der landwirtschaftlichen Gewinne aus weniger als 0,8 Prozent der Nutzflächen, und diese Flächen befinden sich fast ausschließlich in der Südwestecke, an der Südküste rund um Adelaide, in der Südostecke und im Osten von Queensland. Diese wenigen Regionen sind durch Vulkantätigkeit oder kürzlich aufgestiegenen Boden begünstigt, und / oder im Winter fallen zuverlässige Niederschläge. Fast die gesamte übrige Landwirtschaft Australiens ist letztlich ein Abbauunternehmen, das nicht zum Wohlstand des Landes beiträgt, sondern nur ökologisches Kapital in Form von Boden und einheimischer Pflanzenwelt unumkehrbar in Geld verwandelt, wobei indirekte staatliche Subventionen in Form einer nicht kostendeckenden Wasserversorgung, steuerlicher Begünstigungen, kostenloser Telefonanschlüsse und anderer Infrastrukturelemente mithilft. Ist das Geld der australischen Steuerzahler gut eingesetzt, wenn man damit eine derart unprofitable, zerstörerische Nutzung des Landes subventioniert?

Selbst wenn man sich eine sehr eingeschränkte Sichtweise zu Eigen macht, ist ein Teil der australischen Landwirtschaft für den einzelnen Verbraucher unwirtschaftlich, denn dieser kann seine Produkte, beispielsweise Orangensaftkonzentrat oder Schweinefleisch, in Form überseeischer Importe billiger einkaufen als aus einheimischer Produktion. Ein großer Teil der Landwirtschaft ist auch unwirtschaftlich für den einzelnen Bauern, wenn man sie am Reinerlös misst: Setzt man als Kosten eines landwirtschaftlichen Betriebes nicht nur die tatsächlichen finanziellen Aufwendungen an, sondern auch die Kosten für die Arbeitskraft des Bauern, arbeiten zwei Drittel aller landwirtschaftlichen Nutzflächen in Australien (vor allem solche, die zur Zucht von Schafen und Fleischrindern verwendet werden) unter dem Strich mit Verlust.

Betrachten wir beispielsweise einmal die australischen Schafzüchter, die ihre Tiere wegen der Wolle halten. Das Durchschnittseinkommen einer Schaffarm liegt niedriger als der staatliche Mindestlohn, und die Betriebe häuften Schulden auf. Das Kapital der Betriebe, ihre Gebäude und Zäune, geht verloren, weil die Schafzucht nicht so viel Geld abwirft, dass man die Einrichtungen in gutem Zustand halten könnte. Wolle liefert auch nicht den notwendigen Gewinn, um die Zinsen für die Hypothekendarlehen des Betriebes zu bezahlen. Die meisten Schafzüchter überleben wirtschaftlich nur durch Nebentätigkeiten, beispielsweise als Krankenpfleger oder Verkäufer, durch Zimmervermietung an Touristen oder auf andere Weise. Letztlich subventionieren die Bauern mit diesen Zweitberufen und mit ihrer Bereitschaft, für geringen Lohn oder ganz ohne Bezahlung auf ihrem Hof zu arbeiten, ihre verlustbringenden landwirtschaftlichen Betriebe. Viele Angehörige der heutigen Bauerngeneration gehen dem Beruf nur deshalb nach, weil sie mit der Bewunderung für das Landleben aufgewachsen sind, aber sie könnten heute viel mehr Geld mit anderen Beschäftigungen verdienen. Wie in Montana, so werden die Kinder der derzeitigen Bauerngeneration auch in Australien wahrscheinlich nicht die gleiche Entscheidung treffen wie ihre Eltern, wenn sie vor der Frage stehen, ob sie deren Betrieb übernehmen sollen. Nur 29 Prozent der heutigen australischen Bauern rechnen damit, dass ihre Kinder den Hof weiterführen werden.

So steht es also um den wirtschaftlichen Wert großer Teile der australischen Landwirtschaft für den einzelnen Verbraucher und den einzelnen Bauern. Wie steht es mit ihrem Wert für das ganze Land? Hier muss man für jeden einzelnen Aspekt der Landwirtschaft sowohl die Gesamtkosten als auch den Nutzen für die Wirtschaft in Rechnung stellen. Einen großen Teil dieser Gesamtkosten macht die staatliche Unterstützung für Bauern aus, die einerseits in Form von Steuerbegünstigungen gewährt wird, andererseits aber auch als Aufwendungen für Dürrehilfen, Forschung, Beratung und Weiterführung von Betrieben. Solche staatlichen Leistungen verschlingen ein Drittel der nominellen Nettogewinne, welche die australische Landwirtschaft abwirft. Ein weiterer wichtiger Bestandteil der Gesamtkosten sind die Verluste, die anderen Teilen der australischen Wirtschaft durch die Landwirtschaft entstehen. Letztlich steht die landwirtschaftliche Nutzung der Flächen in Konkurrenz mit anderen Nutzungsformen, und wenn auf einer Fläche Landwirtschaft betrieben wird, vermindert dies möglicherweise den Wert anderer Flächen für Tourismus, Forstwirtschaft, Fischerei, Freizeitgestaltung oder auch für die Landwirtschaft selbst. So wirkt sich beispielsweise der Boden, der nach landwirtschaftlicher Rodung ausgewaschen wird, schädlich und an manchen Stellen sogar tödlich auf das Große Barriereriff aus, eine der wichtigsten Touristenattraktionen Australiens; und der Tourismus ist heute als Devisenbringer für Australien wichtiger als die Landwirtschaft. Oder nehmen wir an, ein Bauer auf einem höher gelegenen Anwesen erzielt einige Jahre lang große Gewinne, weil er Weizen anbaut und bewässert, was auf einem größeren, weiter bergab gelegenen Anwesen zu starker Versalzung führt und dieses Anwesen auf Dauer ruiniert. In solchen Fällen kann der Bauer, der Land im Wassereinzugsgebiet des Riffs rodet oder das höher gelegene Anwesen bewirtschaftet, selbst mit seinen Tätigkeiten unter Umständen einen Gewinn vorweisen, aber für Australien als Ganzes bedeuten sie einen Verlust.

Ein anderer Fall, der in jüngster Zeit Anlass zu heftigen Diskussionen gab, hatte mit dem industriellen Baumwollanbau im Süden von Queensland und im Norden von New South Wales zu tun. Ich hatte dieses Problem zuvor schon kurz angesprochen. Das Anbaugebiet befindet sich am Oberlauf der Nebenflüsse des Darling River, der in seinem weiteren Verlauf die Landwirtschaftsregionen im Süden von New South Wales und Südaustralien durchquert, und des Diamantina River, der in das Lake Eyre Basin fließt. In einem eng begrenzten Sinn steht die Baumwolle, was den Gewinn angeht, nach dem Weizen auf Platz zwei unter den landwirtschaftlichen Exportgütern Australiens. Aber ihr Anbau ist nur mit Bewässerung möglich, und das Wasser stellt der Staat zu geringen Preisen oder umsonst zur Verfügung. Außerdem verschmutzen alle großen Baumwollanbaugebiete das Wasser mit den in großem Umfang eingesetzten Pestiziden, Herbiziden, Entlaubungsmitteln und Düngemitteln, die viel Phosphor und Stickstoff enthalten (was zu Algenblüten führt). Unter diesen Schadstoffen sind sogar DDT und seine Abbauprodukte, die schon seit 25 Jahren nicht mehr verwendet werden, in der Umwelt aber wegen ihrer geringen Abbaubarkeit immer noch vorhanden sind. Stromabwärts an den verschmutzten Flüssen arbeiten Weizen- und die Rinderzüchter, die hochwertige Nischenmärkte bedienen, indem sie Weizen und Rindfleisch ohne Einsatz eigener Chemikalien produzieren. Diese Gruppen haben heftig protestiert, denn die Nebenwirkungen der Baumwollindustrie haben zur Folge, dass sie ihre angeblich chemiefreien Produkte nicht mehr verkaufen können. Während also der Baumwollanbau den Eigentümern der entsprechenden Unternehmen zweifellos Gewinne bringt, muss man die indirekten Kosten für subventioniertes Wasser und die Schädigung anderer landwirtschaftlicher Bereiche einkalkulieren, wenn man beurteilen will, ob die Baumwolle für Australien insgesamt Gewinn abwirft oder ein Verlustgeschäft ist.

Das letzte Beispiel betrifft die Treibhausgase Kohlendioxid und Methan, die durch die landwirtschaftliche Produktion in Australien entstehen. Dies ist für den Kontinent ein besonders schwer wiegendes Problem, denn die globale Erwärmung (die nach heutiger Kenntnis zum größten Teil auf die Treibhausgase zurückzuführen ist) bringt die regelmäßigen, zuverlässigen winterlichen Niederschläge durcheinander, die den Weizen aus dem Weizengürtel im Südwesten Australiens zum wertvollsten landwirtschaftlichen Exportgut des Landes gemacht haben. Die Landwirtschaft ist in Australien für mehr Kohlendioxid-Emissionen verantwortlich als Kraftfahrzeuge und alle übrigen Transportmittel. Noch schlimmer sind die Kühe: Durch ihre Verdauung entsteht Methan, das als Ursache für die globale Erwärmung noch zwanzig Mal wirksamer ist als das Kohlendioxid. Am einfachsten könnte Australien seine selbst auferlegte Verpflichtung zur Verminderung der Treibhausgasemissionen erfüllen, wenn es seine Rinder abschaffen würde!

Diese Idee und andere radikale Vorschläge liegen zwar auf dem Tisch, derzeit deutet aber nichts darauf hin, dass sie in absehbarer Zeit umgesetzt würden. Es wäre das erste Mal, dass eine Regierung in der modernen Welt sich freiwillig entschließt, große Teile ihrer Landwirtschaft zur Vermeidung zukünftiger Probleme aufzugeben, bevor sie durch eine verzweifelte Situation dazu gezwungen wird. Aber schon die Tatsache, dass es solche Vorschläge gibt, wirft eine umfassendere Frage auf. Australien macht in extremer Form deutlich, dass die Welt sich heute in einem Wettlauf mit exponentiell zunehmender Geschwindigkeit befindet. (»Exponentiell« bedeutet, dass die Geschwindigkeit wie in einer nuklearen Kettenreaktion zunimmt: Sie verdoppelt sich, dann steigt sie jeweils im gleichen Zeitraum um den Faktor 4, 8, 16, 32 und so weiter.) Einerseits entwickeln sich die Umweltprobleme in Australien wie auf der ganzen Welt mit exponentieller Geschwindigkeit. Andererseits verläuft auch die Entwicklung des Umweltbewusstseins in der Öffentlichkeit sowie der privaten und staatlichen Gegenmaßnahmen ebenfalls exponentiell. Welches Pferd wird das Rennen gewinnen? Viele Leser dieses Buches sind jung genug und werden noch erleben, wie es ausgeht.

TEIL VIER

PRAKTISCHE LEHREN

KAPITEL 14

Warum treffen manche Gesellschaften katastrophale Entscheidungen?

Wegweiser zum Erfolg ■ Mangelnde Voraussicht ■ Mangelnde Wahrnehmung ■ Rationales negatives Handeln ■ Katastrophale Wertvorstellungen ■ Andere irrationale Fehlentscheidungen ■ Gescheiterte Lösungsansätze ■ Zeichen der Hoffnung

Jeder Unterrichtprozess hat zwei Beteiligte, die angeblich unterschiedliche Rollen spielen: Der Lehrer vermittelt sein Wissen an die Schüler, und die Schüler nehmen das Wissen vom Lehrer auf. In Wirklichkeit wird jeder aufgeschlossene Lehrer bemerken, dass die Schüler im Lauf des Unterrichts auch Wissen an den Lehrer vermitteln, indem sie die Annahmen des Lehrers anzweifeln und Fragen stellen, an die der Lehrer zuvor nicht gedacht hatte. Diese Entdeckung machte ich vor einiger Zeit wieder einmal, als ich vor hoch motivierten Studienanfängern an meiner Universität, der University of California in Los Angeles (UCLA), ein Seminar hielt. Wir sprachen darüber, wie Gesellschaften mit Umweltproblemen umgehen. Das Seminar war eigentlich ein Probelauf für den Stoff dieses Buches: Ich hatte damals gerade einige Kapitel entworfen, andere befanden sich in der Planung, und ich konnte sie noch in großem Umfang abändern.

Nach der Einführungsstunde hielt ich meinen ersten Vortrag über den Zusammenbruch der Gesellschaft auf der Osterinsel, der in diesem Buch das Thema des zweiten Kapitels bildet. Nachdem ich mit meiner Darstellung fertig war, kam in der Diskussion eine scheinbar einfache Frage auf, die meine Studenten vor ein Rätsel stellte und in Wirklichkeit viel schwieriger war, als ich es mir bis dahin klargemacht hatte: Wie um alles in der Welt konnte eine Gesellschaft die so offenkundig katastrophale Entscheidung treffen, alle Bäume zu fällen, auf die sie angewiesen war?

Ein Student fragte, was der Inselbewohner, der die letzte Palme fällte, dabei nach meiner Einschätzung wohl gedacht habe. Auch im Zusammenhang mit allen anderen Gesellschaften, auf die ich in späteren Vorträgen zu sprechen kam, stellten meine Studenten im Wesentlichen die gleiche Frage. Und auch zu einem anderen, ähnlichen Thema verlangten sie Auskunft: Wie oft richten Menschen absichtlich oder zumindest im Bewusstsein der voraussichtlichen Folgen ökologische Schäden an? Meine Studenten fragten sich, ob die Menschen in 100 Jahren – falls es bis dahin noch Menschen gibt – sich über unsere Blindheit heute ebenso wundern würden, wie wir uns über die Blindheit der Bewohner auf der Osterinsel wundern.

Diese Frage, warum Gesellschaften sich am Ende durch katastrophale Entscheidungen selbst zerstören, stellt nicht nur meine Studienanfänger an der UCLA vor ein Rätsel, sondern auch professionelle Historiker und Archäologen. Der Archäologe Joseph Tainter zum Beispiel bewertet in seinem Werk *The Collapse of Complex Societies*, dem vielleicht am häufigsten zitierten Buch über Gesellschaftszusammenbrüche, verschiedene Erklärungen für solche Ereignisse in der Geschichte. Dabei äußert er sich skeptisch gegenüber dem Gedanken, sie könnten auf die Erschöpfung ökologischer Ressourcen zurückzuführen sein, weil ihm ein solches Ergebnis von vornherein sehr unwahrscheinlich erscheint. Er stellt folgende Überlegung an: »Diese Ansicht setzt zwangsläufig voraus, dass eine Gesellschaft ihrer eigenen Schwächung untätig zusieht, ohne korrigierend einzugreifen. Hier liegt eine wichtige Schwierigkeit. Charakteristische Merkmale komplexer Gesellschaften sind zentralisierte Entscheidungsprozesse, umfangreicher Informationsaustausch, starke Koordination der Einzelteile, formalisierte Befehlskanäle und die Bündelung von Kräften. Viele dieser Strukturen haben die Fähigkeit oder wurden sogar zu dem Zweck geschaffen, Schwankungen und Mängeln der Produktivität entgegenzuwirken. Mit ihren Verwaltungsstrukturen und ihrer Fähigkeit, Arbeitskräfte und Ressourcen zuzuweisen, dürfte der Umgang mit widrigen ökologischen Bedingungen zu den Dingen gehören, die komplexe Gesellschaften am besten bewältigen. Es erscheint seltsam, dass sie zusammenbrechen sollen, wenn sie ausgerechnet mit den Bedingungen konfrontiert werden, zu deren Bewältigung sie ausgestattet sind ... Wenn für die Angehörigen einer komplexen Gesellschaft oder ihre Verwalter erkennbar wird, dass eine grundlegende Ressource zur Neige geht, scheint es die vernünftigste Annahme zu sein, dass rational begründete Schritte zu einer Lösung unternommen werden. Die umgekehrte Annahme – Untätigkeit angesichts der Katastrophe – erscheint so unplausibel, dass wir zu Recht ins Grübeln geraten.«

Tainters Gedankengang veranlasst ihn also zu dem Schluss, eine komplexe Gesellschaft werde wahrscheinlich nicht zulassen, dass es durch fehlerhafte Bewirtschaftung der ökologischen Ressourcen zum Zusammenbruch kommt. Alle in diesem Buch erörterten Fälle zeigen aber sehr deutlich, dass ein solches Versagen immer wieder vorgekommen ist. Wie konnten so viele Gesellschaften derart schwer wiegende Fehler begehen?

Meine Studienanfänger an der UCLA und auch Joseph Tainter stießen auf ein verblüffendes Phänomen: Das Versagen der Entscheidungsprozesse in ganzen Gesellschaften oder gesellschaftlichen Gruppen. Dieses Problem steht natürlich im Zusammenhang mit dem Versagen individueller Entscheidungsprozesse. Auch Einzelpersonen treffen Entscheidungen: Sie lassen sich auf eine schlechte Ehe ein, legen ihr Geld schlecht an, entscheiden sich für den falschen Beruf, scheitern mit ihren Firmen und so weiter. Wenn Gruppen falsche Entscheidungen treffen, kommen jedoch einige weitere Faktoren hinzu, beispielsweise Interessenkonflikte zwischen den Mitgliedern der Gruppe und die Gruppendynamik. Wie man leicht erkennt, haben wir es hier mit einem komplizierten Thema zu tun, bei dem es keine einfache, auf alle Situationen passende Lösung gibt.

Ich möchte stattdessen eine Reihe von Faktoren benennen, die in Gruppen zu fehlerhaften Entscheidungen beitragen. Diese Faktoren werde ich in vier unscharf abgegrenzte Kategorien einteilen. Erstens sieht eine Gruppe ein Problem unter Umständen nicht voraus, bevor es tatsächlich da ist. Zweitens nimmt die Gruppe das Problem unter Umständen nicht wahr, wenn es bereits eingetreten ist. Nachdem sie es dann wahrgenommen hat, versucht sie drittens unter Umständen nicht einmal, eine Lösung zu finden. Und wenn sie es schließlich zu lösen versucht, gelingt dies unter Umständen nicht. Die nun folgende Erörterung der Gründe für falsche Entscheidungen und Gesellschaftszusammenbrüche mag deprimierend erscheinen, sie hat aber eine ermutigende Kehrseite: Entscheidungen können auch erfolgreich sein. Wenn wir verstehen, warum Gruppen so häufig falsche Entscheidungen treffen, können wir vor dem Hintergrund dieses Wissens möglicherweise Kriterien aufstellen und diese als Leitfaden für gute Entscheidungen nutzen.

Die erste Station auf meinem Weg ist die Erkenntnis, dass Gruppen unter Umständen katastrophale Handlungen begehen, weil sie ein Problem nicht voraussehen, bevor es sich tatsächlich eingestellt hat. Das kann mehrere Gründe haben. Unter Umständen hat die Gruppe mit dem betreffenden Problem noch keine Erfahrungen, sodass sie dafür nicht sensibilisiert ist.

Ein Musterbeispiel für dieses Prinzip ist das Chaos, das britische Siedler sich selbst bescherten, als sie im 19. Jahrhundert Füchse und Kaninchen aus Großbritannien nach Australien brachten. Beide gelten heute als katastrophale Beispiele dafür, wie eingeschleppte Arten sich in einer Umwelt auswirken können, zu der sie ursprünglich nicht gehören (Einzelheiten in Kapitel 13). Besonders tragisch ist der Fall, weil sie – anders als viele schädliche Unkräuter – nicht unabsichtlich in Form winziger Samenkörner eingeschleppt wurden, die man in einem Heutransport übersehen hatte, sondern absichtlich und erst nach großen Anstrengungen. Im weiteren Verlauf rotteten die Füchse viele einheimische australische Säugetierarten aus, die in ihrer Evolution keine Erfahrung mit solchen natürlichen Feinden gesammelt hatten, und Kaninchen verzehrten einen großen Teil der Pflanzen, die als Futter für Schafe und Rinder vorgesehen waren, gewannen in der Konkurrenz gegenüber einheimischen Pflanzenfressern die Oberhand und schädigten den Boden mit ihren Bauten.

Aus der vorteilhaften Perspektive des Rückblicks erscheint es uns heute unglaublich dumm, dass die Siedler in Australien absichtlich zwei fremde Säugetiere freiließen, die mittlerweile durch unmittelbare Schäden und Bekämpfungsmaßnahmen Kosten in Milliardenhöhe verursacht haben. Heute wissen wir aus vielen anderen, ähnlichen Beispielen, dass die Einführung fremder Arten sich sehr häufig aus ganz unerwarteten Gründen als Katastrophe erweist. Deshalb wird man heute als Besucher oder zurückkehrender Einwohner bei der Einreise nach Australien, in die Vereinigten Staaten oder die Europäische Union vom Grenzbeamten sofort gefragt, ob man Pflanzen, Samen oder Tiere bei sich hat: Damit soll die Gefahr vermindert werden, dass solche Organismen freigesetzt werden und sich ausbreiten. Aus einer Fülle früherer Erfahrungen haben wir heute (häufig, aber nicht immer) gelernt, zumindest die potenziellen Gefahren eingeschleppter biologischer Arten vorauszusehen. Aber selbst professionelle Ökologen können häufig nicht voraussagen, in welchen Fällen die Einbürgerung solcher Arten gelingt, wann eine solche erfolgreiche Einbürgerung sich als Katastrophe erweist und warum die gleiche Art sich an manchen Stellen nach dem Einschleppen durchsetzt, an anderen jedoch nicht. Deshalb sollten wir uns eigentlich nicht wundern, dass die Australier des 19. Jahrhunderts, die noch nicht unsere Erfahrungen mit den katastrophalen Folgen des Einschleppens gemacht hatten, die Auswirkungen der Kaninchen und Füchse nicht voraussahen.

In diesem Buch haben wir zahlreiche weitere Fälle kennen gelernt, in denen Gesellschaften verständlicherweise ein Problem nicht voraussahen, weil sie zuvor damit noch keine Erfahrung gemacht hatten. Als die grönländischen Wikinger stark in die Walrossjagd investierten, um das Elfenbein der Tiere nach Europa zu exportieren, konnten sie wohl kaum voraussehen, dass die Kreuzzüge den Europäern wieder den Zugang zu asiatischem und afrikanischem Elefanten-Elfenbein eröffnen würde, sodass für Walross-Elfenbein kein Bedarf mehr bestand. Ebenso wenig konnten sie wissen, dass immer mehr Meereis den Schiffsverkehr nach Europa behindern würde. Und die Maya von Copán, die schließlich keine Bodenkundler waren, konnten nicht voraussehen, dass der Boden von den Berghängen nach der Zerstörung der Wälder in die Täler gespült werden würde.

Aber auch frühere Erfahrungen bieten nicht die Gewähr, dass eine Gesellschaft ein Problem voraussieht. Unter Umständen ist die Erfahrung schon so alt, dass sie in Vergessenheit geraten ist. Dieses Problem stellt sich insbesondere bei Gesellschaften, in denen sich keine Schrift entwickelt hat, sodass sie die Erinnerung an längst vergangene Ereignisse mit den begrenzten Möglichkeiten der mündlichen Überlieferung viel weniger gut aufrechterhalten können. Wie wir beispielsweise in Kapitel 4 erfahren hatten, überstand die Gesellschaft der Anasazi im Chaco Canyon mehrere Trockenperioden, bevor sie im 12. Jahrhundert durch eine große Dürre zugrunde ging. Die früheren Dürreperioden hatten sich lange vor der Geburt jener Anasazi ereignet, die von der großen Dürre betroffen waren, und da ihre Gesellschaft keine Schrift besaß, konnten sie diese Krise nicht voraussehen. Ganz ähnlich erging es den Maya in den Niederungen: Auch sie fielen im 9. Jahrhundert einer Dürre zum Opfer, obwohl es solche Trockenzeiten in ihrer Region einige Jahrhunderte zuvor bereits gegeben hatte (Kapitel 5). Die Maya besaßen sogar eine Schrift, aber sie hielten damit keine Wetterberichte fest, sondern nur die Taten ihrer Könige und astronomische Ereignisse; deshalb versetzte auch die Dürre des 3. Jahrhunderts die Maya nicht in die Lage, im 9. Jahrhundert eine Trockenperiode vorauszusehen.

Aber auch in modernen Gesellschaften, in deren schriftlichen Aufzeichnungen es nicht nur um Könige und Planeten geht, greifen wir nicht zwangsläufig auf frühere, schriftlich überlieferte Erfahrungen zurück. Auch wir neigen dazu, Dinge zu vergessen. Nach der Ölkrise von 1973 mit ihrer Benzinknappheit schreckten wir in Amerika ein oder zwei Jahre lang vor Treibstoff fressenden Autos zurück, aber dann vergaßen wir diese Erfahrung, und heute fahren wir SUVs, obwohl über die Ereignisse von 1973 jede Menge Druckerschwärze vergossen wurde. Als die Stadt Tucson in Arizona in den fünfziger Jahren des 20. Jahrhunderts eine schwere Dürre erlebte, schworen sich die beunruhigten Bürger, sie würden ihr Wasser besser bewirtschaften, aber wenig später verschwendeten sie es wie eh und je mit dem Bau von Golfplätzen und der Bewässerung ihrer Gärten.

Ein anderer Grund, warum eine Gesellschaft ein Problem unter Umständen nicht voraussieht, liegt in falschen Analogieschlüssen. Wenn wir uns in einer unbekannten Situation befinden, ziehen wir gern Parallelen zu früheren, bekannten Situationen. Das ist eine gute Methode, wenn zwischen der alten und neuen Situation tatsächlich Analogien bestehen, aber es kann auch gefährlich sein, wenn beide sich nur oberflächlich ähneln. Die Wikinger beispielsweise, die seit dem Jahr 870 nach Island einwanderten, kamen aus Norwegen und Großbritannien, wo es schwere, von Gletschern aufgewühlte Lehmböden gibt. Solche Böden werden aufgrund ihres Gewichtes selbst dann nicht vom Wind wegtransportiert, wenn man ihre Pflanzendecke beseitigt. Als die Siedler in Island auf zahlreiche Baumarten trafen, die ihnen bereits aus Norwegen und Großbritannien vertraut waren, ließen sie sich von der scheinbar ähnlichen Landschaft täuschen (Kapitel 6). Aber der isländische Boden war nicht durch wandernde Gletscher entstanden, sondern durch den Wind, der die leichte, bei Vulkanausbrüchen ausgestoßene Asche transportiert hatte. Als die Wikinger nun die Wälder gerodet hatten, um Weiden für ihr Vieh zu schaffen, war der leichte Boden erneut dem Wind ausgesetzt: Er wurde weggeweht, und ein großer Teil des isländischen Oberbodens verschwand durch Erosion.

Ein tragisches, berühmtes Beispiel aus unserer Zeit für einen falschen Analogieschluss ist die Art, wie Frankreich sich militärisch auf den Zweiten Weltkrieg vorbereitete. Nach dem entsetzlichen Blutbad des Ersten Weltkrieges erkannten die Franzosen, dass sie sich unbedingt gegen eine möglicherweise bevorstehende neuerliche deutsche Invasion schützen mussten. Aber leider ging die Führung der französischen Streitkräfte davon aus, der nächste Krieg werde auf ganz ähnliche Weise ablaufen wie der Erste Weltkrieg, als die Westfront zwischen Frankreich und Deutschland in einem vierjährigen Schützengrabenkrieg praktisch unbeweglich geblieben war. Mit Infanteriekräften, die raffiniert befestigte Schützengräben besetzten, hatte man Infanterieangriffe in der Regel zurückschlagen können, und Offensivkräfte hatten die neu erfundenen Panzer nur einzeln eingesetzt, um die angreifende Infanterie zu unterstützen. Also baute Frankreich an seiner Ostgrenze die Maginotlinie, ein noch höher entwickeltes, aufwendiges System von Befestigungen. In der deutschen Wehrmacht jedoch hatte man nach der Niederlage des Ersten Weltkrieges erkannt, dass man nach einer anderen Strategie vorgehen musste. Jetzt bildeten nicht mehr Infanteristen, sondern Panzer die Speerspitze der Angriffe. Die Fahrzeuge wurden in eigenen Panzerdivisionen zusammengefasst, überquerten die Maginotlinie in überweidetem Gelände, das bisher als ungeeignet für Panzer gegolten hatte, und nach nur sechs Wochen war Frankreich besiegt. Indem die französischen Generäle eine falsche Analogie zum Ersten Weltkrieg herstellten, begingen sie einen verbreiteten Fehler: Militärs planen einen zukünftigen Krieg häufig so, als werde er wie der vorige ablaufen, insbesondere wenn ihre Seite in dem vorherigen Krieg den Sieg davongetragen hat.

Kommen wir nun zur zweiten Station: Nachdem eine Gesellschaft ein Problem nicht vorausgesehen hat, bevor es eingetreten ist, nimmt sie es unter Umständen auch danach nicht wahr. Dieser Fehler kann mindestens drei Gründe haben, die alle sowohl in der Wirtschaft als auch in der Wissenschaft weit verbreitet sind.

Erstens sind die Ursachen mancher Probleme buchstäblich nicht wahrnehmbar. Die Nährstoffe beispielsweise, die einem Boden seine Fruchtbarkeit verleihen, sind mit bloßem Auge nicht zu erkennen, und erst in moderner Zeit wurden sie durch chemische Analysen messbar. In Australien, auf Mangareva, in manchen Regionen im Südwesten der Vereinigten Staaten und an vielen anderen Orten hatte der Regen einen großen Teil der Nährstoffe bereits aus dem Boden ausgewaschen, bevor die ersten Menschen sich ansiedelten. Als sie dann kamen und Pflanzen anbauten, verbrauchten diese schnell die verbliebenen Nährstoffe, sodass weitere Landwirtschaft nicht mehr möglich war. Häufig tragen solche nährstoffarmen Böden einen üppig aussehenden Pflanzenbewuchs; die Nährstoffe befinden sich dabei zum größten Teil nicht im Boden, sondern in den Pflanzen, und wenn man diese beseitigt, sind auch die Nährstoffe nicht mehr vorhanden. In Australien und auf Mangareva konnten die ersten Siedler nicht erkennen, dass die Nährstoffe im Boden erschöpft waren; die Bauern in Gebieten, wo tiefere Bodenschichten viel Salz enthielten (beispielsweise im Osten von Montana sowie in Teilen Australiens und

Mesopotamiens), konnten nichts von der beginnenden Versalzung wissen, und die Bergleute konnten beim Abbau von Schwefelerzen nicht erkennen, dass die Abwässer ihrer Minen giftiges Kupfer und gelöste Säure enthielten.

Häufig wird ein Problem auch deshalb nicht wahrgenommen, weil die Verantwortlichen zu weit entfernt sind, eine Ursache, die in großen Gesellschaften oder Unternehmen von Bedeutung ist. Der größte private Landbesitzer in Montana zum Beispiel, ein Holzkonzern, hat seinen Hauptsitz nicht in dem Bundesstaat, sondern 650 Kilometer entfernt in Seattle (Washington). Da die Manager nicht vor Ort sind, ist ihnen unter Umständen nicht klar, dass das Unkraut in ihrem Waldbesitz ein großes Problem darstellt. Gut geführte Unternehmen vermeiden solche Überraschungen, indem sie regelmäßig Manager ins Feld schicken, damit sie sich ansehen, was dort wirklich los ist. Das Gegenteil zu den Fehlern weit entfernter Manager sind die Erfolge durch Verantwortliche vor Ort. Dass die Bewohner Tikopias auf ihrer winzigen Insel und die Hochlandbewohner in Neuguinea in ihren Tälern seit über 1000 Jahren erfolgreiches Ressourcenmanagement betreiben können, liegt unter anderem daran, dass jeder Einzelne auf der Insel oder in dem Tal das gesamte Gelände, von dem die Gesellschaft abhängig ist, genau kennt.

Vielleicht am häufigsten kommt es vor, dass eine Gesellschaft ein Problem nicht wahrnimmt, wenn dieses die Form eines allmählichen Trends annimmt, der sich hinter starken Schwankungen verbirgt. Das wichtigste Beispiel aus unserer Zeit ist die globale Erwärmung. Heute wissen wir, dass die weltweiten Temperaturen in den letzten Jahrzehnten langsam angestiegen sind und dass Veränderungen der Atmosphäre, die von Menschen verursacht wurden, dabei die wichtigste Ursache darstellen. Das Klima war aber nicht jedes Jahr genau um 0,01 Grad wärmer als im Jahr zuvor. Wie wir alle wissen, schwankt das Klima unregelmäßig von Jahr zu Jahr: Der eine Sommer ist um drei Grad wärmer als der vorherige, der nächste legt noch einmal um vier Grad zu, dann geht es um zwei Grad nach unten, wieder vier Grad nach oben, ein Grad nach unten, fünf Grad nach oben, und so weiter. Bei derart großen, unvorhersehbaren Schwankungen dauerte es sehr lange, bis man den durchschnittlichen Aufwärtstrend von 0,01 Grad pro Jahr erkannte. Das war der Grund, warum die meisten professionellen Klimaforscher, die dem Gedanken an eine globale Erwärmung zuvor skeptisch gegenüberstanden, sich erst vor wenigen Jahren überzeugen ließen. Während ich diese Zeilen schreibe, ist der amerikanische Präsident G. W. Bush immer noch nicht überzeugt, dass es die globale Erwärmung wirklich gibt; er glaubt nach wie vor, es sei noch mehr Forschung erforderlich. Ähnlich schwierig war auch für die mittelalterlichen Bewohner Grönlands die Erkenntnis, dass ihr Klima sich allmählich abkühlte, und Maya und Anasazi konnten kaum erkennen, dass es bei ihnen immer trockener wurde.

Politiker bezeichnen solche allmählichen, hinter starken Schwankungen verborgenen Trends häufig als »schleichende Normalität«. Wenn es mit Wirtschaft, Schulen, Verkehrssituation oder irgendetwas anderem nur langsam bergab geht, erkennt man kaum, dass jedes Jahr im Durchschnitt ein wenig schlechter ist als das vorherige, und damit sinkt auch der allgemeine Maßstab für »Normalität« ganz allmählich und unmerklich ab. Erst nach einigen Jahrzehnten und einer langen Reihe solcher geringfügigen alljährlichen Veränderungen wird plötzlich mit einem Schlag klar, dass vor einigen Jahrzehnten alles viel besser war und dass das so genannte Normalniveau gesunken ist.

Ein anderer Begriff, der mit der schleichenden Normalität zusammenhängt, ist die »Landschaftsvergesslichkeit«: Man hat vergessen, dass die Landschaft vor 50 Jahren ganz anders aussah, weil von Jahr zu Jahr nur ein ganz geringfügiger Wandel eingetreten ist. Ein Beispiel sind die Gletscher und Schneefelder in Montana, die durch die globale Erwärmung abschmelzen (Kapitel 1). Nachdem ich als junger Mann im Sommer 1953 und 1956 im Big Hole Basin in Montana war, kam ich erst 42 Jahre später – 1998 – wieder dorthin, und seitdem besuchte ich die Gegend mindestens ein Mal im Jahr. Zu meinen besonders lebhaften Jugenderinnerungen gehörte das Bild des Schnees, der selbst im Sommer die Berggipfel in der Ferne bedeckte und bei mir das Gefühl hervorrief, die Niederung sei unterhalb des Himmels von einem weißen Band eingeschlossen. Ich weiß noch, wie ich mit zwei Freunden am Wochenende eine Campingtour unternahm und bis zu diesem magischen Band aus Schnee hinaufkletterte. Da ich die Schwankungen und das allmähliche Verschwinden des sommerlichen Schnees in den dazwischenliegenden 42 Jahren nicht miterlebt hatte, war ich 1998 bei meiner Rückkehr ins Big Hole Basin verblüfft und bestürzt, dass das weiße Band fast weg war; in den Jahren 2001 und 2003 war es dann tatsächlich vollständig abgeschmolzen. Als ich meine ortsansässigen Bekannten auf den Wandel ansprach, waren sie sich der Veränderung kaum bewusst: Unbewusst hatten sie das Band (oder sein Fehlen) jedes Jahr nur mit wenigen vorangegangenen Jahren verglichen. Schleichende Normalität und Vergesslichkeit machen es ihnen schwerer als mir, sich an die Verhältnisse während der fünfziger Jahre zu erinnern. Solche

Erfahrungen sind ein wichtiger Grund, warum die Menschen ein Problem unter Umständen erst dann wahrnehmen, wenn es zu spät ist.

Nach meiner Vermutung ist die Landschaftsvergesslichkeit auch zumindest ein Teil der Antwort auf die Frage meiner Studenten, was der Bewohner der Osterinsel wohl sagte, der den letzten Baum abholzte. Unbewusst stellen wir uns eine plötzliche Veränderung vor: In einem Jahr ist die Insel noch mit einem Wald aus hohen Palmen bedeckt, die Wein, Früchte und die Balken für Transport und Aufbau der Statuen liefern; im folgenden Jahr ist nur noch ein einziger Baum übrig, den ein Inselbewohner in einem Anfall von unglaublicher Dummheit fällt. In Wirklichkeit kam es höchstwahrscheinlich von Jahr zu Jahr zu einer fast unmerklichen Veränderung der Waldbestände: Ja, dieses Jahr fällen wir da drüben ein paar Bäume, aber hier, auf diesem aufgegebenen Feld, wachsen schon wieder die ersten Keimlinge. Ein Unterschied war vermutlich nur für die ältesten Inselbewohner zu erkennen, die sich an ihre Kindheit und die Zeit vor Jahrzehnten erinnerten. Ihre Kinder konnten die Erzählungen der Eltern über einen hohen Wald vermutlich ebenso wenig begreifen wie meine siebzehnjährigen Söhne, denen meine Frau und ich davon berichten, wie Los Angeles vor 40 Jahren aussah. Auf der Osterinsel wurden die Bäume immer weniger, kleiner und unwichtiger. Als die letzte ausgewachsene, früchtetragende Palme gefällt wurde, besaß die Spezies schon längst keinerlei wirtschaftliche Bedeutung mehr. Nun blieben zum Abholzen von Jahr zu Jahr nur noch kleine und immer kleinere Palmen-Keimlinge sowie andere Büsche und Bäumchen. Niemandem fiel es auf, als der letzte kleine Palmen-Keimling fiel. Die Erinnerung an den wertvollen Palmenwald, der vor Jahrhunderten auf der Insel gestanden hatte, war längst der Landschaftsvergesslichkeit zum Opfer gefallen. Umgekehrt wurden die Wälder im Japan der frühen Tokugawazeit so schnell zerstört, dass die Veränderungen der Landschaft und die Notwendigkeit vorbeugender Maßnahmen für die *shoguns* viel einfacher zu erkennen waren.

Der dritte Schritt auf dem Weg zum Versagen ist der häufigste und überraschendste. Er erfordert die ausführlichste Beschreibung, weil er vielfältige Formen annehmen kann. Anders als Joseph Tainter und fast alle anderen angenommen haben, bemühen sich Gesellschaften häufig selbst dann nicht um die Lösung eines Problems, wenn es ihnen aufgefallen ist.

Die Gründe für eine solche Unterlassung fallen zum großen Teil unter einer Überschrift, die Wirtschaftsfachleute und andere Sozialwissenschaftler als »rationales Verhalten« bezeichnen. Die Ursache sind Interessenkonflikte zwischen Menschen, das heißt, manche Menschen kommen auf den richtigen Gedanken, dass es ihren eigenen Interessen nützt, wenn ihr Verhalten anderen Menschen schadet. Als »rational« bezeichnen Wissenschaftler solche Verhaltensweisen gerade deshalb, weil sie einer vernünftigen Überlegung erwachsen, auch wenn diese ethisch angreifbar ist. Die Täter wissen, dass sie häufig mit ihrem schlechten Verhalten davonkommen, insbesondere wenn dieses nicht durch Gesetze verboten ist oder wenn die Gesetze nicht effizient durchgesetzt werden. Sie wiegen sich in Sicherheit, weil es sich in der Regel nur um wenige Personen handelt, die durch die Aussicht auf große, sichere, unmittelbare Gewinne höchst motiviert sind, während sich die Verluste auf eine große Personenzahl verteilen. Deshalb haben diese Verlierer kaum einen Beweggrund, dagegen anzukämpfen – jeder Einzelne verliert nur wenig und würde selbst dann, wenn der Minderheit ihre Beute abgenommen wird, erst sehr viel später einen geringen, unsicheren Gewinn erzielen. Ein Beispiel sind die so genannten perversen Subventionen, riesige staatliche Geldbeträge zur Unterstützung von Industriezweigen, die ohne die Subventionen unwirtschaftlich wären wie die Fischerei vieler Regionen, der Zuckeranbau in den Vereinigten Staaten und der Baumwollanbau in Australien (der indirekt subventioniert wird, weil der Staat das Wasser für die Bewässerung bezahlt). Die relativ wenigen Fischer oder Pflanzenzüchter setzen sich lautstark für die Subventionen ein, die einen großen Teil ihres Einkommens ausmachen, die Verlierer dagegen (alle Steuerzahler) erheben ihre Stimme viel weniger laut, weil die Subventionen, auf den Steuerbescheid des einzelnen Bürgers umgelegt, jeweils nur einen kleinen Geldbetrag ausmachen. Solche Maßnahmen, die auf Kosten einer großen Mehrheit einer kleinen Minderheit nützen, werden besonders häufig in Demokratien ergriffen, in denen kleine Gruppen das »Zünglein an der Waage« bilden, wie beispielsweise die Senatoren der kleinen Bundesstaaten im US-Senat oder kleine religiöse Parteien, die in Israel häufig für das Machtgleichgewicht eine Bedeutung haben, wie sie im parlamentarischen System anderer Staaten kaum möglich wäre.

Häufig hat rationales negatives Verhalten die Form »gut für mich, schlecht für dich und alle anderen« – oder kurz gesagt: Es ist egoistisch. Ein einfaches Beispiel stammt wiederum aus Montana, wo die meisten Angler es auf Forellen abgesehen haben. Einige wenige bevorzugen jedoch den Hecht, einen größeren Raubfisch, der im Westen Montanas nicht heimisch ist; sie setzten mehrfach verbotenerweise Hechte in einigen Seen und Flüssen im Westen Montanas aus, wo sie die Forellen fraßen und somit die Forellenfischerei zugrunde richteten. Das war gut für die wenigen Hechtangler und schlecht für die weit größere Zahl der Forellenangler.

Mehr Verlierer und höhere finanzielle Verluste erzeugten die Bergbauunternehmen in Montana bis 1971: Wenn eine Mine geschlossen wurde, ließ man ihre Abwässer mit Kupfer, Arsen und Säure einfach in die Flüsse laufen, weil kein Gesetz von den Unternehmen verlangte, eine Mine nach der Schließung aufzuräumen. Im Jahr 1971 erließ der Bundesstaat Montana ein solches Gesetz, aber die Firmen stellten fest, dass sie einfach das wertvolle Erz gewinnen und dann Insolvenz anmelden konnten, bevor ihnen die Aufwendungen für die Aufräumungsarbeiten bevorstanden. Dies hatte zur Folge, dass die Bürger Montanas und der gesamten Vereinigten Staaten insgesamt für Aufräumkosten von 500 Millionen Dollar aufkommen mussten. Die Manager der Bergbauunternehmen hatten richtig bemerkt, dass das Gesetz ihnen die Möglichkeit eröffnete, das Geld ihrer Unternehmen einzusparen und ihrem eigenen Interesse durch Bonuszahlungen und hohe Gehälter zu nützen, wenn sie gleichzeitig ein Durcheinander anrichteten und die Belastungen der Gesellschaft überließen. Aus der Wirtschaft könnte man unzählige weitere Beispiele für solche Verhaltensweisen anführen, aber sie sind nicht so allgegenwärtig, wie manche Zyniker annehmen. Im nächsten Kapitel werden wir uns mit der Frage beschäftigen, wie solche Ergebnisse aus der Notwendigkeit erwachsen, dass Unternehmen so viel Geld verdienen, wie staatliche Vorschriften und Gesetze sowie die Einstellung der Öffentlichkeit zulassen.

Eine besondere Form des Interessenkonflikts wurde unter dem Namen »Tragödie der Allmende« oder »Tragödie des Gemeineigentums« bekannt; sie ist eng verwandt mit Konflikten, die als »Gefangenendilemma« und »Logik des kollektiven Handelns« bezeichnet werden. Nehmen wir einmal an, dass viele Verbraucher eine im Gemeinschaftsbesitz befindliche Ressource nutzen – Fischer fangen beispielsweise Fische in einem Teil des Ozeans, oder Schafhirten lassen ihre Tiere auf der Gemeindewiese grasen. Beuten alle diese Ressource zu stark aus, geht sie durch Überfischung oder Überweidung zur Neige, bis sie schließlich geschrumpft oder völlig verschwunden ist, sodass alle Verbraucher darunter leiden. Deshalb wäre es im gemeinsamen Interesse aller Nutzer, wenn sie sich einschränken und auf eine übermäßige Ausbeutung verzichten. Aber solange es keine wirksamen Vorschriften darüber gibt, wie viel der einzelne Verbraucher entnehmen darf, wird jeder zu Recht die gleichen Überlegungen anstellen: »Wenn ich nicht diesen Fisch fange oder meine Schafe auf jener Wiese weiden lasse, tut es ein anderer Fischer oder Schafhirte, also hat es keinen Sinn, wenn ich auf Überfischung oder Überweidung verzichte.« Demnach entspricht es dem rationalen Verhalten, wenn man die Ressourcen ausbeutet, bevor der nächste Verbraucher dazu in der Lage ist, auch wenn dies schließlich zur Zerstörung des Gemeineigentums führt und deshalb alle Verbraucher schädigt.

Tatsächlich hat diese Logik dazu geführt, dass viele gemeinschaftliche Ressourcen übermäßig ausgebeutet und zerstört wurden, andere blieben aber trotz der Ausbeutung über Jahrhunderte oder sogar Jahrtausende hinweg erhalten. Tragische Fälle sind die übermäßige Nutzung und der Zusammenbruch der meisten Fischbestände im Meer sowie die Ausrottung zahlreicher großer Tiere (große Säugetiere, Vögel und Reptilien) auf allen ozeanischen Inseln oder in Kontinenten, die im ersten Abschnitt der letzten 50 000 Jahre von Menschen besiedelt wurden. Zu den positiven Beispielen gehören die Erhaltung vieler lokaler Fischgründe, Wälder und Wasserquellen, beispielsweise der Forellenfischerei und der Bewässerungssysteme in Montana, die ich in Kapitel 1 beschrieben habe. Hinter solchen positiven Ergebnissen können drei verschiedene Handlungsweisen stehen, welche die nachhaltige Nutzung gemeinsamer Ressourcen ermöglichen und diese dennoch erhalten.

Eine nahe liegende Lösung besteht darin, dass die Regierung oder eine andere äußere Kraft mit oder ohne Aufforderung durch die Verbraucher eingreift und eine Quotenregelung durchsetzt. Diesen Weg gingen die *shogun* und *daimyo* im Japan der Tokugawazeit, die Inkakaiser in den Anden sowie die Prinzen und reichen Grundbesitzer im Deutschland des 16. Jahrhunderts im Zusammenhang mit der Holzgewinnung. In manchen Fällen (beispielsweise auf dem offenen Meer) hat er sich jedoch als nicht praktikabel erwiesen, in anderen verursacht er übermäßige Kosten für Verwaltung und Aufsicht. Eine zweite Lösung ist die Privatisierung der Ressourcen: Man verteilt sie an mehrere Einzeleigentümer, die dann im eigenen Interesse motiviert sind, sie klug zu bewirtschaften. Diese Methode wandte man im Japan der Tokugawazeit auf mehrere gemeindeeigene Wälder an. Aber auch hier gilt, dass manche Ressourcen (beispielsweise wandernde Landtiere und Fische) sich nicht unterteilen lassen, und einem Einzeleigentümer fällt es unter Umständen noch schwerer als der Küstenwache oder Polizei eines Staates, unberechtigte Eindringlinge fern zu halten.

Die letzte denkbare Lösung für die Tragödie des Gemeineigentums besteht darin, dass die Verbraucher ihr gemeinsames Interesse erkennen und selbst Nutzungsquoten festlegen, die sie durchsetzen und einhalten. Das geschieht in der Regel nur dann, wenn mehrere Voraussetzungen erfüllt sind: Die Verbraucher müssen eine einheitliche Gruppe bilden; sie müssen gelernt haben, einander zu vertrauen und miteinander zu kommunizieren; sie müssen damit rechnen, dass sie eine gemeinsame Zukunft haben und die Ressource an ihre Erben weitergeben werden; sie müssen in der Lage sein und die Erlaubnis haben, sich selbst zu organisieren und zu überwachen; und die Abgrenzungen der Ressourcen wie auch die Gemeinschaft der Verbraucher müssen genau definiert sein. Ein gutes Beispiel sind die in Kapitel 1 erörterten Wasserrechte für die Bewässerung in Montana. Die Zuweisung dieser Rechte wurde gesetzlich festgeschrieben, die Bauern unterwerfen sich heute aber meist dem Wasseraufseher, den sie selbst gewählt haben, und lassen ihre Meinungsverschiedenheiten nicht mehr gerichtlich klären. Auch viele andere einheitliche Gruppen gehen klug mit Ressourcen um, die sie an ihre Kinder weitergeben wollen; Beispiele sind die Bewohner von Tikopia, die Hochlandbewohner in Neuguinea, die Angehörigen der indischen Kasten und andere, von denen in Kapitel 9 die Rede war. Diese kleinen Gruppen, aber auch die größeren Bevölkerungen in Island (Kapitel 6) und im Japan der Tokugawazeit waren außerdem durch ihre Isolation motiviert, nach Einigkeit zu streben: Der ganzen Gruppe war klar, dass sie auf absehbare Zukunft ausschließlich mit ihren eigenen Ressourcen überleben musste. Solche Gruppen wussten, dass sie mit der berühmten Ausrede »das ist nicht mein Problem«, einem sicheren Rezept für falsche Bewirtschaftung, nicht überleben konnten.

Zu Interessenkonflikten durch rationales Verhalten kommt es häufig auch dann, wenn die Gesamtgesellschaft ein langfristiges Interesse an der Erhaltung der Ressourcen hat, der wichtigste Verbraucher aber nicht. Für die kommerzielle Holzgewinnung in den tropischen Regenwäldern beispielsweise sind heute vorwiegend internationale Holzkonzerne verantwortlich, die in der Regel kurzfristige Pachtverträge für Landflächen in einem Staat eingehen, dort den gesamten Regenwald abholzen und ihre Tätigkeit dann in einem anderen Staat fortsetzen. Eines haben diese Konzerne richtig erkannt: Nachdem sie ihre Pacht bezahlt haben, dient es ihren Interessen am besten, wenn sie den Wald so schnell wie möglich abholzen, Vereinbarungen zur Wiederaufforstung nicht einhalten und sich am Ende einfach davonmachen. Auf diese Weise wurden die Wälder in den Niederungen der malaiischen Halbinsel zum größten Teil zerstört, dann folgte Borneo, dann die Salomonen und Sumatra, derzeit sind die Philippinen an der Reihe, und in absehbarer Zukunft wird es Neuguinea, das Amazonasgebiet und das Kongobecken treffen. Was gut für die Holzkonzerne ist, ist für die Bewohner der Regionen schlecht: Sie verlieren die Möglichkeit, Produkte aus den Wäldern zu gewinnen, und haben unter den Folgen von der Bodenerosion bis zur Versandung von Flüssen zu leiden. Es ist auch schlecht für den betroffenen Staat, der einen Teil seiner biologischen Vielfalt und die Grundlage für eine nachhaltige Forstwirtschaft verliert. Die Folgen solcher Interessenkonflikte um kurzfristig gepachtete Landflächen sehen also ganz anders aus, als wenn der Holzkonzern das Land besitzt, sich auf mehrfache Nutzung einstellt und für sich selbst ein langfristiges Interesse feststellt (was auch im Interesse der örtlichen Bevölkerung und des Landes ist). Einen ähnlichen Gegensatz erkannten chinesische Bauern in den zwanziger Jahren des 20. Jahrhunderts, als sie verglichen, welche Nachteile die Ausbeutung durch zwei Arten von Kriegsherren mit sich bringt. Es war schlimm, von einem »ortsansässigen Banditen« ausgebeutet zu werden, das heißt von einem in der Gegend verwurzelten Kriegsherrn, der den Bauern zumindest so viel Ressourcen übrig ließ, dass er sie in zukünftigen Jahren erneut ausplündern konnte. Noch schlimmer war jedoch die Ausbeutung durch einen »herumziehenden Banditen«, der den Bauern – ganz ähnlich wie ein Holzkonzern mit kurzfristigen Pachtverträgen – nichts übrig ließ und einfach weiterzog, um dann die Bewohner einer anderen Region auszubeuten.

Ein weiterer Interessenkonflikt kann sich durch rationales Verhalten ergeben, wenn die Interessen der Entscheidungsträger und Machthaber im Gegensatz zu den Interessen der übrigen Gesellschaft stehen. Dies gilt vor allem dann, wenn die Elite sich von den Folgen ihrer Handlungen abschotten kann: Dann tut sie häufig Dinge, die ihr selbst nützen, ganz gleich, ob sie anderen damit einen Schaden zufügt. Solche Interessenkonflikte fanden ihren krass personifizierten Ausdruck in dem Diktator Trujillo in der Dominikanischen Republik und in der herrschenden Elite Haitis, sie werden heute aber auch in den Vereinigten Staaten immer häufiger, wo die Reichen zunehmend in abgeschirmten Wohnvierteln leben und nur noch Wasser aus Flaschen trinken. Die Vorstände des Enron-Konzerns beispielsweise kalkulierten ganz richtig, dass sie für sich selbst gewaltige Summen abzweigen konnten, wenn sie die Unternehmenskassen plünderten und damit alle Aktionäre schädigten, und sie wussten, dass sie mit diesem Spiel voraussichtlich davonkommen würden.

In der gesamten überlieferten Geschichte führten Handlungen oder

Untätigkeit selbstverliebter Könige, Häuptlinge und Politiker immer wieder zum Zusammenbruch von Gesellschaften. Als Beispiele wurden in diesem Buch die Könige der Maya, die Häuptlinge der grönländischen Wikinger und die Politiker des modernen Ruanda genannt. In ihrem Buch *Die Torheit der Regierenden* beschreibt Barbara Tuchman berühmte historische Beispiele für katastrophale Entscheidungen, von den Trojanern, die das Pferd in ihre Mauern holten, über die Renaissancepäpste, die den protestantischen Aufstand provozierten, bis hin zu der Entscheidung Deutschlands für den uneingeschränkten U-Boot-Krieg im Ersten Weltkrieg (der die Vereinigten Staaten zur Kriegserklärung veranlasste) und dem japanischen Angriff auf Pearl Harbor, der auf ganz ähnliche Weise 1941 den Kriegseintritt der USA auslöste.

Die Häuptlinge der Osterinsel und die Mayakönige handelten aus Machthunger so, dass die Waldzerstörung nicht verhütet, sondern beschleunigt wurde: Das Ansehen der Mächtigen hing davon ab, dass sie größere Statuen und Denkmäler errichteten als ihre Konkurrenten. Sie waren in einer Konkurrenzspirale gefangen: Jeder Häuptling oder König, der kleinere Statuen oder Denkmäler gebaut hätte, um die Wälder zu schonen, wäre verspottet worden und hätte seine Stellung verloren. Dieses Problem stellt sich immer wieder, wenn es unter Rivalen um das Ansehen geht, denn dieses wird in einem sehr kurzen zeitlichen Rahmen bewertet.

Viel seltener unterbleibt die Lösung von Problemen, die auf Interessenkonflikte zwischen Oberschicht und breiter Masse zurückgehen, wenn die Elite sich nicht von den Folgen ihrer Handlungen distanzieren kann. Wie wir im letzten Kapitel erfahren werden, hat das starke Umweltbewusstsein der Niederländer (einschließlich ihrer Politiker) seine Ursache darin, dass große Teile der Bevölkerung – sowohl Politiker als auch einfache Bürger – in Gebieten unterhalb des Meeresspiegels leben, wo nur Deiche zwischen ihnen und dem Ertrinken stehen; mit törichter Landplanung würden die Politiker sich also selbst in Lebensgefahr begeben. Ganz ähnlich verhält es sich mit den »großen Männern« im Hochland von Neuguinea: Sie wohnen in den gleichen Hütten wie alle anderen, suchen an den gleichen Orten wie alle anderen nach Brenn- und Bauholz, und haben deshalb ein starkes Interesse daran, den Bedarf ihrer Gesellschaft nach nachhaltiger Forstwirtschaft zu befriedigen (Kapitel 9).

In allen auf den letzten Seiten genannten Beispielen wurden bekannte Probleme in einer Gesellschaft nicht gelöst, weil es einigen Menschen nützte, wenn sie bestehen blieben. Im Gegensatz zu diesem so genannten rationalen Verhalten unterblieb die Lösung erkannter Probleme in anderen Fällen wegen »irrationalen Verhaltens«, wie die Sozialwissenschaftler es nennen, das heißt durch Verhaltensweisen, die für alle Beteiligten schädlich sind. Zu irrationalem Verhalten kommt es häufig dann, wenn jeder Einzelne durch widerstreitende Wertvorstellungen hin und her gerissen ist: Wir kümmern uns nicht um einen schlechten Zustand, weil irgendeine tief in uns verwurzelte Wertvorstellung für ihn spricht. Diese verbreitete menschliche Eigenschaft beschreibt Barbara Tuchman mit Ausdrücken wie »Festhalten an Fehlern«, »Starrköpfigkeit«, »Weigerung, Rückschlüsse aus negativen Anzeichen zu ziehen« oder »geistiger Stillstand«. Eine ähnliche Eigenschaft bezeichnen Psychologen als »Effekt der verlorenen Kosten«: Es widerstrebt uns, eine Handlungsweise aufzugeben (oder eine Aktie zu verkaufen), in die wir zuvor bereits viel investiert haben.

Insbesondere religiöse Werte sind häufig tief verwurzelt und werden deshalb vielfach zur Ursache katastrophaler Verhaltensweisen. Die Waldzerstörung auf der Osterinsel war beispielsweise größtenteils religiös motiviert: Man brauchte Balken für den Transport und die Aufrichtung der riesigen Steinstatuen, die Gegenstand der Verehrung waren. Auf der anderen Seite der Erde, 15 000 Kilometer von der Osterinsel entfernt, hingen zur gleichen Zeit die grönländischen Wikinger an ihren christlich-religiösen Werten. Diese Werte, ihre europäische Identität und eine konservative Lebensweise ermöglichten ihnen in einer unwirtlichen Umgebung, in der die meisten Neuerungen tatsächlich zu Fehlschlägen werden, in Verbindung mit einer gemeinschaftsorientierten, von gegenseitiger Unterstützung geprägten Gesellschaft über Jahrhunderte hinweg das Überleben. Aber diese bewundernswerten (und über lange Zeit erfolgreichen) Eigenschaften verhinderten auch, dass sie die tief greifenden Veränderungen vornahmen und sich einzelne Aspekte der Inuit-Technologie zu Eigen machten, mit denen sie ihre Gesellschaft noch länger hätten aufrechterhalten können.

Die moderne Welt bietet aber auch eine Fülle von Beispielen für bewundernswerte weltliche Wertvorstellungen, an denen wir festhalten, obwohl sie unter den gegenwärtigen Bedingungen keinen Sinn mehr haben. Die Australier brachten aus Großbritannien die Tradition der Schafzucht zur Wollproduktion, der hohen Preise für Landflächen und der Identifikation mit dem Mutterland mit. Damit gelang es ihnen, einen demokratischen Industriestaat aufzubauen, der von allen anderen derartigen Staaten (mit Ausnahme Neuseelands) weit entfernt ist. Mittlerweile bemerken sie aber auch, dass die überkommenen Wertvorstellungen ihre Kehrseite haben. Dass die Bürger Montanas sich in jüngerer Zeit so stark dagegen sträubten, die durch Bergbau, Holzgewinnung und Landwirtschaft verursachten Probleme zu lösen, liegt vor allem daran, dass diese drei Branchen die wirtschaftlichen Säulen des Bundesstaates waren und dass sie sich mit der Vorstellung von Pioniergeist und Identität verbinden. Ebenso hegen die Bürger Montanas als Anhänger individueller Freiheit und Selbstversorgung einen Widerwillen gegen die heutige Notwendigkeit, staatliche Planungen zu akzeptieren und individuelle Rechte einzuschränken. Im kommunistischen China wollte man nicht die Fehler des Kapitalismus wiederholen, und das führte dazu, dass ökologische Bedenken als ein weiterer kapitalistischer Fehler verächtlich gemacht wurden – mit der Folge, dass China heute unter gewaltigen Umweltproblemen leidet. In Ruanda war das Ideal der großen Familien in einer Zeit hoher Kindersterblichkeit zweckmäßig, heute aber führt es zu einer katastrophalen Bevölkerungsexplosion. Für mich hat es den Anschein, als ob auch die starrsinnige Opposition gegen ökologische Bedenken in den Industrieländern heute auf Wertvorstellungen zurückzuführen ist, die wir uns in jungen Jahren angeeignet und später nie mehr hinterfragt haben.

Die Entscheidung, tiefste innere Werte aufzugeben, wenn sie offensichtlich mit dem Überleben nicht mehr vereinbar sind, ist schwierig und schmerzhaft. Von welchem Punkt an würden wir als Einzelne lieber sterben, statt Kompromisse zu schließen und weiter zu leben? In moderner Zeit haben tatsächlich Millionen Menschen vor der Entscheidung gestanden, ob sie ihr eigenes Leben retten sollten, indem sie Freunde und Verwandte verrieten, sich einer bösartigen Diktatur unterwarfen, praktisch als Sklaven lebten oder aus ihrer Heimat flüchteten. Ähnliche Entscheidungen müssen auch ganze Nationen und Gesellschaften manchmal treffen.

In jeder derartigen Entscheidung steckt ein Element des Glücksspiels: Häufig weiß man nicht genau, ob das Festhalten an entscheidenden Werten tödlich sein wird, oder ob man umgekehrt in jedem Fall überlebt, wenn man sie aufgibt. Als die Wikinger in Grönland weiterhin als christliche Bauern lebten, trafen sie letztlich die Entscheidung, lieber als christliche Bauern zu sterben denn als Inuit zu leben; sie verloren das Glücksspiel. Als fünf kleine osteuropäische Staaten sich der überwältigenden russischen Armee gegenübersahen, gaben Estland, Lettland und Litauen 1939 kampflos ihre Unabhängigkeit auf, die Finnen kämpften von 1939 bis 1940 und blieben unabhängig, und die Ungarn kämpften 1956 und verloren ihre Unabhängigkeit. Wer mag beurteilen, in welchem Land die Menschen klüger waren, und wer hätte im Voraus prophezeien mögen, dass die Finnen das Spiel gewinnen würden?

Für Wohl oder Wehe einer Gesellschaft ist es vielleicht von entscheidender Bedeutung, dass man weiß, an welchen Wertvorstellungen man festhalten sollte und welche man besser durch neue Werte ersetzt, wenn die Zeiten sich ändern. In den letzten 60 Jahren haben die mächtigsten Staaten der Welt alte, geliebte Wertvorstellungen aufgegeben, die zuvor einen entscheidenden Bestandteil ihres nationalen Selbstbildes darstellten, aber an anderen haben sie festgehalten. Großbritannien und Frankreich gaben ihre jahrhundertealte Rolle als unabhängig handelnde Weltmächte auf; Japan verzichtete auf militärische Tradition und Streitkräfte; und Russland beendete das langjährige Experiment mit dem Kommunismus. Die Vereinigten Staaten haben sich in erheblichem Umfang (aber wohl nicht vollständig) von den früheren Werten der legalen Rassendiskriminierung, der legalen Fremdenfeindlichkeit, der untergeordneten Rolle der Frauen und der sexuellen Unterdrückung verabschiedet. In Australien steht derzeit die Stellung als ländlich-bäuerliche Gesellschaft mit britischer Identität auf dem Prüfstand. Oft sind gerade jene Gesellschaften und Einzelpersonen erfolgreich, die den Mut zu derart schwierigen Entscheidungen aufbringen und dann das Glück haben, ihr Spiel zu gewinnen. Ähnlichen Entscheidungen steht heute auch die Welt als Ganzes im Zusammenhang mit ihren Umweltproblemen gegenüber – mit diesem Thema werden wir uns im letzten Kapitel beschäftigen.

Die genannten Beispiele zeigen, wie irrationales Verhalten im Zusammenhang mit Wertkonflikten eine Gesellschaft in manchen Fällen davon abhält, eine Lösung anerkannter Probleme zu versuchen, in anderen jedoch nicht. Aber auch andere irrationale Motive führen häufig dazu, dass Probleme nicht angegangen werden: Unter Umständen lehnt die Öffentlichkeit jene ab, die ein Problem als Erste wahrnehmen und ansprechen – so erging es der Grünen Partei in Tasmanien, die als Erste gegen die Einführung von Füchsen auf der Insel protestierte. Oder die Öffentlichkeit tut Warnungen als unbegründet ab, weil frühere Warnungen sich als falscher Alarm erwiesen haben; dann ergeht es ihr wie dem Hirtenjungen in Äsops Fabel, der immer wieder »Wolf!« geschrien hat, und als dann tatsächlich ein Wolf kommt, werden seine Hilferufe ignoriert. Oder die Öffentlichkeit wehrt die Verantwortung mit der Behauptung »das ist nicht unser Problem« ab.

Häufig unterbleibt der Versuch, ein erkanntes Problem zu lösen, weil bei ein und derselben Person ein irrationaler Konflikt zwischen kurz- und langfristigen Motiven besteht. Die Bauern in Ruanda und Haiti sind wie Milliarden andere Menschen auf der Welt entsetzlich arm und können in ihrer Verzweiflung nicht weiter denken als bis zu der nächsten Mahlzeit. In Gebieten mit tropischen Korallenriffen töten arme Fischer ihre Beute mit Dynamit und Cyankali (wobei sie nebenher auch die Riffe zugrunde richten), um heute ihren Kindern etwas zu essen zu geben, obwohl sie gleichzeitig ganz genau wissen, dass sie ihre zukünftige Lebensgrundlage zerstören. Auch Regierungen handeln immer wieder aus einer kurzfristigen Perspektive heraus: Sie fühlen sich durch bevorstehende Katastrophen überfordert und widmen ihre Aufmerksamkeit ausschließlich den Problemen, die unmittelbar vor der Explosion stehen. So erzählte mir beispielsweise ein Bekannter, der enge Verbindungen zur derzeitigen Bundesregierung in Washington hat, was er in der Hauptstadt erlebte, als er im Jahr 2000 kurz nach den Wahlen zum ersten Mal wieder in das Zentrum der Macht kam: Die neue Regierung hatte sich einen »90-Tage-Horizont« gesetzt. Sie erörterte nur Probleme, die das Potenzial hatten, innerhalb der nächsten 90 Tage zur Katastrophe zu führen. Wirtschaftswissenschaftler versuchen, eine solche irrationale Einengung des Blickwinkels auf kurzfristige Profite rational zu rechtfertigen, indem sie zukünftige Gewinne »diskontieren«: Sie behaupten, man solle eine Ressource besser heute ausbeuten, als einen Teil davon für eine zukünftige Verwertung unbeschädigt zu lassen, weil man die Gewinne aus der gegenwärtigen Nutzung wieder investieren kann, sodass die auf diese Weise angehäuften Investitionen in der Zeit bis zu einer zukünftigen Ausbeutung die gegenwärtige Nutzung wertvoller machen als jene in der Zukunft. In diesem Fall hat die nächste Generation die negativen Folgen zu tragen, aber diese Generation hat heute keine Wählerstimmen und kann sich nicht beschweren.

Andere mögliche Gründe für die irrationale Weigerung, eine Lösung wahrgenommener Probleme zu versuchen, gehören eher ins Reich der Spekulation. Einer davon ist ein allgemein bekanntes Phänomen der kurzfristigen Entscheidungsfindung, das als »Psychologie der Masse« bezeichnet wird. Einzelne Personen, die zu einer großen, einheitlichen Gruppe oder Masse gehören, werden sich insbesondere dann, wenn diese Masse emotional erregt ist, eher den Entscheidungen in dieser Gruppe anschließen, selbst wenn dieselben Personen zu anderen Entscheidungen gelangt wären, wenn sie allein und in Ruhe darüber nachgedacht hätten. Friedrich Schiller schrieb: »Jeder, sieht man ihn einzeln, / ist leidlich klug und verständig, / Sind sie in corpore, / gleich wird dir ein Dummkopf daraus.« Historische Beispiele für die Wirksamkeit der Massenpsychologie sind die Begeisterung der Europäer für die Kreuzzüge im späten Mittelalter, ungeheure Investitionen in hübsche Tulpen, die in Holland zwischen 1634 und 1636 mit der »Tulipomanie« ihren Höhepunkt erreichte, wiederkehrende Hexenjagden wie die Hexenprozesse von Salem im Jahr 1692 und die Aufhetzung der Massen durch geschickte Nazipropaganda in den dreißiger Jahren des 20. Jahrhunderts.

Eine ruhigere, kleinere Entsprechung zur Massenpsychologie, die sich in Gruppen von Entscheidungsträgern einstellen kann, wurde von Irvin Janis als »Gruppendenken« bezeichnet. Insbesondere wenn eine kleine, verschworene Gruppe (beispielsweise die Berater des Präsidenten Kennedy während der Kubakrise oder die Berater des Präsidenten Johnson während der Eskalation des Vietnamkrieges) unter belastenden Umständen zu einer Entscheidung gelangen will, führen der Stress und das Bedürfnis nach gegenseitiger Unterstützung und Zustimmung häufig dazu, dass Zweifel und kritische Gedanken unterdrückt werden. Man macht sich gemeinsam Illusionen und gelangt vorschnell zu einer einheitlichen Meinung, die letztlich zu einer katastrophalen Entscheidung führt. Massenpsychologie und Gruppendenken wirken nicht nur in Zeiträumen von einigen Stunden, sondern manchmal auch über Jahre hinweg: Inwieweit sie zu katastrophalen Entscheidungen im Zusammenhang mit Umweltproblemen beitragen, die sich im Lauf von Jahrzehnten oder Jahrhunderten entwickeln, ist allerdings nicht geklärt.

Ich möchte noch einen letzten spekulativen Grund anführen, der auf irrationale Weise dazu führt, dass man sich nicht um die Lösung eines wahrgenommenen Problems bemüht: die Verdrängung. Dieser Begriff hat in der Individualpsychologie eine genau definierte Bedeutung, er hat aber auch Eingang in die volkstümliche Kultur gefunden. Wenn eine Wahrnehmung schmerzhafte Gefühle hervorruft, wird sie unter Umständen unbewusst unterdrückt: Um die unerträglichen Schmerzen zu vermeiden, leugnet man die Wahrnehmung, obwohl daraus letztlich katastrophale praktische Folgen erwachsen können. Bei den Gefühlen, die eine solche Reaktion auslösen, handelt es sich meist um Entsetzen, Angst oder Trauer. Typische Beispiele sind die Blockade der Erinnerung an beängstigende Erlebnisse oder die Verweigerung gegenüber dem schmerzhaft traurigen Gedanken, dass Ehepartner, Kinder oder gute Freunde sterben können.

Stellen wir uns beispielsweise ein schmales Flusstal unterhalb eines hohen Staudammes vor. Wenn der Damm bricht, würden die Menschen auf einem beträchtlichen Abschnitt flussabwärts in dem herabstürzenden Wasser ertrinken. Befragt man in einer Meinungsumfrage die Einwohner unterhalb des Dammes, wie beunruhigend sie den Gedanken an einen Dammbruch finden, so stellt sich erwartungsgemäß heraus, dass die Besorgnis weit stromabwärts am geringsten ist und mit abnehmender Entfernung zum Damm größer wird. Überraschend ist aber, was man wenige Kilometer unterhalb des Dammes erfährt: Von einer Grenze aus, wo die Angst vor dem Dammbruch am größten ist, sinkt sie bis auf null ab, wenn man sich dem Damm noch weiter nähert! Mit anderen Worten: Die Bewohner unmittelbar unterhalb der Staumauer, die mit größter Sicherheit bei einem Dammbruch ertrinken würden, geben sich völlig unbesorgt. Die Ursache ist Verdrängung: Wenn man jeden Tag zu der Staumauer aufblickt, kann man seine geistige Gesundheit nur dadurch aufrechterhalten, dass man die Möglichkeit eines Dammbruches leugnet. Das Phänomen der Verdrängung ist in der Individualpsychologie gut belegt, es scheint aber auch in der Psychologie ganzer Gruppen vorzukommen.

Und selbst wenn eine Gesellschaft schließlich ein Problem vorhergesehen oder wahrgenommen hat und sich um eine Lösung bemüht, kann sie immer noch aus nahe liegenden Gründen scheitern: Vielleicht reichen unsere gegenwärtigen Fähigkeiten für eine Lösung nicht aus, oder eine mögliche Lösung ist unbezahlbar teuer, oder unsere Bemühungen sind zu schwach und kommen zu spät. Manche Lösungsversuche gehen nach hinten los und verschlimmern das Problem, wie beispielsweise die Einführung der Kröten in Australien zur Bekämpfung der Schadinsekten oder die Unterdrückung von Waldbränden im Westen der Vereinigten Staaten. Viele frühere Gesellschaften (beispielsweise die im mittelalterlichen Island) verfügten nicht über die detaillierten ökologischen Kenntnisse, die uns heute einen besseren Umgang mit den gleichen Problemen ermöglichen. In anderen Fällen entziehen sich ihre Probleme aber auch bis heute einer Lösung.

Denken wir beispielsweise noch einmal an Kapitel 8 und an die Wikinger in Grönland, denen es nach vier Jahrhunderten letztlich nicht mehr gelang, weiterhin zu überleben. Es ist nun einmal grausame Realität:

Während der letzten 5000 Jahre haben das kalte Klima in Grönland und die begrenzten, unberechenbar schwankenden Ressourcen es zu einer unüberwindlich schwierigen Aufgabe gemacht, auf Dauer eine nachhaltige Wirtschaft zu etablieren. Amerikanische Ureinwohner versuchten es in vier aufeinander folgenden Wellen als Jäger und Sammler, aber letztlich scheiterten sie ebenso wie später die Wikinger. Am Nächsten kamen die Inuit dem Erfolg: Sie konnten in Grönland 700 Jahre lang eine autarke Lebensweise aufrechterhalten, aber es war ein hartes Leben, das häufig mit dem Tod durch Verhungern endete. Die heutigen Inuit sind nicht mehr bereit, ihren Lebensunterhalt auf traditionelle Weise ohne Technik- und Lebensmittelimporte mit Steinwerkzeugen, Hundeschlitten zu sichern, oder indem sie mit Harpunen von Fellbooten aus Wale erlegen. Die moderne grönländische Regierung hat bis heute keine autarke Wirtschaft entwickelt, die von fremder Hilfe unabhängig wäre. Wie die Wikinger hat sie mit Viehzucht experimentiert, die Rinder wurden schließlich aufgegeben, und Schafzüchter, die selbst keine Gewinne erwirtschaften können, werden subventioniert. Angesichts dieser historischen Tatsachen ist es nicht verwunderlich, dass die Wikinger in Grönland letztlich scheiterten. Auch das »Scheitern« der Anasazi im Südwesten der Vereinigten Staaten muss man vor dem Hintergrund vieler anderer letztlich »fehlgeschlagener« Versuche sehen, in dieser Region, die sich so wenig für Landwirtschaft eignet, dauerhaft eine bäuerliche Gesellschaft anzusiedeln.

Zu den schwierigsten Problemen gehören heute die eingeschleppten, schädlichen Tier- und Pflanzenarten, die sich häufig nicht mehr ausrotten oder kontrollieren lassen, nachdem sie einmal Fuß gefasst haben. Der Bundesstaat Montana wendet beispielsweise jedes Jahr mehr als 100 Millionen Dollar für die Bekämpfung der Eselswolfsmilch und anderer eingeschleppter Unkräuter auf. Das liegt nicht daran, dass die Bewohner sich nicht um ihre Ausrottung bemühen würden, sondern derzeit ist es einfach unmöglich, die Unkräuter völlig zu beseitigen. Die Wurzeln der Eselswolfsmilch reichen sechs Meter tief in den Boden, sodass man sie nicht von Hand herausziehen kann, und Chemikalien, die gezielt gegen diese Spezies wirken, kosten bis zu 200 Dollar pro Liter. In Australien hat man mit Zäunen, Füchsen, Gewehren, Bulldozern, Myxomatoseerregern und Caliciviren versucht, die Kaninchen zu bekämpfen, aber bisher haben sie alle Bemühungen überlebt.

Das Problem der katastrophalen Waldbrände in den trockenen Bergregionen des nordamerikanischen Westens könnte man vermutlich unter Kontrolle bringen, wenn man die Brandlast mit geeigneten Bewirtschaftungsmethoden vermindern würde; dazu müsste man beispielsweise frisches Unterholz mechanisch ausdünnen und umgestürzte, tote Baumstämme entfernen. Aber diese Lösung in großem Umfang umzusetzen, würde unvertretbar hohe Kosten verursachen. Eine ähnliche kostenbedingte Unterlassung besiegelte in Florida das Schicksal der Schwarzen Strandammer, das gleichzeitig auch die übliche Strafe für zu langes Zögern darstellte (»zu wenig, und das zu spät«). Als der Lebensraum der Vögel schrumpfte, wurden Rettungsmaßnahmen verschoben, weil noch darüber diskutiert wurde, ob der Lebensraum wirklich unter die kritische Grenze zurückgehen würde. Als die Fischerei- und Jagdbehörde der Vereinigten Staaten sich Ende der achtziger Jahre schließlich bereit erklärte, den verbliebenen Lebensraum zu dem hohen Preis von fünf Millionen Dollar anzukaufen, war dieser bereits so stark zerstört, dass die Schwarzen Strandammern ausstarben. Anschließend wurde hitzig darüber diskutiert, ob man die letzten, in Gefangenschaft lebenden Schwarzen Strandammern mit der eng verwandten Scott-Strandammer kreuzen solle, um die ausgestorbene reine Spezies durch die dabei entstehenden Mischlinge zu ersetzen. Als die Genehmigung schließlich erteilt wurde, waren die letzten gefangenen Schwarzen Strandammern bereits alt und unfruchtbar. Sowohl die Erhaltung des Lebensraumes als auch die Kreuzung in der Gefangenschaft wären billiger gewesen und hätten mit größerer Wahrscheinlichkeit zum Erfolg geführt, wenn man früher damit begonnen hätte.

Dass Gesellschaften und kleinere Gruppen katastrophale Entscheidungen treffen, kann also eine ganze Reihe von Gründen haben: Ein Problem wird nicht vorausgesehen, man nimmt es nicht wahr, wenn es da ist, man versucht nicht es zu lösen, nachdem man es wahrgenommen hat, oder eine Lösung misslingt, obwohl man sie versucht hat. Zu Beginn dieses Kapitels habe ich berichtet, wie sowohl meine Studenten als auch Joseph Tainter nicht glauben mochten, dass eine Gesellschaft sich von ihren Umweltproblemen überrollen lässt. Jetzt, am Ende dieses Kapitels, sind wir beim anderen Extrem angelangt: Wir haben eine Fülle von Gründen benannt, warum Gesellschaften scheitern können. Alle diese Gründe sind uns aus unserer eigenen Lebenserfahrung bekannt: Für jeden davon können wir Gruppen benennen, die an einer Aufgabe gerade aus diesem Grund gescheitert sind.

Es liegt aber auch auf der Hand, dass den Gesellschaften die Lösung ihrer Probleme durchaus nicht immer misslingt. Wäre es anders, wir wären alle tot oder würden unter den Bedingungen der Steinzeit vor 13000 Jahren leben. In Wirklichkeit sind die Fehlschläge so bemerkenswert, dass es berechtigt war, dieses Buch über sie zu schreiben – ein Buch von begrenztem Umfang, das nur von einzelnen Gesellschaften handelt und keine Enzyklopädie über alle Gesellschaften der Menschheitsgeschichte darstellt. In Kapitel 9 haben wir gezielt einige Beispiele aus der Mehrheit der Gesellschaften erörtert, die erfolgreich waren.

Warum aber haben manche Gesellschaften Erfolg, während andere aus den verschiedenen in diesem Kapitel beschriebenen Gründen scheitern? Zum Teil liegt es natürlich nicht an den Unterschieden zwischen den Gesellschaften, sondern an den Unterschieden zwischen ihren Umweltbedingungen: Diese werfen in manchen Fällen schwierigere Probleme auf als in anderen. Das kalte, abgelegene Grönland stellte die Menschen beispielsweise vor eine größere Herausforderung als der Süden Norwegens, aus dem ein großer Teil der grönländischen Siedler stammte. Auch die trockene, abgelegene Osterinsel mit ihren geringen Höhenunterschieden und ihrer hohen südlichen Breite war eine größere Herausforderung als das feuchte, weniger isolierte, am Äquator gelegene Tahiti mit seinen höheren Lagen, wo die Vorfahren der Osterinselbewohner vermutlich irgendwann einmal lebten. Aber das ist nur die halbe Wahrheit. Würde ich behaupten, solche ökologischen Unterschiede seien der einzige Grund, wenn Gesellschaften Erfolg hatten oder scheiterten, könnte man mich zu Recht des »Umweltdeterminismus« beschuldigen, einer Sichtweise, die unter Sozialwissenschaftlern sehr unbeliebt ist. In Wirklichkeit sind die Umweltbedingungen zwar sicher ein Grund, warum Gesellschaften sich in manchen Regionen schwerer durchsetzen können als in anderen, aber für jede Gesellschaft bleibt dennoch viel Spielraum, um sich durch ihr eigenes Handeln zu retten oder zum Untergang zu verdammen.

Die Frage, warum manche Gruppen (oder einzelne Gruppenoberhäupter) einen der in diesem Kapitel erörterten Wege zum Scheitern einschlugen, während andere das nicht taten, ist nicht leicht zu beantworten. Warum gelang es beispielsweise dem Inkareich, seine trockene, kühle Umwelt wieder aufzuforsten, während es auf der Osterinsel und in Normannisch-Grönland nicht geschah? Die Antwort hat unter anderem mit den persönlichen Eigenarten einzelner Personen zu tun und entzieht sich jeder Voraussage. Dennoch hoffe ich, dass bessere Kenntnis der in diesem Kapitel beschriebenen potenziellen Ursachen für das Scheitern den Verantwortlichen helfen, sich dieser Ursachen bewusst zu werden und sie zu vermeiden.

Ein prägnantes Beispiel, wie sich solche Kenntnisse nutzbar machen lassen, bieten die unterschiedlichen Entscheidungen, die Präsident Kennedy und seine Berater in zwei aufeinander folgenden Krisen rund um Kuba und die Vereinigten Staaten trafen. Anfang 1961 führten schlechte gruppendynamische Prozesse zu der katastrophalen Entscheidung, die Invasion in der Schweinebucht anzuordnen, die zu einem schmählichen Fehlschlag wurde und zu der viel gefährlicheren Kuba-Raketenkrise führte. Wie Irving Janis in seinem Buch *Groupthink* deutlich macht, lassen die Beratungen über die Schweinebucht zahlreiche Merkmale erkennen, die zu schlechten Entscheidungen führen können: Beispielsweise stellte sich ein verfrühtes Gefühl der demonstrativen Einigkeit ein, persönliche Zweifel wurden unterdrückt, abweichende Ansichten wurden verschwiegen, und der Leiter der Gruppe (Kennedy) lenkte die Diskussion in Richtung möglichst geringer Meinungsverschiedenheiten. In den späteren Beratungen zur Kuba-Raketenkrise, an der wiederum Kennedy und viele der gleichen Berater beteiligt waren, wurden solche Aspekte vermieden, und die Diskussion verlief auf Wegen, die zu produktiven Entscheidungsprozessen führten: Kennedy forderte die Teilnehmer unter anderem auf, kritisch zu denken und freimütig zu diskutieren; Untergruppen setzten sich getrennt zusammen, und gelegentlich verließ er den Raum, um die Diskussion nicht über Gebühr zu beeinflussen.

Warum liefen die Entscheidungsprozesse in diesen beiden Kubakrisen so unterschiedlich ab? Zu einem großen Teil lag es daran, dass Kennedy selbst nach dem Schweinebucht-Fiasko von 1961 eingehend darüber nachgedacht hatte, was bei der Entscheidungsfindung schief gegangen war, und auch seinen Beratern hatte er nahe gelegt, die gleichen Überlegungen anzustellen. Aufgrund dieser Gedanken leitete er die Diskussionen mit den Beratern 1962 absichtlich auf ganz andere Weise.

In diesem Buch war viel von den Häuptlingen der Osterinsel die Rede, von Mayakönigen, Politikern im heutigen Ruanda und anderen Führungsgestalten, die so selbstgefällig ihren Machtgelüsten nachgingen, dass sie auf die grundlegenden Probleme ihrer Gesellschaft nicht mehr achteten. Um die Ausgewogenheit wieder herzustellen, sollten wir uns deshalb nicht nur an Kennedy erinnern, sondern auch an andere erfolgreiche Führungsgestalten. Wer eine explosive Krise so mutig meistert wie Kennedy, verdient unsere Bewunderung. Aber ein wachsendes oder auch nur potenzielles Problem vorherzusehen und energische Schritte zu unternehmen, bevor es zu einer explosiven Krise wird, erfordert Führungsgestalten mit einer anderen Art von Mut. Solche Persönlichkeiten setzen sich der Kritik oder dem Spott aus, weil sie handeln, bevor für alle auf der Hand liegt, dass Taten notwendig sind. Aber es hat viele dieser mutigen, weitsichtigen, starken Persönlichkeiten gegeben, die unsere Bewunderung verdienen. Dazu gehören die *shoguns* der frühen Tokugawazeit, die in Japan der Waldzerstörung Einhalt geboten, lange bevor sie so weit fortgeschritten war wie auf der Osterinsel; oder Joaquín Balaguer, der (aus welchen Motiven auch immer) sich auf der dominikanischen Seite der Insel Hispaniola nachdrücklich für Umweltschutzmaßnahmen einsetzte, was seine Gegenspieler im westlichen Teil versäumten; die Häuptlinge auf Tikopia, die sich entschlossen, auf ihrer Insel die zerstörerischen Schweine auszurotten, obwohl diese Tiere in Melanesien hohes Ansehen genießen; und die politisch Verantwortlichen in China, die Familienplanung anordneten, lange bevor die Überbevölkerung in China das gleiche Ausmaß erreichte wie in Ruanda. Zu diesen bewundernswerten Führungsgestalten gehören aber auch der deutsche Bundeskanzler Konrad Adenauer und andere westeuropäische Politiker, die sich nach dem Zweiten Weltkrieg entschlossen, eigene nationale Interessen zu opfern und ihre Staaten in der Europäischen Wirtschaftsgemeinschaft zusammenzuführen, wobei ein Hauptmotiv darin bestand, die Gefahr eines neuen Krieges in Europa zu vermindern. Wir sollten nicht nur solche mutigen Führungsgestalten bewundern, sondern auch die mutigen Völker – Finnen, Ungarn, Briten, Franzosen, Japaner, Russen, US-Amerikaner, Australier und andere –, die sich entschieden haben, für welche ihrer tief verwurzelten Wertvorstellungen es sich zu kämpfen lohnte und welche keinen Sinn mehr hatten.

Diese Beispiele für mutige Führungsgestalten und mutige Völker geben mir Hoffnung. Sie bestärken mich in der Überzeugung, dass dieses Buch über ein scheinbar pessimistisches Thema in Wirklichkeit ein optimistisches Buch ist. Wenn wir eingehend über die Ursachen früherer Fehlschläge nachdenken, können wir wie Präsident Kennedy in den Jahren 1961 und 1962 unsere Vorgehensweisen korrigieren und unsere Erfolgschancen für die Zukunft verbessern.

KAPITEL 15

Großkonzerne und Umwelt: Unterschiedliche Bedingungen, unterschiedliche Folgen

Ressourcenausbeutung ▪ Zwei Ölfelder ▪ Motive der Ölkonzerne ▪ Erzbergbau ▪ Motive der Bergbaukonzerne ▪ Unterschiede zwischen Bergbaukonzernen ▪ Die Holzindustrie ▪ Das Forest Stewardship Council ▪ Die Fischereiindustrie ▪ Unternehmen und Öffentlichkeit

Alle modernen Gesellschaften sind auf die Nutzung natürlicher Ressourcen angewiesen, manche davon nicht erneuerbar (zum Beispiel Öl und Metalle), andere regenerativ (zum Beispiel Holz und Fische). Unsere Energie gewinnen wir zum größten Teil aus Öl, Gas und Kohle. Praktisch alle Werkzeuge, Behälter, Maschinen, Fahrzeuge und Gebäude bestehen aus Metall, Holz oder den petrochemisch hergestellten Kunststoffen. Wir beschreiben und bedrucken Papier, das aus Holz hergestellt wird. Unsere wichtigsten wilden Lebensmittellieferanten sind Fische und andere Meereslebewesen. Dutzende von Staaten sind mit ihrer Wirtschaft stark auf ihre Rohstoffe angewiesen. Ein gutes Beispiel sind die drei Länder, in denen ich den größten Teil meiner Feldforschungen ausgeführt habe: In Indonesien sind die Holzwirtschaft und an zweiter Stelle der Bergbau die wichtigsten Stützen der Wirtschaft, auf den Salomonen sind es Holzwirtschaft und Fischerei, in Papua-Neuguinea Öl- und Gasgewinnung, Bergbau und (zunehmend) die Holzwirtschaft. Unsere Gesellschaft ist also darauf angewiesen, solche Ressourcen zu nutzen. Wir können nur wählen, wo, in welchem Umfang und mit welchen Mitteln wir es tun.

In der Regel erfordern Projekte zur Ressourcennutzung immer zunächst einmal einen hohen Kapitaleinsatz, und deshalb werden sie meist von Großkonzernen in Angriff genommen. Zwischen Umweltschützern und Großunternehmen bestehen die allgemein bekannten Konflikte, und beide betrachten sich gegenseitig in der Regel als Feinde. Umweltschützer werfen den Unternehmen vor, sie schädigten die Umwelt, seien deshalb eine Gefahr für die Menschen und stellten die eigenen finanziellen Interessen über das Wohl der Allgemeinheit. Oftmals sind solche Vorwürfe berechtigt. Umgekehrt werfen die Unternehmen den Umweltschützern vor, sie hätten keine Ahnung von den Realitäten des Wirtschaftslebens, setzten sich über den Wunsch der örtlichen Bevölkerung und der Regierungen nach Arbeitsplätzen und Entwicklung hinweg, siedelten das Wohlergehen von Vögeln höher an als das Wohlergehen der Menschen, und hätten selbst dann kein lobendes Wort für die Unternehmen übrig, wenn diese sich umweltfreundlich verhielten. Und auch solche Vorwürfe haben häufig ihre Berechtigung.

In diesem Kapitel werde ich darlegen, dass die Interessen von Großunternehmen, Umweltschützern und Gesamtgesellschaft viel häufiger übereinstimmen, als man aufgrund der gegenseitigen Vorwürfe vermuten würde. In vielen anderen Fällen besteht jedoch tatsächlich ein Interessenkonflikt: Was einem Unternehmen zumindest auf kurze Sicht Geld bringt, ist unter Umständen für die Gesamtgesellschaft schädlich. Unter solchen Umständen wird das Verhalten der Unternehmen dann zu einem groß angelegten Beispiel dafür, wie rationales Verhalten einer Gruppe (in diesem Fall des Unternehmens) auf die im vorigen Kapitel beschriebene Weise zu katastrophalen Entscheidungen einer Gesellschaft umgemünzt wird. In diesem Kapitel möchte ich vier Beispiele aus der Rohstoffindustrie erörtern, mit denen ich aus erster Hand Erfahrungen gesammelt habe. An ihnen werde ich einige Gründe untersuchen, warum verschiedene Unternehmen ihre Interessen so einschätzen, dass sie sich für unterschiedliche Handlungsweisen entscheiden, von denen manche der Umwelt schaden und andere der Umwelt nützen. Dabei verfolge ich praktische Ziele: Ich möchte herausfinden, welche Veränderungen am wirksamsten dazu beitragen würden, dass Firmen, die derzeit der Umwelt schaden, sich umweltfreundlicher verhalten. Zu diesem Zweck werde ich mich mit den Branchen Erdöl, Erz- und Kohlebergbau, Holzgewinnung und Fischerei beschäftigen.

Meine Erfahrungen mit der Ölindustrie Neuguineas sammelte ich auf zwei Ölfeldern, die in dem Spektrum von umweltschädlichem und umweltfreundlichem Verhalten an entgegengesetzten Enden stehen. Für mich waren diese Erlebnisse sehr aufschlussreich, denn zuvor hatte ich immer angenommen, die Ölindustrie sei in weit überwiegendem Maße umweltschädlich. Wie große Teile der Öffentlichkeit geißelte ich gerne die Ölkonzerne, und ich war zutiefst misstrauisch, wenn jemand etwas Positives über die Leistungen dieser Branche oder ihren Beitrag zur Gesellschaft berichtete. Aber aufgrund meiner eigenen Beobachtungen musste ich mir Gedanken darüber machen, welche Faktoren eine größere Zahl von Unternehmen dazu veranlassen könnten, positive Beispiele zu geben.

Meine ersten Erfahrungen mit einem Ölfeld sammelte ich auf der Insel Salawati vor der Küste von Indonesisch-Neuguinea. Mein Besuch hatte nichts mit Öl zu tun, sondern fand im Rahmen einer Übersichtsuntersuchung statt, die den Vögeln in der Region von Neuguinea gewidmet war. Aber große Teile von Salawati waren nun einmal zur Ölförderung an den staatlichen indonesischen Energiekonzern Pertamina verpachtet. Ich kam 1986 mit Genehmigung und als Gast von Pertamina auf die Insel; der Vizepräsident des Unternehmens und der Pressesprecher stellten mir freundlicherweise ein Auto zur Verfügung, mit dem ich auf den firmeneigenen Straßen herumfahren konnte.

Aber trotz solcher Gastfreundschaft muss ich zu meinem Bedauern berichten, dass ich dort sehr schlechte Bedingungen vorfand. Das Ölfeld war schon aus großer Entfernung zu erkennen: Aus einem hohen Turm schoss eine Flamme, weil man mit dem Erdgas, das als Nebenprodukt der Ölgewinnung frei wurde, nichts anzufangen wusste und es einfach abfackelte. (Einrichtungen, um es zu verflüssigen, abzutransportieren und zu verkaufen, gab es nicht.) Um die Zufahrtstraßen durch den Wald von Sulawati zu bauen, hatte man Schneisen von 100 Metern Breite gerodet, die für viele Säugetiere, Vögel, Frösche und Reptilien aus dem Regenwald Neuguineas nicht zu überwinden waren. Auf dem Boden hatten sich an vielen Stellen Öllachen gebildet. Mir begegneten nur drei Arten großer Grüntauben – in anderen Regionen von Salawati gab es nach Berichten 14 Arten dieser großen, fleischigen, schmackhaften Vögel, die für die Jäger in Neuguinea eines der wichtigsten Ziele sind. Ein Angestellter von Pertamina beschrieb mir die Lage von zwei Brutkolonien der Tauben und erklärte, er gehe dort mit seiner Schrotflinte auf die Jagd. Nach meiner Vermutung waren die Tauben auf dem Ölfeld durch die Jagd dezimiert.

Meine zweite Erfahrung machte ich auf dem Kutubi-Ölfeld, das eine Tochterfirma des multinationalen Konzerns Chevron im Wassereinzugsgebiet des Kikori River in Papua-Neuguinea betreibt. (Als Betreiberfirma werde ich der Einfachheit halber »Chevron« nennen; in Wirklichkeit wurde das Feld von Chevron Nuigini Pty. Ltd. betrieben, einer hundertprozentigen Tochter der Chevron Corporation; das Feld war ein Joint Venture von sechs Ölfirmen, darunter auch Chevron Niugini Pty. Ltd.; der Mutterkonzern Chevron Corporation fusionierte 2001 mit Texaco zu ChevronTexaco, und 2003 verkaufte ChevronTexaco seine Anteile an dem Joint Venture, das seither von Oil Search Limited, einem anderen Partner, betrieben wird.) Die Umwelt im Wassereinzugsgebiet des Kikori River ist empfindlich und stellt ein schwieriges Arbeitsumfeld dar: Erdrutsche sind an der Tagesordnung, das Gelände besteht vorwiegend aus karstigem Kalkstein, und es gehört zu den Gebieten mit den höchsten Niederschlagsmengen der Welt (durchschnittlich 11 000 Millimeter im Jahr und bis zu 350 Millimeter am Tag). Im Jahr 1993 beauftragte Chevron den World Wildlife Fund (WWF) mit der Planung eines großen, umfassenderen Naturschutz- und Entwicklungsprojekts für das gesamte Wassereinzugsgebiet. Dabei, so die Erwartung des Unternehmens, sollte der WWF für eine wirksame Verminderung der Umweltschäden sorgen, sich bei der Regierung Papua-Neuguineas für den Umweltschutz einsetzen, in den Augen von Umweltschutzaktivisten als glaubwürdiger Partner dienen, den örtlichen Bevölkerungsgruppen wirtschaftliche Vorteile verschaffen und die Weltbank motivieren, Projekte der örtlichen Gemeinden zu unterstützen. Als Berater des WWF war ich zwischen 1998 und 2003 viermal jeweils einen Monat lang auf den Ölfeldern und in dem Wassereinzugsgebiet zu Gast. Ich konnte mich in dem ganzen Gebiet mit einem Fahrzeug des WWF ungehindert bewegen und Chevron-Mitarbeiter unter vier Augen befragen.

Als mein Flugzeug aus Port Moresby, der Hauptstadt Papua-Neuguineas, der Landepiste des Ölfeldes in Moro entgegendröhnte und die vorgesehene Ankunftszeit näher rückte, suchte ich beim Blick aus dem Flugzeugfenster nach der Infrastruktur eines Ölfelds, die sich nach meiner Vorstellung nun zeigen musste. Aber zu meiner zunehmenden Verblüffung sah ich nur Regenwald, der sich ohne Unterbrechung bis zum Horizont erstreckte. Schließlich machte ich eine Straße aus, die sich wie ein dünner, ungefähr zehn Meter breiter baumloser Streifen durch den Regenwald zog und an vielen Stellen von beiderseits überhängenden Bäumen gesäumt war – der Traum eines jeden Vogelliebhabers. Bei der Beobachtung von Vögeln im Regenwald stellt sich die praktische Schwierigkeit, dass man die Vögel im Wald selbst kaum zu Gesicht bekommt; die beste Aussicht hat man von den schmalen Wegen aus, wenn man den Wald von der Seite sieht. Hier erstreckte sich ein solcher Weg über mehr als 160 Kilometer von dem am höchsten gelegenen Ölfeld in fast 1800 Metern Höhe auf dem Mt. Moran bis zur Küste. Als ich am nächsten Tag mit meiner Übersichtsuntersuchung begann und die schmale Straße entlangwanderte, sah ich immer wieder Vögel, die sie im Flug überquerten, und auch alle Säugetiere, Echsen, Schlangen und Frösche hüpften, liefen oder krochen quer über den Weg. Wie sich herausstellte, hatte man die Straße so konstruiert, dass zwei entgegenkommende Fahrzeuge sich gerade eben gefahrlos passieren konnten. Plattformen für die seismischen Untersuchungen und erste Probebohrungen hatte man aufgestellt, ohne überhaupt Zufahrtsstraßen zu bauen; die Versorgung erfolgte stattdessen mit dem Hubschrauber oder zu Fuß.

Die nächste Überraschung erlebte ich, als meine Maschine auf der Landepiste von Moro aufgesetzt hatte, und dann später noch einmal beim Abflug. Obwohl die Zollbehörden von Papua-Neuguinea mein Gepäck bereits bei der Einreise überprüft hatten, musste ich meine Koffer sowohl bei der Ankunft als auch beim Abflug auf dem Chevron-Flugplatz noch einmal öffnen, und alles wurde so gründlich besichtigt, wie ich es ansonsten nur bei einem Flug ins israelische Tel Aviv erlebt hatte. Wonach suchten die Beamten? Beim Hinflug waren Feuerwaffen, Jagdausrüstung, Drogen und Alkohol verboten; beim Abflug hätte ich Tiere, Pflanzen, Vogelfedern oder andere Teile von Lebewesen schmuggeln können. Eine Verletzung dieser Vorschriften führt sofort zur automatischen Ausweisung aus dem gesamten Unternehmensgelände – diese Erfahrung musste eine arglose WWF-Sekretärin machen, die so dumm war, für jemand anderen ein Päckchen mitzunehmen (das, wie sich herausstellte, Drogen enthielt).

Am nächsten Morgen folgte eine weitere Überraschung: Ich war vor Tagesanbruch ein Stück die Straße entlanggegangen, hatte Vögel beobachtet und war wenige Stunden später zurückgekehrt. Daraufhin rief mich der Sicherheitsbeauftragte der Anlage in sein Büro und erklärte mir, ich sei bereits angezeigt worden, weil ich zwei Vorschriften von Chevron übertreten hätte, und dies dürfe nicht noch einmal vorkommen. Erstens hatte jemand gesehen, wie ich mich mehr als einen Meter weit auf die Fahrbahn begeben hatte, um einen Vogel zu beobachten. Damit hatte ich mich der Gefahr ausgesetzt, von einem Auto überfahren zu werden, oder das Auto hätte bei dem Versuch, mir auszuweichen, seitlich an der Straße eine Pipeline beschädigen und eine Ölpest verursachen können. Von jetzt an solle ich mich doch bitte neben der Straße halten, wenn ich Vögel beobachten wolle. Und zweitens hatte man gesehen, dass ich die Vögel beobachtete, ohne einen Schutzhelm zu tragen, was hier in der ganzen Gegend Pflicht war; mit diesen Worten gab mir der Sicherheitsbeauftragte einen Helm, den ich doch nun bitte auf meinen Beobachtungsgängen zu meinem eigenen Schutz tragen solle, nur für den Fall, dass ein Baum umstürzte.

Damit hatte ich einen ersten Eindruck davon, welche Sorge um Sicherheit und Umweltschutz man bei Chevron hatte und wie diese Sorge den Mitarbeitern eingeimpft wurde. Bei meinen vier Besuchen sah ich kein einziges Mal austretendes Öl, aber ich las die Berichte über Zwischenfälle und Beinahe-Zwischenfälle, die jeden Monat an den schwarzen Brettern ausgehängt wurden. Sie fielen in den Zuständigkeitsbereich des Sicherheitsbeauftragten, der mit dem Flugzeug oder Lastwagen unterwegs ist, um jeden einzelnen Fall zu untersuchen. Interessehalber notierte ich mir die gesamte Liste von 14 Zwischenfällen aus dem März 2003. Bei dem schlimmsten Beinahe-Unfall, der in diesem Monat eine genaue Untersuchung und eine Überprüfung der Sicherheitsvorschriften erforderte, hatte ein Lastwagen beim Zurücksetzen ein Stoppschild beschädigt; bei einem anderen Lastwagen war die Notbremse falsch eingestellt gewesen, bei einem Paket mit Chemikalien hatten die richtigen Papiere gefehlt, und man hatte festgestellt, dass Gas aus dem Sicherheitsventil eines Kompressors austrat.

Die letzte Überraschung schließlich erlebte ich bei meinen Vogelbeobachtungen. In Neuguinea kann man an dem Fehlen oder der Häufigkeit zahlreicher Vogel- und Säugetierarten sehr genau ablesen, wie stark die Umwelt durch Menschen beeinträchtigt wurde: Große Tiere werden wegen ihres Fleisches gejagt, andere wegen ihres Gefieders, und wieder andere findet man nur im Inneren unberührter Wälder, während sie in kultivierten sekundären Lebensräumen fehlen. Dazu gehören die Baumkängurus (die größten einheimischen Landsäugetiere Neuguineas), Kasuare, Nashornvögel und große Tauben (die größten Vögel der Insel), Paradiesvögel, Borstenkopfpapageien und andere farbenprächtige Papageienarten (die wegen ihres Gefieders geschätzt werden) sowie Hunderte von weiteren Waldbewohnern. Als ich im Gebiet von Kutuba mit meinen Beobachtungen begann, rechnete ich damit, dass ich vor allem feststellen musste, wie stark diese Arten im Gebiet der Ölfelder, Industrieanlagen und Pipelines von Chevron im Vergleich zur Umgebung dezimiert waren.

Stattdessen entdeckte ich zu meinem großen Erstaunen, dass diese Arten innerhalb des Chevron-Geländes viel zahlreicher waren als an jedem anderen Ort, den ich auf Neuguinea besucht hatte, mit Ausnahme einiger abgelegener, unbewohnter Gebiete. Wilde Baumkängurus habe ich in den

40 Jahren, seit ich nach Papua-Neuguinea fahre, nur im Umkreis von wenigen Kilometern um die Chevron-Anlagen gesehen; anderswo sind sie die ersten Säugetiere, die von Jägern erlegt werden, und die wenigen überlebenden Tiere lernen, ihre Aktivität auf die Nachtstunden zu verlegen. Im Gebiet von Kutubu dagegen konnte ich sie auch tagsüber beobachten. Borstenköpfe, Papuaadler, Paradiesvögel, Nashornvögel und große Tauben kommen in unmittelbarer Nachbarschaft der Ölanlagen in großer Zahl vor, und ich konnte sogar Borstenköpfe beobachten, die auf den Antennenmasten des Lagers hockten. Den Mitarbeitern und Auftragnehmern von Chevron ist es streng verboten, auf dem Firmengelände zu jagen oder zu fischen, und außerdem ist der Wald unversehrt. Vögel und andere Tiere spüren das und werden zahm. Eigentlich ist das Kutubu-Ölfeld der bei weitem größte und am strengsten kontrollierte Nationalpark in Papua-Neuguinea.

Monatelang stellten mich die Verhältnisse auf dem Kutubi-Ölfeld vor ein Rätsel. Schließlich ist Chevron weder eine gemeinnützige Umweltschutzorganisation noch eine Nationalparkbehörde, sondern ein Ölkonzern, der seinen Aktionären gehört. Würde das Geld, das der Konzern für Umweltschutzmaßnahmen ausgibt, letztlich die Gewinne aus dem Ölgeschäft schmälern, müssten die Aktionäre dagegen vorgehen. Offensichtlich war man aber bei dem Unternehmen zu dem Schluss gelangt, dass eine solche Vorgehensweise letztlich dazu beitragen würde, mit der Ölförderung mehr Geld zu verdienen. Wie ist das möglich?

In den firmeneigenen Veröffentlichungen ist von der Sorge um die Umwelt selbst als Hauptmotiv die Rede. Das stimmt zweifellos. Aber nach den Gesprächen, die ich im Lauf der letzten sechs Jahre mit Dutzenden von mittleren und leitenden Chevron-Managern, Mitarbeitern anderer Ölkonzerne und Personen außerhalb der Ölbranche geführt habe, ist mir mittlerweile klar, dass zu einer derart umweltfreundlichen Haltung auch viele andere Faktoren beitragen.

Ein solcher Faktor ist der Gedanke, dass man teure Umweltkatastrophen vermeiden will. Als ich einen Sicherheitsbeauftragten von Chevron, der gleichzeitig auch Vogelliebhaber war, nach den Gründen für die Handlungsweise seines Unternehmens fragte, lautete seine kurze Antwort: »*Exxon Valdez*, Piper Alpha, Bhopal.« Damit meinte er die riesige Ölpest, die Alaska heimsuchte, nachdem der Tanker *Exxon Valdez* des Konzerns Exxon 1989 auf Grund gelaufen war, den Brand auf der Plattform »Piper Alpha« des Unternehmens Occidental Petroleum in der Nordsee, bei dem 1988 insgesamt 167 Menschen ums Leben kamen, und die Freisetzung von Chemikalien aus der Fabrik von Union Carbide im indischen Bhopal im Jahr 1984, bei der 4000 Menschen getötet und 200 000 verletzt wurden. Diese drei Ereignisse gehören zu den bekanntesten, öffentlichkeitswirksamsten und teuersten Industrieunfällen der jüngeren Geschichte. Sie kosteten die verantwortlichen Unternehmen jeweils mehrere Milliarden Euro, und der Unfall von Bhopal war für Union Carbide letztlich der Anfang vom Ende seiner Existenz als unabhängiges Unternehmen. Mein Gesprächspartner hätte auch noch die mit einer katastrophalen Ölpest verbundene Explosion der Plattform A von Union Oil im Santa Barbara Channel vor Los Angeles erwähnen können, einen Unfall, der bereits 1969 für die gesamte Ölbranche ein Warnsignal war. Damals erkannte man bei Chevron und einigen anderen multinationalen Ölkonzernen, dass man jedes Jahr nur wenige Millionen oder auch zigmillionen zusätzlich aufwenden muss, um auf lange Sicht Geld zu sparen, weil man die Gefahr vermindert, Milliarden durch einen solchen Unfall zu verlieren oder ein ganzes Projekt einstellen zu müssen, sodass die Investition umsonst war. Ein Chevron-Manager erklärte mir, wie er den wirtschaftlichen Wert einer umweltfreundlichen Handlungsweise kennen gelernt hatte: Er war auf einem Ölfeld in Texas für die Beseitigung von Öllachen zuständig und musste feststellen, dass die Aufräumkosten sich schon für eine kleine Lache auf durchschnittlich 100 000 Dollar summierten. Mit anderen Worten: Die Beseitigung von Umweltschäden ist in der Regel viel teurer als ihre Vermeidung, genau wie die Therapie eines kranken Patienten nach den Erfahrungen der Ärzte meist viel aufwendiger und weniger wirksam ist, als wenn man sich bemüht, die Erkrankung durch billige, einfache Vorbeugungsmaßnahmen von vornherein zu verhüten.

Wenn ein Konzern nach Öl sucht und dann ein Ölfeld aufbaut, tätigt er eine große Anfangsinvestition, danach bleibt das Feld für einen Zeitraum von 20 bis 50 Jahren ein Aktivposten. Die Gefahr einer großen Ölpest durch Umweltschutz- und Sicherheitsmaßnahmen auf »nur« durchschnittlich ein Ereignis je Jahrzehnt zu vermindern, reicht also bei weitem nicht aus, denn dann muss man in den 20 bis 50 Betriebsjahren mit zwei bis fünf großen Unfällen rechnen. Deshalb ist es entscheidend, viel strenger vorzugehen. Eine solche langfristig angelegte Strategie der Ölkonzerne begegnete mir zum ersten Mal, als ich mich an den Leiter der Londoner Niederlassung der Royal Dutch Shell Oil Company wandte. Diese

Filiale hat die Aufgabe, plausible Alternativszenarien für den Zustand der Welt in 30 Jahren zu entwickeln. Wie der Direktor mir erklärte, betreibt Shell das Büro, weil man damit rechnet, dass ein typisches Ölfeld mehrere Jahrzehnte lang betrieben wird; um also klug zu investieren, muss man Voraussagen darüber treffen, wie die Welt in mehreren Jahrzehnten aussehen wird.

Ein Faktor, der damit in Verbindung steht, sind die Erwartungen der Öffentlichkeit. Anders als die giftigen Abwässer aus dem Bergbau, von denen später noch die Rede sein wird, ist eine Ölpest im Allgemeinen deutlich zu sehen, und wenn sie auftritt (weil eine Pipeline, eine Ölplattform oder ein Tanker bricht oder explodiert), geschieht es plötzlich und vor aller Augen. Auch die Auswirkungen der Ölpest sind in der Regel nicht zu übersehen, beispielsweise wenn Bilder von ölverschmierten toten Vögeln über die Fernsehschirme und durch die Zeitungen gehen. Man kann also damit rechnen, dass die Öffentlichkeit bei jedem großen Umweltschaden, den ein Ölkonzern anrichtet, laut aufschreit.

Besonders wichtig waren solche Gedanken über die Erwartungen der Öffentlichkeit und die Verminderung von Umweltschäden in Papua-Neuguinea, einer dezentralen Demokratie mit relativ schwacher Zentralregierung, schwachen Polizei- und Streitkräften und lokalen Gruppen mit starkem Einfluss. Die Grundbesitzer rund um die Kutubi-Ölfelder sind auf Felder, Wälder und Flüsse angewiesen, um ihren Lebensunterhalt zu bestreiten, und eine Ölpest würde sich auf ihr Leben viel stärker auswirken als ölverschmierte Seevögel auf das Leben der amerikanischen Fernsehzuschauer. Ein Chevron-Mitarbeiter erklärte es mir so: »Wir haben erkannt, dass in Papua-Neuguinea kein Projekt auf lange Sicht erfolgreich sein kann, wenn man damit die natürlichen Ressourcen nutzen will und sich nicht die Unterstützung der örtlichen Grundbesitzer und Dorfbewohner gesichert hat. Wenn sie den Eindruck haben, dass ihr Land und ihre Lebensmittelproduktion durch Umweltschäden gefährdet sind, würden sie das Projekt stören und zum Abbruch zwingen, wie es in Bougainville geschehen ist [nähere Erläuterungen siehe unten]. Die Zentralregierung ist nicht in der Lage, solche Störungen durch die Grundbesitzer zu verhindern, also mussten wir klug vorgehen, um die Schäden gering zu halten und eine gute Beziehung zur örtlichen Bevölkerung zu pflegen.« Ähnliche Gedanken äußerte ein weiterer Angestellter des Unternehmens mit anderen Worten: »Wir waren von Anfang an felsenfest überzeugt, dass das Kutubu-Projekt nur dann ein Erfolg werden würde, wenn wir mit den Gemeinschaften der örtlichen Grundbesitzer so gut zusammenarbeiteten, dass es ihnen nach ihrem eigenen Eindruck mit uns zusammen besser geht, als wenn wir nicht da wären.«

Diese ständige Überprüfung der Tätigkeit von Chevron durch die örtliche Bevölkerung hat noch einen Nebeneffekt: Die Bewohner merken, dass man viel Geld verdienen kann, wenn man auf Ölkonzerne und andere Unternehmen mit gut gefüllter Kasse Druck ausübt. Sie zählen die Bäume, die beim Bau einer Straße gefällt werden, messen Bäumen, auf denen die Paradiesvögel ihr Gefieder zeigen, einen besonders hohen Wert zu, und präsentieren dann die Rechnung für die Schäden. Wie man mir berichtete, erfuhren die Grundbesitzer in Neuguinea beispielsweise in einem Fall, bei Chevron sei der Bau einer neuen Straße zu einer Ölquelle geplant. Daraufhin stürmten sie los und pflanzten Kaffeebäume an der vorgesehenen Route, sodass sie später für jeden entwurzelten Baum Schadenersatz verlangen konnten. Dies spricht dafür, die Rodung des Waldes durch den Bau möglichst schmaler Straßen auf ein Minimum zu beschränken und die Stellen, an denen gebohrt wird, so weit wie möglich mit dem Hubschrauber zu versorgen. Viel größer war jedoch die Gefahr, dass die Grundbesitzer sich über Schäden an ihrem Land ärgerten und dann das ganze Ölprojekt zum Scheitern brachten. Ein Warnzeichen ging für Chevron von dem Ölfeld Point Arguello vor der Küste Kaliforniens aus; es wurde 1981 von dem Unternehmen entdeckt und war nach Schätzungen der größte Ölfund in den Vereinigten Staaten seit der Entdeckung des Feldes von Prudhoe Bay. Wegen öffentlicher Skepsis gegenüber den Ölkonzernen, Opposition der örtlichen Gemeinden und immer neuen Verzögerungen durch behördliche Auflagen konnte die Produktion dort erst zehn Jahre später aufgenommen werden, und am Ende musste Chevron einen großen Teil seiner Investitionen abschreiben. Das Ölfeld von Kutubu verschaffte dem Konzern die Möglichkeit, der öffentlichen Kritik zu begegnen und zu zeigen, dass man auch ohne die Gängelung durch allzu strenge staatliche Vorschriften ausgezeichneten Umweltschutz betreiben kann.

So betrachtet, macht das Projekt von Kutubu deutlich, wie wichtig es ist, immer strengere staatliche Umweltschutzbestimmungen vorauszusehen. Auf der ganzen Welt geht der Trend (mit offenkundigen Ausnahmen) dahin, dass Regierungen immer strengere Auflagen zugunsten des Umweltschutzes erteilen. Selbst Entwicklungsländer, in denen man auf den ersten Blick nicht unbedingt mit ökologischen Bedenken rechnen sollte, werden immer anspruchsvoller. Ein Chevron-Mitarbeiter berichtete mir beispielsweise, was er in Bahrain erlebt hatte, als er vor der Küste mit einer weiteren Bohrung beginnen wollte: Die Regierung des kleinen Staates verlangte zum ersten Mal einen detaillierten, kostspieligen Umweltschutzplan, der genaue Überwachung während der Bohrarbeiten und eine Umweltfolgenabschätzung vorsah; außerdem sollten die Auswirkungen auf die Seekühe und auf eine Brutkolonie von Kormoranen so gering wie möglich gehalten werden. Bei den Ölkonzernen hat man gelernt, dass der Bau sauberer Anlagen mit Umweltschutzvorrichtungen weitaus billiger ist, als wenn man eine Anlage später aufgrund strengerer staatlicher Vorschriften nachrüsten muss. Selbst wenn in dem Land, in dem ein Unternehmen tätig ist, heute noch kein großes Umweltbewusstsein herrscht, rechnet man in den Vorstandsetagen damit, dass sich dieses Bewusstsein während der Lebensdauer der Anlage entwickeln wird.

Weiterhin hat Chevrons umweltfreundlichere Vorgehensweise den Vorteil, dass das Unternehmen sich damit einen guten Ruf verschafft, der im Kampf um Verträge manchmal von Nutzen sein kann. Kürzlich schrieb beispielsweise Norwegen – ein Land, wo Bevölkerung und Regierung heute sehr umweltbewusst sind – die Entwicklung eines Öl- und Gasfeldes in der Nordsee aus. Unter den Firmen, die Gebote abgeben, war auch Chevron, und das Unternehmen erhielt den Auftrag – vermutlich teilweise auch wegen seines guten Rufes in Sachen Umweltschutz. Wenn das stimmt, war der Norwegen-Vertrag nach Ansicht meiner Bekannten, die bei Chevron arbeiten, der größte finanzielle Nutzen, den der Konzern aus seinen strengen ökologischen Vorgaben auf dem Kutubu-Ölfeld gezogen hat.

Zum »Publikum« eines Unternehmens gehören nicht nur Öffentlichkeit, Regierungen und örtliche Grundbesitzer, sondern auch die eigenen Mitarbeiter. Ein Ölfeld stellt an Technologie, Anlagen und Management besonders vielschichtige Anforderungen, und ein großer Anteil der Mitarbeiter in Ölfirmen verfügt über eine Hochschulausbildung und akademische Grade. Solche Fachleute sind in der Regel sehr umweltbewusst. Ihre Ausbildung ist teuer, und sie bekommen ein hohes Gehalt. Die meisten Angestellten des Kutubu-Ölfeldes sind Staatsbürger von Papua-Neuguinea, andere sind aber auch Amerikaner oder Australier, die für eine bis fünf Wochen vor Ort arbeiten, um dann für fünf Wochen zu ihren Angehörigen nach Hause zu fliegen, und auch die Flüge sind teuer. Alle diese Mitarbeiter sehen selbst, in welchem Zustand sich die Umwelt auf den Ölfeldern befindet, und sie erkennen, dass das Unternehmen sich zu einer umweltfreundlichen Strategie verpflichtet hat. Von vielen Chevron-Mitarbeitern hörte ich, Ethik und Umweltbewusstsein der Angestellten kämen einerseits der sichtbar umweltfreundlichen Handlungsweise des Unternehmens zugute, sie seien aber andererseits auch die Triebkraft gewesen, dass das Unternehmen sich eine solche Handlungsweise überhaupt erst zu Eigen machte.

Insbesondere war Umweltbewusstsein ein Kriterium für die Auswahl der Spitzenmanager in dem Unternehmen; die beiden letzten CEOs (Chief Executive Officers – also Vorstandsvorsitzende) von Chevron, zunächst Ken Derr und dann David O'Reilly, kümmerten sich persönlich um ökologische Fragen. Mitarbeiter des Konzerns aus mehreren Ländern erzählten mir unabhängig voneinander, dass sie und alle anderen Mitarbeiter auf der ganzen Welt jeden Monat vom Vorstand eine E-Mail erhalten, die über den Zustand des Unternehmens informiert. In diesen Mails ist häufig von Umwelt und Sicherheit die Rede, und beiden wird oberste Priorität beigemessen, weil sie für das Unternehmen wirtschaftlich sinnvoll seien. Auf diese Weise erfahren die Mitarbeiter, dass Umweltfragen ernst genommen werden und nicht nur ein Vorzeigethema für die Öffentlichkeit sind, das innerhalb der Firma missachtet wird. Zu einer Schlussfolgerung, die dieser Beobachtung entspricht, gelangen auch Thomas Peters und Robert Waterman, Jr. in ihrem Bestseller *Auf der Suche nach Spitzenleistungen: Was man von den bestgeführten US-Unternehmen lernen kann.* Wie sie darin feststellen, schaffen Manager für ihre Mitarbeiter die beste Motivation für ein bestimmtes Verhalten, wenn diese sehen, dass auch die Manager selbst sich dieses Verhalten zu Eigen machen.

Und schließlich macht die moderne Technik es den Ölkonzernen heute einfacher als früher, sich umweltfreundlich zu verhalten. Heute kann man beispielsweise von einer einzigen Stelle an der Oberfläche mehrere Bohrlöcher in horizontaler oder vertikaler Richtung vortreiben, während früher jedes Bohrloch von einer anderen Stelle aus senkrecht in die Tiefe führen musste, was für die Umwelt viel größere Auswirkungen hatte. Das »Bohrgut« – die Gesteinstrümmer, die beim Bohren entstehen – kann man heute in eine abgetrennte unterirdische Formation pumpen, die kein nutzbares Öl enthält, statt sie wie früher in einer Grube oder im Meer zu deponieren. Das Erdgas, ein Nebenprodukt der Ölgewinnung, wird nicht mehr ›abgefackelt‹, sondern entweder wieder in ein unterirdisches Lager geleitet (wie auf dem Kutubu-Feld) oder (auf manchen anderen Ölfeldern) mit Pipelines abtransportiert oder verflüssigt, auf Schiffe verladen und verkauft. Auf vielen Ölfeldern, auch auf dem von Kutubu, werden Bohrstellen regelmäßig mit dem Hubschrauber erkundet; das ist zwar teuer, aber der Bau von Straßen und die damit verbundenen Umweltschäden sind häufig noch kostspieliger.

Das sind also die Gründe, warum Chevron und andere große multinationale Ölkonzerne den Umweltschutz mittlerweile ernst nehmen. Unter dem Strich können sie mit umweltfreundlichem Verhalten Geld verdienen und sich langfristig Zugang zu neuen Öl- oder Gasfeldern verschaffen. Aber ich muss es noch einmal wiederholen: Ich behaupte nicht, die gesamte Ölbranche habe sich ein umweltfreundliches, verantwortungsbewusstes, bewundernswertes Verhalten zu Eigen gemacht. Es gab in jüngerer Zeit auch öffentlichkeitswirksame, langwierige und schwer wiegende Katastrophen, beispielsweise durch schlecht gewartete und geführte Tanker mit einfacher Rumpfwand (wie die 26 Jahre alte *Prestige*, die 2002 vor der spanischen Küste sank) – solche Schiffe befinden sich meist nicht im Besitz der Ölkonzerne, denn diese sind weitgehend auf Tanker mit doppelter Rumpfwand umgestiegen. Weitere Probleme sind alte, ökologisch schädliche Fabriken (zum Beispiel in Nigeria oder Ecuador), die vor der Entwicklung umweltfreundlicher Technologien errichtet wurde und sich jetzt nicht oder nur mit hohem Aufwand nachrüsten lassen, und Unternehmen unter der Obhut korrupter, verbrecherischer Regierungen wie in Nigeria und Indonesien. Dagegen zeigt das Beispiel Chevron Niugini, wie auch ein Ölkonzern seine Geschäfte so betreiben kann, dass die Umwelt und die Bevölkerung des betroffenen Gebietes davon profitieren – insbesondere wenn die Alternative darin bestünde, das gleiche Gebiet zur Holzgewinnung oder auch nur für Jagd und Kleinlandwirtschaft zu nutzen. Außerdem wird an dem Beispiel deutlich, welche Faktoren ein Ergebnis wie auf dem Kutubu-Ölfeld möglich machen, während es bei anderen industriellen Großprojekten nicht gelingt, und welchen Einfluss die Öffentlichkeit auf das Ergebnis nehmen kann.

Es bleibt die Frage, warum ich auf dem Salawati-Ölfeld des indonesischen Konzerns Pertamina 1986 eine solche Gleichgültigkeit gegenüber ökologischen Problemen beobachtete, während auf dem Kutubu-Ölfeld von Chevron, das ich seit 1998 besuchte, so umweltfreundlich gearbeitet wurde. Zwischen der Situation des nationalen indonesischen Ölkonzerns Pertamina im Jahr 1986 und der Lage von Chevron, das 1998 als multinationales Unternehmen in Papua-Neuguinea tätig war, bestehen mehrere Unterschiede, mit denen sich meine Beobachtungen vielleicht erklären lassen. In Indonesien interessieren sich Öffentlichkeit, Regierung und Justiz viel weniger für das Verhalten der Ölkonzerne, und sie erwarten sich davon auch weniger als die entsprechenden Gruppen in Europa und den Vereinigten Staaten, die für Chevron die wichtigsten Kunden sind. Die indonesischen Mitarbeiter von Pertamina werden viel weniger mit Umweltfragen konfrontiert als die amerikanischen und australischen Angestellten von Chevron. Papua-Neuguinea ist eine Demokratie, in der es den Bürgern frei steht, sich geplanten Entwicklungsprojekten zu widersetzen, Indonesien dagegen war 1986 eine Militärdiktatur, deren Einwohner keine derartigen Freiheiten genossen. Außerdem wurde die indonesische Regierung von Personen aus der am stärksten bevölkerten Insel (Java) beherrscht, die in ihrer Provinz auf Neuguinea nur eine Einnahmequelle und einen Ort für die Umsiedlung der zu dichten Bevölkerung Javas sahen; für die Meinung der Einwohner interessierten sie sich viel weniger als die Regierung von Papua-Neuguinea, die für die östliche Hälfte derselben Insel verantwortlich ist. Pertamina musste sich im Gegensatz zu internationalen Konzernen nicht mit immer strengeren behördlichen Umweltauflagen auseinander setzen. Das Unternehmen ist als staatlicher Ölkonzern vorwiegend innerhalb Indonesiens aktiv und steht weniger als die multinationalen Konzerne in der Konkurrenz um Verträge in anderen Ländern; deshalb bedeutete eine umweltfreundliche Tätigkeit für Pertamina keinen internationalen Konkurrenzvorteil. Es gab dort keine Vorstandsmitglieder, die monatlich mit E-Mails auf die hohe Priorität der Umwelt hinwiesen. Und schließlich fand mein Besuch auf dem Salawati-Ölfeld von Pertamina bereits 1986 statt; ob sich die Methoden dort seither gewandelt haben, weiß ich nicht.

Wenden wir uns nun von der Öl- und Gasindustrie dem Erzbergbau zu. Diese Branche ist in den Vereinigten Staaten derzeit diejenige mit dem größten Schadstoffausstoß – sie ist für fast die Hälfte aller bekannten Industrieschadstoffe verantwortlich. Im Westen der USA sind nahezu die Hälfte aller Flüsse in Abschnitten ihres Laufes durch den Bergbau verunreinigt. In den meisten Teilen des Landes befindet sich der Erzbergbau heute – vor allem wegen seiner eigenen Fehlleistungen – im Niedergang, oder er verschwindet völlig. Umweltschutzgruppen haben sich meist nicht die Mühe gemacht, im Zusammenhang mit dem Erzbergbau entscheidende Tatsachen zur Kenntnis zu nehmen, und sie haben die Teilnahme an einer anfangs viel versprechenden internationalen Initiative abgelehnt, die von der Industrie 1998 ins Leben gerufen wurde und eine Veränderung ihrer Verhaltensweisen zum Ziel hatte.

Diese und andere Aspekte des Erzbergbaus stellen uns auf den ersten

Blick vor ein Rätsel: Oberflächlich betrachtet, scheint es sich um eine ganz ähnliche Branche zu handeln wie die zuvor erörterte Öl- und Gasindustrie, und auch zum Kohlebergbau scheint es große Ähnlichkeiten zu geben. Geht es nicht in allen drei Fällen darum, nicht erneuerbare Rohstoffe aus dem Boden zu holen? Ja, das schon, aber dennoch haben sich die drei Branchen ganz unterschiedlich entwickelt, und zwar aus dreierlei Gründen: unterschiedliche wirtschaftliche und technische Voraussetzungen, unterschiedliche Einstellungen innerhalb der Branche selbst, und unterschiedliche Einstellungen von Öffentlichkeit und Regierungen gegenüber den Branchen.

Die vom Erzbergbau verursachten ökologischen Probleme lassen sich in mehrere Kategorien einteilen. Zunächst einmal wird die Landschaft oberflächlich durch das Graben beeinträchtigt. Dieses Problem stellt sich insbesondere beim Tagebau, wo das Erz so dicht unter der Oberfläche liegt, dass man nur die Erde darüber abkratzen muss. Dagegen wird Öl nirgendwo dadurch gewonnen, dass man das Gestein über einer ganzen Öllagerstätte entfernt; Ölkonzerne schädigen deshalb in der Regel an der Oberfläche nur ein kleines Gebiet, das gerade ausreicht, damit sie ein Bohrloch bis in die ölführenden Schichten treiben können. Auch im Erzbergbau gibt es Minen, bei denen das Erz tief unter der Erde liegt, sodass Schächte und Abraumhalden an der Oberfläche nur ein kleines Gebiet beeinträchtigen.

Aber die Erzförderung verursacht noch andere Umweltprobleme: Durch die Metalle selbst, die zur Verarbeitung verwendeten Chemikalien, abfließende Säuren und Sedimente wird das Wasser verunreinigt. Metalle und metallähnliche Elemente im Erz selbst – insbesondere Kupfer, Cadmium, Blei, Quecksilber, Zink, Arsen, Antimon und Selen – sind giftig und verursachen in der Regel Schwierigkeiten, wenn sie durch die Bergbautätigkeit in Wasserläufe und Grundwasser gelangen. Ein berüchtigtes Beispiel war das Cadmium, das in Japan aus einer Blei- und Zinkmine in den Fluss Jinzu floss und eine Welle von Knochenerkrankungen auslöste. Auch eine ganze Reihe von Chemikalien, die im Bergbau eingesetzt werden – Cyanid, Quecksilber, Schwefelsäure und das aus Dynamit entstehende Nitrat – sind giftig. Wie man in jüngerer Zeit gelernt hat, verursacht schwefelhaltiges Erz, das im Bergbau mit Wasser und Luft in Berührung kommt, durch die dabei entstehende Säure eine schwer wiegende Verschmutzung des Wassers, während gleichzeitig auch Metalle ausgewaschen werden. Sedimente, die mit dem abfließenden Wasser aus Minen abtransportiert werden, können das Leben in den Gewässern schädigen, beispielsweise weil sie die Laichplätze der Fische zudecken. Von diesen Formen der Verschmutzung abgesehen, verbrauchen viele Minen einfach so viel Wasser, dass auch dies zu einem Problem wird.

Die letzte ökologische Frage lautet: Wohin soll man die ganzen Abfälle entsorgen, die durch den Erzbergbau entstehen? Diese Abfälle bestehen aus vier Hauptbestandteilen: Abraum (Gestein, das über dem Erz lag und entfernt wurde), minderwertiges Erz mit geringem Metallgehalt, dessen kommerzielle Verwertung nicht lohnt, Abgänge oder »Tailings« (zermahlenes Gestein, dem das Metall entzogen wurde), und die Reste nach der Metallgewinnung durch Laugung. Die beiden zuletzt genannten Abfälle belässt man in der Regel in ihren Auffangbecken, Abraum und minderwertiges Erz werden zu Haufen aufgeschüttet. Je nach den gesetzlichen Vorschriften des jeweiligen Staates werden die Abgänge (eine schlammige Masse aus Wasser und Feststoffen) in Flüssen oder Meeren entsorgt, an Land deponiert oder (am häufigsten) hinter einen Damm geschüttet. Leider brechen aber solche Abfalldämme in einem überraschend hohen Anteil der Fälle: Sie werden beim Bau zu schwach ausgelegt (weil man Geld sparen will), häufig errichtet man sie nicht aus Beton, sondern kostengünstig aus den Abfällen selbst, und der Bau erstreckt sich über längere Zeit, sodass man ihren Zustand ständig überwachen muss und sie nicht nach einer endgültigen Bauabnahme für sicher erklären kann. Im Durchschnitt ereignet sich einmal im Jahr irgendwo auf der Welt ein größerer Unfall mit einem solchen Tailings-Damm. Der größte derartige Zwischenfall in den USA war 1972 die Katastrophe von Buffalo Creek in West Virginia, bei der 125 Menschen ums Leben kamen.

Eine ganze Reihe dieser Umweltprobleme werden deutlich, wenn man sich den Zustand der vier wertvollsten Minen auf Neuguinea und den Nachbarinseln ansieht, wo ich meine Feldforschung betreibe. Die Kupfermine bei Panguna auf der zu Papua-Neuguinea gehörenden Insel Bougainville war früher das größte Unternehmen und der größte Devisenbringer des Landes, und sie gehörte zu den größten Kupferminen der Welt. Ihre Abgänge entsorgte sie unmittelbar in einen Nebenfluss des Jaba River, was zu großen ökologischen Schäden führte. Als die Regierung es versäumte, an dieser Situation und den damit zusammenhängenden politisch-gesellschaftlichen Problemen etwas zu ändern, lehnten sich die Bewohner von Bougainville auf und begannen einen Bürgerkrieg, der Tausende von Menschenleben kostete und den Staat Papua-Neuguinea um ein Haar gespalten hätte. Auch heute, 15 Jahre nach Ausbruch des Krieges, ist der Frieden auf der Insel nicht völlig wiederhergestellt. Die Mine von

Panguna wurde natürlich geschlossen, es besteht keine Aussicht auf eine Wiedereröffnung, und sowohl die Eigentümer als auch die Gläubiger (darunter die Bank of America, die U. S. Export Import Bank sowie australische und japanische Teilhaber und Kreditgeber) mussten ihre Investitionen abschreiben. Diese Ereignisse waren einer der Gründe, warum Chevron sich am Kutubu-Ölfeld so nachdrücklich um die Mitarbeit und Akzeptanz der lokalen Grundbesitzer bemühte.

Die Goldmine auf der Insel Lihir verklappt ihre Abwässer über eine Pipeline, die in große Tiefe reicht, unmittelbar ins Meer – eine Methode, die bei Umweltschützern als besonders schädlich gilt. Die Eigentümer behaupten jedoch, dieses Verfahren sei unschädlich. Ganz gleich, wie sich die Mine auf das Leben im Meer rund um die Insel Lihir auswirkt – würden auch viele andere Minen ihre Abwässer auf ähnliche Weise entsorgen, entstünde ein beträchtliches weltweites Problem. Die Kupfermine Ok Tedi auf der Hauptinsel von Neuguinea baute für ihre Abwässer einen Damm, aber Fachleute, die sich die Pläne vor Baubeginn ansahen, warnten energisch vor einem möglichen Dammbruch in naher Zukunft. Tatsächlich brach der Damm wenige Monate später, und heute gelangen jeden Tag 200 000 Tonnen feste und flüssige Abfälle aus der Mine in den Ok Tedi River, dessen Fischbestände dadurch völlig zerstört wurden. Aus dem Ok Tedi fließt das Wasser unmittelbar in den Fly River, den größten Fluss Neuguineas mit den wertvollsten Fischbeständen. Dort hat sich die Konzentration gelöster Sedimente mittlerweile verfünffacht, was zu Überschwemmungen, Giftstoffablagerungen in den Überschwemmungsgebieten und bisher auf einer Fläche von 500 Quadratkilometern zur Zerstörung der Vegetation führte. Außerdem sank auf dem Fly River ein Lastkahn, der Fässer mit Cyanid für die Mine geladen hatte. Nach und nach rosteten diese Behälter durch und setzten ihren giftigen Inhalt in den Fluss frei. BHP, das viertgrößte Bergbauunternehmen der Welt, das auch die Mine von Ok Tedi betreibt, wollte die Anlage im Jahr 2001 schließen und erklärte: »Ok Tedi ist mit unseren ökologischen Wertvorstellungen nicht vereinbar, und das Unternehmen hätte sich nie daran beteiligen sollen.« Aber da die Mine 20 Prozent der gesamten Exporte von Papua-Neuguinea bestreitet, sorgte die Regierung dafür, dass der Betrieb fortgesetzt werden konnte, obwohl BHP sich zurückzog. Und schließlich leitet auch die Kupfer- und Goldmine Grasberg-Ertsberg in Indonesisch-Neuguinea, ein großer Tagebaubetrieb und die wertvollste Mine Indonesiens, ihre Abwässer unmittelbar in den Mimika River, mit dem die Giftstoffe dann das flache Arafurameer zwischen Neuguinea und Australien erreichen.

Die Mine von Ok Tedi, die Grasberg-Ertsberg-Mine und eine weitere Goldmine in Neuguinea sind weltweit die drei einzigen großen Bergbauunternehmen, die von internationalen Konzernen betrieben werden und ihre Abwässer unmittelbar in Flüsse leiten.

Im Erzbergbau gehen die Unternehmen in der Regel erst dann daran, Umweltschäden zu beheben und das Abbaugebiet zu rekultivieren, wenn eine Mine geschlossen wird; im Kohlebergbau dagegen wird das Gebiet schon mit fortschreitendem Abbau rekultiviert, eine Methode, die von den Erzbergbauunternehmen abgelehnt wird. Diese halten eine Rekultivierung »im Vorübergehen« für ausreichend: Aufräumarbeiten und Wiederherstellung der Landschaft sollen möglichst geringe Kosten verursachen, sich nach Schließung der Mine nur über zwei bis zwölf Jahre erstrecken (wobei das Unternehmen die Region anschließend ohne weitere Verpflichtungen verlassen kann), und besteht nur darin, in dem beeinträchtigten Gebiet eine neue Oberflächenform herzustellen, anzulegen, die Neuansiedlung von Pflanzen durch Aufbringen von Mutterboden anzuregen, und ein paar Jahre lang das Wasser aufzubereiten, das aus dem Abbaugebiet abfließt. In Wirklichkeit war diese kostengünstige Strategie des »nach mir die Sintflut« bei keiner einzigen größeren modernen Mine ausreichend, sondern die Wasserqualität war in allen Fällen dauerhaft beeinträchtigt. Stattdessen müssen alle Gebiete, aus denen Säure abfließen kann, abgedeckt und mit neuer Vegetation bepflanzt werden, und sowohl das Oberflächenwasser als auch das Grundwasser, das aus dem Gebiet abfließt, muss so lange aufgefangen und behandelt werden, wie es verschmutzt ist – und das heißt in vielen Fällen: für alle Zeiten. Die tatsächlichen direkten und indirekten Kosten für Aufräumarbeiten und Rekultivierung betragen im Regelfall das 1,5 bis 2fache dessen, was die Industrie für ihren »Spaziergang« veranschlagt, sofern keine Säure abfließt; sind säurehaltige Abwässer vorhanden, kann der Aufwand auch auf das Zehnfache anwachsen. Der größte Unsicherheitsfaktor im Hinblick auf die Kosten ist die Frage, ob aus der Mine säurehaltige Abwässer abfließen werden; dieses Problem, das man von anderen Minen schon kannte, hat man im Kupferbergbau erst vor kurzem erkannt, und in nahezu keinem Fall wurden die Kosten im Voraus richtig berechnet.

Erzbergbauunternehmen, denen Aufräumarbeiten bevorstehen, vermeiden die damit verbundenen Kosten häufig dadurch, dass sie Insolvenz anmelden und ihre Vermögenswerte auf andere Unternehmen übertragen, die von denselben Personen geleitet werden. Ein Beispiel ist die bereits in Kapitel 1 erwähnte Zortman-Landusky-Goldmine in Montana, die von dem kanadischen Unternehmen Pegasus Gold Inc. erschlossen wurde. Bei ihrer Eröffnung im Jahr 1979 war sie die erste große Goldmine in den Vereinigten Staaten, die Cyanidlaugung in offenen Gruben betrieb, und die größte Goldmine in Montana. Sie verursachte eine lange Reihe von Unfällen mit ausgetretenem Cyanid und säurehaltigen Abwässern; hinzu kam noch, dass weder die Bundesregierung noch die Regierung des Staates Montana von der Firma eine Untersuchung über abfließende Säure verlangte. Im Jahr 1992 hatten staatliche Aufseher festgestellt, dass Wasserläufe durch die Mine mit Schwermetallen und Säure verunreinigt wurden. Daraufhin erklärte Pegasus Gold sich 1995 bereit, 36 Millionen Dollar zur Befriedigung aller juristischen Ansprüche der Bundesregierung, des Staates Montana und der örtlichen Indianerstämme zu bezahlen. Im Jahr 1998 schließlich, als noch nicht einmal 15 Prozent des Minengeländes rekultiviert waren, beschlossen die Vorstandsmitglieder von Pegasus Gold für sich selbst eine Prämienzahlung von mehr als fünf Millionen Dollar, die übrigen Gewinn bringenden Vermögensgegenstände von Pegasus wurden auf die neue, von ihnen gegründete Firma Apollo Gold übertragen, und dann meldeten sie für Pegasus Gold Insolvenz an. (Wie die meisten Vorstände von Bergbauunternehmen, so wohnten auch die von Pegasus Gold nicht im Wassereinzugsgebiet der Zortman-Landusky-Mine; sie waren ein Beispiel für eine Elite, die sich wie in Kapitel 14 erörtert von den Folgen ihrer Handlungen abschottete.) Staats- und Bundesregierung beschlossen daraufhin einen Rekultivierungsplan, der mit Kosten von 52 Millionen Dollar verbunden war; 30 Millionen davon stammten aus der 36-Millionen-Zahlung von Pegasus, 22 Millionen jedoch mussten die Steuerzahler übernehmen. Dennoch umfasst der Rekultivierungsplan nicht den Aufwand für die dauerhafte Wasseraufbereitung, die den Steuerzahler noch weitaus mehr kosten wird. Wie sich herausstellte, gehörten fünf der 13 großen Erzminen in Montana der insolventen Pegasus Gold Inc.; darunter waren vier (einschließlich der Zortman-Landusky-Mine), die Cyanidlaugung in offenen Gruben betrieben. Die Abwässer von zehn großen Minen wird man auf unabsehbare Zeit behandeln müssen, was die Kosten für ihre Schließung und Rekultivierung auf das Hundertfache der ursprünglich geschätzten Beträge steigen lässt.

Noch teurer war für die Steuerzahler der Bankrott einer weiteren Goldmine, die ebenfalls Cyanidlaugung betrieb und in kanadischem Besitz war. Die Summitville Mine der Firma Galactic Resources lag in einer Gebirgsgegend von Colorado, wo jedes Jahr mehr als zehn Meter Schnee fallen. Im Jahr 1992, acht Jahre nachdem der Bundesstaat Colorado die Betriebsgenehmigung an Galactic Resources erteilt hatte, erklärte sich die Firma für insolvent und schloss die Mine mit einer Vorlaufzeit von noch nicht einmal einer Woche. Zurück blieben eine hohe, nicht beglichene Steuerschuld, arbeitslose Mitarbeiter, nicht umgesetzte Umweltschutzmaßnahmen und eine aufgegebene Erzgrube. Nachdem einige Monate später der winterliche Schneefall eingesetzt hatte, flossen die Laugungsgruben über, und das Cyanid tötete in einem 30 Kilometer langen Abschnitt des Alamosa River alles Leben. Dann stellte sich heraus, dass der Staat Colorado von Galactic Resources als Bedingung für die Erteilung der Betriebsgenehmigung nur eine Sicherheitsleistung von 4,5 Millionen Dollar verlangt hatte; die Beseitigung der Umweltschäden sollte jedoch 180 Millionen kosten. 28 Millionen erhielt die Staatskasse im Rahmen der Insolvenzabwicklung, die restlichen 147,5 Millionen trugen die Steuerzahler auf dem Weg über die Umweltschutzbehörde.

Aufgrund solcher Erfahrungen gingen die US-Staaten und die Bundesregierung der Vereinigten Staaten dazu über, von den Erzbergbauunternehmen im Voraus finanzielle Sicherheitsleistungen zu verlangen, damit für Aufräumarbeiten und Rekultivierung genügend Geld zur Verfügung steht, falls das Unternehmen selbst nicht willens oder finanziell nicht in der Lage ist, diese Maßnahmen zu bezahlen. Die Versicherungssummen richten sich dabei aber leider in der Regel nach den Kosten, die von den Unternehmen selbst geschätzt werden, denn den staatlichen Behörden fehlen Zeit, Kenntnisse und genaue Pläne über die technischen Einrichtungen der Mine, sodass sie keine eigenen Schätzungen vornehmen können. In den vielen Fällen, in denen Unternehmen selbst die Umwelt nicht in Ordnung brachten, sodass die Behörden auf die Sicherheitsleistung zurückgreifen mussten, erwiesen sich die tatsächlichen Kosten für die Aufräumarbeiten um bis zu 100-mal höher, als das Unternehmen geschätzt hatte. Das ist nicht verwunderlich: Die Firmen selbst setzen ihre Schätzungen regelmäßig zu niedrig an, da sie weder durch finanzielle Anreize noch durch gesetzliche Vorschriften veranlasst werden, die richtigen Beträge anzugeben. Die Sicherheitsleistung kann in drei Formen gestellt werden: Durch Hinterlegung einer Geldsumme oder Kreditzusagen – die sicherste Form; durch eine Schuldverschreibung, die eine Versicherungsgesellschaft dem Bergbauunternehmen gegen eine jährliche Prämie ausstellt; oder durch eine »Selbstgarantie«, das heißt, das Unternehmen sagt auf Treu und Glauben zu, dass es am Ende aufräumen wird und dass diese Zusage durch seine Vermögenswerte abgesichert ist. Da solche Zusagen aber häufig nicht eingehalten wurden, erwiesen sich die Selbstgarantien als wertlos, und heute werden sie für Minen auf bundeseigenen Grundflächen nicht mehr akzeptiert; in Arizona und Nevada jedoch, den bergbaufreundlichsten Bundesstaaten, machen sie immer noch den größten Teil der Sicherheitsleistungen aus.

Derzeit tragen die US-Steuerzahler Verbindlichkeiten von zwölf Milliarden Dollar für Aufräumarbeiten und Rekultivierung von Erzminen. Warum sind die Verbindlichkeiten so hoch, obwohl die Behörden doch angeblich finanzielle Sicherheitsleistungen für die Aufräumarbeiten fordern? Zum Teil ergeben sich die Probleme aus dem gerade erwähnten Grund, dass die Höhe der Sicherheitsleistung von den Unternehmen zu niedrig geschätzt wird, und die beiden Staaten mit den höchsten Kosten für die Staatskasse (Arizona und Nevada) nehmen Selbstgarantien der Firmen an, sodass keine Schuldverschreibungen erforderlich sind. Selbst wenn eine echte, aber zu niedrig angesetzte Schuldverschreibung eines Versicherungsunternehmens existiert, kommen auf die Steuerzahler weitere Kosten zu – die Gründe kennt jeder, der schon einmal versucht hat, Versicherungsleistungen für die hohen Schäden nach einem Wohnungsbrand zu erhalten. Die Versicherungsunternehmen vermindern den Auszahlungsbetrag regelmäßig im Rahmen von »Verhandlungen«, wie sie beschönigend genannt werden: »Wenn Ihnen unser vermindertes Angebot nicht gefällt, können Sie gerne größeren Aufwand betreiben, Anwälte beauftragen und fünf Jahre warten, bis Gerichte über den Fall entschieden haben.« (Einer meiner Bekannten, dessen Haus einmal abbrannte, erlebte mit solchen Verhandlungen ein Jahr lang die reine Hölle.) Außerdem zahlt das Versicherungsunternehmen die garantierte oder ausgehandelte Summe erst im Lauf der Jahre aus, in denen die Aufräum- und Rekultivierungsarbeiten durchgeführt werden, aber für die unausweichlichen Kostensteigerungen, die in dieser Zeit eintreten, enthält die Schuldverschreibung keine Klausel. Des Weiteren melden nicht nur Bergbauunternehmen, sondern auch Versicherungen manchmal angesichts großer Verbindlichkeiten Konkurs an. Von den Minen, welche die Staatskasse in den Vereinigten Staaten mit den zehn größten Beträgen belasten (ungefähr die Hälfte der Gesamtsumme von 12 Milliarden Dollar), gehören zwei einem Unternehmen, das am Rande des Konkurses steht (ASARCO, Verbindlichkeiten ungefähr eine Milliarde Dollar), in sechs anderen Fällen haben sich die Eignerfirmen als besonders widerspenstig bei der Erfüllung ihrer Verpflichtungen erwiesen, nur zwei gehören weniger widerwilligen Unternehmen, und alle zehn Minen geben vermutlich Säure ab, sodass ihre Abwässer auf sehr lange Zeit oder vielleicht für immer aufbereitet werden müssen.

Nachdem so viele offene Rechnungen am Steuerzahler hängen bleiben, ist es nicht verwunderlich, dass die Stimmung der Öffentlichkeit sich in Montana und einigen anderen Bundesstaaten mittlerweile gegen die Bergbauindustrie gewendet hat. Der Erzbergbau sieht in den Vereinigten Staaten einer düsteren Zukunft entgegen; Ausnahmen bilden nur die Goldminen in Nevada mit seinen wenigen staatlichen Vorschriften und die Platin / Palladiumminen in Montana (ein Sonderfall, auf den ich noch zurückkommen werde). Heute bereiten sich in allen amerikanischen Hochschulen nur noch 578 Studienanfänger auf den Beruf des Bergbauingenieurs vor, ein Viertel der Zahl aus dem Jahr 1938, und das, obwohl die Gesamtzahl der Studenten in der Zwischenzeit explosionsartig gewachsen ist. Seit 1995 hat sich der öffentliche Widerstand gegen die Planung neuer Minen in den Vereinigten Staaten zunehmend als erfolgreich erwiesen, und die Bergbauindustrie kann nicht mehr darauf zählen, dass Lobbyisten und freundliche Gesetzgeber ihre Interessen vertreten. Der Erzbergbau ist ein Musterbeispiel für eine Branche, die kurzfristig ihren eigenen Interessen höhere Priorität eingeräumt hat als dem Interesse der Öffentlichkeit, sich damit aber auf lange Sicht selbst schadet und die ganze Branche in den Niedergang treibt.

Auf den ersten Blick kommt dieses traurige Ergebnis überraschend. Wie die Ölbranche, so könnte auch der Erzbergbau von umweltfreundlichen Methoden profitieren: Die Arbeitskosten wären geringer (weniger Fluktuation und geringerer Krankenstand), weil die Mitarbeiter mit ihrer Tätigkeit zufriedener sind, die Gesundheitskosten würden sinken, Bankdarlehen und Versicherungen wären billiger, die Akzeptanz im Umfeld wäre höher, es bestünde eine geringere Gefahr, dass die Öffentlichkeit neue Projekte blockiert, und der Einsatz neuester umweltfreundlicher Technologie zu Beginn eines Projekts wäre billiger, als wenn man alte Anlagen aufgrund neuer Umweltschutzauflagen nachrüsten muss. Wie kam es, dass die Erzbergbaubranche sich selbst auf diese Weise schadete, insbesondere angesichts einer Öl- und Kohlebranche, die vor ähnlichen Problemen standen, ohne sich aber in den Ruin zu treiben? Die Antwort liegt in den drei Faktoren, die ich zuvor bereits erwähnt habe: wirtschaftliche Verhältnisse, Einstellung der Verantwortlichen in den Betrieben und Einstellung der Gesellschaft.

Dass die Kosten umweltfreundlicher Aufräumarbeiten für Erzbergbauunternehmen schwieriger zu schultern sind als für Ölkonzerne (oder auch für die Kohleindustrie), liegt an mehreren wirtschaftlichen Faktoren: geringere Gewinnspannen, unberechenbare Gewinne, höhere Aufräumkosten, schlimmere, langfristigere Verschmutzung, geringere Möglichkeiten, die Kosten an den Verbraucher weiterzugeben, geringeres Kapital zum Auffangen der Kosten, anderes Profil bei den Arbeitskräften. Zunächst einmal werfen zwar manche Bergbauunternehmen höhere Gewinne ab als andere, insgesamt arbeitet die Branche aber mit so geringen Gewinnspannen, dass die Durchschnittsrendite in den letzten 25 Jahren nicht einmal die Kapitalkosten gedeckt hat. Oder anders ausgedrückt: Wenn ein Bergbaumanager im Jahr 1979 einen Betrag von 1000 Dollar übrig hatte und investierte, wäre diese Investition bis 2000 nur auf 2220 Dollar angewachsen, wenn er sie in Stahlaktien gesteckt hätte; eine Investition in andere Metallaktien außer Eisen und Stahl hätten nur 1530 Dollar eingebracht, bei Goldminen wären es nur 590 Dollar, was selbst ohne Berücksichtigung der Inflation einem Verlust entspricht, bei Investitionen in einen durchschnittlichen Fonds jedoch wären 9320 Dollar daraus geworden. Wenn man im Bergbau tätig ist, lohnt es also nicht, in die eigene Branche zu investieren!

Aber selbst diese mittelmäßigen Gewinne sind sowohl auf der Ebene der einzelnen Mine als auch für die gesamte Branche unberechenbar. Ein einzelnes Ölbohrloch auf einem ausgewiesenen Ölfeld kann zwar austrocknen, Reserven und Ölqualität eines ganzen Feldes lassen sich jedoch häufig im Voraus relativ zuverlässig voraussagen. Dagegen ändert sich die Qualität (das heißt der Metallgehalt und damit die Gewinnmarge) von Metallerz innerhalb einer Lagerstätte häufig auf unberechenbare Weise. Die Hälfte aller Minen, die heute erschlossen werden, erweisen sich als Verlustbringer. Auch der Durchschnittsgewinn im gesamten Erzbergbau ist nicht vorhersehbar: Die Weltmarktpreise für Metalle sind berüchtigten Schwankungen unterworfen und verändern sich viel stärker als die Öl- und Kohlepreise. Diese Volatilität hat vielfältige Gründe: Metalle haben ein kleineres Volumen und werden in geringeren Mengen verbraucht als Öl oder Kohle (wodurch Metalle leichter zu lagern sind); allgemein herrscht die Vorstellung, dass Öl und Kohle immer gebraucht werden, während Gold und Silber ein Luxus sind, auf den man in einer Rezession verzichten kann; und die Schwankungen des Goldpreises sind auf Faktoren zurückzuführen, die nichts mit dem Angebot und der industriellen Nachfrage für Gold zu tun haben – sie werden durch Spekulanten verursacht, die Gold kaufen, wenn sie am Aktienmarkt nervös werden, und durch Regierungen, die ihre Goldreserven verkaufen.

Weiterhin produzieren Erzminen wesentlich mehr Abfälle als Ölfelder, und entsprechend höher sind die Aufräumkosten. Bei den Abfallstoffen, die aus einem Ölbohrloch nach oben gepumpt werden und entsorgt werden müssen, handelt es sich zum größten Teil nur um Wasser, das ungefähr zu gleichen Teilen mit Öl vermischt ist. Gäbe es nicht die Zufahrtsstraßen und gelegentlich eine Ölpest, würden Öl- und Gasgewinnung sich auf die Umwelt kaum auswirken. Dagegen enthalten Erze nur einen sehr kleinen Anteil an Metall, und das Erz stellt wiederum nur einen kleinen Anteil des Gesteins dar, das man abtragen muss, um das Metall zu gewinnen. Das Verhältnis von Abraum zu Metall beträgt deshalb bei einer Kupfermine im Durchschnitt 400 zu 1 und bei einer Goldmine 5 Millionen zu 1. Entsprechend viel Abfall müssen die Bergbauunternehmen entsorgen.

Die Umweltverschmutzung, die der Erzbergbau verursacht, ist heimtückischer und hält länger an als die von der Ölindustrie verursachten Schäden. Bei den Problemen, die vom Öl ausgehen, handelt es sich in der Regel um eine plötzliche, gut sichtbare Ölpest, und solche Zwischenfälle konnte man durch verbesserte Konstruktion (beispielsweise doppelwandige Tanker anstelle der Schiffe mit einfacher Rumpfwand), sorgfältige Instandhaltung und regelmäßige Überprüfung der entsprechenden Anlagen in vielen Fällen verhüten. Wenn es heute noch zu einer Ölpest kommt, dann meist durch menschliches Versagen (wie im Fall der *Exxon Valdez*-Katastrophe), und diese Gefahr wiederum lässt sich durch strenge Ausbildung vermindern. Eine Ölpest lässt sich in der Regel innerhalb weniger Jahre oder sogar noch kürzerer Zeit beseitigen, und Öl wird auf natürlichem Weg abgebaut. Auch von Erzminen gehen manchmal ganz plötzlich deutlich erkennbare Umweltprobleme aus, beispielsweise wenn auf einmal zahlreiche Fische oder Vögel ums Leben kommen (wie bei der Summitville-Mine, wo Cyanidlauge überfloss und ein Fischsterben verursachte). In den meisten Fällen werden aber ständig kleine Mengen giftiger, unsichtbarer Metalle und Säuren frei, die in der Natur nicht abgebaut werden, jahrhundertelang erhalten bleiben und keine plötzlichen Leichenberge hinterlassen, sondern dauerhaft geschwächte Menschen. Abwasserdämme und andere technische Sicherheitsvorkehrungen leiden bis heute an einer hohen Versagensquote.

Öl ist wie Kohle ein Massengut, das wir sehen können. An der Zapfsäule können wir ablesen, wie viele Liter wir gerade gekauft haben. Wir wissen, wozu wir es brauchen, wir halten es für unentbehrlich, wir haben erlebt, wie unangenehm eine Ölknappheit sein kann, wir haben Angst, dass sie irgendwann wieder eintritt, wir sind dankbar, dass wir überhaupt Benzin für unsere Autos haben, und wir murren nicht allzu laut, wenn wir dafür höhere Preise bezahlen müssen. Deshalb konnte die Öl- und Kohleindustrie ihre Kosten für Umweltschutzmaßnahmen auf die Verbraucher abwälzen. Metalle werden mit Ausnahme des Eisens (das als Stahl verwendet wird) vorwiegend für unsichtbare kleine Teile im Innenleben unserer Autos, Telefone und anderer Gerätschaften gebraucht. (Wer kann schon schnell und ohne im Lexikon nachzusehen folgende Frage beantworten: Wozu brauchen wir Kupfer und Palladium, und wie viel Gramm dieser beiden Metalle waren in den Gegenständen enthalten, die wir letztes Jahr gekauft haben?) Wenn aufwendige Umweltschutzmaßnahmen im Kupfer- und Palladiumbergbau die Autopreise steigen lassen, können wir uns nicht sagen: »Na gut, ich zahle ein paar Euro pro Kilo Kupfer und Palladium mehr, solange ich mir dieses Jahr noch ein neues Auto leisten kann.« Stattdessen sehen wir uns nach einem günstigeren Autoangebot um. Das wissen die Kupfer- und Palladiumgroßhändler sowie die Autohersteller ganz genau, und so üben sie Druck auf die Bergbauunternehmen aus, damit die Preise niedrig bleiben. Deshalb fällt es jedem Bergbauunternehmen schwer, seine umweltbedingten Kosten weiterzugeben.

Die Bergbauunternehmen besitzen im Vergleich zu den Ölkonzernen sehr viel weniger Kapital, mit dem sie die Kosten für Aufräumarbeiten auffangen könnten. Beide Branchen haben mit Altlasten zu kämpfen: Sie müssen Kosten tragen, die in mehr als einem Jahrhundert durch ökologisch schädliche Verfahren entstanden sind, bevor in jüngerer Zeit das Umweltbewusstsein gewachsen ist. Andererseits lag aber die gesamte Kapitalisierung der Bergbauindustrie im Jahr 2001 nur bei rund 200 Milliarden Euro, und die drei größten Unternehmen (Alcoa, BHP und Rio Tinto) hatten jeweils ein Kapital von nur etwa 20 Milliarden. Dagegen betrug die Kapitalisierung in anderen Branchen – Wal-Mart Store, Microsoft, Cisco, Pfizer, Citigroup, Exxon, Mobil und andere – für jedes einzelne Unternehmen etwa 200 Milliarden Euro, und General Electric allein hat eine Kapitalisierung von 380 Milliarden, fast das Doppelte der gesamten Bergbaubranche. Deshalb sind Altlasten für den Erzbergbau im Verhältnis eine wesentlich größere Belastung als für die Ölindustrie. Phelbs-Dodge beispielsweise, das größte heute noch existierenden US-Erzbergbauunternehmen, ist im Zusammenhang mit der Schließung und Rekultivierung von Minen mit Kosten von zwei Milliarden Dollar konfrontiert, was seiner gesamten Marktkapitalisierung entspricht. Alle Vermögenswerte des Unternehmens zusammen summieren sich nur auf rund acht Milliarden Dollar, und die meisten dieser Vermögenswerte befinden sich in Chile, sodass sie zur Begleichung von Kosten in Nordamerika nicht verwendet werden können. Der Ölkonzern ARCO dagegen, der mit dem Kauf der Anaconda Mining Company auch Verbindlichkeiten von mindestens einer Milliarde Dollar für die Kupferminen von Butte übernahm, verfügt allein in Nordamerika über Vermögenswerte von mehr als 20 Milliarden Dollar. Allein diese grausame ökonomische Wirklichkeit erklärt bereits zu einem großen Teil, warum Phelbs-Dodge sich mit der Rekultivierung von Minen viel schwerer tut als ARCO.

Dass es für Bergbauunternehmen viel schwieriger ist als für Ölkonzerne, die Kosten für Aufräumarbeiten zu schultern, hat also zahlreiche wirtschaftliche Gründe. Auf kurze Sicht ist es für ein Bergbauunternehmen viel billiger, wenn es Lobbyisten dafür bezahlt, dass diese auf lockere gesetzliche Vorschriften drängen. Betrachtet man die Einstellungen der Gesellschaft sowie die bisher vorhandenen Gesetze und Vorschriften, hat sich diese Strategie ausgezahlt – jedenfalls bis vor kurzer Zeit.

Verstärkt wurden die wirtschaftlichen Widerstände durch Einstellungen und eine Unternehmenskultur, die sich traditionell mit dem Erzbergbau verbinden. In der Geschichte der Vereinigten Staaten – und ganz ähnlich auch in Südafrika und Australien – förderte die Regierung den Bergbau, weil sie damit die Besiedlung des Westens voranbringen wollte. Deshalb entwickelte sich der Bergbau in den Vereinigten Staaten vor dem Hintergrund einer überzogenen Selbstgerechtigkeit: Man sah sich als Retter des Westens und glaubte sich über Vorschriften hinwegsetzen zu können – ein typisches Beispiel für das im vorangegangenen Kapitel erörterte Problem der Wertvorstellungen, die ihre Nützlichkeit verloren haben. Wenn Bergbaumanager von Umweltschützern kritisiert werden, halten sie lange Predigten darüber, dass die Zivilisation ohne Bergbau unmöglich wäre und dass strengere Vorschriften weniger Bergbau und weniger Zivilisation nach sich ziehen würden. Aber Zivilisation, wie wir sie kennen, wäre auch ohne Öl, landwirtschaftlich produzierte Lebensmittel, Holz oder Bücher unmöglich, und doch hängen Ölmanager, Bauern, Holzunternehmen und Buchverlage nicht dem geradezu religiösen Fundamentalismus der Bergbaumanager an: »Gott hatte diese Metalle hierher gelegt, damit sie abgebaut werden und der Menschheit nützen.« Der CEO und die meisten Spitzenmanager eines großen amerikanischen Bergbauunternehmens gehören einer Kirche an, nach deren Lehre Gott bald wieder auf Erden erscheinen wird. Demnach, so glauben sie, müsse man die Rekultivierung nur noch fünf oder zehn Jahre hinausschieben, dann werde sie ohnehin keine Rolle mehr spielen. Meine Bekannten in der Bergbauindustrie haben die derzeitigen Einstellungen mit zahlreichen farbigen Formulierungen beschrieben: »Greif-und-Klau-Einstellung«, »Mentalität von Räuberbaronen«, »der wilde, heldenhafte Kampf des Menschen gegen die Natur«, »die konservativsten Geschäftsleute, die mir begegnet sind«, und »die Einstellung von Spekulanten, dass die Mine dazu da ist, damit die Manager würfeln und sich persönlich bereichern können, wenn sie wieder einmal auf eine Erzader stoßen, statt des Mottos der Ölkonzerne, die Vermögenswerte für die Aktionäre zu stärken«. Behauptungen, es gebe in den Minen Giftmüllprobleme, werden von der Branche regelmäßig geleugnet. In der Ölindustrie würde heute niemand mehr abstreiten, dass ausgetretenes Öl schädlich ist, Bergbaumanager dagegen leugnen die Schäden durch ausgetretene Metalle und Säuren.

Als dritter Faktor neben wirtschaftlichen Gründen und den Einstellungen der Verantwortlichen steht hinter der ökologischen Praxis der Bergbauunternehmen auch die Haltung von Behörden und Gesellschaft: Sie gestatten es der Branche, ihre eigenen Einstellungen beizubehalten. Im Grundsatz wird der Bergbau in den Vereinigten Staaten immer noch durch den 1872 verabschiedeten General Mining Act geregelt. Dieses Gesetz sieht massive Subventionen für Bergbauunternehmen vor: Bodenschätze im Wert von einer Milliarde Dollar dürfen kostenlos auf staatseigenem Land abgebaut werden, in manchen Fällen gestattet es die unbegrenzte Nutzung öffentlicher Flächen zur Abfallentsorgung und weitere Subventionen, die den Steuerzahler jedes Jahr eine viertel Milliarde Dollar kosten. Die detaillierten »3809 Regeln«, die 1980 von der Bundesregierung aufgestellt wurden, verlangen von den Bergbauunternehmen keine finanzielle Absicherung der Aufräumkosten, und auch für Rekultivierung und Schließung von Minen gibt es keine genauen Definitionen. Im Jahr 2000 schlug die scheidende Clinton-Regierung neue Vorschriften für den Bergbau vor, die diese beiden Ziele verfolgten und gleichzeitig die Selbstgarantie der Unternehmen als finanzielle Absicherung ausschlossen. Im Oktober 2001 jedoch gab die Bush-Administration mit einem Gesetzentwurf fast alle diese Vorschläge wieder auf; erhalten blieb nur die Forderung nach finanzieller Absicherung, und die war ohnehin bedeutungslos, weil die Kosten für Aufräumarbeiten und Rekultivierung, die durch die Versicherung abgedeckt werden sollten, nicht genau definiert waren.

Nur in seltenen Fällen ist es unserer Gesellschaft gelungen, die Bergbauindustrie wirksam für Schäden zur Rechenschaft zu ziehen. Es fehlt an Gesetzen, Behördenpraxis und politischem Willen, um die Spitzbuben im Bergbau zu verfolgen. Die Regierung des Bundesstaates Montana war lange Zeit berüchtigt für ihre nachgiebige Haltung gegenüber den Bergbaulobbyisten, und für die Regierungen von Arizona und Nevada gilt das noch heute. Der Bundesstaat New Mexico schätzte die Kosten für die Rekultivierung der Chino-Kupfermine, die der Phelbs-Dodge Corporation gehört, auf rund 780 Millionen Dollar, aber nach politischem Druck des Unternehmens wurde die Schätzung auf 391 Millionen korrigiert. Wenn Öffentlichkeit und Regierungen derart wenig Forderungen an die Bergbauindustrie stellen, brauchen wir uns nicht zu wundern, dass diese Industrie freiwillig so wenig unternimmt.

Bisher habe ich mit meinem Bericht über den Erzbergbau vielleicht den falschen Eindruck erweckt, als sei die Branche in ihren Einstellungen ein einheitlicher Block. Das stimmt natürlich nicht, und wenn man untersucht, warum manche Bergbaukonzerne und ähnliche Unternehmen sich mittlerweile umweltfreundlicher verhalten oder zumindest darüber nachdenken, gewinnt man interessante Aufschlüsse. Ein halbes Dutzend solcher Fälle möchte ich kurz erwähnen: den Kohlebergbau, die Betriebe der Anaconda Copper Company in Montana und ihren derzeitigen Zustand, die Platin- und Palladiumminen in Montana, die neue Initiative der MMSD sowie die Unternehmen Rio Tinto und du Pont.

Der Kohlebergbau ähnelt dem Erzbergbau auf den ersten Blick sogar noch stärker als die Ölindustrie, denn er zieht ebenfalls zwangsläufig schwere ökologische Auswirkungen nach sich. Kohlegruben hinterlassen in der Regel noch stärkere Verwüstungen als Erzminen, denn im Vergleich zu diesen werden jedes Jahr gewaltige Kohlemengen abgebaut: Sie sind mehr als dreimal so groß wie alle in Erzminen gewonnenen Metalle zusammen. Deshalb beeinträchtigen Kohlegruben in der Regel größere Flächen, und in manchen Fällen wird der Boden bis auf das Muttergestein abgetragen, oder ganze Berge werden in die Flüsse gespült. Andererseits liegt die Kohle in sauberen, bis zu drei Meter dicken Flözen vor, die sich über mehrere Kilometer erstrecken, sodass das Verhältnis von Abraum zu gewonnenem Produkt in Bergwerken nur ungefähr bei 1 zu 1 liegt, ganz im Gegensatz zu den bereits erwähnten Zahlen von 400 zu 1 bei einer Kupfermine und 5 Millionen zu 1 bei Goldbergwerken.

In den Vereinigten Staaten wirkte die Katastrophe in der Kohlegrube von Buffalo Creek 1972 auf ganz ähnliche Weise als Warnsignal wie die Unfälle mit der *Exxon Valdez* und der Ölplattform in der Nordsee für die Ölindustrie. Der Erzbergbau war zwar auch in der Dritten Welt für eine ganze Reihe von Umweltkatastrophen verantwortlich, aber diese ereigneten sich weit weg von der Öffentlichkeit der Industrieländer, sodass sie bei weitem nicht als so große Warnzeichen wahrgenommen wurden. Angeregt durch den Zwischenfall von Buffalo Creek, verabschiedete die US-Bundesregierung in den siebziger und achtziger Jahren des 20. Jahrhunderts für den Kohlebergbau strengere Vorschriften als für den Erzbergbau, und dies schloss auch strengere Bedingungen für Betriebspläne und finanzielle Absicherung ein.

Anfangs prophezeite die Kohleindustrie, es werde aufgrund dieser staatlichen Maßnahmen in der Branche zu einer Katastrophe kommen, aber 20 Jahre später sind solche Unkenrufe vergessen, und im Kohlebergbau hat man gelernt, mit den neuen Vorschriften zu leben. (Das bedeutet natürlich nicht, dass die Branche nun tugendhafter wäre; sie unterliegt nur strengeren Vorschriften als vor 20 Jahren.) Dies hat unter anderem damit zu tun, dass viele (aber natürlich nicht alle) Kohlegruben nicht im hübschen Gebirge von Montana liegen, sondern in flachen Regionen, die aus anderen Gründen nicht sonderlich geschätzt werden, sodass die Rekultivierung wirtschaftlich einfacher ist. Im Gegensatz zum Erzbergbau werden Kohlegruben heute häufig bereits innerhalb der ersten ein bis zwei Jahre nach Einstellung des Betriebs rekultiviert. Ein anderer Grund dürfte darin liegen, dass Kohle (wie Öl, aber anders als Gold) in unserer Gesellschaft als unentbehrlich gilt. Wozu Kohle und Öl genutzt werden, weiß jeder, aber nur den wenigsten ist bekannt, wozu Kupfer eigentlich dient; deshalb konnte die Kohleindustrie ihre gestiegenen Umweltschutzkosten leichter auf die Verbraucher abwälzen.

Ein weiterer Faktor, der zu den Reaktionen der Kohleindustrie beitrug, sind die in der Regel kurzen, transparenten Lieferketten: Kohle wird meist direkt oder über einen Zwischenhändler an die Elektrizitätswerke, Stahlwerke und andere Großverbraucher geliefert. Deshalb kann die Öffentlichkeit leicht feststellen, ob ein bestimmter Verbraucher seine Kohle von einem umweltfreundlichen oder ökologisch bedenklichen Bergbauunternehmen bezieht. Beim Öl ist die Handelskette, was die Zahl der beteiligten Unternehmen angeht, sogar noch kürzer, auch wenn die geographischen Entfernungen häufig groß sind: Ölkonzerne wie Chevron-Texaco, Exxon Mobil, Shell und BP verkaufen ihr Benzin an eigenen Tankstellen, sodass die Verbraucher, die über die *Exxon Valdez*-Katastrophe empört waren, Exxon-Zapfsäulen boykottieren konnten. Gold dagegen gelangt aus der Mine über eine lange Kette von Zwischenstationen zum Verbraucher: Raffinerien, Lagerhäuser, Schmuckhersteller in Indien und europäische Großhändler wirken daran mit, dass es in das Juwelier-Einzelhandelsgeschäft gelangt. Man braucht sich nur den eigenen Ehering anzusehen: In der Regel haben wir nicht die leiseste Ahnung, woher das Gold stammt, ob es letztes Jahr abgebaut wurde oder schon seit 20 Jahren gelagert war, welches Unternehmen es abgebaut hat und welche Umweltbilanz dieses Unternehmen vorzuweisen hat. Noch weniger durchschaubar sind die Verhältnisse beim Kupfer: Hier kommt als zusätzliche Station die Kupferschmelze hinzu, und wenn wir ein Auto oder ein Telefon kaufen, ist uns nicht einmal klar, dass wir damit auch ein wenig Kupfer erwerben. Wegen der langen Handelskette können Unternehmen des Kupfer- und Goldbergbaus nicht darauf zählen, dass die Verbraucher bereit wären, für umweltfreundlichen Abbau höhere Preise zu bezahlen.

Unter allen Minen, die in Montana eine Altlast von Umweltschäden mit sich herumschleppen, sind die Betriebe der früheren Anaconda Copper Company rund um Butte und flussabwärts davon mit der Begleichung ihrer Rekultivierungskosten bereits am weitesten vorangekommen. Das hat einen einfachen Grund: Anaconda wurde von dem Ölkonzern ARCO aufgekauft, der seinerseits von dem noch größeren britischen Unternehmen BP (British Petroleum) geschluckt wurde. Die Folgen machen besonders gut deutlich, welche unterschiedlichen Einstellungen Erzbergbau und Ölindustrie gegenüber ökologischen Schäden haben: Es handelt sich hier um die gleichen Bergbaubetriebe, aber um unterschiedliche Eigentümer. Als ARCO und später BP bemerkten, welche Altlasten sie übernommen hatten, gelangten sie zu dem Schluss, dass sie die Probleme im eigenen Interesse lieber hinter sich bringen sollten, anstatt jede Verantwortung zu leugnen. Damit will ich nicht sagen, dass ARCO und BP begeistert darüber gewesen wären, ihren Verpflichtungen nachzukommen und Hunderte von Millionen Dollar auszugeben. Sie versuchten es mit der üblichen Hinhaltetaktik, leugneten nachgewiesene schädliche Auswirkungen, finanzierten »Bürgerinitiativen«, die ihre Positionen vertraten, schlugen preisgünstigere Lösungen vor als die Behörden, und so weiter. Aber am Ende wendeten sie große Geldsummen auf; sie haben sich damit abgefunden, noch mehr auszugeben, sie sind viel zu groß, als dass sie nur wegen ihrer Minen in Montana Konkurs anmelden könnten, und sie haben ein Interesse daran, die Probleme ein für alle Mal zu lösen, statt sie ständig vor sich herzuschieben.

Der zweite kleine Lichtblick im Bild des Bergbaus von Montana sind die beiden Minen für Platin und Palladium, die der Stillwater Mining Company gehören: Sie trafen Nachbarschaftsabkommen mit örtlichen Umweltschutzgruppen (die einzigen derartigen Abkommen, die irgendein Bergbauunternehmen in den Vereinigten Staaten schließen konnte), unterstützten diese Gruppen finanziell, gewährten ihnen freien Zutritt zu ihren Betrieben und forderten die Umweltschutzorganisation Trout Unlimited (zu deren eigenem Erstaunen) sogar auf, die Auswirkungen des Bergbaus auf die Forellenbestände im Boulder River zu überwachen. Außerdem trafen sie langfristige Übereinkommen mit den Gemeinden in der Umgebung im Hinblick auf Arbeitsplätze, Stromversorgung, Schulen und städtische Dienstleistungen – als Gegenleistung dafür, dass Umweltschutzgruppen und die Bürger aus der Umgebung sich nicht gegen Stillwater stellten. Wie können wir die erstaunliche Tatsache erklären, dass Stillwater sich als einziges Bergbauunternehmen in Montana zu einer solchen Handlungsweise entschloss?

Dazu trugen mehrere Faktoren bei. Stillwater baut Bodenschätze von einzigartigem Wert ab: Das Unternehmen besitzt die einzigen primären Lagerstätten für Platin und Palladium (Metalle, die im Autobau und in der chemischen Industrie in großem Umfang verwendet werden) außerhalb Südafrikas. Die Lagerstätten sind so groß, dass sie den Vorausberechnungen zufolge noch mindestens 100 Jahre lang genutzt werden können, vermutlich sogar noch viel länger; dies begünstigt eine langfristige Sichtweise gegenüber der üblichen Raubbauhaltung. Die Mine liegt unter der Erde und verursacht an der Oberfläche weniger Beeinträchtigungen als ein Tagebau. Das Erz enthält relativ wenig Sulfid, und ein großer Teil dieser schwefelhaltigen Beimischung wird mit dem Produkt abgetrennt. Deshalb entsteht weniger Säure, die entsorgt werden muss, und die Beseitigung von Umweltschäden ist nicht so teuer wie in den Kupfer- und Goldminen von Montana. Im Jahr 1999 trat mit Bill Nettles ein neuer CEO an die Spitze des Unternehmens, der nicht aus dem traditionellen Bergbaugeschäft kam, sondern aus der Autoindustrie (dem größten Abnehmer für die Produkte der Mine) und deshalb auch nicht die üblichen Haltungen der Bergbaubranche vertrat. Er erkannte, dass der Bergbau ein entsetzliches öffentliches Image hatte, und war bestrebt, neue langfristige Lösungen zu finden. Und im Jahr 2000, als die Manager von Stillwater einige der zuvor erwähnten Abmachungen trafen, fürchteten sie außerdem, der umweltfreundliche Al Gore werde die Präsidentschaftswahl gewinnen und bei der Gouverneurswahl von Montana werde ein wirtschaftsfeindlicher Kandidat den Sieg davontragen. Deshalb schienen ihnen die Nachbarschaftsabkommen die besten Aussichten auf eine stabile Zukunft zu bieten. Mit anderen Worten: Die Manager von Stillwater taten das, was nach ihrer eigenen Einschätzung dem Interesse des Unternehmens am besten diente, und handelten Nachbarschaftsabkommen aus. Die meisten anderen großen amerikanischen Bergbauunternehmen dagegen schätzen ihre Interessenlage ganz anders ein: Sie leugnen Verantwortlichkeiten, gehen mit Hilfe bezahlter Lobbyisten gegen staatliche Vorschriften vor, und wenn nichts anderes mehr hilft, melden sie Konkurs an.

Dennoch zeigten sich 1998 einige Spitzenmanager aus den größten internationalen Bergbaukonzernen beunruhigt, ihre Branche könne weltweit »die gesellschaftliche Betriebserlaubnis verlieren«, wie es formuliert wurde. Sie gründeten eine Initiative, die als Mining Minerals and Sustainable Development (MMSD) bezeichnet wurde, gaben mehrere Studien über nachhaltigen Bergbau in Auftrag, setzten einen bekannten Umweltschützer (den Präsidenten der National Wildlife Foundation) als Projektleiter ein und versuchten vergeblich, auch breitere Kreise der Umweltschutzbewegung einzubeziehen. Diese lehnten allerdings ab, weil sie aus historischen Gründen eine Abscheu gegen Bergbauunternehmen empfanden. Im Jahr 2002 gelangten die Untersuchungen zu einer Reihe von Empfehlungen, aber dann lehnten es die meisten beteiligten Bergbauunternehmen leider ab, die Ratschläge umzusetzen.

Eine Ausnahme machte nur der britische Bergbaukonzern Rio Tinto: Dort entschloss man sich auf Initiative des CEO und unter dem Druck der britischen Aktionäre, einige Empfehlungen auf eigene Faust weiter zu verfolgen. Man hatte auch noch in frischer Erinnerung, welche katastrophalen finanziellen Auswirkungen ökologische Schäden für die unternehmenseigene Kupfermine Panguna in Bougainville gehabt hatten. Genau wie Chevron in den Verhandlungen mit der norwegischen Regierung, so rechnete auch Rio Tinto mit wirtschaftlichen Vorteilen, wenn das Unternehmen in Sachen gesellschaftlicher Verantwortung als Vorreiter galt. Seine Boraxmine im kalifornischen Death Valley ist heute vielleicht der umweltfreundlichste Bergbaubetrieb der Vereinigten Staaten.

Einen Gewinn hat Rio Tinto bereits eingefahren: Bei der Juwelierkette Tiffany & Co. fürchtete man, Umweltschützer könnten vor den Läden mit Transparenten demonstrieren und darauf hinweisen, dass der Goldbergbau zur Freisetzung von Cyanid und zum Fischsterben führt; deshalb legte man bei der Auswahl eines Bergbauunternehmens, mit dem man einen Vertrag über Goldlieferungen schloss, auf ökologische Erwägungen besonderen Wert. Und wegen dieses Rufes als umweltfreundliches Unternehmen entschied man sich bei Tiffany für Rio Tinto. Außerdem war man bei Tiffany teilweise durch genau die gleichen Überlegungen motiviert, die ich auch bereits als Beweggründe für Chevron Texaco erwähnt habe: Man wollte dem Markennamen einen guten Ruf verschaffen, motivierte und hoch qualifizierte Arbeitskräfte an sich binden, und die Verantwortlichen im Unternehmen waren umweltfreundlich eingestellt.

Das letzte aufschlussreiche Beispiel ist der US-Konzern Du Pont, weltweit der größte Abnehmer für metallisches Titan und Titanverbindungen, die zur Herstellung von Farben, Flugzeugtriebwerken, Hochleistungsflugzeugen, Raumfahrzeugen und anderem verwendet werden. Große Mengen Titan werden in Australien aus Sand von den Stränden gewonnen, der viel Rutil enthält – dieses Mineral ist nahezu reines Titandioxid. Du Pont ist kein Bergbauunternehmen, sondern eine Herstellerfirma, die das Rutil von australischen Bergbaukonzernen kauft. Aber auf allen Produkten, auch auf titanhaltigen Fassadenfarben, steht der Name Du Pont, und das Unternehmen möchte verhindern, dass alle seine Produkte ein schlechtes Image bekommen, nur weil die Titanlieferanten mit ökologisch schädlichen Verfahren den Zorn der Verbraucher herausfordern. Deshalb hat der Konzern in Zusammenarbeit mit Verbraucher-Interessengruppen eine Reihe von Abnahmeverträgen und Verhaltensregeln ausgearbeitet, die für alle seine Titanlieferanten in Australien gelten.

An den Beispielen Tiffany und Du Pont wird eine wichtige allgemeine Erkenntnis deutlich. Die einzelnen Verbraucher haben in ihrer Gesamtheit eine gewisse Macht über die Ölkonzerne und (in geringerem Ausmaß) auch über die Kohlebergbauunternehmen, denn die Allgemeinheit kauft Benzin unmittelbar von den Ölkonzernen und Strom von den Stromversorgern, die ihrerseits Kohle kaufen. Deshalb wissen die Verbraucher, wen sie bei einer Ölpest oder einem Unfall in einer Kohlengrube belästigen oder boykottieren können. Von den Erzbergbauunternehmen jedoch, die Mineralien gewinnen, ist der Verbraucher etliche Schritte weit entfernt, und das macht den unmittelbaren Boykott einer umweltschädlichen Erzgrube praktisch unmöglich. Im Fall des Kupfers wäre nicht einmal ein indirekter Boykott kupferhaltiger Produkte praktikabel, denn die meisten Verbraucher wissen gar nicht, welche der von ihnen gekauften Gegenstände das Metall tatsächlich in geringen Mengen enthalten. Dagegen haben die Verbraucher tatsächlich Einfluss auf Tiffany, Du Pont und andere Zwischenhändler, die Metalle einkaufen und mit ihren Fachkenntnissen in der Lage sind, umweltfreundliche und umweltfeindliche Betriebe zu unterscheiden. Wie wir noch genauer erfahren werden, ist das Verhalten der Verbraucher gegenüber den Einzelhändlern heute bereits ein sehr wirksames Mittel, mit dem die Allgemeinheit die Holz- und Fischereiindustrie in ihrem Sinne beeinflussen kann. Mittlerweile beginnen die Umweltschutzgruppen, die gleiche Taktik auch auf den Erzbergbau anzuwenden: Sie setzen sich nicht mehr mit den Unternehmen auseinander, die das Metall gewinnen, sondern mit jenen, die es kaufen.

Zumindest auf kurze Sicht verursachen Umweltschutzmaßnahmen, Aufräumarbeiten und Rekultivierung für die betroffenen Bergbauunternehmen erhebliche Kosten, ganz gleich, ob staatliche Vorschriften oder die Einstellung der Öffentlichkeit dafür sorgen, dass derartige Maßnahmen den Firmen auf lange Sicht Kosten ersparen. Wer soll für diese Kosten aufkommen? Wenn es um die Beseitigung von Schäden geht, die Bergbauunternehmen früher wegen lockerer staatlicher Vorschriften ganz legal angerichtet haben, hat die Öffentlichkeit keine andere Wahl, als selbst mit Steuermitteln dafür einzutreten, selbst wenn es uns die Galle hochtreibt, dass wir für die Hinterlassenschaften von Unternehmen aufkommen sollen, deren Direktoren sich Bonuszahlungen genehmigt und anschließend Konkurs angemeldet haben. Die praktische Frage lautet vielmehr: Wer soll für die ökologischen Kosten des Bergbaus aufkommen, der heute stattfindet oder in Zukunft stattfinden wird?

In der Praxis wirft Bergbau im Durchschnitt so wenig Gewinn ab, dass die Verbraucher sich nicht auf übermäßige Unternehmenserlöse berufen könnten, aus denen die Kosten beglichen werden sollen. Wir wollen, dass die Bergbauunternehmen ihre Schäden beseitigen, weil wir, die Öffentlichkeit, unter diesen Schäden leiden: durch nicht nutzbare, vom Bergbau verwüstete Landflächen, verunreinigtes Trinkwasser und verschmutzte Luft. Im Kohle- und Kupferbergbau richten selbst die umweltfreundlichsten Methoden noch Schäden an. Wenn wir also Kohle und Kupfer haben wollen, müssen wir die mit ihrer Gewinnung verbundenen ökologischen Kosten als gerechtfertigten, notwendigen Kostenbestandteil des Bergbaus betrachten, der ebenso unabweisbar ist wie die Kosten für den Bulldozer, der die Tagebaugrube gräbt, oder für die Schmelze, die aus dem Erz das Metall gewinnt. Solche ökologischen Kosten sollten in die Metallpreise einfließen und an die Verbraucher weitergegeben werden, genau wie es die Öl- und Kohlekonzerne bereits tun. Dass diese einfache Erkenntnis sich bis heute nicht durchgesetzt hat, liegt nur an der langen, undurchsichtigen Handelskette von den Erzminen bis zum Verbraucher und an dem historisch gewachsenen, schlechten Verhalten der meisten Bergbauunternehmen.

Die beiden letzten Rohstoffbranchen, die ich hier erörtern möchte, die Holzindustrie und die Fischerei, unterscheiden sich in zwei grundlegenden Punkten von Ölförderung, Erzbergbau und Kohlegewinnung. Erstens sind Bäume und Fische erneuerbare Ressourcen, die sich fortpflanzen. Erntet man sie also nicht schneller, als sie nachwachsen, kann man sie nachhaltig und auf unbegrenzte Zeit nutzen. Dagegen sind Öl, Metalle und Kohle nicht erneuerbar. Auch wenn man sie nur langsam an die Oberfläche pumpt oder abbaut, bleibt der Öl-, Metall- oder Kohlegehalt der Lagerstätte nicht auf einem konstanten Niveau. (Streng genommen, bilden Öl und Kohle sich in den langen geologischen Zeiträumen der Jahrmillionen durchaus neu, aber diese Neubildung geht viel zu langsam vonstatten, als dass sie einen Ausgleich für den Abbau der Lagerstätten schaffen könnte.) Und zweitens entnimmt man in der Holz- und Fischereiwirtschaft wertvolle Teile aus der Umwelt: Bäume und Fische. Deshalb sind Holzgewinnung und Fischerei fast schon definitionsgemäß mit Umweltschäden verbunden. Dagegen spielen Öl, Metalle und Kohle in den Ökosystemen keine oder nur eine sehr geringe Rolle. Findet man Methoden, um sie ohne Schäden für das übrige Ökosystem abzubauen, hat man keine ökologisch wertvollen Substanzen entnommen; Schäden können allerdings entstehen, wenn sie später verwendet oder verbrannt werden. Ich werde mich zuerst mit der Forstwirtschaft und dann (kürzer) mit der Fischerei beschäftigen.

Wälder stellen für die Menschen einen hohen Wert dar, und wenn sie abgeholzt werden, geht dieser Wert verloren. Insbesondere liegt auf der Hand, dass sie unsere wichtigsten Lieferanten für Holzprodukte sind, unter anderem also für Brennholz, Schreibpapier, Zeitungen, Papier für Bücher, Toilettenpapier, Bauholz, Sperrholz und Holz für Möbel. Für die Menschen in der Dritten Welt, die einen beträchtlichen Anteil der Weltbevölkerung darstellen, sind Wälder außerdem die wichtigste Quelle für andere Produkte, so für Naturfasern und Material zum Dachdecken, Vögel und Säugetiere, die zu Nahrungszwecken gejagt werden, Früchte, Nüsse und andere essbare Pflanzenteile sowie pflanzliche Arzneimittel. Die Menschen in den Industrieländern haben mit den Wäldern einen beliebten Ort der Erholung. Die Wälder sind der wichtigste Luftfilter der

Erde, weil sie Kohlenmonoxid und andere Schadstoffe beseitigen, und ihre Böden erfüllen eine wichtige Funktion, weil sie Kohlenstoff aufnehmen; durch die Verminderung dieses Kohlenstoffabflusses wird die Waldzerstörung zu einer wichtigen Triebkraft der globalen Erwärmung. Das von den Bäumen abgegebene Wasser kehrt in die Atmosphäre zurück, sodass Waldzerstörung häufig zu einem Rückgang der Niederschläge und zu stärkerer Wüstenbildung führt. Bäume halten Wasser im Boden fest und sorgen dafür, dass er feucht bleibt. Sie schützen die Bodenoberfläche vor Erdrutschen, Erosion und dem Auswaschen der Sedimente durch Wasserläufe. Manche Wälder, insbesondere die Regenwälder der Tropen, enthalten den größten Nährstoffanteil eines Ökosystems, und wenn man die Baumstämme abholzt und abtransportiert, wird das gerodete Land unfruchtbar. Und schließlich stellen Wälder den Lebensraum für die meisten anderen Landlebewesen dar: Die tropischen Wälder bedecken beispielsweise weltweit nur sechs Prozent der Landflächen, beherbergen aber 50 bis 80 Prozent aller landlebenden Pflanzen- und Tierarten.

Angesichts dieser vielen wertvollen Eigenschaften hat man in der Holzwirtschaft zahlreiche Methoden entwickelt, mit denen man die potenziellen negativen Auswirkungen der Holzgewinnung auf die Umwelt so gering wie möglich halten will. So rodet man beispielsweise häufig nicht einen ganzen Wald, sondern man entnimmt gezielt einzelne wertvolle Bäume, lässt alle anderen aber stehen; Holz wird vielerorts nachhaltig gewonnen, das heißt, die Bäume wachsen ebenso schnell nach, wie sie abgeholzt werden; man holzt oftmals keine großen Waldgebiete ab, sondern nur kleine Landflächen, sodass das umgebende, baumbestandene Gebiet noch genügend Samen produziert, um die Bäume auf der abgeholzten Fläche nachwachsen zu lassen; einzelne Bäume werden neu gepflanzt; und einzelne große Bäume, die einen ausreichenden Wert darstellen (was in vielen Wäldern mit Flügelfruchtgewächsen und Schirmtannen der Fall ist), werden mit dem Hubschrauber abtransportiert, sodass man keine Zufahrtsstraßen bauen muss, die den übrigen Wald schädigen würden. Je nach den örtlichen Verhältnissen führen solche Umweltschutzmaßnahmen dazu, dass der betreffende Holzkonzern entweder Geld verliert oder Geld verdient. Ich möchte diese unterschiedlichen Folgen an zwei Beispielen deutlich machen: an den Erlebnissen meines Freundes Aloysius und an der Vorgehensweise des Forest Stewardship Council.

Aloysius ist nicht sein richtiger Name. Die Gründe, warum ich ihn so genannt habe, werden im Folgenden deutlich werden. Er ist Staatsbürger eines Landes im asiatisch-pazifischen Raum, wo ich mich zu Feldforschungen aufgehalten habe. Als ich ihn vor sechs Jahren kennen lernte, fiel er mir sofort auf: Er war der aufgeschlossenste, neugierigste, glücklichste, humorvollste, selbstbewussteste, selbständigste und klügste Mensch in seinem Unternehmen. Mutig und auf eigene Faust stellte er sich einer Gruppe meuternder Arbeiter und beruhigte sie. Immer wieder rannte er (ja, er rannte ganz buchstäblich) nachts einen steilen Gebirgspfad hinauf und hinunter, um die Arbeiten an zwei Stellen zu koordinieren. Er hatte erfahren, dass ich ein Buch über die Sexualität des Menschen geschrieben hatte, und 15 Minuten nachdem wir uns kennen gelernt hatten, brach er in Gelächter aus und sagte, ich solle ihm nun nichts mehr über Vögel erzählen, sondern ihm erklären, was ich über Sex wusste.

Wir trafen einander mehrmals bei den Arbeiten an unterschiedlichen Projekten, aber dann vergingen zwei Jahre, bevor ich wieder in sein Land kam. Als ich das nächste Mal mit Aloysius zusammentraf, hatte sich ganz offensichtlich irgendetwas verändert. Beim Reden war er nervös, und sein unsteter Blick erweckte den Eindruck, als habe er vor irgendetwas Angst. Das überraschte mich, denn der Ort unseres Gesprächs war ein Saal in der Hauptstadt seines Landes, wo ich in Gegenwart mehrerer Kabinettmitglieder einen öffentlichen Vortrag hielt, und ich konnte keinerlei Gefahrenzeichen entdecken. Nachdem wir Erinnerungen über die Meuterei, unsere Lager im Gebirge und Sexualität ausgetauscht hatten, fragte ich ihn, wie es ihm seitdem ergangen war. Nun erfuhr ich seine Geschichte:

Aloysius hatte mittlerweile eine neue Stelle. Er arbeitete jetzt bei einer nichtstaatlichen Organisation, die sich Sorgen um die Zerstörung der tropischen Wälder machte. Im tropischen Südostasien und auf den Pazifikinseln wird die industrielle Holzgewinnung vorwiegend von internationalen Konzernen betrieben, deren Tochterfirmen in vielen Staaten beheimatet sind; die Konzernzentralen liegen aber vor allem in Malaysia sowie in Taiwan und Südkorea. Sie pachten die Abholzungsrechte auf Flächen, die sich im Eigentum der lokalen Bewohner befinden, exportieren die unbearbeiteten Baumstämme und nehmen keine neue Anpflanzungen vor. Einen großen Teil seines Wertes gewinnt ein Baumstamm erst dadurch, dass er nach dem Fällen zersägt und weiterverarbeitet wird: Das heißt, das fertige Holz erzielt einen weit höheren Preis als der Baumstamm, aus dem es hergestellt wurde. Durch den Export unbearbeiteter Baumstämme wird der lokalen Bevölkerung und dem betreffenden Staat also ein großer Teil des potenziellen Wertes ihrer Ressourcen entzogen. Die erforderlichen staatlichen Genehmigungen verschaffen sich die Konzerne häufig durch Bestechung von Beamten, und dann gehen sie sowohl beim Straßenbau als auch bei der Holzgewinnung über die Grenzen des Gebietes hinaus, das sie tatsächlich gepachtet haben. Oder aber die Konzerne schicken einfach nur ein Schiff, handeln mit der lokalen Bevölkerung schnell eine Genehmigung aus, holzen die Bäume ab und ersparen sich die staatliche Lizenz völlig. In Indonesien stammen beispielsweise 70 Prozent des gefällten Holzes aus illegaler Abholzung, durch die dem indonesischen Staat jährlich rund 700 Millionen Euro an Steuereinnahmen, Gebühren und Pachtzahlungen entgehen. An Ort und Stelle verschafft man sich die Genehmigung, indem man Dorfobere beschwatzt, die in manchen Fällen die Kompetenz besitzen, Abholzungsrechte zu vergeben, in anderen jedoch nicht; diese Personen werden in die Hauptstadt oder nach Hongkong gebracht, wo man sie mit Luxushotels, teurem Essen, Getränken und Prostituierten verwöhnt, bis sie unterschreiben. Das hört sich nach einem teuren Geschäftsmodell an, aber man muss sich klarmachen, dass ein einziger großer Baum aus dem Regenwald viele tausend Euro wert ist. Die Zustimmung der einfachen Leute aus den Dörfern erkauft man sich mit Geldbeträgen, die ihnen gewaltig erscheinen, in Wirklichkeit aber innerhalb eines Jahres für Lebensmittel und andere Konsumgüter aufgebraucht sind. Außerdem macht das Unternehmen den Bewohnern auch Versprechungen – beispielsweise Wiederaufforstung oder den Bau von Krankenhäusern – die später nicht eingehalten werden. Aus Indonesisch-Borneo, von den Salomonen und anderen Orten wurde über Fälle berichtet, in denen Holzkonzerne mit einer Lizenz der Zentralregierung in die Wälder kamen und mit dem Abholzen begannen; als die Bewohner der Gegend erkannten, dass sie damit ein schlechtes Geschäft machten, versuchten sie, die Arbeiten mit Straßenblockaden oder Brandstiftung in Sägewerken zu verhindern, woraufhin das Holzunternehmen seine Rechte mit Hilfe von Polizei und Armee durchsetzte. Wie ich gehört habe, schüchtern die Holzkonzerne ihre Gegner sogar mit Morddrohungen ein.

Ein solcher Gegner war Aloysius. Die Unternehmen drohten tatsächlich, ihn zu ermorden, aber er blieb hartnäckig, weil er glaubte, er könne schon auf sich aufpassen. Dann drohten sie, seine Frau und seine Kinder umzubringen, die, das wusste er genau, nicht auf sich aufpassen konnten; auch er konnte sie nicht schützen, wenn er bei der Arbeit war. Um ihr Leben zu retten, brachte er sie nach Übersee in ein anderes Land, und er selbst wurde gegenüber möglichen Mordanschlägen sehr wachsam. Das war der Grund für seine Nervosität und das Verschwinden seiner fröhlichen, selbstbewussten Ausstrahlung.

Angesichts solcher Holzkonzerne müssen wir uns genau wie im Zusammenhang mit den zuvor erörterten Bergbauunternehmen fragen, warum sie ein ethisch derart verwerfliches Verhalten an den Tag legen. Die Antwort lautet auch hier: Dieses Verhalten bringt ihnen Gewinn, und zwar aus den gleichen drei Gründen, die auch das Motiv der Bergbauunternehmen darstellen. Es hat wirtschaftliche Vorteile, es entspricht der Unternehmenskultur, und es wird durch die Einstellungen von Gesellschaft und Regierung begünstigt. Bretter aus tropischem Ebenholz sind so wertvoll, und die Nachfrage ist so hoch, dass die schnelle Ausbeutung gepachteter tropischer Waldflächen ungeheure Gewinne bringt. Häufig kann man sich die Zustimmung der örtlichen Bevölkerung sichern, denn diese Menschen sind in verzweifelter Geldnot und haben nie gesehen, welche katastrophalen Auswirkungen die Rodung tropischer Regenwälder für die Grundbesitzer in der Gegend hat. (Wenn Organisationen, die sich gegen die Abholzung tropischer Regenwälder stellen, Grundbesitzer zur Verweigerung der Genehmigung veranlassen wollen, besteht einer der kostengünstigsten Wege darin, dass man diese Menschen in bereits abgeholzte Gebiete bringt und sie mit Grundbesitzern sprechen lässt, die ihre Entscheidung bereuen.) Die Beamten in den Forstministerien sind häufig bestechlich, haben weder die internationale Erfahrung noch die finanziellen Mittel der Holzkonzerne und sind sich unter Umständen nicht im Klaren, welch hohen Wert das fertige Holz besitzt. Unter solchen Umständen wird der Raubbau weiterhin ein gutes Geschäft sein, bis die Unternehmen keine Länder mit ungenutzten Wäldern mehr finden, und bis sowohl Regierungen als auch örtliche Grundbesitzer bereit sind, Genehmigungen zu verweigern und sich der illegalen, mit Gewalt durchgesetzten Holzgewinnung mit noch mehr Gewalt entgegenzustellen.

In anderen Ländern, insbesondere in Westeuropa und den Vereinigten Staaten, ist der Raubbau an den Wäldern zunehmend unprofitabel geworden. Anders als in großen Teilen der Tropen sind die unberührten Wälder in Westeuropa und Amerika bereits vollständig abgeholzt oder in steilem Niedergang begriffen. Die großen Holzkonzerne sind hier auf Flächen tätig, die ihnen selbst gehören oder die sie nicht kurzfristig, sondern mit langfristigen Verträgen gepachtet haben, sodass für sie unter gewissen Umständen ein wirtschaftlicher Anreiz besteht, nachhaltig zu arbeiten. Viele Verbraucher haben ein ausreichend großes Umweltbewusstsein und fragen nach, ob die Holzprodukte, die sie kaufen, auf zerstörerische, nicht nachhaltige Weise gewonnen wurden. In manchen Fällen bestehen ernsthafte, strenge staatliche Vorschriften, und Beamten lassen sich nicht ohne weiteres bestechen.

Dies hatte zur Folge, dass manche Holzkonzerne, die in Westeuropa und den Vereinigten Staaten tätig sind, sich nicht nur wegen ihrer Konkurrenzfähigkeit gegenüber den Produzenten aus der Dritten Welt mit ihren niedrigeren Kosten Gedanken machen, sondern auch wegen der Frage, ob sie selbst überleben können, oder – um einen Begriff aus der Bergbau- und Ölbranche zu verwenden – wegen ihrer »gesellschaftlichen Betriebserlaubnis«. Manche Holzkonzerne haben umweltfreundliche Methoden eingeführt und sind bestrebt, die Öffentlichkeit davon zu überzeugen, aber dabei mussten sie feststellen, dass ihre im eigenen Interesse abgegebenen Behauptungen beim allgemeinen Publikum nicht glaubwürdig erschienen. Dem Verbraucher werden beispielsweise viele Holz- und Papierprodukte mit einer Plakette angeboten, die umweltfreundliche Aussagen wie »zwei angepflanzte Bäume für jeden, der gefällt wurde« tragen. In einer Übersichtsuntersuchung an 80 solchen Aussagen stellte sich jedoch heraus, dass 77 davon keinerlei reale Begründung hatten, drei ließen sich nur teilweise begründen, und alle wurden auf entsprechende Kritik hin zurückgezogen. Deshalb ist es nur verständlich, dass die Öffentlichkeit gelernt hat, solche Behauptungen der Unternehmen als unglaubwürdig abzutun.

Neben der Frage nach der sozialen Betriebserlaubnis und der Glaubwürdigkeit betrifft die Sorge der Unternehmen auch das bevorstehende Verschwinden der Wälder, die ihre Geschäftsgrundlage bilden. Weltweit wurde in den letzten 8000 Jahren mehr als die Hälfte der ursprünglichen Wälder abgeholzt oder schwer geschädigt. Unser Verbrauch an Produkten aus den Wäldern nimmt immer noch zu, und dies hatte zur Folge, dass mehr als die Hälfte dieser Verluste sich erst in den letzten 50 Jahren eingestellt hat, vor allem weil Wälder zu landwirtschaftlichen Zwecken gerodet wurden und weil der Papierverbrauch sich weltweit seit 1950 verfünffacht hat. Häufig ist die Holzgewinnung nur der erste Schritt in einer Kettenreaktion. Nachdem Zufahrtsstraßen in einem bewaldeten Gebiet gebaut wurden, gehen Wilderer über diese Straßen auf die Jagd nach Tieren, und ihnen folgen die Landbesetzer, die sich dort illegal ansiedeln. Weltweit liegen nur 12 Prozent der Waldflächen in geschützten Gebieten. In dem schlimmsten denkbaren Szenario werden alle leicht zugänglichen Waldflächen der Erde außerhalb dieser geschützten Gebiete in den nächsten Jahrzehnten auf nicht nachhaltige Weise abgeholzt, im besten Fall und bei guter Bewirtschaftung könnte die Welt ihren Holzbedarf aber nachhaltig aus einem kleinen Anteil (höchstens 20 Prozent) dieser Flächen decken.

Solche Fragen nach der langfristigen Zukunft ihrer eigenen Branche wurden für manche Vertreter aus Holzindustrie und Forstwirtschaft Anfang der neunziger Jahre zum Anlass, in Gespräche mit Umweltschutzgruppen, sozialen Organisationen und Vereinigungen indigener Völker einzutreten. Diese Diskussionen führten dazu, dass 1993 das Forest Stewardship Council (FSC) gegründet wurde, eine internationale, gemeinnützige Organisation mit Hauptsitz in Deutschland, die von mehreren Unternehmen, Regierungen, Stiftungen und Umweltschutzorganisationen finanziert wird. Geführt wird das Council von einem gewählten Vorstand und letztlich von seinen Mitgliedern, zu denen Vertreter der Holzindustrie ebenso gehören wie Interessengruppen aus Umweltschutz und Gesellschaft. Ursprünglich hatte sich das FSC eine dreifache Aufgabe gesetzt: Es wollte eine Liste von Kriterien für umweltfreundliche Waldbewirtschaftung aufstellen, mit einem Zertifizierungsverfahren bestätigen, dass bestimmte Wälder diese Kriterien erfüllten, und schließlich mit einem weiteren Mechanismus die Produkte aus solchen zertifizierten Wäldern über die komplizierte Zwischenhändlerkette bis zum Verbraucher verfolgen, sodass diese im Laden ein Papierprodukt, einen Stuhl oder ein Regal mit dem FSC-Siegel kaufen können und dann wissen, dass diese Produkte tatsächlich aus einem nachhaltig bewirtschafteten Wald stammen.

Um das erste Ziel zu erreichen, formulierte man zehn detaillierte Kriterien für eine umweltfreundliche, nachhaltige Waldbewirtschaftung. Dazu gehört, dass man Bäume nur in einer Menge entnimmt, die unbegrenzt beibehalten werden kann, weil neue Bäume ausreichend schnell nachwachsen und an die Stelle der gefällten Bäume treten; Wälder mit besonderem Wert für den Naturschutz, beispielsweise solche mit altem Baumbestand, werden von der Nutzung ausgenommen und sollen nicht in Plantagen aus gleichförmigen Bäumen umgewandelt werden; biologische Vielfalt, Nährstoffkreislauf, unversehrter Boden und andere Funktionen des Ökosystems Wald sollen langfristig geschützt werden; Wassereinzugsgebiete sind zu schützen, an Wasserläufen und Seen sind ausreichend breite Uferstreifen vorzusehen; die Bewirtschaftung ist langfristig zu planen; Chemikalien und Abfälle sind auf umweltfreundliche Weise zu entsorgen; die Gesetze des jeweiligen Staates sind zu befolgen; und die Rechte der einheimischen Gemeinden sowie der Waldarbeiter sind anzuerkennen.

Die nächste Aufgabe bestand in der Entwicklung eines Mechanismus, mit dem sich feststellen lässt, ob ein bestimmter Wald nach diesen Kriterien bewirtschaftet wird. Das FSC vergibt nicht selbst Zertifikate für Wälder, sondern es beauftragt damit eigenständige Organisationen, die sich tatsächlich in diesen Wald begeben und ihn bis zu zwei Wochen lang besichtigen. Rund um die Welt gibt es mittlerweile ein Dutzend derartige Organisationen, die alle anerkannt sind und international arbeiten können; in den Vereinigten Staaten werden die meisten Inspektionen von SmartWood (Zentrale in Vermont) und Scientific Certification Systems (Hauptsitz in Kalifornien) vorgenommen. Der Besitzer oder Verwalter eines Waldes schließt mit einer solchen Zertifizierungsorganisation einen Vertrag über die Inspektion und bezahlt das Gutachten, ohne dass im Vorhinein eine Garantie für ein positives Ergebnis besteht. Häufig stellt die Organisation nach der Inspektion eine Liste von Bedingungen auf, die vor der Anerkennung erfüllt werden müssen, oder es wird nur eine vorläufige Anerkennung erteilt, wobei ebenfalls weitere Bedingungen erfüllt werden müssen, bevor die FSC-Plakette zugeteilt wird.

Dabei gilt es zu betonen, dass die Initiative für die Zertifizierung eines Waldes immer vom Eigentümer oder Verwalter ausgehen muss; die Organisationen besichtigen Wälder nicht ohne Einladung. Damit stellt sich natürlich die Frage, warum ein Waldbesitzer oder -verwalter für eine solche Besichtigung etwas bezahlen soll. Die Antwort: Immer mehr Besitzer oder Verwalter kommen zu dem Schluss, dass dies in ihrem eigenen finanziellen Interesse liegt, weil die Gebühr für die Zertifizierung sich amortisiert. Die Zertifizierung durch eine unabhängige Organisation schafft ein besseres Image und mehr Glaubwürdigkeit, und das wiederum eröffnet den Zugang zu größeren Märkten und mehr Verbrauchern. Das FSC hat die wesentliche Eigenschaft, dass die Verbraucher darauf vertrauen können, weil es sich nicht um eine unbegründete Prahlerei des Unternehmens selbst handelt, sondern um das Ergebnis einer Überprüfung nach international anerkannten Bewirtschaftungsstandards, und diese Überprüfung wird von ausgebildeten, erfahrenen Gutachtern vorgenommen, die sich nicht scheuen, nein zu sagen oder zusätzliche Bedingungen zu stellen.

Der letzte Schritt war die Dokumentation der Warenkette, das heißt des Weges, auf dem das Holz eines in Oregon gefällten Baumes zu einem Regal wird, das in einem Laden in Miami im Schaufenster steht. Selbst wenn ein Wald zertifiziert ist, verkauft der Eigentümer die Stämme unter Umständen an ein Sägewerk, das auch unzertifiziertes Holz verarbeitet, dieses veräußert die Bretter an einen Möbelhersteller, der auch unzertifiziertes Schnittholz kauft, und so weiter. Zwischen Rohstoffproduzenten, Lieferanten, Herstellern, Groß- und Einzelhandel bestehen derart komplizierte Verflechtungen, dass sogar die Unternehmen selbst über die unmittelbaren Lieferanten oder Abnehmer hinaus nur in den seltensten Fällen wissen, woher ihr Holz kommt oder wohin es geht. Damit der Endverbraucher in Miami die Sicherheit hat, dass das dort erworbene Regal tatsächlich aus einem Baum eines zertifizierten Waldes hergestellt wurde, müssen die Zwischenlieferanten zertifizierte und nichtzertifizierte Ware getrennt halten, und die Gutachter müssen bestätigen, dass dies auch tatsächlich an allen Stationen der Handelskette geschieht. Die Zertifizierung der Abnahmekette besteht also darin, dass man die Ware entlang der gesamten Lieferantenkette verfolgt. Am Ende tragen nur etwa 17 Prozent der Produkte aus zertifizierten Wäldern im Laden tatsächlich die FSC-Plakette; die restlichen 83 Prozent werden irgendwo im Verlauf der Kette mit nichtzertifizierten Produkten vermischt. Die Zertifizierung der Handelskette hört sich also nach einer schwierigen Aufgabe an, und das ist sie tatsächlich. Aber es sind notwendige Schwierigkeiten, denn sonst hätte der Endverbraucher, was die Herkunft des Regals im Laden in Miami angeht, keine Sicherheit.

Machen sich in der Öffentlichkeit so viele Menschen wirklich Gedanken um Umweltprobleme, dass das FSC-Zertifikat den Verkauf von Holzprodukten fördert? In Meinungsumfragen geben 80 Prozent der Verbraucher an, sie würden lieber Produkte mit umweltfreundlicher Herkunft kaufen, wenn sie die Wahl hätten. Aber sind das nur leere Worte, oder achten die Menschen im Laden tatsächlich auf das FSC-Etikett? Und wären sie bereit, für Produkte mit einem solchen Etikett ein wenig mehr zu bezahlen?

Solche Fragen sind entscheidend, wenn Unternehmen erwägen, sich zertifizieren zu lassen und dafür zu bezahlen. In einem Experiment, das in zwei Läden der Kette »Home Depot« in Oregon stattfand, wurden die Fragen auf den Prüfstand gestellt. In jedem Laden wurden dicht nebeneinander zwei Behälter mit Sperrholzstücken aufgestellt, wobei die Holzstücke in dem einen Behälter das FSC-Etikett trugen, die in dem anderen aber nicht. Der Versuch wurde zwei Mal gemacht: Ein Mal kostete das Sperrholz in beiden Behältern das Gleiche, beim zweiten Mal war der Preis des Holzes mit dem FSC-Etikett um zwei Prozent höher als der für die unmarkierte Variante. Bei gleichen Preisen verkaufte sich das FSC-markierte Holz in doppelt so großer Menge wie die nichtetikettierte Sorte. (In einem Laden in einer »liberalen« Universitätsstadt mit hohem Umweltbewusstsein lag das Verhältnis sogar bei 6 zu 1, aber selbst der andere Laden in einer eher »konservativen« Kleinstadt erzielte mit dem markierten Holz noch einen um 19 Prozent höheren Absatz.) Kostete das etikettierte Holz jedoch um zwei Prozent mehr, bevorzugte die Mehrheit der Verbraucher natürlich das billigere Produkt, aber eine große Minderheit von 37 Prozent griff dennoch zu dem markierten Holz. Ein großer Teil der Öffentlichkeit lässt ökologische Erwägungen also tatsächlich in seine Kaufentscheidungen einfließen, und ein bedeutender Teil dieser Gruppe ist durchaus bereit, aufgrund solcher Überlegungen mehr zu bezahlen.

Als die FSC-Zertifizierung eingeführt wurde, bestanden anfangs große Befürchtungen, dass entsprechend gekennzeichnete Produkte am Ende tatsächlich mehr kosten, weil die Gutachten oder die forstwirtschaftlichen Methoden, die dafür die Voraussetzung bilden, zusätzlichen Aufwand verursachen. Im weiteren Verlauf zeigte die Erfahrung jedoch, dass die Zertifizierung die Entstehungskosten für ein Holzprodukt in der Regel nicht ansteigen lässt. Wo zertifizierte Produkte auf den Märkten tatsächlich höhere Preise erzielten als vergleichbare nichtzertifizierte Waren, handelte es sich nicht um wirkliche Kosten, sondern die Preise entstanden durch die Gesetze von Angebot und Nachfrage: Wenn Einzelhändler ein zertifiziertes Produkt verkauften, das bei hoher Nachfrage nur in geringen Stückzahlen zur Verfügung stand, konnten sie die Preise anheben.

Zu den Unternehmen, die bei der Gründung des FSC mitwirkten, im Vorstand mitarbeiteten oder sich in jüngerer Zeit den Zielen der Organisation verpflichteten, gehören einige der weltgrößten Produzenten und Vertreiber von Holzprodukten. In den Vereinigten Staaten sind das unter anderem folgende Unternehmen: Home Depot, der weltgrößte Einzelhändler für Nutzholz; Lowe's, hinter Home Depot an zweiter Stelle in der US-Baustoffbranche; Columbia Forest Products, in den USA einer der größten Hersteller von Holzprodukten; Kinko's, der weltgrößte Anbieter von Büro- und Kopierdienstleistungen; Collins Pine and Kane Hardwoods, in den USA einer der größten Produzenten von Kirschbaumholz; Gibson Guitars, weltweit einer der führenden Gitarrenhersteller; die Seven Islands Land Company, die im Bundesstaat Maine rund 400 000 Hektar Wald bewirtschaftet; und die Andersen Corporation, der weltgrößte Türen- und Fensterhersteller. Wichtige Mitglieder außerhalb der USA sind unter anderem: Tembec und Domtar, zwei der größten Forstwirtschaftsunternehmen Kanadas; B & Q, in Großbritannien die größte Baumarktkette und das Gegenstück zu Home Depot in den USA; Sainsbury's, die zweitgrößte britische Supermarktkette; Ikea aus Schweden, weltgrößter Einzelhändler für Selbstbaumöbel; und SCA sowie Svea Skog (früher Asi Domain), zwei der größten schwedischen Forstwirtschaftsunternehmen. Diese und andere Unternehmen schlossen sich dem FSC an, weil es nach ihrer eigenen Schätzung ihren wirtschaftlichen Interessen dient, aber zu dieser Beurteilung gelangten sie durch unterschiedliche Kombinationen aus »Zug« und »Druck«. Der Druck kam zustande, weil einige der genannten Firmen von Umweltschutzgruppen aufs Korn genommen wurden, die nicht damit einverstanden waren, dass die Unternehmen beispielsweise Holz aus alten Baumbeständen verkauften: Eine solche Kampagne der Gruppe Rainforest Action Network richtete sich beispielsweise gegen Home Depot. Was den »Zug« anging, so erkannten die Firmen viele Gelegenheiten, ihre Umsätze auch angesichts einer zunehmend umweltbewussten Öffentlichkeit beizubehalten oder zu steigern. Zur Verteidigung von Home Depot und anderen Unternehmen, die erst durch einen gewissen »Druck« motiviert wurden, ist allerdings zu sagen: Sie mussten verständlicherweise bei Veränderungen in dem Lieferantennetz, das sie über viele Jahre aufgebaut hatten, vorsichtig vorgehen. Als es dann so weit war, lernten sie schnell, und heute übt Home Depot selbst Druck auf seine Lieferanten in Chile und Südafrika aus, damit diese den FSC-Standard übernehmen.

Wie ich im Zusammenhang mit dem Erzbergbau erläutert habe, stammte der wirksamste Druck, veränderte Methoden einzuführen, nicht von einzelnen Verbrauchern, die vor den Minen demonstrierten, sondern von Unternehmen (beispielsweise Du Pont und Tiffany), die Metalle abnehmen und an die Endverbraucher verkaufen. Ein ähnliches Phänomen ist auch in der Holzindustrie zu beobachten. Die größten Holzmengen werden zum Bau von Häusern verbraucht, aber die meisten Bauherren wissen nicht, welche Forstwirtschaftsunternehmen das in ihrem Haus verwendete Holz produzieren; sie wählen diese Unternehmen nicht aus und kontrollieren sie nicht. Die Abnehmer der Holzunternehmen sind vielmehr die großen Hersteller von Holzprodukten wie Home Depot oder Ikea, aber auch große institutionelle Kunden wie die Stadt New York oder die University of Wisconsin. Die Rolle solcher Unternehmen und Institutionen bei der Kampagne zur Beendigung der Apartheid in Südafrika machte deutlich, dass sie selbst mächtige, reiche, entschlossene, gut bewaffnete und scheinbar starrsinnige Einrichtungen wie die südafrikanische Regierung der Apartheidära beeinflussen können. In der Handelskette der Holzprodukte haben sich viele Einzelhändler und Hersteller einen größeren Einfluss gesichert, indem sie sich zu »Einkaufsgemeinschaften« organisiert haben, die sich dazu verpflichten, innerhalb eines bestimmten Zeitraumes ihren Absatz an zertifizierten Produkten zu steigern und dabei FSC-zertifizierte Produkte zu bevorzugen. Weltweit gibt es heute mehr als ein Dutzend solche Gruppen. Die Größte befindet sich in Großbritannien und umfasst dort einige der größten Einzelhandelsunternehmen. Auch in den Niederlanden und anderen westeuropäischen Staaten sowie in den USA, Brasilien und Japan nimmt die Macht solcher Einkaufsgemeinschaften zu.

Eine weitere bedeutende Triebkraft für die Verbreitung FSC-zertifizierter Produkte ist in den Vereinigten Staaten der »grüne Standard der Bauindustrie«, der auch als LEED (Leadership in Energy and Environmental Design) bezeichnet wird. Dieses Regelwerk stellt Maßstäbe für umweltfreundliche Konstruktion und Materialauswahl in der Bauindustrie auf. Immer mehr US-Bundesstaaten und Stadtverwaltungen gewähren Steuererleichterungen für Unternehmen, die einen hohen LEED-Standard einhalten, und bei vielen staatlichen Bauprojekten wird die Einhaltung dieser Standards bereits zwingend vorgeschrieben. Dies war ein wichtiger Anreiz für Bauunternehmen und Architekten, die nicht unmittelbar an die Öffentlichkeit treten und bei Verbrauchern kaum bekannt sind: Sie entschlossen sich dennoch zum Kauf FSC-zertifizierter Produkte, weil sie dann von den Steuervergünstigungen profitieren und besser an öffentliche Aufträge gelangen. Dabei darf man allerdings nicht vergessen, dass sowohl der LEED-Standard als auch die Einkaufsgemeinschaften ihre Entstehung letztlich dem Umweltbewusstsein der einzelnen Verbraucher verdanken, denn die Unternehmen wollen erreichen, dass ihr Name in den Köpfen der Verbraucher mit umweltbewusstem Verhalten in Verbindung gebracht wird. Über den Mechanismus von LEED-Standard und Einkaufsgemeinschaften können die einzelnen Verbraucher das Verhalten von Unternehmen beeinflussen, die ansonsten dem einzelnen Kunden keine Rechenschaft ablegen müssten.

Seit der Gründung des FSC im Jahr 1993 hat sich der Gedanke, Wälder zu zertifizieren, über die ganze Welt verbreitet. Derzeit gibt es ungefähr in 64 Ländern zertifizierte Wälder und Vertriebsketten. 404 000 Quadratkilometer Waldflächen sind zertifiziert, davon 85 000 in Nordamerika. In neun Staaten gibt es jeweils mindestens 10 000 Quadratkilometer zertifizierte Wälder. An der Spitze steht Schweden mit 98 000 Quadratkilometern (mehr als die Hälfte der gesamten Waldflächen im Land), dann folgen in absteigender Reihenfolge Polen, die Vereinigten Staaten, Kanada, Kroatien, Lettland, Brasilien, Großbritannien und Russland. Die Staaten mit dem höchsten Absatz an FSC-zertifizierten Holzprodukten sind Großbritannien, wo ungefähr 20 Prozent der verkauften Holzmenge das FSC-Siegel tragen, und die Niederlande. 16 Länder besitzen einzelne zertifizierte Wälder mit Flächen von über 1000 Quadratkilometern, darunter als größter in Nordamerika der Gordon Cosens Forest in Ontario mit 20 200 Quadratkilometern, der von dem kanadischen Holz- und Papierkonzern Tembec bewirtschaftet wird. Bis 2005 will Tembec die gesamten 130 000 Quadratkilometer Wald, die das Unternehmen in Kanada bewirtschaftet, zertifizieren lassen. Neben Wäldern in Privatbesitz sind auch staatliche Flächen zertifiziert: In den Vereinigten Staaten beispielsweise ist der Bundesstaat Pennsylvania mit 7800 Quadratkilometern der größte Eigentümer zertifizierter Wälder.

In der ersten Zeit nach der Gründung des FSC verdoppelte sich die Fläche der zertifizierten Wälder jedes Jahr. In jüngster Zeit ist die jährliche Wachstumsrate auf »nur noch« 40 Prozent zurückgegangen. Der Grund: Die ersten Unternehmen und Manager, die das Zertifikat erhielten, hatten auch zuvor bereits die FSC-Standards eingehalten. Dagegen mussten die Unternehmen, deren Wälder in jüngster Zeit hinzukamen, zunächst ihre Methoden ändern und so den FSC-Standard erreichen. Während das FSC-Zertifikat also anfangs eine Anerkennung für Unternehmen mit umweltfreundlichen Methoden war, dient es heute zunehmend dazu, andere, früher weniger umweltfreundliche Unternehmen zu einer Änderung ihrer Praxis zu veranlassen.

Das beste Kompliment für die Wirksamkeit des Forest Stewardship Council kam von Holzkonzernen, die sich der Institution entgegenstellten: Sie gründeten eigene Zertifizierungsorganisationen mit niedrigeren Standards. Dazu gehören in den Vereinigten Staaten die Sustainable Forestry Initiative, die von der American Forest and Paper Association ins Leben gerufen wurde, die Canadian Standards Association und das Pan-European Forest Council. Die Folge (und vermutlich die Absicht) besteht darin, die Öffentlichkeit mit konkurrierenden Behauptungen zu verwirren: Die Sustainable Forestry Initiative führte anfangs beispielsweise sechs verschiedene Plaketten ein, auf denen sechs verschiedene Behauptungen erhoben wurden. Alle diese Konkurrenzorganisationen fordern im Gegensatz zum FSC keine unabhängige Begutachtung, sondern sie gestatten, dass die Unternehmen sich das Zertifikat selbst ausstellen (das ist kein Witz). Sie verlangen von den Unternehmen nicht, dass diese sich selbst nach einheitlichen Standards und mit quantifizierbaren Ergebnissen (beispielsweise »Breite der Ufervegetationsstreifen an Wasserläufen«) beurteilen, sondern belassen es bei nicht nachprüfbaren Aussagen (»wir sind entschlossen«, »unser Vorstand steht in Diskussionen«). Außerdem fehlt die Zertifizierung der Lieferantenkette, sodass jedes Produkt eines Sägewerkes, das sowohl zertifiziertes als auch nichtzertifiziertes Holz verarbeitet, das Zertifikat erhält. Das Pan-European Forest Council praktiziert eine regionale, automatische Zertifizierung, durch die beispielsweise der ganze Staat Österreich sehr schnell das Zertifikat erhielt. Ob die Industrie, die sich auf diese Weise selbst zertifiziert, am Ende durch Verlust der Glaubwürdigkeit bei den Verbrauchern einen Konkurrenznachteil gegenüber dem FSC in Kauf nehmen muss, oder ob sie sich den FSC-Standards anschließt, um an Glaubwürdigkeit zu gewinnen, bleibt abzuwarten.

Als letzte Branche möchte ich die Fischereiwirtschaft erörtern. Sie hatte mit den gleichen grundlegenden Problemen zu kämpfen wie Ölindustrie, Bergbau und Holzwirtschaft: Das Wachstum von Weltbevölkerung und Wohlstand führt zu steigender Nachfrage bei sinkendem Angebot. In den Industrieländern ist der Verbrauch an Meeresprodukten hoch und steigt immer noch, Umfang und Wachstum sind aber in anderen Ländern noch stärker: In China hat sich der Verbrauch beispielsweise in den letzten zehn Jahren verdoppelt. In der Dritten Welt stammen 40 Prozent der aufgenommenen Proteine (pflanzlichen und tierischen Ursprungs) aus Fischen, die für über eine Milliarde Menschen in Asien die wichtigsten Proteinlieferanten darstellen. Auf der ganzen Welt führen Wanderungsbewegungen aus dem Inneren der Kontinente an die Küste zu einer weiteren Steigerung der Nachfrage nach Lebensmitteln aus dem Meer; bis zum Jahr 2010 werden drei Viertel der Weltbevölkerung nicht weiter als 80 Kilometer von einer Küste entfernt wohnen. Wegen dieser Abhängigkeit von Fischereiprodukten bietet das Meer weltweit ungefähr 200 Millionen Menschen Arbeitsplätze und Einkommen; in Island, Chile und einigen anderen Staaten ist die Fischerei die wichtigste Grundlage der Wirtschaft.

Die Bewirtschaftung aller erneuerbaren biologischen Ressourcen ist mit großen Schwierigkeiten verbunden, und die Fischerei wirft hier besonders große Probleme auf. Schon, wenn es sich um die Hoheitsgewässer eines einzigen Staates handelt, ist die Verwaltung der Fischbestände nicht einfach, noch größer aber sind die Schwierigkeiten, wenn sich die Fischgründe über Gewässer erstrecken, die von mehreren Staaten kontrolliert werden. Da hier kein einzelner Staat seinen Willen durchsetzen kann, brechen die Fischbestände in solchen Regionen in der Regel als

Erste zusammen. Auf dem offenen Meer, jenseits der 200-Meilen-Fischereigrenze, ist die Fischerei der Kontrolle aller Regierungen entzogen. Untersuchungen zufolge könnten die Fangmengen weltweit bei richtiger Bewirtschaftung nachhaltig auf einem Niveau gehalten werden, das noch über dem derzeitigen Stand liegt. Aber in ihrer Mehrzahl sind die kommerziell wichtigen Meeresfischbestände der ganzen Welt mittlerweile entweder so weit zusammengebrochen, dass sie keine wirtschaftliche Rolle mehr spielen, oder sie wurden stark dezimiert, werden derzeit überfischt, erholen sich nur langsam von früherer Überfischung, oder bedürfen aus anderen Gründen dringend einer Bewirtschaftung. Zu den wichtigsten Fischbeständen, die bereits zusammengebrochen sind, gehören der Atlantik-Heilbutt, der Atlantik-Blauflossenthunfisch, der Atlantik-Schwertfisch, der Nordseehering, der kanadische Kabeljau, der argentinische Seehecht und der australische Kabeljau *Maccullochella peelii.* In den überfischten Gebieten des Atlantik und Pazifik wurden 1989 die größten Fangmengen eingebracht; seither gehen die Fänge ständig zurück. Der wichtigste Grund für den Zusammenbruch liegt in der Tragödie des Gemeineigentums, die im vorangegangenen Kapitel erörtert wurde: Sie macht es den Nutzern schwer, im Zusammenhang mit der Ausbeutung einer gemeinsamen erneuerbaren Ressource zu einer Übereinkunft zu gelangen, obwohl alle ein Interesse daran haben. Eine wirksame Bewirtschaftung und entsprechende Vorschriften fehlen, und es gibt so genannte perverse Subventionen, das heißt wirtschaftlich sinnlose Zuwendungen, mit denen viele Regierungen aus politischen Gründen eine Fischereiflotte unterstützen, obwohl diese im Verhältnis zu den Fischbeständen viel zu groß ist; dies führt fast zwangsläufig zu Überfischung und damit zu so geringen Gewinnen, dass diese ohne Subventionen zum Leben nicht mehr ausreichen.

Die durch Überfischung verursachten Schäden gehen weit über unsere zukünftigen Aussichten auf Fischmahlzeiten hinaus, und sie enden auch nicht beim Überleben der einzelnen Bestände von Fischen und anderen Lebewesen, die wir ausbeuten. In der Fischerei werden meist Netze und andere Methoden eingesetzt, mit denen man neben den gewünschten Tieren auch viele andere fängt. Dieser so genannte »Beifang« macht zwischen einem Viertel und zwei Dritteln der gesamten Fangmengen aus. In den meisten Fällen gehen die Tiere des Beifanges zugrunde und werden wieder über Bord geworfen. Dabei handelt es sich um unerwünschte Fischarten, die Jungtiere der gesuchten Fischarten, Robben, Delphine und Wale, Haie und Meeresschildkröten. Aber der tödliche Beifang ist nicht unvermeidlich: Auf dem Pazifik konnte man beispielsweise die Sterblichkeit der Delphine in der Thunfischfischerei mit veränderten Gerätschaften und Methoden um den Faktor 50 senken. Schwere Schäden verursacht die Fischerei auch in den Lebensräumen im Meer: Netze zerstören den Meeresboden, Dynamit und Cyanid setzen den Korallenriffen zu. Und schließlich schädigen die Fischer sich durch die Überfischung auch selbst, weil sie letztlich ihre eigene Lebensgrundlage und ihre Arbeitsplätze zerstören.

Alle diese Probleme beunruhigen nicht nur Wirtschaftsfachleute und Umweltschützer, sondern auch manche Verantwortlichen in der Fischereiindustrie selbst. Dies galt beispielsweise für Manager des Unilever-Konzerns, der weltweit zu den größten Abnehmern für Gefrierfisch gehört. Unilever-Produkte sind dem Verbraucher in den Vereinigten Staaten unter dem Markennamen Gorton bekannt (der später von Unilever verkauft wurde), in Großbritannien heißen sie Birdeye Walls, in Deutschland Iglo, im übrigen Europa Findus und Frudsa. Die Manager machten sich Sorgen, weil Fische – die Ware, die sie kaufen und verkaufen – überall auf der Welt knapp wurden. Auf ganz ähnliche Weise hatten auch die Verantwortlichen in den Holzkonzernen, die das Forest Stewardship Council gründeten, sich Sorgen um die schnelle Schrumpfung der Wälder gemacht. Deshalb tat sich Unilever 1997, vier Jahre nach der Einrichtung des FSC, mit dem World Wildlife Fund zusammen, und beide gemeinsam gründeten eine Organisation, die dem FSC ähnelt und als Marine Stewardship Council (MSC) bezeichnet wird. Sie setzte sich das Ziel, den Verbrauchern ein glaubwürdiges ökologisches Siegel anzubieten und die Fischer nicht durch den negativen Anreiz einer Boykottdrohung, sondern durch den positiven Anreiz eines Marktvorteils zur Lösung ihrer eigenen Tragödie des Gemeineigentums zu veranlassen. Mittlerweile beteiligen sich neben Unilever und dem World Wildlife Fund auch andere Unternehmen und Stiftungen an der Finanzierung des MSC.

In Großbritannien unterstützen neben Unilever noch folgende Unternehmen das MSC oder kaufen dessen Produkte: Young's Bluecrest Seafood Company, der größte britische Hersteller von Fischprodukten; Sainsbury, in Großbritannien der größte Einzelhändler für frische Lebensmittel; die Supermarktketten Marks & Spencer und Safeway; und die Boyd Line, die eine Fischfangflotte betreibt. Zu den wichtigsten Geldgebern in den USA gehören Whole Foods, der weltgrößte Einzelhandelskonzern für Naturkost und biologische Lebensmittel, sowie die Supermarktketten Shaw's und Trader Joe. In anderen Ländern zu erwähnen sind Migros, die größte Lebensmittelkette der Schweiz, und Kailis and France Foods, die in Australien Fischereischiffe, Fabriken, Supermärkte und Exportfirmen betreibt.

Die Kriterien, die das MSC an die Fischerei anlegt, wurden in Gesprächen von Fischern, Fischereimanagern, Fischverarbeitern, Einzelhändlern, Fischereiwissenschaftlern und Umweltgruppen festgelegt. Am wichtigsten ist, dass die Gesundheit der Bestände (einschließlich ihrer Geschlechts- und Altersverteilung sowie ihrer genetischen Vielfalt) auf unbegrenzte Zeit erhalten bleibt; die Fischerei soll eine nachhaltige Nutzung anstreben, die Ökosysteme unversehrt lassen, die Auswirkungen auf Lebensräume und unerwünschte Arten (Beifang) so gering wie möglich halten, Regeln und Verfahren zur Bewirtschaftung der Bestände und zur Verringerung der Beeinträchtigungen aufstellen und alle geltenden Gesetze beachten.

Hersteller von Fischprodukten bombardieren die Verbraucher mit ganz unterschiedlichen Behauptungen über die angebliche Umweltfreundlichkeit ihrer Methoden. Manche dieser Aussagen sind täuschend oder stiften Verwirrung. Deshalb setzt das MSC genau wie das FSC auf die Zertifizierung durch unabhängige Instanzen. Auch das MSC nimmt die Begutachtung nicht selbst vor, sondern beauftragt damit mehrere Organisationen. Der Antrag auf Zertifizierung ist freiwillig: Die Verantwortlichen in den Unternehmen müssen selbst entscheiden, ob die Vorteile der Zertifizierung nach ihrer Einschätzung die Kosten rechtfertigen. Kleineren Unternehmen hilft mittlerweile eine Stiftung namens David and Lucille Packard Foundation auf dem Weg über den Sustainable Fisheries Fund, die Kosten für die Zertifizierung aufzubringen. Am Anfang des Verfahrens steht eine vertrauliche Vorabbeurteilung des Unternehmens, das den Antrag stellt. Entscheidet dieses sich dann für die Begutachtung, folgt die vollständige Beurteilung, die in der Regel ein bis zwei Jahre (in komplizierten Fällen auch bis zu drei Jahren) erfordert; dabei wird festgelegt, welche Probleme aus dem Weg geräumt werden müssen. Wenn die Begutachtung günstig ausfällt und die genannten Forderungen erfüllt sind, erhält das Unternehmen für fünf Jahre das Zertifikat, wobei es sich allerdings jedes Jahr einer erneuten, nicht angemeldeten Begutachtung unterziehen muss. Die Ergebnisse dieser jährlichen Überprüfungen werden auf einer öffentlichen Webseite publiziert, sodass interessierte Dritte sie unter die Lupe nehmen und infrage stellen können. Erfahrungsgemäß sind die meisten Unternehmen nach erteilter MSC-Zertifizierung sehr darauf bedacht, diese nicht wieder zu verlieren, und deshalb erfüllen sie im Rahmen der jährlichen Begutachtung alle an sie gestellten Forderungen. Wie im Fall des FSC, so wird auch hier die Handelskette überwacht, sodass die Fische eines zertifizierten Unternehmens vom Kutter über den Hafen, wo sie angelandet werden, und dann über Großmärkte, Verarbeitungsbetriebe (Gefrierfisch- und Dosenfischhersteller) und Großhändler bis zu den Einzelhändlern verfolgt werden können. Nur Produkte aus zertifizierten Fischgründen, die man über diese ganze Kette hinweg verfolgen kann, dürfen im Laden oder Restaurant beim Verkauf an den Endverbraucher mit dem MSC-Logo gekennzeichnet sein.

Die Zertifizierung bezieht sich sowohl auf die Fischgründe oder Fischbestände als auch auf die Methoden und Gerätschaften, die bei der Nutzung dieser Bestände eingesetzt werden. Um die Zertifizierung bemühen sich Gruppen von Fischern, staatliche Fischereiministerien, die im Namen einer nationalen oder lokalen Fischereiorganisation tätig werden, und Zwischenhändler wie Verarbeitungsbetriebe oder Großhändler. Anträge werden nicht nur für Fischbestände gestellt, sondern auch für Muscheln und Krebse. Das größte der sieben Fischereigebiete, die bisher zertifiziert sind, ist die Wildlachsfischerei im US-Bundesstaat Alaska, die von der Fischerei- und Jagdbehörde des Staates Alaska vertreten wird. An zweiter und dritter Stelle stehen der westaustralische Stein-Hummer (die wertvollste einzelne Art von Meerestieren in Australien, die etwa 20 Prozent des Umsatzes der gesamten australischen Fischerei ausmacht) und der Neuseeland-Hoki (Neuseelands wertvollstes Fischerei-Exportprodukt). Darüber hinaus sind vier kleinere Fischereien in Großbritannien zertifiziert: Der Themsehering, die mit Handleinen gefangene Südwest-Makrele, Herzmuscheln aus dem Meeresarm von Burry und die Kaisergranat-Reusenfischerei von Loch Torridon. Beantragt ist die Anerkennung für den Alaska-Pollack, die größte Fischerei der Vereinigten Staaten, die dort etwa die Hälfte der Fangmengen ausmacht; für den Pazifik-Heilbutt der USA, den Kalifornischen Taschenkrebs und die Gefleckte Garnele an der US-Westküste; für den Streifenbarsch an der US-Ostküste; und für den Hummer an der Baja California. Außerdem gibt es Pläne, die Zertifizierung von wild gefangenen Fischen auf die Aquakultur zu erweitern (die ihre eigenen, im nächsten Kapitel erwähnten großen Probleme aufwirft), wobei man mit Garnelen anfangen und das Verfahren dann auf zehn weitere Arten ausdehnen will, darunter vielleicht auch der Lachs. Derzeit sieht es so aus, als würde die Zertifizierung der weltweit wichtigsten Fischgründe für wild gefangene Garnelen die größten Probleme aufwerfen (weil diese vor allem mit Bodennetzen gefangen werden, die einen umfangreichen Beifang produzieren), und große Schwierigkeiten bereitet auch die Fischerei in Gebieten, die nicht der Rechtsprechung eines einzelnen Staates unterliegen.

Insgesamt hat sich die Zertifizierung in der Fischerei als schwieriger und langwieriger erwiesen als in der Forstwirtschaft. Dennoch bin ich angenehm überrascht, welche Fortschritte das MSC in den letzten fünf Jahren gemacht hat: Ich hatte damit gerechnet, dass es noch schwieriger werden und langsamer vorangehen würde.

Kurz gesagt, hängt das ökologische Verhalten der Unternehmen von einer grundlegenden Tatsache ab, die dem Gerechtigkeitsempfinden vieler Menschen widerspricht. Je nach den Umständen kann ein Unternehmen zumindest auf kurze Sicht tatsächlich maximale Gewinne erzielen, wenn es die Umwelt und die Menschen schädigt. Das gilt heute für die Fischer in nicht bewirtschafteten Fischereigebieten ohne Fangquoten, und für die internationalen Holzkonzerne mit kurzfristigen Pachtverträgen für tropische Regenwälder in Ländern, wo die Beamten korrupt sind und die Grundbesitzer nicht Bescheid wissen. Es galt auch für die Ölkonzerne bis zu der katastrophalen Ölpest am Santa Barbara Channel im Jahr 1969 und für die Bergbauunternehmen in Montana bis zur Verabschiedung der neuen Rekultivierungsgesetze. Wenn staatliche Vorschriften greifen und das Umweltbewusstsein der Öffentlichkeit erwacht ist, haben umweltfreundliche Unternehmen gegenüber solchen, die ökologische Schäden anrichten, einen Konkurrenzvorteil, aber wenn der Staat nicht handelt und die Öffentlichkeit gleichgültig ist, gilt wahrscheinlich das Umgekehrte.

Für uns als Außenstehende ist es einfach und billig, einem Unternehmen vorzuwerfen, dass es andere Menschen schädigt, weil es seinen eigenen Vorteil sucht. Aber solche Vorwürfe allein werden meist nicht zum Auslöser von Veränderungen. Sie lassen die Tatsache außer Acht, dass Unternehmen keine gemeinnützigen Einrichtungen sind, sondern Gewinne erzielen wollen, und dass Aktiengesellschaften sogar die Verpflichtung haben, den Gewinn im Sinne ihrer Aktionäre zu maximieren, solange sie dies mit legalen Mitteln tun. Nach unseren Gesetzen machen sich die Manager eines Unternehmens der »Untreue« schuldig, wenn sie das Unternehmen wissentlich so führen, dass die Gewinne zurückgehen. Der Autohersteller Henry Ford wurde 1919 tatsächlich erfolgreich von Aktionären verklagt, weil er den Mindestlohn der Arbeiter auf fünf Dollar pro Tag angehoben hatte: Das Gericht erklärte, Fords humanitäre Empfindungen gegenüber seinen Angestellten seien zwar lobenswert, aber das Unternehmen sei dazu da, Gewinne für die Aktionäre zu erzielen.

Unsere Vorwürfe an die Adresse der Unternehmen lassen außerdem außer Acht, dass es letztlich in der Verantwortung der Öffentlichkeit liegt, ob sie die Voraussetzungen schafft, damit ein Unternehmen durch Schädigung der Öffentlichkeit Gewinne erzielen kann, zum Beispiel weil sie von den Bergbauunternehmen keine Rekultivierung fordert und weil viele Menschen weiterhin Holzprodukte aus nicht nachhaltiger Forstwirtschaft kaufen. Auf lange Sicht hat die Allgemeinheit entweder indirekt oder auf dem Weg über ihre Politiker die Macht, umweltschädliche Verhaltensweisen zu einem Verlustgeschäft und zu illegaler Tätigkeit zu machen, während eine nachhaltige ökologische Praxis Gewinne einbringt. Die Öffentlichkeit kann Unternehmen auf Schadenersatz verklagen, wie es nach den Katastrophen mit *Exxon Valdez*, Piper Alpha und Bhopal geschah; sie kann bevorzugt nachhaltig hergestellte Produkte kaufen, eine Vorgehensweise, auf die Home Depot und Unilever sich bereits einstellen; sie kann dafür sorgen, dass die Mitarbeiter von Firmen mit schlechter Umweltbilanz sich für ihr Unternehmen schämen und sich gegenüber ihren eigenen Vorgesetzten beschweren; sie kann dafür sorgen, dass Regierungen profitable Verträge mit Unternehmen abschließen, die eine gute Umweltbilanz vorzuweisen haben, wie es die norwegische Regierung mit Chevron tat; und sie können Druck auf ihre Regierungen ausüben, damit diese Gesetze und Vorschriften verabschieden und durchsetzen, die umweltfreundliches Verhalten verlangen wie beispielsweise die neuen Vorschriften für die Kohleindustrie, die in den Vereinigten Staaten in den siebziger und achtziger Jahren des 20. Jahrhunderts erlassen wurden. Die Großunternehmen können ihrerseits sehr wirksam Druck auf ihre Lieferanten ausüben, die den Druck von Öffentlichkeit und Regierungen möglicherweise nicht fürchten. Als beispielsweise die amerikanische Öffentlichkeit sich immer größere Sorgen um die Ausbreitung des Rinderwahnsinns machte, erließ die Lebensmittelbehörde der USA neue Vorschriften, wonach die Lebensmittelindustrie manche Methoden, die die Verbreitung begünstigten, aufgeben musste. Die Fleisch verarbeitenden Betriebe widersetzten sich fünf Jahre lang und behaupteten, die Befolgung der Vorschriften sei zu teuer. Als aber dann bei McDonalds der Hamburger-Absatz zurückging und das Unternehmen daraufhin dieselben Anforderungen stellte, kam die Fleischindustrie der Forderung innerhalb weniger Wochen nach. Der Grund: »Wir haben den größten Einkaufswagen der Welt«, wie ein McDonalds-Sprecher es einmal formulierte. Die Öffentlichkeit muss erkennen, welche Glieder in der Lieferantenkette am ehesten auf den Druck der Allgemeinheit reagieren. Solche Glieder sind beispielsweise McDonald's, Home Depot und Tiffany, aber nicht die Fleischverarbeitungsbetriebe, Holzkonzerne oder Goldbergbauunternehmen.

Manch einer ist jetzt vielleicht enttäuscht oder empört, dass ich die letzte Verantwortung für das Verhalten von Unternehmen, die der Öffentlichkeit schaden, ebendieser Öffentlichkeit zuschiebe. Ebenso erlege ich dieser Öffentlichkeit die zusätzlichen Kosten auf, falls solche Kosten überhaupt durch umweltfreundliches Verhalten entstehen – ich betrachte sie als Produktionskosten wie alle anderen. Es mag so aussehen, als ließe ich mit meinen Ansichten ein ethisches Gebot außer Acht, wonach Unternehmen sich anständig verhalten sollten, ganz gleich ob es ihnen Gewinn bringt oder nicht. Ich nehme lieber etwas anderes zur Kenntnis: In der gesamten Menschheitsgeschichte, in allen politisch komplexen Gesellschaften, in denen Menschen mit anderen zusammentreffen, ohne dass sie mit ihnen durch Familien- oder Sippenzugehörigkeit verbunden sind, haben sich staatliche Vorschriften genau deshalb entwickelt, weil damit ethische Prinzipien durchgesetzt werden mussten. Sich an ethische Prinzipien zu erinnern, ist eine notwendige erste Voraussetzung für anständiges Verhalten, aber es reicht allein nicht aus.

Die Erkenntnis, dass letztlich die Öffentlichkeit auch für das Verhalten der größten Unternehmen verantwortlich ist, stellt für mich keine Enttäuschung dar, sondern sie vermittelt mir ein Gefühl von Macht und Hoffnung. Es geht mir nicht um ethische Aussagen darüber, wer sich richtig oder falsch verhält, bewundernswert oder egoistisch handelt, ein guter oder ein schlechter Mensch ist. Stattdessen gelange ich aufgrund der Vorgänge, die ich in der Vergangenheit gesehen habe, zu einer Voraussage: Unternehmen haben ihr Verhalten geändert, wenn die Öffentlichkeit ein anderes Verhalten erwartet und verlangt hat, wenn sie die Unternehmen für erwünschtes Verhalten belohnt hat und wenn sie jenen, die unerwünschtes Verhalten praktizieren, das Leben schwer machen. Ich sage voraus, dass eine veränderte Haltung der Öffentlichkeit in Zukunft genau wie in der Vergangenheit darüber bestimmen wird, wie die Unternehmen sich gegenüber der Umwelt verhalten.

KAPITEL 16

Die Welt als Polder: Was bedeutet das alles für uns?

Einleitung – Die drängendsten Probleme ■ Wenn wir das nicht in den Griff bekommen … ■ Leben in Los Angeles ■ Einwände ■ Vergangenheit und Gegenwart ■ Anlässe zur Hoffnung

Bisher haben wir uns in diesem Buch immer wieder mit der Frage befasst, warum es Gesellschaften in Vergangenheit und Gegenwart gelungen oder nicht gelungen ist, ihre ökologischen Probleme in den Griff zu bekommen. Das nun folgende letzte Kapitel beschäftigt sich mit der praktischen Bedeutung dieser Erkenntnisse: Welche Lehren können wir heute aus alledem ziehen?

Zunächst möchte ich darlegen, welchen wichtigen ökologischen Problemen unsere heutigen Gesellschaften gegenüberstehen und in welchen Zeiträumen sie zur Bedrohung werden können. Als Einzelbeispiel für die Auswirkungen, die sich aus diesen Problemen ergeben können, werde ich die Region untersuchen, in der ich seit 39 Jahren zu Hause bin: den Süden Kaliforniens. Danach beschäftige ich mich mit den häufigsten Einwänden, mit denen heute versucht wird, die Bedeutung der Umweltprobleme herunterzuspielen. Da mein Buch zur Hälfte den historischen Gesellschaften gewidmet war, aus deren Schicksal wir für die heutige Zeit etwas lernen können, werde ich die Unterschiede zwischen der Welt der Vergangenheit und unserer Zeit betrachten und mich der Frage widmen, welche Lehren wir aus der Geschichte ziehen können. Und für alle, die nun fragen, was der Einzelne denn tun könne, biete ich am Ende in dem Abschnitt »Weiterführende Literatur« einige Vorschläge an.

Nach meinem Eindruck lassen sich die schwersten ökologischen Probleme, mit denen die Gesellschaften in Vergangenheit und Gegenwart sich auseinander setzen müssen, in zwölf Kategorien einteilen. Acht davon gab es auch früher schon, vier jedoch (Nummer 5, 7, 8 und 10 – Energie, Obergrenze der Fotosynthese, giftige Chemikalien und Veränderungen der Atmosphäre) sind erst in jüngerer Zeit zum Problem geworden. Die ersten vier betreffen die Zerstörung oder den Verlust natürlicher Ressourcen; bei drei weiteren geht es um Obergrenzen für die Nutzung natürlicher Ressourcen; dann folgen drei gefährliche Dinge, die wir herstellen oder transportieren; und die beiden letzten sind Bevölkerungsfragen. Beginnen wir also mit den natürlichen Ressourcen, die wir zerstören oder verlieren: natürliche Lebensräume, wild wachsende Nahrungsmittel, Artenvielfalt und Boden.

1. Wir zerstören immer schneller natürliche Lebensräume oder verwandeln sie in Lebensräume menschlichen Zuschnitts, beispielsweise in Städte und Dörfer, Ackerland und Weiden, Straßen und Golfplätze. Insbesondere die Zerstörung von Wäldern, Feuchtgebieten, Korallenriffen und Meeresboden hat zu zahlreichen Diskussionen geführt. Wie ich im vorangegangenen Kapitel erwähnt habe, wird weltweit bereits mehr als die Hälfte aller ursprünglich vorhandenen Waldflächen anderweitig genutzt, und wenn die Umwandlung sich mit der derzeitigen Geschwindigkeit fortsetzt, wird innerhalb der nächsten 50 Jahre ein weiteres Viertel der noch verbliebenen Wälder anderen Zwecken dienen. Dieser Waldverlust stellt einen Verlust für uns Menschen dar, insbesondere weil die Wälder uns Holz und andere Rohstoffe liefern, aber auch weil sie ökologisch nützlich sind – sie schützen unsere Wassereinzugsgebiete, verhindern die Bodenerosion, sind eine entscheidende Station im Wasserkreislauf, der für einen großen Teil unserer Niederschläge verantwortlich ist, und bilden den Lebensraum für die meisten landlebenden Pflanzen- und Tierarten. Waldzerstörung war ein wichtiger und manchmal sogar der wichtigste Faktor beim Zusammenbruch aller Gesellschaften früherer Zeiten, die in diesem Buch beschrieben wurden. Wie ich in Kapitel 1 im Zusammenhang mit Montana erläutert habe, ist außerdem nicht nur die Zerstörung und Umwandlung der Wälder von Bedeutung, sondern auch der Strukturwandel in den bewaldeten Lebensräumen, die uns noch verbleiben. Unter anderem führt diese veränderte Struktur zu einem anderen Ablauf von Waldbränden, sodass Wälder, Buschlandschaften und Savannen stärker durch seltene, dafür aber katastrophale Brände gefährdet sind.

Außer den Wäldern werden auch andere wertvolle natürliche Lebensräume zerstört. Unter den Feuchtgebieten der Erde ist der Anteil, der vernichtet, geschädigt oder umgewandelt wurde, sogar noch größer als bei den Wäldern. Feuchtgebiete sind von Bedeutung für die Qualität unserer Wasserversorgung, sie bilden die Lebensgrundlage für die wirtschaftlich wichtige Süßwasserfischerei, und selbst die Meeresfischerei braucht Mangrovensümpfe, die den Lebensraum für die Jungtiere vieler Fischarten bilden. Etwa ein Drittel aller Korallenriffe – die mit ihrem unverhältnismäßig hohen Anteil aller im Meer beheimateten Arten das Gegenstück zu den tropischen Regenwäldern bilden – sind bereits schwer geschädigt. Setzt sich die derzeitige Entwicklung fort, ist bis zum Jahr 2030 ungefähr die Hälfte der noch verbliebenen Riffe verloren. Schäden und Zerstörungen entstehen hier vor allem durch das Dynamit, das zunehmend in der Fischerei eingesetzt wird, sowie durch Algen (»Seetang«), die ein Riff überwuchern, wenn die großen Pflanzen fressenden Tiere, die sich normalerweise von ihnen ernähren, abgefischt werden, aber auch durch ausgewaschene Sedimente und die Giftstoffe aus benachbarten Landstrichen, die gerodet oder in landwirtschaftliche Flächen umgewandelt werden, und durch das Ausbleichen der Korallen, das auf die steigenden Wassertemperaturen zurückzuführen ist. Seit einiger Zeit weiß man, dass auch die Netzfischerei in flachen Meeren große Teile des Meeresbodens und die von ihm abhängigen Arten vernichtet.

2. Wilde Lebensmittel, insbesondere Fische und in geringerem Umfang auch Muscheln, stellen einen beträchtlichen Anteil der von Menschen verbrauchten Proteinmenge dar. Letztlich erhalten wir diese Proteine kostenlos (abgesehen von den Kosten für Fang und Transport der Fische), und damit vermindert sich unser Bedarf an tierischem Protein, das wir in Form von Haustieren selbst heranzüchten müssen. Etwa zwei Milliarden Menschen, die meisten von ihnen sehr arm, sind auf die Proteinversorgung aus dem Ozean angewiesen. Bei richtiger Bewirtschaftung könnte man die Fischbestände auf einem konstanten Niveau erhalten und auf unbegrenzte Zeit weiter nutzen. Leider hat aber die so genannte Tragödie des Gemeineigentums (Kapitel 14) alle Bemühungen um eine nachhaltige Fischwirtschaft regelmäßig zunichte gemacht, und die wichtigsten Fischgründe sind in ihrer Mehrzahl bereits zusammengebrochen oder befinden sich in steilem Niedergang (Kapitel 15). In der Vergangenheit haben unter anderem die Gesellschaften auf der Osterinsel, Mangareva und Henderson sich durch Überfischung selbst geschadet.

Mittlerweile werden Fische und Garnelen zunehmend in Aquakulturen gezüchtet. Für die Zukunft ist dies im Prinzip eine viel versprechende Methode, denn sie ist der billigste Weg zur Produktion tierischen Proteins. In der Form, wie die Aquakultur heute praktiziert wird, lindert sie aber das Problem der abnehmenden Wildfischbestände nicht, sondern sie trägt in mehrfacher Hinsicht sogar zu seiner Verschlimmerung bei. Die Fische, die in der Aquakultur heranwachsen, werden meist mit gefangenen Wildfischen gefüttert und verbrauchen deshalb mehr (bis zum 20fachen) an Wildfischfleisch, als sie selbst an Fleisch liefern. Außerdem enthalten sie höhere Giftstoffkonzentrationen als wilde Fische. Regelmäßig entkommen aus den Kulturen einige Fische, die sich dann mit wilden Exemplaren paaren und deshalb für die Wildfischbestände eine genetische Gefahr darstellen: In den Kulturen werden speziell ausgewählte Fische für Stämme gezüchtet, die schnell heranwachsen, dafür aber in freier Wildbahn nur schlecht überleben können (Kulturlachse haben in der Wildnis eine fünfzigmal schlechtere Überlebensrate als ihre wilden Vettern). Die Abfälle aus der Aquakultur führen zu Wasserverschmutzung und Eutrophierung. Die im Vergleich zur Fischerei geringeren Kosten der Aquakultur lassen die Fischpreise sinken und veranlassten die Fischer anfangs dazu, die Wildfischbestände noch stärker auszubeuten, um ihr Einkommen trotz sinkender Kiloerträge konstant zu halten.

3. Wilde Tier- und Pflanzenarten, Populationen und genetische Vielfalt sind zu einem beträchtlichen Teil bereits verloren, und wenn es so weitergeht wie bisher, wird auch ein großer Teil dessen, was bisher erhalten geblieben ist, im nächsten halben Jahrhundert verschwinden. Manche Arten, beispielsweise große, essbare Tiere oder Pflanzen mit essbaren Früchten oder gutem Holz, sind für uns von offenkundigem Nutzen. Zu den vielen Gesellschaften vergangener Zeiten, die sich selbst durch die Ausrottung solcher Arten schädigten, gehörten die von der Osterinsel und Henderson, die wir bereits ausführlich erörtert haben.

Gehen aber kleine, nichtessbare Arten verloren, hört man häufig die Frage: »Was macht das schon? Sind Ihnen die Menschen wirklich weniger wichtig als ein paar mickrige, nutzlose kleine Fische oder Unkräuter, beispielsweise der Flussbarsch oder das Läusekraut?« Wer so fragt, vergisst aber, dass die gesamte, aus wilden Tier- und Pflanzenarten bestehende Natur uns ganz umsonst viele Dienste leistet, die wir selbst nur mit sehr hohen Kosten oder in vielen Fällen überhaupt nicht zuwege bringen könnten. Die Beseitigung zahlreicher kleiner Arten führt regelmäßig zu großen, gefährlichen Auswirkungen auf die Menschen, ganz so, als würde man nach dem Zufallsprinzip viele der kleinen Nieten entfernen, die ein Flugzeug zusammenhalten. Für dieses Prinzip gibt es buchstäblich unzählige Beispiele, von denen ich einige nennen möchte: Regenwürmer sind von Bedeutung für die Regeneration des Bodens und die Aufrechterhaltung seiner Struktur (dass der Sauerstoffgehalt in der luftdicht abgeschlossenen »Biosphäre 2« sank, was die menschlichen Bewohner gefährdete und einem meiner Kollegen dauerhafte Schäden zufügte, lag unter anderem an dem Fehlen geeigneter Regenwürmer, die zu einem anderen Gasaustausch zwischen Boden und Atmosphäre beigetragen hätten); Bodenbakterien fixieren den Stickstoff, einen unentbehrlichen Nährstoff für Nutzpflanzen, den man ansonsten unter hohem Kostenaufwand mit Düngemitteln zuführen muss; Bienen und andere Insekten bestäuben kostenlos unsere Pflanzen, während es sehr kostspielig wäre, jede Blüte einer Nutzpflanze von Hand zu befruchten; Vögel und Säugetiere nehmen wilde Früchte mit und verbreiten die Samen (die Forstwissenschaftler haben bis heute nicht herausgefunden, wie man die wirtschaftlich wichtigste Baumart der Salomonen aus Samen heranzüchten kann – in der Natur werden diese Samen von Fledermäusen, die heute der Jagd zum Opfer fallen, im Gelände verteilt; Wale, Haie, Bären, Wölfe und andere Raubtiere im Meer und an Land werden dezimiert, was zu Veränderungen in der gesamten unter ihnen stehenden Nahrungskette führt; und wilde Pflanzen und Tiere zersetzen Abfallstoffe, verwerten Nährstoffe und versorgen uns damit letztlich mit sauberem Wasser und sauberer Luft.

4. Ackerböden, die dem Nutzpflanzenanbau dienen, werden durch Wasser- und Winderosion zerstört; dieser Vorgang läuft um den Faktor 10 bis 40 schneller ab als die Neubildung von Boden, und im Vergleich zur Bodenerosion auf bewaldeten Gebieten ist sie um den Faktor 500 bis 10 000 stärker. Da die Bodenerosion so viel schneller voranschreitet als die Bodenneubildung, geht unter dem Strich Boden verloren. So ist beispielsweise in Iowa, das unter allen US-Bundesstaaten die höchste landwirtschaftliche Produktivität aufweist, in den letzten 150 Jahren ungefähr die Hälfte des Oberbodens durch Erosion verschwunden. Als ich das letzte Mal in Iowa war, zeigten mir die Gastgeber auf einem Friedhof ein besonders spektakuläres Beispiel für diese Bodenzerstörung. Im 19. Jahrhundert hatte man dort mitten im landwirtschaftlichen Gebiet eine Kirche gebaut, die auch seither immer als Kirche diente, während das Land in der Umgebung als Acker genutzt wurde. Da der Boden auf den landwirtschaftlichen Flächen viel schneller erodiert war als auf dem Friedhof der Kirche, ragt dieser heute wie eine kleine Insel ungefähr drei Meter hoch aus dem Meer der umgebenden Felder heraus.

Darüber hinaus wird der Boden von den Menschen durch die Landwirtschaft, aber auch auf andere Weise geschädigt: Er versalzt, wie es in

Kapitel 1 für Montana, in Kapitel 12 für China und in Kapitel 13 für Australien beschrieben wurde; er verliert seine Fruchtbarkeit, weil ihm die Nährstoffe durch die Landwirtschaft viel schneller entzogen werden, als sie sich durch Verwitterung des darunter liegenden Gesteins regenerieren; und in manchen Gebieten nimmt der Säuregehalt des Bodens zu, während er umgekehrt in anderen immer alkalischer wird. Insgesamt führten diese verschiedenen Effekte dazu, dass weltweit ein Anteil der landwirtschaftlichen Flächen, der nach verschiedenen Schätzungen zwischen 20 und 80 Prozent liegt, bereits schwer geschädigt ist, und das in einer Zeit, in der eine wachsende Bevölkerung nicht weniger, sondern mehr landwirtschaftliche Nutzflächen braucht. Wie die Waldzerstörung, so haben auch Bodenprobleme zum Zusammenbruch aller früheren Gesellschaften beigetragen, von denen in diesem Buch die Rede war.

Die drei nächsten Probleme haben mit Obergrenzen zu tun – bei Energie, Süßwasser und Photosynthesekapazität. Die Obergrenze ist dabei in allen Fällen nicht genau festgelegt, sondern variabel: Wir können die benötigten Ressourcen in größerem Umfang nutzen, allerdings zu höheren Kosten.

5. Die wichtigsten Primärenergieträger sind insbesondere in den Industrieländern die fossilen Brennstoffe: Öl, Erdgas und Kohle. Es wurde zwar viel darüber diskutiert, wie viele bedeutende Öl- und Gasfelder noch der Entdeckung harren, und die Kohlevorräte gelten zwar als groß, aber derzeit herrscht die Ansicht vor, dass die bekannten und voraussichtlich leicht zugänglichen Öl- und Erdgasreserven nur noch für wenige Jahrzehnte reichen. Diese Aussage sollte nicht so verstanden werden, als wäre bis dahin das gesamte Öl und Erdgas im Erdinneren aufgebraucht. Aber die Reserven, die dann noch vorhanden sind, werden tiefer unter der Erde liegen, stärker verunreinigt sein, immer höhere Kosten für Gewinnung und Weiterverarbeitung verursachen und mit höheren ökologischen Kosten verbunden sein. Natürlich sind fossile Brennstoffe nicht die einzigen Energieträger; welche Probleme die Alternativen aufwerfen, werde ich später noch genauer erörtern.

6. Der größte Teil des Süßwassers in den Flüssen und Seen der Erde wird bereits entweder für Bewässerung, Haushalte und Industrie genutzt, oder es dient an Ort und Stelle dem Schiffsverkehr, der Fischerei oder der Erholung. Flüsse und Seen, die noch nicht genutzt werden, sind meist weit von größeren Ballungsgebieten mit ihren potenziellen Nutzern ent-

fernt, wie beispielsweise im Nordwesten Australiens, in Sibirien und in Island. Das Grundwasser wird auf der ganzen Welt viel stärker ausgebeutet, als es sich von Natur aus neu bilden kann, sodass es irgendwann zur Neige gehen wird. Natürlich kann man Süßwasser durch Entsalzung von Meerwasser erzeugen, aber das kostet Geld und Energie; außerdem erfordert es erheblichen Aufwand, das entsalzte Wasser zur Nutzung ins Landesinnere zu pumpen. Deshalb ist die Meerwasserentsalzung zwar in manchen begrenzten Gebieten nützlich, sie ist aber zu kostspielig, als dass sie eine Lösung für die weltweite Wasserknappheit darstellen könnte. Unter den Gesellschaften in der Vergangenheit wurden Anasazi und Maya durch Wasserknappheit zugrunde gerichtet, und heute hat über eine Milliarde Menschen keinen Zugang zu einer zuverlässigen, sauberen Trinkwasserversorgung.

7. Die Versorgung mit Sonnenlicht scheint auf den ersten Blick keinen Begrenzungen zu unterliegen, und deshalb könnte man zu dem Schluss gelangen, dass die Erde auch über unendliche Fähigkeiten verfügt, Nutz- und Wildpflanzen hervorzubringen. In den letzten 20 Jahren hat man jedoch gelernt, dass diese Annahme nicht stimmt. Das liegt nicht nur daran, dass Pflanzen in den Polargebieten und Wüsten der Erde schlecht wachsen, solange man sich nicht die Mühe macht, Wärme oder Wasser künstlich zuzuführen. Allgemeiner betrachtet, hängt es von Temperatur und Niederschlag ab, wie viel Sonnenenergie die Pflanzen auf einem Hektar durch Photosynthese fixieren können und wie viel Pflanzenwachstum demnach auf einer solchen Fläche stattfinden kann. Bei einer bestimmten Temperatur und Niederschlagsmenge wird das Pflanzenwachstum, das durch das Sonnenlicht möglich ist, durch die geometrischen und biochemischen Eigenschaften der Pflanzen bestimmt; das gilt selbst dann, wenn sie das Sonnenlicht so effizient aufnehmen, dass kein einziges Photon durch die Pflanzen hindurch auf den Boden fällt. Eine erste Berechnung der Photosynthese-Obergrenze stellte man 1986 an: Nach dieser Schätzung wurde damals bereits etwa die Hälfte der weltweiten Photosynthesekapazität von den Menschen genutzt (beispielsweise für Getreide, Baumplantagen und Golfplätze) oder umgeleitet und verschwendet (beispielsweise weil Licht auf Asphaltstraßen und Gebäude fiel). Angesichts der Bevölkerungszunahme und insbesondere ihrer ökologischen Auswirkungen (siehe Punkt 12) werden wir den Vorausberechnungen zufolge bis zur Mitte dieses Jahrhunderts auf den Landflächen der Erde den allergrößten Teil der Photosynthesekapazität nutzen. Oder anders ausgedrückt: Der größte Teil der fixierten Sonnenenergie wird

den Zwecken der Menschen dienen, und nur ein kleiner Teil bleibt noch übrig und kann das Wachstum natürlicher Wälder und anderer natürlicher Pflanzengemeinschaften in Gang halten.

Bei den drei nächsten Problemen geht es um gefährliche Dinge, die wir herstellen oder transportieren: chemische Schadstoffe, fremde biologische Arten und schädliche Gase in der Atmosphäre.

8. Die chemische Industrie und viele andere Branchen stellen zahlreiche giftige Chemikalien her oder setzen sie in Luft, Boden, Meere, Seen und Flüsse frei. Vielfach handelt es sich dabei um »unnatürliche« Substanzen, die ausschließlich von Menschen produziert werden; andere (zum Beispiel Quecksilber) kommen in der Natur in winzigen Mengen vor oder werden (wie die Hormone) von Lebewesen zwar synthetisiert, Menschen stellen sie aber in weitaus größeren Mengen her. Die ersten Giftstoffe, die ins Blickfeld der Öffentlichkeit gerieten, waren Insektizide, Pestizide und Herbizide: Ihre Auswirkungen auf Vögel, Fische und andere Tiere beschrieb Rachel Carson schon 1962 in ihrem Bestseller *Der stumme Frühling*. Seither hat man gelernt, dass die Giftstoffe bei uns Menschen noch größere Schäden anrichten als bei den Tieren. Ursache sind dabei nicht nur Insektizide, Pestizide und Herbizide, sondern auch Quecksilber und andere Metalle, brandhemmende Chemikalien, Kühlmittel, Detergentien und Kunststoffbestandteile. Wir schlucken sie mit Lebensmitteln und Wasser, atmen sie mit der Luft ein und nehmen sie über unsere Haut auf. Vielfach verursachen sie schon in sehr geringer Konzentration angeborene Fehlbildungen, geistige Behinderungen und vorübergehende oder bleibende Schäden von Immunsystem und Fortpflanzungsorganen. Manche wirken als Hormonhemmstoffe: Sie beeinträchtigen die Fortpflanzung, weil sie die Wirkungen unserer körpereigenen Geschlechtshormone nachahmen oder blockieren. Wahrscheinlich sind sie ein entscheidender Grund, warum die Anzahl der Samenzellen in vielen Bevölkerungsgruppen während der letzten Jahrzehnte stark gesunken ist, sodass offensichtlich immer mehr Paare keine Kinder mehr bekommen können. Dies gilt selbst dann, wenn man in Rechnung stellt, dass das Durchschnittsalter bei der Eheschließung in vielen Gesellschaften ansteigt. Außerdem kommen allein in den USA jedes Jahr nach vorsichtigen Schätzungen 130 000 Menschen allein durch die Luftverschmutzung ums Leben (wobei Boden- und Wasserverschmutzung noch nicht mitgerechnet sind).

Viele dieser Giftstoffe werden in der Umwelt (wie DDT und PCBs) nur langsam oder (wie Quecksilber) überhaupt nicht abgebaut und bleiben in unserem Umfeld lange erhalten, bevor sie ausgewaschen werden. Deshalb verursachen die Aufräumarbeiten in verschmutzten Landstrichen der USA (zum Beispiel Love Canal, Hudson River, Chesapeake Bay, dem Gebiet der *Exxon Valdez*-Ölpest oder den Kupferminen in Montana) häufig Kosten in Milliardenhöhe. Aber auch die am schlimmsten verschmutzten Orte in den USA sind noch harmlos im Vergleich zu vielen Stellen in der früheren Sowjetunion, China und zahlreichen Bergbaubetrieben der Dritten Welt, wo man an die Rekultivierungskosten überhaupt nicht denken mag.

9. Als »fremde Arten« bezeichnet man Lebewesen, die wir absichtlich oder unabsichtlich von ihrem angestammten Verbreitungsgebiet in eine Region bringen, wo sie bis dahin nicht heimisch waren. Manche fremden Arten leisten uns natürlich als Nutzpflanzen, Haustiere oder zur Verschönerung der Landschaft gute Dienste. Aber andere richten unter den einheimischen Arten, mit denen sie in Berührung kommen, verheerende Schäden an, weil sie sie fressen, als Parasiten befallen, infizieren oder verdrängen. Solche großen Auswirkungen haben die fremden Arten häufig deshalb, weil die einheimischen Arten in ihrer Evolution keine Erfahrungen mit dem Eindringling gesammelt haben und ihm deshalb keinen Widerstand entgegensetzen (ganz ähnlich wie Bevölkerungsgruppen der Menschen, die noch nie mit Pocken oder AIDS in Kontakt gekommen sind). Man kennt heute buchstäblich Hunderte von Fällen, in denen fremde Arten einmalige oder jährlich wiederkehrende Schäden in Millionen- oder sogar Milliardenhöhe angerichtet haben. Zu den Beispielen aus unserer Zeit gehören die Kaninchen und Füchse in Australien, Unkräuter wie Flockenblume und Eselswolfsmilch in Montana (Kapitel 1), Schädlinge und Krankheitserreger an Bäumen, Nutzpflanzen und Nutztieren (beispielsweise der Mehltau, der die amerikanischen Kastanien zugrunde gerichtet hat und auch unter Ulmen schwere Schäden anrichtet), Seerosen, die Wasserwege blockieren, Zebramuscheln, die Kraftwerksleitungen verstopfen, und die Neunaugen, die an den Großen Seen Nordamerikas den Tod der kommerziellen Süßwasserfischerei bedeuteten. Aus früheren Zeiten kennen wir die eingeschleppten Ratten: Sie knabberten auf der Osterinsel die Palmennüsse an und trugen so zum Aussterben dieser Bäume bei, fraßen aber auch auf der Osterinsel, Henderson sowie allen anderen zuvor rattenfreien Pazifikinseln die Eier und Küken der nistenden Vögel.

10. Durch die Tätigkeiten des Menschen entstehen Gase, die in die Atmosphäre entweichen. Dort schädigen sie entweder die schützende Ozonschicht (wie die früher weit verbreiteten Kühlmittel), oder sie wirken als Treibhausgase, die Sonnenlicht festhalten und damit zur globalen Erwärmung beitragen. Bei diesen Treibhausgasen handelt es sich einerseits um Kohlendioxid aus Atmung und Verbrennung, andererseits um Methan, das bei der Gärung in den Verdauungsorganen von Wiederkäuern entsteht. Natürlich ist Kohlendioxid immer durch natürliche Brände und die Atmung der Tiere entstanden, und ebenso haben wilde Wiederkäuer immer Methan produziert, aber seit wir Holz und fossile Brennstoffe verfeuern, ist der Kohlendioxidausstoß stark angestiegen, und die Methanproduktion ist durch unsere Rinder- und Schafherden gewachsen.

Viele Jahre lang waren sich die Fachleute über Realität, Ausmaß und Ursachen der globalen Erwärmung nicht einig: Befinden sich die weltweiten Temperaturen tatsächlich derzeit auf einem historischen Höchststand, und wenn ja, wie hoch ist er wirklich, und wird er vorwiegend von Menschen verursacht? Heute sind sich die meisten seriösen Wissenschaftler einig, dass es zwar von Jahr zu Jahr ein Auf und Ab der Temperaturen gibt, aus dem sich nur mit komplizierten Analysen eine allgemeine Erwärmung ablesen lässt, dass die Temperatur aber in jüngerer Zeit tatsächlich rapide angestiegen ist und dass die Tätigkeit der Menschen eine wichtige oder die wichtigste Ursache ist. Unsicherheiten gibt es eigentlich nur noch in der Frage, welche Größenordnung der Effekt in Zukunft annehmen wird: Wird die weltweite Durchschnittstemperatur beispielsweise im Lauf der nächsten 100 Jahre »nur« um 1,5 Grad oder um fünf Grad ansteigen? Solche Zahlen hören sich vielleicht geringfügig an, aber man muss daran denken, dass die weltweite Durchschnittstemperatur auch auf dem Höhepunkt der letzten Eiszeit »nur« um fünf Grad niedriger lag als heute.

Auf den ersten Blick könnte man vielleicht meinen, die globale Erwärmung sei ein willkommener Effekt, weil höhere Temperaturen auch stärkeres Pflanzenwachstum bedeuten. Wie sich aber bei näherem Hinsehen herausstellt, erzeugt die globale Erwärmung sowohl Gewinner als auch Verlierer. In den kühlen Regionen, die sich nur schlecht für die Landwirtschaft eignen, könnten die Nutzpflanzenerträge tatsächlich zunehmen, aber wo es heute bereits warm oder trocken ist, gehen sie unter Umständen zurück. In Montana, Kalifornien und vielen anderen trockenen Klimazonen führte das Verschwinden der Schneedecke im Gebirge dazu, dass nicht nur für die Haushalte weniger Wasser zur Verfügung steht, sondern auch für die landwirtschaftliche Bewässerung, von der in solchen Gebieten die Nutzpflanzenerträge abhängen. Da durch das Abschmelzen von Schnee und Eis auch der Meeresspiegel weltweit ansteigt, wächst die Gefahr von Überschwemmungen und Erosion in dicht bevölkerten, niedrig gelegenen Küstenebenen und Flussdeltas, die schon heute nur knapp über oder sogar unter dem Meeresspiegel leben. Bedroht sind in dieser Hinsicht beispielsweise große Teile der Niederlande, Bangladesch, die Ostküste der Vereinigten Staaten, viele flache Pazifikinseln, die Deltas von Nil und Mekong sowie Großstädte an Flüssen in Großbritannien (beispielsweise London), Indien, Japan und auf den Philippinen. Darüber hinaus wird die globale Erwärmung umfangreiche Sekundäreffekte auslösen, die sich nur schwer genau voraussagen lassen, aber wahrscheinlich ebenfalls zu gewaltigen Problemen führen werden, beispielsweise weil es durch das Abschmelzen der arktischen Eiskappen zu Veränderungen der Meeresströmungen und damit zu weiteren Klimaveränderungen kommt.

Die beiden letzten Probleme haben mit dem Bevölkerungswachstum zu tun:

11. Die Weltbevölkerung wächst. Mehr Menschen brauchen mehr Nahrung, Platz, Wasser, Energie und andere Ressourcen. Die Geschwindigkeit der Bevölkerungsentwicklung und sogar ihre Richtung ist rund um die Welt sehr unterschiedlich: Das stärkste Bevölkerungswachstum (vier Prozent und mehr im Jahr) findet man in einigen Drittweltländern; in manchen Industrieländern (beispielsweise Italien und Japan) wächst die Bevölkerung langsam mit höchstens einem Prozent im Jahr, und in Staaten mit großen Gesundheitskrisen, beispielsweise in Russland und den von AIDS betroffenen afrikanischen Ländern, ist das Wachstum sogar negativ (das heißt, die Einwohnerzahl nimmt ab). Insgesamt nimmt die Weltbevölkerung nach übereinstimmender Ansicht der Fachleute zu, aber das jährliche Wachstum ist nicht mehr so stark wie noch vor 10 oder 20 Jahren. Meinungsverschiedenheiten gibt es jedoch noch in der Frage, ob die Weltbevölkerung sich bei irgendeiner Zahl oberhalb des jetzigen Standes (vielleicht beim Doppelten?) stabilisieren wird und wenn ja, wie lange (30 Jahre? 50 Jahre?) es noch dauern wird, bis dieses Niveau erreicht ist, oder ob die Bevölkerung immer weiter wachsen wird.

Das Bevölkerungswachstum hat einen langfristigen inneren Impuls. Der Grund liegt in der »demographischen Blase«, das heißt in einer unverhältnismäßig großen Zahl von Kindern und jungen Menschen im fortpflanzungsfähigen Alter, die wegen des Bevölkerungswachstums der jüngeren Zeit einen großen Anteil der heutigen Bevölkerung ausmachen. Angenommen, alle Paare auf der Welt würden von heute auf morgen den Entschluss fassen, sich auf zwei Kinder zu beschränken. Dies würde dazu führen, dass die Bevölkerung sich auf lange Sicht nicht mehr ändert, weil die Kinder an die Stelle der Eltern treten, die irgendwann sterben. (In Wirklichkeit sind dazu durchschnittlich 2,1 Kinder je Paar erforderlich, weil manche Paare kinderlos bleiben und manche Kinder nicht heiraten.) Dennoch würde die Weltbevölkerung zunächst auf 70 Jahre hinaus weiter wachsen, weil heute mehr Menschen im fortpflanzungsfähigen Alter sind oder dieses Alter erreichen, während die Zahl der Alten, die das fortpflanzungsfähige Alter hinter sich haben, geringer ist. Das Bevölkerungswachstum stand in den letzten Jahrzehnten im Mittelpunkt der Aufmerksamkeit und gab den Anlass zu verschiedenen Bestrebungen, den Anstieg der Weltbevölkerung zu bremsen oder zum Stillstand zu bringen.

12. Entscheidend ist nicht allein die Zahl der Menschen, sondern ihre Auswirkungen auf die Umwelt. Würde sich der größte Teil der derzeitigen Weltbevölkerung von 6 Milliarden Menschen im Gefrierschlaf befinden, sodass sie nicht essen, nicht atmen und keinen Stoffwechsel haben, würde diese große Bevölkerung keine ökologischen Probleme verursachen. Zu Schwierigkeiten kommt es nur deshalb, weil wir Ressourcen verbrauchen und Abfälle produzieren. Der Eingriff in die Umwelt pro Kopf – das heißt die Ressourcen, die ein einzelner Mensch verbraucht, und die Abfälle, die er produziert – schwankt rund um die Welt stark: Am höchsten ist er in den Industrieländern, am niedrigsten in der Dritten Welt. Im Durchschnitt verbraucht jeder Bürger der Vereinigten Staaten, Westeuropas und Japans 32-mal so viel fossile Brennstoffe und andere Ressourcen wie ein Einwohner der Dritten Welt, und ebenso hinterlässt er die 32fache Abfallmenge.

Aber aus Menschen mit geringen Auswirkungen werden solche mit hohen Auswirkungen, und das aus zwei Gründen: Erstens steigt in den Drittweltländern der Lebensstandard, weil die Bewohner die Lebensweise der Industrieländer beobachten und nachahmen, und zweitens wandern Bewohner aus der Dritten Welt legal oder illegal in die Industrieländer ein, weil sie den politischen, wirtschaftlichen und sozialen Problemen in ihrer Heimat entkommen wollen. Einwanderung aus Staaten, deren Bewohner die Umwelt weniger beeinträchtigen, ist heute in den Vereinigten Staaten und Europa der wichtigste Faktor für das Bevölkerungswachstum. Ebenso besteht das bei weitem wichtigste Bevölkerungsproblem für die gesamte Welt nicht in dem starken Bevölkerungsanstieg in Kenia, Ruanda und anderen armen Drittweltländern, auch wenn er in diesen Ländern selbst mit Sicherheit zu Schwierigkeiten führt und das am häufigsten diskutierte Bevölkerungsproblem darstellt. Viel schlimmer ist, dass die Summe aller Eingriffe der Menschen in ihre Umwelt zunimmt, weil der Lebensstandard in der Dritten Welt steigt und weil Menschen aus Drittweltländern in die Industrieländer einwandern und deren Lebensstandard übernehmen.

Viele »Optimisten« vertreten die Ansicht, die Welt könne das Doppelte ihrer derzeitigen Bevölkerung ernähren, wobei sie jedoch nur die zahlenmäßige Zunahme betrachten, nicht aber die durchschnittliche Zunahme der ökologischen Auswirkungen pro Kopf. Ich habe nie von jemandem ernsthaft die Meinung gehört, die Erde könne das Zwölffache ihrer derzeitigen ökologischen Beeinträchtigung vertragen, aber diese Zunahme würde sich ergeben, wenn alle Bewohner der Dritten Welt den Lebensstandard der Industrieländer erreichen würden. (Der Faktor 12 ergibt sich im Gegensatz zu dem im vorigen Abschnitt erwähnten Faktor 32, weil die Bewohner der Industrieländer die Umwelt auch heute bereits stark beeinträchtigen, auch wenn sie gegenüber den Bewohnern der Dritten Welt erheblich in der Minderzahl sind.) Schon wenn nur alle Chinesen den Lebensstandard der Industrieländer erreichen würden, während dieser bei allen anderen Menschen konstant bleibt, würden sich die ökologischen Auswirkungen der Menschen auf die Welt verdoppeln (Kapitel 12).

Die Menschen in der Dritten Welt wünschen sich den Lebensstandard der Industrieländer. Dieses Ziel setzen sie sich, weil sie fernsehen, die Werbung für in ihren Ländern vertriebene Konsumprodukte aus den Industrieländern erleben und mit Besuchern aus den Industrieländern zusammentreffen. Heute wissen die Menschen selbst in den abgelegensten Dörfern und Flüchtlingslagern über die Außenwelt Bescheid. Bestärkt werden die Bewohner der Dritten Welt in ihren Bestrebungen durch die Entwicklungshilfeorganisationen der Industrieländer und der Vereinten Nationen: Diese nähren bei ihnen die Hoffnung, sie könnten ihren Traum Wirklichkeit werden lassen, wenn sie nur die richtige Politik betreiben und beispielsweise einen ausgeglichenen Staatshaushalt vorlegen, in Bildung und Infrastruktur investieren, und so weiter.

Bei den Vereinten Nationen und in den Regierungen der Industriestaaten würde niemand zugeben, dass die Verwirklichung dieses Traums unmöglich ist: dass eine Welt, in der die riesige Bevölkerung der Dritten

Welt den derzeitigen Lebensstandard der Industrieländer erreicht und aufrechterhält, nicht nachhaltig wäre. Dieses Dilemma können die Industrieländer auch nicht dadurch beseitigen, dass sie die Anstrengungen der Dritten Welt blockieren: Südkorea, Malaysia, Singapur, Hongkong, Taiwan und Mauritius haben bereits aufgeholt oder stehen kurz davor; China und Indien kommen aus eigener Kraft schnell voran; und die 15 reichen westeuropäischen Staaten der Europäischen Union haben ihre Organisation gerade um zehn ärmere osteuropäische Staaten erweitert, womit sie letztlich versprechen, diesen zehn Staaten bei der Aufholjagd zu helfen. Selbst wenn es die Bevölkerung der Dritten Welt nicht gäbe, könnten auch die Industrieländer allein ihren derzeitigen Kurs nicht beibehalten, denn sie befinden sich nicht in einem stabilen Zustand, sondern dezimieren ihre eigenen Ressourcen ebenso wie jene, die aus der Dritten Welt importiert werden. Für die Verantwortlichen in den Industriestaaten ist es derzeit politisch unmöglich, ihren eigenen Bürgern eine Verringerung des Lebensstandards nahe zu legen, die sich in geringerem Ressourcenverbrauch und geringerer Abfallproduktion niederschlagen würde. Was wird geschehen, wenn es den vielen Menschen in der Dritten Welt allmählich dämmert, dass der derzeitige Lebensstandard der Industrieländer für sie immer unerreichbar bleiben wird und dass die Industriestaaten nicht bereit sind, selbst diesen Standard aufzugeben? Das Leben ist voller schmerzlicher Entscheidungen über Wechselgeschäfte, aber keines davon ist so grausam wie das Wechselgeschäft, das wir eines Tages eingehen müssen: alle Menschen zum Erreichen eines höheren Lebensstandards zu ermutigen und ihnen dabei zu helfen, ohne gleichzeitig diesen Standard durch Überbeanspruchung der globalen Ressourcen zunichte zu machen.

Ich habe diese 12 Problemkomplexe getrennt beschrieben, in Wirklichkeit hängen sie aber zusammen: Ein Problem verschärft das andere oder macht eine Lösung schwieriger. Das Bevölkerungswachstum beispielsweise wirkt sich auf alle elf übrigen Probleme aus: Mehr Menschen bedeuten mehr Waldzerstörung, mehr Umweltgifte, mehr Nachfrage nach wilden Fischen, und so weiter. Die Energiefrage hängt mit anderen Problemen zusammen, weil die Nutzung fossiler Energieträger stark zur Produktion von Treibhausgasen beiträgt, die Verbesserung der Bodenfruchtbarkeit mit synthetischen Düngemitteln erfordert Energie zu deren Herstellung, die Knappheit an fossilen Brennstoffen führte zu einer verstärkten Nutzung der Kernenergie, die bei einem Unfall das größte denkbare »Giftmüllproblem« verursacht, und wegen der knappen fossilen Brennstoffe wird es auch teurer, den Süßwassermangel durch die Entsalzung von Meerwasser zu vermindern. Die Dezimierung der Fischbestände und anderer wilder Nahrungsquellen verstärkt den Druck, sie durch Viehhaltung, Pflanzenanbau und Aquakultur zu ersetzen, was zu weiterem Verlust an Mutterboden und zur Eutrophierung durch Landwirtschaft und Aquakultur führt. Waldzerstörung, Wasserknappheit und Bodenerosion begünstigen Kriege in der Dritten Welt, was in den Industrieländern zu einem Strom von Flüchtlingen und illegalen Einwanderern führt.

Die Gesellschaft unserer Welt befindet sich derzeit nicht auf einem nachhaltigen Weg, und jedes der zwölf Probleme, die wir gerade zusammenfassend erörtert haben, könnte unsere Lebensweise schon in den nächsten Jahrzehnten einschränken. Sie sind Zeitbomben, deren Zünder auf weniger als 50 Jahre eingestellt sind. Die Zerstörung der zugänglichen, in Niederungen gelegenen tropischen Regenwälder ist auf der malaysischen Halbinsel außerhalb der Nationalparks praktisch abgeschlossen, und wenn es so weitergeht, wird sie in noch nicht einmal 10 Jahren auch auf den Salomonen, den Philippinen, Sumatra und Sulawesi abgeschlossen sein; innerhalb der nächsten 25 Jahre gilt das Gleiche für die ganze Welt, vielleicht mit Ausnahme mancher Teile des Amazonas- und Kongobeckens. Wenn es so weitergeht wie bisher, werden wir innerhalb weniger Jahrzehnte die meisten noch verbliebenen Fischbestände in den Meeren zerstört haben, ebenso werden die umweltfreundlichen, billigen oder leicht zugänglichen Öl- und Erdgasreserven erschöpft sein, und wir werden die Obergrenze der Photosynthesekapazität erreichen. Die globale Erwärmung wird den Vorausberechnungen zufolge ein Ausmaß von einem Grad oder mehr erreichen, und ein beträchtlicher Anteil der wilden Tier- und Pflanzenarten wird innerhalb eines halben Jahrhunderts gefährdet oder unwiederbringlich verloren sein. Häufig hört man die Frage: »Welches ist heute im Zusammenhang mit Umwelt und Bevölkerung das wichtigste Einzelproblem?« Darauf kann man ganz frech erwidern: »Das größte Einzelproblem ist unsere falsche Fixierung auf die Frage, welches das größte Einzelproblem ist!« Im Wesentlichen stimmt diese vorlaute Antwort, denn jedes einzelne der zwölf Probleme wird zu großen Schäden führen, wenn wir es nicht lösen, und alle zwölf hängen miteinander zusammen. Würden wir elf der Probleme in den Griff bekommen, das zwölfte aber nicht, hätten wir immer noch Schwierigkeiten, ganz gleich, welches Problem im Einzelnen ungelöst bleibt. Wir müssen alle lösen.

Politische Krisenherde in der heutigen Welt

Afghanistan
Mongolei
Irak
Bangladesch
Haiti
Somalia
Nepal
Philippinen
Ruanda
Pakistan
Burundi
Indonesien
Madagaskar
Salomonen
© 2004 Jeffrey L. Ward

Ökologische Krisenherde in der heutigen Welt

Afghanistan
Mongolei
Irak
Bangladesch
Haiti
Somalia
Nepal
Philippinen
Ruanda
Pakistan
Burundi
Indonesien
Madagaskar
Salomonen
© 2004 Jeffrey L. Ward

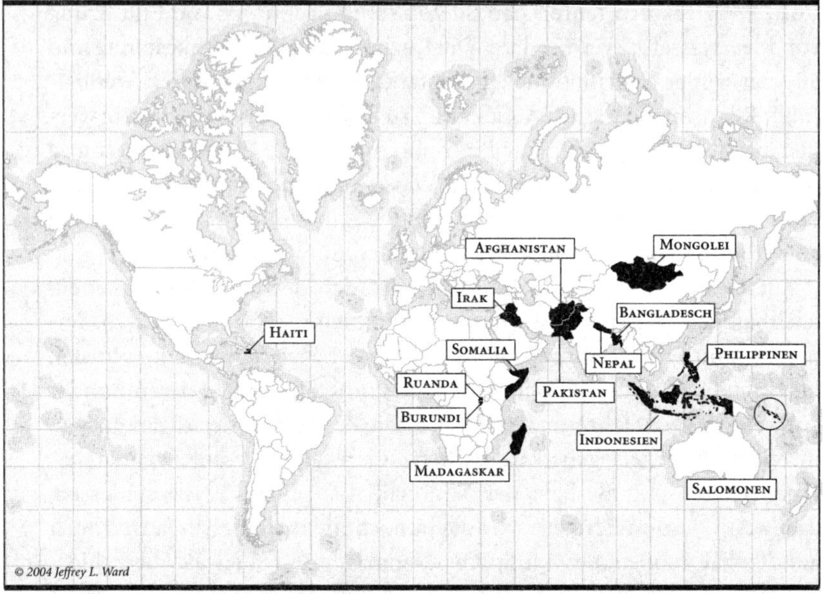

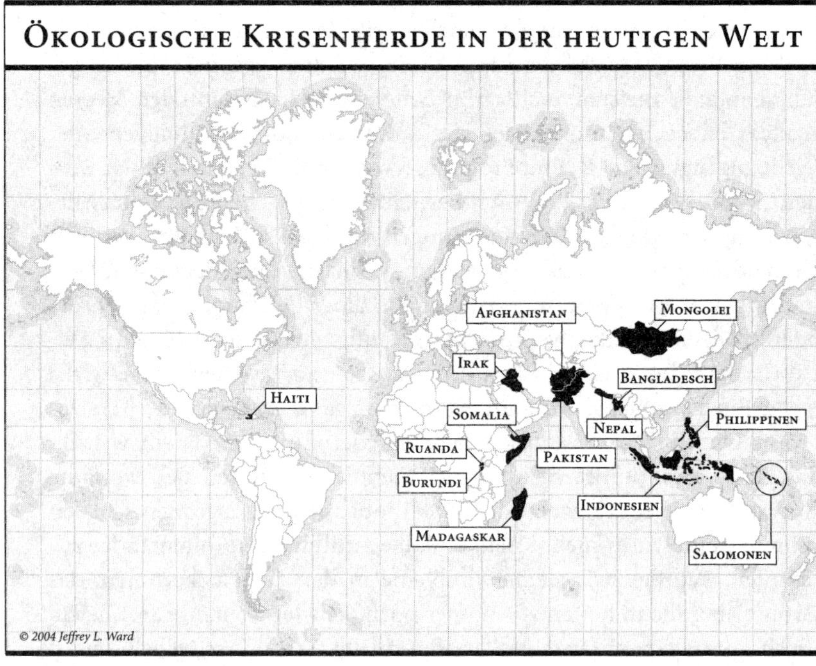

Da wir auf dem nicht nachhaltigen Weg schnell vorankommen, werden die ökologischen Probleme der Erde in jedem Fall auf die eine oder andere Weise gelöst werden, und zwar zu Lebzeiten der heutigen Kinder und jungen Erwachsenen. Die Frage ist nur, ob es eine angenehme, von uns selbst gewählte Lösung sein wird, oder ob sie unangenehm sein wird und nicht unserer Entscheidung entspringt, ob es also beispielsweise zu Kriegen, Völkermord, Hungersnöten, Krankheitsepidemien und dem Zusammenbruch von Gesellschaften kommt. Alle diese grausigen Phänomene haben die Menschheit während ihrer gesamten Geschichte immer wieder heimgesucht, ihre Häufigkeit wächst aber mit Umweltzerstörung, Bevölkerungsdruck und der daraus entspringenden Armut und politischen Instabilität.

Beispiele für solche unangenehmen Lösungen von Umwelt- und Bevölkerungsproblemen finden wir sowohl in der heutigen Welt als auch in der Geschichte. Das Spektrum reicht vom Völkermord in Ruanda, Burundi und dem früheren Jugoslawien bis zu Bürger- oder Guerillakriegen im heutigen Sudan, auf den Philippinen, in Nepal und im Gebiet der alten Maya; vom Kannibalismus auf der prähistorischen Osterinsel, auf Mangareva und bei den Anasazi bis zu den Hungersnöten in vielen heutigen afrikanischen Staaten und wiederum auf der prähistorischen Osterinsel; von der AIDS-Epidemie, die in Afrika bereits wütet und in anderen Ländern am Anfang steht, bis zum Zusammenbruch der Zentralregierungen im modernen Somalia, auf den Salomonen, in Haiti und bei den alten Maya. Ein weniger drastisches Ergebnis als ein weltweiter Zusammenbruch könnte vielleicht darin bestehen, dass Verhältnisse wie in Ruanda oder Haiti sich »nur« auf weitere Entwicklungsländer ausbreiten, während wir als Bewohner der Industrieländer unserer Annehmlichkeiten beibehalten, wobei wir aber dennoch vor einer unglücklichen Zukunft mit chronischem Terrorismus, Kriegen und Krankheitsepidemien stehen. Es darf aber bezweifelt werden, dass die Industrieländer ihre besondere Lebensweise beibehalten können, wenn immer größere Wellen verzweifelter Flüchtlinge aus zusammenbrechenden Drittweltländern hereinströmen, und zwar in viel größerer Zahl als jetzt, wo sich die Zuwanderung schon nicht mehr aufhalten lässt. Dabei fällt mir wieder ein, wie ich mir das Ende des Hofes von Gardar in Grönland mit seiner Kathedrale und seinem großartigen Kuhstall vorstelle: Er wurde von Wikingern überrollt, auf deren ärmeren Höfen bereits alle Tiere gestorben und aufgegessen waren.

Aber bevor wir uns in diesem einseitig-pessimistischen Szenario verlieren, wollen wir die Probleme, denen wir gegenüberstehen, in ihrer Vielschichtigkeit noch genauer untersuchen. Damit werden wir nach meinem Eindruck zu einer vorsichtig optimistischen Sichtweise gelangen.

Um die bis hierher recht abstrakte Diskussion etwas konkreter zu machen, möchte ich im Folgenden erläutern, wie sich die genannten zwölf ökologischen Probleme in dem Teil der Welt, den ich am besten kenne, auf die Lebensweise auswirken: in der Großstadt Los Angeles im Süden Kaliforniens, wo ich zu Hause bin. Aufgewachsen bin ich an der Ostküste der Vereinigten Staaten, und danach habe ich mehrere Jahre in Europa gelebt; nach Kalifornien kam ich 1964 zum ersten Mal, es gefiel mir sofort, und 1966 zog ich dorthin.

Ich habe also miterlebt, wie der Süden Kaliforniens sich im Lauf der letzten 39 Jahre verändert hat, und durch die meisten dieser Veränderungen hat er an Reiz verloren. Nach weltweiten Maßstäben hat Südkalifornien relativ geringe ökologische Probleme. Allen Witzen der Ostküstenamerikaner zum Trotz besteht für die Region nicht die unmittelbare Gefahr eines gesellschaftlichen Zusammenbruchs. Nach den Maßstäben der ganzen Welt und sogar der gesamten Vereinigten Staaten ist die Bevölkerung außerordentlich reich und umweltbewusst. Manche Probleme in Los Angeles, insbesondere der Smog, sind allgemein bekannt, aber die meisten Umwelt- und Bevölkerungsprobleme sind nur mäßig stark ausgeprägt und typisch für eine Großstadt in einer Industrienation. Wie wirken sich diese Schwierigkeiten auf mein eigenes Leben und das der anderen Stadtbewohner aus?

Die Klagen, die praktisch alle Bewohner von Los Angeles erheben, haben unmittelbar mit unserer wachsenden und bereits jetzt sehr großen Bevölkerung zu tun: Sie betreffen die unvermeidlichen Verkehrsstaus, die hohen Wohnungspreise – die entstehen, weil Millionen Menschen in wenigen wirtschaftlichen Ballungszentren arbeiten –, und den sehr begrenzten Wohnraum in der Nähe dieser Zentren; dies hat unter anderem zur Folge, dass die Menschen zwischen Wohnung und Arbeitsplatz über sehr weite Entfernungen pendeln – mit einer einfachen Strecke von bis zu 100 Kilometern oder zwei Stunden Fahrzeit. Los Angeles war 1987 zum ersten Mal die Großstadt mit den schlechtesten Verkehrsverhältnissen der USA, und diese Stellung hat sie seither von Jahr zu Jahr behalten. Jeder weiß, dass die Probleme sich im Lauf der letzten zehn Jahre verschlimmert haben. Sie sind für die Arbeitgeber in Los Angeles mittlerweile der wichtigste Faktor, der die Anwerbung von Mitarbeitern erschwert, und sie vermindern unsere Bereitschaft, zu kulturellen Veranstaltungen zu fahren oder Freunde zu besuchen. Für die 20 Kilometer von meinem Haus in die Innenstadt von Los Angeles oder zum Flughafen rechne ich heute eine Fahrzeit von einer Stunde und 15 Minuten. Im Durchschnitt verbringt ein Bewohner von Los Angeles 368 Stunden im Jahr – was 15 Tagen von je 24 Stunden entspricht – auf dem Weg zur Arbeit und zurück, und dabei sind Fahrzeiten zu anderen Zwecken noch nicht einmal mitgerechnet.

Für diese Probleme, die sich weiter verschlimmern werden, sind Lösungsansätze noch nicht einmal in der Diskussion. Die derzeit laufenden oder vorgesehenen Straßenbauprojekte haben lediglich zum Ziel, einige besonders neuralgische Punkte zu entlasten, und werden von der immer noch wachsenden Zahl der Autos überrollt werden. Für die Verschlimmerung der Verkehrsprobleme von Los Angeles ist kein Ende in Sicht: In anderen Städten müssen die Menschen mit noch weitaus größeren Verkehrsstaus zurechtkommen. Meine Bekannten in der thailändischen Hauptstadt Bangkok beispielsweise haben mittlerweile immer eine kleine Chemietoilette im Auto, weil Fahrten sich sehr in die Länge ziehen können; einmal wollten sie die Stadt an einem Ferienwochenende verlassen, aber nach 17 Stunden gaben sie auf und fuhren nach Hause zurück – in dieser Zeit waren sie im Verkehrsstau nur fünf Kilometer vorangekommen. Optimisten haben zwar abstrakte Erklärungen bereit, warum eine wachsende Bevölkerung etwas Gutes ist und warum die Welt sie verkraften kann, aber ich habe nie einen Bewohner von Los Angeles (und auch nur wenige Menschen an anderen Orten auf der Welt) kennen gelernt, der sich persönlich im eigenen Wohnumfeld eine größere Bevölkerung gewünscht hätte.

Der Beitrag Südkaliforniens zum Anstieg der weltweiten ökologischen Pro-Kopf-Schädigung, der sich aus den Wanderungsbewegungen aus der Dritten Welt in die Industrieländer ergibt, ist in der kalifornischen Politik schon seit Jahren ein umstrittenes Thema. Das Bevölkerungswachstum in dem Bundesstaat beschleunigt sich fast ausschließlich durch die Einwanderung und durch die großen Familien der Einwanderer. Die Grenze zwischen Kalifornien und Mexiko ist lang und lässt sich nicht wirksam gegen Menschen verteidigen, die illegal aus Mittelamerika einwandern wollen und hier Arbeitsplätze oder persönliche Sicherheit suchen. Jeden Monat liest man von potenziellen Einwanderern, die in der Wüste ums Leben kommen oder ausgeraubt und erschossen werden, aber davon lassen sich die anderen nicht abschrecken. Weitere illegale Einwanderer kommen aus fernen Ländern wie China oder Zentralasien und werden von Schiffen einfach vor der Küste ausgesetzt. Die Bewohner Kaliforniens sind geteilter Meinung über die vielen Einwanderer aus der Dritten Welt, die auf diese Weise an der Lebensweise der Industrieländer teilhaben wollen. Einerseits ist die Wirtschaft auf sie angewiesen, denn sie besetzen Arbeitsplätze in Dienstleistung, Baugewerbe und Landwirtschaft. Andererseits beklagen die eingesessenen Bewohner, dass die Einwanderer mit arbeitslosen Bürgern in Konkurrenz um Arbeitsplätze stehen, Löhne sinken lassen und die ohnehin bereits überfüllten Krankenhäuser und öffentlichen Schulen belasten. Im Jahr 1994 wurde in einer Volksabstimmung mit überwältigender Mehrheit der Vorschlag Nummer 187 angenommen, wonach illegale Einwanderer die meisten staatlichen Sozialleistungen verloren hätten – der Beschluss wurde allerdings dann von den Gerichten als verfassungswidrig verworfen. Kein Bürger Kaliforniens und kein gewählter Politiker hat bisher eine praktikable Lösung für den alten Widerspruch vorgeschlagen, der an die Einstellung der Menschen in der Dominikanischen Republik gegenüber den Haitianern erinnert: Auf der einen Seite braucht man die Einwanderer als Arbeitskräfte, auf der anderen hat man etwas dagegen, dass sie da sind und eigene Bedürfnisse haben.

Südkalifornien trägt entscheidend zur Energiekrise bei. Das frühere Straßenbahnnetz unserer Stadt brach in den zwanziger und dreißiger Jahren des 20. Jahrhunderts in einer Reihe von Konkursen zusammen; die Wegerechte wurden an Autohersteller verkauft und so aufgeteilt, dass man das Netz (das in Konkurrenz zu den Autos gestanden hätte) nicht wieder aufbauen konnte. Die Vorliebe der Bewohner für Einfamilienhäuser anstelle mehrstöckiger Wohnhäuser sowie die großen Entfernungen und die unterschiedlichen Routen, auf denen die Beschäftigten eines bestimmten Bezirks pendeln, machen die Entwicklung eines öffentlichen Nahverkehrsnetzes, das die Bedürfnisse der meisten Bewohner befriedigt, zu einem Ding der Unmöglichkeit. Die Bewohner von Los Angeles sind voll und ganz auf das Auto angewiesen.

Unser hoher Benzinverbrauch, der Gebirgsring um fast das gesamte Becken von Los Angeles und die vorherrschende Windrichtung führen zu dem Smogproblem, das den bekanntesten Nachteil unserer Stadt darstellt. In der Smogbekämpfung hat man in den letzten Jahrzehnten zwar Fortschritte erzielt, und es gibt auch jahreszeitliche Schwankungen (am schlimmsten ist der Smog im Spätsommer und Frühherbst) sowie lokale Abweichungen (weiter landeinwärts ist der Smog in der Regel schlimmer), aber im Durchschnitt steht Los Angeles, was die Luftqualität angeht, unter allen amerikanischen Großstädten fast an letzter Stelle. In jüngster Zeit hat sich die Luftqualität nach einer mehrjährigen Verbesserung wieder verschlechtert. Ein anderes Problem für Lebensweise und Gesundheit sind Krankheitserreger der Gattung Giardia, die sich seit einigen Jahrzehnten in den Flüssen und Seen Kaliforniens ausbreiten. Als ich in den sechziger Jahren hierher gezogen war und in den Bergen wandern ging, konnte man das Wasser aus den Bächen gefahrlos trinken; heute würde man sich dabei unter Garantie eine Giardia-Infektion zuziehen.

Im Zusammenhang mit der Bewirtschaftung der Landschaft ist uns vor allem bewusst, welche Feuergefahr in den beiden wichtigsten Lebensräumen in der Region besteht: im Chaparral (einer Strauchlandschaft, die der Macchia des Mittelmeerraums ähnelt) und den Eichenwäldern. Beide Landschaften erleben von Natur aus durch Blitzschlag gelegentliche Brände, ganz ähnlich wie ich es in Kapitel 1 für die Wälder von Montana beschrieben habe. Heute jedoch, wo Menschen in diesen sehr feuergefährlichen Lebensräumen oder in ihrer Nähe wohnen, fordern die Bürger eine sofortige Unterdrückung aller Brände. Alljährlich sind Spätsommer und Frühherbst, wenn es in Südkalifornien am heißesten, trockensten und windigsten ist, die Waldbrandsaison: Dann gehen jedes Jahr Hunderte von Häusern in Flammen auf. In dem Canyon, wo ich wohne, ist seit 1961 kein Brand mehr außer Kontrolle geraten, aber damals wurden bei einem Großfeuer 600 Häuser zerstört. Theoretisch könnte man das Problem wie in den Wäldern Montanas dadurch lösen, dass man in kurzen Abständen mit kleinen, kontrollierten Bränden die Brandlast vermindert, aber solche Brände wären in dem dicht besiedelten, urbanen Gebiet ungeheuer gefährlich, und die Öffentlichkeit wäre nicht damit einverstanden.

Für die kalifornische Landwirtschaft sind eingeschleppte Arten eine große Gefahr und wirtschaftliche Belastung; die größte Bedrohung geht derzeit von der Mittelmeer-Fruchtfliege aus. Außerhalb der Landwirtschaft besteht Gefahr durch eingeschleppte Krankheitserreger, die unsere Eichen und Kiefern bedrohen. Da meine beiden Söhne sich als Kinder für Amphibien (Frösche und Salamander) interessierten, lernte ich, dass die meisten Arten einheimischer Amphibien aus zwei Dritteln aller Wasserläufe im Kreis von Los Angeles verschwunden sind; die Ursache sind drei eingeschleppte Raubtiere (ein Flusskrebs, ein Ochsenfrosch und ein Moskitofisch), die sich von Amphibien ernähren und unter den einheimischen Arten Südkaliforniens eine leichte Beute finden: Die heimischen Tiere haben in ihrer Evolution nie gelernt, der Gefahr aus dem Wege zu gehen.

Das wichtigste Bodenproblem in der kalifornischen Landwirtschaft ist die Versalzung, eine Folge der künstlichen Bewässerung. Sie hat im kalifornischen Central Valley, dem fruchtbarsten Gebiet der Vereinigten Staaten, bereits weite Abschnitte der landwirtschaftlichen Nutzflächen ruiniert.

Da es im Süden Kaliforniens wenig regnet, ist Los Angeles mit seiner Wasserversorgung auf lange Pipelines angewiesen, die vor allem aus dem Gebirge der Sierra Nevada und ihren Tälern in Nordkalifornien sowie vom Colorado River an der Ostgrenze des Bundesstaates kommen. Mit dem Bevölkerungswachstum hat zwischen Bauern und Städten eine immer schärfere Konkurrenz um die Wasserversorgung eingesetzt. Durch die globale Erwärmung wird die Schneedecke in der Sierra Nevada, die den größten Teil unseres Wassers liefert, ebenso wie in Montana abnehmen, sodass sich die Gefahr einer Wasserknappheit in Los Angeles verstärkt.

Probleme gibt es auch in der Fischerei. Die Sardinenfischerei brach in Nordkalifornien bereits zu Beginn des 20. Jahrhunderts zusammen, in Südkalifornien folgten die Abalonemuscheln vor einigen Jahrzehnten, als ich schon hier wohnte, und derzeit steht die südkalifornische Drachenkopffischerei vor dem Zusammenbruch, sodass sie bereits stark eingeschränkt werden musste und im letzten Jahr völlig untersagt war. Seit ich nach Los Angeles gezogen bin, haben sich die Preise für Fisch in den Supermärkten vervierfacht.

Und schließlich sind charakteristische Tierarten in Südkalifornien vom Verlust der Artenvielfalt betroffen. Das Symbol des Bundesstaates und meiner Hochschule (der University of California), der »California Golden Bear« (Grizzlybär), ist heute ausgestorben. (Welch ein Symbol für einen Staat und eine Universität!) Der südkalifornische Seeotterbestand wurde im vorigen Jahrhundert ausgerottet, und ob die derzeitigen Versuche zur Wiedereinbürgerung Erfolg haben, ist unsicher. In der Zeit, seit ich in Los Angeles wohne, sind die Bestände von zwei besonders charakteristischen Vogelarten zusammengebrochen: dem Erdkuckuck und der Schopfwachtel. Unter den Amphibien, deren Zahl in Südkalifornien stark zurückgegangen ist, sind der Kalifornische Molch und der Kalifornische Laubfrosch.

Umwelt- und Bevölkerungsprobleme beeinträchtigen also in Südkalifornien sowohl die Wirtschaft als auch die Lebensqualität. Letztlich sind sie in einem erheblichen Ausmaß die Ursache für Wasserknappheit, Stromausfälle, Müllberge, überfüllte Schulen, Wohnungsknappheit,

Preisanstieg und Verkehrsstaus. Aber von unseren besonders stark verstopften Straßen und der Luftqualität abgesehen, geht es uns in diesen Punkten nicht schlechter als vielen anderen Regionen der Vereinigten Staaten.

In den meisten Umweltfragen gibt es ungeklärte Einzelheiten, die zu Recht ein Anlass für Diskussionen sind. Außerdem werden aber auch häufig viele Gründe angeführt, mit denen die Bedeutung der Umweltprobleme ganz allgemein heruntergespielt werden soll. Solche Aussagen sind nach meiner Ansicht unbegründet. Die Einwände werden häufig als übermäßig vereinfachte »Einzeiler« formuliert. Einige solche Sätze möchte ich im Folgenden erörtern:

»Die Ökologie muss im Gleichgewicht mit der Ökonomie stehen.« Dieser Satz unterstellt, ökologische Bedenken seien ein Luxus, Maßnahmen zur Lösung von Umweltproblemen seien unter dem Strich mit Kosten verbunden, und man könne Geld sparen, wenn man die Umweltprobleme ungelöst lässt. Der Einzeiler stellt die Wahrheit genau auf den Kopf. Umweltschäden kosten uns sowohl auf kurze als auch auf lange Sicht ungeheure Summen; ihre Beseitigung oder Verhütung erspart auf lange Sicht und häufig auch schon kurzfristig gewaltige Kosten. Wenn wir für die Gesundheit unserer Umgebung sorgen wollen, ist es ebenso wie im Zusammenhang mit der Gesundheit unseres Körpers besser und billiger, wenn man gar nicht erst krank wird, anstatt Krankheiten zu heilen, nachdem sie sich eingestellt haben. Man denke nur an die Schäden, die in der Landwirtschaft durch Schädlinge und Unkräuter entstehen, an Schädlinge außerhalb der Landwirtschaft wie Seerosen oder Zebramuscheln, an die jährlich wiederkehrenden Kosten zur Bekämpfung dieser Schädlinge, an den Wert der Zeit, die im Verkehrsstau verloren geht, an die Kosten, wenn Menschen durch Umweltgifte krank werden oder sterben, an die Kosten für die Giftmüllentsorgung, an den steilen Anstieg der Fischpreise wegen des Rückganges der Fischbestände und an den Wert der landwirtschaftlichen Flächen, die durch Erosion und Versalzung geschädigt werden oder verloren gehen. Dabei summieren sich hier ein paar hundert Millionen, dort ein paar Milliarden, hier noch einmal eine Milliarde, und so weiter, für Hunderte von Einzelproblemen. Der Wert eines »statistischen Lebens« in den Vereinigten Staaten zum Beispiel – das heißt die Kosten, die der US-Wirtschaft durch den Tod eines Durchschnittsamerikaners entstehen, weil ihn die Gesellschaft unter hohen

Kosten großgezogen und ausgebildet hat, und weil er dann stirbt, bevor er sein ganzes Leben lang zur Volkswirtschaft beitragen konnte – wird in der Regel auf ungefähr fünf Millionen Dollar geschätzt. Selbst wenn man eine vorsichtige Schätzung zugrunde legt und die Zahl der Todesfälle, die auf Luftverschmutzung zurückzuführen sind, für die Vereinigten Staaten nur mit 130 000 ansetzt, verursacht allein die Luftverschmutzung jährliche Kosten von 650 Milliarden Dollar. Diese Zahl macht deutlich, warum der 1970 verabschiedete Clean Air Act, ein US-Gesetz zur Luftreinhaltung, der Volkswirtschaft unter dem Strich (das heißt in Gewinnen, die über die Verluste hinausgehen) durch Rettung von Menschenleben und verminderte Gesundheitskosten eine jährliche Einsparung von rund einer Billion Dollar verschafft hat, und das, obwohl die von dem Gesetz vorgeschriebenen Reinhaltungsmaßnahmen große Summen verschlingen.

»*Mit Technik werden wir unsere Probleme schon lösen.*« Aus diesem Satz spricht Vertrauen in die Zukunft, und er geht davon aus, dass die Technik in der jüngeren Vergangenheit mehr Probleme gelöst als neue geschaffen hat. Hinter diesem Vertrauen steht die stillschweigende Annahme, dass die Technik ab morgen vorwiegend dazu dienen wird, vorhandene Probleme zu lösen, während sie keine neuen Probleme mehr aufwirft. Wer dieses Vertrauen aufbringt, unterstellt auch, dass die neue Technologie, über die derzeit gesprochen wird, Erfolg hat, und das auch noch so schnell, dass sich schon bald merkliche Auswirkungen ergeben. In langen Gesprächen beschrieben mir zwei der erfolgreichsten, bekanntesten amerikanischen Geschäftsleute und Finanzmanager mit vielen Worten neu entstehende Technologien und Finanzinstrumente, die sich grundlegend von denen der Vergangenheit unterscheiden und, wie sie zuversichtlich prophezeiten, unsere ökologischen Probleme lösen würden.

In Wirklichkeit zeigt die Erfahrung, dass genau das Gegenteil richtig ist. Manche der technischen Verfahren, die man sich erträumt hat, haben Erfolg, andere jedoch nicht. Wenn sie Erfolg haben, vergehen in der Regel einige Jahrzehnte, bis sie ausgereift sind und sich allgemein durchgesetzt haben: Man denke nur an die Gasheizung, an elektrisches Licht, Autos und Flugzeuge, Fernsehen, Computer und so weiter. Und ganz gleich, ob mit neuen technischen Verfahren die Probleme gelöst werden, zu deren Lösung sie entwickelt wurden, sie werfen regelmäßig auch neue, unvorhergesehene Komplikationen auf. Technische Lösungen für ökologische Probleme sind stets wesentlich teurer als Vorbeugungsmaßnahmen, mit denen man die Entstehung des Problems von vornherein vermeiden könnte: Eine große Ölpest verursacht beispielsweise Milliardenkosten für den Schaden und die Aufräumarbeiten; Vorbeugungsmaßnahmen, mit denen man die Gefahr einer großen Ölpest vermindern kann, kosten nur einen Bruchteil dieser Summen.

Vor allem aber wächst durch den technischen Fortschritt nur unsere Fähigkeit, bestimmte Dinge zu tun, sei es zum Besseren oder zum Schlechteren. Alle derzeitigen Probleme sind unbeabsichtigte, negative Auswirkungen der vorhandenen Technologie. Durch die schnellen technischen Fortschritte des 20. Jahrhunderts sind schwierige neue Probleme entstanden, und das weit schneller, als alte gelöst wurden. Das ist die Ursache für unsere derzeitige Lage. Wie kann man auf den Gedanken kommen, dass die Technik vom 1. Januar 2006 an zum ersten Mal in der Menschheitsgeschichte auf wundersame Weise keine unvorhergesehenen neuen Probleme mehr verursacht, sondern nur noch zur Lösung der bisher geschaffenen Probleme führt?

Unter den vielen tausend Beispielen für unvorhergesehene, schädliche Nebeneffekte neuer technischer Lösungen mögen hier zwei genügen: die FCKWs (Fluorchlorkohlenwasserstoffe) und das Auto. Die Kühlmittel, die früher in Kühlschränken und Klimaanlagen eingesetzt wurden, waren giftig (wie beispielsweise Ammoniak) und konnten tödliche Wirkungen haben, wenn die Geräte undicht wurden, während die Hausbewohner schliefen. Deshalb war von einem großen Fortschritt die Rede, als man die FCKWs (Freon) als synthetische Kühlmittel entwickelte. Sie sind geruchlos, ungiftig und unter den normalen Bedingungen an der Erdoberfläche sehr stabil; deshalb rechnete man anfangs nicht mit schädlichen Nebenwirkungen und konnte auch keine beobachten. Schon nach kurzer Zeit galten sie als Wundersubstanzen, und sie dienten nun auf der ganzen Welt als Kühlmittel für Kühlschränke und Klimaanlagen, als Schaumgase, Lösungsmittel und Spraydosen-Treibmittel. Im Jahr 1974 entdeckte man jedoch, dass sie in der Stratosphäre durch die starke ultraviolette Strahlung abgebaut werden. Dabei entstehen sehr reaktionsfähige Chloratome, die einen beträchtlichen Teil der Ozonschicht zerstören, welche uns und alle anderen Lebewesen vor den tödlichen ultravioletten Strahlen schützt. Diese Entdeckung wurde von Interessengruppen aus der Industrie zunächst nachdrücklich geleugnet; dahinter standen nicht nur weltweite FCKW-Umsätze von rund 160 Milliarden Euro, sondern auch echte Zweifel, die sich auf wissenschaftliche Komplikationen gründeten. Deshalb dauerte es lange, bis die FCKWs abgeschafft wurden: Das Chemieunternehmen Dupont (der größte Hersteller dieser Substanzen) stellte ihre

Produktion erst 1988 ein, 1992 einigten sich die Industrieländer auf die völlige Abschaffung der FCKW-Produktion bis 1995, und in China sowie einigen anderen Entwicklungsländern werden sie bis heute hergestellt. Leider befindet sich aber bereits eine große FCKW-Menge in der Atmosphäre, und diese Menge wird so langsam abgebaut, dass sie selbst nach der völligen Beendigung der Produktion noch viele Jahrzehnte erhalten bleiben wird.

Das zweite Beispiel ist die Einführung der Autos. In den vierziger Jahren, als ich noch ein Kind war, konnten einige meiner Lehrer sich noch an die ersten Jahrzehnte des 20. Jahrhunderts erinnern, als Autos in den Straßen unserer Städte an die Stelle von Pferdewagen und Straßenbahnen traten. Wie meine Lehrer uns erzählten, erlebten die amerikanischen Stadtbewohner dabei zunächst einmal, dass die Städte auf wundersame Weise sauberer und ruhiger wurden. Die Straßen waren nicht mehr ständig mit Pferdemist und -urin verunreinigt, und man hörte nicht mehr ständig das Klappern der Hufe auf dem Pflaster. Heute, nach 100 Jahren mit Autos und Bussen, erscheint es uns lächerlich oder unvorstellbar, dass jemand diese Fahrzeuge wegen ihrer Sauberkeit und geringen Geräuschentwicklung loben könnte. Zwar spricht sich niemand dafür aus, zu Pferden zurückzukehren und so das Abgasproblem zu lösen, aber das Beispiel zeigt, welche unvorhergesehenen, negativen Nebenwirkungen eine Technik unter Umständen auch dann hat, wenn wir sie (im Gegensatz zu den FCKWs) nicht abschaffen mögen.

»*Wenn eine Ressource erschöpft ist, können wir immer zu einer anderen wechseln und damit die gleichen Bedürfnisse befriedigen.*« Optimisten, die so etwas behaupten, nehmen nicht zur Kenntnis, dass ein solcher Übergang stets langwierig und mit unvorhergesehenen Schwierigkeiten verbunden ist. Bei den Autos beispielsweise wurde ein Wechsel zu Technologien, die bisher nicht ausgereift sind, schon mehrfach als viel versprechende Lösung für ein großes ökologisches Problem angekündigt. Die derzeitigen Hoffnungen auf einen Durchbruch beziehen sich auf den Wasserstoff- und Brennstoffzellenantrieb, eine Technologie, die in ihrer Anwendung auf Fahrzeuge noch in den Kinderschuhen steckt. Bisher gibt es also keine Erfahrungen, die das Vertrauen in das Wasserstoffauto als Lösung für unser Problem mit den fossilen Brennstoffen rechtfertigen würden. Dafür haben wir aber Erfahrungen mit einer langen Reihe anderer angeblicher neuer Antriebstechnologien, die als Durchbrüche gepriesen wurden, wie beispielsweise der Kreiskolbenmotor und (in jüngster Zeit) Elektrofahrzeuge; solche Lösungen führten zu zahlreichen Diskussionen und sogar zu einer Serienfertigung, bevor sie wegen unvorhergesehener Probleme den Rückzug antraten oder völlig verschwanden.

Ebenso aufschlussreich ist die jüngste Entwicklung der Automobilindustrie, das Brennstoff sparende Gas / Elektro-Hybridfahrzeug, das sich zunehmender Verkaufszahlen erfreut. Wer aber an einen Wechsel glaubt, darf gerechterweise nicht nur das Hybridauto erwähnen, sondern muss auch darauf hinweisen, dass die Autoindustrie gleichzeitig die SUVs (Geländewagen, die vielfach von Städtern gefahren werden) entwickelt hat, die sich in erheblich größeren Stückzahlen verkaufen und die Benzineinsparung der Hybridfahrzeuge mehr als zunichte machen. Insgesamt hatten diese beiden technischen Neuentwicklungen zur Folge, dass der Kraftstoffverbrauch und die Abgasemissionen aller Fahrzeuge in den Vereinigten Staaten nicht gesunken, sondern gestiegen sind. Niemand hat bisher eine Methode gefunden, mit der man sicherstellen könnte, dass eine Technologie ausschließlich zu umweltfreundlichen Wirkungen und Produkten (wie den Hybridfahrzeugen) führt, ohne gleichzeitig auch umweltschädliche Wirkungen und Produkte (beispielsweise die SUVs) hervorzubringen.

Ein weiteres Beispiel für den Glauben an Wechsel und Ersatz ist die Hoffnung, man könne die Energiekrise mit erneuerbaren Energien wie Wind- und Sonnenenergie lösen. Die Technologie dazu gibt es; in Kalifornien dient Sonnenenergie vielerorts zum Beheizen von Schwimmbädern, und in Dänemark decken Windräder bereits ungefähr ein Sechstel des Energiebedarfs. Aber Wind- und Sonnenenergie lassen sich nur begrenzt verwenden, denn man kann sie nur an Orten mit zuverlässigen Windverhältnissen oder stetiger Sonneneinstrahlung einsetzen. Außerdem zeigt die jüngere Technikgeschichte, dass der Übergang bei größeren Veränderungen – beispielsweise von Kerzen über Öl- und Gasleuchten bis zum elektrischen Licht oder vom Holz über Kohle zu Erdöl als Energieträger – mehrere Jahrzehnte in Anspruch nimmt, weil viele Institutionen und sekundäre technische Einrichtungen, die mit der alten Technologie zusammenhängen, verändert werden müssen. Wahrscheinlich werden alternative Energieträger in Zukunft tatsächlich in Verkehr und Energieproduktion einen immer größeren Beitrag leisten, aber das ist eine langfristige Aussicht. Wir müssen unsere Brennstoff- und Energieprobleme auch für die nächsten Jahrzehnte lösen, in denen die neue Technologie noch nicht allgemein verbreitet ist. Nur allzu oft lassen sich Politiker und Industrie durch die Fixierung auf eine ferne Zukunft mit viel versprechenden Wasserstoffautos und Windenergie von den vielen Maßnahmen ablenken, die ganz offensichtlich schon jetzt notwendig sind, um die Fahrleistung und den Brennstoffverbrauch der vorhandenen Autos sowie den Verbrauch fossiler Brennstoffe durch Kraftwerke zu vermindern.

»*Ein Welternährungsproblem gibt es nicht; wir haben schon genügend Lebensmittel; wir müssen nur das Transportproblem lösen und die Lebensmittel dorthin bringen, wo sie gebraucht werden.*« (Das Gleiche könnte man auch über die Energie sagen.) Oder aber: »*Das Ernährungsproblem ist schon durch die Grüne Revolution gelöst, mit neuen, ertragreichen Reis- und anderen Getreidesorten, oder zumindest wird es durch gentechnisch veränderte Nutzpflanzen gelöst werden.*« Diese Argumentation stützt sich auf zwei Erkenntnisse: Die Bewohner der Industrieländer verbrauchen im Durchschnitt pro Kopf mehr Lebensmittel als die Bürger der Dritten Welt, und manche Industrieländer, unter ihnen auch die Vereinigten Staaten, produzieren mehr Nahrungsmittel, als ihre Bewohner verbrauchen, oder sie könnten solche Überschüsse produzieren. Angenommen, der Nahrungsmittelverbrauch würde sich über die ganze Welt gleichmäßig verteilen, oder man könnte die Überschüsse aus den Industrieländern in die Dritte Welt exportieren: Wäre damit der Hunger in der Dritten Welt gelindert?

Die erste Hälfte dieser Argumentation hat eine offenkundige Schwäche: Die Bewohner der Industrieländer haben keine Lust, weniger zu essen, damit die Menschen in der Dritten Welt mehr zu essen haben. Und die zweite Hälfte nimmt nicht zur Kenntnis, dass die Industrieländer zwar gelegentlich gern Nahrungsmittel exportieren, um nach einer Krise (beispielsweise einer Dürre oder einem Krieg) in bestimmten Drittweltländern den Hunger zu lindern, dass sie aber kein Interesse daran haben, regelmäßig (über steuerfinanzierte Entwicklungshilfe und Subventionen für die Bauern) und langfristig die Lebensmittel für Milliarden Menschen in der Dritten Welt zu bezahlen. Würde dies geschehen, ohne dass in den Ländern der Dritten Welt wirksame Familienplanung betrieben wird – was die derzeitige US-Regierung aus prinzipiellen Gründen ablehnt –, würde sich wieder das malthusische Dilemma einstellen: Die Bevölkerung würde überproportional zur steigenden Menge der Nahrungsmittel anwachsen. Bevölkerungswachstum und Malthus-Dilemma sind auch ein Teil der Erklärung dafür, warum der Hunger nach Jahrzehnten der Hoffnung und hohen Investitionen in Grüne Revolution und ertragreiche Getreidesorten immer noch weit verbreitet ist. Alle diese Überlegungen bedeuten, dass auch gentechnisch veränderte Lebensmittel allein die Ernährungsprobleme der Erde nicht lösen werden (wird dabei angenommen, dass die Bevölkerung konstant bleibt?). Außerdem beschränkt sich die Produktion gentechnisch veränderter Nutzpflanzen heute fast ausschließlich auf vier Pflanzenarten (Sojabohnen, Mais, Raps und Baumwolle), die nicht unmittelbar der menschlichen Ernährung dienen, sondern als Tierfutter, zur Ölherstellung oder als Rohstoff für Bekleidung verwendet werden, und der Anbau erfolgt in sechs Staaten oder Regionen der gemäßigten Klimazonen. Dies liegt einerseits daran, dass die Verbraucher einen starken Widerwillen gegen gentechnisch veränderte Lebensmittel haben, andererseits aber auch an dem Umstand, dass die Firmen, die solche Nutzpflanzen entwickeln, Geld verdienen wollen: Dies ist nur möglich, wenn sie ihre Produkte an die reichen Bauern in wohlhabenden Staaten der gemäßigten Klimazonen verkaufen, nicht aber durch den Verkauf an arme Landbewohner in tropischen Entwicklungsländern. Deshalb haben die Unternehmen kein Interesse daran, mit hohen Investitionen beispielsweise gentechnisch veränderten Maniok oder Hirse für die Bauern in der Dritten Welt zu entwickeln.

»Nimmt man allgemein anerkannte Indikatoren wie Lebenserwartung, Gesundheit und Wohlstand (oder in der Wirtschaftsterminologie: Pro-Kopf-Bruttoinlandsprodukt) als Maßstab, werden die Verhältnisse in Wirklichkeit seit vielen Jahrzehnten immer besser.« Oder: *»Man braucht sich doch nur umzusehen: Das Gras ist noch grün, in den Supermärkten gibt es jede Menge Lebensmittel, aus dem Wasserhahn kommt sauberes Wasser, und es gibt keinerlei Anzeichen für einen bevorstehenden Zusammenbruch.«* Für die Bewohner der reichen Industrieländer haben sich die Lebensverhältnisse tatsächlich verbessert, und durch verbesserte Gesundheitsversorgung hat sich auch die durchschnittliche Lebenserwartung in der Dritten Welt erhöht. Aber die Lebenserwartung allein ist kein ausreichendes Kriterium: Milliarden Menschen in der Dritten Welt, insgesamt rund 80 Prozent der Weltbevölkerung, leben nach wie vor in Armut nahe an der Hungergrenze oder darunter. Selbst in den Vereinigten Staaten befindet sich ein zunehmender Prozentsatz der Bevölkerung an der Armutsgrenze und kann sich keine medizinische Versorgung leisten; alle Vorschläge zur Veränderung dieser Situation, beispielsweise eine staatlich finanzierte Krankenversicherung für alle, waren politisch nicht durchsetzbar.

Außerdem wissen wir als Einzelpersonen alle, dass wir unsere wirtschaftliche Situation nicht allein am derzeitigen Stand unseres Bankkontos ablesen können: Wir müssen auch darauf achten, wie sich das Guthaben entwickelt. Wer auf seinem Kontoauszug ein Guthaben von 5000 Euro sieht, wird darüber nicht erfreut sein, wenn sich dieses Guthaben während der letzten Jahre jeden Monat um 200 Euro vermindert hat, denn wenn es mit der gleichen Geschwindigkeit weitergeht, bleiben nur noch zwei Jahre und ein Monat bis zum Bankrott. Das gleiche Prinzip gilt auch für die Volkswirtschaft sowie für die Entwicklung von Umwelt und Bevölkerung. Die Industrieländer erfreuen sich heute nur deshalb eines so großen Wohlstandes, weil sie ihr ökologisches Kapital verbrauchen, das heißt ihr Kapital an nicht erneuerbaren Energiequellen, Fischbeständen, Mutterboden, Wäldern und so weiter. Den Verbrauch von Kapital sollte man nicht fälschlich als Geldverdienen bezeichnen. Es hat keinen Sinn, sich mit den derzeitigen Annehmlichkeiten zufrieden zu geben, wenn klar ist, dass wir uns bisher nicht auf einem nachhaltigen Weg befinden.

Aus der Geschichte des Zusammenbruchs bei den Maya und Anasazi, auf der Osterinsel und in anderen früheren Gesellschaften (aber auch aus dem erst kürzlich erfolgten Zusammenbruch der Sowjetunion) kann man unter anderem die wichtige Erkenntnis ableiten, dass der steile Niedergang einer Gesellschaft unter Umständen schon ein oder zwei Jahrzehnte nach der Zeit einsetzt, zu der sie in Bevölkerungszahl, Reichtum und Macht ihren Höhepunkt erreicht hat. In dieser Hinsicht unterscheidet sich die Entwicklung der hier erörterten Gesellschaften vom normalen Lebensweg eines einzelnen Menschen, bei dem der Niedergang in Form einer langen, allmählichen Alterung erfolgt. Der Grund ist einfach: Spitzenwerte bei Bevölkerungszahl, Reichtum, Ressourcenverbrauch und Abfallproduktion sind mit einer maximalen Beeinträchtigung der Umwelt verbunden, und irgendwann überfordert diese Beeinträchtigung die Ressourcen. Bei längerem Nachdenken ist es eigentlich nicht verwunderlich, dass der Niedergang einer Gesellschaft so schnell auf ihre Blütezeit folgt.

»Man braucht sich nur anzusehen, wie häufig sich die Weltuntergangsprophezeiungen der Angstmacher und Umweltschützer als falsch erwiesen haben. Warum sollten wir ihnen dieses Mal glauben?« Ja, manche Voraussagen der Umweltschützer haben sich als falsch erwiesen. Als Beispiel nennen die Kritiker gerne die Voraussagen, die Paul Ehrlich, Jon Harte und Jon Holdren 1980 über den Preisanstieg für fünf Metalle abgaben, oder die Prophezeiungen des Club of Rome aus dem Jahr 1972. Aber man geht in die Irre, wenn man gezielt nur Voraussagen von Umweltschützern nennt, die sich als falsch erwiesen haben, ohne sich gleichzeitig anzusehen, welche Aussagen richtig waren oder welche Voraussagen der Umweltschutzgegner sich als falsch erwiesen haben. Irrtümer der zuletzt genannten Art gibt es in Hülle und Fülle: So wurde zum Beispiel mit übermäßigem Optimismus vorausgesagt, die Grüne Revolution werde bis

heute bereits die Hungerprobleme der Welt beseitigt haben; der Wirtschaftswissenschaftler Julian Simons prophezeite, wir könnten die Weltbevölkerung auch bei ungebremstem Wachstum die nächsten sieben Milliarden Jahre ernähren; und Simon sagte auch voraus, man könne Kupfer aus anderen Elementen herstellen, und deshalb bestehe nicht die Gefahr einer Kupferknappheit. Betrachten wir einmal Simons erste Voraussage: Beim derzeitigen Wachstum der Weltbevölkerung wären wir in 774 Jahren bei 10 Menschen je Quadratmeter Landfläche angelangt, in knapp 2000 Jahren wäre die Masse der Menschen ebenso groß wie die Masse der Erde, in 6000 Jahren hätte die Masse der Menschen die gesamte Masse des Universums erreicht, und Simon sagte sieben Milliarden Jahre ohne solche Probleme voraus. Was seine zweite Voraussage angeht, so lernen wir schon im ersten Jahr unseres Chemieunterrichts, dass Kupfer ein Element ist, und das bedeutet definitionsgemäß, dass man es nicht aus anderen Elementen herstellen kann. Nach meinem Eindruck waren auch pessimistische Voraussagen, die sich als falsch erwiesen haben, wie die von Ehrlich, Harte und Holdren über die Metallpreise oder die des Club of Rome über die Nahrungsmittelversorgung der Zukunft, zur Zeit ihrer Entstehung im Durchschnitt immer noch wesentlich realistischer als die beiden Voraussagen von Simon.

Letztlich reduziert sich der Einzeiler über manche Voraussagen der Umweltschützer zu einer Klage über den einen oder anderen Fehlalarm. In anderen Lebensbereichen, beispielsweise wenn es um Brände geht, reagieren wir auf einen Fehlalarm mit dem gesunden Menschenverstand. Unsere Behörden unterhalten aufwendige Feuerwehrkräfte, auch wenn sie in Kleinstädten vielleicht nur selten zum Löschen gerufen werden. Notrufe, die bei der Feuerwehr eingehen, erweisen sich häufig als falscher Alarm, und in vielen Fällen handelt es sich auch nur um kleine Brände, die der Hauseigentümer selbst löschen kann, bevor die Feuerwehr eintrifft. Dass es solche Fälle von falschem Alarm und selbst gelöschtem Feuer mit einer gewissen Häufigkeit gibt, nehmen wir ohne weiteres hin, denn wir wissen, dass die Brandgefahr unberechenbar ist und dass man am Anfang unter Umständen schwer einschätzen kann, wie ein Brand sich entwickelt; wenn ein Feuer aber außer Kontrolle gerät, sind die Sach- und Personenschäden häufig beträchtlich. Kein vernünftiger Mensch würde auch nur im Traum auf die Idee kommen, in einer Stadt die Feuerwehr abzuschaffen, nur weil es seit ein paar Jahren keinen Großbrand mehr gegeben hat. Und niemand würde es einem Hausbesitzer verübeln, wenn er die Feuerwehr anruft, nachdem er einen kleinen Brand entdeckt hat, auch wenn es ihm anschließend gelingt, das Feuer vor Eintreffen des Löschzuges zu ersticken. Nur wenn die Fehlalarme einen unverhältnismäßig hohen Anteil aller Notrufe ausmachen, haben wir den Eindruck, dass etwas nicht stimmt. Welchen Anteil an Fehlalarmen wir hinnehmen, hängt von einem Vergleich ab, den wir unbewusst vornehmen: auf der einen Seite die Häufigkeit großer Brände und die dabei angerichteten Schäden, auf der anderen die Häufigkeit der Fehlalarme und die dadurch verursachten, unnötigen Kosten. Eine sehr geringe Häufigkeit falscher Alarmierungen ist der Beweis, dass viele Hausbesitzer zu vorsichtig sind, die Feuerwehr zu spät rufen und auf diese Weise ihr Eigentum verlieren.

Die gleichen Überlegungen treffen auf die Warnungen der Umweltschützer zu: Auch hier müssen wir damit rechnen, dass es sich in manchen Fällen um falschen Alarm handelt, denn sonst wüssten wir, dass unser Warnsystem für Umweltschäden zu träge ist. Die Milliardenschäden, die durch viele Umweltprobleme entstehen, rechtfertigen eine gewisse Häufigkeit von Fehlalarmen. Außerdem erweist sich ein Alarm häufig nur deshalb als falsch, weil er uns veranlasst hat, erfolgreiche Gegenmaßnahmen zu ergreifen. So stimmt es beispielsweise, dass die Luftqualität hier bei uns in Los Angeles nicht so schlecht ist, wie es vor 50 Jahren in manchen düsteren Voraussagen prophezeit wurde. Das liegt aber ausschließlich daran, dass die Stadt Los Angeles und der Staat Kalifornien durch diese Warnungen aufgeschreckt wurden und zahlreiche Gegenmaßnahmen ergriffen (beispielsweise Abgasgrenzwerte für Autos, Smog-Grenzwerte und bleifreies Benzin), aber es hat nichts damit zu tun, dass die anfänglichen Voraussagen übertrieben gewesen wären.

»Die Bevölkerungskrise löst sich bereits selbst – das Wachstum der Weltbevölkerung nimmt ab, und irgendwann wird die Bevölkerung sich bei weniger als dem Doppelten der jetzigen Zahl einpendeln.« Eine solche Voraussage, dass die Weltbevölkerung sich bei weniger als dem Doppelten der jetzigen Zahl einpendeln wird, kann sich als richtig erweisen oder auch nicht; derzeit erscheint sie als realistische Möglichkeit. Aber aus dieser Möglichkeit können wir keinen Trost schöpfen, und das hat zwei Gründe: Nach vielen Kriterien lebt die Weltbevölkerung schon jetzt auf einem nicht nachhaltigen Niveau, und wie ich zuvor in diesem Kapitel bereits erläutert habe, besteht die Hauptgefahr nicht in der Verdoppelung der Bevölkerung, sondern in dem viel größeren Anstieg ihrer ökologischen Auswirkungen, wenn es der Bevölkerung in der Dritten Welt gelingt, den Lebensstandard der Industrieländer zu erreichen. Mit erstaunlicher Lässigkeit erwähnen manche Bewohner der Industrieländer den Zuwachs von

»nur« zweieinhalb Milliarden Menschen (die niedrigste Schätzung, die derzeit im Umlauf ist), als wäre das hinnehmbar, wo es auf der Welt bereits jetzt ebenso viele Menschen gibt, die unterernährt sind und von weniger als drei Dollar pro Tag leben müssen.

»Die Welt verträgt ein unbegrenztes Bevölkerungswachstum. Je mehr Menschen es gibt, desto besser ist es, denn mehr Menschen können mehr Erfindungen machen, und das bedeutet letztlich mehr Wohlstand.« Diese beiden Ideen verbinden sich insbesondere mit dem Namen Julian Simon, sie wurden aber auch von vielen anderen übernommen, insbesondere von Wirtschaftswissenschaftlern. Die Aussage über die Möglichkeit, das derzeitige Bevölkerungswachstum unbegrenzt fortzusetzen, kann man nicht ernst nehmen: Wie ich bereits erläutert habe, würden dann schon im Jahr 2779 ungefähr zehn Menschen auf jedem Quadratmeter leben. Die Daten über den Wohlstand verschiedener Staaten zeigen, dass die Behauptung, mehr Menschen seien gleichbedeutend mit mehr Wohlstand, eben gerade nicht stimmt. Die zehn bevölkerungsreichsten Länder sind (in absteigender Reihenfolge der Bevölkerungszahlen) China, Indien, die Vereinigten Staaten, Indonesien, Brasilien, Pakistan, Russland, Japan, Bangladesch und Nigeria. Die zehn Länder mit dem größten Wohlstand (Pro-Kopf-BIP über 20 000 Dollar) sind in absteigender Reihenfolge die Schweiz, Luxemburg, Finnland, Japan, Schweden, Norwegen, Dänemark, Island, Kanada und Nauru. Das einzige Land, das sich in beiden Listen findet, ist Japan.

In Wirklichkeit sind gerade die bevölkerungsreichen Länder unverhältnismäßig arm: Acht der zehn genannten Staaten haben ein BIP von weniger als 10 000 Dollar pro Kopf, in sechs davon liegt es unter 600 Dollar. Umgekehrt haben die reichen Länder eine unverhältnismäßig kleine Bevölkerung: Sie liegt bei acht der zehn genannten Staaten unter 9 Millionen, bei drei davon sogar unter 500 000. Was die beiden Listen wirklich unterscheidet, ist das Bevölkerungswachstum: Es liegt in allen zehn wohlhabenden Ländern sehr niedrig (unter ein Prozent pro Jahr), während acht der zehn bevölkerungsreichsten Länder ein höheres relatives Bevölkerungswachstum haben als alle genannten wohlhabenden Länder; die beiden Ausnahmen sind zwei große Staaten, die ihr geringes Bevölkerungswachstum auf unangenehme Weise verwirklicht haben: China mit seinen staatlichen Anordnungen und Zwangsabtreibungen, und Russland, dessen Bevölkerung wegen katastrophaler gesundheitlicher Verhältnisse sogar abnimmt. Als empirische Tatsache kann man also festhalten: Mehr Menschen und ein höheres Bevölkerungswachstum bedeuten nicht mehr Reichtum, sondern mehr Armut.

»Ökologische Bedenken sind ein Luxus, den sich nur reiche Yuppies aus den Industrieländern leisten können, aber die haben kein Recht, verzweifelten Bewohnern der Dritten Welt zu sagen, was sie zu tun haben.« Diese Ansicht habe ich vor allem von reichen Yuppies aus Industrieländern gehört, die mit der Dritten Welt keine Erfahrungen hatten. Als ich in Indonesien, Papua-Neuguinea, Ostafrika, Peru und anderen Staaten der Dritten Welt mit wachsenden Umweltproblemen und wachsender Bevölkerung unterwegs war, hat es mich immer wieder beeindruckt, dass die Menschen dort sehr genau darüber Bescheid wissen, wie ihnen Bevölkerungswachstum, Waldzerstörung, Überfischung und andere Probleme schaden. Sie wissen es, weil sie sofort bestraft werden: kein kostenloses Bauholz für ihre Häuser mehr, umfangreiche Bodenerosion, und (eine tragische Klage, die ich ständig höre) kein Geld für Kleidung, Bücher und die Schulgebühren für die Kinder. Dass der Wald hinter ihrem Dorf dennoch abgeholzt wird, liegt meistens entweder an einer korrupten Regierung, die trotz häufig gewalttätiger Proteste die Abholzung angeordnet hat, oder sie haben widerwillig einen Pachtvertrag unterzeichnet, weil sie keine andere Möglichkeit gesehen haben, sich im nächsten Jahr das Geld für ihre Kinder zu verschaffen. Meine besten Freunde in der Dritten Welt, Familien mit vier bis acht Kindern, klagen immer wieder: Sie haben gehört, dass es in den Industrieländern ungefährliche Methoden zur Empfängnisverhütung gibt, und die wollen sie unbedingt auch selbst anwenden, aber sie haben keinen Zugang dazu oder können sie sich nicht leisten, unter anderem weil die US-Regierung sich weigert, im Rahmen ihrer Entwicklungshilfeprogramme auch Familienplanung zu finanzieren.

Eine andere Ansicht ist unter wohlhabenden Bewohnern der Industrieländer ebenfalls weit verbreitet, wird aber selten offen ausgesprochen: Sie kommen selbst gut zurecht, wenn sie trotz aller ökologischen Probleme ihre Lebensweise beibehalten, und eigentlich interessieren sie sich nicht für diese Probleme, weil sie vor allem Menschen in der Dritten Welt betreffen (aber es so unverblümt zu formulieren, ist politisch nicht korrekt). In Wirklichkeit sind auch die reichen Länder nicht immun gegen ökologische Probleme. Wie alle anderen Menschen, so wollen auch die Manager der Großunternehmen in den Industrieländern essen, trinken, atmen und Kinder bekommen. Probleme der Wasserqualität können sie zwar in der Regel umgehen, indem sie Wasser aus Flaschen trinken, aber die Umgehung der Probleme mit Lebensmittel- und Luftqualität fällt ihnen ebenso schwer wie allen anderen. Da sie an einer unverhältnismäßig hohen Stelle der Nahrungskette stehen, wo Giftstoffe bereits stark angereichert sind, ist die Gefahr von Fortpflanzungsstörungen bei ihnen sogar eher größer: Sie nehmen Giftstoffe auf oder kommen mit ihnen in Kontakt, und das könnte dazu beitragen, dass solche Menschen in einem besonders hohen Maße unfruchtbar sind und beim Zeugen von Kindern immer häufiger medizinische Unterstützung in Anspruch nehmen müssen. Im Übrigen konnten wir aus unserer Beschreibung der Mayakönige, der Wikingerhäuptlinge in Grönland und der Häuptlinge auf der Osterinsel unter anderem den Schluss ziehen, dass reiche Menschen ihre eigenen Interessen und die ihrer Kinder auf Dauer nicht sichern können, wenn sie über eine zusammenbrechende Gesellschaft herrschen und für sich selbst nur das Vorrecht einkaufen, als Letzte zu hungern oder zu sterben. Betrachtet man die Gesellschaft der Industrieländer als Ganzes, dann ist ihr Ressourcenverbrauch zum größten Teil für den Gesamtverbrauch der Welt verantwortlich, der zu den am Anfang dieses Kapitels beschriebenen Auswirkungen geführt hat. Unser nicht nachhaltiger Verbrauch hat zur Folge, dass die Industrieländer ihren derzeitigen Kurs selbst dann nicht mehr lange beibehalten könnten, wenn es die Dritte Welt nicht gäbe und wenn diese nicht bestrebt wäre, zu uns aufzuschließen.

»Wirklich bedrohlich werden diese ökologischen Probleme erst in ferner Zukunft, wenn ich längst tot bin. Deshalb kann ich sie nicht ernst nehmen.« Wenn es so weitergeht wie bisher, werden die zwölf wichtigen ökologischen Probleme, die ich zu Beginn dieses Kapitels genannt habe, in Wirklichkeit bereits zu Lebzeiten der heutigen jungen Erwachsenen akut werden. Wer Kinder hat, sieht in der Sicherung von deren Zukunft das wichtigste Ziel, für das man Zeit und Geld aufwendet. Wir bezahlen ihre Schulausbildung, ihre Nahrung und Kleidung, verfassen ein Testament zu ihren Gunsten und schließen ihretwegen eine Lebensversicherung ab, alles mit dem Ziel, dass sie sich in 50 Jahren eines angenehmen Lebens erfreuen können. Es hat keinen Sinn, wenn wir das alles für unsere Kinder tun und gleichzeitig durch andere Handlungsweisen die Welt zugrunde richten, in der unsere Kinder in 50 Jahren leben werden.

Dieses paradoxen Verhaltens habe ich mich auch selbst schuldig gemacht: Ich bin 1937 geboren, und bevor meine Kinder zur Welt kamen, konnte ich Vorgänge wie die globale Erwärmung oder die Vernichtung der tropischen Regenwälder, die für das Jahr 2037 vorausberechnet waren, nicht ernst nehmen. Zu jener Zeit würde ich mit Sicherheit nicht mehr leben, und schon die Zahl 2037 erschien mir unwirklich. Als aber meine beiden Söhne – Zwillinge – 1987 geboren wurden, und als ich dann zusammen mit meiner Frau die ganze elterliche Versessenheit mit Schule,

Lebensversicherung und Testament durchlebte, ging mir plötzlich ein Licht auf: Im Jahr 2037 würden meine Kinder so alt sein, wie ich gerade war, nämlich 50! Was hat es für einen Sinn, den Kindern das eigene Vermögen zu vermachen, wenn es in der Welt bis dahin ohnehin drunter und drüber geht?

Kurz nach dem Zweiten Weltkrieg lebte ich fünf Jahre in Europa, und dann heiratete ich in eine polnische Familie mit einem japanischen Zweig ein. Dabei erlebte ich hautnah mit, was geschehen kann, wenn Eltern sich zwar individuell um ihre Kinder kümmern, aber nicht um die zukünftige Welt ihrer Kinder. Die Eltern meiner polnischen, deutschen, japanischen, russischen, britischen und jugoslawischen Freunde hatten ebenfalls Lebensversicherungen abgeschlossen, Testamente geschrieben und sich um eine gute Schulausbildung für ihre Kinder bemüht, genau wie meine Frau und ich es in jüngerer Zeit getan haben. Manche von ihnen waren reich und hätten ihren Kindern wertvolles Eigentum hinterlassen können. Aber sie kümmerten sich nicht genug um die Welt ihrer Kinder und stürzten in die Katastrophe des Zweiten Weltkrieges. Dadurch wurde fast allen meinen europäischen und japanischen Freunden, die im gleichen Jahr geboren sind wie ich, in irgendeiner Form das Leben verdorben: Sie wurden zu Waisen, wurden von einem oder beiden Eltern schon in der Kindheit getrennt, wurden ausgebombt, erhielten keine gute Schulausbildung, verloren das Familienvermögen oder wuchsen bei Eltern auf, die durch Erinnerungen an Krieg und Konzentrationslager belastet waren. Für den Fall, dass wir heute nicht für die Welt unserer Kinder sorgen, würden wir zwar jetzt ein anderes Zukunftsszenario zeichnen, aber das ist nicht weniger unerfreulich.

Damit bleiben zwei Einwände übrig, mit denen wir uns noch nicht befasst haben: »*Zwischen den heutigen Gesellschaften und denen, die in früherer Zeit auf der Osterinsel, bei den Maya und Anasazi zusammengebrochen sind, bestehen große Unterschiede; deshalb lassen sich die Lehren aus der Vergangenheit nicht einfach übertragen.*« Und: »*Was kann ich als Einzelner denn schon tun, wo die Welt doch von unaufhaltsamen, mächtigen Regierungen und Unternehmen gelenkt wird?*« Anders als die zuvor genannten Bedenken, die man bei näherem Hinsehen sehr schnell zu den Akten legen kann, sind diese beiden stichhaltig begründet. Der ersten Frage werde ich den Rest dieses Kapitels widmen, mit der zweiten beschäftigt sich ein Teil des Kapitels »Weiterführende Literatur« (Seite 652 ff.).

Bestehen zwischen Vergangenheit und Gegenwart so enge Parallelen, dass wir aus den Zusammenbrüchen auf der Osterinsel und Henderson, bei den Anasazi, den Maya und den grönländischen Wikingern tatsächlich Lehren für die heutige Zeit ableiten können? Angesichts der offenkundigen Unterschiede könnte ein Kritiker versucht sein, einzuwenden: »Es ist doch lächerlich, wenn man annimmt, die Zusammenbrüche dieser alten Völker könnten für die moderne Zeit besondere Bedeutung haben. Damals gab es nicht die Wunder der modernen Technik, die uns nützen und uns durch die Erfindung neuer, umweltfreundlicher Technologien bei der Problemlösung helfen. Damals hatten die Menschen das Pech, dass sie unter den Auswirkungen von Klimaveränderungen leiden mussten. Sie waren dumm und haben ihre eigene Umwelt zugrunde gerichtet, weil sie ganz offenkundig törichte Dinge getan haben, beispielsweise indem sie ihre Wälder abholzten, zu viele wilde Tiere als Proteinlieferanten töteten, untätig der Erosion ihrer Böden zusahen und Städte in trockenen Regionen errichten, wo die Wasserknappheit programmiert war. Sie hatten törichte Anführer, die keine Bücher besaßen und nichts aus der Geschichte lernen konnten, die sie in teure Kriege mit ungewissem Ausgang stürzten, nur um selbst an der Macht zu bleiben, und die den Problemen im eigenen Land keine Beachtung schenkten. Sie wurden von hungernden Einwanderern überrannt, und als eine Gesellschaft nach der anderen zusammenbrach, belastete eine Flut von Wirtschaftsflüchtlingen die Ressourcen der Gesellschaften, die noch nicht zusammengebrochen waren. In allen diesen Aspekten unterscheiden wir modernen Menschen uns grundlegend von unseren primitiven Vorfahren, und wir können nicht von ihnen lernen. Insbesondere in den Vereinigten Staaten leben wir im reichsten, mächtigsten Land der heutigen Welt, es hat die produktivste Umwelt, kluge politische Führer und starke Verbündete, während die Feinde nur schwach und unbedeutend sind – auf uns trifft keine der negativen Aussagen zu.«

Ja, es stimmt: Zwischen der Situation jener früheren Gesellschaften und den heutigen Verhältnissen gibt es große Unterschiede. Der offenkundigste besteht darin, dass heute wesentlich mehr Menschen leben und diese Menschen über eine weitaus mächtigere Technologie verfügen, die sich auf die Umwelt viel stärker auswirkt als in der Vergangenheit. Über sechs Milliarden Menschen sind mit schweren Geräten aus Metall ausgestattet, beispielsweise mit Bulldozern und Kernenergie; auf der Osterinsel dagegen lebten nur wenige zehntausend Menschen mit Meißeln aus Stein und ihrer eigenen Muskelkraft. Dennoch schafften es die Bewohner der

Osterinsel, ihre Umwelt zu zerstören und ihre Gesellschaft in den Zusammenbruch zu stürzen. Dieser Unterschied macht die Gefahr für uns heute nicht geringer, sondern wesentlich größer.

Ein zweiter großer Unterschied erwächst aus der Globalisierung. Lassen wir die Frage nach Umweltproblemen in den Industrieländern zunächst einmal beiseite und überlegen wir nur, ob wir die Lehren aus den Zusammenbrüchen früherer Zeiten irgendwo in der heutigen Dritten Welt anwenden können. Fragen wir als Erstes einen Ökologen, der als Wissenschaftler in seinem Elfenbeinturm sitzt und zwar viel über die Umwelt weiß, aber nie eine Zeitung liest und sich nicht für Politik interessiert: Von ihm wollen wir wissen, welche Staaten in Übersee am schlimmsten unter Umweltbelastung und / oder Überbevölkerung zu leiden haben. Darauf antwortet er vielleicht: »Das ist ganz einfach. Auf die Liste der ökologisch belasteten oder überbevölkerten Staaten gehören in jedem Fall Afghanistan, Bangladesch, Burundi, Haiti, Indonesien, der Irak, Madagaskar, die Mongolei, Nepal, Pakistan, die Philippinen, Ruanda, die Salomonen, Somalia und andere.«

Als Nächstes fragen wir einen Politiker aus einem Industrieland, der nichts über Umwelt und Bevölkerungsprobleme weiß und sich auch nicht dafür interessiert, nach den schlimmsten Krisenherden der Welt: nach Staaten, deren Regierung bereits gestürzt wurde oder zusammengebrochen ist, für die das Risiko eines Zusammenbruchs besteht, oder die in jüngster Zeit durch Bürgerkriege zugrunde gerichtet wurden; und nach Staaten, die aufgrund solcher eigener Probleme auch Probleme für die reichen Industrieländer schaffen, sodass wir ihnen am Ende Entwicklungshilfe zahlen müssen, ihre illegalen Einwanderer aufnehmen, ihnen Militärhilfe leisten, oder ihnen sogar mit unseren eigenen Truppen helfen, Aufstände und Terroristen zu bekämpfen. Darauf würde der Politiker antworten: »Das ist ganz einfach. Auf die Liste der politischen Krisenherde gehören in jedem Fall Afghanistan, Bangladesch, Burundi, Haiti, Indonesien, der Irak, Madagaskar, die Mongolei, Nepal, Pakistan, die Philippinen, Ruanda, die Salomonen, Somalia und andere.«

Erstaunlich: Die beiden Listen sind sich sehr ähnlich. Worin der Zusammenhang besteht, liegt auf der Hand: Die Probleme der alten Maya, Anasazi und Osterinselbewohner manifestieren sich in der modernen Welt. Heute wie in der Vergangenheit besteht für ökologisch belastete und / oder überbevölkerte Staaten die Gefahr politischer Belastungen bis hin zum Zusammenbruch der Regierung. Verzweifelte, unterernährte, hoffnungslose Menschen werfen ihrer Regierung vor, sie sei für die Probleme verantwortlich oder unfähig, sie zu lösen. Sie versuchen um jeden Preis auszuwandern. Sie kämpfen untereinander um Land. Sie bringen sich gegenseitig um. Sie fangen Bürgerkriege an. Sie wissen, dass sie nichts zu verlieren haben, also werden sie Terroristen, oder sie unterstützen oder tolerieren den Terrorismus.

Die Folgen dieser offenkundigen Zusammenhänge sind allgemein bekannt: Völkermord, wie er sich bereits in Bangladesch, Burundi, Indonesien und Ruanda abgespielt hat; Bürgerkriege oder Revolutionen wie in den meisten Staaten auf der Liste; Forderungen an die Industrieländer nach Entsendung von Truppen, wie in Afghanistan, Haiti, Indonesien, dem Irak, den Philippinen, Ruanda, den Salomonen und Somalia; Zusammenbruch der Zentralregierung wie in Somalia und auf den Salomonen; und eine überwältigende Armut wie in allen Staaten auf der Liste. Das beste Vorhersagekriterium für das »Versagen von Staaten« – das heißt für Revolutionen, gewaltsamen Regierungswechsel, Zusammenbruch der staatlichen Autorität und Völkermord – ist also in unserer Zeit das Ausmaß der ökologischen Belastung und des Bevölkerungsdruckes, und die Anzeichen dafür sind hohe Säuglingssterblichkeit, schnelles Bevölkerungswachstum, ein hoher Anteil der 15- bis 30-Jährigen an der Gesamtbevölkerung und eine große Zahl arbeitsloser junger Männer ohne Berufsaussichten, die sich leicht für Milizen rekrutieren lassen. Solche Belastungen führen zu Konflikten um knappe Landflächen (wie in Ruanda), Wasser, Wälder, Fischgründe, Öl und Bodenschätze. Sie schaffen nicht nur ständige innere Spannungen, sondern führen auch zur Auswanderung politischer und wirtschaftlicher Flüchtlinge, und wenn autoritäre Regierungen ihre Nachbarstaaten angreifen, um die Aufmerksamkeit der Öffentlichkeit von den inneren Problemen abzulenken, kommt es zum Krieg.

Kurz gesagt, geht es eigentlich nicht darum, ob es zum Zusammenbruch früherer Gesellschaften in unserer Zeit Parallelen gibt und ob wir daraus etwas lernen können. Diese Frage ist beantwortet, denn solche Zusammenbrüche haben sich in jüngster Zeit tatsächlich ereignet, und andere stehen anscheinend unmittelbar bevor. Die eigentliche Frage lautet: Wie viele weitere Staaten werden davon betroffen sein?

Was die Terroristen angeht, so könnte man einwenden, dass viele politische Mörder, Selbstmordattentäter und die Terroristen des 11. September keine ungebildeten, verzweifelten Menschen waren, sondern eine gute Bildung besaßen und gut bezahlt wurden. Das stimmt, aber auch sie waren auf eine verzweifelte Gesellschaft angewiesen, die sie unterstützte und tolerierte. Jede Gesellschaft hat ihre mörderischen Fanatiker; die Vereinigten Staaten selbst brachten einen Timothy McVeigh (der für das verheerende Bombenattentat von Oklahoma City verantwortlich war) und einen in Harvard ausgebildeten Theodore Kaczinski (den so genannten UNA-Bomber) hervor. Aber gut ernährte Gesellschaften mit guten Berufsaussichten wie in den Vereinigten Staaten, Finnland und Südkorea bieten ihren Fanatikern keine breite Unterstützung.

Durch die Globalisierung werden die Probleme dieser vielen ökologisch zerstörten, überbevölkerten, weit entfernten Länder zu unseren eigenen. Unter Globalisierung stellen wir uns in der Regel vor, dass wir, die Menschen in den fortgeschrittenen Industrieländern, unsere Segnungen wie Internet und Coca-Cola an die armen, zurückgebliebenen Bewohner der Dritten Welt weitergeben. In Wirklichkeit bedeutet Globalisierung aber nichts anderes als eine verbesserte weltweite Kommunikation, und durch die können viele Dinge in beiden Richtungen übertragen werden; Globalisierung beschränkt sich nicht auf gute Dinge, die aus den Industrieländern in die Dritte Welt transportiert werden.

Unter den schlechten Dingen, die aus den Industrieländern in Drittweltstaaten gelangen, haben wir bereits die Millionen Tonnen Elektronikschrott erwähnt, die jedes Jahr absichtlich nach China gebracht werden. Um zu begreifen, in welchem Umfang weltweit unabsichtliche Mülltransporte stattfinden, braucht man nur einmal zu betrachten, wie viel Abfall an den Stränden der winzigen Atolle Oeno und Ducie im Südostpazifik (siehe Landkarte Seite 156) eingesammelt wurden: Die beiden unbewohnten Atolle besitzen kein Süßwasser, werden selbst von Yachten nur selten angelaufen und gehören zu den abgelegensten Landfleckchen der Erde; beide sind selbst von dem unbewohnten Henderson nochmals über 150 Kilometer entfernt. Dort entdeckte man bei Untersuchungen auf jedem Meter Strand durchschnittlich ein Stück Abfall: Treibgut von Schiffen oder aus asiatischen und amerikanischen Staaten an der Pazifikküste, die Tausende von Kilometern entfernt sind. Die häufigsten Gegenstände waren dabei Plastiktüten, Schwimmer, Glas- und Plastikflaschen (insbesondere Suntory-Whiskyflaschen aus Japan), Seile, Schuhe und Glühbirnen, aber auch Kuriositäten wie Fußbälle, Spielzeugsoldaten und -flugzeuge, Fahrradpedale und Schraubenzieher.

Es gibt aber noch schlimmere Beispiele für Schlechtes, das aus den Industrieländern in die Entwicklungsländer exportiert wird: Die höchste Konzentration industrieller Schadstoffe und Pestizide in der ganzen Welt findet man bei den Inuit (Eskimos) im Osten Grönlands und in Sibirien, also in Gebieten, die weit von allen Chemiefabriken und Einsatzgebieten solcher Chemikalien entfernt sind. Der Quecksilbergehalt ihres Blutes liegt dennoch in dem Bereich, den man mit akuter Quecksilbervergiftung in Verbindung bringt, und die Konzentration der giftigen PCBs (polychlorierten Biphenyle) in der Muttermilch von Inuitfrauen ist so hoch, dass man die Milch als »Giftmüll« einstufen müsste. Bei den Kindern beobachtet man Hörbehinderungen, Veränderungen in der Gehirnentwicklung, Störungen der Immunfunktion und in der Folge eine große Häufigkeit von Ohren- und Atemwegsinfektionen.

Warum ist die Konzentration solcher Schadstoffe aus den weit entfernten Industrieländern Amerikas und Europas bei den Inuit höher als bei den Bewohnern amerikanischer und europäischer Städte? Es liegt daran, dass Wale, Robben und Seevögel die Grundnahrungsmittel der Inuit sind, und diese Tiere fressen Fische, Muscheln und Krebse. Die Chemikalien durchlaufen die Nahrungskette und reichern sich auf jeder Stufe stärker an. Wenn wir in den Industrieländern gelegentlich Meeresfrüchte essen, nehmen wir die gleichen Substanzen auf, aber in geringerer Menge. (Das bedeutet aber nicht, dass man sich schützen könnte, wenn man keinen Fisch mehr isst: Ganz gleich, was man verzehrt, man kann es nicht vermeiden, solche Chemikalien aufzunehmen.)

Zu den negativen Auswirkungen der Industrieländer auf die Dritte Welt gehört auch die Waldzerstörung: Die japanischen Importe von Holzprodukten sind derzeit eine der Hauptursachen für die Abholzung der Wälder in tropischen Drittweltländern. Für Überfischung sorgen die Fischereiflotten Japans, Koreas und Taiwans sowie die stark subventionierten Flotten der Europäischen Union, die sich auf den Weltmeeren herumtreiben. Umgekehrt können auch die Menschen aus der Dritten Welt uns heute absichtlich oder unabsichtlich schlechte Dinge schicken: Krankheiten wie AIDS, SARS, Cholera und Westnilfieber kommen mit den Passagieren der Interkontinentalflüge; legale und illegale Einwanderer treffen in riesiger Zahl mit Booten, Lastwagen, Eisenbahnzügen, Flugzeugen und zu Fuß ein; das Gleiche gilt für Terroristen und andere Folgen der Probleme in der Dritten Welt. Die Vereinigten Staaten sind nicht mehr die isolierte »Festung Amerika«, zu der manche sie in den dreißiger Jahren des 20. Jahrhunderts machen wollten, sondern sie sind eng und unausweichlich mit den Staaten anderer Kontinente verbunden. Die USA sind die weltweit führende Importnation: Wir importieren viele unentbehrliche Rohstoffe (insbesondere Öl und einige seltene Metalle) und Konsumgüter (Autos und Unterhaltungselektronik), wir sind aber auch der weltweit führende Importeur von Investitionskapital. Auch im Export – insbesondere von Lebensmitteln und den Produkten unserer eigenen Industrie – stehen wir weltweit an der Spitze. Unsere Gesellschaft hat sich schon vor langer Zeit dafür entschieden, sich mit der übrigen Welt zu verflechten.

Deshalb sind wir, unsere Handelswege, unsere Märkte und Lieferanten auch immer betroffen, wenn es irgendwo auf der Welt zu politischer Instabilität kommt. Wir sind in hohem Maße abhängig von der übrigen Welt: Hätte man vor 15 Jahren einen Politiker nach den Ländern gefragt, die für unsere geopolitischen Interessen die geringste Bedeutung haben, weil sie abgelegen, arm und schwach sind, hätte die Liste sicher mit Afghanistan und Somalia begonnen; in der Folgezeit wurden diese Länder jedoch so wichtig, dass sogar die Entsendung von US-Truppen gerechtfertigt erschien. Heute steht die Welt nicht mehr nur vor der eng umschriebenen Gefahr einer Osterinsel oder eines Maya-Kernlandes, das einsam und allein zusammenbricht, ohne dass die übrige Welt betroffen wäre. Heute sind alle Gesellschaften so stark verflochten, dass wir uns mit der Gefahr eines weltweiten Niederganges auseinander setzen müssen. Diese Erkenntnis ist jedem vertraut, der in Aktienmärkte investiert: Die Instabilität der US-Börsen und die Rezession in den USA nach dem 11. September beeinflussen auch die Börsen und die Konjunktur in anderen Ländern, und umgekehrt. Wir in den Vereinigten Staaten (oder auch nur die wohlhabenden Menschen in den Vereinigten Staaten) kommen nicht mehr damit davon, dass wir unsere eigenen Interessen auf Kosten anderer durchsetzen.

Ein gutes Beispiel für eine Gesellschaft, in der sich solche Interessenkonflikte auf ein Minimum beschränken, sind die Niederlande: Dort haben die Bürger vielleicht das weltweit größte Umweltbewusstsein, und nirgendwo sonst sind so viele Menschen Mitglieder von Umweltschutzorganisationen. Die Gründe hatte ich nie verstanden, bis ich kürzlich auf einer Reise in die Niederlande drei meiner dortigen Freunde danach fragte, während wir durch ein ländliches Gebiet fuhren. Die Antwort werde ich nie vergessen:

»Sehen Sie sich doch hier nur um. Alle diese Felder, die Sie hier sehen, liegen unter dem Meeresspiegel. Ein Fünftel der Gesamtfläche der Niederlande liegt um bis zu sieben Meter unter der Meereshöhe. Früher waren das flache Buchten, und wir haben das Land dem Meer abgerungen, indem wir die Buchten mit Deichen verschlossen und dann das Wasser nach und nach hinausgepumpt haben. Wir sagen: ›Gott hat die Erde erschaffen, aber wir Niederländer haben die Niederlande erschaffen.‹ Diese dem Meer abgerungenen Flächen bezeichnet man als ›Polder‹. Mit der Trockenlegung haben wir schon vor fast 1000 Jahren begonnen. Heute müssen wir ständig das Wasser hinauspumpen, das immer wieder einsickert. Dazu dienten früher unsere Windmühlen, sie haben die Pumpen angetrieben, mit denen die Polder trockengelegt wurden. Heute machen wir das mit Dampf-, Diesel- und Elektropumpen. In jedem Polder gibt es ganze Ketten von Pumpen; die erste steht am weitesten vom Meer entfernt, und sie pumpen das Wasser immer weiter, bis die letzte es in einen Fluss oder ins Meer befördert. Eine andere Redensart bei uns in den Niederlanden lautet: ›Du musst mit deinem Feind klarkommen, denn er betreibt vielleicht die Nachbarpumpe in deinem Polder.‹ Und in den Poldern sitzen wir alle. Es ist nicht so, dass die Reichen in Sicherheit oben auf den Deichen wohnen, während die Armen unten auf dem Polder unter dem Meeresspiegel leben müssen. Wenn die Deiche brechen oder die Pumpen versagen, ertrinken wir alle. Am 1. Februar 1953, als eine Sturmflut über die Provinz Zeeland hinwegfegte, ertranken fast 2000 Menschen, Reiche und Arme. Wir haben uns geschworen, dass wir so etwas nie wieder zulassen werden, und das ganze Land hat eine äußerst aufwendige Kette von Gezeitensperrwerken finanziert. Wenn die globale Erwärmung dazu führt, dass das Polareis schmilzt und der Meeresspiegel weltweit ansteigt, wird das auf die Niederlande schlimmere Auswirkungen haben als auf jedes andere Land der Welt, weil ein so großer Teil unserer Fläche ohnehin schon unter dem Meeresspiegel liegt. Das ist der Grund, warum wir Niederländer ein so starkes Umweltbewusstsein haben. Wir haben in unserer Geschichte gelernt, dass wir alle auf demselben Polder leben. Ob wir am Leben bleiben, hängt davon ab, ob auch alle anderen am Leben bleiben.«

Diese Erkenntnis, dass alle Teile der niederländischen Gesellschaft voneinander abhängig sind, steht im Gegensatz zu dem derzeitigen Trend in den Vereinigten Staaten, wo die Reichen zunehmend bestrebt sind, sich von der übrigen Gesellschaft abzuschotten. Sie wollen ihre eigenen virtuellen Polder schaffen, kaufen Dienstleistungen mit ihrem eigenen Geld nur für sich und stimmen in Wahlen gegen Steuern, mit denen diese Annehmlichkeiten als staatliche Leistungen auch allen anderen zugute kämen. Solche Annehmlichkeiten sind beispielsweise das Wohnen in abgeschlossenen, bewachten Siedlungen, die sich nicht mehr auf die Polizei, sondern auf private Sicherheitsdienste verlassen, die Ausbildung der Kinder in gut finanzierten Privatschulen mit kleinen Klassen statt in den unzureichend ausgestatteten, überfüllten staatlichen Schulen, private Krankenversicherung und medizinische Versorgung, Verzehr von Wasser aus Flaschen anstelle des Leitungswassers und (in Südkalifornien) Fahrten auf gebührenpflichtigen Privatstraßen, die in Konkurrenz zu den verstopften öffentlichen Autobahnen stehen. Hinter dieser Privatisierung steht die falsche Annahme, eine Elite müsse von den Problemen der Gesellschaft um sie herum nicht betroffen sein: Es ist die Einstellung der schon mehrfach angeführten grönländischen Wikingerhäuptlinge, die am Ende feststellen mussten, dass sie für sich selbst nur das Privileg eingekauft hatten, als Letzte zu verhungern.

Die Menschen waren während ihrer gesamten Geschichte fast immer in irgendeiner Form mit anderen Menschen verbunden und lebten gemeinsam auf kleinen virtuellen Poldern. Die Bewohner der Osterinsel bildeten ein Dutzend Sippen, teilten den Polder ihrer Insel in ein Dutzend Territorien auf und isolierten sich von allen anderen Inseln, aber alle Clans teilten sich den Statuensteinbruch Rano Raraku, den Pukao-Steinbruch Puna Pau und ein paar Steinbrüche für Obsidian. Als die Gesellschaft der Osterinsel zerfiel, zerfielen alle Sippen gleichzeitig, aber sonst wusste niemand in der Welt davon, und niemand sonst war davon betroffen. Der Polder Südostpolynesiens bestand aus drei voneinander abhängigen Inseln, sodass der Niedergang der Gesellschaft auf Mangareva auch für die Bewohner von Pitcairn und Henderson eine Katastrophe bedeutete, sonst aber für niemanden. Der Polder der alten Maya umfasste große Teile der Halbinsel Yucatán und einige benachbarte Regionen. Als die klassischen Mayastädte im Süden der Halbinsel zusammenbrachen, dürften Flüchtlinge auch in den Norden von Yucatán gelangt sein, aber nach Florida kamen sie sicher nicht. Heute dagegen ist unsere ganze Welt ein einziger Polder, sodass die Ereignisse auf der ganzen Welt alle betreffen. Als das weit entfernte Somalia zusammenbrach, marschierten amerikanische Truppen ein; als das frühere Jugoslawien und die Sowjetunion zusammenbrachen, strömten Flüchtlinge in alle Teile Europas und in die übrige Welt; und als ein Wandel von Gesellschaft, Besiedelung und Lebensweise in Afrika und Asien zur Ausbreitung neuer Krankheiten führte, wanderten diese Krankheiten rund um die Erde. Heute ist die ganze Welt eine begrenzte, isolierte Einheit wie früher Tikopia oder das Japan der Tokugawazeit. Und wie die Japaner oder die Bewohner von Tikopia müssen wir erkennen, dass es keine andere Insel und keinen anderen Planeten gibt, den wir um Hilfe bitten oder auf den wir unsere Probleme exportieren könnten. Wie sie müssen wir lernen, mit unseren eigenen Mitteln zurechtzukommen.

Zu Beginn dieses Abschnitts habe ich eingeräumt, dass es zwischen der früheren und der modernen Welt wichtige Unterschiede gibt. Die Unterschiede, die ich dann erwähnt habe – die größere Bevölkerung und die potenziell destruktivere Technologie unserer Zeit sowie die Verflechtungen, die das Risiko eines globalen statt eines lokalen Zusammenbruches heraufbeschwören – könnten auf den ersten Blick der Anlass für eine pessimistische Sicht auf die Zukunft sein. Wenn schon die Bewohner der Osterinsel ihre viel kleineren, lokalen Probleme nicht lösen konnten, wie sollen wir dann darauf hoffen, dass wir unsere großen, globalen Schwierigkeiten in den Griff bekommen?

Menschen, die wegen solcher Gedanken deprimiert sind, fragen mich häufig: »Jared, bist du optimistisch oder pessimistisch, was die Zukunft unserer Welt angeht?« Darauf erwidere ich: »Ich bin vorsichtig optimistisch.« Was ich damit meine? Einerseits räume ich ein, dass wir schwer wiegenden Problemen gegenüberstehen. Wenn wir uns nicht mit Entschlossenheit um ihre Lösung bemühen und wenn wir mit diesen Bemühungen keinen Erfolg haben, wird die ganze Welt in den nächsten Jahrzehnten eine Abnahme des Lebensstandards oder vielleicht noch Schlimmeres erleben. Das ist der Grund, warum ich mich entschlossen habe, meine beruflichen Anstrengungen in diesem Stadium meines Lebens zum größten Teil auf ein einziges Ziel zu verwenden: Ich möchte andere Menschen davon überzeugen, dass wir unsere Probleme ernst nehmen müssen und dass wir anders nicht davonkommen. Andererseits sind wir aber in der Lage, unsere Probleme zu lösen – wenn wir es wollen. Das ist der Grund, warum meine Frau und ich uns vor 18 Jahren entschlossen haben, Kinder zu bekommen: weil wir Anlass zur Hoffnung sahen.

Ein Grund zur Hoffnung besteht bei realistischer Betrachtung darin, dass wir bisher nicht unter unlösbaren Problemen leiden. Wir stehen zwar großen Gefahren gegenüber, aber die schlimmsten dieser Gefahren entziehen sich – anders als die Kollision mit einem riesigen Asteroiden, wie er die Erde vor rund 100 Millionen Jahren getroffen hat – nicht unserer Kontrolle. Es sind selbst gemachte Schwierigkeiten. Da wir selbst die Ursache unserer ökologischen Probleme sind, können wir sie auch beeinflussen: Wir können uns dafür oder dagegen entscheiden, sie nicht mehr weiter zu verursachen und stattdessen ihre Lösung in Angriff zu nehmen. Die Zukunft liegt in unserer eigenen Hand. Zur Lösung unserer Probleme brauchen wir keine neue Technologie; neue technische Verfahren können zwar einen Beitrag leisten, vor allem aber brauchen wir »nur« den politischen Willen, die bereits vorhandenen Verfahren zur Lösung anzuwenden. Natürlich ist das ein großes »nur«. Aber auch in der Vergangenheit haben viele Gesellschaften den politischen Willen aufgebracht. Und heute hat die Gesellschaft bereits den Willen, manche Probleme zu lösen und bei anderen zu Teillösungen zu gelangen.

Ein weiterer Anlass zur Hoffnung ist die Tatsache, dass sich ökologisches Denken in der Öffentlichkeit auf der ganzen Welt immer mehr durchsetzt. Entsprechende Denkweisen gibt es schon seit langer Zeit, aber ihre Verbreitung hat sich insbesondere seit 1962, als *Der stumme Frühling* erschien, stark beschleunigt. Die Umweltbewegung gewinnt immer mehr Anhänger, die über immer vielfältigere, wirksamere Organisationen tätig werden. Das gilt nicht nur für die Vereinigten Staaten und Europa, sondern auch für die Dominikanische Republik und andere Entwicklungsländer. Aber während die Umweltbewegung immer schneller an Stärke gewinnt, wachsen auch die Bedrohungen für unsere Umwelt. Deshalb habe ich zuvor in diesem Buch von einem Wettrennen gesprochen, das sich exponentiell beschleunigt und dessen Ausgang ungewiss ist. Es ist nicht unmöglich, dass unser Lieblingspferd das Rennen gewinnt, aber es ist auch nicht gesichert.

Welche Entscheidungen müssen wir jetzt treffen, damit wir Erfolg haben und nicht scheitern? Jeder Einzelne von uns kann viele Einzelentscheidungen treffen – Beispiele erörtere ich in dem Abschnitt »Weiterführende Literatur«. Für die Gesamtgesellschaft legen die historischen Beispiele, die wir in diesem Buch untersucht haben, einige weiter gefasste Erkenntnisse nahe. Von größter Bedeutung für Erfolg oder Scheitern waren nach meinem Eindruck zweierlei Entscheidungen: einerseits die langfristige Planung, und andererseits die Bereitschaft, zentrale Werte neu zu überdenken. Bei genauerem Hinsehen erkennt man, dass die beiden gleichen Entscheidungen auch für den Verlauf unseres individuellen Lebens eine wichtige Rolle spielen.

Eine dieser Wahlmöglichkeiten setzt den Mut voraus, langfristig zu denken und kühne, couragierte, weitsichtige Entscheidungen zu einer Zeit zu treffen, wenn die Probleme bereits spürbar sind, aber noch keine krisenhaften Ausmaße erreicht haben. Dies ist das genaue Gegenteil der kurzfristigen Reaktionen, die so häufig das Handeln unserer gewählten Politiker charakterisieren – der Gedanke, den mein Freund mit seinen guten politischen Verbindungen als »90-Tage-Denken« bezeichnete, das heißt die Konzentration auf Themen, die voraussichtlich im Lauf der nächsten 90 Tage zu einer Krise führen werden. Ein Gegengewicht zu den vielen bedrückenden Beispielen für solche kurzfristigen Entscheidungen bilden historische Fälle von mutigem, langfristigem Denken, das es aber auch heute in der Welt der nichtstaatlichen Organisationen sowie der Unternehmen und Regierungen gibt. Als die Gesellschaften früherer Zeiten vor der Aussicht auf eine katastrophale Waldzerstörung standen, ließen sich die Häuptlinge der Osterinsel und Mangareva von ihren kurzfristigen Sorgen leiten, die *shoguns* der Tokugawazeit, die Inkakaiser, die Hochlandbewohner Neuguineas und die deutschen Grundbesitzer des 16. Jahrhunderts dagegen dachten langfristiger und forsteten auf. Auch in China förderten die Verantwortlichen in den letzten Jahrzehnten die Wiederaufforstung, und 1998 verboten sie die Holzgewinnung in ursprünglichen Wäldern. Viele nichtstaatliche Organisationen existieren heute ausdrücklich zu dem Zweck, eine vernünftige, langfristige Umweltpolitik zu fördern. In der Wirtschaft sind gerade jene Unternehmen (wie beispielsweise Procter & Gamble) langfristig erfolgreich, die nicht erst auf eine Krise warten, bevor sie ihre Methoden überdenken, sondern stattdessen frühzeitig darauf achten, welche Probleme sich abzeichnen. Dann können sie handeln, bevor es zur Krise kommt. In diesem Zusammenhang habe ich bereits den Ölkonzern Royal Dutch Shell erwähnt, der eine Niederlassung speziell zu dem Zweck betreibt, Szenarien für den Zustand der Welt in einigen Jahrzehnten zu entwickeln.

Mutige, erfolgreiche, langfristige Planung ist in manchen Fällen auch ein Kennzeichen mancher Regierungen und mancher politisch Verantwortlichen. Im Lauf der letzten 30 Jahre haben stetige Bemühungen der US-Regierung dazu geführt, dass die Konzentration der sechs wichtigsten Luftschadstoffe landesweit um 25 Prozent zurückgegangen ist, obwohl Energieverbrauch und Bevölkerung in der gleichen Zeit um 40 Prozent und die Zahl der mit Autos zurückgelegten Kilometer sogar um 150 Prozent gewachsen sind. In Malaysia, Singapur, Taiwan und Mauritius haben die Regierungen erkannt, dass ihr wirtschaftliches Wohlergehen langfristig große Investitionen in die Gesundheitsvorsorge erfordert, damit Tropenkrankheiten ihre Wirtschaft nicht ruinieren können; diese Investitionen erwiesen sich als entscheidend für das spektakuläre Wirtschaftswachstum, das die genannten Länder in den letzten Jahren erlebten. Von den beiden früheren Hälften des überbevölkerten Staates Pakistan führte die östliche (die seit 1971 als Bangladesch unabhängig ist) eine wirksame Familienplanung zur Verminderung des Bevölkerungswachstums ein, die westliche dagegen (die heute noch Pakistan heißt) tat das nicht und steht heute unter den Staaten der Welt mit ihrer Bevölkerungszahl an sechster Stelle. Der frühere indonesische Umweltminister Emil Salim und der Präsident Joaquín Balaguer aus der Dominikanischen Republik sind (in dieser Hinsicht) Musterbeispiele für Politiker, die sich Sorgen um die chronische Gefährdung der Umwelt machten und ihre Länder auf diese Weise geprägt haben. Alle diese Beispiele für mutiges, langfristiges Denken in Politik und Wirtschaft tragen zu meiner Hoffnung bei.

Die zweite wichtige Erkenntnis, die sich aus der Vergangenheit ergibt, hat mit dem Mut zu tun, schmerzliche Entscheidungen über Wertvorstellungen zu treffen. Welche Werte, die einer Gesellschaft früher nützten, können wir unter den veränderten Bedingungen noch beibehalten? Welche dieser lieb gewonnenen Werte müssen wir über Bord werfen und durch andere ersetzen? Die grönländischen Wikinger weigerten sich, einen Teil ihrer Identität als europäische, christliche, bäuerliche Gesellschaft über Bord zu werfen und gingen daraufhin zugrunde. Die Bewohner von Tikopia dagegen hatten den Mut, ihre ökologisch schädlichen Schweine abzuschaffen, obwohl diese die einzigen großen Haustiere und in der Gesellschaft Melanesiens ein wichtiges Statussymbol waren. Australien ist derzeit dabei, seine Identität als britische, landwirtschaftlich geprägte Gesellschaft neu zu definieren. Die Isländer und viele traditionelle Kastengesellschaften im früheren Indien sowie in jüngerer Zeit die Bauern in Montana, die auf Bewässerung angewiesen waren, konnten sich tatsächlich darauf einigen, ihre individuellen Rechte dem Interesse der Gruppe unterzuordnen. Damit gelang es ihnen, die gemeinsamen Ressourcen zu bewirtschaften und die Tragödie des Gemeineigentums zu vermeiden, die sich in so vielen anderen Gruppen abspielte. Die chinesische Regierung schränkte die traditionelle Freiheit ein, selbst über die Fortpflanzung zu entscheiden, und verhinderte damit, dass die Bevölkerungsprobleme völlig außer Kontrolle gerieten. Das finnische Volk entschied sich 1939 angesichts eines Ultimatums seines weitaus mächtigeren russischen Nachbarn, der Freiheit einen höheren Wert einzuräumen als dem eigenen Leben: Die Menschen kämpften mit einem Mut, über den die ganze Welt staunte, und blieben in dem Glücksspiel Sieger, obwohl sie den Krieg verloren. Als ich von 1958 bis 1962 in Großbritannien lebte, mussten sich die Menschen dort gerade damit abfinden, dass lieb gewordene, traditionelle Werte veraltet waren, weil sie sich auf Großbritanniens frühere Rolle als beherrschende politische und wirtschaftliche Kraft und Seemacht gründeten. Frankreich, Deutschland und andere europäische Staaten sind noch weitergegangen und haben ihre nationale Souveränität, für die sie früher so gerne kämpften, der Europäischen Union untergeordnet.

Alle diese Neubewertungen von Wertvorstellungen, die ich gerade erwähnt habe, sind in Vergangenheit und Gegenwart gelungen, obwohl sie entsetzlich schwierig waren. Deshalb tragen auch sie zu meiner Hoffnung bei. Sie könnten in den Bewohnern der Industrieländer den Mut wecken, die fundamental neue Bewertung vorzunehmen, vor der wir heute stehen: Welchen Teil unserer traditionellen Wertvorstellungen als Verbraucher und welchen Lebensstandard können wir uns noch leisten? Wie ich bereits erwähnt habe, ist es politisch anscheinend nicht durchsetzbar, dass man Bewohner der Industrieländer dazu veranlasst, ihre ökologischen Auswirkungen auf die ganze Welt zu vermindern. Aber die Alternative, die derzeitigen Auswirkungen beizubehalten, ist noch unmöglicher. Dieses Dilemma erinnert mich daran, was Winston Churchill den Kritikern der Demokratie erwiderte: »Man hat gesagt, die Demokratie sei die schlechteste Staatsform, mit Ausnahme aller anderen Formen, die man im Lauf der Zeit ausprobiert hat.« Nach dem gleichen Prinzip ist eine Gesellschaft mit geringeren ökologischen Auswirkungen für uns das unmöglichste Zukunftsszenario – mit Ausnahme aller anderen Szenarien, die man sich ausmalen könnte.

In Wirklichkeit ist es zwar nicht einfach, die Auswirkungen unserer Lebensweise zu vermindern, unmöglich ist es aber auch nicht. Wie bereits erwähnt, sind die ökologischen Auswirkungen immer das Produkt von zwei Faktoren: der Bevölkerungszahl, multipliziert mit den Auswirkungen pro Kopf. Der Erste dieser Faktoren, das Bevölkerungswachstum, ist in jüngerer Zeit nicht nur in allen Industriestaaten stark zurückgegangen, sondern auch in vielen Drittweltländern, so in China, Indonesien und Bangladesch, die mit ihrer Bevölkerungszahl weltweit an erster, vierter und neunter Stelle stehen. In Japan und Italien liegt das innere Bevölkerungswachstum bereits unterhalb des Ersatzniveaus, das heißt, die vorhandene Bevölkerung (ohne Einwanderer) wird schon bald schrumpfen. Und was die Auswirkungen pro Kopf angeht, müsste die Welt ihren derzeitigen Verbrauch an Holz- und Fischereiprodukten noch nicht einmal vermindern: Man könnte den derzeitigen Verbrauch beibehalten oder sogar steigern, wenn Wälder und Fischgründe der Erde richtig bewirtschaftet würden.

Mein letzter Grund zur Hoffnung erwächst wiederum aus den Verflechtungen in der modernen, globalisierten Welt. Die Gesellschaften früherer Zeiten hatten weder Archäologen noch Fernsehen. Als die Bewohner der Osterinsel im 15. Jahrhundert eifrig das Hochland ihrer überbevölkerten Insel abholzten, um landwirtschaftliche Plantagen anzulegen, konnten sie nicht wissen, dass Tausende von Kilometern weiter östlich und westlich sowohl die Wikingergesellschaft in Grönland als auch das Khmer-Reich sich im Endstadium des Niederganges befanden, dass die Gesellschaft der Anasazi einige Jahrhunderte zuvor zusammengebrochen war, dass die klassische Mayagesellschaft noch einige Jahrhunderte früher das gleiche Schicksal erlitten hatte, und dass es dem mykenischen Griechenland weitere 2000 Jahre zuvor genauso ergangen war. Heute brauchen wir nur den Fernseher oder das Radio einzuschalten oder nach der Zeitung zu greifen, dann sehen, hören oder lesen wir, was vor ein paar Stunden in Somalia oder Afghanistan geschehen ist. Dokumentarfilme und Bücher zeigen uns in anschaulichen Einzelheiten, warum die Gesellschaften auf der Osterinsel, bei den Maya und an anderen Stellen in historischer Zeit zusammengebrochen sind. Wir haben also die Möglichkeit, aus den Fehlern der Menschen an weit entfernten Orten und in weit entfernter Vergangenheit zu lernen. Diese Möglichkeit hatte keine frühere Gesellschaft auch nur annähernd in dem gleichen Ausmaß. Dieses Buch habe ich in der Hoffnung geschrieben, dass eine ausreichende Zahl von Menschen sich dafür entscheiden wird, die Gelegenheit zu nutzen und es anders zu machen.

NACHTRAG

Angkors Aufstieg und Fall

Fragen nach Angkor ▪ Angkors Umwelt ▪ Aufstieg von Angkor ▪ Die prächtige Stadt ▪ Großartige Ingenieurkunst ▪ Angkors Niedergang

Im Jahr 2008 ging für mich ein seit langem gehegter Traum in Erfüllung: Ich besuchte die mittelalterliche Metropole Angkor in Kambodscha. Dass die südostasiatische Stadt groß ist, wusste ich bereits, aber nichts von dem, was ich zuvor gelesen hatte, konnte mich auf das Erlebnis vorbereiten, ihre gewaltigen Ausmaße unmittelbar zu sehen. Vor rund 1000 Jahren, während ihrer Blütezeit, war sie die flächenmäßig größte Stadt der Welt und eine der bevölkerungsreichsten; außerdem war sie die Hauptstadt des Khmer-Reiches, des größten und mächtigsten Imperiums in Südostasien. Unter ihren Tempeln wie Angkor Wat sind die größten religiösen Baudenkmäler der vormodernen Zeit. Wie die Chinesische Mauer, so ist auch Angkor mit seinen ungeheuren Abmessungen eines der antiken Bauwerke, die vom Weltraum aus am einfachsten zu erkennen sind.

Im 19. Jahrhundert jedoch waren nur noch acht kleine Dörfer übrig, die über den zentralen Bereich der einstmals so gewaltigen Stadt verstreut lagen. Kambodscha ist heute zum ärmsten Land Südostasiens geworden. Ich kenne keinen anderen modernen Staat, der so stark mit der untergegangenen Pracht seiner archäologischen Vergangenheit gleichgesetzt wird – sogar die Nationalflagge Kambodschas zeigt ein Bild von Angkor. Die Rückentwicklung einer weitläufigen Metropole zu einer vorwiegend unbewohnten Landschaft mit vereinzelten Dörfern hat es sicher verdient, als Kollaps bezeichnet zu werden. Wie konnte eine Umwelt, die anfangs nur armen Bauern eine Lebensgrundlage bot, eine so gewaltige Stadt und ein großes Reich hervorbringen und wieder verschwinden lassen?

In der 2005 erschienenen Originalausgabe meines Buches *Kollaps* verlor ich über Angkor nur vier Sätze. Die damals verfügbaren Informationen reichten nicht aus, um eine zusammenhängende Geschichte über den

Zusammenbruch der Stadt zu erzählen. Heute verstehen wir aufgrund neuer Vermessungsarbeiten aus der Luft und am Boden, Ausgrabungen und Baumringanalysen allmählich immer besser, was sich abgespielt hat – viele Fragen bleiben allerdings nach wie vor unbeantwortet. Wie sich herausgestellt hat, war Angkor entgegen dem ersten Eindruck kein einzigartiges Phänomen. Es war »nur« die größte Stadt eines Typs, den es heute nicht mehr gibt, der früher aber in jahreszeitlich feuchten tropischen Regionen häufig vorkam. Dieser uns heute wenig vertraute Stadttyp war durch eine geringe Bevölkerungsdichte charakterisiert; die Siedlungen verteilten sich über noch größere Flächen als meine Heimatstadt Los Angeles mit ihrer berüchtigten Zersiedelung: In diesen Städten befanden sich Felder und Bauernhäuser in unmittelbarer Nähe von Tempeln und Palästen, und die Menschen lebten in geringerer Dichte als in den Städten ohne Landwirtschaft, die uns heute vertraut sind. Andererseits war die Bevölkerungsdichte aber höher als in dicht besiedelten ländlichen Regionen unserer Tage. Solche Städte, die wie Angkor eine geringe Bevölkerungsdichte hatten, gab es im heutigen Sri Lanka, Java, Thailand, Vietnam und Myanmar, aber auch im Kernland der Maya im heutigen Mexiko und in Honduras. Dort waren Tikal, Copan und andere große Mayastädte die bekanntesten Vertreter dieses heute verschwundenen Stadttypus. Aber selbst Tikal, die am besten vermessene Mayastadt, hatte nur ein Fünftel der Fläche von Angkor. Alle diese locker besiedelten Städte brachen zusammen, bevor Europäer sie besichtigen und beschreiben konnten. Könnten Kenntnisse über den Niedergang von Angkor auch ein neues Licht auf die klassischen Zusammenbrüche im Maya-Kernland werfen, die ich in Kapitel 5 beschrieben habe?

Als ich Angkor besichtigte, hatte ich eine andere Frage nach seiner umfassenderen Bedeutung im Hinterkopf. Kambodscha ist heute leider nicht nur wegen seiner prachtvollen entfernten Vergangenheit berühmt, sondern auch wegen einer jüngeren Vergangenheit, die ganz entsetzlich war. Von 1975 bis 1979 wurde das Land unter der Diktatur des paranoiden Pol Pot und seiner Roten Khmer zum Schauplatz des größten Völkermordes seit dem Zweiten Weltkrieg: In dieser Zeit brachten Kambodschaner mehr als eine Million Landsleute um, das heißt ein Siebtel bis ein Drittel der gesamten Bevölkerung. Manche Opfer mussten »nur« verhungern, andere wurden zu Tode gefoltert oder von den eigenen Eltern ermordet. Einer der Fremdenführer, die mich 2008 in Angkor begleiteten, hatte die Schrecken der Pol-Pot-Zeit miterlebt und antwortete nur widerwillig, als wir fragten, wie es damals war. Alle, bei denen auch nur das Geringste darauf hindeutete, dass sie zu etwas anderem als zu Landarbeitern taugten – Brillenträger, Menschen, die außer Khmer noch eine andere Sprache beherrschten, Menschen mit Schulbildung – wurden ermordet. Im Rahmen einer radikalen Umgestaltung der kambodschanischen Gesellschaft, die selbst den Umbau in Nordkorea oder Albanien in den Schatten stellte und die Uhr um 1000 Jahre auf die Zeit von Angkor zurückdrehen sollte, wurden die Städte entvölkert; Geld, Religion, Märkte, Privateigentum und Unternehmen wurden abgeschafft; Krankenhäuser, Schulen und Geschäfte wurden geschlossen; Bücher oder Zeitungen durften nicht erscheinen; und alle mussten schwarze Kleidung tragen, in Gemeinschaftsküchen essen und als Reisbauern arbeiten.

Dennoch fällt dem Besucher heute auf, was für freundliche, bescheidene, sanftmütige, friedliche Menschen die Kambodschaner sind. Wie konnte ein Volk, das normalerweise so sanftmütig ist, in eine derart umfassende Barbarei verfallen? Offenbar hatte sich bei vielen Kambodschanern hinter der freundlichen Fassade eine unterdrückte Wut aufgestaut. Gibt es in der kambodschanischen Geschichte oder in der weltweiten Gesellschaft, in der die Kambodschaner eine solche gewaltige Stadt und ein großes Imperium errichten konnten, irgendeinen Anhaltspunkt zur Beantwortung der Frage, wie es im modernen Kambodscha zu einer solchen Katastrophe und diesem Ausbruch der Gewalt kommen konnte?

Zur Beantwortung der Frage, wie das Imperium der Khmer und seine prachtvolle Hauptstadt einen solchen Aufstieg und Niedergang erleben konnten, sind mehrere Aspekte der Umwelt, in der sich das Großreich entwickelte, von entscheidender Bedeutung. Zur Zeit seiner größten Ausdehnung erstreckte sich das Khmer-Reich über ein Drittel des südostasiatischen Festlandes. Sein Kernland war das Becken des unteren Mekong im heutigen Kambodscha, es umfasste aber zwischen 9 und 20 Grad nördlicher Breite auch große Teile der modernen Nachbarstaaten Vietnam, Laos und Thailand. Amerikaner, die dort während des Vietnamkrieges gekämpft haben, erinnern sich nur allzu genau: Es ist eine heiße, tropische Umwelt, in der die Temperatur selbst in der kältesten Nacht des kältesten Monats im Jahr fast immer über 20 Grad liegt. Warme Kleidung und ein wärmendes Feuer sind kaum einmal notwendig.

Die wichtigsten umweltbedingten Schwierigkeiten in Angkor standen im Zusammenhang mit Regen und Wasser. In der Region herrscht Monsunklima – ein Begriff, der sofort an sintflutartigen Regen denken lässt. In Wirklichkeit beträgt die durchschnittliche jährliche Niederschlagsmenge in Angkor nur 1500 Millimeter – kaum mehr als in New York. Im Vergleich zu manchen meiner Forschungsregionen in Papua-Neuguinea und meiner Heimatstadt Los Angeles, wo der Niederschlag bei rund 10 000 beziehungsweise 45 Millimetern liegt, ist das Klima in Angkor weder besonders feucht noch besonders trocken.

Die Probleme mit dem Wasser sind in Angkor vielmehr darauf zurückzuführen, dass die Niederschlagsmenge regelmäßig zwischen den Jahreszeiten und unberechenbar von Jahr zu Jahr schwankt. Der Regen fällt zum größten Teil während des sogenannten Sommermonsuns von Juni bis November. In den Wintermonaten von Dezember bis Mai ist es vergleichsweise trocken; dies schränkt die Wachstumssaison für Nutzpflanzen ein, es sei denn, man speichert den in der Regenzeit gefallenen Niederschlag – was die Khmer, wie wir noch genauer erfahren werden, tatsächlich taten. Was die Schwankungen von Jahr zu Jahr betrifft, so kann die Niederschlagsmenge mit 970 Millimetern sehr niedrig, mit 2300 Millimetern aber auch recht hoch ausfallen. Damit waren die Bewohner Angkors den gegensätzlichen Gefahren von Missernten durch Dürre oder Überschwemmungen ausgesetzt, solange sie nicht über die Möglichkeit verfügten, einerseits den Regen in feuchten Jahren zu speichern und ihn in trockenen Jahren wieder freizugeben, andererseits aber auch das Wasser bei Überschwemmungen unter Kontrolle zu halten und schnell abfließen zu lassen. Wie wir noch genauer erfahren werden, kam das Wasserwirtschaftssystem der Khmer über Jahrhunderte hinweg gut mit diesen Problemen zurecht, aber am Ende war es durch ein Extremwetter, das zwischen schwerer Dürre und gewaltigen Überschwemmungen schwankte, überfordert.

Südlich von Angkor befindet sich ein niedriges Gebirge, das sich vor der Küste des Golfes von Thailand erhebt. Deshalb war man im Reich der Khmer stärker landeinwärts und weniger auf den Seehandel orientiert; der erste kambodschanische Tiefseehafen, der für hochseetüchige Schiffe mit großem Tiefgang zugänglich ist, wurde erst 1960 fertiggestellt. Im Norden von Angkor, etwa 20 Kilometer entfernt, liegen die Kulen-Berge. Sie sind so steil, dass ihre Abhänge einer starken Erosion ausgesetzt sind, wenn die Wälder abgeholzt werden. (Auch das erwies sich während des Khmer-Reiches als Problem.) Südlich der Kulen-Berge und bis über Angkor hinaus ist das Gelände völlig eben – es steigt im Durchschnitt nur um 0,1 % an. Daraus erwuchsen für die Ingenieure der Khmer große Probleme bei der Steuerung der Wasserströme. Und da das Wasser so langsam über die Ebene floss, war auch die Abwasserbeseitigung schwierig. Flüsse und Kanäle in der Ebene lieferten Wasser zum Trinken, Kochen und Waschen, dienten aber auch als Abwasserleitungen. Ein Chinese, der die Stadt in ihrer Blütezeit besuchte, erwähnte die vielen Fälle von Ruhr, einer Krankheit, die (nach den Angaben des Besuchers) in 90 Prozent der Fälle tödlich endete.

Ein besonders auffälliges Merkmal im Kernland der Khmer und vermutlich der Grund, warum sie gerade hier ihre Hauptstadt errichteten, ist der größte See Südostasiens. Er heißt Tonle Sap (Tonle-See) und ist eine Erweiterung des Flusses Tonle, eines der vier Arme des Mekong. In der Trockenzeit schrumpft der flache See auf eine Fläche von nur 2600 Quadratkilometern; in der Regenzeit jedoch strömt durch den Arm des Mekong ein so großes Wasservolumen hinein, dass die Strömungsrichtung des Wassers, das in der Trockenzeit durch den Tonle aus dem See abfließt, sich umkehrt: Jetzt gelangt Überschwemmungswasser aus dem Fluss in den See, dessen Fläche sich auf über 10 000 Quadratkilometer vervierfacht. Überschwemmungsebenen von mehr als 7500 Quadratkilometern stehen also je nach Jahreszeit unter Wasser und eignen sich ideal für den Reisanbau.

Der zweite Nutzen des Tonle für die Bewohner Angkors war seine Funktion als Verkehrsader zum Mekong und zum Meer. Und der letzte Vorteil war die hohe biologische Produktivität des Sees: Dank der Sedimente, die alljährlich mit den Überschwemmungen des Mekong in das stehende Gewässer gelangten, bot er eine Lebensgrundlage für die weltweit größte Dichte an Süßwasserfischen. Ein Franzose, der früher an den See kam, schrieb: »Die Fische sind so unglaublich zahlreich, dass sie bei Hochwasser unter den Booten zerquetscht werden, und häufig behindern sie auch die Bewegung der Ruder.« Noch heute ist der See die Grundlage für einen Großteil der kambodschanischen Fischerei; er liefert den Bewohnern des Landes den größten Teil ihrer Nahrungsproteine und ist der Grund, warum der Fischverbrauch in Kambodscha zu den höchsten der Welt gehört.

Für die Khmer war Reis wie für die heutigen Kambodschaner das Grundnahrungsmittel, aber viele Teile der Tiefebene sind für den Reisanbau nur von mittlerer Qualität. Meist handelt es sich um Sandböden mit geringem Nährstoffgehalt. Von den drei wichtigsten in Kambodscha eingesetzten Reisanbaumethoden ist eine, die vor allem im Hochland verbreitete Brandrodung, vollständig von dem Regen abhängig, der auf die Felder fällt und die Pflanzen bewässert. Auch die zweite, am weitesten verbreitete Methode, der Anbau auf flachen, vom Regen gewässerten Terrassen, ist nach chinesischen oder japanischen Maßstäben nicht besonders ertragreich. Die produktivste Methode, die auch den alten Khmer den Großteil ihres Reises lieferte, ist der Nassreisanbau: Man pflanzt den Reis auf Feldern an, in die man Wasser, das man stromaufwärts in Staubecken gesammelt hat, hineinleitet.

Angkors Umwelt bot also einige Vorteile, insbesondere im Zusammenhang mit dem See und den großen Überflutungsflächen, die im Mekongbecken zur Verfügung standen. Sie warf aber auch Probleme auf. Jahrhundertelang kamen die Khmer hervorragend damit zurecht, so dass sie eine gewaltige Stadt und ein großes Reich errichten konnten, aber am Ende wurden sie der Schwierigkeiten nicht mehr Herr.

Wer sind die Khmer, und wie entstand ihr Reich? Die Volksgruppe der Khmer macht heute 90 Prozent der Bevölkerung Kambodschas aus und beherrschte, wie man an erhaltenen Beschriftungen auf Steinen ablesen kann, die Region von Angkor bereits vor 1400 Jahren. Die Khmer-Sprache gehört zur austroasiatischen Sprachfamilie, die insgesamt etwa 150 Sprachen umfasst. Diese werden von Indonesien bis nach Nordvietnam und der Malaiischen Halbinsel in verstreuten Regionen gesprochen, die oftmals von Sprachen anderer Familien (insbesondere der sino-tibetanischen und der Thai-Kadai-Familie) umgeben sind. Diese zerstückelte Verteilung lässt darauf schließen, das die beiden zuletzt genannten Familien in die austroasiatische Region eingesickert sind, und tatsächlich wissen wir, dass Thais und Vietnamesen sich in historischer Zeit ausgebreitet haben. Die einzige andere austroasiatische Sprache, von der die meisten Leser vermutlich schon gehört haben, ist das weitläufig mit dem Khmer verwandte Vietnamesisch, das sich aber durch den Kontakt mit dem Chinesischen weit stärker als das Khmer gewandelt hat (und unter anderem zu einer tonalen Sprache geworden ist).

Noch vor 5000 Jahren waren alle Völker des tropischen Südostasien Jäger und Sammler, die Steinwerkzeuge benutzten. Das Gleiche galt bis zur Entstehung der Landwirtschaft auch für alle anderen Menschen auf der Erde. Der Reisanbau setzte sich, ausgehend von Südchina, um 2000 v. Chr. in Kambodscha durch, und um 500 v. Chr. kam es mit der Einführung leistungsfähiger Metallwerkzeuge zu einer Steigerung der Lebensmittelproduktion sowie zu einer Bevölkerungsexplosion. Wie man durch archäologische Ausgrabungen weiß, gab es um 200 n. Chr. bereits Ortschaften von bescheidener Größe und kleine Königreiche. Seit 245 n. Chr. beschreiben Dokumente aus dem kaiserlichen China die hinterlistigen, boshaften Bewohner eines Landes namens »Funan«, das offensichtlich im heutigen Kambodscha lag. Es schickte Handelsdelegationen oder Tributzahlungen nach China, und seine Könige ritten auf Elefanten. Aber trotz der Verbindungen nach China wurde Kambodscha stärker durch den Kontakt mit Indien beeinflusst: Von dort übernahm man seit etwa 300 n. Chr. die hinduistische und buddhistische Religion, die Schrift stammt von der des südindischen Brahmi ab, und für religiöse Texte verwendete man das Sanskrit. Die älteste bekannte Inschrift in der eigentlichen Khmer-Sprache stammt aus dem Jahr 611.

Die politische Macht dieser ältesten, indisch geprägten kambodschanischen Königreiche konzentrierte sich im unteren Mekongdelta, das den Zugang zu Handelswegen an der Küste ermöglichte. Um 600 jedoch verlagerte sich das Machtzentrum ins Landesinnere, wo konkurrierende Königreiche nun erstaunlich große Städte, Tempel und Wasserspeicher errichteten. Im Jahr 802 vereinigten sich die unabhängigen Königreiche unter König Jayavarman II., der deshalb als Gründer des Khmer-Reiches gilt. Als Ort für seine Hauptstadt wählte er die Region von Angkor. Während der nun folgenden fünf Jahrhunderte herrschten nacheinander 24 Könige über das Reich, alle mit langen, indisch klingenden Namen wie »Udayadityavarman II.«, »Dharamindravarman« oder »Jayavarmadiparameshvara«. Ungefähr alle 50 Jahre kam es nach dem Tod eines Herrschers zu Streitigkeiten über die Nachfolge, und das Reich zerfiel in mehrere Teile, die später wieder vereinigt wurden.

Die aufeinander folgenden Könige übertrumpften einander: Sie nahmen sich jeweils die Bauprojekte der Könige vor der Vereinigung als Vorbild, vergrößerten sie und machten daraus riesige, dann gigantische und schließlich ungeheuerliche Weltrekordbauwerke. Ein gutes Beispiel ist Indravarman I., der dritte König nach der Vereinigung: Er ließ sich durch die großen Wasserspeicher der Könige aus der Zeit vor der Vereinigung inspirieren und brach alle früheren Rekorde, indem er fünf Tage nach seiner Krönung ein rechteckiges Becken von 3,8 Kilometern Länge und 800 Metern Breite in Auftrag gab und es nach sich selbst auf den bescheidenen Namen Indratataka (»Indras Meer«) taufte. Sein Nachfolger, der König Yashovarman I., baute dann einen weiteren rechteckigen, achtmal größeren Wasserspeicher von 7,6 mal 1,8 Kilometern, den er ebenfalls bescheiden nach sich selbst als Yashodharatataka, oder East Baray bezeichnete. Nun musste ein weiteres Jahrhundert vergehen, bevor König Suryavarman I. den Rekord knapp mit dem 8 mal 2,2 Kilometer großen West Baray übertreffen konnte, einem der größten Bauwerke, das von Menschen vor Beginn des modernen Industriezeitalters errichtet wurde. Zwei Jahrhunderte später musste König Jayavarman VII., der stark mit anderen Bauvorhaben wie der Stadt Angkor Thom und dem Tempel Bayon beschäftigt war, seinen Stolz zähmen: Er konnte seinen Namen nur einem bescheidenen neuen Wasserspeicher geben, dem Jayatataka (»Meer des Jaya«), der nicht mehr als 3,5 mal 1 Kilometer maß. Sie alle gehören zu den Bauwerken der Khmer, die für Außerirdische sichtbar wären, wenn sie die Erde vom Weltraum aus beobachten würden.

Zur gleichen Zeit, als indische Namen, Schrift und Religion in Angkor gepflegt wurden, setzte sich auch der chinesische Einfluss fort. Die Khmer schickten Abgesandte an den kaiserlichen chinesischen Hof, der seinerseits ebenfalls Botschafter und Produkte nach Angkor sandte. Steinmetzarbeiten in Angkor zeigen chinesische Erfindungen wie Pontonbrücken und Artillerie mit Mehrfachgeschossen. Keramikreste aus der chinesischen Tang- und Song-Zeit sowie aus späteren Epochen sind über ganz Angkor verstreut.

Für die protzigen Königshöfe und Bauwerke von Angkor mussten die Bauern des Reiches einen hohen Preis bezahlen: Sie entrichteten Steuern in Form von Reis und Arbeitsleistung. Der Bau des West Baray erforderte Schätzungen zufolge über drei Jahre hinweg die Anstrengung von 200 000 Landarbeitern. Ein König forderte für sich nicht weniger als 4000 Konkubinen, und schon das Personal eines mittelgroßen Tempels bestand aus 1000 Beamten, mehr als 600 Tänzerinnen, 95 Professoren und verschiedenen anderen Beschäftigten, so dass sich das Personal insgesamt auf 12 640 Personen summierte, die alle ernährt werden mussten. Als ich diese Zahlen zum ersten Mal hörte, dämmerte mir zum ersten Mal, dass die jahrhundertelange Ausbeutung der kambodschanischen Bauern durch eine verschwenderische Herrscherkaste etwas mit der unterdrückten Wut zu tun haben könnte, die sich unter Pol Pot ihr Ventil suchte.

Wir sollten uns von den vielen Tempeln, Buddhastatuen und hübschen Wasserspeichern nicht zu dem Gedanken verleiten lassen, die Könige von Angkor seien eine friedliebende Spezies gewesen. Die Khmer kämpften ständig sowohl untereinander als auch gegen ihre westlichen Nachbarn, die Thai, gegen die südvietnamesischen Cham im Osten und die Vietnamesen im nordöstlich gelegenen Nordvietnam. Das Reich eroberte am Ende nicht nur das Gebiet des heutigen Kambodscha und Laos, sondern auch große Teile Südvietnams und Thailands sowie ein Gebiet im Südosten von Myanmar. Zahlreiche Steinmetzarbeiten zeigen in lebhaften Details Geschütze, Schilde, Rüstungen, Kampfwagen, berittene Streitkräfte auf Pferden und Elefanten, Infanteriegefechte und Kämpfe zur See, bei denen die Schiffe mit Enterhaken und Dutzenden von Ruderern ausgerüstet sind. Wie das alte Rom, so füllte sich auch Angkor mit Kriegsbeute, darunter Bronze-, Silber- und Goldgegenstände aus den eroberten Städten und Tempeln.

In den urbanisierten Gesellschaften, die uns heute vertraut sind, herrscht eine heterogene, hierarchische Bevölkerungsverteilung: Der größte Teil der Landschaft einer Region dient als landwirtschaftliche oder industrielle Nutzfläche und hat nur eine niedrige Bevölkerungsdichte, ein kleinerer Teil dagegen ist in Form von Städten dicht besiedelt. Die urbanen Bereiche bilden eine Hierarchie mit einer großen Metropole an der Spitze; darunter folgen, was Größe und Bevölkerungszahl angeht, die Mittelzentren, dann kleinere Städte und Dörfer, die von Acker umgeben sind und sich eindeutig von den Städten unterscheiden.

Im Reich der Khmer dagegen, oder zumindest in ihrem gut untersuchten Kernland, fehlten die mittleren Ebenen dieser Hierarchie: Die einzige Großstadt war Angkor, und ansonsten gab es nur kleine Provinzzentren. In diesem riesigen städtischen Kernland waren die Grenzen zwischen urbanen und landwirtschaftlichen Gebieten verschwommen oder überhaupt nicht vorhanden. Angkor war eine Stadt mit niedriger Bevölkerungsdichte, in der die Reisfelder unmittelbar außerhalb der Tempelmauern lagern; die Stadt selbst bestand vorwiegend aus Reisfeldern, auf denen sich die Bauernhäuser in Gruppen oder Reihen über die Landschaft verteilten. Deshalb war Angkor mit einer Fläche von rund 10 000 Quadratkilometern viel größer als die bekannten, dicht besiedelten vorindustriellen Großstädte Eurasiens wie Tokio (damals Edo genannt) im 19. Jahrhundert, Konstantinopel im Mittelalter, Bagdad während des 7. Jahrhunderts, Rom während des Römischen Reiches und andere europäische Städte bis hin zum 16. Jahrhundert: Sie alle hatten eine Fläche von weniger als 100 Quadratkilometern, in den meisten Fällen waren sie nicht einmal 25 Quadratkilometer groß. Die Bevölkerungs*dichte* von Angkor war niedriger als die der dicht besiedelten Großstädte, mit seiner ungeheuer viel größeren Fläche jedoch hatte es insgesamt eine Bevölkerungs*zahl*, die nach Schätzungen bei 750 000 lag und damit an die einer großen chinesischen Hauptstadt der gleichen Zeit heranreichte.

Wie in der Archäologie zunehmend deutlich wird, waren solche locker besiedelten, landwirtschaftlich geprägten vorindustriellen Städte in den feuchten Tropen ein weiter verbreitetes Phänomen, als man zuvor geglaubt hatte. Zu der wachsenden Liste von Beispielen gehören die großen klassischen Tieflandstädte der Maya bis zum 9. Jahrhundert n. Chr., darunter Tikal und Copan; in Sri Lanka die Städte Anuradhapura und Pollonaruwa aus der Zeit vom 4. Jahrhundert v. Chr. bis zum 12. Jahrhundert n. Chr.; Bagan in Myanmar aus dem 13. Jahrhundert; zwei Städte, die von Angkors Feinden bewohnt waren, nämlich die Cham-Hauptstadt My Son in Vietnam bis zum 13. Jahrhundert und die thailändische Hauptstadt Sukhotai von 1238 bis 1438; vielleicht auch in Java die aus dem 9. und 10. Jahrhundert stammenden Zentren rund um die Tempel Borobodur und Prambanan. Europäische Augenzeugenberichte aus der Blütezeit dieser dünn besiedelten tropischen Städte gibt es nicht, denn als die Europäer um 1500 begannen, die Welt zu erforschen, waren alle bereits im Niedergang begriffen oder verlassen. Langfristig betrachtet, hatte dieser Stadttypus offenbar etwas Instabiles – aber was war das? Auf diese Frage werde ich im Falle Angkor zurückkommen.

Zeitgenössische Beschreibungen von Europäern über Angkor gibt es also nicht, wir besitzen aber einen ausführlichen Bericht eines chinesischen Besuchers: Der Handelsattaché Zhou Daguan lebte von 1295 bis 1296, gegen Ende der Herrschaftszeit des Königs Jayavarman VIII., ein Jahr lang in Angkor. Durch einen ungewöhnlich glücklichen Zufall wurde eine Abschrift eines Teils von Zhous Bericht im 19. Jahrhundert in Peking wiederentdeckt. Seine ausführlichen Beschreibungen des Alltagslebens von Angkor ergänzen die Inschriften, die von der Verwaltung der Tempel berichten, und die Darstellungen von Zeremonien und Kriegen auf Tempelreliefs, die ansonsten unsere einzigen Informationsquellen sind. Man stelle sich vor, wie viel mehr wir über das Leben der alten Maya wüssten, wenn es auch über die Blütezeit der Stadt Tikal einen Bericht wie den von Zhou gäbe! Um einen Eindruck davon zu vermitteln, was Zhou sah, möchte ich einige Zitate aus seinen *Erinnerungen an die Sitten Kambodschas* anführen:

Über die verschwenderisch-luxuriöse Architektur schreibt er: »In der Mitte der Hauptstadt steht ein goldener Turm (der Bayon)... Östlich davon befindet sich eine goldene Brücke, welche von zwei goldenen Löwen eingerahmt ist... Ungefähr einen Li [500 Meter] nördlich des goldenen Turmes steht ein Turm aus Bronze [der Baphoun]. Er ist sogar noch höher als der goldene Turm und bietet einen auserlesenen Anblick ... zehn Li [5 Kilometer] östlich der Stadtmauer liegt der östliche See [East Baray]. Er hat einen Umfang von etwa 100 Li [50 Kilometer]. In seiner Mitte befindet sich ein liegender Buddha aus Bronze, aus dessen Nabel ständig Wasser fließt.« Bestätigt wurde Zhous Bericht 1936 durch die aufsehenerregende Wiederentdeckung eines Teils dieser riesigen Buddhastatue, allerdings im West Baray; anscheinend hatte Zhou die Himmelsrichtungen verwechselt.

Als Handelsattaché interessierte sich Zhou insbesondere für die geschäftlichen Beziehungen zwischen Angkor und China. Er führt die wichtigsten Güter, die in sein Heimatland exportiert wurden, in der Reihenfolge ihrer Wichtigkeit auf: leuchtend blaue Eisvogelfedern, Elefantenstoßzähne, Nashornhörner, Bienenwachs, Weihrauchholz, Kardamom, Harz, Lack, Arzneiöle und Pfeffer. Die wichtigsten Güter, die aus China nach Angkor importiert wurden, waren Gold, Silber, Seidenstoffe, Zinnwaren, Lacktabletts, Seladonsteinzeug, Quecksilber, Papier und Salpeter zur Herstellung von Schießpulver.

Über Sklaven schreibt er: »Junge, kräftige Sklaven sind bis zu 100 Stück Tuch wert; wenn sie alt und gebrechlich sind, kann man sie schon für 30–40 Stücke haben. Niederlegen oder setzen dürfen sie sich nur unter dem ersten Stock des Hauses. Um ihre Aufgaben zu erfüllen, ist es ihnen gestattet, nach oben zu gehen, aber erst nachdem sie niedergekniet sind, sich bis zum Boden verbeugt und ihre Hände ehrerbietig zusammengelegt haben … Wenn sie sich eines Fehlverhaltens schuldig gemacht haben, beugen sie den Kopf und nehmen die Schläge hin, ohne die geringste Bewegung zu wagen. Sollte ein Sklave weglaufen und gefangen werden, wird ihm eine blaue Markierung ins Gesicht tätowiert; außerdem bringt man um seinen Hals einen eisernen Kragen an, oder Arme und Beine werden mit Fesseln versehen.«

Über das Verhör und die Bestrafung von Verbrechern: »Wenn ein Gegenstand fehlt und Beschuldigungen gegen jemanden vorgebracht werden, der den Vorwurf leugnet, bringt man Öl in einem Kessel zum Sieden, und die verdächtige Person wird gezwungen, eine Hand hineinzustecken. Ist sie wirklich schuldig, wird die Hand zu Fetzen verbrannt; wenn nicht, bleiben Haut und Knochen unversehrt. Dies sind die erstaunlichen Methoden dieser Barbaren … [zur Bestrafung schwerwiegender Vergehen] wird eine Grube ausgehoben, in die der Verbrecher gelegt wird; dann wirft man wieder Erde und Steine darauf und häuft sie hoch auf, und alles ist vorüber.«

Über den starken Sexualtrieb der kambodschanischen Frauen: »Einen oder zwei Tage, nachdem sie ein Kind zur Welt gebracht haben, sind sie wieder zum Verkehr bereit; geht der Ehemann darauf nicht ein, wird er verstoßen. Wenn ein Ehemann in geschäftlichen Angelegenheiten abberufen wird, ertragen sie eine Zeitlang seine Abwesenheit; ist er aber länger als zehn Tage fort, ist die Frau geneigt zu sagen: ›Ich bin kein Gespenst;

wer kann von mir erwarten, dass ich allein schlafe?‹ Obwohl ihre sexuellen Antriebe sehr stark sind, sagt man, manche von ihnen seien treu.«

Und Zhous kurze, verächtliche Einschätzung der militärischen Fähigkeiten der Khmer lautete: »Allgemein gesagt, haben diese Menschen weder Disziplin noch Strategie.«

Die Khmer besaßen auch eigene Bücher. Religiöse Werke bestanden aus Palmblättern, die mit einem Stift geritzt wurden; die Rillen füllte man dann mit schwarzem Farbstoff. Weltliche Bücher schrieb man entweder mit weißen Kreidestiften oder mit schwarzer Tinte auf Leporellos aus schwarzem beziehungsweise weißem Papier. Leider sind alle diese Materialien in einem heißen, feuchten Klima nicht lange haltbar, und deshalb sind die Bücher von Angkor ohne Ausnahme verloren gegangen. Was sie uns über Geschichte, Gesellschaft, Wissenschaft und Philosophie der Khmer verraten hätten, können wir nur vermuten. Es ist, als würde man sich ein Urteil über die alten Griechen bilden, obwohl sämtliche Schriften von Homer, Platon, Aristoteles, Herodot, Sappho und Sophokles nicht mehr existieren.

Als Frankreich 1863 in Kambodscha ein Protektorat einrichtete, war Angkor größtenteils vom Dschungel überwuchert; die großen Tempel, Wasserspeicher und wichtige Kanäle waren aber noch zu sehen. Als französische Archäologen in den folgenden 100 Jahren das Gebiet rodeten und kartierten sowie zerstörte Bauwerke rekonstruierten, entspann sich eine Diskussion über die Funktion der Wasserspeicher. In den 1980er Jahren neigten britische und amerikanische Wissenschaftler immer mehr zu der Ansicht, sie hätten dekorative Zwecke erfüllt und seien nur im Rahmen von Ritualen genutzt worden. Französische Fachleute dagegen hielten Angkor (insbesondere nach den Arbeiten von Bernard-Philippe Groslier) für eine »hydraulische Stadt«, die für die Bewässerung ihrer Reisfelder auf die Wasserspeicher angewiesen war. Gegen Grosliers Ansicht gab es allerdings einen stichhaltigen Einwand: Die Seen besaßen scheinbar weder Zu- noch Abflüsse und wären deshalb für die Verteilung des Wassers auf die Felder nutzlos gewesen.

Beigelegt werden konnte die Diskussion erst, als der kambodschanische Bürgerkrieg und die Pol-Pot-Zeit zu Ende waren, neue Kartierungsverfahren zur Verfügung standen und im Jahr 2002 ein Gemeinschaftsprojekt australischer, französischer und kambodschanischer Archäologen begann. Die beteiligten Wissenschaftlerteams von der Universität Sydney (geleitet von Roland Fletcher) und der École Française d'Extrême-Orient (geleitet von Christophe Pottier) arbeiten in Verbindung mit der kambodschanischen Behörde, die Angkor verwaltet. Ein wichtiger Fortschritt war dabei die Radarbildgebung aus der Luft, mit der man Wolken durchdringen kann: Mit ihrer Hilfe erkennt man Unterschiede in Rauigkeit, Pflanzenbewuchs und Feuchtigkeit der Erdoberfläche, und dabei erkennt man auch Merkmale, die einem Beobachter am Boden verborgen bleiben. Auf der Grundlage solcher Radarbilder suchte man dann nach Überresten von Ziegelsteinen, Keramik und anderen unmittelbaren Belegen für verfallene, im Boden liegende Strukturen. Die ersten Radarbilder von Angkor wurden 1994 von der Raumfähre »Endeavour« aufgenommen; stark erweitert wurden sie im September 2000 durch eine luftgestützte Radarvermessung der NASA und ihres Jet Propulsion Laboratory (JPL), der in den 1990er Jahren eingehende Freilandarbeiten von Christophe Pottier vorausgegangen waren. Nimmt man die Radarbilder mit Luftaufnahmen und anderen Vermessungsergebnissen zusammen, so erhält man eine hochauflösende Karte für das gesamte, 10 000 Quadratkilometer große Kerngebiet des städtebaulichen Komplexes von Angkor.

Auf der Karte erkennt man ein Kanalnetz mit Straßen auf den erhöhten Ufern, Wasserspeicher aller Größen von dem riesigen Baray bis zu kleinen Teichen für jedes Haus, und ein feines Karomuster aus Reisfeldern, das unter der heutigen Oberfläche mit ihrem modernen Reisfeldern verborgen liegt. In der gesamten Landschaft vom Tonle-See im Norden bis zu den Kulen-Bergen hatte man den ursprünglichen Wald gerodet und die ganze Region zu einer dünn besiedelten Stadt gemacht, deren Landflächen dem Reisanbau sowie dem Bau von Häusern und Tempeln dienten. Von dem Zentralbereich mit den größten Tempeln gingen sternförmig sechs Straßen aus, die auf großen, mit Brücken ausgestatteten Wällen verliefen. Mit bodengestützter Vermessung fand man die schon lange gesuchten Zu- und Abflüsse, die den Baray mit dem Kanalnetz verbanden. Neben den berühmten Haupttempeln Angkor Wat, Baphuon und Bayon gab es Hunderte von kleineren, lokalen Heiligtümern; jedes davon lag auf einem quadratischen Hügel mit einer Seitenlänge von rund 20 Metern, der von einem Graben umgeben war, welche auf der Ostseite von einer Dammstraße gequert wurde.

Die Landschaft von Angkor gliedert sich in drei Zonen, die für die Wasserwirtschaft unterschiedliche Funktionen erfüllten. Der Bereich im Nordosten, zu dem auch die Kulen-Berge gehörten, diente zur Sammlung des Wassers aus den Flüssen, die von den Bergen kamen. In dem zentralen Bereich mit dem großen Baray wurde das gesammelte Wasser gespeichert.

Durch die Zone im Südwesten zogen sich kreuz und quer die Kanäle, die das Wasser je nach den Notwendigkeiten entweder auf die Reisfelder verteilten oder schnell in den See ableiteten. Ein großer Kanal, der auf dem kürzesten Weg vom West Baray zum See verlief, diente nach heftigen Regenfällen dazu, überschüssiges Wasser schnell zu beseitigen. Rechtwinklige Kurven und Querverbindungen der Kanäle sorgten dafür, dass die Wasserströmung sich verlangsamte, die Erosion der Kanalufer verringert wurde, mitgeführte Sedimente sich absetzten und die Kanäle nicht verlandeten. Anhand der Anlage des Systems und der Datierung seiner Bestandteile kann man seine Entwicklung auf das 8. bis 14. Jahrhundert zurückverfolgen; während dieser Zeit wurden allmählich immer weiter nördlich und westlich gelegene Flüsse zur Wassersammlung angezapft.

Das ganze System stellt eine gewaltige Ingenieurleistung dar. Flüsse wurden umgeleitet und nahmen nun nicht mehr ihren natürlichen Lauf von Nordosten nach Südwesten, sondern flossen genau von Norden nach Süden. In einem Flussabschnitt wurde die Strömungsrichtung umgekehrt. Die großen Wasserspeicher hatten auch nach heutigen Maßstäben industrielle Ausmaße – die Ufer waren in einem Fall mehr als 100 Meter breit und zehn Meter hoch. Insgesamt war das System so kompliziert, dass wir seine Funktionsweise heute erst ansatzweise begreifen, und die Funktion großer Teile ist nach wie vor ein Rätsel. Ganz offensichtlich wurde es angelegt, weil man das Wasser bewirtschaften wollte, und nicht nur weil es hübsch aussah und als Ort für Riten dienen sollte, wie manche Archäologen früher angenommen hatten. Der offenkundigste Zweck des Systems war die Risikoverminderung: Es sollte die Schwankungen der verfügbaren Wassermenge zwischen den Jahreszeiten und einzelnen Jahren verringern und auch dann eine ausreichende Wasserversorgung für den Reisanbau gewährleisten, wenn der Monsunregen in einem Jahr nur schwach war oder ganz ausblieb. Das System sicherte also die Lebensmittelversorgung für die Bewohner der Hauptstadt und ist ein Beispiel für die Einrichtungen, die im gesamten Reich der Khmer der Ernährung der Bevölkerung und der Sicherung ihrer Macht dienten.

Zu Beginn des 13. Jahrhunderts war das Reich der Khmer unter dem König Jayavarman VII. mit seiner Hauptstadt Angkor der größte und mächtigste Staat Südostasiens. Als die Franzosen jedoch in den 1860er Jahren in die Region kamen, fanden sie ein kleines, schwaches Khmer-Reich vor. Seine Hauptstadt war das 225 Kilometer südlich von Angkor gelegene Pnom Penh, und in der Region der früheren Metropole befand sich nur noch eine Handvoll kleiner Dörfer. Wie war es in der Zeit zwischen dem 13. Jahrhundert und 1860 so weit gekommen?

Ein Jahrhundert nach Jayavarman VII. erlebte das Reich einen allmählichen Niedergang. Seine goldenen Türme und pompösen Zeremonien machten zwar auch in den Jahren 1295/1296 noch großen Eindruck auf den chinesischen Besucher Zhou Daguan, große neue Gebäude aus Stein wurden aber nicht mehr errichtet; der letzte traditionelle Tempel wurde 1295 geweiht, und die letzte Sanskrit-Inschrift stammt von 1327. Irgendwann nach dem Beginn des 15. Jahrhunderts entwickelten sich östlich und südlich des Tonle-Sees in der Nachbarschaft von Pnom Penh neue Hauptstädte, und offenbar zogen die Menschen nach und nach aus Angkor weg. Anfang des 17. Jahrhunderts prahlte zwar ein Khmer-Herrscher, er habe die Türme von Angkor Wat neu vergolden lassen, das Stadtgebiet von Angkor war aber seit ungefähr 1660 verlassen, und das Reich der Khmer schrumpfte weiter.

Eine Ursache für den Niedergang der Khmer war der Aufstieg neuer, mächtiger Feinde. Seit dem 13. Jahrhundert drängten sowohl die Thais als auch die Vietnamesen nach Süden, Erstere aus dem Westen von Südchina aus, Letztere östlich von Angkor. Damit geriet das Khmer-Reich in die Klemme. Die Thais behaupteten, sie hätten Angkor im 16. Jahrhundert eine Zeitlang besetzt, und im 18. Jahrhundert eroberten die Vietnamesen das Mekongdelta von den Khmer.

Ein weiterer Grund war eine Verschiebung der wirtschaftlichen Schwerpunkte im Khmer-Reich. Hatte das Schwergewicht anfangs auf der Landwirtschaft im Landesinneren gelegen, so beteiligte man sich später zunehmend am Seehandel entlang der Küste Südostasiens mit China, Indien und dem Kernland des Islam. Dies dürfte ein Motiv dafür gewesen sein, die Hauptstadt von Angkor nach Pnom Penh zu verlegen, das über den Mekong unmittelbaren Zugang zum Meer hat. Später wurde der Seehandel jedoch für die Khmer durch die vietnamesische Expansion immer schwieriger.

Ein weiterer wichtiger Faktor, den wir heute zur Erklärung des Niederganges von Angkor in Betracht ziehen müssen, war ein Klimawandel. Untersuchungen an dem Kanalnetz lieferten scheinbar widersprüchliche Indizien für Überschwemmungen und Dürreperioden im 14. und 15. Jahrhundert. Einerseits füllten sich die großen Kanäle südlich von Angkor mit grobkörnigem Sand, was auf starken Regen und Überschwemmungen schließen lässt. Andererseits wurden die Abflüsse des großen Baray blockiert, während man den Abfluss des East Baray so umbaute, dass er schmaler wurde; dann verwandelte man ihn von einem Ab- in einen Zufluss – sichere Anzeichen für Wasserknappheit und den Versuch, den Wasserstand in dem Speicherbecken hoch zu halten. Eine Lösung für die widersprüchliche Kombination aus Überschwemmung und Dürre ergab sich aus einem kürzlich veröffentlichten Bericht über die Dicke von Baumringen über 979 Jahre hinweg – eine ganz ähnliche Analyse hatte, wie ich in Kapitel 4 dargelegt habe, Licht in den Klimawandel im Gebiet der Anasazi gebracht. Wie aus dem Bericht hervorgeht, schwankte der Monsunregen in Südostasien nach 1350 immer stärker; zwischen 1336 und 1374 sowie zwischen 1414 und 1424 gab es schwere Dürreperioden, in den Zeiträumen dazwischen und unmittelbar danach regnete es heftig. Die Phase von 1322 bis 1353 umfasst eine unverhältnismäßig große Zahl der trockensten wie auch der niederschlagsreichsten Jahre des letzten Jahrtausends.

Damit können wir den Niedergang Angkors in den Rahmen der fünf Faktorengruppen einordnen, die ich im Prolog dieses Buches zur Begründung von Erfolg oder Scheitern einer Gesellschaft genannt habe. Erstens fügten die Khmer ihrer Umwelt unabsichtlich Schaden zu: Sie holzten die Ebene von Angkor und die Abhänge der Kulen-Berge ab. Als keine Bäume mehr das abfließende Wasser bremsten, kam es durch die schweren Monsunregen zur Bodenerosion, das ausgewaschene Sediment wurde in die Kanäle geschwemmt, und Überschwemmungen spülten das Bett des Siem Riep aus. Dieser Fluss liegt heute sechs Meter tiefer als die Ebene von Angkor. Zweitens war die Region von Angkor durch den Klimawandel so trockenen und niederschlagsreichen Bedingungen ausgesetzt, dass das Bewässerungssystem damit nicht mehr fertig wurde. Drittens standen die Khmer wie das Römische Reich und die Wikinger in Grönland zunehmend Problemen mit feindseligen Nachbarn gegenüber. Viertens spielten auch freundliche Handelspartner eine Rolle, die den Khmer im Seehandel attraktivere Möglichkeiten boten als der landgestützte Handel in Angkor, später wurden diese Möglichkeiten aber wieder eingeschränkt. Und fünftens schließlich reagierte das Reich der Khmer auf die Umweltprobleme von Angkor mit der Entscheidung, ein immer größeres, komplizierteres und schwer zu wartendes Wasserwirtschaftssystem aufzubauen, eine Entwicklung, bei der es kein Zurück mehr gab. Alle fünf Faktoren wirkten zusammen: Klimawandel und Erosion schwächten die Khmer so weit, dass sie ihren Feinden nicht mehr standhielten, ihr Wasserwirtschaftssystem nicht mehr warten und verbessern konnten und sich von der Landwirtschaft ab- und dem Seehandel zuwandten, bis die Verschiebung der Handelsrouten und politische Machtverhältnisse auch ihn weniger profitabel machten.

Auch in das Spektrum zwischen schnellen, tödlichen und allmählichen, nicht tödlichen Zusammenbrüchen können wir den Niedergang der Khmer einordnen. Das eine Extrem ist das Ende der Siedlung im Westen Grönlands, bei dem möglicherweise alle Menschen in einem einzigen Winter ums Leben kamen. Der Niedergang Angkors liegt offenbar am anderen Ende der Skala: Er zog sich über Jahrhunderte hin, die Menschen zogen allmählich weg, und es gibt keine Anhaltspunkte für ein Massensterben. Das Ergebnis war aber dennoch zweifellos ein Kollaps: verstreute Dörfer im früheren Kernland der Metropole und an einer Stelle, an der sich früher eine Weltstadt und die Kapitale des mächtigsten Reiches der Region befunden hatte.

Für uns alle, die wir von der Pracht und den Rätseln Angkors fasziniert sind, ist es eine spannende Zeit. In den letzten Jahren haben wir, aufbauend auf den archäologischen Untersuchungen des vorangegangenen Jahrhunderts, viele Detailkenntnisse über die Stadt gewonnen. Aber noch immer bleiben große Fragen unbeantwortet, und das kommende Jahrzehnt verspricht noch spannender zu werden. Für mich stellen sich insbesondere fünf Fragenkomplexe, auf die ich sehr gern bis 2020 eine Antwort hätte:

Woher bezog die Bevölkerung Angkors ihr Bau- und Brennholz? Die 750 000 Einwohner der Stadt müssen gewaltige Mengen an Holz zum Bau von Häusern und anderen Bauwerken gebraucht haben, aber auch zur Herstellung von Holzkohle zum Kochen. Aber der ursprüngliche Wald in der Ebene von Angkor und großen Teilen der Kulen-Berge war bereits abgeholzt. Die Vorstellung, die von den Menschen rund um ihre Häuser angepflanzten Bäume könnten den Bedarf einer so großen Bevölkerung befriedigt haben, will mir nicht in den Kopf.

Wie bewirtschafteten die Khmer das Wasser? Sie verfügten mit Sicherheit über Methoden, um Aufzeichnungen über den Monsunregen zu führen und die nachfolgenden Wasserströme vorauszusagen. Welche Rolle spielten die Tempel in der Mitte des Baray für die Verwaltung des Kanalnetzes? Wie verteilten die Khmer das Wasser ohne Pumpen in der Landschaft? Der West Baray wurde nicht *in* den Boden gegraben, sondern *auf* dem Boden erbaut und so angeordnet, dass die Zuflusskanäle eine Wasseroberfläche schufen, die am Abfluss mehrere Meter über dem Bodenniveau lag. Wie lenkten die Wasseringenieure der Khmer die Strömungen je nach Bedarf von einem Kanal zum anderen um? Hatten die Kanäle bewegliche Tore?

Wie funktionierte das ganze System der Wasserbewirtschaftung? Es umfasste viele große Bauwerke, die man zwar lokalisiert hat, deren Zweck man aber nicht kennt.

Warum dauerte es so lange, bis Angkor wieder seine frühere Bevölkerungsdichte erreichte, nachdem die Stadt im 17. Jahrhundert mehr oder weniger verlassen war? Das gleiche Rätsel stellt sich für die Maya im südlichen Tiefland, das noch bei Cortes' Eintreffen 1524, sechs oder sieben Jahrhunderte nach dem klassischen Kollaps der Maya, nur dünn besiedelt war.

Und schließlich gab es, wie ich zu Beginn dieses Kapitels erwähnt habe, in den jahreszeitlich feuchten tropischen Regionen der Welt außer Angkor noch zahlreiche andere dünn besiedelte Städte, die aber alle ihren Niedergang erlebten, bevor in den letzten fünf Jahrhunderten die europäische Expansion begann. Wo lag die Achillesferse, derentwegen Angkor und all die anderen Städte auf lange Sicht nicht nachhaltig waren?

DANKSAGUNG

Ich habe vielen Menschen für ihre Beiträge zu diesem Buch zu danken. Es war ein freudiges, spannendes Erlebnis, gemeinsam mit diesen Freunden und Kollegen die hier dargelegten Gedanken auszuarbeiten.

Besonderen Heldenmut bewiesen sechs mir nahestehende Menschen, die das gesamte Manuskript lasen und ihre Kritik äußerten: Julio Betancourt, Stewart Brand, meine Frau Marie Cohen, Paul Ehrlich, Alan Grinnell, und Charles Redman. Die gleiche – oder noch größere – Tapferkeit legten meine Lektoren an den Tag: Wendy Wolf bei Penguin Group (New York) sowie Stefan McGrath und Jon Turney bei Viking Penguin (London); das Gleiche gilt für meine Agenten John Brockman und Katinka Matson: Sie lasen nicht nur das gesamte Manuskript, sondern trugen auch auf unzählige weitere Arten dazu bei, dass das Buch von der ersten Idee an in allen Stadien des Produktionsprozesses seine endgültige Gestalt erhielt. Gretchen Daily, Larry Linden, Ivan Barkhorn und Bob Waterman lasen ebenfalls die letzten Kapitel über die Moderne Welt und machten Verbesserungsvorschläge.

Michelle Fisher-Casey tippte viele Male das gesamte Manuskript. Boratha Yeang machte Bücher und Artikel ausfindig.

Den Inhalt dieses Buches stellte ich zu einem großen Teil zwei Gruppen von Studienanfängern an der University of California in Los Angeles vor, wo ich Vorlesungen am Institut für Geographie halte. Eine kleine Vortragsreihe hielt ich auch als Gastdozent vor einem Doktorandenseminar des archäologischen Instituts der Stanford University. Wie geduldige Versuchskaninchen trugen die Studenten und Kollegen neue, anregende Gedanken bei.

Der Inhalt von sieben Kapiteln erschien in älterer Form als Artikel in der Zeitschrift *Discover*, im *New York Review of Books*, *Harpers Magazine* und *Nature*. Insbesondere das Kapitel 12 (über China) ist die erweiterte Version eines Artikels, den ich gemeinsam mit Jianguo (Jack) Liu in *Nature* veröffentlichte; Jack verfasste dazu den Entwurf und sammelte die Informationen.

Anderen Freunden und Kollegen danke ich für die Mitarbeit an einzelnen Kapiteln. Sie organisierten meine Besuche in den Ländern, wo sie wohnten oder ihre Forschungsarbeiten betrieben. Sie begleiteten mich bei meinen Feldforschungen, teilten mir geduldig ihre Erfahrungen mit, schickten mir Artikel und Literaturhinweise, und äußerten sich kritisch zu den Kapitelentwürfen. Großzügig opferten sie mir Tage oder Wochen ihrer Zeit. Ich verdanke ihnen sehr viel. Es handelt sich, aufgeführt nach Kapiteln, um folgende Personen:

Kapitel 1: Allen Bjergo, Marshall, Tonia und Seth Bloom, Diane Boyd, John und Pat Cook, John Day, Gary Decker, John und Jill Eliel, Emil Erhardt, Stan Falkow, Bruce Farling, Roxa French, Hank Goetz, Pam Gouse, Roy Grant, Josette Hackett, Dick und Jack Hirschy, Tim und Trudy Huls, Bob Jirsa, Rick und Frankie Laible, Jack Losensky, Land Lindbergh, Joyce McDowell, Chris Miller, Chip Pigman, Harry Poett, Steve Powell, Jack Ward Thomas, Lucy Tompkins, Pat Vaughn, Marilyn Wildee und Vern und Maria Woolsey.

Kapitel 2: Jo Anne Van Tilburg, Barry Rolett, Claudio Cristino, Sonia Haoa, Chris Stevenson, Edmundo Edwards, Catherine Orliac und Patricia Vargas.

Kapitel 3: Marshall Weisler.

Kapitel 4: Julio Betancourt, Jeff Dean, Eric Force, Gwinn Vivian und Steven LeBlanc.

Kapitel 5: David Webster, Michael Coe, Bill Turner, Mark Brenner, Richardson Gill und Richard Hansen.

Kapitel 6: Gunnar Karlsson, Orri Vesteinsson, Jesse Byock, Christian Keller, Thomas McGovern, Paul Buckland, Anthony Newton und Ian Simpson.

Kapitel 7 und 8: Christian Keller, Thomas McGovern, Jette Arneborg und Georg Nygaard.

Kapitel 9: Simon Haberle, Patrick Kirch und Conrad Totman.

Kapitel 10: Rene Lemarchand, David Newbury, Jean-Philippe Platteau, James Robinson, Vincent Smith.

Kapitel 11: Andres Ferrer Benzo, Walter Cordero, Richard Turits, Neici

Zeller, Luis Arambilet, Mario Bonetti, Luis Carvajal, Roberto und Angel Cassá, Carlos Garcia, Raimondo Gonzalez, Roberto Rodriguez Mansfield, Eleuterio Martinez, Nestor Sanchez, Sr., Nestor Sanchez, Jr., Ciprian Soler, Rafael Emilio Yunen, Steve Latta, James Robinson und John Terborgh.

Kapitel 12: Jianguo (Jack) Liu.

Kapitel 13: Tim Flannery, Alex Baynes, Patricia Feilman, Bill McIntosh, Pamela Parker, Harry Recher, Mike Young, Michael Archer, K. David Bishop, Graham Broughton, Senator Bob Brown, Judy Clark, Peter Copley, George Ganf, Peter Gell, Stefan Hajkowicz, Bob Hill, Nalini Klopf, David Paton, Marilyn Renfrew, Prue Tucker und Keith Walker.

Kapitel 14: Elinor Ostrom, Marco Janssen, Monique Borgerhoff Mulder, Jim Dewar und Michael Intrilligator.

Kapitel 15: Jim Kuipers, Bruce Farling, Scott Burns, Bruce Cabarle, Jason Clay, Ned Daly, Katherine Bostick, Ford Denison, Stephen D'Esposito, Francis Grant-Suttie, Toby Kiers, Katie Miller, Michael Ross und viele andere aus der Wirtschaft.

Kapitel 16: Rudy Drent, Kathryn Fuller, Terry Garcia, Francis Lanting, Richard Mott, Theunis Piersma, William Reilly und Russell Train.

Die Untersuchungen wurden großzügig unterstützt von der W. Alton Jones Foundation, Jon Kannegaard, the Eve und Harvey Masonek und Samuel F. Heyman und Eve Gruber Heyman 1981 Trust Undergraduate Research Scholars Fund, Sandra McPeak, the Alfred P. Sloan Foundation, the Summit Foundation, the Weeden Foundation, The Winslow Foundation.

WEITERFÜHRENDE LITERATUR

Wer weiterlesen möchte, findet im Folgenden einige Vorschläge. Anstatt viel Platz auf eine umfassende Bibliographie zu verwenden, nenne ich vor allem Veröffentlichungen aus jüngerer Zeit, die umfangreiche Listen älterer Literatur enthalten. Außerdem zitiere ich einige ganz entscheidende Bücher und Artikel. Auf den Titel einer Zeitschrift (*kursiv*) folgt die Bandzahl, dann nach einem Doppelpunkt die erste und letzte Seitenzahl des Artikels und anschließend in Klammern das Erscheinungsjahr.

Prolog

Einflussreiche vergleichende Studien über den Zusammenbruch historischer Gesellschaften auf der ganzen Welt sind unter anderem Joseph Tainter, *The Collapse of Complex Societies* (Cambridge: Cambridge University Press, 1988), und Norman Yoffee und George Cowgill, Hrsg., *The Collapse of Ancient States and Civilizations* (Tucson: University of Arizona Press, 1988). Auf die ökologischen Auswirkungen früherer Gesellschaften und auf die Bedeutung dieser Auswirkungen für ihren Zusammenbruch konzentrieren sich unter anderem Clive Ponting, A *Green History of the World: the Environment and the Collapse of Great Civilizations* (New York: Penguin, 1991); Charles Redman, *Human Impact on Ancient Environments* (Tucson: University of Arizona Press, 1999); D. M. Kammen, K. R. Smith, K. T. Rambo, und M. A. K. Khalil, Hrsg., *Preindustrial Human Environmental Impacts: Are There Lessons for Global Change Science and Policy?* (Thema der Zeitschrift *Chemosphere*, Bd. 29, Nr. 5, September 1994); und Charles Redman, Steven James, Paul Fish, und J. Daniel Rogers, Hrsg., *The Archaeology of Global Change*. The Impact of Humans on Their Environment (Washington, D. C.: Smithsonian Books, 2004). Die Bedeutung von Klimaveränderungen im Zusammenhang vergleichender Untersuchungen über historische Gesellschaften behandeln unter anderem drei Bücher von Brian Fagan: *Die Macht des Wetters: wie das Klima die Geschichte verändert* (Düsseldorf: Patmos, 2002); *The Little Ice Age* (New York: Basic Books,

2001); und *The Long Summer: How Climate Changed Civilization* (New York: Basic Books, 2004).

Vergleichende Untersuchungen zum Aufstieg und Niedergang von Staaten sind unter anderem Peter Turchin, *Historical Dynamics: Why States Rise and Fall* (Princeton, N. J.: Princeton University Press, 2003), und Jack Goldstone, *Revolution and Rebellion in the Early Modern World* (Berkeley: University of California Press, 1991).

Kapitel 1

Die Geschichte des Staates Montana wird unter anderem behandelt in Histories of the State of Montana, dort: K. Ross Toole, *Montana: An Uncommon Land* (Norman: University of Oklahoma Press, 1959); K. Ross Toole, *20th-Century Montana: A State of Extremes* (Norman: University of Oklahoma Press, 1972); und Michael Malone, Richard Roeder, und William Lang, *Montana: A History of Two Centuries*, überarb. Ausgabe (Seattle: University of Washington Press, 1991). Russ Lawrence schrieb ein illustriertes Buch über das Bitterroot Valley: *Montana's Bitterroot Valley* (Stevensville, Mont.: Stoneydale Press, 1991). Bertha Francis, *The Land of Big Snows* (Butte, Mont.: Caxton Printers, 1955) berichtet über die Geschichte des Big Hole Basin. Thomas Power und Richard Barrett, *Post-Cowboy Economics: Pay and Prosperity in the New American West* (Washington, D. C.: Island Press, 2001) erörtern die wirtschaftlichen Probleme in Montana und dem gebirgigen Westen der USA. Zwei Bücher über Geschichte und Folgen des Bergbaus in Montana sind *Wounding the West: Montana, Mining, and the Environment* (Lincoln: University of Nebraska Press, 2000) und Michael Malone, *The Battle for Butte: Mining and Politics on the Northern Frontier*, 1864–1906 (Helena, Mont.: Montana Historical Society Press, 1981). Stephen Pine hat mehrere Bücher über Waldbrände geschrieben, darunter *Fire in America: A Cultural History of Wildland and Rural Fire* (Princeton, N. J.: Princeton University Press, 1982) und *Year of the Fires: the Story of the Great Fires of 1910* (New York: Viking Penguin, 2001). Zwei Autoren, einer davon ein Bewohner des Bitterroot Valley, konzentrieren sich auf Waldbrände im Westen der USA: Stephen Arno und Steven Allison-Bunnell, *Flames in our Forests: Disaster or Renewal?* (Washington, D. C.: Island Press, 2002). Der Artikel von Harsh Bais et al., »Allelopathy and exotic plant invasion: from molecules and genes to species interactions« (*Science* 301: 1377–1380 [2003]) weist nach, dass die Gefleckte Flockenblume einheimische Pflanzen unter anderem dadurch verdrängt, dass sie über ihre Wurzeln einen Giftstoff ausscheidet, gegen den sie selbst immun ist. Über die Auswirkungen der Viehzucht im Westen der USA einschließlich Montanas berichtet Lynn Jacobs, *Waste of the West: Public Lands Ranching* (Tucson: Lynn Jacobs, 1991).

Aktuelle Informationen über einige Probleme Montanas, die ich in meinem Kapitel erörtert habe, erhält man über die Websites oder E-Mail-Adressen der beteiligten Organisationen: Bitterroot Land Trust: www.BitterRootLandTrust.org. Bitterroot Valley Chamber of Commerce: www.bvchamber.com. Bitterroot Water

Forum: brwaterforum@bitterroot.mt. Friends of the Bitterroot: www.Friendsof-theBitterroot.org. Montana Weed Control Association: www.mtweed.org. Plum Creek Timber: www.plumcreek.com. Trout Unlimited's Missoula office: montrout@montana.com. Whirling Disease Foundation: www.whirling-disease.org.

Kapitel 2

Wer sich einen allgemeinen Überblick über die Osterinsel verschaffen will, sollte mit drei Büchern beginnen: John Flenley und Paul Bahn, *The Enigmas of Easter Island* (New York: Oxford University Press, 2003, Aktualisierung von Paul Bahn und John Flenley, *Easter Island, Earth Island* (London: Thames and Hudson, 1992); Jo Anne Van Tilburg, *Easter Island: Archaeology, Ecology, and Culture* (Washington, D. C.: Smithsonian Institution Press, 1994); und Jo Anne Van Tilburg, *Among Stone Giants* (New York: Scribner, 2003).

Das zuletzt genannte Buch ist eine Biographie über die bemerkenswerte englische Archäologin Katherine Routledge, die 1914/15 bei ihrem Besuch die letzten Inselbewohner nach persönlichen Erfahrungen mit Orongo-Zeremonien befragen konnte. Ihre Lebensgeschichte ist so bunt wie ein Roman.

Zwei weitere Bücher aus jüngerer Zeit sind Catherine und Michel Orliac, *The Silent Gods: Mysteries of Easter Island* (London: Thames and Hudson, 1995), ein kurzer, illustrierter Überblick; und John Loret und John Tancredi, Hrsg., *Easter Island: Scientific Exploration into the World's Environmental Problems in Microcosm* (New York: Kluwer/Plenum, 2003), mit 13 Kapiteln über die Befunde neuerer Expeditionen. Wer sich ernsthaft für die Osterinsel interessiert, sollte auch zwei ältere Klassiker lesen: den Bericht von Katherine Routledge selbst, *The Mystery of Easter Island* (London: Sifton Praed, 1919, Nachdruck von Adventure Unlimited Press, Kempton, Ill., 1998), und Alfred Metraux, *Die Osterinsel* (Nachdruck Frankfurt/M.: Campus 1989). Eric Kjellgren, Hrsg., zeigt in *Splendid Isolation: Art of Easter Island* (New York: Metropolitan Museum of Art, 2001) Dutzende von Fotos, viele davon in Farbe, von Petroglyphen, Rongo-Rongo-Tafeln, *moai kavakava*, Figuren aus Rindentuch und einen roten Federkopfschmuck, wie er in ähnlicher Form als Vorbild für die roten *pukao* gedient haben könnte.

Artikel von Jo Anne Van Tilburg sind unter anderem »Easter Island (Rapa Nui) archaeology since 1955: some thoughts on progress, problems and potential; S. 555–577 in J. M. Davidson et al., Hrsg., *Oceanic Culture History: Essays in Honour of Roger Green* (New Zealand Journal of Archaeology Special Publication, 1996); Jo Anne Van Tilburg und Cristián Arévalo Pakarati, »The Rapanui carvers' perspective: notes and observations on the experimental replication of monolithic sculpture (moai)«, S. 280–290 in A. Herle et al., Hrsg., *Pacific Art: Persistence, Change and Meaning* (Bathurst: Crawford House, 2002); und Jo Anne Van Tilburg und Ted Ralston, »Megaliths and mariners: experimental archaeology on Easter Island (Rapa Nui)«, im Druck in K. L. Johnson, Hrsg., *Onward and Upward! Papers in Honor of Clement W. Meighan* (University Press of America). Die beiden letzten Artikel beschreiben experimentelle Untersuchungen zu der Frage, wie viele

Menschen man zum Behauen und Transport der Statuen brauchte und wie lange es dauerte.

Die Besiedelung Polynesiens und des gesamten Pazifikraumes wurden in vielen guten, allgemein verständlichen Büchern beschrieben. Ich nenne hier Patrick Kirch, *On the Road of the Winds: An Archaeological History of the Pacific Islands Before European Contact* (Berkeley: University of California Press, 2000), *The Lapita Peoples: Ancestors of the Oceanic World* (Oxford: Blackwell, 1997), und *The Evolution of the Polynesian Chiefdoms* (Cambridge: Cambridge University Press, 1984); Peter Bellwood, *The Polynesians: Prehistory of an Island People*, überarb. Ausgabe (London: Thames and Hudson, 1987); und Geoffrey Irwin, *The Prehistoric Exploration and Colonization of the Pacific* (Cambridge: Cambridge University Press, 1992). David Lewis, *We, the Navigators* (Honolulu: University Press of Hawaii, 1972) ist ein einzigartiger Bericht über die traditionellen Seefahrermethoden im Pazifikraum; er stammt von einem modernen Seemann, der mit traditionellen Seefahrern lange Reisen unternahm und sich dabei mit deren Methoden vertraut machte. Patrick Kirch und Terry Hunt, Hrsg., *Historical Ecology in the Pacific Islands: Prehistoric Environmental and Landscape Change* (New Haven, Conn.: Yale University Press, 1997) ist eine Sammlung von Artikeln über die ökologischen Auswirkungen der Menschen auf anderen Pazifikinseln als der Osterinsel.

Mein Interesse an der Osterinsel wurde wie das vieler anderer durch zwei Bücher Thor Heyerdahls geweckt: *Kon-Tiki* (München: Ullstein, 2000) und *Aku-Aku* (Berlin: Ullstein 1957). Eine ganz andere Interpretation ergibt sich durch die Ausgrabungen der Archäologen, die Heyerdahl auf die Osterinsel brachte; sie werden beschrieben in Thor Heyerdahl und E. Ferdon, Jr., Hrsg., *Reports of the Norwegian Archaeological Expedition to Easter Island and the East Pacific, vol. 1: The Archaeology of Easter Island* (London: Allen & Unwin, 1961). Steven Fischer beschreibt in *Glyph Breaker* (New York: Copernicus, 1997) und *Rongorongo: The Easter Island Script* (Oxford: Oxford University Press, 1997) seine Arbeiten zur Entzifferung von Rongorongo-Texten. In Andrew Sharp, Hrsg., *The Journal of Jacob Roggeveen* (London: Oxford University Press, 1970) ist auf S. 89–106 der erste europäische Augenzeugenbericht über die Osterinsel nachgedruckt.

Eine zusammenfassende archäologische Kartierung der Osterinsel findet sich in Claudio Cristino, Patricia Vargas, und R. Izaurieta, *Atlas Arqueológico de Isla de Pascua* (Santiago: University of Chile, 1981). Artikel über Einzelaspekte der Osterinsel erscheinen regelmäßig im *Rapa Nui Journal* der Easter Island Foundation, die hin und wieder auch Tagungsberichte über die Insel veröffentlicht. Wichtige Artikelsammlungen sind Claudio Cristino, Patricia Vargas et al., Hrsg., *First International Congress, Easter Island and East Polynesia, vol. 1 Archaeology* (Santiago: University of Chile, 1988); Patricia Vargas Casanova, Hrsg., *Easter Island and East Polynesia Prehistory* (Santiago: University of Chile, 1998); und Christopher Stevenson und William Ayres, Hrsg., *Easter Island Archaeology: Research on Early Rapanui Culture* (Los Osos, Calif.: Easter Island Foundation, 2000). Eine zusammenfassende Darstellung der Geschichte historischer Kontakte findet sich in Claudio

Cristino et al. *Isla de Pascua: Procesos, Alcances y Efectos de la Aculturación* (Easter Island: University of Chile, 1984).

David Steadman berichtet in drei Artikeln über die Bestimmung von Vogelknochen und anderen Überresten, die am Strand von Anakena ausgegraben wurden: »Extinctions of birds in Eastern Polynesia: a review of the record, and comparisons with other Pacific Island groups« (*Journal of Archaeological Science* 16: 177–205 [1989]), und »Stratigraphy, chronology, and cultural context of an early faunal assemblage from Easter Island« (*Asian Perspectives* 33: 79–96 [1994]), beide mit den Co-Autoren Patricia Vargas und Claudio Cristino; und »Prehistoric extinctions of Pacific Island birds: biodiversity meets zooarchaeology« (*Science* 267: 1123–1131 [1995]). Weitere archäologische Untersuchungen der verzehrten Lebensmittel beschreibt William Ayres, »Easter Island subsistence« (*Journal de la Societé des Oceanistes* 80: 103–124 [1985]). Das Rätsel der Osterinselpalmen und andere Befunde an Pollen aus Sedimentbohrkernen werden behandelt in J. R. Flenley und Sarah King, »Late Quaternary pollen records from Easter Island« (*Nature* 307: 47–50 [1984]), J. Dransfield et al., »A recently extinct palm from Easter Island« (*Nature* 312: 750–752 [1984]), und J. R. Henley et al., »The Late Quaternary vegetational and climatic history of Easter Island« (*Journal of Quaternary Science* 6: 85–115 [1991]). Catherine Orliacs berichtet über ihre Bestimmungsarbeiten in einem Aufsatz in dem genannten, von Stevenson und Ayres herausgegebenen Werk, und in »Données nouvelles sur la composition de la flore de l'Ile de Pâques« (*Journal de la Societe des Oceanistes* 2: 23–31 [1998]). Zu den Artikeln, die aus den archäologischen Übersichtsuntersuchungen von Claudio Cristino und seinen Kollegen hervorgingen, gehören Christopher Stevenson und Claudio Cristino, »Residential settlement history of the Rapa Nui coastal plain« (*Journal of New World Archaeology* 7: 29–38 [1986]); Daris Swindler, Andrea Drusini, und Claudio Cristino, »Variation and frequency of three-rooted first permanent molars in precontact Easter Islanders: anthropological significance (*Journal of the Polynesian Society* 106: 175–183 [1997]); und Claudio Cristino und Patricia Vargas, »Ahu Tongariki, Easter Island: chronological and sociopolitical significance« (*Rapa Nui Journal* 13: 67–69 [1999]).

Christopher Stevenson verfasste mehrere Artikel über intensive Landwirtschaft und Steinmulch, darunter *Archaeological Investigations on Easter Island; Maunga Tan: an Upland Agriculture Complex* (Los Osos, Calif.: Easter Island Foundation, 1995), (mit Joan Wozniak und Sonia Haoa) »Prehistoric agriculture production on Easter Island (Rapa Nui), Chile« (*Antiquity* 73: 801–812 [1999]), und (mit Thegn Ladefoged und Sonia Haoa) »Productive strategies in an uncertain environment: prehistoric agriculture on Easter Island« (*Rapa Nui Journal* 16: 17–22 [2002]). Christopher Stevenson rekonstruiert in »Territorial divisions on Easter Island in the 16th century: evidence from the distribution of ceremonial architecture;« S. 213–229 in T. Ladefoged und M. Graves, Hrsg., *Pacific Landscapes* (Los Osos, Calif.: Easter Island Foundation, 2002) die Gebietsgrenzen der elf traditionellen Sippen auf der Osterinsel.

Dale Lightfoot, »Morphology and ecology of lithic-mulch agriculture« (*Geographical Review* 84: 172–185 [1994]) und Carleton White et al., »Water conservation through an Anasazi gardening technique« (*New Mexico Journal of Science* 38: 251–278 [1998]) nennen Belege, dass Steinmulch auch an anderen Stellen der Erde verwendet wurde. Andreas Mieth und Hans-Rudolf Bork erörtern in »Diminution and degradation of environmental resources by prehistoric land use on Poike Peninsula, Easter Island (Rapa Nui)« (*Rapa Nui Journal* 17: 34–41 [2003]) die Waldzerstörung und Bodenerosion auf der Poike-Halbinsel. Karsten Haase et al. analysieren in »The petrogenetic evolution of lavas from Easter Island and neighboring seamounts, near-ridge hotspot volcanoes in the S. E. Pacific« (*Journal of Petrology* 38: 785–813 [1997]) die Befunde und chemische Zusammensetzung der Vulkane auf der Osterinsel. Erika Hagelberg et al., »DNA from ancient Easter Islanders« (*Nature* 369: 25–26 [1994]) enthält eine Analyse der DNA aus zwölf Skeletten von der Osterinsel. James Brander und M. Scott Taylor, »The simple economics of Easter Island: a Ricardo-Malthus model of renewable resource use« (*American Economic Review* 38: 119–138 [1998]) stellt die übermäßige Ausbeutung der Osterinsel aus der Sicht des Wirtschaftswissenschaftlers dar.

Kapitel 3

Die Besiedelung Südostpolynesiens wird in den Werken über die Besiedelung des Pazifikraumes behandelt, die ich in den Literaturangaben zu Kapitel 2 genannt habe. *The Pitcairn Islands: Biogeography, Ecology, and Prehistory* (London: Academic Press, 1995), hrsg. v. Tim Benton und Tom Spencer, ist der Bericht über eine Expedition in den Jahren 1991 / 92 nach Pitcairn, Henderson, und zu den Korallenatollen Oeno und Ducie. Der Band enthält 27 Kapitel über Geologie, Pflanzenwelt, Vögel (darunter die ausgestorbenen Arten von Henderson) Fische, landlebende und marine Wirbellose und die ökologischen Auswirkungen der Menschen.

Einen großen Teil unserer Kenntnisse über die Besiedelung Polynesiens und die Aufgabe von Pitcairn und Henderson verdanken wir den Untersuchungen von Marshall Weisler und verschiedenen Kollegen. Einen Überblick über seine Arbeiten gibt Weisler in dem Kapitel »Henderson Island prehistory: colonization and extinction on a remote Polynesian island« auf S. 377–404 des genannten Werkes von Benton und Spencer. Zwei weitere Übersichtsartikel von Weisler sind »The settlement of marginal Polynesia: new evidence from Henderson Island« (*Journal of Field Archaeology* 21: 83–102 [1994]) und »An archaeological survey of Mangareva: implications for regional settlement models and interaction studies« (*Man and Culture and Oceania* 12: 61–85 [1996]). In vier Aufsätzen erläutert Weisler, wie man durch chemische Analyse von Basaltäxten feststellen kann, von welcher Insel der Basalt stammt, und wie sich auf diese Weise die Handelsrouten nachzeichnen lassen: »Provenance studies of Polynesian basalt adzes material: a review and suggestions for improving regional databases« (*Asian Perspectives* 32: 61–83 [1993]); »Basalt pb isotope analysis and the prehistoric settlement of Polynesia«, mit Jon

D. Whitehead als Coautor (*Proceedings of the National Academy of Sciences, USA* 92: 1881–1885 [1995]); »Interisland and interarchipelago transfer of stone tools in prehistoric Polynesia«, mit Patrick V. Kirch als Coautor (*Proceedings of the National Academy of Sciences, USA* 93: 1381–1385 [1996]); und »Hard evidence for prehistoric interaction in Polynesia« (*Current Anthropology* 39: 521–532 [1998]). Das Handelsnetz in Ost- und Südostpolynesien wird in drei Aufsätzen beschrieben: Marshall Weisler und R. C. Green, »Holistic approaches to interaction studies: a Polynesian example«, S. 413–453 in Martin Jones und Peter Sheppard, Hrsg., *Australasian Connections and New Directions* (Auckland, N. Z.: Department of Anthropology, University of Auckland, 2001); R. C. Green und Marshall Weisler, »The Mangarevan sequence and dating of the geographic expansion into Southeast Polynesia« (*Asian Perspectives* 41: 213–241 [2002]); und Marshall Weisler, »Centrality and the collapse of long-distance voyaging in East Polynesia«, S. 257–273, in Michael D. Glascock, Hrsg., *Geochemical Evidence for Long-Distance Exchange* (London: Bergin and Garvey, 2002). Drei Aufsätze über Nutzpflanzen und Skelette auf Henderson sind Jon G. Hather und Marshall Weisler, »Prehistoric giant swamp taro (*Cyrtosperma chamissonis*) from Henderson Island, Southeast Polynesia« (*Pacific Science* 54: 149–156 [2000]); Sara Collins und Marshall Weisler, »Human dental and skeletal remains from Henderson Island, Southeast Polynesia« (*People and Culture in Oceania* 16: 67–85 [2000]); und Vincent Stefan, Sarah Collins und Marshall *Weisler*, »Henderson Island crania and their implication for southeastern Polynesian prehistory« (*Journal of the Polynesian Society* 111: 371–383 [2002]).

Wer sich für Pitcairn und Henderson interessiert und außerdem gern eine spannende Geschichte liest, kommt an *Die Meuterei auf der Bounty* von Charles Nordhoff und James Norman Hall (Frankfurt/M.: Ullstein 1993) nicht vorbei. Das Buch beschreibt sehr realistisch das Leben und die gegenseitigen Morde der Meuterer von der H. M. S. *Bounty* und ihrer polynesischen Kameraden, nachdem sie das Schiff in ihre Gewalt gebracht und Kapitän Bligh mit seinen Anhängern ausgesetzt hatten. Den fundiertesten Beitrag zur Ergründung der wahren Vorgänge liefert Caroline Alexander, *Die Bounty* (Berlin: Berlin Verlag, 2004).

Kapitel 4

Über die Vorgeschichte des Südwestens der USA gibt es zahlreiche allgemein verständliche Bücher, viele davon mit guten, teilweise farbigen Abbildungen. Einige seien hier genannt: Robert Lister und Florence Lister, *Chaco Canyon* (Albuquerque: University of New Mexico Press, 1981); Stephen Lekson, *Great Pueblo Architecture of Chaco Canyon, New Mexico* (Albuquerque: University of New Mexico Press, 1986); William Ferguson und Arthur Rohn, *Anasazi Ruins of the Southwest in Color* (Albuquerque: University of New Mexico Press, 1987); Linda Cordell, *Ancient Pueblo Peoples* (Montreal: St. Remy Press, 1994); Stephen Plog, *Ancient Peoples of the American Southwest* (New York: Thames and Hudson, 1997); Linda Cordell, *Archaeology of the Southwest*, 2nd ed. (San Diego: Academic Press, 1997); und David Stuart, *Anasazi America* (Albuquerque: University of New Mexico Press, 2000).

Drei wichtige, illustrierte Werke behandeln die großartig bemalte Keramik des Volkes der Mimbres: J. J. Brody, *Mimbres Painted Pottery* (Santa Fe: School of American Research, 1997); Steven LeBlanc, *The Mimbres People: Ancient Pueblo Painters of the American Southwest* (London: Thames and Hudson, 1983); und Tony Berlant, Steven LeBlanc, Catherine Scott, und J. J. Brody, *Mimbres Pottery: Ancient Art of the American Southwest* (New York: Hudson Hills Press, 1983).

Drei detaillierte Berichte über Kriege und Gewalttaten zwischen den Anasazi und ihren Nachbarn sind Christy Turner II und Jacqueline Turner, *Man Corn: Cannibalism and Violence in the Prehistoric American Southwest* (Salt Lake City: University of Utah Press, 1999); Steven LeBlanc, *Prehistoric Warfare in the American Southwest* (Salt Lake City: University of Utah Press, 1999); und Jonathan Haas und Winifred Creamer, *Stress and Warfare Among the Kayenta Anasazi of the Thirteenth Century* A. D. (Chicago: Field Museum of Natural History, 1993).

Monographien und Fachbücher über einzelne Fragestellungen oder Völker des Südwestens sind unter anderem Paul Minnis, *Social Adaptation to Food Stress: A Prehistoric Southwestern Example* (Chicago: University of Chicago Press, 1985); W. H. Wills, *Early Prehistoric Agriculture in the American Southwest* (Santa Fe: School of American Research, 1988); R. Gwinn Vivian, *The Chacoan Prehistory of the San Juan Basin* (San Diego: Academic Press, 1990); Lynne Sebastian, *The Chaco Anasazi: Sociopolitical Evolution and the Prehistoric Southwest* (Cambridge: Cambridge University Press, 1992); und Charles Redman, *People of the Tonto Rim: Archaeological Discovery in Prehistoric Arizona* (Washington, D. C.: Smithsonian Institution Press, 1993). Eric Force, R. Gwinn Vivian, Thomas Windes und Jeffrey Dean nahmen eine Neubewertung der Arroyos vor, die den Grundwasserspiegel im Chaco Canyon absinken ließen: *Relation of »Bonito« Paleo-channel and Base-level Variations to Anasazi Occupation, Chaco Canyon, New Mexico* (Tucson: Arizona State Museum, University of Arizona, 2002). Alles, was man über die Bauten der Buschratten wissen muss, steht in dem Buch *Packrat Middens* von Julio Betancourt, Thomas Van Devender, und Paul Martin (Tucson: University of Arizona Press, 1990).

Über den Südwesten berichten auch einige Sammelbände, in denen Beiträge zahlreicher Fachleute veröffentlicht sind. Dazu gehören David Grant Nobel, Hrsg., *New Light on Chaco Canyon* (Santa Fe: School of American Research, 1984); George Gumerman, Hrsg., *The Anasazi in a Changing Environment* (Cambridge: Cambridge University Press, 1988); Patricia Crown und W. James Judge, Hrsg., *Chaco and Hohokam: Prehistoric Regional Systems in the American Southwest* (Santa Fe: School of American Research, 1991); David Doyel, Hrsg., *Anasazi Regional Organization and the Chaco System* (Albuquerque: Maxwell Museum of Anthropology, 1992); Michael Adler, Hrsg., *The Prehistoric Pueblo World A. D. 1150–1350* (Tucson: University of Arizona Press, 1996); Jill Neitzel, Hrsg., *Great Towns and Regional Polities in the Prehistoric American Southwest and Southeast* (Dragoon, Ariz.: Amerind Foundation, 1999); Michelle Hegmon, Hrsg., *The Ar-*

chaeology of Regional Interaction: Religion, Warfare, and Exchange Across the American Southwest and Beyond (Boulder: University Press of Colorado, 2000); und Michael Diehl und Steven LeBlanc, *Early Pithouse Villages of the Mimbres Valley and Beyond* (Cambridge, Mass.: Peabody Museum of Archaeology and Ethnology, Harvard University, 2001).

Die genannten Bücher bieten einen guten Einstieg in die Fachliteratur über den Südwesten. Darüber hinaus möchte ich einige Aufsätze, die für dieses Kapitel von Bedeutung sind, gesondert erwähnen. Julio Betancourt und seine Kollegen haben mehrere Artikel über die Rekonstruktion der Vegetation im Chaco Canyon verfasst, darunter Julio Betancourt und Thomas Van Devender, »Holocene vegetation in Chaco Canyon, New Mexico« (*Science* 214: 656–658 [1981]); Michael Samuels und Julio Betancourt, »Modeling the long-term effects of fuelwood harvests on pinyon-juniper woodlands« (*Environmental Management* 6: 505–515 [1982]); und Julio Betancourt, Jeffrey Dean, und Herbert Hull, »Prehistoric long-distance transport of construction beams, Chaco Canyon, New Mexico« (*American Antiquity* 51: 370–375 [1986]). Über die Verwendung von Holz durch die Anasazi berichten Timothy Kohler und Meredith Matthews, »Long-term Anasazi land use and forest production: a case study of Southwest Colorado« (*American Antiquity* 53: 537–564 [1988]), und Thomas Windes und Dabney Ford, »The Chaco wood project: the chronometric reappraisal of Pueblo Bonito« (*American Antiquity* 61: 295–310 [1996]). Einen guten Überblick über die komplizierte Entstehung der Arroyos gibt William Bull in seinem Aufsatz »Discontinuous ephemeral streams« (*Geomorphology* 19: 227–276 [1997]). Die Autoren von zwei Artikeln ermittelten mit Strontiumisotopen die Herkunft von Bauholz und Mais im Chaco Canyon: Für Holz Nathan English, Julio Betancourt, Jeffrey Dean und Jay Quade, »Strontium isotopes reveal distant sources of architectural timber in Chaco Canyon, New Mexico« (*Proceedings of the National Academy of Sciences*, USA 98: 11 891–11 896 [2001]); und für Mais Larry Benson et al., »Ancient maize from Chacoan great houses: where was it grown?« (*Proceedings of the National Academy of Sciences*, USA 100: 13 111–13 115 [2003]). R. L. Axtell et al. rekonstruieren in allen Einzelheiten die Bevölkerungszahl und das landwirtschaftliche Potenzial der Kayenta-Anasazi im Long House Valley in ihrem Aufsatz »Population growth and collapse in a multiagent model of the Kayenta Anasazi in Long House Valley« (*Proceedings of the National Academy of Sciences*, USA 99: 7275–7279 [2002]).

Kapitel 5

Drei Bücher aus jüngerer Zeit vertreten unterschiedliche Ansichten über den Zusammenbruch der Maya: David Webster, *The Fall of the Ancient Maya* (New York: Thames and Hudson, 2002), Richardson Gill, *The Great Maya Droughts* (Albuquerque: University of New Mexico Press, 2000), und Arthur Demerest, Prudence Rice, und Don Rice, Hrsg., *The Terminal Classic in the Maya Lowlands* (Boulder: University Press of Colorado, 2004). Webster gibt einen Überblick über Gesellschaft und Geschichte der Maya und interpretiert den Zusammenbruch unter dem Gesichtspunkt eines Missverhältnisses zwischen Bevölkerung und Ressourcen; Gill konzentriert sich auf das Klima und deutet den Zusammenbruch als Folge der Dürre, Demerest et al. weisen auf die komplizierten Unterschiede zwischen den einzelnen Ausgrabungsstätten hin und lehnen einheitliche ökologische Begründungen ab. Auch ältere Sammelbände vertreten unterschiedliche Interpretationen: T. Patrick Culbert, Hrsg., *The Classic Maya Collapse* (Albuquerque: University of New Mexico Press, 1973), und T. Patrick Culbert und D. S. Rice, Hrsg., *Precolumbian Population History in the Maya Lowlands* (Albuquerque: University of New Mexico Press, 1990). David Lentz, Hrsg., *Imperfect Balance: Landscape Transformation in the Precolumbian Americas* (New York: Columbia University Press, 2000) enthält mehrere Kapitel über die Maya und andere über weitere Gesellschaften, die in dem vorliegenden Buch erwähnt werden, so über die Hohokam sowie über die Gesellschaften in den Anden und am Mississippi.

Zusammenfassende Darstellungen über den Aufstieg und Fall einzelner Städte bieten unter anderem David Webster, AnnCorinne Freter und Nancy Conlin, *Copan: The Rise and Fall of an Ancient Maya Kingdom* (Fort Worth: Harcourt Brace, 2000); Peter Harrison, *The Lords of Tikal* (New York: Thames and Hudson, 1999); Stephen Houston, *Hieroglyphs and History at Dos Pilas* (Austin: University of Texas Press, 1993); und M. P. Dunning, *Lords of the Hills: Ancient Maya Settlement in the Puuc Region, Yucatan, Mexico* (Madison, Wis.: Prehistory Press, 1992). Andere Bücher über die Maya konzentrieren sich nicht in erster Linie auf den Zusammenbruch, so insbesondere Michael Coe, *The Maya*, 6. Aufl. (New York: Thames and Hudson, 1999; eine frühere Ausgabe erschien auf Deutsch unter dem Titel *Die Maya*, Bergisch Gladbach: Lübbe, 1977); außerdem Simon Martin und Nikolai Grube, *Chronicle of the Maya Kings and Queens* (New York: Thames and Hudson, 2000); Robert Sharer, *The Ancient Maya* (Stanford, Calif.: Stanford University Press, 1994); Linda Schele und David Freidel, *Die unbekannte Welt der Maya* (München: Knaus 1991); und Linda Schele und Mary Miller, *The Blood of Kings* (New York *Braziller*, 1986).

John Stephens beschrieb seine Wiederentdeckung in den beiden Klassikern *Incidents of Travel in Central America, Chiapas and Yucatan* (New York: Harper, 1841) und *Incidents of Travel in Yucatan* (New York: Harper, 1843); beide wurden bei Dover Publications nachgedruckt. Victor Wolfgang von Hagen, *Auf der Suche nach den Maya Explorer* (Reinbek: Rowohlt 1981) verbindet eine Biographie von John Stephens mit einem Bericht über seine Entdeckungen.

B. L. Turner II erörtert in vielen Büchern und Aufsätzen verschiedene Aspekte der intensiven Landwirtschaft der Maya und ihrer Bevölkerungsentwicklung. So unter anderem B. L. Turner II, »Prehistoric intensive agriculture in the Mayan lowlands« (*Science* 185: 118–124 [1974]); B. L. Turner II und Peter Harrison, »Prehistoric raised-field agriculture in the Maya lowlands« (*Science* 213: 399–405 [1981]); B. L. Turner II und Peter Harrison, *Pull-trouser Swamp: Ancient Maya Habitat, Agriculture, and Settlement in Northern Belize* (Austin: University of Texas Press, 1983); Thomas Whitmore und B. L. Turner II, »Landscapes of cultivation in

Mesoamerica on the eve of the conquest« (*Annals of the Association of American Geographers* 82: 402–425 [1992]); und B. L. Turner II und K. W. Butzer, »The Columbian encounter and land-use change« (*Environment* 43: 16–20 und 37–44 [1992]).

Untersuchungen an Sedimentbohrkernen, die Indizien für eine Verbindung zwischen Dürreperioden und dem Zusammenbruch der Maya liefern, werden in zahlreichen Artikeln beschrieben. Eine Auswahl: Mark Brenner et al., »Paleolimnology of the Maya lowlands: long-term perspectives on interactions among climate, environment, and humans« (*Ancient Mesoamerica* 13: 141–157 [2002]) (weitere interessante Artikel auf S. 79–170 und 265–345 desselben Buches); David Hodell et al., »Solar forcing of drought frequency in the Maya lowlands« (*Science* 292: 1367–1370 [2001]); Jason Curtis et al., »Climate variability of the Yucatan Peninsula (Mexico) during the past 3500 years, and implications for Maya cultural evolution« (*Quaternary Research* 46: 37–47 [1996]); und David Hodell et al., »Possible role of climate in the collapse of Classic Maya civilization« (*Nature* 375: 391–394 [1995]). Dieselbe Arbeitsgruppe erörtert in zwei Artikeln, wie man aus den Bohrkernen speziell in der Region von Petén Rückschlüsse auf die Dürre ziehen kann: Michael Rosenmeier, »A 4000-year lacustrine record of environmental change in the southern Maya lowlands, Petén, Guatemala« (*Quaternary Research* 57: 183–190 [2002]); und Jason Curtis et al., »A multi-proxy study of Holocene environmental change in the Maya lowlands of Petén, Guatemala« (*Journal of Paleolimnology* 19: 139–159 [1998]). Als Ergänzung zu den Sedimentuntersuchungen analysieren Gerald Haug et al. in »Climate and the collapse of Maya civilization« (*Science* 299: 1731–1735 [2003]) die jährlichen Schwankungen des Niederschlages durch Untersuchung der Sedimente, die von den Flüssen ins Meer gespült wurden.

Wer sich für die Maya interessiert, sollte sich auf keinen Fall *The Murals of Bonampak* von Mary Ellen Miller (Princeton, N. J.: Princeton University Press, 1986) entgehen lassen; das Buch enthält farbenprächtige und schwarzweiße Reproduktionen der Wandmalereien mit ihren grausigen Folterszenen; ebenso interessant ist Justin Kerr's Buchreihe mit Abbildungen von Mayakeramik: *The Maya Vase Book* (New York: Kerr Associates, verschiedene Erscheinungsjahre). Über die faszinierende Entschlüsselung der Mayaschrift berichten Michael Coe, *Das Geheimnis der Maya-Schrift: ein Code wird entschlüsselt* (Reinbek: Rowohlt 1995) und Stephen Houston, Oswaldo Chinchilla Mazareigos und David Stuart, *The Decipherment of Ancient Maya Writing* (Norman: University of Oklahoma, 2001). Die Wasserspeicher von Tikal werden beschrieben bei Vernon Scarborough und Gari Gallopin, »A water storage adaptation in the Maya lowlands« (*Science* 251: 658–662 [1991]). Lisa Lucero erklärt in »The collapse of the Classic Maya: a case for the role of water control« (*American Anthropologist* 104: 814–826 [2002]), warum lokal unterschiedliche Wasserprobleme dazu beigetragen haben dürften, dass der Zusammenbruch bei den Maya nicht einheitlich verlief, sodass die einzelnen Städte zu unterschiedlichen Zeitpunkten ein unterschiedliches Schicksal ereilte. Arturo

Gomez-Pompa, José Salvador Flores, und Victoria Sosa beschreiben in »The ›pet kot‹: a man-made tropical forest of the Maya« (*Interciencia* 12: 10–15 [1987]), wie die Maya Waldstücke mit nützlichen Baumarten aufforsteten. Timothy Beach weist in »Soil catenas, tropical deforestation, and ancient and contemporary soil erosion in the Petén, Guatemala« (*Physical Geography* 19: 378–405 [1998]) nach, dass die Maya die Bodenerosion in manchen Fällen durch Anlage von Terrassen eindämmen konnten, in anderen aber nicht. Richard Hansen et al., »Climatic and environmental variability in the rise of Maya civilization: a preliminary perspective from northern Petén« (*Ancient Mesoamerica* 13: 273–295 [2002]) ist eine fachübergreifende Untersuchung eines Gebietes, das bereits in vorklassischer Zeit dicht besiedelt war; der Artikel weist nach, dass die Gipsherstellung hier eine Triebkraft der Waldzerstörung darstellt.

Kapitel 6–8

Das mit vielen großartigen farbigen Abbildungen versehene Sammelband *Vikings: The North Atlanta Saga*, hrsg. v. William Fitzhugh und Elisabeth Ward (Washington, D. C.: Smithsonian Institution Press, 2000), berichtet in 31 Kapiteln über Einzelheiten der Wikingergesellschaft, ihre Ausbreitung in Europa und ihre Kolonien im Nordatlantikraum. Kürzere, von einzelnen Autoren verfasste Darstellungen sind Eric Christiansen, *The Norsemen in the Viking Age* (Oxford: Blackwell, 2002), F. Donald Logan, *The Vikings in History*, 2. Aufl. (New York: Routledge, 1991; eine frühere Auflage erschien auf Deutsch unter dem Titel *Die Wikinger in der Geschichte*, Stuttgart: Reclam 1987), und Else Roestahl, *The Vikings* (New York: Penguin, 1987). Gwyn Jones, *Vikings: The North Atlantic Saga*, 2. Aufl. (Oxford: Oxford University Press, 1986) und G. J. Marcus, *The Conquest of the North Atlantic* (New York: Oxford University Press, 1981) beschäftigen sich gezielt mit den drei abgelegenen Kolonien in Island, Grönland und Vinland. Das Buch von Jones enthält im Anhang insbesondere auch Übersetzungen der wichtigsten Quellen aus den Sagas, so aus dem Buch der Isländer, die beiden Sagen über Vinland und die Geschichte von Einar Sokkason.

Zwei neuere Übersichtsdarstellungen zur Geschichte Islands sind Jesse Byock, *Viking Age Ice-land* (New York: Penguin Putnam, 2001), das die Geschichte bis zum Ende der isländischen Gemeinschaft in den Jahren 1262–1264 erzählt und auf einem früheren Werk desselben Autors aufbaut: *Medieval Iceland: Society, Sagas, and Present* (Berkeley: University of California Press, 1988); und Gunnar Karlsson, *Iceland's 1100 Years: the History of a Marginal Society* (London: Hurst, 2000), das sich nicht nur mit dem Mittelalter, sondern auch mit der modernen Zeit befasst. Ein fachliches Vielautorenwerk über die ökologische Vergangenheit Islands ist *Environmental Change in Iceland: Past and Present* (Dordrecht: Kluwer, 1991), hrsg. v. Judith Maizels und Chris Caseldine. Kirsten Hastrup, *Island of Anthropology*: Studies in Past and Present Iceland (Viborg: Odense University Press, 1990) enthält eine Sammlung von anthropologischen Aufsätzen über Island. *The Sagas of Icelanders: A Selection* (New York: Penguin, 1997) bietet Übersetzungen von 17 Sagas (darunter auch zwei über Vinland) und ist eine Auswahl aus dem fünfbändigen Werk *The Complete Sagas of Icelanders* (Reykjavik: Leifur Eiriksson, 1997).

Zwei zusammenhängende Artikel über die Veränderung der isländischen Landschaft sind Andrew Dugmore et al., »Tephrochronology, environmental change and the Norse settlement of Iceland« (*Environmental Archaeology* 5: 21–34 [2000]), und Ian Simpson et al., »Crossing the thresholds: human ecology and historical patterns of landscape degradation« (*Catena 42:* 175–192 [2001]). Da jede Insektenart ihre eigenen Ansprüche an Lebensraum und Klima stellt, konnten Paul Buckland und seine Kollegen aus den Insekten, die an archäologischen Fundstätten erhalten geblieben sind, Rückschlüsse auf die Umweltverhältnisse ziehen. Unter ihren Veröffentlichungen sind Gudrún Sveinbjarnardóttir et al., »Landscape change in Eyjafjallasveit, Southern Iceland« (*Norsk Geog. Tidsskr* 36: 75–88 [1982]); Paul Buckland et al., »Late Holocene palaeoecology at Ketilsstadir in Myrdalur, South Iceland« (*Jökull* 36: 41–55 [1986]); Paul Buckland et al., »Holt in Eyjafjallasveit, Iceland: a paleoecological study of the impact of Landnám« (*Acta Archaeologica* 61: 252–271 [1991]); Gudrún Sveinbjarnardóttir et al., »Shielings in Iceland: an archaeological and historical survey« (*Acta Archaeologica* 61: 74–96 [1991]); Paul Buckland et al., »Palaeoecological investigations at Reykholt, Western Iceland«, S. 149–168 in C. D. Morris und D. J. Rackhan, Hrsg., *Norse and Later Settlement and Subsistence in the North Atlantic* (Glasgow: Glasgow University Press, 1992); und Paul Buckland et al., »An insect's eye-view of the Norse farm«, S. 518–528 in Colleen Batey et al., Hrsg., *The Viking* Age *in Caithness, Orkney and the North Atlantic* (Edinburgh: Edinburgh University Press, 1993). Die gleiche Methode, Umweltveränderungen anhand der Insekten nachzuzeichnen, verwendeten Kevin Edwards et al. auch auf den Färöern: »Landscapes at landnám: palynological and palaeoentomological evidence from Toftanes, Faroe Islands« (*Fródskaparrit* 46: 177–192 [1998]).

Zwei Bücher stellen die verfügbaren Informationen über Normannisch-Grönland in allen Einzelheiten dar: Kirsten Seaver, *The Frozen Echo: Greenland and Exploration of North America ca. A. D. 1000–1500* (Stanford, Californien: Stanford University Press, 1996), und Finn Gad, *The History of Greenland, vol. I: Earliest Times to 1700* (Montreal: McGill-Queen's University Press, 1971). Ein weiteres Buch von Finn Gad, *The History of Greenland, vol. II: 1700–1782* (Montreal: McGill-Queen's University Press, 1973), enthält die Fortsetzung der Geschichte mit der »Wiederentdeckung« Grönlands und der dänischen Besiedelung. Niels Lynnerup berichtet über seine Untersuchungen an den Wikingerskeletten aus Grönland in seiner Monographie *The Greenland Norse: a Biologic-Anthropological Study* (Kopenhagen: Commission for Scientific Research in Greenland, 1998). Zwei Sammelbände mit vielen Aufsätzen über die Inuit und frühere amerikanische Ureinwohner in Grönland sind Martin Appelt und Hans Christian Gullóv, Hrsg., *Late Dorset in High Arctic Greenland* (Kopenhagen: Danish Polar Center, 1999), und Martin Appelt et al., Hrsg., *Identities and Cultural Contacts in the Arctic* (Kopenhagen: Danish Polar Center, 2000). Sehr intime Einblicke in das Leben der Inuit in Grönland gewann man durch die Entdeckung von sechs Frauen, einem Kleinkind und einem Säugling, die um 1475 starben und bestattet wurden. Ihre Leichen und die Kleidung waren in dem kalten, trockenen Klima sehr gut erhalten geblieben. Beschrieben und in Bildern wiedergegeben werden die Mumien in Jens Peder Hart Hansen et al., Hrsg., *The Greenland Mummies* (London: British Museum Press, 1991); den Umschlag des Buches ziert ein eindringliches, unvergessliches Foto mit dem Gesicht des sechs Monate alten Säuglings.

Die beiden wichtigsten archäologischen Untersuchungsreihen der letzten 20 Jahre über die grönländischen Wikinger stammen von Thomas McGovern sowie von Jette Arneborg und ihren Kollegen. An Veröffentlichungen erschienen unter anderem Thomas McGovern, »The Vinland adventure: a North Atlantic perspective« (*North American Archaeologist* 2: 285–308 (1981)); Thomas McGovern, »Contributions to the paleoeconomy of Norse Greenland« (*Acta Archaeologica* 54: 73–122 [1985]); Thomas McGovern et al., »Northern islands, human era, and environmental degradation: a view of social and ecological change in the medieval North Atlantic« (*Human Ecology* 16: 225–270 [1988]); Thomas McGovern, »Climate, correlation, and causation in Norse Greenland« (*Arctic Anthropology* 28: 77–100 [1991]); Thomas McGovern et al., »A vertebrate zooarchaeology of Sandnes V51: economic change at a chieftain's farm in West Greenland« (*Arctic Anthropology* 33: 94–121 [1996]); Thomas Amorosi et al., »Raiding the landscape: human impact from the Scandinavian North Atlantic« (*Human Ecology* 25: 491–518 [1997]); und Tom Amorosi et al., »They did not live by grass alone: the politics and paleoecology of animal fodder in the North Atlantic region« (*Environmental Archaeology* 1: 41–54 [1998]). Von Arneborg erschienen unter anderem Jette Arneborg, »The Roman church in Norse Greenland« (*Acta Archaeologica* 61: 142–150 [1990]); Jette Arneborg, »Contact between Eskimos and Norsemen in Greenland: a review of the evidence«, S. 23–35 in *Tvaerfaglige Vikingesymposium* (Aarhus, Dänemark: Aarhus University, 1993); Jette Arneborg, »Burgundian caps, Basques and dead Norsemen at Herjolfsnaes, Greenland,« S. 75–83 in *Nationalmuseets Arbejdsmark* 1996 (Kopenhagen: Nationalmuseet, 1996); und Jette Arneborg et al., »Change of diet of the Greenland Vikings determined from stable carbon isotope analysis and 14C dating of their bones« (*Radiocarbon* 41: 157–168 [1999]). Unter anderem gruben Arneborg und ihre Kollegen in Grönland den bemerkenswerten »Hof unter dem Sand« aus, einen großen Wikingerhof der Westlichen Siedlung, der unter einer dicken Sandschicht begraben lag. Diese Ausgrabungsstätte und mehrere andere beschreibt eine Monographie, die von Jette Arneborg und Hans Christian Gullóv herausgegeben wurde: *Man, Culture and Environment in Ancient Greenland* (Kopenhagen: Danish Polar Center, 1998). C. L. Vebaek beschreibt seine Ausgrabungen der Jahre 1945 bis 1962 in drei Monographien, den Nummern 14, 17, and 18 (1991, 1992, und 1993) der Serie *Meddelelser om Grönland*, Man and Society, Copenhagen: *The Church Topography of the Eastern Settlement and the Excavation of the Benedictine Convent at Narsarsuaq in the Uunartoq Fjord; Vatnah-*

verfi: An Inland District of the Eastern Settlement in Greenland; und *Narsaq: A Norse Landnáma Farm.*

Wichtige Einzelveröffentlichungen über Normannisch-Grönland sind Robert McGhee, »Contact between Native North Americans and the medieval Norse: a review of the evidence« (*American Antiquity* 49: 4–26 [1984]); Joel Berglund, »The decline of the Norse settlements in Greenland« (*Arctic Anthropology* 23: 109–135 [1986]); Svend Albrethsen und Christian Keller, »The use of the saeter in medieval Norse farming in Greenland« (*Arctic Anthropology* 23: 91–107 [1986]); Christian Keller, »Vikings in the West Atlantic: a model of Norse Greenlandic medieval society« (*Acta Archaeologica* 61: 126–141 [1990]); Bent Fredskild, »Agriculture in a marginal area: South Greenland from the Norse landnam (1985 A. D.) to the present 1985 A. D.«, S. 381–393 in Hilary Birks et al., Hrsg., *The Cultural Landscape: Past, Present and Future* (Cambridge: Cambridge University Press, 1988); Bent Fredskild, »Erosion and vegetational changes in South Greenland caused by agriculture« (*Geografisk Tidsskrift* 92: 14–21 [1992]); und Bjarne Jakobsen »Soil resources and soil erosion in the Norse Settlement area of Østerbygden in southern Greenland« (*Acta Borealia* 1: 56–68 [1991]).

Kapitel 9

Drei Bücher, jedes auf seine Weise ausgezeichnet, beschreiben die Gesellschaften im Hochland Neuguineas. Ein historischer Bericht ist Gavin Souter, *New Guinea: the Last Unknown* (Sydney: Angus and Robertson, 1964); Bob Connolly und Robin Anderson, *First Contact* (New York: Viking, 1987) ist ein packender Bericht über die ersten Begegnungen der Hochlandbewohner Neuguineas mit Europäern. Und Tim Flannery, *Dschungelpfade: abenteuerliche Reisen durch Papua-Neuguinea* (München: Malik 2002), beschreibt die Erlebnisse eines Zoologen bei den Hochlandbewohnern. R. Michael Bourke erörtert in zwei Artikeln die Kasuarinen-Forstwirtschaft und andere landwirtschaftliche Methoden, mit denen im Hochland Neuguineas die Bodenfruchtbarkeit aufrechterhalten wird: »Indigenous conservation farming practices; *Report of the Joint ASOCON / Commonwealth Workshop*, S. 67–71 (Jakarta: Asia Soil Conservation Network, 1991), und »Management of fallow species composition with tree planting in Papua New Guinea«, *Resource Management in Asia / Pacific Working Paper* 1997 / 5 (Canberra: Research School of Pacific and Asian Studies, Australia National University, 1997). In drei Aufsätzen berichtet Simon Haberle über paläobotanische Befunde zur Rekonstruktion der historischen Entwicklung der Kasuarinen-Forstwirtschaft: »Paleoenvironmental changes in the eastern highlands of Papua New Guinea« (*Archaeology in Oceania 31: 1–11* [1996]); »Dating the evidence for agricultural change in the Highlands of New Guinea: the last 2000 years« (*Australian Archaeology* no. 47: 1–19 [1998]); und S. G. Haberle, G. S. Hope, und Y. de Fretes, »Environmental change in the Baliem Valley, montane Irian Jaya, Republic of Indonesia« (*Journal of Biogeography 18: 25–40* [1991]).

Patrick Kirch und Douglas Yen beschreiben ihre Feldforschungen auf Tikopia in der Monographie *Tikopia: The Prehistory and Ecology of a Polynesia Outlier* (Honolulu: Bishop Museum Bulletin *238*, 1982). Weitere Berichte von Kirch über Tikopia erschienen als »Exchange systems and inter-island contact in the transformation of an island society: the Tikopia case«, S. 33–41 in Patrick Kirch, Hrsg., *Island Societies: Archaeological Approaches to Evolution and Transformation* (Cambridge: Cambridge University Press, 1986); Kapitel 12 seines Buches *The Wet and the Dry* (Chicago: University of Chicago, 1994); »Tikopia social space revisited«, S. 257–274 in J. M. Davidson et al., Hrsg., *Oceanic Culture History: Essays in Honour of Roger Green* (New Zealand Journal of Archaeology Special Publication, 1996); und »Microcosmic histories: island perspectives on ›global‹ change« (*American Anthropologist* 99: 30–42 [1997]). Die Buchreihe von Raymond Firth über Tikopia begann mit *We, the Tikopia* (London: George Allen und Unwin, 1936) und *Primitive Polynesian Economy* (London: George Routledge and Sons, 1939). Das Aussterben der Vogelbestände in der Frühphase der Besiedelung Tikopias beschreiben David Steadman, Dominique Pahlavin, und Patrick Kirch in »Extinction, biogeography, and human exploitation of birds on Tikopia and Anuta, Polynesian outliers in the Solomon Islands« (*Bishop Museum Occasional Papers* 30: 118–153 [1990]). Ein Bericht über Bevölkerungsentwicklung und Bevölkerungskontrolle findet sich in W. D. Borrie, Raymond Firth und James Spillius, »The population of Tikopia, 1929 and 1952« (*Population Studies* 10: 229–252 [1957]).

Mein Bericht über die Forstwirtschaft im Japan der Tokugawazeit stützt sich auf drei Bücher von Conrad Totman: *The Green Archipelago: Forestry in Preindustrial Japan* (Berkeley: University of California Press, 1989); *Early Modern Japan* (Berkeley: University of California Press, 1993); und *The Lumber Industry in Early Modern Japan* (Honolulu: University of Hawaii Press, 1995). John Richards, *The Unending Frontier: An Environmental History of the Early Modern World* (Berkeley. University of California Press, 2003) erörtert in Kapitel 5 auf der Grundlage von Totmans Büchern und anderen Quellen die japanische Forstwirtschaft im vergleichenden Zusammenhang mit anderen ökologischen Fallstudien aus jüngerer Zeit. Luke Roberts, *Mercantilism in a Japanese Domain: The Merchant Origins of Economic Nationalism in 18th-Century Tosa* (Cambridge: Cambridge University Press, 1998) berichtet über die Wirtschaft im Herrschaftsgebiet eines *daimyo*, der stark auf seinen Wald angewiesen war. Entwicklung und Frühgeschichte der japanischen Tokugawazeit wird behandelt in Band 4 der *Cambridge History of Japan*, John Whitney Hall, Hrsg., *Early Modern Japan* (Cambridge: Cambridge University Press, 1991).

Der Übergang von der Waldzerstörung zur Aufforstung in Dänemark, der Schweiz und Frankreich wird beschrieben in Mather, »The transition from deforestation to reforestation in Europe«, S. 35–52 in A. Angelsen und D. Kaimowitz, Hrsg., *Agriculture Technologies and Tropical Deforestation* (New York: CABI Publishing, 2001). Ein Bericht über die Wideraufforstung in den Anden unter den Inkas findet sich in Alex Chepstow-Lusty und Mark Winfield, »Inca agroforestry: lessons from the past« (*Ambio* 29: 322–328 [1998]).

Über kleine, autarke bäuerliche Gesellschaften unserer Zeit berichten unter anderem: für die Schweizer Alpen Robert Netting, »Of men and meadows: strategies of alpine land use« (*Anthropological Quarterly* 45: 132–144 [1972]); »What alpine peasants have in common: observations on communal tenure in a Swiss village« (*Human Ecology* 4: 135–146 [1976]), und *Balancing on an Alp* (Cambridge: Cambridge University Press, 1981); für die spanischen Bewässerungssysteme: T. F. Glick, *Irrigation and Society in Medieval Valencia* (Cambridge, Mass.: Harvard University Press, 1970) und A. Maass und R. L. Anderson, *And the Desert Shall Rejoice: Conflict, Growth and Justice in Arid Environments* (Malabar, Fla.: Krieger, 1986); und für Bewässerungssysteme auf den Philippinen: R. Y. Siy, Jr., *Community Resource Management: Lessons from the Zanjera* (Quezon City: University of Philippines Press, 1982). Ein Vergleich der Untersuchungen aus der Schweiz, Spanien und den Philippinen findet sich in Kapitel 3 des Buches von Elinor Ostrom, *Governing the Commons* (Cambridge: Cambridge University Press, 1990).

Berichte über ökologische Spezialisierung im indischen Kastensystem finden sich unter anderem in Madhav Gadgil und Ramachandra Guha, *This Fissured Land: An Ecological History of India* (Delhi: Oxford University Press, 1992). Zwei Aufsätze über wirklich kluges Ressourcenmanagement durch ökologisch spezialisierte indische Kasten sind Madhav Gadgil und K. C. Malhotra, »Adaptive significance of the Indian castes system: an ecological perspective« (*Annals of Human Biology* 10: 465–478 [1983]), und Madhav Gadgil und Prema Iyer, »On the diversification of common-property resource use by Indian society«, S. 240–255 in F. Berkes, Hrsg., *Common Property Resources: Ecology and Community-based Sustainable Development* (London: Belhaven, 1989).

Bevor wir die historischen Beispiele für Erfolg und Scheitern verlassen, sollen noch einige weitere Fälle des Scheiterns erwähnt werden. Fünf solche Fälle habe ich im Einzelnen beschrieben, weil sie mir die am besten untersuchten zu sein scheinen. Aber auch viele andere frühere Gesellschaften, manche davon sehr bekannt, dürften ihre Ressourcen übermäßig strapaziert haben, manchmal bis hin zum Niedergang oder Zusammenbruch. Ich beschreibe sie hier nicht ausführlicher, weil sie mit größeren Unsicherheiten und Meinungsverschiedenheiten verbunden sind als die Fälle, die ich hier im Einzelnen behandle. Der Vollständigkeit halber möchte ich hier aber neun solche Fälle kurz erwähnen, wobei ich mich geographisch von der Neuen in die Alte Welt bewege: Die amerikanischen Ureinwohner auf den California Channel Islands vor Los Angeles nutzten nacheinander die Bestände verschiedener Schalentiere; dies ist an den Überresten in ihren Abfallhaufen deutlich zu erkennen. Die ältesten Abfälle enthalten die Gehäuse der größten Arten, die am nächsten an der Küste zu Hause waren und durch Tauchen am einfachsten zu ernten waren. Wie man an den Ausgrabungen erkennt, wurden die eingesammelten Exemplare dieser Spezies im weiteren Verlauf immer kleiner, und schließlich wechselten die Menschen zu der nächstkleineren Art, die weiter von der Küste entfernt in tieferen Gewässern lebte. Auch hier wurden im Laufe der

Zeit immer kleinere Exemplare gefangen. Die einzelnen Arten wurden also übermäßig ausgebeutet, bis die weitere Nutzung unwirtschaftlich war, und dann griff man auf die nächste Spezies zurück, die weniger beliebt und schwieriger zu ernten war. Siehe Terry Jones, Hrsg., *Essays on the Prehistory of Maritime California* (Davis, Calif.: Center for Archaeological Research, 1992); L. Mark Raab, »An optimal foraging analysis of prehistoric shellfish collecting on San Clemente Island, California« (*Journal of Ethnobiology* 12: 63–80 [1992]). Ein weiterer Nahrungslieferant, der von den Ureinwohnern auf derselben Inselgruppe übermäßig ausgebeutet wurde, waren die Meerenten der Spezies *Chendytes lawesi*, die nicht fliegen konnten und deshalb einfach zu fangen waren; sie wurden nach der Besiedelung der Channel Islands schließlich ausgerottet. Ähnlich erging es in neuerer Zeit der Abalone-Muschelfischerei in Südkalifornien: Als ich 1966 nach Los Angeles zog, gab es Abalonemuscheln noch in den Supermärkten, und man konnte sie an der Küste selbst sammeln; mittlerweile sind sie durch Überfischung vom Speisezettel verschwunden.

Die größte Stadt der Ureinwohner in Nordamerika war Cahokia; sie entstand in der Nähe von St. Louis, und ihre großen, bis heute erhaltenen Hügel sind eine Touristenattraktion. Nachdem sich im Mississippital eine ertragreiche neue Maissorte durchgesetzt hatte, entstand dort und im Südosten der USA die Kultur der Mississippi-Hügelbauer. Cahokia erlebte im 13. Jahrhundert seine Blütezeit und brach dann noch lange vor der Ankunft der Europäer zusammen. Die Ursachen für den Zusammenbruch sind umstritten, aber Waldzerstörung mit nachfolgender Erosion und Versandung der Flussarme dürften mit Sicherheit dazu beigetragen haben. Siehe See Neal Lopinot und William Woods, »Wood exploitation and the collapse of Cahokia«, S. 206–231 in C. Margaret Scarry, Hrsg., *Foraging and Farming in the Eastern Woodlands* (Gainesville: University Press of Florida, 1993); Timothy Pauketat und Thomas Emerson, Hrsg., *Cahokia: Domination and Ideology in the Mississippian World* (Lincoln: University of Nebraska Press, 1997); George Milner, *The Cahokia Chiefdom: The Archaeology of a Mississippian Society* (Washington, D. C.: Smithsonian Institution, 1998). Im übrigen Südwesten der USA ging es mit den Gesellschaften der Hügelbauer auf und ab. Hier dürfte der Raubbau an den Nährstoffen im Boden eine wichtige Rolle gespielt haben.

Die erste Gesellschaft, die an der Küste Perus die Ausmaße eines Staates erreichte, war die der Moche, die wegen ihrer realistischen Keramikarbeiten und insbesondere den Porträtgefäßen berühmt wurde. Die Gesellschaft der Moche brach um 800 n. Chr. zusammen; Ursachen waren wahrscheinlich El-Niño-Ereignisse in Verbindung mit der Zerstörung von Bewässerungsanlagen durch Überschwemmungen und nachfolgende Dürre (Näheres in dem 1999 erschienenen Buch von Brian Fagan, siehe Literaturverzeichnis zum Prolog).

Zu den Großreichen oder Kulturen, die im Andenhochland den Inkas vorausgingen, gehörte das Reich von Tiwanaku, zu dessen Zusammenbruch eine Dürre beigetragen haben dürfte. Siehe Alan Kolata, *Tiwanaku* (Oxford: Blackwell, 1993); Alan Kolata, Hrsg., *Tiwanaku and Its Hinterland: Archaeology and Paleoecology of an Andean Civilization* (Washington, D. C.: Smithsonian Institution, 1996); Michael Binford et al., »Climate variation and the rise and fall of an Andean civilization« (*Quaternary Research* 47: 235–248 [1997]).

Das antike Griechenland dürfte Umweltprobleme und die Erholung davon in Zyklen von rund 400 Jahren durchgemacht haben. In jedem derartigen Zyklus wuchs die Bevölkerung, man holzte die Wälder ab, an Berghängen wurden Terrassen zur Verminderung der Erosion angelegt, und mit Dämmen versuchte man die Versandung der Talböden zu verhindern. Am Ende jedes Zyklus wurden Terrassen und Dämme zerstört, und man musste die Region aufgeben, oder die Bevölkerung ging stark zurück, bis die Landschaft sich erholt hatte und einen neuen Bevölkerungsanstieg ermöglichte. Einer dieser Zusammenbrüche fiel mit dem Ende der mykenischen Kultur zusammen, jener griechischen Gesellschaft, die von Homer gepriesen wurde und in den trojanischen Krieg verwickelt war. Die mykenische Kultur besaß eine Schrift namens Linear-B, aber die verschwand mit dem Zusammenbruch der Gesellschaft, und nun herrschte in Griechenland Analphabetentum, bis um 800 v. Chr. wiederum eine Schrift entstand, dieses Mal auf der Grundlage eines Alphabets (Näheres in dem Buch von Charles Redman, das in den Literaturangaben zum Prolog aufgeführt ist).

Die Zivilisation in unserem heutigen Sinn entstand vor etwa 10 000 Jahren in dem Teil Südwestasiens, den wir als Fruchtbaren Halbmond bezeichnen; er umfasst Teile des heutigen Iran, Irak, der Südosttürkei, Libanons, Jordaniens und Israels / Palästinas. Im Fruchtbaren Halbmond entwickelten sich die erste Landwirtschaft, aber auch die Metallbearbeitung, die Schrift und die ersten Staaten. Die Menschen hatten also dort gegenüber der restlichen Welt einen Vorsprung von mehreren tausend Jahren. Warum kam es dennoch im Fruchtbaren Halbmond, der so lange weltweit führend war, zum Niedergang, sodass die Bezeichnung heute, von den Ölvorkommen abgesehen, wie ein makabrer Scherz klingt? Der Irak ist heute alles andere als eine führende Agrarnation. Die Gründe liegen in der Waldzerstörung, geringen Niederschlägen und einer Versalzung, die einige der ältesten landwirtschaftlichen Gebiete der Erde ein für alle Mal zugrunde richtete (Näheres in den beiden Büchern von Charles Redman, zitiert im Literaturverzeichnis zum Prolog).

Die berühmtesten großen Ruinen in Afrika südlich des Äquators sind die im heutigen Zimbabwe, wo das Zentrum von »Großzimbabwe« aus riesigen Steinbauwerken bestand. In seiner Blütezeit im 11. bis 15. Jahrhundert kontrollierte Großzimbabwe den Handel zwischen dem Inneren Afrikas und der Ostküste. Sein Niedergang dürfte auf Waldzerstörung und die Verlegung von Handelswegen zurückzuführen sein. Siehe David Phillipson, *African Archaeology*, 2. Aufl. (Cambridge: Cambridge University Press, 1993); Christopher Ehret, *The Civilizations of Africa: A History to 1800* (Charlottesville: University Press of Virginia, 2002).

Auf dem indischen Subkontinent entstanden im 3. Jahrtausend v. Chr. die ersten Großstädte und Staaten. Im Industal im heutigen Pakistan entwickelte sich die Harappakultur, deren Schrift bis heute nicht entziffert ist. Früher glaubte man, die

Harappakultur sei von Ariern, die aus dem Nordwesten einwanderten, zerstört worden, aber heute sieht es so aus, als habe der Niedergang schon vor dieser Invasion eingesetzt. Dabei dürften Dürreperioden und Veränderungen im Verlauf des Indus eine Rolle gespielt haben. Siehe Gregory Possehl, *Harappan Civilization* (Warminster, England: Aris and Phillips, 1982), und Michael Jansen, Maire Mulloy, und Günter Urban, Hrsg., *Forgotten Cities of the Indus* (Mainz: Philipp von Zabern, 1991).

Das berühmteste archäologische »Rätsel« Südostasiens bilden die riesigen Tempelkomplexe und Wasserspeicher von Angkor Wat im heutigen Kambodscha. Der Niedergang der Khmer dürfte mit der Versandung der Wasserspeicher zusammenhängen, die das Wasser für den intensiven Reisanbau lieferten. Als das Khmer-Reich schwächer wurde, konnte es seinen ständigen Feinden, den Thais, nichts mehr entgegensetzen, nachdem es ihnen zuvor lange widerstanden hatte. Siehe Michael Coe, *Angkor and the Khmer Civilization* (London: Thames and Hudson, 2003), und die von Coe zitierten Artikel und Bücher von Bernard-Philippe Groslier.

Kapitel 10

Wer die nachfolgend genannten Primärquellen über den Völkermord in Ruanda und seine Vorgeschichte studieren will, sollte sich auf eine schmerzliche Lektüre gefasst machen.

Catharine Newbury, *The Cohesion of Oppression: Clientship and Ethnicity in Rwanda, 1860–1960* (New York: Columbia University Press, 1988) beschreibt die Veränderungen in der ruandischen Gesellschaft, die Polarisierung der Rollen von Hutu und Tutsi von vorkolonialer Zeit bis zum Vorabend der Unabhängigkeit.

Human Rights Watch, *Leave None to Tell the Story: Genocide in Rwanda* (New York: Human Rights Watch, 1999) enthält eine atemberaubend genaue Darstellung über die unmittelbare Vorgeschichte der Ereignisse von 1994 und beschreibt dann auf 414 Seiten die Morde selbst sowie am Ende die Nachwirkungen.

Philip Gourevitch, *Wir möchten Ihnen mitteilen, dass wir morgen mit unseren Familien umgebracht werden* (Berlin: Berlin Verlag, 1999) ist der Bericht eines Journalisten über den Völkermord; der Autor befragte viele Überlebende und beschreibt auch das Versagen anderer Staaten sowie der Vereinten Nationen, die das Morden nicht verhinderten.

In meinem Kapitel zitiere ich mehrmals auch Gerard Prunier, *The Rwanda Crisis: History of Genocide* (New York: Columbia University Press, 1995). Dieses Buch eines französischen Afrikaexperten entstand unmittelbar nach dem Völkermord und zeichnet sehr anschaulich die Motive der Beteiligten sowie die französische Intervention nach. Mein Bericht über die Morde unter den Hutu von Kanama stützt sich auf die Analysen in dem Artikel von Catherine André und Jean-Philippe Platteau, »Land relations under unbearable stress: Rwanda caught in the Malthusian trap« (*Journal of Economic Behavior and Organization* 34: 1–47 [1998]).

Kapitel 11

Die Geschichte der beiden Staaten auf der Insel Hispaniola wird in zwei Büchern anschaulich beschrieben: auf Englisch von Michele Wecker, *Why the Cocks Fight: Dominicans, Haitians, and the Struggle for Hispaniola* (New York: Hill and Wang, 1999), und auf Spanisch von Rafael Emilio Yunen Z., *La Isla Como Es* (Santiago, Republica Dominicana: Universidad Católica Madre y Maestra, 1985).

Als Einführung in die Literatur über Haiti eignen sich drei Bücher von Mats Lundahl: *Peasants and Poverty: A Study of Haiti* (London: Croom Helm, 1979); *The Haitian Economy: Man, Land, and Markets* (London: Croom Helm, 1983); und *Politics or Markets? Essays on Haitian Underdevelopment* (London: Routledge, 1992). Die klassische Untersuchung über die haitianische Revolution von 1781 bis 1803 ist C. L. R. James, *Die schwarzen Jakobiner* (Köln: Pahl-Rugenstein 1984).

Das englischsprachige Standardwerk über die Geschichte der Dominikanischen Republik ist Frank Moya Pons, *The Dominican Republic: A National History* (Princeton, N. J.: Markus Wiener, 1998). Derselbe Autor verfasste ein anderes Werk auf Spanisch: *Manual de Historia Dominicana*, 9. Aufl. (Santiago, Republica Dominicana, 1999). Ebenfalls auf Spanisch gibt es die zweibändige historische Darstellung von Roberto Cassa, *Historia Social y Económica de la Republica Dominicana* (Santo Domingo: Editora Alfa y Omega, 1998 and 2001). Marlin Clausner konzentriert sich auf die Geschichte der ländlichen Gebiete: *Rural Santo Domingo: Settled, Unsettled, Resettled* (Philadelphia: Temple University Press, 1973). Harry Hoetink, *The Dominican People, 1850–1900: Notes for a Historical Sociology* (Baltimore: Johns Hopkins University Press, 1982) befasst sich mit dem späten 19. Jahrhundert. Claudio Vedovato, *Politics, Foreign Trade and Economic Development: A Study of the Dominican Republic* (London: Croom Helm, 1986) behandelt die Trujillo- und Nach-Trujillo-Zeit. Eine Einführung in die Trujillo-Ära bieten Howard Wiarda, *Dictatorship and Development The Methods of Control in Trujillo's Dominican Republic* (Gainesville, University of Florida Press, 1968) und aus neuerer Zeit Richard Lee Turits, *Foundations of Despotism: Peasants, the Trujillo Regime, and Modernity in Dominican History* (Palo Alto, Calif.: Stanford University Press, 2002).

Die für dieses Kapitel besonders bedeutsame Geschichte der Umweltpolitik in der Dominikanischen Republik behandelt ein Manuskript von Walter Cordero, »Introducción: bibliografia sobre medio ambiente y recursos naturales en la República Dominicana« (2003).

Kapitel 12

Aktuelle Primärliteratur über Bevölkerungs- und Umweltprobleme in China ist meist auf Chinesisch verfasst und / oder findet sich im Internet. Literaturangaben finden sich in einem Artikel von Jianguo Liu und mir, »China's environment in a globalizing world« (*Nature*, im Druck). Auf Englisch veröffentlicht das Woodrow Wilson Center in Washington, D. C. (E-Mail-Adresse chinaenv@erols.com), eine Buchreihe namens China Environment Series mit jährlichen Neuerscheinungen.

Die Weltbank veröffentlichte unter anderem *China: Air, Land, and Water* (Washington, D. C.: The World Bank, 2001), erhältlich als Buch oder CD-ROM. Einige weitere Bücher sind L. R. Brown, *Who Will Feed China?* (New York: Norton, 1995); M. B. McElroy, C. P. Nielson, und P. Lydon, Hrsg., *Energizing China: Reconciling Environmental Protection and Economic Growth* (Cambridge, Mass.: Harvard University Press, 1998); J. Shapiro, *Mao's War Against Nature* (Cambridge: Cambridge University Press, 2001); und D. Zweig, *Internationalizing China: Domestic Interests and Global Link-ages* (Ithaca, N. Y.: Cornell University Press, 2002). Die englische Übersetzung eines Buches, das ursprünglich auf Chinesisch erschien, ist Qu Geping und Li Jinchang, *Population and Environment in China* (Boulder, Colo.: Lynne Rienner, 1994).

Kapitel 13

Eine zu Recht vielfach gelobte Darstellung der Frühgeschichte britischer Kolonien in Australien von 1788 bis ins 19. Jahrhundert ist Robert Hughes, *Australien* (Düsseldorf: Econ 1987. Tim Flannery, *The Future Eaters: An Ecological History of the Australasian Lands and People* (Reed, Chatsworth, New South Wales, 1994) beginnt bereits bei der Einwanderung der Aborigines vor über 40000 Jahren und zeichnet ihre Auswirkungen sowie die der Europäer auf die australische Umwelt nach. Eine andere Sichtweise als Flannery vertritt David Horton, *The Pure State of Nature: Sacred Cows, Destructive Myths and the Environment* (St. Leonards, New South Wales: Allen and Unwin, 2000).

Eine umfassende Darstellung über Umwelt, Wirtschaft und Gesellschaft Australiens findet man in drei amtlichen Berichten: Australian State of the Environment Committee 2001, *Australia: State of the Environment 2001* (Canberra: Department of Environment and Heritage, 2001), ergänzt durch Berichte auf der Website http: //www. ea.gov.au / soe / ; der Vorgänger war State of the Environment Advisory Committee 1996, *Australia: State of the Environment 1996* (Melbourne: CSIRO Publishing, 1996); und Dennis Trewin, *2001 Year Book Australia* (Canberra: Australian Bureau of Statistics, 2001), zum 100. Jahrestag der alljährlich herausgegebenen Jahrbücher.

Einen Überblick über die ökologischen Probleme Australiens geben zwei gut illustrierte Bücher von Mary E. White: *Listen ... Our Land Is Crying* (East Roseville, New South Wales: Kangaroo Press, 1997) und *Running Down: Water in a Changing Land* (East Roseville, New South Wales: Kangaroo Press, 2000). Ein provokativer, kürzerer Überblick ist Tim Flannery, »Beautiful lies: population and environment in Australia« (*Quarterly Essay* no. 9, 2003). Über Geschichte und Auswirkungen der Bodenversalzung in Australien berichten Quentin Beresford, Hugo Bekle, Harry Phillips, und Jane Mulcock, *The Salinity Crisis: Landscapes, Communities and Politics* (Crawley, Western Australia: University of Western Australia Press, 2001). Andrew Campbell, *Landcare: Communities Shaping the Land and the Future* (St. Leonards, New South Wales: Allen and Unwin, 1994) beschreibt eine wichtige Bürgerbewegung zur Verbesserung der Landbewirtschaftung im ländlichen Australien.

Kapitel 14

Den Ausgangspunkt für dieses Kapitel lieferte neben den Fragen meiner Studenten an der UCLA das Buch von Joseph Tainter, *The Collapses of Complex Societies* (Cambridge: Cambridge University Press, 1988). Dort wird die Frage, warum eine Gesellschaft ihre ökologischen Probleme nicht lösen kann, ganz offen als Rätsel bezeichnet, das nach einer Erklärung verlangt. Thomas McGovern et al. »Northern islands, human error, and environmental degradation: A view of social and ecological change in the medieval North Atlantic« (*Human Ecology* 16: 225–270 [1988]) zeichnet mehrere Gründe nach, warum die Wikinger in Grönland ihre Umweltprobleme nicht erkannten und lösten. Die Reihenfolge der Gründe, die ich in diesem Kapitel aufzeige, überschneidet sich teilweise mit der von McGovern et al.; mit dem dort vorgestellten Modell sollte sich jeder beschäftigen, der sich für dieses Rätsel interessiert.

Elinor Ostrom erforschte die Tragödie der Gemeingüter (auch Tragödie der Allmende genannt) mit vergleichenden Übersichtsuntersuchungen und experimentellen Spielen. Damit stellte sie fest, unter welchen Bedingungen die Verbraucher am ehesten ihre gemeinsamen Interessen erkennen und sich selbst ein wirksames Quotensystem auferlegen. Wichtige Buchveröffentlichungen sind Elinor Ostrom, *Die Verfassung der Allmende: jenseits von Staat und Markt* (Tübingen: Mohr Siebeck 1999) und Elinor Ostrom, Roy Gardner, und James Walker, *Rules, Games, and Common-Pool Resources* (Ann Arbor: University of Michigan Press, 1994). Artikel aus jüngerer Zeit sind Elinor Ostrom, »Coping with tragedies of the commons« (*Annual Reviews of Political Science 2:* 493–535 [1999]); Elinor Ostrom et al., »Revisiting the commons: local lessons, global challenges« (Science 284: 278–282 [1999]); und Thomas Dietz, Elinor Ostrom, und Paul Stem, »The struggle to govern the commons« (*Science* 302: 1907–1912 [2003]).

Barbara Tuchman berichtet in *Die Torheit der Regierenden: von Troja bis Vietnam* (Frankfurt/M.: Fischer Taschenbuch Verlag, 2001) über katastrophale Entscheidungen in der gesamten im Titel genannten Zeitspanne; auf dem Weg von Troja nach Vietnam streift sie die Torheit des Aztekenkaisers Montezuma, die Eroberung des christlichen Spanien durch die Moslems, die durch England provozierte amerikanische Revolution und andere Akte der Selbstzerstörung. Charles Mackay, *Extraordinary Popular Delusions and the Madness of Crowds* (New York: Barnes and Noble, 1993, Nachdruck der Originalausgabe von 1852) behandelt ein noch breiteres Spektrum törichter Entscheidungen als Tuchman, darunter (um nur einige zu nennen) die Südseeverrücktheit der Engländer im 18. Jahrhundert, den niederländischen Tulpenwahn im 17. Jahrhundert, Prophezeiungen über das Jüngste Gericht, die Kreuzzüge, Hexenverfolgung, den Glauben an Geister und Reliquien, Duelle und königliche Erlasse über Haarlänge, Vollbärte und Schnauzbärte. Irving Janis untersucht in *Groupthink* (Boston: Houghton Mifflin, 1983, überarb. 2. Aufl.) die gruppendynamischen Prozesse, die in jüngerer Zeit im Umfeld amerikanischer Präsidenten und ihrer Berater zu wichtigen Entscheidungen beigetragen haben. Als Fallstudien nennt Janis die Entscheidungen über die Invasion in der Schweinebucht 1961, die Überquerung des 38. Breitengrades in Korea durch die US-Armee 1950, die Unterlassung von Vorbereitungen vor dem japanischen Angriff auf Pearl Harbor 1941, die Eskalation des Vietnamkrieges von 1964 bis 1967, die Kuba-Raketenkrise 1962 und die Verabschiedung des Marshallplanes durch die Vereinigten Staaten 1947.

Garrett Hardins klassischer, häufig zitierter Aufsatz »The tragedy of the commons« erschien in *Science* 162: 1243–1248 (1968). Mancur Olson wendet die Metapher der ortsfesten und wandernden Banditen auf chinesische Kriegsherren und andere Ausbeuter an: in »Dictatorship, democracy, and development« (*American Political Science Review* 87: 567–576 [1993]). Über vergessene Kosten berichten Hal Arkes und Peter Ayton in »The sunk cost and Concorde effects: are humans less rational than lower animals?« (*Psychological Bulletin* 125: 591–600 [1999]), ebenso Marco Janssen et al., »Sunk-cost effects and vulnerability to collapse in ancient societies« (*Current Anthropology* 44: 722–728 [2003]).

Kapitel 15

Über die Geschichte der Ölindustrie und Szenarien für ihre Zukunft berichten unter anderem die beiden Bücher Kenneth Deffeyes, *Hubbert's Peak: the Impending World Oil Shortage* (Princeton, N. J.: Princeton University Press, 2001) und Paul Roberts, *The End of Oil* (Boston: Houghton Mifflin, 2004). Wer die eigene Sichtweise der Unternehmen kennen lernen will, informiert sich am besten zunächst auf den Websites der großen Unternehmen, zum Beispiel Chevron Texaco: www.chevrontexaco.com.

Umfangreiche Tatsachensammlungen über den Zustand der Bergbaubranche veröffentlicht die Initiative »Mining, Minerals, and Sustainable Development«, ein Gemeinschaftsunternehmen mehrerer großer Bergbaukonzerne. Zu diesen Veröffentlichungen gehören *Breaking New Ground: Mining, Minerals and Sustainable Development* (London: Earthscan, 2002); und Alistair MacDonald, *Industry in Transition: a Profile of the North American Mining Sector* (Winnipeg: International Institute for Sustainable Development, 2002). Eine weitere Quelle für Fakteninformationen sind die Veröffentlichungen des Mineral Policy Center in Washington, D. C., das kürzlich in Earthworks umbenannt wurde (Website www.mineralpolicyorg). Weitere Bücher über ökologische Aspekte des Bergbaues sind Duane Smith, *Mining America: the Industry and the Environment*, 1800–1980 (Boulder: University Press of Colorado, 1993); Thomas Powers, *Lost Landscapes and Failed Economies: The Search for a Value of Place* (Washington, D. C.: Island Press, 1996); Jerrold Marcus, Hrsg., *Mining Environmental Handbook: Effects of Mining on the Environment and American Environmental Controls on Mining* (London: Imperial College Press, 1997); und Al Gedicks, *Resource Rebels: Native Challenges to Mining and Oil Corporations* (Cambridge, Mass.: South End Press, 2001). Der Zusammenbruch des Kupferbergbaus auf der Insel Bougainville, der teilweise ökologische Ursachen hatte, wird in zwei Büchern beschrieben: M. O'Callaghan, *Enemies Within: Papua New Guinea, Australia, and the Sandline Cri-*

sis: The Inside Story (Sydney: Doubleday, 1999); und Donald Denoon, *Getting Under the Skin: The Bougainville Copper Agreement and Creation of the Panguna Mine* (Melbourne: Melbourne University Press, 2000).

Informationen über zertifizierte Forstwirtschaft finden sich auf der Website des Forest Stewardship Council: www.fscus.org. Einen Vergleich zwischen der FSC-Zertifizierung und anderen Zertifizierungsformen findet man bei Saskia Ozinga, *Behind the Logs: An Environmental and Social Assessment of Forest Certification Schemes* (Moreton-in-Marsh, UK: Fern, 2001). Über die Geschichte der Waldzerstörung berichten unter anderem zwei Bücher: John Perlin, *A Forest Journey: The Role of Wood in the Development of Civilization* (New York: Norton, 1989); und Michael Williams, *Deforesting the Earth: From Prehistory to Global Crisis* (Chicago: University of Chicago Press, 2003).

Informationen über zertifizierte Fischerei finden sich auf der Website des Marine Stewardship Council: www.msc.org. Howard M. Johnson (Website www.hmj.com) veröffentlicht eine Buchreihe mit dem Titel *Annual Report on the United States Seafood Industry* (Jacksonville, Ore.: Howard Johnson, jährlich). Die Krabben- und Lachs-Aquakultur ist Gegenstand von zwei Kapiteln in Jason Clay, *World Agriculture and the Environment: A Commodity-by-Commodity Guide to Impacts and Practices* (Washington, D. C.: Island Press, 2004). Die Überfischung wird allgemein und im Hinblick auf einzelne Fischarten in folgenden Büchern behandelt: Mark Kurlansky, *Kabeljau: der Fisch, der die Welt veränderte* (München: Claassen 1999); Suzanne Ludicello, Michael Weber, und Robert Wreland, *Fish, Markets, and Fishermen: The Economics of Overfishing* (Washington, D. C.: Island Press, 1999); David Montgomery, *King of Fish: The Thousand-Year Run of Salmon* (New York: Westview, 2003); und Daniel Pauly und Jay Maclean, *In a Perfect Ocean* (Washington, D. C.: Island Press, 2003). Einer von vielen Artikeln über Überfischung ist Jeremy Jackson et al., »Historical overfishing and the recent collapse of coastal ecosystems« (*Science* 293: 629–638 [2001]). Über die Entdeckung, dass Lachse aus der Aquakultur höhere Schadstoffkonzentrationen enthalten als Wildlachse, berichteten Ronald Hits et al. in »Global assessment of organic contaminates in farmed salmon« (*Science* 303: 226–229 [2004]).

Das ökologische Verhalten von Großunternehmen kann man nicht verstehen, wenn man nicht weiß, welchen Realitäten die Unternehmen in der stark von Konkurrenz geprägten Geschäftswelt gegenüberstehen. Drei beliebte Bücher zu dem Thema sind Thomas Peters und Robert Waterman, Jr., *Auf der Suche nach Spitzenleistungen: was man von den bestgeführten US-Unternehmen lernen kann* (Frankfurt/M.: Redline Wirtschaft 2004); Robert Waterman, Jr., *Leistung durch Innovation: Strategien zur unternehmerischen Zukunftssicherung* (Hamburg: Hoffmann und Campe, 1988); und Robert Waterman, Jr., *Ad-hoc-Strategien: die Kraft zur Veränderung* (Paderborn: Jungfermann, 1993).

Unter welchen Voraussetzungen Großunternehmen sich nicht umweltschädlich, sondern umweltfreundlich verhalten, wird erörtert in Tedd Saunders und Loretta McGovern, *The Bottom Line of Green Is Black: Strategies for Creating Pro-*

fitable and Environmentally Sound Businesses (San Francisco: HarperSanFrancisco, 1993); und Jem Bendell, Hrsg., *Terms of Endearment: Business NGOs and Sustainable Development* (Sheffield, UK: Greenleaf, 2000).

Kapitel 16

Einen Überblick über die ökologischen Probleme unserer Zeit und einen Einstieg in die umfangreiche Literatur zu dem Thema bieten unter anderem die folgenden seit 2001 erschienenen Bücher: Stuart Pimm, *The World According to Pimm: a Scientist Audits the Earth* (New York: McGraw-Hill, 2001); die drei Bücher von Lester Brown: *Eco-economy: Building an Economy for the Earth* (New York: Norton, 2001), *Plan B: Rescuing a Planet Under Stress and Civilization in Trouble* (New York, Norton: 2003), und *State of the World* (New York: Norton, erscheint jährlich seit 1984); Edward Wilson, *Die Zukunft des Lebens* (Berlin: Siedler, 2002); Gretchen Daily und Katherine Ellison, *The New Economy of Nature: The Quest to Make Conservation Profitable* (Washington, D. C.: Island Press, 2002); David Lorey, Hrsg., *Global Environmental Challenges of the Twenty-first Century: Resources, Consumption, and Sustainable Solutions* (Wilmington, Del.: Scholarly Resources, 2003); und Paul Ehrlich und Anne Ehrlich, *One with Nineveh: Politics, Consumption, and the Human Future* (Washington, D. C.: Island Press, 2004).

Literaturangaben zu Fragen der Waldzerstörung, Überfischung und Ölproduktion finden sich im Literaturverzeichnis zu Kapitel 15. Vaclav Smil, *Energy at the Crossroads: Global Perspectives and Uncertainties* (Cambridge, Mass.: MIT Press, 2003) berichtet nicht nur über Öl, Kohle und Gas, sondern auch über andere Formen der Energieproduktion. Die Krise für Artenvielfalt und Lebensräume erörtern: John Terborgh, *Where Have All the Birds Gone?* (Princeton, N. J.: Princeton University Press, 1989) und *Requiem for Nature* (Washington, D. C.: Island Press, 1999); David Quammen, *Der Gesang des Dodo* (München: Claassen, 1998); und Marjorie Reaka-Kudla et al., Hrsg., *Biodiversity 2: Understanding and Protecting Our Biological Resources* (Washington, D. C.: Joseph Henry Press, 1997).

Über die Zerstörung der Korallenriffe berichteten in jüngerer Zeit unter anderem folgende Artikel: T. P. Hughes, »Climate change, human impacts, and the resilience of coral reefs« (*Science* 301: 929–933 [2003]); J. M. Pandolfi et al., »Global trajectories of the longterm decline of coral reef ecosystems« (*Science* 301: 955–958 [2003]); und D. R. Bellwood et al., »Confronting the coral reef crisis« (*Nature* 429: 827–833 [2004]).

Zu den Büchern über Bodenprobleme gehören die Klassiker Vernon Gill Carter und Tom Dale, *Topsoil and Civilization*, überarb. Aufl. (Norman: University of Okalahoma Press, 1974), und Keith Wiebe, Hrsg., *Land Quality, Agricultural Productivity, and Food Security: Biophysical Processes and Economic Choices at Local, Regional, and Global Levels* (Cheltenham, UK: Edward Elgar, 2003). Über verschiedene Sichtweisen für Bodenprobleme berichten unter anderem folgende Artikel: David Pimentel et al., »Environmental and economic costs of soil erosion and conservation benefits« (*Science* 267: 1117–1123 [1995]); Stanley Trimble und

Pierre Crosson, »U. S. soil erosion rates – myth and reality« (*Science* 289: 248–250 [2000]); und eine Serie von acht Aufsätzen verschiedener Autoren in *Science* 304: 1613–1637 (2004).

Mit Fragen der weltweiten Wasserversorgung beschäftigen sich die alle zwei Jahre erscheinenden Berichte von Peter Gleick: z. B. Peter Gleick, *The World's Water, 1998–1999: The Biennial Report on Freshwater Resources* (Washington, D. C.: Island Press, 2000). Vernon Scarborough, *The Flow of Power: Ancient Water Systems and Landscapes* (Santa Fe: School of American Research, 2003) vergleicht verschiedene Lösungen für Wasserprobleme bei historischen Gesellschaften auf der ganzen Welt.

Eine globale Bilanz für den Anteil der Sonnenenergie, der durch die Photosynthese der Pflanzen genutzt wird (die »Netto-Primärproduktion«) lieferten Peter Vitousek et al., »Human domination of Earth's ecosystems« (*Science* 277: 494–499 [1997]), aktualisiert und nach Regionen aufgeschlüsselt von Mark Imhoff et al. »Global patterns in human consumption of net primary production« (*Nature* 429: 870–873 [2004]).

Die Auswirkungen giftiger Chemikalien auf die Lebewesen einschließlich des Menschen werden zusammenfassend erörtert in Theo Colborn, Dianne Dumanoski und John Peterson Myers, *Die bedrohte Zukunft* (München: Droemer Knaur 1996). One specific example of the high economic costs of toxic and other impacts on an entire ecosystem is an account for Chesapeake Bay: Tom Horton und William Eichbaum, *Turning the Tide: Saving the Chesapeake Bay* (Washington, D. C.: Island Press, 1991).

Eine gute Darstellung der globalen Erwärmung und des Klimawandels findet sich unter anderem in Steven Schneider, *Laboratory Earth: The Planetary Gamble We Can't Afford to Lose* (New York: Basic Books, 1997); Michael Glantz, *Currents of Change: Impacts of El Niño and La Niña on Climate and Society*, 2. Aufl. (Cambridge: Cambridge University Press, 2001); und Spencer Weart, *The Discovery of Global Warming* (Cambridge, Mass.: Harvard University Press, 2003).

Zu der umfangreichen Literatur über die Bevölkerungsentwicklung gehören die drei Klassiker Paul Ehrlich, *Die Bevölkerungsbombe* (München: Hanser, 1971); Paul Ehrlich und Anne Ehrlich, *The Population Explosion* (New York: Simon and Schuster, 1990); und Joel Cohen, *How Many People Can the Earth Support* (New York: Norton, 1995).

Meine Beurteilung der Umwelt- und Bevölkerungsprobleme in Los Angeles wird in einem ganzen Buch in den größeren Zusammenhang der gesamten Vereinigten Staaten eingeordnet: The Heinz Center, *The State of the Nation's Ecosystems: Measuring the Lands, Waters, and Living Resources of the United States* (New York: Cambridge University Press, 2002).

Wer sich für genauere Aussagen zu den abschätzigen Bemerkungen interessiert, die ich hier als Einzeiler anführe, den verweise ich auf Bjórn Lomborg, *The Skeptical Environmentalist* (Cambridge: Cambridge University Press, 2001). Ausführlichere Antworten auf die Einzeiler finden sich in Paul Ehrlich und Anne Ehrlich,

Betrayal of Science and Reason (Washington, D. C.: Island Press, 1996). Die Studie des Club of Rome, auf die ich in diesem Abschnitt meines Kapitels verweise, ist Donella Meadows et al., *Die Grenzen des Wachstums* (Reinbek: Rowohlt 1973), aktualisiert in Donella Meadows, Jorgen Randers, und Dennis Meadows, *The Limits to Growth: The 30-Year Update* (White River Junction, Vt.: Chelsea Green, 2004). Zu der Frage, ob es zu häufig oder zu selten falschen Alarm gibt, siehe S. W. Pacala et al., »False alarm over environmental false alarms« (*Science* 301: 1187–188 [2003]).

Zu dem Zusammenhang zwischen Umwelt- und Bevölkerungsproblemen auf der einen Seite und politischer Instabilität auf der anderen seien folgende Quellen genannt: die Website von Population Action International, www.populationaction.org; Richard Cincotta, Robert Engelman und Daniele Anastasion, *The Security Demographic: Population and Civil Conflict after the Cold War* (Washington, D. C.: Population Action International, 2004); die Jahresschrift *The Environmental Change and Security Project Report*, herausgegeben vom Woodrow Wilson Center (Website www.wilson.org/ecsp); und Thomas Homer-Dixon, »Environmental scarcities and violent conflict: evidence from cases« (*International Security* 19: 5–40 [1994]).

Und wer wissen möchte, was für Müll außer Dutzenden von Suntory-Whiskyflaschen noch an den Stränden der abgelegenen Atolle Oeno und Ducie im Südostpazifik angespült wurde, findet entsprechende Tabellen in T. G. Benton, »From castaways to throwaways: marine litter in the Pitcairn Islands« (*Biological Journal of the Linnean Society* 56: 415–422 [1995]).

Zu allen zwölf wichtigen ökologischen Problemkomplexen, die ich zu Beginn von Kapitel 16 zusammenfassend dargestellt habe, gibt es viele ausgezeichnete Bücher über die Frage, wie Regierungen und Organisationen mit ihnen umgehen sollen. Es bleibt aber eine Frage, die viele Menschen sich sicher automatisch stellen: Was kann *ich* als Einzelner tun, um etwas zu bewirken? Wer reich ist, hat natürlich viele Möglichkeiten: Bill und Melinda Gates haben sich zum Beispiel entschlossen, mit mehreren Milliarden Dollar zur Linderung medizinischer Probleme auf der ganzen Welt beizutragen. Wer an der Macht ist, kann seine eigenen Vorstellungen umsetzen: Der US-Präsident George W. Bush und Präsident Joaquín Balaguer in der Dominikanischen Republik nutzten ihre Position, um die Umweltpolitik ihrer Länder entscheidend – und auf ganz unterschiedliche Weise – zu beeinflussen. In unserer großen Mehrzahl haben wir aber weder so viel Geld noch so viel Macht, sodass wir uns angesichts der überwältigenden Macht von Regierungen und Großunternehmen hilf- und hoffnungslos fühlen. Kann auch ein armer Mensch, der weder Vorstandsvorsitzender noch Politiker ist, etwas ausrichten?

Ja. Ein halbes Dutzend Strategien hat sich als wirksam erwiesen. Dazu muss allerdings gesagt werden, dass der Einzelne sich von einer einzigen Tat keine großen Wirkungen erwarten sollte, auch wenn es sich um eine Reihe einzelner Handlungen im Lauf von zwei oder drei Wochen handelt. Wer wirklich etwas bewirken will, sollte sich darauf einrichten, während seines ganzen Lebens eine einheitliche Handlungsweise beizubehalten.

In einer Demokratie sind Wahlen die einfachste und billigste Tat. Bei manchen Wahlen entscheiden lächerlich wenige Stimmen zwischen Kandidaten mit ganz unterschiedlichen umweltpolitischen Vorstellungen. Ein Paradebeispiel war die US-Präsidentenwahl von 2000, die durch wenige hundert Stimmen in Florida entschieden wurde. Gehen Sie nicht nur zur Wahl, sondern wenden Sie sich auch an Ihre gewählten Vertreter und nehmen Sie sich jeden Monat die Zeit, ihnen Ihre Ansichten zu aktuellen Umweltthemen mitzuteilen. Wenn die Volksvertreter von ihren Wählern nichts erfahren, nehmen sie an, dass die Wähler sich nicht für die Umwelt interessieren.

Als Nächstes kann man sich als Verbraucher überlegen, was man kauft oder nicht kauft. Großunternehmen wollen Geld verdienen. Produkte, die nicht gekauft werden, nehmen sie in der Regel aus dem Angebot, was dagegen Anklang findet, wird hergestellt und beworben. Dass immer mehr Holzkonzerne zu nachhaltiger Forstwirtschaft übergehen, liegt daran, dass die Nachfrage der Verbraucher nach FSC-zertifizierten Produkten das Angebot übersteigt. Am einfachsten kann man natürlich die Unternehmen im eigenen Land beeinflussen, aber in der heutigen globalisierten Welt können die Verbraucher zunehmend auch Druck auf Firmen und Politiker anderer Staaten ausüben. Ein Musterbeispiel ist der Zusammenbruch der weißen Regierung und der Apartheidpolitik in Südafrika zwischen 1989 und 1994: Er kam zustande, weil Verbraucher und Investoren das Land boykottierten, was eine beispiellose Abkehr ausländischer Unternehmen, Finanzfonds und Regierungen zur Folge hatte. Ich war in den achtziger Jahren mehrmals in Südafrika, und jedes Mal erschien mir das Land so felsenfest auf die Apartheid eingeschworen, dass ich mir eine Abkehr überhaupt nicht vorstellen konnte. Und doch geschah es.

Neben der Weigerung, bestimmte Produkte zu kaufen, können Verbraucher die Handlungsweisen großer Konzerne auch dadurch beeinflussen, dass sie die öffentliche Aufmerksamkeit auf Verhalten und Produkte der Unternehmen lenken. Ein Beispiel sind die Kampagnen gegen Tierquälerei, mit denen führende Modehäuser wie Bill Blass, Calvin Klein und Oleg Cassini gezwungen wurden, auf die Verwendung von Pelzen zu verzichten. Umweltaktivisten konnten durch öffentliches Auftreten den weltgrößten Baustoffhändler Home Depot dazu veranlassen, kein Holz mehr aus gefährdeten Waldgebieten einzukaufen und zertifizierten Produkten den Vorzug zu geben. Für mich war der Strategiewechsel bei Home Depot eine Überraschung: Ich hatte angenommen, die Verbrauchervertreter seien einem derart mächtigen Unternehmen hoffungslos unterlegen.

In den meisten Fällen versuchten Verbrauchervertreter, Unternehmen wegen schädlichen Verhaltens anzuprangern; diese Einseitigkeit ist ein Nachteil, denn mit ihr haben die Umweltschützer sich den Ruf verschafft, stets lautstark deprimierende, langweilige, negative Aussagen zu verbreiten. Stattdessen sollten die Verbrauchervertreter auch dadurch Einfluss nehmen, dass sie Unternehmen loben, wenn sie deren Verhalten richtig finden. Wie ich in Kapitel 15 erwähnt habe, tun manche Großunternehmen mittlerweile Dinge, die von umweltbewussten Verbrauchern gefordert werden, aber diese Unternehmen haben für ihr Verhalten bei weitem nicht so viel Lob geerntet, wie sie für schlechte Taten gescholten wurden. Manch einer kennt vielleicht die Fabel von Äsop, in der Wind und Sonne in Wettstreit treten und einen Menschen von seinem Mantel befreien wollen: Der Wind hat kräftig geblasen und es nicht geschafft, aber danach scheint die Sonne, und es gelingt ihr. Die Lehre aus dieser Fabel sollten die Verbraucher sich in viel größerem Umfang zu Eigen machen: Wenn Großunternehmen sich umweltfreundlich verhalten, wissen sie ganz genau, dass sie unglaubwürdig sind, wenn sie gegenüber einer zynischen Öffentlichkeit selbst ihre guten Taten loben; damit ihre Bemühungen anerkannt werden, brauchen sie Hilfe von außen. Zu den vielen Konzernen, die in jüngerer Zeit von günstigen äußeren Beurteilungen profitiert haben, gehören Chevron Texaco mit seiner umweltfreundlichen Bewirtschaftung des Kutubu-Ölfeldes und Boise Cascade mit seiner Entscheidung, Produkte aus nicht nachhaltig bewirtschafteten Wäldern aufzugeben. Aktivisten sollten nicht nur das »dreckige Dutzend« geißeln, sondern auch »die tollen Zehn« loben.

Wenn man als Verbraucher die Großunternehmen beeinflussen will, indem man ihre Produkte kauft oder boykottiert, oder wenn man ihnen zur Last fallen oder sie loben will, muss man sich die Mühe machen und in Erfahrung bringen, welche Glieder einer Lieferantenkette auf solche Einflüsse besonders empfindlich reagieren und sich am stärksten auf andere Glieder auswirken. Unternehmen, die unmittelbar an Verbraucher verkaufen oder mit ihren Marken beim Verbraucher bekannt sind, reagieren empfindlicher als solche, die andere Unternehmen als Geschäftspartner haben und deren Produkte ohne Herkunftsbezeichnung beim Verbraucher ankommen. Einzelhändler, die zu großen Ketten gehören und einem Hersteller seine Produktion ganz oder zu einem großen Teil abnehmen, können diesen Hersteller viel besser unter Druck setzen als Einzelpersonen. Mehrere Beispiele habe ich in Kapitel 15 erwähnt, und man könnte viele weitere hinzufügen.

Wenn man beispielsweise nicht damit einverstanden ist, wie ein multinationaler Ölkonzern seine Ölfelder bewirtschaftet, ist es durchaus sinnvoll, die Tankstellen dieses Konzerns zu boykottieren und davor zu demonstrieren oder umgekehrt dort zu kaufen und sie zu loben, wenn man die Methoden des Konzerns richtig findet. Aber wer die Titanabbaumethoden in Australien gut findet und die Goldabbaumethoden auf Lihir Island ablehnt, sollte seine Zeit nicht mit Phantasieren vergeuden und glauben, er könne die Bergbauunternehmen selbst beeinflussen; in solchen Fällen sollte man sich lieber an Du Pont, Tiffany's oder Wal-Mart halten, die großen Einzelhändler für titanhaltige Farben oder Goldschmuck. Holzkonzerne sollte man nicht loben oder beschimpfen, wenn ihre Produkte nicht bis in den Einzelhandel zu verfolgen sind; stattdessen sollte man es Home Depot, Lowes, B and Q und anderen Handelsriesen überlassen, Druck auf die Holzproduzenten auszuüben. Ebenso sind Hersteller von Fischprodukten wie Unilever (über seine verschiedenen Marken) oder Whole Foods daran interessiert, dass ihre Produkte gekauft werden; sie und nicht der einzelne Verbraucher sind diejenigen, die Druck auf die Fischereiindustrien ausüben können. Wal-Mart ist der größte Lebensmitteleinzelhändler der Welt; solche Handelskonzerne können den Bauern ihre Methoden vorschreiben; als Verbraucher sind wir dazu nicht in der Lage, aber wir haben Einfluss auf Wal-Mart. Wer wissen will, welche Glieder der Lieferantenketten auf den Einfluss der Verbraucher reagieren, findet die Antworten für viele Branchen bei Organisationen wie Mineral Policy Center / Earthworks, Forest Stewardship Council und Marine Stewardship Council (Internetadressen im Literaturverzeichnis zu Kapitel 15).

Ein einzelner Wähler oder Verbraucher wird natürlich weder den Ausgang einer Wahl entscheiden noch Wal-Mart beeindrucken. Aber jeder Einzelne kann mit anderen Wählern oder Verbrauchern reden und so seinen Einfluss vervielfachen. Anfangen kann man bei Eltern, Kindern und Freunden. Dies hat entscheidend dazu beigetragen, dass die Ölkonzerne allmählich ihre Haltung ändern und von ökologischer Gleichgültigkeit auf strenge Umweltschutzmaßnahmen umschwenken. Zu viele kostbare Mitarbeiter beschwerten sich oder suchten sich eine andere Stelle, weil ihnen das Verhalten des eigenen Unternehmens gegenüber Freunden, Bekannten, Kindern und Ehepartnern peinlich war. Auch die meisten CEOs, sogar Bill Gates, haben Ehefrauen oder -männer, und ich habe von vielen solchen Spitzenmanagern gehört, sie hätten das Umweltverhalten ihres Unternehmens geändert, weil Partner oder Kinder sie unter Druck gesetzt hätten, und die standen ihrerseits unter dem Einfluss ihrer Bekannten. Nun sind zwar nur die wenigsten von uns unmittelbare Bekannte von Bill Gates oder George Bush, aber erstaunlich oft stellen wir fest, dass unter den Klassenkameraden unserer Kinder oder unter unseren eigenen Bekannten die Kinder, Freunde und Verwandte einflussreicher Personen sind, die möglicherweise darauf achten, welche Meinung ihre Kinder, Freunde und Verwandte von ihnen haben. Der Präsident Joaquín Balaguer zum Beispiel wurde möglicherweise durch seine Schwestern in seiner Sorge um die Umwelt der Dominikanischen Republik bestärkt. Die US-Präsidentenwahl des Jahres 2000 wurde letztlich durch eine einzige Stimme entschieden, als der Oberste Gerichtshof mit einer Mehrheit von 5 zu 4 über die Wahlanfechtung aus Florida entschied, aber alle neun obersten Richter hatten Kinder, Ehepartner, Verwandte und Freunde, die Einfluss auf ihre Ansichten hatten.

Wenn man religiös geprägt ist, kann man seinen Einfluss auch dadurch steigern, dass man sich in Kirche, Synagoge oder Moschee um Unterstützung bemüht. In den USA standen die Kirchen an der Spitze der Bürgerrechtsbewegung, und manche Persönlichkeiten aus den Religionsgemeinschaften – bisher allerdings noch nicht sehr viele – haben sich für den Umweltschutz ausgesprochen. In der religiösen Unterstützung steckt jedoch großes Potenzial, denn den Vorschlägen von Religionsführern schließen sich die Menschen viel bereitwilliger an als denen von Wissenschaftlern und Historikern. Außerdem gibt es stichhaltige religiöse Gründe, den Umweltschutz ernst zu nehmen. Die Mitglieder der Glaubensgemeinschaften können andere Gläubige und ihre Geistlichen (Priester, Rabbiner usw.) auf die heilige Schöpfungsordnung hinweisen, auf die biblischen Anweisungen, eine fruchtbare Natur zu erhalten, und an die Folgerungen aus dem Begriff der uns anvertrauten Natur, den es in allen Religionen gibt.

Wer unmittelbar von eigenen Handlungen profitieren will, kann Zeit und Arbeit in die Verbesserung des persönlichen ökologischen Umfeldes investieren. Ein Beispiel, das ich aus eigener Anschauung gut kenne, findet sich im Bitterroot Valley in Montana, dem regelmäßigen Sommerferienquartier meiner Familie: Dort widmet sich das Teller Wildlife Refuge, eine kleine, private, gemeinnützige Organisation, der Erhaltung und Wiederherstellung von Lebensräumen am Ufer des Bitterroot River. Otto Teller, ihr Gründer, war reich, aber seine Freunde, die bei ihm das Gespür für Umweltfragen weckten, hatten nicht sonderlich viel Geld, und das Gleiche gilt auch für die meisten Menschen, die heute als Freiwillige im Teller Refuge arbeiten. Zum eigenen Nutzen (und zum Nutzen aller, die im Bitterroot Valley wohnen oder zu Besuch dorthin kommen) genießen sie die großartige Landschaft und die Fischerei, die ansonsten der Baulanderschließung zum Opfer gefallen wären. Solche Beispiele gibt es in unendlicher Zahl: Fast überall gibt es örtliche Gruppen, Grundbesitzervereine und ähnliche Organisationen.

Wer das eigene Umfeld in Ordnung bringt, profitiert davon nicht nur durch ein angenehmeres Leben. Man wird damit auch zum Vorbild für andere im eigenen Land und in anderen Kontinenten. Lokale Umweltschutzgruppen stehen untereinander häufig in engem Kontakt, tauschen Ideen aus und geben einander neue Anregungen. Als ich Gesprächstermine mit Bewohnern Montanas vereinbarte, die mit dem Teller Wildlife Refuge und der Blackfoot Initiative zu tun hatten, ergaben sich Terminschwierigkeiten unter anderem dadurch, dass sie unterwegs waren, um ähnliche Initiativen in Montana und anderen Bundesstaaten zu beraten. Wenn Amerikaner den Chinesen oder den Bewohnern anderer Länder sagen, was diese (nach Ansicht der Amerikaner) zu ihrem eigenen Besten und zum Nutzen der übrigen Welt tun sollten, treffen solche Ratschläge auch deshalb auf taube Ohren, weil unsere eigenen Umweltsünden nur allzu gut bekannt sind. Wir könnten die Menschen in anderen Ländern viel leichter zu umweltfreundlichem Verhalten veranlassen, das auch für die übrige Menschheit (einschließlich unserer selbst) von Nutzen ist, wenn wir selbst häufiger ein solches Verhalten an den Tag legen.

Und wer schließlich ein wenig Geld übrig hat, kann es einer Organisation spenden, deren Ziele mit den eigenen Vorstellungen übereinstimmen. Ein gewaltiges Spektrum von Organisationen deckt alle nur denkbaren Interessen ab: Ducks Unlimited für alle, die sich für Enten interessieren, Trout Unlimited, wenn man sich für Fischerei interessiert, Zero Population Growth für Bevölkerungsprobleme, Seacology für den Schutz von Inseln, und so weiter. Alle Umweltschutzorganisationen müssen mit wenig Geld auskommen, und viele arbeiten so kostengünstig, dass schon eine kleine Spende viel bewirken kann. Das gilt selbst für die größten und reichsten Umweltschutzorganisationen. Der World Wildlife Fund (WWF) zum Beispiel, eine der drei größten und finanzstärksten Umweltschutzgruppen der Welt, ist in mehr Ländern aktiv als jede andere. Seine größte Untergruppierung, der US-Zweig, hat einen durchschnittlichen Jahresetat von 100 Millionen Dollar; das hört sich nach einer Riesensumme an, bis man sich klarmacht, dass mit diesem Geld Projekte in über 100 Ländern finanziert werden, wobei es um alle Pflanzen- und Tierarten sowie um sämtliche Lebensräume im Meer und an Land geht. Das Geld fließt nicht nur in Großprojekte (beispielsweise in ein 400 Millionen Dollar schweres Zehnjahresprogramm zur Verdreifachung der Fläche geschützter Lebensräume im Amazonasbecken), sondern auch in zahlreiche kleine Vorhaben, die einzelnen Tier- oder Pflanzenarten gewidmet sind. Nun sollte aber niemand denken, eine kleine Spende sei für eine solche große Organisation bedeutungslos: Schon wenige hundert Euro reichen aus, um einen ausgebildeten, mit GPS-Software ausgestatteten Nationalparkwächter zu finanzieren, der im Kongobecken einen Überblick über die Primatenbestände mit ihrem bisher unbekannten Zustand gewinnen kann. Außerdem sollte man bedenken, dass viele Umweltschutzorganisationen eine große Hebelwirkung entfalten: Sie nutzen private Spenden, um größere Finanzmittel bei Weltbank, Regierungen und internationalen Institutionen locker zu machen. Beim WWF-Projekt im Amazonasbecken beträgt der Hebelfaktor beispielsweise 1 zu 6, das heißt, wer 300 Euro spendet, lässt dem Projekt in Wirklichkeit fast 2000 Euro zugute kommen.

Natürlich erwähne ich die Zahlen des WWF nur deshalb, weil mir die Etats dieser Organisation am besten bekannt sind, aber nicht weil ich sie im Vergleich zu anderen, ebenso seriösen Umweltschutzorganisationen mit anderen Zielen bevorzugen will. Die Liste der Beispiele, wie die Bemühungen eines Einzelnen viel bewirken können, ließe sich unendlich verlängern.

REGISTER

BILDNACHWEIS

Tafel 1, 2, und 3: © Michael Kareck; Tafel 4: Mit freundlicher Genehmigung von Earthworks / Lighthawk; Tafel 5: Mit freundlicher Genehmigung von Chris Donnan, © Easter Island Statue Project, Cotsen Institute of Archaeology, UCLA; Tafel 6 und 7: Fotografien von David C. Ochsner, © Easter Island Statue Project; Tafel 8: Foto von Jo Anne Van Tilburg, © Easter Island Statue Project; Tafel 9: Jim Wark / Air Photo North America; Tafel 10: Nancy Carter / North Wind Picture Archives; Tafel 11: Mit freundlicher Genehmigung des National Park Service, fotografiert von Dave Six; Tafel 12 und 13: © Steve MacAulay; Tafel 14: © 2000 Bonampak Documentation Project, mit freundlicher Genehmigung von Mary Miller, Bild von Heather Hunt und Leonard Ashby; Tafel 15: © Jon Vidar Sigurdsson / Nordic Photos; Tafel 16: © Bill Bachmann / Danita Delimont.com; Tafel 17: © Irene Owsley; Tafel 18: © Staffan Widstrand; Tafel 19: Spencer Collection, nla.pic.an2270347, National Library of Australia; Tafel 20: © Jon Arnold / DanitaDelimont.com; Tafel 21 und 22: Corinne Dufka; Tafel 23: UN / DPI; Tafel 24: AP Photo / Daniel Morel; Tafel 25: Reuters / Bobby VIP / Landov; Tafel 26: Mit freundlicher Genehmigung von George Leung, University of Massachusetts Dartmouth; Tafel 27: Reuters / Landov; Tafel 28: © John P. Baker; Tafel 29: © G. R. »Dick« Roberts / National Science Image Library, New Zealand; Tafel 30: National Archives of Australia, A1200, L44186; Tafel 31: Mit freundlicher Genehmigung von Dr. Kerry Britton / USDA Forest Service; Tafel 32: Cecil Stoughton, White House/John Fitzgerald Kennedy Library, Boston; Tafel 33: AP Photo / Dave Cauklin; Tafel 34: © Pablo Bartholomew / Getty Images; Tafel 35: C. Mayhew & R. Simmon (NASA / GSFC), NOAA / NGDC, DMSP Digital Archive; Tafel 36: Mit freundlicher Genehmigung von FAAC USA; Tafel 37: Jim Wark / Air Photo North America; Tafel 38: © David R. Frazier Photolibrary, Inc.; Tafel 39: © Getty Images; Tafel 40: Photograph © Alex J. de Haan; Tafel 41: © Ancient Art and Architecture / DanitaDelimont.com; Tafel 42: Reuters / Chor Sokunthea / Landov.

Jared Diamond
Vermächtnis
Was wir von traditionellen Gesellschaften lernen können

Noch heute leben zahlreiche Stämme als Jäger und Sammler in unzugänglichen Teilen der Welt. Der Geograph und Bestsellerautor Jared Diamond kennt sie aus vielen Expeditionen, die er in den letzten Jahrzehnten geleitet hat. In seinem Buch entfaltet er den ganzen Reichtum ihrer verblüffend anderen Lebensweise und zeigt anschaulich, was wir heute von ihnen lernen können. Eine überraschende und unterhaltsame Lektion über die Vielfalt der Kultur – und eine Kritik unseres modernen Selbstverständnisses.

Aus dem amerikanischen Englisch von
Sebastian Vogel
broschiert

JARED
DIAMOND
DER DRITTE
SCHIMPANSE
Evolution und Zukunft
des Menschen